SANCTI ISIDORI

HISPALENSIS EPISCOPI

OPERA OMNIA

ROMÆ ANNO DOMINI MDCCXCVII EXCUSA

RECENSENTE FAUSTINO AREVALO,

QUI

ISIDORIANA PRÆMISIT; VARIORUM PRÆFATIONES, NOTAS, COLLATIONES, QUA ANTEA EDITAS,
QUA TUNC PRIMUM EDENDAS, COLLEGIT; VETERES EDITIONES
ET CODICES MSS. ROMANOS CONTULIT,

NOVA NUNC ET ACCURATIORI EDITIONE DONATA PRETIOSISSIMISQUE MONUMENTIS AUCTA

ACCURANTE J.-P. MIGNE,

BIBLIOTHECÆ CLERI UNIVERSÆ,

SIVE

CURSUUM COMPLETORUM IN SINGULOS SCIENTIÆ ECCLESIASTICÆ RAMOS EDITORE.

TOMUS PRIMUS.

VENEUNT QUATUOR VOLUMINA 28 FRANCIS GALLICIS.

PARISIIS, VENIT APUD EDITOREM,
IN VIA DICTA D'AMBOISE, PROPE PORTAM VULGO *D'ENFER* NOMINATAM,
SEU PETIT-MONTROUGE.

1850

ELENCHUS OPERUM

QUÆ IN PRIMO S. ISIDORI OPERUM TOMO CONTINENTUR.

Isidorianorum pars prima.   Col.   9
Isidorianorum pars secunda.   305

Ex typis MIGNE, au Petit-Montrouge.

EMINENTISS. ET REVERENDISS. PRINCIPI, ET D. D.

FRANCISCO ANTONIO DE LORENZANA ET BUTRON

S. R. E. PRESBYTERO CARDINALI, ARCHIEPISCOPO TOLETANO, HISPANIARUM PRIMATI, ET GENERALI INQUISITORI CANCELLARIO MAJORI CASTELLÆ, REGI A CONSILIIS STATUS, PRÆCLARI REGII ORDI-N.S HISPANICI CAROLI III, MAGNA CRUCE INSIGNITO, ETC.

FAUSTINUS AREVALUS.

Quod diu multumque doctissimi quique exoptavant, ut Isidori sanctissimi Hispalensis pontificis opera eo cultu eoque ordine, qui ætatem hanc nostram deceret, denuo in lucem prodiret, id post tot irritos plurimorum conatus quod ego præstare in me receperim, in varias fortasse reprehensiones incurram. Verum nihil ea de causa ab incepto deterritus, te auctore, et auspice, princeps eminentissime, in quo uno et spes et ratio studiorum meorum est omnis reposita, majus etiam quiddam, quam quantum aliorum votis satis esse posset, aggredi sum ausus. Cum enim multi præclara doctrina, et ingenio viri cum patrum et majorum memoria, tum hac etiam nostra sive in Operum omnium S. Isidori, sive in hujus vel illius tantum editionem perpoliendam absolvendamque diligenti studio incubuerint, quorum commentationes partim prælo illæ quidem subjectæ, sed dispersæ, et raro obviæ sunt, partim adhuc mss. latebant, non satis me aut charitati pietatique adversus Hispaniæ nostræ Doctorem, aut grato animo adversus eos qui res gestas ejus lucubrationesque illustrarunt, facturum esse existimavi, nisi omnia aliorum ejuscemodi scripta, suis quæque locis apte disposita, in unum veluti corpus colligerem, et, sicubi opus esse videretur, ad veri normam revocarem. Ita profecto fiet, ut adjectis iis quæ pro mea virili parte adjicienda esse censui, hæc mea unius editio instar aliarum omnium haberi possit. Quod meum consilium si tibi, princeps eminentissime, probabitur, vel potius quoniam probari tibi jam intellexi, non dubito quin illud etiam cæteri omnes, vel iisdem quæ me moverunt, rationum momentis compulsi, vel judicii tui prærogativa incitati, libentibus animis probaturi sint: atque adeo reliquis tuis immortalibus in optimarum artium studia meritis Isidoriana nova editio, ut auguror et opto, veluti cumulus accedet: nomenque tuum, cui nihil ad commendationem amplitudinemque quod addi possit, fecisse reliquum videris, tamen inclarescet illud quidem aliquanto magis, non minus inter illos qui sacras litteras patrocinio suo foverunt, quique sui memores alios fecere merendo, quam inter eos, qui earumdem litterarum studia ad perennem nominis recordationem famamque excoluerunt. Deus te, eminentissime cardinalis, et præsul amplissime, litteratis viris Christianæ reipublicæ, atque Hispaniæ cum primis nostræ, cujus tam magnum lumen es, sospitem incolumemque servet quam diutissime. Ita vovebam. Ex Urbe, Kalend. Januar. anni 1796.

ISIDORIANA,

SIVE IN EDITIONEM OPERUM

S. ISIDORI HISPALENSIS

PROLEGOMENA.

Pars prima.

DE VITA, REBUS GESTIS, ET DOCTRINA S. ISIDORI. DEQUE EDITIONIBUS OMNIA EJUSDEM OPERA COMPLECTENTIBUS.

CAPUT PRIMUM.
Accurata operum S. Isidori editio difficillima.
Methodus in his Prolegomenis adhibita.

1. Periculosæ plenum opus aleæ aggredior. Liceat enim mihi id nunc præfari, quod potui etiam tum, cum ad veterum scriptorum opera cum manuscriptis exemplaribus conferenda primum me accinxi; sed nunc certe gravioribus etiam de causis profiteri ausim, in hoc studiorum genere plus laboris ac difficultatis inesse, majoremque doctrinæ copiam requiri, quam vulgo ii putant qui aut nunquam ipsi experti sunt, aut ne de vera quidem doctrinæ laude judicare possunt. Franciscus Robertellus, qui de arte sive ratione corrigendi antiquorum libros disputa

tionem edidit, *Perridiculi*, inquit, *multi nostra ætate videri possunt, qui, cum nullius rei notitiam habeant, profiteri se librorum correctores audent, cum tamen corruptores potius sint appellandi. Atque utinam lege aliqua esset interdictum, ne omnibus id liceret. Primum igitur id statuamus, in hac nostra arte requiri infinitam quamdam eruditionem* **2** *in eo qui emendatorem se librorum dici cupit: multa legerit oportet, multa audierit, multa triverit usu, recentiores etiam evolverit.*

2. Etsi enim antiquorum scripta ad veteres libros religiose exigenda sunt, ut temere ab eis recedere nefas sit, tamen cum ipsa exemplaria plerumque inter se varient, sæpe etiam aperte sint mendosa, his uti conjiciendi rationibus, et regulis necesse est, quas ejuscemodi artis periti magistri præscribunt. Cum autem conjecturæ fieri soleant aut additione, aut ablatione, aut transpositione, aut extensione, aut contractione, aut distinctione, aut copulatione, aut mutatione, quis ita cæcus sit, quin videat, neutiquam id perfici posse sine exacta quadam notitia cum scriptionis antiquæ, cum verborum et locutionum antiquarum, cum ipsius antiquitatis, cum denique argumenti quod scriptor antiquus tractandum aut explanandum suscepit?

3. Quod si in quibusvis aliis veteribus scriptoribus recensendis obvia est istiusmodi difficultas; quid de nostro Hispalensi Isidoro existimabimus, quem vel alterum Varronem cum Braulione Cæsaraugustano episcopo, vel cum aliis Plinium Christianum jure possis appellare, Plinio etiam magna ex parte locupletiorem? Nihil enim Isidorus intentatum reliquit: facultates omnes attigit, scientias humanas divinasque pertractavit, scriptores veteres profanos et sacros evolvit, atque in suum usum descripsit; nec contentus etymologico suo opere scientiarum encyclopædiam comprehendere, multa singillatim in sacrarum litterarum interpretatione disseruit, multa in omni alio theologiæ genere, multa in philosophicis atque astronomicis argumentis multa in re litteraria, chronologica, et historica.

4. Ut autem Isidorus ex antiquioribus egregie profecit, ac multa antiquitatis monumenta, quæ frustra alibi quæras, nobis conservavit, ita vicissim qui post Isidorum floruerunt, præsertim ecclesiastici scriptores frequentissime Isidori fontibus hortulos suos irrigarunt. Ex quo sane laboriosior et implicatior redditur operum ejus recognitio: neque enim solum præ manibus et oculis vetusta exemplaria Isidori habenda sunt, sed etiam identidem aut ad illos scriptores recurrendum est qui Isidoro facem prætulerunt, aut ad hos quibus præluxit Isidorus. His omnibus inter se collatis sæpe **3** fit, ut Isidorus ex aliis illustretur, interdum etiam ut alii ex Isidoro corrigantur.

5. Quoniam vero librorum veterum manuscriptorum copia et delectus in hanc rem potissimum facit, et olim quidem Isidorus Matriti ex multis antiquis exemplaribus Hispanicis, deinde etiam Parisiis ex aliis Gallicis recensitus in publicam lucem et utilitatem prodiit; percommodum mihi accidit, quod, cum multæ præterea aliorum collationes ad me devenerint, præcipuum meum onus fuerit bibliothecas Romanas, ab aliis præteritas, excutere, et innumeros antiquissimos mss. Codices, qui in eis asservantur, ad examen studiose revocare. Spicilegium Romanum id, si vis, appellabo, ne pars ulla gloriæ præclaris illis viris qui primi in hac palæstra desudarunt, detracta esse videatur. Sed tamen ad copiam exemplarium mss. Isidori quod attinet, tot mihi uni in Vaticana aliisque Romanis bibliothecis videre, et evolvere contigit, quod cuncti Operum Isidori editores non recensent, ne illis quidem exceptis quæ V. C. Franciscus Antonius Zaccaria in adumbratam suam Isidori editionem jam pridem vel contulerat ipse, vel ab aliis conferri curaverat: quorum ad me delatæ sunt collationes, ut paulo ante innui, et postmodum distinctius explicabo.

6. Laudes Urbis hac in parte Petrus Lazerus, excellenti vir doctrina et ingenio præditus, vere prædicavit in præfatione ad S. Brunonis Astensis commentarium super quatuor Evangelia. *Urbem hanc, inquit, omnium principem, quæ multis præclarissimisque rebus communi hominum judicio cœteras antecellit, hac ego nulli arbitror quantumvis amplissimæ ornatissimæque concedere: quod plurimas habet instructissimasque bibliothecas, Codicum præsertim mss. copia abundantes; ut ex hoc quasi litterario penu multa Græcorum, Latinorum, exterarum gentium opera, multa præsertim doctissimorum Ecclesiæ Patrum scripta, vel ab interitu vindicata in lucem aspectumque hominum prodierint, vel maculis quibus inquinata apparuerant detersis, ad eum quem ab auctoribus suis splendorem habuerunt, et nativam veluti elegantiam potuerint eruditorum virorum opera revocari. Quod quidem ego non colligi modo posse, puto ex majoribus, et insignibus ejusdem bibliothecis, quas exteri ipsi homines peritissimi harum rerum, Mabillonius, Montfauconius aliique commendarunt, et quantum sint vel ædificii magnificentia* **4**, *vel librorum copia, vel Codicum mss. præstantia eximiæ, nemo paulo eruditior ignorat; sed maxime ex minoribus aliis quibusdam, quæ vix in hominum famam cognitionemque pervenerunt. Adeo nulla est quæ non rarum aliquid repræsentare atque excellens ad litteratorum hominum utilitatem et litterarum incrementum possit.*

7. Ita præloquebatur Lazerus, cum Brunonis quod dixi commentarium e vetustis bibliothecæ Collegii Romani membranis in publicam lucem emitteret. Ac portenti quidem simile est, quot mihi antiquissimi Isidori Codices in Urbis bibliothecis, sed maxime in Vaticana occurrerint. Utinam tantum mihi de me sperare licuisset, ut eos omnes per otium cum operibus jam excusis conferre vacaret. Sed quoniam, ut aiebat ille, bona male usus sententia, *Vitæ summa brevis spem nos vetat inchoare longam*, festinandum fuit, ne, quod aliis in Isidoro illustrando laborantibus contigit, mihi etiam contingeret: qui dum

omnia consectari et complecti conati sunt, nihil extricarunt. Eoque etiam magis maturandum fuit, quia periculum erat, ne, si ego cessarem, non solum meæ in Isidorum lucubratiunculæ, sed etiam aliorum labores, quos ab interitu vindicare in me suscepi, penitus evanescerent.

8. Igitur cum in singulis Isidori operibus recognoscendis antiquissima et præstantissima quæque exemplaria sedulo pervolutaverim, cætera in locis obscuris et difficilibus consuluerim, cum diligenter scripta omnia quæ nondum typis impressa sunt, et in mss. Codicibus Isidorum auctorem referunt, investigaverim, descripserim, collegerim, opera ipsa jam edita non contemnendis auctariis compleverim: cum innumeros criticos conjecturarum, probabilium, adversariorum, commentariorum, annotationum auctores, qui in antiquis qua sacris, qua profanis scriptoribus explicandis cum laude versati, sæpe Isidorum testem excitant, studiose perlustraverim, tempus jam adesse ratus sum, quo immensam quamdam rerum silvam, ac pene dixerim farraginem, certo ordine collocarem, ac mea alienaque suis quæque locis distribuerem. Ita enim statuo, quæ ad Isidori explanationem et emendationem pertinent, ea omnia ab uno quamvis doctissimo homine vix ac ne vix quidem colligi posse: neque vero a multis, nisi unus aliquis privatas suas opes palam depromat, quibus alii alias, ut sese dabit occasio, adjungant.

9. Quod 5 ut commodius fiat, editionem omnium operum Isidori adornare aggredior, in qua cum multa sint nova, tum nihil eorum desideretur, quæ in præcedentibus editionibus locum habuerunt. Quisnam autem opportunus ordo in tanta rerum varietate adhiberi poterit? Quibus vinculis tam disparata membra colligabuntur? Dicam in Prolegomenon fine, quid in operum Isidori, adjunctarumque notationum ordinanda editione observandum sit: nunc in Prolegomenis quid agendum sit, paucis exponam.

10. Vetera monumenta, quæ ad Isidorum propius accedunt, deque ejus vita, gestis, obitu sermonem habent, accurate descripta exhibebo, ad codices mss. recognita, et observationibus illustrata. Hæc fundum ad seriem vitæ S. Isidori texendam præstabunt. Tum de multis rerum capitibus, quæ jam pridem in controversiam vocata sunt, peculiares disquisitiones instituam. Agam deinde de Isidori doctrina, auctoritate, laudibus. Editiones operum distinctius commemorabo, adjunctis etiam editorum præfationibus, atque ipsis adeo epistolis dedicatoriis. Conatus aliorum ad novam editionem procurandam, copias præterea quas in eam rem apparaverant singillatim exponam.

11. Tum ad Isidori opera enumeranda, et vera a falsis distinguenda pergam, præmissis antiquis ejuscemodi operum catalogis. De singulis seorsum disputabo; et quænam ab aliis separata, typis excusa prodierint, admonebo, nihilque etiam harum peculiarum editionum a præsenti ut absit, operam dabo. Postremo veterum librorum mss., quibus adjutus sum, recensionem adornabo non perfunctoriam, et quæ fortasse utilis esse possit ad historiam litterariam quibusdam in partibus illustrandam.

CAPUT II.

Regulæ S. Leandri ad Florentinam sororem caput ultimum, in quo de patria, parentibus, et fratribus S. Isidori agitur, cum exemplaribus editis, et Mss. Gothicis collatum.

1. « Jam ad portum navem orationis dirigimus, et, emenso dictorum pelago, in littore quiescendi anchoram ponimus: flatu tamen charitatis tuæ iterum in fluctibus verborum revehor. Te quæso 6, soror Florentina, per beatamque Trinitatem unicæ divinitatis obtestor, ut, quæ de terra tua, et de cognatione tua cum Abraham egressa es, cum uxore Loth non respicias retro (*Genes.* XIX), ne efficiaris exemplo malo documentum aliarum ad bonum; et ne in te aliæ videant quod in se caveant: illa vero aliis facta est condimentum sapientiæ, sibi vero simulacrum stultitiæ: sibi enim nocuit male factum, aliis profuit exemplum contrarium. Ne te unquam reverti ad genitale solum sollicitet cogitatio, ubi, si te Deus habitare voluisset, non inde ejicoret. Sed quia utile proposito tuo fore prospexit, bene, sicut Abraham a Chaldæis, et tanquam Loth, te abstraxit a Sodomis. Denique errorem meum ipse fateor, me communem matrem sæpe allocutum, nosse cupiens, si vellet reverti ad patriam. Illa autem, quæ se noverat Dei voluntate causa inde salutis exisse, sub divina obtestatione dicebat: Nec velle se videre, nec unquam visuram illam patriam esse. Et cum magnis dicebat fletibus: Peregrinatio me Deum fecit agnoscere; peregrina moriar, et ibi sepulturam habeam, ubi Dei cognitionem accepi. Teste Jesu, hoc in ejus experiisse desideriis memor sum, ut, etiamsi diu viveret, patriam illam non revisere. Tu, quæso, cave, soror Florentina, quod mater timuit, et malum quod illa experta fugit tu prudenter evita.

2. « Miserum me! doleo, qui ibidem communem fratrem transmisi Fulgentium, cujus pericula jugi formidine pertimesco. Tutior tamen erit, si tu securior, et absens pro illo oraveris. Ea inde arte abstracta es, ut si ibidem nata fueris, non memineris. Nulla est recordatio quæ moveat desideriis animam; et beata es, quæ ignoras quod doleas. Ego tamen expertus loquor, sic perdidisse statum et speciem illam patriam, ut nec liber in ea quisquam supersit, nec terra ipsa solita sit ubertate fecunda; et non sine Dei judicio: terra enim, cui cives erepti sunt, et concessi extraneo, mox ut dignitatem perdidit; caruit et fecunditate. Vide, soror Florentina, quod te pavens, mœrensque conveniam, ne te serpens præripiat a paradiso; et in eam ponat terram, quæ spinas et tribulos germinat, de qua rursum si velis manum extendere, et lignum vitæ edendum assumere, non permittaris attingere. Testor enim te cum propheta, et, conscio Jesu Christo, admoneo dicens: *Audi, filia, et vide, et inclina aurem tuam, et obliviscere populum tuum, et domum patris tui, quia concupivit rex speciem tuam, et ipse est* 7 *Dominus Deus tuus (Psalm.*

xliv, 11, 12). *Nemo mittens manum suam in aratro et respiciens retro, aptus est regno Dei.* » (*Luc.* ix, 62.)

3. « Noli ab eo avolare nido quod invenit turtur ubi reponat pullos suos (*Psalm.* lxxxiii). Simplicitatis filia es, quæ Turture matre nata es. In eadem una persona complurium necessitudinum uteris officio. Turturem pro matre respice : Turturem pro magistra attende : et, quæ te Christo quotidie affectibus generat, chariorem, qua nata es, reputa matrem ; ab omni procella, ab omni mundano turbine in ejus te sinibus conde. Sit tibi suave ejus lateri adhærere : sit tibi dulce ejus gremium jam provectæ, quod erat infanti gratissimum. »

4. « Postremo charissimam te germanam quæso, ut mei orando memineris, nec junioris fratris Isidori obliviscaris, quem quia sub Dei tuitione, et tribus germanis superstitibus parentes reliquerunt communes, læti, et de ejus nihil formidantes infantia ad Dominum commearunt. Quem cum ego ut vere filium habeam, nec temporale aliquid ejus charitati præponam, atque in eo pronus dilectione recumbam ; tanto eum charius dilige, tantoque Jesum exora pro illo, quanto nosti eum a parentibus tenerius fuisse dilectum. Certus sum, quod flectat pro nobis aures divinas tua virginalis oratio : et, si pactum, quod cum Christo pepigisti servaveris, bene agenti tibi debetur corona, et exhortanti Leandro præstabitur venia ; et, si perseveraveris usque in finem, salva eris. Amen. »

5. Varias has lectiones Florezius tom. IX Hisp. sacr. , append. 5, adjecit e duobus mss. exemplaribus Gothicis, altero bibliothecæ regiæ Matritensis, altero S. Æmiliani Cucullati, sive *de la Cogolla*, ut dicunt ; et ex editionibus Sandovalii, Tamayi, et Holstenii. Sandovalius et Tamayus, *et immenso dietorum.* Tam., *verborum revertor.* Tam., *inde ejecisset.* Mss. Gothici codices, *velit reverti.* Sand. et Tam., *experta fugit.*

6. Holstenius et Nic. Antonius in elogio S. Fulgentii, num. 12, Biblioth. Vet. Hisp., *Ea inde ætate.* Mss. *ea inde arte.* Sand., *si perdidisse.* Sand., Tam., *vitæ ad edendum.* Sand. et Tamayus *in ejus pronus.* Sand., Tam., *parentibus terrenis.*

7. Adde his, si placet, nonnullas meas observationes. Holstenius num. 1 habet *per beatam quoque.* Ibid. Holst., *te abstraxit*, pro quo Florezius edidit *te adtraxit.* Ibid. Holst. *sepulcrum habeam.* Num. 2 Holst., *ut vel si ibidem.* Ibid. conjiciebam *de qua sursum si velis*, etc. Ibid. Holst., *in aratrum.* Num. 3 Florezius *te sinibus concede : et jam profecto pro jam provectæ.* Melius hoc, vel simili sensu *jam profectæ.* Mitto alios grammaticæ errores, qui etsi fortasse in Leandri sæculum cadunt, tamen librariis melius tribuuntur ut *nido quod* pro *nido quem*, etc.

CAPUT III.

S. Braulionis Cæsaraugustani episcopi Prænotatio librorum D. Isidori.

1. « Isidorus vir egregius, Hispalensis Ecclesiæ episcopus, Leandri episcopi successor et germanus, floruit a tempore Mauritii imperatoris, et Reccaredi regis, in quo quiddam sibi antiquitas vindicavit, imo nostrum tempus antiquitatis in eo scientiam imaginavit, vir in omni locutionis genere formatus, ut imperito doctoque secundum qualitatem sermonis existeret aptus, congrua vero opportunitate loci, incomparabili eloquentia clarus. Jam vero quantus sapientia fuerit, ex ejus diversis studiis et elaboratis opusculis perfacile prudens lector intelligere poterit. Denique de iis quæ ad notitiam nostram venerunt ista commemoravi. Edidit libros Differentiarum duos, in quibus subtili discretione ea quæ confuse usu proferuntur, sensu discrevit. Prœmiorum librum unum, in quo, quid quisque liber sanctæ contineat Scripturæ, brevi subnotatione distinxit. De ortu et obitu Patrum librum unum, in quo eorum gesta, dignitatem quoque, et mortem eorum, atque sepulturam sententiali brevitate subnotavit. Ad germanum suum Fulgentium episcopum Astigitanum officiorum libros duos, in quibus originem officiorum, cur unumquodque in Ecclesia Dei agatur, interprete suo stylo, non sine majorum auctoritate elicuit. Synonymorum libros duos, quibus ad consolationem animæ, et ad spem percipiendæ veniæ, intercedente rationis exhortatione, erexit. De natura rerum ad Sisebutum regem librum unum, in quo tam de ecclesiasticorum doctorum, quam etiam de philosophorum indagine obscura quædam de elementis absolvit. De numeris librum unum, in quo arithmeticam propter numeros ecclesiasticis Scripturis insertos ex parte tetigit disciplinam. De nominibus Legis et Evangeliorum librum unum, in quo ostendit quid memoratæ personæ mysterialiter significent. De hæresibus librum unum, in quo majorum secutus exempla, brevitate qua potuit diffusa collegit. Sententiarum libros tres, quos floribus ex libris papæ Gregorii moralibus decoravit. Chronicorum a principio mundi usque ad tempus suum, librum unum, nimia brevitate collectum. Contra Judæos, postulante Florentina germana sua proposito virgine, libros duos, in quibus omnia quæ fides catholica credit, ex legis et prophetarum testimoniis approbavit. De Viris Illustribus librum unum, cui nos ista subjunximus. Monasticæ regulæ librum unum, quem pro patriæ usu, et invalidorum animis decentissime temperavit. De origine Gothorum, et regno Suevorum, et etiam Wandalorum historia, librum unum. Quæstionum libros duos, quos qui legit veterum tractatorum multam supellectilem recognoscit. Etymologiarum codicem nimia magnitudine, distinctum ab eo titulis, non libris : quem quia rogatu meo fecit, quamvis imperfectum ipse reliquerit, ego in viginti libros divisi. Quod opus omnimodo philosophiæ conveniens quisquis crebra meditatione perlegerit, non ignotus divinarum humanarumque rerum scientia merito erit. Ibi redundans diversarum artium elegantia, ubi quæcunque fere sciri debentur, restricta collegit. Sunt et alia ejus viri multa opuscula, et in Ecclesia Dei multo cum ornamento inscripta. Quem Deus post tot defectus Hispaniæ, novissimis temporibus suscitans, credo ad restauranda

antiquorum monumenta, ne usquequaque rusticitate veterasceremus, quasi quamdam apposuit destinam. Cui non immerito illud philosophicum a nobis aptatur: *Nos*, inquit, *in nostra urbe peregrinantes errantesque tanquam hospites, tui libri quasi domum reduxerunt; ut possimus aliquando, qui et ubi essemus, agnoscere. Tu ætatem patriæ, tu descriptiones temporum, tu sacrorum jura, tu sacerdotum, tu domesticam publicamque disciplinam, tu sedium, regionum, locorum, tu omnium divinarum humanarumque rerum nomina, genera, officia, causas aperuisti* (Cicero 1 Academ. Quæst.). Quo vero flumine eloquentiæ, et quot jaculis divinarum Scripturarum seu Patrum testimoniis Acephalitarum hæresin confoderit, synodalia gesta coram eo Hispali acta declarant. In qua contra Gregorium præfatæ hæresis antistitem eam asseruit veritatem. Obiit temporibus Heraclii imperatoris, et **10** Christianissimi Chintilani regis, sana doctrina præstantior cunctis, et copiosior operibus charitatis. »

2. Hæc prænotatio librorum Isidori a Joanne Baptista Perez libro Isidori de Viris Illustribus addita fuit, tanquam caput 47 ejus libri, notis, quas subjungo, illustrata.

Notæ Joannis Baptistæ Perez in prænotationem librorum S. Isidori.

« Braulio episcopus Cæsaraugustanus, cujus Ildefonsus meminit, auctor est hujus vitæ Isidori, ut ex libris vetustis constat, et ex his epistolis Braulionis, quæ Etymologiis Isidori solent præponi. Nam et hic testatur, rogatu suo Etymologiarum librum ab Isidoro compositum.

Quasi quamdam apposuit destinam, etc. Ita omnino in vetusto Codice, quem locum alii non intelligentes, ex ingenio reposuerunt: *Quamdam apposuit lucem destinare*. Utitur ea voce Corippus poeta Afer libro de laudibus Justini Junioris, nuper edito a doctissimo Ruyzio Azagrio:

Et Thomas Libycæ notantis destina terræ.

Isidorum mortuum sib Chintila Gothorum rege ait Braulio. Ex quo multorum nostratium errores convincuntur de anno mortis Isidori in quo mirum est quam varient inter se Hispani historici. Itaque in gratiam nostri auctoris Isidori, quem in primis illustrandum suscepimus, diem et annum, quo mortuus fuerit, definiamus. Aio, certissime mortuum anno Christi 636. Primum quia Redemptus ejus discipulus, qui obitum Isidori, quem præsens viderat, describens, ait, mortuum æra 664, de quo nemo dubitat quin sit annus Christi 636. Idem quoque Redemptus Isidorum inducit populum alloquentem quatriduo ante mortem his verbis: *Ita* (inquit) *sacri fontis unda, quam hodie devotus est populus percepturus, sit vobis in remissionem peccatorum*. Cum vero compertum sit ex omnibus Martyrologiis, Isidorum mortuum pridie Nonas Aprilis, si Paschales cyclos consulas, reperies plane, isto anno 636 Pascha fuisse pridie Kalendas Aprilis, et ita baptismum catechumenorum solemnem quatriduo præcessisse mortem Isidori. Præterea si mortuus est sub Chintila, ut ait Braulio, necesse est anno primo Chintilæ mortuum, nam **11** Chintilam cœpisse æra 674, id est Christi 636, cognoscitur ex concilio quinto Toletano, anno autem secundo Chintilæ videmus habitum sextum concilium Toletanum, cui jam non Isidorus (erat enim vita functus), sed Honoratus Isidori successor interfuit. Itaque vere dictum ab Ildefonso cognoscimus, floruisse Isidorum usque ad Sisenandum regem, nulla omnino facta mentione Chintilæ, qui Sisenandum secutus est: nempe quod ipso primo anno Chintilæ Isidorus decesserit. Vere quoque illud ab eodem Ildefonso dictum, præfuisse Isidorum ecclesiæ Hispalensi fere quadraginta annis: nempe quod omnino triginta septem anni fuerint, ab anno 600 usque ad 636, ut paulo ante in Leandro, et nunc in Isidoro supputavimus. »

3. In præclara editione Patrum Toletanorum idem liber Isidori de Viris Illustribus præmissus fuit Ildefonsi libello ejusdem tituli: sed in prænotatione Braulionis, sive Braulii (utroque enim modo id nomen effertur, ut *Taio, Taius*, et similia) de Isidori libris nulla scriptionis varietas annotata est. Eam olim edidit Constantinus Cajetanus in opere: SS. *trium episcoporum religionis Benedictinæ luminum, Isidori Hispalensis, Ildefonsi Toletani, Gregorii cardinalis Ostiensis Vitæ et actiones. Romæ* 1606. Ejus observationes non prætermittam.

Constantini abbatis Cajetani in Vitam Isidori, a S. Braulio scriptam, notæ ac variæ lectiones.

4. « Hæc de S. Isidoro per S. Braulium facta attestatio, Vitæ inscriptione insignitur in fine operis ejusdem Isidori de Viris Illustribus: atque et ipsam Vitæ titulo inscripserunt Laurentius Surius, Franciscus Hareus, Zacharias Lippelous, aliique suis in libris de sanctorum Vitis. Apud quosdam tamen ita legi: *Prænotatio librorum D. Isidori a Braulione Cæsaraugustano episcopo edita*. Braulium hujus vitæ scriptorem, doctrina, et sanctitate fuisse illustrem, testantur omnes qui illius meminere; addunt alii Isidoro junctum sanguine. Certe gloriosam ejus memoriam singulis annis sancta Dei Ecclesia solemniter veneratur ad vigesimum sextum mensis Martii diem. De eodem S. Ildefonsus cap. 11 lib. de Vir. Illustr., atque cæteri rerum Hispanicarum scriptores. Braulii hortatu Isidorus Etymologiarum **12** volumen ex indefessa lectione conscripsit: opus diffusum et varium, atque ea ætate comparandum miraculo.

« Cæterum, quas ex aliis codicibus, vel mss., aut edit. varias lectiones collegimus adnotavimusque, hæ sunt.

« *In quo quiddam sibi antiquitas*. In quo quidem antiquitas. *Imperito*. Imperio. *Opportunitate*. Importunitate. *Commemoravi*. Commemorabo. *Exhortatione*. Exoratione. *Elementis*. Electione. *Quem*. Quam. *Nimia magnitudine*. Nimiæ magnitudinis. *Omnimodo philosophiæ conveniens*. Omnimodæ philosophiæ repletum. *Non ignotus*. Non ignorabit. *Merito*. Non merito. *Ibi*. Ubi. *Cum ornamento inscripta*. Quem Deus. Cum ornamento instrumenta, quæ hic collegi: Quem Dominus.

« *Quasi quamdam apposuit destinam.* Ita omnino in vetusto codice. Quem locum alii non animadvertentes, ex ingenio reposuerunt : *Quasi quamdam apposuit lucem destinari.* Alii vero : *Quasi quasdam opposuit destinans.* Ego autem potius censerem legendum esse : *Quemdam,* non quamdam, *apposuit destinam ;* si destina accipiatur pro misso, vel angelo ; cum Deus informandæ Hispaniæ, rusticitate hactenus veterascenti, Isidorum legaverit præceptorem. Utitur sane ea voce Corippus poeta Afer (*lib. de Laud. Justin. Jun.*) :

Et Thomas Libycæ nutantis destina terræ.

Et præter eum Arnobius (*Adv. gentes, lib.* ii) : *Non post Theutin* [*Al. Theutatem*], *Ægyptium, aut post Atlantem* (*ut quidam ferunt*) *gestatorem, bajulum, tibicinem illum, ac destinam cœli?* Ipse demum S. Isidorus (*Breviar. Tolet.*)

Urbis Romuleæ jam toga candida
Septem pontificum destina promicat,
Missos Hesperiam quos ab apostolis
Assignat fidei prisca relatio.

Vide Joannem Meursium in Critico Arnobiano, lib. ii, capite 13. *Cui non immerito illud Philosophicum a nobis aptatur : Nos,* inquit, etc. Sententia hæc est Ciceronis de M. Varrone, lib. 1 Acad. Quæst. non longe a principio.

« *Tu ætatem patriæ,* etc. Hæc quoque ex Cicerone S. Augustinus retulit in lib. ii de Civit. Dei.

« *Publicamque disciplinam, tu sedium, regionum.* Sed apud Ciceronem legimus : *Tu bellicam disciplinam, tu sedem regionum. Copiosior.* Copiosis. ı

13 5. Quod Cajetanus ait, ex quorumdam fide Braulionem Isidoro sanguine junctum fuisse, nulli veteri innititur fundamento. Frustra etiam laborat idem Cajetanus ut *destinam* masculini generis faciat. Eam vocem in sensu proprio pro vinculo, seu catena, qua aliquid colligatur, et continetur, a Vitruvio quoque l. v, cap. ult. usurpatam fuisse, multi opinantur : quem tamen locum alii aliter legunt. Confer not. Loaisæ ad lib. ii. Sentent. S. Isidori cap. 40. Nic. Antonius l. v, c. 3, n. 85, putat Braulionem id expressisse ex Fulgentii epist. i, cap. ii; interpretatur autem, *destinam* esse fulcimentum, aut substructionem, non vinculum, quod voluerat Philander, et improbavit Barthius Advers. l. xv, c. 13. Plura de hac voce Dictionarium Ducangii a Maurinis auctum. Braulionem imitatus videtur Alvarus Cordubensis in epistola Abbati Speraindeo directa, tom. II Patrum Toletan., pag. 657 : *Præscius, et omnipotens Deus hæc, in quæ devenimus, tempora et esuriem verbi Dei, quam patimur, validam vos nobis opposuit destinam.* Legerem *Præsciens omnipotens Deus hæc, in quæ devenimus, tempora.*

6. Laudat quoque Cajetanus Isidorum, tanquam auctorem hymni : *Urbis Romuleæ* : non alia, ut videtur ratione, nisi quia in breviario Isidoriano reperitur : quam vanam esse observavi in Hymnodia Hispanica ad diem 15 maii, ubi de ejusmodi hymno in laudem septem apostolicorum disserui. Recte observat Cajetanus, in Ciceronis verbis apud auctorem ipsum legi : *tu sedem regionum :* quæ quidem reponenda videntur in Braulione : non enim alio modo probe sententia procedit. Sic etiam legendum *humanarumque rerum nomina,* ut habet Grialius, non *nominum,* ut apud Cajetanum exstat.

7. In schedis Zaccarianis, ad librum Isidori de Viris illustribus, spectantibus, collationem Prænotationis Braulii cum tribus mss. Codicibus invenio, uno scilicet Romano bibliothecæ Excellentissimæ domus Albaniæ, qui olim fuit cardinalis Sirleti, chartaceo in-4°, quocum consentiunt tres Vaticani a me collati, Regio-Vat., Urb., et Ottobon. 1720, altero Bononiensi bibliothecæ S. Salvatoris, et tertio, ut censeo, vel ex hac ipsa bibliotheca S. Salvatoris, vel ex bibliotheca Florentina S. Marci : deest enim hujus collationis titulus. Varias horum trium mss. lectiones indicabo.

14 *Codex Albanius, Ottobonianus* 1720, *Regio-Vaticanus* 349, *et Urbinas* 382, *ex eodem, ut videtur, exemplo descripti. De Isidoro episcopo.*

8. *In quo quidquam-immo vero tempus-in omni genere locutionis et peritus doctusque qualitate sermonis existeret et apertus.* Alb. *locutionis formatus, et peritus,* etc. - *incomparabiliter eloquentia. - prudens intelligere potest-ad nostram notitiam.*

9. *Edidit enim libros-sanctæ Scripturæ contineat-Patrum, in quo gesta-dignitatemque, et mortem-episcopum officiorum-agatur in tempore suo non sine-in quibus ad consolationem animi.*

10. *Quam de philosophorum-quædam de electis insertos et ex parte-Florentia germana-credit, et legit, et prophetarum-cui nos ista subjungimus - codicem nimiæ magnitudinis-fecit, ego in viginti libris divisi. Quod omnes omnimodo - non ignorabit divinarum, humanarumque rerum scientiam, merito erit.-fere scribi debetur.*

11. *Sunt autem hujus viri opuscula multa in ecclesia cum ornamento instrumenta - quasi quamdam lucem apposuit destinari-a nobis approprietur-quasi hospites-tanquam domum-ibi essemus.*

12. *Tu autem patriæ in descriptione temporum, in sacrorum vitam sacerdotum - publicam disciplinam - Quanto vero flumine-hæresim confuderit-speciali actu declarant. Quam-eam asserunt.*

Codex Bononiensis.

13. *Ut perito, doctoque qualitate sermonis existeret apertus-nostram devenerunt-brevi sub notatione-agatur in tempore stilo.*

14. *Etiam philosophorum indagine-non ignorabit scientiam. Merito ibi redundans,-in descriptiones temporum, in sacrorum vitam sacerdotum-coram eo spirituali actu.*

Codex alter fortasse Bononiensis.

15. *In quo quidquid-ut peritus, doctusque qualitate sermonis existeret et apertus-Quanto vero flumine*

16. Multa sunt, quibus hi mss. Codices inter se conveniunt, **15** et ab editione Grialii differunt. Notandum præcipue, quod omittunt A*stigitanum* post *Fulgentium episcopum :* nam Florezius tom. V

Hisp. sacr., dissert. 4, urget lectionem editionis Matritensis *Fulgentium episcopum Astigitanum* contra cardinalem Belluga, qui Codicum nostrorum scripturam tenet, ut defendat Fulgentium post Astigitanam sedem rexisse etiam Carthaginiensem in Hispania. Scriptura vero Grialii, quam plerique mutant, scilicet *non ignotus divinarum humanarumque rerum scientia*, cæteris præferenda est : nam *ignotus* pro *ignarus* a Braulione aliisque ejus æqualibus usurpatur, ut *cognitus* pro *gnarus*. Vide epistolam Isidori ad ipsum Braulionem archidiaconum tunc, quæ incipit : *Quia non valeo te frui*.

17. Cæterum cum Bignæus in sua Isidori editione Prænotationem Braulii primus ediderit, nonnullas ex eo varietates indicare non pigebit. Titulus apud eum est : Beati Isidori Hispalensis episcopi vita per B. Braulionem Cæsaraugustanum antistitem descripta. Nota margini appicta ait, hanc Isidori vitam haberi in fine operis ejusdem Braulionis (corrige Isidori) de Viris Illustribus.

Variæ lectiones ex Bignæo.

18. *Imaginavit, ut in omni genere locutionis famatus, et peritus doctusque qualitate sermonis existens et apertus-Ego in viginti libris divisi. Quos omnes omnimodæ philosophiæ repletos quisquis*, etc. *non ignorabit divinarum humanarumque rerum scientiam. Et merito. Est enim ibi redundans*, etc.-*Tu autem patriæ in descriptione temporum, et sacrorum vitis sacerdotum, tu domesticam publicam disciplinam, tu sedium, regionum, locorum, tu omnium*, etc.-*coram eo specialiter acta declarant, quæ contra*, etc., *eam asserunt veritatem.-summa doctrina præstantior.*

19. Fabricius in Bibliotheca ecclesiastica ex Conciliis Hispaniensibus Loaisæ libro Isidori de Viris Illustribus locum dedit, prænotationemque Braulionis præfixit. Cum aliis fere consentit. Hæc tamen magis illi propria : *auctoritate explicuit-De nominibus legis et evangeliorum, in quo majorum secutus exempla brevitate qua potuit diffusa collegit.-illud philosophi-antistitem, asseruit veritatem*. Fortasse typographo Fabricii exciderunt verba *in quo ostendit, quid memoratæ personæ mysterialiter significent. De hæresibus*. Facile enim fuit ex verbis *evangeliorum librum unum* ad alia delabi *De hæresibus librum unum*. Non placet *explicuit* pro *elicuit* : nam Braulio verbum Isidori *elicui* ex epistola ad Fulgentium descriptioni operis accommodavit. Minus etiam probo *illud philosophi*, quam *illud philosophicum*. Sic Eulogius Cordubensis initio Memorialis Sanctorum de versu quodam Juvenci:*Ut est illud philosophicum: Hoc opus*, etc., quod observatum a me fuit in not. ad Juvencum, l. 1, v. 30.

20. Ottobonianus 1720 etsi cum Albanio consonat, corrector tamen alicubi est, ut initio : *in omni genere locutionis formatus et peritus*. Ottobonianus 849 et numero et ordine capitum ab Albanio differt. Prænotatio in eo inscribitur. *Vita Isidori*, tacito auctoris nomine. Scriptura ejus fere editioni Grialii cohæret. Hæc peculiaria : *ut perito, doctoque qualitate sermonis existeret apertus. - Fulgentium episcopum Officiorum-Postulante Florentia-ego in* xx *libris*, etc.

21. Bayerius in not. ad Biblioth. Hisp. l. v, cap. 4, n. 93, ex vetustis exemplaribus producit hanc discrepantiam, quam sustinere conatur : *Ego in* xv *libris divisi* pro *in* xx, vel *in viginti*, ut habent editi. Hæc controversia discutietur cap. 48. Nostri omnes codices in Prænotatione viginti libros indicant.

CAPUT IV.

Braulioni asseritur librorum Isidori Prænotatio, ejus nomine vulgata. De alia uberiori Prænotatione, quæ in nonnullis mss. exstat, disputatur.

1. Cum tot sint vetera exemplaria quæ Braulioni prænotationem librorum Isidori tribuunt, quid causæ esse dicam, cur et superiori et hoc nostro sæculo ea de re nonnemo litem excitare voluerit ? Nic. Antonius in Bibliotheca veteri Hispana cum Isidori opera recenset, sine ulla dubitatione passim Braulionis prænotationem laudat. Præterea cap. 5, l. v, n. 245, ejusdem ita meminit : *De labore hujus magni præsulis* (Braulionis) *in Etymologiarum S. Isidori magistri sui opere exantlato diximus jam in Isidoro, Etymologiarum* (ait) *codicem nimia magnitudine distinctum ab eo titulis, non libris : quem quia rogatu meo fecit, quamvis imperfectum ipse reliquerit, ego in viginti libros divisi*. (*In præfatione ad S. Pontificis Opera.*) *Præter hæc reliquisse Braulionem et alia opuscula, non solum Ildefonsus, sed et Isidorus Pacensis, ex eoque Rodericus Toletanus referunt*.

2. His verbis in recenti Matritensi editione Bibliothecæ Hispanæ hanc notam eruditissimus Bayerius subjicit : *Prænotationis Isidori Operum, quam uno quasi ore bibliographi Braulioni ascribunt, videtur hoc loco Noster non meminisse. Atqui nunquam minus prætereunda, quam nunc, est, cum litem de ea moneat vir eximius, civis, ac singularis, dum vixit, amicus, ac studiorum meorum fautor Gregorius Mayansius Siscarius*. Eccur Bayerio visum fuit, Nic. Antonium Prænotationis non meminisse? Nam et plura verba ex ea recitat, et eam vocat *præfationem ad Opera S. Isidori*, vel quia Grialio Operibus S. Isidori præfixa est, vel quia ab ipso Braulione ideo fortasse facta fuit, ut præfationis ad Isidori Opera loco esse posset : quod *prænotationis* appellatio innuit. Alioquin Braulio prænotationem suam libro Isidori de Vir. Illustr. se subjunxisse affirmat. *De viris*, inquit, *illustribus librum unum, cui nos ista subjunximus*.

3. De lite vero a Mayansio mota quid dicam? Is in Nic. Antonii Vita, Censuræ fictitiarum historiarum ejusdem Nicolai præfixa, n. 125, asserit, falso eam Prænotationem Braulioni tribui ; idque pluribus a se, ubicunque locus aut occasio ferat, probatum iri pollicetur. Jure Bayerius rationes desiderat, quibus in eam sententiam Mayansius pertractus fuit : non enim gratis, inquit, aut pro lubidine, quæ ex eo retulimus, jactata fuisse existimandum est. *Interea vero* (pergit) *dum eas in apricum ætas profert, unam veterum, quotquot viderim, Codicum, ac bibliographorum fere omnium, quibus Braulionis, qua de agimus, Prænotatio ad internoscenda germana Isidori Opera veluti fax, et cynosura semper fuit, consensionem satis superque fore existimo, ut nullo pacto a gradu quem*

hactenus avud criticos obtinuit eam removeamus.

4. Equidem Mayansii doctrinam ac judicium plurimi facio, sed vereor ne falsariorum fraudibus immodice irritatus, in contrariam partem aliquando propenderit, ut, ubi nulla est fraus, fraudem inesse affirmaverit. De recentibus quidem chronicorum architectis 18 nihil sane est, cur quidquam suspicetur, cum præotatio Braulii in membranis sine controversia antiquioribus reperiatur. Bayerius quidem non exprimit, quot mss. Codices viderit, in quibus id opus Braulionis ascribatur. Paulo ante in not. ad num. 243 refert, in Escurialensi Codice recenti quidem, sed e vetere alio descripto exstare digramm., et plut. 4. n. 23, *Braulionis Cæsaraugustani additionem ad librum Isidori de Viris Illustribus, quod est ipsamet præotatio, sed a Bayerio tanquam aliquid ab ea diversum videtur recenseri.*

5. Neque vero Bayerius memoria tenebat, quæstionem hanc ipsam de præotatione Braulionis a Nic. Antonio fuisse agitatam, rationesque Pellizerii contra eam dilutas, astipulante in notis eodemmet Bayerio. Audiamus Nic. Antonium l. v, c. 4, n. 125: *Habemus enim Braulionem, utrumque opus inter nostri* (Isidori) *alia recensentem. Qui enim approbabimus, non scripsisse hunc eam prænotationem S. Isidori librorum, quod in animum sibi prius inductum, alterum adversus possessionem Hispalensis telum Pellizerius vibravit? Primum* (ita est) *prænotatio ista in editione Matritensi lucem vidit; sed ex antiquis libris, quos optimæ notæ consuluerunt hi qui apud nos curam editionis habuere. Stylus quoque istius, qua vixit Braulio, ætatis auctorem prodit: nec dissimilis est ab eo, quo scripta ab eodem Braulione habemus, cum Vitam S. Æmiliani, tum hymnum in ejusdem laudem, quod* (forte qui) *breviario Gothico, sive Isidoriano insertum* (forte *insertus*) *legitur, et epistolas, quæ cum Isidorianis editæ sunt.*

6. Nollem tam liberalis fuisset Nic. Antonius ut concesserit prænotationem Braulionis primum lucem vidisse in editione Matritensi, hoc est anno 1599. Eam enim Margarinus de la Bigne suæ editioni operum Isidori præmisit, Parisiis anno 1580 procuratæ. Quin et Italice prodierat Prænotatio Braulionis in versione Italica Synonymorum anno 1570, de qua sermo cap. 70 recurret. Bayerius in nota subjungit: *Si alii deessent omnes, unus Escurialensis codex lit. Q plut. II, num. 24, æra 781, sive Christi anno 745 scriptus, in quo Braulionis prænotatio, et in ea Chronici, de quo agimus, Isidoro Hispalensi attributio totidem atque apud Grialium, ipsisque verbis plane rem conficeret.* Plures alios codices, in quibus ea Prænotatio legitur, ante annum Christi millesimum 19 exaratos alio loco narrat se vidisse, scilicet in not. ad cap. 4, l. v, n. 93. Exscribit deinde verba Oudini ex peculiari dissertatione de Scriptis S. Isidori Hispalensis sæculo VII, tom. I, col. 1583. *Ad iudicandum recte de operibus veris et indubiis S. Isidori Hispalensis archiepiscopi, necessarium duxi hic præmittere prænotationem librorum illius a Braulione Cæsaraugustano episcopo editam.* Addit plura ex Joanne Vossio de Hist. Lat. l. II, cap. 25, et inter alia de prænotatione: *Braulio, cui præ omnibus fides haberi debet.*

7. *Quale autem illud est*, pergit contra Pellizerium Nic. Antonius, *quod ex adverso nobis opponitur? Braulionem, si auctor esset prænotationis, minime accommodaturum* (in more enim hoc non habent Christiani encomiastæ) *sancto Isidoro ethnicum illud, seu philosophicum, ut vocat, elogium, quod nempe Tullius de M. Terentio Varrone Quæstionum primo libro Academicarum usurpat, et superiori capite adduximus. Braulionis sane ipsius studia, et genius convincunt plane uti eum potuisse disciplinarum sæcularium testimoniis, quas in præfatione vitæ S. Æmiliani ex parte se attigisse modeste agnoscit: nec minus in usu habuisse: qui in eadem vitæ præfatione utitur versu isto cujusdam, ut ait, veterum poetarum:*

Hoc opus, hoc etenim forsan me subtrahet igni.

Appositissimum præterea est, Isidoroque applicari sanctissimo Christianorum Varroni prorsus dignum vetus illud, Romano olim dictum a Cicerone: par utriusque studium indagandarum originum, par et circa idem argumentum sese prodens doctrina.

8. Sapienter hæc Nic. Antonius edisserit: qui tamen inter disciplinarum sæcularium testimonia non debuit versum illum *Hoc opus*, etc., referre: est enim versus sanctissimi poetæ Juvenci in prologo ad carmen evangelicæ historiæ, ab aliis deinde Christianis scriptoribus in suorum operum præfationibus, ut ab Alcuino, et Eulogio Cordubensi, usurpatus: de quibus dixi in not. ad v. 30 l. I Juvenci, et jam ante indicavi. Fortasse etiam Braulio ex Augustino potius, qui Ciceronis verba l. VI de Civit. Dei, cap. 2, adhibuit, quam ex ipso Cicerone elogium Varronis desumpsit, ut Isidoro accommodaret. Ac notandum, in nonnullis editionibus apud Augustinum legi quoque *tu sedium*, sed in plerisque mss. *tu sedem*, ut apud Ciceronem. Quædam etiam ex iis, quæ num. 10 referam, Braulio ex S. Hieronymo, ut arbitror, sumpsit.

20 9. Ut responsionem Nic. Antonii confirmet, addit in nota Bayerius, Tulliano Varronis elogio longe superius esse, quod a centum fere Hispaniæ Patribus, et proceribus unanimi omnium consensione in VIII Toletana synodo tit. 2, n. 32, eidem sancto doctori jure ac merito tributum legimus: *Quid quod*, subjungit, *Varronem Cicero in Academicis præsentem præsens alloquitur? Braulio exstinctum nuper Isidorum dolet, quem viventem unice dilexerat. Quis vero tam chari capitis desiderio pudor esset, aut modus? Illud tamen*, inquis, *ab ethnico profectum. Esto. Sed cur non idem in Basilio, Nazianzeno, Hieronymo, imo et in Paulo reprehendimus?*

..... Habitarunt dii quoque silvas,
Dardaniusque Paris.

Potuit cum aliis nominari Augustinus, qui, ut dixi, ante Braulionem Ciceroniana ipsa de Varrone verba in suam sententiam adduxit. Potuit etiam ex multorum opinione asseri, Braulionem Isidori discipulum fuisse, adeoque libenter hujus laudes exaggerasse. Et Riscus ouidem tom. XXX Hisp. sacr. cap. 7, n. 6, tract. 66, ex Isidori litteris ad Braulionem colligit,

Isidorum Braulionis fuisse magistrum. At neque in epistolis Isidori ad Braulionem, neque in aliis hujus ad illum mentio ulla fit ejus magisterii : quod silentium in contrariam sententiam potius nos ducit : ac solum ex his epistolis constat Braulionem, et Isidorum aliquando simul fuisse conversatos. Melius Riscus Martinum Carrillum rejicit, qui affirmaverat, Braulionem Ildefonso magistro usum fuisse : non enim constat temporum ratio. Braulio ipse in epistola dedicatoria vitæ S. Æmiliani Joannem fratrem suum, et prædecessorem sanctæ vitæ doctrinæque institutorem sibi fuisse affirmat : de aliis magistris nusquam meminit. Confer dicenda cap. 20.

10. Fuisse autem Braulionem sæcularibus disciplinis imbutum, vel certe veterum scriptis eruditum demonstrant ejus opera, ac præsertim epistola ad Tajonem presbyterum, tom. XXX Hispaniæ sacræ pag. 331 seq. *Apud te habeas fixum, me posse remordere, si velim : posse genuinum læsus infigere : quia et nos juxta Flaccum didicimus litterulas, et sæpe manum ferulæ subtraximus; et de nobis dici potest : Fenum habet in cornu, longe fuge : imo illud Virgilianum :*

Et nos tela, pater, ferrumque haud debile dextra
Spargimus, et nostro sequitur de vulnere sanguis.

Et paulo post .

Ne habeat ingratos fabula nostra jocos,

secundum Ovidium, ac secundum Appium caninam videamur exercere facundiam. Et ante præmiserat :

Ne faciat longas fabula nostra moras.

11. Difficillimum ergo est, quod Mayansius argumenta ulla probabilia invenerit, quibus Braulioni abjudicetur prænotatio Operum Isidori, quæ in membranis a Braulionis ætate non longe distantibus, Braulionis nomine inscripta reperitur. Quæ quidem de ea prænotatione Operum Isidori dicta intelligi volumus, quæ dudum vulgata est, et editionibus Isidori præfixa. Nam in mss. Codicibus uberiorem aliam exstare constat : quæ qualis sit, nunc accuratius investigandum est.

12. Grialius in prologo ad lectorem refert, a Cypriano Suarez, qui nonnulla opera Isidori ad editionem Matritensem recognovit, in veteri quadam Braulionis prænotiatione Operum Isidori reperta hæc fuisse verba, quæ vulgo desiderentur : *Moralium libros B. Gregorii papæ rogatu compendiose abbreviavit : Cantica canticorum facunda expositione elucidavit : quartam editionem Psalterii edidit : super libros Moysi, et Psalterium, et quatuor Evangelia expositioni non minimo insudavit studio. In canonico quoque, et civili jure permaxima composuit instrumenta.* Eamdem uberiorem prænotationem e duobus vetustis Codicibus excitat Mariana in not. ad l. 1, c. 2 contra Judæos. *In ejus V ta,* inquit, *a Braulione scripta (duobus certe vetustis Codicibus) scriptum invenio, quartam cum Psalterii translationem edidisse.* Confer epistolam Burrielii infra cap. 40.

13. Bayerius in nota ad n. 160 l. v Biblioth. Vet. Hisp. testatur, incertæ originis dudum sibi visam fuisse istiusmodi auctiorem Braulionis prænotationem : in eam tamen casu se incidisse in regio Matritensi Codice Variarum lectionum Roderici Toletani , a Joanne Lopez de Leon anno 1566 compilato, fol. 114, pag. 2 , totidem atque ipsis verbis atque apud Grialium in Operum Isidori prologo ; nisi quod pro *quartam editionem Psalterii,* ut in Grialii edito, *quartam translationem* in regio Matritensi Codice legitur. Mariana etiam *quartam Psalterii translationem* legerat, ut in ejus verbis vidimus. Rodriguezius de Castro tom. II Biblioth. Hisp. , pag. 294, ex Codice Escurialensi, quo Etymologiarum versio Hispana continetur, sæculo xv exarato, eamdem uberiorem prænotationem sermone antiquo Hispano redditam pretulit : incipit : *Isidro noble varon,* etc.

14. Ad hanc eamdem Isidori Vitam a Braulione scriptam pertinent verba quæ tanquam ex aliquo Braulionis sermone repetita Constantinus Cajetanus loc. cit., pag. 4, protulit : *Interea, fratres charissimi, dignum est, ut hunc sanctissimum confessorem Isidorum omnis laudibus attollat Ecclesia : sed maxime Hispaniarum, quæ præ cæteris ejus specialius saluberrima refulsit doctrina. Nam sicut Gregorius doctor Romæ successit Petro , ita B. Isidorus in Hispaniarum partibus doctrina Jacobo successit apostolo. Semina namque vitæ æternæ, quæ beatissimus Jacobus seminavit, hic beatissimus doctor Isidorus verbo prædicationis quasi unus ex quatuor paradisi fluminibus sufficienter irrigavit : atque universam Hispaniam tam exemplo boni operis, quam fama sanctitatis velut splendidissimus solis radius illuminavit.*

15. Etsi autem Cajetanus ex Braulionis sermone id elogium petitum præmittit, tamen in nota sic refert : *Elogium hoc S. Isidoro inscriptum a S. Braulio potius excerptum esse censerem ex quopiam istius sermone in illius laudem conscripto,* quam , ut alii affirmant, *ex ea, quam elucubravit, Isidori Vita. Quod enim ibi edisserit Braulio, nec verbum quidem,* ut vidimus, *hunc in locum attulit. Cæterum integer hic sermo, quem nancisci adhuc minime potuimus, exstat in antiquitus manu exarato Isidori Etymologiarum opere, quod asservatur apud Carthusianos monachos cœnobii Aulæ Dei in agro Cæsaraugustano siti.* Illud autem ex hoc etiam loco dignum animadversione censendum est, quod Braulius, vir sane et doctissimus, et sanctissimus, ante mille ferme annos testatum voluerit, Jacobum apostolum Hispaniarum doctorem fuisse , ac æternæ vitæ semina, quæ B. Isidorus postea irrigavit, seminasse. Male autem habet , quod Pseudo-Dextri Chronici auctoritate Cajetanus id persuadere voluit.

16. Bollandiani operis continuatores ad diem 4 Aprilis observarunt, initio vitæ S. Isidori, auctore, ut multi putant, Luca Tudensi , quam ipsi notis Nic. Antonii, et suis illustratam publicarunt, eadem referri quæ ex Braulionis sermone Cajetanus protulit. Inter Opera S. Martini Legionensis, qui ante Lucam Tudensem floruit , juxta exemplar ex autographo transcriptum jussu Eminentissimi D. D. cardinalis Francisci Antonii Lorenzana, archiepiscopi Toletani, Segoviæ edita tom. IV, pag. 3, exstat sermo in

transitu S. Isidori : in quo multa sunt ex Braulionis prænotatione jam vulgari desumpta **23**, quædam etiam quæ ex Isidori Vita, vel Braulionis de eo sermone, quem Cajetanus commemorat, videntur decerpta. Ita enim ait Martinus : *Sicut enim Gregorius doctor Petri apostoli successor exstitit, ita beatus Isidorus Jacobo apostolo successit : quia semen æternæ vitæ, quod beatissimus Jacobus seminavit, hic doctor egregius verbo prædicationis quasi unus ex quatuor paradisi fluminibus sufficienter irrigavit, a´que universam Hispaniam tam exemplo boni operis, quam fama sanctitatis, velut splendidissima lampada, illuminavit.*

17. Animadvertit doctissimus editor in nota ad hunc locum, apud Bollandianos hæc ipsa verba ex ms. Cod. Toletano haberi n. 44. circa finem, uti alia ejusdem sermonis aliis in numeris. Etsi autem pro *splendidissima lampada* Bollandiani ediderunt *splendidissimus solis radius*, recte tamen ex autographo Martini retinet *splendidissima lampada; nam lampada pro lampas* dixerunt Plautus, Pollio, Fulgentius, et alii in mss. Codicibus, ut Salmasius et Ducangius observarunt.

18. Florezius in præf. ad Append. 5, tom. V, non dubitat, quin genuina sit Braulionis prænotatio quæ libro Isidori de Vir. Illustr. subjungitur : aliam vero uberiorem a Luca Tudensi, quem vitæ Isidori a Bollandianis editæ auctorem putat, affirmat esse interpolatam. Riscus tom. XXX Hisp. sacr., tract. 66, cap. 7, n. 65, existimat, Sermonem Braulionis de Isidoro, a Cajetano laudatum, distinctum non esse a capite 11 ejusdem Vitæ inter Acta Bollandiana, quod caput inscribitur : *Abbreviatio Braulii Cæsaraugustani episcopi de vita S. Isidori Hispaniarum doctoris*. Minime quidem repugnabo : sed cum plura verba ex hac abbreviatione desumpta in sermone S. Martini, qui Lucam Tudensem ætate præcessit, reperiantur, necessario colligitur, Vitam S. Isidori a Bollandianis editam, vel saltem eam abbreviationem Braulionis Luca Tudensi antiquiorem esse : qua de re cap. 15 latius disseram. Interea satis sit animadvertere, ne ambiguitas obrepat, sententiam eamdem esse in prænotatione uberiori Braulionis, in sermone, quem Cajetanus appellat, in Vitæ Isidori initio, et in sermone S. Martini : sed prænotatio uberior, et sermo, quem Cajetanus vocat, verbis etiam iisdem omnino consentiunt : at initium Vitæ Isidori, et Sermo S. Martini cum inter se, tum a Braulionis uberiori prænotatione multis verbis differunt.

CAPUT V.

24 *Elogium Isidori ex Ildefonso in libro de Viris Illustribus, ad vetera exemplaria recognitum.*

1. « Isidorus post Leandrum fratrem Hispalensis sedis provinciæ Bæticæ cathedram tenuit : vir decore simul et ingenio pollens; nam tantæ jucunditatis affluentem copiam in eloquendo promeruit, ut ubertas admiranda dicendi ex eo in stuporem verteret audientes, ex quo audita bis qui audisset, non nisi repetita sæpius commendaret. Scripsit opera et eximia, et non parva, id est, librum de Ortu et Obitu A Patrum ; librum Lamentationis, quem ipse Synonymorum vocavit : libellos duos ad Florentinam sororem contra nequitiam Judæorum ; librum de Natura rerum ad Sisebutum principem ; librum Differentiarum ; librum Sententiarum. Collegit etiam de diversis auctoribus, quod ipse cognominat, secretorum Expositiones sacramentorum : quibus in unum congestis, idem liber dicitur Quæstionum. Scripsit quoque in ultimo ad petitionem Braulionis Cæsaraugustani episcopi librum Etymologiarum, quem cum multis annis conaretur perficere, in ejus opere diem extremum visus est conclusisse. Floruit temporibus Reccaredi, Liuvanis, Witterici, Gundemari, Sisebuti, Suinthilanis, et Sisenandi regum : annis fere quadraginta tenens pontificatus honorem, insignemque doctrinæ sanctæ gloriam pariter et decorem. »

2. Caput 9 hoc est libri Ildefonsi de Vir. Illustr., quod etiam a Constantino Cajetano inter Isidori elogia repositum, his animadversionibus subjunctis.

Notæ Constantini Cajetani.

3. « Ex iis quæ nos paulo inferius de S. Ildefonso notanda censuimus, eum a S. Isidoro summam virtutem ac summam doctrinam hausisse, jam elucescere poterit. Præterea, quod ad S. Ildefonsi librum de Viris Illustribus attinet, editus est is a Joanne Griale, viro sane erudito, Matriti 1599, et a Jacobo Breulio Gallo Benedictino 1601 Parisiis, inter S. Isidori Opera : habetur etiam tom. II **25** Hispaniæ illustratæ, Francofurti excusus 1603. Nos ex vetustissimo ms. bibliothecæ Casinensis Codice aliquot in locis scatentem mendis correximus. Sed de eodem Codice iterum inferius.

« *Nam.* Francofurt. ed., *illam. Is.* Ita ms. Casin., sed *bis* leg. Madrit. et Breul. ; *His* Francof. *Et obitu Patrum,* vel *obitu prophetarum* , Francof. et Casin. *Quod ipse cognominat secretorum.* Francof., *Quot ipse nominat secret... In ejus opere.* Francof., *Inexpleto opere. Floruit.* Francof., *Claruit.* »

4. Loaisa in Concil. Hisp. e suo Codice sic legit : *Post Leandrum Hispalensem sedis... pollens : illam tantæ... ex ea... audientes. Scripsit opera eximia, et non pauca, id est... de Ortu, vel Obitu prophetarum... Lamentationum quem ipse Synonyma vocitavit... ad Florentiam... quem ipse nominat... idem liber... quoque ultimo... perficere, inexpleto opere... Claruit temporibus Reccaredi, Gundemari, Sisebuti, Suinthilani, et Sisenandi regum,* etc.

5. In codice Albanio, de quo jam dictum, hæ sunt variæ lectiones : *vir doctrina simul-audita is qui-opera eximia... librum de Obitu et Ortu Patrum... ipse synonyma vocitavit... sororem suam contra... cognominavit Expositiones sacramentorum.* Omittit *secretorum,* pro quo alicubi fortasse errore typographico legitur *sacratorum.* Retinendum est *secretorum* : dicuntur enim *secreta* sacramenta quæ in operis prologo *mystica* nuncupantur.

6. Vaticana exemplaria non multa exhibent Ildefonsi librum de Vir. Illustr. Ottobonianus 1720 Urbinas 582, ut in libro Isidori de Vir. Illustr.

consimiles sunt Albanio Codici, ita etiam in libro Ildefonsi. Alii Codices, qui librum Isidori referunt, librum Ildefonsi omittunt. Codex Vaticanus 4877, in quo, prætermisso Isidori libro, exstat liber Ildefonsi, cum his tribus facit, *vir doctrina simul... is qui audisset*, etc.

7. In editione Patrum Toletanorum tom. I, pag. 288, ad verba *audita bis qui audisset*, hæc nota margini appingitur : Bis *legitur in edit. omn. Nos in Ms. Tolet. legimus* BIS, *quod non cohæret, nisi male scriptum dicamus* BIS *pro* IS *in nominandi casu : quæ lectio omnibus esset probanda : nisi placeret* VIX *pro* BIS *conjectari*. Revera satis frequens est, ut in membranis *his* pro *is* exaratum reperiatur. Imo Cajetanus ex Ms. Casinensi edidit *is* : quæ scriptura sese Nic. Antonio probavit Biblioth. Vet. l. v, n. 85, c. 3. Neque prætermittam observare, hæc verba, *ex quo audita bis qui audisset, non nisi repetita sæpius commendaret* , a Loaisa in Concil. Hisp., uti etiam a Fabricio in Biblioth. Eccles. omnino præterita fuisse. Ita certe difficultas omnis eluditur.

8. Nam sive *bis*, sive *his*, sive *is*, sive *vix legatur*, non satis clara est sententia. Padilla Centur. VII, cap. 22. Histor. Eccles. Hisp. ita Hispanice verba Ildefonsi reddebat : *Ponia espanto a los que le oian, y deseavan oir de el lo que ya otras veces avian oido, y bolviendolo a oir les era mas suave, y gustoso lo que decia*. Ita fere Florezius tom. IX, pag. 195, *Pasmaba a quantos le oian, deseando todos oirle repetidamente por el deleyte de su afluencia y suavidad*. Nec dissimili modo Cellierius tom. XVII exponit, eos, qui bis audierant, etiam sæpius repetita non fastidivisse. Auctor quoque Vitæ Gallicæ S. Isidori, de quo cap. 84 dicam, intelligit, Isidorum tunc maxime placuisse, cum rem eamdem sæpius repeteret, contra quam accidere solet, ut auditores rerum novitate præcipue delectentur. Quem ego quidem sensum in verbis Ildefonsi non assequor. Retenta scriptura communiori *audita bis*, putarem explicari id posse de mirabili illa affluentia et ubertate Isidori in eloquendo, quam Ildefonsus prædicat, qua scilicet ita multa atque ita velociter Isidorus inter eloquendum explicabat, ut satis non esset, eum de iisdem rebus semel atque iterum audire, sed oporteret ut sæpius sermonem, quem quis memoriæ commendare vellet, repeteret.

9. Ac fortasse huc pertinet quod apud scriptores ejus ævi *commendare antiphonam* erat prima antiphonæ verba præcinere, ut alter inde canere pergeret. De rhetorica arte hæc Isidorus l. II, c. 2, *Translata in Latinum a Tullio videlicet, et Quintiliano, sed ita copiose, ita varie, ut eam lectori admirari in promptu sit, comprehendere impossibile. Nam membranis retentis, quasi adhærescit memoriæ series dictionis, ac mox repositis, recordatio omnis elabitur*. Hinc Isidori elogium expressisse Ildefonsus videtur, præsertim si pro *commendaret* legamus *comprehenderet*. Idem sensus commode eruitur, si pro *bis qui audisset* reponatur *is qui audisset*.

10. Advertendum præterea est, a Grialio in prologo editionis primæ Matritensis elogium Isidori ex Ildefonso ita describi, ut per incuriam prætermissa fuerint hæc verba : *librum de Genere officiorum, librum Prooemiorum* : quod vitium in altera editione recenti Matritensi pariter occurrit. Ea omissio typographi occasionem erroris præbuit Nic. Antonio, qui Ildefonsi verba de Isidoro non in ipso libro Ildefonsi de Vir. Illustr., sed in Prolegomenis Grialii legebat. Asserit l. v Bibl. Vet., n. 126, Ildefonsum non commemorasse Isidori librum de Vir. Illustr., neque duos alios de Offic. Eccles., ac rursus num. 146 et 147 confirmat, Ildefonsum operis Prooemiorum, et de Eccles. Offic. nullam fecisse mentionem. *Mirum nostro excidisse*, reponit Bayerius in nota, *quod horum Isidori librorum Ildefonsus recordatus non fuerit*. Sed, ut dixi, Nic. Antonius exemplar negligentia typographi depravatum, seu mutilum præ oculis habuit : adeoque excusatione dignus videri potest. Quod autem idem ait, librum Isidori de Vir. Illustr. ab Ildefonso commemoratum non fuisse, verum id quidem est, si de elogio Isidori, hoc est de cap. 9 libri Ildefonsi sermo sit : alioquin Ildefonsus in præfatione ad librum suum de Vir. Illustr. post Hieronymum Gennadiumque, de Viris illustribus scriptores, sic Isidorum commendat : *Deinde vir prudentissimus Hispalensis sedis Isidorus episcopus eodem ductu quosque viros optimos reperit, in annotationem subjunxit*.

CAPUT VI.

Obitus B. Isidori a Redempto Clerico recensitus, Variæ lectiones ex mss. Codicibus.

1. « Visum est mihi, ut tuæ sanctitati breviter exponerem, qualiter bonæ recordationis dominus meus Isidorus, Hispalensis Ecclesiæ metropolitanus episcopus, pœnitentiam acceperit, suamque confessionem erga Deum vel homines habuerit; vel quomodo de hoc sæculo ad cœlum migrarit, fideli prænotationis meæ stylo, tuæ dilectioni notescerem. Quæ res me primum compulit pro hac sollicitudine, quam ex amore in eum offertis, vestræ charitati gratias agere: deinde, quia vera supprimere nequeo, et quod de eo pauca de multis colligere potui, te orante, dicere cogor. Dum finem suum, nescio qua sorte, jam prospiceret, et fatigatum corpus ægritudine assidua subtiliter animæ natura prævideret, tanta eleemosyna quotidianis diebus per sex pene menses, seu amplius, plus quam erat solitus, pauperibus ab eo est erogata, ut ab ortu solis usque in vesperum multam in dispergendo occupatus maneret substantiam. Post hæc vulnere percussus est, ita ut, dum febris in corpore convalesceret, et cibum rejiceret debilitatus stomachus, ad pœnitentiam convaluit; atque suos coepiscopos, Joannem scilicet et Epartium beatissimos mox adesse fecit præsentes. Et dum a cellula sua ad basilicam S. Vincentii martyris adduceretur, cuncta agmina pauperum, clericorum, religiosorum omnium, cunctarumque hujus civitatis plebium, cum vocibus et magno ululatu eum susceperunt : ut si ferreum possideret quispiam pectus, solveretur mox in lacrymas et lamentum totus. Et, dum in prædicti martyris basilica, juxta altaris cancellum in medio

poneretur choro, mulierum turbas longius stare præcepit, ut in accipiendo ipse pœnitentiam, virorum tantum, non illarum, circa eum cerneretur præsentia. Et, dum a prædictis sacerdotibus, ab uno cilicium, ab altero super se mitti exposceret cinerem, expandens manus ad cœlum, ita exorsus est dicens: Tu Deus, qui nosti corda hominum et publicano longe posito, dum pectus percuteret suum, dimitti peccata dignatus es (*Luc.* xviii): qui Lazarum dormientem de monumento post resolutionem carnis die quarta dignatus es resuscitare (*Joan.* xi), et Abrahæ patriarchæ sinus eum reciperet, voluisti; suscipe in hac hora confessionem meam, et peccata, quæ innumerabiliter contraxi, ab oculis transfer tuis: non reminiscaris mala mea, et juventutis delicta ne memineris. Tu, Domine, non posuisti pœnitentium justis, qui non peccaverunt tibi, sed mihi peccatori, qui peccavi super numerum arenæ maris (*Luc.* xv). Non inveniat in me hostis antiquus quod puniat. Tu scis, quia postquam infelix ad onus istud, potius quam ad honorem, in hanc sanctam ecclesiam indigne perveni, peccare nunquam sinivi; sed, ut inique agerem, laboravi. Et, quia tu dixisti: In quacunque hora peccator a viis suis reverterit (*Ezech.* xviii), omnes iniquitates suas tradere oblivioni; hujus præcepti memor sum tui. Clamo utique cum spe, et fiducia ad te, cujus cœlos aspicere non sum dignus præ multitudine peccatorum quæ conversantur in me. Adesto, et suscipe orationem meam, et mihi peccatori dona veniam postulatam. Quod si cœli non sunt mundi in conspectu tuo, quanto magis ego homo, qui bibi quasi aquas iniquitatem (*Job.* xv), et sumpsi, ut colostra, peccatum? His igitur consummatis, corpus, et sanguinem Domini cum profundo gemitu cordis, indignum se judicans, ab ipsis suscepit pontificibus. Deinde eorumdem **29** sacerdotum, et, quicunque de clero erant, civium cunctarumque plebium veniam precabatur, dicens: Deprecor vos, sanctissimi domini mei sacerdotes, sanctamque congregationem clericorum et populi, ut pro me infelici et pleno omni sorde peccati, ad Dominum vestra porrigatur oratio: ut qui meo merito Dei non sum dignus impetrare clementiam, intercessu vestro merear consequi meorum veniam delictorum. Dimittite mihi, obsecro, indigno, quod in unumquemque commisi vestrum: si quem contempsi odio, si quem rejeci impie charitatis consortio, si quem maculavi consilio, si quem læsi irascendo: dimittite nunc petenti imo et pœnitenti. Et, dum una voce omnes pro eo indulgentiam postulassent, et unicuique debiti sua vincula, vel chirographa condonasset, circumstantes iterum admonuit, dicens: Sanctissimi domini mei episcopi, et omnes qui adsunt, rogo et obsecro, ut charitatem invicem vobis exhibeatis, non reddentes malum pro malo, nec velitis esse susurrones in populo. Non inveniat in vobis hostis antiquus quod puniat, non reperiat a vobis relictum lupus rapax quem auferat, sed potius ereptam ab ore lupi ovem pastor suis humeris congaudens reportet ad hanc caulam. Igitur post hanc

A confessionem, vel orationem, residuam egenis et pauperibus mox dari jussit pecuniam. Cui tamen fideli sit dubium, ut non satim dimisso omni facinore, associaretur societatibus angelorum? Interea se ab omnibus osculari studuit, dicens: Si ex toto corde dimiseritis ea quæ in vos adversa vel prava usque hactenus intuli, dimittet vobis Creator omnipotens omnia delicta vestra: ita ut sacri fontis unda, quam hodie devotus est populus percepturus, sit vobis in remissionem peccatorum: et hoc osculum inter me, et vos maneat in testimonium futurorum. Completis his omnibus, ad cellulam reductus est: et post diem confessionis vel pœnitentiæ quartum, pastoralem jugiter curam, et finem suum consummavit in pace, amen. Sub die pridie Nonas Apr., luna xxii, æra

B DCLXXIV. »

Constantini Cajetani in superiorem S. Isidori obitus descriptionem notæ ac variæ lectiones.

2. « Præclarum hoc de S. Isidori morte testimonium primo legimus illius Operibus præfixum, editumque Matriti, deinde Parisiis. Quid de ipsius auctore Redempto dicam, non habeo: nisi quod ex ejusdem **30** verbis apparet, Isidoro fuisse familiarem, vel certe discipulum: atque eam ipsam scriptionem ad episcopum aliquem direxisse: inquit enim: *Visum est mihi, ut tuæ sanctitati breviter exponerem, qualiter bonæ recordationis dominus meus Isidorus*, etc. Sed Redemptum hunc illum eumdem esse, cui idem Isidorus respondens, sacras quasdam, ab eoque præpositas solvit quæstiones, nemo, putarim, inficiabi-

C tur. *Dilecto filio in Christo Redempto, archidiacono, Isidorus.* Exstat hæc espistola inter Isidori Opera. Quod si Isidorus eum vocat achidiaconum, ille se ipsum non nisi clericum, ad illorum temporum id referas consuetudinem.

« *Habuerit*, Breulius; *habuit*, Matr. Cod.-*Tanta eleemosyna.* Male vero Madrit., *tantam eleemosynam.-Ab oriente.* Madr., *oriente. Convalesceret.* Madr., *Convaluit.-Faceret. Fecit*, Madr.-*Basilica. Basilicam*, Madrit.- *Cilicium, ab altero super se mitti exposceret cinerem.* Madrit. vitiose hab., *cilicio, ab alt. sup. se mitti exponere cin.-Et ut. Et*, Madr.-*Aufer. Differ*, Madr.-*Finivi. Sinivi*, Madr.-*Susurrones. Susurro*, Madr.-*Tamen.* Breul., *Tandem.-Amen. Sub die prid. Non. April.* Breul., *Prid. Non April.* Sed. Cod. Ma-

D drit. vitiose habet: *Prid. Kalend. April.* »

3. Hæc præterea ad marginem Cajetanus annotavit: ad verba: *exorsus est dicens:* — *Oratio S. Isidori morientis ad Deum.* Ad verba *publicano*, etc., citat cap. xviii Lucæ; ad verba: *qui Lazarum*, cap. xi Joann.; ad verba, *Tu, Domine, non posuisti* cap. xv Lucæ; ad verba, *In quacunque hora*, cap. xviii Ezech.; ad verba, *Quod si cœli*, cap. xv Job. Ad verba *corpus et sanguinem,* — *Dominicum corpus devote sumit. Veniam petit ab omnibus, et rogat pro se orari.* Ad verba, *admonuit dicens,* — *Ad charitatem omnes hortatur.* Ad verba, *osculari studuit,* — *Osculo omnes suscipit in signum charitatis, quæ nunquam excidit.* Quæ nolui omnino prætermitti.

4. Narratio obitus Isidori conservata fuit in Ildefonsiani collegii Complutensis Codice, ut Nic. Antonius l. v, c. 5, Bibl. Vet. Hisp. n. 219, refert ex Ambrosio Morales l. XII, cap. 2; qui Codex tunc septingentorum annorum credebatur, et nunc exstat in Escurialensi bibliotheca digramm., et plut. 1, teste Bayerio in not.; qui pariter asserit eamdem narrationem asservari in Toletana Joannis Baptistæ Perezii opusculorum collectione. Eam Florezius tom. IX Hisp. sacr. pag. 366 protulit ex regio Matritensi Codice inscripto, *Scintillarum* 31 *Alvari Cordubensis*, ubi titulus hic legitur: *Incipit liber de transitu beatissimi Isidori Hispalensis episcopi, editus ad Braulionem Cæsaraugustanum episcopum a Redempto ejusdem Hispalensis Ecclesiæ clerico*. Succedunt Acta translationis.

5. Diversum ab his omnibus puto esse Codicem membranaceum in fol. magno bibliothecæ regiæ Matritensis, cujus meminit Christophorus Rodriguez in Polygraphia Hispanica ad annum 1047. Exhibet characteris formam ex S. Leandri libro ad Florentinam sororem de Institutione virginum; tum titulum addit: *Liber de transitu Hisidori editus a Braulione*: sed in specimine characteris æri inciso legitur *editus ad Braulione Cæsaraugustanum episcopum a Redempto ejusdem Hispalensis Ecclesiæ clerico*. In *Braulione* deest lineola superponi solita, ac fortasse vetustate deleta: legi enim debet *Braulionem*. Exstant alia in eodem Codice, ut *Liber generationis Jesu Christi filii David, filii Abraham: Explanatio Danielis prophetæ*, etc. Auctor explanationis non nominatur. Ætas, et scriptor Codicis ita exprimitur: *Facundus scripsit: memoria ejus sit semper: era bis quadragies et V post millesima regnante domino nostro, et glorioso principe domino Fredenando prolis domini Sanctioni, et conjuge sua gloriosa domina Sanctia Regina prolis Adefonsi principis, anno regni sui fuit scritum hoc liber*. Annus regni Ferdinandi ab eo, qui Codicem exaravit, saltem in hac subscriptione, ut editam vidi, omissus fuit, sed annus Christi erat 1047.

6. Invenio in schedis Zaccarianis collationem narrationis Redempti ex editione Breuliana 1602, nescio a quo factam cum exemplari ms. Vallicellano Longobardico sæculi X, num. 22, pag. 135 terg. Titulus est in Codice: *Obitus B. B. Isidori Spalensis episcopi a Redempto clerico recensitus. Pridie Kal. Aprilis*. Hæc sunt discrepantes lectiones Codicis ms.: *ad cœlum migrasset*-*ad pœnitentiam convaluit*-*scilicet et Huparcium... adesse faceret*-*et cum magno*-*tantum ac non illarum*-*die quarto*.

7. *Ab oculis differ tuis. Non inveniat... potius quam honorem in sanctam... laboravi. Non reminiscaris mala mea, et juventutis delicta ne memineris. Tu, Domine, non posuisti*, etc., *arenæ maris. Et quia tu dixisti*-*ut claustra, peccatum*-*dum magna voce indulgentiam cum lacrymis postulassent*-*Amen: sub die pridie Kalendas Aprilis*.

32 8. Omittit Codex *luna*, etc., *æra* DLXXIV. Apertum mendum est *ut claustra* pro *ut colostra*: sunt enim colostra primum lac, quod olim maxime in deliciis erat. Cum autem Codex consentiat cum editione Grialii in his verbis *pridie Kalendas Aprilis*, eumdemque diem designet exemplar ms. Gothicum, quo Florezius usus est, ratio cur Breulius et Cajetanus mutarint, quandoquidem vetera monumenta, quorum nonnulla mox indicabo, ipsi non allegant, petitur ex die quo obitus S. Isidori in Martyrologiis celebratur, scilicet pridie Nonas Aprilis. Addit Cajetanus, loc. cit., pag. 38, rationem, quod anno 636 Pascha celebratum fuit pridie Kal. Aprilis, et cum Isidorus ex Redempti narratione post diem quartum a confessione ipso die Paschatis peracta obierit, consequens est ut obitus acciderit pridie Nonas Aprilis.

9. Huic ipsi rationi adhæret Nic. Antonius l. v, Biblioth. Vet. Hisp., n. 72, admonens, id a viro doctissimo Joanne Grialio observatum in not. ad Redempti relationem editionis Matritensis, ante Constantinum Cajetanum, illius operæ immemorem. Sed cum ad Redempti relationem nullæ sint Grialii notæ, existimo Nic. Antonium Jo. Baptistæ Perez notas ad prænotationem Braulionis indicare voluisse. Eas habes supra cap. 3, ex quibus agnosces, Cajetanum quidem Perezii notas non nominasse, ex iis tamen suam rationem sumpsisse, vel, si negat, subripuisse. Auget suspicionem meam de Nic. Antonii lapsu, quod simul allegat Breulium ante editionem Operum Isidori. Breulius autem ita præmittit: *Confirmat hanc Redempti opinionem de anno transitus B. Isidori Joannes Grialius tali nota ad prænotationem Braulionis superius recensitam subjuncta*: tum subjungit notam, quam dixi, Jo. Baptistæ Perez, a Breulio per errorem Grialio tributam, in qua editor Grialius mendose posuit *mortuum æra* 664 pro 674.

10. In Actis sanctorum apud Bollandianos ad diem 4 Aprilis exstat Vita Isidori, auctore quodam canonico Legionensi, in qua inseritur narratio Redempti de obitu Isidori, sed interpolata, vel ab ipso Vitæ scriptore, vel ab alio non multum antiquiori. Ea vita in Appendicibus proferetur: ac facile per se, qui velit, ea discrimina observare poterit, quæ inter genuinam Redempti relationem, et hanc aliam auctiorem occurrunt. Quod attinet ad annum obitus Isidori, auctor ejus vitæ a Redempto valde discrepat.

33 11. Exemplar Gothicum regiæ bibliothecæ Matritensis, ex quo, ut dixi, narrationem Redempti Florezius tom. IX Hisp. sacr., append. 7, protulit, nonnullas discrepantias ab editione Grialii exhibet, quas hic annotabo. *Habuerit* et pro *habuit vel*.-*Migraverit* pro *migrarit*.-Hoc vero primum compellor agere pro hac sollicitudine quam ex amore charitatis in eo offertis: deinde, pro *Quæ res me primum compulit pro hac sollicitudine quam ex amore in eum offertis, vestræ charitati (gratias) agere*: deinde. Florezius putaverat, Grialium legisse *charitatis gratias agere*; sed deceptus fuit uncino quo verbum *gratias* post *charitati* Grialius inclusit, ut in Cod. ms. *gratias* abesse demonstraret.

12. *Pauca pro parva.*—*Igitur dum finem suum vir beatus nescio* pro *Dum finem suum nescio*.—*Fatigato cor-*

pore pro *ægritudine assidua.-Provideret* pro *prævideret.-Tanta eleemosyna* pro *tantam eleemosynam.-Ut ιb ortu solis usque in vesperum multa in dispergendo occupatus maneret substantia*. Reponendum censui *multam... substantiam* pro *ut oriente sole usque in vesperum multis illis in accipiendam maneret substantiam.-Et dum* pro *ita ut dum.-Huparcium* pro *Aparcium. -Tantum, et non* pro *tantum non.-Mitti exposceret*, quæ vera est lectio, pro *mitti exponere*, ut editio Grialii habet.

13. *Sinu eum recipere voluisti* pro *sinus eum receperet, voluisti.-Transfer tuis* pro *differ tuis.-Non destiti* pro *nunquam sinivi.-Peccator se a viis suis converterit* pro *peccator a viis suis reverterit.-Ut claustra* pro *ut colostra. - Civium quoque, cunctarumque* pro *civium, cunctarumque.-Impie a charitatis consortio* pro *impie charitatis consortio. Dimittite mihi nunc* pro *dimittite nunc. - Magna voce* pro *una voce.-Indulgentiam cum lacrymis postulassent* pro *indulgentiam postulassent.- Condonasset* pro *condonassent.- Susurrones* pro *susurro.-Hanc aulam* pro *hanc caulam.-Dimissis omnibus facinoribus* pro *omni facinore dimisso.-Cœtibus angelorum* pro *societatibus angelorum.-Curam gerens, et* pro *curam, et.*

14. *In pace pridie Kalendarum Aprilis, postquam per annos ferme* XL *pontificalem curam irreprehensibiliter administravit: æra* DCLXXIIII pro *in pace, amen, sub die pridie Kal. Apr.*, etc., ut jam notatum fuit. Advertit Florezius, numerum lunæ XIX, qui in editione Grialii exprimitur, corrigendum esse per XXII, qui respondet diei quarto Aprilis anni 636; quo anno Isidorum obiisse Redemptus, 34. auctor Chronici Kalendarii Burgensis, et Annalium Compostellanorum, Rodericus Cerratensis, aliique confirmant. In Annalibus Compostellanis, uti etiam in quodam ms. Gothico monasterii Æmilianensis a Florezio indicato recte describitur dies *pridie Nonas Aprilis* pro *pridie Kal. Aprilis*, quod mendose in plerisque mss. exemplaribus narrationis Redempti reperitur.

15. Observat præterea Florezius, errasse Ambrosium Morales, aliosque, qui chorepiscopos fuisse dicunt Joannem et Epartium, qui Isidori pœnitentiæ præsentes adfuerunt. Redemptus enim eos vocat non chorepiscopos, sed coepiscopos: ac revera concilio IV Toletano anno 633, cui Isidorus præfuit, decimo nono loco Joannes Ilepensis episcopus subscripsit, et quinquagesimo loco Eparidis Italicensis: quæ duæ diœceses sub Hispalensi Metropolitano erant constitutæ.

16. An autem Redemptus, auctor ejus narrationis, fuerit ille ipse ad quem exstat Isidori nomine inscripta epistola, quod Nic. Antonius putabat, vehementer dubitat Florezius: qui probabilius esse credit epistolam scriptam fuisse ad Redemptum archidiaconum Emeritensem, de quo agitur cap. 9 *Patrum Emeritensium*; auctorem vero narrationis fuisse alium Redemptum clericum Ecclesiæ Hispalensis, ut in titulo ms. exemplaris gothici præscribitur.

CAPUT VII.

Epitaphium Isidori quod circumfertur ex veteribus membranis, et S. Ildefonso ascribitur.

1. Constantinus Cajetanus in opere sæpe laudato, pag. 10, protulit epitaphium beatorum Leandri, Isidori, et Florentinæ, ex vetustissimo, ut ait, ms. litteris Gothicis Codice, qui apud Nicolaum Fabrum, virum sane eruditissimum, Parisiis asservabatur. In eo enim non tantum et alia multa antiquiorum Hispanorum epitaphia continentur: sed etiam nonnulla Dracontii presbyteri Hispani, et Eugenii III, episcopi Toletani, scripta adhuc desiderata: Fortasse hic est Codex, ex quo Sirmondus mutila Dracontii (quem presbyterum fuisse non constat) carmina ab Eugenio III Toletano emendata formis excudit: quanquam epitaphium Isidori Sirmondus omissurus non fuisset, ut mihi quidem videtur. Apud Cajetanum ergo sic legimus:

> 35 *Epitaphium beatorum Leandri, Isidori, et Florentinæ.*
>
> Crux hæc alma gerit sanctorum corpora fratrum
> Leandri Isidorique, priorum ex ordine vatum:
> Tertia Florentina soror, Deo vota perennis,
> Et posita consors sic..... digna quiescit.
> Isidorus in medio disjungit membra duorum.
> Hi quales fuerint, libris inquirito, lector,
> Et cognosces eos bene cuncta fuisse locutos.
> Dogmatibus sanctorum cerne crevisse fideles,
> Ac re Domino, quos impia jura tenebant.
> Utque viros credas sublimes vivere semper,
> Aspiciens sursum pictos contende videre.

Obiit felicis memoriæ Leander episcopus die III *Kalend. Martias, æra* DCXLI.

Obiit sanctæ memoriæ Isidorus episcopus die II *Nonas Apriles, æra* DCLXXIV.

Obiit piæ memoriæ Florentina, Deo vota, Kalend. Septembris, æra DCLXXI.

2. In quarto versu Cajetanus supplendum censet sic *Christo digna*, vel quid simile. In versu nono conjicit *Dominio* pro *Domino*. In obitu Florentinæ corrigit XII. *Kal. Julii* pro *Kal. Septembris*: fatetur enim Codicem in aliquibus mendosum esse. Ac fortasse hæc quæ versibus de die obitus sanctorum adjecta conspiciuntur, alterius sunt manus et auctoris, nam desunt apud alios qui idem epitaphium referunt, et obitus S. Leandri ante æram 641 videtur contigisse, ut cap. 20 dicam.

3. Qui Pseudo-Juliani archipresbyteri opera confinxit, an. 1628 vulgata, in collectione variorum carminum, quæ a Juliano facta fingitur, epitaphium Isidori auctius intrusit, quasi ab Ildefonso compositum: quod cum in multis discrepet, hic totum reponendum est:

> Crux hæc alma gerit geminorum corpora fratrum,
> Leandrum, Isidorum, pariterque ex ordine vatum,
> 36 Tertia Florentina soror, devota perennis.
> O! quam composite concors hæc digna quiescit!
> Isidorus medius disjungit membra priorum.
> Hi quales fuerint, libris inquirito, lector.
> Cognosces et eos bene cuncta fuisse locutos.
> In quibus hic recubat Fulgentius: inspice tres hos
> Spe certa, plenosque fide, super omnia charos,
> Dogmatibus cernes horum crevisse fideles,
> Ac reddi Domino, quos impia jura tenebant.
> Atque viros credas sublimes vivere semper,
> Aspicies puros, rursus contende videre.

4. Magno studio egit Pseudo-Juliani architectus, ut versus quos apud Cajetanum vel alios potius legerat, ad metri normam redigeret : nec male, ut puto, conjecit, cum reposuit *Ac reddi Domino quos.* Non debuit tamen postremos versus sollicitare : auctor enim antiqui epitaphii innuere videtur imagines sanctorum, quæ in ipso altari, sub quo corpora jacebant, coli consueverant.

5. Mentionem Fulgentii quod instrusit, omnino inepte fecit, quamvis in hanc sententiam verba *disjungit membra duorum* mutaverit in *disjungit membra priorum*; ut multis arguit Nic. Antonius l. v Bibl. Vet., n. 52; qui concludit, totum epitaphium barbariora, quam Ildefonsinum fuit, septimum scilicet, redolere sæcula. Inter alia carmina, a Pseudo-Juliano afficta Ildefonso, repositum fuit hoc epitaphium in editione Patrum Toletanorum. Observat tamen sapientissimus Editor in nota, in Vita S. Isidori, a Luca Tudensi, ut creditur, scripta, reperiri hoc epitaphium sub Ildefonsi nomine : nihilominus Nic. Antonio assentitur, qui neque Ildefonsi, neque alterius antiqui putat esse, *qua forma, ut explicat Nic. Antonius, apud collectorem apparuit, ab ea, quæ ex Codice Nicolai Fabri propria forma fuit, non parum diversa.* De forma, qua apud auctorem vitæ S. Isidori apparuit, Nic. Antonius nihil statuit : qui forte, dum hæc scriberet, hanc præ oculis non habuit. In ea Vita S. Isidori legitur, uti apud Pseudo-Julianum, his exceptis : *Leandri, Isidori, pariumque ex ordine vatum*—O! *quam composita consors! hic digna quiescit.* Omittitur mentio Fulgentii, seu versus : *In quibus hic recubat Fulgentius : inspice tres hos.-Spe certos , plenosque fide-Dogmatibus cernas horum-* 37 *Ac reddi Domino quod-Utque viros credas sublimes vivere semper,-Aspiciens sursum pictos contende videre.*

6. Cum ergo auctor Vitæ S. Isidori, qui sæculo XIII vixisse creditur, epitaphium Isidori Ildefonso attribuat, quærendum est, an ejuscemodi versus, etiamsi S. Ildefonsi non sint, tamen sæc. XIII, antiquiores censeri possint, quod aperte negat Florezius tom. X. Hisp. sacr., cum de S. Fulgentio agit. Equidem animum ego non induco , ut credam, scriptorem Vitæ S. Isidori, ac multo minus, si is fuerit Lucas Tudensis, vir probus, epitaphium Isidori composuisse , ut Ildefonso, tanquam auctori, illud affingeret. Oportet ergo, ut censeamus, epitaphium jam olim sub Ildefonsi nomine ante Vitam Isidori scriptam divulgatum fuisse, quod scriptor Vitæ Isidori bona fide arripuit. Vetustissimum Codicem Gothicum laudat, ut vidimus, Cajetanus, in quo hi versus magna ex parte continebantur. Id si verum est, majorem epitaphii vetustatem arguit, quam quæ a Nic. Antonio agnoscitur. Sed Cajetani fides in veteribus membranis allegandis Naudæo ac nonnullis aliis fluxa et incerta visa est.

7. Alioquin dum versus ipsos, ut apud auctorem veterem Vitæ S. Isidori, et Cajetanum sunt , attente inspicio, nihil sane invenio, cur sæculo VII aut VIII indignos judicem ; præsertim cum facile sit, ut descriptorum incuria, quod fere in aliis omnibus accidit, ad nos mendosi devenerint. Conferantur cum versibus quos Eugenii III Toletani certo esse constat, neque magnum, ut ego puto, discrimen invenietur. In secundo versu præferam scripturam Cajetani : *Leandri Isidorique, priorum ex ordine vatum,* nisi ex conjectura malis, *Leandri, Isidori, primorum ex ordine vatum,* vel *primori ex ordine vatum.* Accipiebatur eo tempore *vates* pro sacerdote, vel episcopo : quod multis exemplis in Dictionario Ducangii a Maurinis aucto comprobatur.

8. In versibus Bibliothecæ Isidori sic de Leandro habetur :

Non satis antiquis doctoribus impar haberis,
Leander vates : hoc tua dicta docent.

Quanquam ego in pervetusto Codice Archivii Vaticani hunc titulum inveni Isidoro, non Leandro, ascriptum, in quo proinde legebatur *Isidore antistes,* non *Leander vates.*

9. In codice Escurialensi sæculi XV descripto a Rodriguezio de Castro, t. II Bibl. Hisp., pag. 286, in quo sunt Etymologiæ in sermonem 38 antiquum Hispanum conversæ, exstat idem Epitaphium tum Latine , tum Hispane, fere ut in codice Fabri. In primo versu *geminorum corpora fratrum* : in secundo, mendose, *parumque ex ordine natum* , in tertio, *soror devota* : in quarto, *O quam composita concors hic digna quiescit* : in quinto , *Isidorus medius* : in sexto, *Hi quales fuerunt* : in septimo, *Cognosces et eos.* Additur octavo, *Spe certos, plenosque fide, super omnia charos.* In nono, *Dogmatibus cernes horum crevisse fideles.* In decimo, *Ac rredi Domino* pro *Ac reddi.* Desiderantur duo postremi, *Utque viros, etc.,* sed versio Hispanica eos fuisse arguit.

10. Fuerunt, qui epitaphio Isidori non Ildefonsum, sed alium auctorem quærerent, scilicet Braulionem. Audi Nic. Antonium l. v, cap. 5, Bibl. Vet. Hisp., n. 67 : *Braulioni tamen Cæsaraugustano episcopo attributum alicubi legimus epitaphium SS. Leandri , et Isidori, quod scriptum exstare aiunt ad finem Etymologiarum S. Isidori in libro Gothico monasterii S. Dominici de Silos... Atqui litteris D. Antonii (Lupian.) Zapatæ, et Aragon ad Rev. P. F. Ludovicum de Mier Benedictinorum Hispanæ congregationis Romæ procuratorem 11 Februarii die anni 1657, ex S. Æmiliani monasterio datis, distichon illud :*

Crux hæc alma gerit sanctorum corpora fratrum,
Leandri Isidorique, priorum ex ordine vatum,

ita legi in laudato Exiliensi Codice comprobare possumus :

Crux hæc alma gerit..... corpora fratrum,
Leandri Isidorique parum ex ordine abbatum.

Quas litteras ejusdem Zapatæ manu scriptas penes me habeo. Nihil tamen id nos removet a saniore judicio : cum e manu ista tot male sanæ fictiones prodierint : ordoque abbatum vix est , ut imputari præ pontificali dignitate, qua functi ambo sunt, sanctissimis viris ab ineptissimo, et rusticissimo poeta, qui Braulio certe non est, mereatur. Breviter de his, etc.

11. Ineptissimum, et rusticissimum poetam vocat,

qualem famosus fabulator Zapata repræsentat : qui ut sibi Benedictinos demereri pergeret, nullum non movit lapidem, nullum non finxit aut corrupit scriptum. Quod si Nic. Antonius in eo perstet, epitaphium Isidori, etiam non interpolatum neque depravatum, poetæ ineptissimi et rusticissimi opus esse, in aliam me abire sententiam profiteor. Mabillonius t. I. Annal. Benedict., pag. 278, confirmat hoc epitaphium **39** inveniri subjunctum regulæ Leandri in quodam Codice. Opinatur, sub cruce forsan transversa parte simul jacuisse sanctorum tria corpora germanorum : picturam in adjuncto pariete expressa eorum effigies et merita repræsentasse. Conjicit, verba Isidori de Vir. Illustr., Leandrum *Recaredi temporibus floruisse, ac terminum vitæ clausisse*, non ita rigide esse accipienda, ut auctoritatem epitaphii elevent : Florentinam Hispali verosimilius fuisse sepultam, quam Astigi, quod alii tradunt. De anno obitus S. Leandri sententiam Mabillonii minime probo. Confer cap. 20.

12. Aliud exstat Isidori epitaphium, quod Ildefonso pariter in collectione carminum Pseudo-Juliani affingitur : quod plane apocryphum est, tum quia nulla ejus memoria ante Pseudo-Julianum apparet, tum quia Isidori exsilium, quod fabulosum est, in eo commemoratur. Sic autem habet :

> Mens penetrat cœlos, hac corpus dormit in urna,
> Dulce decus gentis, dux Isidore, tuæ.
> Quæ tibi discipulus sacrat, præsume, magister,
> Qui fuit exsilii parsque, comesque tui.
> Carmina sume libens, et quem tu vivus amasti,
> Post tua securus fata, magister, ama.
> Ora pro nobis miseris, clarissime doctor,
> O decus Hesperiæ, religionis honor.
> Da, rogo, te facilem, te desine, quæso, rogari.
> Teque vocant populi, discipulusque vocat.
> Quem variæ cingunt curæ, quem densa pericla
> Infestant, cœli fac statione frui.

13. Auctor Vitæ Isidori, post Isidori epitaphium, quod ab Ildefonso compositum diserte asserit, scilicet *Crux hæc alma gerit*, etc., adjungit aliud sine nomine auctoris : atque adeo dubium lectorem reddit, an hoc etiam alterum Ildefonso adjudicet. Sed certe ad Gothorum Patrum tempora minime pertinet, cum et fabulas permixtas habeat, et versibus leoninis compositum sit, quales ea ætate in Hispania non constat in usu fuisse ; certe inter genuina Eugenii et æqualium poemata carmen longiusculum hujusmodi rhythmo vulgari constans non reperitur. Suum ergo locum tunc habebit, cum vita ipsa Isidori proferetur.

CAPUT VIII.

40 *Acta translationis corporis S. Isidori, ad ms. Codicem Gothicum regiæ bibliothecæ Matritensis recognita. Aliud Actorum translationis exemplar. Observationes in utraque Acta.*

1. « Hujus beatum corpus divina dispositione ab Hispalensi urbe post annos CCCCLXVIII [Forte *post annos* CCCCXXVII] est translatum, atque in urbe Legionensi condigno honore sepultum. Qualiter vero id actum sit, etsi non claro, veraci tamen stylo, huic operi dignum duximus inserere.

« *Lectio* I. — Anno igitur septuagesimo V, post transitum gloriosissimi præsulis Isidori omnis gens Gothorum occulto Dei judicio gentili gladio ferienda est tradita. Transmarini namque Saraceni mare illud quod Hispalensi urbi alludit transfretantes, primum eamdem urbem ceperunt ; dein Bæticam, et Lusitaniam provinciam occuparunt. Quibus Rudericus rex, aggregato exercitu Gothorum, armatus occurrit. Sed quia præfatus rex, neglecta religione divina, vitiorum se dominio mancipaverat, protinus in fugam versus et omnis exercitus fere ad internecionem usque gladio deletus est. Saraceni deinceps longe lateque vagantes, innumeras, horridasque cædes perpetrarunt. Qui quantas cædes quantasque strages nostrorum dederint, testantur eversa castra, et antiquarum urbium diruta mœnia. Ea tempestate omnis Hispania luxit monasteria in se eversa, episcopia destructa, libros sacræ legis igne combustos, thesauros ecclesiarum direptos, omnes incolas ferro, flamma, fame consumptos. Tandem pietas illa, quæ non est solita eos, quos corripit, ad internecionem usque delere, sed, flagellando, misericorditer corrigere, animos Pelagii cujusdam, qui regia traduce exstitit oriundus, corroboravit, et contra Saracenos loco, qui dicitur Cova Sanctæ Mariæ, rebellando, eis bellum indixit. Qualiter autem in conflictu illo divina manus pro nostris pugnaverit, ex hoc poterit adverti, quod armorum spicula, a Saracenis missa, in eos ipsos vis divina retorsit ; et rupes quædam, Dei nutu præscissa, corruit, et ex Saracenis non minimam multitudinem opprimendo exstinxit : quod si quis ad plenum voluerit noscere, lugubrem historiam temporum illorum studeat legere. »

41 « *Lectio* II. — Illo ex tempore rursum gloria, et regnum Gothicæ gentis sensim atque paulatim cœpit, veluti virgultum ex rediviva radice, pullulare, et industria regum, qui regali stemmate progeniti, apicem regni nobiliter gubernabant, singulis momentis succrescere. Fuere namque armis, et viribus famosi, consilio clari, misericordia, atque justitia præcipui, religioni dediti, quique antiqua episcopia innovarunt, basilicas fundarunt, et thesauris ditarunt, auro, et gemmis, librisque ornarunt, ac pro viribus Christiani nominis gloriam dilatarunt. Ex quorum illustri prosapia emersit vir clarissimus Fredinandus Sancii regis filius, qui, ut sceptra regni possedit, non est nostra intentio evolvere, quantam et quam crebram perniciem Saracenis intulerit. Hic inter reliqua pietatis opera, quæ religiose gessit, petiit a Benabeth, Hispalensis urbis rege, quatenus sibi corpus beatissimæ virginis Justæ, quod in eadem urbe quiescit, concederet, ut eam ad urbem Legionem transferret. Petitionibus cujus, ut voluit, assensum præbuit, et ei se daturum repromisit. Qua sponsione accepta, convocavit rex Fredinandus venerabilem Alvitum Legionensis urbis episcopum, et reverendum virum Ordonium Astoricensem episcopum, simulque Munionem comitem cum manu militum ; et eos ad deferendum supradictæ virginis corpus Hispalim misit. Qui venientes causam suæ legationis regi Benabeth patefecerunt. Quibus ille ait : Scio plane, me domino vestro quod dicitis promisisse; sed nec ego, nec aliquis ex meis vobis corpus quod quæritis ostendet. Vos ipsi quærite, et inventum tollite, et abite. »

Lectio III. — « Quo responso accepto, venerabilis episcopus Alvitus secreto socios tali voce affatur : Ut cernitis, o socii, nostri itineris laborem nisi divina miseratio relevaverit, frustrati recedemus. Necesse ergo est, dilectissimi, ut a Deo opem quæramus, et hoc triduo jejuniis et orationibus insistamus, quatenus divina majestas occultum nobis sancti corporis thesaurum revelare dignetur. Placuit cunctis exhortatio præsulis; et triduum illud jejuniis et orationibus exegerunt. Jamque die tertia, emenso olympo, sol occubuerat, et quarta nox supervenerat, cum venerabilis præsul Alvitus pervigil orationi insistebat. Interea, dum sellula sedens, secum nescio quid de psalmis ruminaret, somno opprimitur, apparuitque ei quidam vir, veneranda canitie comptus, pontificali infula amictus, talique cum voce alloquitur : Novi quidem te cum sociis tuis ad hoc venisse, ut corpus beatissimæ virginis Justæ hinc transferentes deferatis : et licet non sit divinæ voluntatis ut hæc civitas abscessu hujus desoletur virginis, tamen non vacuos divina bonitas vos remittet; corpus namque meum vobis est donatum; quod tollentes auferte, et securi ad propria remeate. Quem cum reverendus vir Alvitus interrogaret quis esset, qui talia sibi monita injungeret, ait : Ego sum Hispaniarum doctor, hujusce urbis antistes Isidorus. Quo dicto, ex oculis cernentis evanuit. »

Lectio IV. — « Præsul vero evigilans visioni cœpit congratulari, et Deum attentius exorare, efflagitans, ut, si ex Deo esset hæc visio, iterum, et tertio plenius innotesceret; sin autem, discederet. Taliter orans, rursum obdormivit. Et ecce idem ipse vir apparens non dissimilia, quam prius, verba peroravit, rursumque evanuit. Expergefactus iterum pontifex, alacrius trinam visionis admonitionem a Domino implorabat. Qui, dum obnixius Deum oraret, tertio somno corripitur. Virque supra dictus, veluti semel, atque secundo, ei apparuit, et quæ antea dixerat, tertio replicavit; et virga pastorali, quam manu tenebat, terræ solum percutiens tertio, locum, in quo corpus sanctum delitescebat, ostendit, dicens : Hic, hic, hic meum invenies corpus. Et ne putes te phantastica visione deludi, hoc erit tibi signum veri : Mox, ut meum corpus super terram eduxeris, molestia corporis corripieris, quam finis vitæ statim subsequetur; sicque exutus hoc mortali corpore, ad nos venies. Quo dicto, visio ablata est. Evigilat præsul, certus de tanta visione, et lætus de sua vocatione; factoque mane, ad socios dixit : Oportet nos, dilectissimi, divinam omnipotentiam submissis vultibus adorare, qui nos sua gratia præcedere est dignatus, et mercedem nostri itineris frustrari non est passus; divino enim nutu prohibemur membra beatæ ac Deo dicatæ virginis Justæ hinc abstrahere; sed non minora deferemus pignora, dum corpus beatissimi Isidori, qui hac in urbe sacerdotii potitus est infula, et Hispaniam suo opere decoravit, et verbo, sumus delaturi. Hæc ait, et ordinem visionis eis seriatim patefecit. »

Lectio V. — « Quod audientes, Deo gratias referunt; et regem Saracenorum simul adeunt, cunctaque ei ordinatim pandunt. Quibus auditis, licet infidelis, virtutem tamen Dei perpendens, expavit, eisque respondit : Et, si Isidorum vobis tribuo, cum quo hic ego remaneo? Sed quia viros tantæ auctoritatis fas sibi non erat spernere, dat licentiam membra confessoris inquirere. Mira loquar; ab his tamen qui interfuere me reminiscor audisse; sepulcrum videlicet corporis beati, dum quæreretur, vestigium virgæ, cum qua beatus confessor trina percussione locum monumenti monstraverat, in ipso terræ solo inventum est. Quo detecto, tanta odoris fragrantia emanavit, ut capillos capitis et barbæ omnium qui aderant veluti nebula et balsami rore perfunderet. »

Lectio VI. — « Corpus autem beatum ligneo vasculo, ex junipero facto, erat obtectum : statim vero ut reseratum est, reverendum virum Alvitum episcopum ægritudo corripuit, et septima die, accepta pœnitentia, juxta edictum visionis angelis, ut credimus, spiritum tradidit. Asturicensis autem episcopus Ordonius, et omnis exercitus, accepta gleba beati Isidori, et corpore præsulis Legionensis Alviti, ad regem Ferdinandum festinabant repedare. Dum vero corpus beatissimi Isidori in lignum gestatorium poneretur, rex Saracenorum supradictus, Benabeth, cortinam holosericam, miro opere contextam, supra corpus ejus jactavit, et magna ex intimo pectore trahens suspiria, dixit : Ecce recedis ab hinc, Isidore, vir venerande; ipse tamen nosti, tua qualiter, et mea res est : unde mei memorem te semper deprecor esse. Hæc ab illis qui audiere me recolo audivisse. »

Lectio VII. — « Quibus ita peractis, ad propria cum summa lætitia sunt regressi. In adventu quorum rex gloriosissimus Ferdinandus magnum exhibuit apparatum : et, licet contristaretur de obitu Legionensis præsulis Alviti, quem mira semper veneratus fuerat dilectione, tamen occursui gloriosissimi confessoris Isidori ambitiosam præbuit pompam; corpusque ejus beatum in basilicam B. Joannis Baptistæ, quam idem rex noviter fabricaverat, deposuit : aggregatisque universis regni sui nobilibus viris atque episcopis, eam in honore confessoris consecrari fecit; hodie que x Kalendarum januarii dies dedicationis ecclesiæ, et translationis beati antistitis festive annuatim celebratur. Tanta autem devotione in festivitate illa rex clarissimus cum omni domo sua ob reverentiam beati confessoris humilitati deditus fuisse perhibetur, ut, cum ventum fuisset ad convivium, religiosis quibusque viris delicatos cibos, deposito regni supercilio, contentus vice famulorum manibus propriis apponeret. Regina quoque cum filiis et filiabus suis reliquæ multitudini more servulorum omne obsequium humiliter dependeret. »

Lectio VIII. — « In eo autem loco, quo sancti corporis reliquiæ a fideli plebe venerantur, tanta et talia miracula Dominus noster Jesus Christus ad honorem et gloriam sui nominis est dignatus ostendere, cæcis lumina restituendo, surdis auditum reformando, immundos spiritus ex obsessis corporibus eliminando, claudis gressum redintegrando, ut, si aliquis peritus litteris ea traderet, non minima librorum volumina conficeret ; sed partim imperitia, partim negligentia silentio sunt obtecta. Quod si indubia fides petentum exigat, non dissimilia Dominus noster Jesus Christus per confessorem suum usque hodie dignatur operari. Reliquiæ vero beati confessoris ab Hispalensi urbe translatæ, atque Legionem sunt delatæ anno ab incarnatione Domini nostri Jesu Christi I. LX. III. (1063), Indictione I, concurrente III. »

Lectio IX. — « Ad laudem quoque pontificis almi videtur pertinere illud, quod, cum Hispalensis civitas propter æquoris calidum vaporem nunquam sit solita uredinem glaciei perpeti, eo tamen anno, quo exinde beata membra sunt abstracta, adeo urente glacie est exusta, quod neque in vinetis, neque in olivetis, seu ficetis aliquid fructus remanserit. Dicat quisque, prout sentit. Ego autem assero, ipsa quoque elementa discessum sancti corporis sensisse ; sentiendo doluisse ; incolasque urbis, tanto patrono destitutos, privatione fructuum Dei nutu percussisse. His vero et hujusmodi operibus electos suos in conspectu mortalium glorificat, qui in præsentia Dei Patris, et sanctorum angelorum sua illos visione remunerat Jesus Christus, qui cum eodem Patre et Spiritu sancto unus Deus vivit, et regnat per nunquam finienda sæcula. Amen. »

2. Nonnulla verba ad rectam scribendi rationem revocavi, ut *urbem ceperunt* pro *cœperunt*, *internecionem* pro *internicionem*, *idem* pro *hisdem*, etc. Similia in sequioris ævi monumentis passim reperiuntur, sive librariorum vitio, sive auctorum etiam abusu invecta. Pro *religione dediti* substitui, lect. 2, *religioni dediti* : nam *i* in *e* facile in mss. commutatur. Mendum puto, quod, lect. 3, Florezius edidit *a socii* pro *o socii*. Præstaret etiam legere *talique eum voce* pro *talique cum voce*. Non casu videtur factum, quod, lect. 6, duo versus hexametri simul conjunguntur: *Ipse tamen nosti, tua qualiter, et mea res est. — Unde mei memorem te semper deprecor esse*. Ac fortasse auctor alium præmittere voluit his verbis : *Ecce recedis abhinc, Isidore, vir venerande* : verba etiam, quæ præcedunt, disjecti membra poetæ videntur.

5. In Addendis ad diem 4 Aprilis Bollandiani, pag. 901, hæc eadem Acta, quæ genuina neque interpolata dicunt, ediderunt *ex Ms. D. Joannis Lucæ Cortes Hispal.*, sed omissis primis verbis, *Hujus beatum corpus*, etc., et initio ducto, *Anno igitur septuagesimo quinto*. Codicem ms. dicunt antiquum annorum plusquam quingentorum, aut sexcentorum, litteris jam pene fugientibus, hoc titulo : *Acta translationis corporis beati Isidori Spalensis episcopi*. Eorum notæ hæ sunt :

4. « *Anno igitur*. Videtur adfuisse prologus aliquis, qui hic desideratur. Lect. 2. *Illo ex tempore*. Interponitur hic in ms. *quia et*; quæ ab aliqua parenthesi inter describendum prætermissa videntur residua : hic vero jam turbabant sensum, ideoque omissa sunt. Lect. 7. *B. Joannis Baptistæ, quam*. Sandoval., pag. 10, in margine notat, in ista ecclesia asservari maxillam S. Joannis Baptistæ : et quia inventio capitis a Baronio notatur ab anno 1025, divinando asserit, Alphonso V donatam a comite Aquitaniæ Guilielmo.

5. « Lect. ead. 7. *Annuatim celebratur*. Hinc discas, hanc historiam scriptam esse pro lectionibus octo ad Matutinum recitandis. Sed quomodo x *Kalend. Januarii* notatur, quandoquidem festum agatur XII kalendas? Error est, sed haud dubie antiquus, quem Actorum prolixiorum auctor transcripsit. Errorem tamen non tantum probat hodiernus usus, sed antiquissimæ et illius plane sæculi inscriptiones, litteris Gothicis legendæ, supra pilas, duas, quibus parvi quidam fornices sustinentur, lumen præbentes intrantibus a claustro ad capellam : quas inscriptiones recitat Sandoval. p. 16, et hic referre placet, ut totam præsentem historiam illustrent. Prima est : *Hanc, quam cernis, aulam*, etc. (Vide infra cap. 28). Altera : *Deinde in æra MCIII, sexto Idus Maii, adduxerunt ibi de urbe Abila corpus S. Vincentii, frater S. Sabinæ, Christetisque. Ipsius anno præfatus rex, revertens de hoste ab urbe Valentia, hinc ibi die sabbato, obiit die tertia feria, sexto Kalendas Januarii, æra MCIII. Sanccia Regina Deo dedicata peregit*. Eodem referri potest Ferdinandi regis epitaphium, hujusmodi litteris similiter Gothicis tumbæ ejus insculptum, a Sandovalio consequenter ad priores inscriptiones sic relatum : *Hic est tumulatus Ferdinandus Magnus, rex totius Hispaniæ, filius Sanctii regis Pyrinæorum, et Tolosæ. Iste transtulit corpora sanctorum in Legione, B. Isidori archiepiscopi ab Hispali, Vincentii martyris ab Avila, et fecit ecclesiam hanc lapideam, quæ olim fuerat lutea. Hic præliando fecit sibi tributarios omnes Saracenos Hispaniæ, cepit Colimbriam, Lameo, Vaseo, et alias. Iste vi cepit regna Garciæ, et Veremudi. Obiit* VI *Kalendas Januarii, æra* MCIII.

6. « Ad lect. 8. *Christi millesimo*, etc. Annos suos Hispani in publicis privatisque actis usitata sibi æra numerabant : qui mos vix demum anno 1383 a Joanne I Castellæ rege sublatus est, teste Loaisa. Quomodo ergo hic numerantur anni ab incarnatione Domini? Hinc colligimus auctorem non fuisse Hispanum, sed verosimiliter Gallum ex Cluniacensibus monachum : his enim inter alia reformationis per ipsos inductæ puncta etiam curæ fuisse videtur, ut modum numerandorum annorum Christi, jam alibi passim usurpatum, etiam apud Hispanos commendarent et propagarent. »

7. Suspicantur Bollandiani, auctorem hujus translationis fuisse Hebrelmum monachum Cluniacensem, qui eodem tempore consimilem translationem S.

Indaletii e regno Granatensi in Aragoniam conscripsit, editam inter Acta Bollandiana ad diem 30 Aprilis. De quo paulo post dicam. Mirari tamen subit, quo pacto in tam antiquis monumentis, quæ quidem palam in Ecclesia recitabantur, annus incarnationis dominicæ pro æra Hispanica intrusus fuerit.

8. Florezius, qui hæc eadem Acta tom. IX Hisp. Sacr. protulit, tom. XXVII, p. 135, de historia translationis S. Isidori agit, quam Lucæ Tudensi adjudicandam censet, repugnante Risco continuatore, tom. XXXIV, pag. 198, quia ea historia libro miraculorum S. Isidori, a Luca Tudensi certe conscripto, contraria in nonnullis est : adeoque posterior Luca Tudensi, neque ita fide digna ipsi videtur. Distinguere autem oportet historiam translationis, sive Acta uberiora, quæ Bollandiani ad diem 4 Aprilis ediderunt, ab Actis brevioribus magisque sinceris quæ iidem Bollandiani in appendice ad diem 4 Aprilis, et deinde Florezius tom. IX, append. 7, divulgarunt. Florezius e ms. Codice Gothico, in quo narratio quoque Redempti de obitu Isidori, diverso quamvis charactere, erat, Acta correxit, et prologo brevi auxit, quem in suo exemplari desiderari Bollandiani adverterant.

9. Hæc quoque Acta in editione nova Matritensi tom. II inter appendices, p. 61, ex alio exemplari ms. inserta sunt, in novem lectiones pro usu officii ecclesiastici distributa. Sed quamvis editor in ima pagina moneat eas lectiones *ad litteram* desumptas esse ex Actis translationis S. Isidori a Florezio editis, tamen non levis est multis in locis inter utrumque exemplar varietas, ut necessarium quoque sit ea hic repræsentare.

10. Sed prius observandum est, in exemplari etiam Florezii initium Actorum mutilum videri : *Hujus beatum corpus*, etc. Etsi enim narratio Redempti præcedit, tamen Acta alio charactere scripta sunt, et auctoris longe posterioris esse debent. Equidem censeo Acta ipsa, quæ Florezius exhibet, ex lectionibus officii ecclesiastici in die translationis esse desumpta : quare cum jam in officio mentio Isidori præcesserit, non absurde initium lectionum sumitur, sive cum Florezio : *Hujus beatum corpus*, sive cum Bollandianis, et editione nova Matritensi : *Anno igitur*, etc. Conformata autem fuisse hæc Acta in morem lectionum ecclesiastici officii, clare demonstrat, quod numero, sive lectione 7 legitur : *Hodieque x Kalendarum Januarii dies dedicationis ecclesiæ, et translationis beati antistitis festive annualim celebratur* : quæ verba desunt in exemplari editionis novæ Matritensis, in quo alioquin novem lectiones nominantur et distinguuntur, ut mox patebit. Bollandiani in octo tantum lectiones Acta dividunt.

11. De auctore Actorum id tantum liquet quod ipse narrat lect. 5, *Mira loquar : ab his tamen qui interfuere* (Hispali, dum quæreretur corpus Isidori) *me reminiscor audisse*. Et lect. 6, post relata verba regis Hispalensis Saracenorum, cum corpus Isidori tradidit : *Hæc ab illis qui audiere me recolo audivisse*. Auctor ergo synchronus censendus est. Sed itane ea Acta sincera existimabimus, ut nihil omnino aliunde intrusum fuerit? Certe cum ad usum lectionum, ut dixi, accommodata fuerint, non mirum videri debet, si aliqua aut præterita fuerint, aut adjecta. Et Bollandiani quidem nonnihil præteritum innuunt : sed ab interpolationis fermento pura Acta declarant. Crediderim tamen, posteriori ætate adjecta, quæ de miraculis, lectione 8, dicuntur, *silentio obtectis partim imperitia, partim negligentia*. Et quæ sequuntur : *Quod si indubia fides petentum exigat, non dissimilia Dominus noster Jesus Christus per confesso rem suum usque hodie dignatur operari*.

12. Nam præterquam quod sequioris ævi ea fuit consuetudo, ut genuina monumenta interpolarentur, in officiis ecclesiasticis satis frequentes erant ejusmodi mutationes, præsertim cum nullus certus auctor lectionum indicaretur. Neque alia de causa lectiones editionis novæ Matritensis a Florezii Actis in multis, ut jam monui, discrepant. Mendum fortasse in illis est, quod annus consecrationis ecclesiæ, lect. 9, designatur 1081, Kal. Januarii. Acta Florezii et Bollandianorum translationis et consecrationis annum exprimunt 1063, indictione 1, concurrente III, x Kal. Januar. Hinc Florezius, et Bollandiani arguunt auctorem Actorum fuisse monachum aliquem Cluniacensem, quod æram non expresserit. Fortasse id etiam ad interpolationes pertinet. In Ms. Gothico bibliothecæ regiæ Matritensis margini ascripta erat æra MCI, qui est annus 1063. In veteri inscriptione, quam cap. 28 afferam, hæc eadem æra notatur, et dies 12 Kal. Januarii ; quem diem præferendum Florezio probat, quia in Kalendario perpetuo, edito 1578, designatur dies 21 Decembris pro templi dedicatione, et corporis Isidori translatione ; quamvis ecclesia Legionensis, ut observat Tamayus in Martyrologio, diem 20 elegerit ad concursum festi S. Thomæ apostoli evitandum. Addit Florezius, anno 1063 diem 21 Decembris incidisse in diem Dominicam ; qua die, ex canonum præscripto, ecclesiæ consecrari debebant. Propterea corrigendum ait in Actis *concurrente* II pro *concurrente* III, et initio *post annos* CCCCXXVII pro CCCCLXVIII.

13. Varietates autem exemplaris Bollandianorum a suo has Florezius observavit. Lect. 1, *Qualiter enim in*. Lect. 2, *Gloria regnum.* — *auro, gemmis.* — *ornarunt*, pro *viribus*. — *prosapia exstitit vir.* — *sceptrum regni.* — *ut eam ad urbem*—*neque aliquis*. Lect. 3, *Itineris, et laborum.* — *miseratio revelaverit.* — *oratio præsulis*. Lect. 4, *Enixe orare.* — *idem vir.* — *hic invenies.* — *subsequetur. Quo dicto.* — *Oportet dilectissimi*. Lect. 5, *Cum quo ego.* — *Mira loquar.* — *interfuere reminiscor audire.* — Lect. 6, *Præsulis Alviti.* — *ex intimo corpore.* — Lect. 8, *fides petentium*. In fine : *finienda sæculorum sæcula*.

14. De nomine regis Hispalensis Saracenorum, qui S. Isidori corpus concessit, nonnulla est in

exemplaribus dissensio. In lectionibus **49** breviariorum quorumdam vocatur *Enetus*. In Actis Bollandianorum, Florezii, et aliis uberioribus apud ipsos Bollandianos *Benabeth* : in Actis novæ editionis Matritensis *Benabet*, et *Benadab*. Ex historia Arabum Roderici Toletani cap. 48, colligitur, translationem peractam regnante Hispali *Habeth*. Jam Acta quæ dixi novæ editionis Matritensis, mendis quibusdam emendatis, hæc sunt :

15. *Lectio* i. — « Anno igitur septuagesimo quinto post transitum gloriosissimi præsulis Isidori, omnis gens Gothorum occulto Dei judicio gentili gladio ferienda est tradita. Transmarini namque Saraceni mare illud quod Hispalensi urbi alluditur transfretantes, primo eamdem ceperunt. Deinde Bæticam et Lusitaniam provinciam occupaverunt. Quibus Rudericus rex, aggregato exercitu Gothorum, armatus occurrit. Sed quia præfatus rex, neglecta religione divina, vitiorum se dominio mancipaverat, protinus in fugam versus, et omnis exercitus fere ad internecionem usque gladio deletus est. Saraceni deinceps longe lateque vagantes innumeras horridasque cædes perpetrarunt. Qui quantas cædes quantasque strages nostrorum dederint, testantur eversa castra, et antiquarum urbium diruta mœnia. »

16. *Lectio* ii. — « Ea tempestate omnis Hispania luxit monasteria in se eversa, episcopia destructa, libros sacræ legis combustos, thesauros ecclesiarum direptos, omnes incolas ferro, flamma, fame consumptos. Tandem pietas illa, quæ non est solita eos quos corripit ad internecionem usque delere, sed flagellando misericorditer corrigere, animos Pelagii cujusdam, qui regia traduce exstitit oriundus, corroboravit, et contra Saracenos loco qui dicitur *Cova Sanctæ Mariæ*, rebellando, eis bellum indixit. Qualiter autem in conflictu illo divina manus pro nostris pugnaverit, hoc potest adverti, quod armorum spicula a Saracenis missa in eos ipsos vis divina retorserit. Quare rupes quædam Dei nutu præcisa corruit, et ex Saracenis non minimam multitudinem opprimendo exstinxit. Quod si quis ad plenius voluerit noscere, lugubrem historiam temporum illorum studeat legere. »

17. *Lectio* iii. — « Illo ex tempore rursus gloria, et regnum Gothicæ gentis sensim, atque paulatim cœpit veluti virgultum ex rediviva radice pullulare, et industria regum, qui regali stemmate progeniti apicem regni nobiliter gubernabant, singulis momentis succrescere. **50** Fuere namque armis, et viribus famosi, consilio clari, misericordia atque justitia præcipui, religioni dediti. Qui etiam episcopia innovarunt, basilicas fundaverunt, et thesauris ditarunt, auro, et gemmis, librisque ornarunt, ac pro viribus Christiani nominis gloriam dilataverunt. Ex quorum illustri prosapia emersit vir clarissimus Ferdinandus Sancii regis filius : qui, ut sceptra regni possedit, non est nostra intentio evolvere, sed quanta [*Forte* quantam], et quam crebram perniciem Saracenis intulerit. Hic inter reliqua pietatis opera, quæ religiose gessit, petiit a Benadab Hispalensis urbis rege, quatenus sibi corpus beatissimæ Justæ virginis, quod in eadem urbe quiescit, concederet, ut eam ad Legionensem urbem transferret. Petitionibus cujus, ut voluit, assensum præbuit, et ei se daturum repromisit. »

18. *Lectio* iv. — « Qua sponsione accepta, convocavit rex Ferdinandus venerabilem Albitum Legionensis urbis episcopum, et reverendum virum Ordonium Asturicensem episcopum, simulque Munionem comitem cum manu militum, et eos ad deferendum supradictæ virginis corpus Hispalim misit. Qui venientes, causam suæ legationis regi Benadab patefecerunt. Quibus ille ait : Scio plane me domino vestro, quod dicitis, promisisse : sed nec ego, neque aliquis ex nostris tale corpus quod quæritis ostendit. Vos ipsi quærite, et inventum tollite, abiteque. Cæterum, delitescendo, an vere barbarus nostræ legationi ista dixerit, parum comperimus. Sed plerumque humanæ voluntates, ut sunt vehementes, ita et mobiles. Quod audiens egregius Albitus episcopus, socios secreto affatur, sic dicens : Ut cernimus, fratres, nisi divina miseratio labori nostri itineris subveniat, frustrati recedemus. Necessarium itaque videtur, ut a Deo, cui nihil impossibile est, opem quærentes, hoc triduo jejuniis et orationibus insistamus, quatenus divina majestas occultum nobis sancti corporis thesaurum revelare dignetur. Placuit cunctis exhortatio præsulis, ut triduanum illud precibus perageretur. Jam die tertia emenso olympo sol occubuerat, cum justa superveniente nocte, venerabilis præsul Albitus pervigil orationi insistebat. »

19. *Lectio* v. — « Interea dum sella residens fessa membra pauliper sustentaret, atque secum, nescio, quid de psalmis recitans præ nimio vigiliarum labore somno opprimeretur, apparuit ei quidam vir veneranda **51** canitie comptus, pontificali infula amictus, eumque tali voce alloquens, ait : Scio quidem, te cum sociis tuis ad hoc venisse, ut corpus beatissimæ virginis Justæ hinc transferentes vobiscum ducatis. Sed quoniam non est divinæ voluntatis, ut hæc civitas abscessu hujus virginis desoletur, immensa Dei pietas vos remittere vacuos non patiens , corpus meum donatum est vobis, quod tollentes ad propria remeate. Quem, cum reverendus vir interrogaret, quis esset, qui talia sibi injungeret, ait : Ego sum Hispaniarum doctor, hujusque urbis antistes Isidorus. Quare hæc dicens, ab oculis cernentis evanuit. »

20. *Lectio* vi. — « Vigilans autem præsul cœpit visioni congratulari, ac Dominum attentius exorare, deprecans, ut si ex Deo esset hæc visio, iterum, ac tertio plenius innotesceret. Taliter orans rursus obdormivit, et ecce idem vir in eodem habitu non dissimilia, quam prius verba perorans, rursum evanuit. Expergefactus iterum pontifex alacrius etiam visionis admonitionem a Domino implorabat. Qui, dum enixius Deum exoraret, tertio somno corripitur. Tunc vir supradictus veluti semel et secundo ei apparens, quæ ante dixerat, tertio replicavit, atque virga quam manu tenebat terræ solum ter percutiens, locum in quo sanctus thesaurus latitabat, ostendit, dicens : *Hic, hic, hic meum invenies corpus.* Quare ne putes te phantasmate deludi, hoc erit tibi signum mei veridici sermonis, quod mox ut meum corpus super terram eductum fuerit, molestia corporis corripieris, quam finis vitæ subsequens (*sic*) exutus hoc mortali corpore ad nos cum corona justitiæ pervenies. Qui postquam loquendi finem fecit, visio ablata est.›

21. *Lectio* vii. — « Surgens ergo præsul a somno, certus de tanta visione, sed lætior de sua vocatione, facto jam mane, sic socios hortatur, dicens : Oportet nos, dilectissimi, omnipotentiam summi Patris divinam pronis mentibus adorare ; qui nos sua gratia præcedere est dignatus, et mercedem nostri itineris frustrari non est passus. Divino etenim nutu prohibemur membra beatæ ac Deo dicatæ virginis Justæ hinc abstrahere, sed non minora deferemus dona, dum corpus beatissimi Isidori, qui in hac urbe sacerdotii potitus est infula, et totam Hispaniam opere suo decoravit et verbo, delaturi sumus. Quare hæc dicens, ordinem visionis ejus seriatim patefecit. Quod audientes, immensas Deo gratias referendo, regem Saracenorum simul adeunt, eique universa ordine pandunt. Expavit barbarus, et licet infidelis, virtutem tamen Domini admirans, dixit eis : Quare si Isidorum vobis tribuo, cum quo hic remanebo ? Cæterum tantæ auctoritatis viros spernere non audens, dat licentiam confessoris membra inquirere. Stupenda loquuntur, ab iis tamen, qui interfuere, prolata; siquidem sepulcrum beati corporis dum quæreretur, vestigium virgæ, cum qua sanctus confessor trina percussione locum monumenti monstraverat, in ipso terræ solo inventum est. Quo detecto, tanta odoris fragrantia emanavit, ut capillos capitis et barbæ omnium qui aderant veluti nebula nectareoque balsami rore perfunderet. Corpus autem beatum ligneo vasculo ex junipero facto, erat obtectum : statimque, ut reseratum est, venerabilem virum Albitum episcopum ægritudo corripit, ac septimo die, accepta pœnitentia, angelicis manibus, ut vera fides credit, spiritum tradidit. ›

22. *Lectio* viii. — « Ordonius autem Astoricensis episcopus, et omnis exercitus, accepta gleba beati Isidori, et corpore Legionensis præsulis, jam ad regem Ferdinandum remeare festinabant. Quare ecce rex Saracenorum supradictus Benabet coronam miro opere contextam super sarcophagum beati confessoris jactavit, atque ex imo pectore magna emittens suspiria, dixit : En abhinc Isidore vir venerande recedis; ipse tamen nosti, tua qualiter, et mea res est. Hæc ab illis sunt nota, qui præsentialiter se audisse testati sunt. Legati vero cum tanto dono cœlitus misso iter arripientes, ad propria sunt reversi. In reditu quorum gloriosissimus rex Ferdinandus magnum exhibuit apparatum. Qui licet de obitu Legionensis episcopi contristaretur, tamen in adventu beatissimi confessoris Isidori ambitiosam exhibuit pompam. Cujus sanctum corpus in basilica beati Joannis Baptistæ, quam idem serenissimus rex, ut paulo (ante) memini, Legione noviter fabricaverat, reposuit. Albitus autem venerandus antistes in ecclesia beatæ Mariæ, cui præfuerat, Deo annuente, habet sepulcrum.›

23. *Lectio* ix. — « Igitur post annos 400 obitus sui ab Hispalensium civitate translatum est corpus beatissimi Isidori confessoris Christi, atque in urbe Legionensi cum digno honore conditum est; aggregatis etenim totius regni sui nobilibus episcopis, et abbatibus præfatam ecclesiam rex in honore beati confessoris consecrari fecit anno dominicæ Incarnationis millesimo octogesimo primo Kalendis Januarii. Cæterum cum tanta devotione in festivitate illa rex gloriosissimus ob reverentiam sancti antistitis humilitati deditus fuisse perhibetur, ut cum ad convivium ventum fuerat, religiosis quibusque viris delicatos cibos, deposito regali supercilio viæ (*vice*) famulorum propriis manibus apponeret. Regina quoque Sancia, cum filiis et filiabus suis, reliquæ multitudini omne obsequium humiliter exhibet. In eo autem loco, quo beati corporis reliquiæ a fideli populo venerantur, tanta et talia miracula Dominus noster ad honorem, et gloriam nominis sui dignatus est ostendere, quod si aliquis peritus ea membranis traderet, non minima librorum volumina conficeret. ›

24. Editor Matritensis, lect. 4, in fin., legebat *emesso olympo*, et conjiciebat *e medio olympo*. Restitui *emenso olympo*. Plures alios orthographiæ errores correxi, quos indicare nihil refert. Undenam vero hæc translationis Acta originem trahant, ex capite sequenti patebit.

CAPUT IX.
De translatione corporis S. Isidori narratio excerpta ex Chronico monachi anonymi Silensis.

1. « Cæterum Fernandus rex, ordinatis per contina rebus, cum primum opportunitas temporis advenit, congregato rursus exercitu, in Bæticam et Lusitaniam provincias hostiliter profectus est; depopulatisque barbarorum agris, ac plerisque villis incensis, eidem Abenhabet Hispalensis rex cum magnis muneribus occurrit, eumque per amicitiam, perque decus regni obsecrat, ne ipsum [*Forte* neipse] regnum suum persequi velit. Fernandus vero rex more humanas [more humano] miseratus angustias, dum precibus grandævi barbari flectitur, omnes idoneos viros ex Hibernis accersiri jubet, quorum consilio disponat quem finem supplicationibus regis Maurorum ponat. At, ubi consilium erat, ex consilii decreto et munera recipit, et corpus martyris beatæ Justæ, quæ olim Hispali cum corona martyrii perrexit ad Christum, quatenus eam ad Legionensem urbem transferat, reddi sibi imperat; imperialibus cujus jussis illico barbarus assensum præbens, et se daturum beatissimæ virginis corpus spopondit.

2. « Qua sponsione accepta, postquam de expeditione illa ventum fuerat, Legione rex Fernandus convocat ad se Alvitum, hujuscemodi regiæ urbis

venerabilem episcopum, et Ordonium, Astoricensem reverendum antistitem, simulque Munionem comitem, et eos cum manu militum ad deferendum præfatæ virginis corpus Hispalim mittit. Qui venientes mandata regis Abenhabet referunt. Quibus ille : Novi, inquit, me domino vestro promisisse, quod quæritis. Sed nec ego, nec aliquis meorum vobis corpus quod desideratis ostendere poterit. Vos ipsi quærite, et inventum tollite, abeuntes cum pace. Cæterum, delitescendo, an vere barbarus nostræ legationi ista dixerit, parum comperimus. Sed plerumque humanæ voluntates, ut sunt vehementes, ita et mobiles. Quod audiens egregius Alvitus episcopus, socios suos (alloquitur) sic dicens : Ut cernimus, fratres, nisi divina miseratio labori nostri itineris subvenerit, frustrati recedemus. Necessarium itaque videtur, dilectissimi, ut a Deo, cui nihil impossibile est, opem quærentes, triduo jejuniis et orationibus insistamus, quatenus divina majestas occultum nobis sancti corporis thesaurum revelare dignetur.

3. « Placuit cunctis exhortatio præsulis, ut triduum illud precibus peragerent. Jamque die tertia, emenso olympo, sol occubuerat, cum, quarta perveniente nocte, venerabilis præsul Alvitus pervigil orationi insistebat. Interea, dum sella residens, fessa membra paulisper sustentaret, atque secum nescio quid de psalmis recitans, præ nimio vigiliarum labore somno opprimeretur, apparuit ei quidam vir, veneranda canitie comptus, pontificali infula amictus, eumque tali voce alloquens, ait : Scio quidem te cum sociis tuis ad hoc venisse, ut corpus beatissimæ virginis Justæ, hinc transferentes, vobiscum ducatis. Sed quoniam non est divinæ voluntatis ut hæc civitas abscessu hujus virginis desoletur, immensa Dei pietas vos remittere vacuos non patiens (sic), corpus meum donatum est vobis, quod tollentes, ad propria remeate. Quem cum reverendus vir interrogaret quis esset, qui talia sibi injungeret, ait : Ego sum Hispaniarum doctor, hujuscemodi urbis antistes Isidorus. Hæc dicens, ab oculis cernentis evanuit.

4. « Evigilans autem præsul, cœpit visioni congratulari, ac Deum attentius exorare, deprecans, ut, si ex Deo esset hæc visio, iterum et tertio plenius innotesceret. Taliter orans, rursus obdormivit; et ecce idem vir in eodem habitu non dissimilia quam prius verba perorans, rursum evanuit. Expergefactus iterum pontifex, alacrius trinam visionis admonitionem a Domino implorabat. Qui, dum obnoxius [Forte obnixius] Deum exoraret, tertio somno corripitur. Tunc vir supradictus, veluti semel et secundo, ei apparens, quæ antea dixerat tertio replicavit; atque virga, quam manu tenebat, terræ solum ter percutiens, locum, in quo sanctus thesaurus latitabat, ostendit, dicens : Hic, hic, hic meum invenies corpus; et ne putes te phantasmate deludi, hoc erit tibi signum mei veridici sermonis, quod mox ut meum corpus super terram eductum fuerit, molestia corporis corripieris, quam finis vitæ subsequens (sic), exutus hoc mortali corpore, ad nos cum corona justitiæ pervenies. Qui postquam loquendi finem fecit, visio ablata est.

5. « Surgens ergo præsul a somno, certus de tanta visione, sed lætior de sui vocatione, facto jam mane socios hortatur, dicens : Oportet nos, dilectissimi, omnipotentiam summi Patris divinam pronis mentibus adorare, qui nos, sua gratia præcedente, est dignatus, et mercedem nostri (itineris) frustrari non est passus. Divino etenim nutu prohibemur membra beatæ, Deo dicatæ, virginis Justæ hinc abstrahere; sed non minora deferimus [Forte deferemus] dona, dum corpus beatissimi Isidori, qui hac in urbe sacerdotii potitus est infula, et totam Hispaniam suo opere decoravit, et verbo, delaturi sumus. Et hæc dicens, ordinem visionis eis seriatim patefecit; quod audientes, immensas Deo gratias referendo, regem Saracenorum simul adeunt, eique universa ordine pandunt. Expavit barbarus, et licet infidelis, virtutem tamen Domini admirans, dixit eis : Et, si Isidorum vobis tribuo, cum quo hic remanebo? Cæterum tantæ auctoritatis viros spernere non audens, dat licentiam confessoris membra inquirere. Stupenda loquor, ab his tamen qui interfuere prolata. Siquidem sepulcrum beati corporis dum quæreretur, vestigium virgæ cum qua sanctus confessor trina percussione locum monumenti monstraverat, in ipso terræ solo inventum est. Quo detecto, tanta odoris fragrantia emanavit, ut capillos capitis et barbæ omnium qui aderant veluti nebula nectareoque balsami rore perfunderet. Corpus autem beatum ligneo vasculo, ex junipero facto, erat obtectum, statimque, ut reseratum est, venerabilem virum Alvitum episcopum ægritudo corripuit, ac septimo die, accepta pœnitentia, angelicis manibus, ut vera fides credidit, spiritum tradidit.

6. « Ordonius autem Astoricensis episcopus, et omnis exercitus, accepta gleba beati Isidori, et corpore Legionensis præsulis, jam ad regem Fernandum repedare festinabant, cum ecce rex Saracenorum supradictus Abenhabet cortinam, miro opere contextam, super sarcophagum beati confessoris jactavit, atque ex imo pectore magna emittens suspiria, dixit : En abhinc, Isidore, vir venerande, recedis; ipse tamen nosti, tua qualiter, et mea res est. Hæc ab illis sunt nota qui præsentialiter se audisse testati sunt. Legati vero cum tanto dono cœlitus misso iter arripientes, ad propria sunt reversi. In reditu quorum gloriosissimus rex Fernandus magnum exhibuit apparatum; qui, licet de obitu Legionensis episcopi contristaretur, tamen adventu beatissimi confessoris Isidori ambitiosam exhibuit pompam, cujus sanctum corpus in basilica beati Joannis Baptistæ, quam idem serenissimus rex, ut paulo (ante) memini, Legione noviter fabricaverat, reposuit. Alvitus autem venerandus antistes in ecclesia beatæ Mariæ, cui præfuerat, Deo annuente, habet sepulcrum.

7. « Igitur post annos quatuorcentos obitus sui ab

Hispalensium civitate translatum est corpus beatissimi Isidori confessoris Christi, atque in urbe Legionensi cum digno honore conditum. Aggregatis etenim totius regni sui nobilibus, episcopis, abbatibus, præfatam ecclesiam rex in honore confessoris consecrari fecit anno dominicæ incarnationis millesimo quinquagesimo (sexagesimo *legendum*) secundo, undecimo Kalendas Januarii. Cæterum cum tanta devotione in festivitate illa rex gloriosissimus ob reverentiam sancti antistitis humilitati deditus fuisse perhibetur, ut, cum ad convivium ventum fuerat, religiosis quibusque viris delicatos cibos, deposito regali supercilio, vice famulorum propriis manibus apponeret. Regina quoque Sancia, cum filiis et filiabus suis, reliquæ multitudini more servulorum omne obsequium humiliter exhiberet.

8. « In eo autem loco, quo beati corporis reliquiæ a fideli populo venerantur, tanta et talia miracula Dominus noster ad honorem **57** et gloriam nominis sui dignatus est ostendere, quod si aliquis peritus ea membranis traderet, non minima librorum volumina conficeret. Sed mihi, qui regum gesta tantummodo scribere proposui, non est intentio in præsenti horum [*Forte* in præsentiarum] evolvere quanta, et quam crebra miracula per confessoris merita in diversorum languentium corporibus, ejusdem suffragia quærentium, a divino opifice sunt percepta. Ipsi gloria in sæcula sæculorum, amen. »

9. Editum hoc Chronicon fuit a Florezio tom. XVII Hisp. sacr., qui, num. 5, *Surgens* post *nostri* supplet *itineris*, quod fortasse non est necessarium : posset enim intelligi *mercedem nostram*. Addidi *ante* post *paulo*, n. 6. *Ordonius autem*. Annus consecrationis ecclesiæ ab aliis dicitur 1063. Non multo post auctor scribebat, scilicet sæculo XII ineunte, ut rei gestæ veritas minime in dubium vocari possit, quamvis Acta deinde quibusdam additamentis aucta fuerint. Auctor Chronici est Hispanus, imo Gallis se contrarium clare profitetur. Nihilominus annum incarnationis dominicæ commemorat : quod mirum mihi accidit, nisi Chronicon hac in parte interpolatum dicamus. Cæterum Acta ex hoc Chronico esse desumpta demonstratur ex num. 6, *ut paulo ante memini*, quæ verba in Actis quoque apparent : sed auctor Chronici ea adhibuit, quia re vera paulo ante meminerat basilicæ illius quam rex fundaverat.

CAPUT X.

Sermo S. Martini Legionensis in transitu S. Isidori.
Notæ in hunc sermonem.

1. « Isidorus vir egregius, natione Carthaginensis, a Patre Severiano genitus, Hispalensis Ecclesiæ episcopus, Leandri episcopi exstitit germanus atque successor sanctissimus. Vir iste beatissimus a pueritia studiis litterarum traditus, Latinis, Græcis et Hebraicis litteris instructus, omni locutionis genere formatus, suavis eloquio, ingenio præstantissimus, vita quoque atque doctrina fuit clarissimus [a]. Sic namque de virtute in virtutem proficiens refulsit doctor eximius, ita ut secundum qualitatem sermonis omnibus videlicet Latinis, Græcis, et Hebræis, sapientibus, ac minus intelligentibus in eruditione existeret aptus, atque incomparabili eloquentia strenuus. **58** Tantæ sapientiæ, et doctrinæ, atque sanctitatis fuit hic vir gloriosissimus, ut recte de eo dicatur : *Ecce sacerdos magnus, qui in diebus suis placuit Deo, et inventus est justus* (*Eccli.* XLIV, 16, 17, *et* L, 1).

2. « Sacerdos nomen habet compositum ex Græco et Latino : et dicitur *sacerdos, quasi sacrum dans*. Sicut rex vocatus est a regendo, ita sacerdos vocatur a sanctificando, et a sacrum dando (*Isid. l.* VII *Etym., cap.* 12). Ex causis quippe duabus quisque efficitur sacerdos magnus. Prima videlicet, ut bene vivat, secunda, ut bene doceat. Quamvis bene vivat doctor ecclesiasticus ; tamen, si bene non docet, non est magnus. Et quamvis bene doceat, tamen, si bene non vivit, magnus omnino non erit. Necessaria est igitur doctrina cum bona vita : nam doctrina sine bona vita doctorem arrogantem reddit ; et rursus vita sine doctrina doctorem inutilem facit (*Isid. lib.* III *Sent., c.* 36). Unde Dominus in Evangelio dicit : *Qui solverit unum de mandatis istis, et docuerit sic homines, minimus vocabitur in regno cœlorum : qui autem fecerit, et docuerit, magnus vocabitur in regno cœlorum* (*Matth.* V, 19). In hoc loco regnum cœlorum congregatio est electorum. Sæpe Scriptura Ecclesiam fidelium regnum cœlorum vocat, quia pro eo quod cœlestia anhelat, jam in ea Dominus quasi in cœlo regnat. Qui ergo solverit unum de mandatis Domini nostri Jesu Christi, id est, qui illud opere non impleverit, *et docuerit sic homines*, ut illud impleant, *minimus vocabitur in regno cœlorum*, scilicet in congregatione fidelium. Ac si aperte diceret : Qui mandata mea implere neglexerit, et homines ut impleant illa docuerit, *minimus vocabitur*, scilicet in sancta Ecclesia imperfectus erit. De hoc etiam Dominus alibi dicit : *Dicunt, et non faciunt*. Sequitur : *Qui autem fecerit*, id est, qui opere impleverit mandata mea, *et docuerit homines ut impleant illa, magnus erit* (*Matth.* XXIII, 3), scilicet idoneus in sancta Ecclesia. Operibus ergo confirmanda est sacerdotis prædicatio, ita ut, quod docet verbo, instruat exemplo.

3. « Bene etiam illud convenit ad confirmandum hoc testimonium, quod legitur in Canticis canticorum : *En lectulum Salomonis sexaginta fortes ambiunt ex fortissimis Israel ; omnes tenentes gladios, et ad bella doctissimi : uniuscujusque ensis super femur suum, propter timores nocturnos* (*Cant.* III, 7, 8). Salomon, quippe pacificus interpretatur. Quis ergo per Salomonem, nisi Christus intelligitur (*Gregor. in hunc loc.*), de quo scriptum est : *Ipse est pax nostra, qui fecit utraque unum* (*Eph.* II, 14). **59** Lectulus Salomonis, scilicet Christi, sancta Ecclesia est, quia dum ab mundanis sollicitudinibus recedit, dum cor ab omni terrena contagione per pœnitentiam mundare non

---

[a] Sic ms. Tolet, ab Henschenio editum, num. 5 et 42.

desinit, dumque toto mentis desiderio ad coelestem patriam tendit, quasi lectulum facit, in quo Christus delectabiliter requiescit. Unde ipse amicabiliter suis discipulis dicit : *Ecce ego vobiscum sum omnibus diebus usque ad consummationem sæculi* (*Matth.* xxviii, 20). Et iterum per prophetam dicit : *Inambulabo, et ero in illis, et ipsi erunt mihi populus, et ego ero illis Deus* (*Levit.* xxvi, 12). Sexaginta fortes qui lectulum Salomonis ambiunt prælatos Ecclesiæ ostendunt, qui eam verbis atque exemplis muniunt, et ab ea hostes visibiles et invisibiles tam orationibus quam prædicationibus repellunt : *Omnes*, inquit, *tenentes gladios, et ad bella doctissimi existunt*. Quid per gladium, nisi verbum Dei figuratur, et quid per manus, quibus gladios tenent, nisi operatio designatur ? Quia videlicet dum verbum Dei opere complent, quod corde sciunt, magis ac magis semper docti inimicos Ecclesiæ sapientia et fortitudine vincunt. Ad bella spiritalia doctissimi sunt, quia prius in se, deinde in sibi subjectis vitia resecare sciunt. Ad bella doctissimi existunt, quia Dei præcepta, quæ verbo prædicant, opere perficiunt. Sunt ad bella prudentes atque doctissimi, quia gladio discretionis in se et in aliis subjectis sibi superflua resecant, ac delectabilia hujus mundi. De quibus bene subditur : *Uniuscujusque ensis super femur suum, propter timores nocturnos*. Quid per ensem, nisi rigorem conversationis, et quid per femur, nisi carnis appetitum accipimus ? Prælati ergo Ecclesiæ, qui jam ad virtutum perfectionem pervenerunt, semper ensem super femur suum ferunt, quia rigore conversationis appetitum carnis assidue frangunt, ne hostis, quem in nocte hujus mundi pertimescunt, repente veniens, eos debiles ac dissolutos in Dei opere inveniat, et per voluptatis mollitiem et carnis delectationem facilius se sibique subjectos decipiat, atque ad graviora peccata perducat.

4. « [a] Ille ergo in regno coelorum, hoc est in Ecclesia, vocatur magnus, qui ea quæ prædicat verbis, bonis implet operibus. Dicatur ergo de beato Isidoro : *Ecce sacerdos magnus, qui in diebus suis placuit Deo, et inventus est justus*. Revera magnus, quia opera Dei quæ verbis prædicavit, factis implevit. Recte utique dicitur sacerdos magnus, quem Deus suscitavit Hispaniæ novissimis temporibus post tot defectus, credo, ad restaurandam antiquorum sapientiam virorum, quæ præ nimia antiquitate pene jam defecerat in humanis mentibus ; ne diutius ignorantia, ac rusticitate veterasceret populus Christianus. Sic namque plenus charitate et sapientia non abscondit in terra talenta sibi credita ; sed in commune omnibus divisit illa, atque ut bonus negotiator Domino reportavit duplicata, dum multorum mentes prædicando sollicitavit ad coelestia desideranda. Sicut enim Gregorius doctor Petri apostoli successor exsti-

[a] Ms. Tolet., apud Henschen. c. 11, num. 43, circa medium.

[b] Edit. ibid., *splendidissimus solis radius*. Lampada pro lampades a Pollione usurpari ait Dufresne, ex mss. Codicibus observavit Salmasius,... et apud Plau-

tit, ita beatus Isidorus Jacobo apostolo successit : quia semen æternæ vitæ, quod beatissimus Jacobus seminavit, hic doctor egregius verbo prædicationis quasi unus ex quatuor paradisi fluminibus sufficienter irrigavit, atque universam Hispaniam tam exemplo boni operis quam fama sanctitatis velut splendidissima [b] lampada illuminavit.

5. « Ezechiel propheta in visione quatuor animalium sic ait inter cætera : *Et similitudo*, inquit, *animalium, et aspectus eorum quasi carbonum ignis ardentium, et quasi aspectus lampadarum* (*Ezech.* i, 13). Per quatuor hæc animalia multitudo sanctorum est figurata : aspectus vero eorum carbonibus ignis, atque ardentibus comparatur lampadibus, quia quisquis sanctis viris conjungitur, ex eorum imitatione atque doctrina in amore Creatoris accenditur (*Ex Gregor. l.* i *Hom. in Ezech., Hom.* 5, *n.* 6). Sed tamen hoc inter carbones et lampades distat, quod carbones quidem ardent, sed ab eo loco tenebras non expellunt in quo jacent. Lampades autem, quia magno flammarum lumine resplendent, diffusas in circuitu tenebras illuminant. Ex qua re notandum est, quia sunt plerique sanctorum ita simplices et occulti, atque in minoribus locis sub magno silentio absconditi, ut vita eorum vix ab aliis possit agnosci. Quid itaque sunt isti, nisi carbones, qui etsi per fervorem spiritus ardorem habent, tamen exempli famam non habent, nec in alienis cordibus tenebras peccatorum illuminant, quia vitam suam aliis omnino celant ? Sibimetipsis quidem accensi sunt, sed aliis exemplo luminis non sunt. Isti quamvis ardeant igne divinæ charitatis, tamen alios non accendunt fama sanctitatis, nec verbo prædicationis. Lampades vero longius lucent, et cum in alio loco sint, in alio resplendent, quia quicunque exemplo boni operis, et verbo prædicationis refulget, ejus opinio longe lateque, ut lampas, lucet. Cum autem proximi bona ejus audiunt, per hæc ad amorem coelestium bonorum consurgunt. In eo autem, quod se per bona opera exhibent, quasi ex lampadis lumine resplendent. Cum ergo sancti viri quosdam juxta se positos quasi tangendo, ad amorem patriæ coelestis accendunt, carbones sunt : quando vero quibusdam longe positis lucent, ne in peccatis suis [*Forte*, peccati sui] tenebras corruant, eorum itineri lampades fiunt. Jure ergo lampades appellantur, qui et exempla virtutum præstant, et lumen boni operis per vitam et verbum aliis demonstrant. Revera ut lampades resplendent, qui et per amorem Creatoris, et per flammam bonæ prædicationis de cordibus peccatorum tenebras repellunt erroris. Qui igitur in occulto bene vivit, sed aliis non proficit, carbo est : qui vero imitatione sanctitatis in Ecclesia positus, lumen ex se rectitudinis multis præbet, lampas est, quia et sibi ardet et aliis lucet.

tum : *Tene hanc lampadam*. Sermo etiam 56, in Append. Fulgentii, hanc vocem usurpat : *O bona lampada*, inquit auctor, *non quæ diligit sæculum, sed quæ diligit cœlum*, et infra : *Sunt multi qui diem vocant lampadam*. (Nota editoris S. Martini.)

6. « Recte ergo hic beatissimus vir lucenti lampadi comparatur, quia et præsentes et absentes tam verbo prædicationis quam fama sanctitatis illuminabat, eosque ad amorem cœlestis patriæ accendebat. Congrue siquidem lucernæ ardenti comparatur, quia et in amore Dei et proximi ardebat, et de aliorum cordibus tenebras peccatorum effugabat. Quicunque ad eum accedebant, suæ assiduitate visionis, et usu locutionis, atque exemplo boni operis lumen veritatis accipiebant, et in desiderio æternæ lucis inardescebant.

7. a « Hic enim vir beatissimus cætera sanctitatis opera, quæ in Christi Ecclesia sapienter egit, malignam Acephalitarum hæresim confudit, atque destruxit, qui in Christo duas substantias negantes, unam in ejus persona naturam prædicabant, dum illum non verum Deum, ac Dei Filium, sed tantummodo purum hominem fuisse asserebant. Gregorio namque præfatæ hæresis antistite superato, et sanctarum testimoniis Scripturarum auctoritate convicto, docuit, duas in Christo fuisse naturas, divinam scilicet et humanam. Divinam, qua Deo Patri semper est coæternus, et coæqualis; humanam, qua pro nostra salute temporaliter fieri dignatus **62** est Filius hominis, id est Virginis. Et quid de illius sanctitate atque sapientia dicam? Nimirum humana lingua ad plenum narrare non sufficit, quanta bona Deus per eum Ecclesiæ suæ contulit, quamque utilis ignoranti populo, ac senescenti mundo fuerit, dum in Chronica sua ætates sæculi, et temporum series aperuit. Chronica Græce, Latine series temporum appellatur. *Chronos* enim Græce, *tempus* interpretatur Latine. Temporum igitur series et sæculi ætates nescienti populo aperuit; sacrorum jura ostendit; sacerdotibus ecclesiastica officia et gradus cunctorum ordinum exposuit; regibus et principibus leges instituit; judicibus avaritiam interdixit; civibus et cunctis domesticis fidei populis disciplinam Christianam religionis insinuavit: ad ultimum vero sedium, regionum, locorum, omnium divinarum humanarumque rerum nomina, genera, officia, causas, et quæque obscura atque ab humanis mentibus fere jam remota, scribendo patefecit. b Floruit sapientia, et sanctitate temporibus Mauritii et Phocæ imperatorum, sub Recaredo rege Gothorum. Fuit enim in eleemosynis largus, hospitalitate præcipuus, corde severus, in sententia verax, in judicio justus, in prædicatione assiduus, in exhortatione lætus, in lucrandis Deo animabus studiosus, in expositione Scripturarum cautus, in consilio providus, in habitu humilis, in mensa sobrius, in oratione devotus, honestate præclarus, omni bonitate conspicuus. Præterea pater exstitit clericorum, consolator mœrentium, tutamen pupillorum ac viduarum, levamen oppressorum, defensor civium, persecutor hæreticorum, malleus superborum. Et quid amplius dicam? Speculum omnium bonorum factus est mundo, et ideo, ut credimus, jam sine fine regnat cum Christo. Obiit tempore Heraclii imperatoris, et c Suintillæ Hispaniæ regis: **63** illius videlicet Heraclii, qui crucem dominicam, quam impius rex Cosdroe asportaverat, loco suo Hierosolymis restituit atque exaltavit. Dormivit autem beatus Isidorus cum patribus suis era DCLX, sana doctrina sanoque consilio præstantior cunctis, et copiosus operibus charitatis, sepultusque est in senectute bona. Interea, fratres charissimi, dignum est ut hunc sanctissimum confessorem attentius exoremus, quatenus pro nobis miseris peccatoribus, qui adhuc in periculis animarum nostrarum constituti sumus, apud Deum intercessor existat assiduus, ut ejus sacratissimis meritis et precibus post hanc vitam ad societatem electorum Dei pervenire possimus. Ipso præstante, qui in Trinitate perfecta vivit et regnat Deus per omnia sæcula sæculorum. Amen. »

8. In amplissima Operum S. Martini Legionensis editione, tom. IV, pag. 3 et seqq. exstat hic sermo, editus juxta exemplar ex autographo descriptum, ut cætera S. Martini Opera. Sermo centonarius est, ex diversis veterum particulis hinc inde assutis compactus: qui usus erat Martini Legionensis aliorumque Patrum: Quædam, ut vides, sunt ex Braulionis prænotatione breviori, seu genuina Operum Isidori, quædam ex prænotatione uberiori, sive interpolata, quædam ex continuatione Chronici Isidoriani, cujus auctorem S. Ildefonsum Lucas Tudensis asseruit. Nihil tamen Martinus desumpsit, quod fabulam redoleat, sive quod in opera correctiora, minusve interpolata inciderit, sive quod subacti judicis acumine usus probatissima quæque selegerit. Hoc certe colligere licet, ante Lucam episcopum Tudensem exstitisse quædam monumenta, quæ in vitam S. Isidori inserta sunt, et quæ ab ipso Luca multi conficta existimant. De anno obitus S. Isidori error vetus est, ut ex Vita S. Isidori apud Bollandianos colligitur: quem errorem secutus videtur Martinus. Confer notam editoris.

---

a Ms. Tolet. n° 43 apud Henschen.
b *Ibid.*, n. 44.
c Si nomen regis Suintillæ manu infida, et recentiori (et abs dubio post scriptum Salmanticense exemplar, quod habet *Suintillæ*) nostro Ms. non fuerit appositum, recte coaptabantur tempus regis et annus obitus Isidori 622, seu æra 660. Sed quoniam Ms. Toletanum eum habeat errorem in assignanda æra, et postea sub rege Cintilla, seu Cintillano dicat obiisse Isidorum, non ambigimus nostrum Ms. eodem errore laborasse, quem sanare voluit corrector. Allucinatum dicimus auctorem, seu exscriptorem Codicis Toletani, cum asseruerit annum mortis S. Isidori esse sexcentesimum vigesimum secundum: jam enim omnes consensere in sexcentesimo trigesimo sexto nisi auctoritate Redempti clerici sive archidiaconi ejusdem S. præsulis, S. Braulionis, et S. Ildephonsi. Sed non mirum, præfatum auctorem, seu exscriptorem in illum errorem lapsum: nam ita misere cæcutivit hac in re, ut primum dicat defunctum Isidorum temporibus Cintillani, postea eum floruisse usque ad Sisenandum, et statim illum obiisse temporibus Suintillani æra 660, novem videlicet annis antequam Sisenandus regnare inciperet, et quatuordecim antequam Cintillanus; quod miramur haud Henschenium adnotasse. (*Nota editoris S. Martini.*)

64 ª CAPUT XI.

Sermo S. Martini Legionensis in translatione S. Isidori cum notis. S. Martino Legionensi doctrina cœlitus Isidori ope infusa. Alii Hispani sæculo XIII *Isidori laudes celebrant.*

1. « *Non timebit domui suæ a frigoribus nivis; omnes enim domestici ejus vestiti sunt duplicibus* (*Prov.* XXXI, 21). Anno ab Incarnatione Domini fere millesimo centesimo quadragesimo septimo nuntius summi Regis, videlicet angelus, quem mittit Dominus in circuitu timentium eum (*Psalm.* XXXIII, 8), unus ex eis qui semper vident faciem Patris qui in cœlis est (*Matth.* XVIII, 10), felici rumore nuntiavit in curia summi Imperatoris, qui imperat ventis, et mari (*Ibid.* VIII, 26), parari, vel potius repararari domum beati Isidori, Hispalensis quondam metropolitani episcopi, intra muros urbis Legionensis religiosorum clericorum ordini et inhabitationi. Quo rumore suscepto, venerabilis Pater Augustinus catholicæ Ecclesiæ doctor egregius, gratulabundus et exsultans, dominum Isidorum inter confessores præcipuum, nescio quid secum meditantem, intuens, sic eum alloquitur: Quid est, reverende frater, quod tecum volvis? Nunquid aliquid de Scripturis exponendis meditaris? Sed in hac patria spirituum cœlum, id est Scriptura, non extenditur sicut pellis, sed plicatur sicut liber (*Isai.* XXXIV, 4): nec plebes doctrina indigere cognoscis, quia hic impletur illud quod scriptum est: *Non docebit vir proximum suum, omnes enim cognoscent me a minimo usque ad majorem* (*Jer.* XXXI, 34). Cum autem, ut videtur, de regimine et dispositione Ecclesiarum sollicitus sis, tamen de ea quæ te spiritalius [*Forte* specialius] familiariusque contingit, decet ut solliciteris. Loquor autem de ea quæ intra muros urbis Legionensis thesaurum corporis tui continens, religiosis clericis præparatur inhabitanda.

2. « Ad hæc dominus Isidorus: Sollicitor, inquit, super his; sed præcipue de indumentis Deo servientium in domo illa clericorum: **65** nam victui ipsorum jam necessaria ex magna parte paravi, et reliqua sufficientius præparabo; sed terra illa non abundat vestibus. Volo autem, eos habentes victum et vestitum, iis contentos esse (*I Tim.* VI, 8). Ad hæc Pater Augustinus, Et ego, inquit, providebo his filiis tuis indumenta. Legimus autem apud Salomonem de muliere quadam, quod *non timebit domui suæ a frigoribus nivis* (*Prov.* XXXI, 21), et cætera. De qua et ibidem subditur: *Operata est linum et lanam* (*Ibid.*, 13). Ad hunc ergo modum ego his filiis, et domesticis tuis vestem duplicem ex lino lanaque contextam [*Forte* contexam], superpellicium scilicet et capam, in quorum altero munditiam, in altero volo humilitatem intelligi; quod ex ipsarum quoque vestium colore et apparatu potest agnosci. Nam corporis munditia candorem habet, et nigredo vestis hu-

A militatem repræsentat. Nosti etiam, beatissimam Virginem matrem Domini utroque specialiter fuisse vestitam. Unde et de ea scriptum est: *Gloria Libani data est ei: decor Carmeli, et Saron* (*Isai.* XXXV, 2). Et ipsa de se ait: *Quia respexit Dominus humilitatem ancillæ suæ* (*Luc.* I, 48). In apparatu quoque harum vestium idem attenditur; nam vestis linea multo labore et difficultate perficitur; non usque adeo vestis lanea. Ad hunc modum munditia corporis multo labore multoque conatu utiliter habetur, et custoditur, utpote cui resistit lex membrorum, fomes et languor naturæ, stimulus carnis, quem pati se etiam Apostolus (*II Cor.* XII, 7) confitetur, prava, et fluxa consuetudo, exterior alienæ cutis illecebrosa tentatio, interior hostis incentiva suggestio.

B 3. « De lino autem planum est, quia primum a terra avellitur, deinde in fasciculos colligatur, in lacum demittitur, ad solem exsiccatur, quisquiliis et stupa emundatur, per colum in fila redigitur, in glomos complicatur, in telam extenditur et contexitur, tandem inciditur et insuitur, et sic superpellicium aptatur. Linum enim de terra oritur, per quod candens decor munditiæ, et corporalis atque spiritalis castitas designatur. Linum ergo primum a terra avellitur, quia quicunque causa timoris et amoris Dei munditiam castitatis habere desiderat, necesse est, ut primum terrenam, ac sæcularem conversationem deserat, seque ipsum societati religiosorum virorum conjungat. Congruum est etiam inde corporaliter quisque [*Forte* quemque] recedere, ubi se meminit C vitiis deservisse. Plerumque enim dum mutatur locus, mutatur etiam mentis affectus. Deinde linum **66** in fasciculos colligatur, quia oportet illum qui prius carnaliter vivendo per illicitos actus defluebat, ut vinculo divinæ charitatis obstrictus sese intra sui cordis hospitium recolligat. Linum post hæc in lacum demittitur. Per lacum, quia semper est in imo, compunctio cordis figuratur; quia sicut linum in lacum [*Forte* in lacu] mundatur et abluitur, ita peccator in lacrymis compunctionis, quæ cum profundo gemitu pectoris oriuntur, a peccatis et vitiis mundatur atque abluitur. Deinde ad solem exsiccatur. Deus est verus sol justitiæ, a cujus calore nemo se potest abscondere, scilicet ab ejus cognitione. Calore igitur æterni solis exsiccatur in homine illicitus humor li-
D bidinis; quia illius succensus cognitione, ac fervore charitatis, statim recedit ab intentione pravi operis. Mundatur etiam linum ab stupa et quisquiliis, quia quilibet conversus per pœnitentiam mundatur ab illicitis et supervacuis actionibus. Linum item per colum in fila redigitur. Colum gestatur in sinistra, fusum vero in dextera: et sicut descendunt fila de colo, sic omnes actus servi Dei de prælati sui pendent arbitrio, ita ut nihil ei agere liceat sine illius consilio. Deinde in glomos complicatur; quia sub imperio sui præpositi restringitur. Post hæc in telam

---

ª Quare hic et sequens sermo in translatione Isidori, de qua nec verbum ullum exhibent, ab auctore prætitulentur, haud facile suspiceris. Totus enim sese vertat (fortasse *versat*, seu *vertit*) in re omnino miranda, cujus fidem penes lectorem relinquimus. (*Nota editoris S. Martini*.)

extenditur et contexitur, dum, jubente prælato, foris et intus discurrendo, bona quæ potest operatur. Tela tandem inciditur, et insuitur, dum servus Dei perfecte mundum contemnit, visibilia despicit, seque ipsum in contemplatione sui Creatoris introrsus recolligit; quasi jam a tumultu præsentis sæculi inciditur, et æternæ patriæ civibus mente et desiderio insuitur, hoc est innectitur, ut dulcedinem cœlestis regni, quam perfecte nondum potest, saltem suspirando degustet; et sic superpellicium totius munditiæ, et honestatis aptatur, quia jam societati perfectorum idoneus efficitur.

4. « Jam per Dei gratiam, fratres, superpellicium habetis; sed tamen ovina capa adhuc indigetis. Lanea et nigra vestis humilitatem insinuat religiosæ conversationis. Lana igitur primum tondetur, deinde mundatur et abluitur, colo suspenditur, in fila redigitur, texitur et insuitur, et sic capa perficitur. In lana Dei dona ostenduntur, quæ nobis a Deo in præsenti vita tribuuntur. Lana ergo tondetur, cum propter Deum terrena substantia abjicitur. Lana quasi mundatur et abluitur, cum largitione eleemosynarum homo a peccatis mundatur. Unde illud : *Date eleemosynam, et ecce omnia munda sunt vobis* (*Luc.* xı, 41). Colo lana suspenditur, dum summa vigilantia attenditur, ne aliquid causa jactantiæ, vel inanis gloriæ amore tribuatur. In fila redigitur, cum discrete eleemosyna largitur. Lana contexitur, quando operibus misericordiæ studiose insistitur. Tela præciditur, cum jam voluntas habendi ab animo perfecte excluditur. Tandem insuitur, cum jam quilibet conversus de activa vita conscendens, relictis omnibus, vitæ contemplativæ inseritur, atque conjungitur, et sic regularis capa perficitur, dum sibi a Deo per bonam operationem indumentum æternæ gloriæ promeretur.

5. « Iterum beatissimus Augustinus sanctum alloquitur Isidorum, dicens : Reverende frater, ecce omnes domesticos tuos, sicut promisi, duplicibus indumentis vestivi. Non ergo timeas ultra domui tuæ a niveis frigoribus, dum omnes domestici tui vestiti sunt duplicibus. Primum eis aptavi superpellicium, quo significatur munditia mentis et corporis ; deinde capam ovina lana contextam, in qua ostenditur innocentia vitæ et humilitas conversationis. Tu igitur, venerande frater Isidore, eis victualia sufficienter acquire, ut dum vestibus abundant, sine indigentia Deo possint servire. Tibi etiam competit eos monere, dum es præsens spiritu et corpore, ut regulam sibi a me institutam cum omni devotione student implere. Prædica etiam illis, ut studiose spiritualibus inhæreant officiis, ne, quod absit, terrenis delectati bonis, omnino careant æternis. Ad hæc noster patronus sanctus Isidorus : O reverentissime Pater Augustine, sic te decet eos hortari, bene vivere. Omnipotenti Deo referimus actiones gratiarum, qui te constituit doctorem sanctarum Ecclesiarum.

6. « Ecce, fratres charissimi, per Dei gratiam a beato Augustino sufficienter estis instructi, et regularibus vestimentis, videlicet superpellicio et capa, dupliciter induti. In superpellicio, sicut jam supradictum est, munditia mentis et corporis designatur. Cavete igitur, fratres, ne subter superpellicium damnabilis lateat fornicatio. Mihi credite ; superpellicio non induitur, quisquis fornicatione polluitur. Quid prodest foris ante oculos hominum superpellicium ostendere aqua ablutum, et intus ante oculos Dei portare corpus fornicatione pollutum ? Aut quid prodest foris in conspectu hominum demonstrare munditiam vestis, et occultare intrinsecus immunditiam fornicationis ? Nihil celatur ante Deum : videt occulta, qui fecit abscondita. Omnia nuda, et aperta sunt oculis ejus (*Hebr.* ıv, 13). Vos igitur moneo, dilectissimi, ne velitis esse sepulcra dealbata, quæ foris quidem apparent hominibus speciosa, intus autem plena sunt ossibus mortuorum, et vermibus, atque omni spurcitia (*Matth.* xxııı, 27).

7. « Capa ex lana contexitur ovis, et ideo humilitatem significat religiosæ conversationis. Igitur, charissimi, solerter prævidete, ne lupus lateat sub ovina pelle. Unde Dominus in Evangelio : *Attendite a falsis prophetis, qui veniunt ad vos in vestimentis ovium, intrinsecus autem sunt lupi rapaces* (*Matth.* vıı, 15). Lupus latet sub pelle ovina, quando sub habitu regularis vitæ latet simulatio, discordia, atque invidia. Sub pelle etiam ovina lupus latet, cum quilibet simulator sub specie religionis proximis suis nocet. Lupus rapax est intrinsecus, qui, exterius innocentiam simulando non cessat, detrahendo, murmurando, susurrando, comedere carnes proximorum suorum in occulto. Habitum ergo religionis, fratres, quem prætenditis specie, bonis operibus implete. Non quæratis aliud esse in occulto, et aliud in publico. Concordet animus interius cum religiosis vestibus. Concordet vita cum lingua. Sanctus est habitus, sanctus sit animus. Sancta sunt vestimenta, sancta sint opera vestra. Habentes igitur, dilectissimi, victum et vestitum, his contenti estote (*I Tim.* vı, 8), et nullum apud vos retineatis proprium. Procul dubio ipse facit furtum qui in commune habet omnia cum cæteris fratribus, et apud se aliquid habet absconditum. Omnia in commune cum cæteris fratribus possidere, et apud se aliud abscondere quid est aliud, nisi post mortem seipsum pœnis tradere ? Qui in commune habet cum cæteris fratribus victum et vestitum, et aliud retinet absconditum, quid est aliud quam manifestum furtum ? Ergo, fratres charissimi, divitias contemnite, paupertatem diligite, terrena despicite, cœlestia desiderate. Nihil superfluum quæratis, nihil apud vos retineatis, nihil abscondatis, si ad communem societatem electorum Dei pervenire desideratis. Ad quam vos perducere dignetur ille qui in Trinitate perfecta vivit et regnat Deus per omnia sæcula sæculorum. Amen. »

8. Sequitur, tom. IV Operum S. Martini, pag. 52, sermo secundus in translatione S. Isidori. Sed cum nihil aliud contineat nisi idem colloquium inter S.

Augustinum et S. Isidorum, iisdem et similibus allegoriis exornatum, operæ pretium non est eum describere. Martinus vero Acta translationis non attingit, quia, cum eo tempore, ut credere æquum est, in Ecclesia Legionensi legerentur ipsa Acta genuina, in lectiones distincta, superfluum erat eamdem historiam sermone, sive homilia explicare. Neque vero necesse est ut credamus, colloquium, quod Martinus narrat, inter S. Augustinum et S. Isidorum vere ita accidisse : potuit enim Martinus, ut sermoni suo argumentum jucundum quæreret, hunc quasi apologum excogitare.

9. Antequam vero a S. Martino recedamus, juvat referre qua ratione ex rudi et illitterato repente, deprecatore Isidoro, factus fuerit doctissimus. Vitam S. Martini scripsit Lucas diaconus Legionensis, postea episcopus Tudensis, in eo opere quod inscribitur, *De miraculis S. Isidori*. Ea exstat tom. I Operum S. Martini ; in cujus cap. 1 sic legimus : *Eodem tempore venerabilis vitæ Martinus presbyter, canonicus ejusdem monasterii, quem paulo ante superius memoravi, intellectu Scripturarum interno fere idiota, sed virtuium operibus sapientissime florebat insignis. Hic, quamvis esset ecclesiasticis officiis doctus, et, ut dictum est, internum Scripturarum non caperet intellectum, tanquam ille, qui grammaticorum scholas unquam minime frequentaverat, tamen inerat* [Ms., *inhierat*] *ei intelligendi sacras Scripturas summum desiderium, et orationibus, et jejuniis insistebat, serviens Domino die ac nocte in spiritu veritatis. Sed dum nocte quadam pervigil orationi insisteret, apparuit ei beatus doctor Isidorus, ferens parvulum librum in manibus, et dixit illi : Accipe hunc, dilecte mi, et comede ; et dabit tibi Dominus sacrarum scientiam Scripturarum, quia fidelis et justus inventus es in domo ejus. Obtinui etiam a Domino Jesu Christo ut accipias quidquid a Deo petieris ; et eris consocius miraculorum quæ Dominus per me in hac ecclesia operatur. Ego sum Isidorus hujus loci patronus, et ea quæ te Spiritus sanctus docuerit studebis in gloriam Christi nominis propinare.*

10. Addam quæ Lucas Tudensis cap. 12, narrat de eodem Martino Legionensi : *Cum in scribendo manuum et brachiorum suorum pondus sustinere non posset, fecit ad quamdam trabem in sublimi colligari funes, quos per scapulas et brachia ducens, quodammodo suspensus imbecillis corporis pondus levius tolerabat, et sic in tabulis ceratis scribens, tradebat scriptoribus, qui ab eo dictata vel compilata* [Ms. *copilata*] *scribebant, transferentes in pergamena*. Ex quo arguo, hoc exemplar sic in pergamenis descriptum in editione Operum vocari autographum. Hinc etiam liquet, usum tabularum ceratarum ad sæculum XIII, in Hispania perseverasse. In Actis Academiæ Barcinonensis cap. 2, pag. 305, mentionem hujus usus post sæculum X non facile inveniri innuitur.

11. Idem Lucas Tudensis, cap. 15, refert Petrum virum admodum litteratum et probum, decanum Legionensem, qui precibus S. Martini, intercedente S. Isidoro, febri quartana liberatus fuerat, et postea Compostellanam rexit Ecclesiam, *edidisse rhetoricis* *coloribus præclaram homiliam, in qua Christi confessorem Isidorum laude celebri extulit gloriose.* Eam nancisci non potui, ut huic loco insererem. Riscus tom. XXXV Hisp. sacr., pag. 277 seqq., agit de hoc Petro Munionis, sive Munoz, quem ait episcopum Legionensem fuisse ab anno 1205 ad 1207, inde ad sedem Compostellanam translatum. Ex eodem Luca Tudensi in prologo laudat Riscus pag. 279, duos alios doctrina excellentes viros, Martinum decanum Legionensem, et Veremundum archidiaconum, qui versus in S. Isidori laudem scripserunt, et eodem sæculo XIII floruisse videntur.

CAPUT XII.

Continuatio Chronicorum B. Isidori archiepiscopi Hispalensis, per B. Ildephonsum archiepiscopum Toletanum, ut a Luca Tudensi asseritur, composita: in qua nonnulla fabulosa de S. Isidoro sunt admista. Notæ ad hanc continuationem. Monitum ex editione Patrum Toletanorum.

1. « Quoniam præclarus doctor Isidorus ætates mundi, et quorumdam imperatorum et regum historias ab exordio mundi usque ad tempus Sisenandi regis Gothorum docili compendio patefecit, nos a tempore quo ipse desiit sumamus principium, ne præsentium heroum memoria a futurorum mentibus diluatur.

2. « Æra DCLXXI, anno imperii Heraclii decimo octavo, post Suintilanum regem Sisenandus regnat annis tribus. Iste synoda (*sic*) episcoporum egit, patiens fuit, regulis catholicis orthodoxis stetit. Toleti finivit vitam.

3. « Æra DCLXXIV, anno imperii Heraclii vigesimo primo Chintilanus regnum accepit. Synoda plura Toleti cum episcopis egit, et subditum regnum in fide catholica firmavit. Regnavit annos quinque, menses quatuor. Anno sexto regni Chintilani doctor et legislator Hispaniarum Isidorus, stans in ecclesia, peracto sermone ad populum, et expandens manum ad cœlum, ac benedicens omnibus, Deo sibi hactenus traditum gregem commendans, felicissimo somno obdormivit in Domino, senio sanctissimo decoratus. Exstitit quippe spiritu prophetiæ clarus, in eleemosynis largus, hospitalitate præcipuus, corde serenus, in sententia verax, in judicio justus, in prædicatione assiduus, in exhortatione lætus, in lucrandis Deo animabus studiosus, in expositione Scripturarum cautus, in consilio providus, in habitu humilis, in mensa sobrius, in oratione devotus, honestate præclarus, semper pro Ecclesia ac veritatis defensione mori pronus, et in omni bonitate conspicuus. Præterea pater exstitit clericorum, doctor et sustentator monachorum ac monialium, consolator mœrentium, tutamen pupillorum ac viduarum, levamen oppressorum, defensor civium, attritor superborum, persecutor et malleus hæreticorum. Rexit archipræsulatum Hispalensis Ecclesiæ quadraginta annis, diversis fulgens miraculorum signis, primatiæ dignitate florens, et Romani papæ in Hispaniis vices gerens. Sacerdotibus, regibus et populis divinas et humanas leges tradidit, et Romano antistiti humiliter obedire præ-

cepit. Nolentibus obedire maledictionem intulit, et eos a fidelium consortio separavit. Multis librorum voluminibus Christi Ecclesiam informavit, et in pace quievit æra DCLXXX. Toletum ad synodum episcopos convocavit, et ore prophetico eis sui obitus diem et Hispaniis ventura prædixit.

Sidus honestatis, lux morum, sol probitatis,
Hæc ait in synodo Toleti vir sacer ille
 Ismorus, per quem floruit alma fides :
Si servaveritis, quæ vobis præcipiuntur,
 Servabit Christus vos in amore suo.
Frumentum dabit, ac oleum, dabit optima quæque,
 Si pura mente complaceatis ei.
Si neglexeritis ea, non impune feretis,
 Cum recte prava puniat acta Deus.
Inde cadent Gothi bellis, et barbarus hostis
 Vos premet innumera clade, timore, fame.
Tunc convertimini, tunc crimina plangite vestra,
 Et statim Dominus auxiliator erit.
Gloria major erit vobis : et gratia Christi
 Extollet Gothos uberiore bono.

4. « De gestis ejus hæc inter regum Actus annotavimus, quia ipse de præclara regum Gothorum stirpe, patre Severiano Carthaginensi duce, exstitit procreatus. Post transitum autem ejus mense uno rex catholicus Chintilianus Toleti decessit, bono fine perfunctus. Successit beatissimo doctori Isidoro Theodiselus, natione Græcus, varietate linguarum doctus, exterius locutione nitidus, interius autem, ut exitus demonstravit, sub ovina pelle lupus voracissimus. Nam libros quosdam de naturis rerum et arte medicinæ, necnon et de arte notoria, quos pater Isidorus facundo stylo composuerat, et nedum ad publicum venerant, in odium fidei corrupit, resecans vera, et inserens falsa : atque per quemdam Arabum, nomine Avicennam, de Latino in Arabicum transtulit. Hic in his et aliis pluribus infidelis inventus, et erroneus in articulis fidei comprobatus, per synodum ab archiepiscopali dignitate degradatus est. Asserebat enim Dominum nostrum Jesum Christum cum Patre et Spiritu sancto non esse unum Deum, sed potius adoptivum. Hic, ut dictum est, privatus honore sacerdotii ad Arabes transiit, et sectæ pseudoprophetæ Mahometi adhæsit, et plura docuit detestanda sub imperatore Heraclio. Tunc temporis dignitas primatiæ translata est ad Ecclesiam Toletanam. »

5. Ita pergit hujus continuationis supposititius auctor, vel interpolator, multa narrans quæ non solum antiquis monumentis innixa non sunt, sed illis etiam sunt contraria. Addit longiori sermone Mahometi historiam mendaciis contextam : de quo hæc confingit : *Verumtamen, ut fertur, diabolus transfigurans se in angelum lucis, quædam ei prædicebat futura. Unde est, ut in exordio suæ subdolæ prædicationis adiret Hispaniam, et Cordubæ suæ perditionis sectam doceret. Dicebat enim Jesum Christum Dominum de Virgine esse natum operatione Spiritus sancti, non tamen esse Deum. Quod cum beatissimo Patri Isidoro nuntiatum fuisset, qui tunc revertebatur a Romana curia, confestim misit ministros, qui caperent eum. Sed diabolus Mahumeto apparuit, et quam citius fugeret, imperavit. Mahumetus autem post fugam in Africam et Arabiam innumerabiles plebes seduxit,* etc.

6. Ad æram DCLXXXII de Chindasuintho, Hispaniæ rege, sic refert : *Libros sanctorum Patrum diligenter fecit perquiri, et instituta B. Isidori firmiter observari. Hic perfidum Theodisclum Hispalensem episcopum synodali sententia exsulavit, et dignitatem primatiæ transtulit ad Ecclesiam Toletanam.*

7. Lucas Tudensis Chronico Isidori uberiori, quam quod genuinum Chronicon ejus est, hanc continuationem Ildefonsi nomine attexuit : sive ipse additiones ad Chronicon Isidori, et totam hanc continuationem confinxerit, ut nonnulli putant, sive saltem quædam Chronico Isidori adjecerit, et continuationem Ildefonsi interpolaverit, sive, quod æquius est credere, Chronicon et continuationem, ita jam ab aliquo antiquiori ampliata et interpolata, incaute pro genuinis acceperit. Bayerius in not. ad Bibl. Vet. Hisp. Nic. Antonii l. v, num. 325, testatur, in Escurialensi Codice lit. B, plut. 1, num. 9, opus exstare hoc titulo : *Beati Ildefonsi archiepiscopi Toletani continuatio Historiæ Gothorum a temporibus Sisenandi ad Reccesuinthum.*

8. Hujus Codicis quænam sit vetustas, expendendum esset, ac videndum, num cum continuatione a Luca Tudensi edita consentiat. Rodericus Toletanus, qui Lucæ Tudensis æqualis fuit, refert, Ildefonsum scripsisse Gothorum tempora a quinto anno Suinthilæ usque ad octavum decimum Reccesuinthi annum : cujus verba cap. seq. proferam. Hoc certe arguit, Lucam Tudensem totius continuationis, quam sub Ildefonsi nomine edidit, auctorem non esse, ut Laurentius de Padilla affirmat in Vita S. Isidori inter Vitas sanctorum Hispaniæ. Producendum a nobis est monitum clarissimi editoris PP. Tolet, t. I ad Continuationem S. Ildefonsi, quæ ex t. IV Hisp. illustr. recusa ibi est inter opera S. Ildefonsi, supposititia.

9. *Lucas Tudensis episcopus, qui jussu Berengariæ reginæ Chronicon mundi scribere aggressus est sæculo* XIII, *primus fuit qui illius operis quasi fundamenta jacturus, post Chronicon ab Isidoro scriptum usque ad Sisebuti regnum, nobis obtrusit præsentem prosecutionem Chronicorum, tanquam ab Ildephonso Toletano præsule compositam, cujus operis nulla anterior exstabat memoria. Unde Tudensis illud hauserit, incertum est. Sunt, qui cum Laurentio de Padilla putant, totum id quod sub Ildephonsi nomine venditavit, fuisse ab illo confictum. A nobis nunquam impetrabunt, ut de viro probo temere cogitemus; mirari tamen satis non possumus tantam viri credulitatem, qui tot fabularum portenta non viderit, quibus hæc historiæ pars tota contexta est. Quare jam nullus est historicus, qui eam velut commentum putidum non despiciat, indignum prorsus quod S. Ildephonsi aliquando existimatum sit.*

10. *Inter alia quamplurima, S. Isidorum sedem Hispalensem tanquam primatem obtinuisse diserte asserit mendacissimus consarcinator nugarum, Theodisclum quemdam introducens illius successorem, nulli hactenus antea notum, nec ullis præsulum catalogis ascriptum, ob apostasiæ crimina dignitate depositum, exsulantemque : qua occasione primatialem dignitatem*

ad Ecclesiam Toletanam translatam commentatur.

11. Huic fabulæ aliam non minus ineptam attexuit de Mahumetis impii prophetæ adventu in Hispaniam, ejusque Cordubæ prædicatione instituta; quem fingit de reditu M. Isidori ex Urbe admonitum a diabolo aufugisse, atque ea ratione vincula, carceres, pœnasque jam ab Isidoro indictas evasisse.

12. Quis hæc legat, qui historiam veram infamis prophetæ, ejusque vitæ chronologiam observaverit, quin ista portenta non rideat, ac miretur homines fuisse qui tot insulsis anilibus fabulis vel fingendis, vel narrandis delectarentur?

13. Hæc vel leviter indicata satis sint ad hujus monumenti falsitatem suadendam, atque ab Ildephonso nostro illius invidiam ablegandam. Qui plura velit, consulat D. Nicolaum Antonium in *S. Isidoro*, et *Ildephonso*, ubi has fabulas diffuse insequitur : tum P. Florez in tomo V *Hispaniæ sacræ*, et alibi, ubi de primatis dignitate S. Ecclesiæ Toletanæ verba facit.

14. Nos interea ejus editionem repræsentamus ad exemplar 75 editionis factæ a Francisco Scotto in tom. II *Hispaniæ illustratæ*, qui eam ex Tudensi transcripsit cum hoc eodem titulo quem præfigimus.

15. Quædam etiam sunt quæ ex hac continuatione S. Martinus Legionensis in suum sermonem de transitu S. Isidori transtulit, ut fere tota illa periodus, *Exstitit quippe spiritu prophetiæ clarus*, etc. Omittit autem verba, *sustentator monachorum ac monialium*: ac fortasse in aliquam continuationem minus interpolatam incidit. Hoc Isidori elogium partim descripsit etiam Constantinus Cajetanus loc. cit., pag. 15, ex *Chronicis Lucæ*, *diaconi Tudensis*, ut ait : sed diaconum Legionensem primum, ac deinde episcopum Tudensem debuit vocare.

16. Jam figmenta quæ in Continuatione supposititia Ildefonsi referuntur, fuse explodit Nic. Antonius in *Bibl. vet. Hisp.*, ubi de Isidoro Ildefonsoque agit : iter vero Mahometi in Hispaniam adeo prolixe refutat, ut *vel Fabium valeant delassare*, quod Bayerius annotavit ; ea fabula cap. 25 breviter a nobis exploditur. Plura etiam disserit de corruptis, ut fingitur, ab Avicenna S. Isidori Operibus, et de Theodisci apostasia : de quibus nos infra. Florezius tom. IX, pag. 212 seq., demonstrat, Isidoro Honoratum successisse a die 12 maii 636 ad diem 12 novembris 641, ut arguitur ex inscriptione sepulcrali Honorati, quam accurate describit. In catalogo Æmilianensi post Honoratum collocatur Antonius, neque Theodisci nomen comparet, quamvis Epiphanii intrusi nomen non desit. Hunc catalogum cap. 24 proferam. Cum autem Ildefonsus anno 18 Reccesuinthi regis decesserit, manifestum est eum non potuisse continuationem Chronici perducere ad obitum usque ipsius Reccesuinthi, ut apud Lucam Tudensem legitur. Hac ex parte narratio Roderici Toletani stare posset, qui Ildefonsum tempora Gothorum scripsisse a quinto anno Suinthilæ usque ad octavum decimum Reccesuinthi affirmavit. Mirum certe non est quod per tot bellorum et ignorantiæ in Hispania sæcula in historiam nostram multæ fabulæ irrepserint (in cujus A vero gentis historiis id non accidit?); tamen non satis intelligitur, quo pacto viri docti, ut Lucas Tudensis aliique hujusmodi fabellis anilibus fidem præstiterint. Postquam autem ejusmodi commenta, ab e:s accepta, ad aliosque ex eorum manibus transmissa sunt, facilius malum serpere 76 cœpit, et non solum in aliis libris, sed etiam in liturgicis locus figmentis datus est, quæ falsorum chronicorum architecti sæculo XVI exeunte, et sequenti avidissime arripuerunt.

CAPUT XIII.

Vita S. Isidori a Bollandianis edita an auctorem habeat Lucam Tudensem. Ea vita ad appendices rejecta, defenditur Lucas Tudensis contra nonnullos, qui eum in Chronicis et Isidorianis rebus multa finxisse contendunt. Auctor libri de Miraculis S. Isidori quisnam fuerit.

1. Propositum mihi fuerat hoc loco Vitam S. Isidori recudere, quam prævio doctissimo commentario Bollandiani inter Acta sanctorum ad diem 4 Aprilis retulerunt. Sed cum non parum vitæ ejus methodus nostrorum Prolegomenon ordinem interturbaret, et aliunde gesta quæ in ea enarrantur idonee ex alia Vita breviori cap. seq. producenda suppleri possint, commodius visum fuit Vitam a Bollandianis illustratam cum uberiori historia translationis, et narratione quorumdam miraculorum ad appendices rejicere. Neque enim ea omnino prætermitti a nobis debet, cum Zaccaria ad suæ intentatæ editionis prolegomena magnum subsidium in hac Vita et Bollandianorum commentario collocasse videatur.

2. Interea hæc duo a nobis investiganda sunt, quisnam ejus Vitæ auctor fuerit, et an Lucas Tudensis, qui vulgo auctor censetur, architectus fabularum fuerit, quæ in Isidori Acta irrepserint. Nic. Antonius, cum exemplar Vitæ S. Isidori ad Bollandianos misit, censuit auctorem Vitæ non esse Lucam Tudensem, multisque rationibus id persuadere conatus est, ut in prævio Bollandianorum commentario legitur. Hi non inviti opinioni Nic. Antonii adhæserunt ; sed cum rationes Nic. Antonii in eo maxime niterentur, quod stylus Chronici Lucæ Tudensis et Vitæ Isidori diversus esset, ac multa inter se contraria in utroque hoc opere commemorarentur, observarunt Bollandiani posse aliquem, qui eumdem auctorem utriusque operis assereret, opponere Vitam S. Isidori a Luca adhuc diacono in cœnobio Legionensi S. Isidori conscriptam fuisse, Chronicon 77 vero, et alia opera ab eodem jam seniore episcopo Tudensi, ac maturiori judicio.

3. Hæc Nic. Antonius lib. VIII *Bibliot. vet. Hisp.*, n. 68, cum expendisset, judicium quodammodo cohibuit : *Nunc sisto*, inquit, *et doctissimorum hominum sententiam non improbo : potuisse hanc differentiam ætatis maturioris, aut provectioris varietate excusari ; non adeo tamen, ut episcopus jam Tudensis Chronicon Lucas, quod aiunt, scripserit, qui diaconum se ad Berengariam id mittens nuncupavit.* Addit Nic. Antonius, vix sibi dubium esse, quin unus idemque auctor sit Vitæ S. Isidori et Historiæ translationis

S. Isidori episcopi, quæ in codice suo Toletano annexa est Vitæ : adeo ut nullius horum operum, aut utriusque laus Tudensi sit consignanda. De historia translationis cap. 8 diximus, quæ certe Luca Tudensi antiquior est, et ab auctore translationi fere æquali conscripta, quamvis postea, ut hujusmodi in monumentis accidere solet, interpolata fuerit, ut est in eo Ms. Toletano, ex traditionibus scilicet scriptis, aut documentis, quæ multis communia erant, adeoque a diversis scriptoribus in suis operibus transcribi, aut compilari poterant. Lucas in Chronico, quod certo ab ipso scriptum constat, translationis quoque meminit, et diversum quiddam narrat : cum enim Acta referant, S. Isidorum solo Albito episcopo apparuisse, deinde Albitum Ordonio episcopo revelationem designasse, Lucas contra ait : *Tunc apparuit ambobus episcopis orantibus Christi confessor Isidorus, et ostendit eis sui corporis locum.*

4. De auctore vero Vitæ simile judicium profero, alium eum fuisse a Luca Tudensi, ac prorsus diversum ab auctore continuationis Chronici Isidoriani, nomine Ildefonsi a Luca Tudensi cum aliis chronicis collectæ. Consentiunt ii qui mss. Codices in quibus Vita Isidori continetur, inspexerunt, auctoris nomen non exprimi. Bollandiani inscribunt : *Vita S. Isidori, auctore canonico regulari cœnobii Legionensis S. Isidori.* Nullus alius profertur auctor eorum temporum, qui Vitam ullam S. Isidori a Luca Tudensi compositam testetur. Quid ergo est causæ, cur Lucam auctorem Vitæ credamus ? Ostendi, cap. 4, plura esse verba et sententias, quæ in hac Vita et in sermone Martini Legionensis, qui Luca Tudensi antiquior fuit, eodem contextu exprimuntur : et quæ potius Martinus ex Vita, quam auctor Vitæ ex Martino videtur deprompsisse.

5. Cum autem quædam diversa narrentur a Luca Tudensi in præfatione ad syllogen Chronicorum, et ab auctore Vitæ Isidori, hunc ab illo distinguere oportet. Neque permovere nos debet Bollandianorum ratio, quod potuit Lucas sententiam mutare. Nam sive ante Chronicon Lucam Vitam S. Isidori scripsisse fingamus, sive post Chronicon, de quo minime sibi constant qui Chronicon, Vitam, et Translationem S. Isidori eidem Lucæ tribuunt, si de facti alicujus veritate dubitavit, aut opinionem aliam assumpsit, debuit hoc ipsum advertere, cum ad sententiam retractandam deventum fuit. In præfatione ad Chronica matrem S. Isidori Theodoram appellavit : hæc eadem in Vita dicitur Turtura. Cur si idem est utriusque operis auctor, diverso eam nuncupat nomine, aut non indicat rationem cur aliam tenuerit sententiam ?

6. Exstat quidem fabula de Mahometi in Hispania prædicatione tam in Vita Isidori, quam in continuatione Chronici Isidoriani, nomine Ildefonsi a Luca inter alias historias relata. Sed præterquam quod longe plura hac de re in Vita Isidori narrantur, quæ in continuatione Chronici Isidoriani non reperiuntur, minime constat Lucam ejus continuationis aut interpolationis auctorem esse. Ildefonsum Isidori Chronico, sive Historiæ Gothorum supplementum aliquod adjecisse cap. super. innui. In vetustissimis membranis, quibus Etymologiæ Isidori continentur, sæpe reperi Chronicon brevius Isidori ab initio mundi, supputatione temporis adjecta usque ad Reccesuinthum regem : quo tempore Ildefonsus floruit, quem, ut librum Isidori de Vir. Illustr. continuavit, ita et Chronicon hoc Isidori, et præcipue Historiam Gothorum continuasse facile credi potest. Persuadent id omnino verba Roderici Toletani ex editione recenti Patrum Toletanorum tom. III, in prolog., sive epist. nuncup. ad libros de Reb. Hisp. *Tempore enim vastationis Arabum scripta et libri cum pereunte patria perierunt, nisi quod pauca diligentium custodia evasere. Itaque ea quæ ex libris beatorum Isidori, et Ildefonsi, et Isidori Junioris, et Idacii Gallæciæ episcopi, et Sulpicii Aquitanici, et conciliis Toletanis..... et aliis scripturis, quas de membranis, et pictaciis laboriose investigatas laboriosius compilavi, a tempore Japhet Noe filii usque ad tempus vestrum, gloriosissime rex Fernande, ad historiam Hispaniæ contexendam, quam sollicite, postulastis, prout potui, fideliter laboravi.*

7. Quod Sulpicius Aquitanicus a Roderico nominatur, id crediderim accipiendum de Chronico quod e membranis Hispanicis primus edidit Florezius tom. IV Hisp. sacr. hoc titulo : *Epitome Chronicorum Severi Sulpicii.* Desinit æra 771, sive anno 733. Dubitat Florezius, an hujusmodi chronicon aliqua ex parte Severo Sulpicio tribui possit. Libenter crediderim, Severum Chronica aliqua scripsisse, quæ alius postea, ut in hoc operum genere solet evenire, in epitomen redegerit, interpolaverit, continuaverit. Ad hoc etiam Chronicon, sive ad Roderici verba respexisse puto Joannem Gerundensem in prologo Anacephalæosis Hispaniæ, qui Isidorianæ Historiæ Gothorum aliqua Ildefonsum et Sulpicium addidisse tradit. Neque enim est, cur cum Nic. Antonio lib. v, Bibliot. Vet. cap. 6, num. 527, Gerundensem emendemus, et pro Sulpicio Julianum sive Isidorum Pacensem legamus.

8. Mirandum tamen magis, quod Nic. Antonius, ib., num. 325, asserat continuationem Chronici Isidoriani sola auctoritate Tudensis Ildefonso tribui posse, et illico, num. 527, in eamdem rem auctoritatem Roderici alleget. Multa hujusmodi parum sibi consentientia in Bibliotheca Veteri, quippe opere posthumo, et quod auctor ad limam non revocavit occurrunt, etiam post Bayerii eruditam rescensionem. Sic igitur, num. 325, ait Nic. Antonius : *At si revera Ildefonsi est* (continuatio Chronicorum Isidori) *aliqua ex parte quod non alia quam Lucæ ejusdem Tudensis auctoritate affirmare possumus, certe plura sunt novæ, et alienæ manus antiquis consuta.* Mox, num. 527, exscribit hæc verba Roderici Toletani lib. II, cap. 22, de Reb. Hisp. : *Et cum beatus Isidorus scripsisset Gothorum originem usque ad quintum annum regis Suintilæ, S. Ildefonsus scripsit*

tempora Gothorum, Alanorum, Vandalorum, et Suevorum a quinto anno Suintilœ usque ad octavum decimum Recesuindi. Hactenus Codex ms. Toletanus ; in aliis mendose additur : *Et Isidorus Junior, qui a principio mundi incipit chronica, usque ad octavum decimum Recesuindi annum fideliter prosecutus, et usque ad destructionem Hispaniœ per Arabes ipse scripsit.* Nic. Antonius ita emendat, et conjungit hæc verba cum superioribus : *a quinto anno Suintilœ usque ad octavum decimum Recesuindi annum. Et Isidorus Junior prosecutus usque ad destructionem Hispaniœ per Arabes ipse scripsit.* Malim tamen credere interpolationem sive additamentum **80** id esse alicujus : non enim hic erat locus ut Rodericus de Isidoro Juniore verba faceret, præsertim cum Isidorus Junior, sive Pacensis Chronicon suum a temporibus Isidori Hispalensis inchoaverit, et post destructionem Hispaniæ per Arabes ad plures annos continuaverit.

9. Cum ergo Rodericus Toletanus, et Lucas Tudensis eodem sæculo floruerint, ineptum est suspicari, continuationem Chronici Isidoriani, quæ Ildefonsi nomen præfert, a Luca confictam fuisse. Imo Nic. Antonius, lib. v, n. 215, conjicit Lucam Tudensem ex Roderico Toletano desumpsisse quæ de primatu ex Hispalensi sede ad Toletanam ob Theodisclí episcopi Hispalensis apostasiam translato in continuatione Chronici Isidoriani referuntur. *Unde Lucas Tudensis,* inquit, *per me desumpserit..... Suspecta enim quodammodo hæc mihi sunt e Roderici calamo venientia, qui perpetuam hanc Toletanæ primatiæ prærogativam ita acriter omni tempore tutatus fuit, ut brevissimo etiam, quod laudavimus, capite bis eam neque necessario expresserit.* Atqui Lucas Tudensis anno 1236 suum Chronicon absolvit, Rodericus vero septem post annos : ex quo Florezius arguit tom. XXII Hisp. Sacr., p. 123, Rodericum potius verbis Tudensis usum, quam contra Tudensem Roderici. Sed multo magis æquum est credere, ante utriusque ætatem continuationem Isidoriani Chronici exstitisse, quam Rodericus in sua Historia conscribenda præ oculis habuerit, Lucas vero in Chronicorum collectionem admiserit.

10. Dicat aliquis, Rodericum continuatione genuina usum fuisse, quam Lucas interpolavit. Verum neque id sustineri potest. Etsi enim Rodericus de prædicatione Mahometi in Hispania verba non fecit, tamen, ut nunc dicebam, aliam de Theodisclo fabulam, quæ in ea continuatione legitur, adoptavit, lib. II, c. 21, de Reb. Hisp., ubi multa alia ad verbum ex ea continuatione de rege Cindasuindo protulit, et hæc in rem nostram : *Libros sanctorum Patrum diligenter fecit perquiri, et instituta beati Isidori firmiter observari. Hic perfidum Theodistum Hispalensem episcopum synodali sententia in exsilium misit, et dignitatem primatiæ, quam ab antiquo habuerat, totius approbatione concilii Toletanæ Ecclesiæ confirmavit.* Ad marg. notatur ex Mss. Compl., et al. *exsulavit* pro *exsulare fecit.* Atque *exsulavit* legitur in continuatione ; in qua tamen desunt **81** nonnulla verba Roderici ; ita enim pergit : *exsulavit, et dignitatem primatiæ transtulit ad Ecclesiam Toletanam.*

11. Tenendum ergo est, Ildefonsum Historiæ Gothorum Isidori supplementum ad sua usque tempora adjecisse, quod alii postea, ut ipsa Isidori Chronica, ex aliis monumentis falsisve vulgi rumoribus auxerunt, et interpolarunt ante Roderici Toletani, et Lucæ Tudensis tempora. Ac fortasse Pelagius Ovetensis, *fabulosus* dictus, nonnullam in his interpolationibus partem habuit : nam, ut dicam c. 77, in sylloge Chronicorum Pelagii Ovetensis reperitur etiam *Supplementum D. Ildefonsi.* Et sæculo quidem XII, quo Pelagius vixit, ea licentia invaluit veterum libros fœdandi apocryphis additionibus, ut confirmat Mariana in tract. de Prædic. et Advent. S. Jacobi in Hispaniam, cap. 12 : *Calixti,* inquit, *librum sincerum nusquam exstare certum habeo, sed additionibus et centonibus alienis fœdum, frequenti ejus sæculi more, quo veterum scripta additionibus locupletandi specie miseris potius modis fœdarunt : cujus licentiæ non unum exemplum exstat.* Sed exstant etiam hujusmodi corruptelæ exempla longe ante sæculum XII.

12. Ne vero Lucam Tudensem auctorem fabularum quæ in vetera illa chronica irrepserunt credamus, spectata ejus pietas suadet ; ut recte in monito ad continuationem Chronicorum Isidori, Ildefonso asscriptam, observatur : *Sunt,* inquit doctissimus editor, *qui cum Laurentio de Padilla putant, totum id quod sub Ildefonsi nomine venditavit* (Lucas) *fuisse ab illo confictum. A nobis nunquam impetrabunt, ut de viro probo temere cogitemus.* Alfonsus Garsias Matamorus de Academ. et doct. Hisp. vir., censet Lucam Tudensem, et Rodericum Toletanum *non ad voluptatem aurium, sed ad memoriam, et ad judicium posteritatis scripsisse, et quam a deliciis longe tam ab ineptiis et mendacio procul abfuisse.*

13. De præclaris Lucæ Tudensis gestis, ac pietate, cujus etiam precibus, dum viveret, Deum mirabilia quædam operatum fuisse, satis firma opinio est, plura Florezius tom. XXII Hisp. sac. Quod autem ad rem nostram maxime facit, ipse Lucas in libris contra Albigenses in veterum scriptorum corruptores acerrime invehitur. Neque juvat opponere, Lucam eos potuisse reprehendere, qui erronea, aut hæretica libris Patrum immiscerent, quin eos improbaverit qui falsa quædam, ut religionis causam adjuvarent, intersererent. **82** Nam l. II, cap. 11, aperte ait : *Quod autem dicunt, aliqua esse fingenda, licet vera non sint, ad Christi nominis gloriam dilatandam,* cum B. Job simpliciter respondemus : *Nunquid indiget Deus vestro mendacio, ut loquamini dolos pro eo? Unde ait organum Spiritus sancti* (Gregorius Magnus in ea Job verba), *Deus mendacio non eget, quia veritas fulciri non quærit auxilio falsitatis.* Minime ergo etiam ex Lucæ Tudensis sententia excusari potest, qui Isidori aut Ildefonsi nomine ea venditet quæ eos nunquam scripsisse scit, quamvis talia ea sint quæ alioquin ad Christi nominis gloriam dilatandam pertinere viderentur.

14. Eum veritatis amorem, quem candide Lucas

profitetur, Florezius, loc. cit., pag. 124, ultro agnoscit; sed nihilominus auctorem interpolationum eumdem Lucam esse contendit, quia scilicet vir bono ac simplici animo præditus sibi id licere putavit, quoniam in præfatione jam advertit, sibi propositum esse historiam conficere, in qua veteres historici conjuncti conspicerentur. Hoc autem monito, eos scriptores exhibuit, ut legentium utilitati magis consentaneum esse credidit, multis additis, quibusdam resectis, aliis suo stylo enarratis. Hæc optima esset Lucæ defensio, quantum quidem ad veri studium attinet, si revera ipse in præfationibus indicasset, se non genuina Isidori aliorumque chronica repræsentaturum, sed suo stylo accommodata, et ex aliis monumentis locupletata. Simile exemplum in prima parte historiæ, quæ nunc dicitur *Miscella*, præcesserat; nam undecim priores libri sunt decem Eutropii libri, quibus Paulus Warnefridi subinde quædam adjunxit: Eutropium Paulus idem continuat, Paulum Landulphus Sagax: alii alia addiderunt, aut interpolarunt. De Paulo vero Leo Marsicanus l. I, c. 15, Chron. Casin.: *Ejusdem Adelpergæ rogatu in Historia Romana, quam Eutropius breviter composuerat, plurima hinc inde de historiis ecclesiasticis addidit.* Hoc in ipsa inscriptione operis innuitur. Adelperga, sive Aldeberga dux Beneventana fuit, filia Desiderii regis.

15. Ex Lucæ Tudensis præfatione hæc proferri possunt: *Astrictus præceptis gloriosissimæ ac prudentissimæ Hispaniarum reginæ dominæ Berengariæ, quæ, ut chronicorum libros, a beato Isidoro et a quibusdam aliis peritis de historia regum Hispanorum et quorumdam aliorum editos, sibi scriberem imperavit, hanc præmisi præfationem.* In Hispaniæ illustratæ tom. IV editum est *Astrictis*; sed **83** sensus exigit *Astrictus*, et ita scriptum reperio in Codice Vaticano 7004, olim Francisci Peniæ. Post plura Lucas: *Nos vero ad libros chronicorum a doctore Hispaniarum Isidoro editos manum mittimus, secundum etiam quosdam alios, Hispanorum regum et aliorum quorumdam seriem prosequendo, præceptis gloriosissimæ Hispaniarum reginæ dominæ Berengariæ omni desiderio desiderantes fideliter satisfacere. Ipsa enim, cujus catholicis præceptis non licet nec libet resistere, mihi Lucæ indigno diacono, ut hoc perficerem, imperavit.*

16. Verba illa quibus usus Lucas est, *Ad libros manum mittimus*, etc., innuere videntur, non solum a Luca describenda fuisse chronica, sed in novam formam redigenda. Vellem tamen, clarius id exposuisset; nam sunt alia quæ suadent, propositum tantum Lucæ fuisse ut chronicorum seriem et collectionem ordinaret. Quid, quod Lucas ipse innuit, nihil se mutaturum, nisi quod exscriptorum vitio aut fraude corruptum reperisset? In prologo ad Isidorianum Gothorum Chronicon: *Jam nunc*, inquit, *ad gesta regum Gothorum manum mittimus, Chronicorum librum Isidori doctoris Hispaniarum secundum in opere proponentes; tamen sciendum, quod in regum Gothorum serie, et in Romanorum imperatorum, atque aliorum principum fere ubique discors annorum numerus scriptorum, vel æmulorum vitio reperitur. Quapropter ego in hujus operis annorum concordiam, utcunque potui, laboravi. Corrigat tamen catholica veritas, si quid forte in his vel aliis opusculis meis me viderit deviasse.* Sane si Isidoriani Chronici continuatio ante Lucam Tudensem non existebat, quo pacto is sine falsarii nota eam potuit non solum confingere, sed etiam Ildefonso imputare?

17. Ut autem ad auctorem Vitæ translationisque S. Isidori redeam, eum Lucam Tudensem esse non credo, primum quia de auctore ex nullo veterum testimonio aut ms. Codice constat, deinde quia etsi plura chronico Lucæ, ac Vitæ, et translationi communia sunt, tamen hæc ratio solum arguit, ex antiquioribus monumentis diversos auctores eadem verba sumpsisse: denique quia tam in Vita quam in translatione quædam sunt quibus Lucas in Chronico refragatur, quin hæc ratio ex diversa ætate, qua Lucas diversa opera scripserit, debilitari possit, cum potius videatur Lucas omnia sua opera ante episcopatum composuisse, ut colligit Florezius tom. XXII, pag. 133, et clarius pag. 145.

18. **84** Contendit tamen Florezius, Lucam auctorem Vitæ ac translationis esse, quia auctor est libri de Miraculis S. Isidori; et auctor Vitæ ac translationis diversus non est ab auctore operis de Miraculis. Videndum nunc, quodnam sit hoc opus de Miraculis S. Isidori. Nic. Antonius librum de Miraculis a translationis historia diversum non esse conjiciebat l. VIII, n. 71: nam postquam de translationis historia egit, addidit: *Plane scriptum hoc transtulisse in vernaculam* (linguam) *videtur nobis Joannes de Robles in eo libro qui solet vulgo ei ascribi, Historia de los milagros de S. Isidoro arzobispo de Sevilla nuncupatus, et anno* 1525 *in lucem editus.* Dubius hærebat in Bibliotheca nova, verbo JOANNES DE ROBLES; de quo ait: *Scripsisse dicitur, De la traslacion y milagros del glorioso San Isidoro arzobispo de Sevilla, Salmanticæ, ut suspicor... Qui transtulisse, aut scripsisse mihi videtur anonymi opus de Vita S. Isidori, et Lucæ Tudensis, si non et hujus est laudata Vita, libellum de translatione et miraculis ejusdem sancti doctoris: quæ duo penes me mss. ex Codice Toletanæ ecclesiæ, nec hactenus edita, remissurus propediem sum ad clariss. virum Godefridum Henschenium, etc.* Librum describit Florezius, qui vidit. Editio absoluta fuit die 2 Januarii 1525, Salmanticæ, ut ex postremo folio liquet. In primo folio est imago S. Isidori, et alia S. Martini Canonici Legionensis, in altero hæc libri inscriptio: *Comienza la historia del muy bienaventurado S. Isidoro arzobispo de Sevilla, primado et doctor excellentissimo de nuestras Españas, la qual se divide en tres partes. En la primera se contiene su vida, et origen. En la segunda su glorioso pasamiento de este siglo a la perpetua bienaventuranza. En la tercera se contiene la trasladacion de su santo cuerpo de la ciudad de Sevilla a la ciudad de Leon. Y despues de toda la dicha historia se sigue el libro principal de los miraglos* (sic) *de mismo santo Isidoro. Lo qual todo fue sacado a la*

letra de las historias originales, et mas autenticas, que estan escriptas por los bienaventurados sant Allfonso, arzobispo de Toledo, e sant Braulio, obispo de Zaragoza, discipulos de sant Isidoro, et por otros antiguos, que escribieron su historia, la qual fue ansi sacada, et trasladada de latin en romance por un Religioso Canonigo Reglar de su monasterio de santo Isidoro de Leon, que fue el mismo que romanceó el dicho libro principal de sus miraglos, sin quitar, ni añadir cosa alguna substancial, como se hallara cotejando esta vulgar trasladacion con los dichos originales, que son escriptos en buena latinidad.

19. Auctor operis, vel operum Latinorum de vita, transitu, translatione, et præcipue miraculis S. Isidori nullus indicatur. Interpres unus idemque esse dicitur Canonicus quidam monasterii Legionensis S. Isidori, quem Ægidius Gonzalez, et Nic. Antonius Joannem de Robles nominant. Refert interpres in opere de Miraculis, Codicem Latinum membranaceum, quo id opus Latinum continebatur, exstitisse olim in monasterio Legionensi S. Isidori, inde post varios casus ad collegium Complutense, a cardinali Francisco Ximenez fundatum, devenisse : ex quo exemplar descriptum fuit et ad monasterium Legionense S. Isidori delatum. Ex hoc exemplari liber in Hispanum idioma conversus fuit.

20. Historia vitæ et translationis, quæ libro de miraculis præmittitur, brevior est ea quam Bollandiani ediderunt, et cui pauca quædam miracula subjecerunt. Duo ergo opera diversa Florezius agnoscit, sed ab eodem auctore Luca Tudensi composita, prius opus de Miraculis, præmissa brevi historia vitæ et translationis, posterius historiam longiorem vitæ et translationis, subjuncta paucorum quorumdam miraculorum expositione. Jam quod Lucas Tudensis opus de Miraculis S. Isidori scripserit, ex ejus prologo librorum adversus Albigenses constat : *Seponens ad tempus prosequi ea quæ de miraculis S. Isidori confessoris cœperam enarrare* : et in fine librorum : *Divinitus factum credo, ut qui beati Patris Isidori miracula proposui in laudem Domini declarare*, etc. Denique cum in libro de Miraculis multa sint quæ eodem modo in Chronico et Historia vitæ et translationis referuntur, inde Florezius concludit, horum omnium operum unum eumdemque esse auctorem Lucam Tudensem.

21. Verum, ut concedam absolvisse Lucam opus de Miraculis, quæ enarrare *cœperat*, et declarare *proposuerat*; ut admittam, opus Lucæ de Miraculis diversum non esse ab eo quod in vernaculum sermonem redditum est, redit iterum redibitque semper mea responsio, facilius esse, ut plures diversi auctores e vetustioribus monumentis multa etiam ad verbum in suos libros immitterent : qui mos tunc erat scribendi : quam ut unus idemque auctor a nonnullis varius sibique parum constans esset, præsertim cum Florezius doceat, hæc omnia opera a Luca Tudensi absoluta fuisse ab anno 1234 ad annum 1239, quo ad sedem Tudensem evectus fuit, exstinctus demum anno 1249. Quod autem ait Flo-

rezius, diversas quandoque res in his operibus enarrari, quia Lucas utrasque probabiles credidit, aut quod postremo scripsit, melius credidit; primum, cum sermo sit de factis inter se contrariis, sustineri nequit; alterum valeret, si Lucas rationem reddidisset cur non multo ante contrarium enumerasset : id enim quodammodo exigit incorrupta fides historici.

CAPUT XIV.

Vita S. Isidori, auctore Roderico Cerratensi. Notationes in hanc Vitam.

1. Isidorus, natione Carthaginensis, unus Severiani ejusdem provinciæ ducis, Theodorici regis Gothorum filii, germanus sanctorum Leandri archiepiscopi Hispalensis, et Fulgentii episcopi et doctoris ac Florentinæ virginis, virginum præpositæ, archipræsul Hispalensis, Hispaniarum primas, cum esset infantulus, a nutrice ad hortum ductus fuit, et ibi per oblivionem inter olera dimissus. Post aliquos dies lugens filium Severianus, sedens contra hortum, vidit apum multitudinem cum ingenti murmure : qui in stuporem versus, ad hortum, vocatis servientibus, festinavit : et accedentes viderunt alias apum in os pueri intrantes, et exeuntes; alias vero super faciem, et totum corpus mellis et favi operimenta texentes. Pater autem cum clamore, et lacrymis puerum amplexatus est, et apes ita in sublime se extulerunt ut non possent videri.

2. Leander autem archipræsul diligebat puerum spiritualiter, extra patriam eum habens solatium, et non parcebat urgere, docens eum. Cum igitur puer Isidorus litteris fuisset traditus, atque ut sibi videbatur, minus esset capacis ingenii, verbera magistri metuens, haud procul fugit ab urbe Hispalensi. Cumque fatigatus juxta marginem cujusdam putei resedisset, vidit pergrande saxum tortuosis foraminibus perforatum, et quoddam suppositum lignum canelatum [*Forte canalatum*]. Hæc dum secum tacitus cogitaret, ecce quædam mulier venit ad hauriendam aquam. Ad quam puer, Rogo, inquit, dissere, quis, vel ad quid lapidis hujus foramina, et illius ligni canales factæ fuerunt? Lapis, ait, iste frequenti guttarum instillatione perforatus; et lignum frequenti chordarum ductu canelatum. Tunc puer ad se reversus dixit : Si lapis durissimus aqua cavatur, et lignum chordis secatur, quanto magis ego homo, discendo quotidie, ad augmentum scientiæ valebo pervenire? Reversus igitur Hispalim, magistrorum disciplinæ se humiliter subdidit; et tanta illi gratia cœlitus est infusa, ut quidquid a magistris audiebat, avide retinebat. Sicque Latinis, Græcis et Hebraicis litteris instructus, in trivio et quadrivio fuit perfectus, in doctrinis philosophorum præclarus, divinis humanisque legibus eruditus, suavi colloquio, vita et doctrina clarissimus.

3. Cum esset juvenis, et in scientia multum profecisset, audita fama Gregorii, nocte natalis Domini in ecclesia Hispalensi prima lectione perlecta, extra ecclesiam egressus, in parvissimo tempore Romam devenit, et beatum Gregorium in Matutinis invenit : quo viso, beatus Gregorius, nimium lætatus, proti-

nus agnovit, et Deo gratias agens, amplexatus est eum : post evangelicam vero lectionem valefaciens ad ecclesiam Hispalensem ipsa nocte rediit, et clericos matutinas laudes reperit celebrantes.)

4. « Ad utilitatem fidelium multos libros composuit, multas hæreses exstirpavit, Arium condemnavit. Hujus Arii, presbyteri Alexandrini, insania cum insanirent impii, Athanasio expulso, Eusebio exterminato, Hilario proscripto, Leovigildus rex, Hispaniarum ecclesias persequens, Masonam Emeritensem episcopum, et Leandrum Hispalensem archiepiscopum relegavit. Isidorus autem scientia clarus, genere nobilis, corpore pulcher, moribus gravis, eloquentia suavis, inter oblattantes Arianorum frequentias nec minis terretur, nec blanditiis demulcetur, sed fervore charitatis succensus fulmina divini eloquii ardentia emittebat, quibus sævientium obumbrabat aspectus. (Adiit etiam Recaredum Leovigildi regis filium, et eum ab Ariana hæresi ad fidem catholicam revocavit.) Mortuo autem Toleti miserabiliter Leovigildo, et substituto in regno catholico Recaredo, reversus est Leander a Carthagine, et pax Ecclesiæ restituta, et Ariana hæresis exstirpata, et Suevi, qui Gallæciam obtinebant, consecuti sunt baptisma.

5. « (Cernens ergo Leander Isidori constantiam, nescio quo præventus præsagio, ne, se dimisso, causa prædicationis vel ob aliud, extraneas peteret regiones ; vel ne virginitatem, quam ab infantia custodierat, levi famine maculatet, in cella eum, rege et multis ægre ferentibus, reclusit. Rex vero Recaredus et multi alii cellæ assistebant, et de fonte Salvatoris almi Isidori sapientiam hauriebant. Cum igitur Leander finem suum appropinquasse cognosceret, fratrem suum Isidorum a cella educi, et sibi præsentari precatur. Quod cum Isidoro retulissent, qui jam parvam cellulam omnibus temporalibus (*divitiis*) præponebat, ait : Scitote, me ab hac cella minime egressurum, quandiu frater meus superstes exstiterit, ipse enim hoc proposito sacramento firmavit.)

6. « Beato igitur Leandro inter angelos translato, rex Recaredus, principes, episcopi, et populi in episcopum unanimiter elegerunt, et, licet invitum, de cella eduxerunt. (Quod cum nuntiatum esset beato Gregorio papæ, electionem libentissime confirmavit, pallium tribuit, et, ut primatiæ honorem in Hispaniis exsequeretur, concessit.) Decoratur igitur infula præsulari : semper erat prudens, semper castus, semper constans, semper justus, semper modestus : ubique utilis, ubique devotus, passionem Christi semper habens in oculis : plus amari appetens, quam timeri : magis prodesse, quam præesse : jejuniis, et orationibus, et sanctarum Scripturarum meditationibus insistens : ex vilissimis cibis, non ad cupiditatem, sed necessitatem modica sumens, sibi parcus, aliis largus, eamdem, quam prius, sequebatur humilitatem. Inerat, quasi proprium, gaudere cum gaudentibus, flere cum flentibus, miseris compatiens, eleemosynas eis largissime tribuebat. In prosperis et adversis unus semper vultus cunctis lætior occurrebat. In tanto dignitatis culmine sublimatus, non ad cathedram, sed ad cu-

ram, non ad honorem, sed ad onus, non ad principandum, sed ad serviendum, non ad subditorum marsupia evacuanda, sed ad facinora exstirpanda, non ad quietem, sed ad laborem, episcopi dignitate se vocatum, non minus operibus quam sermonibus fatebatur.

7. « Circa scholares ita sollicitus erat, ut pater singulorum probaretur. Et, ut removeret ab eis materiam vagandi, extra urbem Hispalensem miræ pulchritudinis construxit monasterium, a quo nulli scholari exeundi ante quadriennium licentiam præbebatur : quosdam vero ditiores, qui inesse monasterio recusabant, ne gyrovagantes mentes a studio revocarent, ferreis astringebat compedibus : ex quorum collegio emicuit Ildefonsus, et Braulius episcopus Cæsaraugustanus. Et quia non semper docere eos præsentialiter poterat, ubicunque magistros aptos sciebat, prece et pretio eos ducebat, ut in scholaribus docendis darent operam efficacem ; fomes namque et occasio hæresis, et totius mali lapsus morum clericorum et religiosorum, segnis contemptus scientiæ Scripturarum. Super religiosos quoque summopere vigilabat, ne quis eorum inopia mergeretur, aut verbi Dei inedia deperiret. Quamvis etiam suæ et aliorum consulendo saluti, mulierum vitaret præsentiam, quascunque tamen sanctimoniales in Dei laudibus cerneret permanentes, mira affectione venerabatur, et assiduis largitionibus providebat. Per Hispaniæ etiam regionem plurima et pulchra ædificavit monasteria.

8. « Non autem contentus uni soli provinciæ prodesse, qui omnium fidelium utilitati se natum credebat, per civitates et regiones egressus, verbum Dei prædicabat. (Inde venit Romam; id humiliter summo pontifice postulante : ibi expeditis negotiis, regressus est in Hispaniam cum honore. Cujus adventum audientes Gallici et Hispani, cum siccitate aeris laborarent, et ex pluviæ defectu fruges, arbores, atque herbæ arescerent, et homines ex ipsa intemperie gravem molestiam corporum sustinerent, cum crucibus et lampadibus de singulis civitatibus ei obviam procedebant, ut pro eis Dominum precaretur. Narbonenses vero populi clamabant ad eum dicentes : O pie Hispaniarum doctor Isidore ! tuis orationibus ab imminentibus periculis erue nos. At ille, elevans manus ad cœlum, Dominum precabatur, quod ad gloriam sui nominis populo suo remissionem peccatorum, corporum sanitatem, aeris temperiem, pluviarum largitionem, atque fructuum abundantiam impertiri dignaretur. O mira orationis virtus ! cum enim aeris esset nimia serenitas, et solis ardore omnia æstuarent, magna subsecuta est pluviæ abundantia, et aeris temperies, et corporum sanitas, ac fructuum abundantia. Profectus inde, curationes ægritudinum, similiter et pluviæ comitabantur eum.)

9. « (Veniente autem eo haud procul ab Hispali, nuntiatum est ei, quod quidam Machometus inauditarum opinionum ore viperæo infecerat audientes ; et draco, magnæ trabis quantitatem excedens , ora flammivomo pia (*sic*) suburbia redegit in solitu-

dinem. Quo audito, misit nuntios, qui Machometum vinculis astrictum suo adventui præsentarent. Sed numani generis inimicus apparuit dicens Machometo : Adversarius noster adest Isidorus : velociter igitur ab Hispania discede, quoniam ejus præsentiam nec tu, nec angeli Dei potestis sustinere. Cui Machometus : Quid est hoc novitatis, quod angeli mortalis hominis præsentiam sustinere non valent? Ad hoc diabolus : Ne dixeris, novitatis, sed plurimæ antiquitatis. Nam primus homo, cui angeli deputati erant ad custodiam, de paradiso ejectus est circumventione diaboli; et angeli Dei in nullo eum juvare potuerunt. Cui Machometus : Et, si Isidori instantia me minime proficere præsciebas, quare totam Hispaniam per me lucraturum dixisti? Ad hoc diabolus : Ex divina revelatione cognovi eum Romæ remansisse; sed proposita divinæ voluntatis alt.... in.... videretur propter nequitiam hominum, et propter pœnitentiam : propter nequitiam, ut pro.... terræ promissionis filiis Israel : nondum enim, ait Scriptura, completæ sunt iniquitates Amorrhæorum : propter pœnitentiam, ut in populo Ninive, cui propter pœnitentiam misertus est Deus. Nunc igitur festina hinc, et vade in Africam, in gentem magnam futurus ; docesque (*Forte* doceque) ibi præcepta mea; nondum enim completæ sunt iniquitates Hispanorum. Convocatis itaque suis, Machometus cuncta narravit eis per ordinem, et acceleravit fugam ; et veniens in Africam, innumeram Ismaelitarum gentem seduxit. Venientes autem nuntii Isidori Cordubam, et non invenientes Machometum, ad mare usque persequentes, quibusdam de suis captis, reversi sunt ad sanctum doctorem.)

10. « Æra DCLVI prophetavit Machometus in tempore Sisebuti Gothorum, et in tempore Heraclii Romani imperatoris. Decem annis sectam obtinuit; et obiit æra DCLXVI, anno Heraclii XVII, et docente in Hispania Isidoro.

11. « (Accedente autem eo ad locum qui Sancta Eulalia dicitur, apparuit horrendæ visionis bellua immanissima ex ore cujus flammarum strepitu sonitus audiebatur. Hortabatur vero suos sanctus, ut securi accederent. Appropinquantibus illis, draco, demisso capite, stetit. Cui sanctus : In nomine, inquit, Jesu Christi præcipio tibi, ut eas in locum ubi nulli noceas creaturæ. Ad hoc serpens, cum sibilo et strepitu recedens, nusquam comparuit.)

12. « (Cumque appropinquasset Isidorus Hispalim, occurrit ei multitudo clericorum, scholarium, monachorum, et laicorum cum magno gaudio ; et ex compressione turbarum concurrentium, ut tangerent fimbrias sancti Patris, quædam mulier prægnans præfocata exspiravit. Quod cernens sanctus, flens oravit Dominum, et surrexit mulier dicens : Benedictus tu, Pater, quia per te ego et filius meus liberati sumus de manu inimici. Et sciscitanti populo qualiter evenisset ei, respondit : Egredientem animam meam et animam filii mei, qui in utero est, caterva dæmonum nexibus igneis eas ad pœnas carpere parabant; sed glorioso Patre pro nobis orante, audita est vox, dicens : Revertantur animæ horum ad corpora sua, quoniam amicus Dei Isidorus orat pro eis.)

13. « Veniebant autem ad eum alii, ut audirent alterius sapientiam Salomonis ; alii, ut viderent eum miracula facientem ; alii vero tentantes eum ; quorum unus fuit Gregorius, hæreticus antistes, qui in synodo Hispali celebrata coram judicibus cum eo disputans, admirans in doctrina ejus, non exspectans sententiam judicum, se victum clamavit, episcopis autem et omnibus congaudentibus. (Cæcus astitit, rogans Isidorum, ut lumen per eum recipere mereretur, Gregorius vero, intuens dissimulantem Isidorum, precatur ut chirothecam quam manu tenebat, sibi porrigeret, qua impetrata, surrexit, et cæci oculos de ea (*sic*) tangens, dixit : Dominus Jesus Christus, qui oculos cordis mei per beatum Isidorum illuminavit, oculos corporis tui illuminet meritis ejus. Quo dicto, sanguine de oculis cæci erumpente, visum recepit.)

14. « Diem autem obitus sui discipulis præsignavit, et sollicitus de grege sibi commisso , omnis Hispaniæ episcopos, abbates, et principes, Toleti ad synodum convocavit, ubi finem prædicavit, pacem firmavit, et hæreses condemnavit. Et, regressus Hispalim, largas eleemosynas fecit, et gravi febre fessus, ad ecclesiam se deferri jussit ; et facta oratione pro venia peccatorum, Viaticum suscepit, et residuam pecuniam fecit pauperibus erogari ; et dans osculum omnibus, ad cellam suam reportari se fecit. Omnibus autem silentibus, et obitum exspectantibus, post diem quartam confessionis suæ, stans in ecclesia, peracto sermone ad populum, expandit manus ad cœlum, et benedicens omnibus, gregem Deo committens, sanctum Deo tradidit spiritum. Et de corpore ejus tanta effluxit fragrantia omnium aromatum vincens odorem, ut omnes qui aderant cœlesti perfrui beatitudine viderentur. Diversarum autem ægritudinum concurrerunt infirmi, qui, non solum tactu corporis, sed solo odore pristinæ restituuntur sanitati. Plures viderunt ejus animam ab angelis jubilantibus in sublime deferri, et Christum cum innumerabili sanctorum (caterva) ei obviam procedentem. Quidam familiaris ejus tristis, raptus in exstasi, vidit eum cum virginitatis, et confessionis corona inter innocentes primatum tenere , et dicentem sibi : Consolare, quia paratus sum per me auxilium imploratoribus [*Forte* implorantibus] ferre subsidium. Obiit autem æra LXXIIII (*deest* DC), episcopatus sui XL anno, Nonis Aprilis, tempore Cinciliani regis Hispaniæ et Heraclii imperatoris Romanorum, illius qui crucem Domini a Cosdroe allatam Hierosolymis restituit, et exaltavit. Et sepultus est Hispali inter Leandrum fratrem suum, et virginem Florentinam sororem suam. Testamentum nullum fecit, quia, antequam obiret, pauperibus distribuit omnia quæ habebat. (Duas lucernas arte naturali fecit ipse perpetim ardentes, quarum una ad caput, aliam ad pedes posuerunt, ut continue corpus sanctissimum illustrarent.)

15. « Anno autem LXXX post obitum Isidori tempore Roderici capta est Hispania a Saracenis usque ad covam, quæ dicitur Sanctæ Mariæ, ubi Pelagius, ex regia traduce oriundus, et alii post eum Saracenos viriliter expugnaverunt. Anno autem Domini 1062, regnante rege Ferrando, filio regis Sancii, cum uxore sua Santia, translatum est corpus beati Isidori in urbem Legionensem x Kalendas Januarii. »

16. Hæc Vita a Roderico Cerratensi scripta compendium quoddam est alterius Vitæ a Bollandianis editæ, auctore Canonico Legionensi, qui Lucas Tudensis a nonnullis creditur. Multa in ea sunt aut aperte falsa, aut saltem dubia, et apocrypha ; ea præsertim quæ Florezius uncinis clausa esse voluit ; qui breves notas adjunxit. Num. 2, in ms. erat *spal*, pro quo Florezius edidit *spiritualiter*, et conjiciebat *specialiter*, aut aliquid hujusmodi. Suspicabar *diligebat puerum*. Spali (pro *Hispali*) *extra patriam*, etc. Num. 5, apud Bollandianos *nescio si quo*; in ms. Florezii videtur fuisse *nescitur quo*. Ibid. Bollandiani legunt *temporalibus divitiis*: ms. Florezii omittit *divitiis*, quod in compendio Vitæ omissum fortasse ab ipso Roderico est. Num. 14, pro *Nonis Aprilis* Florezius legi jubet *Prid. Non. Apr.*, nam die 4 Aprilis Isidorum decessisse, communis et prope certa sententia est. Num. 15, corrigendum est quod dicitur *anno autem* LXXX ; in actis translationis legitur LXXV.

17. Dubitari etiam potest, an alii sint librariorum errores, ut num. 13, *synodo Hispali celebrato* pro *celebrata*, et num. 14, *crucem Domini a Cosdroe allatam* pro *ablatam*. Rodericus Cerratensis ordinis Prædicatorum claruit sæculo XIII, Vitas sanctorum ex antiquis ecclesiarum breviariis aliisque monumentis collegit, nondum editas, paucis exceptis, quæ in Hispania Sacra vulgatæ sunt. Ejus mentionem nec Nic. Antonius in Biblioth. Vet. Hisp., nec Bayerius in not. faciunt. Florezius tom. III Hisp. Sacr., pag. 596, num. 4 Append., ex ipso Cerratensis opere, quisnam is homo fuerit, collegit, quem prope medium sæculum XIII scripsisse affirmat.

18. In veteri editione librorum S. Isidori contra Judæos, quæ ad annum 1483 refertur, ut exponam cap. 66, sunt excerpta quædam ex hac Vita, ut videtur, vel ex lectionibus alicujus officii S. Isidori. Cum in iis Excerptis legatur, *nescitur quo ductus spiritu*, posset num. 5 Vitæ retineri *nescitur*, pro quo Florezius edidit *nescio*.

CAPUT XV.

Lectiones in festo S. Isidori ex Breviariis antiquis : Hymni : memoria in aliis libris liturgicis.

1. « Isidorus, natione Hispanus, ex Nova Carthagine, cui pater ipsius Severianus dominabatur, a sanctis viris Leandro archiepiscopo Hispalensi, et Fulgentio episcopo Astigitano, fratribus suis, sancte et liberaliter in studio litterarum educatus est : et ingentem doctrinam Latine, Græce atque Hebraice cum magna nominis claritate consecutus. Hic adolescens adhuc hæresim Arianam, quæ gentem Gothorum, Hispaniæ latissime dominantem, penitus jam pridem invaserat, constanter palam arguebat ; ut prope fuerit ut ab Arianis necaretur. Sed cohibitus a Leandro, hunc sibi successorem fore præsagiente, et, ut se commodiori tempori reservaret, admonitus, indignationem temperavit. Igitur Leandro vita functo, Isidorus magno regis Recaredi et populi consensu in Hispalensi archiepiscopatu sufficitur. Quam electionem S. Gregorius papa confirmavit, eique pallium misit in Hispaniam. Quantum vero pontifex factus, fuerit constans et humilis, patiens et benignus, compatiens miseris et pauperibus, et cunctis virtutibus insignitus, nullius lingua sufficeret ad narrandum. Construxit monasteria, et collegia ædificavit : in quibus, studiis sacris et divinis lectionibus vacans, plurimos discipulos, qui ad eum confluebant, erudivit : inter quos fuit B. Ildefonsus, Toletanæ Ecclesiæ postea archiepiscopus. Scripsit librum Etymologiarum, et sacri Canonis libros plurimos commentatus est : et tot tantaque alia volumina scripsit ut humana vix vita tantis suffecta laboribus videatur. Sed qui Deo student, nihil non proclive sentiunt, nihil frustra conantur, nihil non ex voto consequuntur. Fuit denique Isidori tanta doctrinæ ac sanctitatis opinio, ut coacto concilio generali, ultro fuerit a pontifice maximo vocatus. Ubi mirum est, quantum ponderis et auctoritatis habuerit in singulis rebus Isidori sententia apud pontificem et omnes prælatos. Reversus autem in Hispaniam, cum suam mortem et Hispaniæ vastationem a Saracenis publice prædixisset, migravit e vita pridie Nonas Aprilis, anno Domini sexcentesimo trigesimo quinto, Sisenando in Hispania regnante, sepultusque fuit Hispali. Unde postea translatus est in urbem Legionem a Fernando I, Castellæ simul et Legionis rege, qui hoc ab Eneto Saraceno, Hispali regnante, magnis precibus et præmiis impetravit : cujus nomine templum ædificatum est Legione ; ubi sepultus, miraculis clarus, colitur magna populi religione. »

Constantini abbatis Cajetani notæ.

2. *Hanc S. Isidori Vitæ Historiam habuimus ex eo libello qui sejunctim impressus Antuerpiæ 1572 amplectitur, ut eo loco prænotatur, Festa sanctorum, et eorum Officia propria, auctoritate apostolica recepta, quæ in ordine divi Jacobi in Hispania specialiter celebrantur. Eadem hæc quoque sanctorum Hispanorum Officia in totius Hispanicæ Ecclesiæ gratiam Pius V, Gregorius XIII, et Sixtus V ea ipsa auctoritate apostolica confirmarunt, et concesserunt, ut ex editione eorumdem Romæ facta 1609 compertum habui. Denique hanc ipsam S. Isidori Vitæ historiam ante concilium Tridentinum, in ejusdem Isidori festo die, per lectiones item distinctam, Romana Ecclesia recitabat, ut videre est in eo Breviario quod a Cardinali Francisco Quignonio, jussu Clementis VII papæ confectum, Pauli III vero recognitum atque editum est. Qua de causa sacra istorum Officiorum auctoritate et nos in hoc opusculo non semel usi sumus.*

3. *In Breviario Quignoniano has easdem lectiones*

in festo S. Isidori exstare, Cajetanus innuit; quod ex parte verum est. Congruit enim Breviarium Quignonianum cum his lectionibus usque ad verba, *pallium misit in Hispaniam.* Tum omittit, *Quantum vero pontifex factus, usque ad verba, ex voto consequuntur.* Obitum S. Isidori assignat *anno Christi nati sexcentesimo vigesimo secundo.* Addit, *translatus est in urbem Legionem a Fernando rege Legionensi:* lectiones a Cajetano productæ vocant *Castellæ simul et Legionis regem;* quod quidem verum est, et eodem modo exprimitur in lectionibus inter officia propria sanctorum, qui in Hispania celebrantur, Antuerpiæ 1716 excusis: *anno Domini sexcentesimo trigesimo quinto, Sisenando in Hispania regnante. Cujus corpus sepultum primo Hispali, deinde translatum fuit in urbem Legionem a Fernando primo Castellæ simul et Legionis rege,* etc. Reliqua in his novis lectionibus aliisque antiquioribus apud Cajetanum conveniunt, nisi quod in his novis legitur *suffectura esse* pro *suffecta esse* apud Cajetanum. Lectiones, ut a cardinali Quignonio in suo Breviario editæ sunt, prodierunt deinde in quodam Breviario Romano de Camera nuncupato, Venetiis impresso in fol. anno 1550, ut facile tunc ante Pii V constitutionem de Breviario Romano reformando ejusmodi auctiora Breviaria pro libitu editorum aut typographorum vulgabantur.

4. Recitasse quoque Romanam Ecclesiam hanc Isidori Vitam per lectiones distinctam, ex Breviario Quignoniano colligit Cajetanus, sed minus idoneo argumento. Non enim Ecclesia Romana novum illud Breviarium unquam adoptavit: sed solum auctoritate apostolica confectum fuit, ut privatim, qui vellent, petita et obtenta prius facultate, eo uterentur. Qua de re plura dixi in Appendice secunda ad Hymnodiam Hispanicam, quæ tota in Breviarii Quignoniani fatis explicandis versatur. Usus nunc sum editione Lugdunensi anni 1553, quam tunc in bibliotheca Imperiali existentem laudavi, ac deinde ex auctione ejusdem bibliothecæ mihi comparavi. Plures ac diversas alias ejusdem Breviarii editiones in schedis notatas habeo, quæ cæteris in ea appendice descriptis addi poterunt, siquando Hymnodia Hispanica auctior correctiorque denuo typis committetur. Interea describam aliam editionem, a me nuperrime coemptam ex libris duplicibus bibliothecæ Angelicæ: quæ editio olim in bibliotheca Passioneia exstabat, ut ex stemmate apparet. Titulus est: *Breviarium Romanum ex sacra potissimum Scriptura et probatis sanctorum historiis nuper confectum, ac denuo per eumdem auctorem accuratius recognitum, eaque diligentia hoc in anno a mendis ita purgatum, ut Momi judicium non pertimescat. Cum privilegio ad decennium. Lugduni apud hæredes Jacobi Junctæ 1556.* Editio est in folio, qua in forma Breviarium Quignonianum editum nondum videram. Hæretici jactant, rarissima esse hujus Breviarii exemplaria, quod catholici illud abolere studuerint. Sed præter hæc duo, quæ dixi, exemplaria, ego olim tria alia acquisivi, quæ viri illustres a me dono oblata acceptarunt.

5. E breviariis pervetustis Hispaniæ, in quibus Isidori commemoratio exstat, Tamayus in Martyr. Hisp. recenset Hispalense, Toletanum, Placentinum, Segoviense, Salmanticense, Zamorense, Seguntinum, Abulense, Compostellanum, Cordubense, Illiberitanum, Burgense, Palentinum, Pampilonense, Cæsaraugustanum, Asturicense ms., Turiasonense, Dominicanum, Benedictinum; quæ omnia apud se esse, si credere dignum est, testatur. Cum Urbanus II primatum Hispaniarum sedi Toletanæ anno 1088 restituit, ac confirmavit, simul pallium archiepiscopo Toletano D. Bernardo misit, quo in præcipuis festivitatibus uteretur, inter quas nominat *Natale S. Isidori et Leandri.*

6. Cum autem officium S. Isidori pro tota Ecclesia recitandum in Romanum Breviarium immissum hoc sæculo fuerit, juvat lectiones novas hoc loco apponere, ut cum veteribus conferantur:

Lectiones in festo S. Isidori ex Breviario Romano recognito; die 4 Aprilis.

7. *Lectio* IV. — « Isidorus natione Hispanus, doctor egregius, ex nova Carthagine Severiano patre provinciæ duce natus, a sanctis episcopis Leandro Hispalensi, et Fulgentio Carthaginensi fratribus suis pie et liberaliter educatus, Latinis, Græcis et Hebraicis litteris, divinisque et humanis legibus instructus, omni scientiarum atque Christianarum virtutum genere præstantissimus evasit. Adhuc adolescens hæresim Arianam, quæ gentem Gothorum, Hispaniæ latissime dominantem, jam pridem invaserat, tanta constantia palam oppugnavit, ut parum abfuerit, quin ab hæreticis necaretur. Leandro vita functo, ad Hispalensem cathedram invitus quidem, sed urgente in primis Reccaredo rege, magnoque etiam cleri, populique consensu, assumitur, ejusque electionem sanctus Gregorius Magnus, nedum auctoritate apostolica confirmasse, sed et electum, transmisso de more pallio, decorasse, quin etiam suum et apostolicæ sedis in universa Hispania vicarium constituisse perhibetur. »

Lectio V. — « In episcopatu quantum fuerit constans, humilis, patiens, misericors, in Christiana et ecclesiastica disciplina instauranda sollicitus, eaque verbo et scriptis stabilienda indefessus, atque omni demum virtutum ornamento insignitus, nullius lingua enarrare sufficeret. Monastici quoque instituti per Hispaniam promotor et amplificator eximius, plura construxit monasteria, collegia itidem ædificavit, ubi, studiis sacris et lectionibus vacans, plurimos discipulos, qui ad eum confluebant, erudivit, quos inter sancti Ildefonsus Toletanus, et Braulio Cæsaraugustanus episcopi emicuerunt. Coacto Hispali concilio Acephalorum hæresim Hispaniæ jam minitantem, acri et eloquenti disputatione fregit atque contrivit. Tantam apud omnes sanctitatis et doctrinæ famam adeptus est, ut elapso vix ab ejus obitu sextodecimo anno, universa Toletana synodo duorum supra quinquaginta episcoporum plaudente, ipsoque etiam sancto Ildefonso suffragante, doctor egregius catholicæ Ecclesiæ novissimum decus, in sæculorum fine doctissimus, et cum reverentia nominandus appellari meruerit; eumque sanctus Braulio non modo Gregorio Magno comparaverit, sed et erudiendæ Hispaniæ loco Jacobi apostoli cœlitus datum esse censuerit.

Lectio VI. — « Scripsit Isidorus libros Etymologiarum, et de Ecclesiasticis Officiis, aliosque quamplurimos Christianæ et ecclesiasticæ disciplinæ adeo utiles, ut sanctus Leo papa quartus ad episcopos Britanniæ scribere non dubitaverit, sicut Hieronymi et Augustini, ita Isidori dicta retinenda esse, ubi contigerit inusitatum negotium, quod per canones minime definiri possit. Plures etiam ex ejusdem scriptis sententiæ inter canonicas Ecclesiæ leges relatæ conspiciuntur. **98** Præfuit concilio Toletano IV, omnium Hispaniæ celeberrimo. Denique cum ab Hispania Arianam hæresim eliminasset, morte sua et regni vastatione a Saracenorum armis publice prænuntiata, postquam quadraginta circiter annos suam rexisset ecclesiam, Hispali migravit in cœlum anno sexcentesimo trigesimo sexto. Ejus corpus inter Leandrum fratrem, et Florentinam sororem, ut ipse mandaverat, primo conditum, Ferdinandus primus, Castellæ et Legionis rex, ab Eneto Saraceno Hispali dominante magno pretio redemptum Legionem transtulit, et in ejus honorem templum ædificatum est, ubi miraculis clarus magna populi devotione colitur. »

8. Concessum fuit officium S. Isidori episcopi, confessoris et doctoris, cum his lectionibus pro universa Ecclesia ab Innocentio XIII die 25 Aprilis 1722, de quo videri potest Benedictus XIV, l. IV de Beatif., part. II, cap. 11, num. 15, qui rationem addit: *Sanctus quippe hic jam tanquam doctor colebatur in regnis Hispaniarum, et in Ecclesiis insularum et continentis Indiarum regi catholico subjectarum, ex litteris apostolicis Gregorii XIII, ubi hæc habentur de officio S. Isidori: Item festivitas S. Isidori archiepiscopi Hispalensis, pro quo celebretur officium doctoris, et recitetur Credo in celebratione missæ*, etc.

9. Quædam in his lectionibus traduntur, quæ ex monumentis antiquioribus et ætati S. Isidori propinquioribus non constant; scilicet quod Severianus pater S. Isidori dux fuerit provinciæ Carthaginiensis; quod Fulgentius Carthaginiensem episcopatum tenuerit; quod Braulio sub disciplina Isidori profecerit; quod idem Braulio auctor sit comparationis inter Gregorium Magnum, qui Petro successit, et Isidorum, qui Jacobo apostolo in erudienda Hispania, de qua cap. 4, dixi; quod Hispaniæ vastationem a Saracenorum armis publice prænuntiaverit: quod corpus suum inter Leandrum fratrem et Florentinam sororem condi mandaverit, ut alia omittam de confirmatione, pallio, et vicarii apostolici munere. De quibus omnibus agit Florezius tom. IX Hisp. sacr., pag. 193; et Benedictus pontifex XIV, qui promotoris fidei munere tunc fungebatur, cum hæc causa Romæ agitata est, responsiones postulatorum et cardinalis Bellugæ contra suas animadversiones commendat l. IV de Beatif. part. II, cap. 11, num. 15.

Demum suo muneri non defuerunt **99** postulatores, qui collectis undique testimoniis excellentiam doctrinæ S. Isidori plenissime demonstrarunt, edito etiam typis suffragio eminentissimi domini cardinalis Bellugæ, causæ relatoris, qui animadversiones a me tanquam fidei promotore factas, docte de more confutavit, et plura addidit in commendationem eximiæ doctrinæ ejusdem S. Isidori.

10. Quod si lectiones S. Isidori ad vetustissima monumenta exigendæ essent, illis potius uti præstaret, quæ in officiis propriis sanctorum ecclesiæ Toletanæ, editis Matriti ex typographia regia 1618, exstant, scilicet :

In secundo nocturno ex Braulio Cæsaraugustano, et Ildefonso Toletano archiepiscopis, et Redempto Isidori discipulo, atque ex ipso Isidoro, et concilio Hispalensi II, *cap.* 12.

11. *Lectio* IV. — « Isidorus natione Hispanus, patre Severiano provinciæ Carthaginensis, matre Turtura ortus est. A sanctis viris Leandro archiepiscopo Hispalensi, et Fulgentio episcopo Astigitano, fratribus suis, sancte et liberaliter educatus, Latine, Græce atque Hebraice doctus, in omnium disciplinarum genere eximiam eruditionis laudem consecutus est. Adolescens cum esset adhuc, Arianam hæresin, quam Gothorum arma in Hispaniam invexerant, serpentem quotidie latius, ea libertate et constantia palam insectabatur, ut parum abfuerit quin ab Arianis necaretur. A quibus omni persuadendi artificio adhibito tentata ejus fides nequidquam est. Leandro igitur vita functo, Isidorus regis Reccaredi voluntate, et singulari Hispalensis populi lætitia, successor in episcopatu, diu multumque repugnans eligitur.

Lectio V. — « Pontifex factus, intelligens se ad onus, non ad honorem vocatum, mirum est, quantum omnium virtutum excellentia et singularis doctrinæ præstantia universam Hispaniam illustraverit. Discipulos multos instituit, in quorum numero Ildefonsus fuit, Toletanæ ecclesiæ postea archiepiscopus. Eloquentia fuit admirabili. Monachorum regulam duriorem temperavit, et infirmorum imbecillitati mitiorem reddidit. Conciliis Hispalensi II et Toletano IV præfuit, in quibus ad constituenda fidei dogmata magni semper fuit ponderis Isidori sententia. Gregorium quemdam Syrum episcopum, Acephalitarum hæresi infectum, ipsa in synodo Hispalensi gravissime confutavit, et ad meliorem mentem reduxit. Sedem **100** apostolicam eximia reverentia coluit, de cujus potestate atque obedientia ad Eugenium Toletanum archiepiscopum scribens, sic ait : Hujus dignitatis potestatis etsi ad omnes catholicorum episcopos est transfusa, specialius tamen Romano antistiti singulari quodam privilegio, velut capiti cæteris membris celsiori permanet in æternum : qui igitur debitam ei non exhibet reverenter obedientiam, a capite sejunctus, Acephalitarum schismate (*sic*) se reddit obnoxium.

Lectio VI. — « Multis iisque præclaris in omni

divinarum humanarumque litterarum genere proprii ingenii monumentis non parum Christianam disciplinam auxit, et ornavit. Ecclesiam suam quadraginta ferme annos sanctissime rexit. Imminentem sibi mortem multo ante prævidens, per sex menses orationi, pœnitentiæ ac misericordiæ operibus se dedit ardentius. Morti vero proximus in basilicam S. Vincentii delatus, ab Eparcio et Joanne episcopis, quos ea de causa ad se evocarat, cilicio indutus, ac cinere conspersus, corpus et sanguinem Domini de eorum manu humi prostratus accepit. Publice veniam a populo petens, mutuamque omnibus charitatem commendans, bonis omnibus in pauperes distributis, pauper ipse spiritu, et in Christo dives quarto post die, dierum, ac bonorum operum plenus migravit ad Dominum pridie Nonas Aprilis; sepultusque est Hispali. Qua civitate a barbaris occupata, a Benabeto ejus rege Saraceno Ferdinandus I, Castellæ ac Legionis rex, magnis muneribus Isidori corpus impetravit, Legionemque transtulit: in templo Deo ejus nomine dicato honorifice collocavit. Miraculis et vivus claruit et mortuus, multaque in universam Hispaniam contulit beneficia: sæpeque Christianis regibus ejus opem contra barbaros implorantibus præsto fuit. »

12. Hymnos in laudem S. Isidori ex Breviariis antiquis non multos video celebrari. In Officiis propriis sanctorum Ecclesiæ Hispalensis anno 1659 excusis hi sunt hymni in festo die S. Isidori.

CAPUT XV.

101 *Officii Hispalensis hymni in festo die S. Isidori.*

HYMNUS.

13. *Ad Vesp.* Gentis Hispanæ Pater atque doctor,
Digna præclari soboles Severi,
Digne Leandri, similisque sancta
Indole frater,

Dum tuas curat soror alma cunas,
Lucida examen veniens ab aura
Vidit infantis nitidis liquare
Mella labellis.

Dulce facundi fuit hoc leporis,
Atque doctrinæ specimen supernæ,
Qua pios pascis, stimulisque sontes
Pungis acutis.

Pungis infectum genus Arianæ
Pestis, ultores minitantis ignes:
Nec furor regum juvenis resistit
Fortibus ausis.

Præsul instauras fidei triumphum,
Perfidos ejus quoque perduelles
Pellis Hispanis pavidos ab oris
Fulmine linguæ.

O Pater cleri, populique pastor,
Orphanis tutor, viduis levamen,
Virginum custos, monachis severæ
Regula vitæ,

Nunc in excelso residens olympo,
Sidus o nostræ columenque gentis,
Compari priscis fidei magistris
Luce refulges.

Sis memor chari gregis, et patronus
Esto ad æternam Triadem, precamur,
Cuncta cui dignas resonent per orbem
Sæcula laudes.

102 *Ad Matut.* Sol ab occasu roseos ad ortus,
Luce qui terras meliore lustrans,
Noctis Hispanæ nebulas, et atras
Discutis umbras,

Cujus exortu tenebrosus error,
Fraus, et inconstans furor, et profanus
Luxus, et vanæ sitiens profugit
Ambitus auræ.

Sed redit fas, et pietas revixit,
Et fides casto redimita cultu,
Paxque cum sancta probitate, et æqui
Conscia virtus.

Hispalis clarum jubar, Isidore,
Redde virtutes, vitiis repulsis,
Fac et, ad priscos redeant caduca
Sæcula mores.

Hæc rogat sacras tua gens ad aras,
Dum Deo vero pia vota fundunt,
Qui tibi festum peragunt ovantes,
Bætis alumni.

Laus, honor, virtus tibi sit perennis,
Celsa Majestas hominum creatrix,
Quem Deum trinum celebrant, et unum
Rite fideles.

Ad Laud. Qui, Pater, charos populos relinquis,
Missus ad celsam Legionis urbem,
Quæ tibi fido posuit patrono
Regia templa?

An times hostem fidei rebellem?
Barbarus fugit, liceat reverti,
Aut tuos saltem juvet inde missa
Luce fovere.

Civitas felix spoliis opimis
Corporis sacri tua mira pictis
Gesta percenset tabulis, tholisque
Munera regum.

103 Quæ tuo partis merito triumphis
Grata non uno retulere bello,
Namque te nostris et adesse castris
Fama vetusta est.

Huc ades fessis, Pater alme, rebus
Nosque commenda Triadi potenti,
Cujus in cunctas resonat perennis
Gloria gentes.

14. Hos ipsos hymnos ego etiam olim non sine debita elegantiæ laude exhibui in Hymnodia Hispanica ad diem 4 Aprilis: quos ut cantui ecclesiastico accommodarem, quatuor versus ita refinxi: 1. *Lucis examen veniens ab aura*, pro, *Lucida examen veniens ab æthra*. 2. *Sis ad æternam Triadem, precamur*, pro, *Esto ad æternam Triadem, precamur*. 3. *Pax, pudor, morum probitas, et æqui*, pro, *Paxque cum sancta probitate, et æqui*. 4. *Fama canebat*, pro, *Fama vetusta est*. Recentes puto hos esse hymnos; quorum auctor fabulis de Mahometi in Hispaniam adventu, et fuga ex ea assentiri videtur in quinta stropha, *Præsul instauras*, etc.; nisi si forte Acephalorum hæresin ab Isidoro profligatam intelligit.

15. Antiquiores videntur hymni, quos in Martyrologio Hispano Tamayus exscribit ex Breviariis vetustis Hispaniæ:

Ad Vesp. Congaudeat Ecclesia,
Et præsulis solemnia
Confessoris Isidori
Honore colat celebri,
Qui velut solis radius,
Demptis prorsus hæresibus,
Et devotus martyrio,

Dogmate fulsit vario.
Hispaniarum populis
Divinæ legis regulis,
Et Romanorum moribus
Invigilabat sedulus.
In clericorum commodis,
Et pauperum subsidiis
Legum lator clarissimus
Hic inhærebat arctius.

104 *Ad Laud.* Magne doctor Isidore,
Nos de hoc diro carcere
Fac poli reddi solio,
Placato Dei Filio.
Per te, confessor inclyte,
Ovans chorus Ecclesiæ,
Et caterva fidelium
Collaudat Christum Dominum.
Jesu Christe, Rex gloriæ,
Vota servorum suscipe,
Hujus doctoris precibus
Nobis fave propitius.
Da peccatorum veniam,
Præsta sanctorum gloriam,
Ut tanti Patris meritis
Cœli fruamur gaudiis.

16. Pervetusta vocat Tamayus Breviaria, ex quibus hos hymnos profert. Sed cum in officio Gothico nulli fuerint hymni in laudem Isidori, et ea breviaria, quæ Tamayus laudat, ad ritum Romanæ Ecclesiæ sint conformata, ea vetustas non in longum temporis spatium protrahi debet. Sæculo XIII antiquiores eos hymnos non censeo: quanquam cum solum in Isidori laudibus commemorandis versentur, nihil illis inest quod veteri historiæ repugnet. Neglectæ prorsus sunt regulæ carminis. Secunda stropha ad vesperas videtur desumpta ex uberiori prænotatione Braulionis, aut ex prologo Vitæ Isidori, auctore Canonico quodam Legionensi, apud Bollandianos.

17. De Martyrologiis quæ memoriam S. Isidori celebrant agit Henschenius in Commentario prævio ad Vitam S. Isidori. Mentio præterea fit S. Isidori in Martyrologio Canonicorum Regularium, in fine novæ Martyrologii Romani editionis jussu Benedicti XIV, ad 4 Aprilis: *Hispali in Hispania sancti Isidori Confessoris, qui inter Canonicos Regulares ascriptus, ac illius civitatis episcopus consecratus, sanctitate et doctrina conspicuus, zelo catholicæ fidei et observantia ecclesiasticæ disciplinæ Hispanias illustravit.* Præmittitur signum quod indicat festum S. Isidori eodem die ab omnibus Canonicis Regularibus celebrari. Ibidem in Martyrologio **105** pro omnibus monachis ordinis Cisterciensis ad diem 4 Aprilis *Hispali in Hispania S. Isidori, ex monacho ordinis sancti Benedicti ejusdem civitatis episcopi, sanctitate, ac doctrina conspicui, qui zelo catholicæ fidei,* etc. Hæc controversia de ordine monastico S. Isidori cap. 19 agitabitur, ubi nonnulla verba proferam ex Breviario Canonicorum Regularium Lateranensium.

18. Reperi etiam Isidori nomen in litaniis veterum Codicum, ut de officii Mozarabici litaniis nihil dicam. Sic codex Vaticanus 84, pergam. in fol., sæculi x circiter, in quo est Psalterium ab Hieronymo recensitum cum canticis, fol. 274 exhibet orationes ad adorandam crucem, sive ad poscenda suffragia omnium sanctorum. Depicta est Christi cruci affixi imago a quatuor clavis, et pectoris dextra parte transfixa. Sequuntur fol. 307 Rogationes, sive litaniæ sanctorum, in quibus S. Isidorus appellatur, et invocatur. Hunc puto esse Codicem quem num. 82 signatum Blanchinus describit t. II Evang. Quadrupl. pag. 604; cujus characterum specimen excusum est ibidem tab. 6, num. 1, post pag. 600. Codex Vaticanus Ottobonianus 576, charactere Longobardico, sive Beneventano, sæculo x circiter exaratus, continet Missale monasticum, in cujus litaniis sunt S. *Gregorius, S. Hysidorus, S. Germanus, Benedictus, Maurus, Severinus,* etc. In alio Codice membranaceo sæculi xv ex oppido Assergio diœcesis Aquilanæ, ad officium proprium S. Franci petendum Romam allato, ad monasterii alicujus, ut videtur, usum exarato, litaniæ sanctorum præter alios exhibent S. *Francum, Macarium, Basilium, Leonardum, Ysidorum,* ut in his membranis scribitur. Neque dubium mihi est, quin de nostro Isidoro sermo sit, quamvis fortasse alii de Isidoro monacho suspicentur.

CAPUT XVI.

Series vitæ et gestorum S. Isidori, ex monumentis et scriptoribus antiquis ordinata. Ac primum quæritur de diversis Isidoris, comparatione quorum noster Hispalensis modo Junior, modo Senior appellatur.

1. Ut a nomine Isidori incipiam, vario ac diverso modo in vetustis membranis et monumentis illud scriptum reperitur: nimirum **106** *Ysidorus, Hisidorus, Hysidorus, Hisydorus, Isydorus, Esidorus, Isodorus, Ysydorus, Eisidorus,* et, quod cæteris præferendum, *Isidorus*. Ea discrepantia ex varia pro diversis temporibus scribendi ratione magnam partem oritur, ut nihil de antiquariorum incuria dicam. Sæpe enim usus invaluit, ut *y* pro *i* usurparetur, et aspiratio facile initio voci præponeretur. Interdum etiam *e* pro *i* adhibebatur. Isidori nomen Græcæ originis videtur ab *Isis*: certe inter Græcos multi eo nomine claruerunt. Sæculo tamen quo Isidorus floruit, *Esidori* nomen in usu fuisse, testimonio S. Juliani Toletani evincitur in opere ms. de Re grammatica, quod cap. 103, num. 46 et seqq. describam. Ita enim ait num. 324: *Da aliud nomen, quod ex plurimis partibus sit compositum.* Esidorus: *E præpositio est,* si *conjunctio est,* do *verbum est,* rus *nomen est.*

2. Fabricius, tom. IX Biblioth. Græc., pag. 256 seq., l. v, cap. 34, num. 3, postquam de Isidoro Pelusiota egit, curiosa illa sua diligentia catalogum texuit de claris aliis Isidoris plusquam triginta. Ex Hispanis præter S. Isidorum Agricolam recenset Isidorum Asturicensem, qui concilio Bracarensi anno 675 subscripsit, Isidorum patria Hispalensem, sed episcopum Cæsaraugustanum, a Pellizerio confictum, Isidoros Cordubenses duos, pariter a Pseudo-Dextro confictos, unum ad annum 384, alterum ad annum 423 et 430, Isidorum nostrum Hispalensem, Isidorum Mercatorem, sive Peccatorem, collectorem decretalium suppositarum, Isidorum Pacensem, Isidorum Setabiensem, sive Setabitanum, qui concilio Toletano anno 681 et 688 interfuit.

3. Horum ex numero sex sunt soli veri Isidori Hispani, Isidorus Hispalensis, Isidorus Asturicensis, Isidorus Setabitanus, qui concilio Toletano xii anno 681 interfuit, et alter diversus, qui concilio Toletano xv anno 688, et rursus concilio Toletano xvi anno 693 subscripsit, Isidorus Pacensis, et Isidorus Agricola. His addi potest Isidorus Juvenis monachus, martyr Cordubensis, anno 853 a S. Eulogio l. iii Memor. Sanct. cap. 15 laudatus. Alii inventi confictique sunt, ut inter plures diversa Isidori opera distribuerentur, ac distinctio quæ in veteribus exemplaribus reperitur, Isidori *Senioris* et *Junioris*, pro libitu cujusque explicaretur.

4. Laudat quidem Sigebertus cap. 54 de Script. eccles. Isidorum Cordubensem, cui commentarium in libros Regum tribuit: **107** ex quo architecti suppositorum chronicorum ansam arripuerunt, ut etiam duos Isidoros Cordubenses confingerent, ac multa de iis comminiscerentur. At Nic. Antonius non levibus rationibus suspicatur, nullum quidem fuisse Isidorum hujusmodi Cordubensem: sed Sigebertum sæculi xii scriptorem deceptum fuisse, quod in quodam sermone, inter S. Augustini Opera edito, *De assumptione Mariæ Virginis* legerit, Isidori cujusdam verba allegari. Et cum opus Isidori de allegoriis Orosio dicatum sit, potuit his de causis permoveri Sigebertus, ut Isidorum Hispalensi nostro antiquiorem æqualemque Augustino et Paulo Orosio excogitaret. Adisis Biblioth. vet. Hisp. l. iii, cap. 2, n. 52 et seq. Cur Sigebertus Isidorum illum suum antiquiorem, cui veri Isidori Hispalensis quædam opera affingeret, Cordubensem appellare voluerit, nulla idonea conjicitur ratione. Florezius, tom. X Hisp. sacr. Isidorum Cordubensem a Sigeberto confictum censet, suspicatur, ex nomine *Carnotensis* deceptum Sigebertum, ut seniorem illum Isidorum Cordubensem episcopum statueret; nam sermo de assumptione Mariæ Virginis, qui olim erat 85 de Sanctis inter Opera Augustini, deinde 83 in appendice, et in editione Maurinorum 208, a theologis Lovaniensibus Fulberto Carnotensi tribuitur. Quæ tamen longe semota esset errandi occasio, cum auctor Sermonis non dicatur Isidorus, sed in sermone fiat Isidori mentio.

5. Hac in re Marianæ judicium, quod Florezius tom. VIII Hisp. Sacr., tract. 27, append. 2, p. 275, primus vulgavit, ejusmodi est; eruditorum opinione receptum esse, tres Isidoros in Hispania fuisse nobiles cum primis: CORDUBENSEM, *quem pixisse Trithemius ait sub Honorio circiter salutis annum* 420, HISPALENSEM *Gregorii Magni æqualem; atque* PACENSEM, *qui* QUO TEMPORE VIXERIT, *dubitatur. Cordubensis* SENIOR *vocatur;* JUNIORIS *appellatio duobus posterioribus antiquioris comparatione vulgo datur, Hispalensi frequentius. Cordubensis nihil scripsit quod exstet, tametsi quædam illi Trithemius attribuit; Hispalensis multa, atque inter alia ab exordio mundi usque ad quintum annum Suinthilæ Gothorum regis summa brevitate Chronicon.*

6. Doctissimi viri judicium probat confirmatque

Perezius Bayer in not. ad Bibl. vet. Hisp., l. v, num. 109; nam in Escurialensibus sæculi x et sæculi xi ineuntis codicibus lit. Q, plut. **3**, n. 7, et **108** digramm. et plut. **1**, n. 3, aliisque longe ante Sigebertum Isidorus Hispalensis *Junioris* titulo a cognomine antiquiore alio eoque scriptore discernitur: non enim *Junior* diceretur, nisi antiquior alius Isidorus scriptor præcessisset. Quod autem nihil eorum exstet quæ Isidorus antiquior scripsit, inde constat, quod ea opera quæ Sigebertus et Trithemius Isidoro Seniori seu Cordubensi attribuunt, certo sunt Isidori nostri Hispalensis. Hæc fusius Perezius, qui præmiserat, verba Marianæ argumentum hoc exhaurire.

7. Commemorari quoque debet sententia Joannis Ægidii, de quo hæc Nic. Antonius l. v Biblioth. vet., n. 109: *De Isidoro Cordubensi, quem primus Sigebertus laudat Gemblacensis, Dexter autem* (supposititius) *unus Chronici auctorem finxit, quod supra commodiore loco dictum, nunc non repeto: contentus hoc solum annotare hic adjungereque olim de Cordubensi, ac Seniore, ut audis, Isidoro dictis, Joannem Ægidium Zamorensem Franciscanum, qui innumera vidit et annotavit de Hispanis rebus, et in adversaria sua adhuc inedita conjecit, nonnisi duos Isidoros tractatu laudatorum Adversariorum sexto agnovisse laudasseque: nostrum scilicet Hispalensem* SENIOREM, *ut vocat, alterumque* JUNIOREM *a se dictum, qui Pacensis est, qui ad Arabum in Hispanias irruptionem rerum in orbe gestarum memoriam continuavit.*

8. Ut autem distinctio Isidori *Senioris* et *Junioris* in bono lumine collocetur, breviter indicabo vetera exemplaria, et opera nostri Isidori Hispalensis, in quibus modo *Senior*, modo *Junior* appellatur. Joannes Vasæus, qui Isidorum Hispalensem Juniorem dici putat propter Isidorum Cordubensem, qui tempore Orisii floruerit, asserit, cap. 4 Annal. Hisp., in fronte Etymologiarum Isidori legi: *Incipit epistola Isidori Junioris Hispalensis episcopi ad Braulionem Cæsaraugustanum episcopum.* Non explicat Vasæus ex quo exemplari hunc titulum excerpserit.

9. *Junior* dicitur Isidorus noster in Codice Vaticano 202, de quo cap. 93 agam, ubi ejus dicta ex libris de Officiis ecclesiasticis proferuntur. Codex in Gallia videtur scriptus sæculo x, circiter. Contra in Codice Vaticano 641 sæculo ix aut x scripto, de quo cap. 94, vocatur *Senior* in titulo Procemiorum, sed ita ut eidem Seniori Isidoro libri Officiorum, et de Ortu et Obitu Patrum tribuantur. In Codice Escurialensi Etymologiarum sæculi xi, de quo **109** vide cap. 55, appellatur *Junior*. Idem epitheton tribuitur Isidoro in codicibus sæculi xiii aut seq., quibus chronicon continuatum et interpolatum continetur, de quibus cap. 78. *Junior* quoque vocatur Isidorus in antiquissimo Codice Vaticano 5321, recensendo cap. 96, in quo sunt differentiæ verborum ordine litterarum; in recentiori Vaticano 4327, in quo sunt libri duo contra Judæos, de quo cap. 97, in Regiovaticano 294, de quo cap. 100, sæculi xi, ut videtur, in quo sunt libri Etymologiarum,

in Regiovatic. 310 ibid. *Incipiunt Differentiæ spirituales Isidori episcopi Junioris Spaniensis*. Et rursus, *Incipit Soliloquiorum Isidori Junioris Spalensis episcopi*. Junior etiam dicitur Isidorus in codice Regiovaticano 846, ibid., dum fragmenta Etymologiarum exscribuntur : qui quidem Codex sæculo vIII posterior non videtur. Junior quoque vocatur in titulo chronici Codicis Palatini 239, cap. 102, in Gallia, ut videtur, exarati sæculo x, circiter. In fine Etymologiarum codicis Urbinatis chartacei 479, cap. 104, *Ysidori Junioris*, etc. In Ottob. cod. 336 Etymologiarum sæculi xiv, circiter, c. 105, *Ysidori Junioris*, etc. Alii Codices extra Bibliothecam Vaticanam non dissimili modo Junioris titulum Isidoro nostro ascribunt : ut codex Lucensis librorum contra Judæos, de quo cap. 43, num. 48 ; Codex Chisianus Etymologiarum, de quo cap. 45, num. 2 ; antiquissimus Cæsenas Malatestius Etymologiarum, de quo cap. 45, num. 6. In Codice 2, archivii Vaticani, de quo cap. 107, Etymologiæ *Isidori Junioris*, etc. In Codice collegii Romani, ibid., Chronicon Isidori Junioris. Cap. 55, num. 18 et 19, duo occurrunt exemplaria Florentina Etymologiarum *Isidori Junioris*. Cap. eod. 55 num. 24, codex Florentinus S. Crucis, in quo sunt Etymologiæ *Isidori Antiqui*, et *Isidorus Junior De computo*. Synonyma Isidori Junioris recenset Labbeus, ut dicam cap. 70, num. 3. Epistola ad Leudefredum in Codice Vigilano, de quo cap. 73, num. 7, nomine Isidori Junioris inscribitur. In Codice Florentino S. Crucis, de quo cap. 76, num. 9, liber de Naturæ rerum titulum Isidori *Junioris illustris* exhibet. Isidori Junioris chronographia, sive chronicon indicatur ex Codice Mediceo, cap. 77, num. 7. In Codice Ovetensi sæculi xii, de quo cap. eod. 77, num. 13, *corographia*, sive rectius chronographia Isidori Junioris. In Codice Escurialensi sæculi xiv, de quo cap. 78, num. 18, chronicon Isidori Junioris.

110 10. Marianæ Bayerioque libenter assentior, aliquem Isidorum Isidoro Hispalensi antiquiorem agnoscendum esse, cujus comparatione Hispalensis *Junior* dicatur. Sed cum Isidori Cordubensis mentio in catalogis Hieronymi, Gennadii, Isidori, Ildefonsi et aliorum veterum de scriptoribus ecclesiasticis non appareat, ac primus Sigebertus ejus meminerit, et quidem sic clare errans, ut Hispalensis Isidori quædam opera Cordubensi adjudicet, facile adducor, ut credam, Isidorum Hispalensem *Juniorem* dictum, quia ante ipsum floruerat sæculo IV Isidorus Pelusiota, scriptis, virtutibus, rebusque gestis in universa Ecclesia clarus, et apud episcopos ipsos venerabilis, ut ait Ephremius episcopus Antiochenus in epistola ad Zenobium Scholasticum apud Photium in Bibliotheca ; de quo etiam Evagrius lib. Hist. eccl., *Ejusdem Theodosii principatu claruit Isidorus, cujus latissima est gloria, et qui cum ob res gestas, tum eloquentiæ causa ubique celebratur.*

11. Erat quidem Isidorus Pelusiota Ægyptius, gente Alexandrinus, et juxta Pelusium, Ægypti urbem, monachus : sed non minus propterea fama ejus apud Latinos vigebat : quem etiam Facundus Hermianensis, ab Isidoro Hispalensi in libro de Vir. Illustr. recensitus, sic commendat : *Nam vir etiam sanctissimus, et magnæ in Ecclesia gloriæ Isidorus presbyter Ægyptius Pelusiota, quem duo millia epistolarum ad ædificationem Ecclesiæ multi scripsisse noverunt, qui etiam pro vitæ ac sapientiæ suæ meritis, ut pater ab ipso Cyrillo et honoratus est et vocatus*, etc. Confer Natalem Alexandrum Hist. eccles. sæcul. IV, art. 9, cap. 4. Prodiit Gottingæ, anno 1737, dissertatio Christophori Augustini Heumanni *De Isidoro Pelusiota ejusque epistolis, quas maximam partem fictitias esse demonstratur*, digna, ut in Bibliotheca selec a observat cl. Zaccaria, quæ a viro docto refellatur. Cum Isidori Pelusiotæ nomen celeberrimum in Ecclesia jam esset, quo tempore Isidorus Hispalensis scribebat, nihil mirum est si operibus hujus, præsertim ubi Hispalensis episcopi titulus non præfigeretur, apponi cœperit *Junioris* inscriptio. Deinde facile librarii utrumque titulum complexi sunt, ut *Isidorum Juniorem episcopum Hispalensem* vocarent, quamvis nullus alius Isidorus episcopus Hispalensis Isidorum nostrum præcesserit.

12. Quisnam autem est Isidorus Junior, cujus comparatione Hispalensis *Senior* nominatur? Mariana, Nic. Antonius, et Bayerius **111** Isidorum Pacensem Hispalensi *Juniorem* intelligi asserunt. Isidorus Pacensis vixit sæculo vIII progrediente, ut probat Nic. Antonius l. vi, cap. 3, et Chronicon Isidori Hispalensis usque ad Hispaniæ per Arabes eversionem continuavit. Hic certe scriptor est, qui Isidoro Hispalensi junior est, ac reipsa ita a multis appellatur. Sed contendunt nonnulli, alios fuisse Isidoros Hispalensi recentiores, quorum etiam comparatione Hispalensis *Senior* vocetur : producunt Isidorum episcopum Setabitanum, cui Pellizerius librum *De significatione nominum* tribuit, Luitprandus supposititiam collectionem canonum sub Isidori Peccatoris, seu Mercatoris nomine editam. Refellit has fabulas Nic. Antonius lib. vi Bibl. vet., cap. 3. Liber de *significatione nominum* est liber Isidori Hispalensis *de Nominibus legis et Evangeliorum*, ut Braulio appellat, quem *Allegoriarum* vulgo vocant. Isidorum auctorem collectionis apocryphæ decretalium neque Isidorum episcopum Setabitanum, neque ullum alium Hispanum esse contendimus. Duo autem Isidori episcopi Setabitani exstiterunt, ut dixi : prior, qui synodo Toletanæ xii anno 681 interfuit ; posterior, qui synodo Toletanæ xv anno 688 et xvi anno 693 subscripsit. Neutrum horum quidquam scripsisse constat, multo vero minus falsam collectionem canonum, sæculo demum ix confictam.

13. Ab Isidoro Pacensi alium Isidorum diversum Pellizerius agnovit, quem appellat *de Beja*, auctorem cujusdam Chronici, quod incipit : *Sex diebus rerum omnium creaturam formavit Deus*. Fortasse Pellizerius Isidorum Pacensem putabat esse ita dictum ex urbe *Badajoz* : id enim nonnulli ita sibi persuaserunt ; plerique autem Pacem sive Pacem-Juliam oppidum *Beja* intelligunt esse. Idem ergo est Isidorus de Beja, et Isidorus Pacensis ; idem Chronicon, quod in duo

Pellizerius male dividebat, ut ostendit Nic. Antonius loc. cit. Nimis enim liberalis videtur Pellizerius in multiplicandis tam operibus quam Isidoris; qui duos Isidoros Hispalenses, quorum alter episcopus Cæsaraugustanus fuerit, duos Cordubenses, duos Pacenses confingebat.

14. Cur autem non potius aut Pellizerius, aut quivis alius Hispanus de Isidoro Asturicensi, qui concilio Bracarensi anno 675 subscripsit, inter scriptores recensendos quidquam commentus est? Poterat enim hic comparatione Isidori Hispalensis Junior dici. Ac re **112** vera inter scriptores medii ævi eum Fabricius in Bibliotheca reponit: sed *quid in litteris miserit*, addit, *cum a Cangio inter scriptores referatur, mihi incompertum*. Eum infelici exitu decessisse, refert S. Valerius tom. XVI Hisp. sacr., num. 36. Ordinis Querimoniæ: *Qui dum sic veniret immissus ab inimico, ut me mitteret in commotionis interitum, et aliorum fratrum pessimum scandalum; recto videlicet omnipotentis Domini judicio, lacum, quem nobis aperuit, ipse repente ingressus est.* Eumdem *pestilentissimum virum* vocat. Alii de eo tacent.

15. Verum cum Isidori Pacensis nomen inter Hispanos haud obscurum fuerit, minime dubito, quin Isidori Junioris vocabulo hunc Hispani insignierint, ut ab Isidoro Hispalensi distinguerent. Exteri autem aliud fortasse in mente habuerunt: qui de Isidoro Pacensi parum aut nihil cogitabant. Scilicet auctor supposititiæ collectionis canonum et decretalium, sæculo VIII exeunte, se non solum Hispanum finxit, sed etiam celeberrimum inter Hispanos nomen usurpans, Isidorum Peccatorem, sive Mercatorem nuncupavit. Illico ea collectio in manibus omnium cœpit versari: et quamvis Isidorum nostrum Hispalensem auctorem ejus crediderint, tamen alii, qui concilia et monumenta alia, Isidoro Hispalensi recentiora, in eam collectionem intrusa fuisse observabant, alium Isidorum collectorem esse intulerunt, quem, ut ab Hispalensi distinguerent, *Juniorem* vocitarunt, et eadem ratione Isidorum Hispalensem *Seniorem*. Concludendum igitur est, Isidorum Hispalensem modo Juniorem, modo Seniorem dici; scilicet Juniorem, dum comparatur Isidoro Pelusiotæ, aut etiam, si ita velis, Isidoro Cordubensi a Sigeberto laudato: Seniorem vero, dum confertur Isidoro cum Pacensi, tum fictitio Peccatori, seu Mercatori.

CAPUT XVII.
S. Isidori Hispalensis patria, parentes, ortus.

1. Isidorum natione Germanum fuisse, nescio cur somniaverit Joannes Eisengreinius in Catalogo test. verit., cui fidem tantum non adhibent Centuriatores, cent. 7, cap. 18, § 8. Suspicatur Nic. Antonius, Eisengreinium existimasse, Gothum fuisse Isidorum, et hac ratione **113** proprios sibi oculos fascinare voluisse. Cum enim jam multo ante Gothi in Hispania consedissent, etiamsi Gothum Isidorum fingere velis, non tamen propterea natione Germanum appellare poteris, nisi Germanum accipias pro Gotho jam Hispaniæ incola et cive. Neque vero ulla est suspicandi ratio, Isidorum origine fuisse Gothum: imo contrarium suadent nomina parentum, fratrum ac sororis, quæ ex lingua Latina et Græca petita sunt, minime vero ex Gothica; quod arguit parentes Isidori Hispanos quidem ortu, cives tamen Romanos fuisse, sive, ut vocat Nic. Antonius, *Hispano-Romanos*.

2. Non desunt tamen inter Hispanos, qui contendant, Severianum, Isidori patrem, origine Gothum fuisse, atque ita fere sentiunt præter pseudo-historicos jam ubique explosos Rodericus Sanctius de Arevalo, Laurentius Padilla, Beuter, Sandovalius, nec repugnat Andreas Resendius in epistola ad Ambrosium Morales. In continuatione, sive supplemento Isidoriani Chronici, quod a Luca Tudensi sub Ildefonsi nomine prolatum est, supra cap. 12 a nobis exhibito, traditur, regio Gothorum sanguine ortum fuisse Isidorum. Advertimus jam eam continuationem falso Ildefonso imputari, et longe post Isidori Ildefonsique tempora fuisse scriptam, aut figmentis interpolatam. Alia tamen addunt Rodericus Toletanus, et Lucas Tudensis, scilicet Theodoricum Amalum Ostrogothorum regem, qui, cum in Italia dominaretur, pro Amalarico Gothicum simul Hispaniæ regnum aliquot annis tenuit, parentem fuisse Severiano Isidori patri.

3. Alii, ut Ambrosius Morales, Antonius Iepes, Mariana, Franciscus Padilla, Pellizerius, Nic. Antonius, huic narrationi fidem negant. Cur enim Theodoricus Amalaricum, ex Amalasuntha filia nepotem, regni successorem reliquit, et non potius Severianum? Quod autem Ambrosius Morales contendit, Theodoricum neque in Hispaniam quidem unquam ivisse, id certe idoneis argumentis refellitur a Bivario ad Maximum ann. 109. Isidori verba satis manifesta sunt in Historia Gothorum æra 549: *Theodoricus... exstincto Gisaleico rege Gothorum Hispaniæ regnum XV annis obtinuit, quod superstiti Amalarico nepoti suo reliquit. Inde Italiam repetens, aliquandiu omni cum prosperitate regnavit.*

4. Lucas Tudensis, sive alius potius interpolator Isidorianæ Historiæ **114** Gothorum, qui Theodoricum Severiani patrem fuisse affirmavit, uxorem quoque Theodorici dixit fuisse quamdam nobilissimam feminam Toletanam. Alii antiqui de matre Severiani tacent. Pseudo-historici huic feminæ nomen imposuerunt *Santinæ*, aut *Sanctinæ*, aut *Sanctivæ*, aut *Sanciæ*: quam etiam Benedictinis Caradignense S. Petri monasterium construxisse commenti sunt. Ejusmodi figmenta explodit Nic. Antonius, l. IV, cap. 4, Biblioth. vet., qui irridet pseudo-Hauberti affectationem in Chronico ad ann. 554, *Leander princeps filius Severiani ducis*, etc.

5. At fortasse, tametsi Severianus filius Theodorici regis non fuerit, tamen ejus liberi ex regia stirpe Theodorici procreati sunt: nimirum si uxor Severiani fuerit filia Theodorici. Id asseruit Quintanadueñas in Vita S. Fulgentii, S. Isidori fratris, laudatus a Bollandianis in not. ad Vitam S. Isidori, cap. 1. Ita certe occurritur difficultati, quod Severianus filius

Theodorici non videtur fuisse, quandoquidem Theodorico in regno non Severianus, sed Amalaricus ex Amalasuntha Theodorici nepos successit. Alioquin cum monumenta, ex quibus regia Isidori fratrumque origo arguitur, sæculo XII antiquiora esse non constet, ejuscemodi opinio sustineri aliquo modo poterit tanquam ex traditione : pro certa autem venditari non debet, sive matrem Isidori filiam Theodorici esse conjiciamus, sive Severianum Theodorici filium, sive eundem Severianum Theodorici fratrem : de quo nonnullam quæstionem esse innuunt Bollandiani loc. cit.

6. Ex monumentis antiquis id unum affirmare possumus, Leandri, Isidori, Fulgentii, et Florentinæ patrem fuisse Severianum provinciæ Carthaginiensis. Isidorus de Vir. Illustr., cap. 41, *Leander genitus patre Severiano Carthaginiensis provinciæ, professione monachus,* etc. De Severiani nomine omnes consentiunt : quod enim in hymnis Officii proprii Hispalensis, supra cap. 15, *Severus* dicitur, id ratione metri factum liquet. Sermonem autem esse de provincia Carthaginiensi in Hispania, non in Africa, quid opus est animadvertere? Atqui his verbis alieno sensu acceptis, Joannes Trithemius de Vir. Illustr. ord. Benedict., l. II, cap. 9, et Xystus Senensis in Biblioth. l. IV Leandrum Afrum esse pronuntiarunt.

7. Quærendum potius est, an Severianus dux fuerit Carthaginiensis provinciæ, ut more illius ætatis et gentis Claudius dux Lusitaniæ fuit, Paulus provinciæ Narbonensis : ita enim vocabantur, qui provincias administrabant. Joan. Baptista Perezius in not. ad Isidorum observat, falso verbis Isidori Lucam Tudensem et alios addere *duce.* Rodericus quoque Toletanus ejusdem ætatis, ac Lucas Tudensis, et auctor continuationis Chronici Isidoriani sub Ildefonsi nomine aperte Severianum provinciæ Carthaginiensis *ducem* vocant. In Breviariis antiquis Hispanicis vel hoc ipsum traditur, vel asseritur, Severianum tunc Carthagini Novæ dominari. Breviarium Romanum recognitum pariter provinciæ ducem Severianum vocat in lectionibus S. Isidori. Nihilominus in Officiis propriis ecclesiæ Toletanæ, supra cap. 15, verba Isidori retenta sunt, quin addatur, ducem fuisse Severianum. Breulius in epistola dedicatoria ad Isidori Opera, otiosorum commentis fidem præstans, affirmat, Severianum, Isidori patrem, fuisse regis Theodorici filium : matremque Isidori, quam Theodoram vocat, regio Gothorum prognatam sanguine.

8. Theodoræ nomine uxorem Severiani appellatam fuisse, Rodericus Sanctius de Arevalo, Palentinus episcopus, scriptum reliquit, part. II Hist. Hisp., cap. 9. Id unde hauserit, Nic. Antonio non occurrebat. At Bollandiani in not. ad cap. 1 Vitæ S. Isidori jam observaverant, ita uxorem Severiani appellatam fuisse a Luca Tudensi in præfatione ad Chronica. Imo hoc ipsum idem Nic. Antonius adverterat in epistola ad Bollandianos, cujus hi meminerunt in comment. prævio ad Vitam S. Isidori. Pseudo-historici, nomen avide arripientes, alia de penu sua addiderunt : *Flaviam Theodoram Cervellam,* seu *Cerviliam,* filiam Paulæ de genere clarissimo Gothorum nuncuparunt : quæ tamen a pseudo-Luitprando *Theodosia Cervela* dicitur. Hæc somnia, quæ a suppositorum chronicorum commentatoribus inscriptionibus etiam antiquis illustrantur, fuse Nic. Antonius more suo refutat, cum de S. Leandro agit, ubi etiam duas ex Ambrosio Morales inscriptiones producit, alteram de Paula quadam clarissima femina, alteram de Cervella clarissima femina. Has inscriptiones pseudohistorici præ oculis habuerunt, ut Flaviam Theodoram Cervellam, Paulæ filiam, uxorem Severiani confingerent, cui alii easdem inscriptiones accommodarent. Notandum quoque, Ambrosii Morales in veteribus inscriptionibus producendis fidem apud nonnullos non satis firmam esse.

9. Rejecto Theodoræ nomine, Nic. Antonius uxorem Severiani Turturem vocatam contendit, allegatque cum verba Leandri mox afferenda, tum breviaria nonnulla Hispanica, quæ Bivarius viderat. Florezius, tom. IX Hisp. sacr., Nic. Antonium cum aliis, et Breviario Hispalensi ita sentire affirmat. Nominandus ante alios est Canonicus Legionensis auctor Vitæ S. Isidori; *Mater vero Turtura vocitata.* S. Leander cap. ult. regulæ ad Florentinam sororem, quod supra cap. 2 allatum est, communis matris meminit, atque inter alia sic refert : *Simplicitatis filia es, quæ Turture matre nata es; in eadem una persona complurium necessitudinum uteris officio. Turturem pro matre respice; Turturem pro magistra attende,* etc. Non potuit clarius, inquit Nic. Antonius, adeo ut etiam Bivarius, hac permotus auctoritate, apud Maximum lectionem *Theodoræ cognomento Ceruellæ* mutandam censuerit in *Turturam cognomento Cerulam.*

10. At validiorem adversarium hac in re nostro tempore nactus est Nic. Antonius, scilicet Florezium, tom. IX Hisp. sacr. Is cum apud scriptores sæculo VII proximos nomen Turturis uxori Severiani tributum non invenerit, nullo id fundamento astrui posse existimat : siquidem Leandri verba non innuunt, Turturem vocatam fuisse Florentinæ matrem, sed feminam quamdam aliam, monasterio, in quo Florentina degebat, præpositam. Nimirum Florentinam hortatur Leander, ut præpositam suam Turturem pro magistra, et pro matre respiciat, eamque reputet veluti matrem, etiam ea matre qua nata fuerat chariorem.

11. Fateor, aliquantulum obscura esse verba Leandri, *chariorem qua nata es reputa matrem.* Sed cum idem Leander dicat : *Turture matre nata es. In eadem una persona complurium necessitudinum uteris officio... Sit tibi dulce ejus gremium jam provectæ, quod erat infanti gratissimum,* vix hæc intelligi possunt, nisi de vera matre Florentinæ, quæ simul illi ad viam perfectionis fuisset magistra, et quæ propterea charior Florentinæ esse deberet, quod eam Christo affectius generasset, quam quod eam in lucis auram emisisset. Majorem difficultatem creat, quod Florezius

urget, sermonem Leandro esse de Turture femina, quæ in vivis tunc ageret; cum tamen paulo post referat, parentes suos ad Dominum commeasse.

117 12. Nimirum Leander ait: *Turturem pro magistra attende; et quæ te Christo quotidie affectibus generat, chariorem; qua nata es, reputa matrem.* Nihilominus id de Florentinæ matre intelligo, quæ jam in cœlum recepta, Christo quotidie Florentinam affectibus generabat. Pergit propterea Leander: *ab omni procella; ab omni mundano turbine in ejus te sinibus condide: Sit tibi suave ejus lateri adhærere: sit tibi dulce ejus gremium jam provectæ* (Al., *jam profecto*) *quod erat infanti gratissimum.* Cum autem totam hanc exhortationem sic Leander inchoet: *Noli ab eo avolare nido, quod invenit turtur, ubi reponat pullos suos. Simplicitatis filia es, quæ turture matre nata es,* etc., dubitandi adhuc ratio est, an *Turtur* nomen proprium apud Leandrum sit, an potius *turtur* ab eo mater dicatur, quia turturi confertur.

13. Isidori fratres quod attinet, plane rejiciendum est, quod ex Breviario Hispalensi Breulius in epistola dedicatoria refert, Justinam abbatissam Isidori sororem fuisse, Braulionem Cæsaraugustanum fratrem: qui addit ex Vasæo in Chronico ad annum 567 Justinam eamdem esse atque Florentinam, Braulionem vero inter Isidori fratres nequaquam recensendum. Riscus, tom. XXX Hisp. sac., p. 143, errorem Lucii Marinæi Siculi revincit, qui Isidoro fratrem dat non solum Braulionem, sed etiam S. Hermenegildum, et Recaredum regem. Braulionem, de cujus vera stirpe minime inter veteres constat, Hermenegildi et Recaredi regis fratrem fuisse primus episcopus Cabilonensis in Topogr. verbo *Hispalis*, et Maurolycus ad diem 15 Aprilis inepte asseruerunt.

14. Illa quoque traditio inter Hispanos recepta est, Severiani filiam nomine Theodoram fuisse, Leovigildo nuptam, ex qua S. Hermenegildus martyr, et Recaredus primus Gothorum catholicus rex progeniti fuerint. Nic. Antonius, qui acri judicio Severiani, et ejus prolis originem Gothicam expendit, id pro certo statuit. *Hoc affinitatis vinculum*, addit, *non aliud, credimus, Severiani soboli cum Gothicis regibus intercessisse.* At si quæras, quibus auctoribus constet exstitisse unquam Theodoram eam Severiani filiam, regis Leovigildi uxorem, non alios, opinor, quis proferet, nisi illos ipsos quibus Severiani genus Gothicum, uxoris Severiani Theodoræ nomen, aliaque multa asserentibus, minime fides præstatur, quia antiquiores tacent. Atqui æque tacent ejusmodi affinitatis vinculum inter **118** Leandrum, Isidorum, et reges Gothorum; quod minime tacendum erat. Multa de vi hujus argumenti negativi in re præsenti disputat Florezius loc. cit., præsertim quia Leander cap. ult. regulæ ad Florentinam sororem, non alios fratres suos recenset, nisi Fulgentium et Isidorum, non aliam sororem, nisi Florentinam. Addit, duas fuisse uxores Leovigildi, ut ex vetustis historicis constat, alteram Rinchildem, alteram A Gosuintham, neque in consuetudine tunc reges Gothos habuisse, ut feminas ex Romana stirpe sibi in matrimonium collocarent. Joannes Biclarensis in Chronico ad ann. 573 de Leovigildo ait: *Duosque filios suos ex amissa conjuge Hermenegildum et Recaredum consortes regni facit.* Hæc conjux fuit Rinchildis.

15. De fratribus igitur Isidori hoc habemus certum, Leandrum et Fulgentium fuisse illi fratres, Florentinam sororem, ita ut ipse omnium minimus natu fuerit, ut ostenditur ex cap. ult. regulæ S. Leandri. Florentinæ sororis meminit quoque Isidorus in

B elogio Leandri, quem narrat opusculum edidisse de Institutione virginum ad Florentinam sororem. Ipse Isidorus duos libros contra Judæos eidem sorori suæ Florentinæ inscripsit, ut testatur in prologo: *Sanciæ sorori Florentinæ Isidorus,* etc. *Hæc ergo, sancta soror, te petente ob ædificationem studii tui tibi dicavi, ut quæ consorte perfruor sanguinis, cohæredem faciam et mei laboris.* Meminit etiam Braulio Florentinæ in prænotatione librorum Isidori: *Contra Judæos, postulante Florentina, germana sua, præposita virginum, libros duos,* etc. Ildefonsus simili modo cap. IX de Vir. illustr. Quod Florentina eodem cum fratribus suis Leandro et Isidoro sepulcro condita fuerit, narratur in epitaphio supra cap. 7. Sed epitaphium illud S. Ildefonsi, cui tribuitur, non constat esse, et multis contra pugnat Florezius tom. X Hispan. sacr.; qui Astigi sepultam, ibique jacuisse tradit, donec, Hispaniam invadentibus Mauris, ad montes

C Aquilupianos, sive Guadalupæos translata fuit. De diversis Florentinæ nominibus vide cap. 66.

16. Ad Fulgentium quoque, fratrem suum, duos libros de Ecclesiasticis officiis Isidorus misit. Etsi enim inscriptio ita solum refert: *Domno meo et Dei servo Fulgentio episcopo Isidorus,* tamen Braulio aperte ait: *Ad germanum suum Fulgentium episcopum Officiorum libros duos.* Editi addunt *episcopum Astigitanum*, quod exprimitur **119** etiam in prænotationis versione Italica Alchaini anni 1570, cap. 70, num. 17, describenda: *Vescovo Astigitano*; qua de re vide notata supra cap. 3. Fulgentius episcopus Astigitanus erat anno 610, quo decreto Gundemari cum Isidoro subscripsit, ut dicam cap. 21, et anno 618, seu 619, quo concilio II Hispalensi interfuit, ut eod. cap. referam. Nic. Antonius l. v, c. 1 Bibl. vet. Hisp., n. 16, asserit, Fulgentium conciliis duobus Hispalensi Toletanoque cum Isidoro interfuisse: scilicet Toletano anni 610; nam num. 13

D docuerat, Fulgentium obiisse ante annum 623 (corrige 633), quo subscriptus legitur concilio Toletano IV Habentius episcopus Astigitanus. An Fulgentius Isidori frater quidquam scripserit, disserit Nic. Antonius, et post eum Florezius tom. X Hisp. sacr., qui contendit, doctoris titulum, quem apud Hispanos assecutus dicitur, veteribus monumentis minime innixum esse.

17. Fulgentii non vulgarem doctrinam arguit documentum vetus sæculi VII apud Florezium tom. III Hisp. sacr., append., num. 3, pag. 590; *Et sic*

crevit fides catholica (in Hispania) paulisper, donec, de orthodoxis et catholicis viris fuit illustrata, id est, *Fulgentio, Petro, Leandro, Isidoro, Ildefonso, Fructuoso, Juliano*. Testimonium Roderici Toletani pro Fulgentii doctrina ad sæculum XIII pertinet : eodem sæculo floruit Lucas Tudensis, qui in Isidori chronico simile testimonium protulit. Hac de controversia anno 1723 actum fuit in sacra Rituum congregatione, ut exponit Benedictus pontifex XIV de Beatif. l. IV, p. 2, c. 11, qui eo tempore Promotorem fidei agebat : et ita narrationem absolvit : *Novis supplicationibus exhibitis sacræ congregationi eo præsertim fundamento, quod ab antiquo tempore titulum habuisset doctoris in nonnullis Hispaniarum diœcesibus, die 17 Aprilis 1725 responsum fuit, ut in officio S. Fulgentii solita observaretur consuetudo quoad ritum doctoris.*

18. Clarior res est de S. Leandro, quem Isidorus in libro de Vir. Illustr. laudavit : in epistola ad Claudium ducem vocavit *communem nostrum doctorem*, et in versibus bibliothecæ *non imparem antiquis doctoribus*: de quibus tamen epistola et versibus judicium suo loco feretur, an genuina Isidori opera sint. Benedictus XIV, qui loc. cit. alia in eam sententiam profert, ita de eodem Leandro absolvit : *In ecclesiis autem, et diœcesibus Hispalensi atque Carthaginiensi celebratur officium de ipso tanquam doctore*, hujusque 120 *officii extensio die 25 Aprilis 1722 facta est ad totam Hispaniam, et regiones regi Catholico subjectas*. Laudes Leandri ante Isidorum celebravit S. Gregorius Magnus in epistolis ad eum ; qui etiam Leandro pallium misit, et libros Moralium in Job dedicavit.

19. His expositis, quæ ad parentes fratresque Isidori pertinent, de ejus loco natali agendum est. Severianum fuisse e provincia Carthaginiensi Hispaniæ, ipse Isidorus scriptum reliquit, Leandrum, et Florentinam Carthagine in Hispania natos, Breviaria Hispana tradunt. De Fulgentio hoc ipsum multi affirmant, quod Nic. Antonius non audet asserere. De Isidoro major est controversia : fama est, Hispali natum, quo parentes e nova Carthagine exsules concesserant. Quod in Breviariis Hispanicis, in Breviario Quignonii, et in Romano recognito dicitur Isidorus *natione Hispanus ex nova Carthagine*, id ex hac urbe oriundum Isidorum innuit, non in ea natum. Rodericus Cerratensis, et quædam Breviaria vetera *natione Carthaginensem* dicunt. Breviarium vetus Hispalense : *Ex civitate Carthaginensi provinciæ Hispaniæ originem duxit*. In duobus Codicibus Florentinis librorum contra Judæos, de quibus cap. 43 agam, Isidorus dicitur *Toletanus episcopus*, aut *Toletanus Hispalensis episcopus* : sed id quin errori librarii tribuendum sit, nemo dubitaverit. Idem error occurrit in nonnullis mss. exemplaribus bibliothecæ Vaticanæ, aliisque Codicibus, quibus idem opus contra Judæos continetur.

20. Quoniam vero ex parentum exsilio conjicitur, Isidorum in eorum patria genitum non fuisse, primum quale hoc fuerit exsilium, videamus. Leander cap. ult. regulæ ad Florentinam sororem (supra cap. 2) de hoc exsilio ac de patria loquitur : monet sororem, ne in patriam, unde eam Deus olim ejecerat, redire cogitet, exemplumque matris proponit, quæ se patriam, unde salutis causa exierat, nunquam visuram sæpe obtestabatur, atque in exsilii loco, in quo Deum cœpit agnoscere, sepeliri voluit. Suspicio suborta est Nic. Antonio, an uxor Severiani olim Ariano errore implicita fuisset, quem in exsilio detestata fuerit : sed recte advertit, verba Leandri ita intelligi posse, ut mater ejus majorem pietatis, quam prius habuisset, sensum in exsilio perceperit.

21. Imo cum *exierit salutis causa e patria*, magnum argumentum hoc est, eam calamitatem contra Severiani domum, quod 121 fidei catholicæ addicta esset, fuisse à Gothis Arianis promotam. Quo animi ardore Leander hæresim Arianam confoderit, commemorat Isidorus de Vir. Illustr. cap. 41 : *Hic namque in exsilii sui peregrinatione composuit duos adversus hæreticorum dogmata libros, eruditione sacrarum litterarum ditissimos, in quibus vehementi stylo Arianæ impietatis confodit atque detegit pravitatem : ostendens scilicet, quid contra eosdem habeat catholica Ecclesia, vel quantum distat ab eis religione, vel fidei sacramentis. Exstat et aliud laudabile ejus opusculum adversus instituta Arianorum, in quo, propositis eorum dictis, suas responsiones opponit. Præterea edidit unum ad Florentinam sororem de institutione virginum*, etc.

22. Peregrinationem exsilii, quam Isidorus vocat, intelligi potest communem fuisse parentibus, atque eam ipsam quam Leander cap. ult. regulæ sive de institutione virginum, commemorat. Verum non solum Leander exsilium suæ domus eo loco recenset, sed etiam patriæ eversionem describit. *Ego tamen expertus loquor, sic perdidisse statum et speciem illam patriam, ut nec liber quisquam in ea supersit, nec terra ipsa solita sit ubertate fecunda : et non sine Dei judicio. Terra enim, cui cives erepti sunt, et concessi extraneo, mox ut dignitatem perdidit, caruit et fecunditate*. Et quoniam vix dubium est, quin de Carthagine Spartaria, seu Nova, Leander loquatur, subversio Carthaginis quo tempore acciderit, investigandum est.

23. Isidorus l. xv Etymol., cap. 1, sic habet : *Afri sub Annibale* (melius *sub Hasdrubale*) *maritima Hispaniæ occupantes, Carthaginem Spartariam construxerunt, quæ mox a Romanis capta, et colonia facta, nomen provinciæ dedit. Nunc autem a Gothis subversa, atque in desolationem redacta est*. Florezius, l. v, Hisp. sacr., tract. 4, cap. 2, affirmat, prius Carthaginem a Vandalis subversam fuisse, deinde a Gothis tunc, cum Isidorus scribebat. Hunc enim sensum Isidori verbis imputat : *Aora acaba de ser destruida por los Godos*. Equidem Isidorum ita intelligo, ut tres urbis status innuat, primum sub Afris, alterum sub Romanis, tertium eum in quo tunc in desolationem jam redacta reperiebatur, quin argui possit, recentem esse eam desolationem.

24. Putarunt nonnulli, hanc Carthaginis eversionem fuisse quam Vandalis tribuit Isidorus in Historia

Vandalorum ad æram 459 **122** anno Christi 421: Primus autem in Hispania Gundericus rex Vandalorum, etc. Balearicas Tarraconensis provinciæ insulas deprædatur. Deinde Carthagine Spartaria eversa cum omnibus Vandalis ad Bæticam transit, Hispalim diruit, actaque cæde in direptionem mittit. Sed cum Leander aliam fuisse direptionem Carthaginis innuat, cujus causa parentes ejus in Bæticam se contulerint, Isidorus quoque in lib. xv Etym. intelligendus est de hac ipsa direptione quam Leander memorat; eoque etiam magis, quia in Historia Vandalorum Carthaginem ab his eversam tradit in l. xv Etymol. a Gothis: neque verisimile est ut Gothos pro Vandalis acceperit.

25. Bivarius, in comment. ad Maximum anno 509, Carthaginem Spartariam ab Agilane anno Christi 552 eversam fuisse existimat. Et idoneis quidem rationibus ille evincit, duplicem distinguendam esse Carthaginis Novæ eversionem: alteram, de qua Isidorus in lib. xv Etymol. *Nunc autem a Gothis eversa*, etc.; alteram antiquiorem, de qua Idacius in Chronico ad ann. 1 Theodosii, sive annum Christi 425 : *Vandali Balearicas insulas deprædantur; deinde Carthagine Spartaria, et Hispali eversa, et Hispaniis deprædatis Mauritaniam invadunt.* Huic antiquæ eversioni per Vandalos convenire nequeunt Isidori verba, qui non solum Gothos diserte nominat, sed rem suo tempore gestam clare innuit.

26. Erat Agila, rex Gothorum, infensissimus religionis catholicæ hostis, ut liquet ex Isidoro in Gothorum Historia ad æram 587: *Agila rex constituitur, regnans annis v. Iste adversus Cordubensem urbem prælium movens, dum in contemptum catholicæ religionis beatissimi martyris Acisclit injuriam inferret, hostiumque ac jumentorum cruore sacrum sepulcri ejus locum, ut profanator, pollueret, inito adversus Cordubenses cives certamine, pœnas dignas, sanctis inferentibus, meruit.*

27. Si ergo teneamus, Agilanem Carthaginem Spartariam excidisse, concludendum erit, parentes Leandri et Florentinæ, catholicæ religionis tenaces, hac calamitate patriæ concussos in exsilium abiisse anno circiter 552. Post id tempus Fulgentium et Isidorum natos crediderim; sed neque de anno, neque de loco judicium certum ferri potest, nisi quod fama est, Hispalim Isidori natale solum fuisse. Ortus ejus poterit ex conjectura referri ad annum circiter 560, siquidem episcopus electus fuit anno 600, circiter, **123** ut mox dicam; et credibile est, eum non ante quadragesimum ætatis annum episcopatum accepisse, ut præscribitur in epistola Siricii papæ ad Himerium Tarraconensem anno 385 missa. Non video cur Florezius, l. x Hisp. sacr., p. 120, veluti pro certo ponat, Isidorum Carthagine natum fuisse. Dupinius contra tom. V Bibl. Eccl. Hispali eum ortum affirmat.

CAPUT XVIII.

Isidori pueritia; ostentum de examine apum: institutio in virtutibus et litteris. Non fuit Gregorii Magni discipulus. Iter Romanum Isidori ipsa nocte Natalis Domini commentitium. An Isidorus vices Leandri, dum hic exsularet, gesserit. Disseritur de Leandri legatione et exsilio, ac de Hermenegildi martyrio.

1. Isidorum oris specie a puero commendatum fuisse, colligit Nic. Antonius ex verbis Ildefonsi cap. ix de Vir. illustr.: *Vir decore simul et ingenio pollens*, quod conceptis verbis tradit auctor Vitæ S. Isidori Canonicus Legionensis. Apud hunc eumdem historicum, uti etiam apud Rodericum Cerratensem, supra caput 14, legi potest miraculum, sive ostentum de examine apum quod infanti Isidoro astitit. Id in aliis quoque accidisse, veluti omen futuræ doctrinæ, sive suavis eloquentiæ, confirmat Berneggerus miscellan. Observat. cap. v. Auctor Vitæ S. Isidori narrat examen apum ab Isidori patre visum. In lectionibus propriis S. Florentinæ apud Hispanos nonnihil variat hæc narratio: *Digna evasit, ut de institutione pueruli fratris sui Isidori natu minoris curam susciperet, quem lacte spiritus nutrire, atque in omni dogmate fidei instruere una cum Leandro diligenter curavit. Tanto autem alacriori cura sanctissime instituendum putavit, quanto ad id ex eo magis excitabatur, quod dum in cunabulis erat, viso examine apum in os ejus ingredi, atque exinde egredi, in cœlumque evolare, territa, quid hoc esset, in oratione posita, illum magnum Ecclesiæ doctorem futurum intellexit, qui hæreticos ab Hispaniæ finibus erat propulsurus.*

2. Apud auctores Vitæ Canonicum Legionensem, et Rodericum Cerratensem pater Isidori ostentum vidit, idque in horto: in lectionibus S. Florentinæ hæc in cunabulis examen apum observasse **124** traditur, nisi explicare velis, *dum in cunabulis esset*, hoc est dum adhuc infans esset. Ita contingere potuit, ut et pater et soror Isidori ostentum apum in horto inspexerint: neque enim ratio ulla est, ut istiusmodi miraculum bis contigisse credamus. Tamayus in Martyr. Hisp. Acta Isidori ex variis, ut ait, collegit, ubi de Florentina sic legitur : *Hæc infantuli spiritum deprehendens, et in eo supra naturam specimen perscrutata; nam aliquando Isidorum e cuna erectum super aeris diaphaneitatem evolare, aliquando monstra deformia manibus exstinguere : omnem curam præsaga futuri in ejus educatione præposuit.* Quæ mihi quidem in aliis reperire non licuit.

3. Florezius, tom. IX, pag. 194, rem ex Canonico Legionensi, auctore Vitæ S. Isidori, et Roderico Cerratensi narrat: et quamvis multa ab his scriptoribus relata inter fabulas reponat, de hoc ostento simile judicium proferre non audet, quia scilicet nihil ex antiquis monumentis eruitur quod contrarium videri possit. Ita etiam sentit de argumento quod puer Isidorus ad marginem putei ex saxo frequentibus guttis excavato ad difficultatem scientiæ comparandæ labore et perseveranti studio superandam collegit, quod iidem scriptores aliique ejusdem fere temporis commemorant. Idem Flore-

zius tom. X, pag. 120, asserit, si statuatur, ut statuendum putat, Isidorum Carthagine natum fuisse, cohærere non posse, quod Florentina examen apum viderit, et ad orationem confugiens intellexerit, Isidorum magnum Ecclesiæ doctorem futurum, quod Breviarium vetus Hispalense aliaque narrant : nam Leander, cap. ult. regulæ, ita Florentinam alloquitur : *Ea inae* (e patria) *ætate abstracta es, ut vel si ibidem nata fueris, non memineris. Nulla est recordatio, quæ moveat, desideriis animam.* Sed etiamsi verba Leandri de Infantia Florentinæ accipere velimus, quod minime est necesse, aliunde non constat, Isidorum Carthagine potius quam Hispali natum fuisse, ut in fine cap. 17 dixi.

4. Hispali primis litterarum rudimentis Isidorum imbutum fuisse, ex Vita sæpe citata constat : quo tempore, ut ibidem narratur, accidit id, quod modo dicebam, Isidorum puerum exemplo saxi frequentibus guttis excavati, et ligni frequenti funium ductu in canalis formam redacti, didicisse se quoque, quamvis improbo labore, difficultates quæ in litterarum curriculo occurrere solent posse superare. Hæc quidem sequioris ætatis documentis traduntur. Sed **125** Joannes Mariana in Hist. Hisp. lib. VI, cap. 7, auctor est, ostendi adhuc Hispali ejus narrationis vestigia : *Asservatur,* inquit, *in ecclesia Hispalensi S. Isidori pars putealis ex marmore, quod funis usu et attritu excavatum Isidorus puer observavit.* Illud certum de Isidori institutione, quod Leander cap. ult. regulæ profert : *Postremo charissimam te germanam rogo, ut mei orando memineris nec junioris fratris Isidori obliviscaris; quem quia sub Dei tuitione, et tribus germanis superstitibus parentes reliquerunt communes, læti, et de ejus nihil formidantes infantia, ad Dominum commearunt. Quem cum ego ut vere filium habeam, nec temporale aliquid ejus charitati præponam, atque in ejus pronus dilectione recumbam, tanto eum charius dilige, tantoque Jesum exora pro illo, quanto nosti eum a parentibus terrenis fuisse dilectum.*

5. Decesserunt ergo Isidori parentes, dum ille adhuc in infantia esset, quem propterea tribus superstitibus liberis natu majoribus, Leandro, Fulgentio, Florentinæ instituendum commendarunt. Sed cum Leander curam domus gereret, quippe primogenitus, ut videtur, Fulgentium in patriam misit ; quod ipse sic loc. cit. refert : *Tu, quæso, cave, soror Florentina, quod mater timuit, et malum, quod illa experta fugit, tu prudenter evita. Miserum me ! doleo, qui ibidem communem fratrem transmisi Fulgentium, cujus periculi jugi formidine pertimesco. Tutior tamen erit, si tu securior, et absens pro illo oraveris.* Fortasse quædam in patria, unde exsules exierant, negotia occurrerant, quæ Leander per Fulgentium procurari voluerat, dum junior adhuc esset Isidorus, et Florentina inter virgines Deo devotas commoraretur. Præcipua ergo cura Isidori instituendi mansit penes Leandrum, quod is paterno potius quam fraterno amore peragebat.

6. Nonnullam tamen partem in hac Isidori institutione habuisse Florentinam, lectiones ejus, quas paulo ante protuli, referunt. De Fulgentio quoque sic lectiones ejus officii habent : *Cujus rei illud quoque argumentum est, quod egregius idem doctor Isidorus, qui ab eo fuerat educatus, et piis documentis imbutus,* etc. Quod aliqua ex parte verum esse, nihil est cur negemus, sed ita tamen ut præcipuum Isidori magistrum Leandrum prædicemus, non solum quia id Leander innuit, sed quia etiam ipse Isidorus in epistola ad Claudium ducem sic profitetur : *Memento communis nostri doctoris* **126** *Leandri, et ejus fidem atque doctrinam pro viribus imitare.* Multi tamen spuriam hanc esse Isidori ad Claudium epistolam existimant: de quo nos alibi. Commentum est pseudo-Maximi ad ann. 568, num. 8, Isidorum Davide Hispalensi magistro usum fuisse : quem locum ita illustrare voluit Bivarius, ut dubitet primum, an iste David diversus fuerit a Davide Hispalensi episcopo : deinde advertit, Leandrum, dum in monasterio degeret, minus idoneum fuisse, ut per se Isidorum litteris imbueret. Canonicus Legionensis, auctor Vitæ, præter Leandrum aliis quoque magistris, usum fuisse Isidorum tradit, ut scilicet encyclopædiam illam scientiarum, quæ mirifice exaggeratur, assequeretur. Quanquam fatendum est, Isidorum, pro captu illorum temporum, portentum quoddam in sæcularium maxime litterarum studio fuisse, non quod in singulis linguis, aut in singulis facultatibus eminuerit, sed quia tam multiplici diversarum rerum, et scriptorum cognitione imbutus fuit, ut admirationem quoque nostris temporibus ingerat.

7. Quæritur, fueritne Isidorus Gregorii Magni auditor. Ita enim asserunt Lucius Marinæus Siculus l. V de Reb. Hisp., Arnoldus Wion l. II Ligni vitæ, Eisengreinius in Catal. test. verit., et Constantinus Cajetanus p. 45. Fidenter Joannes Andreas Quenstedt de Patr. illustr. Vir. pag. 4 : *S. Isidorum episcopum, ac alumnum suum veneratur Hispalis, Gregorii Magni ab ineunte ætate discipulum.* Nic. Antonius suspicatur, id inde originem habuisse, quod Isidoro cum Gregorio magna est consensio non sententiarum tantum, sed et verborum : quod Lucas Tudensis l. II, cap. 4, adversus Albigenses ad peculiarem quamdam Spiritus sancti inspirationem referre non dubitavit : quo fortasse etiam allusisse videbitur Prudentius Trecensis adversus Erigenam de Prædestin., in editione eorum auctorum qui de prædestinatione nono sæculo scripserunt, tom. II, pag. 215, et t. XV Bibl. Patrum Lugdunensis, pag. 474. Quem (Gregorium) *secutus tam fide quam sensu et verbis, sanctus Isidorus Hispalensis episcopus eamdem pene sententiam dictis suis interposuit, quos quisquis conferre voluerit, inveniet ita uno eos spiritu atque ore locutos, ut eumdem Spiritum sanctum utrisque affuisse, et per utrumque unanimiter locutum minime dubitet. Isidorus : Gemina est prædestinatio,* etc. Verba profert ex l. II Sentent., cap. 6. Fusius id, allatis etiam rationibus, probare conatur Lucas Tudensis loc. cit. qui **127** concludit

Fateamur ergo eorum scripturas per Spiritum sanctum concordes, ut dictum est, et non ex suffragiis mendicatis tam insignes Ecclesiæ Dei philosophos concordare. Inde Lucas permovetur, quia ad Isidorum non omnes Gregorii libri pervenerant, ut ex libro de Vir. Illustr. patet. Sed minime probat, ad Isidorum eos libros Gregorii non pervenisse, in quibus sententiæ iisdem verbis ab Isidoro usurpatæ continentur. Hac ergo ex parte plagium excusari non posset.

8. Recte autem respondet Nic. Antonius ex Theophilo Raynaudo de bon. et mal. Libr., partit. I, erotem. 10, n. 275, plagiarium non esse censendum, qui alterius flores decerpere amat, uti Isidorus Gregorii et aliorum : quod ipse Isidorus præ se fert, cum ait, se Commentarios suos in Vetus Testamentum sumpsisse *ex Origene*, etc., *ac nostris temporibus insigniter eloquenti Gregorio*. Opus *Sententiarum* satis ex titulo indicat, veteres sententias ibi esse collectas: et, idcirco Braulio in prænotatione ait, collegisse Isidorum *sententiarum libros tres, quos floribus ex libris papæ Gregorii moralibus decoravit*. Hæc autem omnia, quæ ab aliis quoque Patribus simili modo fieri consueverunt, minime probant, Isidorum aut auditorem, aut plagiarium Gregorii fuisse. Imo Margarinus de la Bigne, in epistola dedicatoria suæ Isidorianæ editionis, arguit Isidorum Gregorii discipulum non fuisse, quia alioquin sine gratissima disciplinæ commemoratione Gregorium non commendasset.

9. Fortasse etiam quia Isidorus alius Siculus fuisse dicitur, S. Gregorii discipulus, de quo agunt Constantius Felix in Kalendario, Ferrarius in notis sui Catalogi sanctorum, et Arnoldus Wion in Ligno vitæ l. III, homonymia fecit, ut Isidorum quoque Hispalensem S. Gregorii auditorem fuisse crederetur. Canonicus Legionensis auctor Vitæ solum refert, Gregorio Isidorum cognitum fuisse ex epistola de beatitudine quam ad eum Isidorus misit : cujus tamen rei penes ipsum fides sit. Nulla enim apud antiquiores hujus epistolæ mentio. Multo vero mirabilius est, quod idem historicus narrare pergit, Isidorum quadam nocte Natalis Domini Romam divinitus delatum, ut Gregorium conveniret, eademque nocte domum repetiisse : de quo portento quædam a Bollandianis annotata sunt. Tamayus in Martyr. Hisp. inter incerta vel incredibilia refert hoc Isidori iter Romanum in Natali Domini ex Luca Tudensi in Miraculis S. Isidori, ex quo Breviarium Segoviense pervetustum, 128 lect. 2, idem narrat. An autem aliquando Isidorus Romam venerit, cap. 23 disputabitur.

10. Cum jam Isidorus juvenis ad arma contra hæreticos capessenda idoneus esset, hæreticos Arianos acerrime insectatus fuisse a Vitæ auctore dicitur. Id quidem satis simile vero est, et in officiis propriis Hispanicis confirmatur. Sed Breviaria narrant, Isidorum a Leandro cohibitum fuisse, et, ut se commodiori tempori reservaret, admonitum. Auctor Vitæ cum referat, Leandrum ab hæreticis ex Hispania expulsum fuisse, addit, Isidorum vices fratris Hispali gessisse, ab eo per litteras confirmatum, ut causam fidei strenue ageret. Sed quodnam est hoc Leandri exsilium? Fortasse illud ipsum quod auctor Vitæ prius indicaverat, cum narravit, Leandrum amicitiæ vinculum cum Gregorio Magno Constantinopoli contraxisse, quo tempore Leovigildi concesserat *pro confirmandis sanctæ et immaculatæ Trinitatis capitulis.*

11. Videtur tamen idem Vitæ scriptor hoc loco aliud innuere, cum refert, Leandrum, mortuo Leovigildo, triumphatorem Carthagine revertisse in Hispaniam. Cum autem prius amicitiam inter Gregorium Magnum et Leandrum Constantinopoli stabilitam, et mirabile Isidori in urbem Romam iter commemoret, tum Leandri exsilium, et Isidori vices pro Leandro gerentis constantiam in tuenda fide explicet, hoc Leandri exsilium diversum esse innuit ab itinere ejusdem in urbem Constantinopolitanam. Colligamus ex historicis monumentis quæ hac in parte probabilia sunt. Leander, ut ait Isidorus de Vir. Illustr., cap. 41, *ex monacho Hispalensis Ecclesiæ provinciæ Bæticæ constitutus episcopus,* etc., *doctrina clarissimus, ut et fide ejus atque industria populi gentis Gothorum ab Ariana insania ad fidem catholicam reverterentur. Hic namque in exsilii sui peregrinatione composuit duos adversus hæreticorum dogmata libros,* etc.

12. Præterea ex lib. III Dialogorum Gregorii Magni, cap. 31, id habemus : *Sicut multorum qui ab Hispaniarum partibus veniunt relatione cognovimus, nuper Hermenegildus rex, Leovigildi regis Visigothorum filius, ab Ariana hæresi ad fidem catholicam, viro reverendissimo Leandro Hispalensi episcopo, dudum mihi in amicitiis familiariter juncto, prædicante, conversus est.* Melius interpungam *cognovimus nuper, Hermenegildus rex,* etc. S. Gregorius scribebat dialogos anno circiter 594. Conversio Hermenegildi, et familiaritas 129 cum Leandro a Gregorio contracta dudum evenerant ; sed paulo ante quam id scriberet (idcirco ait *nuper*), narrationem martyrii et miraculorum quæ consecuta sunt, et venerationis sepulcro martyris exhibitæ acceperat. Pergit post martyrium Hermenegildi relatum : *Pater vero perfidus et parricida, commotus pœnitentia, hoc fecisse se doluit; nec tamen usque ad obtinendam salutem pœnituit. Nam quia vera esset catholica fides agnovit, sed gentis suæ timore perterritus, ad hanc pervenire non meruit. Qui, oborta ægritudine, ad extrema perductus est, et Leandro episcopo, quem prius vehementer afflixerat, Recaredum regem filium suum, quem in sua hæresi relinquebat, commendare curavit, ut in ipso quoque talia faceret, qualia et in fratre suis exhortationibus fecisset.* Hortationibus igitur Leandri tribuitur conversio Hermenegildi.

13. Eam diverso modo Gregorius Turonensis refert l. V Hist. Francor., c. 58, qui docet, Leovigildum Hermenegildo et hujus uxori Ingundi dedisse *unam de civitatibus, in qua residentes regnarent.* Ad quam cum abiissent, cœpit Ingundis prædicare viro suo ut relicta hæresis fallacia catholicæ fidei veri-

..tem agnosceret. Quod ille diu refutans, tandem commotus ad ejus prædicationem, conversus est ad legem catholicam. Explicari tamen hæc ita possunt, ut Ingundis prædicationi doctior alia persuasio et hortatio Leandri accesserit, ut huic præcipuæ in Hermenegildi conversione partes ascribantur: quod Gregorio Magno, Leandri amicissimo, asserenti omnino credendum est. Urbs quam Hermenegildo concessam Turonensis ait, fortasse est Hispalis, qua in urbe episcopus erat Leander. Florezius tom. IX Hisp. saer., p. 162, Hermenegildum sedem suam Hispali fixisse anno 579 affirmat.

14. De tempore autem quo hæc acciderint, conferendus est Isidorus, qui in Chronico ad annum ab orbe condito 5780, ait: *Tiberius regnat annis* VII. *Longobardi, pulsis Romanis, Italiam adeunt. Gothi per Hermenegildum, Leovigildi regis filium, bifarie divisi, mutua cæde vastantur.* Et rursus ad annum 5801 ab orbe condito: *Mauricius regnat annis* XXI.... *Hoc tempore Leander episcopus in Hispaniis ad gentis Gothorum conversionem doctrina fidei et scientiarum claruit.* In Historia vero Gothorum ad æram 624, sive annum Christi 586, anno 3 imperatoris Mauricii: *Leovigildo defuncto, filius ejus Recaredus regno est coronatus... In ipsis enim* 130 *regni sui exordiis catholicam fidem adeptus, totius Gothicæ gentis populos, inoliti erroris labe deserta, ad cultum rectæ fidei revocat.* Adde abbatis Biclariensis verba: *Anno tertio Mauricii* (qui est Leovigildi septimus decimus annus) *Hermenegildus in urbe Tarraconensi a Sisberto interficitur.*

15. Petavius in Rationario temporum, part. I, lib. VIII, cap. 12, et Pagius ad Baronium, anno 584, colligunt, Hermenegildi martyrium contigisse anno 585, quod facile cuivis persuadebitur, quamvis non defuerint qui annum aut 583, aut 584, aut 586, aut 588, aut 589, pro Hermenegildi martyris obitu designaverint. Leovigildi mortem Baronius ad annum 585 retulit, ac post hoc ipsum retractans, minus bene distulit ad annum 591. Bollandus in commentario ad Vitam S. Leandri ad annum 587 revocat, Pagius probabilius ex Biclariensi ad annum 585. De anno obitus Hermenegildi et Leovigildi Florezius Pagio consentit tom. IX Hisp. sacr., p. 163, et antea tom. VI, p. 409, annum 585 pro eo obitu statuerat. Investigandum ergo nunc est, quo tempore Leander Gregorium Magnum Constantinopoli convenerit. Baronius ad annum 583, n. 11, probat, S. Gregorium a Pelagio II pontifice apocrisiarium sive legatum Constantinopolin eo ipso anno 583 missum fuisse. Anno 584 exeunte, aut anno 585 ineunte, S. Gregorius Constantinopolim reliquit, et Romam venit, ut Pagius confirmat.

16. Itaque anno 583, aut sequenti, Leander Constantinopoli commorabatur, de quo S. Gregorius in præfatione Moral.: *Dudum te, frater beatissime, in Constantinopolitana urbe cognoscens, cum me illic sedis apostolicæ responsa constringerent, et te illuc injuncta pro causis fidei regis Wisigothorum legati perduxisset, omne luis auribus, quod de me displicebat, exposui.* A quo autem alio rege pro causis fidei mitti potuit Leander, nisi ab Hermenegildo? Auxilium enim imperatoris Hermenegildus pro catholicorum causa contra Arianos expetebat, Leandrumque delegit, quem hac de re legatum Constantinopolim mitteret. Florezius tom. IX, p. 182, Bollandianorum opinionem rejicit, qui censent Leandrum prius Constantinopolim adiisse quam Hermenegildus fidem catholicam amplecteretur, hac permoti ratione, quod Gregorius Magnus l. in Dialog., cap. 31, conversionem Hermenegildi *nuper* factam ait, amicitiam a se cum Leandro contractam *dudum.* Reponit Florezius, non potuisse Leandrum ab Hermenegildo pro causis fidei Constantinopolim mitti, 131 nisi jam esset catholicus. Probabilis quidem hæc est ratio, sed non prorsus evidens: potuit enim Hermenegildus nondum catholicus eam legationem decernere, quod catholicis ipse faveret, et vicissim catholici partibus ejus adhærerent. Sententia Bollandianorum mihi placeret, si constaret Gregorium proprietatem adverbiorum secutum fuisse; sed minime id constat. Nic. Antonius n. 85, iter Leandri Constantinopolitanum post Hermenegildi conversionem accidisse statuit; sed, n. 87, constare negat Leandrum ante Leovigildi obitum Hispaniam rediisse. Alia interpunctione *cognovimus nuper, Hermenegildus rex,* quam modo explicui, difficultas Bollandianorum evanescit. Multi putant, Leandrum in exsilium missum post Hermenegildi martyrium: nam Ado Viennensis narrat, post Hermenegildi cædem patrem Leovigildum acerbiorem in catholicos persecutionem excitasse, orthodoxis episcopis in diversa loca relegatis.

17. Censeo equidem Leandrum, legatione functum, Constantinopoli in Hispaniam remeasse, imo et auxiliares copias ab imperatore pro Hermenegildo obtinuisse. Narrat enim Gregorius Turonensis l. V Hist. Francor., c. 38 Leovigildum præfecto imperatoris triginta millia solidorum dedisse, *ut se a filii solatio revocaret,* uti factum est. *Hermenegildus vero,* pergit idem historicus, *vocatis Græcis, contra patrem egreditur, relicta in urbe conjuge sua. Cumque Leovigildus ex adverso veniret, relictus a solatio* (Græcorum) *Hermenegildus, cum videret nihil se prævalere posse,* etc. Addit, Ingundem, Hermenegildi uxorem, a Græcis ereptam, ut eam ad imperatorem perducerent, in Africa decessisse. Hoc crediderim esse tempus quo Leander, Hermenegildo capto, et ejus exercitu exciso, exsul in Africam, fortasse Ingundem secutus, anno 584 concesserit, ut verum esse possit quod Canonicus Legionensis, scriptor Vitæ Isidori, refert, Leandrum, defuncto Leovigildo, Carthagine in Hispaniam rediisse.

18. Rationi etiam congrua est ejusdem historici narratio, quod Isidorus, dum frater Leander aberat, religionis causam strenue agebat, non solum non cohibente, sed impellente potius Leandro. *Audiens autem reverendus doctor Leander fortissimi juvenis Isidori constantiam, in Domino gavisus,* etc. *Misit ei itaque epistolam in qua præmonet, mortem pro fide*

catholica quidquam non esse timendam. Hæc est
epistola cujus meminit Isidorus de Vir. Illustr., cap.
41, **132** de Leandro: *Scripsit et epistolas multas:
ad papam Gregorium de baptismo unam, alteram ad
fratrem, in qua præmonet, cuique mortem non esse
timendam.* Isidori constantia contra blanditias, terrores, et tormenta ab hæreticis Arianis illata ab eodem
Vitæ auctore narratur.

19. Collatis inter se accurateque expensis monumentis quæ produximus, clare deprehenditur error
Ambrosii Morales lib. x, cap. 5, qui Leandrum ait
concilio œcumenico v Constantinopolitano cum Gregorio Magno interfuisse; quem Florezius, tom. IX,
p. 185 seq., fusius refellit. Moralesius inde colligebat, Leandrum longo temporis spatio sedem Hispalensem obtinuisse, quandoquidem anno 554, quo
ipse concilium Constantinopolitanum II, et v generale collocat, Leander jam tum antistes Hispalensis
concilio illi interfuit, unde initium amicitiæ inter
Leandrum et Gregorium Magnum contractæ ducit.
Sed neque hujus rei auctores alios laudat, neque
temporum ratio id sustineri ullo modo patitur.

CAPUT XIX.

Isidorus an monasticum aliquod institutum, vel Canonicorum Regularium vel Carmelitarum professus fuerit.

1. Pace Ecclesiæ Hispanæ a Recaredo donata
anno circiter 586, Leander fratrem suum Isidorum
non invitum cella inclusum degere curavit, si verum
narrat auctor Vitæ. Consentiunt quidem Breviaria
vetera Leandrum cavisse ne Isidorus in publicum prodiret: sed id eo tempore accidisse dicunt, quo Ariani
contra catholicos sæviebant; quippe cum Leander Isidorum ab hæreticorum furore servare tentaret. Auctor
Vitæ alias causas ejus inclusionis exponit. Antiquiora
monumenta omnino silent. Cum ea tunc vigeret consuetudo, ut nonnulli, consortium hominum fugientes,
in cellam aliquam sese recluderent, fortasse Isidorus,
annuente Leandro, ejusmodi vitæ genus amplexus
est: nam quod ipse Leander ejus consilii primus auctor fuerit, minus rationi consentaneum arbitror.

2. Suspicatur Nic. Antonius, a cellæ hac inclusione
persuasum fuisse nonnullis Isidorum in monastico
aliquo ordine vixisse. Actum de hoc argumento a
Bollandianis in Comment. prævio. Inter eos qui Isidorum ordini Benedictino asserunt recensentur **133**
Sandoval, Leander a S. Thoma in Benedictin. Lusitan. additionib., cap. 3, Quintanaduenas in SS.
Hispalensibus, Joannes Cisneros in Vita Isidori ms.,
Tamayus in Martyr. Hisp., et vel in primis referendus Constantinus Cajetanus, qui Petrum Ricordatum,
Hist. monast., diar. 4, Hieronymum Platum De bono
statu relig., l. 1, c. 31, et Arnoldum Wion objurgat,
quia etsi Benedictinis Isidorum ascribunt, tamen tam
supine, ut ait, obiterque rem attingunt, ut satius fuisset, si eum silentio prætertiissent. Isidori imaginem
inter complures alias illustrium Benedictinorum
monastico cultu ante 140 ferme annos depictam Arnoldus Wion narraverat: *Quod et ego quoque,* addit
Cajetanus, *affirmare non ambigo.*

3. Validius tamen argumentum Cajetanus esse
putat, quod ex regula S. Isidori depromit, quam
Benedictinam esse jactat. Alii cum Iepesio Benedictino rectius in aliam eunt sententiam, et ex Regula
ipsa Isidori colligunt eum non fuisse Benedictinum.
Non disseram hoc loco de opinione doctissimi Hernandezii in notis ad Conspectum editionis Zaccarianæ S. Isidori, cap. 42, producendis, qui regulam
monachorum, sub Isidori nomine vulgatam, alium
habere auctorem suspicatur: quia auctor se monachum ostendit: *Isidorum autem,* addit, *cucullum
induisse nullus dixerit, quin obcæcatissimus et habeatur, et sit.* Confer cap. 71, ubi observabo, in quodam
Escurialensi codice sæculi IX, aut ineuntis X, ab
aliquo inepto librario epigraphem hanc appositam:
Incipit regula S. Patris Isidori abbatis. Urget Cajetanus, Isidorum non solum regulam monachorum quæ
exstat, sed uberiores in Regulam S. Benedicti commentarios deperditos scripsisse; quorum fragmenta
quædam profert ex Petro diacono Casinensi, qui in
epit. ms. super regul. S. Benedicti sic ait: *Sed nos
idcirco breviter hanc exponemus, quia in hujus rei
negotio operam dederunt Paulus Casinensis diaconus,
Rabanus Maurus, doctor Isidorus, Stephanus ac
Paulus abbates.* Mitto Naudæi aliorumque suspicionem, qui Cajetano mss. vetera exemplaria alleganti,
non satis fidunt.

4. Ad rem Nic. Antonius respondet, pleraque
istiusmodi fragmenta in regula ipsa Isidori exstare,
alia ex aliis Isidori operibus esse desumpta; qui
etiam, num. 158, ex Benedicto Hafteno l. x Disquis.
monast., tract. vi, disq. 3, observat, regulam monachorum S. Isidori Regulæ S. Benedicti similem non
esse. Verba autem Petri **134** Casinensis ex ms.
opere ita explicat, ut Petrus ex Isidori regula plura
ad regulam S. Benedicti illustrandam proferre se
innuat, non quod Isidorus regulam Benedictinam
respexerit, sed quia monasticæ regulæ multa habent
inter se communia: nisi malis fateri potuisse quoque Petrum Casinensem decipi, si ex regula vulgata
Isidori collegerit eum Benedicti regulam exponere
voluisse.

5. At Cajetanus vehementi illo suo desiderio
quosvis sanctos ordini Benedictino aggregandi incitatus, ulterius etiam progreditur. *His omnibus,* inquit,
*irrefragabilem quoque rationem ascribamus. Extra
controversiam positum est, nullum per ea tempora, qui
monachus non esset, monachorum magistrum exstitisse:
imo piaculi loco habitum, si quis monachus alienum
audire aliquo pacto præsumpsisset.* Itane vero? At in
conciliis Hispaniæ aliud definitum invenimus. Concilium Oscense anno 598, can. 1: *In nomine Domini
nostri Jesu Christi convenientes omnes in unum concilio Oscensi, hoc synodus sancta fieri elegit, ut annuis
vicibus unusquisque nostrum omnes abbates monasteriorum, vel presbyteros, et diaconos suæ diœcesis ad
locum ubi episcopus elegerit congregare præcipiat, et*
OMNIBUS REGULAM DEMONSTRET *ducendi vitas, cunctosque sub ecclesiasticis regulis adesse præmoneat, quos-*

que etiam parcimoniæ, et sobrietatis, atque veridicæ castimoniæ honestorum virorum forma commendet. Paulo post Isidorus episcopus constitutus fuit. Quid ergo mirum, si monachis regulam, quamvis non monachus, præscripserit?

6. Minus tolerandum est, quod subdit Cajetanus, *illud in confesso esse, celeberrimarum scholarum cathedras non nisi Benedictinos obtinuisse, quarum etiam plerasque fundaverunt... Cavisse Romanos pontifices, ut grassantibus ea tempestate per Christianum orbem Arii, Pelagii aliorumque id generis monstrorum hæresibus obviam iretur, ne sacræ litteræ alibi quam in monasteriis et a monachis docerentur.* Quod postremum in Angliæ regno pro certo statuit, in cæteris regionibus probabile in primis esse dicit. *Unde continuo sequitur*, ait, *Isidorum, qui per illa ipsa tempora sacrarum litterarum interpretationem publice profitebatur, monachum necessario fuisse, nec extra monasteria id præstare potuisse.* Quid facias arguto isti dissertatori? Vellet, opinor, omnes episcopos, omnes sacerdotes, qui eo tempore florebant, fuisse Benedictinos. Certe in concilio Toletano IV, anno 633, cui præfuit noster Isidorus, id statutum legimus can. 25 : *Ignorantia, mater cunctorum errorum, maxime in sacerdotibus Dei vitanda est, qui docendi officium in populis susceperunt. Sacerdotes enim legere sanctas Scripturas admonentur, Paulo apostolo dicente ad Timotheum : Intende lectioni, exhortationi, doctrinæ : semper permane in his. Sciant igitur sacerdotes Scripturas sanctas et canones, ut omne opus eorum in prædicatione et doctrina consistat, atque ædificent cunctos tam fidei scientia quam operum disciplina.*

7. Poterat ad Benedictinum S. Isidori monachatum probandum allegari Martyrologium pro Cisterciensibus ad finem Martyrologii Romani jussu Benedicti XIV, cujus verba protuli cap. 15. Sed cum simili modo Martyrologium pro Canonicis Regularibus astruat, S. Isidorum inter Canonicos Regulares ascriptum fuisse, ejus Martyrologii auctoritas hac in re dubia redditur, cum utrique ordini æque faveat. Inter Officia propria sanctorum Canonicorum Regularium ex speciali S. Pii V concessione a congregatione Lateranensi recitanda, Mediolani edita 1751, ad diem 4 Aprilis occurrit *Festum S. Isidori, episc. et confess.; Canonici Regularis*, ubi in prima lectione ad secundum nocturn. hæc habentur : *Sanctus Isidorus ex Gothorum stirpe progenitus, filius fuit Severiani ducis Carthaginensis, et frater magni illius sancti Leandri olim Hispalensis episcopi, Canonicorum Regularium institutum professus, cum summis virtutibus polleret, Hispalensis Ecclesiæ præsul est consecratus...* Verba *ex Gothorum stirpe*, et *ducis* sequioris ævi monumentis nituntur.

8. Nic. Antonius in hanc sententiam propendet, Isidorum inter Canonicos Regulares recensendum esse; cum enim observasset, in elogio S. Fructuosi abbatis et episcopi Bracarensis, de quo nos cap. 33, n. 3, agemus, ita inter se Fructuosum et Isidorum comparari, ut propositum religionis Fructuoso, non Isidoro, attribuatur, subdidit, idipsum confirmare Lucam Tudensem his verbis Chron. l. III, in princ. : *Præterea pater exstitit clericorum, doctor, et sustentator monachorum et monialium.* Quibus docuisse cum et aluisse monachos, præfuisse autem clericis, non obscure significat. Patris enim appellatio præfecto adaptari solet, uti abbatibus can. 10 concil. Hispal. II, atque item can. 11, et alibi. Nec *cellæ* nomen, pergit, intra claustra restringendum est, cum ex Redempti relatione constet, Isidorum jam moriturum e cellula sua, hoc est camera domus episcopalis, se fecisse in ecclesiam deportari : *cellulæque presbyterorum et levitarum* in can. 23 concil. Tolet. IV mentio fiat. Observat etiam in epitaphio Isidori, de quo supra cap. 7, Antonium Lupian Zapata pro *priorum ex ordine vatum* vel invenisse alicubi vel finxisse *parum ex ordine abbatum*, ut Isidori monachatum comprobaret ; cum tamen adverbium *parum* monachatui potius resistat. Fortasse voluit Zapata, ut aliquis conjiceret, *patrum ex ordine abbatum*. Sed vera lectio, ut eo loco ostendi, est *priorum ex ordine vatum*, ut Isidorum intelligatur fuisse sacerdotem primi ordinis.

9. Vigebat tunc in Hispania quoddam vitæ communis genus in ædibus episcoporum, quod Canonicorum Regularium ordini potest comparari. Ita enim decernit concilium Toletanum IV, præside Isidoro, can. 22 et 23 : *Oportet episcopos testimonium probabilium personarum in conclavi suo habere, ut et Deo placeant per conscientiam puram, et Ecclesiæ per optimam famam. Non aliter placuit, ut quemadmodum antistites, ita presbyteri atque levitæ, quos forte infirmitas, aut ætatis gravitas in conclavi episcopi manere non sinit, ut iidem in cellulis suis testes vitæ habeant, vitamque suam, sicut nomine, ita et meritis teneant.* Institutio etiam Canonicorum, in concilio Aquisgranensi anno 816 proposita, ex aliorum quoque Patrum sententiis, sed ex Isidori præcipue operibus contexta est, ut cap. 31 ostendam : ex quo factum, ut regulam Canonicorum Isidorum scripsisse nonnulli putent. Pennottus, in Histor. Canonic. Regular., lib. II, cap. 31, num. 5, cum Joanne de Nigravalle inter ecclesias Canonicorum Regularium Hispalensem ecclesiam metropolitanam recenset : *et merito quidem*, ait, *cum illius archipræsul fuerit B. Isidorus, quem dubium non est, in ordine canonico in Ecclesia Hispaniarum restituendo, ab ea cujus ipse erat episcopus tantum negotium auspicari voluisse.* Cum autem Canonicorum Regularium originem nonnulli cum Thomassino Discipl. eccles. p. I, lib. I, cap. 40 et seq. a S. Augustino repetant, hinc S. Isidorum Augustinianis accensere quidam voluerunt.

10. Aliud argumentum pro Isidori monachatu eruitur ex eo quod frater ejus Leander monachus fuerit, Isidorumque instituerit. Verum hæc conjectura satis levis est, cum optime cohæreat, quod Leander vel ante monachatum, vel jam monachus, Isidorum partim instituerit, partim institui curaverit, quia Isidorus unquam monasticum ordinem fuerit

professus. Neque graviores sunt aliæ Cajetani conjecturæ : qui primo sine ullo auctore affirmat Leandrum *ab ætatis exordio* cucullam induisse ; tum de loco monasterii probabilius esse dicit, Leandrum Hispali jam pridem monachum, deincepsque hujus consuetudine ac exemplo Isidorum ibidem initiatum, Gothis Arianæ pravitatis sectatoribus mox sævientibus, Legionem se recepisse : nec aliter de S. Fulgentio Astigitano episcopo judicandum. Somnia hæc mera sunt : siquidem apud veteres scriptores (non commentitios intelligo) neque Leander, neque Isidorus Legionem venisse unquam dicuntur : quo demum post plura sæcula corpus Isidori translatum est : quod fortasse occasionem fingendi aut conjiciendi nonnullis præbuit

11. Leandrum ipsum, quem Isidorus monachum fuisse tradit, plerique cordati viri, et ab studio partium alieni, existimant Benedictinis minime esse accensendum. Cum enim monachorum et monasteriorum in conciliis aliisque monumentis Ecclesiæ Gothicæ passim fiat mentio, de Benedicto ejusque Regula ne verbum quidem ullum appareat, Gennius, dissert. 6, cap. 3, de antiq. Eccles. Hisp., multus est in Benedictinorum opinione refellenda, qui S. Benedicti Regulam in Hispania jam sæculo vii receptam tuentur; contenditque eam Regulam in Hispania non antiquiorem sæculo ix fuisse : regulam S. Isidori regulæ Servitani monasterii, in Eutropii epistola propositæ, consentaneam esse, contra in multis capitibus omnino a Regula Benedictina discrepare : familiaritatem S. Leandri cum S. Gregorio Magno minime arguere, vocatos ex Italia Benedictinos monachos, qui novam aliquam regulam inveherent ac multo minus Benedictinum jam ante, ut quidam putant, stabilitum ordinem latius propagarent. Joseph Perezius Benedictinus, vir doctus, in Dissertationibus suis ecclesiasticis, pag. 109, hunc titulum posuit : *Etiam Gothorum stante imperio Benedictinum in Hispania institutum maxime viguit.* Operoso id labore conatus est probare ; sed parum sane profecit, et felicior quodammodo fuit in altero illo suo paradoxo non minus absurdo, quod diploma celeberrimum de voto, in prælio Clavixensi in favorem S. Jacobi a Ranimiro I facto, suppositititium sit. Id enim leguleii quidam in Hispania ambabus ulnis amplexi sunt, ulterius etiam progressi, ut solet licentia de rebus sacris aut piis opinandi in temerariam audaciam impellere.

12. Agit etiam Henschenius de rationibus quibus permotus fuit Lezana, ut Isidorum suo Carmelitano ordini ascriberet : quod Casanate quoque in Paradiso Carmelitici decoris, et alii contendunt. Nic. Antonius paucis ab hac controversia sese expedit. *Isidorum,* inquit, *instituto suo asserunt Benedictini, imo et Carmelitani. Atque hi quidem nullo, illi colore aliquo.* P. Daniel a virgine Maria in Vinea Carmeli, num. 475, rationes Lezanæ pro suo Carmelitico ordine promovet : Hispali per S. Elmidium asceterium Carmeli exstructum e suis auctoribus commemorat, in quo institutum propheticum Elianum Leander et Isidorus professi fuerint ; cujus rei apud veteres scriptores nec vola, nec vestigium. In eamdem sententiam profert epitaphium, ut putat, ab Ildefonso compositum : *Leandri Isidorique priorum ex ordine vatum ;* de cujus epitaphii ætate et explicatione plura nos cap. 7. Addit auctoritatem, Isidori, qui lib. II. Offic., cap. 15, instituti monastici Eliam principem fuisse dicit ; quod certe professionem aut monasticam, aut Carmeliticam Isidori nullo modo indicat. Multa Carmelitæ pro sui ordinis antiquitate contra Papebrochium disputarunt, multa contra reposuit Papebrochius in Respons. ad Exhibit. error., qui pag. 564 et seq. Apologiarum agit de quadam statua Deiparæ, reperta Hispali, ad cujus pedes quidam erat effictus talis, ut ex habitu multi colligerent esse Carmelitam. Morgadus, qui rem narrat, simul asserit, certo constare ordinem Carmeliticum in Hispania non fuisse receptum, antequam ultimum recuperaretur Hispalis, hoc est ante annum 1248.

CAPUT XX.

Isidorus post Leandrum episcopus Hispalensis constituitur : quo id anno acciderit. An Hispali collegium erexerit, ecclesiasticæ juvenum institutioni accommodatum. S. Ildefonsus Isidori discipulus ; an etiam Braulio, et Redemptus clericus ?

1. Sanctus Leander, qui in conversione gentis Gothorum plurimam operam contulit, et concilio III Toletano anno 189 subscripsit, anno sequenti 590 concilio I Hispalensi præfuit. In epitaphio, de quo cap. 7 egi, Leander obiisse dicitur æra 641, hoc est anno 603 ; sed epitaphium illud quamvis fortasse antiquum, saltem in hac parte vix ullam fidem meretur. Antiquitas epitaphii, præter ea quæ loc. cit. in hanc rem adduxi, comprobari potest ex codice Regularum S. Benedicti Anianensis, ex quo, ut videtur, illud edidit Holstenius post regulam S. Leandri : ac fortasse de hoc codice intelligendus est Mabillonius, qui tom. I Annal. Benedict., pag. 278, regulæ S. Leandri in quodam Codice subjunctum reperiri affirmat. In exemplari Holstenii epitaphium duodecim hexametris constat, ut in codice Fabri supra cap. 7. num. 1, hac lectionum discrepantia, quod vers. 2 Holstenius habet *piorum* pro *priorum* ; vers. 3, *devota* pro *Deo vota* ; vers. 4, *Et posita amborum consors sic digna quiescit* pro *Et posita consors sic.... digna quiescit* ; vers. 7, *Et cognosce illos* pro *Et cognoces eos* ; vers. 8, *Dogmate sanctorum cernens* pro *Dogmatibus sanctorum cerne* ; vers. 9, *Æterno Domino* pro *Ac re Domino* : utrumque mendose pro *Ac reddi Domino.* Dies obitus S. Isidori et S. Florentinæ ab Holstenio prætermittitur ; sed hæc sunt verba de S. Leandro expressa : *Obiit felicis memoriæ Leander episcopus die* III *Kalend. Martias, Æra* DCXLI. Hæc ipsa æra notatur apud Rodericum Carum in Maximum pag. 212, et Tamayum de Salazar in Martyr. 27 Februarii : et in ea perstant Baronius, Breulius, Mabillonius, et alii. Verum ex aliis monumentis falsitatis revincitur. Tres exstant epistolæ S. Gregorii Magni ad Leandrum, scilicet lib. I. Regest. epistola 41, lib. IV, epistola 46, et lib. VII. episto-

la 126, quæ postrema ad annum 599 refertur, uti alia eodem libro ad Recaredum, num. 127, quæ est gratulatoria de ejus conversione. In editione Maurinorum hæ duæ epistolæ sunt 121, 122, libri IX, indictione 2, hoc est anno 599, sed ita ut indictio 2 incipiat a mense Septembri anni 598. Ex his epistolis colligi posset, Leandrum ad annum 599 saltem superstitem fuisse. At Nic. Antonius existimat has duas epistolas non suo esse ordine collocatas. Non enim simile vero est, Gregorium gratulationem de conversione Recaredi, palliumque Leandro transmittendum tandiu distulisse, scilicet post decennium : nam ea epistola 126 lib. VII pallium ad Leandrum se transmittere ait Gregorius.

2. Aliam ergo viam init Nic. Antonius, ut annum obitus Leandri constituat. Constat Isidorum obiisse anno 636, ut ex Redempto arguitur, sedem vero Hispalensem tenuisse annis ferme 40, ut 140 ait Ildefonsus. Colligitur ergo Isidorum anno 596, aut paulo post, ad episcopatum evectum fuisse, atque adeo paulo ante Leandrum vitam cum morte commutasse. Conjicit præterea, anno 597, quo tempore aliud concilium Toletanum sub Recaredo celebrabatur, adhuc vacasse Ecclesiam Hispalensem; nam deest subscriptio episcopi Hispalensis, cum ex metropolitanis interfuerint Massona Emeritensis, Migetius Narbonensis, et Adelphius Toletanus : ex quo colligi potest, totius Hispaniæ et Galliæ gothicæ concilium fuisse; quamvis sexdecim tantum episcopos ad id convenisse in actis legatur; in hanc ipsam sententiam inclinasse videtur pseudo-Juliani architectus.

3. Aliud tamen sentit Joan. Baptista Perez in not. ad lib. Isidori de Vir. Illustr., cap. 41, qui Leandrum anno 600 mortuum arguit his conjecturis. Primum quia Isidorus ait eum vita functum tempore Recaredi regis, qui obiit anno 600. Non vero mortuum Leandrum ante istum annum 600 ex eo liquet, quod Gregorius papa ad Leandrum scribit anno 599. Ita constabit summa annorum episcopatus Isidori ferme 40, ut ait Ildefonsus. Nam qui annos ferme 40 dicit, commode intelligi poterit de annis 36. Vehementer tamen dubito an Ildefonsus, qui certe annorum numerum scire debuit, ita loqui voluerit; nam de Eugenio II ait : *Vixit in sacerdotio fere undecim annis*, et de Eugenio III *Fere duodecim annis tenens dignitatem;* atque ita similiter in Isidoro videtur innuere, eum annum quadragesimum episcopatus prope attigisse, non tamen complevisse.

4. Florezius, tom. IX Hisp. sacr., pag. 182, errorem numeri advertit in Kalendario veteri edito a Muratorio, part. II, tom. II Script. rer. ital., col. 1024 : *Æra* DCXL *obiit Leander episcopus*, hoc est anno 602. Ipse anno 599 et Leandrum obiisse, et Isidorum consecratum episcopum Hispalensem fuisse, probabilius esse opinatur. Neque immorabor in refellendo errore Codicis cujusdam Florentini librorum contra Judæos, quem cap. 43 describam, Isidorum fuisse *Toletanum episcopum*, sive innuat fuisse patria Toletanum et episcopum Hispalensem, sive episcopatum Toletanum tenuisse.

5. Præclara Isidori gesta in episcopatu administrando Canonicus Legionensis et Rodericus Cerratensis in ejus Vita distinctius et explicatius narrant; quæ quamvis ita singillatim expressa antiquioribus monumentis non constent, certe similia veri sunt, et magna 141 ex parte vera esse, non invitus credam. Illud in primis investigatione dignum videtur, an vere monasterium, sive collegium Hispali construxerit, quo juvenes ecclesiasticis disciplinis imbueret. Id enim non solum laudati auctores commemorant, sed recentiores alii confirmant, inde Patres concilii Tridentini ad clericorum seminaria instituenda exemplar sumpsisse. Duo sunt quæ in hanc me sententiam pertrahunt, canon 24 concilii Toletani IV, cui Isidorus præfuit, et narratio Cixilanis in Vita S. Ildefonsi.

6. Concilium Toletanum IV ita præscribit can. 24. *Prona est omnis ætas ab adolescentia in malum; nihil enim incertius quam vita adolescentium* Ob hoc *constituendum oportuit, ut si qui in clero puberes* (Al., *impuberes*) *aut adolescentes existunt, omnes in uno conclavi atrii commorentur, ut lubricæ ætatis annos non in luxuria, sed in disciplinis ecclesiasticis agant, deputati probatissimo seniori, quem magistrum doctrinæ et testem vitæ habeant.... Qui autem his præceptis resultaverint, monasteriis deputentur, ut vagantes animi et superbi severiori regula distringantur.* Quis igitur sibi non persuadeat, Isidorum, etiam antequam hoc concilium habitum fuisset, tam utile monitum non observasse?

7. Accedit Cixila, qui Vitam S. Ildefonsi sic exorditur : *Ecce dapes melliflui illius domini Ildefonsi, quas de Paradiso Dei rapiens, et per totam Hesperiam dispergens, inediam nostram ingenti satiavit eloquio : non impar meritis sanctissimi illius domini Isidori, de cujus fonte adhuc clientulus purissimos latices bibit : nam directus a sancto ac venerabili papa Eugenio, Toletanæ sedis metropolitano episcopo, ad supradictum doctorem, Hispalensem metropolitanum episcopum, cum sibi jam sciolus videretur, adeo ab eo lentus et elimatus, et, ut ferunt, temporali ferro constrictus, ut si quid scientiæ deerat, plenius instructus ad pædagogum suum domnum Eugenium remeans, non post multos dies adhuc diaconii officium peragens, in ecclesia sanctorum Cosmæ et Damiani, quæ sita est in suburbio Toletano, abba præficeretur.*

8. Ex eo collegio Hispalensi, in quo Ildefonsus ecclesiasticis disciplinis excultus fuit, Braulionem quoque emicuisse scriptores sæculi XIII aliique recentiores referunt. Consonant officia Hispanica sanctorum ad diem 18 Martii, quo S. Braulio celebratur : *Litteris vero informandus S. Isidoro episcopo Hispalensi traditus, id primum* 142 *est assecutus, ut ab eo charissimi filii loco haberetur; tanti deinceps illum fecerit, ut libros ei suos ad emendandum atque ordinandum commendaret.* Sed, ut cap. 4 innui, ex antiquis monumentis id liquido non constat. Probabilior conjectura est de Redempto, qui narrationem de obitu S. Isidori scripsit; nam cum is clericus ecclesiæ Hispalensis in membranis antiquissimis dicatur,

Isidorumque dominum suum vocet, æquum est credere, in collegio Hispalensi eum inter alios juvenes clericos institutum fuisse.

CAPUT XXI

Isidorus anno 610 decreto Gundemari subscripsit. Deinde conciliis Hispalensi II et Toletano IV præfuit. An aliis etiam conciliis interfuerit?

1. Cum in synodo Toletana sub Gundemaro anno 610 episcopi Carthaginiensis provinciæ declarassent, metropolitani nominis auctoritatem in omnes episcopos ejusdem provinciæ ex antiquorum Patrum synodali sententia antistiti Toletano convenire, Gundemarus rex eodem anno decretum edidit, quo ejusmodi declarationem confirmatam esse voluit, cui post Gundemarum subscripserunt 26 episcopi, qui ad provinciam Carthaginiensem non spectabant. Eorum primus Isidorus ita: *Ego Isidorus Hispalensis Ecclesiæ provinciæ Bæticæ metropolitanus episcopus, dum in urbem Toletanam pro occursu regio advenissem, agnitis his constitutionibus assensum præbui, et subscripsi.* Succedunt metropolitanus Emeritensis, et alii episcopi, in quibus Fulgentius Astigitanus Isidori frater. Decretum Gundemari qui pro primatu Ecclesiæ Toletanæ in universas ecclesias Hispaniæ allegant, parum prudenter agunt.

2. In Conciliis Hispaniæ hæc exstat Isidori mentio. Concilio II Hispalensi, regnante Sisebuto, anno 619 sive 618, ut Pagius Mansiusque in not. ad Baron. ann. 619 malunt, præfuit. Rodericus Toletanus l. II, c. 17, annum hujus Concilii male protraxit ad æram 661, sive annum Domini 623. Florezius, p. 258, tom. IX, annum 619 statuit, quod Mss. omnes Codices apud Perezium et Loaisam in designanda æra 657 consentiant; adeoque anno 7 Sisebuti, non nono, ut quidam habent, concilium coactum concludit. 143 Apud Dupinium, tom. V Bibl. Eccl., error typographicus videtur annus 614 pro 618 aut 619. En Exordium : *In nomine Domini et Salvatoris nostri Jesu Christi Isidorus, Bisinus, Ruffinus, Cambra, Fidentius, Theodulphus, et Honorius episcopi, qui pariter in urbe Hispalensi pro aliquibus ecclesiasticis negotiis coadunati sumus. Considentibus nobis in secretario sacrosanctæ Hierusalem Hispalensis ecclesiæ cum illustribus viris Sisisclo, rectore rerum publicarum, atque Suanilane, actore rerum fiscalium, astante religiosissimo clericorum cœtu.* Ecclesia Hispalensis dicitur Hierusalem, nimirum ex civitate Hierusalem, quam Joannes in Apocalypsi describit.

3. Ita etiam ecclesia Emeritensis dicitur Hierusalem in concilio Emeritensi, et apud Paulum Emeritensem cap. 12: *Ecclesiæ senioris, quæ vocatur Sancta Hierusalem.* Simile illud est in libello orationum Gothico-Hispano ex Codice Veronensi a Blanchino, edito pag. 65: *Item completuria post explicitas laudes, quas psallendo vadunt usque ad Sancta Hierusalem, quæ in sancto Fructuoso dicenda est.* Sermo est de ecclesia Tarraeonensi, quæ S. Fructuoso dicata erat: ut ecclesiam principem Hispalensem S. Vincentio dicatam fuisse, ex relatione Redempti de obitu Isidori, aliisque vetustis monumentis Florezius pag. 100, l. IX, ostendit. Quod autem vocem *secretarium* interpretatur de aula Ecclesiæ, in qua *secreto*, sive obseratis foribus habitum fuit concilium, et causam episcopi Syri, quæ in fine dicitur absoluta *in tribus secretariis*, in tribus secretis congressibus definitam explicat, atque hanc *secretarii* significationem in Dictionario Ducangii deesse, addique posse affirmat, rem acu minime tetigit. Nam secretarium erat sacrarium ecclesiarum, nunc *sucristia*; et in secretario congregari solita fuisse concilia, multis exemplis Ducangius demonstrat, qui addit: *Ninc ipsæ conciliorum sessiones secretaria fere semper appellantur:* ac plura testimonia producit. Præterea eruditissimum Cancellierii opus *De secretariis veterum.* Adfuerunt Sisisclus rector rerum publicarum, sive publicæ annonæ administrator, et Suanila, sive Suinthila patrimonii regii curator. Hic filius erat Recaredi, dux exercitus a Sisebuto deinde constitutus, et postea ad regnum evectus, tandem a Sisenando et a concilio Toletano IV depositus, ut Pueyus in not. advertit.

144 4. Concilium hoc Hispalense II *eruditum et doctum est, juris civilis et canonici sapientia refertum,* ut recte ait Loaisa in notis. Inter alia, cap. 2 actum est de discussione inter Fulgentium, Astigitanum episcopum, Isidori fratrem, et Honorium Cordubensem episcopum agitata propter parochiam basilicæ, quam horum alter Cœlesticensem, alter Reginensem asseruit.

5. Braulio in prænotatione operum Isidori ita de gestis in hoc concilio refert: *Quo vero flumine eloquentiæ, et quot jaculis divinarum Scripturarum, seu Patrum testimoniis Acephalitarum hæresin confoderit, synodalia gesta coram eo Hispali acta declarant. In qua contra Gregorium præjatæ hæresis antistitem eam asseruit veritatem.* Isidoro Braulio adjudicat eam saltem gestorum partem, in qua de Acephalitarum hæresi disseritur. Isidorus Pacensis in Chronico ad æram 650 : *Hispalensem Isidorum metropolitanum pontificem clarum doctorem Hispania celebrat, qui anno septimo suprafati principis Sisebuti contra Acephalorum hæresim magna auctoritate Hispali in secretario sanctæ Hierusalem concilium agitat.* Florezius pag. 258, tom. IX, opinatur, non hanc præcipuam fuisse synodi congregandi causam, sed alia ecclesiastica negotia, et jam inchoato concilio novum illud contra Acephalos certamen intervenisse: quod ego tamen minus probabile censeo. Etsi enim leviora quædam negotia prius decisa sunt, tamen potuit disputatio contra episcopum Syrum vel ob hanc ipsam causam differri, quia maturius examen exigebat. Totum vero hoc concilium doctrinæ Isidori tribuendum, idem Florezius pag. 261 existimat: *Cellierius quoque tom. XVII in canonibus concilii Hispalensis II zelum veteris ecclesiasticæ disciplinæ perspici, eosque opus credi Isidori affirmat.* Non immerito igitur inter appendices hoc concilium collocabitur, præsertim cum Isidorus Pacensis loc. cit. ita pergat· *Atque per veridica doctorum testimonia Syrum quem-*

dam Acephalorum episcopum, suprafatam hæresim vindicantem, exsuperat, ut vera concilii asserta confirmant, ejus eloquentia damnat, atque a pristino errore præfatum pontificem diu insequendo perpetualiter liberat.

6. Subscribunt octo episcopi in exordio nominati, et primo loco : *Isidorus in Christi nomine Ecclesiæ Hispalensis episcopus subscripsi.* Quarto loco : *Fulgentius in Christi nomine Ecclesiæ Astigitanæ episcopus subscripsi.* De hæresi Acephalorum quædam notat Loaisa ex Isidoro l. VIII, Etym., c. 3, et Nicephoro l. XVIII Eccles. Hist., cap. 45.

7. Post hoc concilium Hispalense II, et ante concilium Toletanum IV, anno 633 habitum, aliud fuisse Hispalense concilium ex concilio Toletano VI, anno 638 coacto, demonstratur. Inter acta hujus concilii Toletani VI exstat exemplar judicii inter Martianum et Habentium episcopus, in quo hæc legimus: *Dudum in concilio Hispalensi Martianus Astigitanæ ecclesiæ episcopus falsis criminibus exauctoratus ad universalis præsentis concilii confugit remedium purgandus, indignoque questu, ut judicium damnationis suæ retractaretur, est deprecatus. Jam enim in præcedenti universali concilio ex parte fuerat auditus et gradui tantum, et non loco restitutus, quoniam angustia temporis, ne ad plenum negotium suum ventilaretur, fuerat interceptum.* Putant nonnulli indicari concilium V Toletanum, cui episcopus Astigitanus non interfuit, et in quo censent causam Martiani retractari cœpisse. Sed cum *præcedens concilium,* in quo Martianus ex parte fuerat auditus, dicatur *universale,* hoc est nationale, non potest intelligi esse concilium V, cui tantum quatuor et viginti interfuerunt episcopi, et vicarii episcoporum, et unus metropolitanus, scilicet Eugenius episcopus Toletanus. Dicuntur quidem sacerdotes ex diversis Hispaniæ provinciis congregati : sed cum concilium erat nationale, Hispaniæ atque Galliæ sacerdotes conveniebant, e quibus tres quatuorve aut quinque erant metropolitani. Oportet ergo ut intelligamus sermonem esse de concilio IV Toletano, cui Isidorus præfuit et interfuit Habentius episcopus Astigitanus.

8. Defuncto Fulgentio post concilium Hispalense II successit Martianus, qui in quodam Hispalensi concilio exauctoratus fuit, subrogato Habentio, qui, ut modo dixi, concilio IV Toletano suscripsit. Damnatus ergo fuit Martianus in concilio Hispalensi, cui Isidorus tunc Ecclesiæ Hispalensis metropolitanus præfuerit, necesse est. In concilio Toletano IV, ut ego interpretor, gradui suo, sed non loco restitutus fuit : ac propterea subscripsit Habentius Ecclesiæ Astigitanæ episcopus. Concilio Toletano V nullus episcopus Astigitanus interfuit : quippe universale, seu nationale concilium non fuit. In concilio Toletano V retractato judicio, e sede Astigitanæ Ecclesiæ remotus fuit Habentius, atque Martianus restitutus, ita ut Habentius sub satisfactione pœnitentiæ apud Martianum retento honore subderetur : cum Habentii consilio et ope falsa contra Martianum crimina uissent congesta.

9. De judicibus vero, sub quorum præsentia Martianus dejectus vel depositus fuit, decernitur judicasse, *non astu, neque depravando judicium, sed fefellisse eos fallaciam testium* Hidcirco et abentio et Martiano episcopis contra eos intercludi aditum appellationis. In his judicibus videtur comprehendi Isidorus jam defunctus ; præmittitur enim : *Et quanquam maxima pars judicum vitæ præsentis jam habuerit excessum,* etc. Sed neque certo colligi potest, Martianum Isidori calculo fuisse damnatum ; ut enim Acta de Martiano narrare pergunt : *Nec consonam ab ipsis judicibus accepit sententiam, dum alii eum, ut ipsi confessi sunt, eo in tempore dixerint innocentem, alii proclamaverint culpabilem.*

10. Quo autem anno Martianus in concilio Hispalensi depositus fuerit, difficile est definire; sed cum anno 638 *maxima pars judicum* Martiani jam decessissent, arguere possumus, Fulgentium Astigitanum episcopum post concilium Hispalense II, cui subscripsit, non diu superstitem fuisse; cujus successor Martianus post non multos annos, et fortasse circa annum 624 exauctoratus fuit. Concilio VI Toletano neque Martianus, neque Habentius subscripserunt. Judicium inter utrumque a Florezio primum editum fuit, deinde recusum in Collectione conciliorum Hispaniæ, a Silvestro Pueyo ad juris canonici corporis exemplum digesta. Concilio Toletano IV Habentius loco trigesimo octavo subscripsit, post quem alii 24 episcopi subscripserunt; id arguit, multos ante annos Habentium sedem Astigitanam, expulso Martiano, obtinuisse. Nam in subscriptionibus ordo antiquitatis plerumque servabatur.

11. Præfuit etiam Isidorus concilio Toletano IV, anno 633, quod fuit nationale, et omnium Hispaniæ conciliorum celeberrimum, ac magnæ in universa Ecclesia auctoritatis. De quo ita Baronius ad ann. 633, n. 68 : *Præfuit S. Isidorus, Hispalensis episcopus, primus ordine recensitus, et in subscriptionibus episcoporum cæteris prælatus. Ex quibus dubitare minime liceat, fuisse idem concilium ejusdem Isidori nobilem partum probe formatum, cæterorumque episcoporum sententiis exornatum.* In eamdem fere sententiam descendit Florezius tom. IX, pag. 196, qui Isidorum præfuisse ait, quod cæteris metropolitanis antiquior esset, non quod, ut vult Cellierius, doctrina ac sanctitate alios præcelleret. Isidorus Pacensis solum refert, quod Sisenandus hoc concilium celebravit, *constante adhuc Hispalensi Isidoro episcopo vel in multis jam libris fulgente mirifice.* Mabillonius, tom. I Annal. Benedict., pag. 361, addit, S. Isidorum auctorem fuisse canonum hujus concilii Toletani IV.

12. Sisenandus, qui Suintilani regno exuto successerat, ut imperium suum confirmaret, convocavit totius gentis et omnium provinciarum synodum. Postremum igitur caput, quod est 75, ita incipit : *Post instituta quædam ecclesiastici ordinis, vel decreta, quæ ad quorumdam pertinent disciplinam, postrema nobis cunctis sacerdotibus sententia est pro robore nostrorum regum, et stabilitate gentis Gothorum pon-*

tificale ultimum sub Dei judice ferre decretum. Subscripserunt sexaginta novem partim episcopi, partim vicarii episcoporum; ac primo loco : *Ego Isidorus in Christi nomine Ecclesiæ Hispalensis episcopus metropolitanus subscripsi.* Quinto loco : *Justus ecclesiæ Toletanæ metropolitanus subscripsi.* Quinquagesimo quarto loco : *Braulio Cæsaraugustanæ Ecclesiæ episcopus subscripsi.*

13. Hoc porro concilium est in quo Isidorum Hispaniæ eversionem auctores continuationis Chronici Isidori sub Ildefonsi nomine et Vitæ S. Isidori prædixisse ferunt. Eadem prophetia in Actis uberioribus translationis corporis S. Isidori apud Bollandianos exponitur. Antiquiores silent. Tamayus in Martyr. Hisp. censet, non fuisse eam veram prædictionem, sed prudentem sapientis hominis conjecturam. Loaisa in dissertatione de primatu Ecclesiæ Toletanæ, quam in Concil. Hisp. post decretum Gundemari anno 610 inseruit, Justum metropolitam Toletanum huic concilio præfuisse affirmat § 5, sed addit : *Non desunt qui affirment, Isidorum apostolicæ sedis legationem in hoc concilio obiisse, eidemque præfuisse.* Atqui ipse Loaisa primum locum in subscriptionibus Isidoro tribuit. Unde ergo colligere potuit, Justum præfuisse ?

14. Ex epistolis Braulionis arguo, Isidorum cuidam synodo interfuisse, vel præfuisse etiam, in qua Sintharii cujusdam causa agitata est : siquidem in epistola, quæ incipit. *O pie, Domine,* sic Braulio Isidorum alloquitur : *Suggero sane, et omnimoda supplicatione deposco, ut librum Etymologiarum, quem jam, favente Domino, audivimus consummatum, promissionis vestræ memores servo vestro dirigere jubeatis : quia, ut mihi sum conscius, magna ibi ex parte servi tui postulatione sudasti. Et ideo in me primum existe munificus : sic in sanctorum cœlibus et felix habearis, et primus. Gesta etiam synodi, in qua Sintharius examinis vestri igni, etsi non purificatus, invenitur tamen decoctus, quæso, ut vestro instinctu a filio vestro domino rege nobis dirigantur cito. Nam et nostra ejus sic flagitavit gloriam suggestio, quia multum in concilio pro investiganda opus est veritate.* In exemplari editionis Bignæanæ bibliothecæ Vaticanæ ad verba *Sintharius examinis vestri,* vel, ut ibi mendose editum est, *Sintaurius exanimis vestri,* nota hæc ms. appicta legitur : *in qua sit thesaurus, examinis vestri,* etc. Sed retinendum est *Sintharii* proprium nomen, quod pleraque exemplaria confirmant, et inter Hispanos inauditum non esse, ex conciliis Hispaniensibus constat.

15. Hujusmodi concilium, in quo Isidori doctrina et virtus contra Sintharium tantopere effulsit, non fuit certe concilium IV Toletanum anno 633 habitum; non solum quia in ejus gestis nihil de Sinthario legitur ; sed etiam quia epistola Braulionis longe ante id tempus scripta fuerat, ut nunc exponam. Braulio ab Isidoro petiit librum Etymologiarum, quem audierat consummatum. Post aliquot annos, ut videtur, Braulio rursus librum Etymologiarum postulavit alia epistola, quæ periit, ut colligitur ex epistola Isidori : *Quia te incolumem,* etc., ubi Isidorus ait : *Non fui dignus tua perlegere eloquia : statim ut accepi pittatium tuum, puer regius ad me venit : dedi cubiculario meo illud pittatium, et confestim ambulavi ad principem, ut postea perlegerem, et rescriberem. Reversus e palatio regis non solum scripta tua non inveni, sed etiam quidquid aliud in chartis fuit, periit.*

16. Tunc longiorem epistolam rescripsit Braulio, ubi ait : *Septimum, ni fallor, annum tempora gyrant, ex quo me memini libros a te conditos Originum postulasse, et vario diversoque modo præsentem vos me frustratum esse, et absenti nihil inde vos rescripsisse, sed subtili dilatione* MODO *necdum esse perfectos,* MODO *necdum scriptos,* MODO *meas litteras intercidisse, aliaque multa opponentes, ad hanc usque diem pervenimus, et sine petitionis effectu manemus.* Hæc scribebat Braulio ante annum 633 ; nam hoc anno concilio IV Toletano subscripsit Audax Tarraconensis episcopus ; et Braulio litteras dedit, cum sedes Tarraconensis per obitum prædecessoris Eusebii vacaret. Itaque synodus contra Sintharium anno 625, aut ante videtur celebrata.

17. Quisnam autem est hic Sintharius? et quænam ejus causa? Nihil sane hac de re invenio, nisi quod concilio Egarensi anno 614 undecimo loco subscripsit Sintharius episcopus. Nonnulli suspicantur, hunc Sintharium qui concilio Egarensi subscripsit, esse Sisaldum Empuritanum episcopum, qui concilio IV Toletano interfuit. Sed cum in Braulionis epistola Sintharii nomen occurrat, nihil est causæ cur non eodem modo in subscriptionibus concilii Egarensis Sintharium legamus.

18. Cellierius tom. XVII advertit, sermonem esse non posse de episcopo Syro ad fidem catholicam in concilio Hispalensi II converso, neque locum esse suspicandi Gregorium Sintharium appellatum : nam Braulio de Sinthario loquitur, qui decoctus, sive convictus fuerit, non tamen purificatus, sive ad bonam frugem conversus. Si Sintharius, addit, est Suinthila, rex Gothorum intelliguntur Acta esse concilii Toletani IV, in quo Suinthila anathemate perculsus fuit. Hanc suspicionem cum alia, tum ratio temporis excludit. Verius credi potest, Sintharium vocatum episcopum illum Cordubensem, de quo Isidorus in epistola ad Helladium Toletanum, cæterosque qui cum eo erant adunati, episcopos : *Vestram sanctitatem deposcimus, ut idem lapsus sancto cœtui vestro præsentatus, agnito a vobis confessionis eloquio, synodali sententia a gradu sacerdotii deponatur.* Etsi autem Padilla, Histor. Eccles. cent. VII, c. 32, et Gomezius bravus in Episc. Cordub., p. 72, vehementer dubitant, an ea epistola vere sit Isidori, tamen Florezius pag. 254, tom. IX, eos refellit, quod disciplinam ecclesiasticam illorum temporum ignorantes, eam epistolam primatum Ecclesiæ Toletanæ arguere aliquo modo posse existimaverint. Validioribus argumentis eamdem epistolam oppugnare aggressus fuit Hernandezius, quæ cap. 74 discutiemus. Riscus, tom. XXX Hisp. Sacr., pag. 154, existimat epistolam Braulionis paulo ante concilium IV Toletanum

‑criptam, ad quod paratus Braulio lectione concilii Hispalensis contra Gregorium accedere volebat. Sed, ut dixi, id sustineri nequit, neque simile vero est, Braulionem post tot annos gestae synodi Hispalensis ii ignorasse, aut a rege petere debuisse. Suspicari demum aliquis possit, an Braulio eo nomine Martianum, de quo supra, exauctoratum intellexerit. Tunc conjectura addi poterit, pro *Sintharius* legendum *Centaurus:* ita enim appellari solebant clerici, qui curis saecularibus nimium immiscebantur.

19. In epistola Isidori, qua Braulioni respondet et ait se Codicem Etymologiarum misisse, scilicet dum sedes Tarraconensis vacaret, alterius concilii mentio occurrit, ad quod Isidorus vocatus fuerat. Ita enim refert Isidorus: *Tuae sanctitatis epistolae me in urbe Toletana invenerunt: nam permotus fueram causa concilii. Sed quamvis jussio principis in itinere positum remeare me admonuisset, ego tamen, quia propinquior eram praesentiae ipsius, quam regressioni, malui potius cursum itineris non intercludere.* Videtur hoc concilium indictum fuisse, et mox suspensum: ac fortasse quod postmodum celebratum fuit anno 633, scilicet concilium iv. Toletanum, ante id tempus rex celebrari voluerat, quod certis de causis in aliud tempus distulit. In ejusdem concilii locum Braulio convenire debuerat; sed cum rex sententiam mutasset, Isidorus, qui Codicem Etymologiarum Braulioni offerendum attulerat, de itinere ad ipsum remisit.

20. Ita enim ait: *Codicem Etymologiarum cum aliis Codicibus de itinere transmisi, et licet inemendatum prae invaliditudine, tamen tibi modo ad emendandum statueram offerre, si ad destinatum concilii locum pervenissem.* Libentius legerem *pervenisses:* nam Isidorus, qui *cursum itineris non interclusit*, ad destinatum locum videtur pervenisse, quamvis concilium celebratum non fuerit. Hoc Isidori ad urbem Toletanam iter ad annum 651 circiter referri potest. Braulio diaconum suum commendaverat ad episcopatum Tarraconensem tunc vacantem. Respondet Isidorus: *De constituendo autem episcopo Tarraconensi non eam, quam petisti, sensi sententiam regis; sed tamen et ipse adhuc ubi certius convertat animum illi manet incertum.* Florezius, tom. XXV Hisp. sacr., Eusebium Tarraconensem antistitem ad annum circiter 632 fuisse conjicit; cui anno 633 jam Audax successerat.

151 CAPUT XXII.

An pallium a pontifice Romano ad Isidorum transmissum fuerit. An primatum Hispaniae Isidorus tenuerit, an pontificis Romani vices in Hispania gesserit.

1. In lectionibus antiquis Officii sanctorum Hispaniae asseritur, S. Gregorium Magnum electionem Isidori in episcopum Hispalensem confirmasse, eique pallium in Hispaniam misisse. In lectionibus Breviarii Romani hoc ipsum ita effertur: *Ejusque electionem S. Gregorius Magnus nedum auctoritate apostolica confirmavit, sed et electum transmisso de more pallio decorasse, quin etiam suum et apostolicae sedis in universa Hispania vicarium constituisse perhibetur.* Auctor Vitae pallium et primatus honorem Isidoro a Gregorio concessum confirmat. Auctor Continuationis Chronici Isidori lib. iii Chronicorum Lucae Tudensis sic breviter: *Primatiae dignitate florens, et Romani papae in Hispaniis vices gerens.* Narrat deinde sub Theodisclo apostata, successore Isidori, dignitatem primatiae translatam fuisse ad Ecclesiam Toletanam.

2. Harum rerum omnium auctores saeculo xiii antiquiores non habemus. Quod attinet quidem ad pallium certe ex moribus nostris tempora antiqua metiri non debemus. Nostris quidem temporibus pallium omnibus archiepiscopis mittitur: olim res aliter se habebat. S. Gregorius Magnus l. vii, epist. 5, sic profert: *Prisca consuetudo obtinuit, ut honor pallii nisi exigentibus causarum meritis, et fortiter postulanti dari non debeat.* Atque eum honorem praecipue obtinebant qui ad limina Apostolorum veniebant. Deinde pallium mitti coepit per legatos sedis apostolicae, ac denique per procuratores, ut nunc fit, qui *instanter, instantius,* et *instantissime* in consistorio a summo pontifice pro archiepiscopis pallium expetunt, ut nunc pro omnibus archiepiscopis fieri solet. Auctores qui de pallio agunt innumeri sunt. Inter recentiores videri potest dissertatio P. Joan. Laurentii Berti in ejus prosis vulgaribus pag. 273, repetita in collectione Zaccarianae dissertationum Italica lingua tom. IX, pag. 223: *Sopra l'argomento prescritto dell' antichità del pallio, e se già si concedeva a' soli metropolitani.*

152 3. Quamvis Isidorus metropolitanus fuerit, atque ob singularia merita honore pallii dignissimus, tamen non illico argui certo potest, eum pallium sive a S. Gregorio, sive ab alio pontifice accepisse. Valde tamen probabile censeo, Isidorum honore pallii non caruisse. Aliquando enim videntur ipsi pontifices Romani pallium misisse etiam non petentibus, si aliunde eximia virtutum et doctrinae laude eminerent. Gregorius Magnus, cum pallium Leandro misit, petitionis non meminit, l. vii, epist. 126 : *Praeterea ex benedictione beati Petri apostolorum principis pallium vobis transmisimus, ad sola missarum solemnia utendum. Quo transmisso, valde debui, qualiter vobis esset vivendum, admonere; sed locutionem supprimo, quia verba moribus anteitis.* Et in epist. seq. ad Recaredum regem Hispaniae: *Reverendissimo autem fratri, et coepiscopo nostro Leandro pallium a beati Petri apostoli sede transmisimus, quod et antiquae consuetudini, et nostris moribus, et ejus bonitati, atque gravitati debeamus.* Haec satis innuunt, nullam praecessisse Leandri nomine petitionem pallii. Credibile ergo est, Isidorum, cujus doctrina, et vitae sanctitas omnium admirationem excitaverant, pallium a Romano aliquo pontifice, etiam si non postulaverit, habuisse.

4. Potest huc etiam referri quod concilio Toletano iv praefuerit, cui quinque alii metropolitani interfuerunt, scilicet Selva Narbonensis, Stephanus Emeritensis, Julianus Bracharensis, Justus Toletanus, Audax Tarraconensis. Hoc ipsum argumento esse

potest, quod primatum Ecclesiæ Hispanæ obtinuerit, Hispaniarum, et vicariatus pontificii honorem. Quod vicesque Romani pontificis gesserit. Fabulosa certe est narratio de Theodisclo, sive Theodisto episcopo Hispalensi, S. Isidori, sive, ut alii volunt, Honorati Hispalensis episcopi post S. Isidorum successore; quo in exsilium misso, dignitas primatus ex Hispalensi ad Ecclesiam Toletanam translata fuerit, quod præter pseudo-Ildefonsum in continuatione Chronici Isidori refert etiam Rodericus Toletanus lib. II, cap. 21. Nic. Antonius lib. v, cap. 3, n. 70, de S. Isidoro loquens ita habet : *Confirmasse vero ejus in episcopum electionem, atque eumdem in sedis apostolicæ legatum, et primatem creasse Gregorium papam, vereor, ne absque sufficienti fundamento in breviario quodam apud Cajetanum, pag. 14, Gonzal. in Theatr. Hisp., Tamayum 14 Apr., et a Luca Tudensi Chron. t. III, in princ. et vita* **153** *Isidori scriptum sit.* Demus tamen postremum hoc breviariis nostratibus, et natali loco Hispali, quod *et Baronius* admisit ad annum 636. Cum autem Nicol. Antonius agit de epistola Isidori ad Helladium cæterosque episcopos cum eo congregatos, ut de causa episcopi Cordubensis, in crimen carnale delapsi, cognoscerent, addit posse hinc aliquo modo colligi, apostolicam delegationem sive primatis jura Isidoro concessa.

5. Nihil aliud habuit Nicol. Antonius, quod pro patria sua Hispali proferret. At Baronius ex pseudo-Ildefonso in Chronicis Lucæ Tudensis narrationem sumpsit tam de primaria dignitate, et Romani pontificis vicariatu in Hispania, quam de successione et hæresi Theodiscli, et translatione primariæ dignitatis ab Hispalensi ad Toletanam Ecclesiam cum Nic. Antonius totam de Theodisclo historiam commentitiam existimet. *Hæc Tudensis,* inquit Baronius, *quem exscriptum ex prototypo nobis concessit Franciscus Pegna mei amantissimus rotæ auditor.* Baronius vocat *Theodiscum,* et verba de primatu Isidori sic exscribit : *Primaria dignitate florens, et Romani papæ in Hispania vicem gerens.* Et postea : *Tunc temporis dignitas primatus translata est ad Ecclesiam Toletanam.* Hanc ipsam fabulam de Theodisclo sibilo explodit Aguirrius in Collect. concil. Hisp., tom. I, pag. 85 et seqq., dissert. 4, excursu 7, cujus hic titulus : *Quisnam fuerit interpolator, et vitiator earumdem epistolarum* (Decretalium Pseudo-Isidori), *an fortasse Theodisclus successor S. Isidori, in episcopatu Hispalensi? Profertur et expenditur testimonium nomine S. Ildefonsi Toletani ea de re a Luca Tudensi editum.* Verum ostenditur, illud esse aut supposititium, aut valde suspectum.

6. Nonnulli contendunt, primatum ecclesiarum Hispaniæ jam olim penes metropolitanum Hispalensem resedisse, quod inde confirmant, quia Simplicius Romanus pontifex Zenonem antistitem Hispalensem vicarium suum constituit, et Hormisda Sallustio episcopo Hispalensi vices suas in provinciis Bæticæ et Lusitaniæ commisit. Quæ tamen minime evincunt, sedi Hispalensi aut ex antiqua consuetudine, aut ex privilegio aliquo pontificio annexum fuisse primatum autem pro S. Isidoro peculiari ratione addunt, eum a Braulione vocari *episcoporum summum* in titulo epistolæ, quæ incipit : **154** *O pie domine*, etc., id ad Isidori summam virtutis scientiæque laudem potius referendum est, quam ad dignitatem aliquam, qua cæteros episcopos anteire intelligatur. Vel etiam innuit Braulio, jam tum Isidorum conciliis præesse solitum ; sic enim in ipsa epistola habet : *Et ideo in me primum existe munificus : sic in sanctorum cœtibus et felix habearis et primus. Gesta etiam synodi, in qua Sintharius examinis vestri igni, etsi non purificatus, invenitur tamen decoctus, quæso, ut vestro instinctu a filio vestro domino rege nobis dirigantur cito.* Nec multum dissimile est quod in alia epistola quæ incipit, *Solet repleri,* ita de Isidoro Braulio loquitur : *Speciali quoque gratia fretus speciali domino, in quo vires Ecclesiæ consistunt, suggero,* etc.

CAPUT XXIII.
Isidorus an Romam ad pontificem sive ad concilium aliquando venerit. Liber de Ordine creaturarum an sit Isidori.

1. Primus prodigiosus Isidori ad urbem Romam adventus, qui a nonnullis narratur vel fingitur, indicatus fuit cap. 18. Nunc agendum est de itinere ejus, ut dicunt, ad concilium generale Romæ coactum. In Breviariis veteribus Hispaniæ sic legimus : *Fuit denique Isidori tanta doctrinæ ac sanctitatis opinio, ut coacto concilio generali ultro fuerit a pontifice maximo vocatus.* Ubi mirum est, quantum ponderis et auctoritatis habuerit in singulis rebus Isidori sententia apud pontificem et omnes prælatos. Fusius hæc in Vita Isidori, auctore canonico Legionensi ; ubi annotant Bollandiani, potuisse esse aliquod non publicum, sive solemne concilium, qualia duo Romæ fuerunt anno 601 ; ac revera auctor Vitæ minime indicat fuisse concilium generale ; imo innuit, Isidorum ex Hispania ad concilium evocatum non fuisse, sed de eo evocando tunc cogitatum, cum Isidorus præsens Romæ adesset, ut ejus consilio synodalia acta dirigerentur.

2. Nic. Antonius in aliquo Breviario videtur legisse, Gregorium Magnum fuisse eum pontificem qui Isidorum evocavit, ut concilio Romano interesset. Concludit autem, hæc probabili ratione **155** carere, cum S. Gregorii postremis annis, quibus æqualis fuit Isidorus, atque item ejusdem successorum Sabiniani, Bonifacii III, Bonifacii IV, Deusdedit, Bonifacii V, et Honorii I, sub quo exstinctum est lumen hoc Hispaniarum, temporibus non ullum generale concilium in urbe celebratum fuerit, quo debuerit evocari præsul Hispalensis. At hæc probare quidem possunt, falsum esse adjunctum de concilio generali quod in lectionibus antiquis reperitur ; interpretationem autem Bollandianorum de synodo non publica, sive solemni, non debilitant.

3. Tamayus in Martyrol. Hisp. allegat pervetusta Hispaniæ Breviaria, Abulense, Compostellanum, Seguntinum, Turiasonense, Oscense, Cæsaraugusta-

num, et ana, quibus narratur Isidorum a Gregorio Magno Romam ad concilium generale vocatum, et Isidori consiliis acta feliciter fuisse expleta. Id non constare addit Tamayus; de causa vero itineris Romani agere ait Ambrosium Morales l. xii, c. 21. Marianam l. vi, c. 7, et Padillam Centur. vii, c. 22.

4. Quoniam vero hoc iter Romanum Isidori monumentis sæculo xii non antiquioribus tantum innititur, inquirendum est an istiusmodi narratio conjectura aliqua juvari possit.

5. Omitto nunc, quod alio loco dicam, fuisse qui crederent, Isidorum, dum Roma in Hispaniam regrederetur, diem extremum obiisse Bononiæ; cujus etiam corpus in Cœlestinorum ejusdem urbis ecclesia requiescat. Nam nostri scriptores, qui Romanum Isidori iter narrant, eum in Hispaniam revertisse atque Hispali vitam cum morte commutasse confirmant. Istiusmodi autem peregrinationis vestigium aliquod exstat in libro de Ordine creaturarum, qui S. Isidori nomen præfert. Eum edidit Acherius, sive mavis, *Dacherius* aut *D'Acherius*, in suo Spicilegio e ms. Codice non procul ab Isidori ævo exarato Remensis Benedictini monasterii S. Remigii. Nuncupatur liber *Braulioni episcopo urbis Romæ*. Conjectura Henschenii in commentario prævio ad Vitam Isidori est, legendum *Bonifacio episcopo urbis Romæ*. Cum autem auctor operis eum, cui librum nuncupat, præsentem alloqui videatur, et se in patriam festinare dicat, hinc arguitur Romæ aliquando versatum fuisse Isidorum sub aliquo e Bonifaciis, qui sæculo vii ineunte Romanam sedem tenuerunt.

6. Tria tamen hoc loco extricanda sunt: primum an liber de **156** de ordine creaturarum Isidoro sit adjudicandus; deinde an retinendum sit in titulo nomen *Braulionis*, an reponendum nomen *Bonifacii*; tum an recte colligatur, Isidorum Romæ præsentem fuisse, si constiterit, librum ab eo esse scriptum, et ad Bonifacium Romanum pontificem directum. De libro ejusmodi Bellarminus, Caveus, Placcius aliique præsertim antiqui bibliographi omnino tacent. Alii, ut Fabricius in Bibliot. med., nihil definiunt. Acherius, Henschenius, Dupinius, Cellierius, stylum Isidorianum in eo opere agnoscunt; Nic. Antonius stylum ævi Isidori dicit, sed quædam de igne purgatorio notat quæ non omnino ipsi arrident. In novissima editione Matritensi Operum S. Isidori prætermissus fuit liber de Ordine creaturarum, quia, ut ait auctor prologi, vel spurium opus est, vel nimium suspectum. At Bayerius in not. ad Bibliot. vet. Hisp., *Nihil moramur*, inquit, *hoc opus Isidoro ascribere, reclamante licet novissimæ editionis Matritensis prologo*. Zaccaria in conspectu editionis Operum Isidori, quam meditabatur, dubius hærebat, an Isidoro id opus tribui possit. Vir in primis doctus, qui præfationem ad opera Isidori, cap. 58, exscribendam, paraverat, multis ostendit, fetum genuinum Isidori eum librum videri, neque obstare propugnat quæ in eo de origine animarum deque igne purgatorio leguntur.

7. Expendamus vetera exemplaria: Codex ab Acherio indicatus, quo Isidoro liber de Ordine creaturarum ascribitur, vetus erat, nec procul ab Isidori ævo. Bayerius testatur, in pervetusto Escurialensi Codice sæculi summum viii ineuntis, lit. R, plut. 2, n. 18, haberi *Isidori de Ordine creaturarum librum unum*. Non explicat an in epigraphe addatur *Braulioni episcopo urbis Romæ*. Idem Bayerius vidit aliud ejusdem operis exemplum in Escurialensi codice lit. E, plut. 4, num. 13, sæculo, ut videtur, xiii exarato, sed ex antiquiore alio et plane Gothico descripto, ut liquet e frequentibus quibus respersus est gothicismis. Nullam epigraphem refert, sed notat perorationem sive nuncupationem operis aliquanto uberiorem esse ea quam Acherius edidit, atque ita concludi: *Benedictus Deus, qui finem laboris condidit. Explicit Ysidorus de Ordine creaturarum*. Rodriguezius, tom. II Bibl. Hisp., p. 526, existimat Codicem sæculo xiv scriptum. Addit, esse membranaceum, in 8°, titulis capitum, litteris initialibus et indice rubris, recentiori **157** inscriptione, *B. Isidorus de Ordine creaturarum. Et homiliæ super, Missus est angelus Gabriel*. Opus incipit, *De Ordine creaturarum universitatis dispositio bifaria ratione debet intelligi*. Homiliæ incipiunt, *Scribere me aliquid et devotio jubet*, etc. Desinunt, *octavam Beatæ resurrectionis ætatem, in qua cum Domino perenniter regnabunt*... Sunt imperfectæ et mutilæ, neque, ut ego puto, Isidoro in Codice ascribuntur.

8. Bandinius tom. III Codicum mss. Lat. Florent. bibl. Gaddianæ, plut. 89, Cod. 31 membran. sæculi xii, num. 1, exhibet: *Isidori de Ordine creaturarum liber*. Incipit: *Universitatis dispositio :* desinit : *Scientiæ conditoris reservemus*. Advertit Bandinius, hunc librum de ordine creaturarum ad Braulium episcopum urbis Romæ editum fuisse a Dacherio, ubi versibus 39 longior est. Et in ima pagina notat, Isidori opera mss. uti exstantia in bibliotheca Gaddiana, memorare Jac. Gaddium de Script. non ecclesiast., tom. I, pag. 263. Quod autem liber hic Braulio episcopo urbis Romæ directus fuerit, non ex Codice Gaddiano, ut ego puto, sed ex Acherio sive Dacherio Bandinius didicit. Siquidem amicus meus Rochus Menchaca a me rogatus, ut titulum operis attente inspiceret, meque de eo certiorem redderet, respondit, initio rubricam hanc esse : *Incipit liber Isidori de Ordine creaturarum :* et in fine : *Liber Isidori de Ordine creaturarum explicit*. In Catalogo veteri monasterii Bobiensis sæculo x, ut videtur, descripto apud Muratorium tom. III Antiq. Italic. medii ævi, pag. 818, inter libros Isidori antiquioris bibliothecæ refertur *Liber de Ordine creaturarum*; et nescio, an huc pertineat quod mox commemoratur *liber Canonum I, in quo habetur Ysidori de Ordine rerum*. Ita etiam inter veteres libros monasterii Fuldensis, et S. Nazarii in Laurissa exstabat *Liber Isidori de Ordine creaturarum in uno Codice*, ut cap. **46** ex catalogis antiquissimis dicam.

9. S. Martinus Legionensis, serm. 2 de adventu Domini, p. 27, tom. I librum de ordine creaturarum Isidoro adjudicat; sic enim refert: *Unde Hispaniarum*

doctor *Isidorus illud Isaiæ* exponens ait : *Post judicium vel laboris sui mercedem percipiet. Unde propheta : Sol lucebit septempliciter*, etc. Doctissimus editor observat, hæc a S. Martino contexta esse ex Magistro sententiarum lib. IV, dist. 48, § *Putant quidam*, qui ex cap. 5 libri de ordine creaturarum ita Isidorum locum Isaiæ exposuisse arguit. Addit, merito dubitari num liber ejusmodi de Ordine creaturarum sit Isidori, neque aliud eo loco legi, nisi hanc sententiam : *Cum... sancti pro mercede sui laboris... fulserint, sicut sol justitiæ... tunc et ipsi corporeo huic soli pro mercede sui ministerii... in septuplum fulgoris rutilatio restituetur.* Rursus Martinus Legionensis idem caput v libri de Ordine creaturarum excitat serm. 2 de Resurrect. Domini, p. 411, tom. II his verbis : *Unde ait egregius doctor Isidorus : In die illa non veniet ad occasum sol, nec luna, sed in ordine suo stabunt, quo creati sunt : ne impii in tormentis sub terra positi eorum luce fruantur.* Iterum editor ex Magistro sententiarum dist. 45, lib. IV hæc erui observat. Colligamus igitur, librum de Ordine creaturarum pro Isidoriano a Magistro sententiarum habito fuisse, Martino Legionensi vel approbante, vel non dissentiente.

10. Acherius, qui, ut diximus, e ms. Codice Remensi hunc librum edidit, in ora monuit, se reperisse eum citari ab Ænea episcopo Parisiensi in tractatu contra Græcos, sed sub alio titulo, nempe *Isidorus in Fide catholica.* Nic. Antonius veretur, ne id potius referendum sit ad libros de Fide catholica, contra Judæos ad sororem Florentinam directos. Opus contra Græcos Æneæ Parisiensis, qui sæculo IX floruit, editum fuit ab ipso Dacherio tom. VII Spicil. In eo reperio, Isidorum laudari ex libris de Officiis ecclesiasticis, ex libro Differentiarum, ex libris Etymologiarum et Sententiarum; sed non invenio eum citari ex libro de Ordine creaturarum sub titulo de Fide catholica, ut Dacherius in præfatione ad hunc librum asseruerat, neque ex libro de Fide catholica adversus Judæos, ut Nic. Antonius suspicabatur.

11. Cæterum cum stilus operis de Ordine creaturarum Isidorum sapiat, ut gravissimi viri consentiunt, et veterrimi Codices illud Isidoro clare ascribant, tenendum est, ab Isidori manu prodiisse, nisi quid aliud obstet. Opponitur solum, quod liber in Codice Remensi dicatur directus *Braulioni episcopo urbis Romæ.* Mihi quidem non liquet, an hoc ipsum in aliis mss. Codicibus ita exprimatur, et in Codice Florentino Gaddiano omnino ea verba desunt *ad Braulionem episcopum urbis Romæ*, uti etiam in Codice Escurialensi. Sed etiamsi alii Codices in hac nuncupatione cohæreant, ea minime evincit, opus non esse S. Isidori. Potuit enim ab alio esse addita sine ullo fundamento, potuit cum aliquo. Cum operum inscriptiones in mss. plerumque mendosissimæ sint, ex difficultate hujus inscriptionis non debet Isidoro abjudicari opus quod multis in locis illi aperte adjudicatur. In Codice Ottoboniano 404, opus Etymologiarum

A Ambrosio dicitur dedicatum; *Ambrosio* enim scriptum reperio pro *Braulioni.* In Codice vero Ottoboniano 477, Braulionis nomen non semel, sola prima littera *B* indicatur, quamvis in hoc Codice alicubi totum Braulionis nomen expressum legatur.

12. Duobus autem modis explicari potest epigraphe ab Acherio edita, vel ita ut omnia ejus verba retineantur, vel ita ut pro *Braulioni* legamus *Bonifacio.* Si retineatur *Braulionis* nomen, tunc extricandum est qua ratione Cæsaraugusta, cujus urbis Braulio episcopus erat, dicatur Roma; nam Acherius explicationis gratia addidit, *urbis Romæ, hoc est Cæsaraugustæ.* Nic. Antonius multus est in hac controversia explicanda: Summa rerum hæc est. Forum Judicum, sive liber legum Gothicarum in procemio tom. III Hisp. Illustr. meminit *urbis Romæ* in Hispania; ita enim appellatur, ut videtur; regia curia. Cixila in Vita S. Ildefonsi *sedem Romuleam* de Toleto dixit. Nempe sicut in monumentis ecclesiasticis *Hierusalem* ab Hispanis quævis ecclesia metropolitana dicebatur, ut cap. 21 observatum fuit, ita in profanis regia urbs quælibet antonomastice, sive per excellentiam *Roma* vocabatur.

13. Sed cum Cæsaraugusta tempore Gothorum nunquam urbs regia fuerit, inscriptionem eam *ad Braulionem urbis Romæ episcopum* merito a Dacherio in procemio ad lectorem primi voluminis Spicilegii haberi suspectam ait Nic. Antonius, nisi dixeris, eas quoque urbes quæ aliqua Romæ urbis prærogativa sive sacra, sive profana quandoque functæ essent, secundæ, sive alterius Romæ appellationem promeruisse : ut in epitaphio Ivonis cardinalis apud Treviros sepulti : *Romæ secunda mihi dedit exsequias venerandas*, apud Browerum lib. XIV Annal. Trevirensium. Sic Gerardus, cap. 6 de Miraculis S. Adelhardi : *Exinde hujuscemodi fama ita longe lateque cœpit vulgari, ut Corbeia* (Corbeiense monasterium) *merito duceretur altera Roma appellari.* Exemplum aliud de urbe Turonensi, *secunda sede Romanæ urbis*, Mabillonius affert in suis Analectis pag. 16. Hanc ipsam interpretationem *de urbe Roma, hoc est Cæsaraugusta*, tuetur Florezius tom. V Hisp. Sacræ, p. 512, n. 15.

14. Reponit Bayerius in not. ad Bibl. vet. Hisp., has meras esse divinationes, et, si libere philosophari licet, ineptias ineptissimas. Continuator Hispaniæ sacræ, Riscus, tom. XXX, tract. 66, cap. 5, n. 21, simili modo probat, nunquam Cæsaraugustam dictam fuisse *Romam*, et opus de ordine creaturarum non ad Braulionem, sed ad Bonifacium Romanum pontificem esse directum; addit, non esse opus Isidori, tanquam ex sententia Bollandianorum, secutus, opinor, Florezium, qui tomo IX, pag. 197, a sententia quam tom. V amplexus fuerat recedens, præferendum esse dixit Bollandianorum judicium, qui id opus Isidori esse non assentiuntur. Verum Bollandiani conjiciunt pro *Braulione* legendum esse *Bonifacium*, et subjungunt : *Nos propria conjectura nihil hic definimus : quibus non vacavit totum illud*

opusculum attentius legere. Mihi sane nullo modo placet, ut titulus *episcopi urbis Romæ*, qui ubique tanquam proprius Romano pontifici tribuitur, Braulioni applicetur, ac multo minus a S. Isidoro.

15. Præterea urgent aliæ rationes, quas Bayerius exponit, ne opus de Ordine creaturarum Braulioni ab Isidoro credatur nuncupatum. Non enim Braulio tantæ auctoritatis vir erat, cui Isidorus tam reverenter ac demisse opusculum nuncuparet : quem *Venerabilem Patrem* appellaret, cujus *timor invidos garrientesque in officio contineret*, cujus *auctoritatem commendaret*, erga quem *suum obsequium, obedientiam, venerationem, sæpe profiteretur*. Alio certe stylo Isidorus Braulionem alloqui solet, scilicet ut senex juvenem, ut magister discipulum, quamvis fortasse Braulio sub Isidori disciplina non vixerit. Maxime ergo probabilis est ac propemodum necessaria Henschenii conjectura, pro *Braulione* reponendum esse in operis inscriptione *Bonifacium*. E tribus autem Bonifaciis, Romanis pontificibus sæculo VII ineunte, Bonifacius V præsertim esse potuit, cui Isidorus opus suum ab eo consultus dedicaverit ; nam ille ab anno 617 ad annum 625 pontificatum tenuit : quo tempore jam Isidori nomen et doctrina ubique sese diffuderat.

16. Statuamus igitur, librum de Ordine creaturarum et Isidori opus esse, et Bonifacio Romano pontifici nuncupatum. Certusne erit hoc pacto accessus, Isidori ad urbem Romam? Bayerius concludit, vix locum ambigendi de Romano Isidori itinere superesse. Verba enim hæc clara sunt : *Domini suffragio armatus ad patriam festinare tutus utroque latere curabo*. Isidorum autem in Urbe diu mansisse colligit ex opusculi labore non extemporali, neque vulgari, nisi eum in patria susceptum dicimus. Equidem in hanc ipsam sententiam propendeo, cum videatur hæc esse vetus in Hispania traditio, in Vita Isidori et Breviariis antiquis repetita. Vereor tamen, ne in alium sensum verba nuncupationis detorqueri valeant. Allegorice enim auctor operis loquitur : *Meæ parvitatis obedientiam placido pectoris tui portu recipere non dedignare, et contra garrientium instabiles fluctus tuæ timore* [Forte *temone*] *auctoritatis præsentis opusculi naviculam non te pigeat gubernare*. Addit, se non curare invidorum querelas : *Contra quos*, ait, *tuæ orationis scuto protectus, et dominico suffragio armatus ad patriam festinare tutus utroque latere curabo*. Accipit ergo *patriam pro portu*, nisi hic etiam legere velis *ad portum festinare*, etc. In Cod. Escurialensi est *Domini cujus suffragio armatus* : apud Dacherium *Domini pergam suffragio armatus*. Malo *dominico suffragio*. In Codice Florentino, qui sæculi XII esse creditur, tota hæc dedicatoria operis peroratio desideratur, ac fortasse in aliis Codicibus a posteriori manu adjecta est. Habeo varias lectiones ejus Codicis accuratissime collectas a V. C. Thoma *de Andrade*, sive *Dendrade*, sacerdote collegii Massiliensis sanctissimi Cordis Jesu, quas suo loco proferam. Opus ita absolvitur : *scientiæ Conditoris reser-*

vemus. Liber Isidori de Ordine creaturarum explicitur.

17. Quod autem Nic. Antonius, ut dixi, quædam de statu animarum post mortem, ac de purgatorio igne in fine operis non omnino probanda esse censet, Bayerius in not. ejusmodi scrupulum abunde refellit. *Plus nimio*, inquit, *meticulosum se prodit hoc loco Noster* ; *cum, nisi vehementer ego fallor, plana sint omnia ac sine offendiculo*. Caput 13 inscribitur *de diversitate peccantium*, quo agitur de infidelibus, fornicariis, adulteris, avaris, etc. Caput 14 est *de igne purgatorio*, quo agitur de iis qui viventes pro Christo pauperes effecti, in labore et fatigatione perseverant, quique persecutiones hominum propter justitiam sustinent. Priores ait Isidorus jam judicatos esse, neque in judicio surrecturos : posterioribus autem non modo regnum cœlorum in futura vita promitti, sed et in præsenti donari. Hæc scilicet sententia est : perfectæ sanctitatis laude præditi homines vel in hac vita regnum Dei quodammodo præripiunt; contra impii homines et impœnitentes conscientiæ stimulis etiam viventes cruciantur. Hæc fere loquendi ratio apud alios quoque Patres reperitur : scilicet judicandos esse, qui neque pii sunt neque impii ; nam judicium in pios necessarium non est, in impios jam in hac vita peractum est.

18. Audi S. Hilarium enarrat. in psalm. I : *Sunt enim aliqui inter impios piosque... Plures namque Dei metus in Ecclesia continet, sed eosdem tamen ad sæcularia vitia sæculi blandimenta sollicitant... Impii non manent, quia his Dei nomen in honore est : pii non sunt, quia quæ pietati sunt aliena sectantur... In eos ergo judicium est, quod jam et in incredulos actum est, et in credentes non necessarium est*. Confer notata a me in Prolegomenis ad Prudentium n. 179, et Constantium in Præfatione ad S. Hilarium § 7, pag. 69. Porro doctrina Isidori de igne purgatorio, cap. 14 libri de Ordine creaturarum, plane consentanea est dogmati catholico, et iis quæ ipse Isidorus tradit lib. I eccles. Offic., cap. 18, ut observat Cellierius in Isidoro, num. 38, qui conjecturam Bollandianorum de Braulionis nomine pro Bonifacio, ex prima littera B ab aliquo exscriptore supposito, comprobari dicit ex hujus operis stylo, cum aliis Isidorianis operibus congruenti. Isidorus cit. c. 18 ostendit Ecclesiam catholicam tenere, quibusdam fidelibus defunctis in altero sæculo *dimittenda peccata, et quodam purgatorio igne purganda*. Eadem est doctrina in capitibus 27 et 28 libri II de Offic. ; quæ tamen duo capita in nonnullis mss. et editis desunt. Ultima quoque sententia libri tertii Sententiarum, quæ in quibusdam editis et mss. desideratur, huc pertinet : *Hic est Christianæ miserationis affectus, ut pro unoquoque mortuo sacrificium Deo offeratur*, etc. Sed verba cap. 18 libri I Offic. clarissima sunt, et certo ab Isidoro ex Augustini Enchiridio ad Laurentium cap. 110 deprompta.

CAPUT XXIV.

Commentum de Isidoro episcopo exsule, et de Gor-

diano in ejus locum intruso. *Catalogus episcoporum veterum Hispalensium.*

1. Ægidius Gonzalez in Theatro Hispalensis Ecclesiæ, pag. 27, Tamayus in Martyr. Hisp. ad diem 4 Aprilis, et alii narrat Isidorum aliquandiu Malacæ exsulem vixisse; quod desumunt ex pseudo-Luitprando. **163** Descriptum a nobis cap. 9 fuit epitaphium Isidori, quod Ildefonso a pseudo-Juliano affingitur, ubi Ildefonsus Isidorum alloquens, de seipso ait :

Qui fuit exsilii parsque comesque tui.

Negligendæ essent ejusmodi fabulosæ narrationes, nisi pseudo-historici ex aliquo probabili fundamento, quod in examen vocari debet, fingendi occasionem arripuissent.

2. Pontifex Romanus Deusdedit ab anno 614 ad annum 617 cathedram Petri tenuit; ejus circumfertur epistola ad Gordianum Hispalensem episcopum. Gordianus igitur tunc erat episcopus Hispalensis, quod intelligi nequit, nisi in locum Isidori adhuc viventis et in exsilium missi, intrusus fuerit. Objicit Nic. Antonius, nullam veri habere similitudinem, tam Isidorum quam Ecclesiam Hispalensem sub catholicissimis regibus tantam hanc calamitatem perpeti potuisse, aut Romanum pontificem cum Gordiano Hispalensis sedis usurpatore sic benigne commutasse litteras. Fuit scilicet eo tempore Gothorum rex Sisebutus, de quo nihil sinistri suspicari possumus. Imo ejus laudes Isidorus in Historia Gothorum luculentissime prosecutus fuit.

3. Quid ergo ad epistolam decretalem papæ Deusdedit reponemus? Nic. Antonius censet, falsam esse eam inscriptionem, et ad marginem notat, pro *Hispalensem* legi *Hispaniensem* apud Anselmum, Burchardum et Luitprandum : de quo videndus Thomas Tamayus in not. ad Luitprandum, pag. 37. In collectione quoque canonum Codicis Vaticani 1348, in quinque libros distributa, sæculo XI circiter digesta, l. IV, tit. 3, ea epistola inscribitur *Gordiano eviscopo Hispaniensi.* In Codicibus mss. recensendis passim invenimus, Isidorum pro *Hispalensi Hispaniensem* vocari : quippe facilis duarum istarum vocum mutatio. Simili modo Florezius tom. IX Hisp. sacr., p. 156, observat, aliquando inveniri *Hispalensis* pro *Hispellensis,* et *Spolitanus* pro *Spalitanus,* sive *Hispalitanus.* Contra Augustinus alicubi nominatur *Hispalensis* pro *Hipponensis,* ut cap. 83 dicam. In Conciliis Labbei nota hæc margini affigitur : *Falsam esse epistolam docent tum alia, tum Isidorus ipse, qui Hispali sedit ab anno 600 ad annum 636, nec ullum passus est sibi collegam ab anno 614 ad 617.* In Dacherii Spicilegio tom. II, pag. 410, exstat epistola Arnulfi, sive Ernulfi de incertis Conjugiis, in qua laudatur **164** epistola papæ Deusdedit ad Gordianum episcopum Hispalensem : sed cum Arnulfus sæculo XII floruerit, ejus auctoritas tanta non est, ut a suspicione falsitatis epistolam papæ Deusdedit ad Gordianum liberare possit.

4. Cardinalis Aguirrius, apocryphis decretalibus alioquin non infensus, hanc tamen epistolam supposititiam aut vitiatam esse ostendit tom. II Concil. Hisp pag. 461. Confer etiam Nic. Antonium l. IV, c. 5, n. 124 seq., qui commentitiam aliam epistolam pariter rejicit, quæ nomine cujusdam Artuagi Gothi Toletani monachi Augustiniani ad Isidorum exsulem scripta asserebatur. Supervacaneum autem non erit catalogum veterum episcoporum Hispalensium ex Cod. ms. Æmilianensi anno 962 exarato attexere, ut constet, neque hunc Gordianum, neque alium Theodisclum, qui a nonnullis Isidori successor fingitur, in Hispalensi sede locum habuisse. Exstat hic catalogus apud Florezium tom. IX Hisp. sacr., p. 124.

Incipiunt nomina defunctorum episcoporum Spalensis sedis. 1. *Marcelli.* 2. *Sabini.* 3. *Evidi.* 4. *Deocleti* (Forte *Deodati*). 5. *Samproniani* (Forte *Semproniani*). 6. *Gemini.* 7. *Glauci.* 8. *Marciani* 9. *Sabini.* 10. *Epiphanii.* 11. *Orontii.* 12. *Zenonis.* 13. *Asfali.* 14. *Maximiani.* 15. *Sallusti.* 16. *Crispini.* 17. *Pigasi.* 18. *Stephani.* 19. *Theoduli.* 20. *Hyacinthi.* 21. *Reparati.* 22. *Stephani.* 23. *Leandri.* 24. *Isidori.* 25. *Honorati.* 26. *Antonii.* 27. *Fugitivi.* 28. *Bracarii.* 29. *Florentii.* 30. *Florentini.* 31. *Floresindi.* 32. *Faustini.* 33. *Gabrielis.* 34. *Sisiverti.* 35. *Oppani.* 36. *Nonniti.* 37. *Eliæ.* 38. *Teudulfi.* 39. *Aspidii.* 40. *Humeliani.* 41. *Meudulani.* 42. *David.* 43. *Juliani.*

Hic desinit Catalogus. Octo ultimi episcopi irruptione Maurorum posteriores sunt, sed eorum memoria alibi non exstat.

165 CAPUT XXV.

Fabulosæ narrationes de Mahometo ab Isidoro ex Hispania expulso : de duabus lucernis perpetim ardentibus : de prædictione eversionis Hispaniæ. Alia commentitia aut dubia Isidori gesta.

1. Pseudo-Ildefonsus in Continuatione Chronici Isidori, et Canonicus Legionensis in Vita S. Isidori, iter Mahometi, sive Machometi in Hispaniam, ejusque exinde per Isidorum expulsionem narrant. Henschenius conjicit potuisse aliquem Mahometicæ sectæ seminatorem in Hispaniam venire, qui inde mature discedere coactus fuerit ; ex quo hujus narrationis origo. In pseudo-historicis haec invenimus. Maximus ad annum 606, num. 2, *Machumetus, homo impius et flagitiosus, grassatur per Hispanias.* Luitprandus ad annum 607, *Machumetus, qui virus erroris sui fundens per Hispaniam, Cordubæ, Hispali, Toleti cœpit seminare, ab Aurasio Toleti archiepiscopo Toletano* (Forte *Toleto*) *pulsus : catholicique doctores verbo et scripto nefarium errorem persequuntur.* Rursus ad annum 615, *Machumetus pseudo-propheta. Cordubæ prædicat.* Denique ad annum 619 affirmat, Mahometum libros erroris sui in Arabia vulgasse. Quod petitum videtur ex Pseudo-Ildefonso in Continuatione Chronici Isidoriani ad æram 653: *Mahomet ab Hispania turpiter fugatus, in Africa nequitiam nefariæ legis stultis populis prædicavit.*

2. Historiam hanc fabulosam non solum multi ex recentioribus amplexi sunt, ut Alfonsus Spina, Warnerus de Rolevink, Quintanaduenas, Bleda, Vasæus, et antiqua Breviaria Hispanica Eborense, et Zamorum apud Tamayum in Martyr. Hisp. ad diem 4

Aprilis, sed etiam nonnulli antiquiores, ut auctor Historiæ generalis Hispaniæ sub Alfonso X, cujus auspiciis vel etiam labore confecta fuit, et S. Antonius in Hist. lit. 13, cap. 2, § 6, qui tradit Isidorum, cum ipsi occurrisset Mahometus, prognosticum; ex vultu ejus fecisse, pestem aliquando illum hominem Ecclesiæ futurum : quo exemplo jurisperiti etiam confirmant ex oris fœditate judicium criminis fieri posse, ut Mascardus de Probat. tom. II, concl. 831, n. 29. Totam **166** vero fabulam de Mahometi prædicatione in Hispania rejiciunt Ambrosius Morales, Franciscus Padilla, Mariana, Rodericus Carus ad Maximum, Joannes Tamayus in Martyr. Hisp., alias hujuscemodi fabularum et fictionum acerrimus defensor, et plerique alii e recentioribus.

3. Uberrime commentitia hæc narratio de Mahometi in Hispaniam adventu a Nic. Antonio refutatur, qui ex historicis Arabibus, Græcis et Latinis, probat Mahometum in Hispaniam nunquam venisse, nedum in ea per longum temporis spatium commorari potuisse. Conjecturas etiam addit, quæ tamen minus urgerent, si graviori historiæ fundamento res niteretur. Unum tamen præteriit egregium testimonium, a nobis non omittendum. S. Eulogius Cordubensis, gloriosus Christi martyr sæculo IX, in Apolog. Martyr., 14 seqq., *præcedentium*, ut ait, *doctorum de Mahometi sceleribus testimonium proferre volens*, sic narrat : *Cum essem olim in Pampilonensi oppido positus, et apud Legerense cœnobium demorarer, cunctaque volumina quæ ibi erant gratia dignoscendi, incomperta revolverem, subito in quadam parte cujusdam opusculi hanc de nefando vate historiolam absque auctoris nomine reperi.*

4. *Exortus est namque Mahomat hæresiarches tempore Heraclii imperatoris, anno imperii ejus septimo, currente æra* DCLVI. *In hoc tempore Isidorus Hispalensis episcopus in catholico dogmate claruit, et Sisebutus Toleto regale culmen obtinuit..... Obtinuitque prædictus Mahomat nefandus propheta principatum annis decem*, etc. Sic vetus ille auctor vitam Mahomat describere pergit, quin verbum ullum de itinere Hispanico faciat. Similem narrationem Joannes Hispalensis ad Alvarum Cordubensem misit apud Florezium t. XI, p. 146, ubi pro *regale culmen* male scriptum est *regulæ culmen*. Cum autem Mahometi in Hispaniam iter solum ab historicis decimi tertii circiter sæculi, in quibus multa alia de Isidoro falsa occurrunt, et a pseudo-historicis antiquis narretur, contra Mahometi res gestæ ab Elmacino, Abulfaraia, et ab ipso Mahometo expositæ ejusmodi commento adversentur, concludendum omnino est nulla probabili ratione defendi posse quod Mahometus in Hispaniam venerit, et ab Isidoro pulsus fugatusque fuerit.

5. Mirum vero est, quod canonicus Legionensis, auctor Vitæ Isidori, prope finem refert, eum duas lucernas fere perpetuim ardentes, **167** et pene inextinguibiles naturali arte fecisse, quarum una ad caput, altera ad pedes, in sepulcro ejusdem Isidori collocata est, ut corpus sanctissimum quasi continuo lumine frueretur. Ita fere Rodericus etiam Cerratensis in fine Vitæ Isidori. Sæculo quo vixit Isidorus tanquam scientiæ portentum eum æqualés venerabantur ; quæ opinio consequentibus sæculis, sub Maurorum imperio, vehementer aucta fuit. Harum autem lucernarum nullum vestigium reperio, non solum apud eos scriptores qui cum Isidoro conversati sunt, verum neque apud Acta vetera translationis ejus corporis, quæ a nobis producta sunt cap. 8, in quibus sermo aliquis de duobus lucernis habendus esset, siquidem in sepulcro Isidori appositæ fuissent. Tamayus in Martyrologio ex Petro Crinito de Honest. discipl., lib. VII, c. 13, ejusmodi lucernas chimicum aliquid sapere ait, adeoque Isidoro indignas esse cum Ambrosio Morales concludit.

6. Perpetuum hujusmodi lucernarum, quæ aliquando inventæ dicuntur, lumen multi in dubium revocant, nonnulli aperte oppugnant, alii pro genere phosphori et lumine sine calore habuerunt, quidam totum illud quod apertis sepulcris flammæ conspicitur æris ventilationi tribuunt. Videsis auctores a Fabricio in Bibliograph. antiq., cap. 23, num. 10, laudatos; qui opponit experientiam eorum *qui lucernas illas eruerunt, et, aere admisso, exstinctum quidem lumen, sed calorem adhuc a se deprehensum, testati sunt. Sane,* inquit, *ellychnia, quæ ab igne non consumantur, parari ex Carystio lapide et lino Carpasio asbesto, notum antiquis fuit..... Ecquid vero sit illud quod tam constantem, et diuturnam possit flammam ardoremque alere, minus quidem adhuc videtur compertum, rem tamen ideo neutiquam negandam duxerim contra tot* αὐτόπτας *testes*, etc. Rem latius prosequuntur Licetus, Robertus Plot, Franciscus Carolus, Joan. Bap. Ursatus, Jac. Ozanamus, et alii, quorum opera laudatus Fabricius recenset.

7. De prædictione qua Isidorus eversionem Hispaniæ prænuntiasse dicitur, nonnihil jam cap. 21 disputatum fuit. Tamayus in Martyr. Hisp. ex nonnullis scriptoribus et Breviariis narrat Isidorum, morti jam proximum, in basilica S. Vincentii populum composita oratione admonuisse, et inter alia Hispaniæ excidium prædixisse ex Lucæ Tudensis Chronicis libro III, a quo sumpserunt Baronius ad ann. 656, n. 7, et D. Laurentius Ramirez in not. ad Luitprand, **168** num. 188, fol. 390, ubi ab Ægidio Gonzales Davila e membrana vetustissima hæc Isidori verba se accepisse testatur : *Væ tibi, Hispania, bis perdita, tertio perdenda propter malas nuptias!* Repugnat his Tamayus, qui etiam de verbis quæ in concilio Toletano protulisse Isidorus dicitur, *Si servaveritis*, etc., quærit an ex spiritu prophetico, an ex prudenti conjectura processerint; et quamvis sententiæ communi de Isidori prophetia adhærere videatur, tamen addit magis ad vaticinium accedere quædam carmina in Codice ms. Gothico apud se margini procemii Historiæ Romanæ Roderici Ximenii addita, *Ad te convertor, meretrix Hispania mundi*, etc. Verba ipsa Roderici adeo in principes, potentes et judices acerba sunt, ut, regnante S. Ferdinando, solum ad quorumdam procerum tyrannicas adversus

sibi subditos vexationes, silentibus inter arma legibus, referri possint, ut censet Nic. Antonius lib. VIII, n. 46 : *Nisi tragica hæc lamentatio*, addit, *alicujus ætate inferioris sit appendix oræ libri ascripta, etc., quod facinoris genus exemplis non deficitur*, etc. Sed repugnant vetera Mss. exemplaria, quæ ipse Nic. Antonius laudat, et ad quæ nuper in editione Patrum Toletanorum exacta est Roderici Toletani Historia.

8. De prodigioso Isidori Romano itinere ipsa nocte Natalis Domini actum est cap. 18; de altero vero ad concilium Romanum, sive quacunque alia causa, cap. 23. Alia de parentibus et fratribus Isidori cap. 17 discussa sunt. Conferri etiam potest Isidori Vita, auctore Roderico Cerratensi, cap. 14, descripta, ubi uncinis inclusa apparent quæ aut certo falsa in ea Vita de Isidoro narrantur, aut saltem dubia et apocrypha videntur.

9. Inter falsas vel dubias de Isidoro narrationes reponi potest amicitia ejus cum Cyriaco, Cæsaraugustano episcopo, quem Isidorus hortatus fuerit Romam proficisci ad nonnullas Petri apostoli reliquias obtinendas. Ita refertur in scriptura canonica, ut vocant, monasterii S. Petri de Taberna, descripta anno 1415, hoc titulo : *Ex pervetusto Codice S. Joannis de Pinna, pergameno litteris antiquis descripto, hic habetur Canonica S. Petri de Taberna*. Auctor hujus Canonicæ dicitur Balastutus monachus sæculo VIII, qui morti jam proximus historiam fundationis sui monasterii S. Petri de Taberna monachis petentibus retulit: ex cujus ore excepta est narratio. *Post hæc*, aiebat Balastutus, *fuit Hispalensis episcopus S. Isidorus, et in* 169 *Cæsaraugustana civitate Cyriacus. In Cordubensi Suintila rex erat, et in Iberiæ partibus Recharedus regnum obtinebat. Læti ergo ambo episcopi in una erant charitate juncti: qui in unum convenerant, et hoc salubre consilium repererunt*, etc. Sequitur narratio de itinere romano Cyriaci. Riscus, tom. XXX Hisp. sacr., pag. 132 et 199 seq., non levibus argumentis ostendit istius modi canonicam scripturam supposititiam esse, neque aliunde constare de episcopo Cæsaraugustano Cyriaco. Canonica inserta fuit a Pellizerio initio Annalium monarchiæ Hispanæ, post ejus eversionem.

CAPUT XXVI.

S. Isidorum anno 636 e vita decessisse ostenditur.

1. Ea omnia, quæ in extremo morbo et obitu Isidori contigerunt, Redemptus Clericus narrat, cap. 6 a nobis relatus. Etsi autem Redemptus testatur Isidorum pridie nonas Aprilis, æra 674, quæ in annum 636 incidit, obiisse, tamen magna est scriptorum de anno obitus Isidori dissensio, vel quod Redempti narrationem præ oculis non habuerint, vel quod fidem non adhibuerint, vel quod errorem in numeros irrepsisse crediderint. Labbeus in not. ad Bellarminum de Script. Eccles.: *Valeat*, inquit, *cum suo Pelargo ineptissimus Patrologus qui docet Isidorum floruisse anno 650*. Observat Regioportuenses lectio-

num eucharisticarum collectores pro obitu Isidori diem 4 Aprilis in 14 convertisse, nisi error sit typographi: Isidorus quippe decessit feria 5 post Pascha, quod anno bissextili 636, litteris dominicalibus G. F., incidit in 31 Martii, æra 674.

2. Pseudo-Ildefonsus in continuatione Chronici Isidoriani, et Breviarium Cæsaraugustanum apud Nic. Antonium, pro Isidori obitu annum 632 indicant: Breviaria quædam vetera Hispaniæ annum 635, etiam Breviarium Cæsaraugustanum apud Breulium, qui Officium proprium sanctorum Hispanorum Cæsaraugustæ anno 1597 impressum pro eodem anno 635 allegat; Arnoldus Wion annum 642; canonicus Legionensis, auctor Vitæ S. Isidori, annum 622; Baronius ad ann. 626, Padilla cent. 7, cap. 22; Ribadeneyra in Flore sanctorum ad diem 4 Aprilis ; auctor Catalogi regum Gothorum in editione Conciliorum Hisp. Loaisæ, et plerique recentiores 170 cum Redempto annum 636 S. Isidori emortualem dicunt. Auctor etiam Actorum uberiorum translationis S. Isidori eum anno 636 obiisse innuit, cum refert Saracenos anno 75 post transitum Isidori in Hispaniam transiisse: id autem anno 611 accidisse Henschenius annotavit. In veteri kalendario Hispanico monastico, cujus fragmentum Muratorius tom. II, part. II, Scriptor. Rer. Italic., col. 1023, edidit, *æra* DCLXXIV *obiit Isidorus episcopus*, hoc est, anno 636. Nic. Antonius pseudo-Ildefonso affingit quod annum postremum vitæ Isidori constituerit 632, sive æram 670. Sed, ut dixi, in continuatione Chronici Isidoriani annus 642 indicatur; exprimitur enim æra 680; ac ne quis errorem numerorum putet, præmiserat auctor Isidorum anno sexto regni Chintilani in Domino obdormiisse.

3. Braulio quidem in prænotatione operum Isidori tradit eum temporibus Heraclii, et Chintilæ, seu Chintilani, decessisse: Ildefonsus vero in libro de Vir. illustr. affirmat Isidorum floruisse temporibus Recaredi, Liubanis, Witerici, Gundemari, Suinthilani et Sisenandi: neque in his Chintilanum, qui Sisenando successit, commemorat. Hæc recte cohærent, si annus 636 a Redempto designatus teneatur: nam is annus primus fuit regni Chintilani, ut vere dixerit Braulio, temporibus Chintilani Isidorum obiisse. Cum in ipso regni Chintilani initio decesserit, recte etiam Ildefonsus inter reges sub quibus Isidorus floruit Chintilanum prætermisit.

4. Ex Actis conciliorum constat Isidorum adhuc vixisse anno 633, quo concilio IV Toletano præfuit, et jam vita functum anno 638, quo concilio VI Toletano Honoratus sedis Hispalensis antistes interfuit, minus bene dissentiente Ambrosio Morales, qui concilium VI Toletanum anno 636 celebratum putat, ac proinde ad annum 635 obitum Isidori revocat. Pagius in not. ad Baron. ann. 636 asserit nonnullos Hispanos colligere S. Isidorum jam anno 636, tempore concilii V Toletani pridie kal. jul. celebrati e vivis excessisse, quia illi concilio non interfuit. Verum cum ejusmodi concilium fuerit provinciale, neque ipsi succes-

sor aliquis Isidori subscribat, imbecillum hoc sane est argumentum.

5. Ratio ergo efficax cur ab anno 636 recedendum non sit petitur ex ipso Redempto, qui non solum æram 674, in cujus numeris errorem aliquis suspicari posset, designat, sed etiam narrat **171** obitum Isidori contigisse pridie nonas Aprilis, et quarto die post baptismum catechumenorum. Dies quarta Aprilis pro die festo S. Isidori passim assignatur : ex quo concluditur retinendum esse apud Redemptum *pridie nonas Aprilis*, non *pridie kalendas Aprilis*. Trithemius, ut dicam cap. 47, n. 10 et seq., longe aberravit, qui Isidorum nostrum asseruit eum qui 15 Januarii in kalendario Romano celebratur. In Auctariis martyrologii Usuardi ad diem 7 Januarii profertur : *Ipso die sancti Isidori episcopi, magnæ sanctitatis viri*. Notat Sollerius : *Nusquam notus est hic Isidorus*. In Codice tamen Palatino 1448, de quo cap. 103, vetus kalendarium exstat, in quo ad diem 7 Januarii memoria *Isidori episcopi* recolitur. Verum hunc etiam a nostro distinguere oportet, cujus festum, vel certe obitus diei, 4 Aprilis debet assignari. Re vera ex paschalibus cyclis conficitur anno 636 pascha, sive diem quo baptismus catechumenorum peragebatur, incidisse in diem postremum Martii, sive pridie kal. Apr. Isidorus ergo, qui quarto post die obiisse a Redempto dicitur, obiit feria v hebdomadis paschalis, quæ eo anno fuit pridie non. Aprilis.

6. Constantinus Cajetanus vellet hoc ipsum insolubili, ut ait, argumento confirmare, quia Isidorus mense aprili anni 637 obiisse non potuit, siquidem hoc anno 637 secundo regni Chintilani mense januario celebratum fuit vi concilium Toletanum. Sed fallitur in anno concilii designando : celebratum quippe fuit anno secundo Chintilani, sed anno 638 ; cum enim Chintilanus anno 636 regnare cœperit, initio anni 638 adhuc agebatur annus secundus regni Chintilani. Itaque inepte nonnulli collectores conciliorum Hispaniæ conjiciunt annum secundum Chintilani quinto idus januarii, æra 676, intelligendum esse annum secundum completum et tertium ineuntem. Notatio qua Joannes Baptista Perez de hoc argumento agit, exposita jam fuit cap. 3, num. 2, in qua observandum bis æram, qua Isidorus mortuus fuit, nominari : primum, *mortuum æra 664*, qui error est numeri, deinde recte *Chintilam cæpisse æra 674*. Error ille numeri editionis Grialianæ in alias quoque irrepsit, clarius a nobis corrigendus, cum Isidori liber de Vir. illustr., et post eum prænotatio Braulionis cum nota Perezii recudetur.

172 CAPUT XXVII.

Vita S. Isidori in suas epochas distributa.

1. Quamvis difficile sit res gestas S. Isidori certis suis annis alligare, tamen ex his quæ hactenus disputata sunt colligemus ea quæ magis probabilia veroque similia sunt, et in suos quæque annos distribuemus.

2. Anno circiter 560 Isidorum natum fuisse credi potest ex cap. 17 prope finem.

3. Anno 583 aut sequenti, quo Leander, Isidori frater, Constantinopoli degebat, Isidorus strenue causam religionis contra Arianos tuebatur, et, ut nonnulli narrant, vices Leandri in episcopatu Hispalensi agebat, ex cap. 18 prope finem.

4. Anno 586 aut seqq., cum jam pax Ecclesiæ Hispanæ reddita fuisset, Isidorus non invitus a Leandro cellæ inclusus dicitur, ut Deo, sibi ac litteris vacaret.

5. Anno 590 aut seqq., fingitur accidisse prodigiosum iter Isidori in urbem Romam, ut Gregorium Magnum inviseret, nocte scilicet Nativitatis Domini, qua eadem nocte Hispalim rediisse narratur. Vide supra cap. 18.

6. Anno 600 circiter Isidorus episcopus Hispalensis renuntiatus fuit, ex cap. 20.

7. Anno 606 epistola Isidori ad Massonam data est, ut constabit cum de epistolis Isidori agemus.

8. Anno 610 Isidorus in congressu Toletano episcoporum decreto Gundemari regis subscripsit, ex cap. 21.

9. Anno 612 aut seqq. ad annum 619, quibus Sisebutus regnavit, Isidorus librum de Natura rerum scripsit, quem Sisebuto regi, nisi fallit inscriptio, dedicavit. Ex epistola dedicatoria non evincitur jamtum regem fuisse Sisebutum.

10. Anno 615 et seqq. usque ad annum 633, Helladius fuit episcopus Toletanus, ad quem exstat epistola Isidori. Anno 616, Isidorus Chronicon suum absolvit : scilicet anno 5 Sisebuti. Confer notas in Chronicon, et verba Hermanni Contracti de Isidoro infra, cap. 33.

173 11. Anno 618 aut seq. Isidorus concilio II Hispalensi præfuit, ex cap. 21.

12. Anno 619 aut seqq. ad annum 625 Isidorum Romam ad Bonifacium V venisse conjicitur, quo tempore opus de Ordine creaturarum fortasse composuit, ex cap. 23.

13. Anno 620 circiter Fulgentius, Isidori frater, creditur decessisse, ac proinde ante id tempus libros de Officiis ecclesiasticis Isidorus Fulgentio nuncupavit.

14. Anno 623 circiter Isidorus interfuit aut præfuit cuidam concilio contra Sintharium. Vide cap. 21 prope finem.

15. Anno 624 circiter concilium quoddam Hispalense celebratum, præside Isidoro, credimus, in quo Martianus episcopus Astigitanus depositus fuit.

16. Anno 625 Isidorus historiam Gothorum absolvit : scilicet anno 5 Suintbilani regis, qui in annum 625 incidit, ut ostendit Pagius ad annal. Baronii ann. 625, num. 18. Pagius enim, etsi Chronicon nominat, tamen, ut ex verbis allegatis colligitur, historiam Gothorum intelligit, quæ anno 5 Suintbilani ab Isidoro absoluta fuit.

17. Anno 630 circiter Isidorus ad urbem Toletanam se contulit concilii cujusdam causa, quod tamen celebratum tunc non videtur. Codicem Etymologiarum ad Braulium misit. De constituendo episcopo Tarraconensi cum rege egit, ex cap. 21.

18. Anno 633, sive æra 671, dicitur obiisse Florentina Isidori soror in epitaphio recensito cap. 7. Itaque ante hunc annum libros contra Judæos ad Florentinam sororem Isidorus scripserit oportebit.

19. Anno 633 Isidorus concilio IV Toletano præfuit ex. c. 21.

20. Anno 636 Isidorus decessit, ut cap. 26 ostensum est.

CAPUT XXVIII.

S. Isidori Hispalensis corpus Bononiæ asservari falso traditum. Miracula ad altare ecclesiæ Legionensis, ubi ejus corpus requiescit.

1. Plerique scriptores qui de rebus Bononiensibus agunt asserunt Isidorum Hispalensem, dum Roma in Hispaniam rediret, Bononiæ decessisse die 14 Aprilis, anno 615, aut 616, aut 640, aut 670, aut alio quovis : non enim inter se de anno consentiunt. Addunt corpus S. Isidori in ecclesia S. Stephani monachorum olim nigrorum, nunc Cœlestinorum sepultum fuisse, quod anno circiter 1141, Henrico Bononiæ episcopo, inventum, recognitum, et venerationi expositum fuit die 16 Septembris, quo ejus memoria Bononiæ celebratur. Sigonius ad annum 616 sic habet : *Hoc tempore S. Isidorus episcopus Hispalensis, per Æmiliam iter faciens, Bononiæ mortuus fertur. Certe hodie quoque sepulcrum ejus in basilica SS. Petri et Pauli post altare majus ostenditur, quæ capella SS. Petri et Pauli vulgo dicitur.* Hæc est basilica sancti Stephani et ecclesia Patrum Cœlestinorum. Arnoldus Wion de Isidoro ita refert : *Obiit anno 642, vel circiter pridie non. Apr., cujus corpus requiescit Bononiæ in ecclesia RR. PP. Cœlestinorum.*

2. Occasionem huic fabulæ præbuit anonymus Benedictinus auctor Chronici ejus ecclesiæ et cœnobii circa annum 1180, cujus verba Henschenius in comment. prævio ad Vitam S. Isidori profert : quibus ita basilicam sancti Stephani Antonius Casalis Cœlestinus ex ms. Chronico sic alloquitur : *Similiter et corpus beatissimi Isidori, confessoris Christi et luculentissimi doctoris, in te requiescit : qui cum rediret a Roma, apud hanc urbem hospitatus, ac gravi molestia corporis est detentus,* etc. Hæc si quis de Isidoro Hispalensi intelligi debere contendat, sustinebimus figmentum hoc intolerabile esse ejus Chronici, quod Redemptus clericus Isidori in hujus obitus narratione plane refellit, ut omnes alios scriptores Hispanos et martyrologia omittamus. Æque constat Isidori corpus Hispali conditum fuisse, unde Legionem translatum fuit, ut retulimus ex Actis sinceris translationis, cap. 8.

3. His addi potest vetus hominis exteri testimonium. Breulius in præfatione ad opera sancti Isidori refert, in Victoriana Lutetiæ Parisiorum bibliotheca antiquissimum esse librum in membranis scriptum, quo itinerarium ad S. Jacobum Gallæciæ describitur, in quo sic habetur : *Apud urbem Legionensem visitandum est corpus B. Isidori episcopi, et confessoris, sive doctoris ; qui regulam piissimam clericis ecclesiasticis instituit, et gentem hispanicam suis doctrinis imbuit, totamque sanctam Ecclesiam codicibus florigeris decoravit.* Errorem Guillelmi Malmesburiensis, qui Toletanum pro Legione, et Joannis Naucleri, qui Hispalim pro Legione hac in translatione corporis sancti Isidori accepit, recte notavit Constantinus Cajetanus, qui de loco quo obiit Isidorus et quo ejus ossa requiescunt pluribus disseruit. Verba Guillelmi Malmesburiensis lib. II, c. 10, de Gest. reg. Angl., hæc sunt : *Successit Leandro Isidorus, doctrina, sanctitateque nobilis : cujus corpus nostra ætate Aldefonsus rex Galliciæ Toletum transtulit, ad pondus auro comparatum.* Nauclerus Chronogr. vol. II, generat. 9, ait : *Huic etiam* (Ferdinando regi) *B. Isidorus, quem transtulit in Hispalim, revelavit diem mortis suæ.* Guillelmus quidem Malmesburiensis etiam in nomine regis erravit : appellare enim debuit Ferdinandum Castellæ et Legionis regem, non Aldefonsum Galliciæ regem. Uterque tamen opinionem quæ Isidori sepulcrum Bononiæ collocat narratione sua satis refellit.

4. Idem Cajetanus conjicit Isidorum episcopum Siculum, de quo Constantius Felix in Kalendario die 15 kalend. februari, et Arnoldus Wion Lign. vit. lib. III ad 18 Kalend. februarii, esse eum sanctum, cujus ossa Bonienses venerantur ; quem Isidorum Hispalensem homonymia decepti vocaverunt. Hanc etiam conjecturam exponunt Bollandiani in comment. præv. ad Vitam S. Isidori. Ughellus in Ital. sacr. tom. 11, de episcop. Bonon. in Petro episcopo Constantini Cajetani de Isidoro Siculo Bononiæ defuncto narrationem veram dicit, sed non confirmat. Iterum Bollandiani hanc quæstionem excitarunt ad diem 18 Decembris in catalogo sanctorum prætermissorum. *S. Isidorus Bononiensis,* aiunt, *in Martyrologio universali, apud Castellanum annuntiatur in Italia, ut episcopus ulterius civitatis. Bonienses hac die celebrant S. Isidorum, quem Hispalensem credunt, ex errore quod Bononiæ defunctus fuerit... Certe non inveni argumenta tam solida pro possessione Bononiensium corporis cujuscunque Isidori, ut ex errore manifesto de corpore S. Isidori Hispalensis alium statim Isidorum inferre debeam.* Masinus in Bononia perlustrata de cultu S. Isidori agit die 4 April. et 16 Septembr.

5. Etsi autem de loco quo Isidori nostri corpus jacet ulteriori probatione res non indiget, tamen, quia opportuna modo se offert occasio, veterem inscriptionem, quæ in claustro Legionensis monasterii S. Isidori conspicitur, proferemus. Eam transcripsit Antonius Ponzius in Itinerario Hispaniæ, Matriti edito 1783, tom XI, pag. 218, quæ seculo XII ineunte, aut XI exeunte, videtur facta ; barbaro certe stylo sic est concepta.

6. *Hanc, quam cernis aulam sancti Joannis Baptistæ, fuit olim luteam, quam nuper excellentissimus Fredenandus rex et Sancia regina ædificaverunt lapideam. Tunc ab urbe Hispali adduxerunt ibi corpus sancti Isidori episcopi, in dedicatione templi hujus diem XII Kal. Januarii æra MCI. Deinde in æra MCII, VI Kal. Maii, adduxerunt ibi de urbe Avila corpus S. Vincentii FR Sabinæ, Cristetisque ipsius anno præfa-*

tus *rex revertens de hostes ab urbe Valentia hinc ibi die sabbato et obiit die* III, *feria* VI *Kal. Januarii, œra* MCIII. *Sancia regina Deo dicata peregit.*

7. Exstat hæc eadem inscriptio apud **Florezium** tom. IX, pag. 211, ex Sandovalio in Historia regis Ferdinandi fol. 16, sed solum usque ad verba *œra* MCI. Ibi legitur *olim fuit... excellentissimus Fredinandus... edificaverunt... episcopi.*

8. Ex hac inscriptione colligitur translationem corporis S. Isidori celebratam fuisse anno 1063, die 20 Decembris. Dies festus hujus translationis in Breviario Toletano agebatur 22 Decembris, apud Legionenses vero 20, ut refert Cajetanus pag. 44. Templum Isidori appellatione deinde insignitum docet Mariana lib. IX Hist. Hisp., c. 13 : *Alviti corpus in templo maximo tumulatum est, Isidori in Joannis Baptistæ loco sublimi atque præclaro : unde consequenti tempore factum, ut ædes illa vetus Joannis Baptistæ nomen Isidori appellatione mutarit.*

9. Huc refero quod architectus **Petrus de Deo** eam S. Isidori ecclesiam *superædificasse* dicitur in epitaphio descripto a Risco tom. XXXV Hisp. sacr., p. 356. *Hic requiescit Petrus de Deo, qui superædificavit ecclesiam hanc. Iste fundavit pontem qui dicitur de* DEUS *tamben : et quia erat vir miræ abstinentiæ, et multis florebat miraculis, omnes eum laudibus prædicabant. Sepultus est hic ab imperatore Adefonso et Sancia regina.* Verbum *tamben* est pro *etiam*, nunc Hispanice *tambien*, ex Latino *tam bene*.

10. Neque ab hoc loco alienum est quod Mariana lib. IX Hist. Hisp., cap. 3, de Elisabetha Alfonsi VI uxore, prius Zaida nuncupata, commemorat : *Casildæ exemplo, sive sua sponte incitata Zaida, lavacro Christiano ex nostro more lustrata, in Alfonsi regis nuptias post aliquot annos concessit. Prodigia, quæ Isidori corpori exportando contigisse divinitus paulo ante dictum est, multum contulisse visa sunt, ut in suscipiendæ Christianæ religionis voluntatem* **177** *vehementer incumberet. Accessit somnium, in quo divum Isidorum viderat in augusta specie, blandaque voce, ut rem maturaret, monentem,* etc. Filia hæc erat Benabeti regis Hispalensis, qui corpus S. Isidori exportari concessit.

11. Ad hanc ipsam rem confirmandam, uti etiam ad posthumam Isidori gloriam comprobandam pertinent plura instrumenta vetera, quibus mentio fit corporis Isidori Legionem translati, aut in ea urbe sepulcro conditi. Tom. XXXVI Hisp. sacr., post alias appendices, describuntur instrumenta ad insigne S. Isidori monasterium Legionense spectantia. Primum est hoc titulo : *Ferdinandus rex, et Sancia regina, translato corpore S. Isidori archiepiscopi Hispalensis in Legionem, amplissime ornant, et ditant monasterium S. Joannis Baptistæ coram pluribus episcopis et optimatibus, qui ad translationem celebrandam venerant :* ex quo pauca hæc excerpo : *Nos indigni et exigui famuli Christi Fredenandus rex, et Sancia regina, fecimus trasladari corpus beati Isidori de metropolitana Hispali per manus episcoporum, sive sacerdotum, intra muros Legionis civitatis nostræ in ecclesia S.* *Joannis Baptistæ.* Infra inter alia conceditur ecclesiæ sive monasterio S. Joannis Baptistæ, *ecclesia cum tribus altaribus in campis Gothorum in Rioseco ad Villam Verdem... eo quod ibi quievit corpus beatissimi Isidori, quando asportatum fuit de Hispali metropolitana.* In fine : *Facta scriptura testamenti, vel confirmationis in dedicatione ipsius basilicæ sub die duodecimo Kalendas Januarii : sequenti vero die translationem corporis S. Isidori celebravimus undecimo Kalendas Januarii, æra millesima centesima prima.*

12. Hic erat annus Christi 1063. Olim igitur, vel certe primo illo anno, die 21 Decembris, dedicatio templi S. Joannis Baptistæ celebrata fuit, die vero 22 translatio corporis S. Isidori. Procedente tempore, uno eodemque die dedicatio et translatio celebratæ fuerunt. Inde natæ diversæ auctorum hac de re opiniones, de quibus vide cap. 8 et 9, ubi Acta translationis exposuimus. De hoc ipso instrumento Pagius ad Baronium anno 1053, num. 47, ex Sandovalio mentionem facit, ubi errorem Baronii corrigit, qui translationem anno 1053 assignaverat : ipse vero Pagius Albitum, seu Alvitum, qui episcopus Legionensis erat, vocat episcopum Hispalensem. In verbis autem quæ ex Pelagio Ovetensi in **178** eamdem rem profert : *Iste transtulit corpus S. Isidori episcopi ab Hispali metropoli in Legionem per manus pontificum Aloyti Legionensis, et Ordonii Astoniensis* (corrigendum, *Albiti Legionensis*, qui Hispali ante translationem decessit), *et Ordonii Astoricensis,* sive *Asturicensis.*

13. Instrumentum secundum continet alias donationes monasterio Legionensi S. Isidori factas, anno 1148, ab Alfonso imperatore Hispaniæ. Instrumentum tertium exhibet donationem qua, anno 1159, Ferdinandus rex Legionensis, sepulto corpore amitæ suæ D. Sanciæ in monasterio S. Isidori, donavit abbati ejusdem, et cæteris Canonicis, monasterium S. Juliani. Riscus, eod. tom. XXXVI Hisp. sacr., tract. 72, cap. 2, refert edictum regum catholicorum Ferdinandi et Elisabeth, quo jubent observari præceptum ab abbate monasterii Legionensis S. Isidori sub excomunicationis pœna latum, ne juramenta pro veritate dicenda fierent super arca qua reconditum est corpus S. Isidori ; nam hæc invaluerat consuetudo, et opinio, quod ii qui ita pejerarent, ante annum a perjurio e vita eriperentur. Prætereundum vero non est diploma Gregorii IX ad abbatem et conventum S. Isidori Legionensis apud Raynaldum ad ann. 1233, num 69 : *Cum, sicut accepimus, in monasterio vestro corpus B. Isidori requiescat, nos, considerata ipsius loci religione, ac fratrum ibi morantium honestate, de beatorum Petri et Pauli auctoritate confisi, omnibus devote ad monasterium ipsum die festivitatis B. Isidori venientibus quadraginta dies de injuncta sibi pœnitentia pro ipsius sancti reverentia relaxamus. Datum Later.* XIV *Kal. Junii, pontific. nostri anno* VII.

14. Cum autem Ordonius episcopus Asturicensis corpus S. Isidori Legionem transtulisset, rex Ferdinandus ipso anno 1063, die 22 Decembris, die scilicet sequenti postquam translatio celebrata fuerat,

eidem Ordonio præmii loco donavit monasterium S. Marthæ de Tera, et terram dictam *Noceta* : *Pro eo, inquit rex, quod tu, pater sanctissime, Ordoni præsul, nobis dignum exhibuisti obsequium, dum te de expeditione civitatis Emeritæ duximus ad Ispalim, vocata nuper civitas Sibilia, cum episcopo Alvito, ubi ipse migravit ad Dominum, tu autem fecisti nobis inde, annuente Domino, deportare sanctissimum et gloriosum corpus beati doctoris nostri sancti Isidori archiepiscopi confessoris Christi, quem nos per* **179** *manus tuas aliorumque præsulum fecimus recondere in civitate Legionense, in ecclesia S. Joannis : ubi per te habetur nostri decus et gloria doctrinæ, totius Hispaniæ doctor; ideo,* etc.

15. Bollandiani in commentario prævio plura referunt prodigia S. Isidori ope, postquam ejus corpus jam Legione venerationi expositum erat, impetrata. Alia addi possunt ex Vita breviori S. Ferdinandi regis apud eosdem Bollandianos, num. 8, ac præsertim ex opere Lucæ Tudensis de Miraculis S. Isidori. Pelagius Ovetensis, testis oculatus, narrat in Chronico suo, prope finem Vitæ Adephonsi VI, lapides altaris S. Isidori, ubi sacerdos pedes tenet, dum missam celebrat, aqua manasse, quo calamitates post regis obitum eventuræ prædicebantur. Refert etiam Rodericus Toletanus lib. vi Rerum Hisp., cap. 13, Isidorum Ferdinando I apparuisse, et diem obitus prænuntiasse : qui piissimus rex coram sarcophago Isidori oravit, *et accepta ab episcopis pœnitentia, et gratia ultimæ unctionis, indutus cilicio, et conspersus cinere, duobus diebus in pœnitentia atque lacrymis supervixit... et juxta patrem suum in eadem ecclesia S. Isidori est sepultus.* Aliam S. Isidori apparitionem refert Lucas Tudensis in Chronico, quod anno 1230 visus fuerit auxilium Christianis adversus Saracenos cum S. Jacobo laturus. Præterea narrat Didacum comitem, qui S. Ferdinando regi rebellaverat, et turrim atque ecclesiam S. Isidori occupaverat, tandiu gravi morbo implicitum fuisse, donec turrim et ecclesiam restituit, jurans quod deinde futurus esset miles et vassallus S. Isidori.

16. Mabillonius, tom. IV Annal. Benedictin., pag. 671, refert Ferdinandum regem anno 1065 a S. Isidoro præmonitum obiisse, in ecclesia S. Isidori sepultum, quam cum adjuncto Benedictinorum monasterio condiderat. De hoc monasterio pag. 649 præmiserat, post Benedictinos transiisse ad moniales Benedictinas : tum, ineunte sæculo xiii, ad Canonicos regulares, a quibus nempe nunc obtinetur. Eodem loco Mabillonius recenset donationem regis Ferdinandi ex Iepesio, *Facta scriptura ipso die dedicationis basilicæ,* xii Kal. Januarii, *postridie quam ejus reliquiarum translatio facta fuerat.* Fortasse legendum *pridie quam,* ut in scriptura num. 11.

180 CAPUT XXIX.

Isidorus Ecclesiæ doctor. An olim actum fuerit de eo inter quatuor Latinæ Ecclesiæ Patres S. Ambrosii loco annumerando.

1. Egregii doctoris titulus Isidoro a concilio Tole-

A tano viii, anno 653, scilicet post annos 17 ab ejus obitu celebrato, amplissimis verbis donatus fuit can. 2 : ' *Nostri quoque sæculi doctor egregius, Ecclesiæ catholicæ novissimum decus, præcedentibus ætate postremus, doctrinæ comparatione non infimus, et, quod majus est, in sæculorum fine doctissimus, atque cum reverentia nominandus Isidorus,* etc. Ubi nonnulli minus bene legunt *atque, et quod majus est, jam sæculorum finitorum doctissimus.* Interfuerunt et subscripserunt huic concilio episcopi quinquaginta duo, abbates duodecim, vicarii episcoporum decem, viri illustres Palatini sexdecim. In concilio etiam Toletano xv, cui subscripserunt episcopi sexaginta unus, abbates undecim, vicarii episcoporum quinque, viri illustres officii Palatini septemdecim, anno 688 cele-
B brato, idem titulus *doctoris egregii* Isidoro confirmatus fuit : *Honorantes videlicet, et sequentes sententiam doctoris egregii, Hispalensis sedis episcopi, quam in libris suis de Differentia naturæ Christi vel nostræ disseruit, ubi ait,* etc. Joannes Baptista Perezius in var. lection. mss. ad Concilia Hispaniæ suspicatur deesse hoc loco *Isidori* nomen post *doctoris egregii.* Sic veteres scriptores Hispani passim Isidorum magnum Hispaniæ aut Hispaniarum doctorem appellant, ut Isidorus Pacensis, S. Martinus Legionensis, alii.

2. Benedictus pontifex XIV de Beatific. sanctorum, lib. iii, part. ii, cap. 11, num. 15, refert die 25 Aprilis anni 1722 apostolica auctoritate indultum fuisse, ut Officium S. Isidori in universa Ecclesia recitetur ex
C præcepto cum antiphona *O doctor optime,* et cum Evangelio *Vos estis sal terræ.* Jam enim tanquam doctor colebatur in regnis Hispaniarum, et in Ecclesiis Indiarum regi catholico subjectarum ex litteris apostolicis Gregorii XIII, quibus approbavit Officia sanctorum regni Hispaniæ, ubi de Officio S. Isidori hæc habentur : *Item festivitas S. Isidori archiepiscopi Hispalensis, pro quo celebretur Officium doctoris, et recitetur Credo in celebratione missæ.*

181 3. Addit Benedictus XIV auctoritatem S. Leonis IV in can. de libellis, dist. 20, qui S. Isidorum inter Ecclesiæ doctores recensuit : nam post expositas regulas, quarum usus esse debebat in ecclesiasticis judiciis, et post mentionem nonnullorum conciliorum et decretorum Romanorum pontificum,
D sic ait : *Isti omnino sunt, et per quos judicantur episcopi, et per quos episcopi simul judicantur et clerici. Nam si tale emerserit, vel contigerit inusitatum negotium, quod minime possit per istos definiri; tunc, si illorum, quorum meministis, dicta Hieronymi, Augustini, Isidori ; vel cæterorum similiter sanctorum doctorum reperta fuerint, magnanimiter sunt retinenda et promulganda.* Hæc ipsa, verbis nonnihil mutatis, sed eadem prorsus retenta sententia, describuntur a Berardo in Gratiani Canonib. genuin. part. ii, cap. 76, ex vulgatis integræ epistolæ exemplaribus, adjecta etiam aliorum Codicum varietate. Exposita deinde opinione quorumdam, qui existimaverant Isidorum vel quatuor aliis Ecclesiæ Latinæ doctoribus adjiciendum, vel Ambrosio præferendum, idem Benedi-

ctus pontifex XIV, subjungit : *Demum suo muneri non defuerunt postulatores, qui, collectis undique testimoniis, excellentiam doctrinae S. Isidori plenissime demonstrarunt; edito etiam typis suffragio eminentissimi domini cardinalis Bellugae, causae relatoris, qui unimadversiones a me tanquam fidei promotore factas docte de more confutavit ; et plura addidit in commendationem eximiae doctrinae ejusdem S. Isidori.*

4. Leonis IV auctoritati conjungi vel praemitti possunt verba Hadriani I, qui saeculo VIII claruit, in epistola ad Egilam episcopum in partibus Hispaniae, 95 Codicis Carolini, tom. III Scriptor. Galli Duchesnii : *Nequaquam haereticorum hominum ignaviam, atque impiam perversamque amentiam, inanesque ac mendaces sequere fabulas, sed magis doctorum nostrorum sanctorum Patrum; sicut nobis intimant; videlicet beati Silvestri atque Innocentii papae, pariterque almi Hieronymi seu Isidori divinos sermones annecte, et ex nostra apostolica olitana (veteri) regula sabbato jejunare firmiter atque procul dubio tenens tua non desinat sanctitas.* In Ottoboniano Codice 336, de quo cap. 105, haec est inscriptio : *Incipiunt capitula libri Sententiarum sancti Isidori doctoris Ecclesiae.* Aliae non multum diversae, et quae eodem recidunt, in aliis Mss. occurrunt.

5. Quod autem de Isidoro inter quatuor Ecclesiae Latinae Patres recensendo sub Bonifacio VIII actum fuerit, referunt Bollandiani in comment. praevio ad Vitam S. Isidori, exscriptis Marianae verbis ex Historia Hispaniae. Quaeritur quisnam hujus rei sit auctor. Mariana in Historia Latina solum ait : *Sunt qui scribant Bonifacio VIII pontifice Romano deliberante de iis qui doctorum Ecclesiae nomine et numero essent cohonestandi,* etc. At in eadem Historia, linguae Hispanae ab ipso libere reddita, Martinum Polonum rei auctorem esse affirmat : *Martino Polono en su Cronicon dice, que como el papa Bonifácio octavo tratase de nombrar los quatro doctores de la Iglesia,* etc. Nic. Antonius negat Martinum Polonum testem ejus narrationis a Mariana laudari, quia scilicet Historiam Hispaniae, in vulgare Hispanicum idioma a Mariana conversam, hoc loco non consuluit. Observat hocce testimonium desiderari in Antuerpiensi editione Chronici Martini Poloni anni 1574, nec novum esse, ut in id Chronicon supposititia multa irrepserint; ut fabella de Joanne Anglico papa, sive Joanna papissa, tot argumentis ac veterum Codicum documentis debellata.

6. Profecto cum Martinus Polonus profiteatur se Chronicon suum produxisse usque ad annum 1277, et non multo post obierit, ut tradit Fabricius in Biblioth. med. et inf. aevi, minime scribere ille potuit de rebus quae Bonifacio VIII Romano pontifice evenerunt; quandoquidem is nonnisi anno 1294 cathedram apostolicam Petri tenuit. Itaque Mariana in Chronico Martini Poloni, ab alio continuatum, videtur incidisse, quod fortasse totum Martino ipsi in fronte operis affingebatur. Ac reperiuntur quidem ejus Chronici exemplaria ad annum 1320 producta ;

ex quo nonnulli existimarunt Martinum Polonum eo adhuc tempore vixisse. Fabricius loc. cit. asserit ea quae in Chronico Martini post annum 1277 sequuntur, addita esse a Ptolemaeo Lucensi ad annum 1294, a Bernardo Guidonis ad annum 1316. Schoettgenius, tom. VI ejusdem Bibliothecae medii et infimi aevi, verb. *Ptolemaeus Lucensis* observat, in duabus Chronici editionibus, quae ipsi ad manus erant, continuationem Ptolemaei Lucensis nomine non exstare, neque in alio scriptore eam notitiam a se repertam.

7. Equidem nonnulla exemplaria Chronici Martini Poloni edita, quaedam etiam Mss. ego evolvi, quibus continuatio post Bonifacii VIII tempora, sine auctoris tamen nomine, annexa erat. Id autem, quod de Isidoro inter alios Ecclesiae doctores condecorando Mariana refert, nusquam inveni. Sed Marianae ita asserenti libens credam, cum multa ac varia esse possint Chronici Martini Poloni additamenta. Raynaldus ad annum 1295, num. 55, profert diploma quo Bonifacius VIII, anno 1295, statuit, festa apostolorum, evangelistarum; et quatuor Ecclesiae doctorum Gregorii Magni, Augustini, Ambrosii et Hieronymi, officio duplici per universas orbis Ecclesias celebrari debere; quod anno 1297 magna ex parte in librum sextum Decretalium (cap. *Gloriosus de reliquiis et venerat. sanctorum*) ab eodem Romano pontifice insertum fuit.

8. Pseudo-Luitprandus Advers. 169, pag. 860, editionis Matritensis Thomae Tamayi rem ipsam, quam Mariana ex Chronico Martini Poloni protulit, enarrat. Sed quam imprudens stupidusque fuit supposititii ejus operis architectus (ut apposite notat Nic. Antonius), qui Luitprando scriptori saeculi x mentionem eorum affinxit, quae Bonifacio VIII, saeculo XIII exeunte pontifice Romano creato, gesta esse dicuntur? Laurentius Ramirez de Prado in editione Plantiniana ejusdem operis Adversarium illud 169 omisit, fortasse quod anachronismum advertisset. Prudentius tamen fecisset, si totum opus tenebris potius damnasset quam nova editione illustrare tentasset.

CAPUT XXX.

Isidori doctrina de praedestinatione contra Hincmarum Remensem, de SS. Eucharistiae et Confirmationis sacramentis contra Binghamum et alios defensa.

1. Cum in controversiis fere omnibus theologicis Isidorus versatus fuerit, ejus tamen doctrina magnis ubique plausibus excepta est : ac vix quidquam invenietur quod in reprehensionem quamvis rigidorum theologorum debeat incurrere. Expendamus igitur hoc loco an Isidorus Praedestinatianis unquam faverit, quod Hincmarus Remensis innuere videtur. Ita enim ait cap. 9 de Praedestinatione : *Adducunt etiam in testimonium Isidorum Hispalensem episcopum, virum doctum, et legentibus in multis proficuum, qui in libro Sententiarum geminam dicit esse praedestinationem, sive electorum ad requiem, sive repro-*

borum ad mortem. Qui hanc sententiam in secundo libro, cap. 6, quasi ex verbis S. Gregorii de libro Moralium XXIV vel XXV, sive de S. Augustini dictis, ut videtur legentibus, vel undecunque sumpserit, compilavit: sed non ita sicut in lectione ejusdem libri quilibet evidentissime potest cognoscere, secundum beati Gregorii sensum excerpsit. Unde potest opinari, ut iste Isidorus, in aliis doctus, in hac sententia de reliquiis Gallorum in Hispaniis per successiones remanserit.

2. Addit Hincmarus Augustinum libros de Prædestinatione et de Bono perseverantiæ contra Gallos, male de prædestinatione sentientes, scripsisse: et concludit Gregorium alio sensu modos supernorum judiciorum in electis et reprobis demonstrasse, quam Isidorus in prædicta sententia colligat. Verba quæ ex Isidoro allegat hæc sunt: *Gemina est prædestinatio, sive electorum ad requiem, sive reproborum ad mortem. Utraque divino agitur judicio, ut semper electos superna et interiora sequi faciat, semperque reprobos, ut infimis et exterioribus delectentur, deserendo permittat. Sicut ignorat homo terminum lucis et tenebrarum, vel utriusque rei quis finis sit, ita,* etc. Verum apud Hincmarum legitur *aguntur* pro *agitur*, et mox *reprobos, ut infima et exteriora delectentur, deserendo permittat. Sic ut ignoret homo terminum lucis et tenebrarum, vel utriusque rei quis finis sit.* Quæ tamen sententiæ varietatem in re de qua agitur non inducunt. Lectio quidem illa *ut infima et exteriora delectentur,* communissima est in nostris mss. Codicibus: alii inde suspicantur, *ut infima et exteriora sectentur.* Locus autem Gregorii indicatur a Loaisa ex libro XXXIII Moral., cap. 20, al. 21 et 23, ubi ita Gregorius: *Nemo ergo Deum meritis prævenit, ut tenere eum quasi debitorem possit: sed miro modo æquus omnibus conditor et quosdam prælegit, et quosdam in suis pravis moribus juste derelinquit.* Non alia invenio quæ geminæ prædestinationi Isidori ex Gregorio Magno aptari possint. Quæ sequuntur apud Isidorum de occultis Dei judiciis, clarius petita sunt ex eodem Gregorio lib. XXIX, c. 33, al. 32, al. 18. Sane hic locus a Prudentio Tricassino indicatur, ut nunc dicam. Censeo tamen Isidorum, in gemina prædestinatione distinguenda, Augustini potius et hujus discipulorum Fulgentii et Prosperi sententiam præ oculis habuisse: quorum verba distinctius postea afferam, cum Isidori mentem explicabo, sensumque ejus verborum ab omni erroris suspicione alienum ostendam.

3. Causam pro Isidoro egerunt Ratramnus monachus Corbeiensis, lib. II de Prædestinatione ad Carolum Calvum, et Prudentius Tricassinus, sive Trecensis, de Prædestin. adversus Joannem Scotum Erigenam cap. 2. Ratramnus, sive Bertramus, sic defensionem orditur: *Hinc sanctus Isidorus Hispalensis episcopus, vitæ meritis et sapientiæ lumine præclarus, catholicorum sequens doctrinam magistrorum in libro secundo sententiarum geminam fore prædestinationem tam sensuum quam verborum attestatione docet.* Prudentius noster Galindo loc. cit. Isidorum plane cum Gregorio Magno consentire arguit, quia quod Isidorus ait, *gemina prædestinatio,* Gregorius, cit. l. 29, numero plurali dicit *prædestinationes.* Verba Gregorii hæc præmittit: *Ordinem cœli nosse est supernarum dispositionum occultas prædestinationes videre.*

4. Ut autem clarius Isidori sententia et ratio intelligatur, explicandus est Gallorum error, quem in eo Hincmarus deprehendere sibi videbatur. Adrumetini monachi epistolam S. Augustini 105, ad Xystum, cum legissent, eorum multi S. doctoris verba in alienum ab ejus mente sensum acceperunt: ex quo ea dissensio inter monachos exorta est, quam Augustinus explicat in epistola ad Valentinum: *Venerunt ad nos duo juvenes, Cresconius et Felix, de vestra congregatione se esse dicentes, qui nobis retulerunt monasterium vestrum nonnulla dissensione turbatum, eo quod quidam in vobis sic gratiam prædicent, ut negent hominis esse liberum arbitrium, et, quod gravius est, dicant quod in die judicii non sit vel redditurus Deus unicuique secundum opera ejus. Etiam hoc tamen indicaverunt, quod plures vestrum non ita sentiant, sed liberum arbitrium adjuvari fateantur per Dei gratiam, ut recta sapiamus atque faciamus.*

5. Hanc epistolam ad Valentinum cœnobii Adrumetini præfectum, simulque librum de Gratia et libero Arbitrio Augustinus misit, quo gratiæ et liberi arbitrii concordiam monachis exponebat. Eo libro perlecto, Adrumetinus quidam monachus collegit, ac sustinere voluit neminem esse corripiendum, sed tantum pro eo qui malus est orandum, quandoquidem omnia opera bona, ut Augustinus in eo opere sæpius docet, sunt dona Dei. Hunc errorem refutavit Augustinus edito libro de Correptione et Gratia, quo ostendit correptionem utilem et necessariam esse, quamvis omnia bona opera sint dona Dei. In Adrumetino igitur monasterio, quod in Africa situm est, ex libris S. Augustini male intellectis Prædestinatianorum hæresim pullulasse Sirmondus aliique affirmant. Natalis Alexander, in dissertat. 5 de hæresi Prædestinatiana ad sæculum V, cum aliis tenet in Adrumetino monasterio nullos fuisse Prædestinatianos: quia S. Augustinus librum de Gratia et libero Arbitrio scripsit *propter eos qui, cum defenditur Dei gratia, putantes negari liberum arbitrium, sic ipsi defendunt liberum arbitrium, ut negent Dei gratiam, asserentes eam secundum merita nostra dari,* ut ait idem Augustinus lib. II Retractat., cap. 66.

6. Ad Augustini verba supra relata, *Et quod quidam in vobis sic gratiam prædicent, ut negent hominis esse liberum arbitrium,* respondet Natalis Alexander Cresconium et Felicem, præ simplicitate et imperitia, statum contentionis quæ Adrumetum turbabat exponere congrue non potuisse; idque suspicatum fuisse S. Augustinum, qui cap. 1 de Gratia et libero Arbitrio disjunctim et sub dubio loquitur: *Sed quoniam sunt quidam qui sic gratiam Dei defendunt, ut negent hominis liberum arbitrium, aut quando gratia defendi-*

tur, negari existiment liberum arbitrium, hinc aliquid... scribere curavi. Sed quam absurdum est credere Cresconium et Felicem Adrumetinos monachos, qui Valentini abbatis sumptu et cum ejus litteris Augustinum adierunt, ut de dissensione in eorum monasterio orta ejus sententiam exquirerent, statum quæstionis non potuisse congrue exponere, et aperte dixisse esse quosdam monachos qui ita Dei gratiam prædicarent, ut liberum esse hominis arbitrium negarent, cum eorum nullus ita errasset? Fingamus tamen tam stupidos eos monachos fuisse, atque eorum abbatem Valentinum, qui alios potius ad Augustinum non miserit. Augustinus certe eorum narrationi fidem præstare debuit, atque adeo contra eos, qui liberum hominis esse arbitrium negarent, scribere. At suspicatus est, inquis, eorum narrationem non esse veram. Cur id suspicatus fuerit? Constat, repones, ita suspicatum fuisse, quoniam *disjunctim* et *sub dubio* loquitur. Primum in epistola ad Valentinum non disjunctim, nec sub dubio loquitur : *Nobis retulerunt monasterium vestrum nonnulla dissensione turbatum esse, eo quod quidam in vobis* SIC GRATIAM PRÆDICENT, **187** UT NEGENT HOMINIS ESSE LIBERUM ARBITRIUM, *et, quod gravius est, dicant quod in die judicii non sit vel redditurus Deus unicuique secundum opera ejus.*

7. Quod ergo cap. 1 libri de Gratia et libero Arbitrio disjunctim Augustinus loquitur, non arguit eum dubitasse an falsa esset Cresconii et Felicis narratio ; sed voluisse eadem opera confutare tum eos qui ita gratiam Dei prædicant ut negent liberum hominis esse arbitrium, tum eos qui putant liberum arbitrium negari, cum gratia Dei defenditur, sive ab Augustino defendebatur, sive ipsi hanc defendendi rationem probent, sive secus. Deinde, etiamsi admittere velimus Augustinum dubitasse an monachi Adrumetini negarent liberum arbitrium, an solum putarent liberum arbitrium negari cum gratia Dei defenditur, omnino tamen fatendum est Augustinum, ut dubitationis suæ utramque partem comprehenderet, librum de Gratia et libero Arbitrio scripsisse tum contra eos qui ita Dei gratiam prædicarent ut negarent liberum hominis esse arbitrium, tum contra eos qui putarent liberum hominis arbitrium negari cum gratia Dei defenditur. Ecquodnam igitur argumentum profers, ut in monasterio Adrumetino Prædestinatianos fuisse constanter neges ? Cresconius et Felix, monachi Adrumetini, Prædestinatianos in suo monasterio fuisse ingenue fatentur. Ex Augustino solum colligere laboras, eum dubitasse an illi duo monachi statum quæstionis explicare sciverint.

8. Itaque in Augustini scriptis Pelagiani ac Semipelagiani doctrinam de gratia ideo reprehendebant, quia eam cum libero arbitrio, quod ipsi propugnabant, cohærere posse negabant. Alii contra ita doctrinam ejusdem Augustini de gratia interpretabantur et retinebant, ut simul liberum arbitrium negarent : nam cum catholicam crederent Augustini sententiam, ut re vera catholica est, errabant tamen putantes, ea admissa, libertatem arbitrii corruere, quod contra ipsius Augustini mentem tuebantur : qui Prædestinatiani a Gennadio, Hincmaro et aliis dicti sunt. Alii denique concordiam gratiæ et liberi arbitrii ex Augustini libris et doctrina defendebant. Prædestinatianorum hæresim paulo post in Gallia exortam fuisse testis est Hincmarus in epist. ad Nicolaum papam : *Ex veteri hæresi Prædestinatiana, quæ primum in Africa, et postea in Gallia per idem tempus quando et Nestoriana hæresis est exorta, et* **188** *temporibus Cœlestini papæ, ipsius auctoritate et instinctu est revincta.* Contendit Natalis Alexander Prædestinatianorum hæresim in Galliis tempore Cœlestini I Romani pontificis non emersisse. Sed non aliter sese a difficultatibus objectis extricat, nisi ut fidem tunc Hincmaro, tunc auctori Prædestinati, a Sirmondo vulgati, neget. Concedit tamen non fuisse *imaginariam* Prædestinatianorum hæresim, quamvis plurimos non habuerit sectatores, et Lucidum presbyterum Prædestinatianorum erroribus adhæsisse, qui in concilio Araletensi III, et Lugdunensi sæculo v, damnati sunt. Concludit *gyrovagum, turbulentum,* et *novatorem monachum Gothescalcum* sæculo IX hæresim Prædestinatianorum suscitasse.

9. Omissis igitur cavillis Jansenistarum, qui contendunt veros S. Augustini discipulos ab Hincmaro et aliis vocatos fuisse Prædestinatianos, sustinendum est et sæculo v in Gallia aliquos, quamvis fortasse non multos, hæresim Prædestinatianam docuisse, et sæculo IX Gothescalcum eamdem renovasse. Hoc autem erat primum Prædestinatianorum dogma, ut refert Hincmarus in epist. ad Nicolaum papam : *Quod sicut Deus quosdam ad vitam æternam, ita quosdam prædestinavit ad mortem.* Cum ergo Hincmaro, Prædestinatianos redarguenti, objiceretur Isidori sententia : *Gemina est prædestinatio, sive electorum ad requiem, sive reproborum ad mortem*, non aliam interpretationem adhibere curavit, nisi quod fortasse Isidorus in hac sententia de reliquiis Gallorum in Hispaniis remanserat.

10. Sed cum nulla aliunde vestigia appareant hæresis Prædestinatianæ in Hispaniis, per successiones Gallorum aut alio modo invectæ, oportuit potius diligentius in Isidori mentem introspicere, ejusque hoc in loco sententiam cum aliis ejusdem componere, ut verus sensus erueretur. Notum est, quod a Semipelagianis S. Augustino quædam similis sententia veluti in ejus scriptis defensa objiciebatur. Apud S. Prosperum inter objectiones Gallorum capitulum primum est : *Quod ex prædestinatione Dei, velut fatali necessitate, homines ad peccata compulsi cogantur in mortem.* Capitulum nonum Gallorum est : *Quod per potentiam Deus homines ad peccata compellat.* S. Fulgentius in epist. ad Monimum cap. 30 eamdem objectionem, a Massiliensibus contra Augustinum propositam, repræsentat, simulque Augustini mentem explicat : *Non autem ignoras, etiam præterito tempore illi luculentissimo S. Augustini*

operi de Prædestinatione **189** *sanctorum; a quibusdam Gallis objectum, quod beatus Augustinus in assertione prædestinationis divinæ peccatores non ad solum prædestinatos diceret judicium, sed etiam ad peccatum, cujus dicta, quia ipse celeri præventus est obitu, Prosper, vir eruditus et sanctus, recta defendit fide et copioso sermone.*

11. Lucidus Prædestinatianus damnatus fuit, quia reproborum prædestinationem ad mortem ita defendebat, ut crederet reprobos a Deo prædestinari, et propelli ad peccatum. Natalis Alexander dissert. de hæresi Prædestiniana, sæculo v, propos. 4, sic refert : *Sexta demum propositio, qua dicuntur* ALII DEPUTATI AD MORTEM, ALII AD VITAM PRÆDESTINATI, *eo intellecta sensu, ut alii ad æternam damnationem propter mala merita prædestinati sint, alii ad vitam ita prædestinati, ut in eorum electione misericordia Dei bona merita præcedat, catholica est, a concilio Valentino secundum S. Augustini et S. Fulgentii doctrinam asserta, et ab Ecclesia Lugdunensi defensa. Eo vero accepta sensu, quod Deus reprobos ad peccatum propellat, vel quod generali Creatoris intentione et bonitate conditi non sint omnes ut vitam æternam consequerentur, sed conditi sint aliqui ut damnarentur, hæretica est. Lucidus porro presbyter propositiones illas pravo sensu, quem in singulis indicavimus, propugnabat.*

12. Duplici autem sensu accipi potest prædestinatio : Deus enim aliquo vero sensu dicitur prædestinare ea omnia quæ ipse facturus est; quamvis in sensu magis proprio et usitato prædestinatio Dei solum dicatur cum Deus ex sua benevolentia aliquem ordinat ad aliquem finem ipsi commodum; Hoc sensu magis proprio Deus non prædestinat hominem reprobum ad pœnam æternam : potest autem dici eum prædestinare ad pœnam æternam sensu minus proprio ; quia, provocatus ex præscientia culpæ, decernit eum pœna æterna punire. Quæ uberius explicare juverit verbis Suarii tom. I. tract. 2, lib. I, cap. 5, ubi locum etiam Isidori nostri indicat : *Secundo dicendum est licet in aliquo vero sensu dici possit Deus prædesinare, aliquos homines ad malum pœnæ, non tamen in sensu propriissimo et rigoroso, in quo nunc loquimur. Prior pars ponitur propter Augustinum, qui interdum absolute dicit aliquos esse a Deo prædestinatos ad gehennam, ut patet in Enchiridio, cap.* 100, *et lib.* xv *de Civit., cap.* 1, *et lib.* xxi, *cap.* 24. *Et ita intelligendus est,* **90** *si alicubi dixerit absolute aliquos esse prædestinatos ad interitum, ut libro de Perfect. justor., sicut illum exposuit Fulgentius dicto lib.* I *ad Monimum. Et eodem modo loquitur Isidorus lib.* II *de summo Bono, cap.* 6, *et indicat concilium Valentinum sub Lothario, cap.* 3. *Sed in hoc genere locutionis advertendum est illam particulam* præ *dicere antecessionem æternitatis ad tempus, non voluntatis divinæ ad præscientiam ejus. Sic enim verum est quod concilium Arausicanum et Tridentinum definierunt, Deum potestate sua neminem ad malum prædestinasse. Quod ego intelligo etiam de malo pœnæ, et æternæ miseriæ, ut in secunda parte hujus* A *materiæ latius ostendam. Expendo tamen verbum illud,* POTESTATE SUA, *quo significatur Deum ex sola potentia et voluntate neminem ad malum æternæ miseriæ ordinasse. Id vero non excludit quin ex justitia aliquos in æternum punire decreverit. Hoc autem decretum supponit præscientiam culpæ, propter quam homo dignus est tali pœna. Ideoque tale decretum non potest dici prædestinatio in ordine ad præscientiam, sed ratione æternitatis comparatæ ad talem effectum, et ita loquuntur dicti Patres : nam expresse declarant prædestinationem illam supponere dictam præscientiam. Ex his ergo patet prior pars assertionis. Nam dicta locutio in priori sensu vera est. Et ratio illius est, quia Deus vere dicitur prædestinare illa quæ absoluta et efficaci voluntate sua æternitate* B *ordinavit, et facere decrevit, saltem eo sensu quo particula* PRÆ *dicit antecessionem æternitatis ad tempus. Sed Deus absoluta voluntate decrevit punire quos peccaturos et usque ad finem in peccatis permansuros esse præscivit; ergo eos, ut impios, recte dicitur ad pœnam prædestinasse. Posterior item assertionis pars ex eadem doctrina declaratur, quia Deus dicitur propriissime prædestinare hominem, quando ex se et ex sua benevolentia, et affectu, et non tantum provocatus ex præscientia alicujus operis ipsius hominis, illum ordinat efficaciter ad aliquem finem vel terminum homini convenientem et commodum*, etc.

13. Alia plura in eamdem sententiam Suarius. Quod autem Isidorus nullo modo intellexerit, a Deo reprobos prædestinari ad malum culpæ, sive ad mor- C tem animæ, patet ex capite superiori 5 ejusdem libri, ubi de obduratione et cæcitate hominum sic ratiocinatur : *Obdurare dicitur Deus hominem, non ejus faciendo duritiam, sed non auferendo eam, quam sibi ipse nutrivit. Non aliter* **191** *et obcæcare dicitur quosdam Deus, non ut in eis eamdem ipse cæcitatem faciat, sed quod pro eorum inutilibus meritis cæcitatem eorum ab eis ipse non auferat.* De libero autem hominis arbitrio, et reprobatione malorum, sive prædestinatione reproborum ad pœnam ob peccata, clarius ipse Isidorus lib. II Different., num. 32 : *Dei est ergo bonum quod agimus propter gratiam prævenientem et subsequentem. Nostrum vero est propter obsequentem liberi arbitrii voluntatem.... Proinde ergo* D *in eo quod gratia prævenimur, Dei est; in eo vero quod bene operando prævenientem gratiam sequimur, nostrum est: Nemo autem Deum meritis antecedit, ut tenere eum quasi debitorem possit. Sed miro modo æquus omnibus conditor alios prædestinando præligit, alios in suis moribus pravis justo judicio derelinquit.... Quidam enim gratissimæ misericordiæ ejus prævenientis dono salvantur, effecti vasa misericordiæ : quidam vero reprobi habiti ad pœnam : prædestinati damnantur, effecti vasa iræ.* Non desunt theologi qui prædestinationem post prævisa merita tueantur, neque repugnare Augustinum contendant ; nonnulli etiam hac in parte deserere Augustinum non verentur ; quo fortasse spectat opus in Codice Vaticano Ottoboniano 392, sic inscriptum : *Dialogus Christianus de Prædestinatione contra S. Augustinum.* In fine

Codicis elenchus auctoritatum pro stabilienda sententia, italice incipit : *Felice e beato*. Sed prædestinatio ante prævisa merita, ut Augustino congruentior est, ita etiam inter theologos communior, et ad exposita Isidori verba accommodatior.

14. Ex his aliisque hujusmodi Hincmarus colligere potuit, non ex reliquiis Gallorum Prædestinatianorum, sed ex Augustini Gregoriique Magni libris Isidorum prædestinationem reproborum ad pœnam docuisse, accepto *prædestinationis* vocabulo in sensu quodam vero, non tamen in sensu magis proprio et usitato. Sententiam et verba ipsa Isidori approbat Honorius Augustodunensis de libero Arbitr. tom. II Thes. Anecd. Pezii, ubi plures Patrum sententias colligit, præsertim Isidori. Prima sententia : *Arbitrium est voluntas liberæ potestatis*, etc., ex lib. II Differ., n. 32, al. 27. Secunda sententia : *Sciant liberi arbitrii defensores*, etc.; ex lib. II Sentent., c. 5. Tertia sententia : *Gemina est prædestinatio*, etc., usque ad verba *perpendere ordinem* ex loco qui ab Hincmaro notatur. Quarta sententia : **192** *Deus prædestinavit quosdam*, etc. Sed de tota hac controversia, uti de aliis ad gratiam spectantibus, copiose et erudite aget amicus meus Franciscus Xaverius Perotes, qui universam de controversiis omnibus ad divinam providentiam quoquo modo spectantibus historiam, multis voluminibus comprehensam, exquisita doctrina refertam, et improbo labore concinnatam, jamdudum editioni paratam habet; quod ut exsequi possit, optandum maxime est ut munificus aliquis ac tanto molimini par Mæcenas inveniatur.

15. Aliam nobis controversiam excitant heterodoxi, qui veram corporis Domini nostri Jesu Christi præsentiam, aut transsubstantiationem in eucharistia negant, et Isidorum in eamdem sententiam pertrahere conantur. Josephus Binghamus, Origin. eccles. lib. xv, cap. 5, allegat pro sua hæresi Isidori locum ex lib. I, cap. 18, de Ecclesiast. Offic.: *Panis enim, quem frangimus, corpus Christi est, qui dixit : Ego sum panis vivus qui de cœlo descendi. Vinum autem sanguis ejus est, et hoc est quod scriptum est : Ego sum vitis vera. Sed panis, quia corpus confirmat, ideo corpus Christi nuncupatur; vinum autem, quia sanguinem operatur in carne, ideo ad sanguinem Christi refertur. Hæc autem dum sunt visibilia, sanctificata tamen per Spiritum sanctum in sacramentum divini corporis transeunt*.

16. Alium locum profert Binghamus ex libro VI Etymol., cap. 19, in hæc verba : *Panis et vinum ideo corpori et sanguini Domini comparantur, quia sicut visibilis hujus panis vinique substantia exteriorem nutrit et inebriat hominem, ita verbum Dei, qui est panis vivus, participatione sui fidelium recreat mentes*. Advertit hæc verba citari a Bertramo de Corpore et Sanguine Domini apud Flaccum in Catal. test. verit., lib. x, sed nunc ex quadam fraude loco suo proprio non reperiri.

17. Quærendum modo est an genuina sint censenda Isidori verba secundo loco allegata, quæ fraude aliqua proprio loco mota dicuntur. Bertramus, sive Ratramnus, quo secundo nomine nostior est, sæculo IX floruit. Cum autem verba de Eucharistia ex Isidoro ab ipso adducta non solum huic in editis non compareant, sed omnino a mss. codicibus, etiam Bertramo antiquioribus, absint, cur Binghamus fidenter asserit, ex fraude quadam ea verba proprio suo loco non reperiri? Equidem plurima Etymologiarum exemplaria mss. diligenter contuli, si ea verba loco citato possem invenire : **193** eorum exemplarium quædam sæculum IX et Bertrami ætatem antecedunt. Nusquam tamen reperire mihi licuit ea quæ Isidoro a Ratramno tribuuntur. Omnia exemplaria, etiam vetustissimum Reginæ Suecorum, num. 1953, cum editis consentiunt lib. VI, cap. 19, ubi ita de sacramento Eucharistiæ disseritur : *Sacrificium dictum, quasi sacrum factum ; quia prece mystica consecratur in memoriam pro nobis dominicæ passionis: unde, hoc eo jubente, corpus Christi et sanguinem dicimus, quod dum sit ex fructibus terræ, sanctificatur et fit sacramentum, operante invisibiliter spiritu Dei; cujus panis et calicis sacramentum Græci eucharistiam dicunt, quod Latine bona gratia interpretatur. Et quid melius corpore et sanguine Christi ?* Ratramnus post hæc Isidori verba, ex libris *Etymologiarum* laudata, continenter ait : *Panis vero et vinum*, etc., ut supra ex Binghamo retuli. Nota marginis hæc est : *Verba, Panis*, etc., *non reperiuntur apud Isidorum loc. cit.* VI *Etymol., cap.* 19; *sed lib.* I *de Offic., cap.* 18, *hæc habentur : Panis, quia corpus confirmat*, etc. Pergit Ratramnus : *Et iste doctor catholicus*, etc., *dum dicit panem et vinum ideo corpori et sanguini Domini comparari*, etc.

18. Cur igitur non concludemus aut Ratramnum in aliquod Isidori exemplar interpolatum incidisse, aut in Ratramni opus attributa Isidoro verba cum subsequenti ratione ab aliquo falsario fuisse intrusa? Neque tale certe est Ratramni opus, cui fidere debeamus. Prohibitum nempe est in Indice Tridentino Romano, et Hispanico cardinalis Quirogæ. Natalis Alexander in dissert. 13 ad sæculum IX, etsi contendit Ratramnum in fide realis præsentiæ corporis et sanguinis Christi in Eucharistia et transsubstantiationis convenire, tamen concedit ejus librum, ob duriores quasdam et obscuriores sententias, quas expositione aliqua molliri opus erat, in indice jussu Clementis VIII pontificis maximi edito, inter libros non sanam aut suspectam doctrinam continentes, rejectum fuisse. Theophilus Raynaudus tom. XI, partit. I, erotem. 10, de bon. et mal. Libr., pag. 276, plures numerat scriptores qui Ratramno librum de Eucharistia ab Œcolampadio aut omnino aut magna ex parte suppositum fuisse censuerunt. Sed librum a Ratramno scriptum negari nequit; interpolatum ab aliquo facilius credam, quamvis multi cum Natali Alexandro nihil in re ipsa catholico dogmati contrarium reperiri existiment. In editione Parisiensi **194** Ratramni Gallice et Latine anno 1686 est præfatio sic satis erudita; qua Ratramnus verus auctor operis asseritur. Adduntur notæ quibus Ratramni verba catholico sensu exponuntur.

19. Quod si **Ratramnus** in illo suo opere nihil doctrinæ catholicæ de transsubstantiatione contrarium habet, multo minus Isidorus, quem pro se Ratramnus allegat, veræ fidei contrarius censendus est. Re vera locus Isidori nomine a Ratramno allatus nihil aliud evincit, nisi ideo corpus Christi sub specie panis, et sanguinem Christi sub specie vini in sacramento Eucharistiæ exhiberi, quia sicut panis hominem nutrit, et vinum inebriat, ita verbum Dei, vel Christus ipse, qui est panis verus, recreat mentes eorum a quibus participatur. Quis autem propterea neget conversionem panis in corpus, et vini in sanguinem Domini nostri Jesu Christi? Hanc conversionem, quam catholica Ecclesia apposite *transsubstantiationem* vocat, satis clare innuit Isidorus eodem cap. 19 lib. VI, genuinis quæ protulimus verbis : *Unde hoc, eo jubente, corpus Christi et sanguinem dicimus, quod, dum sit ex fructibus terræ, sanctificatur, et fit sacramentum, operante invisibiliter spiritu Dei... Et quid melius corpore et sanguine Christi?*

20. Priorem nunc locum, qui certe Isidori est, ex lib. I de ecclesiast. Offic. cap. 18 explicemus. In dubium minime verti potest, quin realem corporis Christi præsentiam eo capite astruat : *Sacrificium autem*, inquit, *quod a Christianis Deo offertur, primum Christus Dominus noster et magister instituit, quando commendavit apostolis corpus et sanguinem suum, priusquam traderetur*, etc. *Sic enim placuit Spiritui sancto per apostolos, ut in honorem tanti sacramenti in os Christiani prius Dominicum corpus intraret, quam cæteri cibi; et ideo per universum orbem mos iste servatur. Panis enim, quem frangimus, corpus Christi est,* etc. Hinc aliquis colliget, ab Isidoro substantiam panis simul cum Christi corpore in Eucharistia agnosci, adeoque transsubstantiationem ab eo negari. Non ita certe. Postquam enim Isidorus explicuit, panem, quia corpus confirmat, ideo corpus Christi nuncupari, et vinum, quia sanguinem in carne operatur, ideo ad sanguinem Christi referri, illico conversionem panis in corpus, et vini in sanguinem Christi non obscuris verbis indicavit : *Hæc autem dum sunt visibilia, sanctificata tamen per Spiritum sanctum, in sacramentum divini corporis* **195** TRANSEUNT. Intelligi enim hic transitus non potest sine transsubstantiatione.

21. Neque vero refert quod Isidorus dicat, *Panis, quem frangimus, corpus Christi est.* Loquitur enim cum Apostolo I ad Corinth., cap. x, vers. 16 : *Calix benedictionis, cui benedicimus, nonne communicatio sanguinis Christi est? Et panis, quem frangimus, nonne participatio corporis Domini est?* Hanc sententiam ut Isidorus explicet, dixit, *panem, quem frangimus, esse corpus Christi*; quod nullo vero sensu intelligi potest, nisi panis in corpus Christi conversus fuerit. Gregorius de Valentia libro II de Eucharistia, cap. 6, hæreticis respondet qui transsubstantiationem negant, *quoniam Apostolus vocat Eucharistiam panem etiam post benedictionem.* Observat, Apostolum declarare panem esse ipsum corpus Christi, cum dicit : *Panis,* quem frangimus, nonne communicatio corporis Christi est?* Quasi dicat, distributionem et communicationem hujus panis non alterius rei (secundum substantiam quidem) communicationem esse, quam ipsiusmet corporis Christi. Quo referendæ sunt plurimæ sententiæ Patrum, *quibus illi affirmant,* ut ait, *eum panem Eucharistiæ revera esse ipsum corpus Christi.* Triplici autem ratione Eucharistia vocatur panis : prima, quia reficit, ut panis; altera, quia panis videtur; tertia, quia ex pane confecta est. Postularet hic locus, ut opinionem quorumdam recentium theologorum in Germania propugnatam refellerem : qui fatentur quidem in Eucharistia et adesse corpus et sanguinem Christi, et abesse substantiam panis et vini : sed necessarium esse negant *conversionis* verbum astruere. Verum hoc argumentum occupavit exhausitque vir et doctrina et dignitate eminentissimus, quem honoris causa nominatum volo, cardinalis Gerdil in opere anonymo : *Animadversiones in notas quas nonnullis Pistoriensis synodi propositionibus damnatis in dogmatica constitutione SS. D. N. Pii VI, quæ incipit,* Auctorem Fidei, *cl. Feller clarioris intelligentiæ nomine adjiciendas censuit. Romæ 1795, apud Lazarinos.* Quamnam theologicam censuram mereatur illa opinio, dilucide Suarius jam exposuerat tom. XVIII, quæst. 75, disput. 50, art. 8, sect. 1, in fine : *Secundo infero, si quis confiteatur præsentiam corporis Christi, et absentiam panis, neget tamen veram conversionem unius in aliud, in hæresim labi, quia Ecclesia catholica non solum* **196** *duo priora, sed etiam hoc tertium definit ac docet; sicut in miraculo facto a Christo Joannis II non solum de fide est illis hydriis prius fuisse aquam impositam, et postea inventum illic fuisse vinum, sed etiam est de fide aquam conversam esse in vinum. Si quis tamen confidendo rem totam, vocem* TRANSSUBSTANTIATIONIS *abjiceret, ut ineptam et barbaram, in re ipsa non existimo esse hæreticum, quia usus vocis per se non pertinet ad objectum fidei; esset tamen valde temerarius, scandalosus, ac pias aures offenderet, ac denique in externo foro habendus esset vehementer de hæresi suspectus.*

22. Alium errorem ex eodem cap. 19 Etymologiarum Isidori lib. VI confirmare nititur Binghamus lib. XII Origin. ecclesiast., cap. 1. Colligit enim unum idemque sacramentum esse baptismum et chrisma ex his Isidori verbis loc. cit. : *Sunt autem sacramenta baptismus et chrisma, corpus et sanguis.* Sicut ergo corpus et sanguis unum sacramentum constituunt, ita baptismus et chrisma. Hæc est Binghami argumentatio, in conjunctione *et* post *baptismus* fundata : et ita quidem hunc locum exhibent non tantum editi, sed et plerique Codices MSS. In Codice tamen 2 archivii Vaticani (nam duos Codices ex hoc archivio consului, quos postmodum describam) diverso modo legitur : *Sunt autem sacramenta baptismum, corpus et sanguis Christi.* Verbum Christi alia exemplaria Mss. et Edita addunt : editio regia Matritensis omittit. In codice Reginæ Suecorum num. 1850, sic : *Sunt autem sacramenta baptismus,* *chrisma, corpus et sanguis.* Utrolibet ex his modo legere velimus, corruit Binghami argumentum.

23. Sed lectionem vulgatam retineamus, si placet. Quis ex sola illa conjunctione *et* recte colligi existimabit Isidorum sacramentum confirmationis a sacramento baptismatis non distinxisse? Eodem quidem modo unum Eucharistiæ sacramentum exprimit, *corpus et sanguis:* addo etiam omitti conjunctionem post *chrisma*, quod indicare potest duo tantum sacramenta ibi recenseri, unum per hæc verba *baptismus et chrisma,* alterum per hæc *corpus et sanguis.* Sed cum agitur de re tam gravi stabilienda, leviora hæc sunt indicia, quam ut ex his mens scriptoris aperte ostendi possit. Ex aliis autem verbis quæ sequuntur contrarium potius demonstratur: cum enim sacramentum Eucharistiæ paulo ante simul *per corpus* **197** *Christi et sanguinem* explicuerit, postquam sacramentum in genere definivit, de baptismo seorsum agit: *Baptismus Græce, Latine tinctio interpretatur,* etc. Tum sacramentum chrismatis, ut a baptismate plane distinctum, exponit: *Chrisma Græce, Latine unctio nominatur, ex cujus nomine et Christus dicitur, et homo post lavacrum sanctificatur. Nam sicut in baptismo peccatorum remissio datur, ita per unctionem sanctificatio Spiritus adhibetur.* Atque ita in explicatione sacramenti chrismatis, sive confirmationis procedit, verbis fere ex Tertulliano cap. 7 de Baptismo petitis, quibus doctrina de sacramento confirmationis mirifice traditur.

24. Ita etiam in libro II de Officiis ecclesiast. idem Isidorus cap. 25 agit de baptismatis sacramento, deinde cap. 26 de chrismate, ac denique cap. 27 de confirmatione, vel manuum impositione: *Sed quoniam,* inquit, *post baptismum per episcopos datur Spiritus sanctus cum manuum impositione, hoc in Actibus apostolorum apostolos fecisse meminimus,* etc. Indicat hunc locum Gregorius de Valentia in libro de Numero sacramentorum novæ legis, ubi catholicam doctrinam de septenario numero sacramentorum confirmat, et sententiam fere communem sectariorum refellit, qui docent sacramenta novæ legis duo tantum esse, nempe baptismum et eucharistiam. Natalis Alexander dissert. 10 ad sæculum II, contra Dallæum et alios hæreticos, confirmationis sacramentum tuetur, et nominatim Isidori doctrinam exponit: nam ex Isidori verbis cap. 26 lib. II de Officiis. *Sed quoniam post baptismum per episcopos datur Spiritus sanctus cum manuum impositione,* etc., Dallæus colligebat, chrismatis unctionem, quæ manus impositionem præcesserat, ad baptismum pertinere. Sed inepte Dallæus ita cavillatur: nam Isidorus aperte tradit tam chrismatis unctionem, quam manuum impositionem, baptismo posteriorem esse: datur igitur post baptismum primo chrisma, tum per episcopos manuum impositio.

25. Ea quæ in libro de Ordine creaturarum Isidori nomine edito traduntur de igne purgatorio et statu animarum post obitum, Nic. Antonio non omnino probata sunt. Hac tamen de re satis cap. 25 disputatum fuit. Quædam alia Isidori dicta a nonnullis notata sunt de trium capitulorum, ut vocant, defensoribus: quæ Grialius in præfatione ad Isidori Opera breviter exponit: qui **198** etiam malitiose et impie adjecta credit quæ de præfinitione extremæ diei in quibusdam exemplaribus expositionis in Genesin cap. 6 reperiuntur, in aliis desunt. De his sermo suis in locis habebitur.

CAPUT XXXI.

Isidorus a Romanis pontificibus et in multis conciliis laudatus.

1. Adriani I, qui sæculo VIII vixit, egregia in Isidori laudem verba cap. 29 deprompsi. Sæculo IX floruit Leo IV pontifex Romanus, qui in synodo Romana anni 853 plures canones de disciplina ecclesiastica promulgavit, et ob heroicas virtutes inter sanctos relatus est. Quo elogio is Isidorum ornaverit, cit. cap. 29 dixi. Gregorius IX negotium S. Raymundo de Pennafortio dedit, ut Romanorum pontificum responsa, et conciliorum generalium quæ postremis temporibus habita fuerunt decreta in unum corpus redigeret: atque adeo suo ipse pontifex nomine quinque Decretalium libros in vulgus edidit anno 1230 circiter, suaque auctoritate confirmavit. In his Decretalium libris sæpe sententiæ ex Isidoro petuntur, ut lib. IV, tit. 2, cap. 3, *Isidorus* (anno 630, in Bætica): *Puberes a pube sunt vocati,* etc. Alia similia loca indicat Bignæus in præfatione ad Isidori Opera, mox exscribenda.

2. In duobus conciliis Toletanis, altero VIII, altero XV, quæ sæculo VII celebrata sunt, magnis laudibus prædicatus fuit Isidorus, ut jam cap. 29 expositum est. Inter hæc duo concilia collocandum esset aliud Toletanum, quo divisio provinciarum Hispaniæ tempore Wambæ regis, Quiriaco sive Quirico episcopo Toletano præside, peracta dicitur, nisi eam divisionem commentitiam esse constaret. Quiricus præfuit vero concilio Toletano XI, anno 675. Supposititia divisio exstat apud Labbeum tom. V Concil., col. 878, ex Mss. ecclesiæ Toletanæ et Ovetensis, ubi prope finem sic legimus: *Statutum est præterea in dicto concilio, ut omnes clerici viverent secundum regulam sanctissimi Patris Isidori, prout continetur in libro ejusdem de Honestate clericorum.* Innuitur liber secundus de Officiis ecclesiasticis. Certe Isidori doctrinam seculæ sunt plures **199** synodi Gallicanæ et Germanicæ. Bignæus loc. cit. in testimonium profert synodum Francofordiensem ad Mœnum, Aquisgranensem utramque, Moguntinam, Triburiensem et Parisiensem: quæ Isidori auctoritate et verbis catholicam doctrinam confirmarunt, et sapientissimos canones constituerunt. Nonnihil de singulis dicemus.

3. Synodus Francofordiensis, in qua hæresis Feliciana, sive Adoptianorum, ab episcopis universi regni Francorum Italiæ, Galliæ et Germaniæ, præsente Carolo Magno rege, atque Adriani papæ legatis Theophylacto et Stephano episcopis, damnata est anno 794, in epistola synodica ad præsules Hispaniæ sic Isidori meminit: *Isidorus quoque in libro Etymologiarum: Sic autem, inquit, Dei Filio juncta est hu-*

mana natura, ut ex duabus substantiis fieret una persona. Exstant hæc verba lib. VII, cap. 2, prope finem.

4. Anno 816 concilium Aquisgranense celebratum fuit, quo forma institutionis Canonicorum ex sacris canonibus et sanctorum Patrum dictis, Ludovico Pio rege et imperatore instante, excerpta est. Liber I est de Institutione canonicorum, liber II de Institutione sanctimonialium. In libro I sunt capita 145, quorum plurima ex S. Isidori contexta sunt libris: scilicet, Caput 1, *de tonsura clericorum*, ex lib. II, cap. 4, de ecclesiast. Offic. Caput 2, *de ostiariis*, ex cap. 14, ibid. Caput 3, *de lectoribus*, ex cap. 11, ibid. Caput 4, *de exorcistis*, ex cap. 13 ibid. Caput 5, *de acolythis*, ex lib. 7 Etym., cap. 12. Caput 6, *de subdiaconibus*, ex lib. II Offic., cap. 10. Caput 7, *de diaconibus*, ex cap. 8 ibid. Caput 8, *de presbyteribus*, ex cap. 7 ibid. Caput 9, *de sacerdotibus*, ex cap. 5 ibid.

5. Post alia ex aliis Patribus iterum caput 15, *de indignis præpositis*, ex Isidori lib. III Sentent., cap. 34. Caput 16, *de indoctis præpositis*, ex cap. 35 ibid. Caput 18, *de præpositis ecclesiæ*, ex cap. 33 ibid. Caput 20, *de doctrina et exemplis præpositorum*, ex cap. 36 ibid. Caput 22, *de humilitate præpositorum*, ex cap. 42 ibid. Caput 29, *de his qui bene docent et male vivunt*, ex cap. 37 ibid. Caput 30, *de exemplis pravorum sacerdotum*, ex cap. 38 ibid. Caput 31, *de præpositis carnalibus*, ex cap. 59 ibid. Caput 33, *de iracundis doctoribus*, ex cap. 40 ibid. Caput 36, *de disciplina sacerdotum in his qui delinquunt*, ex cap. 46 ibid. Caput 99, *de clericis*, ex libro Officior. II, cap. 1. Caput 100, *de regulis clericorum* 200 ex cap. 2 ibid. Caput 101, *de generibus clericorum*, ex cap. 3 ibid. Caput 104, *de subditis* ex lib. III Sentent., cap. 17.

6. Advertendum est, post cap. 113, quod est S. Augustini *de Vita et moribus clericorum*, addi hoc monitum: *Explicit. Quia ergo constat sanctam Ecclesiam prædicatorum Patrum exempla sequi debere, quorum noscitur documentis post apostolica instituta ubertim coruscare, debent non solum prælati imitando, verum etiam subditi obsequendo, usquequaque studere, qualiter eorum exemplis et doctrinis parentes, ad felicitatis gaudia, quo illi præcesserunt, valeant pervenire*, etc.

7. Sequuntur alia capita: et caput 126 est: *Qua auctoritate horæ canonicæ celebrentur, quas scire ac religiose observare Canonicos oportet*, excerptum ex Isidori lib. II Officior., cap. 19. Caput 127, *de vespertinis*, ex cap. 20 ibid. Caput 128, *de completis*, ex cap. 21 ibid. Caput 129, *de vigiliarum antiquitate* ex cap. 22 ibid. Caput 130, *de matutinis*, ex cap. 23 ibid.

8. Longe igitur sæpius Isidori auctoritas in hoc concilio laudatur, quam alterius cujuslibet e Patribus, Hieronymo, Augustino, Gregorio, Prospero, sive potius Juliano Pomerio, Leone papa, Gelasio papa, qui in eodem concilio producuntur. Ex hoc concilio Aquisgranensi desumpta sunt ea capita, quæ in inventario bibliothecæ Vaticanæ codice 1354 Isidoro adjudicantur, *De tonsura, ostiariis*, etc. Neque aliud puto esse quod Nic. Antonius lib. V, n. 179, in bibliotheca Ambrosiana asservari ait Isidori opus *De re-*

gulis Canonicorum, quamvis ipse de libro II Offic. eccles. id intelligi suspicetur. Præcipuam vero operam in eo concilio navasse dicitur Amalarius Metensis diaconus, qui totum illud opus ex diversis doctorum sententiis concinnavit, concilii judicio et auctoritate comprobatum. Exstat præterea Canonicorum regula, a Chrodogango Metensi episcopo disposita, ab anonymo quodam ex laudati concilii Aquisgranensis nonnullis capitulis, atque aliunde aucta et interpolata: in qua plura Isidori loca jam indicata reperiuntur. Invenio etiam (quod obiter notatum volui) cap. 62 quosdam versus ex carm. 5 Eugenii Toletani part. I contra ebrietatem, tacito auctoris nomine, productos. Neque prætermittam, in inventario bibliothecæ Vaticanæ Codicem membranaceum concilii Aquisgranensis sub Ludovico Primo imperatore recenseri: *in quo, additur, est posita* 20 *regula Canonicorum fortior ac est illa quæ in impressis habetur etiam inserta in hoc concilio*.

9. Ab episcopis quatuor provinciarum Remensis, Senoniæ, Turonicæ et Rothomagensis VI, concilium Parisiense celebratum fuit anno 829. Cap. 19 libri I hujus concilii verba Isidori proferuntur ex cap. 28 lib. III Sentent., *Quia, ut Isidorus in libro Sententiarum scribit, rectores a Deo solummodo, non a subditis, sunt judicandi*, etc. Idem Isidorus laudatur lib. II, cap. 1, ex capp. 28 et 29 libri III Sentent., ubi de regum probitate et justitia disseritur. Rursus cap. 3 ejusdem libri, non indicato Isidori loco, ex lib. III Sent. cap. 21: *Isidorus: Principes sæculi nonnunquam intra ecclesiam potestatis adeptæ culmina tenent*, etc. Et cap. 3: *Quod quando pravi judices populo Dei præferuntur, ad delictum illius pertineat a quo constituuntur, dicta Isidori manifestant quibus ait: Ad delictum pertinet principum qui pravo judices contra voluntatem Dei populis fidelibus præferunt*, etc. Quæ desumpta sunt ex eod. lib. III Sentent., cap. 52. Sic cap. 5, ex lib. III Sentent. cap. 28: *Ut enim Isidorus exponit, irascente Deo, talem rectorem populi suscipiunt qualem pro peccato merentur*. Initio libri II, cap. 1, quamvis non exprimatur Isidori nomen, tamen ejus doctrina profertur ex cap. 3 lib. IX Etymolog., ubi discrimen inter reges et tyrannos explicatur.

10. Eædem Isidori sententiæ celebrantur in concilio Aquisgranensi II anno 836, cap. 2, canon. 1, ubi expresso Etymologiarum libro sic refertur: *Antiqui autem, ut idem Isidorus libro Etymologiarum scribit, omnes reges tyrannos vocabant; sed postea pie, et juste, et misericorditer regentes regis nomen sunt adepti; impie vero, injuste crudeliterque principantibus non regis, sed tyrannicum aptum est nomen.* Verba hæc Isidori non sunt, sed sententia, ut dixi, lib. IX, cap. 3, Etymolog. reperitur. Libri Sententiarum sic in hoc concilio citantur: *Ut quid rex dictus sit, Isidorus in libro Sententiarum scribit: Rex enim*, inquit, *a regendo vocatur*.

11. Triburiense concilium pro reformanda disciplina ecclesiastica anno 895 coactum fuit, cui archiepiscopi Moguntinus, Coloniensis et Treverensis,

pluresque alii episcopi interfuerunt. Canone 27 agitur de clericis qui ad sæculum regrediuntur, atque ita concluditur : *Sanctus Isidorus tales hippocentauris dicit esse similes, qui nec equi, nec homines, atque quasi bruta animalia libertate ac desiderio suo feruntur.* Excerpta sententia est ex Isidoro, libro II, Officior. ecclesiast., cap. 3.

12. His quinque conciliis a Bignæo indicatis alia addi possunt quæ Isidori doctrinam commendarunt. Anno 874 habitum fuit concilium Duziacense. II. In epistola hujus concilii synodica ad episcopos Aquitaniæ sic Isidorus ex lib. IX. Etymol. cap. 6 citatur : *Isidorus itaque de consanguinitate sic loquitur : Cujus series septem gradibus dirimitur hoc modo*, etc.

13. Generale concilium Florentinum pro unione Græcorum anno 1439 habitum fuit. Parte secunda hujus concilii, collat. 21, Joannes de Monte Nigro, ord. Prædic., provincialis Lombardiæ, processionem Spiritus sancti ex Patre et Filio Isidori verbis contra Græcos confirmavit. *Etiam de tempore beati Gregorii Dialogi floruit Isidorus nomine in Hispania : unum ejus testimonium dicam. Fecit librum Etymologiarum divisum in* XXII *libros. In duodecimo libro, cap. 3 sic ait : Hoc autem interest inter nascentem Filium et procedentem Spiritum, quia Filius ab uno nascitur, et Spiritus ab utroque procedit; ideo dicitur : Si quis Spiritum Christi non habet, non est ejus.... Et quia post istum doctorem tota patria Hispanorum cum rege Reccaredo, qui fuerat Arianus, cum prædecessoribus suis, confutata hæresi Arianorum, et ea anathematizata, receperunt fidem, et fuit necesse plura in suo loco fieri, ut illa gens ex frequenti celebratione conciliorum imbueretur in fide, et hæc concilia fuerunt magnæ auctoritatis, in quibus aliqua de fide dicta sunt contra hæreticos : et Ecclesia universa Græca et Latina cum magna veneratione receperunt illa concilia, et ibi fuit facta regula fidei hoc modo : Regula fidei catholicæ, quam episcopi Carthagineses,* etc.: *Credimus in unum verum Deum,* etc.

14. Quædam hoc loco animadvertenda sunt. De numero librorum Etymologiarum non conveniunt inter se Codices mss., ut alibi exponam. Joannes Provincialis (ita enim in Actis concilii appellari solet) XXII libros agnovit, et libri XII caput 3 indicat cum Isidori allegata verba exstent lib. VII cap. 3. Apud Isidorum paulo aliter id legitur : *et procedentem Spiritum sanctum, quia Filius ex uno nascitur, et Spiritus sanctus ex utroque procedit : et ideo dicit Apostolus : Qui Spiritum Christi,* etc. Quod autem post Isidorum Hispania, hæresin Arianam abjurasse dicitur, rationi temporum ac veritati historicæ id non congruit; ac legendum puto *per istum doctiorem*, non *post ipsum doctorem*, præsertim quia ipse Provincialis observat Isidorum tempore Gregorii Magni, qui a Dialogorum libris *Dialogus* vocari consuevit, floruisse.

15. Hac etiam de causa discrepantia lectionis in margine Labbeanæ collectionis indicata, scilicet *cum rege Torismundo* pro *cum rege Reccaredo*, rejici

A debet, non solum uti falsa, sed etiam uti iis quæ præcedunt contraria. Torismundus enim, Theodorici filius, anno 447 vivebat; quod tempus ab Isidori et Gregorii Magni temporibus valde distat. Alioquin Provincialis historiam temporum satis clare perturbat : innuit enim, in conciliis Hispaniensibus celebratis post ejuratam hæresin Arianam in Symbolo additam fuisse processionem Spiritus sancti ex Patre et Filio ; quod primum factum asserit tempore Leonis papæ in Regula fidei catholicæ, quam episcopi Tarraconenses, Carthaginenses, et Lusitani, et Bætici fecerunt, et cum præcepto papæ Leonis urbis Romæ ad Baleonium episcopum Gallæciæ miserunt.

16. Res ita se habet : anno 400 coactum fuit concilium Toletanum I, quo Regula fidei exhibita fuit, et B processio Spiritus sancti ex Patre Filioque conceptis verbis expressa. Hæc eadem Regula fidei ex præcepto Leonis papæ a concilio Hispanico, temporibus Theodorici et Torismundi anno 447 celebrato, ad Balconium (non Baleonium) episcopum Gallæciæ transmissa fuit. Quæ omnia Reccaredi regis tempus sub quo Gothi, Ariana hæresi ejurata, fidem catholicam amplexi sunt, longe præcessisse, certum est. In indice Collectionis veteris canonum Hispaniæ, quem Aguirrius, et Cennius ediderunt, lib. IV, tit. 4, diserte allegatur *Regula fidei habita in concilio Toletano primo*. In hac Regula jam ab initio lectam fuisse particulam *Filioque* ostendit Florezius tract. 6, dissert. 1, Hisp. sacr., contra nonnullos qui nulla idonea ratione hac in parte interpolatam fuisse arC bitrantur.

CAPUT XXXII.

Isidori auctoritas apud collectores sacrorum canonum. Gratiani canones ex Isidori operibus a Carolo Sebastiano Berardo indicati, et correcti.

1. Sanctus Leo IV pontifex Romanus censuit, ecclesiastica negotia, quæ ex conciliorum aut pontificum Romanorum decretis liquido judicari non possunt, quia scilicet nihil certum antea eis de rebus definitum fuerat, ex dictis Hieronymi, Augustini, Isidori, et similium Ecclesiæ doctorum esse decidenda. Ejus verba cap. 29 exhibui. In multis conciliis quanti ponderis Isidori auctoritas fuerit, cap. super. ostendi, ubi etiam de collectione Decretalium Gregorii IX, in qua Isidori verba sæpe producuntur, D verba feci. Nunc de iis dicam qui ecclesiasticos canones in unum aliquod corpus privato studio collegerunt et productis Isidori sententiis suis collectiones illustrarunt.

2. Collectionem canonum, in septem libros distributam, sæculo XII ineunte confectam, exhibet Codex Vaticanus 1346, de quo agunt etiam Ballerinii part. IV, cap. 18, de antiq. canon. Collect. Passim in hac collectione Isidori auctoritas allegatur, et pag. 15 terg. catalogus hæreticorum ex libris Etymologiarum Isidori sumitur. Collectionis Canonum, quæ exstat in Codice membranaceo in fol. episcopii Pistoriensis, titulus, sive caput 183 : *De resurrectione mortuorum, et de gaudio bonorum, ac pœna ma-*

lorum, et de purgatione pœnali, contextum est nonnullis locis Gregorii, Isidori, Ambrosii, ac præcipue Augustini. Bandinius, Plut. 19 bibliothecæ S. Crucis cod. 5 sæculi XI, refert, inter quasdam canonicas constitutiones cap. 15 exstare Isidori sententiam *ae illis qui Deum hæredem faciunt.*

3. Burchardus Wormaciensis sæculo x exeunte floruit, qui duodecim tomos decretorum cum ex multis aliis, tum ex Isidori operibus collegit, ex quo plurimum Gratianus profecit. Sæculo XI claruit Anselmus Lucensis, e cujus Decreto, sive libris tredecim Collectionis canonum simili modo Gratianus multa sumpsit, ut notavit Latinus Latinius in Bibl. select. sacr. prof., p. 81. Collectio Anselmi Lucensis **205** ms. exstat in multis bibliothecis; et ad hanc collectionem refertur, quod in inventario bibliothecæ Vaticanæ Cod. 3531 indicantur *Collecta ex Isidori Etymologiis;* quæ repetuntur in Codice 3531. Priori illo Codice papyraceo Decretum Anselmi Lucensis continetur, hoc altero membranaceo miscellanea quædam.

4. Præ cæteris commemorare oportet Decretum Gratiani, sive, ut ipse Gratianus inscripsit, *Concordiam discordantium canonum.* Floruit Gratianus sæculo XII, de quo hæc Nic. Antonius: *Jam Gratianus, decretorum compilator, ecclesiasticæ disciplinæ regulas ordine descripturus, populoque Christiano veluti album sanctarum legum propositurus, non auctor, sed collector tantum selectissimorum veterum Patrum documentorum ac sententiarum, ex nullo alio plures quam ex Isidoro nostro decerpisse flores deprehenditur a viris nempe diligentibus.* Quod tamen nonnihil exaggeratum videri possit, si Isidorus cum Augustino, Hieronymo, et nonnullis aliis conferatur, Illud certe extra omnem dubitationis aleam positum, Gratianum multa ex Isidoro sumpsisse. Index eorum locorum Isidori, quos Gratianus in suum Decretum invexit, producitur in editionibus Parisiensibus Bignæi et Breulii, in Matritensi veteri, et altera recenti, et apud Cajetanum in Elogio S. Isidori, pag. 35, sed accuratissime apud Berardum part. III. Canonum Gratiani genuinorum ab apocryphis discretorum cap. 27, quod totum est *De Isidoro Hispalensi.* Cajetanus hæc notanda censuit: in distinct. 2, can. *Plebiscita sunt legi* apud Isidorum *scita,* non *plebiscita;* can. *Responsa prudentum* deesse *prudentum* apud Isidorum; distinct. 16, canonem *Canones qui dicuntur,* esse alterius Isidori, ut creditur: nam Isidorus de canonibus apostolorum egregie sensit. Sed fallitur Cajetanus: nam Isidorus, qui canones apostolorum admisit, non Hispalensis est, sed commentitius Isidorus Mercator. Verba autem Canonis deprompta sunt ex præfatione genuinæ collectionis canonum Ecclesiæ Hispanæ, cujus auctorem fuisse Isidorum credidit Gratianus, et multi etiamnum credunt. Addit Cajetanus, canonem, *Qui peccantibus consentit,* caus. XI, q. 3, cohærere cum Isidori norma vivendi, *Non solum factor, sed et conscius peccati obnoxius tenetur.* Jam caput quod dixi, sive dissertationem Berardi, charactere minutiori, ut compendii aliquid faciam, in medium profero, ad editionem primam Taurinensem anni 1535 collatione adhibita: nam Veneta mendosior est.

206 *Monumenta Isidori Hispalensis episcopi multa exstant apud Gratianum.*

Ex lib. de Distantia Veteris et Novi Testamenti: — Can. 5, dist. 34, ad plures Isidori sententias exigendus.

Ex Commentariis in Exodum: — Can. 15, caus. 32, qu. 5, consonat cum editis Isidori Codicibus.

Ex lib. de ecclesiasticis Officiis: — Can. 3, dist. 23, ad integros Isidori Codices exigendus. — Can. 20, dist. 63, perperam Isidoro ascriptus. — Can. 10, dist. 76, consonat cum integris Isidori Codicibus. — Can. 7, caus. 30, quæst. 5, ex integris Isidori Codicibus supplendus. — Can. 19, de cons., dist. 4, ex integris Isidori codicibus emendandus. — Can. 74, de cons., dist. 4, consonat cum integris Isidori Codicibus. — Can. 13, dist. 93, jure Gelasio tributus in epistol. ad episcopos Lucaniæ.

Ex Epistola ad Ludifredum. — Can. 1, dist. 25, dubiæ fidei et auctoritatis.

Ex Regula Monachorum. — Can. 18, caus. 11, qu. 3, ad sententias Isidori et concilii Moguntini exigendus.

Ex lib. Sententiarum, seu de Summo bono. — Can. 3, dist. 6, fere consonat cum integris Isidori Codicibus. — Can. 2, dist. 9, paulo varius in diversis Codicibus. — Can. 15, dist. 37, ad integram Isidori sententiam exigendus. — Can. 10, dist. 45, consonat cum integris Isidori Codicibus. — Can. 9, dist. 81, fere consonat cum Isidori Codicibus. — Can. 72, caus. 11, qu. 3, consonat cum Isidori Codicibus. — Can. 13, caus. 22, qu. 1, consonat cum Isidori Codicibus. — Can. 13, caus. 22, qu. 4, fere consonat cum Isidori Codicibus. — Can. 9, caus. 22, qu. 5, jungendus cum can. 13, caus. 22, qu. 4. — Can. 20, caus. 23, qu. 5, ex integris Isidori Codicibus emendandus. — Can. 15, caus. 32, qu. 7, partim ex integris Isidori Codicibus supplendus, partim ad Origenis commentaria referendus. — Can. 9, de pœn. dist. 3, melius Isidoro quam Smaragdo tribuendus. **207** — Can. 11, de pœnit. dist. 3, ex integris Isidori Codicibus emendandus. — Can. 24, de cons., dist. 2. — Can. 115, de cons., dist. 4. Simul jungendi, et ex integris Isidori Codicibus supplendi.

Ex libris Etymologiarum. Ex lib. V: — Can. 1, dist. 1. — Can. 2, dist. 1. — Can. 3, dist. 1. — Can. 4, dist. 1. — Can. 5, dist. 1. — Can. 6, dist. 1. — Can. 7, dist. 1. — Can. 8, dist. 1. — Can. 9, dist. 1. — Can. 10, dist. 1. — Can. 11, dist. 1. — Can. 12, dist. 1. — Can. 1, dist. 2. — Can. 2, dist. 2. — Can. 3, dist. 2. — Can. 4, dist. 2. — Can. 5, dist. 2. — Can. 6, dist. 2. — Can. 7, dist. 2. — Can. 8, dist. 2. — Can. 3, dist. 3. — Can. 4, dist. 3. — Can. 1, dist. 4. — Can. 2, dist. 4. — Can. 1, dist. 7. — Can. 2, dist. 7. — Simul jungendi atque ex integris Isidori Codicibus emendandi. — Can. 48, caus. 27, qu. 2. — Can. 1, caus. 56, qu. 1. — Idem exhibent monumentum, ad integros sancti viri Codices exigendum.

Ex lib. VI. — Can. 1, dist. 3. — Can. 2, dist. 3. — Can. 1, dist. 15. — Simul jungendi, et ex integris Isidori Codicibus emendandi.

Ex lib. VII. — Can. 1, dist. 21, ex integris Isidori Codicibus emendandus.

Ex lib. VIII. — Can. 39, caus. 24, qu. 3, ex integris Isidori Codicibus emendandus. — Can. 1, caus. 26, qu. 1, consonat cum integris Isidori Codicibus.

Ex lib. IX. **208** — Can. 6, caus. 27, qu. 2, consonat cum integris Isidori Codicibus. — Can. 15, caus. 32, qu. 4, ex integris Isidori Codicibus emendandus. — Can. 1, caus. 35, qu. 4, potius ad Augustini sententias exigendus.

Ex libro xvIII. — Can. 1, caus. 23, qu. 2, ex integris Isidori Codicibus supplendus.
Ex libris Synonymorum.—Can. 2, dist. 11.—Can. 16, caus. 22, qu. 2. — Can. 5, caus. 22, qu. 4. — Can. 8, caus. 32, qu. 5.—Can. 12, de pœn., dist. 3. —Dubiæ auctoritatis et fidei.
Ex Epistola ad Massanum episcopum.— Can. 28, dist. 50.—Can. 11, caus. 33, quæst. 2.—Apocryphi, et simul jungendi.
Adjiciuntur : — Can. 1, dist. 16, referendus ad Isidori Hispalensis præfationem in canones conciliorum. — Can. 4, vers. *Isidorus*, dist. 16, referendus ad præfationem Isidori Mercatoris.—Can. 1, dist. 29, referendus ad varias sententias Isidoro tributas. — Can. 8, dist. 40, perperam Isidoro tributus.—Can. 59, caus. 1, qu. 1, ad sententias Isidori exigendus. — Can. 60, caus. 1, qu. 1, pertinet ad Capitularia Francorum. — Can. 84, caus. 1, qu. 1, compositus ex variis Hieronymi, Gregorii, et Isidori sententiis. — Can. 100, caus. 11, quæst. 3, ad varias Isidori sententias, exigendus. — Can. 101, caus. 11, qu. 3, referendus ad varias sententias Isidoro tributas. — Can. 3, caus. 20, qu. 1.—Can. 4, caus. 20. qu. 1 (cum tertio jungendus). — Can. 19, caus. 22, qu. 4, est potius Basilii. — Can. 18, caus. 33, qu. 2, exigendus ad fusiores Isidori sententias — Can. 14, caus. 35, qu. 2, pertinet ad concilium Vormaciense. —Can. 1, caus. 35, qu. 5.—Can. 6, caus. 35, qu. 5 (cum præcedenti exigendus ad cap. 5 seq. lib. ix Etymologicorum). — Can. 23, de cons., dist. 4, referendus ad can. 59, caus. 1, quæst. 1.

209 6. Post Isidorum Cordubensem, qui et senior dicitur, maxima cum doctrinæ ac sanctitatis fama apud Hispanos celebratum, floruit penes eosdem sub finem sexti et initium septimi sæculi Isidorus alter, junior proinde appellatus, Hispalensis episcopus, nimirum ab anno 595 ad annum 636, cujus præclara laus exstat in cap. 2, concilii Toletani vIII anni 653, his verbis, etc... Multa et illustria sancti viri opera recensuit Ildelphonsus Toletanus archiepiscopus, qui præfuit ab anno 658 ad annum 667, in libro de Viris illustribus, cap. 9, ita scribens, etc. Utinam vero tanti viri opera integra ad nos usque pervenissent ! Nimirum lugendum est, quemdam Theodiscum, qui in episcopali sede Isidoro successit, decessoris sui opera corrupisse, resecando optima, inserendo improba ; omniaque ita depravata per Avicennam Arabem de Latino idiomate in Arabicum transtulisse. Nec quisquam miretur immane Theodisci flagitium : etenim fuit ille perditus vir, in Ecclesiasticis conciliis damnatus, atque ab episcopali sede depositus, tanquam hæreticus, quia Christum hominem esse dicebat, non Deum, Dei autem filium vocandum nonnisi per quamdam adoptionem. Neque damnatus ab hæresi recessit, sed potius defecit omnino apud Maomethem, cujus sectæ adscripsit plura docuit detestabilia ac nefanda sub Heraclio Imperatore. Nemo exinde non colliget, quanta solertia opus sit in meditatione Isidorianorum librorum, in quibus sane si quid offendiculi esse potest, id non Isidoro tribuendum erit, aut Theodisco aut Avicennæ.

De Libro de distantia veteris et Novi Testamenti.

7. Nullus exstat inter opera Isidori liber sub ea inscriptione : *De distantia Veteris et Novi Testamenti*, et qualis apud Gratianum laudatur in cant. 5, dist. 34. Ivo Carnotensis eadem verba descripturus in parte vIII decreti, cap. 66, hunc titulum edidit : *Isidorus de Consonantia Veteris et Novi Testamenti*, cap. 3. Hujus inscriptionis auctores sunt ipsi canonum collectores, qui nimirum certas Isidori sententias explicaturi, quas sanctus antistes, Vetus cum Novo Testamento conferens, protulerat, memoraverunt Isidorum *de Distantia vel consonantia* utriusque Testamenti disserentem. Cæterum neque ipsum aut Ivonis, aut Gratiani capitulum apud Hispalensem doctorem habetur : tantum quædam apparent, quæ plurimum cum

eo capitulo consonant. In primis in lib. II de Differentiis spiritualibus num. 28, ita legitur : *Inter Legem et Evangelium hoc interest, quod in Lege littera, in Evangelio gratia... illa conjugiorum indultum habens, crescere et generare præcipit, ista continentiam suasit.* Præterea in lib. II de Officiis ecclesiasticis, cap. 19, multa de conjugiis traduntur, inter quæ ista sunt cum Gratianeo canone admodum consonantia : *Quod autem non unus et multæ, sed unus et una copulantur, ipsa prima divinitus facta conjunctio in exemplum est. Nam cum Dominus hominem figurasset, eique parem necessariam prospexisset, unam de costis ejus mutuatus, unam illi feminam finxit, sicque Adam et mulier Eva inter se nuptiis juncti formam hominibus de originis auctoritate et prima Dei voluntate sanxerunt.* **210** *Item secundum spiritales nuptias, sicut unus Christus, et una Ecclesia, ita et unus vir, et una uxor tam secundum generis documentum, quam secundum Christi sacramentum. Numerus autem matrimonii a maledicto viro cœpit Lamech, qui duabus maritatus, tres in unam carnem effecit. Sed dicit aliquis, quod et patriarchæ simul pluribus uxoribus usi sunt : ergo propterea licebit nobis plures ducere, sive habere. Sane licebit : sed si adhuc typi alicujus futuri sacramenti supersunt, quibus plures nuptiæ figurentur. Secundas autem nuptias propter incontinentiam jubet Apostolus ; melius est enim denuo uni viro nubere, quam explendæ libidinis causa cum pluribus fornicari ; sæpius enim nubendi licentia jam non est religionis, sed criminis. Nam quod in ipsa conjunctione connubii a sacerdote benedicuntur, hoc est a Deo in ipsa prima conjunctione hominis factum. Sic enim scriptum est : Fecit Deus hominem ad imaginem suam, masculum et feminam fecit eos, et benedixit eos dicens : Crescite et multiplicamini. Hac ergo similitudine fit nunc in Ecclesia quod tunc factum est in paradiso.* Denique in lib. I Sententiarum cap. 20, cui titulus est, *de Differentia Testamentorum*, hæc habentur : « Quidam ideo non recipiunt Vetus Testamentum pro eo quod aliud in tempore prisco, aliud agatur in novo : non intelligentes quod Deus quid cuique congruerit tempori magna quadam distributione concesserit ; sicut in Lege imperat nuptias, in Evangelio virginitatem commendat... Illic enim fornicatio et retributio injuriæ permissa sunt, nec nocebant, in Testamento autem Novo gravi animadversione damnantur, si admittantur. » Ex quibus facile conjicitur, eos qui primum Gratianeum canonem elucubrarunt, paucis voluisse perstringere, nonnullis adjectis, pluribus detractis, quæ sparsim apud Isidorum habentur.

De Commentariis in Exodum.

8. In nonnullos Veteris Testamenti libros commentaria edidit Isidorus, breviore stylo usus, ut quæ multis sacer auctor explicavit, paucis legentibus objiceret ipse ad levandum desidiorum fastidium. Professus est sanctus antistes in sua præfatione, se secutum eo in opere fuisse antiquiores Patres, Origenem, Victorinum, Ambrosium, Hieronymum, Cassianum, Augustinum, Fulgentium, et Magnum Gregorium. In Commentario in Exodum, cap. 29, expendens Isidorus præcepta Decalogi ait : *Quintum : non mœchaberis : id est, ne quisquam præter matrimonii fœdus aliis feminis misceatur ad explendam libidinem. Nam specialiter adulterium facit qui præter suam ad alteram accedit.* Hæc verba exhibentur in can. 15, caus. 32, qu. 5 ; observandum autem ibidem occurrit, præceptum illud quinto loco ab Isidoro recenseri, et sexto loco præceptum aliud *Non occides*, non servato præceptorum ordine, qualis habetur in cap. xx Exodi.

De libris de ecclesiasticis Officiis.

9. Primus ex recentioribus edidit Joannes Cochleus duos libellos de ecclesiasticis Officiis sub nomine Isidori, quos scripsit se reperisse in codice **211** vetusto inter libros Amalarii, olim Treverensis archiepiscopi, sub Carolo Magno. Missi hi fuerunt ab Isidoro

ad Fulgentium episcopum, hac brevi præposita epistola, ex qua, quis fuerit operis et scopus et ratio, colligitur : *Domino meo et Dei servo Fulgentio episcopo Isidorus episcopus. Quæris a me originem officiorum, quorum magisterio in Ecclesia erudimur, ut quibus sint inventa auctoribus, brevibus cognoscas indiciis. Itaque, ut voluisti, libellum de genere officiorum ordinatum misi, ex scriptis vetustissimorum auctorum, ut locus obtulit, commentatum. In quo pleraque meo stylo elicui : nonnulla vero ita ut apud ipsos erant, admiscui, quo facilius lectio de singulis fidei auctoritatem teneret. Si qua tamen ex his displicuerint, erroribus meis paratior venia erit, quia non sunt referenda ad culpæ meæ titulum, de quibus testificatio adhibetur auctorum.* Prior liber varias res ecclesiasticas exhibet, nimirum templorum, psalmodiæ, sacrarum lectionum, orationum, solemnitatum, atque jejuniorum varias institutiones. Posterior in distinguendis clericorum gradibus, item monachorum et laicorum generibus versatur. Non defuerunt qui de horum librorum veritate dubitaverint ; verum argumenta, quibus probabilis dubitatio fiat, meo judicio aut desiderantur, aut parum valida proponuntur.

In cap. 1 lib. II exorditur Isidorus ab interpretando clericorum nomine, quos ideo appellatos scribit, quia vocati sunt in sortem Domini; quemadmodum et idem sanctus vir alibi tradidit, nimirum in libris Etymologiarum, unde depromptus est can. 1, dist. 21. Post hæc in c. 2 progreditur ad expendendas clericorum regulas, ita scribens : *His igitur lege Patrum cavetur, ut a vulgari vita seclusi a mundi voluptatibus sese abstineant, nec spectaculis, nec pompis intersint, convivia publica fugiant, privata non tantum pudica, sed et sobria colant. Usuris nequaquam incumbant, neque turpium occupationibus lucrorum, fraudisque cujusquam studium appetant, amorem pecuniæ quasi materiam cunctorum* (Lege cunctorum criminum) *fugiant, sæcularia officia, negotiaque abjiciant, honorum gradus per ambitiones non subeant. Pro beneficiis medicinæ Dei munera non accipiant: dolos et conjurationes caveant : odium, æmulationem, obtrectationem atque invidiam fugiant. Non vagis oculis, non infreni lingua, aut petulanti tumidoque gressu incedant, sed pudorem ac verecundiam mentis simplici habitu incessuque ostendant. Obscænitatem etiam verborum, sicut operum, penitus exsecrentur. Viduarum ac virginum visitationes frequentissimas fugiant, contubernia extranearum feminarum nullatenus appetant, castimoniam quoque inviolati corporis perpetuo conservare studeant, aut certe unius matrimonii vinculo federentur. Senioribus quoque debitam obedientiam præbeant, neque ullo jactantiæ studio semetipsos attollant. Postremo in doctrina, in lectionibus, psalmis, hymnis, canticis, exercitio jugi incumbant. Tales enim esse debent qui divinis cultibus se mancipandos student; scilicet, ut cum scientiæ lumen dant, doctrinæ gratiam populo administrent.* Integra Isidori verba descripsi, ad quæ exigatur canon 3, dist. 23.

10. Quasi ad libros de officiis Isidorianos referendus esset, laudatus fuit can. 20, dist. 63. Verum in simili quidem sententia ibidem reperitur, 212 qua archidiaconorum eximia potestas in eligendis parochiarum rectoribus, iisdemque parochialibus vacantibus ecclesiis administrandis expeditur. Potius nonnulla quædam leguntur quæ videntur eidem can. 20 adversari. Ait Isidorus in lib. II cap. 6 : *Chorepiscopi, id est, vicarii episcoporum, juxta quod canones ipsi testantur, instituti sunt ad exemplum septuaginta seniorum, tanquam sacerdotes propter sollicitudinem pauperum. Hi in vicis et villis instituti, gubernant sibi commissas ecclesias, habentes licentiam constituere lectores, subdiaconos, exorcistas; presbyteros autem et diaconos ordinare non audeant præter conscientiam episcopi, in cujus regione præesse noscuntur ; hi enim a solo episcopo civitatis cui adjacent ordinantur.* Quorsum hæc inferiorum prælatorum coercita jurisdictio ex sententia Isidori, in ordinandis præsertim sacerdotibus, hac potestate solis episcopis reservata, si

A Isidorus idem ad manus archidiaconorum electionem parochorum retulisset? Fateor, erant archidiaconi episcoporum vicarii ; sed et idem Isidorus tradidit, vicariam operam episcopo chorepiscopos præstitisse; cur quod uni vicario concessit, vicariis cæteris denegavit. Quæ observatio eo mihi solidior videtur, quod clarius constat ex veterum monumentis, archidiaconos in temporalibus, chorepiscopos in spiritualibus ecclesiarum negotiis episcoporum diligentiam adjuvisse. Fateor præterea archidiaconos, sæculo Ecclesiæ septimo et sequentibus, maximam exercuisse in parochiis potestatem. Verum id ex facto eorumdem archidiaconorum proficiscebatur, mandata jurisdictionis excedentium fines. Hinc in concilio Cabilonensi, unde depromptus est can. 3, dist. 94, operæ pretium fuit illorum circumscribere auctoritatem, et Hincmarus Rhemensis in suis capitulis, quæ dedit archidiaconis cap. 3, § 7, monuit illos, ne circumeuntes parochias, eas confunderent, unam ab altera dividerent, aut unam alteri subjicerent. Generali
B autem et sanctorum virorum testimonio tanta non fuit confirmata potestas, quod verum esset, si revera fingeremus Isidorum codicis illius 20 auctorem. In conspectu hujus observationis suspicari juvat, editorem canonis voluisse sequi in monumento elucubrando ea quæ traduntur sub Isidori nomine in can. 1, dist. 23, ubi nonnulla exhibentur quæ spectant potestatem archidiaconorum in negotiis parochialium ecclesiarum. Quid de eo can. dicendum sit, inferius explicabitur.

11. In libro 1, capite 42, leguntur verba canonis 10, distinct. 76, ubi agitur de variis jejuniorum ecclesiasticorum temporibus.

12. Quæ habentur in can. 7, caus. 30, qu. 5, leguntur in cap. 19, libri II, ubi totus est Isidorus, ut demonstret unam tantum conjugem marito esse jungendam. Pluribus id ostendit sanctus vir, quemadmodum liquet ex iis quæ pauco ante animadverti ad canonem 3, dist. 31, post quæ ita prosequitur :
C *Quod vero eædem feminæ, dum maritantur, velantur, scilicet ut noverint se per hæc viris suis esse subjectas et humiles; unde et ipsum velamen vulgo Mavortem vocant, id est Martem, quia signum maritalis dignitatis ac potestatis est in eo. Caput enim mulieris vir est : licet proinde velentur, dum nubunt, ut verecundiam mulieris agnoscant, quia jam sequitur unde quod prodeat. Unde Rebecca, cum ad sponsum* 213 *duceretur, simul ut eum conspexit, salutationem vel oscula sustinuit; sed tamen statim evincta, quid esset futura, pallio caput velavit. Obnubere enim velare dicitur, hinc etiam et nuptæ dictæ, quod vultus suos velent. Unde et nubes dictæ, eo quod terram et æthera obtegant. Quod autem nubentes post benedictionem vittæ invicem vinculo copulantur, videlicet ne compagem conjugalis unitatis dissipent. At vero, quod eadem vitta candido purpureoque colore permiscetur, candor ad munditiam vitæ, purpura ad sanguinis posteritatem adhibetur, ut hoc signo continentiæ lex tenenda ab utrisque ad tempus admoneatur, et post hæc ad reddendum debitum non negligatur. Quod enim dicit Apostolus conjugatis : Abstinete vos ad tempus, ut vacetis orationi, hoc*
D *ille candor vitæ insinuat; quod vero subjungit: Et iterum revertimini in idipsum, hoc purpureus color ille demonstrat. Illud vero quod in primis annulus a sponso sponsæ datur, fit hoc, nimirum, vel propter mutuæ fidei signum, vel propter id magis, ut eodem pignore eorum corda jungantur. Unde et quarto digito annulus idem inseritur, quod per eum vena quædam (ut fertur) sanguinis ad cor usque pervenit. Antiquitus autem non amplius uno dabatur, ne pluralitas amorum cum turparet.*

13. Sive canon 19, sive can. 74, de cons., dist. 4, habentur in cap. 24 libri II, ubi agitur de baptismo iisque qui vel suscipiunt, vel ministrant si ut sacramentum. Ubi de baptizan iis parvulis sermo est, exhibentur verba canonis 74, quæ omnino consonant cum integris Isidori Codicibus. At verba can. 19, in quibus disseritur de ministro sacramenti, erunt

emendanda. Demonstrabat sanctus antistes, sacerdotibus solis baptismatis ministerium fuisse a Christo commendatum, quod apostolis, quibus sacerdotes successerunt, dixerit Christus : *Ite, docete omnes gentes, baptizantes, etc.*, quemadmodum et sacramentum Pœnitentiæ solis sacerdotibus reservatur administrandum, quod apostolis data divinitus potestas fuerit remittendi peccata; post quæ ita concludit : *Unde constat baptismum solis sacerdotibus esse traditum, cujusque mysterium nec ipsis diaconibus explere est licitum absque episcopis, vel presbyteris, nisi illis procul absentibus ultima languoris cogat necessitas, quod et laicis fidelibus plerumque permittitur, ne quisquam sine remedio salutari de sæculo evocetur.* Subjicit Gratianus nonnulla Gelasii nomine, quæ sane eadem sunt cum verbis canonis 13, dist. 95, quæ quoniam suo loco a me prætermissa fuerunt, hic describam. Habentur in epist. Gelasii I ad episcopos Lucaniæ, cap. 7 et 8, ibi : *Diaconos quoque propriam constituimus servare mensuram, nec ultra tenorem paternis canonibus deputatum quippiam tentare permittimus, nihil eorum penitus suo ministerio applicare, quæ primis ordinibus proprie decrevit antiquitas. Absque episcopo, vel presbytero baptizare non audeant, nisi, prædictis forsitan officiis lon, ius constitutis, necessitas extrema compellat. Quod et laicis Christianis facere plerumque conceditur. Non in presbyterio residere, cum divina celebrantur, vel ecclesiasticus habetur quicunque tractatus. Sacri corporis prærogationem sub conspectu pontificis, seu presbyteri, nisi his absentibus, jus non habeant exercendi.*

214 *De Epistola ad Ludifredum.*

14. Post duos libros de ecclesiasticis Officiis in editione Operum Isidori Breuliana subsequitur epistola ad Ludifredum Cordubensem episcopum, quam ibidem editor descripserat, ut ipse profitetur, qualem apud Gratianum in cap. 1, dist. 25, apu Ivonem in parte vi decreti, c. 20, atque etiam in mss. Codicibus invenerat; deinde post libros Sententiarum ejusdem epistolæ antea omissam postremam partem adjecit, quam nuperrime, ut ipse ait, nactus fuerat. Aliqua sunt quæ apud Breulium discrimen habent; siquidem ubi legit Gratianus in canone 1, distinct. 25, *Quæ in sequentibus... ad psalmistam pertinet officium canendi, dicere benedictiones... quæ prophetæ vaticinarunt... manutergium tenere, episcopoque, et presbytero, et levitis... disponere in altario... primicerii, ac thesauri sollicitudine dividuntur... Epistolam et Evangelium legat,.. et jurgia ad ejus pertinent curam... et ab ipso publice in ecclesia prædicatur* (verbum hoc prædicatur, appositum est a Romanis Correctoribus, cum olim legeretur prædicantur)*... supra omnes presbyteros... et officii meditandi, et peragendi sollicite, lectiones, benedictiones, psalmum, laudes, offertorium, et responsoria quis clericorum dicere debeat. Ordo quoque et modus psallendi in choro pro solemnitate temporum... Ad Thesaurarium pertinet basilicarum, et ostiarii ordinatio, etc.* Ita edendum voluit Breulius : *Quæ in consequentibus... Ad psalmistam pertinet officium canendi, scilicet dicere benedictiones... Quæ prophetæ vaticinarint... manutergium tenere episcopo, presbyteris et levitis... disponere in altari... Primicerii ac thesaurarii sollicitudine dividuntur... Apostolum et Evangelium legat... et jurgia ad ejusdem pertinent curam... et ab ipso publice in ecclesia prædicantur... super omnes presbyteros... et officium cantandi, et peragendi sollicite lectiones, psalmum, laudes, responsoria officiorum quis clericorum dicere debeat. Ordo quoque, et modus canendi in choro pro solemnitate, et tempore... Ad thesaurarium pertinet ostiarii basilicarum ordinatio*, etc. Non erit inutile his adjicere postremam epistolæ partem, a Gratiano omissam, et a Breulio, uti præmonuimus, editam; etenim edita integra epistola clarius patefaciet officiorum ecclesiasticorum distributiones. Prosequitur auctor epistolæ post verba Gratiani : *Ad eum (scilicet Thesaurarium) venient de parochiis pro Chrismate. Cereos et oblationes altaris ipse accipit a populo. Ipse colligit per ecclesias cereos in festivitatibus. Ad eum pertinent ornamenta et vestimenta altaris ; et quidquid in usu templi est, sub ejus ordinatione existit. Vela et ornamenta basilicarum, quæ in urbe sunt, et non habent presbyterum, ipse custodit. De candelis autem et cereolis quotidianis quidquid superest in basilicis, basilicarius per singulos menses huic deportat. Ex quibus thesaurarius dat quartam basilicario. Tres reliquas partes dividunt æqualiter sibi cum primicerio et presbytero, qui Missam celebrat in eadem basilica. Ad œconomum pertinet separatio* (forte legendum reparatio) *basilicarum, atque constructio, actiones exsistere in judiciis, vel in proferendo, vel in respondendo, tributi quoque acceptio, et rationes eorum quæ infer*utur*. Cura et agrorum, et culturæ vinearum,* **215** *causæ possessionum, et servitialium stipendia clericorum, viduarum et devotarum pauperum : dispensatio vestimenti et victus domesticorum clericorum, servitialium quoque, et artificum, quæ omnia cum jussu et arbitrio sui episcopi ab eo implentur. Hæc sunt, quæ vel a majoribus per officiorum ordines distributa sunt, vel consuetudine Ecclesiarum in unumquemque servata, nec aliquid ex his nostri judicii deputes, nisi quod aut ratio docuit, aut vetustatis antiquitas sanxit. Patrem autem Monasterii, unde innotuisti, illum præferri oportet, quem sancta vita et probitas morum commendat, quique dum subjectus exstitit, fraus in illo non fuit. Huic juste gratia cumulatur, dicente Domino : Quia in pauco fuisti fidelis, in multa te constituam. Qui vero adhuc sub regimine positus improbe vixit, et fratribus fraudem facere non pertimuit, hic prælatus licenter ac libere majora et deteriora committet, dum se in potestate ac libertate aspexerit. De talibus enim dicit Apostolus : Sed vos injuriam facitis, et hoc fratribus. An nescitis quia iniqui re num Dei non possidebunt? Sed nobis sufficiat ista dicere tibi : Quod Deo dignum existimas, adimple. Post hæc quæque precari tuam sanctitatem non desino, ut pro me intercessor apud Dominum existas; ut quæ meo vitio lapsus sum, per te remissionem consequar peccatorum.* Sic ex Breuliano Codice descripta integra epistola, deliberandum est, an eadem jure optimo Isidoro Hispalensi tributa fuerit. Fuit quidem, non ignoro, Ludifredus metropolitico jure Isidoro Hispalensi subjectus, qui anno jam 635 Cordubensem Episcopatum habuisse probatur, quod eodem anno subscripserit concilio Toletano IV, nomine tamen Leodefici apud Labbeum, et anno 638, concilio Toletano VI, nomine Laufredi apud eumdem Labbeum. Sed quocunque nomine appellatur, vel Ludifredi, vel Laodefici, vel Laufredi, an interrogaverit Isidorum, ut singula clericorum officia recenseret, plurimum dubito. Sane ubi integra epistola consideretur, quæ rescripti instar obtinet, statim argumenta emergent, ex quibus conjiciatur eam esse apocryphum, nisi quisquam dicat libros de officiis Ecclesiasticis vere Isidori non esse. Certum est Ludifredum eo tempore ad Cordubensem fuisse episcopatum evectum, quo Isidorus jam senio confectus erat : vix enim duobus aut tribus annis post adeptum Ludifredi episcopatum Isidorus obiit, quemadmodum colligitur ex collatione subscriptionum episcopatium in conciliis Hispanicis. Itaque illa epistola ab Isidoro jam sene consscribi potuit, ac propterea eo demum tempore, quo jam editi fuerant libri duo de officiis Ecclesiasticis superius memorati. Quis facile dixerit, post integros officiorum de illos libros, et quidem ampliores, de eadem re interrogatum fuisse Isidorum a Ludifredo, quasi illi ad eruditionem Ludifredi non sufficerent? Quis facile dixerit respondentem Isidorum de iis officiorum libellis nullam fecisse mentionem, nec Ludifredum ad illorum lectionem in ea parte fuisse hortatum? Adde his, disparem fuisse hujus epistolæ methodum ab ea quam servavit Isidorus in libro de Officiis, ita ut in libris de Officiis, in quibus ex proposito singulos clericorum recensuit gradus, eos penitus prætcrierit quos in epistola recensuit, et e converso in epistola

præterierit omnes gradus quos recensuit in libris Officiorum. Ut enim exempla tradam, **216** multa de chorepiscopis traduntur in libris Officiorum, multa de clericis minoribus tonsura initiatis. Ubinam de istis occurrit sermo in epistola ad Ludifredum? In hac autem epistola omnia fere spectant potestatem archipresbyterorum, archidiaconorum, primiceriorum, basilicariorum, et similium personarum. Ubinam de iis mentio fit in libris Officiorum? Denique magna Codicum varietas, in quibus epistola diversa ratione descripta apparet, fusior hic, illic contractior, suspicionem augere videtur. Romani Correctores ad Gratianeum canonem nonnulla jam de hac Codicum varietate adnotarunt; qui enim versiculi alicubi exhibentur, alibi desiderantur, alibi etiam inverso ordine describuntur. Edidit aliud epistolæ exemplar Garzias Loaisa apud Labbeum t. VII. Venet. ed., p. 434, professus se illud accepisse *ex Codice ms. bibliothecæ D. Laurentii (Philippi regis Catholici admirabile opus) perantiquo dicto Vigilano*. Hujus exemplaris referam verba, quæ ad Gratianeum canonem, imo et editionem Breulianam, si videatur, emendandam facere plurimum possunt. Ibidem ita legitur: « Perlectis sanctitatis tuæ litteris, gavisus sum quod optatam salutem tuam eorum relatu cognovi. De his autem quæ in sequentibus insinuare eloquii tui sermo studuit, gratias ago Deo quod sollicitudinem officii pastoralis impendis, qualiterque ecclesiastica officia ordinentur perquiris? Et licet omnia prudentiæ tuæ sint cognita, tamen quia affectu paterno me consulis, ex parte, qua valeo, expediam, et de omnibus Ecclesiæ gradibus, quid ad quemque pertineat, eloquar. Ad ostiarium namque pertinent claves ecclesiæ, ut claudat et aperiat templum Dei, et omnia quæ sunt intus extraque custodiat, fideles recipiat, excommunicatos et infideles projiciat. Ad acolythum pertinet præparatio luminariorum in sacrario, ipse cereum portat, ipse suggesta pro Eucharistiæ calice præparat. Ad exorcistam pertinet exorcismos memoriter retinere, manusque super energumenos et catechumenos in exorcizando imponere. Ad psalmistam pertinet officium canendi, dicere benedictiones, laudes, sacrificium, responsoria, et quidquid pertinet ad canendi peritiam. Ad lectorem pertinet lectiones pronuntiare, et ea quæ prophetæ vaticinarunt populis prædicare. Ad subdiaconum pertinet calicem et patenam ad altare Christi deferre, et levitis tradere, eisque ministrare, urceolum quoque et aquam, manile et manutergium tenere; episcopoque, et presbytero, et levitis pro lavandis ante altare manibus aquam præbere. Ad diaconum pertinet assistere sacerdotibus, et ministrare in omnibus quæ aguntur in sacramentis Christi, in baptismo scilicet, in chrismate; in patena et calice oblationes inferre, et disponere in altario, componere etiam mensam Domini atque vestire, crucem ferre, et prædicare evangelium et Apostolum. Nam sicut lectoribus Vetus Testamentum, ita diaconis Novum prædicare præceptum est. Ad ipsum quoque pertinet officium precum, et recitatio nominum; ipse præmonet aures haberi ad Deum; ipse hortatur orare, ipse clamat, et pacem ipse annuntiat. Ad presbyterum pertinet sacramentum corporis et sanguinis Domini in altario Dei conficere, orationes dicere, et benedicere dona Dei. Ad episcopum pertinet basilicarum consecratio, unctio altaris et confectio chrismatis. Ipse prædicta officia, **217** et ordines ecclesiasticos constituit, ipse sacras virgines benedicit, et dum præcessit unusquisque in singulis, ipse tamen est præordinator in cunctis. Hi sunt ordines et ministeria clericorum, quæ tamen auctoritate pontificali in archidiaconi cura; et primiceri, ac thesaurarii sollicitudine dividuntur. Archidiaconus enim imperat subdiaconis et levitis, ad quem ista ministeria pertinent: ordinatio vestiendi altaris a levitis, cura incensi et sacrificii deferendi ad altare, cura subdiaconorum de subinferendis ad altare in sacrificio necessariis. Sollicitudo, quis levitarum Apostolum et Evan-

gelium legat, quis preces dicat, seu responsorium in Dominicis diebus, aut solemnitatum. Sollicitudo quoque parochitanorum; et ordinatio, et jurgia ad ejus pertinent curam; pro reparandis diœcesanis basilicis ipse suggerit sacerdoti, ipse inquirit parochias cum jussione episcopi, et ornamenta vel res basilicarum parochitanarum : gesta libertatum ecclesiasticarum episcopo idem defert, collectam pecuniam de communione ipse accipit, et episcopo defert, et clericis proprias partes idem distribuit. Ab archidiacono nuntiantur episcopo excessus diaconorum, ipse denuntiat sacerdoti in sacrario jejuniorum dies atque solemnitatum, et ab ipso publice in ecclesia prædicatur; quando vero archidiaconus absens est, vicem ejus diaconus sequens adimplet. Ad primicerium pertinent acolythi, exorcistæ, psalmistæ, atque lectores, signum quoque dandum pro officio clericorum, pro vitæ honestate, et officium meditandi et peragendi; sollicitudo, lectiones, benedictiones, psalmum, laudes, offertorium, et responsoria quis clericorum dicere debeat. Ordo quoque et modus psallendi in choro pro solemnitate et tempore. Ordinatio quoque pro luminaribus deportandis : Si quid etiam necessarium est pro reparatione basilicarum quæ sunt in urbe, ipse denuntiat sacerdoti, epistolas episcopi pro diebus jejuniorum parochitanis per ostiarios ipse dirigit. Clericos, quos delinquere cognoscit, iste distringit. Quos vero emendare non vult, eorum excessus ad agnitionem episcopi defert, basilicanos ipse constituit, et matriculas ipse disponit. Quando autem primicerius absens est, ea quæ prædicta sunt ille exsequitur, qui ei aut loco est proximus, aut eruditione in his expendendis intentus. Ad thesaurarium pertinent basilicarii et ostiarii, ordinatio incensi præparandi, cura chrismæ conficiendæ, cura baptisterii ordinandi, præparatio luminariorum in sacrario, præparatio sacrificii de his quæ immolanda sunt, etc. » Quædam hinc sequuntur de officio basilicariorum et œconomorum, quæ hic non expendo, quod ea epistolæ pars apud Gratianum non exhibeatur. Interea vero colligere juvat ex dictis, parum valere posse laudatum Gratiani canonem ad disciplinam clericorum stabiliendam, sive quia de epistolæ veritate non satis constat, sive quia magna est Codicum dissimilitudo.

De Regula monachorum.

15. Quam ad institutionem monachorum edidit regulam Isidorus, viri ecclesiastici, ipsi etiam monachi, maximi semper fecerunt. Habetur illa inter cætera sancti antistitis opera, atque una cum cæteris regulis prodiit **218** cura Lucæ Holstenii eisdem fere verbis, scilicet aliqua quidem cum varietate vocularum, quæ tamen sententias non immutant. Exinde depromptus est canon 18, caus. 11, q. 3, quem more suo Gratianus tanquam generalis ecclesiasticæ disciplinæ monumentum exhibuit, nonnullis præterea adjectis quæ aliunde exhausit. In capite 18 Isidorianæ regulæ ita legitur de monacho, a communione cæterorum monachorum excluso : *Cum excommunicato neque orare, neque loqui cuilibet licebit. Cum excommunicato nulli penitus vesci liceat, ne ipsi quidem qui alimenta victui præbet*. Addiderunt Collectores, Gratiano antiquiores, verba illa, *nisi quæ ad eamdem excommunicationem pertinent*. Præterea Gratianus adjecit ea quæ subsequuntur in vers. *Si quis enim*, et quæ ad Isidorum minime pertinent. Errandi occasionem Gratiano præbuit Ivo, qui, descriptis Isidori verbis in parte XIV decreti, cap. 95, ita subdidit in cap. 96 : *Unde supra* : *Si quis frater, aut palam, aut absconse cum excommunicato fuerit locutus, communem statim cum eo excommunicationis contrahet pœnam*. Verba illa *unde supra* ita ille intellexit, ut putaret subjectum fragmentum ad eumdem Isidorum præcedentis capitis auctorem referretur [*Forte referri*], quod tamen falsum est; nam potius erat referendum ad auctorem capitis 93 et 94, nimirum ad concilium Moguntinum anni 888, in quo canon legi-

tur adversus raptores ita conceptus : *Si quis autem post hanc sententiam a nobis prolatam sciens cum eis communicaverit, uno eodemque mucrone cum ipsis sciat se a nobis esse percussum.* Hanc Moguntinorum Patrum sententiam aliis verbis Ivo descripserat in laudato capite 96, atque ita descriptam in suum Codicem collector noster transduxit. Itaque quicunque velit Gratianeum canonem recte interpretari, primo intelliget apud monachos cautum fuisse, ut ob certa crimina monachi a cæterorum consortio separarentur; deinde intelliget eos qui raptoribus communicavissent, ex definitione Moguntinorum Patrum simili pœna fuisse damnandos. Hanc ipsam definitionem sub nomine octavæ synodi legimus in canone 28, eadem causa et quæstione; quanquam in nullo concilio, quod octavum dicitur, reperiatur. Sunt hæc emblemata Gratiani, qui corruptis usus Codicibus, non semel sub nomine octavæ synodi laudavit ea quæ Isidori esse putabantur, uti animadvertendum mihi fuit in prima parte capit. 56, principio, et in hac ipsa parte III, cap. 9.

De libris Sententiarum, seu de Summo Bono.

16. Libri Isidori qui Sententiarum dicuntur, appellantur etiam de Summo Bono, quia prima operis verba hæc sunt : *Summum bonum Deus est,* etc. Tribus libellis distributum illud est, pulcherrimum sane, et ad bene dirigendos humanos affectus recte accommodatur. Ex cap. 6 libri III in fine depromptus est canon III, dist. VI, ibi : *Non esse peccatum, quando nolentes imaginibus nocturnis illudimur ; sed tunc esse peccatum, si antequam illudamur, cogitationum affectibus præveniamur. Luxuriæ quippe imagines,* etc. Reliqua cum Gratianeo canone consonant.

17. In eodem libro III, cap. 51, legitur canon 2, dist. 9, ubi nonnulli **219** Isidori Codices pro illis verbis *nec in se conveni! posse damnare jura,* habent *nec in se convenit frustrari jura*; in editione autem Breuliana : *neque in se posse damnare jura.*

18. Item in lib. II c. 13 habentur verba canonis 15, dist. 37, ubi priora verba ita legenda sunt ex Breuliana editione, *Ideo prohibetur Christianis,* etc. Quærebatur ibidem Isidorus de iis qui poetarum fabulis delectabantur duplici de causa : primo quia in iis obscena quædam menti objicerentur, et legentes inde ad libidinem excitarentur; secundo quia Christiani quidam ita delicium suum constituebant in illis, ut divinarum litterarum meditationem fastidirent. Ita enim post verba a Gratiano relata prosequitur Isidorus : « Quidam plus meditari delectantur gentilium dicta propter tumentem et ornatum sermonem, quam Scripturam sanctam propter eloquium humile. Sed quid prodest in mundanis doctrinis perficere [*Leg.* proficere], et inanescere in divinis? Caduca sequi figmenta, et cœlestia fastidire mysteria ? Cavendi sunt igitur tales libri, et propter amorem sanctarum Scripturarum vitandi. »

19. Quæ leguntur in can. 10, dist. 45, integra habentur in l. II c. 52, ubi plurima de judicum offici's S. antistes tradebat. Canon 9, dist. 81, legitur in fine capitis 10 lib. II, ubi pro illis verbis, *quod sæpe ibi vel cogitavit, vel gessit,* edidit Breulius : *quod semper ibi vel cogitavit, vel gessit.*

20. In libro III, cap. 54, adversus illos judices orationem convertit Isidorus, qui muneribus corrumpi se a divitibus patiuntur, propterea que pauperes opprimunt, ita scribens inter cætera : *Dives muneribus cito corrumpit judicem. Pauper autem, dum non habet quod offerat,* etc. Sunt hæc verba cum sequentibus relata in can. 72, caus. 11, q. 3.

21. Multa tradidit de jurejurando Isidorus in cap. 31 lib. II. Siquidem ibi ita præfatur : *Sicut mentiri non potest qui non loquitur, sic pejerare non poterit qui jurare non appetit. Cavenda est igitur juratio, nec ea utendum, nisi in sola necessitate. Non est contra Dei præceptum jurare, sed dum jurandi facimus, perjurii crimen incurrimus.* Habentur hæc in can. 15, caus. 22, qu. 1. Deinde post aliqua ita prosequitur :

Quacunque arte verborum quisque juret, Deus tamen, qui conscientiæ testis est, ita hoc accipit, sicut ille, cui juratur, intelligit. Dupliciter autem reus fit, qui et Dei nomen in vanum assumit, et proximum dolo capit. Non est conservandum sacramentum, quo malum incaute promittitur, veluti si quispiam adulteræ perpetuo cum ea permanendi fidem polliceatur. Tolerabilius est enim non implere sacramentum quam permanere in stupri flagitio. Descripsit hæc verba Gratianus in can. 13, caus. 22, qu. 4., et in can. 9, caus. 22, qu. 5., quæ sane si quis accurate perpendat, statim intelliget inde everti illorum opinionem qui mentalibus, ut vocant, restrictionibus mendacia fovere non dubitant.

22. In libro III, cap. 51, paulo post verba superius relata in can. 2, dist. 9, leguntur verba canonis 20, caus. 23, qu. 5, ubi hæc quæ sequuntur pro Gratianeis erunt substituenda : *Principes sæculi... Cæterum intra Ecclesiam... potestas hoc imperet per disciplinæ terrorem... et ut venerationem mereatur, virtute potestatis impertiat,* etc.

220 23. Ad librum II, cap. 39, referendus est canon 15, caus, 32, qu. 7, ubi Isidorus indicabat, quandonam homo peccati adhuc lubrico inquinetur, his verbis : *Si plus oblectat mentem delectatio fornicationis quam amor castitatis, adhuc in homine peccatum regnat. Certe est amplius delectat pulchritudo inimæ castitatis, jam non regnat peccatum, sed regnat justitia. Nam non solum de commissa fornicatione peccatum regnat in homine ; sed si adhuc delectatur, atque animum teneat, procul dubio regnat. Fornicatio carnis adulterium est, fornicatio animæ servitus idolorum est. Est autem et spiritualis fornicatio, secundum quod Dominus ait : Qui viderit mulierem ad concupiscendam eam, jam mœchatus est eam in corde suo. Omnis immunda pollutio fornicatio dicitur, quamvis quisque diversa turpitudinis voluptate prostituatur. Ex delectatione enim fornicandi varia gignuntur flagitia, quibus regnum Dei clauditur, et homo a Deo separatur. Inter cætera septem vitia fornicatio maximi est sceleris, quia per carnis immunditiam templum Dei violat, et tollens membra Christi, facit membra meretricis.* Quæ sequuntur apud Gratianum in vers. *Sunt autem quædam,* non sunt Isidori, sed potius Origenis ita scribentis in homilia 5 in Genesim ad cap. XIX et XX : « Nonnullæ vero mulieres (neque enim universas pariter notamus), sed sunt quædam, quæ sicut animalia absque ulla discretione indesinenter libidini serviunt, quas ego nec mutis pecoribus comparaverim. Pecora enim et ipsa sciunt, cum conceperint, ultra non indulgere maribus copiam sui. »

24. Sub Smaragdi nomine exhibetur apud Gratianum canon 9 de pœn., dist. 3. Sane Smaragdus, qui initio noni sæculi apud monachos floruit, commentaria scribens in regulam sancti Benedicti, multas veterum Patrum, ac præsertim Isidori Hispalensis sententias congessit. Quando vero sententia illa canonis 9 integra apud Isidorum reperitur, de recentiore scriptore, quem collectorem potius nominavero, minus solliciti esse debemus. Ait Isidorus in lib. II cap. 13 : « Ille pœnitentiam digne agit, qui reatum suum satisfactione legitima plangit condemnando scilicet ac deflendo quæ gessit, tanto in deplorando profusius, quanto exstitit in peccando proclivius. Ille pœnitentiam digne agit, qui sic præterita mala deplorat ut futura iterum non committat; nam qui plangit peccatum, et iterum admittit peccatum, quasi si quis lavet laterem crudum, quem quanto magis eluerit, tanto amplius lutum fecit. » Plura ex Isidoro descripsi, quam Gratianus ediderit, ut palam explicarem duplicem pœnitentiæ partem juxta sententiam Isidori, priorem nimirum quæ præterita crimina respicit, posteriorem quæ futuris prospiciat.

25. Ad cap. 16 libri II exigendus est canon 11 de pœnit., dist. 3., et his verbis describendus : « Irrisor est, non pœnitens, qui adhuc agit quod pœnitet ; nec videtur Deum poscere subditus, sed subsannare superbus. Canis reversus ad vomitum est pœnitens ad peccatum. Multi enim lacrymas indesinenter

fundunt, et peccare non desinunt. Quosdam accipere lacrymas ad pœnitentiam, et effectum pœnitentiæ non habere, constat, quia inconstantia mentis nunc recordatione peccati lacrymas fundunt, nunc vero reviviscente usu, ea quæ fleverant, iterando committunt. **221** Qui et præterita vult plangere, et actionibus sæcularibus incubare, iste mundationem non habet, quoniam adhuc agit quæ pœnitendo deflere possit. Isaias peccatoribus dicit: *Lavamini, mundi estote: lavatur itaque et mundus est qui et præterita plangit, et flenda iterum non admittit.* Lavatur itaque et non est mundus qui plangit quæ gessit, nec deserit, et post lacrymas ea quæ fleverat repetit. »

26. Simul jungendi sunt can. 24 de cons., dist. 2, can. 115 de cons., dist. 4; uterque enim depromptus est ex cap. 22 lib. i; ubi Isidorus agebat de baptismo et eucharistica communione; imo verba quæ leguntur in fine canonis 115 eadem sunt cum iis quæ descripta fuerunt in canone 24. Referam hic integrum Isidori monumentum. Ait ipse: « Qui in maternis uteris sunt, ideo cum matre baptizari non possunt, quia qui natus adhuc secundum Adam non est, renasci secundum Christum non potest. Neque enim dici regeneratio in eo poterit, quem generatio non præcessit. Qui intra Ecclesiam non ex dignitate Ecclesiæ vivunt, sed fidem, quam verbo tenent, operibus destruunt, de ipsis legitur: *Multiplicati sunt super numerum, ut subaudias, in regno prædestinatorum.* Qui scelerate vivunt in Ecclesia, et communicare non desinunt, putantes se tali communione mundari, discant nihil ad emundationem proficere sibi, dicente propheta: *Quid est quod dilectus meus in domo mea fecit scelera multa? Nunquid carnes sanctæ auferent a te malitias tuas?* Et Apostolus: *Probet,* inquit, *se homo, et sic de pane illo edat, et de calice bibat.* »

De libris Etymologiarum.

27. Omnigenæ eruditionis virum fuisse Isidorum vel soli Etymologiarum, qui et Originum dicuntur, libri viginti demonstrare facile possunt; siquidem in illis per omnes scientias adeo late sanctus vir expatiatus est, ut singularum materies, et res universas paucis perstrinxerit, præcipue notans vocabulorum, quibus disciplinarum cultores utuntur, significationes et discrimina. Atque utinam libros illos perfecisset Isidorus; tum enim mirari vehementer deberemus magnam elegantiam cum eximia doctrina conjunctam. Noverat Braulio Cæsaraugustanus episcopus, Isidorum eo genere laboris defatigari, quo rerum omnium, et vocabulorum origines ac vires investigaret; quamobrem nihil impensius ab eo expostulavit, quam ut libelli fidem quam citissime bono publico ederentur. Re nondum omnino absoluta, morem gessit sanctus Hispalensis vir amico suo Braulioni, ad quem propterea libellos misit ut adhuc informes minimeque perfectos. Hos ut accepit Cæsaraugustanus episcopus, in certum ordinem redegit, atque sub Isidori nomine evulgavit. Id testatur ipse Braulio in epistola ad Isidorum ita scribens: *Septimum, nisi fallor, annum tempora girant, ex quo me memini libros a te conditos Originum postulasse, et pro diversoque modo præsentem vos me frustratum esse, et absenti nihil inde vos rescripsisse, sed subtili dilatione modo necdum esse perfectos, modo necdum scriptos, modo meas litteras intercidisse, aliaque multa opponentes ad hanc usque diem pervenimus, et sine petitionis effectu manemus. Ob hoc et ego vertam preces* **222** *in querelam, ut quod supplicatione nequivi, vel calumnia lacessendo valeam adipisci,* etc. His ita rescripsit Isidorus: *Codicem Etymologiarum cum aliis Codicibus de itinere transmisi, et licet inemendatum præ invaliditudine, tamen tibi modo ad emendandum statueram offerre, si ad destinatum concilii locum venissem.* Itaque etsi librorum auctor sit Isidorus, liberum tamen Braulioni fuit eosdem digerere, atque emendare; quod nondum suprema manus imposita illis esset. **In** paucis adumbratam libellorum partitio-

nem. Agitur in primo de Grammatica, in secundo de Rhetorica et Dialectica, in tertio de Arithmetica, Geometria, Musica et Astronomia, in quarto de Medicina, in quinto de Legibus et Temporibus, in sexto de Libris et Officiis ecclesiasticis, in septimo de Deo, Angelis, et fidelium Ordinibus, in octavo de Ecclesia et variis sectis, in nono de Linguis et Societatibus, in decimo de Litteris, et earum Alphabeto, in undecimo de Homine et Portentis, in duodecimo de Animalibus, in decimo tertio de Mundo et partibus, in decimo quarto de Terra et partibus, in decimo quinto de Ædificiis et Agris, in decimo sexto de Lapidibus et Metallis, in decimo septimo de Rebus rusticis, in decimo octavo de Bello et Ludis, in decimo nono de Navibus, Ædificiis et Vestibus, denique in vigesimo de Penu, Instrumentis rusticis et domesticis.

28. Non meliora suæ collectionis auspicia capere potuit Gratianus, quam exordiendo a generalibus legum principiis quæ Isidorus jecit in libro v Originum, in quo diximus materiem legum fuisse tractatam. Hinc ad hunc librum referendi sunt canon 1 et sequentes tota dist. 1, can. 4 et sequentes tota dist. 2, canon 3 et 4 dist. 3, canon 1 et 2 dist. 4, canon 1 et 2 dist. 7. Eam rem ordinate explicaturus Isidorus in cap. 4, expendit legum universarum originem, breviter tradens, quinam fuerint spectabiliores legum auctores. Hinc ait in cap. 1: *Moyses genti Hebraicæ primus omnium divinas leges sacris litteris explicavit,* etc. Hic est canon 1, dist. 7, ubi pro verbis illis: *Lycurgus primus Lacedæmoniis jura ex Apollinis auctoritate confinxit,* legendum est juxta vulgatos Isidori Codices: *Lycurgus primus Lacedæmonis jura legum ex Apollinis auctoritate confinxit.* Statim post canonem 1 pectendus est canon 2 eadem dist. 7, cujus verba paulo aliter in vulgatis Isidori Codicibus exhibentur: *Fuerunt autem hi Appius Claudius, Genutius, Veterius, Julius, Manilius, Sulpitius, Sextius, Curatius, Romelius, Posthumius... incuria exoleverunt, quarum,* etc. Notandum hoc in loco est, altum servari silentium apud Isidorum de compilatione legum, facta auctoritate Justiniani, quanquam meminerit Theodosiani Codicis. Quod argumentum est gravissimum, unde deducitur, apud Hispanos tunc temporis ignotos fuisse Justiniani Codices, quod imperio Justiniani aut subsequentium imperatorum subjecti non fuissent. Prosequitur Isidorus in cap. 2: *Omnes autem leges aut divinæ sunt, aut humanæ. Divinæ natura, humanæ moribus constant; ideoque hæ discrepant, quoniam aliæ aliis gentibus placent. Fas lex divina est, jus lex humana; transire per agrum alienum fas est, jus non est.* Hic est canon 1, distinct. 1. Forte cuiquam negotium facesset, quod ibidem dicitur, leges divinas natura constare, quasi nullum discrimen inter naturales **223** ac divinas leges Isidorus agnoverit. Ego vero quanquam dicere possem, Isidorum de legum auctore, origine et causa locutum fuisse, in quo genere divinæ leges a naturalibus minime discrepant, cum idem sit et naturalium et divinarum omnium legum auctor, nihilominus puto sententiam Isidori referendam esse ad legum vim ac firmitatem, secundum quam divinæ jure dicuntur natura constare, quemadmodum moribus humanæ; et cum natura juxta philosophorum effata perpetua causa sit, eam ob rem perpetuum jus divinum est, sive tale, quod ubique locorum, quod quandocunque temporum obtineat; vice versa humanæ leges, quod moribus innitantur hominum, pro varietate morum, variæ esse poterunt. Neque dицens, divinas aliquot Veteris Testamenti leges Evangelio fuisse antiquatas. Siquidem non est inverosimile, Isidorum tantum de divinis, quæ sane perpetuæ sunt, Evangelii legibus institutisse sermonem; nisi dicere malis, etiam ipsas leges omnes Veteris Testamenti adhuc in eo sensu perpetuas posse dici, vel quod nonnisi statuto divinitus tempore antiquari potuerint, vel quod eædem si non in specie, saltem in genere, perseveraverint: nimirum cæremonialia

præcepta seu vetera, seu nova ad Christum referuntur universæ; et quæ Christum venturum præfigurabant ante Christi adventum, formam quidem eo veniente mutarunt, non genus, quod aliis successerint, alia, quæ ad Christum pariter referrentur, non quidem venturum, sed natum, passum, gloriosum, et ad dexteram Dei sedentem. In cap. 3 leguntur canones 2, 3, 4 et 5 dist. 1 his verbis : « Jus generale nomen est, lex autem juris est species. Jus autem dictum, quia justum est ; omne autem jus legibus et moribus constat. Lex est constitutio scripta. Mos est vetustate probata consuetudo, sive lex non scripta. Nam lex a legendo vocata est, quia scripta est. Mos autem longa consuetudo est de moribus tracta tantum. Consuetudo autem est jus quoddam moribus institutum, quod pro lege suscipitur, cum deficit lex, nec differt scriptura an ratione consistat, quando et legem ratio commendat. Porro si ratione lex constat, lex erit omne jam quod ratione constiterit, duntaxat quod religioni congruat, quod disciplinæ conveniat, quod saluti proficiat ; vocata autem consuetudo, quia in communi est usu. » In capite 4, 5 et 6, traditur vulgaris divisio juris in naturale, gentium, et civile, his verbis : In cap. 4: « Jus naturale est, aut civile, aut gentium. Jus naturale est commune omnium nationum, eo quod ubique instinctu naturæ, non constitutione aliqua habeatur ; ut viri et feminæ conjunctio, liberorum successio (Correctores Romani adnotant in quibusdam ms. Codicibus legi susceptio. Utraque lectio optima videtur, dummodo successionis nomine non hæreditariam intelligas, sed personalem, qua scilicet filius Patri natura succedit vi generationis) et educatio, communis omnium possessio, et omnium una libertas, acquisitio eorum quæ cœlo, terra marique capiuntur. Item depositæ rei, vel commendatæ pecuniæ restitutio, violentiæ per vim repulsio. Nam hoc, aut si quid huic simile est, nunquam injustum, sed naturale æquumque habetur. » In c. 5 : « Jus civile est quod quisque populus vel civitas sibi proprium humana divinaque causa constituit. » In c. 6 : « Jus gentium est sedium occupatio, ædificatio, munitio, 224 bella, captivitates, servitutes, postliminia, fœdera pacis, induciæ, legatorum non violandorum religio, connubia inter alienigenas prohibita : et inde jus gentium, quod eo jure omnes fere gentes utuntur. » Ad hæc exigendi sunt canones 6, 7, 8 et 9 dist. 1. Non hic constitit Isidorus, qui ulterius expendit quid sit jus militare, quid jus publicum, quid jus singulare Quiritum. Hinc ait in cap. 7, ad quod exigendus erit canon 10 dist. 1 : « Jus militare est belli inferendi solemnitas, fœderis faciendi nexus, signo dato, congressio in hostem, vel commissio. Item signo dato receptio; item fugitti militaris disciplina; si locus deseratur ; item stipendiorum modus, dignitatum gradus, præmiorum honor, velut cum corona vel torques donatur. Item prædæ decisio, et pro personarum qualitatibus et laboribus justa divisio, ac principis portio. » In c. 8, quod idem est cum can. 11 dist. 1 : « Jus publicum est in sacris et sacerdotibus, et in magistratibus. » In c. 9, quod idem est cum can. 12, dist. 1 : « Jus Quiritum est proprie Romanorum, quod nulli tenent nisi Quirites, id est Romani, tanquam de legitimis hæreditatibus, de cretionibus, de tutelis, de usucapione, quæ jura apud nullum alium populum reperiantur, sed propria sunt Romanorum, et in eisdem solis constituta. Constat autem Quiritium jus (hæc verba eadem sunt cum Gratianeis, ubi collector exorditur dist. 2) ex legibus et plebiscitis, constitutionibus principum et edictis, sive prudentium responsis. » Post hæc explicantur singulæ memoratæ juris Quiritium species in cap. 10, 11, 12, 13 et 14, unde Gratianus excepit canones 1, 2, 3, 4 et 5 dist. 2. In cap. 10 : « Lex est constitutio populi, qua majores natu simul cum plebibus aliquid sanxerunt. » In cap. 11 : « Scita sunt, quæ plebs [Al., plebes] tantum constituunt; et vocata scita, quod ea plebs sciat, vel

quod sciscitatur et rogat, ut fiat. » Adnotat hoc in loco Joannes Grialus, mendum irrepsisse in vulgares Codices Isidorianos, et legendum potius esse : Quod ea plebs sciat, vel quod sciscit, ita, uti rogata fuit, uti in aliquibus vetustis Codicibus exhibetur, quod sane magis congruit priscis plebiscitorum formulis, quibus non rogabat plebs, sed rogabatur. In cap. 12: « Senatus consultum est quod tantum senatores populis consulendo decernunt. » In c. 13 : « Constitutio vel edictum, quod rex, vel imperator constituit, vel edicit. » In c. 14 : « Responsa sunt, quæ jurisconsulti respondere dicuntur consulentibus ; unde et responsa Pauli dicta. Fuerunt enim quidam prudentes et arbitri æquitatis, qui institutiones civilis juris compositas ediderunt, quibus dissidentium lites contentionesque sopirent. » Singulares alias leges, nimirum consulares, tribunitias, et cæteras ab suis auctoribus nuncupatas, item satyras ac Rhodias expendit Isidorus in cap. 15, 16 et 17, quorum verba ita legenda sunt in can. 6, 7 et 8 dist. 2 ex cap. 15. « Quædam etiam leges dicuntur ab iis qui condiderunt, ut consulares, tribunitiæ, Juliæ, Corneliæ. Nam et sub Octaviano Cæsare suffecti consules Papius et Pompeius legem tulerunt, quæ a nominibus eorum appellatur Papia et Pompeia, continens primum præmia pro suscipiendis liberis. Sub eodem quoque imperatore Falcidius tribunus plebis legem fecit, ne quis plus in extraneis testamento legaret, quam ut quarta pars superesset hæredibus. Ex cujus nomine lex Falcidia 225 nuncupata est. Aquilius quoque legem condidit, quæ hactenus Aquilia vocatur. » Ex capite 16 : « Satyra vero lex est quæ de pluribus rebus simul loquitur, dicta a copia rerum, et quasi a societate ; unde et satyram scribere est poemata varia condere, ut Horatii, Juvenalis, et Persii. » Ex capite 17 : « Rhodiæ leges Navalium commerciorum sunt, ab insula Rhodo cognominatæ, in qua antiquitus mercatorum fuit usus. » Quæ prosequitur Isidorus in cap. 18 et 19 edidit Gratianus in can. 3 et 4 dist. 3. Legitur in cap. 18 : « Privilegia autem sunt leges privatorum, quasi privatæ leges. Nam privilegium inde dictum, quod in privato feratur. » Et in capite 19 : « Omnis autem lex aut permittit aliquid, ut vir fortis petat præmium ; aut vetat, ut sacrarum virginum nuptias nulli petere liceat ; aut punit, ut qui cædem fecerit, capite plectatur, aut enim præmio aut pœna vita moderatur humana. » Duobus adhuc capitibus, vigesimo et vigesimo primo Isidorus generalia legum præcepta explicavit, quæ recensentur in can. 1 et 2 dist. 4. In capite 20 hæc habentur : « Factæ sunt leges, ut earum metu humana coerceatur audacia, tutaque sit inter improbos innocentia, et in ipsis improbis formidato supplicio, refrenetur nocendi facultas. » In cap. 21 : « Erit autem lex honesta, justa, possibilis, secundum naturam, secundum patriæ consuetudinem, loco temporique conveniens, necessaria, utilis, manifesta quoque, ne aliquid per obscuritatem in captione contineat, nullo privato commodo, sed pro communi civium utilitate conscripta. »

29. Sic tradita generali legum notitia, gradum fecit sanctus antistes ad varias res in quibus legum disciplina versatur, hæreditates nimirum, contractus, et criminum coercitionem. Hinc in capite 26 ejusdem libri v multas criminum species distinguens, ait inter cætera : « Stuprum, id est raptus, proprie est illicitus coitus, a corrumpendo dictus, unde et qui rapto potitur, stupro fruitur. » Hæc retulit Gratianus duobus in locis non solum ab Isidoro, sed et a semetipso dissimilis, uti videre unusquisque potest in can. 48, caus. 27, quæst. 2, et in can. 1, caus. 36, qu. 1. Qui his canonibus uti velit, semper præ oculis habere debebit, Isidorum nominis tantum originem adnotavisse, non naturam seu raptus, seu stupri voluisse explicare.

30. In sexto Etymologiarum libro, in quo agitur de libris et officiis ecclesiasticis, nonnulla traduntur

de canonibus ecclesiasticorum conciliorum in cap. 15, ad quod exigendi sunt canones 1 et 2; dist. 3., necnon can. 1, dist. 15. Principio ita legitur : « Canon autem Græce, Latine regula nuncupatur. Regula autem dicta, quod recte ducit, nec aliquando aliorsum trahit. Alii dixerunt, regulam dictam, vel quod regat, vel quod normam recte vivendi præbeat, vel quia distortum, pravumque corrigat. » Sunt hæc verba can. 1 et 2, dist. 3, post quæ ita sequitur Isidorus : « Canones autem generalium conciliorum a temporibus Constantini cœperunt, etc. Exhibentur hæc in can. 1, dist. 15, ubi pro illis verbis : « In unum conveniendi... una Patrum sententia damnavit... in hoc opere consita continentur... Concilii vero nomen, » etc., ita legendum est ex Breuliana editione. « In unum convenire... una Patrum sententia prædamnavit... in hoc opere condita continentur... Concilii autem nomen tractum est ex Romano more. Tempore **226** enim, quo causæ agebantur, conveniebant omnes in unum, communique intentione tractabant. Unde et concilium a communi intentione dictum. Nam cilia oculorum sunt; unde et considium, id est, consilium, *d* in *l* litteram transeunte. Cœtus vero conventus est, vel congregatio a coeundo, id est, conveniendo in unum. Unde et conventus est nuncupatus; sicut a conventu cœtus, vel concilium a societate multorum in unum. »

31. In libro septimo Etymologiarum superius adnotavimus, agi inter cætera de variis ecclesiasticorum virorum ordinibus. Eo pertinet canon 1, dist. 21, depromptus ex cap. 12, ubi pro verbis Gratiani, « cleros et clericos hinc appellatos credimus, quia... Summus Patrum interpretabatur... Archiepiscopus Græco dicitur vocabulo, quod sit summus episcoporum... ipsis commissa est... Princeps, inde archiepiscopus... Episcopatus autem vocabulum inde ductum, quod ille qui efficitur episcopus, superintendat... Græce intendere dicitur... antea autem qui reges erant, et pontifices erant, nam majorum hæc erat consuetudo, ut rex esset etiam sacerdos et pontifex... consecrat enim et sacrificat, sacerdotes autem gentilium... quod cum propter æstum ferre non possent... non modo pro ætate... sed etiam propter honorem... iidem episcopi... nomen dignitatis est et non ætatis... sicut episcopi... quod solis deberi episcopis... mystici sacramenti ministeria explebantur..., et officiis levitarum. Oblationes enim in templo Dei... ita miserabiliter pronuntient... iidem etiam et pronuntiatores vocantur, ... Latine dicere poterunt præcentor et succentor. Præcentor scilicet, qui, ... Concentor autem dicitur, quia consonat,... nec cantor, nec consentor erit... adjurantes, sive increpantes... Ostiarii iidem et janitores, qui in Veteri Testamento... ut non ingrederetur in illud immundus... habentes judicium fideles recipiunt, et recipiunt infideles; » ita legendum erit ex Breuliana editione : « Clerus et clericus hinc appellatur, quia... summus pater interpretatur... archiepiscopus Græce dicitur summus episcoporum... ipsis episcopis commissa est... princeps. Archiepiscopus... Episcopatus autem vocabulum inde dictum, quod ille qui superefficitur superintendat... Græce, Latine intendere dicitur... antea autem pontifices et reges erant; nam majorum hæc erat consuetudo ut rex esset etiam sacerdos et pontifex (*ad marginem adnotavit Breulius in aliquibus Codicibus legi*, vel Pontifex)... consecrat enim et sanctificat. Sacerdotes gentilium... quod cum pro æstu (*ad marginem Breulianæ editionis legitur*: alias, per æstum) ferre non possent... non pro ætate... sed propter honorem... idem episcopi... nomen dignitatis, hoc est ætatis... sicut et episcopi... quod solum deberi episcopis... mystici sacramenti mysteria (*Breulius ad marginem*: alias, ministeria) explebantur... et officiis Levitarum, qui in Esdra Nathanei appellantur, id est in humilitate Domino servientes. Oblationes enim in templo Dei... ita miserabiliter pronuntient... Iidem etiam pronuntiatores vocantur... Latine dicere potuerunt præcentor, et succentor. Præcentor, qui... concentor autem dicitur, qui consonat... nec cantor, nec succentor erit... adjuratores, sive increpantes... Ostiarii, **227** id est janitores, qui in Esdra custodes templi dicuntur servorum Salomonis filii (*notat Breulius, verba ista*, qui in Esdra, *etc.*, *usque ad dictionem* filii *non legi in Codice ms.*) qui in Veteri Testamento... ut non ingrederetur eum immundus... habentes (*notat Breulius in margine*: alias, tenentes) judicium, fideles recipiunt, respuunt infideles.

32. In lib. VIII Etymologiarum, in quo de Ecclesia et variis sectis agitur, legitur, cap. 5, canon 39, caus. 24, qu. 3, in quo perspicue texitur series hæreticorum per ordinem temporum digesta. Nonnulla jam Romani Correctores emendaverunt: ut vero ad Breulianam editionem Canon exigatur, pro illis Gratiani verbis : « Quidam autem hæretici... magicæ artis perito... Menandrini... factum asserunt... conjugia commutarentur... quod odisti facta Nicolaitarum... Latine Millenarii sunt appellati... Nazaræus est appellatus... Appellitæ, quorum auctor Appelles fuit... illum ignem affirmans, dixit et Christum non in veritate Deum... Cainani inde sunt appellati... a filio Adæ... Apostolici hoc sibi nomen ideo sumpserunt... qui aliquo in hoc mundo utuntur... principia asseruit. Marcionistæ a Marcione... creationis, et bonitatis. Artotyritæ... dicentes a primis hominibus... et fructibus ovium... Cataphrygis nomen provincia Phrygia dedit, quia ibi exstiterunt. Auctores eorum Montanus, Prisca et Maximilla fuerunt. Hi adventum Spiritus sanctus non in apostolos... hic duas naturas... ex aliquo fonte manere asseruit... ex parte recepit. Anthropomorphitæ... Hierarchitæ ab Hierarcha... Novatiani a Novatiano... Cathedram sacerdotalem... Apostatas suscipere rebaptizans baptizatos... per profectum solum virum justum... intelligentiæ appellati sunt. Hi enim semijudæi... Gallogræciæ Syrmii... Aeriani ab Aereo... Aetiani ab Aetio sunt vocati, idemque... Aetii discipulo... peccatorum a cœlis usque ad terras diversa corpora... eaque causa factum esse mundum. Noetiani... qui dicebant Christum... quia Patrem passum dicunt... quod ait Dominus : Ego et Pater... Antidicomartiæ... viro suo fuisse commixtam... asserunt enim, sic esse... intra vas majus... Colluthiani a quodam Colluthо... non facere mala... quod scriptum est : Dominus creans mala. Floriani a Floriano... contra hoc, quod... Circumcelliones dicuntur... quos Scototopicos vocant... a Lucifero Sardiniæ episcopo orti, qui episcopos catholicos, qui Constantii persecutione perfidiæ Arianorum consentientes erant, et postea correcti in catholicam redire delegerunt... ab Ecclesiæ communione recesserunt... nullam nuptarum et virginum... de suo Joseph peperisse... exorti inferioris corporis partes... atque in novissimo utrumque resurgere... tantummodo matrem asseruit... nec unum Christum... alterum Filium Dei, alterum hominis... existere in duabus naturis, sed solam in eo divinam asseruit naturam... id est sine capite, nullus enim eorum reperitur auctor... Agnoitæ... ex quibus Agnoitæ... quia ad perversitatem... quæ sunt subscripta... tres asserunt Deos esse... Sunt aliæ hæreses... Christi descensione non credunt... et quæcunque **228** animalia... Scripturam sanctam intelligit, etc., » ita legendum erit : « Quidam etiam hæretici... magicæ disciplinæ perito... Menandriani... factum esse asseruit... conjugia mutarentur... quia odisti facta Nicolaitarum... Latine Milliastæ sunt appellati... Nazarenus est appellatus... Appellitæ, quorum Apelles princeps fuit... illum igneum affirmans. Appellitæ, quorum auctor Appelles, qui dixit Christum non Deum veritate... Cainini proinde sic appellati... a filio Adam... Apostolici hoc sibi nomen ideo præsumpserunt... qui aliquid in hoc mundo utuntur... principia asserunt. Marcionistæ a Martione... Creatoris, et bonitatis. Artoteritæ... dicentes primis hominibus... et a fructibus ovium... Cataphrygiis nomen provinciæ Cataphrygia

(*adnotat ad marginem Breulius*: alias, Frigia) dedit, quia ibi exstiterunt auctores eorum Montanus, et Prisca, et Maximilla. Hi adventum Spiritus Sancti non in apostolis... Hic Manes duas naturas... ex aliquo fonte manare asseruit... ex parte recipit. Anomiani, id est, Latine sine lege dicuntur. Anthropomorphitæ... Heraclitæ ab Heraclio... Novatiani a Novato... Cathedram pontificalem... Apostatas recipere, et rebaptizans baptizatos... per prophetam (*adnotat ad marginem Breulius*: alias, prophetata, alias, profectum, quæ lectio verior est) solum verum justum... intelligentiæ compellati sunt. Ili semi-Judæi... Gallogræciæ Sirmiæ... Caeteruni ab Aetio... Aetiani ab Aetio quodam sunt vocati, iidemque... Aetii discipulo... peccatorum de coelis usque ad terras lapsas, diversa corpora... eaque causa mundum factum fuisse. Noetani... qui dicebat Christum... quia Patrem passum aiunt... quod ait Dominus dicens : Ego, et Pater... Antidicomaritæ... viro suo commixtam... asseruit enim esse... inter vas majus... Golliuthiani a quodam Colliutho... non facere malum... quod scriptum est : Ego Dominus creans mala. Floriani a Florino... contra id, quod... Circumcelliones dicti... quos Cotopitas vocant... a Lucifero Sirmiæ episcopo, qui contra episcopos catholicos, qui Constantii persecutione (*notat Breulius, alibi legi* : qui Constantio persequente) perfidiæ Arianorum consentientes erant, et postea correcti redire in catholicam delegerunt... a communione recesserunt... nullam nuptiarum et virginum... de viro Joseph peperisse... exorti, qui inferiores corporis partes... atque in novissimo die utrumque resurgere... tantummodo asseruit genitricem... neque unum Christum... alterum Filium Dei, et alterum hominis... existere de duabus naturis, sed solum in eo asseruit divinam naturam esse... id est sine capite, quem sequuntur hæretici : nullus enim eorum reperitur auctor... Gnoitæ... quia perversitate... quæ sunt scripta... tres astruunt deos esse... sunt et aliæ hæreses... Christi descensionem non credunt... et in quæcunque animalia... Scripturam sacram intelligit, etc. »

33. In capite 9 ejusdem libri varias magorum species Isidorus enumerat, atque inter cætera ita scribit : « Sortilegi sunt, qui sub nomine fictæ religionis per quasdam, quas sanctorum sortes vocant, divinationis scientiam profitentur, aut quarumcunque scripturarum inspectione futura promittunt. » Hic est canon 1, caus. 26, qu. 1.

229 34. De linguis et societatibus, ut diximus, agitur in libro IX Etymologiarum; in postremis autem capitibus de necessitudine conjugum et consanguineorum. Eo pertinet, nimirum ad caput 8, canon 6, caus. **26**, qu. 2, ubi ita scribit Isidorus : « Conjuges appellati propter jugum quod imponitur matrimonio conjugendis. Jugo enim nubentes subjici solent, propter futuram concordiam, ne separentur. Conjuges autem verius appellantur a prima desponsationis fide, quamvis adhuc inter eos ignoretur conjugalis concubitus, sicut Maria Joseph conjux vocatur, inter quos nec fuerat nec futura erat carnis ulla commixtio. »

Ad caput 5 ejusdem libri referendus est canon 15, caus. 32, qu. 4, ubi Isidorus ita scribit : « Item liberi dicti, quia ex libero sunt matrimonio orti. Nam filii ex libero, et ancilla servilis conditionis sunt; semper enim qui nascitur, deteriorem parentis statum sumit. Naturales autem dicuntur ingenuarum concubinarum filii, quos sola natura genuit, non honestas conjugii. » Et paulo infra, postquam de spuriis egerit [*Forte egerat*], quibus certa mater est, pater incertus, ait : « Unde et ii qui non sunt de legitimo matrimonio, matrem potius quam patrem sequuntur. »

35. Quæ sub Isidori nomine leguntur in Can. 1, caus. 35, qu. 4, non in omnibus Isidori Codicibus exhibentur, quemadmodum testificatus est Breulius ad calcem capitis 6. lib. IX, ea adjiciens, quod in quibusdam exemplaribus », ut ipse ait, haberentur. Ibidem autem pro Gratiani verbis : « Consanguinitas... ad sextum generationis gradum » legitur : « Hæc consanguinitas ad sextum generis gradum. » Ego facile puto cum Romanis Correctoribus, adjecta fuisse ex sancti Augustini monumentis, nimirum ex lib. XV de Civitate Dei. cap. 16, ubi ita legitur : « Fuit autem antiquis Patribus religiosæ curæ, ne ipsa propinquitas se paulatim propaginum ordinibus dirimens, longius abiret, et propinquitas esse desisteret, eam nondum longe positam rursus matrimonii vinculo colligare, et quodammodo revocare fugientem. » Cæterum quæ subduntur de gradibus cognationum intra sextum gradum coercendis exemplo sex mundi ætatum, eruditis viris minime placent, cum exemplum illud vetustis Ecclesiæ Patribus nullibi probatum fuisse reperiatur, unde ait Vanespen in brevi Commentario in Gratianum ad eumdem canonem : « De hac restrictione usque ad sextum gradum alibi me legisse non memini, multo minus rationem adductam ab ullo probatam scio. »

36. De bello et ludis egisse Isidorum in lib. XVIII Etymologiarum, superius animadvertimus. Eo spectat canon 1, caus. 23, qu. 2. Nimirum in capite 1, postquam tradidit sanctus antistes, a Nino Assyriorum rege bella originem habuisse, ita prosequitur : « Quatuor autem sunt genera bellorum, id est justum, injustum, civile, et plusquam civile. Justum bellum est, quod ex prædicto geritur de rebus repetitis, aut propulsandorum hostium causa. Injustum bellum est, quod de furore, non de legitima ratione initur. » Et post pauca : « Nullum bellum justum habetur, nisi denuntiatum, nisi indictum, nisi de repetitis rebus. » Quæ subjiciuntur apud Gratianum in vers. *Judex*, non videntur proposito ejusdem Gratiani accommodata; habentur autem in capite 15 ejusdem libri, ubi Isidorus nonnulla tradidit **230** de fori contentionibus, et postquam docuit sex personas judicium constituere, judicem, accusatorem, reum, et tres testes, ait : « Judex dictus, quasi jus dicens populo, sive quod jure disceptet. Jure autem disceptare est juste judicare. Non est autem judex, si non est in eo justitia. »

De libris Synonymorum.

37. Libri duo, qui sub nomine Isidori Hispalensis appellantur *Synonyma*, alias etiam et verius dicuntur *Soliloquia*. In iis inducitur homo variis pressus et fractus ærumnis conquerens et fere in desperationem adductus, quem ratio proposita Dei clementia consolatur. Asceticum sane opus, quod humanam mentem ad rerum divinarum contemplationem pene impellit, tanquam ad eam in qua vera felicitas sita est. Breulius huic operi epistolam adjecit Isidori, librum ad Braulionem dirigentis sub hac inscriptione : *In nomine Domini, in Christo charissimo et dilectissimo fratri Braulioni archidiacono Isidorus*, et in ipsa epistola ita inducitur scribens : *Mittimus vobis Synonymorum libellum, non quod alicujus utilitatis sit, sed quia eum volueris*. Synonymorum librum vulgo dictum putant, quia multa verba ibidem in unam coeunt significationem. Ego sane vix mihi persuadere possum, germanum esse Isidori Hispalensis fetum, quanquam in eo multa utilia contineantur. Siquidem observo in primis, in epistola Braulionem non episcopum, sed archidiaconum nominari ; una etiam appellari fratrem, quando episcopi coepiscopos suos fratres appellare solebant. Deinde in eadem epistola inducitur Isidorus exspectans a Braulione *decadem sancti Augustini*, subdens : *Posco ut quoque modo me cognitum ei facias*; quæ verba ad viventem adhuc hominem, quam ad diu vita functum commodius referuntur. Addo his, proferri sub ejusdem Isidori nomine duos alios libros, quorum prior inscribitur *de Contemptu mundi*, posterior de *Norma vivendi* : in omnibus autem eadem fere verba, nedum eædem sententiæ passim repetuntur, ut inverosimile admodum sit, sanctum virum pluries eamdem rem fuisse

persecutum. Quæ ratio si plurimum potuit apud eruditos viros, ut nonnulli ex ipsis apocryphos esse putarent libros de Contemptu mundi, et de Norma vivendi, nescio, cur non possit etiam quemquam inducere, ut spurium librum Synonymorum, seu Soliloquiorum esse arbitretur. Sic pauca de operis auctoritate præfatus, ad Gratianeos canones exinde depromptos accedo, qui omnes ad librum II referendi sunt, uno dempto canone 12 de pœn., dist. 3, qui sane apud Gratianum perperam Augustino tribuitur. Legitur ille in fine libri I, ubi completo dialogo inter hominem et rationem, tandem ita concludit ratio : « Deplorato delicta, ne rursus facias, quod iterum plangas, ne culpam pro qua veniam postulas iterare præsumas; inanis est pœnitentia, quam frequens culpa coinquinat. Vulnus iteratum tardius sanatur, frequens peccans et lugens veniam vix meretur. Nihil prosunt lamenta, si replicantur peccata, nihil valet veniam malis poscere, et mala denuo iterare. Persiste ergo in confessione, esto in pœnitentia firmiter confirmatus. Vitam bonam, quam cœpisti, tenere non deseras ; **231** propositum bonæ vitæ conserva jugiter. Beatus eris, si permanseris, beatus, si perseveraveris. Salus perseverantibus promittitur, præmium perseverantibus datur. Beati qui custodiunt judicium, et faciunt justitiam in omni tempore. Non est beatus qui bonum facit, sed qui incessanter facit. Qui enim perseveraverit usque in finem, hic salvus erit. »

38. In capite 46 lib. II legitur canon 1, dist. 11, in quo deplorabat auctor humanos actus ex longa peccandi consuetudine depravatos, in eam rem regulam tradens his verbis : « Multa sunt consuetudine vitiata, multa pravo usu præsumpta ; multa contra pudicos mores illicite usurpata. Adime consuetudinem; serva legem. Cedat consuetudo auctoritati, pravum usum lex, et ratio vincat. » Liquet ex his ita descriptis, non de quacunque consuetudine ibidem sermonem institui, sed de ea qua quis adversus publicas leges privatim se gerat. Ut paucis dicam, eam consuetudinem in mala improbatam voluit, cui contrarium usum in bona proclivem reddentem hominem laudavit in cap. 12, ita scribens. « Sæpe natura moribus immutatur, sæpe natura consuetudine superatur. Assiduitas enim mores facit, jugis usus in naturam se vertit. Omnia usui cedunt, usui omnia parent, res ipsa se agit, ut usus erit. Quod cum difficultate cœperis, per usum cum voluntate perficies. »

In capite 10 ejusdem libri principio legitur canon 16, caus. 22, qu. 2, ibi : « Omne quoque genus mendacii summopere fuge, nec casu, nec studio loquaris falsum. Nec per testes mentiri studeas, nec qualibet fallacia vitium alicujus defendas. Cave mendacium in omnibus, mendacio enim fides tollitur, error inducitur, veritas aboletur. Et in fine ejusdem capitis ita habetur : In malis autem promissis rescindatur fides, in turpi voto muta decretum ; quod incaute vovisti, non facias. Impia est promissio, quod scelere impletur. » Hic est canon 5, caus. 22, qu. 4.

39. In capite 4 ejusdem libri exhibetur canon 8, caus. 32, qu. 5, his verbis legendus : « Non potest corpus corrumpi, nisi prius animus corruptus fuerit. Dum anima habetur, statim caro ad peccandum parata est. Anima enim carnem præcedit in crimine, nihilque potest caro facere, nisi quod voluerit animus. Munda ergo cogitationem animum, et caro non peccabit; si enim volueris vinci, omnino non poteris. »

De epistola ad Massanum episcopum.

40. Prodiit pene integra apud Gratianum tum in can. 28, dist. 50, tum in can. 11, caus. 33, qu. 2, epistola sub nomine Isidori ad quemdam episcopum, quem modo Massanum, modo Massionem appellavit. Alii etiam nominaverunt Masonem, alii Massenum. Non piget integram hoc in loco describere, ad quam propterea commodius Gratianei canones exigantur. Ita edita est in editione Breuliana, pag. 352, ex Codice ms. bibliothecæ cœnobii S. Germani a Pratis: « Domino vere sancto (*hic est canon* 28, *dist.* 50) meritisque beato fratri Massano episcopo, Isidorus episcopus. Veniens ad nos famulus vester, vir religiosus Nicætius, litteras honorificentiæ **232** vestræ nobis detulit, in quibus agnitio salutis vestræ nihilominus perpatuit : maxime per eum portitorem, cujus lingua epistola vivens erat. Unde pro salute vestra gratiarum actionibus Deo nostro repensis, in quantum valuit mediocritas nostra inquisitioni vestræ studuit respondere : poscentes vestrorum meritorum suffragiis, divinis nos commendare conspectibus. Verum quod sequenter in epistolis fraternitas tua nobis innotuit, videlicet, quod in canone Ancyritano capitulo 19 legitur, post lapsum corporalem restaurandum honoris gradum post pœnitentiam : et alibi legitur, post hujusmodi delictum nequaquam reparandum antiqui ordinis meritum, hæc diversitas hoc modo distinguitur. Illos enim ad pristinos gradus redire canon præcipit, quos pœnitentiæ præcessit satisfactio, vel condigna peccatorum confessio. At contra hi, qui neque a vitio correpti emendantur, atque hoc ipsum carnale delictum, quod admittunt, etiam vindicare quadam superstitiosa temeritate nituntur, nec gradum utique honoris, nec gratiam communionis recipiunt. Ergo ita est utraque dirimenda sententia, ut necesse sit, illos restaurari in locum honoris qui per pœnitentiam reconciliationem meruerunt divinæ pietatis. Hi enim non immerito consequuntur dignitatis adeuptæ statum, qui per emendationem pœnitentiæ recepisse noscuntur vitæ remedium. Id autem ne forte magis ambiguum sit, divinæ auctoritatis sententia confirmetur. Ezechiel enim propheta sub typo prævaricatricis Hierusalem ostendit, per pœnitentiæ satisfactionem pristinum restaurari honorem. *Confundere* (inquit), *o Juda, et porta ignominiam tuam*. Et post paululum : *Et tu*, inquit, *et filiæ tuæ revertimini ad antiquitatem vestram*. Quod dixit, *Confundere*, ostendit, post peccati opus debere quemque erubescere, et post confessionem, pro admissis sceleribus verecundam frontem humi prostratam demergere, pro eo, quod dignum confusione perpetraverit opus. Deinde præcipit, ut portet ignominiam depositionis suæ, lugens cum humilitate. Quam si portaverit, revocari secundum prophetam ad priorem statum poterit. Idem Joannes evangelista angelo Ephesi Ecclesiæ inter cætera simile quiddam scribit. *Memor esto unde cecideris, et age pœnitentiam, et prima opera fac : alioquin veniam tibi, et movebo candelabrum tuum de loco ejus.* In angelo Ecclesiæ, præpositum utique, id est, sacerdotem ostendit, juxta Malachiam, qui dicit : *Labia sacerdotis custodiunt scientiam, et legem exquirunt de ore ejus, quia angelus Domini est.* Præpositus ergo lapsus in vitium per evangelistam monetur, ut memor sit unde ceciderit, et pœnitentiam agat, et prima faciat opera, ut non moveatur candelabrum ejus. Nam candelabrum angeli doctrina sacerdotalis, vel honor potestatis, quem gestat, intelligitur. Juxta quod scriptum est apud Samuelem in damnationem Heli : *Oculi ejus caligaverunt, nec poterat videre lucernam Dei, antequam exstingueretur*. Lucerna quippe Dei fuerat, quando dignitate sacerdotali pollens justitiæ claritate fulgebat. Exstinctam prophetia asserit, dum ob scelera filiorum sacerdotis potestatem meritorumque lumen amisit. Candelabrum ergo, sive lucerna sacerdotis (quæ intelliguntur charismata honoris) tunc penitus juxta Joannem exstinguitur, vel movetur, quando post delicti casum neglectæ pœnitentiæ **233** admissa scelera non deflentur. Non enim dixit, Pro eo quod cecidisti, commovebo candelabrum tuum ; sed, Nisi pœnitentiam egeris, movebo candelabrum tuum. Erga quemquam præpositum peccantem si præveneris pœnitentiæ delicti, utique sequitur et meriti. Et in Proverbiis: *Qui abscondit scelera sua, non dirigetur : qui confessus*

fuerit, et reliquerit ea, misericordiam consequitur. Nam et ipsum (*hic est can.* 11, *caus.* 33, *qu.* 2) quod canonum censura post septem annos remeare pœnitentem in statum pristinum præcipit, non hoc ex electione proprii arbitrii Patres, sed potius ex sententia divini judicii sanxerunt. Nam legitur, quod Maria soror Aaron prophetissa cum obtrectationis (*monet Breulius alias legi* detractionis) adversus Moysem incurrisset delictum, illico stigmate lepræ perfusa est, cumque peteret Moyses, ut emendaretur, præcepit eam Dominus extra castra septem diebus egredi, et post emundationem rursus eam in castra admitti. Maria ergo soror Aaron, caro intelligitur sacerdotalis, quæ dum superbiæ dedita sordidissimæ corruptionum contagiis maculatur, extra castra septem diebus, id est extra collegium sanctæ Ecclesiæ septem annis projicitur, ubi post emundationem vitiorum loci, sive pristinæ dignitatis recipit meritum. Ecce in quantum valui (*iterum in can.* 28, *dist.* 50, *descripsit Gratianus*), concilii Ancyritani antiquam plane et plenam auctoritate sententiam sacris testimoniis explanavi, ostendens, eum proprio honori posse restaurari qui per pœnitentiæ satisfactionem noverit priora delicta deflere; eum vero non posse restaurari qui nec luget quæ gessit, et lugenda sine ullo pudore religionis, vel timore judicii divini committit. In fine autem (*utrobique ista Gratianus delineavit*) epistolæ hujus hoc adjiciendum putavi, ut quotiescunque in gestis conciliorum discors sententia inveniter, illius concilii teneatur sententia cujus antiquior aut potior est auctoritas. Data sub die II Kal. Martii, anno III regnante domino nostro Victerico glorioso rege. » Inde Breulius hanc epistolam referendam vult ad annum 609, cum in hunc inciderit annus tertius regni Victerici. Sic ad integram epistolam restitutis Gratiani Canonibus, non sunt omittendæ eruditorum animadversiones, qui arbitrati sunt epistolam eamdem falso fuisse Isidoro tributam, quemadmodum tradidit Natalis Alexander in historia septimi sæculi cap. 4, art. 4. Sane non desunt ad id demonstrandum gravia argumenta. Siquidem in primis multa ibidem inveniuntur inconcinne digesta præter Isidori morem, et divinarum litterarum exempla parum rei propositæ accommodata, quemadmodum illud est Mariæ sacerdotum carnem significantis, ut quemadmodum Maria per septem pœnitentiæ dies restituta est, ita sacerdotes post septem pœnitentiæ annos restituantur. His addi potest quod dicitur in fine epistolæ de servandis conciliorum canonibus, quoties aliis adversari contingat. Quanquam enim ea observatio opportuna fuisset, ubi plurium conciliorum canones oppositi Isidoro exstitissent, frustra fiebat ubi unus Ancyrani concilii canon expendebatur. Quod vero maximum argumentum est, depromitur ex aliis sententiis Isidori, qui non semel docuit sacerdotes publico crimine lapsos in suam dignitatem non posse ordinario jure reverti. Ita habet ille in **234** epistola ad Helladium et cæteros episcopos cum eo convenientes de episcopo Cordubensi, in grave crimen misere lapso: « Cum effusione lacrymarum vestram sanctitatem deposcimus, ut idem lapsus sancto cœtui vestro præsentatus, agnito a vobis confessionis eloquio, synodali sententia a gradu sacerdotii deponatur. Melius est illi, ut temporaliter judicetur a vobis, quam æterno damnetur judicio. Levior est illi præsentis temporis ignominia, quam futura gehennæ tormenta. Sciat enim, se amisisse nomen et officium sacerdotis qui meritum perdidit sanctitatis. Quapropter judicii vestri decreto pœnitentiæ perpetuum flagitia perpetrata lamentatione deploret, plangat sacerdotii cultum, quem male vivendo perdidit. Lugeat animæ suæ statum, quam tanto putredinis cœno coinquinavit. Forsasse porriget illi manum quandoque Spiritus sanctus, ut per dignam satisfactionem mereatur peccatorum remissionem. » Hæc eadem doctrina traditur ab Isidoro in lib. II de ecclesiasticis Officiis, cap. 5. Denique cum in tota epistola nihil aliud explicetur quam Ancyranus Canon, quo sacerdotes publico gravi crimine inquinati de gradu in perpetuum dejiciuntur, non videtur Isidoro digna interpretatio, qua Ancyranus canon intelligatur de sacerdotibus illis, qui in peccato perseverant. Quæ enim de illis ad sacerdotii munera non admittendis esse dubitatio potuisset? Amplius quidquam rigor exigebat ecclesiasticæ disciplinæ apud Ancyranos antistites.

De cæteris canonibus Isidoro tributis.

41. Ad Isidori opera exigendi adhuc supersunt nonnulli canones sancto viro apud Gratianum inscripti. Ii sunt in primis canon 1 et canon 4, dist. 16, vers. *Isidorus*, qui sane quoties invicem conferantur, opus diversorum auctorum esse illico videbuntur, cum in canone 1 canones apostolici tanquam apocryphi rejiciantur, in canone 4 tanquam venerabiles proponantur. Sed jamdiu post Romanos Correctores Viri eruditi numero plurimi Isidorum ab Isidoro distinguere sciverunt, videlicet Hispalensem a Mercatore, et canonem 1 Hispalensi, Canonem 4 Mercatori tribuere. Uterque præfationem edidit in canones conciliorum. Et quidem Hispalensis Isidori præfationem viderunt laudati Correctores Romani ad se missam ex bibliotheca Toletanæ Ecclesiæ, in qua memoratum canonem 1 legisse se profitentur. Vidit etiam eamdem præfationem præpositam Conciliis Hispanicis Antonius Augustinus, uti ipse testatur in lib. I de Emendatione Gratiani, dial. 6 et dial. 20, lugens, pro præfatione Hispalensis Isidori in editione Conciliorum a recentioribus fuisse substitutam præfationem Mercatoris. Cæterum Isidorus Hispalensis a canonibus apostolicis canonum ecclesiasticorum originem nunquam voluit repetendam, sed potius a concilii Nicæni temporibus, sive a rebus Ecclesiæ pacatis sub imperio Constantini, uti luculentissime probatur ex lib. VI Originum cap. 16, quod referetur in can. 1, dist. 15, superius laudato. Quod spectat canonem 4, is sane legitur in præfatione Mercatoris, cujus et qualis, et quanta esse debeat auctoritas, vel fides, nemo ignorat, ea nimirum, quæ debetur insigni, sit ab omnibus nominatur, deceptori. **235** Non opus est, ut hoc in loco eam controversiam explicem, qua de canonibus apostolicis disputatur. Fuit jam alibi fusius discussa. Tantum annotabo, canonem illum 4 referri apud Ivonem in parte IV Decreti, cap. 106, cujus auctor expresse nominatur Isidorus *Mercator*, in quo præterea pro verbis illis, *quoniam plures eos recipiunt*, quæ descripsit Gratianus, legitur, *quia populares eos recipiunt*. Si recipienda sit Ivonis editio, concludere oportebit, ne Isidorum quidem Mercatorem credidisse tanquam vere apostolicos primos illos, quos proponebat, canones, sed eos exhibuisse, ut vulgari seu populari, qualiscunque esset, traditioni indulgeret.

42. In canone 1, dist. 29, non verba ipsa Isidori Hispalensis descripta puto, sed sententiam, qualis describitur in libris Isidoro eidem tributis. Etenim in primis in libro de norma vivendi, ita legitur: « Prospice, quid aptum sit tibi, et tempore, et ubi, quando, quare, quandiu facere debeatur, causas rerum, et tempora inspice, et singulorum operum discretiones diligenter distingue. » Item in libro de contemptu mundi hæc habentur: « Ante factum cogita, ante opus præmeditare diu, quam vis agere, diuque acquire, diu proba, et sic age, cum diu cogitaveris, tunc fac quod probaveris.... suscipienda est enim veritas personarum, et quem quomodo erudias, tracta. Communia omnibus, secretiora perfectioribus loquere, aperta cunctis, operta paucis annuntia. » Quæ omnia iisdem fere verbis leguntur in libro II Synonymorum, cap. 16 et sequentibus. Verum cum incerta sit auctoritas horum quorumcunque librorum, uti superius attigi, tuto sententiæ illæ, sicut et Gratianeus canon, Isidoro ascribi non poterunt.

43. Quod sub Isidori nomine legitur in can. 8,

dist. 40, non solum inter opera Isidori minime reperitur, sed etiam ecclesiastico quocunque viro, nedum Isidoro, minus dignum videtur. Quis enim probare possit crassas illas similitudines perperam congestas inter viri et mulieris conjunctionem, unde unum conjugum corpus efficitur, atque electionem ac consecrationem episcoporum, unde unus emergat episcopatus? Quid præterea ineptius subjici potest, quam dicere ea omnia unum corpus efficere, quod citius corrumpatur, et ad terram trahatur, nisi legaliter servetur, nisi juste vivendo laudetur? Ego puto auctorem hujus fragmenti studuisse imitari formulas Isidori Mercatoris, qui ad nauseam usque in epistolis a se confictis similitudines illas corporalis spiritualisque conjugii passim repereguitur, uti exemplum est præcipue in can. 11, caus. 7, qu. 1, ex qua imitatione nomen Isidori irrepere potuerit in laudatum canonem 8. Quod si Isidorus Hispalensis aliquando conjugiorum similitudinem ad res sacras protraxit, elegantius id factum video, ut liquet ex lib. II de Officiis c. 19, ubi hæc leguntur : « Quod autem non unus, et multæ, sed unus et una copulantur, ipsa prima divinitus facta conjunctio in exemplum est. Nam cum Dominus hominem figurasset, eique parem necessariam prospexisset, unam de costis ejus mutuatus, unam illi feminam finxit, sicque Adam et mulier Eva inter se nuptiis juncti formam hominibus de originis auctoritate et prima Dei voluntate sanxerunt. Item secundum spiritales nuptias, sicut unus Christus et una Ecclesia, ita et unus vir et una uxor tam secundum generis documentum, quam secundum Christi sacramentum; » in quibus **236** sane verbis enitet ipsa Pauli apostoli doctrina, qualis habetur in cap. v Epistolæ ad Ephesios.

44. Cum canone 59, caus. 1, qu. 1, jungendus est canon 23 de cons., dist. 4, utrobique enim sub Isidori nomine eadem sententia describitur. Non est consistendum in Codice Gratiani, sed ad antiquiores Collectores, quos Gratianus sequebatur, respiciendum est, ut in monumentis auctorem inquiratur. Ivo Carnotensis in parte I Decreti, cap. 294, laudat illud *ex dictis Isidori episcopi*, quæ sane inscriptio nihil aliud indicat quam nonnulla ex Isidoro in illud caput derivata fuisse. Clarius adhuc apparet in codice ms. Panormiæ Regii Athenæi, in quo pag. 11, col. 1, recensentur verba canonis 23 laudati sub hac inscriptione : *Augustinus ad Fortunatum ex dictis Isidori episcopi*, item in margine alio charactere : *ex dictis Isidori episcopi*. Hinc facile colligo, auctorem canonis eam composuisse sententiam, qualis recentioribus sæculis obtinuit, eamdemque ita compositam veteribus Patribus Augustino et Isidoro tribuisse, quod apud Augustinum et Isidorum nonnulla invenirentur, ex quibus ea disciplina Ecclesiæ stabiliretur. Quod ut clarius explicetur, observandum est, veterem controversiam, quæ diu Africanam Ecclesiam adversus Romanam exagitavit temporibus Stephani papæ et Cypriani Carthaginensis, fuisse definitam jam sæculo tertio, de recipiendo hæreticorum baptismate, sive de non rebaptizandis iis qui ab hæreticis semel rite baptizati fuissent. Num vero et ii tanquam vere baptizati haberentur, qui a non baptizatis baptizati fuissent, perspicue nondum traditum fuerat. Hinc Augustinus in ea quæstione se dubitantem exhibuit, quanquam in eam potius sententiam inclinaret, qua diceret validum esse baptismum, ut apparet ex can. 31 de cons., dist. 4. Recentioribus sæculis, prout res incideret, singularibus pontificum maximorum rescriptis, definiri controversia cœpit. Hinc legimus in lib. v Capitularium, capite 6 : « Si quis baptizatus est a presbytero non baptizato, et sancta Trinitas in ipso baptismo invocata fuit, baptizatus est, sicut Sergius papa dixit, Impositione vero manus indiget. Gregorius episcopus Romanus, et Joannes Sacellarius sic senserunt. » Item sub Nicolao I Bulgari in eadem controversia Romanum antistitem consuluerunt, rescriptoque definitum, valere baptismum etiam a non baptizato collatum, ubi legitima baptismatis fuisset forma servata, can. 24, de cons. dist. 4. Ita rescribendi causam Romani antistites pro data occasione exhauriebant ex veterum Patrum Augustini et Isidori monumentis. Etenim Augustinus passim in libris suis tradebat, in conferendo baptismatis sacramento, sicut non probitatem, ita neque fidem ministrantis attendi oportere, cum baptismatis virtus tota dependeat ex institutione Christi, non ex merito conferentis. Atque ut de Isidoro loquar, ipse in cap. 24 lib. II de ecclesiasticis Officiis ita scribebat : « Constat, baptisma solis sacerdotibus esse traditum, cujusque mysterium nec ipsis diaconibus explere est licitum absque episcopis vel presbyteris, nisi illis procul absentibus ultima languoris cogat necessitas; quod et laicis fidelibus plerumque permittitur, ne quisquam sine remedio salutari de sæculo evocetur. Hæretici autem, si tamen in Patris, et Filii, et Spiritus sancti attestatione docentur baptisma suscepisse, **237** non iterum sunt baptizandi, sed solo chrismate et manus impositione purgandi. Baptismus enim non est hominis meritum, sed Christi : ideoque nihil interest hæreticus an fidelis baptizet. Quod sacramentum tam sanctum est, ut nec homicida ministrante polluatur. Habet quidem hæreticus baptismum Christi; sed quia extra unitatem fidei est, nihil ei prodest. At ubi ingressus fuerit, statim baptisma, quod habuerat foris ad perniciem, incipit illi jam prodesse ad salutem. Quod enim accipit, approbo, sed quia foris accipit, improbo. Dum autem venerit, non mutatur, sed agnoscitur : character est enim regis mei baptismus, non error sacrilegus; corrigo desertorem, non muto characterem. » Itaque sententiæ Patrum Augustini et Isidori perspicuæ erant in ea parte qua tradebatur baptisma collatum ab hæreticis valere; in altera autem parte, qua quæri posset, an baptizatum esse oporteret qui baptizaret, dubiæ quodammodo videbantur; ubi enim tradebant illi, non attendi meritum baptizantis, sed unam Christi sacramenti auctoris institutionem, generalis traditio videbatur ad non baptizatos facile producenda ; at ubi de hæreticis ac proinde de baptizatis hominibus præcipuum sermonem habebant, coerceri videbatur generalis illa definitio ad eos tantum qui jam baptizati proponerentur. Dubia mens Patrum explicari debuit per pontifices maximos, inter quos nominatus est Sergius et Gregorius, nominari autem etiam potuisset Nicolaus I, unde Collectores canonum, ut rem universam paucis perstringerent, exposuerunt, aliud forte erui posse ex Augustino et Isidoro ; sed Romanorum antistitum definitionem omnibus veterum dubitationibus prævalere. En paucis explicatam laudati canonis 59 sententiam, in cujus initio dubitatio proponebatur, qualis ex Isidori aut Augustini dictis emergebat ; in cujus deinde fine prodita est sententia pontificum maximorum. Nonnulla adjicio ad interpretationem laudati capitis 6 libri v Capitularium, ubi dicitur, haptizatum a presbytero non baptizato *impositione manuum indigere*; vel enim nomine impositionis manuum intelligitur impositio manuum cæremonialis, et eam facere jure non poterat presbyter non baptizatus : vel intelligitur impositio manuum ab episcopo facienda in sacramento confirmationis. Fingamus enim vero agi de presbytero non baptizato, qui una et sacramentum baptismatis, et sacramentum confirmationis juxta aliquarum provinciarum veterem morem contulisset, uti in can. 1, dist. 95 et in cap. 4 de consuetudine : licet non esset iterandum baptismatis sacramentum, erat tamen iterandum sacramentum confirmationis, quod passim apud veteres nomine impositionis manuum appellatur. Aliter dicendum est de manus impositione, cum qua loco supra laudato Isidorus aiebat recipiendos esse baptizatos ab hæreticis; etenim manus illa impositio erat reconciliatoria, qua scilicet hæretici ad Ecclesiam revertentes reconciliari solebant. Quod vero in eodem canone legitur, presbyterum non baptizatum baptizandum esse, sed non

iterum ordinandum, nullibi legitur apud veteres Patres, vel Augustinum, vel Isidorum. Neque ego ibi arbitror abjectum fuisse, ut indicaret auctor canonis ita aliquando fuisse servatum, sed potius ut quædam dubitandi causa proponeretur. Siquidem quæ inde sequuntur, *sed Romanus pontifex*, etc., ideo adsuta fuerunt, ut **238** significaretur præcedentia canonis verba in disciplinam Ecclesiæ nunquam recepta fuisse. Auctor Palearum ad id respexisse videtur, cum descripsit canonem subsequentem, id est 60, ubi statuitur, presbyterum non baptizatum, et baptizandum esse, et iterum ordinandum. Depromptus ille canon fuit ex lib. VI Capitularium, cap. 94, ibi : *Si quis presbyter ordinatus deprehenderit, se non esse baptizatum, baptizetur, et ordinetur iterum, et omnes quos prius baptizavit*. Burchardus eumdem canonem retulit sub nomine concilii apud Compendium (neque enim expresse Capitularia Francorum nominare opportunum ducebat apud Germanos tunc Francis infensos) in cap. 74 lib. I, et ex Burchardo Ivo in parte I, cap. 268. Baluzius autem in notis ad Capitularia jam animadvertit, in concilio Compendiensi illum canonem non reperiri. Ego illud monumentum invenio inter canones pœnitentiales Theodori Cantuariensis, de quibus inferius suo loco disserendum erit. Sane in ea parte, qua statuitur presbyterum non baptizatum et baptizandum esse, et iterum ordinandum, rectam agnoscimus sententiam relatam deinde in cap. 1 de Presbytero non baptizato, juxta quam jure rescribendum voluit Innocentius III in cap. 3, eod. tit. Verum in ea parte, qua traditur baptizatos ab eodem presbytero esse rebaptizandos, referri quidem potest ad veterum dubitationes, de quibus modo sermonem habebam ; at postquam aliud rescriptis maximorum pontificum definitum est, recipi minime potuit. Hinc omissa fuit ea capitis pars in dicto cap. 1 de Presbytero non baptizato, et Romani Correctores in dicto can. 60 eamdem detrahendam a Gratianeis Codicibus non immerito existimarunt.

45. Ex variis veterum Patrum sententiis, Hieronymi, Gregorii Magni et Isidori compositum a Gratiano fuisse canonem 84, caus. 1, qu. 1, jam alibi animadverti ; nimirum tum in cap. 59 partis II, tum in cap. 3 partis hujus III, ubi et quæ Gregorii, et quæ Hieronymi essent, exhibui. Superest nunc ut ea describam quæ deprompta fuerunt ab Isidoro. Nimirum apud Isidorum in lib. VI Etymologiarum, cap. 19, nonnulla leguntur, ad quæ exigendus est versiculus *Mysterium itaque*, usque ad versiculum, *Hoc de corpore*, ibi : « Sacrificium dictum, quasi sacrum factum, quia prece mystica consecratur, in memoriam pro nobis dominicæ passionis : unde hoc eo jubente corpus Christi et sanguinem dicimus, quod dum sit ex fructibus terræ, sanctificatur et fit sacramentum, operante invisibiliter Spiritu Dei, cujus panis et calicis sacramentum Græci Eucharistiam dicunt, quod Latine bona gratia interpretatur. Et quid melius corpore et sanguine Christi ? Sacramentum est in aliqua celebratione, cum res gesta ita sit, ut aliquid significare intelligatur, quod sancte accipiendum est. Sunt autem sacramenta, baptismum, et chrisma, corpus et sanguis Christi, quæ ob id sacramenta dicuntur, quia sub tegumento corporalium rerum virtus divina secretius salutem eorumdem sacramentorum operatur, unde et a secretis virtutibus, vel sacris sacramenta dicuntur. Quæ ideo fructuose penes Ecclesiam fiunt, quia sanctus in ea manens Spiritus eorumdem latenter sacramentorum operatur effectum, unde seu per bonos, seu per malos ministros intra Dei Ecclesiam dispensetur ; tamen **239** quia Spiritus sanctus mystice illa vivificat, quæ quondam apostolico in tempore visibilibus apparebat operibus, nec bonorum meritis dispensatorum amplificatur hæc dona, nec malorum attenuantur, sed *neque qui plantat est aliquid, neque qui rigat, sed qui incrementum dat Deus*, unde et Græce mysterium dicitur, quod secretam et reconditam habeat dispensationem. »

Observaverunt jam Romani Correctores, non Isidori tantum, sed aliorum complurium monasticæ vitæ institutorum sententias congestas fuisse in can. 100, caus. 11, qu. 3, qui integer exstat apud Smaragdum monachicarum regularum compilatorem. Paulo aliter canonem descripsit Ivo in parte 14 decreti, cap. 110, his verbis : « Qui consentit peccantibus, et defendit alium delinquentem, maledictus erit apud Deum, et apud homines, et corripietur increpatione severissima. Hinc et quidam sanctissimus Pater ait : Si quis errori alterius consenserit, sciat se cum illo simili modo culpabilem judicandum et excommunicandum. » Laudat autem Ivo ex dictis Basilii. Revera in regula Basilii ab Holstenio edita, interrogatione 26, nonnulla leguntur similia, ibi : « Quale judicium esse debet de his qui fratres defendunt ? Resp. ut mihi videtur, gravius ab illo quod dixit Dominus : Quia expedit illi, ut suspendatur mola asinaria ad collum ejus, et præcipitetur in mare, quam ut scandalizet unum ex minimis istis. Non enim jam correptionem, ac emendationem, sed defensionem ad confirmandum peccatum suum suscipit qui delinquit, sed et alios ad simile provocat malum, ita ut conveniat ei, qui peccantes defendit, illud quod dictum est : quia si non ostenderitis fructus dignos pœnitentiæ, excidemini, et in ignem mittemini. » Præterea in regula S. Pachomii ab eodem Holstenio edita, cap. 176, exhibentur ipsa priora verba Gratianei canonis, ibi : « Qui consentit peccantibus, et defendit alium delinquentem, maledictus erit apud Deum et homines, et corripietur increpatione severissima. » Ut vero huc referantur consonantes Isidori sententiæ, ex quibus monumentum sancto eidem viro non injuria attributum videtur, animadverto in primis, Isidorum ita scripsisse in lib. III Sententiarum cap. 32, in fine : « Plerique mali similes sibi in malum defendunt, et patrocinio suo pravos contra correptionem bonorum suscipiunt, ne unde displicent emendentur ; adjicientes in se aliena delicta, ut non tantum de suis malis, sed etiam de aliorum facinoribus puniantur quorum peccata defendunt. » Et in cap. 50, in fine : « Cujus peccatum quisque sequitur, necesse est ut ejus pœnam sequatur. Neque enim impar erit supplicio, cujus erroris quisque par est ac vitio. » Item in regula monachorum, cap. 14 : « Peccantem autem nullus occultet, criminis enim est consensio post secundam admonitionem celare quempiam peccantem. » Similia præterea sunt in libellis Isidoro tributis. Sic in Norma vivendi, cap. 12, ita legitur : « Non solum quippe factorum, sed conscius peccati tenetur obnoxius ; neque immunis est a scelere, qui ut faceret male, obedivit. Similis est qui obtemperat, malo ei qui facit malum ; facientem et obsequentem pari pœna constringe. » Et in lib. II Synonymorum cap. 16 ; « Similis est qui obtemperat in malo ei qui agit malum. » Porro hæc fere omnia nemo non videt ad monachorum institutiones pertinere, ad quas propterea memoratus Gratiani canon præcipue exigetur.

240 46. Non dissimili ratione Isidori nomen præseferi canon 101, caus. 11, qu. 3, cujus sententiam in regulis brevioribus S. Basilii inveniri jam adnotaverunt Correctores Romani. Plurimum etiam convenit cum iis quæ tradit Basilius in Asceticis cap 11, ita scribens : « Si malus sit Dominus iniqua præcipiens, et servum ad transgressionem mandati veri Domini nostri Jesu Christi cogens, satagendum est ut caveatur ne nomen Domini blasphemetur propter servum illum, si faciat aliquid quod Deo displiceat. » Consonat præterea Hieronymus in iis verbis, quæ superius retuli ad can. 93, caus. 11, quæst. 3. Ut vero ad Isidori unius sententias respiciamus, cujus proinde nomine canon descriptus est, lego in libro ejusdem de Contemptu mundi : « Ita autem obtempera homini, ut voluntatem Dei non offendas. » Item in libro de Norma vivendi : « Cunctis in præceptis sic obtempera, ut obtemperando hominum votis Deum non offendas. » Denique in libro II Synonymorum cap. 16 : « Malum facere jussus, non acquiescas, ma lum facere jussus non consentias. Noli in malum potestati cuipiam consentire, etiamsi poena compellat : melius est mortem pati, quam perniciosa jussa complere, etc. » Cæterum quæ horum librorum fides sit et auctoritas, jam superius attigimus.

Quod sub nomine Isidori legimus in can. 4, caus. 20, qu. 1, non videtur omnino placuisse Isidoro eidem, si ipsius est regula monachorum illi tributa; si quidem in cap. 4 ita legitur inter cætera : « Omnis conversus non est recipiendus in monasterio, nisi prius ipse scripto se spoponderit permansurum. » Cæterum sub Isidori nomine, uti testantur Romani Correctores, legitur apud Smaragdum in expositione regulæ S. Benedicti. Ego vero non puto, verba ipsa esse Isidori, sed potius Smaragdum paucis exposuisse, quid temporibus Isidori vigeret de parvulis voluntate parentum monasteriis addicendis. Il deductum in primis fuit ex canone 49 concilii Toletani IV, cui præfuit Isidorus, quem ego ideo huc referendum censui (habetur autem in can. 3, eadem causa et quæstione) his verbis ; « Monachum aut paterna devotio, aut propria professio facit; quidquid horum fuerit allegatum (legunt alii *allegatum*) tenebit. Proinde his ad mundum reverti intercludimus aditum, et omnem ad sæculum interdicimus regressum. » Notat ad hunc canonem Baluzius, hanc disciplinam renovavit deinde fuisse a Chindasuinto rege edita constitutione quæ exstat in lib. III legis Wisigothorum, tit. 5, cap. 3. Itaque ex canone Toletano regulam efformavit Smaragdus sub nomine sancti Hispalensis antistitis, adjiciens Samuelis exemplum ; de quo nonnulla etiam apud Isidorum invenerat, tum in Comment. in lib. I Regum cap. 1, tum in allegoriis in sacram Scripturam versic. *Anna*, et versic. *Samuel*.

47. Ex iis quæ dicta sunt colligitur aliquando Gratianum Isidorum pro Basilio laudavisse. Id evenire facile potuit ex breviatis notis, quibus veteres amanuenses utebantur. Finge enim, illos ita scripsisse *Bsius pro dictione Basilius*. Qui legebant, occasionem capiebant, ut legerent : *B. Isidorus*, id est, *Beatus Isidorus*. Id evenisse puto in canone 19, caus. 22, qu. 4, cujus verba habentur in regulis brevioribus Basilii Ruffino interprete interrogatione 164, ibi : « Si quis præventus fuerit, ut diffiniat agere aliquid eorum, quæ non placent Deo, pœnitentiam debet agere.... Oportet irrita revocare, quæcumque ex præsumptione contra mandatum Dei statuuntur. » Nihil in præsentia adjicio de versiculo *Tribus* : hunc enim jam superius expendi, ubi agendum fuit de Hieronymi monumentis.

48. In canone 48, caus. 33, qu. 2, non ipsa Isidori verba exhibentur, sed paucis perstringitur ea sententia, quam sanctus vir habet in cap. 19 libri II de Officiis ecclesiasticis, ibi : *Apostolus, præcipio, inquit, non ego, sed Dominus, uxorem a viro non discedere*. « Prohibet enim dimitti quacunque ex causa, ne aliis conjugatur secundum consuetudinem Judæorum, quam Dominus interdixit, dicens : Quicunque dimiserit uxorem suam, excepta fornicationis causa, et aliam duxerit, mæchatur. Solum, ut ait Hieronymus, adulterium est, quod uxoris vincat affectum, imo cum illa unam carnem in aliam diviserit, et se fornicatione separaverit, a marito non debet teneri, ne virum quoque sub maledicto faciat, dicente Scriptura, qui adulteram tenet, stultus et impius est. Ubicunque est igitur fornicatio, et fornicationis suspicio, libere uxor dimittitur. Quid ergo, si sterilis est, si deformis, si ætate vetula, si fetida, si temulenta, si iracunda, si malis moribus, si luxuriosa, si gulosa, si saeva, si vaga, si jurgatrix, et maledica? Tenenda est, velis, nolis, et qualiscumque accepta est habenda. » Non multum quoque a Gratianeo canone distat quod legitur apud Hincmarum Rhemensem in opusculo de divortio Lotharii in responsione ad quintam interrogationem ibi : « Legaliter initum conjugium nulla potest ratione dissolvi, nisi conjuncta separatione

A spirituali, aut manifesta confessione, vel aperta convictione ex corporali fornicatione. »

49. Nemo inficiari potest depravatam esse inscriptionem canonis 14, caus. 35, qu. 2, ita conceptam : *Isidorus ex concilio Manticensi*, vel, ut aliquæ editiones habent, *Maciensi*. Ivo Carnotensis in parte IX Decreti cap. 44, idem monumentum laudavit omisso Isidori nomine *ex concilio Manticeno*, Hugo autem a S. Victore in lib. II de Sacramentis, parte XI, cap. 15, *ex concilio Mantiscensi*. Quid vero ultra investigemus? Legitur canon ille in concilio Vormaciensi anni 868, numero 78, his verbis : « Contradicimus quoque, ut in quarta generatione nullus amplius conjugio copuletur; ubi autem post interdictum factum inventum fuerit, separetur. Sane eadem, quæ in viri, hæc nimirum in uxoris parentela de lege nuptiarum regula custodienda est ; quoniam constat eos duos esse in carne una. Ideo communis illis utrinque parentela esse credenda est; sicut scriptum est : *Erunt duo in carne una*. » Eadem verba leguntur in concilio Moguntino I anni 847, can. 30 ; similis autem sententia reperitur in concilio Cabilonensi anni 813, can. 29, ibi : « Sane quæ in proprio viro, hæc nimirum in uxoris parentela de lege nuptiarum regula custodienda est. Quia ergo constat eos duos esse in carne una, communis illis utrinque parentela esse credenda est, sicut scriptum est : *Erunt duo in carne una*. » Itaque concilium Vormaciense apud Collectores *Maciense* corrupto nomine appellari cœpit, aut *Manticense*, unde Gratianus in inscriptione canonis facile lapsus deprehenditur. Sed quæres, qua ratione fieri potuerit ut Isidori nomen irreperet? Ego puto Gratianum erravisse ex Codice Ivonis ; etenim apud Ivonem canon memoratus sub nomine concilii Manticeni describitur in parte IX, cap. 44, deinde in cap. 45 subsequitur hæc inscriptio : *Item ex dictis Isidori* : ex particula *Item*, quæ conjunctionem facere videtur, arbitratus est Gratianus etiam præcedenti canoni posse Isidori nomen ascribi.

50. Supersunt adhuc canones 1 et 6, caus. 35, qu. 5, in quibus non Isidori verba referuntur, sed tantum ideo Isidori nomen laudatur, quod multa ad hanc rem Isidorus tradidit in lib. IX Etymologiarum, cap. 5 et sequentibus, imo canon 6 totus est Julii Pauli in libro IV Sententiarum, tit. 11, de Gradibus. Hunc canonem descripsit Ivo in parte 9 Decreti, cap. 64, nullo adjecto auctoris nomine, ubi tamen notatum fuit ad marginem, multa de ea re ab Isidoro tractari, quod censeo occasionem dedisse Gratiano putandi Isidorum fuisse canonis auctorem. Hinc palam faciam Isidori verba in dicto cap. 5 et seqq., ad quæ Gratianea monumenta exigantur atque emendentur. Ait ille : « Pater est, a quo nascitur initium generis : itaque is paterfamilias vocitatur. Pater autem dictus eo quod patratione peracta filium procreet.... Mater dicitur, quod exinde efficiatur aliquid ; mater enim est quasi materia, nam pater causa est.... Avus patris pater est, ab avo dictus, id est ab antiquitate. Proavus avi pater est, quasi prope avum. Abavus proavi pater, jam longe ab avo. Atavus abavi pater. Tritavus atavi pater, quasi tretavus [F. *leg*. tetravus], id est, quartus supra abavum. Sed tritavus ultimum cognationis nomen est. Familia autem oritur a patre, terminatur in tritavo. Filius et filia a familia dicti, ipsi enim primi in ordine nascentium existunt.... Nepos est qui ex filio natus est, dictus autem nepos quasi natus post.... Pronepos est, qui ex nepote conceptus, natusque est; et dictus pronepos, quasi natus porro post.... Pronepos dictus, quia prope nepotem. Abnepos, quia sejungitur ab nepote. Est enim inter illum et nepotem pronepos. Adnepos abnepotis filius, trinepos adnepotis filius, quia post nepotem quartus in ordine est, quasi tetranepos. Minores autem non dicimus, nisi quoties graduum deficit nomen, ut puta, filius, nepos, pronepos, abnepos, adnepos, trinepos. Ubi isti gradus defecerint, merito jam dicimus minores, sicut et majores dicimus post patris, avi, proavi, abavi, atavi, tritavi vocabulum. » Post hæc

transit Isidorus in capitibus subsequentibus ad explicanda cognatorum agnatorumque nomina, quos collaterales appellamus, ibi : « Fratres dicti eo quod sint ex eodem fructu, id est ex eodem semine nati... Soror autem, ut frater, nam soror est ex eodem semine dicta, quod sola cum fratribus in sorte agnationis habeatur. Fratrum filii patrueles dicti, eo quod patres eorum germani fratres inter se fuerunt. Consobrini vero vocati, qui aut ex sorore et fratre, aut ex duabus sororibus sunt nati, quasi consororini. Fratrueles autem materterae filii sunt : sobrini consobrinorum filii. Tius Græcum nomen est. Patruus frater patris est quasi pater alius, unde decedente patre pupillum prior patruus suscipit, et quasi filium lege tuetur. Avunculus est matris frater, cujus nomen formam diminutivi habere videtur, quia ab avo venire monstratur. Amita est soror patris, quasi alia mater. Matertera est soror matris, quasi altera mater. Socer est qui filiam dedit. Gener est qui filiam duxit, gener autem dicitur quod asciscatur ad augendum genus. Socer autem, et socrus, quod generum, vel nurum sibi associavit. Vitricus autem, qui uxorem ex alio viro filium, aut filiam habentem duxit, et dictus vitricus quasi novitricius, quod a matre superducatur novus. Privignus est, qui ex alio patre natus est, et privignus dici putatur; quasi privigenus, quia prius genitus, unde et vulgo ante natus. Vocabula autem a gente hæc videntur declinata, genitor, genitrix, agnati, agnatæ, cognati, cognatæ, progenitores, progenitrices, germani, germanæ. » Post hæc in aliquibus exemplaribus, uti superius jam adnotatum est, leguntur verba canonis 1, caus. 35, qu. 4, ac denique in cap. 7 exspatiatur Isidorus clarius indicans ascendentium et descendentium gradus, item collateralium, id est patruorum, amitarum, avunculorum et materterarum, his verbis : « Auctor mei generis, pater mihi est, ego illi filius, aut filia. Patris mei pater, mihi avus est, ego illi nepos, aut neptis. Patris mei avus, mihi proavus est, ego illi pronepos, aut proneptis. Patris mei proavus, mihi abavus est, ego illi abnepos, aut abneptis. Patris mei abavus, mihi atavus est, ego illi adnepos aut adneptis. Patris mei atavus mihi tritavus est, ego illi trinepos, aut trineptis. Patris mei frater, mihi patruus est, ego illi fratris filius, aut filia. Patrui mei pater, mihi pater magnus est, ego illi fratris filius, aut filia. Patrui mei avus, mihi propatruus est, ego illi filii, aut filiæ nepos, aut neptis. Patrui mei proavus, mihi adpatruus est, ego illi nepotis, aut neptis filius, aut filia. Matris meæ soror, mihi amita est, ego illi fratris filius, aut filia. Amitæ meæ mater, mihi amita magna est, ego illi filiæ fratris filius, aut filia. Amitæ meæ avia, mihi proamita est, ego illi neptis filius, aut filia. Amitæ meæ proavia, mihi abamita est, ego illi neptis nepos, aut neptis. Matris meæ frater, mihi avunculus est, ego illi sororis filius, aut filia. Avunculi mei pater, mihi avunculus magnus est, ego illi filii sororis filius, aut filia. Avunculi mei avus, mihi proavunculus est, ego illi filii nepos, aut neptis. Avunculi mei proavus mihi abavunculus est, ego illi neptis filius, aut filia. Matris meæ soror, mihi matertera est, ego illi sororis filius, aut filia. Materteræ meæ soror, mihi matertera magna est, ego illi sororis nepos, aut neptis. Aviæ meæ soror, mihi abmatertera est, ego illi pronepos sororis, aut proneptis. Proaviæ meæ soror, mihi promatertera est, ego illi neptis filius aut filia. »

54. Utilissimam operam Berardum in Gratianeis canonibus genuinis ab apocryphis discernendis, corruptis ad emendatiorum Codicum fidem exigendis, difficilioribus interpretatione illustrandis, posuisse, satis opinor, vel ex hoc specimine de Isidoro nostro constat. Ejus tamen judicium de legitimis quibusdam Isidori operibus minus probo. Vellem etiam canones Isidorianos ad editionem potius Griallanam quam ad Breulianam exegisset. Sed editionem Griallii, ut videtur, ad manus non habuit, neque mss. alia exemplaria inspexit quibus juvari posset.

CAPUT XXXIII.

Isidori laudes ex quibusdam veteribus scriptoribus collectæ.

1. Satis quidem multa jam allata sunt, ex quibus liquido colligi possit doctrinam Isidori magno in pretio ab antiquis scriptoribus habitam fuisse. Quædam tamen addere juvabit, ut intelligatur, Isidorum non solum ab iis laudatum fuisse, qui data opera gesta ejus exposuerunt aut elogium adornarunt, ut Braulio, Ildefonsus, Redemptus, historici anonymi ejus Vitæ, aut translationis corporis, Martinus Legionensis in sermonibus de ejusdem translatione, et alii, sed etiam ab his qui, aliud agentes, aut in Isidori laudes excurrerunt, et ad confirmanda religionis nostræ dogmata et instituta, vel ad omnigenæ eruditionis copiam Isidori auctoritate usi sunt. Neque vero anxie quærendi mihi sunt istiusmodi scriptores : quis enim modus, aut finis huic labori et studio esset ? sed nonnullos tantum, qui sese mihi facile obtulerunt, producam ; plures in notis ad ipsa opera, cum sese dabit occasio, revocabo, aut denuo in medium proferam.

2. Joseph Rodriguez de Castro, tom. II Bibl. Hisp., pag. 293, caput de S. Isidoro ita exorditur : *De S. Isidoro* (verba ejus Hispana Latine reddo) *altero Daniele, ut S. Gregorius Magnus sensit, doctore Hispaniarum, ut S. Braulio, et archiepiscopus* (imo episcopus) *D. Lucas Tudensis, speculo episcoporum et sacerdotum, ut S. Ildefonsus, prælato episcoporum, et principe sacerdotum, ut S. Martinus* (Legionensis, ut puto), *apostolo Christi, ut archiepiscopus Compostellanus D. Petrus judicavit,* etc. Dolendum, quod Rodriguezius loca non indicet ex quibus præclaras has Isidori laudes deprompsit. Sed illa Gregorii Magni, Braulionis et Ildefonsi verba ex apocryphis, ut opinor, libris hausit. Archiepiscopus ille Compostellanus per me fuerit Petrus Monsoro, sive, ut alii vocant, Monsoncio, qui a nonnullis sæculo x ascribitur, ab aliis sæculo xii, de quo videri potest Nic. Antonius. Sed cum ipse Rodriguezius p. 487, contendat, nullum Petrum Monsoro, sive Monsoncium episcopum Compostellanum inter Hispanos scriptores locum tenere posse, rursus hæreo, atque scire aveo quem Petrum archiepiscopum Compostellanum Isidori laudatorem appellaverit.

3. S. Valerius abbas monasterii Montensis, scriptor Vitæ S. Fructuosi, episcopi Bracharensis, sæculo vii exeunte, S. Isidorum cum Fructuoso his verbis comparat : *Postquam antiquas mundi tenebras supernæ veritatis nova irradiavit claritas, et a sede Romana primæ sanctæ Ecclesiæ cathedra, fidei catholicæ dogmatum fulgurans rutilaret immensitas, atque ex Ægypto, orientali provincia, excellentissima sacræ religionis præmicarent exempla, et hujus occiduæ plagæ exiguæ perlucerent extremitates, perspicuæ claritatis egregias divina pietas duas illuminavit lucernas : Isidorum, reverentissimum scilicet virum, Hispalensem*

episcopum, *atque beatissimum Fructuosum ab infantia immaculatum et justum. Ille autem oris nitore clarens, insignis industriæ sophistæ artis indeptus primitias, dogmata reciprocavit Romanorum ; hic vero in sacratissimo religionis proposito, Spiritus sancti flamma succensus, ita in cunctis spiritualibus exercitatus, omnibusque operibus sanctis perfectus emicuit, ut ad Patrum se facile coæquaret antiquorum meritis* [Forte *merita*] *Thebæorum. Ille activæ vitæ industria universam extrinsecus erudivit Hispaniam : hic autem contemplativæ vitæ peritia vibrante fulgore micans, intima cordium illuminavit arcana. Ille egregio rutilans eloquio, in libris claruit ædificationis; hic autem culmina* [Forte *culmine*] *virtutum coruscans, exemplum relinquens sanctæ religioni, et innocuo gressu secutus est vestigia Domini nostri et Salvatoris,* etc. Ita edidit Florezius tom. XV Hisp. sacr., ex nova Codicum mss. recensione post Sandovalium, Tamayum et Mabillonium.

4. Hoc idem elogium editum fuit a Constantino Cajetano, p. 6, nomine anonymi Benedictini in Vita S. Fructuosi abbatis et episcopi Bracharensis. Sed constat jam auctorem Vitæ S. Fructuosi abbatis Dumiensis et episcopi Bracharensis, qui paulo post Isidorum floruit, fuisse Valerium abbatem monasterii S. Petri de Montibus sæculo VII exeunte. Edita fuit ea Vita a Prudentio Sandovalio, Joanne Tamayo de Salazar, Mabillonio in Actis sanctorum Benedictinorum sæculo II, p. 581, a Bollandianis ad diem XVI Aprilis. Florezius tom. XV Hisp. sacr., pag. 139, et Bayerius in not. ad Biblioth. Vet. Hisp., l. v, c, n. 265, observant, in Codicibus Ovetensi, **246** Carrazedensi, Arlanziensi, Toletano et aliis Vitam S. Fructuosi inter genuina Valerii opera recenseri stylumque plane Valerii esse. Monachatus vero Benedictinus Fructuosi et Valerii Benedictinis facilius quam aliis probabitur. Consule Nic. Antonium loc. cit. Bibliothecæ Vet. Hisp.

5. Isidoro laudi verti debet, quod in antiquis sententiarum collectionibus ex sanctis Patribus ejus nomen et auctoritas reponatur. Hoc in studio excerpendi flores ex sanctis Patribus multi olim floruerunt. In libro Joannis Egonis de Vir. illustr. monast. Augiæ Divitis apud Pezium tom. I Anecd., part. III, laudatur cap. 9. Reginbertus monachus, qui sæculo IX bibliothecæ præfuit, plura volumina manu sua descripsit, præposito plerumque epigrammate : *Magno in honore Dei,* etc., et excerpsit compendia et flosculos ex SS. Patribus. Celeberrimum est hoc in genere opus inscriptum *Liber scintillarum collectus de sententiis sanctorum Patrum,* scilicet Ambrosii, Athanasii, Augustini, Basilii, Cæsarii, Clementis, Cassiani, Cypriani, Effren, Isaiæ, Eusebii, Gregorii, Hieronymi, Hilarii, Isidori, Josephi, Origenis, et Vitarum Patrum. Tom. VII Operum Bedæ titulus huic operi est, *Quæstiones Patrum,* et initio inter Patres commemoratur Sedulius, fortasse poeta auctor carminis de historia evangelica; cujus tamen nihil in opere ipso invenio. Non diversum puto opus quod apud Bandinium, plut. 35, om. IV, cod. 5, S. Crucis inscribitur *Alcuini Scintil-*

larius, in quo cum Ambrosio et aliis Isidorus laudatur. Hic scintillarum liber, qui in nonnullis Codicibus Bedæ ascribitur, in aliis tribuitur Paulo Alvaro Cordubensi, de quo videri potest Nic. Antonius in Bibl. Vet. Hisp. cum not. Bayerii, et Florezius Hisp. sacr. tom. XI, p. 47 seqq., in aliis Defensori, monacho Locogiacensi apud Pictones, quod ex præfatione colligit Fabricius in Biblioth. med. ævi verbo *Defensor.* Alii minus recte Cæsarium episcopum, aut Cassiodorium auctorem ejus collectionis asserunt. Beda certe in comment. in sacram Scripturam verba Isidori cum aliorum Patrum verbis colligit.

6. In Codice Vaticano Reginæ Suecorum 254 exstat similis collectio : *Incipiunt sententiæ de diversis libris sanctorum doctorum excerptæ.* Incipit : *Dei omnipotentis Filius ;* desinit : *ferventius inhiare cognoscit.* Auctores sententiarum laudantur Isidorus, Beda, Xystus, Gregorius, Augustinus, Seneca, Hieronymus. Sequitur in eodem Codice **247** aliud opus, cujus primus titulus est : *Incipiunt capitula de callidi hostis insidiis :* sed revera est collectio sententiarum Isidori, Cassiodorii, Hilarii, Hieronymi, Gregorii, Xysti.

7. Inter mss. Codices Florentinos S. Crucis Bandinius, plut. 10, enumerat Codicem 10 membranaceum sæculi XIII ineuntis, in quo advertit, post Auroram Petri de Riga *ascripta esse quædam dicta sententiosa ex Petro apostolo, Seneca, Bernardo, Augustino et Isidoro.* Ibidem plut. 36 recenset Codicem 9 membr. sæculi XIV, *Liber de auctoritatibus sanctorum editus a Fratre Vincentio Belluacensi ordinis Prædicatorum. Sententiæ depromptæ sunt ex Isidoro et aliis.* Liber neque ab Echardo, neque a Fabricio memoratur, ut Bandinius observat.

8. In Codice Bibliothecæ veteris Vaticanæ 2951, post Isidori librum *De mundo* et alia, pag. 135, incipiunt sententiæ ex pluribus veteribus ad multiplex rerum argumentum, inter quos Isidorus etiam nominatur. Verum hoc opus auctoris non ita prisci est. Sic etiam sæculo XIII Thomas Hibernicus scripsit *Manipulum florum,* sive *Flores omnium doctorum, qui super sacris litteris scripserunt :* quod opus sæpissime recusum fuit. Antiquius est collectaneum sententiarum Mengigoti ad Reginmarum episcopum Pataviensem sæculo XII, cujus meminit Pezius in dissert. Isagog. Tom IV Thesauri Anecdot., p. 3. Mengigotus sententias collegit ex Cypriano, Ambrosio, Augustino, Hieronymo, Prospero Aquitanico, Claudio Mamerto, Gregorio Magno, Beda, Hæymone (sic) Halberstadiensi, Smaragdo abbate, et Severino episcopo. A Pezio non nominatur Isidorus. Fabricius in Bibl. med. ævi de Mengigoto isto, sive Mengoto hæc prætermisit, et pauca alia annotavit.

9. Inter appendices Operum Augustini tom. VI relatum est opus inscriptum *Speculum,* quod Maurini editores arbitrantur collectum ex sententiis Augustini, Gregorii et Isidori, imo et Alcuini : Mabillonius vero in Analectis, p. 492 edition. Paris. 1723, asserit excerptum ex Confessione fidei, quam Alcuino adjudicat. Sed, ut recte Riscus tom. XXXI

Hisp. sacr. pag. 162 animadvertit, Taio sæculo VII, quo floruit etiam Isidorus, cum sententias ex Gregorio Magno colligere sibi proposuisset, additis nonnullis ex Augustino, ex Speculo non pauca decerpsit, tanquam ex opere, ut Riscus putat, Augustiniano vel quod tunc tale censebatur. Loca ergo quæ Maurini **248** indicant ex Isidori Sententiarum libris ab auctore Speculi desumpta, potius ab Isidoro ex Speculo excerpta sunt.

10. Inter recensendos mss. Codices sæpe occurret Isidori nomen in istiusmodi antiquis sententiarum collectionibus, ut in Codice Vat. 4230, in quo sunt Isidori *Collecta ex libris de Trinitate*. In Ottobon. 2324, de quo cap. 106, *Flores ex Isidoro et aliis Patribus*. Inter opera autographa S. Laurentii Justiniani, anno 1684 bibliothecæ Vaticanæ ab Innocentio XI donata, Codex est 6460, partim papyraceus, partim membranaceus, in 8° parvo, in quo sunt Flores ex variis SS. Patribus et *ex S. Isidori libro I de Summo Bono: Compunctio cordis*, etc.

11. Clarum etiam est Isidori nomen inter eos qui chronica ex antiquioribus, uti ipso Isidoro et aliis, contexuerunt. Paulo post Isidorum Fredegarius Scholasticus floruit circa annum 641, cujus Chronicon editum est inter Opera Gregorii Turonensis, curante Theodorico Ruinart, col. 585, ubi initio sic præfatur: *Itaque beati Hieronymi, Idacii, et cujusdam Sapientis, seu et Isidori, imoque et Gregorii chronicas a mundi origine diligentissime percurrens, usque decedente regno Guntramni, his quinque chronicis hujus libelli, nec plura prætermissa, singillatim congruentia stylo inserui: quod illi solertissime absque reprehensione condiderunt*. Notat Ruinartius *nec plura prætermissa forte esse pro sexto casu nec pluribus prætermissis*. Hanc loquendi rationem in Isidoro aliisque æqualibus sæpe ego animadverti: quam tamen inepti correctores Codicum interdum corruperunt.

12. Nic. Antonius Bibl. vet. lib. V, cap. 4, num. 111, nota dignum censet quod Fredegarius vix de auctore Chronici Isidoriani certum se esse ostenderit. Sed, ut ego puto, Fredegarius chronicon alicujus anonymi ab Isidoriano distinctum intelligit, cum chronicon *cujusdam sapientis* laudat, et particulas *seu et* pro simplici conjunctione *et* accipit. Suspicatur etiam Nic. Antonius legendum *Georgii*, scilicet monachi, pro *Gregorii*; sed cur sermonem de Gregorio Turonensi esse non intelligemus? Jam multi alii in chronicis conficiendis simili modo Isidorum auctorem laudarunt, præcipue Hispani, ut Isidorus Pacensis, Lucas Tudensis, auctor Historiæ generalis Hispaniæ sub Alfonsi Sapientis nomine, et alii. Theodoricus Engelhusius sæculo XV scripsit Chronicon chronicorum, et ex libris **249** Etymologiarum Isidori profecit. Ranulphus Higdenus sæculo XIV in suo Polychronico auctoribus usus est Plinio, Isidoro, etc. Joannes Fordun sæculo XV in suo Scotichronico (sic enim inscripsit) sæpe Isidorum laudat et sequitur.

13. Alchuvinus, sive Alcuinus, præterquam quod in officiis per ferias ex Isidoro quasdam inserit orationes, ita libr. II. adversus Elipandum laudes Isidori exprimit: *Quiescite, viri fratres, quiescite, et nolite vestri blasphemiam erroris patribus imputare vestris. Illi sua habuerunt tempora, nobisque præclara sui sudoris in sancta conversatione reliquerunt vestigia, quos laudamus, amamus. Beati itaque Isidori clarissimi doctoris non solum Hispaniæ, verum etiam cunctarum Latinæ eloquentiæ Ecclesiarum perplurima legebamus opuscula, et in magna habemus veneratione: in quibus nunquam de Redemptoris nostri humanitate adoptionis nomen exaratum invenimus*.

14. Ipsum Elipandum, cujus Alcuinus errores refellit, auctoritate Isidori in epistola ad Carolum Magnum usum fuisse innuit Bignæus in præfatione ad Opera S. Isidori, et ostenditur ex epistola Caroli Magni ad Elipandum et cæteros episcopos Hispaniæ: *Exemplum mihi Constantini imperatoris proposuistis, cujus initium beatum Isidorum laudasse dicitis, et finem doluisse: quod ne mihi accidat per quemdam Beatum, quem Antiphrasium cognominastis, benigne suadetis*. In collectione Conciliorum Labbeana tom. VII, col. 1051, legitur *per quemdam beatum*: sed scribendum est *per quemdam Beatum*: nam Beatus vocabatur doctus quidam presbyter Hispanus, qui Elipandi hæresin confutavit. Elipandus autem eum *Antiphrasium* vocabat, scilicet Beatum per antiphrasin, quasi infelicem. Epistola ad Carolum Magnum edita demum fuit a Florezio e ms. Codice Toletano tom. V Hist. sacr., ubi proposito exemplo Constantini: *De quo*, inquit, *beatus Isidorus dicit: Heu pro dolor! bono usus principio, et fine malo*. Ex Chronico petita hæc sunt, quæ Elipandus in epistola ad Alcuinum iterum atque iterum produxit. In hac autem epistola ita Isidori elogium texit: *Beatus quoque Isidorus, jubar Ecclesiæ, sidus Hesperiæ, doctor Hispaniæ, in libro Etymologiarum dicit*, etc.

15. Regino Prumiensis cœnobii abbas, qui sæculo X claruit, in Chronico ad annum 572 sic habet: *Sub his etiam regibus Isidorus, Hispalensis Ecclesiæ episcopus, floruit, nulli modernorum doctorum* **250** *postponendus, qui multa de fide, regulis ecclesiasticisque disciplinis disputavit*. Simili modo alii scriptores Chronicorum.

16. Apud Schelstratum tom. I Antiquit. eccles. exstat Chronicon sæculo XI exaratum ex Codice Vaticano 1358, ubi sub Heraclio: *Isidorus episcopus Spalensis in Hispania clarus, doctor eximius, cum Eugenio Toletano, et Selva Narbonensi, et aliis*. Antea præmiserat: *Concilia Hispaniæ Toletana et Hispalense, ubi Leander et Euphemius clari*.

17. Hermannus Contractus ad annum 616, tom. I Antiq. lect. Canisii, pag. 497: *Hoc tempore Isidorus Hispalensis episcopus clarus in Hispaniis habetur; qui huc usque temporum abbreviationem produxit, at multa egregia opuscula edidit*.

18. Sigebertus ad annum 627, in editione Auberti Miræi Antuerpiæ anno 1608, pag. 90: *In Hispaniis*

Isidorus Spalensis tum sanctitate, tum doctrina clarebat. Notatur in mss. Codicibus legi *Spalensis*, ut olim Hispania dicta est *Spania*.

19. Martinus Polonus ad annum 621: *Hoc tempore floruit Isidorus Hispalensis episcopus, beati Leandri successor. Hic vir eruditissimum Etymologiarum librum composuit*, etc.

20. Guilielmus Malmesburiensis, lib. II de Gest. Angl., cap. 10: *Per Leandrum episcopum Hispanensem* (forte *Hispalensem*) *et per Richardum* (hoc est, Reccaredum).... *Gothi catholico choro uniti sunt. Successit Leandro Isidorus, doctrina sanctitateque nobilis*, etc. Confer cap. 28 de hoc Guilielmi loco.

21. Vincentius Bellovacensis, sive Belluacensis, Spec. Hist. l. XXIII, cap. 31: *Hic sanctus Isidorus, Hispalensis episcopus, scripsit multa utilia*, etc. Recenset Opera. Commentarium in libros Veteris Testamenti *allegoriarum* nomine donat. Tribuit Isidoro tractatum unum *de Corpore et sanguine Domini*, et librum Decretorum apostolicorum *quem primus*, ait, *compilavit Isidorus*, et ex quo Ivo et Gratianus profecerunt.

22. S. Antoninus in Chronico, part. II, tit. 13, cap. 2, fuse agit de S. Isidoro ejusque operibus : *Imperante Heraclio, de quo supra, in Hispaniis claruit beatus Isidorus Hispalensis episcopus circa annum Domini sexcentesimum quadragesimum, sanctitate et doctrina copiosus*, etc. In Chronico Leodiensi apud Labb., Biblioth. mss. tom. I, pag. 335, breviter : *Anno 613 Isidorus episcopus claruit*.

23. Petrus Equilinus in Catalogo sanctorum, lib. IV, cap. 50 : *Isidorus* 251 *episcopus Hispalensis*, etc., *qui multa volumina Ecclesiae Dei utilia condidit*, etc. *Quievit Hispali, vita et doctrina praefulgidus, pridie Nonas Aprilis, ibique jacet humatus.* Ignorabat videlicet Petrus de Natalibus translationem corporis Isidori. In recensendis ejus libris interdum de uno eodem libro bis sermonem facit, ac multa errat : *quatuor libros Sententiarum* nominat, *Synonymorum viginti*, nisi error exscriptorum est; alia ex Vincentio Bellovacensi videtur mutuatus, praesertim de libro Decretorum apostolicorum Romanorum pontificum, canonumque conciliorum. Longum esset omnes chronicorum et catalogorum auctores recensere qui Isidori nostri laudes celebrant.

24. Panormiuon ignotum mihi nomen est, neque in Bibliotheca Hispanica repertum : exscribam tamen de eo verba Constantini Cajetani in Isidori Elogio, pag. 34 : *Coronidis loco hic tandem nobis liceat commendare summam summi hujus viri scientiam, ex eo etiam quod utilissimam navaverit operam Ecclesiae catholicae, ut cum ex aliis multis, tum vero ex decretis constat, quorum non minima pars ex illius lucubrationibus decerpta est. Quare hoc in loco animadvertendum illud est, quod Panormiuon quidam episcopus* (ut est apud *Maurum Castellam*) *scriptor vetustissimus in libro illo suo de multimoda scripturarum distinctione, dum eorum librorum qui suo tempore ab Ecclesia catholica recepti erant, mentionem facit, universa quoque S. Isidori scriptorum monimenta connumerat. Exstat hujus auctoris opus in ecclesia Bracharensi litteris Gothicis manu exaratum.* An Maurus Castella, sive quivis alius, ex Pannormia Ivonis *Panormiuonis* episcopi nomen confinxit ? Ita ego conjiciebam.

25. Samson abbas Cordubensis saeculo IX, lib. 1 Apologetici cap. 3, tom. XI Hist. Sacr., pag. 344: *De nominibus vero ejusdem Filii Dei tam propriis,* etc., *non mihi aliquid videtur necessarium huic operi inseri. De quibus beatum Isidorum constat mirifice disputasse : quem lector, interrogando ejus Opera, ad liquidum poterit cognoscere coelesti fuisse dono refertum.* Saepius Sampson Isidori verba cum laude profert, uti etiam ejus aequalis Alvarus Cordubensis in epistolis et indiculo luminoso, eodem tom. XI Hisp. Sacr., et alii deinde scriptores Hispani. Libri Lucae Tudensis contra Albigenses pleni sunt Isidori laudibus, cujus sententias saepissime Lucas usurpat. *Clarissimus*, ait lib. II, cap. 7, *philosophus catholicorum Isidorus, tam etymologiis* 252 *quam rerum naturis disserendis, scientiarum et linguarum varietate inter doctores obtinet principatum.*

26. Aliquoties jam in his Prolegomenis accidit, et saepius deinceps occurret, ut antiqui scriptores proferantur qui in suam rem Isidori verba allegant. Ejusmodi sunt, ut de nonnullis nunc dicam, Theodulfus Aurelianensis, qui in opere de Spiritu sancto, tom. II Oper. Sirmondi, Isidorum excitat ex lib. VII Etym., cap. 3, ex lib. Differ. II, al. I, cap. 3, ex lib. I Sent., cap. 17. Auctor descriptionis rhythmicae Veronae, quam regnante apud Langobardos Pipino Caroli Magni filio, ex Italia retulit Ratherius Veronensis episcopus, et in Lanbiensi autographo apponi curavit, apud Mabillonium tom. I, pag. 371, edition. Parisiens. 1675: *Magna et praeclara pollet urbs haec in Italia in partibus Venetiarum, ut docet Isidorus, quae Verona vocitatur olim antiquitus.*

27. Apud Pezium tom. II Thes. Anecd., part. II, col. 41, Adhelerus in admonit. ad Nosuindam, cap. 13: *Dicit enim Isidorus quod orationibus mundamur, lectionibus instruimur :* ex lib. III Sent., cap. 8, initio. Ibidem col. 91 Placidus Nonantulanus de Honore Ecclesiae cap 16: *Ex dictis S. Isidori episcopi : Sub regiminis disciplina saeculi potestates,* etc. Petrus Cellensis, lib. IV, epist. 2, apud Sirmondum tom. III Oper. : *Unde dicitur Deus simplex non ob aliud, teste Isidoro, nisi quia non est aliud ipse, et aliud quod in ipso est :* ex lib. I Sent. cap. 1. His adjungi possunt Anonymus Ravennas, sive is fuerit Guido presbyter, qui in sua Geographia Isidorum pag. 12 laudat, et Scholiastes vetus Horatii, qui pag. 207 edit. Jac. Crucquii Isidori auctoritate utitur.

28. In Evangeliario quadruplici Blanchini pag. 603, terg., recensetur Codex Regio-Vaticanus num. 76, exaratus saeculo XI, cujus specimen characterum repraesentatur num. 7, tab. 5, post pag. 60. Is Codex continet Pauli problemata de aenigmatibus, ac tomis canonicis, quorum initium hoc est ; *Vetus Testamentum, Isidorus dicit, ideo dicitur, quia ve-*

niente *Novo cessavit*. Non explicatur quisnam sit iste Paulus, qui fortasse est diaconus Warnefridus, sive, ut alii vocant, Warnefridi. Obiter advertam, ab auctoritate quoque Isidori initium ducere duos auctores historiæ Romanæ, Italico veteri sermone conscriptæ, alterum in ms. Codice Ottoboniano 2616: *Dice lo glorioso missore santo Isidoro*, alterum in Codice Ottoboniano 2658. *Dice lo glorioso santo Isidoro nello libro delle Etimologie*, etc. Prioris operis auctor dicitur *Lello Petroni*: alterum anonymum est. In codice Regio Vaticano 1573 mox describendo, in quo quædam sunt Isidori, reperitur opus inscriptum: *De xiv divisionibus temporum*. Incipit: *Divisiones temporum quot sunt? xiiii, id est, atomus, momentum*, etc. Passim laudatur Isidorus: *Isidorus definivit dicens*, etc. Tomo I Operum Bedæ exstat opus ita inscriptum, cujus Codex ms. auctior commendatur a Mabillonio tomo I Musei Italici pag. 69. In alio Codice Reginæ Suecorum, infra etiam recensendo, opus reperitur auctoris non ita prisci, hoc titulo: *Auctoritates quod Romæ a sancto Silvestro Constantinus baptizatus est*. Indicatur Isidorus pro hoc argumento inter alios: sed, ut ego puto, ex apocrypha collectione Isidori Mercatoris.

29. Codex Vaticanus 1343 exhibet quamdam decretorum et canonum collectionem, et nonnulla de rebus ecclesiasticis opuscula. Primum opus initio mutilum est, in quo de vestibus sacerdotalibus, sacramentis et aliis agitur, et in rubricis sæpe citatur Isidorus, ut de exorcismis, de scrutinio, etc. Ibidem, pag. 445, opusculum de baptismo et omni ejus ordine, juxta indaginem catholicorum, incipit: *Baptismi sacramentum si prima repetens ab origine pandam ex cap. 24, lib. ii de Officiis Isidori*, qui expresse nominatur in titulo: *De catechumenis exorcismi: Isidori*: scilicet ex lib. ii de Officiis, cap. 20.

30. Nomen Isidori celebratum videre etiam poteris in Codice Laurentiano S. Marci, recensendo cap. 44, in quo est quædam homilia sub Isidori nomine. Bandinius tom. II Codd. Latinor. biblioth. Mediceæ, plut. 47, describit Codicem sæculi xi ineuntis, continentem scholia in Priscianum, quibus præter alios Isidorus et Beda laudantur.

31. Curiosum est opus inscriptum, *Tomus singularis insignium auctorum tam Græcorum quam Latinorum, quos ex variis bibliothecis accersitos nunc primum in lucem prodire et publice prodesse jussit Petrus Stevartius Leodius Ingolstadii ex typographia Ederiana, in 4°*. In nonnullis hujusmodi opusculis Isidori verba expromuntur, ut cap. 69 et 73 dicam: aliquando citatur *Isidorus in Sententiis suis*, ut pag. 691, hoc est in libris Sententiarum.

CAPUT XXXIV.

Recentiorum quorumdam de Isidori scriptis judicia varia expenduntur.

1. Qui de Isidori operibus censuram facere volunt eo animo erga eum esse deberent quo ipse antiquiores legebat. *Nec historicos*, inquit lib. xv Etym., cap. 1, *nec commentatores, varia dicentes, imperitiæ condemnare debemus, quia antiquitas ipsa creavit errorem*. In tanta igitur varietate rerum antiquarum, quas Isidorus pertractavit, si quis error in ejus opera irrepsit, antiquitati potius quam Isidoro ipsi tribuendus videtur, neque ita temere de eo judicandum, ut quidam faciunt: quanquam plerique eum meritis laudibus extollunt. Nonnulla recentiorum quorumdam de Isidoro judicia Nic. Antonius lib. v, cap. 4, n. 91, Bibl. Vet. Hisp., collegit. Scilicet Jacobus Gaddius tom. I Script. non Ecclesiast., *exemplar episcopi numeris omnibus absoluti, doctrinæ multiplicis, eruditionisque immensæ virum* Isidorum vocat. Xystus Senensis lib. iv, Biblioth. sanct. *eximiæ sanctitatis et eruditionis, divinarum Scripturarum peritissimum, et in legendis, colligendis coaptandisque dictis, ac sententiis, et rapsodiis veterum Patrum ex innumeris et immensis eorum voluminibus desiderium habentem inexplebile, et vires omnino inexhaustas*.

2. Resendius lib. ii Lusit. antiquit. *virum magnum* appellat, *et rerum multarum bene peritum, neque elegantiorum tam expertem litterarum, ut insolenti fastidio sit a dicendi testimonio ablegandus*. Alibi *multæ tum eruditionis, tum diligentiæ hominem* vocat. Raphael autem Volaterranus, pergit Nic. Antonius, *non tam doctrina quam vita philosophum, et in dicendo non tam rudem quam inexercitatum*, haud omnino recte censuit. Stylum enim ejus sæculi quis in eo reprehenderit? Aut cuinam videbitur is non doctrina philosophus, qui moribus et pietati præscripsit regulas universis Ecclesiæ sæculis merito suscipiendas? Quantum vero favet Josephus Scaliger! *Isidorus multa*, ait in primis Scaligerianis, p. 65, *ex veterum libris, quibus hodie caremus, eaque optima transcripsit. Ideo illum velim habere. Doctis utilissimus est*.

3. Hæc fere ex Nic. Antonio. Ut autem is Isidorum contra Raphaelem Volaterranum vindicat, sic etiam Julius Minutolus similem defensionem adornat contra Alciatum et Polletum, qui Isidorum vocat *virum non tam eruditum quam bonum*. Minutolus, dissert. 7, ita pergit: *Isidorus suo Etymologico, quibusdam licet nævis resperso, eruditionibus tamen refertissimo, magnam lucem antiquitati feneratus est*. Unde portentum illud eruditionis Panvinius in principio sui operis de Circensibus ludis ingenue fatetur: *Nec parum adjutus sum Isidori Etymologiarum libris*. Bailletus in judiciis Sapientum, tit. 99, observat Vossium Seniorem de Philolog., pag. 26, Scaligero pro Isidoro assentiri; Juniorem du Verdier contra Isidorum Paulo Merulæ Censur. in auctor., pag. 26; anonymum vero auctorem bibliogr. histor. Cur. pag. 36, non magni interesse existimare quæ Isidorus de suo addidit. Ludovicus Vives de Trad. discipl. lib. iii, ubi agit de philologis: *In hunc numerum*, ait, *nescio, an patientur grammatici Isidorum Hispalensem interferciri. Affert nonnulla ex antiquis hausta haud prorsus aspernanda, præsertim quod fontes illi non pervenerint ad hanc ætatem*.

4. Criticos alios viros qui Isidorum celebrarunt, addamus, si placet. Lilius Gyraldus lib. ii, dialogismo 12, verbis utitur Isidori, *pontificis*, inquiens,

doctrina ac sanctitate praeclari. Gerardus Joannes Vossius *de Natura artium*, lib. II, cap. 5, *utilis etiam opera est quam Isidorus.... praestitit in viginti Originum libris, quos ex optimis quibusque scriptoribus, plerisque ecclesiasticis, compilavit.*

5. Thomas Dempsterus in Elencho scriptorum ad Paralipomena Antiquitatum Romanorum Rosini: *Isidorus Hispalensis grammaticus necessarius, in quo pleraque quae nusquam alibi.* Albertus Dieterus Trekel in not. ad Brissonium lib. IV cap. 20, Select. antiquit.: Joan. Dan. Ritterus praef. ad cod. Theod. tom. I, *caeteris diligentior, de cognitoribus et procuratoribus egit: sed praetermisit locum Isidori quo nemo veterum melius differentiam inter procuratores et cognitores in sensu proprio exposuit.*

6. Franciscus Floridus Sabinus lib. II Lect. succiss., cap. 12, Isidorum a Beroaldo in magno habitum pretio fatetur, dum sic hunc alloquitur: *Tu ex Isidoro Albertoque Magno insulsa invenustaque scripta contexis.* Salmasius in Ælium Spartianum, pag. 5, v. 35, cum **256** Plinii locum de Samothraciis annulis attulisset, *Erravit*, inquit, *Lipsius, qui Plinium emendare illo loci conatur.* Tum verba Isidori profert ex lib. XIX, cap. 31 Etymolog.: *Samothracius*, etc., ac concludit: *Nemo melius poterat aut brevius locum Plinii exponere.* Idem Salmasius in Flavium Vopiscum, pag. 225, v. 33: *Isidorus, in quo auctore multa saepe bonae notae reperi, et alibi non reperiunda, sic mulleos describit*, etc.

7. Cellierius, qui tom. XVII Hist. auctor. eccles. Opera Isidori diligenti examine describit, recenset, et singillatim laudat, sic in genere de Isidori doctrina pag. 650 concludit: *Ex operibus Isidori quae ad nos pervenerunt perspicitur immensa eum eruditione praeditum fuisse, et ex antiquis scriptoribus tum ecclesiasticis, tum profanis, quos legerat, scite profecisse. Ejus quidem stylus neque eloquens est, neque castigatus: clarus tamen et facilis. In operibus ejus de morum doctrina quidam pietatis, ac spiritualis compunctionis gustus eminet, qui corda penetrat et emollit. Alia ejusdem opera rerum quae pertractantur stupenda varietate commendantur.* Haec ex Cellierii Gallicis verbis Latine reddita.

8. Judicium Jacobi Bruckeri de Isidori doctrina in Historia critica philosophiae tom. III, pag. 569 seq. non est obiter praetereundum. *Certe*, inquit, *virum fuisse non sacrae modo, sed et profanae litteraturae peritissimum, ejus scripta a laudatis viris enarrata, passimque a scriptoribus historiae litterariae ecclesiasticae enumerata ostendunt. In quibus licet consarcinatorem egerit veterum, centonisque instar ex illorum scriptis sua consuerit, judicium tamen in seligendis optimis probavit, cumque multa excerpserit ex libris, quibus hodie caremus, non inutilem praestitisse operam sequentibus saeculis censendus est.* Tum de Etymologiis: *Non enim solas etymologias sectatur, aridoque calamo jejunum argumentum prosequitur, sed per omne fere eruditionis genus diffusus, pleraque scitu digna, et multa egregia, alibique vix reperiunda affert.... Librum quoque de Natura rerum, seu mundo, edidit, quo cosmographiam quamdam exhibet, vel ideo commendandam quod multa fragmenta Nigidii, Varronis, Suetonii Tranquilli, aliorumque exhibeat dudum deperdita. Ex his vero tum de ipsa Isidori philosophia, tum de meritis ejus in eamdem judicandum est. Priorem ex collectaneis veterum constitisse quam systema aliquod* **257** *cohaerens exposuisse ex dictis intelligitur, adeoque magnum inter philosophos locum, quem forte non admodum affectabat, non occupat. Haec vero non exigua fuisse ob plurima veterum philosophorum, qui inter Latinos scripserunt, fragmenta et excerpta conservata omnino fatendum est. Quamvis enim non ubique judicium probaverit, suaque non ex suis horreis sed ex aliorum penu hauserit, eamdem tamen philosophiae ejusque historiae praestitit operam, quam in Diogene Laertio, Suida, Stobaeo, aliisque collectaneorum philosophicorum scriptoribus merito laudamus. Id quod eo magis inter ejus merita referendum est, quo magis saecula haec meliora non habebant, nec egebant, magnaque erat veterum scriptorum penuria. Durius itaque cum Isidoro agunt, nec aevi illius quo vixit conditionem satis recordantur, qui centonum consarcinatorem, sartoremque semipriscum nominando, plagii et ineptae compilationis reum agunt. Quem si non habuissent saeculorum sequentium scriptores, in multis gravius caecutiissent, nec depromere potuissent ea quibus scripta sua tanquam gemmis exornant, quod fecisse Rabanum Maurum observavit Guil. Malmesburiensis, invito licet Guil. Caveo* (Hist. litter. script. eccles., pag. 456). *Qui si cogitasset hunc omnium fere medii aevi scriptorum morem fuisse, ut praecedentes scriptores excerperent, et ex his sua compilarent, intellexisset nihil Rabani eruditioni, qualis saeculo IX fuit, derogare, quod Isidorum exscripserit.*

9. Inter Isidori elogia, a recentioribus profecta, collocare possumus *Panegyricum centonem ex diversis poetarum versibus in D. Isidori Hispalensis archiepiscopi laudem a Joanne de la Peña compositum, et editum Hispali* 1643, in-4°; ac librum Constantini Cajetani sic inscriptum: *SS. trium episcoporum religionis Benedictinae luminum, Isidori Hispalensis, Ildefonsi Toletani, Gregorii cardinalis Ostiensis Vitae et actiones,* etc. *Addita sunt aliquot ejusdem Isidori scripta nondum edita, Romae* 1606, apud Jacobum Mascardum in-4°. Multa in Isidori laudem Cajetanus in epistolis dedicatoriis congerit, atque inter alia: *Horum in numero sicut sanctitate clarissimus, ita etiam librorum copia, ingenii ubertate, facundia, et doctrinae pondere praecipuus, aut certe inter primos S. Isidorus Hispalensis est reponendus. Habet in illo quod juventus discendi cupida delibet, quod curiositas admiretur,* etc.

258 CAPUT XXXV.
Editio Operum Isidori, curante Bignaeo, describitur.

1. Ne quid huic nostrae editioni desit, ea omnia quae in aliis Isidori editionibus reperiuntur colligere est animus. Primum eas recensebimus quae ad om-

nia Isidori Opera comprehendenda comparatæ fuerunt. Deinde de aliis peculiaribus quorumdam ejusdem sancti doctoris Operum editionibus agemus. Joseph Rodriguez de Castro tom. II Bibliothecæ suæ Hispanæ, p. 334, editionem omnium Isidori Operum Basileæ anno 1477 fol. laudat, ab aliis omnino prætermissam. Vereor ne Basileensis editio Etymologiarum, a Maittairio recensita, de qua infra cap. 54, ab aliquo per errorem editio omnium Operum existimata fuerit. Margarinus de la Bigne primus omnium, ut puto, studiose elaboravit ut Isidori Opera in unum corpus colligeret. Ejus editionis hic est titulus.

2. *S. Isidori Hispalensis episcopi opera omnia quæ exstant, partim aliquando virorum doctissimorum laboribus edita, partim nunc primum exscripta et castigata. Per Margarinum de la Bigne, theologum doctorem Parisiensem. Parisiis, apud Michaelem Sonnium, via Jacobœa, sub scuto Basiliensi 1680, in fol.* Ea nunc subjiciam quæ editioni præmisit.

EPISTOLA DEDICATORIA.

R. in Christo Patri, ac DD. Francisco Parcensi, SS. (sanctæ sedis) apostolicæ protonotario, Cœnomanensis Ecclesiæ decano maximo, et domino in Chemiray, avunculo chariss., Margarinus de la Bigne sacræ theologiæ doctor, gratiam in Christo et pacem.

3. Cum ad 15. Kal. Junias in hanc urbem rediissem, ut provinciæ nostræ Rothomagensis nomine adessem conventui quem ad constituenda negotia sua rex Christianiss. Ecclesiæ Gallicanæ in illud tempus indixerat (D. et avuncule reverende) : qui me primum salutatum, pro sua in me benevolentia et humanitate, venerunt amici complures, multa et varia mecum de comitiorum nostrorum argumento, Ecclesiæ calamitatibus, **259** et periculis infelicissimi hujus sæculi genio, reipublicæ Gallicanæ statu, et aliis rebus collocuti, demum ex Blesensi trium hujus regni ordinum conventus exitu, et bene subductis rerum nostrarum momentis omnibus providebant futurum, ut vel rite confirmatis quæ forte alioqui stare non poterant, jampridem cleri nomine initis pactis, perpetuum sub pondere gemeret Ecclesia, vel ubi longum, ut Lari, parturiissemus, nihil nisi aulicum et quod revelasset hujus mundi sapientia, quæ inimica est Deo, et cum hominibus placeat, Christo non servit, nil ecclesiastici ordinis majestate dignum nasceretur, sacrosanctam enim vero et œcumenicam Tridentinam synodum sincere in hoc religiosissimo regno publicari, clerum Gallicum pastores canonico ordine sibi deligere, pecu'ium nostrum, jura omnia sarta tectaque nobis servari (quæ petitionum nostrarum summa erat), denique regem Christianiss. in rebus omnibus charismata æmulari meliora, nunquam ferre posse ingenium eorum que alieno sanguine splendescere et luxuriari, quæstum non parricidium arbitrantur. Quod cum ego in animum meum inducere non possem, qui perspectum haberem pluribus argumentis clementissimi nostri principis candorem et pietatem, qua jam apud multos illud est assecutus, ut non modo Christianissimus et omnium Gallorum maxime catholicus, sed devotissimus audiat : viderem porro, huic nostro conventui adfuturos Patres complures totius cleri Gallici facile principes viros, quos in Blesensibus regni comitiis fidelem et strenuam Christo et sponsæ illius Ecclesiæ operam navare, seque fortiter pro Dei domo aheneum murum opponere præsens eram intuitus : · malui tamen unius cujuspiam antiquorum Ecclesiæ Patrum lectione, operam meam collocare in tuto : et hunc, si negotiatio nostra, peccatis nostris adversum nosmetipsos pugnantibus et dividentibus a Deo, minus optatum haberet finem, cederetque aliter quam fratrum nostrorum, pro quibus hac legatione fungimur, egestas postularet : in tempestate sacram anchoram, ad diem luctus opportunum, et certum solatium, rebus dubiis divinum oraculum comparare. Quod si rex Christianissimus angustiarum nostrarum misereri, et eas aliquo suo augustali edicto sublevare vellet, spiritualis gaudii moderatorem æquissimum opportune mihi providere.

4. Post quatuor autem Occidentalis Ecclesiæ luminaria, DD. Hieronymum, Ambrosium, Augustinum, terque maximum pontificem Gregorium, unus omnium, judicio meo, pietatis et doctrinæ palmam suo merito et jure auferre potest S. Isidorus Hispalensis episcopus, non hujus quidem discipulus, ut nonnulli existimant, verum ejus ætati sic vicinus, ut adolescens pontificem maximum videre potuerit, quod licet conjicere ex eo quod ipsemet præfatur in sua Commentaria in Testamentum vetus, se ea sumpsisse de mysticis thesauris veterum sapientum, et *ab auctoribus*, inquit, *Origene, Victorino, Ambrosio*, etc., *ac nostris temporibus insigniter eloquenti Gregorio.* Quem tantum ac talem virum, sine gratissima disciplinæ commemoratione, a religiosissimo discipulo potuisse præteriri, simile non est vero. Et quidem noster hic quam magno in **260** pretio fuerit ante multas ætates, plura sunt quæ indicant. Imprimis vero Gratianus ipse, qui vix plures canones decretorum ex alio quam Isidori fonte hausit, ut satis aperte ostendit index ille quem hujus argumenti paulo post subjecimus. Nec contentus plura ex ejus quam alius cujuspiam libris citasse ; quasi non obscure magno Augustino antepositum vellet, quæ ex hujus operibus potuit, maluit tamen non semel ex Isidoro transcribere, qualis ille est, quem apud eum habes 24 q., 3 c. Quidam autem hæretici ex Isidori Originum lib. VIII, cap. 5, prolixiorem de Hæresibus tractatum.

5. Quin et Hispalensis concilii constitutionibus majestatis aliquantum, Isidori commemorato nomine, adjectum iri cum non dubitaret, quoties fere ex eo citat quidpiam, non nisi nominato Isidoro citat. Ex concilio Hispalensi, inquit, cui interfuit Isidorus 15, q. 7 c., absque synodali 16, q. 3 c., prima actione, q. 7 in nona actione : quod in aliis forte videre non liceat observatum, quam in his quibus non modo per legatos, sed præsentes ipsimet etiam adfuere pontifices maximi. Nec vero dixerit Gratiani privatum esse, sed commune et synodicum Ecclesiæ Gallicanæ, imo totius orbis Christiani judicium illud, quo tam magnifice de sancto Isidoro sentitur, quisquis intuebitur Gallicas illas et Germanicas synodos, Francofordiensem ad Mœnum, Aquisgranensem utramque, Moguntinam, Triburiensem, et Parisiensem, quibus ecclesiastica disciplina Christianissimorum imperatorum, Caroli Magni, Ludovici Pii, Arnulphi, et aliorum auspiciis tam sapienter et prudenter et integrum est restituta, et religiose præscripta regibus, nobilitati, plebi, omnibus denique hujus imperii ordinibus vivendi norma, non alio legislatore quam Isidoro, non alio pædagogo, non alio præceptore : cum vix unum atque alterum ex DD. Hieronymo et Augustino præcipuis Ecclesiæ doctoribus desumpsissent, plura tamen uno spiritu, uno ductu, ex illius libris passim exscripsisse capitula.

6. Quid vero attinet commemorare quam accurate ex ejus Etymologiarum lib. VII, c. 2 venerabiles concilii Francofordiensis Patres cum omnibus episcopis Germaniæ, Galliæ, Aquitaniæ, et toto catholicæ pacis clero, præsulibus Hispaniæ, et cæteris ibidem Christianitatis nomen habentibus, sic Dei Filio junctam esse naturam humananam confirmaverunt, ut ex duabus substantiis una fleret persona ? Vel quod eos qui a clero ad sæculum redirent, hippocentauris si-

miles esse, ex ejus Officior. lib. II, c. 3 citat concilium Triburiense, cap. 27, et alia id genus infinita? Quippe juvabit multo magis meminisse illud præclarium concilii Parisiensis, lib. II, cap. 1, ex Isidori Sententiarum lib. III, cap. 48 et 49. *Qui recte utitur regni potestate, ita præstare se debet omnibus, ut quanto magis honoris celsitudine claret, tanto seipsum mente humiliet, proponens sibi exemplum humilitatis David, qui de suis meritis non intumuit, sed humiliter sese dejiciens, dixit* : *Vilis incedam, et vilis apparebo ante Dominum, qui elegit me.* Tum et illud : *Qui prave regnum exercent, post vestem fulgentem et lumina lapillorum, nudi et miseri ad inferna torquendi descendunt. Reges a recte agendo vocati sunt, ideoque sicut recte agendo regis nomen tenetur, ita peccando amittitur.*

7. Quod cum præscriptis fere verbis repetivissent Aquisgranensis Concilii II Patres sub Ludovico Pio, anno post Parisiense paulo plus minus quarto, ac deinceps etiam Moguntina synodus sub Arnulpho imperatore, anno post Aquisgranensem II fere quinquagesimo quinto, hoc adjecerunt præterea ex Originum Isidori libro IX, cap. 3, reges omnes antiquis tyrannos vocatos, sed postea qui pie, juste, et misericorditer regerent, regis nomen adeptos, tyranni vero nomen, non regis, aptatum fuisse impie, injuste et crudeliter principantibus : quales, irascente Deo, populis pro peccato dari, ac proinde non judicandos, sed tolerandos, iidem Parisiensis concilii Patres judicaverunt I lib., cap. 19, et II lib., cap. 5, ex Isidori Sent. lib. III, cap. 28. Recte igitur illos vocari reges qui tam seipsos quam subjectos bene regendo noverunt pacificare, tenentque intra Ecclesiam potestatis adeptæ culmina, ut per eamdem potestatem disciplinam Ecclesiasticam muniant. Alioqui enim, ut ejusdem concilii Patres scripserant lib. II, cap. 2, ex Isidori Sent. lib. III, cap. 21, necessariæ non essent in Ecclesia potestates, nisi ut quod non valet Sacerdos efficere per doctrinæ sermonem, hoc imperet potestas per disciplinæ terrorem. Nec facile est eorum quæ in synodo Aquisgranensi I ex Isidoro de divinis Officiis exscripta sunt, de ecclesiasticis ordinibus et magistratibus capitulorum summas dicendo enumerare. Qua de re, id unum in præsentia satis sit dixisse, vere apostolicum hunc virum, quod in Christiano pontifice desideravit Apostolus, etiam ab his qui foris essent testimonium bonum habuisse.

8. Cum enim supra omnem esset impudentiam viri, per omnia doctrinæ et vitæ momenta probatissimi, sermonibus ad erroris confirmationem abuti velle, Felix tamen Orgelitanus, et Elipandus Toletanus episcopi, cum a fide catholica ad impietatem abductum cuperent Carolum Magnum imperatorem, urgebant eum sancti Isidori auctoritate, ut ille meminit in ea qua illis respondit epistola : *Exemplum mihi Constantini imperatoris proposuistis*, inquit, *cujus initium laudasse beatum Isidorum dicitis, et finem doluisse*, etc. Sed cum his qui discessionem a nobis, naufragium vero in fide fecerunt, nulla prorsus in re sit credendum, postremus de S. Isidoro sententiam dicet Greg. IX P. M., qui quanti esse momenti illius auctoritatem existimaverit, apparet vel ex eo quod frequens illum testem et auctorem facit canonum Decretalium, IV lib., tit. 2 de desponsionibus impub, cap. 5, Puberes *a pube*, ex Orig. librum XI, caput 2, V librum, tit. 40, de verb. signif. cap. 9. Quamvis omnes cap. 10, *Forus est exercendarum litium locus*, ex Origin. lib. V, cap. 11, pactum dicitur : c. 12, Jus dictum a *jure possidendo*, ex Origin. lib. V, cap. 25, ac forte alias non infrequenter. Quorum canonum ex numero quosdam reprehendere ante aliquot annos ausus est, ingenio certo et virtute magnum fuisse S. Isidorum confessus, F. Antonius Stella Vercellensis Minorita ; qua fronte nescio, cum nec temere liceat semel a summo pontifice in canonem recepta convel-

lere : nec forte sic pro comperto habeatur, *fora et foros*, ut genere, ita sensu differre. Quin et Stellæ, et Survio, et Martiali opponere liceat auctoritatem veterum : qui, si Cœlio Rhodigino credimus, plerique masculino genere, ut et Græci φόρος paroxytonon, pronuntiaverunt.

9. Nec moror quod *forum* etiam a Foroneo rege dictum voluisse Isidorum ille ait, licet nihil tale usquam mihi occurrerit in quatuor mss. Exemplaribus, quæ ad hanc Isidori Editionem utenda mihi dedere viri clariss. Brissonius regis et reip. in senatu Parisiensi patronus, Joannes a S. Andrea Decanus Carcassonensis, et P. Daniel, de re litteraria quam optime meriti. Redeo ad Isidorum, cujus satis ac tanti viri opera, veluti membra, nondum quod sciam in unum corpus coaluisse magno rei litterariæ detrimento cum viderem, hoc studii sum agressus, ac perfeci succisivis horis, quibus mihi licuit a gravissimis comitiorum nostrorum negotiis ad hæc studia redire. Quantulumcunque vero illud est quod in hoc opere meum esse dicive potest, tibi, D. et avuncule reverende, hoc novo ineunte anno mitto xeniolum, Lutetiæ Parisiorum, Kal. Jan. ann. 1580.

Tibi ex animo devinctissimus, et obsequentiss.

M. DE LA BIGNE.

10. Bignæus in hac præfatione, quam Nic. Antonius *doctam satis atque elegantem* appellat, negat Isidorum S. Gregorii Magni fuisse auditorem, quod cap. 18 simili modo a nobis negatum fuit. De copia canonum quos ex Isidoro Gratianus collegit, Bignæi judicium reformandum est ex dictis cap. 53, num. 4. Quanto in pretio Isidori auctoritas apud concilia et collectores canonum habita fuerit, fusius ostensum est cap. 31 et 32. Defensio quarumdam etymologiarum Isidori, quam Bignæus innuit, suis in locis diligentius instruetur. Hic autem est ordo Operum Isidori quem in sua editione Bignæus tenuit.

Index operum S. Isidori Hispalensis episcopi, ex quibus ea quæ nunc primum prodeunt in lucem, ascriptus ad marginem asteriscis indicat.

Prima parte hujus operis hæc continentur.

11. Sancti Isidori Hispalensis Episcopi Originum libri viginti, repurgati a mendis, variisque lectionibus et scholiolis illustrati per Bonaventuram Vulcanum Brugensem.

* De Differentiis liber unus, ex bibliotheca v. cl. Petri Danielis Aurel.

* De Proprietate sermonum liber unus, ex ejusdem bibliotheca.

* De Natura rerum, ad Sisebutum regem, liber.

Historia, sive Chronicon Gothorum.

Historia Vandalorum.

Historia Suevorum.

De Scriptoribus ecclesiasticis liber unus.

De Vita vel Obitu sanctorum qui Deo placuerunt liber.

De Nativitate Domini, Passione, Resurrectione, Regno, atque Judicio, ad Florentinam sororem suam, liber unus.

Ad eamdem Florentinam sororem, de Vocatione gentium, liber unus.

Allegoriarum quarumdam Scripturæ sacræ, liber unus.

Proœmiorum in Vetus et Novum Testamentum, liber unus.

Tomus vero secundus hæc habet.

* Commentaria in Genesim, in Exodum, in Leviticum, in Numeros, in Deuteronomium, in Josue, in lib. Judicum, in I, II, III, IV, lib. Reg., in Esdram.

De Antiocho rege et Machabæorum martyrio consummato.

Norma vivendi, nunc primum exscripta ex ms. Co-

dice bibliothecæ Sancti Victoris ad muros Parisienses.
Synonyma.
Epistolæ.
* Sententiarum, sive de Summo Bono libri tres, pridem fidelissime repurgati studio , et labore doctissimi viri Joannis Aleaume , doctoris Sorbonici, et pœnitentiarii Parisiensis. Adjecimus Isidori præfationem in eosdem libros, ex bibliotheca S. Victoris ad muros Parisienses.
De Contemptu mundi, recognitore Huberto Scutteputeo, canonico Lovaniensi.
De Officiis ecclesiasticis, libri duo.
* De Doctrina et Fide ecclesiasticorum dogmatum, ex bibliotheca v. cl. Petri Danielis Aurelianensis.

12. In hoc indice, quem ex ipso opere nonnihil auxi, adjectis libro in Numeros et Epistolis, asteriscus ita est notatus, ut indicet libros Sententiarum a Bignæo tunc primum in publicam lucem emitti : quamvis fortasse innuat non hos libros, sed Synonyma tunc primum prodire. Utrumque falsum est, ut in recensendis singulorum operum editionibus constabit. Affirmat Bignæus se adjicere præfationem Isidori ad libros Sententiarum; sed non alia præfatio adjicitur, nisi epistola Isidori nomine ad Massonem, quæ in nonnullis Codicibus libris Sententiarum præfigitur, quamvis ad eos certe libros nullo modo pertinere videatur, ut fusius cap. 73 edisseram. Etsi autem Bignæus in indice epistolas non commemorat, tamen nonnullas producit part. 1, pag. 60 seq., scilicet ad Massonem, ad Leudifredum, iterum fragmenta epistolæ ad Massonem et epistolam ad Fulgentium fratrem, dedicatoriam librorum de Officiis ecclesiasticis, minus opportuno loco collocatam ante libros Sententiarum, qui illico succedunt. Post Operum indicem Bignæus adjungit quædam fragmenta, Isidoro ascripta in ms. Codice monasterii S. Dionysii ; quæ nos Etymologiarum libris adjiciemus : quod fortasse diversa est aliqua lectio ex Etymologiarum exemplaribus, quæ non semel ab Isidori manu in vulgus prodierunt, ut mox explicabimus.

13. In hac Bignæi editione sex epistolæ libros Etymologiarum præcedunt : 1. Isidori ad Braulionem : *Omni desiderio.* 2. Braulionis ad Isidorum : *O pie domine.* 3. Isidori ad Braulionem : *Quia te incolumem.* 4. Braulionis ad Isidorum : *Solet repleri.* 5. Isidori ad Braulionem : *Tuæ Sanctitatis.* 6. Ejusdem ad eumdem : *En tibi;* quæ potius est præfatio Etymologiarum. Editio elegans est, et quantum quidem res patitur, correcta : nam cum Bignæus quædam opera Isidori primus omnium vulgaverit, et in depravata exemplaria, ut accidit, incurrerit, non valde mirum est recentiorum diligentiam plura animadvertisse quæ corectione indigerent. Nonnullas scripturæ varietates margini, uti etiam breves quasdam notas interdum adjecit, præsertim in Etymologiarum opere ex Vulcanii editione. Initio catalogum scriptorum, quibus Isidorus in libris Etymologiarum usus est, apposuit : in fine vero duos indices, alterum rerum, alterum locorum sacræ Scripturæ. Advertendum denique est magnam esse in paginarum numeris perturbationem, aliquando etiam in numeris capitum.

CAPUT XXXVI.

Editio operum Isidori Matritensis prima, curante Joanne Grial. Hujus epistola dedicatoria ad Philippum III et præfatio ad lectorem describuntur.

1. Accuratissima est hæc editio, et ob egregios viros qui in eam adornandam incubuerunt celeberrima. En primam frontem : **Divi Isidori Hispal. episcopi Opera, Philippi II Catholici regis jussu e vetustis exemplaribus emendata. Matriti, ex typographia regia, 1599, in fol.**

2. Sequitur privilegium regis pro editore Julio Junti de Modesti anno 1595, die 28 Novembris subscriptum ; ad quod ita rex præfatur : *Quoniam intellexi, Opera gloriosi S. Isidori Hispaniarum doctoris perperam esse descripta, multisque in locis depravata, ut non leve periculum etiam esset ne aliqui de sana ejus atque admirabili doctrina, quam sancta Dei Ecclesia magno semper in pretio habuit, minus bene sentirent, pietate permotus qua erga S. doctorem afficior, et propter obsequium quod eidem in his regnis jure merito debetur, tantis incommodis occurrere cupiens, in antiquis Hispaniæ atque in aliis aliorum regnorum bibliothecis Mss. eorumdem operum exemplaria exquiri jussi : quæ cum multa atque magnæ antiquitatis et auctoritatis reperta fuissent, ea inter viros doctos distribui præcepi, qui accuratissime et diligentissime Opera S. Isidori ad ea exemplaria castigarunt et emendarunt, atque veteri primæ et veræ scripturæ restituere conati sunt.*

3. Hæc ex exordio Hispanici, quod dixi, privilegii translata sunt. Sequitur index operum partis prioris ; nam in duas partes Grialius opera divisit, et suum cuique parti Operum indicem præfixit. Eos ego hic simul subjiciam, ut uno aspectu tota operum distributio percipiatur.

OPERUM D. ISIDORI PARS PRIOR, in qua grammatica et historica. — Etymologiarum libri viginti. — Differentiarum libri duo. — De natura rerum liber unus. — Chronicon. — De Viris illustribus cum S. Ildefonsi libello. — De ortu et obitu Patrum. — Gotthorum, Wandalorum, et Suevorum historia cum Gotthorum regum, et Toletanorum antistitum catalogo.
PARS ALTERA. — Sententiarum libri tres. — Mysticorum expositiones sacramentorum. — Allegoriæ ex Veteri et Novo Testamento. — Contra Judæos libri duo. — Prœmiorum liber. — De ecclesiasticis Officiis libri duo. — Synonymorum libri duo. — Epistolæ aliquot. — Regula monachorum. — De Conflictu vitiorum et virtutum. — Expositio in Canticum Salomonis.

4. Post indicem operum primæ partis sequuntur Grialii dedicatio, et præfatio ad lectorem : quas nunc sisto.

(*Hanc præfationem cum dedicatione legere est initio tomi sequentis.*)

31. Nonnulli falso asserunt editionem Philippo II a Grialio fuisse dedicatam, ex eo deceptos quod jussu Philippi II cœpta fuerit. Neque de aliis id mirum : sed in Rodriguezio de Castro notandus is error est, qui totam editionem tom. II Biblioth. Hispan., pag. 298, satis alioquin diligenter descripsit. Quod in epistola

dedicatoria Grialius non semel asserit reges Catholicos ab Isidori stirpe genus ducere, modo jam passim rejicitur, aut in dubium revocatur. Disputatum a nobis fuit cap. 17 de traditione, quæ olim maxime inter Hispanos viguit, fuisse Isidori sororem germanam Theodoram nomine, Leovigildi uxorem, S. Hermenegildi et Recaredi matrem, quam traditionem valido innixam esse fundamento negavimus. Fatetur Grialius, in præfatione ad lectorem, se solertiæ Petri Chacon, qua ille in Etymologiis Isidori corrigendis usus fuerat, perparum minusque fortasse quam æquum fuerat tribuisse. Dolendum maxime est tum has Ciaconii conjecturas, tum Alvari Gomezii annotationum in omnes viginti libros Etymologiarum corpus 274 magnæ molis, quod ipse Grialius memorat, aut omnino intercidisse, aut eo in loco esse ex quo nunquam fortasse emergent.

32. Equidem de Grialii fide et diligentia minime dubito, quin ea omnia quæ sibi necessaria aut valde utilia viderentur selegerit : sed cum de doctissimorum hominum commentariis res sit, maluissem Grialium abundasse, quam nos incertos reliquisse an quidquam prætermiserit, quod alii ad Isidori scripturam corrigendam aut declarandam pertinere fortasse existimassent. Parum accurate Fabricius de his notis loquitur Biblioth. vet. Latin. lib. IV, c. 6, n. 6, ubi refert prodiisse Etymologias Matriti 1599, ac denique, addit, *accuratius Parisiis 1601, cum notis variis cura Joan. Grialii, opera Jacobi Breulii* : siquidem in editione Matritensi, quæ Breuliana longe est correctior et accuratior, jam prodierant Grialii notæ, a Breulio ad suæ editionis calcem adjectæ. Recte autem Fabricius monet eas notas minime ambitiosas, eruditissimas tamen vocare Barthium ad Briton. p. 544.

33. Addidit Grialius catalogum scriptorum, ab Isidoro vel citatorum, vel quibus maxime videatur usus: tum præfationem peculiarem in Etymologiarum libros. Sed auctorum catalogum diligentius a Barthio confectum, indicatis locis, quibus Isidorus eos appellat, exhibebimus infra cap. 53, cum de Etymologiis seorsum disseremus ; uti etiam cap. 50 Grialii præfationem ad Etymologiarum libros describemus. In fine primæ partis notatur : *Matrici apud Joannem Flandrum* 1597. In fine secundæ partis *Matriti apud Joannem Flandrum* 1599. Indicem locorum sacræ Scripturæ Grialius neglexit, unico rerum indice contentus.

34. Nic. Antonius cum hanc editionem Matritensem recenset, ait eam jussu Philippi II a viris totius Hispaniæ doctissimis atque eruditissimis per partes adornari cœptam fuisse, quorum unus tandem superstes Grialius defunctorum adjutus, nec non suis perfunctus laboribus, in publicum emisit. Erant tamen etiam tum alii superstites, ut Loaisa, Mariana, etc., quod ex ipsa Grialii præfatione satis colligitur.

35. Andreas Burriel, qui, ut mox dicemus, ad Isidori scripta excudenda consilia sua direxerat, in epistola ad D. Petrum de Castro asserit, cum hanc regiam editionem, tum aliam nunc describendam Breulii, valde imperfectas esse : in epistola vero ad P. Franciscum 275 Rabago, easdem editiones extrema manu, et politiori cultu, quem ætas nostra exigit, carere affirmat. V. cl. Petrus Emmanuel Hermandez, bibliothecæ archiepiscopali Toletanæ præfectus, in notis ad Conspectum editionis Isidorianæ a Zaccaria paratæ, c. 42, proferendis, censet hanc editionem regiam Matritensem cæteris sive anterioribus, sive posterioribus esse præferendam. Fatetur nihilominus, mendis typographicis eam scatere, et quædam opera spuria, vel dubia, pro legitimis complecti. De erroribus typographicis præsertim in Chronico fidem etiam facit Florezius tom. VI, pag. 478, qui recte advertit parum hanc editionem exteris notam fuisse, ut neque Baronius, neque Pagius, imo neque cardinalis noster Aguirrius eam præ manibus habuisse videantur. Ex libris Zaccariæ post ejus obitum exemplar hujus editionis ego acquisivi, nonnullis notis mss. respersum manu ejusdem Zaccariæ.

CAPUT XXXVII.

Editio Operum Isidori, curante Breulio, Parisiis anno 1602, repetita Coloniæ anno 1617.

1. Non multo post editionem Operum Isidori Matritensem Jacobus du Breul, monachus Benedictinus S. Germani a Pratis, aliam editionem curavit ; quam Nic. Antonius Margarinianæ editionis veluti exemplum censet, correctius tamen, et luculentius, nec non quibusdam editis de novo libellis locupletatum. Fallitur tamen, quod addit Breulium editionem nostram Hispanam non vidisse, ut mox constabit. Breulius suæ editioni hunc titulum affixit.

2. *S. Isidori Hispalensis episcopi Opera omnia quæ exstant, partim aliquando virorum doctissimorum laboribus edita, partim nunc primum exscripta, et ad chirographa exemplaria accuratius quam antea emendata. Per Fratrem Jacobum du Breul, monachum S. Germani a Pratis. Parisiis apud Michaelem Sonnium, via Jacobæa, sub scuto Basiliensi,* 1601.

3. Epistola dedicatoria Breulii digna est quæ hoc loco reponatur, quamvis et nonnulla de Isidoro falsa commemoret, ut postea notabo, et magna ex parte ne ad Isidorum quidem pertineat.

276 *R. in Christo Patri, ac D. domino Mariano de Martimbos cœnobiarchæ S. Michaelis in Eremo, Mecœnati suo, Frater Jacobus du Breul, monachus S. Germani a Pratis S. P. D.*

4. Cum ad certam diem mensis Maii, anni Christianæ salutis 1579, Henricus III Christianissimus Francorum rex, comitia clero Gallicano Lutetiæ indixisset, fuissetque ad hoc opus cœnobium nostrum electum, huc convenerunt viri ecclesiastici circiter sexaginta ; nimirum reverendissimus cardinalis ac illustrissimus princeps, Carolus Borbonius, omnium coryphæus, archipræsules tres, episcopi octo, reliqui abbates, aut aliqua dignitate in suis diœcesibus insignes : omnes autem ob raram scientiam, rerum experientiam, et (quod majus est) vitæ integritatem, ex omnibus magno judicio absque favore electi. Quorum ex numero (dignissime archimandrita) cum domino Margarino de la Bigne, theologo doctore Parisiensi, pro Rothomagensi provincia, licet absens, delegatus

fuisti. Quod certe majori tibi cedit honori quam si presens exstitisses. Quispiam enim malevolus, ex suo contorto nec justæ mensuræ pede potuisset alios metiri, et dicere aut præsentia perterritos, aut prece, vel pretio in hac parte corruptos, lapillum album, tui gratia, in urnam misisse. Sed collega tuus, dum putat negotia Ecclesiæ cito terminari posse, vel horas succisivas ad studendum sibi abunde datura, rogatus a Michaele Sonnio bibliopola famosissimo, suscepit curam emendandi Opera sancti Isidori Hispalensis episcopi. Quod absolvere minime valuit, rebus Ecclesiæ jugiter intentus, et nihilominus in septimum diem Februarii sequentis anni productis.

5. Hujus autem bibliopolæ filius, nomen, statum candoremque morum parentis retinens, nec eo minus boni publici cupidus, me in cella delitescentem sæpe sollicitavit ut quod alius per otium absolvere non potuit (licet hoc in frontispicio, et in epistola liminari ad avunculum suum, Cœnomanensem decanum promittat) ipse consummarem. Quod, Deo favente, viresque cum animi, tum corporis, per senilem ætatem fatiscentes sustentante, perfeci, collatis multis Codicibus chirographis, et potissimum uno v. cl. Pauli Petavii, senatus Parisiensis consiliarii : altero Papirii Massonii, in eodem senatu advocati, ex editis libris notissimi, et tertio viri probi Sebastiani Nivellii, omnium librariorum decani, seu antiquioris. Libri autem duo de Officiis ecclesiasticis adeo corrupti, mendis et lacunis referti erant, ut nihil supra. Sed hos ex veteri Codice ms. nostræ bibliothecæ, et alio Coloniæ, anno Christi 1568, apud Gervuinum Calenium, et hæredes Joannis Quentel impresso, emendavimus, et capita integra quæ deerant addidimus. Qui vero libri nostro labore conquisiti in hac Editione de novo, prodeant, index operum indicabit. Locorum insuper sacræ Scripturæ in textu productorum libros et capita ad marginem notavimus : ut ad ipsos fontes, quasi digito monstrato itinere, sedulus lector recurrat, videatque, num quod quærit, contractius quam decebat (unde nata sit obscuritas), aut perperam citatum fuerit. Qui labor nunquam tanti æstimabitur quanti mihi constitit ; nec mihi tantum, sed et meo **277** fratri hieronymo Le Juge, baculo senectutis meæ, quem in adjutorium adsciveram. Nam in quibusdam locis auctor non vulgari, sed Septuaginta Interpretum translatione utitur : tuncque frustra ad concordantias Bibliorum recurrissem.

6. Jam tempus est ut de ipsius S. Isidori parentibus, ortu, sanctitate vitæ, eruditione et obitus, quæ ab historicis Hispanorum didicimus, breviter referamus. Bætica Hispaniæ regio, postea ab Wandalis Wandalicia, et nunc Andeluzia (cujus maxima portio est) dicta, civitatem Hispalim, hodie Sevillam nuncupatam, tantæ amœnitatis, pulchritudinis, et opulentiæ habet, ut vetus proverbium fuerit, Hominibus quos Deus amat, Hispali domum largitur et victum. Spalis vero et Spalensis, suppressa prima syllaba, pro Hispalis et Hispalensis, in vetustissimis mss. Codicibus, atque etiam in aliis impressis passim legitur. Sic Græci Hispaniam Spaniam appellant. Quos Childebertus, secundus Francorum rex Christianus, in suo fundationis nostræ basilicæ pragmatico, ante mille annos edito, imitatus est. Nam de S. Vincentio martyre loquens ait : Cujus nos reliquias de Spania apportavimus. Igitur S. Isidorus Hispali natus est, patre Severiano, Theodorici Ostrogothorum et Italiæ regis filio, matre vero Theodora, inclyto Gothorum regum sanguine prognata. Idemque de eo quod de S. Ambrosio legitur : scilicet examen apum ipsi infanti visum in os ingredi, et egredi, ac in cœlum usque evolare, futuræ ejus eloquentiæ præsagium. Quæ postea tanta fuit, ut auditores suos in stuporem verteret. Habuit fratres S. Leandrum archiepiscopum Hispalensem, et S. Fulgentium, episcopum primum Astigitanum, deinde Carthaginensem, et sororem Florentiam, sanctarum virginum mona-

steriis præfectam. Cæsar Baronius cardinalis, tomo septimo Annalium, sub anno Christi 569, addit Theodosiam, Leuvigildi (alias Leovigildi) regis uxorem.

7. Breviarium Hispalense ponit insuper Justinam abbatissam, et Braulium sive Braulionem Cæsaraugustanum episcopum. Sed Joan. Vasæus in Chronico sub anno Domini 567 hanc eamdem putat esse cum Florentia : hunc vero negat reliquorum fratrem. Defuncto Leandro die 27 Februarii anni 603 (ut in Martyrologio Romano notavit idem Baronius), in archiepiscopum Hispalensem electus est Isidorus, non fraterno successionis jure suffectus more eorum, qui dicunt : Hæreditate possideamus sanctuarium Dei; nec verentur regii vatis imprecationes eo loci subsequentes. Hanc autem electionem confirmavit S. Gregorius papa, eique pallium dignitati congruens, imo necessarium ad ejus exsecutionem, misit : ut habet officium ejus peculiare, inter proprium sanctorum Hispanorum, anno Domini 1597 Cæsaraugustæ impressum. Nec archiepiscopum tantum, sed etiam metropolitanum, primatem et episcoporum summum, Rodericus Toletanus, Alfonsus a Carthagena, Vasæus, et Braulio eum fuisse confitentur. Quibus astipulatur Baronius ita dicens : Diversis fulsit miraculorum signis, primaria dignitate florens, et Romani papæ in Hispania vices gerens. Lucas autem Tudensis talibus eum extollit encomiis : Decoratus exstitit sanctitate, spiritu prophetiæ clarus, in eleemosynis largus, hospitalitate præcipuus, corde serenus, in sententia verax, in judicio justus, in prædicatione **278** lætus, in lucrandis Deo animabus studiosus, in expositione Scripturarum cautus, in consilio providus, in actu humilis, in mensa sobrius, in oratione devotus, honestate clarus, semper pro Ecclesiæ et veritatis defensione mori paratus, et in omni bonitate conspicuus. Præterea Pater fuit clericorum, doctor et sustentator monachorum ac monialium, consolator mœrentium, tutamen pupillorum ac viduarum, attritor superborum, persecutor et malleus hæreticorum.

8. Quod postremum magna fiducia ab ineunte ætate præstitit. Nam (ut est in lectionibus festi illius) adhuc adolescens, hæresim Arianam (quæ gentem Gothorum Hispaniæ latissime dominantem penitus jampridem invaserat) tam constanter palam arguebat, ut parum abfuerit quin ab Arianis necaretur. Sed admonitus a Leandro, hunc sibi successorem fore præsagiente, indignationem temperavit. Contra eos, vel quosvis alios hæreticos, teste S. Braulione, archiepiscopo Toletano (Cæsaraugustano), librum scripsit qui hodie desideratur. Quin etiam æra 661, id est anno Domini 623, regni autem Sisebuti regis septimo, apud Hispalim, in secretario sanctæ Hierusalem concilium celebravit adversus Acephalos, hæreticos scilicet, quorum primus auctor ignoratur : et Cyrum quemdam episcopum, istorum hæresim defendentem, per veredica doctorum testimonia confutavit. Sicque per eum floruit alma fides. Quam ejus successor longe dissimilis corrumpere nisus est, ut his verbis declarat Tudensis : Successit (inquit) beatissimo Isidoro Theodiscus, natione Græcus, varietate linguarum doctus, exterius locutione nitidus, verius autem (ut exitus demonstravit) sub ovina pelle lupus voracissimus. Nam libros quosdam Isidori de Naturis rerum et Arte medicina, nec non de Arte notoria, antequam in publicum venirent, corrupit, resecans vera et inserens falsa : atque per quemdam Arabem, nomine Avicennam, de Latino in Arabem transtulit. Erroneus quoque in articulis fidei comprobatus, per synodum archiepiscopali dignitate degradatus est. Qui propterea ad Arabes transiit, et sectæ pseudoprophetæ Mahometi eo sæculo exorti adhæsit.

9. In cujus Theodisci detestationem, et ipsa quoque Hispalis Ecclesia (quæ undecim suffraganeos episcopos, in libro Theatri orbis nominatos, hactenus habuerat) primatus, archipræsulatus et metropolitani dignitatibus amissis, in ordinem redacta, et Toletanæ subjecta est Ecclesiæ. Quæ sedis subli-

mioris degradatio quandiu duraverit non satis constat. Nam hodie in pristinum statum relevata, tres tantum praesules suffraganeos habet: Malacitanum, Gaditanum, et Fortunatarum insularum. Adeo difficile est quod semel amiserit ex toto recuperare. Construxit S. Isidorus quaedam monasteria et collegia, in quibus studiis sacris et divinis eloquiis vacans, plurimos discipulos qui ad eum confluebant erudivit. Inter quos fuit beatus Ildefonsus, Toletanae Ecclesiae postea archiepiscopus. Fuit etiam ex eorum numero Redemptus clericus, qui ejus obitum qualem vidit, recenset, asseritque contigisse pridie Kalendas Aprilis, aera 674, id est, anno Christi 636. Valeant ergo aliae aliorum contrariae opiniones, teste Plauto :

Pluris est oculatus testis unus, quam auriti decem.

Relationem praefati Redempti habes infra. Hactenus de sancto Isidoro. Nunc **279** ad te convertor, domine mi, quo scias quae causae me moverint ut hunc laborem tuo nomini nuncuparem.

10. D. Bernardus mellifluus, ac mire spiritualis doctor, ut nos Deo hominibusque de acceptis beneficiis gratos, et ad majora promerenda idoneos reddat, haec duo sacrae Scripturae loca : *Diligenter considera quae tibi apponuntur*; et, *Colligite fragmenta, ne pereant*, ita spiritualiter interpretatur : Disce in referendo gratiam non esse tardus aut segnis. Disce ad singula dona gratias agere. Diligenter considera quae tibi apponuntur : ut nulla videlicet Dei dona debita gratiarum actione frustrentur, non grandia, non mediocria, non pusilla. Denique jubemur colligere fragmenta, ne pereant : id est, nec minima beneficia oblivisci. Numquid non perit quod donatur ingrato? Deinde quae mala post se ingratitudo vehat, ostendit. Ingratitudo inimica est animae, exinanitio meritorum, virtutum dispersio, beneficiorum perditio. Ingratitudo ventus urens, siccans sibi fontem pietatis, rorem misericordiae, fluenta gratiae. Absit autem ut beneficia quae abs te accepi ex quo in tui notitiam per reverendissimum ac illustrissimum cardinalem Borbonium, seniorem, tuum archipraesulem, meum vero primum Mecoenatem, deveni, oblivioni tradam. Absit ut novem leprosos evangelicos, corpore quidem sanatos, sed deteriorem ingratitudinis lepram secum reportantes, sequar. Absit ut pincernae Pharaonis in gradum pristinum restituti, et interim vatis sui Joseph immemoris, unquam sim imitator. Adhaereat lingua mea faucibus meis si non meminero tui : maxime apud eos qui te ob nobilitatem generis, virtutum cumulum, et promeritarum dignitatum fastigium (quorum maxima turba) apprime norunt. Sed quia gratitudo non modo verbis efferenda, sed etiam opere aliquo confirmanda est, en meos labores in emendando ac primaevo nitori reddendo Isidoro consumptos tibi offero ; obnixe deprecans ut in his te constantem censorem geras, nec mei gratia, quos deprehenderis, errores perfunctorie transeas : quin potius obelis confodias, genuinam lectionem restituens. Conabor saltem exemplar meum novum ad incudem tuam revocare ac reformare : nam alia jam distracta et vendita quis posset? Hoc si feceris, de te quod D. Augustinus ad sanctum Hieronymum scribens, in pari adhortatione ex regio vate assumit, proferam : *Corripiet me justus in misericordia, et increpabit me : oleum autem peccatoris non impinguet caput meum.*

11. Altera causa quae me ad id quod dictum est induxit, recordatio praefati cardinalis fuit, qui nos ambos unice prae caeteris dilexit, et sua familiaritate in tantum uti voluit, ut saepe ad multam noctem ultro citroque habitis sermonibus nos retineret. Quod in me magis mirum cunctis videbatur ut scilicet tantus archipraesul et princeps, pauperrimo ac ignoranti monacho, quasi Eliseus puero, contracta celsitudine, se coaequaret. De te vero non ita : utpote quem noverant ob prudentiam, sapientiam rerumque experientiam ab eo, sicut Joseph a veteri Pharaone, jamjam constitutum dominum domus suae, et principem omnis possessionis suae. Quam provinciam ita provide et modeste usque ad ejus obitum exercuisti, ut nullus esset cuiquam querelae locus, sed omnia, veluti in domo Salomonis, pacate, tranquille et ordinate fierent.

280 12. Et quia, teste Psalmista, *Sortes nostrae in manibus Dei sunt:* modoque laetae, modo tristes (prout ipse permittit) contingunt : quam diversae sortes domini mei principis, cardinalis, et abbatis exstiterint, liceat breviter commemorare : ita tamen ut de adversis (praeter tempus quo coeperunt, et locum ubi per mortem desierunt) nihil proferam ; ne moveam Camarinam,

Et patiar telis vulnera facta meis.

Igitur Carolus noster, anno Domini 1523, die 22 Decembris, hora undecima matutina, in castro Firmitatis Jodarensis natus est : susceptoresque e sacro fonte habuit fratrem suum majorem Antonium Borbonium, Henrici quarti nunc regnantis patrem, et dominum de Hames : Matronas autem virtute ac nobilitate insignes, D. D. de Pleumeson, et de Torsy. Cui paternum nomen indiderunt. Nam pater ejus Carolus dicebatur : Mater vero Francisca Alenconia, optimi Renati ducis Alenconii et Margaritae Lotharingae, Parthenonis Argentanii in Normania fundatricis, filia. Qui ubi excrevit, liberalibusque studiis aptus visus est, ad regale Campaniae seu Navarrae gymnasium Lutetianae civitatis, consodalem Carolum Lotharingum, postea archiepiscopum Rhemensem ac cardinalem habiturus, mittitur. In cujus favorem, lapsis aliquot annis rudioris Minervae, ad aedes ejusdem archipraesulatus Lutetiae sitas migrant : fitque eis lectio de jurisprudentia et de theologia. Quarum scientiarum altera quaelibet vix tota hominis aetate quantumcunque longaeva comprehenditur. Et tamen noster Borbonius, biennio expleto, ad aulam regiam evocatur : eique praeter quasdam abbatias jam obtentas, episcopatus Nivernensis, in subsidium sumptuum vitae aulicae accedit. Quo relicto, fit antistes Xanctonensis : et postea decedente Georgio de Ambasia, Legati nepote, archiepiscopus Rhotomagensis, anno scilicet Domini 1549, in mense Augusto. Sequenti die decima Januarii diaconus cardinalis, tituli sancti Xisti, a Paulo papa tertio ordinatur.

13. Deinde in praesbyterum cardinalem a Julio papa tertio promovetur : et defuncto cardinali a Meudone cognominato, titulum ejus, qui fuit sancti Chrysogoni, alio dimisso, assumit. Quem nunquam postea mutavit. Hunc cardinalem Borbonium huc usque appellavimus, licet hoc cognomen non usurpaverit ante patrui sui Ludovici a Borbonio cardinalis et archiepiscopi Senonensis obitum, qui in annum 1556 incidit : sed dicebatur cardinalis Vindocinensis. Quem his laudibus exornat pius doctor Antonius Democharus, libro II de Sacrificio Missae, cap. 20 : *Si aliquis in medium constituendus sit, qui pro Missae defensione consistat his nostris temporibus, quis generosior princeps, quis alacrior dux, quam Carolus Vindocinensis cardinalis reverendissimus producetur? Nonne solus hic plus auctoritate, nobilitate, doctrina, dignitate, bonis moribus, quam universa adversariorum cohors praestat?* Ad quod probandum unico exemplo aeterna memoria digno (quanquam et alia non desunt) contentus ero. Anno enim Christi 1575, die Sabbati, decima quarta Julii, advesperascente jam luce, cum esset Rothomagi, primores suorum civium eo quo solebat pio affectu monuit ne amplius sinerent haereticos conventicula facere, et concionibus **281** virulentis plebem inconstantem et lapsu pronam decipere, atque ex via salutis in viam perditionis transferre. Nihilominus die dominica sequenti in quadam urbis platea, ad tria fere millia virorum (ut putabatur) convenerunt, seductorem concionantem audituri. Quod ubi rescivit bonus pastor, linea pontificali quasi lorica indutus, et praelata

cruce, ex ædibus Sancti Andoeni, in quibus morabatur, hora septima matutina egressus est, paucos secum habens comites : nimirum D. Claudium de Sainctes, episcopum Ebroicensem, et tres aut quatuor Canonicos (quorum unum te fuisse certo scimus) nec non ex nobilibus laicis, dominos a Rubeo Prato, et Mainevillæ, paucosque alios.

14. Cumque putaretur ad suam basilicam pergere, reflexo itinere venit ad locum ubi hæretici et alii novæ doctrinæ curiosi erant congregati. Quos reverendo vultu, et habitu suo, non aliter quam Jaddus, Hierosolymorum summus pontifex, stola hyacinthina et tiara Alexandrum Magnum, ita terruit, ut ipse pseudoecclesiastes mox conticeret, ejusque auditores attoniti starent, vim armorum metuentes. Quam ille magna auctoritate fieri cohibuit : eosque blande affatus, ut in fide catholica, apostolica et Romana permanerent, hortatus est, ne crederent pseudoprophetis qui veniunt in vestimentis ovium, intus autem sunt lupi rapaces. Quot verba dedit, tot aculeos in cordibus astantium confixit : quibus contriti et compuncti, absque tumultu quisque in domum suam recesserunt. Neque unquam ab hoc tempore auditum est, hæresim publice Rothomagi prædicatam fuisse. De tanta animorum victoria gloriosus noster Borbonius, ad ecclesiam properavit, et grates Deo auctori rependit : sæpe apud suos testatus nunquam sibi jucundiorem illuxisse diem. Attende, precor (quisquis hæc lecturus es), et considera, si non in multis Joseph filio Jacob assimiletur. Joseph, filius accrescens, in Genesi nominatur, et ab aliis augmentam Domini interpretatur. Quantum autem hic in profectum Ecclesiæ excreverit, dictum est : cum ex abbate episcopus, ex episcopo archiepiscopus, et tandem cardinalis fieret, Spartam quamcunque nactam exornans. Joseph patriarcha, id est princeps Patrum fuit : nec minus iste, habens sub se Patres, seu episcopos suffraganeos sex, singulis elementis hujus efflictæ vocis SACRE significatos. Joseph, ad imperium patris domo egressus, quæsivit fratres suos in Dothaim, id est in defensionem profectos : et hic ad fratres suos qui a fide defecerant audiebantque incantatorem, non obturatis in modum aspidis, sed apertis auribus, properavit : iisdemque propemodum verbis, quibus et Joseph usus, dixit : *Pax vobis, ego sum, nolite expavescere : pro salute enim vestra misit me Dominus ad vos.* Et hæc dicens, non potuit ita se continere, quin aliquantulum lacrymis genas rigaret : quas tamen, ut minus suæ auctoritati et dignitati congruentes, occulte abstergebat.

15. At qui eum comitabantur, longe copiosiores fundebant : cum ob perspectam pietatem et charitatem tanti pastoris, tum ob errantium ovium ejus in viam salutis reductionem. Erantque istæ lacrymæ jucunditatis et lætitiæ, non doloris, aut mœroris. Quales (proh dolor!) mutatæ sortes vitæ ejus ab omnibus sincero affectu in eum propensis postea extorserunt. **282** Nam anno Domini 1588, die 25 Decembris, cœpit repleri amaritudinibus, et inebriari absinthio : cum irato et mandante rege Blesis retentus est, et postmodum per varias stationes ad Fontanetum Comitis, Pictavorum oppidulum, deductus. In quo quidem viro (ut verbis Alfonsi a Carthagine utar) satis cognoscere potuerunt qui viderunt, et etiam non videntes qui audierunt, quanti valoris mundana prosperitas sit : cum ex summa prosperitate ad summam adversitatem fortunæ rota frequenter ac velociter humanos successus revolvat. Constantiam nihilominus et patientiam in adversis usque ad vitæ terminum nunquam amisit : et qui consolari a suis debuerat, ipsemet eos subtristes consolabatur, sæpe ista memorans : *Non sunt condignæ passiones hujus temporis ad futuram gloriam, quæ revelabitur in nobis.* Et, *Si bona suscepimus de manu Domini, mala quare non sustineamus?* Itemque illud Machabæorum : *Adversi casus qui accidunt, non ad interitum, sed ad correptionem sunt generis nostri.* Etenim multo tempore non sinere peccatoribus ex sententia agere, sed statim ultiones adhibere, magni beneficii est indicium. Obiit autem in eodem Fontaneti loco anno Christi 1590, die Mercurii, mensis Maii nona, circa horam diei nonam, ætatis suæ sexagesimum septimum annum agens, non veneno (ut quidam suspicati sunt), sed stranguria quam calculus generabat, ac febre victus. Eram in urbe Turonica a reverendissimo æque et illustrissimo cardinali Vindocinensi, ejus nepote, accersitus, cum hujus mali nuntii bajulus advenit : tuncque defecerunt præ lacrymis oculi mei, conturbata aut viscera mea. Effusum est in terra jecur meum præ contritione mortis mei Mecœnatis.

16. Quot catervæ hominum tota die ad eum visendum confluxerint impossibile est referre. Qui recedentes prædicabant ejus bonitatem, clementiam et humanitatem, stupebantque eum a morte pulchriorem apparere. Ex hac infausta civitate die 19 Julii educitur : et (te fidissimo Achate cuncta disponente, eumque mœsto animo cum suis domesticis deducente) Castrum Gailloneum, die 8 Augusti ingreditur. Cujus animam jam cœlo frui, anteacta vita, expiata confessione peccata, devotaque sacramentorum perceptio in ipso vitæ exitu, me credere faciunt. Si quid tamen residui est quod obsit, precor, bone Jesu, ut hoc sacratissimæ tuæ passionis meritum eluat. In serie archiepiscoporum Rothomagensium fuit, secundum Democharem, octogesimus primus, vel secundum alios octogesimus secundus : eamque sedem annis 41 tenuit. Ex ejus liberalitate major pars bibliothecæ non communis, sed cellæ nostræ (quæ numero librorum et excellentia auctorum a multis doctis commendatur) prodiit : nec dubium quin in immensum crevisset, si non tam cito hunc nobis Atropos sustulisset. Hanc tamen, quasi in ejus locum succedens, nec minori me dilectione prosequens, jamjam aliquot libris præter meritum auxisti. Cujus beneficii memor, non desino quotidie Deum omnium bonorum largitorem precari, ut te donis temporalibus et spiritualibus abunde remuneret, vitamque tuam ad multos annos producat. Mei quoque apud eum (integerrime abbas, et duplici canitie ornatissime) memor esto, cum in orationibus, tum in incruento altaris sacrificio : ut qui docuit me a juventute mea, et cujus **283** mirabilia in Ecclesia cum fratribus nostris quotidie pronuntio, usque in senectam, et senium non me derelinquat. Vale. E monasterio nostro sancti Germani a Patris, ad muros Lutetiæ Parisiorum erecto, anno Christi 1601, die 15 mensis Septembris.

Cliens tuus obsequentissimus,
JACOBUS DU BREUL.

17. Bæticam a Wandalis dictam fuisse Wandaliciam, et nunc *Andaluzia*, Breulius cum multis asserit : sed alia est mihi allisque opinio. Bæticam ab antiquis Wandaliciam nuncupatam nunquam comperimus : *Andaluziæ* vocabulum inter Mauros, dum Hispaniæ dominarentur, primum audiri cœptum : quo illi nomine universam Hispaniam, ac præsertim provincias quæ eorum ditioni parerent, appellabant, scilicet a voce Arabica *andalos*, ut nonnulli conjiciunt, quæ rem occidentalem significat. Consecutis temporibus *Andalusiæ* vel *Andaluziæ* nomen circa regiones Bæticæ, in quibus Mauri diutius perstiterunt, quasi proprium hæsit. Confer, si placet, Prolegomena mea in Dracontium, cap. 12, num. 116, et laudatos ibi scriptores, Nicolaum Antonium, et Florezium.

18. Severianum, Isidori parentem, fuisse Theodorici regis filium temere affirmat Breulius : neque Isidori matrem Theodoram vocatam constat, multoque minus Gothorum regum sanguine prognatam.

Recole ea quæ cap. 17 de Isidori parentibus disputavi. Episcopatum Carthaginensem Fulgentii commentitium censeri, cap. 3 monui. An Isidoro fuerit soror Theodora, sive Theodosia nomine, Leovigildi regis uxor, vehementer dubium esse cap. 17 dixi. Neque annus emortualis Leandri 603 esse potest ex momentis rationum cap. 20 allatis. Quæstio de pallio, quod Isidoro a Gregorio Magno missum dicitur, agitata est cap. 22. Cum Breulius Braulionem Cæsaraugustanum episcopum prius dixerit, post neque ita multo per errorem Toletanum archiepiscopum nuncupavit : Braulionem enim intelligit, cum ex eo refert Isidorum librum contra hæreticos scripsisse : nam apud Ildefonsum in Isidori elogio omnino nihil simile legitur, apud Braulionem vero : *De hæresibus librum unum, in quo, majorum secutus exempla, brevitate qua potuit, diffusa collegit.* Neque tamen hinc arguas, Isidorum hæreses potius hoc libro refellisse quam earum historiam enarrasse.

19. De anno quo Hispalense concilium II celebratum fuit, egi cap. 21, in quo concilio convictus fuit Gregorius episcopus. **284** Breulius *Cyrum quemdam episcopum* nominat, errore, ut puto, typographico, pro *Syrum quemdam episcopum* : erat enim Gregorius natione Syrus, ut ex ipso Hispalensi concilio constat. Breulius denique fabulas narrat, quas jam pridem alii de Theodisclo Isidori successore finxerunt, a nobis cap. 22 refutatas.

20. Post epistolam dedicatoriam, prænotationem librorum Isidori a Braulione editam, Sigeberti ac Joannis Trithemii capita de Isidori elogio, et narrationem Redempti de Isidori obitu, Breulius quædam addit de anno obitus Isidori atque ejus corporis translatione, quæ a nobis suis locis expensa sunt. Subjicit Breulius librorum indicem hoc titulo :

Index librorum S. Isidori Hispalensis episcopi, ex quibus eos qui nunc primum prodeunt in lucem notatus ad marginem astericus indicat.

21. Originum, sive Etymologiarum libri viginti.
De Differentiis, sive Proprietate verborum, liber primus.
De Differentiis spiritalibus, liber secundus.
Synonymorum, sive Soliloquiorum, libri duo.
De Contemptu mundi libellus.
Norma vivendi.
* Exhortatio pœnitendi, cum consolatione et misericordia Dei, ad animam futura judicia formidantem. Quam ex ms. Codice bibliothecæ S. Mauri Fossatensis, quondam regularis, v. cl. Nic. Faber transcribi curavit.
* Lamentum pœnitentiæ, versu ac duplici alphabeto editum. Ex eadem bibliotheca.
* Oratio prolixa S. Isidori, ad flenda semper peccata, pro correctione vitæ. Ex eadem bibliotheca.
* Oratio ejusdem brevis, contra insidias diaboli.
Epistola ad Massanum (alias Massonem) episcopum de lapsu et reparatione sacerdotis. Ex bibliotheca S. Germani a Pratis integra reddita : cum antea non nisi fragmenta quædam impressa exstarent.
De Natura rerum, sive de Mundo, ad Sisebutum regem, liber.
* Chronicon ab initio mundi, usque ad annum quintum Suinthilani regis Gothorum, per Garsiam Loaisam emendatum, et scholiis illustratum.
Chronicon Gothorum, Historia Wandalorum, Historia Suevorum.

Prœmiorum liber in Vetus et Novum Testamentum.
Commentaria in Genesim, in Exodum, in Leviticum, in Numeros, in Deuteronomium, in Josue, in librum Judicum, in librum Ruth, in I, II, III, IV Reg., in Esdram.
285 De Antiocho rege, et Machabæorum martyrio consummato.
Allegoriarum quarumdam sacræ Scripturæ liber unus.
De Scriptoribus ecclesiasticis, liber unus.
De Vita vel Obitu sanctorum qui Deo placuerunt.
De Nativitate Domini, Passione, Resurrectione, regno, atque judicio, ad Florentiam sororem liber unus.
Ad eamdem, de Vocatione gentium.
De Officiis Ecclesiasticis, libri duo. Ex C. M. S. sancti Germani a Pratis emendati.
Epistola ad Ludifredum (alias Leudefredum) Cordubensem episcopum, de episcopi et cæterorum clericorum in Ecclesia officio. Hujus epistolæ posterior pars, quæ desiderabatur, quamque Madritim Hispaniæ exemplar nobis tandem suppeditavit, habetur infra.
Sententiarum, sive de summo Bono libri tres.
* Epistolæ aliquot, præter eas quæ ante Etymologias et Synonyma habentur.
* Regula monachorum.
* De Conflictu vitiorum et virtutum.
* Expositio in Cantica canticorum.
* S. Ildefonsi liber de Viris illustribus.
* Liber de Differentiis, sive proprietate verborum. Qui in editione Matritia anni 1599 (præter alios duos superius post Etymologias impressos) repertus est.
* Liber divi Isidori de Viris illustribus, qui certe libro S. Ildefonsi de eadem materia præponi debuit, sed non tam cito nobis innotuit.
* Notæ virorum doctorum in quosdam libros D. Isidori, per Joannem Grialium collectæ et auctæ.
* Glossarium ex diversis quæ nomine Isidori Hispalensis episcopi circumferuntur, collectum.
Scripturæ sanctæ auctoritatum quæ in hoc opere sparsim citatæ et explicatæ sunt, index.
Rerum et verborum quæ in hoc opere continentur, index copiosissimus.

22. Breulius asteriscum iis operibus præfigit quæ in editione Bignæi desiderabantur, quamvis jam in editione Grialii excusa apparuissent, ut Chronicon ab initio mundi, et ea omnia opera quæ post libros Sententiarum recensentur. Videtur enim Breulius jam fere ad umbilicum suam Editionem perduxisse, cum ad ejus manus editio regia Matritensis pervenit. Ex quo accidit ut ea omnia quæ in editione Matritensi a se non observata reperit, etiam Grialii notas ad calcem rejecerit : cum interim contextus operum editorum sine ulla Grialii emendatione permanserit, ac solum aliqua ex parte ope notarum juvari possit.

23. In hac Breulii editione præfationes Matritensis editionis **286** omissas ægre ferunt Colomesius et alii, ut notavit Fabricius in Bibl. med. ævi. Judicium doctissimi viri Andreæ Burrielii de utraque hac editione, Griliana et Breuliana, protuli cap. 36, prope finem. Alioquin editio Breuliana nitida etiam est, accurata et Bignæi editione longe præstantior; Regia quoque Matritensi uberior, quamvis minus correcta. In utraque tamen editione Grialiana et Breuliana deest liber de Doctrina et Fide Ecclesiasticorum dogmatum, a Bignæo productus, qui Isidoro a multis tribuitur, et, quamvis re vera Isidori non sit, tamen

non minori jure atque alia opera, in appendicem dubiorum aut suppositorum conjici potest.

24. Repetita est editio Breuliana Operum S. Isidori Coloniæ 1617, typis non ita elegantibus; editio Parisiensis constat paginis 975, Coloniensis 631, præter indices. In Coloniensi post titulum a Breulio appositum additur: *Editio postrema auctior, et correctior, Coloniæ Agrippinæ, sumptibus Antonii Hierat, anno 1617*. Sed neque auctior, neque correctior est editione Breulii Parisina, cum non sit nisi repetita a typographo, ut dixi, nemine correctionem aliquam prioris editionis curante; ac solum ordo notarum Grialianæ editionis mutatus fuit ; et notæ in Sententiarum opus ex editione Taurinensi per singulos libros conspiciuntur. Additum quoque est initio elogium Isidori ex libro Bellarmini de Scriptor. ecclesiast.

CAPUT XXXVIII.

Editio recentior Matritensis Operum S. Isidori. Erudita præfatio, quæ huic editioni præmittenda apparabatur, ex adversariis clarissimi auctoris deprompta.

1. Bartholomæus Ulloa, bibliopola Matritensis nostris temporibus haud ignobilis, cum intellexisset novam Operum S. Isidori editionem jam pridem desiderari, ad eam elegantibus formis adornandam strenue aggressus est. En titulum : *Divi Isidori Hispalensis episcopi Opera Philippi II Catholici regis jussu et vetustis exemplaribus emendata, nunc denuo diligentissime correcta, atque aliquibus opusculis Appendicis loco aucta. Matriti, typis et expensis Bartholomæi Ulloa : apud monasterium Conceptionis Hieronymianæ : anno Domini* 1778. Duo magna volumina in-fol.

2. Ordo editionis hic est. Omnia Isidori opera quæ a Grialio edita sunt, eodem ordine iisdemque omnino notis, nullisque aliis novis recuduntur. Nec desunt epistola dedicatoria et præfatio Grialii ad lectorem, quam a Breulio prætermissam fuisse nonnulli ægre ferebant, ut diximus. Adest nova Editoris præfatio in hoc exemplum :

In novam sancti Isidori Hispalensis episcopi Operum editionem brevis Editoris præfatio.

3. Paucis te volo, lector benevole. Sanctissimi Patris atque clarissimi Hispaniarum doctoris Isidori Opera omnia, quotquot exstant, quæque eruditorum virorum sententia genuinus ejusdem sunt fetus, tuæ ac publicæ omnium utilitati libens offero. Neque meam qualemcunque operam in hac editione adornanda cuivis ingratam futuram puto. Id quod vel inde mihi satis persuasum habeo, quoniam per duo fere sæcula, ab anno scilicet 1617, nullus, quod sciam, recudenda curarit. Exigebat sane auctoris nobilissimi omnigena ac præclarissima doctrina ut, quemadmodum ab omnibus jure merito prædicatur, ita omnium manibus diu noctuque tereretur. Verum id qui fieri potest, nisi exemplaria abundent? Ea propter ipsorum desiderium, quod doctoris toto orbe celebratissimi magnum nomen augebat, ad novam quamdam eamque accuratissimam elaborandam editionem, eruditorum omnium, Hispanorum præsertim, animos sollicitabat pertentabatque. Nec tamen propterea fuit, qui operá et industria sua publicis votis satisfaceret. Hæc autem omnia animadvertens ego, simulque verens ne inde Hispanorum genti dedecoris aliquid accederet, hanc editionem quanta potui diligentia ac studio et aggressus sum et perficere curavi.

4. Et quidem vehementer amabam non solum Isidori Opera jam olim excusa denuo optimis characteribus, aliisque ornamentis quæ ad typographum spectant, prædita in medium, producere, verum etiam, undique collatis veteribus manuscriptis, emendatiora, auctiora illustrioraque publici juris facere. Sed animi vim repressit tum rei magnitudo facultates meas superans, cum ejusdem mei conatus spes vel omnino jam expleta, vel non nisi ægre nimis explenda. Nemo enim nescit quanta cura et diligentia, accedente Philippi II Hispaniarum principis augustissimi speciali mandato, viri ex tota Hispania doctissimi, conquisitis hinc inde non per totam tantum Hispaniam, sed etiam per universam fere Italiam antiquis Codicibus, singuli partes singulas ad trutinam revocantes, omnia tandem sancti Isidori scripta quæ inveniri potuerunt et emendarunt, et selectis annotationibus illustrarunt. Hinc prodiit anno 1599 editio regio nomine insignita, quam Joannes Grialius vir clarissimus, aliorum perfunctus laboribus, adjectis quoque suis, Philippo III jam tunc regnanti nuncupatam, **288** in vulgus emisit. Regiam hanc editionem optimam quidem, atque aliis etiam posterioribus anteponendam asserunt eruditi ; non tamen numeris omnibus absolutam arbitrantur. Certandum adhuc, et novo labore insudandum clamant, ut Isidorus, qua par est, gloria et decore procedat in publicum. At dicunt, non faciunt : Isidorus interim pene latet, atque in dies magis magisque desideratur.

5. Igitur quod per me licet, quodque a me et observantia in Isidorum, et publicæ utilitatis amor exigunt, id præsto : eamdem ipsam videlicet regiam editionem integram, illustriori forma digestam, elegantioribus characteribus, et nitida charta, id est, optimis typis (quæ typographi sunt partes), conspicuam iterum in medium profero. Neque tibi, lector benevole, aliud a me exquirendum putes. At fortassis, plura sunt, inquies, Isidori nomine inscripta opuscula quæ frustra in regia editione quæras. Ex his nonnulla sparsim ab aliquibus fuere in lucem edita ; reliqua adhuc in ecclesiarum archiviis vel chartulariis delitescunt. Sunt plane, eademque tibi nunc exhibeo Appendicis loco. Qua in re conjecturæ meæ effectu ipso comprobatæ luculentum habes testimonium. Revera enim nec labori, nec sumptui peperci, ut omnia ea requirerem, quæ novam editionem uberiorem locupletioremque redderent. Accepi itaque hinc inde apographa varia, sancti Isidori nomine insignita. Sed ea a viris doctis in trutinam revocata, apocrypha inventa fuere fere omnia. Edidi nihilominus et in studiosorum gratiam, et in eruditorum exercitationem. Itaque singulorum seriem, addita brevi censura, contexam.

6. Primum obtinet locum *Liber quartus Sententiarum*, qui hactenus a nonnullis ob aliquorum Codicum, Isidori nomen præferentium, fidem, tanquam ejusdem sancti doctoris genuinum opus fuit habitus. At jam ut spurium habendum dubitavit nemo, qui libros quinque Sententiarum a Taione Cæsaraugustano episcopo collectos, atque a continuatore Hispaniæ Sacræ tom. XXXI novissime in lucem editos, attente legerit. Excerptus namque inde est quartus hic liber, ut cuique conferenti patebit. Atque ut id facili negotio perspici valeat, singulis capitibus annotatur, quodnam ex quonam Taionis libro, et capite sit desumptum. Observantur præterea lectiones variæ, et alicubi non perpetuæ Sententiarum series alioquin sibi utrinque cohærentes. Quæ omnia ad SS. Patrum Augustini et Gregorii opera, e quibus Taio libros compilavit suos, illustranda plurimum conducent.

7. Sequuntur *Duo alia Sententiarum capitula*: quorum primum ex divo Gregorio super Ezechielem ad verbum est depromptum; alterum ex Juliani Pomerii *De Vita contemplativa* lib. III, capitibus 3, 4, 9 et 10. Invenitur hocce opus inter sancti Prosperi Aquitanici

scripta, eidemque longo tempore a permultis scriptoribus fuit assertum. Nunc ab omnibus Pomerio vindicatur. Videantur hac de re Isidorus noster de Viris illustribus cap. 25, et cl. Ceillerius tom. XV. *Histoire Générale des Aut. ecclésiast.* de Juliano Pomerio disserens.

8. Tertio loco subnexui opusculum hoc titulo, *Exhortatio humilitatis,* quod sancto Martino Braccarensi episcopo ascribitur, editumque est **289** inter ejusdem Opera tom. XV Hispaniæ Sacræ a doctissimo Florezio.

9. Abjudicandus similiter est Isidoro nostro sermo qui sequitur, *de Corpore et Sanguine Domini in Pascha;* cum idem sit omnino cum homil. 7 sancti Cæsarii Arelatensis, *De Paschate.* Vid. Biblioth. PP. Tom. II, col. 277, edit. Paris. 1624.

10. Adduntur carmina quædam bibliothecæ sancti Isidori appensa, quæ tom. IX Hispan. Sacr. edita fuerunt hac inscriptione : *Titulus Bibliothecæ a domno Isidoro editus;* nec non fragmenta nonnulla, quibus capita ibidem indigitata suppleantur.

11. Sexto loco edidi *Expositionem Missæ :* quæ, etsi non indigna videatur Isidori ingenio et eruditione, vel eo nomine ab ipso est ablegauda, quod Isidori ætate alius Missæ ordo, ritusque vigebat in Ecclesia Hispana ab eo qui ibidem exponitur, quique idem est omnino cum Romano hodierno.

12. Deinde subjunxi *Lectiones novem,* in festo translationis sancti Isidori alias recitatas. Desumptæ sunt ad verbum ex actis translationis ejusdem tom. IX Hispan. Sacr. editis.

13. Postremo tandem loco supplendum curavi *Caput* 17 *Quæstionum in Leviticum* ex Albornoziano Codice a D. Petro de Castro transcriptum : cujus apographum in bibliotheca Floreziana conventus divi Philippi regalis Matritensis ordinis sancti Augustini asservatur.

14. *Lamentum pœnitentiæ duplici alphabeto editum,* etc., cujus meminit v. cl. Nicolaus Antonius tom. I Biblioth. Veter., lib. v, cap. 4, p. 265, quodque ab eodem ipso Nicolao acceptum ediderunt AA. Actor., sanctor., tom. I Aprilis ad diem 4 ; Editioni huic non addidi, quod sero, ea nempe fere in finem perducta, admonitus sum.

15. Liber autem *De Ordine creaturarum* a D. D'Acheri tom. I Spicilegii pag. 225 editus; et quæ abb. Constantinus Cajetanus evulgavit opuscula sub Isidori nomine, cum a viris doctis vel ut spuria, vel ut nimium suspecta traducantur, non talia visa sunt quæ hic insererentur.

16. Habes igitur, candide lector, Isidori Opera, si non ea summa diligentia, quam non nisi homines doctissimi et eruditissimi præstare poterant, illustrata, ac nativo nitori restituta; aliquanto tamen defæcatiora amplioraque quam regia exhibuit editio. Ipsis itaque perfruere, ipsorum lectioni sedulo incumbe, meumque laborem, studium, conatum libenter amplectere. Vale.

17. Affirmat Editor, ad editionem regiam Grialii conquisitos fuisse Codices mss., non per totam tantum Hispaniam, sed etiam per universam fere Italiam : quod tamen minus verum puto, ut ex ipsa Grialii præfatione colligitur. Idem Grialius, ut in epistola dedicatoria profitetur, sperabat fore *ut alii non nostri modo, sed externi etiam eruditione præstantes viri in id certatim conspirarent, ut laboriosissima Hispani doctoris excerpta studio suo pervestigare porro pergerent, fortunasque nostras opibus ipsi suis constabilirent.*

290 18. Doleo vicem optimi Editoris, qui nec labori nec sumptui pepercit, ut omnia ea requireret ornamenta quæ novam editionem uberiorem locupletioremque redderet, neque tamen in virum ali-

quem doctum incidit, qui votis ejus faceret satis. Primum enim editionem veterem Grialli ita repræsentavit, ut nullo loco antiquam scripturam restituerit, nullam variam lectionem ascripserit, nulla notatione Isidori sententiam illustrarit. In editionem Grialii non pauca irrepserunt menda : nullum correctum fuit in hac altera editione recentiori Matritensi : plura, nec levia adjecta sunt.

19. Illud vero negligentiæ magnæ argumentum est, quod, cum Grialius in fine, ut fieri solet, errores quosdam typographicos corrigendos indicaverit, curator Matritensis novæ editionis eosdem errores in contextu intactos reliquit, neque in fine aut hos aut alios errores emendandos proposuit. Quid ergo est, quod in fronte editionis et in præfatione asseritur, *Opera Isidori nunc denuo emendatissime correcta, et aliquanto defæcatiora* quam Regia exhibuit editio, in lucem prodire ?

20. Deinde cum Editor sibi proposuerit novam editionem veteri Regia uberiorem locupletioremque reddere, cur Breulii editionem præ manibus non habuit, ex qua nova editio auctior posset evadere ? *Sero,* inquit, *admonitus sum de Lamento pœnitentiæ, quod Bollandiani ediderunt.* Atqui hoc ipsum Lamentum, uti alia etiam quæ in nova editione Matritensi desiderantur, in Breuliana editione comparuerant. Et Lamentum quidem pœnitentiæ apud Breulium multo auctius exstat quam apud Bollandianos. Profertur in Appendice ex mss. Codicibus, tanquam ineditum, caput 47 de partibus terræ libri de Natura rerum. Ac revera prætermissum hoc caput fuit a Grialio, nescio qua causa aut negligentia : reperitur enim non solum apud Breulium, sed etiam apud Bignæum, qui Grialium in editione Operum Isidori præcessit : in multis etiam antiquissimis membranis, non tamen in omnibus veteribus exemplaribus libri de Natura rerum.

21. Judicium Editoris de nonnullis operibus Isidori nomine vulgatis, quæ vel spuria vel suspecta existimat, alio loco commodius expendam. Nunc indicem Operum quæ Appendix exhibet subjungam.

22. *Appendix ad opera divi Isidori Hispalensis episcopi ex antiquis* **291** *Codicibus manuscriptis, qui in diversis ecclesiarum Hispaniæ tabulariis ac bibliothecis reperiuntur, prout continetur in hoc tomo secundo, Matriti typis et expensis Bartholomæi ab Ulloa, in via Conceptionis : anno Domini* 1778.

Liber quartus Sententiarum domini Isidori, contentus in hoc tomo secundo. Explicit liber tertius.

Incipiunt capitula libri quarti.

23. Cap. I. De Rectoribus, qualiter conversationem habeant. — II. De Clericis, quales eos oporteat esse. — III. De invidis et protervis subditis. — IV. De Vita vel conversatione monachorum. — V. De Humilitate vel opere monachorum. — VI. De Tepiditate vel otio Monachorum. — VII. De Adhibendis pro corporis necessitate subsidiis. — VIII. De Electis inter tumultus reproborum bene viventibus. — IX. De Passione electorum et compassione proximorum. — X. De Discretione. — XI. De Pœnitentia. — XII. De Confessione peccatorum. — XIII. Quot sint genera somniorum. — XIV. De Nocturnis illusionibus. — XV. De multimodis argu-

mentationibus Satanæ. — XVI. De multimodis vitiis. — XVII. De nonnullis vitiis, quæ virtutes se esse simulant. — XVIII. Quod ex virtutibus virtutes, et ex vitiis vitia oriantur. — XIX. De Cogitationibus noxiis et innoxiis. — XX. De Superbia et vana gloria. — XXI. De Avaritia. — XXII. De Iracundia. — XXIII. Qualiter ira deprimi debeat. — XXIV. De invidia. — XXV. De supprimenda invidia. — XXVI. De Malitia. — XXVII. De Discordia. — XXVIII. De Odio. — XXIX. De Concupiscentia oculorum. — XXX. De gulæ concupiscentia. — XXXI. De Multiloquio. — XXXII. De Taciturnitate. — XXXIII. De perversa Locutione. — XXXIV. De Luxuria. — XXXV. De Torpore animi. — XXXVI. De Pigritia. — XXXVII. De Murmuratione. — XXXVIII. De Mendacio. — XXXIX. Quibus modis peccatum perpetratur. — *Item.* De Octo principalibus vitiis, qualiter possessas mentes exhortentur. — XL. De patientia. — XLI. De Humilitate. — XLII. De Mansuetudine. — XLIII. De Obedientia. — XLIV. De Verecundia. — XLV. De Detractione. — XLVI. De Hospitalitate et Eleemosyna. — XLVII. De multimoda eroganti largitione. — XLVIII. De Spe et fortitudine electorum. — XLIX. De regni cœlestis desiderio. **292** L. De Bonorum concordia. — LI. De divinis Judiciis. — LII. De his qui judicio Dei obdurantur. — LIII. De Reproborum prosperitate. — LIV. Qualiter lapsi post ruinam surgere queant. — LV. De Appetitu laudis humanæ, vel favoribus adulantium. — LVI. Qualiter sacra Scriptura maledicti promat sententiam. — LVII. Quid sit jubilum. — LVIII. De Discretione Spiritus septiformis. — LIX. De variis percussionibus mundi. — LX. De Judaici populi circa mundi finem conversione. — LXI. De Antichristi temporibus. — LXII. De Salute vel Languore corporis, vitæque præsentis corruptione. — LXIII. De Ægritudine corporis. — LIV. De Brevitate vel miseria vitæ præsentis. — LXV. De morte corporis.

Finiuntur libri quatuor Sententiarum D. Isidori.
Incipiunt capitula alia Sententiarum ejusdem.

De Superbia, concupiscentia, invidia, atque Jactantia.
Incipit Exhortatio humilitatis.
Sermo Isidori episcopi de Corpore et Sanguine Domini in Pascha.
Incipit Titulus Bibliothecæ a domno Isidoro editus.
Addenda in Lib. de Natura Rerum ad Sisebutum.
De partibus Terræ XLVII, ex Codice Ovetensi.
Ex Codice Oxomensi : De Partibus Terræ.
Addenda in libro de Natura Rerum ex Codice Ovetensi supra memorato.
Addenda ad mysticorum expositiones sacramentorum, seu Quæstiones in Vetus Testamentum, et in Judices.
Expositio in Missa.
In translatione S. Isidori episcopi et confessoris lectiones.
Quæstionum S. Isidori in Leviticum cap. XVII.
S. Isidori elogium in laudem Hispaniæ.
Vetustissimi Versus, qui olim in Bibliotheca S. Isidori Hispalensis episcopi legebantur.
Incipit Titulus Bibliothecæ a domno Isidoro editus.

24. Titulus Bibliothecæ bis editur, ut vides : sed ex diversis exemplaribus, quæ aliquantulum inter sese variant. Ex codice Ovetensi in libro de Natura rerum additur ecloga, ut ibi dicitur, elegantissima : *Tu forte in lucis* : quod est carmen quoddam astrologicum, jam olim editum, ut infra explicabo. Isidori elogium in laudem Hispaniæ jam a Labbeo editum, Historiæ Gothorum præfationis loco præmittendum est. Sequitur index rerum, qui idem omnino est atque in editione Grialii.

25. Quodnam meum sit de tota hac editione judicium tam in his quæ adsunt quam in his quæ desiderantur, non ita difficile **293** est perspicere. Neque obscurum est quid alii de eadem sentiant. Bayerius id not ad cap. 4 lib. v Bibl. vet. Hisp., *Prodiit,* inquit, *nuper Matriti anno nimirum 1778 quinta Isidori Operum editio cum Grialianæ 1599 notis integris, novisque aliis* HAUD QUIDEM CEDRO LINENDIS, *duobus voluminibus, fol., quibus adjungitur, quasi Isidori sit quartus Sententiarum liber, qui tamen maxima ex parte Taionem Cæsaraugustanum auctorem habet.... aliaque bene multa e variis, ut asseritur, antiquis Codicibus Regiæ præsertim bibliothecæ Escurialensis,* ABSQUE VANNO TAMEN ET CRIBRO.

26. Novas notas fortasse vocat Bayerius eas quæ in Appendice exstant : nam in cæteris operibus solum excusæ sunt editionis Grialianæ notæ, ut dixi. Quod autem liber quartus Sententiarum adjungatur, *quasi Isidori sit,* falsum certe est, ut liquet, non solum ex Editoris præfatione, sed etiam ex nota 1 ad ipsum librum, quæ ita habet : *Hic liber est exceptus ad verbum ex libris Sententiarum Taionis. Vide tom. XXXI Hisp. sacr.* Tum loca Taionis passim indicantur. Nihilominus Bayerius in not. ad num. 137 ejusdem libri 5 camdem reprehensionem refricat : *In nova editione Matritensi 1778 tertio Sententiarum libro subditur quartus ejusdem argumenti, ac tituli, quasi Isidori sit, cum maxima ex parte Taium, sive Taionem Cæsaraugustanum, et Gregorium Magnum auctores habeat.... quod vel Editor, ubi se misere delusum sensit, palam professus est.* Sed quo pacto hæc cohærent, quod Editor eo ipso temporis puncto, quo fatetur librum Isidori non esse, eum adjungat, *quasi Isidori sit?* Editor ergo ejusmodi librum Appendici inseruit, quia multi putaverant librum esse Isidori, et quia, ut ipse Bayerius narrat, in Codice Escurialensi sæculi XII circiter is quartus Sententiarum liber tribus Isidore de eodem argumento libris, continuato scriptionis filo, subjicitur, quamvis simul adverterit revera eum librum Isidori non esse. Etsi autem fortasse editor Matritensis, cum primum animum ad quartum sententiarum librum formis excudendum adjecit, ex Taione excerptum esse ignoraverit, tamen plane constat, ab ipso rei ejuscemodi minime ignaro edi cœptum. An autem nulla omnino sit ratio dubitandi de auctore, seu collectore earum sententiarum, ut certo is liber Isidoro sit abjudicandus, opportuniori loco infra disputabitur.

294 27. Joseph Rodriguez de Castro in sua Hispana Bibliotheca t. II, p. 333 seq., plura in hac editione desiderat, diligentiam correctoris, judicium in operibus dubiis expendendis, eruditionem in mss. Exemplaribus recensendis. *Leviter,* inquit, *hac de re ago : etenim ejusmodi editio Operum S. Isidori his temporibus peracta cum homines nostros, tum exteros in maximam admirationem adducet, qui optime intelligunt quanta doctrinæ supellectile opus est, ut scripta tam præclari doctoris eo decore, quo oportet, publicæ luci ac typis committantur.*

28. Habeo penes me exemplar epistolæ v. cl. D. Petri Emmanuelis Hernandez, præfecti bibliothecæ archiepiscopalis Toletanæ, ad archiepiscopum ipsum Toletanum, nunc cardinalem amplissimum, D. Fran-

ciscum Lorenzana, die 15 Decembris anni 1782 datæ, qua de Conspectu editionis Zaccarianæ Operum S. Isidori sententiam suam aperit. Ingenue affirmat Ulloæ laborem in Isidoriana editione inutilem prorsus esse : *Ulloa hechò a perder, quanto trabajo en su impresion del Santo*. Addit tamen, ea opera quæ ab Ulloa in appendicem conjecta fuerunt, in nova quæ curetur editione non esse prætermittenda.

29. Habeo etiam litteras autographas eruditi Canonici Gaditani D. Josephi Munoz et Raso ad Franciscum Antonium Zaccariam, die 15 Octobris anni 1778 Gadibus scriptas, quibus confirmat Ulloam in sua Isidoriana editione hominum doctorum opera qui eam illustrare potuissent, uti non curasse.

30. Erat sane vir in primis illustris et doctus qui editioni decus et splendorem adjicere poterat, et in eam rem præfationem eruditissimam apparabat : sed in Adversariis mansit, e quibus tamen in lucem ego eam proferam, ut tam insigni Isidori elogio Isidoriana nostra non careant.

Præfatio ad novam S. Isidori editionem e Mss. schedis viri doctissimi.

31. Post veterum magnos exantlatos labores, aliquid novi posteris detegere, paucorum virtutis est : antiquitatis dilacerata scrinia, vegetiora et puriora exhibere, admodum difficile, et retroacta obscura sæcula clariora reddere, non sine temeritatis et audaciæ nota id aggredi licebit.

32. A sæculo septimo, quo floruit noster doctor egregius Isidorus, Hispalensis episcopus, ad hæc usque tempora, tam nostratum, quam exterorum ingenia inquirendis, comprobandis, elucidandis ejus operibus, magnopere insudarunt, autographa ab apocryphis secernendo, spuria opuscula a legitimis segregando, alia dubia sua in fide relinquendo, et spurcata, aucta, seu fœdissime ascripta nostro S. doctori, penitus rejiciendo.

33. Huic instituto incubuerunt ex nostris Nicolaus Antonius in sua Hispana veteri Bibliotheca, ubi singillatim enucleat cuncta opera quæ jure vel injuria S. doctoris nomen præseferunt ; necnon Ambrosius Morales, et alii eruditissimi viri, qui jussu regis Philippi II Matriti typis anno 1599 ea ediderunt : R. P. Henricus Florezius tomo V et VI Sacræ Hispaniæ, in quinto etenim tractatum S. Isidori de Viris illustribus, et in sexto Chronicon, et Historiam Wandalorum et Gothorum ejusdem S. doctoris prelo commisit. Notas Grotii et Labbei addidit ; nec non summo studio correxit, et ordinem Chronologicum stabilivit.

34. Exteri quoque non minus elaborarunt ut S. Isidorum, quasi in suo solo natum, illustriorem redderent, magna aviditate ejus scripta comparantes, et de gloria contendentes ; Godefridus Henschenius, et Daniel Papebrochius die 4 Aprilis, S. Isidori opera lato calamo prosequuntur : Albertus Fabricius tomo IV suæ Bibliothecæ mediæ et infimæ Latinitatis, eamdem provinciam dilucidandam suscepit.

35. Abbas Constantinus Cajetanus edidit opuscula S. doctoris, quæ desiderabantur in anterioribus editionibus Parisiensibus, factis opera Bignæi, et Jacobi du Breul, et in regia Matrinensi ; et licet præfatus abbas omnes sanctorum albo ascriptos suæ Benedictinæ familiæ, ut filios annumeraret, ita ut cachinnos moveret legere, S. Franciscum Assisium monachum fuisse Benedictinum, et ideo cardinalis Cobellucius hæsitaverit, an abbas Constantinus **S. Petrum** apostolum in monachum suæ religionis transformaverit, tamen cordati viri memoratam editionem non parvi pendere.

36. Cardinalis Bona, Mabillonius, Ceiller, Joannes Dayle, Casimirus Oudinus et Guillermus Fentzelius, ut supposititias judicant S. Isidori Hispalensis Epistolas, primam ad archidiaconum Redemptum ; in ea namque agitur de controversia inter ecclesiam Orientis et Occidentis, an Christus pane azymo sive fermentato usus fuerit in supremæ nocte cœnæ ; quod dissidium excitatum non legitur nisi quatuor sæculis transactis post Opera S. Isidori ; aliam ad Claudium, et tertiam ad Egenium episcopum, in quibus refertur contentio inter Græcos et Latinos super processione Spiritus sancti, cum aliunde sit satis notum, hanc Græcorum ambiguitatem sæculo septimo increvisse ; et denique, quia in his duabus postremis epistolis, summi pontificis potestas eo colore depingitur, quo posset auctor sæculi XIII eam validius exprimere.

37. Joannes Morinus, Zegerus Bernardus Wanenespen, et Ceiller, ut spuriam rejiciunt epistolam S. Isidori ad Massonam episcopum Emeritensem, licet Patres Antuerpienses et Florezius eam ut legitimam tueantur : sapientissimi viri Morinus et Wanespen, suffulti auctoritate conciliorum et Patrum sex priorum Ecclesiæ sæculorum et duobus testimoniis ipsiusmet S. Isidori libro II de Ecclesiasticis Officiis, cap. 5, et in epistola ad Helladium, solidissimis rationibus ostendunt præfatam epistolam nullatenus ascribi posse S. Isidoro, nam in ea memoratur quæstio an clericus ordinis sacri qui in grave peccatum inciderit, possit secundum veterem disciplinam admitti ad exercitium sui ordinis post peractam pœnitentiam ; et auctor epistolæ intendit conciliare decisiones, utrique parti faventes, sibimet persuadens in varias abiisse viros ejus ætatis sententias ; cum aliunde menti S. Isidori et Patrum priorum sæculorum, benignitas restitutionis omnino adversetur, et in collectionibus antiquioribus non reperiatur canon indulgens delinquenti ad sui sacri ministerii redire functiones.

38. Eugenius episcopus, cui rescribere supponunt S. Isidorum, juxta clarissimum Joannem Baptistam Perezium Valentinum, canonicum Toletanum, et postea episcopum Segobricensem, fuit secundus Eugenius Archiepiscopus Toletanus : e contra Henricus Florezius asserit esse Eugenium episcopum Egarensem, qui una cum S. Isidoro interfuit concilio IV Toletano, ex quo non levis oritur suspicio adversus præfatam epistolam, in qua ab ecclesia asseritur receptum Symbolum sancti Athanasii nomine inscriptum, quod non reperies hoc titulo, nisi post tempora S. Isidori.

39. Inter opera sanctorum Ambrosii, Augustini et Leonis, annumeratur S. Ambrosio Tractatus *de Conflictu vitiorum et virtutum*, et eodem modo indigitatur in indice bibliothecæ sanctæ Ecclesiæ primatis Toletanæ ; sed cum S. Ambrosio, Augustino, aut Leoni immerito adjudicari statuant Mabillonius, Nicolaus Antonius, Fabricius et Ceiller, evertentes sententiam eorum, qui S. Isidoro Hispalensi postremo ascripserunt, propendemus in fundamenta quibus creditur auctor, non S. Ambrosius Mediolanensis, sed alter Ambrosius Autpertus, monachus Benedictinus, scriptor sæculi VIII.

40. Omnino nos latet expositio in Cantica canticorum sit necne fetus S. doctoris Hispalensis, neque eam denegari tanto doctori, vel tribui certo posse asserit Ceiller, et nos falcem mittere aliorum judicio relinquimus.

41. Lucas Acherius, congregationis S. Mauri, suo in Spicilegio veterum aliquot scriptorum, in lucem edidit sæculo XVII librum S. Isidori *de ordine creaturarum*, et de eo Nicolaus Antonius ait redolere sæculum S. Isidori ; sed cum postremo capite quasdam dubietates congerat de statu animarum post mortem, et de igne purgatorio, quæ pietatem aut doctrinam S. doctoris evertere videntur, nullatenus illorum sententiæ adhæret qui nostri doctoris opus esse astruunt.

42. Liceat in re tanti momenti, ut nostrum sensum promamus, aliquantulum immorari. Ordo servatus in præfato libro de Ordine creaturarum, capitum divisio, sermo concisus et proverbiis refertus, calx sine arena, cæmentum absque speciositate formæ, et perspicuitas sententiæ absque facundia, re vera omnia inter se collata, congruunt methodo a S. Isidoro in libro de *Etymologiis*, et præcipue *Sententiarum* servatæ, de quibus operibus nullus hucusque dubitavit; et licet hominem tam emunctæ naris, ut Nicolaum Antonium, non bene redoleant dubietates **297** circa statum animarum post mortem, et purgatorium, tamen non demiror S. Isidorum obscurius hac in materia fuisse locutum.

43. Evolventes veterum Patrum libros, et eorum opiniones sedulo meditantes, non expavescent, dum perlegerint episcopum Alexandriæ cum S. Victore papa de die Paschatis acrius disputasse: Justinum, Irenæum et alios Patres ejusdem ævi aliquantulum in opinionem Millenariorum prolapsos fuisse: Cyprianum fortiter obnitentem S. Stephano papæ de rebaptizandis hæreticis, ita ut ex hisce nihil crederet Cyprianus, tanquam ex instrumentis mortuis et ejectis ab Ecclesia Dei, ad salutem spiritualem, ad nos posse venire: et Hilarium Arelatensem objurgatum, et in epistolis a S. Leone papa fama fuisse diminutum; hæc et alia iis similia non torvis oculis aspicient, primo quia licet semper articuli fidei iidem fuerint, non tamen eodem tempore detecti; omnes enim in Symbolo apostolorum, sicut in spica grana tritici, continentur; sed non tam aperte et propalato omnes patent, nisi quando post discussionem deteguntur.

44. Secundo: similes contentiones inter Patres et Ecclesiæ doctores non ex superbia, fastu aut aversa voluntate, sed ex quadam sinceritate, addiscendi desiderio, et animi sententia in rebus quæ ad fidem non spectare sibimet persuadebant, oriebantur: et si lubet adjicere, SS. Patres singillatim, ut homines, potuisse in aliquo decipi, aut errare, audi Augustinum in Retractationibus suis quædam verba et opiniones retractare non dedignatum fuisse, ut nobis humilitatis viam sterneret. Solus Deus est per essentiam sapiens, omnia scit, cuncta percallet, et in nullo fallere aut falli potest, nec hucusque misit in Ecclesiam suam S. doctorem qui in omnibus et super omnes esset perfecte illuminatus, sed tantummodo eos replevit scientia congruenti operi ad quod destinavit. Tertullianum itaque et Justinum nemo antecelluit in Apologia pro catholica religione, Origenem et Hieronymum in sensu et versione Veteris et Novi Testamenti, Gregorium et Ambrosium in sensu morali, Augustinum in exponendis arcanis gratiæ et liberi hominis arbitrii, et in Hesperia nostra Isidorum in Etymologiis, sententiis, et artium varietate capessenda.

45. Ut Dionysium Atheniensem Areopagitam de divinis Nominibus, et de cœlesti Hierarchia, lector possit rimari, filo aureo Angelici doctoris S. Thomæ indiget, ut sensum capiat et in barathrum non incidat. S. Augustinus, loquens de substantia angelorum et de anima hominis ejusque potentiis, caligine involutus legentibus apparet; ipsequemet S. doctor fatetur sensus sui imbecillitatem. Quid igitur obest nostro S. Isidoro, si capite 15 de futura vita, in libro de ordine creaturarum, non tam presse diserteque loquatur de anima rationali? *Ego enim* (ait in calce, Braulium Cæsaraugustanum episcopum alloquens.), *bonis et catholicis lectoribus consentiens, invidorum non curo querolas (vel querelas), qui sine pennis in terra reptantes, volatu ranarum nidos avium irrident!* Adeat, qui velit, S. Augustinum lib. v contra Julianum cap. 3, et obscuriorem reperiet auctoritatem de traduce animæ quoad peccatum originale his **298** verbis: *Quod autem horum sit verum, libentius disco, quam dico, ne audeam docere quod nescio.*

46. Circa medium præfati capituli astruit S. doctor Isidorus, *Animam neque de Deo, neque de aliqua qua-* *libet subjacente creaturarum corporalium materia fieri Deum instituisse, quoniam non Dei partem, sed Dei creaturam credimus esse, neque aliquid habere corporale in sua natura, aut calorem de ignea, aut flatum ex ærea, aut humorem ex aquatica, aut crassitudinem et soliditatem ex terrena, et quia his omnibus caret, incorpoream esse, et per ipsam incorporabilitatem et mutabilitatem, et liberi arbitrii potestatem, eamdem cum angelis habere substantiam, creandique originem dignosci.*

47. Utrum autem singulis corporibus singillatim a Deo anima creetur, an tempore Adami, vel postea fuerit creatio, hanc quæstionem scientiæ refert Conditoris, in quibus verbis non offendat piissimus lector, nam eadem profecto inveniet in S. Augustino et aliis doctoribus qui ante eum floruere. Tantummodo igitur colligitur S. Isidorum pedem fixisse, aut sententiam proferre non valuisse, quia nec idioma theologicum de hac re adhuc constabat, et magna caligine involutum manebat, an unicuique corpori Deus animam crearet.

48. Lucas Acherius monet fortasse legendum *immutabilitatem* in præfato loco S. Isidori, sed non egemus hac correctione, nam in præsenti vitæ statu anima secundum potestatem liberi arbitrii est mutabilis ad bonum, vel ad malum temporaliter suis affectionibus, mutabilitate cogitationum, justa damnatione primi hominis pœnas luens, ut ipsemet S. doctor luculentioribus verbis exprimit l. 1 Sententiarum, c, 12 de Anima.

49. Aptius ad rem sit sequens auctoritas S. Augustini, epistola 157, ad Optatum: *Quarum autem rerum atque causarum consideratione permoveor, ut in neutram assertionem meus inclinetur assensus, sed adhuc inter utramque disceptem*; et lib. 1 de Origine animæ, cap. 16, de traduce animarum ait: *Ego nec defendo, nec refello.* Expressius lib. x de Genesi, cap. 21, censura sua perstringens Tertulliani errorem, qui animas ex corpulentis seminibus originem trahere asseverabat, inquit: *Ego adhuc inter utrasque ambigo et moveor, aliquando sic, aliquando autem sic.*

50. Augustinus Tertullianum reprehendit, non quod traducem animarum poneret, sed quod non recte illum assereret, putans animam esse corpoream, atque adeo per semen corporeum generantis traduci, ut asserit sapientissimus cardinalis Henricus de Noris in Vindiciis Augustinianis § III, quod fusius ostendemus in notis ad caput de futura vita S. Isidori de ordine creaturarum. In præsentiarum sufficiat dicere S. Augustinum, Africanos Patres et alios quamplures Ecclesiæ Occidentalis, certissimos fuisse de incorporeitate, æternitate, spiritualitate et immortalitate animæ, solumque dubium eorum exstitisse circa modum traducis animæ: quidam etenim credebant animas hominum eodem tempore quo angelos, vel postea, fuisse creatas: alii animas ex Adam venire, nonne corpore Adami, sed ex anima Adami traduci, quasi in potentia animæ Adami aliæ animæ hominum futurorum continerentur; sicut enim hodie asserimus **299** omnes homines, quoad peccatum originale, esse in capite, voluntate, et semine Adami, et ex ejus materia nascentium corpora provenire, sic quidam Patres Occidentales animas nascentium ex traduce animæ Adami descendere autumabant: modo quo hoc accideret ignorabant, et ob hoc insolubilem quæstionem vocavit S. Augustinus iisdem verbis quibus S. Isidorus. Ne dubitandi locum relinquamus, claudimus argumentum expresso S. Isidori testimonio lib. II de Ecclesiasticis Officiis, c. 23, de Regula fidei, ubi post confessionem mysterii sanctissimæ Trinitatis, Incarnationis, et Articulorum fidei, addit sequentia verba: *Et quod animæ sit incerta origo, et quod angelorum origo, et natura, vel animæ non sit pars divinæ substantiæ, sed Dei creatura ex nihilo condita, et in corpore esse evidenter ostenditur.*

51. In capite de igne purgatorii asserit S. doctor Isidorus, non eo purgari graviora crimina quæ maculant eos (quorum operarios a regno Dei Paulus exclusit), sed illa quæ non multum nocent, quamvis minus apta, quod congruens est testimonio S. Braulionis ædificent : *Hæc igitur minora peccata, seu venialia, per ignem purgari posse non est denegandum, et eorum factorem, si majoribus culpis non gravetur, sic tamen quasi per ignem salvari putandum est.* Quærat alius, et cito succumbemus, verba tam clariora in alio sancto Patre ejusdem ætatis loquendo de igne purgatorii, præcipue si postrema S. Isidori verba perpendat : *Sed de illo purgatorio igne hoc animadvertendum est, quod omni quem excogitare in præsenti potest homo tormentorum modo et longior et acrior fit.*

52. Æneas Parisiensis collector sententiarum SS. Patrum tam Orientis quam Occidentis, adversus Græcos, processionem Spiritus sancti a Patre et Filio pernegantes, locum S. Isidori de ordine creaturarum adducit (Lucas Acherius, *Spicileg.*), ex quo non leve potest formari judicium divulgationis hujus tractatus nomine S. Isidori tempore quo floruit Æneas, et ejus testimonio fulcitur.

53. Librum de Viris illustribus non respuimus, quia in cap. 5 et 14 fœdata et conspurcata apparet memoria Osii episcopi Cordubensis ; jam enim in præfatione ad Breviarium Gothicum attulimus testimonium Athanasii ad defensandam posthumam famam Osii, nam origo fabellæ contra Magni Osii honorem et postremum ejus vitæ exitum, conflata et adinventa fuit a Marcellino et Faustino, presbyteris Luciferianis, qui tale scelus adversus Osium excogitarunt, ut firmiorem redderent suam pravam doctrinam de non communicando cum iis qui in fide defecissent, etiam postquam judicio Ecclesiæ condignam egerunt pœnitentiam. Passim Luciferiani litteras suas et aliorum nomine suppositas spargebant, ut admonerent Hispanos, Gallos, Italos, et Afros Patres, de Magni Osii lapsu in postremo vitæ fine, de ejus opibus et avaritia, de ejus pusillanimitate et timore, ne imperatori displiceret : et cum mentis humanæ fragilitas et carnis concupiscentia jam diu sit cognita, magno Ecclesiæ planctu, sacris litteris edocentibus, Salomonem corruptum et depravatum fuisse circa ultimum vitæ suæ curriculum, et nemo inficias eat, Tertullianum et Origenem a via declinasse mirum non est, SS. Hilarium, et Isidorum **300** assensum præbuisse Osii lapsui, præsertim cum tam in longæva hujus ætate, minacibus imperatoris litteris urgentibus, pertimescendum esset ne decrepitus senex ad infantiam reversus decipi aut verius cogi potuisset ab hæreticis, ut formæ Arianorum subdolæ subscriberet. Quid inde, etiam si accidisset ? Diceremus, defectu perfectæ deliberationis in tam decrepita ætate, plenæ defectu libertatis et discussionis formæ, vi metuque coactum Osium potuisse falli, sed nullatenus a vera et recta fide ex animi sententia declinasse.

54. Rursus convertimur ad alia opera S. Isidori. In bibliotheca domus de Medicis asservatur opus S. Isidori de Astris, quod forte idem erit cum eo quod in regia bibliotheca Escurialensi custoditur.

55. Oratio *Audi, Christe, tristem fletum*, edita est a Papebrochio tom. I Aprilis, cui deficiunt fere quinquaginta stantiæ, seu strophæ : constabat etenim centum et decem, sed earum divisio forte auxit numerum : hoc opus non dedecet S. Isidorum, nam licet non omnia plene correxerit, tamen opuscula impolita incomptaque ejus discipuli posteris servarunt.

56. In discernendis præfatis libris, alios viros doctissimos judices habemus, sed nullatenus nobis materiam subministrant ad vindicandum chirographum libri quarti Sententiarum, qui hucusque in lucem non fuit editus. Asservatur in regia bibliotheca Escurialensi tam nitide, luculenter, et Gothicis characteribus exaratus, ut de eo ambigendi locus non relinquatur. Dignitas materiæ quam pertractat non solum æquat, sed exsuperat tres priores libros Sententiarum, seu de Summo Bono. Sententiæ, seu proverbia ibi passim reperiuntur fecundissima, et ex Moralibus Pastoralique S. Gregorii Magni excerpta, quod congruens est testimonio S. Braulionis asserentis tres libros Sententiarum floribus decorasse S. Isidorum ex libris moralibus Gregorii papæ delibatis.

57. Novum non est apud auctores de hac re pertractantes dubium excitare, an S. Isidorus libro uno complexus fuerit totum opus Sententiarum, quod appellatum est *de Summo Bono* ab initio primi capitis sic incipientis : *Summum bonum Deus est*; sed hæc opinio aperte contrariatur auctoritati S. Braulionis, tres libros Sententiarum numerantis, et simul asserentis, ipsummet partitum fuisse Etymologiarum Codicem S. Isidori in viginti libros, quia a sancto doctore prodierat nimia magnitudine imperfectus, distinctus titulis, non libris. Quomodo ergo nos, hujusce difficultatis vincula dissolvemus, ut libro quarto de *Summo Bono* fides adhibeatur ?

58. Quidam ab alio doctore additum fuisse librum quartum suspicabuntur. Alii laciniam Pastoralis seu Moralium S. Gregorii Magni credent, et nos in hac ancipiti via constituti, judicium proferre non audemus circa auctoris progeniem ; satius sit dicere librum quartum per plures annos latuisse, perspicacissimorumque virorum oculos effugisse, ut neque in regia editione Matritensi, neque Parisiensibus prodiretur autographum ; et si verum non sit exemplar operis S. Isidori, laudo artificium auctoris, magis assimilantis filium suo patri, quam ipsum patrem sibimetipsi : discretio verborum, perspicuus Sententiarum sensus, stylus redolens sæculum septimum, omnia non abortivus S. Isidori fetus, sed **301** naturalis videntur. Alii igitur videant, judices se constituant, nosque eorum judicio libenter subjiciemur.

59. Chirographum ex quo transcriptus est liber quartus Sententiarum, specimen et sæculi XII antiquitatem redolet : ob hoc admiratione rapimur, dum perpendimus nec in S. Braulionis manus, neque in Sigeberti Gemblacensis, nec Joannis Trithemii, loquentis de opusculis S. Isidori, neque in aliorum notitiam tale libri quarti manuscriptum pervenisse, cum magna diligentia et jussu regis Codices fuissent per universam Hispaniam, Italiam et Galliam conquisiti.

60. Ut major fides huic editioni exhibeatur, ad calcem hujus præfationis apponemus indicem librorum S. Isidori qui typis excusi fuerunt Parisiis apud Sebastianum Nivellium anno 1601, studio, opera et laboribus F. Jacobi du Breul, monachi S. Germani a Pratis, et aliorum clarissimorum virorum, et collata hac ampliori editione cum præfata *du Breul*, adjotantur libri S. Isidori hucusque inediti, scilicet : *Liber quartus Sententiarum, Expositio Missæ*, quæ forte idem est tractatus quem Joannes Trithemius de Scriptoribus ecclesiasticis denominat *de Officio Missæ : Liber unus de Astris*, qui forte idem est ac qui inscribitur a Trithemio de Astronomia : *Sermo de Corpore et sanguine Domini*, quem etiam tractatum commemorat Trithemius inter Opera S. Isidori, sicque legentibus patet aditus, ut cuncta ejus opera sive certa sive dubia possint perscrutari, et editiones exterorum emendicare non cogantur.

61. De expositionis Missæ tractatu non solum judicis, verum nec arbitri partes suscipere audemus, usquequo clariora argumenta una ex parte appareant: Trithemius etenim mentionem facit libri unius S. Isidori de Officio Missæ, sed cum superscriptio non conveniat, licet aliquantulum discrepent verba expositionis et Officii, jam in dubietatem mentem inducit: aliunde major militat adversus præfatum tractatum difficultas, quia in eo exponitur Missa iisdem orationibus, et eodem prorsus modo quo hodie celebratur post correctionem Missalis factam a S. Pio V et Clemente VIII, cum exploratum sit, ex Missali Romano antiquo perspicuum flat, in plurimis, licet non essentialibus, differre Romanam veterem liturgiam a correcta.

62. Cum igitur nec Gregorii Magni temporibus talis ordo precum fuerit observatus, nec S. Isidorus

alium peragendæ Missæ ritum agnoverit, nisi quem idemmet exponit cap. 15 lib. I *de Officiis Ecclesiasticis*, ut legentibus patebit, et fusius in nostra Dissertatione ad Breviarium Gothicum declaratur, non est verosimile S. Isidorum fuisse ejus auctorem, etsi ultro fateamur Gregorium Magnum illi Missæ ordinem transmisisse.

63. Cisterclenses, Carthusiani, Dominicani et Carmelitani Calceati proprio ritu et Missali ante correctionem utuntur, et omnibus sacrum audientibus videtur alius ordo precum et cæremoniarum, cum tamen non sit ritus Gothicus, nec Orientalis Ecclesiæ, sed tantum vetus Romanus post sæculum quo vixit S. Gregorius Magnus usitatus.

64. Cardinales et præsules Toletani, F. Franciscus Ximenius de Cisneros, **302** et Joannes Martinez Silicæus in lucem ediderunt Missale mixtum Toletanum, idemque iterum cudere mandavit cardinalis Joannes Tavera, et non solum in rubricis Missalis, sed in ordine precum quamplurimum differt a Missali Romano post correctionem S. Pii V, in cujus comprobationem compertum est Philippum II, Hispaniarum regem, S. Pio V preces fudisse, ut sustineret laudabiles consuetudines S. Ecclesiæ Toletanæ, ejus cantum et rubricas, ut videre est in bulla Missali S. Pii V præfixa; et licet memoratus summus pontifex Missale ejus in toto orbe observari mandavit, tamen quoad consuetudines laudabiles et cantum, regi Catholico benigne indulsit.

65. Missale mixtum Toletanum erat revera Romanum antiquum, quod in Ecclesia Toletana fuit introductum temporibus regis Alphonsi VI, cujus auspiciis summus pontifex ritum Romanum ad universam Hispaniam extendit, et ritus Gothicus seu Mozarabicus, cancellis quarumdam parochiarum civitatis Toletanæ, et sacello S. Ecclesiæ, fuit circumscriptus: statim ac Pius V misit Philippo II Missale correctum, in desuetudinem abiit Missale mixtum, ita appellatum cum ob mixtionem ritus Romani et Gothici, tum ob rubricas intertextas ritu Romano veteri et correcto.

66. Missale Ambrosianum, prælo cusum anno 1522, quamplurimum congruit Missali mixto quo Ecclesia Toletana utebatur ante S. concilium Tridentinum; et tamen præfatum Missale Ambrosianum, secundum morem S. Ambrosii, ut in fronte asseritur, non solum ante correctionem S. Pii V, sed etiam ante ordinationem liturgiæ factam a S. Gregorio Magno, fuit a S. doctore Ambrosio ordinatum, quin possit denominari ritus Ambrosianus Gothicus, sed vetustissimus Romanus.

67. Propinamus tibi, jucundissime lector, quidquid optimum invenire potuimus; adauge, si vales, et ditesce dissertationibus tuis opera nostri doctoris. Nobis tam periculosum est passim de omnibus ambigere quam de nullo dubitare. Proxime post obitum ipsius S. doctoris, sive Theodiscus ejus successor, in quo non immoramur, sive alii, honori S. Isidori maxime infensi, obtenebrare et fere exstinguere intenderunt clarissimum nostræ Hispaniæ lumen Isidorum: alii, præcipue monachi, ejus Codices recondentes, solertissima cura transcribere optabant: sed non omnium par erat in transcribendo diligentia, propterea plurima menda in chirographa irrepsere: alii, ut suum tenuem laborem decorarent, sive clerici, sive monachi, fœdissimo stellionatus et vulpino crimine se maculantes, sub nomine S. Isidori suas ineptias effutientes, posteris constuprata opera virginea et purissima S. Isidori reliquere, ut opus suum tanto auctore extollerent, non agnoscentes nec lupos ovinis pellibus debere contegi, nec asinina deliramenta diutius posse sub pietatis specie contineri.

68. Isidorus igitur non eget nostro testimonio, simplici tantum gaudet S. Braulionis amicissimi sui, et S. Ildefonsi discipuli sui, auctoritate, et relatione obitus facta a Redempto, clerico suo, qui eum e vita ad Deum in pace jucundissima emigrare conspexit.

Cuncta testimonia proferemus, ut tibi, charissime lector, jucundum exhibeamus officium.

69. *Isidorus*, ait S. Braulius, *vir egregius, Hispalensis Ecclesiæ episcopus*, **303** *Leandri episcopi successor et germanus, floruit a tempore Mauritii imperatoris et Recaredi regis... vir in omni locutionis genere formatus, incomparabili eloquentia clarus... et quantus sapientia fuerit, ex ejus diversis studiis et elaboratis opusculis perfacile prudens lector intelligere poterit... obiit temporibus Heraclii imperatoris et Christianissimi Chintillani regis, sana doctrina præstantior cunctis, et copiosior operibus charitatis.* S. Ildephonsus asserit opera eximia et non parva scripsisse.

70. Joannes Trithemius S. Isidorum vocat *virum in divinis Scripturis et sæcularibus litteris nulli suo tempore secundum, ingenio subtilem, sensu clarum, eloquio compositum, carmine excellentem et prosa, et non minus sanctitate quam doctrina insignem effulsisse.*

71. Redemptus clericus, qui morti adfuit S. Isidori, examussim refert S. doctoris in ecclesia S. Vincentii ante obitum ad Deum orationem, ad coepiscopos, clerum et populum allocutionem, cilicio indutum et cinere conspersum, juxta veteris disciplinæ normam, expandisse manus ad cœlum, completisque omnibus, post diem confessionis vel pœnitentiæ quartum, pastoralem jugem curam et finem suum in pace consummasse pridie Nonas Aprilis, æra 679, anno Domini 686.

72. Imbuere, disertissime lector, Isidori sententiis, operi verenda patrum, si adulterini filii ea detexerunt; ne lumine aut perspicuo obtuso solis maculas aut lunæ defectus perscruteris, sed morem gerere majoribus disce, et vicissitudini rerum, calamo, prelo, tot calamitatibus, cladibus, vastationibus, prædis, bellis, et barbarorum incursibus mala addicito, si vis mari secundo hoc sæculum transmeare.

CAPUT XXXIX.

Conatus quorumdam ad novam Operum Isidori editionem perficiendam. Casimiri Oudini judicium de methodo qua ea perfici deberet.

1. Cum plerique docti viri jam dudum novam operum editionem expeterent, ejus perficiendæ consilium non pauci inierunt, ut Jacobus Hommey, Andreas Burriel, Franciscus Perez Bayer, Franciscus Antonius Zaccaria, De Burrielo ac de Zaccaria seorsum mox dicam. Jacobum Hommey, morte intercepto, ea quæ de Isidori scriptis excudendis cogitaverat exsequi non potuisse, testis est laudatus Zaccaria in conspectu paratæ suæ edionis Isidorianæ, et refert etiam Fabricius in Bibl. medii ævi verbo *Isidorus.*

304 2. Bayerii conatus ad Isidori editionem adornandam leviores fuisse videntur; qui fortasse neque omnia edere Isidori opera cogitabat. Bandinius tom. I Cod. latin. bibl. Medic. Laurent. Florent., plut. 19, Cod. 31, cum mysticorum expositiones sacramentorum, seu quæstiones Isidori in Vetus Testamentum recensuisset, hanc subdidit notam: *Nostrum hunc Codicem anno 1756 jussit sibi conferri Cl. P. Zacharias S. J. cum Hispana editione. In bibliothecca vero Toletana Codex asservatur membranaceus in quadrata forma remotissimæ antiquitatis, sæculo nimirum VIII vel ineunte IX exaratus, quem prælaudatum Zachariam consuluisse oportebat, ut illi tunc temporis affirmavit Barcinonensis canonicus Bayerus Perezius, qui Codicem illum diligentissime contulerat jussu Ferdinandi VI Hispaniarum regis, dum illum edere meditaretur.* Hoc ipsum ex Bayerio audivit Andreas Petrus Julianellius, bibliothecæ Laurentianæ pro regio bibliothecario vices gerens, ut testatur ipse verbis c. 43 referendis, cum de eo Codice Florentino sermonem instituam.

3. Miror tamen a Bayerio laborem istum suum in not. ad Biblioth. vet. Hisp. fuisse silentio prætermissum. Commemorat ille quidem in not. ad num. 102 lib. v cap. 4, se ad annum 1752 Codicem Etymologiarum Toletanum sæculi IX aut ineuntis X, aliumque item antiquum contulisse cum Grialii edito : *ex quo labore*, inquit, *non pœnitenda mihi variantium lectionum succrevit seges.* At cum in not. ad num. 139 de mss. Codicibus Quæstionum in Vetus Testamentum sermonem instituit, quinos Codices Escurialenses indicat, de Toletanis vero ne verbum quidem ullum facit. Imo neque Andreas Burrielius, qui mss. exemplaria Toletana Isidori diligentissime investigarat et consuluerat, Codicem ullum refert, quo Quæstiones in Vetus Testamentum contineantur, ut ex ejus epistola mox proferenda manifestum fiet. Varias autem lectiones ex veteri Gothico Toletano Etymologiarum libro a Bayerio collectas fuisse, Rodrigueziius de Castro tom. II Bibl. Hisp., pag. 312, in not. confirmat.

4. Quoniam vero multo ante Casimirus Oudinus de Script. ecclesiast. tom. I, col. 1583, peculiarem dissertationem edidit de Scriptis S. Isidori Hispalensis, in qua ordinem exhibuit quem in operum Isidori editione servari ipse cuperet, quale fuerit docti hujus heterodoxi vel apostatæ potius judicium videamus.

305 *Ordo Operum S. Isidori Hispalensis episcopi.*

5. Originum, sive Etymologiarum libri viginti. Differentiarum, seu de proprietate sermonis libri tres ordine prædicto. (Scilicet primum liber alphabeticus verborum, deinde liber verborum sine ordine alphabetico, tum liber Differentiarum rerum.)
De Natura rerum, sive de mundo ad Sisebutum regem.
Liber Procemiorum de libris Veteris et Novi Testamenti.
Liber Allegoriarum sacræ Scripturæ de nominibus Veteris et Novi Testamenti.
Commentarii breves in libros historicos Veteris Testamenti, Genesim, etc.
Sententiarum, sive de summo Bono, libri tres.
Libri duo contra nequitiam Judæorum.
Libri duo de officiis divinis seu ecclesiasticis.
Epistola ad Ludifredum Cordubensem episcopum de iisdem officiis.
Synonymorum, sive Soliloquiorum libri duo ad Braulionem archidiaconum.
Regula monachorum capitibus 24 distincta pro patriæ usu.
De Vita et morte sanctorum qui Deo placuerunt, sive de ortu et obitu Patrum.
Liber de Scriptoribus ecclesiasticis cum Supplemento S. Ildefonsi Toletani archiepiscopi.
Chronicon ab initio mundi usque ad annum quintum Suintillani regis Gothorum, Christi Domini 626.
Historia Gothorum, Suevorum et Vandalorum ; ex editione tamen Labbeana, quam designavimus.
Paucæ admodum et breves quædam epistolæ.

Appendix incertorum.

6. Exhortatio pœnitendi cum consolatione et misericordia Dei, ad animam futura judicia formidantem.

Lamentum pœnitentiæ pro indulgentia peccatorum, duplici alphabeto digestum, et trochaicis versibus.
Oratio prolixa ad flenda semper peccata ad correctionem vitæ.
Oratio brevis contra insidias diaboli.
Liber de ordine creaturarum.
Commentarius in Canticum canticorum.

Appendix suppositorum.

7. De conflictu vitiorum et virtutum, qui Ambrosii Autperti est. — Epistolæ : — ad Massonem de lapsu sacerdotis et restitutione post lapsum. — Ad Claudium ducem. — Ad Redemptum archidiaconum. — Ad Eugenium Toletanum episcopum.

8. Hic est ordo quem Oudinus in proxima omnium Isidori Operum editione servari cupiebat : qui sane in multis cum eo convenit quem mihi præscripsi.

306 CAPUT XL.

De nova editione Operum S. Isidori adornanda Andreæ Burrielii consilia et erudita epistola. Alia V. C. Petri de Castro epistola ad Franc. Antonium Zaccariam.

1. Franciscus Rabagus Soc. Jesu, vir egregie doctus, ut scripta ejus testantur, doctrinæ vero inter Hispanos augendæ studiosissimus, dum confessarii munus apud Ferdinandum VI Catholicum regem exercuit, cum multa alia litteraturæ Hispanæ utilissima regis auctoritate peragi curavit, tum illud in primis quod peritissimi homines vetera insigniorum ecclesiarum cathedralium tabularia diligenter investigare jussi sunt, ut antiquissima quæque monumenta, quibus religio aut historia illustrari posset, e tenebris in lucem vindicarentur. Andreas Burriel ex eadem societate, avidissimus et solertissimus antiquitatis cultor, ad ecclesiæ Toletanæ omnium Hispaniensium celeberrimæ tabularium excutiendum destinatus fuit : cui socius additus est Franciscus Perez Bayer, non obscurum in orbe litterario nomen.

2. Meminit hujus rei ipse Bayerius in not. ad Bibl. Vet. Hisp. lib. III, cap. 3, n. 69, ubi de Codice ms. Dracontii sic refert : *Contulit, et variantes lectiones annotavit Cl. amicus, et in colligendis e chartophylacio et bibliotheca illustrissimi Canonicorum Toletanorum collegii, quæ ad patriam historiam conferre possent, monumentis, collega olim meus Andreas Marcus Burriel, Soc. Jesu presbyter, magno rei litterariæ damno ante annos aliquot præmatura morte abreptus : quas cum plurimis ejusdem stupendi plane laboris atque industriæ fetibus in regiam bibliothecam Matritensem postea delatas autographasque ad manum habeo.*

3. Igitur Burrielius, cum studiorum suorum rationem Rabago redderet, de S. Isidoro loquitur litteris Hispanice scriptis Toleti 22 Decembris anni 1752, quarum sententiam Latine reddo.

Excerptum ex Burrielii epistola ad P. Rabagum.

4. « Quoniam S. Isidorus Hispaniæ nostræ doctor est celeberrimus, et ejus Opera in duabus editionibus, Breuliana et regia Matritensi, sine extrema manu et politiori cultu, quæ tempora nostra **307** flagitant, excusa fuerunt, quædam ejus opera cum mss. Codicibus qui hic asservantur collata sunt, præsertim Etymologiarum libri cum duobus Gothicis exemplaribus, quorum alterum fortasse ante Maurorum in

Hispaniam irruptionem exaratum est; neutrum autem ab Isidori editoribus Matritensibus observatum fuit.

5. « Exstant in hac bibliotheca Biblia editionis vulgatæ volumine satis crasso, et tribus columnis exarato : quæ Mariana in epist. dedicat. Comment. Novi Testamenti, et in epist. dedic. ad card. Bellarminum Comment. Veteris Testamenti, antequam Mauri Hispanias invasissent, hoc est ante mille annos scripta fuisse censuit. Inæstimabilis hic Codex a S. Isidoro, ut patet, ad usum ecclesiarum Hispaniæ ordinatus fuit. Singulos libros præter Hieronymi prologum alius S. Isidori præcedit, et singulos prophetas elogium historicum, quod in libro ejusdem S. Isidori, de Ortu et interitu Patrum, reperitur. Pervulgata controversia est, sitne Isidori ejusmodi opus. Equidem, sexcentis conjecturis permotus, opinor S. doctorem ea prophetarum elogia perscripsisse, ut in Bibliis ea singulis prophetis præfigeret; quod itidem de prologis existimo. Ut igitur prologi simul uniti opusculum separatum Proœmiorum conficiunt, ita etiam prophetarum elogia. Alia elogia SS. Virginis et apostolorum, ex quibus altera pars opusculi, de Ortu et interitu Patrum, constat, fortasse alium ab Isidoro auctorem habent. In eodem Codice Evangeliis decem canones Eusebii Cæsariensis pro evangelistarum concordia præmittuntur : quorum harmoniam Isidorus in Etymologiarum libris exponit. Ante Pauli epistolas canones Priscilliani hæretici a Peregrino episcopo correcti reperiuntur : quos ab aliis commemoratos non novi : itaque eos descripsi. »

6. De canonibus Priscilliani, quos Burrielius commemorat, videri potest Fabricius in Biblioth. medii ævi, et Zaccaria tom. V Hist. litter. Ital. cap. 9, num. 4, qui se ignorare fatetur quisnam fuerit Peregrinus ille episcopus qui canones Priscilliani correxit. Ac fortasse pseudonymus auctor est, qui, cum suum nomen occultari vellet, *Peregrini* nomen assumpsit, quod simili de causa alios usurpasse constat. Burrielius in litteris ad D. Petrum de Castro die III Jan. 1754 mox afferendis, adhuc putabat Priscilliani hos canones typis non fuisse exscriptos : sed eos jam ab anno 1752 in Bibliotheca Pistoriensi Zaccaria vulgaverat, ubi animadvertit eosdem Priscillianeos **308** canones a Peregrino correctos exstare in Bibliotheca Vaticana cod. 5729, 217; fortasse intelligit paginam 217 Codicis. In laudatis Bibliis Gothicis ecclesiæ Toletanæ deerat primus prologus, omnibus sacris libris communis, quem ex celeberrimo alio Codice collegii majoris complutensis Burrielius describi curavit.

7. Post litteras ad Rabagum datas, biennio exacto, Burrielius Zaccariæ nomine, qui editionem Operum S. Isidori meditabatur, de mss. Isidori exemplaribus quæ Toleti asservarentur, consultus fuit. E regio Hispanorum majori collegio Bononiensi, quod S. Clementis nuncupatur, Matritum venerat vir clarus Petrus de Castro ejusdem collegii alumnus, nunc Hispalensis ecclesiæ Canonicus, cujus exstat erudita *Epistola ad monachos Benedictinos congregationis Parisensis S. Mauri super quibusdam parum consonis, prætermissis, atque improbabilibus in vita S. Gregorii Magni, ab ipsis adornata, et in tomo IV Operum in lucem edita, repertis Matriti et Bononiæ* 1754. Huic ergo Zaccaria litteras dedit, ut mss. Codices Toletanos Isidori aut ipse conferret, aut ab alio conferri curaret. Petrus ad Burrielium negotium detulit. Habeo penes me Burrielii quatuor familiaria ad Petrum epistolia, data anno 1754, die 3, die 6 et die 13 Decembris, et anno 1755, die 3 Januarii.

8. Harum brevium epistolarum hoc unum est argumentum, ut de ratione qua Zaccariæ responderi posset disseratur. Burrielius præmittit, sibi in animo esse editionem Isidori meliori methodo digestam quam Regia Matritensis esset, e mss. Codicibus Hispanis adornare : addit facile se Zaccariæ suas omnes in Isidorum lucubrationes concessurum, si bona cum venia eorum e quorum penderet nutu id fieri posset : cæterum brevem Codicum mss. descriptionem, si nihil aliud Zaccaria flagitet, in sua esse potestate, ut cum Zaccaria communicet. Voluisset Burrielius editionem, collatis auxiliis et consiliis sive in Italia, sive in Hispania peragi : sed fortunæ, quæ tunc in curia Hispana sibi prospera erat, non satis fidebat : atque eventus ipse prudentes hominis timores confirmavit. Agnoscebat etiam difficultates quæ in Hispania ad ejusmodi operum absolutionem interdum occurrunt. Vereor, inquit, ne forte editioni extra Hispaniam impedimentum aliquod apponatur, et in Hispania interim nihil perficiatur. Denique **309** longiorem epistolam exaravit, quæ ad Zaccariam mitti posset. Ea edita jam est a Josepho Rodriguez de Castro in Bibliotheca Hispana verbo *Isidorus* : sed quod ille loco fortasse alieno fecit, nos loco maxime opportuno prætermittere non decet, præsertim cum digna sit quæ cum exteris communicetur. Eam igitur ex Hispanico autographo exemplari sic Latinam faciebam.

D. Petro de Castro, amico charissimo, Andreas Burriel S. D.

9. Litteras tuas simul cum iis quas P. Franciscus Antonius Zaccaria die 8 Novembris Bononiæ ad te dedit, libentissime legi. Forte fortuna hoc ipso tempore Patres Panigai et Bramieri e provincia Veneta societatis Jesu, qui Ulyssipone ad istam regiam curiam se conferunt, hac iter fecerunt : qui cum Toleti quinque diebus ad hujus urbis antiquitates, et rariora quæque monumenta observanda commorati sint, idoneum tempus nactus sum, ut cum eis de P. Zaccaria, quem optime norunt, longum sermonem instituerem : atque adeo ut prudentiam ducis Mutinensis, qui in præfectura suæ bibliothecæ eum clarissimo viro Muratorio subrogavit, uno ore prædicaremus; ac præterea inter nos conferremus, qua potissimum ratione tuis pro eodem Zaccaria postulatis a me responderi oporteat.

10. Ac primum gratias tibi ex corde ago quod docti istius Jesuitæ lucubrationes et plausus tam sincera et propensa voluntate promovere satagis : communi etiam totius nostræ gentis voce vellem uti posse, ut eidem Zaccariæ clarissimo memoris gratique animi argumenta exhiberem, quod suarum cognitionum doctrinæque copiam ad doctoris nostri S. Isidori scripta illustranda effundere decreverit.

11. Deinde persuasum habeo novam Operum sancti hujus doctoris Hispani editionem summopere necessariam esse, ac multa commoda allaturam. Necessaria nempe est, quando quidem duæ illæ editiones, eodem fere tempore peractæ, Matritensis et Parisina, Grialiana et Breuliana, valde imperfectæ sunt, ut liquet cum ex ipsis, tum ex judicio quod de eis Nic. Antonius tulit. Maxime etiam eadem nova editio necessaria est, quod ad ecclesiasticas profanasque Hispaniæ antiquitates illustrandas scripta Isidori quaquaversum splendidissimum lumen effundunt, ut quodlibet eruditionis genus facile comprehendatur.

12. Profecto Hispanum genus catholicæ religioni ac traditioni incomparabile monumentum erigere potest, si eo splendore et cultu, quem ætas nostra exigit, fundamenta et columnas suæ fidei ac monarchiæ in publicam lucem proferat, et seriem deinde ecclesiasticorum sæculariumque monumentorum ad nostra usque tempora continenter producat. De Bibliis Gothicis loquor, de canonum Gothica collectione, de Martyrologiis, et martyrum confessorumque actis sinceris, et quæ ad Gothorum imperium pertinent, de SS. Patrum Hispaniensium Gothicorum temporum, **310** sive antiquiorum operibus, denique de chronicis, sive de veteribus historicis sæcularibus et ecclesiasticis. His fundamentis atque his columnis ædificium Hispanæ religionis et monarchiæ innititur : quæ ab ipsis initiis inter se fortunato vinculo connexæ fuerunt, et, volente Deo, per longum sæculorum spatium connexæ permanebunt.

13. Cæterum hæc omnia, ac singula, cum S. Isidoro atque ejus Operibus arctissime conjuncta sunt. Bibliorum Codices habemus mille annis antiquiores cum versione S. Hieronymi, sed ab Isidoro recognita, qui novum prooemium singulis libris adjecit, ex quo *Liber Prooemiorum* prodiit. Singulis vero prophetis narrationem eorum vitæ et obitus adjunxit, ex quo Liber *de ortu et obitu Patrum* coaluit. Libris Regum seriem chronologicam regum Juda et Israel præfixit, quæ ejus chronico respondet. Canones Eusebii, quorum usum in Etymologiarum libris explicuit, ad Evangeliorum concordiam intexuit. Ad faciliorem Epistolarum Pauli perceptionem, præter S. Damasi versus, canones Priscilliani addidit, a quodam episcopo Peregrino emendatos, nondum editos. Argumenta, seu capitum titulos fere omnibus libris, qui alio ordine atque in vulgata editione divisi sunt, apposuit.

14. Denique in eam propendeo sententiam, vere in nonnullis renotationis S. Braulionis exemplaribus asseri, S. doctorem quartam Psalterii editionem fecisse. Ita sentit P. Joannes de Mariana in not. ad cap. 2 lib. ı Contra Judæos : qui Psalterium S. Isidori illud ipsum esse credidit, quo Muzarabes utuntur, ab eo quod in nostris Bibliis Gothicis ex S. Hieronymi translatione exstat re vera diversum. Itaque si nostra Biblia Gothica publici juris facere velimus, ea cum Isidori scriptis intime esse connexa reperiemus.

15. Omitto nunc, diligenti animadversione observanda esse (ut Mariana in not. ad libros S. doctoris, quos illustravit, observabat) illa sacræ Scripturæ loca quæ Isidorus passim in omnibus suis operibus, prout ipse legebat, recitat : quemadmodum etiam ea quæ in conciliis Toletano ıv et Hispalensi ıı, quibus ille præfuit, atque in universa Muzarabica liturgia occurrunt. Neque ea commemorabo quæ Isidorus in opere Etymologiarum de libris canonicis, de eorum versionibus, de explicationibus nominum Veteris ac Novi Testamenti scriptum reliquit. Nihil etiam dicam de ejus libro Allegoriarum, nihil de quæstionibus, sive commentariis in fere omnes sacros libros. Utut hæc sunt, antiquissimos testes fundamenti fidei nostræ in publicum proferre non possumus, quin eos Isidorus comitetur, atque multis rationibus custodiat.

16. Sunt etiam nobis magno numero Gothicæ canonum collectionis genuinæ et legitimæ exemplaria, alia sæculo ıx, alia x, alia xı, quædam xıı exarata : qua quidem collectione Ecclesia Hispana fere ad hæc postrema sæcula usa est. Opus hoc longe diversum est ab eo quod cardinalis Aguirrius, et post eum Cennius, multis uterque erroribus deceptus, excuderunt, præfixo titulo : *Codex veterum canonum Ecclesiæ Hispanæ*. Opus ab his auctoribus editum solum est institutio quædam canonica, collectioni in mss. Codicibus præmissa, cujus auctorem Joan. Baptista **311** Perez S. Julianum Toletanum esse suspicatus est, Antonio Augustino non probante.

17. Differt etiam hæc collectio a canonum Orientalium collectione S. Martini Dumiensis ; nam collectio S. Martini, a nonnullis concilium Lucense male existimata, exigua est, et una ex partibus canonicæ collectionis S. Isidori, inter Bracharenses synodos collocata. Neque hic noster Codex esse potest canonicus ille Codex conciliorum generalium et particularium, in concilio Bracharensi ı lectus : siquidem ut alia argumenta omittam, ille certe brevissimus erat, hic noster est amplissimus. Distincta etiam est nostra collectio a collectione canonum conciliarum et epistolarum synodicarum Romanorum præsulum, quam canon 1 concilii ııı Toletani, præside S. Leandro, comprobavit : etenim canon ille profecto brevem collectionem Dionysii Exigui puram ac sine Adriani ı additionibus respexit, ut multi alii ejusdem celeberrimi concilii canones.

18. Multo vero magis collectio Gothica diversa est a collectione Isidori *Mercatoris*, sive *Peccatoris* nomine vulgata, quam cardinalis Aguirrius contra unanimem orbis litterarii consensum a falsitatis et fictionis nota liberare frustra conatus est ; qui etiam apocrypham præfationem fuse illustravit, documenta legitima esse propugnavit, ac probare voluit opus esse legitimum ac certum S. Isidori. Stupenda sane tam docti ac diligentis viri pertinacia : qui duos præstantissimos Codices Gothicos veræ collectionis Gothicæ in hac primate Ecclesia Toletana asservatos excutere debuit, quinque in bibliotheca S. Laurentii Escurialensi, et alios quos facile in Hispania reperisset, ut eos in Gotholaunia archiepiscopus Marca reperit, ex quo veram præfationem descripsit, et quem nihilominus refellit. Collectionis istius *Peccatricis* nescio an vel unicum vetus ms. exemplar in universa, qua late patet, Hispania existat.

19. Contra genuinæ ac legitimæ collectionis, præter antiquissimum Codicem Lucensem, in bibliotheca Escurialensi combustum, cujus indices adhuc exstant, et cujus exemplar descriptum pro correctione Decreti Gratiani juvanda, Romam transmissum fuit, habemus non solum quinque illa, quæ dixi, Gothica Escurialensia exemplaria, duoque Toletana, sed aliud etiam Gothicum, quod olim archiepiscopi Loaisæ fuerat, nunc penes me est, bibliothecæ regiæ a rege destinatum ; duo alia charactere Gallico, alterum Ecclesiæ Urgellensis, a Mendoza, qui presbyterorum subscriptiones in commentario ad concilium Illiberitanum ex eo descripsit, celebratum, alterum Ecclesiæ Gerundensis, in cujus fine duo illa concilia Gerundensia reperiuntur, quæ Tavernierus de Ardenne ad P. Harduinum remisit, Harduinus vero tomo XII post indices adjecit : aliud Ecclesiæ Cordubensis : alia monasterii Rivipullensis : aliud Gothicum Viennæ Austriæ existens ; illuc Mediolano delatum : ac denique partem indicis ex alio Cellanovæ in Gallæcia, quo expetitum concilium Toletanum xvııı continebatur. Hoc autographum fragmentum ad P. Sarmientum vidi, quod a Florezio postea typis commissum fuit. Omitto ejusdem collectionis Codices qui in Gallia asservantur ; eos enim P. Constantius recenset.

20. Igitur collectio nostra canonica Gothica earum omnium, quæ in **312** Ecclesia catholica Orientali et Occidentali unquam exstiterunt, amplissima est, purissima et ordinatissima. Constat primo loco institutione canonica, quam dixi, ab Aguirrio et Cennio edita, in decem libros divisa, cui in mss. Codicibus titulus est, *Excerpta Canonum*: quod opus duobus diversis modis dispositum reperitur, et, ut ego puto, recentius est Isidoro. Sequitur genuina præfatio, a Marca excusa, et ab Aguirrio recusa; quam etiam Correctores Romani Decreti Gratiani Toleto ab Alvaro Gomez de Castro missam præ oculis habuerunt.

21. Succedit index conciliorum, et post indicem, nulla habita mentione canonum apostolicorum, quippe qui in præfatione, ut apocryphi et ab hæreticis conficti rejiciuntur conceptis illis verbis quæ Gratianus descripsit quamvis omnino contraria aliis quæ pariter ex supposititia præfatione desumpsit, post indicem, inquam, illico concilium Nicænum collocatur, solis viginti canonibus constans, illis ipsis quæ deinde in concilio Carthaginensi VI repetuntur, ex authenticis regestis Constantinopolitanis tunc extracta, cum de canonum Nicænorum et Sardicensium distinctione controversia exorta fuit, quia Dionysius Exiguus sub eodem numerorum ordine et serie confusos coacervaverat. Sequuntur canones aliorum conciliorum Græcorum, non versione Latina Dionysii Exigui, sed alia diversa, quam pseudo-Isidorus maxima ex parte retinuit, et Harduinus in sua maxima Collectione ejusdem pseudo-Isidori nomine in separatam columnam conjecit.

22. Post synodos Græcas sunt Africanæ, sed in ordinem redactæ, et sine illa perturbatione quæ apud Dionysium Exiguum notatur: post Africanas Gallicanæ, post Gallicanas Hispanicæ. Atque ita prima collectionis pars absolvitur. Secunda pars, post brevem prologum et indicem, epistolas decretales 102 exhibet. Primæ duæ epistolæ sunt S. Damasi ad Paulinum Antiochenum: tres deinde Siricii; tum viginti duæ Innocentii I; duæ Zosimi; quatuor Bonifacii; tres Cœlestini; triginta novem Leonis Magni, comprehensis scilicet una Flaviani Constantinopolitani, et alia Petri Ravennatis; tres Hylari; duæ Simplicii, quarum altera est Simplicii ad Zenonem Hispalensem, altera Acacii Constantinopolitani ad Simplicium; tres Felicis; duæ Gelasii; una Anastasii; una Symmachi; decem Hormisdæ, inter quas una est Justini imperatoris, alia Joannis Constantinopolitani ad eumdem Hormisdam; una Vigilii; ac denique quatuor illæ quas S. Gregorius Magnus ad Hispaniam misit, nempe tres ad S. Leandrum, et una ad regem Reccaredum.

23. Fere in omnibus mss. exemplaribus additur Decretale de libris recipiendis et non recipiendis; ex quo Gratianus caput *Sancta Romana* desumpsit. In omnibus nostris mss. Hormisdæ, non Gelasio, tribuitur. Exstat etiam in alio diversorum opusculorum Codice Gothico, de quo infra. Ejusmodi epistola, sive Gelasii, sive Hormisdæ, in primæva canonum collectione cum cæteris inserta non fuit: alioquin suo loco conspiceretur. Minime ergo dubium quin collectioni addita fuerit, imo etiam post institutionem canonicam, sive *Excerpta canonum*: in quibus nulla illius mentio fit, prout fieri debuit, si in collectione primæva contineretur. Earum Decretalium **313** nulla est quæ legitima et authentica non sit, nulla quæ falsitatis aut interpolationis vitio laboret; atque hæ tantum sunt epistolæ decretales antiquæ, ac nullæ aliæ (exceptis illis quæ cum Actis synodi VI conjunctæ fuerunt) ab Ecclesia Hispana cognitæ, observatæ, et lectæ, donec aliæ a personato Isidoro Mercatore confictæ e regionibus exteris ad ejus cognitionem devenerunt.

24. His positis, etiamsi monumenta quæ hac collectione comprehenduntur maxima ex parte typis vulgata jam sint, tamen Ecclesiæ utilitati, gloriæ et confirmationi fidei Hispanæ gentis maximopere conduceret hoc alterum fundamentum et columnam ejus religionis et disciplinæ ecclesiasticæ ita omnino publicare, ut in vetustissimis indubitatæ auctoritatis exemplaribus, inter se in rei substantia mire consentientibus, reperitur, atque ea methodo, eo capitum ordine, ea titulorum divisione, etc., quam mss. Codices repræsentant.

25. Oporteret orbi Christiano evidens reddere quod, cum ex Hispania ad imperium Franco-Gallicum hujus collectionis canonicæ Gothicæ genuinæ exemplar delatum fuisset, quo tempore illis in locis breves tantum collectiones, a Justello et Quesnello publicatæ, de quibus fuse Constantius, et collectio Dionysii Exigui, ab Adriano I aucta, et versibus acrostichis Carolo Magno exhibita, cognitæ erant sæculo VIII exeunte aut IX ineunte, ad æternam infamiam ex hoc exemplari Hispano, veluti e solo ac fundamento, alia abominanda collectio, fictionibus referta, erecta fuit, clare nihilominus et diserte S. Isidoro imputata, ascito nomine *Isidori Peccatoris*, sive *Mercatoris*, quæ corrupta Scriptura prævaluit: cum vellet falsarius perniciosissimis suis fabulis speciem auctoritatis conciliare, ex publica existimatione quam S. Hispanus doctor scriptis suis per universam Ecclesiam jam disseminatis obtinuerat.

26. Manifestum etiam facere oporteret non solum doctissimum P. Turrianum in canonum apostolicorum, et decretalium ante-Siricianarum defensione deceptum fuisse, quamvis idonea excusatione dignum, sed etiam Beveregium in eorumdem canonum defensione; præ cæteris vero doctum cardinalem Aguirrium, qui non solum legitimam esse Isidori Peccatoris collectionem, sed et verum illius auctorem S. doctorem Hispanum Isidorum fuisse obstinato animo propugnavit. Collatis inter se collectione canonica gothica legitima, ut in tot mss. Codicibus Hispanis conservatur, et collectione Isidori Peccatoris, ut in imperio Franco-Gallico conficta fuit, unde in reliquas regiones permanavit, excepta Hispania, aliud tunc agente Maurorumque jugo oppressa, in qua ejus exemplar ms. nullum omnino offendimus, liquido appareret quidquid est superadditum, interpolatum, corruptum, mutatum, confictum.

27. At nihil horum sine Isidoro ejusque operibus perfici potest: de eo enim, tanquam de auctore, agitur. Necessarium igitur est validis conjecturis probare, Isidorum collectionem nostram genuinam instar collectionis Dionysianæ confecisse ac digessisse, multo tamen meliori methodo ac judicio, majorique rerum copia ac varietate. Necessarium pariter est ostendere, neque S. Isidorum, neque ullum alium Hispanum collectionis **314** apocryphæ auctorem fuisse: cujus auctor ille ipse potuit esse qui capitula confinxit exhibita, ut in nonnullis titulis asseritur, Ingilrhamno, sive Ingelranno ab Adriano I, ut in aliis, a Sirmundo observatis, Adriano I ab Ingilrhamno: quod longe aliud est: ac fortasse utrumque falsum, neque aliud habet fundamentum præter eam, de qua jam dixi, Adriani I additionem ad Dionysianam collectionem.

28. Utut hæc sunt, constat Adrianum I ea capitula in hanc suam additionem, qui maxime opportunus locus erat, non ingessisse, ut ex duobus vetustis illius additionis Codicibus Rivipullensibus, quos vidi, liquet. Cum ergo hæc capitula conficta sint, ruit Achilleum Aguirrii argumentum. Potuit etiam supposititiæ hujus collectionis auctor esse archiepiscopus Riculfus, qui eam per imperii Franco-Gallici regiones disseminavit: quanquam fortasse hic præsul innocenter id gessit, dolo deceptus obscuri alicujus auctoris qui sincerum Codicem Hispanum corruperit, et Riculfo obtruserit, tanquam ex Hispania ita delatum.

29. Certe collectio Franco-Gallica in Hispania neque conficta est, neque illis temporibus confingi ullo modo potuit. Corruit igitur testimonium Hincmari Remensis, cujus auctoritate Labbeus et alii, etiam Constantius, Hispaniam abortivi illius fetus matrem crediderunt. Præterea in ipsa collectione quædam animadverti debent quæ ad Isidorum spectant, ut verba præfationis veræ quæ in Etymologiarum libris reperiuntur, etiam illa, *Concilia... quorum gesta in hoc opere condita continentur*: quæ minime

Etymologiarum operi congruunt, et omissa esse oportuit, ut Grialius notavit.

30. Illud etiam expendendum, synodum generalem v, Isidoro antiquiorem, in collectione omitti: cohæret quod tam in præfatione quam in Etymologiarum libris quatuor tantum synodi generales ab Isidoro commemorantur. Quærendum quænam fuerit ejus de synodo v et quæstione trium capitulorum sententia, quæ ex is colligitur quæ de Acephalis, de Justiniano, de Victore Tunnensi aliisque scripsit, et ex iis quæ in concilio Hispalensi II erga episcopum illum Orientalem gessit, atque ex prænotatione Braulionis.

31. Explicandum etiam est cur in maxima Codicum mss. collectionis parte synodus generalis VI Constantinopolitana II inveniatur cum Leonis papæ epistolis ad episcopos Hispaniæ, ad Quiricum Toletanum, ad comitem Simplicium, et Benedicti electi pontificis ad Petrum notarium regionarium, et ad regem Ervigium, quæ Isidoro recentiores sunt. Ejusmodi epistolas cardinalis Baronius pro sinceris non habuit, quia archiepiscopus Loaisa tanquam in uno tantum ms. exemplari regii conventus Toletani S. Joannis regum, quod hodie desideratur, repertas produxerat. At potuit Loaisa Codicem ipsum Gothicum, quem possidebat, et qui nunc penes me est, allegare: duos item Gothicos Ecclesiæ Toletanæ, alium Urgellensem, alium Gerundensem, alium Lucensem in bibliotheca Escurialensi tunc exstantem, aliosque, quibus hæ epistolæ post synodum Constantinopolitanam II continentur.

32. Neque Loaisa, neque Aguirrius, istiusmodi epistolas in memoratis **315** Codicibus observarunt: quia cum eorum scopus ac labor ad sola Hispaniæ concilia unice tenderet, Codices ea parte qua concilia Græca reponuntur, evolvere non curarunt, ne suspicantes quidem latere ibi quidquam posse quod ad Hispaniam attineret. Quod si constitisset, eas epistolas non solum in Codice S. Joannis Regum, sed in reliquis etiam omnibus in quibus synodus Constantinopolitana II exstat, reperiri, fortasse neque Baronius, neque alii post eum scriptores, quin legitimæ sint, dubitassent.

33. Opus quoque erit exponere cur cum nonnulli Codices, ut illi quos in monasterio Rivipullensi Marca inspexit, concilia Hispaniæ solum usque ad IV Toletanum exhibeant, nihilominus alii usque ad concilium XI Toletanum, alii usque ad XV, alii usque ad XVII, laudatus vero Codex Cellanovæ usque ad XVIII et ultimum comprehenderint: quæ omnia concilia post Isidorum habita fuerunt. Qua ergo via et ratione collectio aucta additamentis est, ut ex conciliis Toletanis IX, XIV et XVI arguitur?

34. Idonea ratio reddenda est, cur tametsi Leo pontifex in epistolis suis quinque synodos generales suscipit et laudat, et synodum Constantinopolitanam II, quam ad Hispanos remittit, VI generalem appellat, tamen episcopi Hispani in concilio Toletano XVI, synodum Constantinopolitanam II, cui subscribunt, non vocant sextam, ac solum quatuor synodos generales antiquiores, quas in suo Codice sive collectione contineri innuunt, præterita V synodo generali, commemorant. Quid vero sentiendum erit de conciliis extravagantibus, hoc est de nonnullis conciliis provincialibus, quæ in uno vel altero Codice extra ordinem reperiuntur, præsertim in Codice Æmilianensi bibliothecæ Escurialensis, in quo collectionis canonicæ methodus non servatur? Cur ea concilia, cum Isidoro sint vetustiora, in aliis Codicibus in quibus collectio rite digesta est, non reperiuntur?

35. Quid vero causæ est cur epistolæ Gregorii Magni de episcopi Malacitani depositione in collectionem insertæ non fuerint, cum id factum Isidori tempore necessario evenerit, atque in limitibus provinciæ Bæticæ, cujus ipse erat metropolitanus? Quid item dicere oportebit de alia epistola S. Leonis Magni ad episcopos Bæticæ et Lusitaniæ de alterius episcopi Sabini depositione; quæ in fine Codicis Ecclesiæ Gerundensis exstat, sed extra ordinem adjuncta, et postquam collectio decretali epistola sub Hormisdæ nomine jam memorata conclusa erat?

36. Hæc omnia ad Isidorum quodammodo attinent: atque de his omnibus disputandum est, si collectionem nostram canonicam Gothicam in bono lumine collocare voluerimus. Omitto, ad dissertationes perficiendas, commentaria, vel notas in Historiam vel concilia Hispaniæ, ad Isidori Opera omnino recurrendum esse, in quibus vera notio plurimarum rerum explicatur, præsertim quod attinet ad Hispaniæ concilia. Omitto etiam, monasticam Hispaniæ disciplinam ex ejus regula et ex concilio II Hispalensi pendere, ut disciplina ecclesiastica cleri sæcularis ex ejus epistolis, libris, et concilio IV Toletano pendet. De nostra collectione canonica Gothica, ab Isidoro digesta, sermonem æquo longiorem habui: sed cum **316** P. Zaccaria singillatim de ea interrogaverit, elaborandum fuit, ut, cum tu rescribas, in hoc argumento explicando non parce verseris.

37. De liturgia Gothica, quod tertium est fundamentum et columna fidei nostræ, brevius disseram: nam vel ex ipso *Isidorianæ* vocabulo liquet quam sit cum S. Isidoro connexa. Vocatur liturgia *Muzarabica*, quia cum urbs hæc Toletana ab Alfonso VI anno 1085 expugnata fuit, plures Christianæ familiæ in ea repertæ sunt, a Gothorum temporibus fere per quatuor captivitatis sæcula conservatæ, in septem parœcias divisæ, ad quas quidem perpetuo jure, non territorii, sed sanguinis et generis ratione pertinebant. Hæ familiæ, quas expugnator meritis honoribus cumulavit, supremum urbis regimen illis concedens, Mauro vocabulo dictæ sunt *Muzarabes* sive *Mozarabes*: quo ab aliis incolis Castellanis et Franceis, per alias denuo erectas parœcias territorii jure distributis, distinguebantur.

38. Rex idem Alfonsus VI non solum ritum, sive liturgiam Gothicam, sed characteres etiam Gothicos in tota sua ditione aboleri curavit: sed qui ab ecclesiis cathedralibus et monasteriis scripturam et liturgiam Gothicam evellere potuit, subrogata Gallicana seu Romana, aut non potuit aut noluit hoc ipsum a Muzarabibus Toletanis extorquere, qui in parœciis suis veterem ritum conservarunt, et etiamnum conservant. Mansit ergo scriptura et liturgia Gothica penes solos Muzarabes; ac propterea appellata fuit scriptura et liturgia *Muzarabica*, ritus et officium *Muzarabicum*, cui *Toletani* nomen additur, quoniam Toleti tantum retinetur.

39. Verum dicta quoque fuit et dicitur liturgia *Isidoriana*, sive officium *Isidorianum*, quia pro certo habetur præcipuum ejus auctorem fuisse Isidorum, saltem quod attinet ad methodum ordinemque totius liturgiæ et officii, ac plures partes quibus constat. Cardinalis Ximenez de Cisneros, vir incomparabilis, cum in parœciis Muzarabum usum ejus officii languere cerneret, in hac sua primate ecclesia sumptuosum sacellum erexit, ac quatuordecim capellanias fundavit, ut quatuordecim Muzarabes parochi et beneficiati quotidie missam et omnes horas canonicas suo ritu cantarent. Quod ut perficeret, libros omnes mss. parœciarum collegit, atque ex eis missale et breviarium Muzarabicum Isidorianum in formam redigi, atque typis excudi jussit, sed quibusdam recentibus admixtis et nonnullis antiquis omissis.

40. In hujus sanctæ ecclesiæ bibliotheca adhuc octo illa volumina mss. membranacea, charactere Gothico exarata, asservantur, quorum P. Joannes Pinius in suo de hac liturgia tractatu meminit ex D. Petri Camini, amici mei, recensione, qui adhuc in vivis agit, et nunc congregationi Muzarabum præsidet. Asservantur quoque tria alia, quæ Caminus non vidit, præter quædam aliorum fragmenta. Quamvis P. Emmanuel Azevedus nunc Romæ missale et Breviarium Muzarabicum cardinalis Ximenii, notis illustrata, recudit, tamen oporteret ut hæc volumina

mss. Gothica eo modo publicarentur quo alia ab aliis omnium gentium scriptoribus publicata sunt, et quo nuper, anno scilicet 1748, Muratorius Codices Liturgiæ Romanæ veteris illustravit, qui duobus voluminibus Sacramentaria S. Leonis, S. Gelasii, S. Gregorii, et alia, ut in veteribus exemplaribus mss. ad verbum descripta exstant, typis edidit, brevibus notis subjectis.

317 41. In nova Operum cardinalis Thomasii editione primo volumine, quod a bibliopolis nostris in duo divisum, distinctis titulis atque epistolis dedicatoriis ornatum, pro duobus diversis operibus aliquando venditum est, Blanchinus Codicem liturgiæ Gothicæ, in capituli ecclesiæ Veronensis bibliotheca repertum, inseruit. Vidi etiam conspectum editionis, quam præsules Assemanii Romæ meditantur, omnium totius orbis liturgiarum quindecim voluminibus excudendarum, ut in Codicibus antiquis jacent. Liturgia nostra Gothica Muzarabica, aut Isidoriana, multis de causis cum cujuslibet alterius gentis liturgia de dignitate et amplitudine contendere potest. Sola bibliotheca hujus ecclesiæ primatis Toletanæ, ut jam dixi, nobis undecim volumina exhibet : nostrum est missale Gothicum a Mabillonio excusum, et a Muratorio recusum, noster laudatus Codex capituli Veronensis, nostra volumina Gothica monasterii Caradignæ, ex quibus P. Berganza nonnulla excerpta ad suarum appendicum calcem conjecit; nec dubito quin in aliis quoque Hispaniæ monasteriis alia volumina Gothica mss. liturgica, ut in monasterio Caradignæ, sive *de Cardeña*, lateant, e quibus tam ampla collectio compleri poterit, ut nulla alia natio similem valeat opponere.

42. Martyrologia eorumque in officio divino usus ortum in Ecclesia Cordubensi habuerunt, in reliquas Ecclesias exinde propagata, siquidem epistolæ quæ cum additionibus ad Martyrologium Adonis Viennensis circumfertur, fidem præstamus. Nonnulla sunt in Hispania, et satis quidem antiqua, ejusmodi martyrologia : ac sola hæc bibliotheca Ecclesiæ Toletanæ duobus inter se diversis potitur. Habemus itidem magno numero sanctoralia, et libros actorum martyrum, quæ in ecclesiis legebantur. In hac quidem urbe Codices ejus generis exstant valde antiqui : in aliis Hispaniæ partibus etiam characteris et temporis Gothici. Etsi ejuscemodi monumenta in Tamayi Martyrologio deturpata fuerunt, non tamen propterea suum internum fundamentum splendoris amiserunt, quem quivis eruditus, fidelis et sincerus, demonstrare poterit, si modo judicio a partium studio alieno, prudenti et incorrupto, merita eorum patefaciat. Hæc autem vetera documenta liturgica Hispaniæ absque Isidori ope illustrari nullatenus possunt : tum quia ipse est eorum præcipuus auctor, tum quia e diversis ejus operibus lumen peti debet : ut nihil interim dicam de vinculo quo hæc cum Bibliis Gothicis et collectione canonica Gothica copulata sunt.

43. Quod si opera sanctorum veterum et scriptorum ecclesiasticorum Hispaniensium, quod quartum est fundamentum et columna traditionis fidei nostræ, opportunis notationibus illustrata, in unum corpus redigere voluerimus, S. Isidorus sine ulla controversia, sive multitudinem Operum ejus spectes, sive conditionem, eorum omnium princeps est habendus. Præterea Isidorus ipsum omnium inter nostros catalogum virorum illustrium, Hieronymum et Gennadium imitatus, contexuit : a quo maximam partem cognitionum historiæ nostræ litterariæ, ac vitæ et Operum scriptorum ipso antiquiorum mutuari necesse est. Qui Isidorum subsecuti sunt, eum tanquam magistrum communem suspexerunt.

313 44. Denique fundamenta monarchiæ nostræ, cum religione intime connexæ, sunt leges Gothicæ et historia. *Forum Judicum* Gothorum Latinum in Hispania nunquam typis commissum est. Editiones extra Hispaniam procuratæ ad Codices, quos antiquissimos habemus, recognosci et castigari possunt. In bibliotheca hujus Ecclesiæ Toletanæ tres existunt, quorum unus Gothicus cum notis Arabicis, quales in Codicibus quoque collectionis canonicæ et bibliorum inveniuntur : alius vetus annorum 600 in conventu S. Joannis Regum; alius recentior in hoc collegio Societatis. Præterea alia exemplaria Gothica bibliotheca Escurialensis possidet.

45. Divinus rex noster S. Ferdinandus statim atque Cordubam expugnavit, et priusquam ingens opus, cui *Partitarum* titulum fecit, adumbraret, prudentissima arte jussit leges vulgi lingua publicari, atque unas easdemque in toto regno servari, quantum quidem nationis studium et amor erga sua jura municipalia pateretur. Hunc ad usum Forum Judicum Latinum, quod Toleti prævalebat (quanquam in usu quoque erat Forum Castellanum), quia gubernator Muzarabum, quibus, ut liturgia Gothica, ita etiam leges Gothicæ conservatæ fuerant, civitatis et ejus territorii judex præcipuus erat, in Castellanum idioma converti jussit ; quod ita conversum pro municipali jure Cordubæ assignavit, et *Forum Cordubense* vocari præcepit. Idem Forum Judicum vulgari lingua Hispali, a se expugnatæ, illico tradidit : idem Murciæ et Alonæ, statim atque Alfonso Sapienti filio suo, tunc Infanti, deinde regi, se submiserunt.

46. Versio hæc Castellana Fori Judicum semel tantum typis edita est, et pessime quidem, atque innumeris erroribus, quamvis in editionis fronte notarius solemni juridico testimonio affirmet eam cuidam volumini ms. ecclesiæ Toletanæ conformatam esse. Non unum, sed tria sunt egregia hujus versionis mss. exemplaria in hujus ecclesiæ bibliotheca : alia conservantur in bibliotheca Escurialensi ; aliud Colmenares possidebat, ut in sua Segoviæ historia testatur ; urbs Murcia autographum exemplar, ab expugnatore donatum, adhuc servat ; alia alibi reperiuntur. Consentaneum rationi videtur, has leges, quibus tanquam fundamentis monarchia nostra Hispana innititur, per tot sæcula observatas, a multis regibus confirmatas, et a nullo hactenus abrogatas, utraque lingua quam fieri possit correctissimas edi. Præter innumeras alias utilitates conspicua est ea quæ in religionem redundat, mirandum in modum ab his legibus confirmatam.

47. Quocunque id modo expedietur, Isidorum certe silentio præterire non possumus : ipse enim ejusmodi collectionis legum princeps auctor est, si Lucæ Tudensi fidem præbemus : collectio ipsa in concilio IV Toletano, cui Isidorus præfuit, formata et publicata fuit, si inscriptiones et prologus versionis Castellanæ non fallunt. Profecto nihil prohibet quin, etiamsi Ervigius, Leovigildus et alii reges Gothi Codices legum formaverint, uti antea Alaricus Breviarium et Codicem Anianum publicaverat, nihilominus Sisenandus Isidoro usus fuerit, ut novam formam Codici augmentumque redderet : quem rursus Chindasuindus aliique consecuti **319** reges mutaverint, correxerint, auxerint. Præterea interpretatio plurimarum rerum ejusdem collectionis apud Isidorum quoque similiter quærenda est.

48. De historia quid attinet dicere, cum constet historiæ nostræ fontes in Isidori chronicis et historiis potissimum consistere? Postremo si quænam fuerit antiquis illis temporibus gentis nostræ doctrina in omni scientiarum ac divinarum humanarumque disciplinarum genere, scire cupimus, præsto est S. Isidorus, qui in suis Etymologiarum libris encyclopædiam conformavit, omnesque intra atque extra Hispaniam tunc cognitas facultates in compendium redegit : quod compendium, quibusdam licet nævis respersum, nihilominus censeri debet præstantissimum opus eorum omnium quæ illa quidem sæcula apud quaslibet alias nationes protulerunt.

49. Complexio horum omnium venerandæ antiquitatis nostræ monumentorum nationi nostræ procul dubio honorificentissimum esset : invictum traditionis fidei Hispanæ argumentum in omnibus dogmatis catholici capitibus a primis Ecclesiæ sæculis præstaret ; ac simul supremam Ecclesiæ Romanæ et sedis apostolicæ auctoritatem a primis Evangelii splendoribus usque ad nostra tempora constanter in

Hispania receptam serie chronologica demonstraret. Egregiæ inductionis argumento in singulis his rebus uti possem, sed satis erit quædam ex his quæ ad sedem apostolicam spectant, indicare : nam cætera in legitima subjectione et communione fidei hujus apostolicæ sedis necessario includuntur.

50. De SS. apostolorum Petri, Pauli et Jacobi in nostram peninsulam adventu et prædicatione quidquid tenere libeat, certissimum est Ecclesiam nostram Gothicam pro suis apostolis SS. episcopos a Petro apostolo in Hispaniam missos, ac propterea *Apostolicos* cognominatos celebrasse : qui primo christiano sæculo Ecclesiam Hispanam Romanæ rite subjectam atque unitam stabilierunt. Sæculo III submissio erga supremam Romæ auctoritatem ostenditur tam ex libellaticorum depositorum appellatione, quam ex angustiis in quas Romani pontificis mandata Basilidem, Martialem (corrigo *Sabinum, Felicem*), ac clerum et populum qui hos elegerant, compulerunt. Ita enim ad incitas redacti sunt, ut in Africa consilium a S. Cypriano exquirere coacti fuerint; quod non fecissent, nisi legitimam potestatem quæ eos compellebat agnovissent.

51. Hoc ipsum consecutis sæculis comprobatur ex appellationibus, consultationibus, decretis, legationibus, vicariatibus apostolicis, reliquiarum palliique transmissione, quæ in epistolis continentur Siricii ad Himerium Tarraconensem, S. Leonis ad S. Turibium Asturicensem, Hylari ad Ascanium Tarraconensem, Simplicii ad Zenonem Hispalensem, Felicis ad eumdem, Hormisdæ ad Joannem Ilicensem et cæteros Hispaniæ episcopos in genere, ad Sallustium Hispalensem et episcopos Bæticæ, Vigilii ad Profuturum Bracharensem, S. Gregorii ad S. Leandrum et ad Reccaredum, denique in epistolis jam memoratis Leonis et Benedicti de subscriptione VI synodi generalis. Concilio Nicæno non alius præfuit quam magnus Osius episcopus Cordubensis. In concilio Toletano I cernere **320** licet obsequium, et venerationem exhibitam litteris S. Leonis de Priscilliano, quas episcopi a Balconium simul cum regula suæ fidei miserunt. Eadem reverentia in concilio Bracharensi I sæpius observatur erga epistolas decretales S. Leonis, et Vigilii, et cathedræ Petri auctoritatem.

52. Universæ Ecclesiæ Hispanæ, in concilio III Toletano congregatæ, post hæresin Arianam ejuratam, primus conatus fuit ut conciliorum et epistolarum synodicarum Romanorum pontificum auctoritas reciperetur, ut ex canone primo liquet. In concilio IV Toletano nationali, præside S. Isidoro, epistola S. Gregorii producta fuit, ut quæstio de trina mersione resolveretur. Denique S. Isidorus in præfatione ad collectionem canonicam hoc ipsum solemnibus verbis professus est : *Subjicientes etiam decreta præsulum Romanorum, in quibus pro culmine sedis apostolicæ non impar conciliorum exstat auctoritas.*

53. Antiquitatum igitur Hispaniæ dilucida expositio, ea methodo, quam congruentissimam puto, peracta, utilitatis plurimum afferet atque gloriæ. Sed, ut ex dictis patet, nihil horum illustrari potest quin Isidorus menti et oculis continue obversetur. Quamobrem maxime interest, ut Operum omnium S. doctoris nova editio diligenter curetur, quæ editionibus Grialiana et Breuliana amplior sit, meliorique methodo procedat : præterquam quod duæ illæ editiones rarissimæ jam sunt, neque ab iis omnibus qui eas expetunt possunt comparari.

54. Tertio loco notum tibi facere debeo Opera mss. S. Isidori quæ hic exstant hæc esse de quibus nunc dicere aggredior.

55. In bibliotheca ecclesiæ primatis, plut. 15, num. 8, 9, 10, 11, quatuor sunt exemplaria librorum Etymologiarum, duo scilicet charactere Gothico, duo Gallico exarata. Nota temporis quo descripta fuerunt, carent; sed primum num. 8 adeo videtur antiquum, ut probabilis suspicio sit, ante Maurorum irruptionem fuisse scriptum. Integrum est hoc exemplar, magna diligentia descriptum, versicoloribus ornatum figuris geometricis, itidemque figuris musicis, quæ in excusis desiderantur, brevibus ubique notis, et vocum Arabicarum respondentibus significationibus refertum : ab Alvaro Gomez de Castro et cæteris qui editionem regiam Matritensem procurarunt, recognitum non fuit ; sed ex secretiori Sacrarii tabulario, ubi latebat, ad bibliothecam nonnisi anno 1727 transiit, Patribus Benedictinis Mecolæta et Sarmiento, qui Codicem inspexerunt, id suadentibus.

56. Alterum Gothicum exemplar n. 9, clariori et grandiori charactere exaratum, sec. XI certe posterius non est. Tertium exemplar n. 10 charactere minutiori Gallico ad sæculum XI pertinet : ex operimentis arguitur olim fuisse monasterii Ognensis. Quartum num. 11 grandioribus litteris Gallicis prope finem sæculi XIII, aut etiam postea descriptum est : præmittitur enim prænotatio Braulionis, ut a Luca Tudensi, qui dimidiato illo sæculo floruit, interpolata et corrupta fuit. In hoc eodem volumine post Etymologias reperitur liber *De astris cœli ad Sisebutum regem.*

57. Eodem pluteo 15, num. 12, asservatur alius Codex Gothicus, quo tres libri Sententiarum, sive de Summo Bono continentur : initio mutilus **321** est, a cap. 7 libr. I incipiens. In fine id notatur : *Finit II Kal. Aprilis hora VII, in æra DCCCC. LIII. Teodemirus ac si indignus scripsit* (Forte scripsi). *Orate pro me.* Anno igitur 915 finitus est. Hic est ille ipse Codex quem archiepiscopus Loaisa in suis notis allegat.

58. Alius Codex membranaceus charactere Gallico sæculi XIII, plut. 21, num. 12, exstat, qui initio exhibet Vitam S. doctoris, longa oratione descriptam, insertis Renotatione Braulionis interpolata, Alphabeto orationis, quibusdam ejusdem Isidori epistolis, narratione Redempti interpolata, nonnullis versibus sub Ildefonsi nomine, atque alia prolixa narratione de translatione S. Isidori atque ejus miraculis : quod totum Lucæ Tudensis videtur opus, nugis refertum. Sequuntur minutiori charactere chronica S. Isidori, S. Ildefonsi, S. Juliani, ac postremo ejusdem Lucæ Tudensis, qui cætera interpolavit, ut tom. IV Hispaniæ illustratæ edita fuerunt studio Patris Marianæ, cujus manu, uti etiam Alvari Gomez de Castro, nonnulli versiculi in hoc Codice scripti conspiciuntur.

59. Pluteo 2, num. 1, celeberrimum exemplar Bibliorum Gothicorum reperitur, quod Mariana validissimis argumentis existimavit ante Maurorum irruptionem exaratum. In eo suis locis inserta leguntur nonnulla procemia et prophetarum elogia quæ Isidorus composuit ; alia etiam sunt ornamenta quæ retuli cum de Bibliis Gothicis verba feci.

60. Plut 51, num. 18, 19 et 20, tria volumina characteris recentis inveniuntur, quæ Joan. Baptista Perez ex veteribus exemplaribus describi curavit, concilia, sanctorum opera et antiquas Hispaniæ historias complectentia. In hac collectione inseruit S. Isidori epistolas ad Leudefredum, ad Massonam, ad Helladium, ad Claudium, ad Redemptum et ad Eugenium ; Regulam monachorum ; Versus bibliothecæ, quos Tamayus edidit, deinde Muratorius, et modo Florezius ; Alphabetum orationis ; Chronicon ; Historias Gothorum, Wandalorum et Suevorum : demum Virorum illustrium librum, prout in editione Matritensi excusus fuit, additis 16 elogiis dubiis ex Codice Galistæano.

61. Plut. 14, num. 23, exemplar recens exstat, jussu Loaisæ descriptum, Operum Beati, Hetherii, et Samsonis Cordubensis, quæ in Codice Gothico ejusdem bibliothecæ inveniuntur. Sequitur exemplar recens librorum Differentiarum S. Isidori usque ad caput 38 lib. II, regula monachorum, liber Virorum

illustrium, ut a Loaisa in conciliorum collectione editus fuit ab Aguirrio repetitus. Sunt in hoc libro quædam notæ, fortasse archiepiscopi Loaisæ, non tamen ejus manu, quam optime novi.

62. In regio conventu S. Joannis Regum veterem Codicem vidi litteris Gallicis scriptum, quo Sententiarum libri continentur : alium etiam antiquum membranaceum de Ortu et Obitu Patrum, qui tamen solum Vitas Patrum Veteris Testamenti complectitur, quamvis index Vitas quoque Patrum Novi Testamenti polliceatur.

63. Penes me est exiguus Codex Gothicus librorum contra Judæos, qui olim fuit bibliothecæ archiepiscopi D. Garsiæ de Loaisa, nunc regiæ Matritensi destinatus.

64. Commodatum etiam ab amico habeo Codicem Gothicum, ingentibus **322** membraneis, vetustissimum, sed male habitum ac disceptum, quo inter alia libri Hieronymi, Gennadii, Isidorique de Viris illustribus, necnon additiones Braulionis, Ildefonsi et Juliani continentur : præterea liber Allegoriarum, et liber de Ortu et Obitu Patrum, ab excusis satis diversus. Suspicor in hoc Codice fuisse etiam librum Isidori de hæresibus, a Braulione laudatum. Denique dubius hæreo an Isidori sit liber quidam acephalus quæstionum brevium de sacra Scriptura, per interrogationes et responsiones digestus.

65. In voluminibus mss. P. Joannis de Mariana, quæ in hoc Societatis collegio, in quo has litteras do, custodiuntur, exstat exemplar commentariorum in Cantica, ut in editione regia Matritensi, Braulionis Renotatio sincera, et alia a Luca Tudensi interpolata, narratio sincera Redempti, et, quod præcipuum est, exemplar librorum Differentiarum, ab eodem Mariana ad plures mss. Codices recognitorum, quorum varias lectiones exacte margini ascripsit, Codicibus per litterarum notas indicatis. Hoc exemplar magno in pretio haberi debet, nam in editione Grialiana labor hic Marianæ omnino prætermissus fuit.

66. Quarto loco tibi denuntio fere omnes ejusmodi mss. Codices Toletanos eo consilio a me recognitos et collatos esse, ut paulatim, et quantum aliæ meæ occupationes sinant, materiam, quam diligentissime possim, comparem ad novam Operum S. Isidori editionem aliquando perficiendam, quæ, ut jam speravi, maxime necessaria est.

67. Omnes illi quibus cognitus sum, me et fuisse et esse sciunt mearum qualiumcunque cognitionum, schedarum et curiosorum documentorum satis superque liberalem. Erga P. Zaccariam magis, quam erga quemvis alium, ita me præstare debeo : tum quia in opus incumbit, quod ego vehementissime cupio, quodque tam utile, tamque Hispano nomini gloriosum, ut exposui, mecum in animo considero : tum quia Zaccaria maxima, qua pollet, doctrina novam editionem ad perfectionem, quam ego non comprehendam, provehere poterit : præsertim cum facile illi sit (quæ mihi facultas deest) omnes veteres mss. Codices Italiæ ac reliquæ Europæ consulere; tum denique quia ad divulgandum opus non illa terribilia impedimenta et innumeræ difficultates Zaccariæ occurrent ad quas ego fortasse offendam, etiamsi tandem post plures annos laborem possim perficere.

68. Verum in his quæ nunc ago, non arbitrio meo sed alieno imperio versor ; neque jus habeo ejusmodi lucubrationes pro libitu donandi. Itaque egregiis Zaccariæ conatibus meam qualemcunque opem et operam pollicerι non possum, nisi ille bonam eorum a quorum nutu pendeo, veniam impetraverit. Doctus iste Jesuita judicabit, opinor, responsum hoc meum non inhumanitati esse tribuendum, sed iis conditionibus quibus teneor : quæque eumdem Zaccariam cogerent ut simili modo cogitaret ac responderet. Quoniam vero futurum spero, ut iterum tecum de hoc argumento disserendi recur-

rat occasio, scribendi finem facio; ac denuo et Zaccariæ industriæ et tuo studio singulares gratias me habere profiteor. Vale. Toleti, die 30 Decembris anni 1754.

323 69. In eruditissimis his Burrielii litteris quædam animadvertenda occurrunt ut sine offensione ulla legi possint. S. Isidorum quartam Psalterii translationem edidisse legitur in Braulionis Renotatione interpolata, sive uberiori, de qua dixi cap. 4. De canonibus Priscillianæis, quos jamtum editos Burrielius ignorabat, paulo ante sermonem habui.

70. Non expresserat Burrielius, quonam concilio Carthaginiensi canones viginti Nicæni repetiti fuerint, quamvis locum vacuum pro numero apponendo reliquerit. Ascripsi esse concilio VI Carthaginiense, al. V, sub Bonifacio I, anno 419. Hoc enim concilium a Burriellio significari existimo. Res autem ipsa explicatione aut nonnulla etiam correctione indiget : nam longe ante Dionysium Exiguum, qui sæculo VI floruit, in exemplaribus Ecclesiæ Romanæ canones Sardicenses Nicænis uniti erant, et a Romanis pontificibus Nicæni vocabantur, quia scilicet Sardicenses erant velut quædam explicatio Nicænorum. Cum igitur Faustinus episcopus legatus Romanæ Ecclesiæ in concilio Carthaginiensi VI commonitorium Zosimi papæ protulisset, quo quidam *canones Sardicenses* nomine *canonum Nicænorum* laudabantur, et Patres ejus concilii Carthaginiensis in Græcis exemplaribus concilii Nicæni eos non invenissent, ad Bonifacium, qui Zozimo successerat, litteras ea de re dederunt, et exemplaria authentica Constantinopoli et Alexandriæ conferri curarunt. Adisis Labbeum in collect. Concil. tom. II, col. 1594, ubi producuntur viginti canones Nicæni per Teilonem et Tharistum Constantinopolitanum de Græco in Latinum sermonem conversi; et rursus col. 1671 seqq.

71. Narrat Burrielius breviarium et missale Gothicum eo tempore, quo ipse scribebat, ab Emmanuele Azevedo notis illustrata Romæ typis excudi. Res ita se habuit. Alexander Lesleus Soc. Jesu missale Muzarabicum eruditissimis notis illustravit, quod Romæ prodiit anno 1755. In editione curanda Azevedum elaborasse tradit Zacharia tom. I Bibliothecæ Liturg., pag. 63. Breviarii Muzarabici editionem, cum jam cœpta esset, Leslei mors immatura intercepit. Exstant adhuc apud clarissimum præsulem Josephum Dinium, sacrorum rituum et cæremoniarum ecclesiastiarum peritissimum, breviarii Muzarabici folia, quæ, recensente Lesleo, jam typis impressa fuerant.

324 72. Jam in contextu animadverti, pro *Basilide* et *Martiale* subrogandos *Sabinum* et *Felicem*. Nam Basilides et Martialis libellatici hæretici fuerunt, qui depositi ad Romanam sedem appellarunt. His Sabinus et Felix suffecti fuerant, quorum electionem Cyprianus approbavit.

73. De aliis controversiis quas Burrielius excitat, quid ego tandem sentiam opportunior erit dicendi locus. Nunc vero, ut caput hoc de Burrielii ad Isidori editionem apparandam conatibus absolvam,

litteras adjiciam, quas Petrus de Castro ad Zaccariam scripsit, cum longiorem Burrielii epistolam aliasque breviores familiares, de quibus ante dixi, simul mitteret. Litteræ autem Petri de Castro, verbis Latinis ab ipso conceptæ, apud me autographæ sunt.

Reverendissimo Patri Francisco Antonio Zaccaria e S. J. Petrus de Castro S. P. D.

74. Pridie Kal. Decembris, doctissime Pater, litteras tuas accepi benevolentiæ in me plenas. Qua ratione tibi in iis quæ de tua Isidori Hispalensis editione ad me scribis, per R. P. Andream Burriel morem gerere curaverim, quia cum illa magnæ molis, atque ego in summis collegii rebus totus essem, exsequi haud poteram; quæ ejusmodi in nos humanitas, quæ super eodem argumento assiduitas, quæ tandem sui auxilii sit tibi necessitas, ipsius epistolæ, quas tibi transmitto, satis superque ostendunt. Quoniam vero non indicant a quibus ei de illis inter vos communicandi libertatem impetrare debeas, paucis exhibeam. Quatuor ab hinc annis doctissimus hic tuæ inclytæ Societatis vir, regia suffultus auctoritate atque stipendio, Toleti commoratur, ut illius primariæ ecclesiæ archivium scrutetur. Itaque, ut conjicio, nisi per serenissimum tuum Mutinæ ducem a ministris regiis; a confessionibus et statu ipsam assequaris, te eam aliter obtinere posse, minime confido. Vellem utique ut occasionem hanc effugere non sineres. Nam si a vobis, qui pene omnes mss. Codices consultos habetis, editio non perficitur, quis eam aggredietur? Quod scribis, te velle ab aliquo viro docto de libris qui hic divulgantur, certiorem fieri, id facturum in se recepit sapientissimus vir e sacra Franciscanorum familia, R. scilicet P. F. Joseph Torrubia, cujus jucundissima consuetudine fruor. At ipsum video ita suis scriptis occupatum podagraque laborantem, ut de pollicitatione diffidam. Idem etiam ad te mittet exemplar sui nuper editi operis, cui titulus est *Aparato para la historia natural de España*; et quod a te summo (ut hic) favore accipiendum esse non dubito. Præfecturam bibliothecæ, quam Mutinensium dux tibi post Muratorii obitum rectissime commisit, plurimum gratulor. De te quidem certe tantus princeps, cujus sub auspiciis divulgata divulgandaque Italica historia litteraria cernitur, aliter bene mereri non poterat. Vale. Matriti, in Id. Januarii 1755.

75. Post Zaccariæ obitum, inter alias virorum illustrium ad eum scriptas epistolas, quas penes me retineo, reperi tres Burrielii, primam Latinam Matriti 20 Septembris 1755, alteram Hispanicam Toleti 12 Decembris 1755, tertiam itidem Hispanicam cæteris longiorem, et autographam Matriti 25 Februarii 1759. Omissis aliis quæ ad me non pertinent, vel si ad me quidem, certe non ad hoc tempus aut opus, Burrielius in prima epistola sic totidem verbis ait: *Isidorus Hispanicæ sapientiæ cum ecclesiasticæ tum profanæ fons quidam, centrum et origo est. Ejus Opera nec omnia hucusque edita, nec ea methodo qua par est illustrata habemus. Nova ergo Operum omnium editio illustratioque non nisi magno reipublicæ litterariæ commodo potest accidere. Id tantum doleo, Hispaniarum doctorem ab homine non Hispano sed extero illustratum iri, nationisque nostræ decus ab aliis quam a nostræ nationis hominibus, nec sine aliquo nostro dedecore, decus novum accipere.*

76. In epistolis Hispanicis exponit Burrielius, quod attinet ad studia in quæ ipse incumbebat, rerum statum in curia Matritensi conversum fuisse, dejecto P. Francisco Rabago, qui regi a confessionibus erat, et istiusmodi litterarios conatus persuaserat, et promovebat: ex iis quæ ipse ad Isidorianam editionem paraverat, nihil omnino sine regis bona venia, aut præcepto, ad Zaccariam remissurum. Addit collectionem canonum Gothicam ad quinque mss. Codices a se recensitam asservari in secretaria Status, ut vocant: hanc quoque se libenter Zaccariæ concessurum, si per regem liceat. Interea Burrielius ab eruditionis studiis sepositus, totum se explicandæ theologiæ scholasticæ, aliisque Societatis ministeriis obeundis tradiderat: quanquam etiam eo tempore docta quædam opera in vulgus emisit, suppresso scilicet nomine.

77. Exstat simul cum his epistolis catalogus Operum Burrielii post hujus obitum confectus, quorum alia lucem viderant, alia mss. asservabantur. Nostri instituti est tantum referre collectionem canonicam Gothicam, collectioni Isidori Mercatoris oppositam tomis IV in fol., absolutam anno 1754, ms. Dissertationes mss. de hac collectione canonica Gothica, et contra Cennii errores. Dissertationem ms. de Bibliis quibus Isidori ætate usa est Hispania, anno 1759. Epistolam **326** ms. ad D. Joannem de Amaya de Legibus Hispaniæ. Epistolam ad D. Petrum de Castro de Legibus canonicis Hispaniæ. Forum Judicum Hispaniæ cum notis et variis lectionibus mss.

CAPUT XLI.

Franciscus Antonius Zaccaria conspectum suæ editionis Isidorianæ typis committit.

1. Non invenio in Zaccariæ schedis quidquam aliud inter ipsum et Burrielium de Isidori nova editione procuranda tractatum fuisse. Burrielii quidem lucubrationes, ut jam ex Bayerio retuli, in bibliothecam regiam Matritensem omnes delatæ fuerunt, in eaque asservantur. Interea Zaccaria in suum opus non segniter incumbebat: ac tandem consilia sua orbi litterario patefecit, Conspectu edito, cujus quidem nullum omnino apud auctorem exemplum manserat, nisi quoddam autographum nonnihil ab edito discrepans. Sed ego conspectum typis commissum nactus munere V. C. doctissimi præsulis Reggii, hujuscemodi litterariæ supellectilis curiosi indagatoris, et æqui æstimatoris, Prolegomenis Isidorianis inserendum judicavi.

Conspectus novæ S. Isidori Hispalensis Operum editionis, quam parat Franciscus Antonius Zaccaria Societatis Jesu, serenissimi Mutinensium ducis bibliothecæ præfectus. Venetiis 1758, ex typographia Remondiniana.

2. Cum sint omnino sint omnium S. Isidori Hispalensis Operum editiones, Margarini Bignoli una Parisiis 1580; altera, eaque præstantissima Matritensis Joannis Grialii 1599; tertia demum Parisiensis Jacobi Breulii Benedictini monachi 1601 (nam quæ e Colon. typographio prodiit an. 1617 ipsa est Paris. Breulii recusa, ut novas inter editiones numerari vix possit); queruntur tamen viri quique, sacræ profanæque eruditionis studiosi, multa etiamnum desiderari ut absolutam tantoque Hispaniensis atque adeo catholicæ Ecclesiæ doctore dignam librorum ejus editionem habeamus. Hanc sperare nos jusserat Jacobus Hommeyus; verum morte interceptus liberare fidem minime potuit. Itaque de illa paranda cogitatum a nobis est, ut ne litterariæ, Christianæ autem cum primis reipublicæ tantus in posterum deesset ornatus. Quid porro a nobis hactenus præstitum sit, quid præterea moliamur, ut editio isthæc nostra, quoad licet, perfectissima sit, lubet doctis viris, Hispanis cum primis, quorum gloria S. D. maxime interest, antequam prodeat, ob oculos ponere, ut si qua mutanda esse censuerint, de illis nos humaniter moneant, simulque **327** ea omnia quæ ad desideratissimi operis præstantiam utilitatemque facere existimarint nobiscum communicent.

3. Oudinus, in eo quem de scriptoribus et scriptis ecclesiasticis Lipsiæ edidit commentario (T. I, p. 1595 seq.), ordinem exhibet ad quem nova, si qua curaretur, Isidorianorum Operum esset editio exigenda. Nobis alius omnino placet.

4. Itaque in quinque volumina editionem nostram partimur. In primo autem, quod in duas partes tribuimus, biblica et dogmatica S. D. opera dabimus, certa primum; quæ deinde spuria nobis sunt visa.

5. Biblica hæc sunt. I. Liber Prœmiorum, præter editiones, quas semper contulimus, cum tribus comparatus Codicibus, Veronensi, Cæsenate, Florentino S. Crucis. II. Quæstiones, et mysticorum expositiones sacramentorum in Vetus Testamentum. Eas non solum cum iis auctoribus contendimus, quos multa ex his quæstionibus in suos commentarios novimus derivasse, Bedam, inquam, et Claudium Taurinensem, ex Pistoriensi Codice nuper editum a Cl. Joanne Baptista Trombellio; verum etiam cum duobus Laurentianæ bibliothecæ mss. exemplis, recentiore altero, altero perantiquo; ac præterea cum insigni Bononiensis Alburnotianæ bibliothecæ Codice, quem ad autographum ipsum Isidorianum, Toleti tunc asservatum, etsi non uno in loco temporum injuria lacerum, Alburnotius cardinalis mira diligentia exigendum curavit. Hinc, ut cætera mittam, extremum quæstionum in Leviticum caput in editis exemplis pene integrum desiderari comperimus. III. Allegoricæ, cum Veronensi, Cæsenate, et Florentino S. Crucis libris mss. collatæ. IV. De Numeris liber, quem periisse Oudinus existimabat; Joannes Albertus Fabricius vero non diversum fortasse a capitibus Etymologiarum quibusdam perperam conjecerat. Eum ex egregio regiæ Taurinensis bibliothecæ ms. Codice primi eruemus in octodecim capitula tributum, quorum hoc initium: *Non est superfluum numerorum causas in Scripturis sanctis attendere. Habent enim quamdam scientiæ doctrinam, plurimaque mystica sacramenta. Proinde regulas quorumdam numerorum, ut voluisti, placuit breviter intimare. In principio autem quid sit numerus definiendum est.* Appendicis instar spurius in Cantica canticorum Commentarius edetur, non fusior ille, quem S. Gregorio Magno adversus Gussanvillæum vindicarunt Maurini, illius editores; sed brevior, quem Grialius et Breulius divulgarunt, quemque Isidoro abjudicandum multa sunt quæ mihi suadeant.

6. Altera prioris voluminis pars dogmatica, uti nuper dicebam, S. Isidori opera complectetur. Primum inter ea sibi vindicant locum Sententiarum libri tres, qui et de Summo Bono inscribuntur. Eos autem recudemus, cum undecim mss. Codicibus comparatos, Veronensi, Chisiano, Barberino, Pistoriensi, Lucensi, Florentinis duobus S. Marci, tribus item Florentinis S. Crucis, ac nostro sæculi XIII. Accedent libri duo ad Florentinam sororem, cum quinque mss. Codicibus collati, Matatestiis duobus, totidem Florentinis ac Lucensi; tum epistolæ aliquæ, ad Massonem nempe (hanc cum duobus, Pistoriensi scilicet et Vindobonensi, **328** exemplis comparavimus), ad Helladium, ad Claudium ducem, ad Redemptum archidiaconum, et ad Eugenium Toletanum episcopum, de quarum αὐθεντίᾳ multa disputabimus adversus hypercriticos quosdam. Has porro tantum hic epistolas memoro; nam quæ ad Braulionem sunt ab Isidoro missæ, aliæ ad Etymologiarum libros spectant, aliæ ad Synonyma, aliæ ad monachorum Regulam, quorum quidem librorum cum veluti sint nuncupatoriæ epistolæ, non video cur, repugnantibus fere etiam mss. Codicibus, distrahi a suis illæ locis debeant. De ordine creaturarum liber, a Dacherio editus, epistolas sequetur; qui, etsi præter ea quæ Dacherius et Nicolaus Antonius disserunt, Isidoro illum adjudicat etiam Bobiensis indiculus, a Muratorio vulgatus, vereor, ut S. doctori tribui possit. Sermones tandem aliquot volumen claudent, non genuini illi duo de Nativitate Domini, deque Sanctis Angelis, a Constantino Cajetano divulgati (hi enim, quod editor haud animadvertit, ex aliis Isidori libris excerpti sunt), sed spurii tres, quos e bibliothecis primi eruimus, Isidoro perperam inscripti, unus scilicet ex Malatestio Cæsenate Codice contra Arianos; alter, a Nicolao Antonio memoratus, de S. Æmiliani laudibus e Vercellensi tabulario; tertius e Florentino S. Marci ms. libro. Accedet quartus, sub Eusebii Emisseni nomine vulgatus, de Corpore et Sanguine Domini, quem apud Martenium (De antiq. Ecclesiæ Ritibus t. I Mediol. edit., p. 410) Isidoro nostro tribuunt Rothomagensis et Pratellensis Codices pervetusti.

7. Sed in fronte prioris hujus voluminis partis præter generalem præfationem duæ exstabunt dissertationes. Aget prior de rebus a S. Isidoro præclare gestis, ubi etiam de illius monachatu Benedictino deque ejus corpore disputabimus; monachatum quidem, Mabillonio duce, negantes adversus Constantinum Cajetanum; corpus vero Hispanis asserentes, contra quam Bononiensium rerum scriptoribus quibusdam visum est. Vitam quoque sancti, a Luca Tudensi descriptam, et a Bollandianis editam, hic recudemus cum Henschenii V. C. nostrisque notationibus. Obitum, a Redempto narratum, juxta eorumdem Bollandianorum Editionem, quam cum Constantini Cajetani exemplo, Hispaniæ sacræ (t. IX) editione, ac vetustissimo Vallicelliano Codice comparavi. Quæ ad Isidori doctrinam scriptaque spectant, explicabit altera dissertatio. In ea propterea de scriptis ab eo libris, tum qui ad nos pervenerunt, tum quos intercidisse dolemus; de catholicis dogmatibus, ab illo propugnatis; de Scripturarum quam adhibuit versione; de magna quam consecutus est doctrinæ fama; deque amplioribus ejus Operum editionibus disceptabimus. Illius quoque bibliothecam illustrabimus, vetustissimos versus explanantes, qui Isidorianæ bibliothecæ pluteis inscripti feruntur, uti apud Muratorium videre est in altero Anecdotorum Latinorum volumine (p. 208. seqq.), et in Hispan. sacra (t. IX, p. 376).

8. Secundum Isidorianorum Operum volumen duas item in partes dividimus: Asceticis libris alteram, alteram iis tribuentes qui ad disciplinam pertinent ecclesiasticam. Primi generis sunt 1. Synonymorum libri duo, cum duobus Laurentianæ bibliothecæ exemplis comparati. 2. De **329** contemptu mundi. 3. Exhortatio pœnitendi. 4. Lamentum pœnitentiæ. 5. Oratio pro correptione vitæ. 6. Oratio contra insidias diaboli. 7. Oratio, sive Confessio, a Constantino Cajetano divulgata. 8. Regula monachorum, cui ex nono Martenianæ collectionis volumine accedet caput ultimum, sive Regula devotarum; ex primo vero Benedictinorum annalium tomo Pactum, quod Honoriacensis monasterii monachi (horum gratia Regulam suam Isidorus scripsit) abbati suo faciebant. Hæc genuina sunt, quæ inter locum haud damus libello de Conversis, quem Henricus Canisius primus edidit, recudit vero Cajetanus, non quod Isidoro abjudicandus sit, ut nugatur Basnagius; sed quod, ipso non diffitente Cajetano, ex Isidorianis Sententiarum libris decerptus sit. Quamobrem satis

erit, in animadversionibus ad eos libros capita ex quibus libellus de Conversis constat, adnotare. Spuriis autem adcensebuntur 1. Fragmenta commentariorum in Regulam S. Benedicti, quæ ex Petro Diacono et Smaragdo inutili diligentia collegit nuper appellatus Constantinus Cajetanus. 2. De Norma vivendi libellus. 3. De Conflictu vitiorum opusculum. 4. De Institutione bonæ vitæ liber, a Nicolao Antonio memoratus; nunc vero ex Veronensi Codice primum divulgatus.

9. Liturgici inter ecclesiasticæ disciplinæ libros primas obtinent. Itaque duos Isidori de Officiis libros post Ascetica recudemus, quos cum mss. Codicibus quatuor, Bononiensi uno, altero Pistoriensi, cæteris Lucensibus contendimus. Tum epistolam ad Leudefredum, et Hymnos duos ex veteribus editionibus dabimus. Verum majoris erit indaginis Dissertatio, quam de Isidoriana Liturgia addemus, veluti prodromum ad libellum Orationum Isidoriani ritus, quem a Cl. P. Josepho Blanchinio Romanis typis excusum, cum ejus nostrisque adnotationibus iterum hoc loco vulgabimus. Ad eamdem ecclesiasticam disciplinam spectat Isidoriana canonum collectio, tum quæ ab Aguirrio cardinali, tum quæ a Cennio erudito presbytero prodiit. De utraque hic erit agendum non paucis, simulque de aliis canonum collectionibus, de quibus aliqua, fortasse hactenus inobservata neque inutilia, promemus. Concilia quoque duo, quibus Isidorus præfuit, et quorum ipse canones fortasse scripsit, Hispalense et Toletanum, minime prætermittemus; sed ex Aguirrii editione cum variis lectionibus exhibebimus. Utinam autem, quæ Cl. P. Buriel e S. J. in hanc rem Toleti collegit, liceat nobis impetrare!

10. Tertium volumen Historica complectetur. Quamobrem tribus illud omnino partibus constabit, sacram, profanamque historiam pars prior exhibebit, nempe 1. Chronicon, ad quod a mendis interpolatorumque auctariis vindicandum, præter Aguirrianam, Scheistratæam, cæterasque editiones pervetustis quinque Codicibus usi sumus, Vaticano, Lucensi, Pistoriensi, Florentino S. Marci, et Cæsenate Malatestio. Cum autem ad sæculum x perductum illud in tribus Codicibus invenerimus, continuationes hasce primum in lucem dabimus non sine, uti speramus, litteratorum virorum fructu. 2. Historiam Gothorum, quam ex Labbeana editione proferemus, non tamen omissis aliarum editionum variis lectionibus. 3. Librum de Vita et Obitu Patrum, quem, repugnantibus plurimis **330** criticis, auctori suo vindicabimus, ad varias lectiones adhibitis Codicibus tribus, antiquissimo Veronensi, ac duobus Florentinis, altero S. Marci, altero Mediceo-Laurentianæ bibliothecæ.

11. Ne historiam quidem litterariam neglexit S. Isidorus; non enim audiendum esse censemus Harduinum nostrum, qui subditiliis libris Isidorianum opusculum adcensuit de Viris illustribus; quin Dupinii (Præf. ad quintum bibliothecæ suæ volumen) argumentis ac veterum Codicum auctoritate innixi, paradoxon illud explodimus. Septem autem omnino Codices evolvi, quibuscum Fabricianam, quæ hujus libri novissima est, editionem comparavi, Barberinium, Estensem, Florentinos tres ac duos Bononienses, quorum postremorum copiam mihi humanissime fecit celeberrimus P. abbas Trombellius.

12. Est etiam inter Isidoriana opuscula, quod ad naturalem historiam referre possis, nimirum de Natura rerum libellus, quem propterea in tertia hujus voluminis parte typis exprimendum curabimus, ad quatuor mss. Codices recensitum, Lucensem unum, alterum Florentinum Mediceo-Laurentianæ bibliothecæ locupletissimæ, cæteros bibliothecæ item Florentinæ S. Marci.

13. Appendice pars hæc tertia augebitur, atque in ea B. Isidori Imaginem mundi divulgabimus, libellum quidem plane a S. Isidoro, cujus nomine prænotatur, alienum; sed rerum copia atque utilitate præstantem. Nos eum primi edemus e ms. Codice, quem

humanissimus P. Gabriel Laget Augustinianæ illustris familiæ nobiscum communicavit. Nam licet Honorii Augustodunensis opus reapse sit, in nostro tamen Codice, in quo Isidoro tribuitur, ab editis exemplis admodum discrepat. Quare inutile haud erit illud hic etiam exhibere.

14. Restant philologica opera. Igitur in quartum volumen duodecim priores Etymologiarum libros conseremus.

15. In quintum vero cæteros octo cum variis lectionibus, quas ex octo mss. Codicibus prompsimus, Vaticano 624, Estensi, Chisiano, Bononiensi, Lucensi, Florentino S. Marci, ac Malatestiis duobus, quorum qui vetustissimus est, a Clariss. Viro P. Joanne Dominico Mansio (lib. IX Biblioth. Fabricianæ mediæ et infimæ Latinitatis, pag. 190) sæculo VII ascribitur. Glossarium Etymologiarum libris subjiciemus cum observationibus, emendationibusque, jam editis, celeberrimorum virorum Joannis Ludovici de la Cerda S. J., Joan. Georgii Grævii, Theodori Janssonii ab Almeloveen, Barthii, Schurzfleischii, Daumii; atque ineditis, iisque uberrimis, doctissimi viri Joan. Salolomonis Semleri, qui illas Altdorfio misit ad me, an. 1752, summa ac sane laudabili animi facilitate. Tandem Differentiarum libros tres hoc volumine comprehendam, collatos cum duobus Codicibus Lucensibus, ac totidem aliis, altero Pistoriensis capituli, altero Florentinæ bibliothecæ S. Crucis.

16. Indices quatuor extremam operi manum imponent. Primus erit Testimoniorum Scripturæ quibus utitur Isidorus. Secundus Auctorum quos citat. Tertius Rerum in S. D. libris contentarum. Quartus Rerum quæ in adnotationibus explicantur.

331 17. Hactenus librorum ordinem ac varias præterea quibus illustrabuntur lectiones persecutus sum; nunc paucis rationem editionis ipsius exponam.

18. Primo. In præfationibus quæ ante singulos Isidori libros edentur, 1. S. Doctori eum quo de agitur librum asseremus. 2. Editiones eorum librorum referemus omnes, aut certe præcipuas; in Dissertatione enim de S. Isidori doctrina librisque illas tantum numerabimus quæ universa Opera complectuntur. 3. Codices ad quos illos exegimus, diligenter recensebimus, deque eorum vetustate agemus.

19. Secundo. Varias lectiones ab adnotationibus sejunctas volumus.

20. Tertio. Adnotationes vero, cum nostras, tum etiam aliorum non ad voluminum calcem, ut moris est, rejiciemus; sed suis quasque locis, ascriptis auctorum nominibus, exhibebimus.

Dabam Mutinæ, ex Estensium principum bibliotheca, Kalendis Januariis, anno vulgatæ æræ 1758.

21. Ante hanc editionis Isidorianæ conspectum, typis editum, invenio in Zaccariæ schedis diversam aliam editionis perficiendi rationem, sive operum distributionem ab ipso excogitatam. Quinque etiam volumina in priori illo conspectu designantur. *Primum volumen prolegomena et duodecim priores Etymologiarum libros comprehendere debebat. Secundum cæteros octo Etymologiarum libros cum variis lectionibus, Glossarium, et Differentiarum libros tres. Tertium historicos S. doctoris libros, tum asceticos, postremo librum de Natura rerum. Quartum biblica primum, deinde dogmatica, tandem liturgica opera. Quintum dubia, aut certo supposititia.*

22. Inter hæc supposititia fusior in Cantica commentarius recensetur, qui in secundo Conspectu omittendus dicitur. Simili modo prior Conspectus supposititiis annumerat *testimonia Scripturæ*, de quibus alter Conspectus omnino silet. Verba prioris Conspectus sunt: *Testimonia Scripturæ*, *anecdotum*

libellum in antiquissimo Veronensi Codice, unde eum primi emittemus in vulgus. Eum Maffeius vir clariss. aliquando vulgare decreverat. In schedis Zaccarianis hujus libelli nulla alia mentio occurrit. Scilicet editionem Zaccaria tandiu differi non passus, eum vulgavit in secundo volumine Excursuum litterariorum per Italiam. Inter appendices a nobis reponetur, cum V. C. Maffeio Isidorianus visus fuerit. Uberior de eo redibit sermo cap. 83, ubi contrarias hinc inde Zaccariæ qui Isidori genuinum opus non credit, et Maffeii qui illud Isidoro asserit, rationes excutiemus.

332 23. Dupinii locus, quo liber de Vir illustrib. adversus Harduinum defenditur, ex præfatione tomi v Bibliothecæ suæ indicatus, non in præfatione ad tom. V, sed ad tom. IV in ea editione quam ego evolvi, a me repertus est. Judicium Zaccariæ de Isidori scriptis infra suis locis expendetur, cum de singulis operibus sermo habebitur.

CAPUT XLII.

Novi Zaccariæ conatus ad Isidorianam editionem procurandam: novus hujus editionis Conspectus. D. Petri Emmanuelis Hernandez, bibliothecæ archiepiscopali Toletanæ præfecti, in hunc Conspectum animadversiones.

1. Cum anno 1758 Conspectum editionis Isidorianæ Venetiis Zaccaria vulgasset, plures tamen effluere annos passus est, quin ad eam maturandam animum serio converterit; sive occupationibus aliis magis necessariis distentus fuit, sive calamitate temporum quæ consecuta sunt impeditus. Post exstinctam Societatem Jesu, de fide quam orbi litterario dederat liberanda cogitare coepit. Habeo inter ejus schedas exemplar libelli supplicis SS. D. N. PIO VI, sive exhibiti, sive parati ut exhiberetur, quo Zaccaria summum pontificem precabatur, ut eminentissimi cardinalis Francisci Xaverii Delgado, archiepiscopi Hispalensis et patriarchæ Indiarum, animum ad Isidorianæ editionis patrocinium suscipiendum aliquo pacto per Nuntium apud regem Catholicum allicere tentaret. Id tunc Zaccaria postulabat: *Riserbandosi*, inquit, *a supplicarla poi di qualche agevolezza per consultare con agio, e senza spesa alcuni Codici della Vaticana, come ottenne gia dalla S. M. di Benedetto XIV.*

2. Cardinalitiam dignitatem Delgadus non diu obtinuit: quippe in cardinalium collegium cooptatus anno 1778, vitam cum morte commutavit anno 1781. Vel hac igitur de causa, vel alia Zaccariæ spes in irritum abiit. Ac fortasse ne illæ quidem litteræ, quas ad eminentissimum Delgadum Zaccaria scripserat, in Hispaniam missæ sunt. Apud me sunt duo earum exemplaria, quorum alterum totum manu Zaccariæ exaratum: neutrum diem, vel annum, quo datæ vel dandæ erant, designat. Nolim tamen eas intercidere: ita ergo habent:

333. *Eminentissime et reverendissime domine, domine.*

3. Miraberis fortasse, princeps eminentissime, me, qui tibi ignotus sim, de re gravis momenti ad te audere perscribere. Noli tamen id inconsulte temeritati tribuere, sed potius tum dignitati quam in Hispalensi Ecclesia sustines, tum singularibus virtutibus tuis, quarum in dies apud nos fama percrebrescit. Rem ipsam statim edissero.

4. Anno 1758, cum adhuc essem serenissimo Mutinensium duci a bibliotheca, pro meo in inclytam nationem Hispanam studio conspectum emisi novæ editionis, quam parare coeperam, Operum magni tui decessoris Hispaniarumque doctoris præstantissimi S. Isidori. Verum ab illo tempore multis rerum difficultatibus, quod promiseram, præstare hactenus non potui. Dolent enimvero quamplurimi cum nostrates, tum exteri, tot in conferendis per totam Italiam mss. Isidorianorum Operum Codicibus impensos a me labores inanes fuisse; ego autem cum primis doleo, qui et deinceps futuros illos irritos intelligo, nisi amplissimum et beneficentissimum principem nanciscar, qui et ad opus perficiendum subsidia conferat, et editionem quoad fieri poterit splendidissimam, ut tanti doctoris, Hispanæque Ecclesiæ nomini et dignitati plane respondeat, Romæ, præside me et correctore curandam suis sumptibus suscipiat, nec absque certissima spe, exemplarium, quæ 750 esse debent, venditione impensarum omnium, quæ sine dubio exiguæ esse non possunt, atque ad aureorum duo millia pertingent, largiter sarcienda rum. Sed bene est. Hæc mecum sæpe, nec absque mœrore animi cogitanti illud opportune venit in mentem, Hispalensem sedem, cujus Isidorus decus et præsidium est immortale, ab Eminentia Tua teneri. Ad quem ergo confugerem? cujus patrocinium potiori jure, ac firmiore quæ peterem assequendi fiducia, implorarem, quam Eminentiæ Tuæ quæ Isidorum sanctissimum doctissimumque decessorem tuum singulari pietate prosequitur?

5. Scio equidem nuper Matriti novam prodiisse Isidorianorum Operum editionem, cujus exempla duo ad mei operis faciliorem absolutionem pernecessaria cum sexdecim cæterisque consequentibus *Hispaniæ sacræ* Florezii voluminibus frustra hactenus ab Hispania exspectavi. Verum si tantum tibi otii fuerit ut quem tibi subjicio, meæ editionis conspectum cum ea conferas editione, statim intelliges adeo illam conatibus meis non obfuturam, ut eos etiamnum necessarios ad optimam quamdam tanti Patris editionem pro tua sapientia sis judicaturus.

6. Age igitur, princeps eminentissime, me pro decessoris tui gloria atque universæ Ecclesiæ utilitate laborantem tua benignitate complectere, nec patiaris optatissimam editionem necessariorum subsidiorum defectu diutius differri. Hæc enimvero si suppetant, sex post menses inchoari illa facile poterit, ac triennio, fortasse etiam citius, perfici; dum enim primus tomus edetur, reliqui duo commodissime absolventur.

7. Ista cum legeris, Isidorum tuum animo identidem revolve, illumque **334** tibi partim pro me preces adhibere existima, partim pro se ipso, suorumque librorum dignitate. Id si Eminentia Tua cogitarit, exploratum habeo fore, ut liberalissimi, quo maxime indigeo, Mæcenatis munus nequaquam detrectes. Vale, princeps eminentissime, atque audaciæ in te interpellando meæ sic ignosce, ut amori ac pietati erga Isidorum, obsequentissimæque erga te voluntati faveas. Romæ.

Eminentiæ Tuæ

Humillimus, ac devotissimus servus.

8. Ex his litteris constat jam tum Zaccariæ in mentem venisse, ut editio Operum Isidori tribus voluminibus absolveretur, quamvis quinque volumina olim pollicitus fuisset. Qualis autem fuerit ejusmodi novus conspectus, colligi potest ex eo quem paulo post ad excellentissimum archiepiscopum Toletanum, nunc eminentissimum cardinalem Franciscum Antonium Lorenzana, idem Zaccaria misit. Duas

habeo Zaccariæ epistolas ad eminentissimum cardinalem Lorenzana, autographas quidem, sed ita frequentibus lituris et correctionibus respersas, ut merito dubitari possit an exemplum earum in Hispaniam missum omnibus in partibus consentiat. In re ipsa certe vix ullum discrimen intercessisse crediderim. Primam epistolam datam opinor anno 1782, quæ sine inscriptione ulla incipit :

Zaccariæ epistola ad excellentissimum archiepiscopum Toletanum nunc eminentissimum cardinalem Lorenzanam.

9. Recreaverant me Toletanæ litteræ, ex quibus acceperam, quanta animi facilitate non solum magnificis istis tuis eum Toletanorum Patrum, tum Conciliorum Hispaniæ editionibus, me donare constituisses, sed etiam ad eam, quam a multis annis molitus sum, omnium Isidorianorum librorum editionem insigni nescio cujus hactenus inediti operis additamento locupletandam, hancque ipsam, difficilimis licet temporibus, aliquo pecuniæ subsidio juvandam declarasses. Nec vero aliud mihi exspectandum fuerat, sive amplissimæ tuæ sedis, quæ Isidorum duorum apud se conciliorum præsidem habuisse gloriatur, dignitatem, sive singulare in antiquos Hispaniæ Patres, quorum sane princeps Isidorus est, sive exquisitissimam, qua polles, eruditionem considerati.

10. Verum (patere enim, præsul excellentissime, ut animum tibi meum liberrime pandam) nonnihil hæsi cum postea cogitare te de mea hac editione Toleti curanda intellexissem. Nam si repugnarem, verebar ne aut in tantam quam erga me prætetulisti humanitatem ingratus, aut in mea petitione molestus tibi atque importunus esse viderer. Atqui tamen necesse est ut tibi gravissimas sane causas aperiam, cur ab hoc te dimoveri consilio maxime cupiam. Atque illa certe maximi ponderis est, quæ sese primum offert, magnum, quo disjungimur, locorum intervallum. Nuperrime cum duorum aut trium annorum exspectatione fatigatus, tandem postremam, quæ mihi necessaria est, Matritensem S. Isidori editionem Gadibus impetrassem, viginti quinque a Liburnensi portu milliaribus periit navicula quæ meum Isidorum deferebat. An non eodem in itinere, aut etiam, quod non semel accidit, isthic apud ipsum typographum, aut alio non absimili casu intercidere posset, quod ad te mitterem, edendum mei operis exemplum? Aliud, inquies, apud te servato. At nemo te melius intelligit quam difficile sit tres eosque prægrandes tomos posse nunc exscribi, ac summa deinde diligentia, ut omnino necesse foret, recognosci in tanta variarum lectionum atque annotationum copia : quin et diutissime protrahenda editio esset, et maxima argenti vi amanuenses rependendi.

11. Quid vero si plurima quidem, ac pene dixerim innumerabilia in adversariis habeam ad editionem pertinentia, paucissima vero prelo parata ? Nimirum ea mihi semper mens fuit, ut cum Mæcenatem tui similem nactus essem, qui editionem suis sumptibus facillima impressorum exemplorum venditione, ut decet, compensandis curaret, ad eam tunc primum manus admoverem, eodemque tempore et edenda scripto consignarem, et scripta typographo imprimenda traderentur. Neque id miraberis, præsul excellentissime, qui probe intelligis quanto mihi tædio futurum fuisset textum emendare, varias lectiones adjicere, opportunis cum meis tum aliorum annotationibus obscura loca explicare, quin certa spes affulgeret tam laboriosi operis aliquando tandem in lucem emittendi.

12. Quamobrem vides non posse me, nisi Romæ, ubi dego, de editione cogitare. Sit mihi pecunia: uno alterove post mense suscipietur illa, neque unquam cessabit dum perficiatur.

13. Accedit ad hæc, fieri non posse quin crebræ suboriantur dubitationes, præsertim quod ad varias lectiones attinet, vix diluendæ, nisi nova eaque facillima Codicum, qui hic magno numero sunt, consultatione. At quid si manuscriptum meum exemplum isthic esset?

14. Hæ, ne longior sim quam par est, gravissimæ causæ sunt cur Toletanæ Romanam mihi editionem necessario præferendam censeam. Eas pro tua harum rerum experientia si perpenderis, quidni æqui illas bonique te facturum sperem? Neque tamen tuum mihi defuturum auxilium metuo. Itaque illud primum a te peto, ut cujusmodi sit quod apud te latere intellexi ἀνέκδοτον S. Isidori opusculum, me edoceas. Hoc enim ubi mihi significaveris, statim novum meæ editionis conspectum hic edam, late per Italiam, Hispanias, Galliam aliasque regiones disseminandum, quo docti viri ad nomen suum huic editioni dandum invitentur, quin quidquam pecuniæ in antecessum numerent, pactum pretium non nisi ubi singulos tomos acceperint persoluturi.

15. Deinde hoc maxime velim, ut ne renuas Isidorianam hanc editionem amplissimo nomini tuo inscribi. Quoniam vero sociorum numerum satis expensis secundi voluminis, ac deinceps tertii suppeditandis futurum non dubito, erit humanitatis tuæ, tuique in Isidorum studii tantum pecuniæ saltem subministrare, quantum editionem primi voluminis et ab amanuensibus parandam, et a typographo magnificentissime perficiendam postulare existimaveris, ea tamen lege, quam supra indicabam, ut quidquid expenderis, exemplorum numero et venditione tibi sarciendum scias.

16. Vide, præsul amplissime, quanta tecum libertate agam. Ne id, quæso, vitio vertas. Meæ primum ingenuitati id tribue, comitati deinde tuæ, quæ ut in te Patrem amantissimum pervideam effecit. Interea sanctissimum Hispanensium præsulem rogare non desinam, ut te Hispanæ Ecclesiæ incolumem quam diutissime servet. Ex Urbe.

17. Meminit in his litteris Zaccaria novi conspectus quem edere parabat. Sed brevem quemdam conspectum editionis Isidorianæ ad archiepiscopum Toletanum deferri jam curaverat, ut opinor, per duos ordinis SS. Trinitatis insignes viros, alterum Romæ tunc commorantem P. Antonium Quevedo procuratorem generalem, alterum provinciæ Castellanæ præfectum P. Martinum Ortega : qui editionem Isidorianam ad felicem exitum provehi vehementissime optabant. Atque hæc fortasse est causa, cur Zaccaria existimaverit, præsulem Toletanum velle ut Isidori Opera Toleti exuderentur, cum potius Matritenses typos commendatissimus præsul ad editionem designasset. Eodem refero, quod Zaccariæ nuntiatum fuerit, apud Toletanum antistitem quoddam Isidori opus nondum editum latere : cujus rei nullam prorsus mentionem invenio neque in ejusdem antistitis litteris, neque in observationibus D. Petri Emmanuelis Hernandez, bibliothecæ archiepiscopalis præfecti, de quibus nunc dicere aggredior.

18. Archiepiscopus Toletanus novum, quem indicavi, conspectum ad suum bibliothecarium remisit, ut in sententiam suam de eo proferret. Penes me est exemplum epistolæ Hispanicæ bibliothecarii Toleti die 15 decembris 1782 ad Archiepiscopum datæ. Hernandezius breviter exponit conspectum editionis, quem Zaccaria I januarii anni 1758 vulgaverat, cujus etiam in Memoriis Trivultianis mense Decembri ejusdem anni mentio occurrit. Præfert autem novum conspectum, ac summopere Zaccariæ studium laudat, ut archiepiscopi animum ad operis patrocinium suscipiendum inducat. Animadvertit Zaccariam jam ætate provectum esse, et aliunde necessarium esse ut editio exigatur ad mss. Codices Hispanos, eos præsertim, qui diligentiam correctorum editionis regiæ Matritensis fugerunt. Propterea innuit, oportere ut idonei in Hispania viri designentur, quibus collatio exemplarium mss. committatur, et a Zaccaria

aliquem vel aliquos eligi qui in idem opus incumbant, si quid humanitus ipsi acciderit.

19. Censet Hernandezius novum Zaccariæ conspectum nondum perfectum. Quamvis enim bibliopola Ulloa oleum et operam in editione Matritensi recenter vulgata perdiderit, tamen appendices ejus editionis locum habere debent in nova editione procuranda. Præterea conspectus pro legitimis quædam opera exhibet, quæ aut spuria sunt aut saltem dubia. De iis tamen commodiori tempore se acturum Hernandezius pollicetur. Promissis stetit : ejusque Latinas animadversiones in Conspectum editionis a Zaccaria paratæ archiepiscopus Toletanus ad eumdem Zaccariam misit simul cum his litteris quas archiepiscopi signo munitas habeo, et quia maxime dignæ sunt quæ ab omnibus legantur subjicio.

Clarissimo domino Francisco Antonio Zaccaria Franciscus archiepiscopus Toletanus S. D.

20. Pergratæ mihi fuerunt tuæ litteræ, amoris et reverentiæ plenæ erga nostrum parentem (eodem enim affectu copulamur) Isidorum, cujus Opera merito præfers aliis Hispaniarum Patribus : nam licet theologus jure possit S. Julianus in ejus conspectu cognominari, propter omnigenam tamen Isidori eruditionem ambabus ulnis tuam sententiam amplector.

21. Nusquam oblivioni tradiderunt Hispani ejus miranda scripta, monachi præcipue de illis addiscendis, asservandis et transcribendis, necnon de prelo mandandis sedulo, licet non ut decet tantum doctorem, curarunt. Tu vero quasi in hac Hesperia natus, et litteris imbutus, multis ab hinc annis assiduo ea mente volvis, ejus sententias scrutaris, perquiris diligenter mss., cum aliis fidelissime confers, et de absolutissima omnium editione jam diu meditaris. Laudo studium, tua æmulor vota, et in eamdem finem mea collimant.

22. Ne mireris adhuc hærere me ea in sententia ut Matriti et non alibi editio fiat. Ad id quamplures me cogunt privatæ et publicæ rationes : nec exteris typographis invideo, una contentus Matritensi editione; tuoque labore plurium annorum fretus, spero cæteras superaturam.

23. Easdem difficultates, quibus me premis ut tuo asquiesce judicio, perspectas habui, priusquam P. Ortega rescriberet suo condiscipulo P. Quevedo. Perlege, si vis, notas quas ad conspectum novæ tuæ editionis meus bibliothecarius apposuit aliasque insuper adjiciet. Ea erit **338** igitur accuratior editio, non quæ copiosior, sed verior, correctior, et enumerationi operum S. doctoris quam singillatim fecit ejus dilectissimus Braulius Cæsaraugustanus, congruentior.

24. Uno tantum verbo animum meum pandam. Tumetipse appellas Isidorum duorum apud Toletum conciliorum præsidem ; et nos tantummodo in quarto præfuisse : concilio vero , quod dicitur Gundemari, non adfuisse, sed tantum ad regis instantiam ei subscripsisse testamur. Aliunde Codices mss., qui in Italia, Gallis, et alibi asservantur ex Hispanis asportati, forte cum Toletanis et Escurialensibus non consentient ; et dum parare volumus editionem perfectam, forte in majores scopulos incidemus.

25. Eapropter, clarissime domine, ne moreris elucubrationes tuas quantocius mittere : uno enim apice non discedemus ab eis, nomenque tuum, etsi expensis meis fiat editio , tantum præstabit. Nam prius accurate transcribemus, et si quid occurrerit obscurius, vel difficilius, quod emendatione egere visum fuerit, nihil tamen, te inconsulto atque inscio, immutabitur : do fidem. Et interea D. O. M. obsecro

ut te diu sospitem et incolumem servet. Matriti, die 20 Martii anni 1783.

26. In Schedis Isidorianis Zaccariæ has litteras eminentis. cardinalis de Lorenzana reperi. Post Zaccariæ excessum inter alias virorum illustrium ad eum datas epistolas, quas penes me retineo, occurrerunt mihi duæ ejusdem doctissimi cardinalis, altera data sexto Idus Januarii 1786, altera xviii Kal. Octobr. ann. 1789, quibus ad perficiendam Isidori editionem vehementer Zaccariam hortatur. Auctarium notarum bibliothecarii archiepiscopalis, quod in descriptis litteris promittitur, Romam ad Zaccariam missum non credo. Habeo notas ipsas, exquisita doctrina refertas, quas huic loco inserendas censeo, præmisso Conspectu Zaccariæ, numeris ac litteris insignito, quibus notationes respondent.

Brevis Conspectus novæ editionis, quam Franciscus Antonius Zaccaria a multis annis parat, Operum S. Isidori Hispalensis.

27. Tribus tomis universa editio constabit; Opera tamen in septem veluti classes tribuentur.
Prima pars *Biblica* complectetur, nempe :
1. Librum *Prœmiorum.*
2. Quæstiones, et mysticorum expositiones Sacramentorum in Vetus Testamentum ✠.
3. *Allegorias.*
4. *De Numeris* Librum nunquam editum, ex Regio Taurinensi Codice.
Addetur suppositus in Cantica canticorum Commentarius (1).
339 Secunda pars *Dogmatica* exhibebit. Sunt ea :
1. *Sententiarum* libri tres.
2. Libri duo ad Florentinam sororem.
Accedet dubius *de Ordine creaturarum* liber (2).
Tertia pars *Ascetica*, nimirum :
1. *Synonymorum* liber.
2. *De Contemptu* mundi (3).
3. *Exhortatio pœnitendi* (4).
4. *Lamentum pœnitentiæ* (5).
5. *Oratio pro correptione vitæ* (6).
6. *Oratio contra insidias diaboli* (7).
7. *Oratio*, sive *Confessio*, a Constantino Cajetano primum divulgata (8).
8. *Regula Monachorum*, sed integra (9).
Accedent de more spuria, nempe .
1. Fragmenta quædam commentariorum in Regulam S. Benedicti.
2. De Norma vivendi libellus.
3. De Conflictu vitiorum ✠.
4. De Institutione vitæ liber nunc primum vulgatus, ex Veronensis capituli pervetusto Codice ; ubi S. Isidoro tribuitur.
Hæc omnia primus tomus complectetur.
28. Secundus tomus tres item partes habebit.
Prima pars paucas epistolas et sermones habebit Isidoro in Mss. tributos (10).
Secunda pars *Quæ ad disciplinam ecclesiasticam pertinent,* scilicet :
1. Duos *de Officiis* libros cum epistola ad Leudefredum, et hymnos duos.
Accedet *Orationum Isidoriani* ritus Libellus (11) a Cl. Blanchinio ex Veronensi Codice editus, cui Dissertatio *de Isidoriana liturgia* præmittetur.
2. Isidoriana canonum collectio tum quæ a card. Aguirrio, tum quæ a Cennio vulgata fuit, cum nostro de utraque judicio (12).
Accedent concilia duo, quibus S. D. præfuit, et quorum ipse fortasse canones scripsit.
Tertia pars *Historica* dabit, nempe :
1. Quæ *Sacram* profanamque historiam exhibent, nimirum :
1. Chronicon.

2. Historiam Gothorum (13).
3. Librum *de Vita et Obitu Patrum*.

340 2. Quæ ad historiam *litterariam* spectant, opusculum scilicet *de Viris illustribus*.

3. Quæ ad historiam *naturalem* referri possunt, ut *de Natura rerum* libellus (14).

29. In tertio tomo *Philologica* opera recudemus. Sunt illa:

1. Etymologiarum libri viginti, quibus *Glossarium* subjiciemus cum observationibus et emendationibus clarissimorum virorum.

2. *Differentiarum* libri tres (15).

Claudent volumen Indices quatuor:
1. Testimoniorum Scripturæ quibus S. D. utitur.
2. Auctorum quos citat.
3. Rerum in ejus libris contentarum.
4. Rerum quæ in adnotationibus illustrantur.

Operi universo binæ præmittentur Dissertationes. In prima Vitam dabimus S. D.

In secunda de ejus scriptis, doctrina, editionibus disseremus.

Omnia autem quæ dabimus S. D. opera ad quinquaginta celebriorum bibliothecarum Italicarum Codices exacta erunt, et notis cum nostris tum aliorum illustrata.

Animadversiones D. Petri Emmanuelis Hernandez, bibliothecæ archiepiscopali Toletanæ præfecti, in brevem conspectum novæ editionis Isidorianæ.

30. Opera S. Isidori parum diligenter recusa fuerunt Matriti anno 1778, duob. tom. fol., typis et expensis Bartholomæi Ulloa; sed ex Append. ad calcem tom. II addere debet Cl. Zaccaria, in editione quam parat, ea opuscula quæ in notis ad ejus conspectum signabimus littera A.

Notæ ad conspectum editionis Isidorianæ a Francisco Antonio Zaccaria præparatæ.

31. Regiam editionem Matritensem anni 1599, cui adornandæ per viginti et amplius annos, jussu Philippi II, incubuere viri præstantissimi, quorum meminit Joannes Grialius in præfatione, oportet pro textu sequi Zaccariam, quippe quæ longe perfectior est cæteris sive anterioribus, sive posterioribus. Ad eam igitur aptandæ sunt lectiones variantes, ita ut, nisi ope alicujus Codicis textus ille in meliorem formam revocetur, præferatur semper aliis, quorum verba ad imam paginam amandentur. Hoc non obstat quominus menda typographica, queis scatet, corrigantur; et opera dubia, seu spuria, quæ pro legitimis complectitur, in Appendicem rejiciantur. Verum enim vero inter opera legitima Isidoriana, ei librum Numerorum, quem haud vidimus, exceperis, vix nostro judicio alia numerari possunt, præter ea quæ Regia continet editio, ut ex subjectis animadversionibus apparebit. Quamobrem mihi videbatur, iis solum retentis, cætera in Appendicibus collocare.

32. ✠ Fragmenta addantur ex pagg. 54 et 64 A.

341 (1) Addesis post Commentarium in Cantic. versus paginæ 50 A.

(2) Collocetur hic, ut spurius, liber quartus Sententiarum A. Itidem et liber de Ecclesiasticis Dogmatibus, qui, licet Isidori non sit, ut hene advertit Breulius, nihilominus ei tribuitur a Sigeberto, Trithemio, atque Margarino de la Bigne, qui inter Opera sancti præsulis eum edidit. Aliunde hic liber, cujus parens ut plurimum creditur Gennadius Massiliensis, nos arbitramur quod alterum habeat auctorem, quemdam nempe Bracharium antistitem Hispalensem ab Isidoro quartum. Sed hocce argumentum agimus in brevi dissertatiuncula, quæ aliquando, si Deo placet, in lucem prodibit.

33. (3, etc., usque ad 8.) Cum liber de Contemptu Mundi de libro Synonymorum consutus sit, potius ignoti consarcinatoris quam Isidori fetus erit, ut et ipse jam suspicatur Breulius. Exhortatio pœnitendi, Lamentum pœnitentiæ, et orationes pro correptione A vitæ et contra insidias diaboli ejusdem nobis videntur esse furfuris. Exhortatio fere tota metrica est, quod nemo adnotavit, alienamque existimo ab Isidoro mentionem Cypriani Magi postea sacerdotis et martyris, quem non commemorant ulla Hispaniæ sanctoralia. Qnare is Surius (forte, *Syrus*; alioquin mendum est immane) ab auctore Exhortationis crederetur, et cætera de hoc martyre, videsis in Antuerpiensibus ad 26 Septembris. In oratione pro correptione vitæ præterquam quod affatim utitur auctor vulgata versione Bibliorum, quam sæculo septimo non versabant nec sancti Patres, nec interpretes Hispani, ex ipso Isidoro accipit ille, quicunque sit, ea quæ de pœnitentia et satisfactione agit, videlicet, ex lib. VI Etymolog., cap. ult., et lib. II Sent., cap. 13. Oratio contra insidias diaboli eumdem, sed incertum, sapit auctorem. Altera, a Constantino Cajetano divulgata, ad litteram est caput, sive sect. ult. lib. 1 Synonymorum. Ergo hæc opuscula, ut et liber de Conversis ab ipso Cajetano editus, digna sunt quæ ad classem

B apocryphorum ablegentur.

34. (9) Quidquid sit de *Prænotatione* Braulionis, quæ meminit Regulæ monachorum inter opera Isidori, omnino suspectam habemus divulgatam sub ejus nomine, et fetum credimus ignoti alicujus monachi, sed nec Hispani, Isidoro posterioris, cujus verba in cap. 24, lib. III Sent., affert sub nomine *cujusdam Patris* cap. 5 in editione Holstenii. Monachum dicimus auctorem, propterea quod hic loci ad monachos verba faciens, ait: *Proinde et nos liberi ab actibus sæculi esse debemus*, etc. Isidorum autem cucullem induisse nullus dixerit, quin obcæcatissimus et habeatur, et sit. Ideo vero exterum eumdem auctorem arbitramur, quoniam cœnobium Honoriacense, cui Regula scripta apparet in eadem editione, ignotum omnino est apud Hispanos, quidquid de eo dicat Ceillerius. Jejuniorum dies in Regula commemorata cap. 11 et 12 ejusdem editionis toto cœlo distant ab eis quos describit Isidorus cap. 38 et seqq., lib. I de

C Ecclesiast. Offic. Quid quod auctor Regulæ diem festum Circumcisionis bis inculcat, cujus nec verbum apud Isidorum? nam ejus ætate indictum erat pro ea die solemne jejunium, ut patet ex cap. 41 præfati, lib. I, et ex can. 10 conc. IV Toletani. **342** Circumcisionis festivitatem cœpit colere Ecclesia Hispana paucis annis post obitum Isidori. Nullum monumentum apud nos hac de re vetustius lege 11 tit. I, lib. II legum Wisigothorum, quam circa annum 650 promulgavit Reccesuinthus. Denique capitulorum ordo diversus admodum apud Holstenium, Grialium et Breulium, duplicique apud illum capita, quædam assumentia complectentia, quibus isti carent. Hæc omnia, inquam, et alia nonnulla, quæ penitius hanc Regulam introspicienti in mentem venient, talia nobis videntur ut eam Isidoro abjudicemus.

35. (10) Ex epistolis Isidori nomine editis spuriæ sunt, ut probant Bona, Mabillonius, Nicolaus Antonius, Fabricius, Ceillerius, et Ballerini Veronenses, quæ diriguntur ad Redemptum, Claudium ducem, et

D Eugenium episcopum. Dubia saltem propter argumenta Morini, Aguirrei, Espenii, et Ceillerii, quæ ad Massonam scribitur, licet ia contrarium eant Patres Antuerpienses et Florezius. Altera ad Helladium sublestæ fidei apparebit, si disciplina quam memorat conferatur cum can. 6 et 28 synodor. Hispalens. II et Toletan. IV, et cum tit. 13 collection. Martin. Bracar., quibus in locis statuitur, episcopum, presbyterum, diaconum crimine irretitum, priusquam alterum adeat tribunal, propriæ ipsius provinciæ synodi judicium subiturum. Nihil hujusmodi passus est sacerdos Cordubensis. B. Isidorus, utpote canonum callentissimus, haud mitteret sontem ad synodum, ut ab suo deponeretur gradu, sed ut Patres confirmarent vel revocarent sententiam ab eo prolatam; præterquam quod opus hic non erat appellationem interponere, cum et luxuriæ crimen reus confiteretur, et exaugurationis pœna hujusmodi nocentibus per canones inflicta a nemine in dubium revocaretur. Quid, quod auctor epistolæ homo alterius ordinis quam pontificii videtur? Ea verba: *Vobis sollicitudo pastoralis incumbit, vestroque judicio delinquentium errores discutiendos censura divina disposuit, dicens: Sacerdotes stabunt in judiciis meis, et judicabunt inter sanctum et pollutum;* hæc, inquam, verba quis ab episcopo, et tanto episcopo Isidoro pronuntiata fatebitur? Mitto supinum lapsum, quo infectus erat vetus Codex Complutensis, cujus meminit Ambrosius Morales cap. 20, lib. xii Hisp. Chron., videlicet epistolam scripsisse Isidorum ad Helladium, et concilium Toletanum iii: cum eo tempore sedem Hispalensem Leandrum, et Toletanam Euphemium tenuisse, ex ipso constet concilio. Quamobrem omnibus perpensis expungendam censemus epistolam ex numero Isidorianarum. Quæ manent reliquæ, edantur, velim, cum notis auctoris tomi XXX Hisp. Sacræ.

36. Alios sermones Isidori nomine vulgatos haud vidimus præter editos a Constantino Cajetano. Horum primus caput est 26, lib. i de Ecclesiast. Officiis; alterius autem prima pars totum est cap. 10, lib. i Sententiarum; secunda vero ex Greg. Magn. lib. xxviii Mor., num. 3, contexta est, si locum Danielis, quem inserit consarcinator, exceperis. Idem aut simile judicium erit de sermone in natali S. Æmiliani episcopi Vercellensis, cujus meminit Nicolaus Antonius; et adhuc aliorum, si qui sunt editi vel inediti Isidori nomine. Sed cum, ut diximus, ad nostram notitiam haud 343 venerint, eruditorum sententiam exspectabimus. Adjicias his spuriis sermonem de Corpore et Sanguine Domini, pag. 45 A.

37. De hymnis nullus dubito quin eos abjudicem Isidoro; de epistola vero ad Leudifredum nescio quid persentiscam mali ominis. Codicum mss., qui larvati Isidori collectionem haud omnino puram continent, pars quædam est hæc epistola sub titulo: *Epistola Papæ Spalensis episcopi ad Laudefredum Cordubensem*, ut tradunt Ballerinii Veronenses tom. III Oper. S. Leon., pag. ccxxxv. Quod in nonnullis Codicibus eam complectentibus legitur de officio archipresbyteri, ut in textu edidit Breulius, et in notis Joannes Baptista Perezius, perquam alienum cuique videbitur ab Isidori mente, et disciplina priorum octo sæculorum Ecclesiæ catholicæ. Quamobrem ego judicaverim centonarii hominis fetum esse ex lib. ii Officior. beati præsulis infartum.

38. (11, 12.) Non repugnabo quod in hac editione locus detur libello Orationum a Blanchinio vulgato, canonum collectioni, quam cusit Aguirrius, et recusit Cennius, duobusque synodis Isidoro præside coactis; sed meo judicio nequaquam probabimus illorum esse parentem. Ergo Appendicis loco typis denuo mandentur, prout Quesnellus et fratres Ballerinii fecere in editione Operum S. Leonis cum Sacramentario et Codice canonum ecclesiasticorum. Animadverti autem oportet Blanchinium plurimum aberrasse ullis in notis, ut in ea qua de initio anni apud Hispanos agit, ductus auctoritate Codicis hoc loco manifeste corrupti. Ubi enim legitur iv Kal. Januarii, legi omnino debet iv Non., ita ut diei secundæ Januarii, non vigesimæ nonæ Decembris, illæ aptentur orationes: ob hanc quippe causam statim post festivitatem Circumcisionis in Codice apponuntur, cum ad iv Kal. Januarii festi Joannis Evangelistæ mentio fiat, quo die nos hunc sanctum colimus usque ad sæculum saltem undecimum.

39. Collectionem canonum, nimis deturpatam in editionibus Aguirre et Cennii, nos correctissimam recudemus ad calcem tomi II Collectionis sanctorum Patrum Toletanorum, ubi ejus propria est sedes. Quamvis enim non astipulemur perdocto viro Joanni Baptistæ Perezio, qui existinavit eam concinnasse sanctum Julianum, nihilominus circa illius ætatem digestam esse non ambigimus.

Ponesis, ut spuriam, Expositionem Missæ pag. 54 A.

(13) Historia Gothorum præcedere poterit, juxta nonnullos Codices, elogium Hispaniæ pag. 66 A.

* *Huiates*, ab interjectione *hui*, hoc est *miserandi*. Edit.

(14) Hujus libelli fragmentum apparet pag. 51 A.
(15) Inter opera philologica quidni locus dabitur versibus pag. 47 et 67 A.?

40. Singularem Hernandezii doctrinam et acre judicium maximopere suspicio: an autem sententiæ ejus omnino sint sustinendæ cum de singulis Isidori libris agam, non perfunctorie disputabo. In conspectu novo Zaccariæ id observo, silentio ab ipso præteriri *Imaginem mundi*, S. Isidoro alicubi tributam, sed quæ 344 Honorium Augustodunensem habet auctorem. Eam olim edere promiserat ex Codice ms., qui ab editis multum discrepat. Verum in ejus Adversariis nec volam, nec vestigium Imaginis mundi reperio.

41. Quis autem crederet Zaccariam honorificentissimis litteris ab archiepiscopo Toletano peramanter invitatum suas lucubrationes in Hispaniam mittere, obstinato animo recusasse, neque intellexisse non satis Hispanos confidere, quod exterus homo, quamtumvis doctus, res Hispaniæ proprias ea qua oportet intelligentia et cautione complecteretur? Atqui rationes denuo protulit cur archiepiscopo morem gerere non posset. Hæ exstant in autographo litterarum ejus exemplo, lituris et emendationibus referto: quod hic sisto.

Excellentissimo ac reverendissimo domino D. Francisco Antonio de Lorenzana Toletanæ Ecclesiæ pontifici Franc. Ant. Zaccaria felicitatem.

42. Quas dignatus es ad me perscribere, archipræsul amplissime, litteras, in S. Isidorum Hispalensem piissimas, erga me humanissimas, v Idus Apriles accepi. Atque utinam satisfacere desiderio tuo possem, atque Opera tanti doctoris prelo parata ad te mittere, ut Matritensibus elegantissimis typis exscriberentur. Nihil mihi optatius, nihil honorificentius foret. Verum uti me scripsisse ad te memini, etsi varias Italicorum Codicum lectiones fere dispositas, et multa præterea quæ ad annotationes pertinent, in adversariis servo, promptum tamen vix quidquam habeo, quod non modo isthuc mittere, sed ne hic quidem typographo statim tradere possim. Statueram enim ut postremam Matritensem editionem nactus fuissem, eam cum vetere item Matritensi conferre, atque exactam ad hanc variis lectionibus et annotationibus, ipso illo tempore quo typographus prelo committeret, paulatim illustrare: id enim mihi multo commodius futurum erat, neque iis sumptibus obnoxium, quos nec ego ferre possem, et tamen facere necesse esset, si totum opus ab amanuensibus exarandum curarem.

43. Itaque quoniam de Matritensi editione, quam velles, cogitare mihi vel invito non licet; dabis mihi hanc veniam, excellentissime antistes, ut aliam viam ineam hujus editionis hic parandæ, quæ si minus splendida, mihi saltem et facilior et opportunior sit. Equidem intelligo, quantis huiates * typographi prementur angustiis: illud etiam doleo, me in summa difficultate esse pecuniaria, cum tamen amanuensibus laboris pretium pendendum sit, atque eo largius quo accuratiores esse debent. Societatis tamen benefi-

cium, quod ante editionem publico programmate doctis viris, ac præsertim Hispanis proponetur, non leve typographis subsidio futurum spero.

345 44. Ad me porro quod attinet, fiducia indulgentiæ tuæ non dubito rem aggredi, usus consiliis a præclarissimo viro, qui tibi est a bibliotheca, mihi indicatis, eoque libentius, quod pleraque meis sensibus, etsi in brevi meæ editionis conspectu dissimulatis, plane consentiant. Age ergo, inclyte archipræsul, tria ut a te exorem pro singulari humanitate tua sinito. Primum illud, ut qui tam grandibus impensis Mozarabici Breviarii, Toletanorum Patrum, Hispaniensium Conciliorum novam apud vos eamque magnificentissimam editionem curare non desinis, in meam Isidori editionem, quam cominus Matriti, uti voluntati tuæ obsecundaturus maxime cuperem, concinnandam velim, suscepta prohibent præteritæ vitæ consilia, symbolam aliquam conferre non renuas, primis saltem necessarii apparatus sumptibus suffecturam.

45. Alterum est, ut quos sperare me jusseras libros, mittere ad me, ut primum licuerit, velis. Tandem te vehementer rogo, ut septuagenario seni, qui te reverentissime colit, tuosque pro Hispanæ nobilissimæ Ecclesiæ gloria atque utilitatibus labores maximi facit prædicatque, hoc solatii indulgeas, ut sua amplissimi tui nominis patrocinio Romana Isidorianorum Operum editio prodeat, testis ætati nostræ, testis posteritati futura meæ demississimæ in te observantiæ. Id unum si per te mihi licuerit, magnis animis emisso statim conspectu novo, ac satis amplo totius editionis, ad quam citissime inchoandam studia omnia referam. Vale, pontifex excellentissime, meque sacras manus tuas osculantem tua gratia prosequere. Romæ, Idibus Aprilibus, 1783.

46. Quid post has Zaccariæ litteras sive ad archiepiscopum Toletanum missas, sive eo consilio, ut mitterentur, scriptas, de hoc negotio tractatum fuerit, penitus ignoro. Quanquam ex re ipsa, ex duabus posterioribus epistolis eminentiss. D. cardinalis Lorenzanæ, quas num. 26 indicavi, satis perspicitur nihil deinde actum fuisse. Archiepiscopus Toletanus multis iisque gravissimis rationibus tunc impulsus editionem a Zaccaria, doctissimo quidem, sed rerum nostrarum fortasse non ita perito, adornatam, in Hispania curandam decreverat. Id Zaccaria præstare non poterat, nisi improbum laborem susciperet exacte digerendi ea omnia quæ paraverat, et absolvendi quæ promiserat, ut jam prelo parata in Hispaniam mitterentur. Senio jam ipse confectus, diversis maximi momenti occupationibus impeditus, neque laboriosæ collationi textus cum mss. et editis exemplaribus assuefactus, id unum spectabat, ut pecunia adjutus, rem per se ac per alios Romæ maximo quo posset commodo expedire tentaret. Sane multa Zaccaria in suis publicis programmatis pollicitus fuerat, quæ perficere quidem cogitabat, sed nondum inchoaverat, ut nunc distinctius explicabo.

346 CAPUT XLIII.

Apparatus Zaccarianæ Operum S. Isidori editionis recensetur. Adversaria ejus pro volumine primo.

1. Cum vir nostri temporis eruditissimus Zaccaria per quadraginta annos, eoque amplius, novæ editioni Isidorianæ apparandæ allaboraverit, incredibilis profecto doctorum hominum esse debet exspectatio de ejuscemodi apparatu: quæ tamen apud nonnullos aliquantulum imminuitur, cum mentem ad innumera illa omnigenæ doctrinæ opera convertunt, quæ hoc ipso tempore Zaccaria aut composuit, aut illustravit, aut edenda curavit, quæque ab uno homine potuisse proficisci vix intelligitur; ut nihil dicam de plurimis aliis magnæ molis aut varii argumenti operibus, quæ molitus et pollicitus fuerat, et moriens in schedis reliquit. Postremis annis cum de Zaccariana Isidori editione plerique jam desperarent, mihi etiam in mentem venit, quantumvis aliis operibus excudendis non parum occupato, animum ad novam Operum Isidori editionem curandam convertere: sed indignum prorsus videbatur quod Zaccariæ labor aut periret, aut, cessantibus Hispanis, ad aliorum manus deveniret. Igitur mense quintili anni proxime elapsi 1794, suadente maxime eminentissimo cardinali D. Stephano Borgia, eximio litterarum omnium cultore ac litteratorum virorum patrono, Zaccaria omnia sua de Isidori rebus adversaria ad me deferri concessit.

2. Ea autem, uti ego accepi, sic exponam. Præter epistolas, quas jam attuli, erat Vita S. Isidori ex Bollandianis cum commentario prævio descripta: historia etiam translationis corporis S. Isidori ex iisdem Bollandianis, manu exarata, sed neque vita, neque historia translationis integra, et mendose utraque descripta. Desiderantur notæ quas Zaccaria promiserat, ac solum sunt quædam variæ lectiones ad narrationem Redempti de obitu S. Isidori ex quodam Codice Vallicellano. Nic. Antonius in Biblioth. vet. Hisp. lib. v duo capita, tertium scilicet et quartum ejus libri, vitæ et doctrinæ Isidori illustrandæ destinaverat. Hæc igitur duo capita sibi Zaccaria exscribi simili modo curaverat, scilicet ex prima editione, adeoque sine iis notationibus quas Bayerius in editione Matritensi adjecit, **347** uberior in hoc argumento quam in plerisque aliis, cum de Operibus S. Isidori edendis ipse quoque cogitasset. Duas dissertationes Zaccaria pollicitus fuerat, alteram de Vita rebusque gestis S. Isidori, alteram de doctrina scriptisque ejusdem: neutra inchoata erat, nedum perfecta: nisi sic fortasse Vitam, quam dixi, ex Bollandianis Actis extractam, et duo illa bibliothecæ Hispanæ Nic. Antonii capita intelligebat. Voluerat etiam de Isidori genuinis epistolis, deque Muzarabica liturgia, atque collectione canonum Hispanica disserere: sed manus operi non admovit. Constituerat singulis libris S. Isidori præfationes præfigere, sed unam tantum invenio adumbratam ad librum Procemiorum, et alteram ad librum de Vir. illustr., quas edam cum de his libris agam. Cum ipse Procemia primo loco excudere cogitasset, prologum huic operi apparere studuerat. Librum vero de Vir. illustr. simul cum tota Bibliotheca ecclesiastica Fabricii edere decreverat: hinc prologum habemus ad eum librum.

3. Statuerat quibusdam in locis notationes suas antiquis aliorum addere: nullam istiusmodi notationum absolutam invenio, nisi paucas ad librum de Vir. illustr., et quorumdam auctorum loca indicata, ex quibus lumen posset haurire, si quando eum laborem susciperet. Post ejus excessum acquisivi edi-

tionem Regiam Matritensem S. Isidori, cujus margini simili modo nomina quorumdam auctorum et loca appinxerat. Collegerat, præsertim vero per alios, plurimorum Codicum varias lectiones, quas ordine dispositas textui subjicere cogitabat. Sed improbum hunc laborem aggressus, in ipso limine substitit. Scilicet propositum illi fuerat librum Prœmiorum ante alios omnes edere, ut nuper dicebam, et ex conspectu ejus editionis patet : sic ergo variantes lectiones adornare cœperat. *VARIÆ LECTIONES. I. B. E. Liber Prœmiorum, beato Isidoro auctore. Br. E. In nomine sanctæ Trinitatis incipit liber Prœmiorum B. Isidori de libris Veteris ac Novi Testamenti. C. C. Incipit liber Prœmiorum de libris Novi et Veteris Testamenti sancti Ysidori Spalensis episcopi. V. C. In nomine Patris, et Filii, et Spiritus sancti. Auxiliatrix esto mihi, Trinitas sancta. Orditur liber præmiorum* (sic) *dialogus sancti Hieronymi presbyteri.*

4. Hæc tantum Zaccariæ ipsius manu exarata erant in magno chartarum purarum fasciculo ad varias lectiones parato. Notæ indicant **348** *Bignei et Breulii editiones, Cæsenatensem et Veronensem* Codices, ut in prologo, quem dixi, ad librum Prœmiorum ipse adverterat. Vides igitur Zaccariam, præter congestam quamdam rerum silvam, nihil aliud ad editionem expeditum habuisse : quod ipse in litteris suis ad eminentissimum cardinalem archiepiscopum Toletanum plane fatetur. Superest ut Codices enumeremus quos a se collatos Zaccaria in suo programmate affirmat, et servato ordine quem ipse sibi præscripserat. Sed præmonendum censeo quod suis deinde locis distinctius observabo, paucos a Zaccaria per se ipsum Codices, plerosque ab aliis fuisse collatos. Sed quamvis optandum esset ut Zaccaria ipse opera edita Isidori ad mss. Codices exegisset, nihilominus iis divitiis quas reliquit contenti esse debemus. Nam vere divitias censeo magnam copiam illam collationum, quarum nonnullæ satis in se ipsis exactæ apparent, quædam etiam e mss. exemplaribus vetustissimis sunt collectæ.

5. Prœmia, a Zaccaria primo loco edenda, erant collata cum tribus Codicibus, Veronensi, Cæsenate et Florentino S. Crucis. Eos descripsit in præfatione, quam suo loco inseram. Habeo varias lectiones horum trium Codicum, sed non a manu Zaccariæ, nisi in primis capitibus Codicis Cæsenatis.

6. Quæstiones in Vetus Testamentum, collatæ cum duobus Mss. bibliothecæ Laurentianæ Mediceæ, et cum insigni Codice Albornoziano, sive, ut ipse vocat, Alburnotiano Bononiensi. Horum trium Codicum collatio ad me delata est, simul cum attestatione Andreæ Petri Julianellii, Laurentianæ bibliothecæ pro regio bibliothecario vices gerentis, qui affirmat Codicem primum sæculo forte xi scriptum in forma quarti, plut. 19, num. 31, et alterum plut. 21, n. 48, membranaceum sæculi xv. in fol., fuisse a diligentissimis alumnis Florentini collegii Societatis Jesu rogatu doctissimi Francisci Zaccariæ collatos, eodem Julianellio duce, et aliquando scripturæ interprete, præci-

pue, ita pergit, *in Codice* 31 *venerandæ antiquitatis qui certe secundum locum obtinet a Codice membranaceo sæculi* VIII, *qui in Toletana bibliotheca asservatur charactere quadrato. Hunc a se fuisse collatum mihi narravit canonicus Barcinonensis Bayerius, qui editionem Alvari Gomezii de his commentariis instaurare meditatur et illustrare.*

7. Pro *Alvaro Gomezio* reponendum est nomen Joannis Grialii, **349** qui editionem Regiam Matritensem curavit, notisque suis hoc opus illustravit. Bandinii verba, quibus eamdem de Codice Toletano a Bayerio collato narrationem texuit, recensui cap. 39, rationesque attuli cur ea mihi dubia videatur. Alia addit Bandinius tom. I Codic. biblioth. Medic. Laurent., scilicet Codicem 31, plut. 19, membr. in 4° minori, in fine diversa sed item antiqua manu suppletum, constare foliis scriptis 193; ad eremum Camaldulensem olim pertinuisse, ut videtur. Post inscriptionem libri Quæstionum in Vetus Testamentum subjicitur tabula capitum 31. Post librum Isidori sequuntur in eodem Codice anonymi commentarii in Genesin, in Parabolas Salomonis, in Ecclesiasten, et, pag. 184, Interpretationes sermonum seu locorum Veteris ac Novi Testamenti. Incipit : *Nomina fluminum quæ de paradiso exeunt.* Desinit : *et corruptione veteris nequitiæ delectatur.*

8. Isidoriani operis inscriptio est : *In nomine Domini. Incipit Codex a beato Isidoro Spalense episcopo de quinque libris Moysi, et cæterorum librorum Veteris Testamenti explanatus, atque de diversis auctoribus in unum collectus, luculenterque expositus. Incipit prologus.* In schedis Zaccarianis legitur *explanatum... collectum... expositum.* Ac fortasse ita habet Codex.

9. Codicem 18, plut. 21, sic describit Bandinius. Codex membranaceus in-fol. sæculi xvi ineuntis, nitidissimus cum effigie auctoris, stemmate Leonis X, numismate Antonini Augusti in prima pagina litteris initialibus elegantissime depictis, et illuminatis. In schedis Zaccarianis, et attestatione Julianellii ad sæculum xv Codex pertinere dicitur. Num. 1 est *Caii* (legendum *Taii*) *vel Taionis cognomento Saorohelis, vel Samuelis, Sententiarum libri* v. Epistola ad Quiricum... Tabula capitum librorum v. Liber 1 incipit, *Solus Deus in semetipso incommutabilis est.* Liber ultimus desinit, *videbimus sicuti est.* Subjicitur epistola Quirici ad Taionem, *En beatissime virorum*, etc. In fine: *Explicit liber Sententiarum Samuelis episcopi.*

10. Edidit quinque hos Sententiarum libros clarissimus continuator Hispaniæ sacræ Riscus tom. XXXI, sed mutilos in fine, ut cap. 47 fusius dicam. De Taione agit Nic. Antonius lib. v, c. 7, Bibl. vet. Hisp., et Bayerius in notis, qui de Taionis cognomento *Saorohel*, sive *Samuel*, penitus silent; quædam ego cit. cap. 47 advertam. Quod autem ait Mabillonius in Analectis suis, primum sibi videri Taionem, **350** ad cujus exemplum alii cum Petro Lombardo collectiones hujusmodi condiderint, oblitus fortasse erat ante Taionem tres Sententiarum libros ab Isidoro fuisse conditos, quem certissime Taio imitatus fuit, ut

utrumque legenti constabit : de quo iterum redibit sermo cit. cap. 47.

11. Numero 2 hujus Codicis sunt quæstiones S. Isidori in Vetus Testamentum : *Hunc sibi Codicem*, ait Bandinius, *conferendum cum editis curavit Cl. Franc. Antonius Zaccaria anno 1756, mense Februario*. Titulus est : *In nomine sanctæ et individuæ Trinitatis incipit libellus, quem Isidorus Spalensis episcopus de diversis opusculis Patrum collegit. De expositione Historiæ.*

12. Vellem Bandinius annotasset cujus auctoris imago initio Codicis appicta est, an Taionis, an Isidori, an utriusque. In nonnullis veteribus Codicibus id observatur, ut auctoris, sive auctorum, quorum exscribuntur opera, imagines exprimantur : de quo argumento distinctius in his Prolegomenis agam cap. 105.

13. Describendus nunc est celeberrimus Codex Albornozianus, num. 11 in bibliotheca Bononiensis Hispanorum collegii Clementini. Est membranaceus in fol. sæculi XIII. Præmittitur expositio psalmorum incerti auctoris. Sequitur : *Brevis et perutilis expositio Sancti Ysidori episcopi Yspalensis in eptaticum, id est, in quinque libros Moysi, Josue et Judicum, et dehinc in Ruth, ad ultimum Regum. Ysidorus episcopus Hispalensis super Genesin.* Omittitur præfatio. Desideratur etiam commentarius in libros Regum. Ultimus est liber Ruth, qui ita concluditur, *cum quo est illi honor et gloria in sæcula sæculorum. Amen. Collatus est, ut potuit.*

14. Illico eadem manu, eodemque atramento subjicitur hoc fragmentum : « Lapis adamans (*corrigo* adamas) colorem habet æreum : hunc portabat sacerdos, cum ingrederetur Sancta sanctorum : sed ter in anno, in pascha, pentecoste, et scenopegia, id est, erectio tabernaculi. Nam super podere sacerdos ponebat superhumerale, in quo erat lapis iste ante pectus. Superhumerale quidem parum descendebat sub pectore : quippe unius palmi et dimidii erat longitudo ejus a dextris, et a sinistris super ubera, (*obscurum id*) in quo duo simul erant scola (*fortasse legendum* scuta *vel* scutula) cum singulis smaragdis. Inter utraque (*obscure*) scutula erat adamas. Inter humeros vero hinc et inde XII lapides pretiosi. Cum sacerdos itaque oraret pro populo, et oratio ejus non esset acceptabilis Deo, color adamantis aliquando vertebatur in nigro, et mortalitatem significabat in populo : aliquando in sanguineo, et gladium significabat super populum, ut in Jeremia : » *Cunctæ habitationes accedent, qui in morte ad mortem, qui in gladio ad gladium, qui in pestilentia ad pestilentiam, qui in captivitate ad captivitatem. Si autem in album vertebatur color lapidis, sciebat sacerdos populum liberum esse a peccato : et agebant solemnitatem in gaudio. Unde propheta :* Solemniter age, Juda, solemnitates tuas. Redde Deo vota tua. Abstulit Dominus iniquitates tuas : liberavit te de manibus inimicorum tuorum. Regnabit Dominus in medio tui, et non videbis mala. « Itaque cum Zacharias pater Joannis Baptistæ primus sumpsisset sacerdotium secundum annualem vicem, lapis factus est albus, significabatur S. Jo... cum... in extasi staret in Sancta Zachariæ, et populus valde timeret, alius sacerdos ingressus est Sancta, et superhumerale populo ostendit. Quare omnes cognoverunt Zachariam visionem angelicam vidisse. » Exscriptor Codicis hæc post fragmentum subjungit : *Qui scripsit, scribat, semper cum Domino vivat. — Vivat in cœlis Homo bonus nomine felix.*

15. De veste sacerdotali in lege agit Isidorus lib. XIX Etym., cap. 21., et in Expos. Exodi cap. 59., quocum hæc conferri possunt. Verba Jeremiæ videntur esse ex cap. XV, vers. 2, ubi in Vulgata : *Hæc dicit Dominus :* Qui ad mortem, ad mortem ; et qui ad gladium, ad gladium ; et qui ad famem, ad famem ; et qui ad captivitatem, ad captivitatem. Apocrypha sunt quæ de sacerdote *superhumerale populo ostendente* narrantur Adamantem gemmis rationalis adjectum, cujus fulgore Deus consulentibus respondebat, tradunt Epiphanius de duodecim Gemmis, et Suidas verbo *Ephod*. Procopius, Arias Montanus aliique duas gemmas eam in rem adjiciunt, quæ fortasse sunt duo scutula, ab hoc auctore indicata. Adisis Calmetum verbo *Urim et Thummim*. Ejus qui codicem exaravit nomen duobus ultimis versiculis exprimitur *Bonus homo*, vel *Homobonus*, quo cognomine celebris est apud nos Dominicanus Alfonsus *Bonushomo*, qui eodem sæculo XIV, quo Albornozius floruit, et, ut nonnulli existimant, in eadem urbe Conchæ, in qua Albornozius natus fuerat : qua in urbe multis post sæculis mansit familia ejus cognomenti *Buenhombre*. Quidni autem conjiciamus, hunc ipsum Alfonsum Bonumhominem Codicis exscriptorem fuisse ? Video Codicem ad sæculum XIII referri : sed constatne certo ad sæculum XIII potius quam ad sequens esse referendum ? Rochus Menchaca, qui meo rogatu Codicem inspexit, eum potius sæculi XIII quam XIV videri existimat, sed rem in dubio relinquit.

16. Illud autem utilius, si spes affulgeret, investigandum esset, quocum exemplari hic Codex ab exscriptore collatus dicitur. Zaccaria in suo programmate affirmat Albornozium hunc Codicem ad *autographum* ipsum Isidorianum, Toleti tunc asservatum exigendum curasse. Sed, ut ex variis lectionibus colligitur, ipse Albornozius exegit. Nam idem Zaccaria, uti etiam alii qui Codicem contulerunt, observant varias lectiones manu Albornozii esse ascriptas, qui interdum notat : *Isidorus in Originali*, vel *Dicit Isidorus in integro originali*. Magnum profecto pretium huic Codici accedit ex eo quod tantus vir scripturam ejus cum autographo, sive originali Isidoriano contulerit. Adhuc tamen scire vellem unde constet *autographum* opus tunc Toleti asservatum fuisse.

17. Hac etiam in re amici mei Rochi Menchacæ consilium et judicium exquisivi : qui cum diligenter Codicem inspexisset, et Hispanorum Bononiensis collegii rectorem D. Simonem Rodriguez, qui pro ea qua ipse pollet doctrina, ad Isidorianam editionem peragendam humanissime vetera sui collegii exemplaria obtulit, convenisset, in hanc rescripsit sententiam : Legi in membranis, aliquando *Isidorus in*

integro originali, plerumque *Ysidor. in original.*; A characteres istiusmodi notationum ætate Codicis non multo posterioris videri, neque admodum dissimiles esse characteribus Albornozii, qui in scholiis ad quemdam librum Justiniani conspiciuntur, in quo notatum est, eam esse manum Albornozii : liquido autem non constare varias lectiones Codici Isidoriano ab Albornozio fuisse ascriptas, aut originale exstitisse Toleti.

18. Quod attinet ad varias lectiones inde excerptas, nonnullæ sunt Zaccariæ manu, aliæ aliorum trium, vel quatuor, qui laborem inter se distribuisse videntur. Dubito etiam an alicubi sit manus D. Petri de Castro, de quo jam dixi ; certe ex litteris nuper laudati Rochi Menchacæ intellexi, notam nunc in Codice apparere, quæ indicat eum anno 1752 a D. Petro de Castro collatum fuisse, dum in collegio Albornoziano sodalis esset. In editione quidem **353** Matritensi recenti caput 17 in Leviticum ex Codice Albornoziano suppletum fuit, apographo D. Petri de Castro exemplari adhibito. Denique animadverto non vulgari diligentia præstantissimum hunc Codicem fuisse, ut mihi quidem videtur collatum : ac fortasse nonnullam partem in his variis lectionibus habent P. Joan. Aloisius Mingarellius, et D. Pons ejusdem collegii alumnus, postea archidiaconus Dertusensis , qui anno 1748 in hoc aliisque Isidorianis exemplaribus conferendis collaborarunt, præsertim in opere Etymologiarum sæculo XV exarato, in cujus fine sunt breviaria singulorum viginti librorum.

19. Allegoriæ : collationem trium Codicum ad hoc opus Zaccaria promiserat, scilicet Florentini S. Crucis, Veronensis et Cæsenatis: qui iidem sunt, de quibus supra in Procemiis dictum. In Florentino S. Crucis post Procemia : *Item Isidorus ad Orosium*. In fine Allegoriarum : *Explicit liber primorum* (*Procemiorum*) *Isidori sancti ad Odorosium* (sic). Innuitur, utrumque opus Orosio dicatum esse *Procemiorum* nomine. In Veronensi : *Incipit opuscula sancti Isidori*. In Cæsenate : *Explicit vita, vel obitus Sanctorum qui in Domino præcesserunt. Incipit epistola S. Ysidori ad Orosium presbyterum*.

20. De numeris : hoc opusculum in 27 capita tributum; non in 28, ut in conspectu editionis Zaccarianæ legitur, manu nescio cujus descriptum penes me est, suo loco edendum. Descriptionem Codicis D Taurinensis, ex quo extractum fuit, exhibeo ex Catalogo Codicum mss. bibliothecæ regii Taurinensis Athenæi, auctoribus Antonio Rivautella et Francisco Berta, part. II, pag. 12, Cod. 53, d. 4, 30 : *Membranaceus sæculi* XI *constans foliis* 201, *continet integrum S. Isidori Hispalensis Originum seu Etymologiarum opus, in decem et septem libros dispertitum... In nostro Codice nihil desideratur. Immutatus est dantaxat capitum ordo,* etc. *Magna est porro lectionis discrepantia,* etc. Notant auctores Catalogi , inter epistolas prævias esse etiam Isidori epistolam quæ incipit : *Omni desiderio*. Specimen variarum lectionum exhibent.

21. Fol. 193 ejusdem *S. Isidori Hispalensis liber Numerorum*, præmisso capitum indice. Advertunt auctores Catalogi Dupinium libri hujus nullam fecisse mentionem, Oudinum, et Caveum, penitus e manibus hominum evanuisse, existimasse. *Integrum*, pergunt, **354** *nos fortunantibus superis in Codice nostro habemus, et integram idcirco ejusdem analysin hoc loco tradere operæ pretium existimavimus, donec aut inter anecdota publici juris faciamus, aut novam hujus ms. Codicis ope paremus S. Isidori editionem*. Æri incisum repræsentant specimen characteris ex initio libri Numerorum. De omnibus Isidori operibus edendis videntur cogitasse. Zaccaria in Histor. litter. Ital. tom. II, lib. II, cap. 5, affirmat Rivautellam in animo habere, librum Numerorum typis committere : quod fortasse ex peculiari aliquo nuntio acceperat, nam hoc loco quem expressi editio libri ab auctoribus Catalogi indicatur vel inter Anecdota, vel in nova Operum S. Isidori editione procuranda.

22. In eodem Codice Taurinensi, fol. 20, pag. 2, est perbrevis tractatus *De alleluia, et amen. Alleluia in Latinum sonat, Laudate Dominum*. Fol. 202. Figuræ, quæ apud auctores plerumque inveniuntur ; *Endiadyin est figura, quando una res dividitur in duo, interposita conjunctione*. Auctores Catalogi ex stylo conjiciunt utrumque hoc opusculum esse fetum Isidori. Exstat primum opusculum inter fragmenta , post Etymologias a Breulio edita. Alterum ad schemata sive figuras pertinet, de quibus Isidorus lib. I Etymologiarum ediserit. In fronte Codicis Philibertus Pingonius, ad quem olim pertinuit, scriptum reliquit se illum dono accepisse a celeberrimo Cujacio anno salutis humanæ 1567.

23. Ultimum opus primæ partis erat Commentarius brevis in Cantica canticorum, supposititius : de quo in Adversariis Zaccarianis nihil notatur. Eum editum habemus in editione Grialii, a Breulio recusum.

24. Sententiarum libri tres ad partem secundam primi voluminis referebantur. Varias lectiones ex undecim mss. pollicitus fuit Zaccaria. Inveni varias lectiones trium Codicum Sanctæ Crucis Florentiæ, quorum primus est membranaceus in fol. sæculi fortasse X aut certe XI, in quo præter eos libros sunt Dialogi S. Gregorii papæ urbis Romæ, num. 230.

25. Alter est sæculi XIV membranaceus in-4° n. 233, de quo vide præfationem Zaccariæ ad librum Procemiorum infra cap. 62. Tertius est sæculi saltem XII membr. in fol. num. 231, in quo post libros Sententiarum sequitur liber Exhortationum beati Augustini ad quemdam comitem charissimum sibi. Hi tres Codices pertinent **355** ad eumdem pluteum, scilicet *banc.* XX *ex parte ecclesiæ*. Abest ab his omnibus epistola ad Massonam, quæ libris Sententiarum præmittitur in editione Bignæana : quacum hi Codices collati sunt ab aliquo Zaccariæ amanuensi, seu amico , cujus manus in aliis etiam collationibus observatur. Is animadvertit, eas tantum notari varias lectiones in quibus hi tres Codices aut concor-

dant cum Lucensi Codice, aut certe ab editione dissentiunt.

26. Codex num. 230 finit: *Explicit feliciter liber* III. *Deo gratias, amen.* Codex 233 : *Explicit feliciter liber tertius sancti Isidori. Deo gratias, amen.* Diligentia in diversa Codicum scriptura annotanda non magna videtur fuisse.

27. Codicis Lucensis, de quo nuper, eadem manu exaratæ sunt collationes cum editione Bignæana, et alia antiquiori horum librorum, scilicet anni 1483. Codex est bibliothecæ Capitularis Lucensis membranaceus in fol. sæculi XI, plut. 2, num. 56. Continet etiam libros contra Judæos, de Officiis ecclesiasticis, et librum Differentiarum ; præterea libros Alcuini de Trinitate cum epistola ad Carolum imperatorem, et epigrammate : *O rex,* etc. Titulus Codicis est : *In nomine Domini nostri Jesu Christi incipit prologus sancti Ysidori Spalensis episcopi ad Masonem episcopum.* In editione anni 1483 deest hic prologus. Post prologum et indicem capitum : *Incipit liber primus sancti Isidori episcopi.* In fine : *Explicitus est liber Sententiarum sancti Isidori episcopi Hispaniensis. Deo gratias, amen.* Plurimæ insignesque sunt in hoc Lucensi veteri Codice scripturæ varietates.

28. Cum duobus mss. Codicibus bibliothecæ Florentinæ S. Marci eadem, ut videtur, manu collati sunt libri Sententiarum. Primus Codex antiquior sæculi XI hæc continet, B. Prosperi libros tres de Vita contemplativa (verus auctor Julianus Pomerius) ; tractatum S. Ambrosii de Pœnitentia in libros duos distributum ; Sermonem S. Augustini de Pœnitentia, *Pœnitentes, pœnitentes, si tamen estis pœnitentes, et non estis irridentes. Hisidori de pœnitentia : Ex eo unusquisque justus esse incipit, ex quo sui accusator exstiterit*; Soliloquium Aurelii Augustini, *Volenti mihi* ; Retractationes S. Augustini ; librum Ambrosii episcopi de paradiso Dei, item librum de Cain et Abel, et libros *S. Hisidori,* nimirum Sententiarum. Codex est membranac. in fol., in duas columnas distributus : tituli capitum **356** minio notantur. Quod Isidori velut distinctum opus aliquod indicatur de *Pœnitentia,* nihil aliud id est, ut ex primis verbis arguitur, nisi excerptum ex lib. II. Sentent. cap. 13.

29. Alter Codex membranac. in-8° sæculo XII ad finem vergente conscriptus, multa continet, nempe libros Sententiarum Isidori, epistolam hujus argumenti margini ascripti : *Quid fuerit ante creationem mundi, et quid post judicium futurum sit, et de ipso finali judicio.* Incipit : *Dilectissimo fratri Adæ peccator monachus humilis in Domino salutem.* Sequitur brevis Expositio super quod in libris Regum legitur, quod David, fugiens Saul, ingressus est speluncam ad purgandum ventrem. Epistola seu liber Brunonis Signiensis episcopi *dilectissimo fratri G. Magalonensi episcopo,* de consecratione ecclesiæ, de sacramentis et vestibus sacerdotalibus. Excerptum ex epistola Clementis papæ, *Qualiter ordo ecclesiasticus perfici debeat.* Breve fragmentum Gregorii papæ ad Honoratum diaconum Salonitanum de cura archidiaconali. Sermo super Jacobi verbis : *Nolite jurare.* S. Augustini liber de sancta virginitate. Ejusdem liber de littera et spiritu. Collectanea quarumdem auctoritatum SS. Patrum et legum.

30. In Codice vetustiori : *Incipit prologus S. Ysidorus* (sic) *Spalensis episcopi ad Masonem episcopum.* Codex recentior omittit prologum. In utroque præmittitur index capitum. In vetustiori : *Expliciunt capitula : incipit liber primus S. Isidori episcopi.* In fine vetustior : *Explicit liber Sententiarum sancti Isidori Hyspaniensis episcopi. Deo gratias, amen.* Recentior : *Explicit liber Sententiarum, sive de summo Bono S. Isidori Hispalensis episcopi.* Discrepantia scripturæ præsertim ex vetustiori exemplari accurate in schedis animadvertitur.

31. Pistoriensis cum Lucensi supra recensito plerumque consentit. Ex Pistoriensi Zaccaria sua manu plerasque varias lectiones ascripsit, sed post prima capita libri I vix aliud annotat, nisi Pistoriensem cum Lucensi cohærere. Reperitur etiam in Pistoriensi epistola ad Massonam, libris Sententiarum prologi vice præfixa, et post libros Sententiarum libri Differentiarum et Officiorum S. Isidori, qui vocatur *Isidorus Hispanensis episcopus*

32. In programmate Zaccariæ sermo fit unius tantum Codicis Veronensis. In schedis invenio varias lectiones duorum Codicum **357** hoc titulo : *Libri Sententiarum editionis Matritensis collati cum duobus Codicibus, altero mutilo, cujus initium a cavite 21 libri primi sæculi fortasse IX, altero sæculi XV. Vetustior diligenter collatus, ex altero tantum quasdam varias lectiones excerpsimus.* Hi duo Codices cujus bibliothecæ essent cum dubitarem, incidi in epistolam Joannis Francisci Seguier, Veronæ 6 Martii 1755 ad Zaccariam datam, qua exemplaria mss. Isidori Veronæ asservata recensentur cum descriptione Latina, quam eruditissimus Maffeius, jam tum vita functus, reliquerat. Ex hac epistola colligo utrumque hunc Codicem esse Veronensem. Vetustior Codex num. 23 ita a Maffeio describitur.

33. *Partim majoribus, partim minoribus, partim celeribus litteris perscriptus, singularisque ex hoc capite propterea liber, de antiquis characteribus agenti mihi multum memoratus est. Isidori Hispalensis libros continet Sententiarum, vel de summo Bono. Libro cuicunque index suus præmittitur. Nec operis inscriptio neque auctoris nomen superant. Avolarunt quaterniones primi, initiumque nunc est, Exercitium super universam terram, lib.* I cap. 21, *in eximia editione anni* 1599, *Matriti peracta, tom.* I, pag. 26. *Subsequenti capiti verbis illis* testimonium datur finis imponitur, et ad 23 transitur. Illa ergo exsultant pro solo originali reatu luunt in inferno, et reliqua. Ubi de prædestinatione idem error in ms. cubat qui in editis, exteriora delectentur : legi enim debet, sectentur. Libro II, cap. 39, editi, de Fornicatione : ms. de Luxuria. Ultima in ms. verba, non quos cœlestis aula lætificandos concludit.

34. De hoc ipso Codice canonicus Joan. Jacobus Dionysius verba facit in litteris ad Zaccariam 25 Julii,

1781 Veronæ datis, et ait Codicem ita finire : *Qui legis, in mentem habete scriptores, si habeatis Deo datori.* De eodem Maffeius, ut ipse indicat, ante disseruerat in Bibliothecæ Veronensis mss. part. 1, pag. 88, cujus verba in præfatione ad Procemia Veteris et Novi Testamenti, quam postea expromam, inseri Zaccaria voluerat. Mendum, quod emendare Maffeius voluit, *exteriora delectentur*, nescio an potius sit Isidoriani sæculi propria locutio pro *exterioribus delectentur* : Codicum mira est constantia in ea lectione *exteriora delectentur*. Locus exstat lib. II Sententiarum, cap. 6.

358 35. Recentior Codex num. 54, 2, qui inter Maffeii libros adhuc reperiebatur, sed Bibliothecæ capituli Veronensis jam destinatus, sic a Maffeio recensetur : *Membranaceus in 4° de novo accedit.* Incipiunt capitula libri primi : *post quem*, Explicit liber primus beati Isidori archiepiscopi Ispalensis de summo Bono, *a verbis prioribus Hebræorum more denominatus. Post librum tertium*, Explicit die primo Decembris 1467. Incipit ejusdem de Institutione bonæ vitæ liber primus et unus : Dilecte fili, dilige lacrymas, etc. *Brevi opusculo allato* : Incipit prologus Synonymorum sancti Isidori. Horum Codicum varias lectiones Zaccaria sua manu notare cœperat : sed a cap. 12, lib. 1, alteri perscribendas commisit, qui, ut videtur, non ea diligentia quam Zaccaria expetierat usus est. A Codice recentiori abest epistola ad Massonam : vetustior initio mutilus est. Quid sit opusculum *de Institutione bonæ vitæ*, dicam cap. 82.

36. E bibliotheca Chisiana unus codex Sententiarum nominatur in programmate. In schedis plures commemorantur, sed in genere tantum cum Editis collati. Scilicet in Bibliotheca Chisiana A 6, 164, Codex membranaceus in-4° sæculi XIII, in quo Sententiarum libri continentur. Subjicitur index capitum 30 libri primi fere, ut in editis. Codex membranaceus in 4° sæculi XIV A 6, 159, Isidori Sententiarum libri. Ordo libri primi, ut in superiori Codice. Sequitur liber Cypriani martyris (alterius potius) de duodecim abusionibus sæculi. Codex membranaceus sæculi XV A. 3, 74, Sententiarum libri, ut in præcedentibus. In tribus his Codicibus, cap. 3, lib. 1, legitur ut in editis : *Humanitas a Christo suscepta, quæ tertia est in Trinitate persona.* Consule notas ad eum locum.

37. Initio tertii hujus Codicis cardinalis Bona elenchum opusculorum in eo contentorum ita descripsit :

Continet hic Codex diversa opuscula, ad ascesin pertinentia, a viro religioso in unum collecta, quæ omnia typis edita sunt, exceptis 9, 19, 20, quæ nullius momenti sunt. 1. Occurrunt libri tres Sententiarum, quas S. Isidorus ex S. Gregorio Magno maxima ex parte excerpsit, nonnulla adjungens ex S. Augustino. In editis notata sunt ad marginem loca SS. Patrum. 2. S. Ephrem Syri aliquot sermones, interprete Ambrosio Camaldulensi. Excusi sunt Argentorati anno 1509, et Coloniæ anno 1547. Omnia autem opera Ephrem edidit primum Romæ Gerardus Vossius Tungrensis tribus tomis in fol. anno 1593. 3. Compendium **359** vitæ S. Hieronymi, post quod sequuntur epistolæ Eusebii Cremonensis, et ipsius Hieronymi; sed falsæ sunt et supposititiæ, plenæ erroribus, fabulis et anachronismis, ut quidem viri docti observarunt. 4. Soliloquia S. Augustini : exstant tom. IX Operum ejus, sed in appendicem rejecta, quia ex ejusdem confessionibus aliisque opusculis consarcinata sunt. 5. Eidem Augustino tributus liber de Conflictu vitiorum et virtutum ex eadem appendice tom. IX, qui etiam ascribitur S. Leoni. Verus auctor creditur esse S. ISIDORUS Hispalensis, inter cujus opuscula reperitur. 6. S. ISIDORI Soliloquia edita sunt inter cætera ipsius opera. 7. S. Bernardi abbatis de Vita contemplativa : in Editis sic inscribitur, *Meditationes ad humanæ conditionis cognitionem*. Perperam nomen Bernardi præfert : est primus liber de anima inter opera Ugonis de S. Victore. 8. Excerpta quædam ex libris Ugonis de claustro animæ, qui editi sunt. 9. Decretum Gratiani abbreviatum : est index rerum omnium, quæ a Gratiano notantur, continens singulorum capitum argumenta. 10. Liber S. Bernardi de conscientia pseudepigraphus. In editis Bernardi inscribitur, *de interiori Domo*. Inter quatuor libros, *de Anima*, Ugonis de S. Victore tertius ordine liber est. 11. Epistola S. Bonaventuræ, exstat tom. II opusculorum ejus. 12. S. Antonii expositio decalogi. Excerpta videtur ex libro ejus edito de eruditione confessorum. 13. Exempla quædam ex varijs libris transcripta, qui omnes editi sunt. 14. Libri quatuor de Imitatione Christi, olim tributi Joanni Gersoni, nunc Thomæ a Kempis. 15. Tractatus S. Bernardi, qui dicitur *Scala cœli*; reperitur etiam tom. IX S. Augustini, est autem Guigonis majoris Carthusiæ prioris, qui obiit anno 1137. 16. Bernardi formula honestæ vitæ. Est Bernardi Silvestri monachi Cisterciensis, cujus est etiam inter Opera S. Bernardi epistola de re familiari bene administranda. 17. Epistola Petri Damiani de die mortis. 18. Breves quædam oratiunculæ ante et post communionem. 19. Oratio ad angelum custodem. 20. Epigramma de sacramento Eucharistiæ.

38. Hactenus elenchus opusculorum a cardinali Bona perscriptus. De Conflictu vitiorum et virtutum, et Soliloquiis Isidori suo loco disputabitur. Ætas Codicis colligitur ex fine Sermonum S. Ephrem, ubi legitur : *Die XXVI Junii 1481, manu propria F. Jo. Gaii ordinis S. Dominici.*

360 39. E Codicibus a Zaccaria in suo programmate memoratis solum mihi desunt collationes Codicis Barberinii et Mutinensis, nisi si forte ex eorum alterutro excerptæ sint quædam variæ lectiones Codicis mihi ignoti, qui ita describitur : *Codex secundus, plut. 13, a sinistra ingredientium, membranaceus in fol. parvo inscriptus : Soliloquia Isidori Hispulensis, continens nempe Sententiarum libros.* Initio mutilus est Codex ; nam a capite duodecimo libri primi ducit initium. Mutilus etiam est sub finem : nam cum tertius liber capitibus 65 constare deberet, sub medium capituli 22 desinit. Pauca etiam extranea adduntur, nempe planctus beatæ Virginis Mariæ secundum B. Bernardum : *Dicat Domina mea, dic*, etc. ; Epistola S. Dionysii de morte Pauli ; Summula parva de cometis ; ac tandem oratio pulchra et devota.

40. Fortasse in hoc Codice præcesserant Soliloquia S. Isidori, unde inscriptio remanserit, quæ Sententiarum libris minime congruit. Zaccaria in Conspectu autographo suæ editionis non nominat Codicem Mutinensem, sed post decem alios addit : *Ac tandem nostro sæculi XIII, quem ab erudito Augustiniensis fa-*

miliæ viro P. Laget dono accepimus. Suspicari possumus hunc ipsum esse Codicem Mutinensem, neque diversum ab eo cujus varias lectiones habeo, sæculo XIII exarato, qui a Zaccaria in bibliothecam Mutinensem illatus fuerit.

41. Ex litteris ad P. Dominicum Troili soc. Jesu a quodam amico Jesuita, qui non subscribit, datis, colligitur, in oppido Monte Politiano asservari Codicem ms. librorum Sententiarum, quem sibi conferri Zaccaria expetierat. Sed Codex recentior visus est, ac solum speciminis loco caput 13, al. 15, lib. I, ex eo describitur *de Sensibus carnis* : neque enim in eo oppido repertum fuit opus editum Sententiarum S. Isidori.

42. Inter quosdam Codices mss. Pistorienses indicatur *Libellus de summo Bono* sæculi XIV, qui ad nostrum Isidorum nihil attinet, ut ex initio patet. *Cap. 1 : Qualiter naturalis rationis ducatu Deum unum mens humana repererit. Summum omnium principium Deus est, quem tam invenire difficile est quam inventum digne profari.* Scholastici hominis liber esse creditur.

43. Spem alterius Sententiarum Codicis conferendi fecerat D. Carolus Maria Orsinius, qui litteris ad V. C. Trombellium, 22 Septembris 1752 Pisis **361** e Carthusiensi cœnobio scriptis, affirmat exstare in eo cœnobio, ut puto, Codicem inscriptum *Sententiæ S. Isidori*, et *Diadema monachorum*, et alium *Synonyma S. Isidori*, quos ad eum legitima cautione adhibita perferri curabat : Trombellius Zaccariam de his Codicibus certiorem fecit ; sed nihil aliud præterea actum reperio.

44. Contra Judæos libri duo ad Florentinam sororem ad quinque mss. Codices in conspectu editionis Zaccarianæ dicuntur recogniti, scilicet ad duos Malatestios, duos Florentinos, et unum Lucensem. Codex membranaceus in-4° bibliothecæ Malatestiæ Cæsenatis, plut. 9 ex sinistra ingredientium, exhibet Evangelium S. Joannis cum glossulis scriptum sæculo XII, glossulæ autem sæculi sunt sequioris. Item *Isidorus Florentinæ sorori suæ. Incipit liber contra Judæos de Christo*. Pauculas varias lectiones Zaccaria ascripsit ; cæteras, nec multas illas quidem, alius usque ad cap. 9 lib. I, ubi observat : *Ut vides, Codex iste epitome quædam est potius librorum quam libri ipsi*. In fine porro libri II pro capite 28 est præfatio quæ habetur pag. 256 editionis Matritensis. Hinc selegi has variantes. Codex alter Malatestius est ille ipse in quo Procœmia, ut dixi, et plura alia Isidori opera continentur. Post sermonem contra Arianos, *Dominæ sanctæ sorori Florentiæ Toletanus Ysidorus episcopus*. In fine : *Explicit liber Ysidori Toletani episcopi contra Judæos : amen*. De hoc errore, quo Isidorus Toletanus episcopus inepte nuncupatur, mox recurret sermo.

45. E duobus mss. Codicibus Florentinis alter est Laurentianus, alter S. Marci. Laurentianum, in schedis Zaccarianis breviter descriptum, uberius et distinctius recensebimus ex catalogo Bandinii tom. I cod. Lat., plut. 23, cod. 14. Membranaceus est in

fol. min. sæculi XV, nitidissimus cum litteris initialibus librorum aureis. In ipsa Codicis fronte descripti apparent in quatuor aureis circulis variis ornamentis, et emblematibus distinctis operum tituli : in altera pagina Mediceum stemma. Sunt autem hæc opera : 1. Beati Prosperi de Vita contemplativa cum epistola Jacobi Becchetti, qualem habet Codex bibliothecæ S. Marci. Hæc edita fuit a Zaccaria in Itin. liter. per Italiam pag. 54. 2. *Isidori liber Primorum (corrige Prooemiorum) De librorum*, etc. 3. Sine inscriptione Allegoriæ : **362** *Domino sancto ac reverendissimo fratri Orosio Isidorus*, etc. In fine hoc opus inscribitur *Liber Primorum*, vel *Proœmiorum*, sed male. 4. Liber Differentiarum capitibus constans 42, quorum tabula librum præcedit. Hic est liber secundus Differentiarum Grialii, *Inter Deum et hominem*, etc. 5. S. Augustini episcopi liber de quatuor virtutibus, seu proprietatibus charitatis : *Desiderium charitatis vestræ a nobis exigit*, etc. ; finit *non solia laudis*. Inter opera S. Augustini non exstat. 6. Isidori Sententiarum libri tres, prævia singulis capitum tabula. In fine : *Explicit liber Sententiarum, sive de summo bono, S. Isidori Hispalensis episcopi. Floruit Isidorus tempore Heraclii imperatoris, qui cœpit anno Domini DCXIV, et regnavit annis XXX, sicut ait Vincentius in Speculo part. III, cap. 31*. Succedunt Isidori contra Judæos libri duo, indice capitum singulis præmisso.

46. Titulus operis est, *Incipit præfatio, vel recapitulatio fidei catholicæ, sive superdictio operis Isidori Hispalensis episcopi ad Florentinam sororem suam. Sanctæ Florentinæ Isidorus Toletanus episcopus. Quædam*, etc. Cum Isidorus primum dicatur *episcopus Hispalensis*, ac postea *Toletanus episcopus*, fortasse interpolator Codicis intellexit patria fuisse Toletanum, ut clarius cernitur in Codice 10, plut. 21, a Bandinio sic descripto : *Codex membranaceus sæculi XIII ineuntis cum titulis rubricatis et initialibus coloratis. S. Isidori Toletani, Hispalensis episcopi, libri duo contra Judæos* : et in Malatestio etiam contra Judæos, quem nuper recensui : ut facile intelligas, tres hos Codices ex uno eodemque fonte infecto originem trahere. Illud pro certo habendum errorem hunc esse ab aliquo librario interpolatore, vel per oscitationem immissum. Notat Bandinius ad Codicem 14, plut. 23, multas se variantes lectiones ms. exemplaris ab editis Isidori operibus animadvertisse : sed non meminit variantium lectionum, quas ex duobus contra Judæos libris Zaccaria nescio cujus ope et manu sibi comparaverat.

47. Alter Florentinus Codex est S. Marci, membranaceus in-4° minori, sæculi XV, in quo scripta *S. Isidori episcopi Ispalensis ad Florentiam sororem suam de Passione Dominica, collecta de pluribus, et ex testimoniis prophetarum*. Præterea Augustinus ad Eremitas simplices et indoctos de regimine eorum, ne in simplicitate eorum cadant in laqueos erroris. Excerpta alia ex Augustino. **363** Liber beati Augustini de vera et falsa pœnitentia, distinctus per plura capitula. Liber Augustini de igne purgatorio : *Audi,*

vimus, fratres charissimi, Apostolum dicentem, quia fundamentum aliud, etc. Item de laude Dei et poenis purgatorii : *Resurrectio et clarificatio D. N. J. C.* Ejusdem de gratia Novi Testamenti, et de quinque quæstionibus. Liber beati Augustini de fide rerum invisibilium. In fine : *Explicit opusculum Isidori Ispalensis ad Florentiam sororem suam de Passione Dominica.* Hic Codex ab eodem collatus est, a quo superior Codex Laurentianus, ut ex charactere apparet.

48. Ejusdem quoque manus sunt variæ lectiones Codicis Lucensis. Inscriptio est : *In nomine Domini nostri Jesu Christi incipit epistola sancti Isidori Junioris episcopi ad sororem suam Florentinam in libro testimoniorum prophetarum de Christo.* Prologo succedit capitum index. In fine hæc adduntur : *His* xii *vitiis effuscatur justitia in terra. Adolescens absque obedientia. Femina absque pudicitia. Sapiens absque operibus. Populus absque lege. Senes absque religione. Dominus absque virtute. Dives mendax. Pauper superbus. Christianus contentiosus. Rex iniquus. Episcopus negligens.* Hæc eadem in alio Pistoriensi Codice reperiuntur. Confer librum de duodecim Abusionibus sæculi inter opera supposititia S. Cypriani, et infra cap. 83, num. 4.

49. In programmate Zaccariæ mentio non fit Codicis Barbariniæ Bibliothecæ, cujus tamen varias lectiones in ejus Adversariis invenio. Codex est membranaceus in-4° sæculi fortasse octavi : eodem enim charactere scriptus est quo Orosius Laurentianæ bibliothecæ prænotatus num. 230, qui olim fuit Fratrum S. Salvatoris de Septimo Cisterciensis ordinis, ac deinde Caroli Strozzæ, Thomæ filii. Titulus : *In nomine D. N. J. C., et B. Mariæ semper virginis incipit præfatio, sive superdictio operis ad Florentinam sororem suam.* In Codice Laurentiano nuper recensito simili modo hæc præfatio dicitur *superdictio operis.* Quædam de hoc Codice cap. 66 animadvertam.

50. Sequuntur homiliæ aliquot S. Augustini ; homilia S. *Faustini* de Theophania : *Proxime est ;* iterum homiliæ Augustini ; item de transitu S. Martini, ex epistola quam Sulpicius Severus scripsit ad Bassulam socrum suam ; homiliæ aliquot S. Gregorii ; Admonitio S. Basilii episcopi ad monachos ; libri S. Ephrem diaconi de Die judicii ; **364** ejusdem de Compunctione cordis ; S. Augustini liber Dogmatum ecclesiasticorum : subjungitur explanatio symboli, *Dum de symbolo conferre volumus.* Deest autem in hac explanatione articulus, *Vitam æternam.*

51. Sequitur libellus inscriptus, *Quæ sunt instrumenta bonorum.* In primis *Dominum Deum diligere,* etc. Dicta S. Ephremi de fine mundi ; *Et consummatio sæculi, et conturbatio gentium.* Dicta S. Methodii episcopi. Mutilus est in fine Codex. Liber dogmatum ecclesiasticorum Augustino afflictus, Isidoro etiam tribuitur, ut cap. 83 exponam. Eruditus aliquis in usum, ut opinor, Zaccariæ quasdam varias lectiones ex Barberinio hoc Codice annotavit, ita præ-

fatus : *Aliqua hinc excerpsimus, conferendo libros ad Florentinam sororem editionis Parisiensis* 1601.

52. *De ordine creaturarum* librum dubium vocat Zaccaria, neque a se vel ab aliis in suæ editionis usum collatum indicat. In schedis ejus nihil de hoc libro reperio.

53. *Synonyma :* pro collatione hujus operis duos mss. Laurentianos Zaccaria in programmate indicaverat : sed in Adversariis tres Laurentianos collatos manu ejusdem qui alios Codices Florentinos contulit, invenio. Primus Codex membranaceus in-8° plut. 20, num. 46, sæculi xiii aut xiv. Bandinius refert ad sæculum xv, et Mediceo stemmate insignitum animadvertit : deesse etiam prologum primum, et aliquid aliud in corpore : ac librum ii desinere, *per futuram age mercedem,* ut in editione Matritensi, pag. 390, col. 2, vers. 31. Est enim mutilus in fine. Inscriptio : *Incipit liber Synonymarum Domini Isidori Spalensis episcopi. Venit nuper ad manus meas quædam cædula* (schedula) *Ciceronis,* etc.

54. Laurentianus alter Codex est membranaceus in-4°, sæculi xiii, plut. 20, n. 49. Bandinius ait Codicem esse partim sæculi xii, partim xiii. Duo sunt prologi, ut in editione Matritensi. Titulus videtur esse : *Isidori Ispalensis Synonymorum.* Sequuntur quædam miscellanea, ac præsertim *liber Ecclesiastis,* et epistolæ septem canonicæ, liber Job cum glossis. Sequitur annotatio : *Ab incarnatione Domini* 1215 *celebrata est sancta universalis synodus Romæ in ecclesia S. Salvatoris, quæ Constantina* (forte *Constantiniana*) *vocatur, mense Novembris, præsidente domino Innocentio III papa, pontificatus ejus* 18 *anno, in qua fuerunt episcopi* 412, etc. Sequitur libellus de officio Judicis.

55. Tertius Codex Laurentianus membranaceus in fol., plut. 23, num. 23, in fol. min. sæculi, ut putat Bandinius, undecimi, optime servatus. Continentur in eo sententiæ SS. Patrum, liber Martini Dumiensis de quatuor Virtutibus, Sermo S. Joannis Chrysostomi de Patientia. Sequitur, *In nomine Dei summi incipit liber sancti Hysodori Hispaniensis* (sic) *episcopi, id est, Synonyma.* In fine : *Explicit Synonymæ domni Isidori liber secundus.* Post alia sunt libri tres Prognosticon S. Juliani Toletani.

56. Nihil habent Zaccarianæ schedæ *de Contemptu mundi, de Exhortatione pœnitendi, de Lamento pœnitentiæ, de Oratione pro correptione vitæ, et contra insidias diaboli, de Confessione, de Regula monachorum, de Fragmentis in regulam S. Benedicti, de Conflictu vitiorum.* Spuriis pariter recensetur liber *de Institutione bonæ vitæ,* quem ex Codice Veronensi descriptum reperio. De opere seorsum agam : Codex describitur in præfatione Zaccariæ ad librum Prooemiorum suo loco referenda.

CAPUT XLIV.
Apparatus Zaccariæ ad secundum volumen suæ editionis S. Isidori.

1. In secundo volumine primum locum Zaccaria *epistolis* destinaverat : *sermonibus* item, Isidoro in

mss. tributis. Epistola ad Massonam in programmate collata dicitur cum mss. Pistoriensi et Vindobonensi. Ex Codice quidem bibliothecæ Vindobonensis integram epistolam descriptam invenio : ex Codice vero Pistoriensi varias lectiones ad marginem exemplaris Matritensis. Neque vero, qualis sit Vindobonensis Codex, exprimitur. Cæteras epistolas ex editionibus Zaccaria recudere cogitaverat.

2. Præter sermonem *de Corpore et Sanguine Domini* sub Emisseni nomine vulgatum, et apud Martenium Isidoro a duobus pervetustis Codicibus tributum, tres spurios nondum editos Zaccaria promiserat, primum contra Arianos et Malatestio Codice, alterum de S. Æmiliano e Vercellensi, tertium e Florentino S. Marci sine titulo. Sermo contra Arianos exstat in Codice Malatestio, in quo sunt etiam Procœmia Veteris et Novi Testamenti, ut expositum fuit **366** capite præcedenti. In Catalogo monasterii Pomposæ sæculi xi, hic sermo jam Isidoro ascribebatur, ut infra cap. 46 dicam. Utrobique incipit : *Veni, Domine Jesu Christe Redemptor*. De hoc ac sequentibus duobus sermonibus quid ego sentiam cap. 72 aperiam.

3. Sermo in laudem S. Æmiliani transcriptus est ex antiquissimo ms. Codice archivii S. Eusebii Vercellensis hoc titulo : *In natali S. Æmiliani episcopi Vercellensis sermo B. Isidori. Vir ecclesiasticus*, etc. Tertius sermo est contra gulam, cupiditatem, et superbiam, inscriptus, *Homilia S. Isidori episcopi. Fratres, oportet nos satis timere*, etc. Hujus Florentini S. Marci Codicis uberior descriptio ita referetur.

4. Codex membranaceus in-8° sæculi xiii in quo aliquot homiliæ : sequitur : *In nomine Patris incipit epistola de Die dominico, a Deo missa : Diem sanctum dominicum*, etc. *De septimo throno venit epistola in civitatem Gazam a Domino transmissa, ubi S. Petrus episcopatum accepit*. Contra hanc, aut similem aliam epistolam exstat epistola Liciniani episcopi Carthaginiensis in Hispania sæculo vi exeunte ad Vincentium epi:c. Ebositanæ insulæ : *Inter varias*, etc. *In principio ipsius epistolæ legimus, ut dies dominicus colatur*, etc. Edita est tom. V Hisp. sacr., append. 4. Explicatio brevis orationis Dominicæ. Aliæ homiliæ. Tractatus quidam de bestiis quarum in Scriptura mentio. Expositio missæ quibusdam versiculis in hanc sententiam

Est ratio, quod pars altaris dextera missæ
Principium finemque tenet, mediumque sinistra:
Dextera Judæos, Gentiles læva figurat.
Cœpit ab his, transfertur ad hos, referetur ad illos
Nostra fides, et erunt sub mundi fine fideles.
Hoc animus recolat, hoc tua lingua sonat.

Videtur legendum *referatur et sonet* pro *refertur et sonat*.

5. Sequitur Introitus missæ : *Introitus autem missæ nuncupatur*, etc. Tractatus de vestibus, de laudibus missæ, iterum de sacris vestibus, de missa. *Celebratio missæ in commemoratione passionis Christi peragitur*. In hoc capite citatur Isidorus : item fit mentio diaconi, qui post Evangelium dicere debet · *Si quis est catechumenus, procedat foras.* Sequuntur alia de missa, et de expositione symboli, ac passio S. Margaritæ. Expositio similis missæ exstat in Codice Vat. Palatino 1578, ut cap. 84 dicam.

367 6. Hæc de sermonibus spuriis Isidori, quorum Zaccaria meminit. An autem pro certo ponendum sit eos esse spurios, suo loco, ut monui, distinctius investigabitur.

7. De Officiis libri duo ad quatuor mss. Codices recogniti, nimirum Bononiensem, Pistoriensem duosque Lucenses. Bononiensis est Codex Albornozianæ bibliothecæ collegii majoris S. Clementis Hispanorum, membranaceus in fol., num. 10, saltem sæculi xi. In eo est liber beati Hieronymi presbyteri contra Jovinianum hæreticum. *Liber S. Isidori Ispallensis Ecclesiæ episcopi de Origine officiorum*. Liber S. Augustini episcopi de Disciplina Christiana. Altercatio Lanfranci et Berengarii de Corpore et Sanguine Christi : *Lanfrancus misericordia Dei catholicus Berengario catholicæ Ecclesiæ adversario. Si divina pietas cordi tuo inspirare dignaretur.* Dialogus est Lanfranci cum Berengario. In fine : *Explicit conflictus Lanfranci et Berengarii de Corpore et Sanguine Christi.*

8. Libri duo de Origine officiorum integri sunt, cum præfatione et indice capitum. Hujus Codicis meminit Bayerius in not. ad lib. v Bibl. vet. Hisp., num. 447 : *Memini me olim vidisse Bononiæ in cel. S. Clementis Hispanorum collegio insignem Officiorum ecclesiasticorum Codicem, qui vulgatis aliquanto auctior videbatur.* At variæ lectiones, Zaccariæ manu ex hoc Codice cum editione regia Matritensi comparato collectæ, minime indicant eum vulgatis auctiorem esse. Hunc autem Codicem, uti alios omnes Isidorianos collegii Hispanorum Bononiensis, anno 1748 a Mingarellio et Ponsio collatos fuisse, ex notis ascriptis aliorumque relatione perspectum habeo.

9. Pistoriensis Codex est ille ipse in quo sunt libri Sententiarum, de quo supra. Inscriptio : *Incipit prologus in libro Officiorum edito a beato Isidoro episcopo.* Est etiam index capitum. Manu partim Zaccariæ, partim alterius primus liber collatus apparet : in cujus fine Zaccaria ascripsit : *Hucusque contuli anno 1755. Cætera cursim annotavi.* Scilicet pauca quædam ex lib. ii in cujus fine : *Expliciunt libri Officiorum duo. Incipiunt capitula libri Differentiarum.*

10. Duo Lucenses Codices accurate, nescio a quibus, collati sunt : manus enim duorum apparet. Nulla nota Codices inter se distincti sunt. Pro eorum altero hæc est epigraphe : *Collatio S. Isidori* **368** *Hispalensis de divinis officiis cum ms. membranaceo Codice Canonicorum majoris ecclesiæ Lucanæ. Titulus ms. Codicis est. Incipit prologus in libro officiorum edito a beato Isidoro episcopo :* qui omnino consentit cum prologo Codicis Pistoriensis modo recensiti. Post prologum est index capitum.

11. Pro altero Lucensi Codice sic titulum Zaccaria praescripsit : *Libri de officiis ecclesiasticis editionis Parisiensis* 1580 *collati cum Codice Lucensis capituli, de quo Mansius tom. XLV Caloger.* Sequuntur variae lectiones charactere alterius, quo in istiusmodi collationibus saepissime usus est Zaccaria. Tom. cit. XLV Caloger. collect. pag. 73, commentarius Joan. Dominici Mansii exstat *de insigni Codice Caroli Magni aetate scripto, et in bibliotheca canonicorum majoris ecclesiae Lucensis servato.* Codex est membranaceus in-4°, charactere modo Italico minutissimo, modo Italico grandiori, modo quadrato : sive ab uno, sive a pluribus mendose descriptus. Scioli cujusdam medicam manum expertus, saepe gravius vulnus accepit. Quaedam praeterea a Codicis scriptore confuse exarata sunt, et inter se commista. Ætas Codicis hac notatione veteri designatur : *A resurrectione Domini nostri Jesu Christi usque ad praesens* (sic) *annum Caroli regis in Langobardia, in mense Septembrio, quando sol eglypsin patuit, Ind.* x *anni sunt* DCCLXII, m. v. Indicatur annus Christi 787. Colligit Mansius, in scribendo Codice isto aliquot annos fuisse impensos ; nam inter alia est excerptum epistolae Leonis III, qui anno 795 pontifex esse coepit.

12. Dubitare tamen aliquis possit num notatio de anno 787 ab exscriptore ex alio Codice, ut fieri solet, descripta fuerit. Ætatem quidem Caroli Magni Codicem referre Mabillonius, qui Codicem inspexit, indicavit, ut Mansius refert. Continentur hoc Codice : 1. Chronicon Eusebii, Latine a S. Hieronymo redditum, et continuatum. 2. Antiphonae nonnullae per anni circulum. 3. Isidori Chronicon. 4. Libri duo Isidori de Officiis, a Mansio collati cum editione Cochlei. Desunt in Codice duo postrema capita de Suffragiis, etc., ut etiam in editione Cochlei, et in collectione de cathol. Eccles. Offic. Coloniae 1568, et in aliis. 5. Historia ecclesiastica Eusebii ex Rufini interpretatione. 6. Epistola S. Gregorii Magni ad quaestiones Augustini Anglorum apostoli, editis exemplaribus auctior. 7. Libri Hieronymi et Gennadii de Vir illustr. 8. Romanorum pontificum Vitae sine auctoris nomine, quae Anastasio bibliothecario alibi tribuuntur. 9. Fragmentum Isidori de haeresi et schismate, ex lib. vIII, cap. 3 Etymol., quod Isidori nomen non praefert, et olim fragmentum operis alicujus Hieronymi credebatur. 10. Regulae ecclesiasticae apostolorum, sive noti 50 canones. 11. De Musivis opus jam ex hoc Codice a Muratorio editum tom. II dissert. med. aevi, pag. 668, quem tamen duo alia ejusdem Codicis in vacua pagella fugerunt, *De fabrica in aqua, et de Multa.* 12. Versiculi *Gregorius praesul meritis et nomine dignus,* plures et correctiores quam apud Vezzosium in not. ad quartum volumen oper. Ven. Thomasii. 13. *Incipit de dogmatibus ecclesiasticis sedis Gennadii episcopi Maxiliensis* (sic). 14. Nugae quaedam superstitiosae de numeris. 15. Collectio quaedam Canonum. 16. Liber B. Augustini de quinque haeresibus, falso ipsi ascriptus. Praeter plura alia sequuntur *Excerpta Canonum ex quibusdam ecclesiarum Hispaniae Codicibus,* et fragmenta lib. vII et vIII Etymologiarum Isidori.

13. Pro secundo volumine promiserat Zaccaria libellum orationum Isidoriani ritus a Blanchino editum, praemissa dissertatione de Isidoriana liturgia : Isidorianam Canonum collectionem Aguirrii et Cennii cum suo de utraque judicio : et concilia duo quibus S. doctor praefuit, cum variis lectionibus. De his omnibus nihil ab eo inchoatum, nedum perfectum invenio ; ac solum mihi in ejus sehedis occurrit Scipionis Maffei judicium de Codice Veronensi sexti aut septimi saeculi, quo Breviarium Gothicum continetur ; de quo ego infra plura disseram.

14. *Chronicon* pertinebat quoque ad secundum tomum, ad quinque mss. Codices recognitum, videlicet Vaticanum, Lucensem, Pistoriensem, Florentinum S. Marci, Caesenatem Malatestium cum auctario ex tribus Codicibus ad saeculum x. Desiderantur collationes Codicis Vaticani. Adsunt variae lectiones Chronici Isidoriani editionis Breulianae collati cum ms. Codice Lucensis capituli, de quo agitur in collectione Calogeriana opusculorum cit. t. XLV. Inscriptio est a manu Zaccariae, reliqua ab alia. Mansius loc. cit. titulum refert : *Chronica Esidori episcopi.* Addit se hoc chronicon cum editione Loaisae contulisse, ex quo uberem variantium lectionum messem collegit ; et inter alia notat Heraclium in editis an. 5814 assignari, in ms. cum anno 5813 componi. Existimo tamen Zaccarianam lectionis varietatem non Mansii sed alterius esse.

15. E Codice capituli Pistoriensis describitur compendium quoddam Chronici Isidoriani, quod incipit : *David regnavit ann.* XL, *Salomon,* etc. Finit : *Heraclius dehinc quintum annum agit imperii. Fiunt igitur ab exordio mundi usque ad praesentem aeram, hoc est in anno quinto imperatoris Heraclii et quarto principis Sisebuti, anni quinque millia octingenti* xIII. Post, interposita vacua pagina, sequitur auctarium : *Adoloaldus,* etc., usque ad annum 1027.

16. Codex Florentinus S. Marci est membranaceus in-4°, saec. XI, *de haereditate,* ut initio notatur, *Nicolai Niccoli Florentini.* Titulus : *Incipit liber Chronicorum S. Hisidori Hispalensis episcopi ab exordio mundi usque ad Heraclii imperium, et Sisebuti regis Gothorum principatum, qui regnaverunt circa annum Domini seimila secento* : quae duo Italica verba is qui Codicem contulit, pro numeris Romanis, ut puto, ascripsit, ac fortasse eos non intellexit. Nam Isidori Chronicum ad annum mundi 6000 non pertingit. Multum discrepat Codex ms. a Chronico edito. Finit : *Explicit liber Chronicorum sive de temporibus sancti Hisidori archiepiscopi Hispalensis.*

17. Prosequitur alius Chronicon usque ad Leonis imperatoris, qui Michaeli successit, imperium ; ac notandum auctorem hujus supplementi, ubi de Nicephoro imperatore, Leonis antecessore, loquitur ita habere : *Sic redargutus Nicephorus ab avaritia sua cessavit... et octo annorum praeteritorum redhibitiones a principii* (sic) *domibus exigere ; et erat lamentum*

magnum. *Hæc Dominus norit. Ipse ego conscriptor horum viva voce audivi. a Theodosio.* Sequitur auctarium, *Albuinus, decimus rex Longobardorum*, etc., usque ad annum 1051.

18. Malatestius Codex post Proœmia et alia Isidori opera Chronicon hoc titulo refert: *Incipit Chronica S. Ysidori episcopi Spalensis, describens historiarum breviaturas ab exordio mundi.*

19. In programmate Zaccariæ mentio non fit Codicis Albanii et Mutinensis; e quibus tamen varias lectiones, aliena manu exaratas, in ejus schedis invenio. Albanius est Codex chartaceus num. 4, cujus initio hæc legas: *Isidori Hispalensis de Viris illustribus. Ildephonsus archiepiscopus Toletanus de Viris illustribus post Isidorum. De ortu et obitu sanctorum Patrum, sed nullo auctoris 371 nomine designato*: opusculo tamen altera manu præmissum exstat: *Isidori Hispalensis Junioris. Isidori Hispalensis chronica brevis ab initio mundi usque ad Heraclium imperatorem. Librum hunc sic transcriptum dono mihi dedit Illustriss. et Reverendiss. dominus meus D. cardinalis Sirletus, cui plurimum me debere fateor. Romæ 22 Junii 1576. B. cardinalis Lomellinus.* Inscriptio in Codice est » *Incipit liber Chronicorum Isidori Hispalensis episcopi ab exordio mundi usque ad Eraclii Augusti imperium, et Sisebuti regis principatum. Præfatio.* Chronicon, multis in locis interpolatum ab aliquo scriptore Gallo, apparet descriptum ex exemplari anno XL Lotharii Francorum regis, et XIV Heraclii imperatoris exarato, ut ex postremis verbis colligitur.

20. Mutinensis Codex quibusdam in locis est mutilus. Titulus est: *Incipit liber Chronicorum S. Isydori episcopi.* In fine computantur anni usque ad XXVII Caroli Magni, quo tempore descriptus Codex videtur. Atque hanc ætatem arguit specimen characterum, quod apud me habeo. Orthographia codicis est: *Eusevius, condedit, adque, reperit, morvi, inlustris, Spanias, nomi* pro *numi.* Verba extrema operis sunt: « A quinto vero anno Heraclii imperatoris usque ad vigesimum octavum Luiprandi regis Langobardorum, et meam infelicis Johannis... ætatem subputantur anni CXXIV. Dehinc usque ad XXVII Christianissimi et piissimi domni Caroli Magni regis Francorum et Longobardorum in Italia... inveniuntur anni LXII. Colliguntur ergo omnes anni ab Adam usque ad præsentem VIII indictionem, quo (sic) pascha Hebræorum Idus Aprilis, pascha vero nostra tertio decimo Kalendas Madias (sic), principium mundi quarto Idus Aprilis, luna condita Idus Aprilis, homo ad imaginem Dei factus septimo Kalendas Madias; complentur anni... Residuum ergo sæculi tempus humana investigatione incertum est. »

21. *Historia Gothorum*: de hac nihil annotaverat Zaccaria, nisi eam edendam cum variis lectionibus ex Labbeana editione.

22. *De Vita et Obitu Patrum* liber: ex mss. Codicibus, Veronensi et duobus Florentinis, variæ lectiones collectæ, quæ in programmate Zaccariæ promissæ sunt, in ejus etiam schedis apparent. Codex Veronensis plura Isidori opera continet, ac sic describitur a marchione Maffeio in epistola Seguierii ad Zaccariam, **372** cujus antea memini. *Codex capituli Veronensis num. 54, scriptione minuscula veteri, rubricatis titulis, ipsisque et priorum opusculorum versibus majorum litterarum decore effætis: quatuor adveniunt ejusdem Isidori lucubrationes.* 1. *Orditur liber præmiorum dialogus sancti Hieronymi presbyteri. Nec præmia memorat, nec dialogus est, sed Hispalensis illud, de quo Braulio, Procemiorum librum unum. Editiones:* In libros Veteris ac Novi Testamenti Procemia: sic *Matritensis tom. II, p. 310. Post illa Testamenti Veteris ms. liber, item præfationes librorum Novi Testamenti. Ad Evangelistas non habet ms.* scilicet Matthæus, scilicet Marcus, scilicet Lucas, *quæ ex ora librorum in textum irrepsere. Penetrat, ms. compenetrat. Post digessit editi viginti versus addunt, quibus ms. caret. Caret etiam periodis quibusdam in D. Petri epistolis.*

23. *Secundo loco*, Incipit vita vel obitus sanctorum qui in Domino præcesserant. *Tertio* Incipit opuscula sancti Isidori Domino reverendissimo Orosio Isidorus. *Liber sequitur, quem tomus secundus Matriti cusus hoc titulo exhibet:* Allegoriæ quædam sacræ Scripturæ. *Idem est ac ille, de Nominibus Legis et Evangeliorum, qui a supposititio Flavio Dextro perperam Cordubensi Isidoro tribuitur. Hoc titulo eum donavit Braulio, puto, quia incipit,* Quædam potissima nomina Legis et Evangeliorum. *Guilielmus Cave inter deperditos recensuit, imo nunquam exstasse suspicatur, cum ambigat an idem sit cum libro Procemiorum: sed Matriti editionem non viderat. Quarto loco in ms. maximis litteris,* Incipiunt testimonia divinæ Scripturæ (et Patrum etiam quorumdam). *Isidoriana, et inedita collectio est, quæ non inutiliter inter anecdota, si otium suppetet, proferetur.*

24. Qui Codicem hunc Veronensem cum editione Matritensi contulit, ita exhibet titulum: *Isidori, Incipit vita vel obitus sanctorum qui in Domino præcesserunt. In fine notationem hanc subjecit: Cum in hoc Codice primus libellus procemiorum Hieronymo tribuatur, opusculum autem hoc nullo auctoris titulo prænotetur, etsi satis antiqua manu Isidori nomen supra marginem ascriptum sit, quæ autem sequuntur hunc titulum habeant:* Incipit opuscula sancti Isidori, *videtur primus amanuensis hoc opusculum Isidoro abjudicare. Sed tantum colligitur amanuensem primum forte ignorasse cujus auctoris sit liber de Ortu et Obitu Patrum. Quod* **373** *parum obest, præsertim cum idem amanuensis librum Procemiorum dialogum inepte vocaverit, et S. Hieronymo affinxerit. Opus in ms. Codice post elogia Patrum Novi Testamenti desinit:* Explicit vita vel obitus Sanctorum qui in Domino præcesserunt.

25. Primus Codex Florentinus est Laurentianus, plut. 67, n. 12, membranaceus in fol., sæculi XV, in quo est Eusebii et Rufini Historia ecclesiastica, Chronicon Bedæ, Gennadius, Isidorus et Ildefonsus

de Viris illustribus : quos tres libros de Viris illustribus a se collatos testatur qui varias lectiones collegit ex libro Isidori de Ortu et obitu Patrum, qui libro Gennadii succedit. Inscriptio est : *Liber beati Isidori Hispalensis episcopi de ortu, vita et obitu sanctorum Patrum. Incipit prologus.* In fine : *Liber Isidori de ortu et vita, et obitu Patrum explicit.*

26. Ex Bandinio, tom. II, Catalogi Cod. Latinor. biblioth. Laurent., discimus hoc volumen nitidissimum et ornatissimum esse cum stemmate Mediceo. Liber Isidori, ut idem refert, constat 58 capitibus, quorum primum est de Xysto, ultimum de Severo : plura occurrunt menda. Sequitur additio Braulii, sive præsnotatio Operum Isidori. Ildefonsi liber de Vir. illustr. diversum capitum ordinem servat ac liber editus a Fabricio. Primum caput in ms. est de Asterio, sive *Astirio*, ut in ms. scribitur. Opus desinit : *S. Leocadiæ tenet habitationis sepulcrum.* Sequitur Anonymi additio de S. Ildefonso : *Ildefonsus memoria*, etc. Hæc est Juliani Toletani, quæ tamen in nonnullis mss. Felici ascribitur.

27. Alter ms. Florentinus Codex est bibliothecæ S. Marci chartaceus sæculi xv. Initio legitur : *Hic liber est conventus S. Marci de Florentia ordinis Fratrum Prædicatorum, quem scripsit frater Leonardus Ser Uberti de Florentia, ejusdem conventus filius, qui obiit Romæ die xxv Maii 1481.* In hoc sequentia sunt. Tractatus beati Bernardi de spirituali exercitio, scilicet lectione, meditatione, oratione, et contemplatione. Verba S. Bernardi de passione Domini : *Ab initio conversationis meæ fasciculum.* Epistola beati Bernardi ad quemdam suum devotum de honestate vitæ et religione : *Petis a me, mi frater charissime, quod nunquam et nusquam.*

28. Epistola beati Bernardi ad quemdam de exercitio religiosi et de gradibus perfectionis : *Quoniam, dilecte mi frater, in Domino adhuc me in præsentia tibi posito.* In fine de hac epistola notatur : **374** *Quæ quidem, licet bona sit et utilis, minus tamen sapit, quia nec sensum nec eloquentiam videtur redolere Bernardi.* Epistola beati Bernardi ad parentes cujusdam novitii dolentes eum quasi perditum : *Si filium vestrum.* Ejusdem ad eosdem in persona dicti novitii : *Sola causa, quæ non licet.* Ejusdem ad quemdam qui exierat, et differebat iterum ordinem ingredi : *Doleo super te, fili mi Gualfrede.*

29. Epistola beati Ambrosii episcopi ad quemdam suum discipulum de moribus et honestate vitæ : *Dilecte fili, dilige lacrymas.* Hoc videtur esse opusculum de institutione bonæ vitæ, Isidoro in quibusdam mss. libris tributum, de quo nos cap. 83. Liber beati Augustini de Speculo animæ. Expositio Hugonis S. Victoris super regula beati Augustini episcopi. Ejusdem Hugonis opus de Claustro animæ.

30. Liber S. Isidori Hispalensis archiepiscopi de Viris illustribus, qui post Hieronymum et Gennadium scripsit. Liber beati Hildefonsi archiepiscopi Toletani de Viris illustribus. *Liber Sancti Isidori Hispalensis episcopi de ortu, vita et obitu sanctorum Patrum, qui in Veteri et Novo Testamento virtutibus claruerunt.*

31. Liber Chronicorum Bedæ. Jacobi Antonii Marcelli ad Renatum regem Siciliæ præfatio in quamdam historiam de sacerdotio Jesu Christi. Sequitur hæc historia, quæ dictis sanctorum non congruit, de qua nos alibi. Quædam de Sybilla Erythræa. Epistolæ Lentuli et Pilati de Jesu Christo. Epistolæ S. Anastasiæ et S. Chrysogoni. Legenda S. Roberti episcopi Vormacensis. Vita S. Athanasii episcopi Alexandrini, incerto auctore. Astrologia navalis Aristotelis.

32. Tractatus Joannis Gerson de celebratione missæ. Tractatus Bartholomæi Lapacii ord. Prædicatorum, episcopi Coronensis, de glorificatione sensuum in paradiso : cum elogio auctoris. Historia de excidio Constantinopoleos, scripta ex Chio die 15 Augusti 1453. Sermo in cœna Domini habitus in capitulo conventus S. Marci Florentiæ.

33. In extrema pagina notatur, exscriptorem Codicis Fr. Leonardum Ser Uberti peste obiisse Romæ in conventu S. Mariæ super Minervam die xxv Maii 1481. Chronicon Bedæ in hoc Codice auctius est edito. Inscriptio operis Isidori est : *Incipit liber* **375** *S. Isidori Hispalensis episcopi de ortu, vita et obitu sanctorum Patrum, qui in Veteri ac Novo Testamento virtutibus claruerunt.* In fine : *Amen. Laus Deo. 22 Novembris 1472. Explicit liber S. Isidori*, etc.

34. In adversariis Zaccarianis est liber de ortu et obitu Patrum in compendium redactus, de quo in ejus programmate nulla fit mentio. Exstat in Codice membranaceo capituli Veronensis in fol. sæculi x, num. 58, plut. Q, in quo libri septem forte Bedæ, aut Rabani. Simillimus huic est Codex Regio-Vaticanus 303, quem cap. 10 describam. Lib. 1, num. 8, *Incipit de ortu et obitu Patrum.* Est, ut dixi, compendium libri Isidoriani, quod collatum est cum alio Codice ejusdem capituli num. 63, plut. P, ubi Bedæ Martyrologium Blanchinianum, cujus scilicet variantes lectiones Blanchinus in suis ad Anastasii tomum IV prolegomenis protulit. In hoc Codice 63, post Elogium Titi, additur, *Item nomina eorum quorum ignorantur sepulcra. Abel filius Adam*, etc., *ut apud Isidorum. Lot filius Aram*, etc., *ut apud Isidorum. Phinees sacerdos*, etc., *ut apud Isidorum. Machabæi septem fratres*, etc., *ut apud Isidorum.* Juvat credere hæc verba *ut apud Isidorum* in ipso ms. Codice legi, non ab eo esse addita qui opusculum ex veteri Codice transcripsit.

35. Habeo etiam in schedis Zaccarianis variantes lectiones Codicis Albanii, in quo est Chronicon Isidori, ut paulo ante explicui. Inscriptio est : *Isidori Hispalensis junioris de ortu, vita et obitu SS. Patrum, qui Veteri et Novo Testamento virtutibus claruerunt, liber incipit. Præfatio. Quod Isidorum juniorem audis, non alium a nostro celeberrimo Etymologiarum auctore putes : nam idem Isidorus in Codicibu-*

modo senior, modo junior dicitur, iis de causis quas cap. 16 protuli. In eisdem quoque schedis sunt variæ lectiones ex Codice Malatestio, in quo sunt Prœmia, et alia Isidori opera : *Incipiunt capitula libri Ysidori Spalensis episcopi de vita, ortu, vel obitu sanctorum Patrum*. Post indicem capitum ex Veteri et Novo Testamento : *Incipit liber Ysidori de vita, ortu, vel obitu SS. Patrum qui in Scripturarum laudibus referuntur : in primis de Adam*.

36. *De Viris illustribus* liber, pro quo Zaccaria collationem septem Codicum mss., Barberinii, Estensis, Florentinorum 376 trium duorumque Bononiensium promiserat. Non invenio, nisi varias lectiones duorum Codicum Bononiensium, quas eruditissimus vir Joannes Chrysostomus Trombellius ad Zaccariam misit. Eas autographas servo cum ejusdem Trombellii litteris ad Zaccariam, quibus discrepantiam etiam scripturæ in libris Hieronymi et Gennadii de Viris illustribus pollicetur, die 3 Julii 1754 datis. De his Bononiensibus Codicibus nihil notatum est, nisi utrumque, vel certe eorum alterum esse bibliothecæ communis monasterii S. Salvatoris Bononiæ.

37. Cum Codicem Laurentianum de ortu et obitu Patrum paulo ante descripsi, observavi, eum qui illud opus contulit, librum etiam de Viris illustribus contulisse. Is autem qualiscunque labor ad nos non pervenit. Ejus loco reperio varietatem lectionis ex Codice Albanio supra descripto, cum de Chronico verba feci. Omittit hic Codex prologum *Quamvis superius*, etc., atque ita incipit : *Isidori Hispalensis de Viris illustribus. De Xysto papa* : atque ita deinceps : *De Macrobio diacono*, etc. Servat editionis Matritensis ordinem.

38. Reperio etiam paratam a Zaccaria præfationem in hunc librum, sed, ut puto, ante confectam quam de editione omnium Isidori operum cogitaret. Videtur enim ita esse comparata præfatio, ut ad Bibliothecam ecclesiasticam Fabricii recudendam deserviret. Fabriciana editio libri Isidori ad plures alias editiones, non ad mss. exemplaria, recognita apparet, notis variorum et quibusdam etiam Zaccariæ illustrata. Præfationem suo loco edam, cum scilicet de hoc libro agam ; notasque, cum excudetur liber, recensebo. Et Zaccariam quidem de nova Bibliothecæ ecclesiasticæ Fabricianæ editione adornanda cogitasse, ex supellectile ejus litteraria post ipsius obitum intellexi, ut supra jam monui.

39. De Natura rerum liber, cum quatuor mss. Codicibus collatus, videlicet uno Lucensi, duobus Florentinis S. Marci, uno Florentino Laurentiano. Collectæ exstant variæ lectiones ex his quatuor exemplaribus. Codex Lucensis est S. Mariæ Curtis Orlandingorum, sive *Orlandigorum*, membranaceus in-4°, sæculi XII aut XIII, *Incipit liber de astris cœli S. Ysidori Ispalensis episcopi. Incipit prologus. Domino fratri*, etc.

40. E duobus Florentinis S. Marci Codicibus alter est sæculi IX, 377 in quo etiam est liber S. Hieronymi de Scriptoribus ecclesiasticis. *Incipit Hisi-dori presbyteri sermone nitidiori* (sic). Omittitur prologus. Plura etiam capita in hoc eodem Codice omittuntur.

41. Alter Codex recentior est ad sæculum XII pertinens. Exhibet Etymologiarum opus in viginti tres libros divisum ; quorum postremus est hic liber de Natura rerum. Titulus ergo est, *Incipiunt capitula libri* XXIII. Post prologum est index capitum.

42. Bibliothecæ Laurentianæ Codex 39, plut. 29, est membranaceus in-4°, sæculi XIII, in quo, præter librum Isidori de Natura rerum, continetur *Carptum de historiis Orientalium Ecclesiarum de eo quod magna est fides Christianorum, et immobiles sermones Domini nostri Jesu Christi, qui dixit* : Quodcunque ligaveris super terram, erit ligatum et in cœlis ; *et quia non soli Petro apostolo sit data hæc potestas, et cunctis apostolis, verum etiam et omnibus sacerdotibus, qui recte credunt et prædicant verbum veritatis*. Item Expositio orationis dominicæ : Canones pœnitentiales : De concurrentibus epactis, et alia.

43. Isidoriani libri inscriptio est : *Incipit liber de astris cœli S. Isidori Spalensis episcopi. Incipit prologus. Domino fratri Sidebuto, Hysidorus*. Desinit, *quinque existimaverunt*, cum circulari tabula trium mundi partium, ut nos docet Bandinius tom. II Cod. Latin. Biblioth. Med. Laurent.

CAPUT XLV.

Variæ lectiones ex mss. Codicibus ad volumen III editionis Zaccarianæ paratæ. Obitus et elogium Zaccariæ.

1. *Etymologiarum* libros primum et præcipuum opus voluminis tertii editionis suæ Zaccaria esse voluerat, ad octo mss. exemplaria emendatos, nimirum Vaticanum num. 624, Estense, Chisianum, Bononiense, Lucense, Florentinum S. Marci, et duo Malatestia. Desunt variæ lectiones Vaticani, Bononiensis, et Estensis : adest tamen Codex capituli Mutinensis, mutilus et semiustus, sæculi IX. Incipit a præfatione libri III. Desinit cap. 3 libri IX. Habeo specimen characterum hujus Codicis.

2. Chisianum exemplar est membranaceum in fol., signatum 378 A. 3, 35, sæculi XIV. *Incipiunt capitula lib. Isidori junioris Spanensis episcopi ad Braulionem Augustinum* (sic) *vel ad Sesibutum, suum scilicet dominum et filium scripta*. Plurimum differt ab edito, cum in ipso librorum ordine et serie, tum in rebus ipsis quæ aliunde ab interpolatore aliquo videntur insertæ. Liber I. De Grammatica. Lib. II. De Rhetorica. Ibi cap. 21 ab illo verbo *Anadiplosis* usque ad finem capitis omittitur. Lib. III. De Dialectica. Lib. IV. De Arithmetica. Lib. V. De Geometria. Liber 6. De Musica. Lib. VII. De Astronomia. Sequitur. *Incipit liber de Medicina secundum Isidorum*. Cap. 4, post ultima verba additur : *Logici rationem*, etc., quod fragmentum alibi inter appendices proferemus. Sequitur liber de Legibus, cui præmittitur epistola ad Braulionem. In fine libri de legibus post breve Chronicon additur : *In Hispania Judæi baptizantur. Explicit hic Chronica secundum S. Isidorum. Hoc tempore fuit S. Isidorus.*

3. Subjicitur auctarium Chronici : *Theodosius anno* IV, *etc.* Desinit: *Otto IV annos* VII. Hic depositus fuit per Innocentium, et assumptus est Fridericus II, qui nunc imperat. Sæculo igitur XIII ineunte, interpolatum fuit exemplar Etymologiarum, ex quo Chisianum descriptum videtur. Liber XIV totus fere immutatus est duobusque auctus capitibus, altero *de terra sancta*, altero *de Hierusalem gloriosa metropoli*. Hinc ad operis finem omnia ex arbitrio immutata: sequitur enim, de hæreticorum schismate, *Indiculus hæreticorum*, qui Hieronymo tribuitur : *Simon quidam magus*, etc., caput de philosophis gentium, de poetis, etc. Indiculum hæreticorum ex antiquioribus aliis membranis nos exhibebimus.

4. Lucensis Codex est plut. 2, num 55, collatus cum editione Bignæana et antiquiori anni 1483. Est membranaceus in fol. sæculi XI, quo hæc initio Codicis ascripta sunt : *Iste liber est beati Martini Lucensis episcopatus: quem si quis furatus fuerit, aut fraudulenter retinuerit, ex auctoritate hujus matricis ecclesiæ, quæ caput est omnium ecclesiarum Lucani episcopatus, et canonicorum consensu, anathema sit in perpetuum, nisi reddiderit. Amen, fiat, fiat, fiat, fiat, fiat, fiat.* In Codice nullus est pro epistolis titulus. Post epistolas Index capitum libri primi. Tum *Incipit liber primus de grammatica et partibus ejus.* In fine. *Explicit liber Etymologiarum domni Ysidori episcopi. Deo gratias. Amen.* Variantes lectiones satis copiosas collegit amanuensis aliquis, vel socius Zaccariæ, qui frequenter, ut jam observavi, operam suam in hujusmodi conferendis mss. exemplaribus contulit.

5. Alia manu scriptæ sunt variæ lectiones non ita uberes Codicis Florentini bibliothecæ S. Marci, qui membranaceus est in fol. sæculi fortasse undecimi, in quo Etymologiarum opus in viginti duos libros distributum est, et liber de Natura rerum pro libro vigesimo tertio subjungitur. Inscriptio : *Incipiunt textus epistolarum Ysidori et Braulionis ad Ysidorum de petitione libri Etymologiarum.* Multa, quæ Lucensi Codici peculiaria sunt, in hoc etiam S. Marci reperiuntur.

6. Malatestium Etymologiarum exemplar antiquissimum plut. 21, num. 5, hunc præfert titulum : *In nomine Domini nostri Jesu Christi : incipit liber Etymologiarum*, etc. *Incipit epistola*, etc., scilicet epistola Isidori, *Omni desiderio*, etc., et Braulionis : *O pie Domine*, etc. Sequitur : *Incipiunt libri Hysidori Junioris Spanensis episcopi ad Braulionem Cæsaraugustanum episcopum scripti. Incipit prologus. En tibi*, etc. *Incipiunt capitula libri primi.*

7. Præstantissimum hunc Codicem sic describit Mansius in addit. ad Biblioth. medii ævi Fabric. verbo Isidorus : *Veniam peto ab æquis lectoribus si eorum sub oculis hic repræsentem omnium, quotquot unquam audierim vel legerim, vetustissimum Codicem Etymologiarum S. Isidori, quem servat bibliotheca Malatestarum Cæsenatensis, librum quem credo scriptum sæculo* VII. *Continet vero ille libros viginti quinque, nempe quinque ultra numerum quem editi præferunt. Id vero discrimen non inde provenit quod addita sint quædam supra edita, sed ex diversa tantummodo disponendi operis ratione. Ita ergo distribuitur. Quatuor priores libri sunt, ut in editis, excepto quod libri* IV *caput* 13 *de initio medicinæ deest. In libro* V *variat nonnihil Chronicon Isidori, quod incipit in hoc Codice* Ordinem temporum. *Reliqui dein libri usque ad caput* 26 (legendum cap. 16 *libri* XVIII *pari passu cum Editis procedunt, sed initium capitis* 27 (legendum cap. 17) *in Editis est in Codice initium libri* XIX; *tum caput* 20 *libri* XVIII *in editis est ibi liber* XX; *liber* XXI *incipit a capite* 52 *libri* XVIII; *liber* XXII *est caput* 60 *libri* XVIII, *liber* XXIII *exorditur a capite* 7 *libri* XIX; *denique liber* XXV *libro* XX *editorum cohæret.*

8. *Additamenta illa, quæ in editione Parisiensi* 1601, *pag.* 269, *seorsum dantur, hic etiam, sed non omnia, comparent ad marginem descripta, ut* talentum, *etc.*, mina, *etc.*, obolus, *etc.*, siclus, *etc. Sunt vero hæc addititia alterius et paulo recentioris manus quam reliqua omnia. Variantes quædam occurrunt non contemnendæ, quas tamen ego majori diligentia annotare ex temporis angustia prohibitus sum. Unum hoc tantummodo non neglexi. Quo loco in edito lib.* XIX *cap.* 19 *legitur* canterium, gablaia, guvia, *ibi* cauteria lingulina. *Denique in fine libri eadem ac cætera manu versus isti leguntur :*

Ut est labor agricolis vomere proscindere terras,
Est mihi arundineus calamus sulcare novales.
Ille etiam tostas congaudet cernere messes :
Sic et ego finem lecto concludere versum.

9. Descripsit quoque Zaccaria hos versiculos : sed in primo melius legit : *agricolis proscindere vomere.* Redundat *est*, ut stet versus. In secundo versu reponendum erit *arundineo calamo.* In ultimo versu rectius Zaccaria *letor* pro *lætor :* nam *lecto* apud Mansium nihil est. Pro *versum* præstiterit legere *versu.* Zaccaria ex eodem Codice hæc addidit : *Rogo, boni lectores, ut rogetis pro Petro scriptore, si Deum habeatis protectorem. Explicit. Deo gratias semper, amen.* Penes me est specimen characterum hujus Codicis, quem antiquissimum esse facile credam : ad sæculum VII, quo scilicet Isidorus obiit, pertinere, Mansio non ita facile assentiar.

10. Joseph Maria Mucciolus edidit Cæsenæ, anno 1780, catalogum Codicum mss. Malatestianæ Cæsenatis bibliothecæ, Fratrum Minorum conventualium fidei custodiæque concreditæ. Tom. II, pag. 144 seqq., describit hunc ipsum Codicem, plut. 20, num. 4 : *S. Isidori Etymologiarum libri viginti quinque. Majusculis et quadratis characteribus ad primam Codicis paginam hæc epigraphe : In nomine Domini nostri Jesu Christi incipit liber Ethimologiarum editus ab Isidoro Juniore Hispalensi episcopo, ad Braulionem Cæsaraugustanum episcopum scriptus.* Primo Codicis tegumento interius firmiter adhæret membranaceum folium, quod rerum in Codice tractandarum indicem continet : *Ut valeas quæ requiris*, etc.

11. Deinde epistolæ amœbææ Isidori et Braulionis. Observat Mucciolus epigraphem Codicis esse : *Incipit liber Ethymologiarum, quia, inquit, Isidorus ipse*

in libros non disposuit, sed, Isidoro defuncto, Braulio ultimam operi manum dedit, inque viginti libros distinxit, addiditque multa utilissima ex variis optimisque scriptoribus collecta, scitu digna, quæ alibi vix reperiri poterant.

12. Verum quidem, Isidorum opus in libros non divisisse: verum etiam, Braulionis esse distinctionem librorum. At Braulionem aliquid operi addidisse, aut inseruisse, neque Braulio ipse refert, neque aliunde constat. Diligenter idem Mucciolus singula in Codice contenta exponit, quia, ut ait, *tanta est Codex venerandus antiquitate præditus, ut viri doctissimi qui multas Europæ bibliothecas perlustrarunt, fateantur, nec audivisse, nec legisse Codicem hoc vetustiorem. Cumque novam Operum Isidorianorum editionem multi meditentur, ad plenam accuratamque lectionem plurimum conducere potest. Exspectant viri scientiarum amatores ex animo editionem omnium Operum S. Isidori vel jam paratam, vel propediem parandam a cl. abb. Francisco Zaccaria. Utinam fata ejus consilium non prævertant!*

13. Iterum de antiquitate Codicis hæc observat: *Codex vetustissimus est omnium quos insignis bibliotheca Malatestiana Cæsenas servat. De hujusmodi Codicis antiquitate si ea consulamus quæ excusa sunt in additamentis cl. Mansii ad bibliothecam Fabricianam, sæculi VII est,.... licet in pagellis mss. hujus nostræ bibliothecæ legamus ab amanuensi* (Mansii) *scriptum, codicem esse sæculi IX. Sæculi pariter IX esse Codicem sentit eruditissimus abb. Zaccaria, cujus judicium per litteras mihi allatum est a studioso juvene Cajetano Marinio.* Addit Mucciolus Zaccariæ judicium, quod hujuscemodi est. *In celeberrima, quæ Cæsenæ est, bibliotheca Malatestia duo exstant Isidorianorum Etymologiarum Codices membranacei, alter sæculi XI; vetustior alter, num. 5, et fortasse sæculi IX. Uterque multis nominibus commendandus, cum uberrimam variarum ab editis exemplis lectionum segetem suppeditet. In utroque Codice notandum maxime est Isidori Chronicon, quod positum est pro lib. V cap. 37, in Matritensi anni 1599 editione* inscriptum: *De discretione temporum: nec parum ab impressis ejusmodi Chronici libris discrepat. In recentiore vero exemplo illud singulare est, lib. V capita 4 et 5 S. Isidori de hæresibus prætermitti, in eorumque locum suffici totidem capitulis Indiculum Hieronymi 382 de hæresibus, ex quo multa emendes in inquinatissima Parisiensi ejusdem operis editione, quam primus curavit Claudius Menardus.*

14. Hæc ex Zaccariæ litteris Mucciolus; qui præterea notat, in marginibus multa esse verba addita, a librario omissa aut indicantia quid peculiare ibi agatur: libro III præmitti præfationem de quatuor sequentibus disciplinis, et aliam præfatiunculam libro XIII; quæ duæ præfationes, *quod sciamus,* inquit, *haudquaquam in editionibus occurrunt.* Parum attente editiones legerat: nam in vulgatis Etymologiarum editionibus obviæ sunt ejusmodi præfatiunculæ.

15. Mansium deceptum Mucciolus advertit, quod in addit. ad Bibl. med. Fabr. scripserit, deesse lib. IV caput 13, *de Initio medicinæ:* siquidem titulus hujus ultimi capitis exstat, et per errorem librarii legitur, *de Initium medicinæ:* imo in ipsius capitis margine dextro et inferiore visuntur annotatiunculæ, quarum ultima verba sunt, *Caruticum, Calasticum, Martiatu.* Neque ita facile judicari potest aliquid deesse.

16. Post Etymologias sequuntur in eodem Codice homiliæ nonnullæ S. Augustini, et quædam quæstiones de sacra Scriptura per interrogationes et responsiones, mutilæ in fine. Initium: *Quia video te de Scripturis contendere velle,* etc. Inter anecdota a Mucciolo editæ sunt pag. 249 seqq.

17. Pag. 287. Mucciolus profert indiculum mss. Codicum bibliothecæ Malatestiæ, quem olim Mansius confecerat. De hoc Codice notatum est esse in eo quædam Augustini, sed apocrypha. Addit Mansius: *Codex iste omnium, quotquot sunt, in hac bibliotheca præstantissimus est, cum scripturam præferat sæculi IX... Annotationes habet nonnullas in margine additas manu paulo recentiori, ac præsertim lib. V, ubi duo leguntur imperatorum constitutiones, quarum priorem desumit auctor ex lib. I Constitutionum. Has leges nuspiam nactus sum.* Affirmat Mucciolus, p. 143, Additamenta quæ in editione Parisiensi 1601 seorsum sunt excusa, sive in marginibus, sive in textu Codicis omnia conspici, ut *talentum,* etc., *mina,* etc., *obolus,* etc.

18. Discrepantiam scripturæ celeberrimi Malatestii Codicis ab editione Matritensi tribus primis libris Zaccaria annotavit, 383 alium Codicem Malatestium recentiorem simul conferens. Hucusque, inquit in fine libri III, *contuli Matritensem editionem cum utroque codice Cæsenatensi. Porro cum Cæsena discedendum mihi esset, cæteros libros conferendos reliqui cum editione Veneta anni 1483 Francisco Gualterio presbytero.*

19. Contulit reipsa Gualterius utrumque Codicem Cæsenatem, et ex recentiori indiculum hæreticorum S. Hieronymo tributum exscripsit, in cujus fine sic notatum invenio: *Franciscus Gualterius sacerdos Cæsenas exscripsit idibus Septembris anno reparationis humanæ 1755.* Jam Codex hic recentior Malatestius, plut. 21, n. 1, sæculi XI, hanc præfert inscriptionem: *In nomine Domini nostri Jesu Christi incipit Etymologiarum Isidori Spaliensis episcopi liber primus.* Sequitur, prætermissis Epistolis vulgo editis, index capitum libri primi.

20. *Glossarium:* præter plurium jam editas in Glossarium, quod Isidori nomine circumfertur, observationes, Zaccaria pollicitus fuerat uberrimas Joannis Salomonis Semleri notas, quas ab auctore ad se missas anno 1752 testatur. Invenio in schedis Zaccarianis autographas has Semleri observationes cum litteris ad marchionem Maffeium mense Martio anni 1752 datis, quibus suas animadversiones typis edendas mittit. Sed cum a Maffeio Semlerus intellexisset Zaccariam in novam omnium Isidori Operum editionem incumbere, ultro assensus fuit ut suæ in Glossa-

rium notæ ad Zaccariam deferrentur: imo quasdam alias in Etymologiarum libros observationes promisit, ut colligitur ex ejusdem litteris ad Maffeium mense Augusto ejusdem anni 1752 scriptis. Re vera adsunt etiam nonnullæ Semleri animadversiones in libros Etymologiarum, sed tam difficili charactere exaratæ sunt notæ in Glossarium et in libros Etymologiarum, tot præterea lituris inquinatæ, ut non magna utilitas inde sperari possit. *Tempus,* inquit ipse, in altera ex epistolis ad Maffeium, *impediebat quominus iterum describi curare potuerim, licet liturarum multitudo id fere efflagitaret.*

21. Enimvero enitar, quantum potero, ut eruditis Semleri lucubrationibus in Isidorum respublica litteraria non omnino careat. Ipse titulum hunc apponi jusserat: *Glossarium Latinum, quod Isidori nomine aliquoties est editum, variis doctissimorum hominum emendationibus,* **384** *et aliis novis illustratum a Joan. Salom. Semlero PP. Historiarum et poeseos in academia S. R. I. liberæ reipublicæ Norimbergensis Altdorfina, Societatis Latinæ Ienensis membro honorario.* Opus marchioni Maffeio sic inscribebat: *Illustr. excellentissimoque domino domino Scipioni Maffeio marchioni, de omni re litteraria bene meritissimo, celeberrimo viro, Glossarii hujus hanc editionem, quam luculentissime ipse adjuvit, D. D. D. Joan. Salom. Semler.*

22. Differentiarum libri tres, cum duobus mss. Lucensibus, uno Pistoriensis capituli, et altero Florentino bibliothecæ S. Crucis. Ita referebat Conspectus editionis Zaccarianæ: sed in ejus Adversariis solum existunt variantes lectiones Codicis unius Lucensis, et alterius S. Crucis; neque eæ pertinent ad duos libros Differentiarum verborum, sive de proprietate sermonum, sed ad solum librum Differentiarum rerum. Codex Lucensis est ille ipse in quo contineri etiam dixi libros contra Judæos. Titulus: *Incipiunt capitula libri Differentiarum Ysidori Hispalensis episcopi.* Post indicem capitum, *Incipit liber Differentiarum Ysidori episcopi.*

23. Florentinus S. Crucis Codex num. 233, plut. 20, exhibet etiam procemia Isidori, ac proinde in præfatione Zaccariæ ad Procemia describetur. Præsentis operis inscriptio est: *Incipit liber Differentiarum S. Isidori episcopi Ispalensis.* Collati sunt hi duo Codices cum editione Breuliana: sed illud perincommodum in hujus operis et quorumdam aliorum Zaccarianis recensionibus accidit, quod verba editionis non exscribuntur, sed solum numerus notatur qui varianti editionis verbo eodem numero similiter distincto respondeat. Cum autem editionis illius Breulianæ exemplar, cui istiusmodi numeri appicti sunt, ad manus non sit, imo neque ubinam asservetur, compertum ego habeam, necesse prorsus est ut non nisi improbo labore Codicum vera lectio investigari, ac sæpe etiam nullo modo inveniri possit.

24. Nonnullæ sunt variantes lectiones ex Codice Malatestio, in quo, ut sæpe monui, procemia aliique Isidoriani libri continentur. Inscriptio: *Incipit liber Differentiarum Ysidori Spalensis episcopi.* Hæc sunt differentiæ rerum. Sequitur: *Explicit liber primus. Incipit secundus de differentiis verborum.* Solum ex prologo notatur discrepantia scripturæ.

25. Etsi autem in programmate Zaccaria varias lectiones Codicis **385** Vaticani 624 non memoraverit, quasdam tamen ex eo Codice in adversariis invenio pro libro Differentiarum nominum sive verborum. Erunt fortasse qui scire cupiant cur tam pauca Zaccaria e mss. exemplaribus bibliothecæ Vaticanæ excerpserit; siquidem ipse in volumine sui itineris litterarii per Italiam sibi per otium mss. Codices Vaticanos consulere licuisse narrat.

26. Verum si narrationis ejus seriem expendimus, colligemus potius nullum ipsi fuisse otium ut bibliothecæ Vat. mss. exemplaria excuteret. Refert part. I Itiner. litter. per Italiam, cap. 5, se anno 1754, dum Florentiæ consisteret, a serenissimo Mutinensium duce Francisco III accersitum, ut Atestiæ bibliothecæ præesset. Tum hæc addit:

27. Verum antequam Mutinam proficisceret, Romam petendam mihi esse intellexi, ut Vaticanos aliarumque bibliothecarum, quæ in principe illa terrarum urbe magno numero sunt, mss. Codices consulerem ad eam, quam paro, Isidorianorum Operum editionem. Itaque a P. Ignatio vicecomite, Societatis nostræ tunc generali præposito, facultate impetrata, Septembri mense Romanum iter aggressus sum. Qui e nostris Romanis sociis mihi maxime amicitia adjuncti sunt, Lagomarsinius, Nocetius, Contuccius, Carpanius, Mazzolarius, Lazerus, Boschovichius, Cunichius, Faurius, aliique bene multi, de litteris optime meriti, quorum nomina percensere longum omnino esset, in Tusculano omnes rusticabantur. Ne tamen Roma, invisis illis, discederem, ut Urbem ingressus fui, bibliothecas statim adire et Isidorianos Codices conquirere undique constitui, ut, eo demum labore perfunctus, Tusculum ad eos amplectendos excurrerem. Quare ut Vaticanæ bibliothecæ, cujus potissimum Codices in animo erat conferre cum editis Isidori exemplis, facilior mihi pateret aditus, Fabio Danzetta, Societatis nostræ doctissimo ac sapientissimo viro, auctore, duce autem Hieronymo Lombardio, et ipso nostræ Societatis presbytero pererudito, ad Benedicti XIV P. O. M. pedes me supplex advolvi. Incredibile dictu est quanta me clementissimus pontifex benignitate exceperit, multa de meorum studiorum ratione atque consilio exquisierit, atque omnem mihi opem promiserit præstiteritque. Illud etiam ad cætera tantæ clementiæ officia accessit, ut semel in singulas, quibus Romæ morabar, hebdomadas diebus Veneris pontificem ipsum adire mihi licuerit, ejusque doctissimis colloquiis frui.

28. Pontificia igitur auctoritate ad Vaticanam me contuli bibliothecam, immensum illum vetustæ eruditionis thesaurum; atque ab ejus doctissimo æque atque humanissimo præfecto Assemanio facile impetravi ut Isidorianos omnes Codices per otium consulere mihi liceret. Lustrata Vaticana bibliotheca, Ghisianam et Barberinianam adii; Vallicellanam quoque excussi. Per tempus mihi non licuit in illis ultra Isidorianos Codices excurrere. Interea qua est humanitate Petrus Lazerus, Romani **386** nostri collegii bibliothecæ præfectus, relicto tantisper Tusculo, ad Urbem venit, ut bibliothecam illam a meo post theologica studia Roma discessu mirifice auctam, Dominici Franchinii rectoris studiis potissimum atque auspiciis, exornatamque mihi ostenderet. Atque ex ea sane non pauca potuissem in hoc volumine edenda mutuari. Cum tamen paucis ante mensibus primum miscellaneorum ex illius mss. Codicibus librum Lazerus ipse, litteraria plaudente re-

publica, protulisset in lucem, nolui in alienam, ut aiunt, messem falcem immittere. Quare in mentem venit bibliothecam potius domus nostræ professæ excutere, et si quid in ejus Mss. delitesceret notatu dignum, in adversaria referre, in hoc deinde libro publicis formis excudendum. Atque consilio huic meo potissimum favit præter Societatis nostræ, quem antea memorabam, generalem præpositum P. Ignatium vicecomitem, Dominicus Turanius Siculus præstantissimus sacræ, ut aiunt, Pœnitentiariæ theologus. Laborem hunc tamen distuli, dum redirem Tusculo, quo cogitabam; incredibile enim me tenebat sociorum meorum videndorum desiderium. Tusculum igitur me contuli, ubi etiam apud Lagomarsinium, qui tum podagra laborabat, me perhumaniter invisit Benedictus Stay, poeta elegantissimus; hinc ad Castrum Gandulphi et Albanum quoque diverti, unde rediens doctissimum abbatem Rodulphinum Venutium rusticantem conveni. Paucis tandem Tusculanæ commorationis elapsis diebus, ægre ab amicis divulsus, quos inter accesserat Prosper Buttarus, Auximas nobilis, ac præclarissimæ indolis juvenis, Romam contendi.

29. Præsulem illustrissimum multisque mihi nominibus memorandum, Franciscum Xaverium Zeladam ab expeditione, nescio qua, redeuntem exspectabam. Rediit enimvero citius quam credideram. Quare quos deinceps Romæ transegi dies, inter ipsum et domus nostræ professorum bibliothecam partitus sum. Sed ad Codices mss. hujus bibliothecæ vertendus est sermo. Hi sunt, etc.

30. Neque hunc solum librorum mss. catalogum Zaccaria suæ Romanæ commorationis tempore confecit, sed et nummorum aliquot Romæ paulo ante inventorum notitiam acquisivit, ac diligenter descripsit. Atqui cum iter Romanum mense Septembri aggressus fuerit, ut vidimus, nihilominus mense Novembri ejusdem anni ineunte, jam Mutinam adierat, ut narrare pergit eod. cap. 6 : *Sed Roma tandem deserenda fuit, imo et Florentia, ad quam urbem recto itinere contendi, ut, rebus meis collectis, Mutinam proficiscerer. Igitur Mutinam veni sub Novembris initium.* Non ergo mirandum si, ad editionem quam tunc maxime parabat, Isidori Operum pauca e bibliotheca Vaticana collegerit. V. C. Aloysius Cuccagnius in Vita Zaccariæ, quam nuper edidit, non sine magna diligentiæ laude ex variis monumentis collectam, num. 36, ex mss. **387** schedis colligi posse putat, Zaccariam statim atque præfectus bibliothecæ Atestiæ fuit renuntiatus, Mutinam se contulisse, antequam iter Romanum aggrederetur : sed vel ex ipso titulo cit. cap. 6 Itineris litterarii contrarium patet : *Mense Augusto Mutinam accersitus auctor a serenissimo duce Francisco III, ut Atestiæ bibliothecæ præsit. Antequam eo migret, Septembri mense Romam adit,* etc.

31. Cum ergo Zaccaria anno 1758 suæ editionis Isidorianæ Conspectum ediderit, scilicet postquam vetera bibliothecæ Vaticanæ exemplaria inspexerat, et in eo vix quidquam e bibliotheca Vaticana se depromturum promiserit, consequens est ut credamus non multa eum ex hac bibliotheca excerpsisse, neque ab alio sibi exerpi impetrasse. Nihilominus septem paginas charactere nescio cujus exaratas in Zaccarianis schedis reperio, ad ipsum, ut opinor, post editum programma delatas, quibus variæ, quas dixi, lectiones Differentiarum sermonum annotantur, et nonnulli alii Codices Vaticani, in quibus Isidoriana exstant opera, scilicet undeviginti breviter recensentur, alicujus scripturæ varietate in uno vel altero descripta, veluti speciminis loco. Hactenus de litterario Zaccariæ apparatu ad Isidorianam editionem, cujus industriæ et laboribus hac in parte Hispani maxime grati esse debemus.

32. Atque hic esset locus, ut, quoniam jam sine adulationis nota doctissimum virum laudare possumus, elogium ejus texeremus. Sed quam latus sese aperiret dicendi campus! Et nos quidem ad alia festinamus. Vitam ejus pro dignitate, ut modo innuebam, V. C. Aloysius Cuccagni, qui id negotium in se suscepit, posteritati commendavit. Ea ego proferam quæ Zaccaria ipse de primis suis studiis anno 1750 aut seq. scribebat, ut bibliothecæ Jesuiticæ insererentur, omisso magno operum catalogo, quæ jam tum ediderat. Cognomen ejus non uno modo in schedis mss. ad bibliothecam Jesuiticam pertinentibus exaratum reperio, *Zaccarias, Zacharias, Zaccaria*. Hoc postremum ego ex idiomate Italico retineo.

33. *Zaccaria Franciscus Antonius.* Venetiis natus est anno 1714, 27 Martii. Viennæ Austriæ Societatem ingressus est anno 1731, Octobri mense : hinc absoluto tirocinio Goritiam missus, humaniores litteras quadriennio docuit, ad theologiam vero audiendam evocatus est Romam : deinde Mediolani solemnem quatuor votorum professionem misit (forte *emisit*), 15 Augusti anno 1747. Nunc per Italiam concionatoris munere fungitur. Eminentissimus Quirinus in epistola ad P. Hieronymum Lagomarsinum, 13 Augusti 1749 perscripta, p. 12, de eo ita loquitur.

388 34. *Demum te rogo, Hieronyme, ut nomine meo salutem plurimam dicas Franc. Ant. Zaccariæ, sodali tuo, tecumque in præsens Florentiæ moranti, ac certum eumdem facias magni me æstimare ipsius eruditionem, quam testantur plures ab eo in lucem editæ lucubrationes.* Illustrissimus, idemque doctissimus Joannes Baptista Passerius dissertationem de veterum ossilegio Patri Zaccariæ inscripsit, quæ Florentiæ edita est anno 1747 tom. I Monumentorum Societatis Colombariæ Florentinæ. Clarissimus autem Antonius Franciscus Gorius, tom. I Symbolarum litterariarum, pag. 34, ait : *Summa cum laude memorandi quoque sunt e Societate Jesu presbyteri eruditissimi Emmanuel de Azevedo Lusitanus, ejusque socii in ærumnoso opere edendo, nempe Thesauro Liturgico, Petrus Lazerius et Franciscus Antonius Zaccaria.* Percrebuerat nimirum fama eum Romam accersitum iri Patris de Azevedo socium, atque id quidem ferme constitutum fuerat, sed certis de causis consilium hocce immutatum est.

35. Hæc, ut dixi, exstant in schedis mss. bibliothecæ Jesuiticæ, quas Franciscus Oudin, et Joannes Ludovicus Courtois, dum Societas Jesu staret, accuratissime collegerunt. Multa ex iis monumentis misere perierunt : sed multa adhuc penes me asservantur, quæ illustrandæ prope omnium scientiarum ac nationum historiæ litterariæ utilia esse possunt, et ut sint operam, si potero, aliquando dabo. Jam elogium funebre, quod pollicitus sum, Zaccariæ tumulo insculptum hoc est : *Franciscus Antonius Zaccaria, patria Venetus, sacerdos Societatis Jesu, cujus instituttum, quardiu exstitit, candide professus est, pluribus copiose docte orthodoxeque editi*

libris, de litteris, de scientiis, de religione optime meritus. Vixit ann. LXXXII, mens. VI, dies XIV. Decessit ad VI Idus Octobris MDCCLXXXV (1795). *P. Q.*

36. Addo aliud epitaphium, a V. C. hujus facultatis peritissimo magistro Stephano Antonio Morcellio compositum, quod typis editum circumfertur. Sed in utroque corrigendum *vixit annos* LXXXI pro LXXXII.

Quieti et memoriæ Franc. Antonii Zaccariæ, domo Venetiis, omnibus litteratorum muneribus functi, religione et doctrina clarissimi, in quo Ecclesiæ studium, et recte sentientium amor enituit, labor scribendi, judicium, delectus summa putantur. Pius vixit ann. LXXXII, *m.* VI, *d.* XIII, *ætatem operum numero supergressus. Amici seni optimo mitissimo F. C.*

Pars secunda.

DE SINGULIS S. ISIDORI OPERIBUS, EORUMQUE PECULIARIBUS EDITIONIBUS.

389 CAPUT XLVI.

Recensentur Opera S. Isidori ex veteribus bibliothecarum catalogis.

1. In antiquissimis bibliothecarum catalogis qui ad nos pervenerunt, interdum Opera S. Isidori indicantur : quæ commemorare operæ pretium erit, cum ut melius intelligatur quanti olim Isidorus habitus fuerit, tum maxime ut de veris ejus operibus securius judicare possimus.

2. Fuldensis monasterii celebre nomen est. Ejus bibliothecæ antiquissimus catalogus exstat in Codice Vaticano-Palatino 1877, sæculi X circiter, sic inscriptus : *Quot et quorum libri fuerint in libraria Fuldensi.* Etsi autem post quosdam Hieronymi libros recensitos manu notatur, *Index bibliothecæ Laurissanæ*, tamen clare perspicitur catalogum Fuldensem continuari : nam index bibliothecæ Laurissanæ jam in hoc volumine præcessit, et diversus ab hoc Fuldensi est. Ibi : *Isidori libri Etymologiarum viginti unus*, etc., ut in catalogo mox referendo bibliothecæ Laurissanæ, ex hoc eodem 390 Codice. Hic legitur *de Nativitate*, non *de civitate*, et non indicatur liber II ad Florentinam. Desinit : *apostolorum Petri et Pauli*. In fine catalogi : *Descriptio Arculfi de situ Hierusalem, et locorum sanctorum in circuitu ejus, et Isidori de ordine creaturarum in uno Codice.* Videtur scriptum *creatura* aut *creaturæ*.

3. Codex Vaticano-Palatinus 57, membranaceus in 4°, sæculi IX circiter initio, exhibet indicem vetustissimum librorum monasterii S. Nazarii in Laurissa, ex quo plures Codices per varia rerum discrimina in bibliothecam Palatinam, atque inde in Vaticanam transierunt. In hoc indice enumerantur *Libri Isidori Etymologiarum viginti unus in uno Codice. Ejusdem libri tres* (Sententiarum). *Primus sic incipit : Quod Deus summus et incommutabilis sit. Ejusdem de Natura rerum liber, et liber Differentiarum. Ejusdem ad Florentinam sororem suam de civitate* (lege *de nativitate*) *Domini. Ejusdem Proœmiorum, et Chronica. Breviarium ejusdem super divinæ historiæ libros. Isidori de origine* (forte *de ordine*) *creaturarum in quaternione. Sententiæ et Chronica in quaternionibus.* In hoc indice præter libros biblicos plerique Codices referunt opera SS. Patrum ; in his Bedæ quoque et Albini. Notatur etiam *libellus Quinti Julii Hilarionis de origine mundi in uno Codice :* item *Expositio Justi episcopi* (Urgellitani) *in Cantica canticorum :* item *liber Prognosticorum Juliani episcopi*, scilicet Toletani ; cujus, ut puto, est etiam *liber*, qui appellatur *Anti Cymenon* ; quippe legendum est *Antikeimenon.*

4. Alius catalogus ejusdem bibliothecæ uberior describitur in cit. Cod. Vaticano-Palatino 1877. Consonat præcedenti recensio Operum S. Isidori usque ad *incommutabilis sit :* pergit : *Secundus de sapientia. Tertius de flagellis Dei in uno Codice. Ejusdem de Natura rerum* (supra, *id est, liber Rotarum*) *liber ; et liber Differentiarum* I. *Et de origine officiorum libri* II, *et Synonyma ejusdem libri* II, *et quomodo accipiendum sit,* Nolite judicare, *et de Trabe et Festuca, hæc omnia in uno Codice. Ejusdem ad Florentinam sororem suam, de civitate* (nativitate) *Domini, passione, resurrectione, regno, atque judicio liber* I, *liber* II *de gentium vocatione in uno Codice. Ejusdem proœmiorum, et chronica, et ejusdem de significatione nominum ad Orosium in uno Codice. Breviarium ejusdem super divinæ historiæ libros, et versus, qui scripti sunt in armaria sua ab ipso compositi, et in eodem libro Sermo S. Augustini in natali S. Joannis* 391 *Baptistæ, et in natali apostolorum Petri et Pauli. Isidori de origine* (ordine) *creaturarum*, etc., ut supra. Prope finem : *Item liber glossarum, et Chronica Isidori ; et sententia* (sic) *Senecæ in uno Codice.*

5. In alio Codice Vaticano-Palatino 233 chartaceo in folio, pag. 294, ex catalogo, ut videtur, alicujus veteris bibliothecæ recensentur *Isidori libri tres de summo bono, et libri viginti Etymologiarum, et Isidorus de officiis ecclesiasticis*, cujus finis : *sententiis firmaretur*, ut in editione Griali. Alii quædam addunt. Continet hic Codex *flores ex Operibus S. Augustini collectos.* Ejusdem bibliothecæ Vaticano-Palatinæ codex 226 chartaceus in 4° sæculi XV, eadem Isidori opera simili modo repræsentat, sed extrema verba librorum de officiis ecclesiasticis omittit.

6. Pezius, tom. III Thesaur. Anecdot., part. III, col. 609, ex notitiis antiquis monasterii Benedictoburani hæc refert : *Describuntur libri, quos ecclesiæ S. Michaelis ad Quochalum tradidit Kisyla monialis, regali Francorum progenie edita. Kisyla per suos sacellanos scribi eos libros fecerat, scilicet per Engil-*

hardum, Chadoldum, Tracholfum Frisingensis ecclesiæ episcopum, Rudperlum, Racholfum. In his est liber *Synonyma,* scilicet Isidori : nam libri donati a Kisyla, sive Gisela, aut Gisala, uxore Childerici regis Merovingiorum ultimi a suis depositi, ad monasterium Benedictoburanum postea delati sunt. In catalogo autem librorum monasterii Benedictoburani sæculi XIII apud Pezium loc. cit. recensentur : *Isidorus Etymologiarum... Sententiæ Isidori, item alius liber sententiarum... Isidolus* (sic) *de synonymis.* Notatur, Etymologiarum Codicem esse bonæ notæ, sæculo x scriptum.

7. Carolus Meichelbeck ordinis Benedictini, tom. I Hist. Frising. part. I, sub Josepho episcopo III Frisingensi, sic narrat : *Uxor illius* (Childerici depositi) *Gisala inter religiosas moniales Parthenonis ad Cochelum Boiariæ lacum nuper instituti, ac Benedictoburano monasterio subjecti, se recondidit... Ejusdem Gisalæ vetustissimi Codices hodieque in dicto monasterio Benedictoburano exhibentur illæsi.* Inter hos igitur reponenda censeo Synonyma Isidori ; quæ proinde sæculo VIII exarata fuisse dicendum erit. Hinc etiam colligitur quam falso nonnulli tradiderint Childericum cælibem fuisse : imo Mabillonius Annal. Benedict. lib. XII, pag. 154, n. 55, **392** ex Fontanellensi chronographo refert filium Childerici, e regno dejecti, Theodoricum clericum effectum fuisse.

8. In præfatione ad tom. I Thesauri Anecdot., num. 43, Pezius ex catalogo librorum monasterii Weinhenstephenensis sæculi XI circiter profert : *Isidorus de Summo Bono.* Et iterum, num. 71, ex catalogo librorum sæculi XIII qui in Canonica S. Nicolai Pataviæ existebant, sed anno 1595 combusti sunt, exhibet : *Isidorus de Summo Bono, Isidori epistolæ.* ibidem, num. 45, *In bibliotheca,* ait, *Canonicorum Frisingensium quidam Codices ad mille annos proxime accedunt. Gregorii Magni, Hieronymi, Isidori, etc. Opera non sine stupore spectavimus. Orosius sæculi circiter* VIII, etc. Eodem tom. I, part. 3, ex libro Joannis Egonis de Vir. illustr. monasterii Augiæ Divitis, cap. 12, constat, Kerardum monachum sæculo X *Synonyma* uno volumine comprehensa conscripsisse : quæ Isidori nostri *Synonyma* esse facile sibi quivis persuadebit : sermo est enim de librario, non de auctore libri. In dissertatione isagogica ejusdem Pezii ad tom. II, pag. 11, ex Codice sæculi XII referuntur libri, Gotwicensi ecclesiæ ab Heinricio donati, ut *Eucherius de Hebraicis nominibus. Isidorus breviter super totam bibliothecam* (intelligo in totam sacram Scripturam). *Item Sententiæ Isidori de utroque Testamento,* etc.

9. Montfauconius in Diario Italico, cap. 6, indicem librorum monasterii Pomposæ sæculi XI affert, in quo « Isidori epistola ad Mastonem episcopum (*Al.,* « Massonem, Massanum, Massenum) de sacerdote la« pso per pœnitentiam, posse resurgere in gratiarum « pristinum statum : incipit : Veniente ad nos fa« mulo. Liber Etymologiarum Isidori Spalensis epi« scopi. Liber prooemiorum de Novi et Veteris Testa« menti. Item liber S. Isidori de Vita, Ortu et Obitu « Sanctorum Patrum qui in Scripturarum laudibus « referuntur. Hic liber sic incipit (*Allegoriæ*) : Inci« piunt nomina... Sanctorum Patrum Veteris Testa« menti mystice exposita a S. Isidoro Spalensi epi« scopo : hic liber sic incipit : Adam figuram Christi « gestavit. Item nomina sanctorum de Novo Testa« mento : hoc opus sic incipit : Quatuor. Chronica S. « Isidori Spalensis episcopi, describens historiarum « breviarium, ab exordio mundi usque ad Heraclii « tempus liber. Liber Differentiarum Isidori Spalensis « episcopi : hic liber sic incipit... Item de distinctio« nibus quatuor vitiorum : hic liber sic incipit : Contra « hæc tamen quatuor virtutum genera. (*Est finis libri* « I *Differentiarum.*) Item secundus de differentiis **393** « verborum : hic liber sic incipit : Isidorus lectori sa« lutem : Plerique veterum sermonum differentias « distinguere studuerunt. Sermo Isidori contra Aria« nos, qui sic incipit : Veni, Domine Jesu Christe re« demptor noster. »

10. De indice librorum mss. qui in monasterio Bobiensi sæculo X servabantur, sermonem habui in Prolegomenis ad Dracontium num. 27, ex Muratorio tom. III Antiq. Italic. medii ævi, col. 817 seq. In antiquiori ejus bibliothecæ parte invenio ; *Librum* I, *in quo continetur ars cujusdam, et Synonyma, et Chronica apostolorum.* Isidori Synonyma fortasse sunt. Clarius de Isidoro : *Item de libris Ysidori : Expositum in Genesi* I. *De diebus, et septimanis, temporibus, et signis libros* II (fortasse ex Etymologiis, aut ex libro de Natura rerum). *Officiorum libros* V, *et in uno ex his continentur epistolæ diversorum, et Synonyma Ciceronis, et gloss. Libros differentiarum tres. Libros Prooemiorum* II. *Libros et Homologiarum* (Etymologicarum) IV. *Libros Sententiarum.* III. *Librum de ordine creaturarum* I. *Chronica Ysidori librum....* Pergit infra catalogus : *Item de canonibus.... Item librum canonum* I, *in quo habetur Ysidori de ordine rerum.... Formula vitæ honestæ cujusdam Martini* (Dumiensis).... *Synonyma Ciceronis.... Librum Ysidori de vitiis* I.

11. Hæc omnia in vetustiori, ut dixi, bibliotheca. Sequuntur in Catologo libri quos Dungalus monasterio Bobiensi sæculo IX donavit : in his catologus refert *Librum Etymologiarum Isidori unum :* inter libros vero Benedicti presbyteri *librum officiorum Isidori unum.* Inter libros Theodori presbyteri : *Prognostica Juliani Pomerii liber.... Chronica Isidori liber* I.... *liber* I *Ysidori, Servii,* etc. (ea quæ de grammatica agit in Etymologiis, ut puto).... *De dialectica, Martiani, Augustini, Apulei, et Isidori liber* I. Advertendum est, numerum I, II, III, etc., libris appositum, non indicare partes in quas opus divisum sit, sed tot in bibliotheca esse volumina quæ ejusmodi opus contineant. Notare etiam juvat, jam tum *Pomerii* cognomen Juliano Toletano episcopo afflictum fuisse, quod uni convenit Juliano Pomerio, natione Mauro, auctori trium de Vita contemplativa librorum, qui sub Prosperi nomine vulgati circumferuntur.

12. Bibliotheca Pistoriensis edita a Zaccaria anno 1752 exhibet catalogum librorum sæculi XII *hoc*

titulo: *Breve recordationis* **394** *de thesauro ecclesiæ S. Zenenis*: ubi inter alia sunt *Isidorus Etymologiam,... Summum bonum Isidori;* quod fortasse exemplar est indicatum inter libros qui exstant, pag 13, *S. Isidori Spalensis libri tres*, scilicet Sententiarum.

13. Tomo I Monastici Anglicani exstat charta de terris, ornamentis, vestimentis, atque libris ecclesiæ S. Petri monasterii Excestrensis a Leofrico loci episcopo, qui obiit anno 1071, datis; et inter libros, pag. 223, referuntur *Liber Isidori Etymologiarum et passiones apostolorum.... Liber Isidori de miraculis Christi*.

14. In Hispaniæ sacræ tom. XXXIV, pag. 455, de Oveco episcopo Legionensi traditur, quod anno 951 circiter monasterio S. Joannis de Vega, a se fundato, inter alia donaverit *libros ecclesiasticos* vii, *id sunt Antiphonarium*, etc. *Libros spirituales* x, *id sunt, Vitas Patrum.... Sententiarum beati Isidori, et Synonyma ejus; Sententiarum domini Gregorii*, etc. Fortasse Tajonis opus *Sententiæ domini Gregorii* dicuntur.

15. Monasterio Fontanellensi, ut in ejus Chronico cap. 12 refertur, tempore abbatis Wandonis anno 742 seqq. inter alios libri hi Isidori acquisiti memorantur: *Item in eodem libro Differentiarum spiritualium et carnalium Isidori Junioris Hispalensis episcopi, in quo sunt capitula quadraginta duo.... Item in eodem capitula tredecim ex libro Sententiarum Isidori.* Ansigisus, qui fuit abbas anno 823 seqq., ut ex cap. 16 ejusdem Chronici constat, monasterio Fontanellensi donavit, *Tagii (Taii, vel Tajonis) Sententiarum volumen unum*. Monasterio Flaviacensi Apocalypsin S. Joannis, quo Codice continebatur etiam *Liber S. Isidori Differentiarum.... Librum testimoniorum Isidori de Christo et Ecclesia Codicem unum. Ejusdem Etymologiarum Codicem unum. Ejusdem Rotarum* (de Natura rerum) *ad Sisebutum regem Codicem unum*.

16. Inter veteres catalogos recenseri non debet index Codicum mss. basilicæ S. Petri Romæ in Codice Regio-Vaticano 1598 chartaceo in 8° exstans, commemorandus tamen, vel quia ms. latet, vel ob dignitatem archivii. In eo recensentur hæc, fol. 7, *Isidori Hispalensis super librum Geneseos* usque ad librum Judicum. Fol. 8, ex lectionario scripto anno 998, *Isidori episcopi testimonia de Christi passione*. Scilicet ex libris contra Judæos. Fol. 9, *Isidori episcopi de incarnatione*. Ex iisdem libris. Ibid. *De Divinis officiis charactere* **395** *antiquo*. Fol. 80, *Isidori, quare virgines in benedictione velentur*. Ex cap. 18, lib. ii de Officiis prope finem.

CAPUT XLVII.

Operum Isidori catalogus ex antiquis scriptoribus.

1. Braulionis et Ildefonsi de Isidoro dicta, qui ejus tempore vixerunt, expendimus cap. 3, 4 et 5. Quædam etiam similia de Isidori lucubrationibus constant ex auctore Vitæ ejusdem Isidori, qui vulgo Lucas Tudensis esse creditur: alia cap. 14 protulimus ex Cerratensi, qui eamdem Vitam in compendii formam digessit. Libri qui a Braulione recensentur sunt septemdecim, qui alia etiam opuscula Isidori exstare ait. Auctor monachus chronici Silensis apud Florezium tom. XVII Hisp. Sacr. quatuordecim tantum Isidori libros, vel fortasse quindecim agnovisse videtur, cum loquens de Gothorum chronicis sic habet num. 6: *Scripta sunt hæc in libro beati Isidori, quem inter alios quatuordecim a se editos de Vandalorum et Suevorum Gothorumque gestis diligenter composuit*. Quibus tamen verbis potuit intelligere Isidorianos Codices, quibus plura opera continerentur. Florebat hic auctor sæculo xii ineunte. Eos nunc scriptores excitabimus, qui data opera in clarorum virorum recensendis libris versati sunt.

2. Notkerus Balbulus, qui sæculi x initio decessit, librum de Interpretibus divinarum Scripturarum edidit, qui a Pezio tom. I, part. i, Anecdot., pag. 17, vulgatus fuit, a Fabricio in fine tom. V Biblioth. medii ævi recusus. Caput 5 inscribitur: *De his qui ex occasione disputationis propriæ quasdam sententias divinæ auctoritatis explanaverunt*: ubi post alia sic Balbulus pergit: *Libri Isidori Hispaniensis episcopi, Etymologiarum nomine titulati, omnimoda te perficiunt scientia. Item Sententiarum ejus utilissimus liber occurrit. Item alius de Patribus Veteris et Novi Testamenti. Item alius de Officiis et ordinibus ecclesiasticis, qui tibi mox Dei gratia futuro sacerdoti maxime sunt necessarii, in quibus omnem rationem, et nomina singularum festivitatum et jejuniorum reperies, ut præco Dei populo futuras stationes prænuntiare possis in Keriki* (in ecclesia). *Quia si non annuntiaveris populo, qui speculatoris officium desideras, veneritque* **396** *gladius, et tulerit eum* (Ezech. xxxiii, 6), *ipse iniquitate sua morietur, sanguis autem ejus de manu tua requiretur*.

3. Scribebat Notkerus ad Salomonem, discipulum suum, postea Constantiensis Ecclesiæ episcopum. Non commemorat, quamvis id maxime ejus scopus postularet, Isidori commentationes in sacram Scripturam. Fortasse non nisi eas commentationes legerat, quæ permistæ et confusæ sub Eucherii nomine venditantur; de quibus cap. 6 sic refert: *Habes Eucherium, nescio, utrum ipsum quem beatissimus Augustinus presbyterum ex Hispania veteri morbo calculi laborantem per sanctissimum Stephanum in libro vigesimo secundo de Civitate Dei narrat curatum: an alium episcopum, vel doctorem, qui multas et utilissimas interpretationes, tropologias et anagoges sacrarum Scripturarum proposuit, et dissolvit*. Alio loco de Eucherio isto ejusque nomine inscriptis commentariis agemus.

4. Sigebertus Gemblacensis, qui valde senex obiit anno 1112 aut seq., in libro de Script. eccl. ita Isidorum nostrum laudat c. 55: *Isidorus Junior, Hispalensis episcopus, multa scripsit. Scripsit ad Braulionem episcopum viginti libros Etymologiarum. Scripsit librum Procemiorum, de libris Veteris et novi Testamenti, quos in canone recipit Ecclesia catholica. De ecclesiasticis Officiis ad Fulgentium. De Ortu, Vita et Obitu sanctorum Patrum qui in Scripturarum laudibus*

efferuntur. Ad Orosium librum de significationibus nominum. Ad Sisebutum librum de Natura rerum. Scripsit et librum de Differentiis verborum, librum de Proprietate rerum, librum Sermonum; librum ecclesiasticorum dogmatum. Scripsit Synonyma, ubi inducuntur duæ personæ, una hominis plangentis, altera rationis admonentis. Scripsit et lamentum pœnitentis, distinctum alphabeto, addita oratione. Scripsit de Conflictu virtutum et vitiorum librum unum. De mysteriis Salvatoris librum unum. Totum Vetus Testamentum simpliciter exponendo percurrit. Scripsit et alia sæculari litteraturæ competentia, quæ commemorare nihil ad nos.

5. Item Sigebertus cap. 51 breviter Isidorum Cordubensem commemorat : *Isidorus, Cordubensis episcopus, scripsit ad Orosium libros quatuor in libros Regum.* Sed hoc ipsum opus ad nostrum Isidorum Hispalensem quoque pertinere simillimum vero est, ut ex cap. 65 colligitur. Videtur autem Trithemius nihil aliud de Isidoro Cordubensi audivisse, nisi quod apud Sigebertum legerat, quamvis uberius illum laudet cap. 120. De Script. eccles. : « Isidorus senior, episcopus Cordubensis, vir in divinis Scripturis valde peritus, et sæcularium litterarum non ignarus, ingenio promptus, et satis disertus eloquio, non minus conversatione morum quam scientia Scripturarum insignis, cujus eruditio apud veteres in magno pretio existebat : scripsit non pauca in divinis voluminibus opuscula, de quibus ego tamen reperi opus egregium, quod edidit ad sanctum Orosium presbyterum Hispanum, in quatuor libros Regum libri IV. De cæteris nil reperi. Claruit sub Theodosio et Honorio principibus, anno Domini 420. »

6. Anonymus Mellicensis sæculi duodecimi scriptor in libro de Scriptoribus ecclesiasticis, a Fabricio in Bibliotheca ecclesiastica post Bernardum Pezium in Bibliotheca Benedictina Maurinorum rursus edito, cap. 26, Isidori hæc opera enumerat. « Isidorus Hispalensis episcopus, qui beato Leandro in episcopatu successit, multa et magna opuscula edidit. Nam inter alia Synonyma scripsit, et abbreviationem temporum, quam ad Constantinum Heraclii filium perduxit : librum quoque Etymologiarum, librum Officiorum, et librum Virorum illustrium. Præterea sermones plurimos, diversis temporibus habitos, stilo egregio scriptos transmisit ad posteros. »

7. Honorius Augustodunensis sæculo XII librum suum de luminaribus ecclesiæ, sive de Scriptoribus ecclesiasticis concinnavit, ubi cap. 4 lib. III sic refert : *Isidorus, Hispalensis episcopus, innumera scripsit opuscula, ex quibus hæc sunt : libri Etymologiarum viginti duo, liber Glossarum, liber Sententiarum, Synonyma, liber de differentia. Totum Vetus Testamentum dupliciter exposuit, historice et allegorice, et multa alia. Floruit sub Heraclio.*

8. Sæculo XIV claruit Gulielmus Pastrengus, sive de Pastrengo, Petrarchæ præceptor et amicus, qui in libro de Originibus rerum Venitiis anno 1547, per Nicolaum de Bascharinis excuso, de scriptis virorum illustrium ordine litterarum disserit : et pag. 43 seq. hæc de Isidoro. « Isidorus, gente Hispanus, Hispalensis episcopus, Heraclii imperatoris temporibus clarens, scripsit Soliloquiorum vel Synonymorum libros duos, Sententiarum libros tres, de origine Officiorum libros duos, Ad Florentinam sororem suam contra Judæos libros duos, Ad Horosium episcopum de significatione veteris et Novi Testamenti libros duos, Allegoriarum in Genesin librum unum, in Leviticum librum unum, in lib. Numeri librum unum, in Deuteronomium librum unum, in Josue librum unum, in lib. Judicum librum unum, in lib. Regum librum unum, de Corpore et Sanguine Domini tractatum unum, et alia plura. Item librum Differentiarum; item librum Etymologiarum; item grande volumen Epistolarum Decretalium Romanorum pontificum, Canonesque conciliorum per successionem temporum diversis in locis per orbem a catholicis episcopis celebratorum. Ex quo constat Joannis præpositi Belvacensis, et Gratiani decreta ut plurimum fuisse decerpta. Item de Vita et Obitu Sanctorum, qui in Domino Sanctorum præcesserunt. Item de Natura rerum. Item librum Artium. Item librum Differentiarum. Item librum de Summo Bono. »

9. Notatur in hac Pastrengi editione opus Michaelis Angeli Blondi cura ab omni errore expurgatum prodire. At Montfauconius in Diario Italico pag. 48 advertit mendis infinitis fœdatum esse, ut vix apta sententia eruatur, hiulcum, et lacerum in multis : quod vel ex Isidori elogio satis intelligitur. Quædam tamen auctoris propria sunt, ut quod libri Sententiarum bis diversis titulis indicantur; nisi Isidoro affingit alias Sententias ex opere Taionis *Samuelis* in nonnullis Mss. per errorem, ut puto, vocati, quod imperfectius quam credebat Riscus edidit. Vide 67.

10. Non omittam Trithemium, quamvis sæculum XVI jam attigerit ; nam in veteribus Mss. exemplaribus evolvendis vehemens studium ac maximam diligentiam collocavit. Is in libro de Script. ecclesiast. cap. 232, ita Isidori operum catologum texit:

Isidorus Junior episcopus Hispalensis post Leandrum, vir in divinis Scripturis eruditissimus, et in sæcularibus litteris nulli suo tempore secundus, ingenio subtilis, sensu clarus, eloquio compositus, carmine excellens et prosa, non minus sanctitate quam doctrina insignis effulsit. Hic dicitur Junior ad differentiam Senioris episcopi Cordubensis, cujus supra (cap. 120) fecimus mentionem, vel alterius etiam, qui eum præcessit, Hispalensis episcopi. Scripsit autem iste Isidorus Junior multa præclara opuscula ; de quibus duntaxat reperi subjecta. Ad Braulionem episcopum Etymologiarum lib. xx. *Disciplina a discendo.* - In Genesin allegorice lib. I. *Historia sacræ legis.* - In Exodum lib. I. *Quædam mysteria.* - In Numeros lib. I. *Ideo hic liber unus.* - In Leviticum lib. I. *Sequens Leviticus lib.* - In Deuteronomium lib. I. *Liber Deuteronomii.* - In Josue lib. I. *Post mortem Mosi.* - In Judicum lib. I. *Historia Judicum.* - In Regum lib. IV. *Post librum Judicum sequitur.* - In Ruth lib. I. - In Paralipomenon lib. II. - In Esdram, et Nehemiam lib. III. - In Tobiam lib. I. - In Judith lib. I. - In Esther lib. I. - In Job. lib. I. - In Psalterium lib. I. - In Proverbia Salomonis lib. I. *In* Ecclesiasten lib. I. - In Canticanticorum lib. I. - In librum Sapientiæ lib. I. - In Ecclesiasticum lib. I. - In Esaiam prophetam lib. I. - In Jeremiam lib. I. - In Ezechielem lib. I. - In Danielem prophetam lib. I.-In duodecim prophetas minores lib. XII. In Machabæorum lib. II.-In quatuor Evangelia lib. I. *Liber generationis.*-In Epistolas Pauli lib. XIV.-In Actus apostolorum lib. I.-In Epistolas canonicas lib. VII.-In Apocalypsin lib. I.-Interpretationis Novi et Veteris Testamenti lib. II. *Domino meo, et Dei servo.*-Procemiorum lib. I. *Quinque libri Mosi.*-Differentiarum lib. I. *Inter Deum et hominem.*-De Ortu et Obitu sanctorum lib. I. *Adam protoplastus.*-Ad sororem contra Judæos lib. II. *Dominæ sanctæ Florentinæ sorori.*-Synonymorum, vel Soliloquiorum lib. II. *Venit nuper ad manus.*-De illustribus Viris lib. I. *Osius Cordubensis.*-De summo bono Sententiarum lib. II. *Summum bonum Deus.*-De Origine officiorum lib. II. *Ea, quæ de Officiis.*-De sancta Trinitate lib. I.-De Corpore et Sanguine Domini lib. I. De Officio missæ lib. I.-Decretum canonum lib. I.-De Computo et Natura rerum lib. I.-De Proprietate rerum lib. I.-Sermonum lib. I.-Ecclesiasticorum dogmatum lib. I.-Lamentum pœnitentiæ lib. I.-De Astronomia lib. I. *Domino et filio charissimo.*-Historiam, sive Chronicam lib. III.-De Cosmographia lib. I.-De grammatica et vocabulis lib. I.-Allegoriarum quoque lib. I. *Mysteria sacræ Script.*-De hæresibus lib. I. - Epistolarum ad diversos lib. I. Alia quoque multa scripsisse dicitur, quæ ad notitiam meam non venerunt. Claruit sub Heraclona imperatore, filio Heraclii, anno Domini 630, temporibus Sisebuti regis Gothorum in Hispania, et ob sanctissimam vitam et conversationem suam catalogo sanctorum insertus est : cujus festum celebratur XVIII Kalend. Februarii. »

11. Trithemius, ut mihi quidem videtur, solum ea Isidori opera viderat, quorum initium ascribit. Ex his autem solum desiderantur quatuor commentariorum libri in quatuor Evangelia, quorum hoc notatur initium, *Liber generationis.* In aliis operibus enumerandis interdum Trithemius unum in duo vel tria partitur pro diversis ejusdem libri titulis, ut hæc omnia distinctius a nobis suis quæque locis exponentur. Isidorus, qui XVIII Kal. Februarii, sive die 15 Januarii in Martyrologio Romano dicitur : *Beatus Isidorus sanctitate vitæ, fide et miraculis clarus,* alius a nostro Isidoro est. Secutus sum editionem Fabricii in Bibl. Ecclesiast. Alibi varius est ordo librorum, et duo libri distincti indicantur Allegoriarum lib. I et Mysteria sacræ Scripturæ lib. I, ac revera nullus Allegoriarum liber incipit,' *Mysteria sacræ Script.*

CAPUT XLVIII.

Quonam ordine in hac nostra editione Isidori opera collocanda sint. De Etymologiarum libris primo loco disseritur.

1. In Operibus Isidori simul edendis aliis alius ordo placebat, ut vidimus. Diversam a cæteris viam mihi tenendam censui. Primum enim locum iis operibus assignare volui, quæ quodammodo universalia sunt, ac propemodum omnia argumenta complectuntur. Inter opera vero quæ de re quapiam peculiari agunt, argumentorum dignitatem sequar ; ut biblica præmittantur, atque suo ordine sequantur dogmatica, theologica, liturgica, canonica, mystica, poetica, physica, historica. In singulis autem classibus eamdem regulam observabo, ut ea præferam quæ communiora sunt, et per plures ejusdem licet generis species vagantur.

2. Hic ordo, ut ad editionem regiam Matritensem propius quam alii accedit, ita hanc utilitatem præ cæteris secum fert, quod in operibus universalioribus notiones rerum communiores præscribuntur, quæ facile ad peculiarium argumentorum intelligentiam deducunt. Qui enim ante alia omnia Etymologias Isidori, libros Differentiarum rerum et verborum, glossarium Latinum sive ejus, sive certe ex ejus operibus magna ex parte excerptum perlegerit, ac mente perceperit, haud ita difficulter reliqua ejus opera percurrere poterit. Ita etiam in biblicis si Allegoriæ in Vetus et Novum Testamentum, si elogia Patrum Veteris et Novi Testamenti, si Procemia in libros Veteris et Novi Testamenti præmittantur, expeditior aperietur via ad commentaria in singulos libros percipienda. Superest ergo ut de singulis operibus, eo ordine quem in editione sequar, singillatim et accurate sermonem instituam.

3. Etymologiæ Isidori opus sunt omnium reliquorum maximum et præcipuum : de quo consulendi sunt Braulio et Ildefonsus in Isidori elogio supra cap. 3 et 5, præter alios auctores Vitæ ejusdem Isidori cap. 13 et 14, et epistolas amœbæas Isidori et Braulionis. Canonico Legionensi scriptori Vitæ Isidori asserenti, ab ipso adhuc juvene opus Etymologiarum inchoatum fuisse, satis fidere non possumus. Ostendi cap. 21 et 27 Isidorum anno circiter 630 Codicem Etymologiarum ad Braulionem misisse.

4. Multo antea per litteras Braulio Etymologias sibi mitti rogaverat : *Omnimoda,* inquit, *supplicatione deposco, ut librum Etymologiarum, quem jam, favente Domino, audivimus consummatum, promissionis vestræ memores, servo vestro dirigere jubeatis : quia, ut mihi sum conscius, magna ibi ex parte servi tui postulatione sudasti.* Alias iterum litteras eadem de re Braulio ad Isidorum dedit, quæ interciderunt antequam ab Isidoro legerentur. Rescripsit Braulio : *Septimum, ni fallor, annum tempora gyrant, ex quo me memini libros a te conditos Originum postulasse, et vario diversoque modo præsentem vos me frustratum esse, et absenti nihil inde vos rescripsisse, sed subtili dilatione modo necdum esse perfectos, modo meas litteras intercidisse, aliaque multa opponentes ad hanc usque diem pervenimus, et sine petitionis effectu manemus.*

5. Ex his liquet, Isidorum multo ante annum 630 quo libri Etymologiarum ad Braulionem missi sunt, in hujuscemodi opus incubuisse : ac conjicere possumus, eam epistolam, qua Braulio ait audiisse se opus jam esse consummatum, septem annis scriptam fuisse ante alteram, qua ait : *Septimum, ni fallor, annum tempora gyrant,* etc. Aliud etiam ex hac secunda Braulionis epistola colligitur, quod præ oculis habendum, scilicet aliquos Etymologiarum libros sive titulos ab Isidoro seorsum in vulgus fuisse elitos, antequam Braulio totum corpus accepisset. Ita enim post multa pergit : *Ergo et hoc notesco, libros Etymologiarum, quos a te domino meo posco, etsi detruncatos corrososque, jam a multis haberi. Inde rogo ut eos mihi transcriptos integros, emendatos, et bene coaptatos digneris mittere, ne raptus aviditate in perversum, cogar vitia pro virtutibus sumere.* Putarem

legendum *corrasosque* pro *corrososque*: innuit enim Braulio partes aliquas operis e suo corpore fuisse avulsas.

402 6. Mirum ergo non est, si exemplaria Etymologiarum multis in locis varient, et aliquando alia aliis sint auctiora. Quin etiam, ut ego puto, Isidorus post integrum exemplar ad Braulionem directum in autographo suo quædam alia aut addidit, aut mutavit. Nam Etymologiarum opus ejus generis est, ut semper aliquid denuo addi possit, aut reformari. Ildefonsus certe de Isidoro ait: *Scripsit quoque in ultimo ad petitionem Braulionis Cæsaraugustani episcopi librum Etymologiarum, quem cum multis annis conaretur perficere, in ejus opere diem extremum visus est conclusisse.* Cum autem anno circiter 630, ut dixi, Etymologias ad Braulionem Isidorus deferri curaverit, et deinde ad annum usque 636 superstes fuerit, consequens est ut etiam post exemplar ad Braulionem transmissum in eodem opere magis magisque perficiendo allaboraverit.

7. In epistola qua Isidorus Etymologias ad Braulionem mittit, ait Codicem esse INEMENDATUM: *Codicem Etymologiarum, cum aliis Codicibus de itinere transmisi, et licet inemendatum præ valitudine, tamen tibi modo ad emendandum statueram offerre, si ad destinatum concilii locum pervenissem.* Ubi fortasse legendum est *pervenisses*, ut cap. 21 conjiciebam. Braulio hoc ipsum intellexit, cum dixit in Prænotatione librorum Isidori: *Codicem Etymologiarum.... quamvis imperfectum ipse reliquerit,* etc. Cum enim Isidorus dicat se decrevisse Codicem *inemendatum* ad emendandum Braulioni offerre, opus ad umbilicum jam perduxisse videtur, ac solum voluisse ut Braulio exemplar ex Isidori autographo descriptum emendaret. Braulio enim contra ab Isidoro libros Etymologiarum *transcriptos integros*, EMENDATOS, *et bene coaptatos,* sibi mitti postulaverat.

8. Semlerus in præfatione ad notas mss. Glossarii Isidoriani, Braulionis verbis permotus, existimat Isidorum Codicem Etymologiarum non integrum reliquisse, et autographum suum ad Braulionem misisse, pluribus spatiis et intervallis distentum, quibus quotidie supplementa sufficere, et quæ denuo occurrebant addere et congerere solebat. Nam cum Braulio asserat Codicem esse *nimia magnitudine*, id Semlerus interpretatur ob ejuscemodi *spatia et intervalla*: ipsa enim magnitudo, qua hodie constat, nimia dici non possit. Verum hæc ratio imbecilla est; nam verbo *nimia* non ita inhærendum est, ut immensum Codicem **403** indicet. Est autem Etymologiarum Codex valde magnus, non solum si conferatur cum cæteris Isidori ac plerisque aliis veterum scriptorum operibus, sed etiam in seipso spectatus, ut videre licet in multis ingentibus membranis, quibus libri Etymologiarum tantum continentur, præsertim cum charactere majusculo scripti sunt. Nic. Antonius non dubitat appellare *immensæ molis opus*: quanquam is fortasse non tam magnitudinem quam operis laborem et conatum commendare voluerit. Sed Braulio certe

A *nimiam magnitudinem* Codicis celebrare non debuit ob *plura illa spatia* et *intervalla*, quibus nihil erat exaratum.

9. Braulio quidem, cum Isidorus opus Etymologiarum rogatu ejus fecisset, et sive inemendatum, sive imperfectum reliquisset, e re sua esse arbitratus est Codicem titulis solum ab Isidoro distinctum in libros partiri. Minus recte Fabricius Bibl. Vet. Lat. lib. IV, cap. 8, n. 14, de Etymologiarum opere ait: *Isidorus scripsit et imperfectum reliquit: Braulio deinde complevit, et in libros digessit;* quod alios etiam existimare video. Non ait Braulio opus se complevisse aut emendasse, quamvis facile credere possimus curasse eum, ut sine librariorum erroribus, quoad ejus fieri posset, describeretur. Nequaquam
B vero ex Braulionis verbis arguere licet eum aliqua aut mutasse, aut addidisse. Neque assentiri doctis alioquin hominibus possum, qui, quoties in Etymologiis aliquid occurrit quod nulla ratione excusari posse ipsi autumant, illico clamant ejusmodi errorem a Braulione intrusum fuisse. Videntur enim ii ignorare quantus vir fuerit Braulio, cujus elogium ex Ildefonso in libro de Viris illustribus referetur, in cujus etiam commendationem nonnulla cap. 4 protulimus: non quod Isidoro æquiparandus sit, aut non fuerit facilius Braulionem potius quam Isidorum errasse; sed dum non constat Etymologias a Braulione ullo modo interpolatas fuisse, æquitas postulat ut si quid occurrerit quod Isidoro omnino indignum sit, non Braulioni, sed cuivis alteri interpolatori, intolera-
C bilis error imputetur.

10. In quot titulos Isidorus Etymologiarum opus diviserit, omnino latet: neque vero satis patet in quot libros Braulio diviserit. Communis persuasio est eum in viginti libros divisisse: et hæc est pervulgata operis divisio, cui favet edita Prænotatio **404** Braulionis: *Ego in viginti libros divisi.* Receptam hanc opinionem infirmare conatus fuit Bayerius in not. ad lib. V, cap. 4, n. 93, Biblioth. vet. Hispan. « Braulio, inquit, non in XX sed in XV libros Isidori Etymologiarum opus discrevit, testibus vetustis, quotquot viderim, Codicibus ante annum Christi millesimum exaratis: vidi autem non paucos; binos suppeditat bibliotheca regia Escurialensis, alterum litera Q, plut. 11, num. 24, æra 781, seu Christi an-
D no 743, alium item antiquissimum ecclesiæ olim Ovetensis lit. *b*, plut. III, n. 14, atque in utroque in Braulionis Prænotatione de Etymologiarum opere legitur, distinctum ab Isidori titulis, non libris, quem ego (inquit Braulio) in XV libros divisi. Consonat Hispana ejusdem operis sæculi XIV versio in eadem bibliotheca Escurialensi exstans lit. *b*, plut. I, n. 13... El qual porque le fiso por mio ruego, maguer que el non lo acabò, empero departilo yo en quince libros. » Alia ejusdem Bayerii in hanc sententiam verba exhibebo cap. 67, cum ejus Animadversiones de quarto Sententiarum libro Isidoro in quodam Codice ascripto proferam.

11. Inter varias lectiones ex nostris mss. exem-

pluribus, quas ad Braulionis Praenotationem illustrandam cap. 3 ascripsi, nihil est quo Bayerii sententia confirmari possit : et in ipsis antiquis membranis, in quibus Braulionis Praenotatio exhibet *in xv libros divisi*, Etymologiae *in xx libros dividuntur*. Neque id Bayerius dissimulat, sed reponit : *Potuit curiosior aliquis statim, aut non longe a Braulionis morte, potuere librarii nonnullos e quindecim libris subdividere, aut priorem operis œconomiam refingere, quin ipsi aliquid addiderint* : id quod vetustissimo omnium Cæsenatensi Malatestarum sæculi VII *Codici accidisse Fabricius* (Mansius potius in supplemento ad Fabricium) *tradit Biblioth. med. et inf. in Isidoro num. 25, nam cum xxv omnino libris constet, nihil tamen continet quod in vulgatis Codicibus non exstet*.

12. At vero quanto facilius fuit ut numeri xx a librario aliquo in xv commutarentur, unde hic error in plura exemplaria permanaverit, quam ut ex quindecim libris ita aliquis viginti libros confecerit, ut nullum reliquum fuerit exemplar primae divisionis quindecim librorum ? Versio vero Hispana praenotationis Braulionis est illa ipsa quae a Rodriguezio de Castro tom. II Bibl. Hisp., pag. 294, edita fuit : neque haec est genuina Braulionis Praenotatio, sed alia interpolata, de qua jam dictum. At versio italica genuinae praenotationis, Aschaino interprete, de qua cap. 70, num. 17, viginti libros exprimit, *in venti libri*. Itaque ego verum censeo Etymologias a Braulione in viginti libros fuisse discretas : quae causa est cur pleraque exemplaria in hoc librorum numero consentiant, vix ullum minorem numerum indicet. Eccur autem in nonnullis etiam antiquissimis exemplaribus in plures quam viginti libros opus distribuitur ? Rationem istiusmodi variae divisionis inde existimo peti posse, quod Isidorus ipse in titulos, ut Braulio refert, opus divisit, qui tituli plures fuerunt, ut ego censeo, quam viginti. Constat etiam ex Braulionis litteris ad Isidorum, plures Etymologiarum libros, sive titulos malimus appellare, ante seorsum vulgatos fuisse, quam Codex integer ad Braulionem deferretur. Praeterea exemplar autographum Etymologiarum, ut nuper arguebam, penes Isidorum remansit. Facile ergo fuit, ut, quamvis Braulio opus ad viginti libros redegerit, tamen alii vel ex autographo Isidori, vel ex separatis libris antea editis, vel ex titulorum quorumdam ratione ac divisione, numerum librorum auxerint, uti in quibusdam etiam ordinem commutarunt.

13. Id distinctius explicabitur, cum Codices mss. exponentur : nunc satis sit observare, communem esse vulgatum in Regia Matritensi editione ordinem et divisionem librorum ; nihilominus in multis mss. exemplaribus antiquis, in quibus divisio viginti librorum conspicitur, apparet adhuc a prima manu fuisse divisionem illam in viginti quinque libros, quam Codex Malatestius a Bayerio indicatus et a nobis cap. 45 recensitus, praefert, ut in Codice 1 Vaticani Archivii et in aliis. Albanius Codex numerum etiam xxv librorum offert, sed ita divisus est,

A ut potius xxvi referre deberet : ipsi autem numeri multis lituris corrupti et immutati sunt, ut aliquod vestigium cernatur, librum nunc vigesimum a prima manu fuisse inscriptum numero xv, quod divisioni a Bayerio propugnatae favere potest.

14. In aliis mss. libri Etymologiarum sunt viginti duo, ut in Codice Florentino S. Marci, de quo cap. 45 ; etsi enim libri viginti tres indicantur, tamen ultimus, sive vigesimus tertius, est liber de Natura rerum. Numerum etiam viginti duorum librorum Honorius Augustodunensis assignat : et in sessione vigesima prima concilii oecumenici Florentini apud Labbeum tom. XIII, col. 1113, sic legitur : *Etiam de tempore beati Gregorii Dialogi floruit Isidorius nomine in Hispania* : *unum ejus testimonium diB eam. Fecit librum Etymologiarum divisum in viginti duos libros* : *in duodecimo libro cap. 3 sic ait* : *Hoc autem interest inter nascentem Filium et procedentem Spiritum*, etc. Ubi observandum diversum etiam librorum ordinem indicari : nam locus allatus nunc exstat cap. 3 libri VII. Codex Vaticanus 623, cap. 93 describendus, Etymologias in viginti libros dividit, sed prima manu librarii notatur, aliquos ponere viginti octo libros, et loca divisionum singillatim indicantur. Plura exempla variae divisionis librorum cap. 55 occurrunt.

15. Ad ordinem librorum quod attinet, in nonnullis mss. liber de legibus praefertur libro de medicina, ut in Albanio et in Caesenate minus antiquo. Mirum quantum variat in librorum rerumque ordine C exemplar Chisianum recensitum cap. 45. Codex Regio-Vaticanus 1850, initio mutilus, magnam librorum commixtionem et perturbationem continet, ac multis locis interpolatus auctusque est, ut explicabo cap. 101. In pluribus etiam vetustis exemplaribus reperio deesse librum x Etymologiarum, quo voces quaedam per alphabetum explicantur ; in quibus libro nono proxime succedit liber undecimus : fortasse quia jam tum glossarium Isidori nomine circumferebatur, adeoque inutile videri poterat librum x, qui glossarii vices gerit, caeteris Etymologiarum libris inserere.

16. Minus obvia est divisio Etymologiarum in duas partes, quarum prior decem priores libros, posterior reliquos decem complectitur, sed eodem numerorum D ordine usque ad vigesimum continuatos, ut cernitur in Codice Vaticano 623, quem cap. 93 recensebo : ac simili fere modo indicatur in Codicibus duobus Florentinis S. Crucis, de quibus cap. 55, ubi plura de mss. Codicibus Etymologiarum aut exprimuntur aut indicantur.

17. De titulo non valde laborandum nobis est : libri mss. constanter inscribunt *Etymologiae*, recentiores nonnulli *Etymologicon Isidori* ; alii ex usu etiam veteri et frequenti *Isidorus Etymologiarum*, ut quodammodo per excellentiam noster S. Doctor cognominetur *Isidorus Etymologiarum* : quod in recensione Codicum mss. facile cuivis occurret. Sequiori aetate multi hujusmodi tituli invecti fue-

runt, ut *Magister Sententiarum*, *Valerius Historiarum*, etc.

18. Etsi autem veteres scriptores, cum hos libros laudant, Etymologias appellant, tamen recentiores non pauci Originum libros solent nuncupare, quem titulum Vulcanius, Bignæus et Breulius in suis editionibus prætulerunt. Deceptus quippe fuit Franciscus Padilla, Centur. 7 Histor. Eccles. Hisp. fol. 227, qui cum a Baronio libros Originum laudari vidisset, asseruit ejusmodi opus inter alia Isidori non reperiri. Suspicatur Nic. Antonius appellationem Etymologiarum Braulionem affixisse operi a se parato editioni, et, sicuti membra secrevit, ita caput adaptasse, paululum ab auctore, qui *Origines* sese mittere reliquit scriptum, deflectentem, aut ab Isidoro nondum apposito titulum supplevisse. Isidorus quidem exiliter et modeste, ut ait Nic. Antonius, de suo opere existimans, his verbis Braulioni illud nuncupavit: *En tibi, sicut pollicitus sum, misi opus de origine quarumdam rerum ex veteris lectionis recordatione collectum*, etc. Sed non inde colligi debet, *Originum* titulum potius quam *Etymologiarum*, ab Isidoro fuisse inditum, cum is in epistola nuncupatoria ad Braulionem inscriptionem, ut videtur, non retulerit, sed argumentum libri exposuerit.

19. Aliunde certum est, Etymologiarum opus jam ante editionem non solum a Braulione, sed ab Isidoro etiam ita appellatum fuisse, ut ex amœbæis eorum epistolis liquet. Isidorus vocat *Codicem Etymologiarum*, Braulio primum *librum Etymologiarum*, tum *libros Etymologiarum*. In secunda autem epistola, ubi *libros Etymologiarum* appellat, prius *libros Originum* dixerat. Igitur etsi *Etymologiarum* titulus, quo Ildefonsus etiam usus fuit, communior et verior est, tamen alter *Originum* sustineri potest: ac fortasse auctor ipse titulum conjunctum *Etymologias*, *sive de origine rerum* inscripsit. An alicubi opus hoc vocetur *Liber de omnibus scientiis*, dubitat Montfauconius in Biblioth. mss.: nam recensens in bibliotheca monasterii S. Martini Turonensis Codicem 92 annorum 800: *Liber de omnibus scientiis*, addit, *An Isidori-Hispalensis sit, videndum*: neque ad aliud Montfauconius respicere potuit opus nisi ad Etymologias.

20. Etymologicum opus Braulioni ab Isidoro nuncupatum **408** fuisse diximus: idque nemo non dicit. Sed certumne est Braulioni et non alteri nuncupatum? Minime dubito quin Braulioni Isidorus Etymologias dedicaverit, non solum quia id epistola dedicatoria in plerisque membranis exstans suadet, sed etiam quia mutuæ utriusque epistolæ omnino persuadent. Invenio tamen, in Codice Regio-Vaticano 112, exarato sæculo XI ineunte, post sex epistolas amœbæas Braulionis et Isidori in quibus est etiam epistola dedicatoria Isidori ad Braulionem, et post librorum indicem, qui epistolis succedit, addi præfationem ad Sisebutum regem, iisdem omnino verbis quibus ad Braulionem. Ita etiam Palatinus 283. Ottobonianus vero 536 ita inscriptionem refert: *Libri Isidori ad Braulionem*, *vel ad Sisebu-* A *tum*. Ottoboniani 343 et 427 epistolam nuncupatoriam ad Sisebutum, non ad Braulionem, proferunt. Confer de his aliisque mss. caput 55.

21. In Chisiano exemplari, descripto cap. 45, et in Codice 2 Archivii Vaticani, de quo cap. 107, disjunctio ita adhibetur, ut dicantur Etymologiæ scriptæ *ad Braulionem*, *vel ad Sisebutum*, *suum scilicet dominum*, *et filium*. Quidni autem accidere potuerit, ut utrique opus inscriberetur? Solebant veteres duas præfationes suis operibus præfigere, solebant idem opus ad duos, cum epistola dedicatoria ad utrumque, mittere, ut ostendi in Prolegom. ad Dracontium num. 16. Solum obstare potest quod Sisebutus decessit anno 621, cum Isidorus solum B circa annum 630 Etymologiarum Codicem ad Braulionem miserit. Itaque Sisebuto Isidorus solum offere potuit Etymologiarum libros aliquos, sive partes seorsum antea publicatas, ut ex Braulionis litteris patet. Magis tamen crediderim epistolam dedicatoriam Isidori ad Braulionem Etymologiis cum inscriptione ad Sisebutum ab aliquo inepto librario præmissam fuisse, quod vidisset, librum de Natura rerum Sisebuto nuncupatum in aliquo exemplari pro vigesimo tertio et ultimo libro reponi.

22. Quid si aliquis contendat Etymologiarum opus non Hispalensem nostrum, sed Cordubensem alium Isidorum auctorem habere? Id vix cuiquam in mentem venire potuisse videatur. In ea tamen fuit opinione vir cæteroquin doctissimus Martinus Roa in libro de Principatu Cordubæ, ut Nic. Antonius obC servat: quanquam mihi editionem Latini operis Lugdunensem 1617 evolventi **409** verba Roæ non occurrunt; neque aliam editionem Nic. Antonius recenset, cum Roam in Bibliotheca nova laudat. Video etiam, Roam lib. II Singul. cap. 9 non semel *D. Isidori* nomine Etymologias appellare: quo sanctitatis titulo Hispalensem Isidorum certe intelligit, quandoquidem Isidorum Cordubensem neque inter Cordubenses quidem sanctos nominavit. Itaque doceri ab aliquo cuperem quo loco Nic. Antonius viderit eum tam absurdam sententiam tenuisse. Fabricius quoque in Biblioth. med. verbo *Isidorus Cordubensis* hoc ipsum repetit, sed ex Nic. Antonii fide, ut perspicuum est. Conferenda erit versio Hispana ejusdem operis, auctore ipso Roa interprete, quam ego non D vidi.

CAPUT XLIX.

Doctorum hominum de Isidori Etymologiis judicia. Isidori studium explicandi in Etymologiis præ cæteris res peculiares Hispaniæ.

1. Doctrinam Isidori contra quorumdam criticorum reprehensiones ex graviorum aliorum evidentissimis testimoniis cap. 34 defendimus. Nunc peculiarem Etymologiarum causam agimus. *Ad Etymologiarum nomen totumque opus*, ait Nic. Antonius, *attenti grammaticorum, quos hæc cura sollicitat, filii dudum immaniter exclamant*, *Isidorumque multis accusationum jaculis petunt*. Pro eorum tamen plena confutatione lectorum ad præfationem Griallii, quam postea nos proferemus, delegat. Interim observat quasdam

Etymologias Isidori, quæ ab aliis reprehenduntur, ab aliis sustineri. Sic Joannes Kirchmannus etymon *feretri* suspendit naso, quod tamen non improbat Vossius. Nic. Rigaltius Isidorum negligentiæ culpat quod *Scorpion* sagittam dixerit, quod Stewechius defendit. Joan. Schefferus Isidorum reprehendit quod Pharum Ægyptiam a .φῶς lux, et ὁρᾶν *videre*, dictam crediderit: quod tamen non spernendum etymon Martinius vocavit.

2. Martinius iste in præfatione sui Lexici duo etymorum genera distinxit, alterum eorum quæ talia sunt δυνάμει, hoc est potentia, quibus scilicet potuerit nomen deduci: alterum eorum quæ talia sunt ἐνεργείᾳ, sive *actu*, ad quæ vocabulorum 410 auctores vero simile est respexisse. Utrumque hoc genus in Isidorianis Etymologiis reperitur. Docet autem ipse Isidorus lib. I Etymol. cap. 29, quod *non omnia nomina a veteribus secundum naturam imposita sunt, sed quædam et secundum placitum... Hinc est quod omnium nominum etymologiæ non reperiuntur; quia quædam non secundum qualitatem qua genita sunt, sed juxta arbitrium humanæ voluntatis vocabula acceperunt.*

3. Propterea origines verborum ita difficile est invenire, ut Ægidius Menagius in epistola nuncupatoria Originum linguæ Gallicæ asseruerit, nullum hucusque, quantumvis præstantissimæ sive in antiquis, sive in recentioribus famæ, enarratorem acu rem tetigisse. Confirmat nihilominus Nic. Antonius, opus Etymologicum, quale ab Isidoro prodiit, post exstincta illa veteris ac florentis philologiæ lumina, nec sæculo ejus, nec posterioribus aliis, Beda etiam incluso, qui Encyclopediæ operam dedit, sperari potuisse. Neque enim Isidoriani, hoc est semibarbari temporis, Etymologicon hocce videtur opus, sed plane miraculo comparandum, præcipue in sacro homine, atque studio pietatis, et gerendo pro dignitate muneri usque adeo intento. Barthius quamvis *perpetuum Servii exscriptorem* ad lib. VI Theb. vers. 241 Isidorum vocet, tamen ad lib. XII vers. 812 asserit eum suo ævo encyclopædiam prope integram complexum: quo satis innuit multa Isidorum comprehendisse de quibus ne cogitarat quidem Servius.

4. Animadvertit etiam Nic. Antonius, cujuscunque ætatis lectores in hoc Isidoriano opere plus forsitan quam in quibusvis aliis, sibi licere existimasse, atque oræ libri, quem ut cornucopiam, aut compendium certe omnium librorum e manibus elabi vix sinebant, obvia quæque hinc inde affixisse, quibus exscriptores seducti fuerint, ut marginales interdum ineptas notas in textum intruserint. Neque vero Isidorus reprehendendus est si aliquando, ex ingenio suo ad verisimile respiciens, etymologias quasdam, ut multi alii veteres, confinxerit. *Secus equidem*, ait Turnebus lib. XXVI Advers. cap. 22, *quam quisquam putaret, Isidorus quædam enarrat, nec tamen inerudite, nec inscite.* Magnum vero pretium his Etymologiarum libris accedit, quod ex eis plurima obscura clarorum scriptorum loca illustrantur, ut ex eodem Turnebo colligitur lib. VI Advers. cap. 19, lib. XI, cap. 5, et lib. XX, cap. 5.

411 5. Christianus Becmannus, qui de Originibus Latinæ linguæ satis accurate scripsit, librumque anno 1608 publicavit, fatetur abusum esse quemdam in hac Etymologica arte, sed contendit non propterea eam contemnendam. Ita in præfatione, de propria significatione verborum pag. 158 disserit: « Valla inquit lib. VII Elegant. cap. 37, et una alii: Nihil habet magis ridiculum hæc qua de loquimur, scientia, quam etymologiam. Itaque tanti non flat, quasi inde proprietas eximatur. Responsio in promptu est per distinctionem: Valla loquitur non de omni, nec de sana, et vera etymologia: alioquin esset sibimet ipse contrarius, sæpe enim in sex libris Elegantiarum, et contra Antonium Raudensem nititur etymis: verum de facetis allusionibus, itemque ridiculis, et ineptis sæpe alliterationibus, quas ex ignorantia in primis linguarum natas libenter ipsis auctoribus relinquimus, et, ubi serii, aversamur. Quales apud Varronem, dum omnia e Latinis infeliciter trahit, Isidorum episcopum Hispalensem, Petrum Lombardum, Durandum, Zachariam Chrysopolitanum, Jacobum de Voragine, Accursium apud Jureconsultos, et similes nonnunquam occurrunt. »

6. Exempla profert in *pascha*, a πάσχω; *diabolus*, a duobus bolis; *locusta*, quia longa pedibus, sicut hasta; *Donatus*, quasi a Deo natus; *Marcellus*, quasi arcens malum, vel maria percellens; *Fabianus*, quasi fabricanus, fabricans beatitudinem; *Sebastianus*, quasi sequens beatitudinem, et quia *astin* est civitas, et *aria* sursum; *Euphemia*, quasi bona femina, aut suavis sonoritas; *Colossus*, quasi colens ossa; *examen* ab ἐξ, et ἀμήν, quod quidam Zachæus Faber confinxit, ut vitium, quod in versu commiserat, correpto *a* in *examen*, sanaret. Sed posito, pergit Becmannus, *non tamen concesso, quod Valla et aliquot alii omnem plane etymologiam vocent ridiculam: quid tum postea? Una, et altera, et tertia, imo et quarta hirundo non facit ver.* Quod autem idem Becmannus pag. 146 Varronem, Festum et Isidorum ita inter se committit, ut dicat, Isidorum quandoque nil nisi nugas agere, et risum lectori movere, non satis advertit illas ipsas, quas vocat, Isidori nugas, ex Varrone, aut aliis magni nominis antiquis scriptoribus esse desumptas. Fabricius in Bibliotheca medii ævi verbo *Isidorus* ita eum defendit: « Grammaticus necessarius judicio etiam eorum qui illi detrahunt... In notatione originis 412 vocabulorum non semper rem tangit acu, uti nec Varro apud Latinos, neque apud Græcos Plato, vel Philo apud Judæos: unde acerbior Christ. Becmanni censura, nil nisi nugas agere, et risum movere, et Salmasii ad Hist. Augustam pag. 28 Isidorum more suo ineptum in etymologiis tradendis improbantis, quem tamen in multis defendendum alii eruditi docuere. »

7. Joan. Georgius Walchius in Historia critica Latinæ linguæ Coloniæ 1734, cap. 5, n. 6, plura de Isidoro totoque hoc etymologico studio congerit;

« Nunc dicendorum ratio postulat ut ad diversa lexicorum Latinorum genera enarranda nos convertamus. Primum locum inter ista attribuimus lexicis etymologicis, quæ in originibus vocum Romanarum explicandis versantur : ad quam operam et antiquiori et recentiori ævo eruditissimi viri accesserunt, M. Terentius Varro, M. Verrius Flaccus, Sextus Pompeius Festus, de quibus jam in capite de grammaticis quædam disseruimus. Princeps illorum est Isidorus Hispalensis, cujus exstant Originum sive Etymologiarum libri xx, qui prodierunt seorsim Venetiis 1483, Parisiis 1512, etc... Eruditi viri sunt qui haud honorifice senserunt, quorum judicia collegit Jacobus Thomasius de Plagio litterario, § 484, atque ex Petro Ciaconio observavit, quod Isidorus ex Servio, Maronis interprete, Festo, Nonnio, Augustino cæterisque melioris notæ auctoribus ad verbum pleraque transcripserit : item quod ex sententia Rhenani talis ferme sit apud Latinos Isidori rhapsodia, qualis apud Græcos Suidæ undecunque a compluribus consarcinata : quod Janus Dousa eum annumeret sartoribus semipriscis, atque alibi vocet centonum sarcinatorem. Præter eum Corn. Rittershusius ad Salvianum pag. 208, existimat quod in hisce libris sæpe attulerit nugas : quod quamvis haud possit negari, nec hoc quod multa ex aliis auctoribus transcripserit, id tamen industriæ ejus debemus, omnino laudandum, quod beneficio illius varia antiquorum scriptorum monimenta sint conservata. Plura de hoc auctore habet Joan. Fabricius in Historia bibliothecæ part. III, pag. 273. »

8. Recenset deinde Walchius recentiores quosdam Etymologiarum scriptores, Joan. Fungerum, Christianum Becmannum, Matthiam Martinium, Ger. Joannem Vossium, Christianum Daumium. De utilitate vero Etymologiarum ita § VII disserit : « Equidem haud negandum est, quod studium etymologicum cultoribus linguarum utilitatem afferat atque efficiat ut cognitis vocum originibus vera ac nativa significandi vis quam habent illustretur : sed tamen etiam in hoc studiorum genere modum tenere decet, ita ut nec in perscrutandis vocum originibus majorem operam ac par est, collocemus : neque scientiæ etymologicæ plus quam rei ipsius dignitas postulat, tribuamus. Pleraque in hac philologiæ parte dubia sunt et incerta... Res ipsa hocce loquitur, quomodo Latinæ linguæ origines possunt restitui, quæ per tot sæcula sunt abstrusæ ac reconditæ ? Fatetur hoc Varro ipse, solertissimus Latinæ linguæ scrutator, quando de Latina lingua libro IV dicit : Non omnis impositio verborum exstat, quod vetustas quædam delevit : nec quæ exstat, sine mendo omnis imposita : nec quæ recte imposita, cuncta manet : multa enim verba litteris commutatis sunt interpolata. »

9. Alia in hanc rem addit Walchius, et observat Richardum Simonium in Gallico Novæ Bibliothecæ selectæ opere part. I, pag. 113, per exemplum vocis Græcæ θεός ostendisse, quam incerta sint studia etymologica, atque idem argumentum Chr. Falsterum in cogitationibus variis philologicis pag. 179 pertractasse. Morhofius in Polyhistore tom. I, lib. VI, cap. 9, n. 2, jam animadverterat veteres grammaticos, Varronem, Festum, Flaccum, Isidorum origines nominum quæsivisse : Isidorum præsertim ob compilatos veteres vapulare. Etsi autem e recentioribus Julius Cæsar Scaliger magnum opus Originum linguæ Latinæ, viginti quatuor libris absolvendum, molitus fuerit, quod nullus typographus inventus fuit qui excudere ausus fuerit, tamen Menagius inde non multum fructum, si prodiisset, speravit in epistola nuncupatoria Originum linguæ Gallicæ ad Puteanum, ut conjiciebat ex etymologiis quas Scaliger in suo de causis linguæ Latinæ libro inseruit : quæ aliis antiquiorum nihilo sunt meliores.

10. Quam præclare Burrielius de Isidori Operibus senserit, præsertim quod attinet ad peculiares res Hispaniæ explicandas, ex ejus epistola cap. 40 relata perspicitur. Nunc animadversionem ejus recensebo de Etymologiis in Hispanico opere inscripto, *Informe de Toledo sobre igualacion de pesos, y medidas*, Matriti anno 1758, quod sine ejus nomine prodiit ; sed ab ipso fuisse elaboratum, tum aliunde constat, tum in exemplari quod ego habeo, manu ipsius notatum est. Igitur pag. 219, et seqq. observat, S. Isidorum in opere suo encyclopædico Etymologiarum potissimum curasse, ut ea diligenter exponeret quæ propria tunc essent Hispaniæ, et quibus præcipue Hispania a cæteris regionibus differret. Hæc exempla profert.

11. Isidorus lib. I. Etymolog. cap. 38, al. 39, ait de Threnis : *Adhibebantur autem funeribus atque lamentis; similiter et nunc.* Lib. IV, cap. 8, de impetigine : *Hanc vulgus sarnam appellat.* Manet adhuc nomen *sarna*. Lib. XII, cap. 7, *Tucos, quos Hispani cuculos vocant*, etc. Nunc *cuclillos* Hispani dicunt. Grialius mallet cum Chacone legere, *Cuculos, quos Hispani cucos vocant*. Lib. XIII, cap. 11, de vento Coro, seu Cauro : *Quem plerique Argestem dicunt, non, ut imprudens vulgus, Agrestem.* Ibid. de circio : *Hunc Hispani Gallecum vocant, propter quod eis a parte Galleciæ flat*. Modo *Galleco* venti nomen est Hispanis.

12. Lib. XV, cap. 9, *Formatum, sive formatium in Africa, vel Hispania parietes de terra appellant.* Adhuc *Hormigon* dicimus. Lib. XVI, cap. 2, *Chalcantum*, etc., olim *in Hispaniæ puteis, vel stannis*, etc., ex Plinio. Ibid. cap. 4, de pyrite : *Hunc vulgus focarem petram vocat.* Ibid. de hæmatite : *Nascitur in ultima Ægypto, Babylonia, et Hispania*. Ibid. *Schistos invenitur in ultima Hispania*. Ibid. cap. 21, de aquis quibus ferrum *immergitur, quo utilius fiat : sicut Bilbili in Hispania, et Tirasone, Comi in Italia*. Ibid. cap. 22, de plumbo : *Siquidem et in Lusitania et in Gallecia gignitur... Nigrum plumbum circa Cantabriam abundat*, etc.

13. Lib. XVII, cap. 7. de genere quodam lampadis *Pausiæ* nuncupatæ, ut ait Burrielius, sic Isidorus : *Pausia, quam corrupte rustici* PUSIAM *vocant, viridi oleo et suavi apta*: ex quo suspicatur Burrielius Hispana nomina nata *pavesa*, et *bujia*. Verum sermo Isidoro non est de lampade, sed de oliva jucundissima, quæ et *posea* dicitur ; in mss. autem v pro ρ sæpe

mutatur, et *i* pro *e*, ut *pusia* pro *posea*. Ibid. de *crustumia*, quæ et *volemis* dicta : *Quidam autem volemum Gallica lingua bonum et magnum intelligunt*. Nescio cur id a Burrielio producatur; nam præterquam quod e Servio sumptum est, ad Hispaniam non pertinet. Ibid. *Oleum autem... sed quod ex albis fuerit olivis expressum; vocatur Hispanum*. Ex Galeno et Aureliano.

415 14. Eodem lib. XVII, cap. 9, *Toxica venena ex eo dicta quod ex arboribus taxeis exprimantur : maxime apud Cantabriam*. Lib. XVIII, cap. 6, *Framea... quam vulgo spatham vocant*. Ibid. *Secures... quas et Hispani ab usu Francorum per derivationem Franciscas vocant*. Ibid. cap. 9, *Dolones... Hos vulgus Græco nomine Oxos vocat, id est acutos*. Lib. XIX, cap. 10, *Arenatius lapis,... Idem et in Bætica Gaditanus ab insula Oceani, ubi plurimus exciditur*. Ibid. cap. 16, *Minium... cujus pigmenti Hispania cæteris regionibus plus abundat : unde etiam nomen proprio flumini dedit*.

15. Cap. 22 ejusdem libri XIX : *Exotica vestis est peregrina, de foris veniens, ut in Hispaniam a Græcis*. Ibid. *Armelausa vulgo vocata*, etc. *Camisas vocamus, quod in his dormimus in camis, id est in stratis nostris*. Hispani adhuc *cama* et *camisa* dicunt. Ib. *Femoralia : ipsa et bruchæ... tubrucos vocatos, quod tibias, bruchasque tegunt*. Cap. 23, *Sua cuique propria vestis est, ut Parthis sarabara... Hispanis stringes :* Mox, *Videmus cirros Germanorum, granos, et cinnabar Gothorum*. Cap. 24, *Mantum hispani vocant, quod manus tegat tantum*. Eadem voce Hispani utuntur, sed ampliori jam significatione.

16. Cap. 25 ejusdem libri XIX de amiculo : *Erat enim hoc apud veteres signum meretriciæ vestis, nunc in Hispania honestatis*. Ibid, *Anaboladium amictorium lineum feminarum, quo humeri operiuntur, quod Græci et Latini sindonem vocant*. Arguit inde Burrielius *anaboladium* nec Græcum nec Latinum esse verbum, adeoque esse Hispanum, quod aliquatenus perseverat in voce *pavana* eadem significatione. Censura hæc indiget : nam potuerunt Latini ex Græco verbo *anaboladium* producere, ut reipsa fecerunt ex verbo ἀναβάλλω : atque adeo longe ante Isidorum, et extra Hispaniam vocem *anaboladium* eadem significatione Hieronymus et Ambrosius usurparunt.

17. Cap. 28 ejusdem libri XIX : *Ferrugo est color purpuræ subnigræ quæ fit in Hispania, ut, Ferrugine clarus Ibera*. Id autem ex corruptis Servii exemplaribus Isidorum sumpsisse, Grialius in not. censet. Cap. 33, *Feminæ non usæ annulis... at nunc præ auro nullum feminis leve est atque immune membrum*. Id ex Tertulliano sumptum. Cap. 33, *Redimiculum est quod succinctorium sive brachile nuncupamus*. Id ex Cassiano. Cap. ult. 34, **416** *Socci, cujus diminutivum soccelli*. Hinc vetus vox Hispana *suchiellos*, quasi *zucquillos*. Adverto, diminutivum *socculus* usitatum fuisse a Seneca, Suetonio et duobus Pliniis.

18. Lib. XX cap. 2, *Cælia a calefaciendo appellata... quæ fit in iis partibus Hispaniæ cujus ferax vini locus non est*. Suspicatur Burrielius inde ortum *cilla, cillero, cillerizo* : etsi assentirit, potuisse etiam nasci ex *cella, cellarium*, vel ex *cillare*, quod est *movere triticum* apud Isidorum. Cap. 9, *Mozicia quasi modicia, unde et modicum : z pro d, sicut solent Itali dicere* ozie *pro* hodie. Non video quid ad Hispanos hæc animadversio pertineat. *Mozica* seu *mozina* dicitur esse genus repositorii, sive arcula. Cap. 15, *Telonem hortulani vocant*, etc. hoc instrumentum Hispani *ciconiam* dicunt.

19. Hæc, ut dixi, exempla Burrielius proferebat : sed, ut nonnunquam adverti, non omnia id quod vult efficiunt. Nam quædam, ex auctoribus exteris desumpta, nihil de Hispania peculiare exhibent : alia res quidem Hispaniæ tangunt, sed eodem modo ac res aliarum gentium, quæ ab antiquis scriptoribus, et ex his ab Isidoro commemorantur. Haud dubium tamen quin interdum satis Isidorus expresserit sibi cordi fuisse ea exponere quæ magis propria Hispaniæ viderentur.

CAPUT L.
Editio Etymologiarum a Vulcanio curata : ejus præfatio.

1. Cum Vulcanii ad Isidori Etymologias præfationem animus sit in medium proferre, prius editionem ipsam describere opportunum visum est. En titulum : *Isidori Hispalensis episcopi Originum libri viginti ex antiquitate eruti : et Martiani Capellæ de Nuptiis Philologiæ et Mercurii libri novem. Uterque præter Fulgentium, et veteres grammaticos, variis lectionibus et scholiis illustratus opera atque industria Bonaventuræ Vulcanii Brugensis. Basileæ per Petrum Pernam*. Annus editionis non indicatur, sed nuncupatoria epistola data est anno 1577, IV Kal. Septembris. Epistolas omnes, quæ præmitti ab aliis solent, Vulcanius omittit, **417** etiam eam quæ præfationis loco ab Isidoro posita est, *En tibi*, etc. Variæ nonnullæ lectiones, et breves quandoque annotationes margini affiguntur.

2. Post Isidori Etymologias Vulcanius libellum Fulgentii de prisco Sermone adjecit, quem ad Isidori cujusdam manuscripti calcem annexum in vetustissimo exemplari invenit hoc titulo : *Fabii Plantiadis Fulgentii Virgilii expositio sermonum antiquorum cum testimoniis*. Sequuntur apud Vulcanium veterum grammaticorum de proprietate et differentia sermonis libelli, scilicet Cornelii Frontonis, Nonii Marcelli, Agrœtii, Ælii Donati, Arruntii Celsi, Fl. Sosipatri Charisii, Q. Asconii Pediani, Marii Servii Honorati, Sexti Pompeii Festi, M. Terentii Varronis, Q. Terentii Scauri, Agellii. Duo deinde sunt indices in Isidorum, quorum altero nomina apellativa, altero nomina propria locorum, animalium, herbarum, gemmarum, atque id genus alia continentur. Præcesserat voluminis initio brevis index scriptorum quos Isidorus in his libris allegat, quem nos infra auctiorem ex Barthio exhibebimus. Postremo loco Vulcanius edidit *Martiani Felicis Capellæ Afri Carthaginensis de Nuptiis Philologiæ et Mercurii libros novem*. Utilem sane operam Vulcanius in

hujusmodi scriptorum collectione comparanda et edenda impendit: utinam editio nitidior esset, magisque a mendis repurgata. Sed Vulcanius etiam excusatione, qua multi alii, usus est, *urgentis ob mercatus Francofordiensis vicinitatem typographi*. Nunc præfationem ejus in Etymologias Isidori, sive epistolam nuncupatoriam proferamus.

Illustrissimo principi ac præsuli reverendiss. Gerardo a Groesbeck, episcopo Leodiensi, duci Bullonensi, marchioni Francimontensi, comiti Lossensi, sacri Romani Imperii principi, domino clementiss., Bonaventura Vulcanius Brugensis S. D.

3. Cum vehementer optandum sit, illustrissime ac reverendissime princeps, ut veteres auctores, qui de singulis artibus et scientiis scripserunt, integros emendatosque habeamus : tum præcipue eos qui non unam aliquam artem, sed totum orbem scientiarum, quem ἐγκυκλοπαιδείαν Græci vocant, complectuntur. In quorum numero duos reperio principes, Isidorum Hispalensem episcopum, et Martianum Capellam Afrum. Cæterum hic tantum septem illas, quas appellamus artes liberales, libris novem, **418** quos de nuptiis Philologiæ et Mercurii conscripsit, comprehendit : ille vero, præter has, medicinam, jus, theologiam, historiam utramque, hoc est naturalem et eam quæ de temporibus agit, persecutus est : ad denique omnia quæ in communem vitæ usum cadunt, pertractavit : eosque libros Originum vocavit : quod iis non nudas vocum etymologias (ut ii comminiscuntur qui horum librorum dignitatem elevare atque convellere nituntur), sed rerum ipsarum origines ostenderit, artiumque omnium fundamenta jecerit.

4. Quorum quidem librorum auctoritas quanti semper habita fuerit, vel ex eo manifeste elucere potest, quod quicunque multis ab hinc sæculis jus tam civile quam canonicum, medicinam quoque atque adeo theologiam ipsam tradiderunt, ex his tanquam fontibus multa antiquitatis et doctrinæ monimenta derivarint, atque Isidori testimonio libentissime frequentissimeque nitantur. Neque id immerito, cum hoc certo constet, Isidori ætate multa veterum scripta, quæ nunc injuria temporum interciderunt, integra tum adhuc exstitisse, e quibus pulcherrimum hoc opus construxit, ut facile perspici potest ex multis auctoribus, quos citat, quorum nihil hodie præter nuda nomina, atque ea ipsa nobis ignota, exstat. Quo fit ut nonnulli, sive ignorantia præpediti, sive vesana reprehendendi libidine correpti, cum temere ab hoc auctore insistaverint, eumque proscindunt, editis postea in lucem iis veterum libris, e quibus illa fuerat mutuatus, temerarii ac præcipitati judicii maledicentiæque suæ justissimas pœnas luant : cujus rei multa exempla afferre possem, si id epistolæ hujus brevitas pateretur.

5. Rectius vero Alciatus, cum quidam, magni alioqui nominis jureconsultus, Isidorum reprehendit quod *cretionem*, quasi decretionem dictam putet, id est, decernere, vel constituere, Isidori sententiam tuetur. Cur enim non dicatur *cretio* esse quasi decretio, cum *cernere* sit quasi decernere se hæredem esse. Atque ita l. Is qui hæres § pen. D. de acq. hæred. dicitur : *Antequam hæres decernat de hæreditate* : et l. pupillus eodem tit., *Neque scire, neque decernere talis ætas potest*. Quæ cum ita sint, penitusque mihi partim experientia duce, partim doctissimorum virorum judicio approbationeque persuaserim, non minorem, at certe magis variam ac multiplicem ex hisce libris utilitatem, quam ex Varrone, Nonio Marcello, Verrio Flacco et aliis id genus scriptoribus ad rempublicam Christianam pervenire posse : neque quemquam fore, cujuscunque tandem rei studio animum adjecerit, qui non ex eorum lectione aliquid se quod ignorabat didicisse libenter sit professurus, ferre non potui, ut diutius in situ et squalore delitescerent. Cum itaque jam tandem a Cyrillo Latine a me verso, et tertia amplius parte aucto, melioraque tempora ut in lucem prodeat exspectante feriarer; ac plusculum otii haberem, arreptis in manus tam excusis quam manuscriptis Isidoris Codicibus, quos a multo tempore ex Hispania et Belgico conquisieram, dedi operam ut eum ab innumeris iisque fœdissimis mendis repurgarem, pristinoque suo nitori, quoad ejus fieri posset, restituerem.

419 6. Hac autem in parte eam rationem tenui, ut ne temere quidquam immutarem ni consentientibus inter se veteribus ἀντιγράφοις, et errore ex ignorantia scribarum vel operarum typographicarum orto manifeste se prodente. Neque enim eos mihi imitandos censui qui religiosa quadam diligentia sese jactitantes (quam tamen potius inanem superstitionem aut ineptam ostentationem appellaverim) ubi plurium Codicum manuscriptorum consensu locus aliquis, quem sensus ipse corruptum esse indicat, emendari potest, priorem tamen eumque vitiosum textum retinere malunt, et variis lectionibus margines librorum pariter et lectores onerant. Ego vero hasce varias lectiones non nisi cum utraque lectio tolerari potest, apposui.

7. Quod vero ad Etymologias attinet, aliaque nonnulla, in quibus Isidorus aut imperitia linguæ Græcæ, aut nimis longe petita vocabuli alicujus origine erravit, nolui esse nimis curiosus , cum et Varro et alii qui in hoc scriptionis genere versati sunt, suo quisque judicio aut conjecturæ indulserint, et Plinius ipse linguæ Græcæ ignoratione non raro falsus fuerit. Multas tamen etymologias Græcas emendavi, quæ quidem multum negotii mihi crearunt, cum in manuscriptis exemplaribus, aut nulla Græcarum litterarum vestigia exstarent, aut ejusmodi, ut nihil ex iis nisi ex conjectura et variæ lectionis memoria certi colligi posset, aut sicubi characteres adhuc integri essent ita, ut legi possent, falsam nominis originem traderent : de quibus passim lectores adhibita aliqua ad marginem nota admonui, tametsi non paucæ operarum negligentia prætermissæ fuerint.

8. Præterea locos quamplurimos, et quibus Plinius emendari potest, annotavi : præcipue in ea parte ubi de gemmis et marmoribus agitur. Denique geminum indicem adjeci , ut facilior studiosis etymologiarum inventio sit. Atque hæc quidem de Isidoro : in quo tamen multa ταῖς δευτέραις φροντίσιν necessario relicta fuisse ingenue profiteor.

9. In Martiano Capella eumdem ordinem sum secutus : quem , cum non minus quam Isidorus corruptus esset , ad vetustissimorum Codicum fidem , quos mihi partim typis excusos , partim manu exaratos , clarissimus vir et jurandæ rei litterariæ studiosissimus, Basilius Amerbachius J. C. suppeditavit, emendavi : et scholiis partim veteribus, partim meis illustravi, ne verborum scabrities atque obscuritas, cui duobus præcipue primis libris, et reliquorum initiis et clausulis studuisse videtur, multos ut hactenus, ab ejus lectione deterreret.

10. Hæc sunt quæ pro meo erga rem litterariam studio in bisce scriptoribus castigandis præstiti, idem propediem in Cassiodori et Symmachi epistolis, et Julii Pollucis Dictionario , Deo fortunante, præstiturus. Cui vero hanc opellam offerrem atque consecrarem, cogitanti mihi, princeps illustrissime, Celsitudo Tua præcipue occurrit, cujus singularis quædam humanitas et benevolentia, ac beneficentia, qua litterarum studiosos omnes complecteris, toto orbe est celebratissima. Quis enim non admiretur, quis non eximias tuas laudes prædicet, qui cum vicinæ tibi provinciæ funestissimis bellorum incendiis ardeant , diœcesim tuam pace et litterarum **420** studiis florentissimam tenes ? e qua adeo præclaræ doctissimorum virorum futuræ quotidie prodeunt, ut Musæ tam Græcæ quam Latinæ sedem suam ac domicilium a Grudiis ad Eburones transtulisse videantur.

11. Cum itaque non solum doctos, ad te confugientes, singulari benignitate prosequaris, verum etiam quotquot aliqua raræ eruditionis laude excellere intelligis, summis præmiis propositis ad te allicias, in certam propemodum spem erectus sum, Isidorum hunc, ut doctum et præsulem tibi non tantum docto et præsuli, sed principi illustrissimo gratissimum futurum: præcipue cum, si quid quod ad ejus laudem pertineat, prætermiserim, Dominicum Lampsonium popularem meum, quem ob eximiam ejus eruditionem, virtutem ac fidem, aliasque præclaras animi dotes jamdudum ad secretiora negotia tua silentiarium adhibuisti, facile id pro ea ac valet judicii acrimonia, et singulari apud te gratia, compensaturum confidam: cujus commendatione si aliquando Isidorus, et Martianus in illustrissimæ celsitudinis tuæ conspectu manibusque versabuntur, uberrimum me laboris mei fructum percepisse judicabo. Dominus Deus te, princeps illustrissime, et præsul reverendissime, Christianæ reipublicæ clientibusque tuis quam diutissime servet incolumem. Anno Domini 1677, iv Kalend. Septembris.

CAPUT LI.

Præfatio Grialii ad Isidori Etymologias. Animadversiones quædam in hanc præfationem. Nomina auctorum, quos Isidorus allegat, librariorum incuria sæpe intercidisse conjicitur.

1. Uberius quam a Vulcanio Isidori causa a Grialio propugnata fuit. Editionem ejus cap. 36 recensuimus ibique prologum in omnia Isidori opera exscripsimus. Sed cum peculiari præfatione libros Etymologiarum illustraverit, ea huic loco inserenda est.

Ad Etymologiarum libros Joan. Grial.

2. Origines verborum qui tradunt, sive se intra grammaticorum fines contineant, sive philosophandi studio latius evagentur, sive utrumque (quod S. Isidorus fecit) sequantur, periculosæ tractant plenum opus aleæ. Id quod non modo Plato, et Varro, Stoicique (quos hujus rei perstudiosos fuisse e Cicerone novimus) sed gravissimi quique e nostris nimium experti sunt. Neque tamen ipsorum culpa, sed eorum vitio, qui, quid illi spectarint, non sunt satis assecuti. Cujus rei caput illud est præcipuum; quod cum uniuscujusque verbi (ut ait Varro) naturæ sint duæ; a qua re, et in qua re vocabulum sit impositum: illudque spectare grammatici, hoc magis sit philosophi: priorem illam rationem ingressis, huicque disciplinæ (quæ Ἐτυμολογική dicitur) insistentibus multi difficiles se et morosos identidem exhibent; dum ad syllabas et litteras omnia revocantes, si quid paululum deerrarit, id ut dissimulent imperare sibi non possunt.

3. At qui alterum genus (quod περὶ σημαινομένων idem Varro nominat) sibi proponunt, dum rebus ipsis edocendis atque oculis subjiciendis intenti, occasionem tantum in vocibus captant, neque tam verbis quam rebus lucem inferre student, ii vero, dum parum grammaticos videri se negligunt, in minus eruditorum opinionem incurrunt: cum sint maxima ex parte illis ipsis qui artem hanc unam profitentur ea in ipsa longe solertiores, modo animum ad eam rationem adhibeant, quam serio se nosse dissimulant. Quis enim credat, quæ res minutissimis grammaticis obviæ sint, eas doctrinarum omnium parentes ac repertores usque adeo fugisse, ut se dedendis levissimis hominibus tam sæpe propinarint? An erit, qui Ciceroni *tumultum timorem multum*, Su'pitio *testamentum mentis testationem*, Tertulliano *limum liquorem opimum* fuisse, persuasum habeat? Aut qui Sylvestrum, et Romanæ synodi Patres *curiam a cruore* dictam existimasse arbitretur? Nam ex Platone, Varrone, Hieronymo exempla congerere superfluum. Cum duo priores jam olim ea de re vulgo male audiant: Hieronymo vero culpam hanc (si modo culpa est) ita agnoscat, ut sibi ipse ignoscat; neque enim aliter toties illam in se admitteret, Græcis et Latinis nominibus Hebraicas notationes (ut ipsius utar verbo) tam violenter assignans.

4. Lusisse, inquies, gravissimos viros? Non nego. Illud aio assecutos, ut, cum lusisse existimari voluerint, turpiter labi minus prudentibus hominibus videantur. Sed rursus eos, sive lusus, sive ineptias appellent, non carere fructu et utilitate dico. Nam, quin res aut involutas explicent, aut obscuras in apertum producant, aut quæ notæ manifestæque sint, acrius ut sensus irritent, faciant, æquus harum rerum æstimator negabit nemo. *Mantum* (quod indumentum Hispanicum dicit esse Suidas) Isidorus, quod *manus tegat tantum*, nominatum vult. Qua notatione profusiore non ea veste nunc uti ostendit, utpote quæ non manus solum, sed pedes quoque jam tegat. *Loricam* noverat e Servio suo (neque enim librum alium tam legendo triverat) tegmen esse *de loro* factum. Loris carentem dixisse maluit; ut a lorica, quæ jam olim exolevisset, ad circulis consertam ferreis lectoris animum oculosque converteret. Sexcenta sunt hujusmodi.

5. De definitionibus qui scripsere, cum unam, quæ rei naturam proxime attingat, veræ definitionis nomine dignentur, tamen reliquas ita non fastidiunt, ut earum plurima genera sedulo conquirant (nam quindecim, aut iis etiam plura Victorinus et Boethius prodidere) notationum, quæ verborum enodationes, descriptionesque sunt, conceptiones varias cur tantopere aversentur, si quæras, causam quam afferant? Nisi forte, id se indignari, quod aberrationes hujusmodi in verborum quam in rerum lusu magis appareant. At minori apparent cum periculo, non minori interdum cum fructu. Ut, si qua in re, in hac plane verum sit quod ait Flaccus:

..... Ridiculum acri
Fortius, et melius magnas plerumque secat res.

6. Sed ad Isidorum redeamus. Qui, cum omne scriptorum genus diligentissime pervolutaret, optimum ratus, si parum eruditi sæculi hominibus brevem facilemque viam ad disciplinas omnes aperiret, ut simul et rerum et verborum notitiam traderet, quaque liceret in ipsis vocibus hærere omnia ostenderet, nihil aptius visum quam si vocum enucleandis notionibus, et proprius earum usus ostenderetur, et rerum iisdem subjectarum, audito sono, obversaretur ante oculos, maneretque veluti spectrum quoddam atque simulacrum. Quod cum faceret, plurimas quidem sive origines, sive explicationes, e veteribus scriptoribus desumpsit; sed neque veritus est ipse illorum exemplo (quod bonum sibi esset, atque commodum) novas quoque proferre, consimilique ludo ludere. Eorum, inquam, exemplo, quorum æmulari exoptavit negligentiam, non admodum curans levium criticorum obscuram diligentiam. Qui si quid in eo carperent attendissent, minus sæpe minusque audacter in illum sævirent. Ridiculi enim plane ipsi sunt, cum ea multoties rident quæ illorum quos ipsi venerantur, quosque hic noster auctores habuit, bona ex parte fuisse reperiuntur.

7. Quos spero fore jam æquiores, cum multa quæ, quasi Isidoriana, cachinno excipiebant, vetustioribus auctoribus reddita videbunt. Quod si hoc opus aut perfecisset D. Isidorus, aut non damnis auxissent maximis lectores, non diffideremus fortasse omni illum propemodum culpa liberare. Testatur enim ex veteris lectionis recordatione collectum: aliorum autem vitia præstare nolle se diserte ipse profitetur. Nunc vero, cum auctoris summa abfuerit manus, interpolaritque hæc et digesserit (ut quibusdam videtur) Braulio, lectores, quod in hoc volumine satis magnam satisque lautam librorum supellectilem per id tempus sibi esse ducerent, quidquid aliunde possent, huc congererent, librarii, quidquid illitum chartarum margini cernerent, pro se quisque certatim in contextum inferrent, cujus audaciæ (an im-

pietatis potius dicam?) tam multis aliorum delictis ad Isidori invidiam abuti?

8. Sed, ut quid in eo reprehendant, videamus, accusationis capita proposuisse fuerit operæ pretium. Vocibus (inquiunt) Latinis Græcas, Græcis Latinas origines tribuit. Quæ priora sunt, e posterioribus oriri vult. Orthographiæ rationem nullam ducit. Quæ verborum productiones sunt, in stirpibus, et ra licibus numerat. Pro certis originibus origines alias, quæ significationibus subserviant, arbitrio suo supponit. Ad hanc opinor summam crimina omnia referri. Quæ nisi communia illi cum optimis auctoribus ostendero, non causam dico, quin, quod meritus est, ferat. Sed pluribus exemplis non utar: quod indicatis locis, facile sibi quisque ingentem sylvam comportare possit.

9. *Artem* et *oratorem* Latinas esse voces ambigit nemo. At *artem* Donatus ἀρετὴν, *oratorem* ἀρατῆρα voluit esse Festus. Quam multa eodem modo Varro ex iis etiam, quæ in utroque agro (ut ait ille) non serpunt? Quid? qui ex nostris *Jesum* ἰάσιν, *Cephas* κεφαλὴν esse dixerunt, quorum nominum certas origines et interpretationes ex Evangelio noverant? At qui viri? *Quatuor* a figura quadrata deduxit Isidorus, cum *quadratum* e *quatuor* oriri rectum simplexque videatur. Nonne *jus* eodem modo a *justitia* traxit **423** Ulpianus? Orthographiæ rationem nullam ducit. Quid? qui *hortum* ab *oriendo*, aut *hederam* ab *edendo*, aut ab *hærendo* dictum docet? At is est Festus Pompeius. Cui vero productiones pro stirpibus non sint, ut Sulpitio in *testamento*, Aquillio in *postliminio*, eorum qui in hoc ludo se exercuerunt arbitror omnino fuisse neminem.

10. Quid illis facias, qui de originum suppositionibus, quo significationes magis appareant, queruntur, nisi

Grammaticorum inter judeas piorare cathedras?

Nam cum *sinistrum*, quantum ad auguria attinet, et *senatorem*, quantum ad agendi facultatem, utrumque a *sinendo* trahit Servius; nonne aliud veriloquium sciens prudensque dissimulat? Quid quod nonnunquam ita fieri res ipsa cogit? *Germanum* negat esse Varro de eodem *germine*, sed de eadem *genetrice* manantem. Quid cum dignitati, vel honestati serviunt, aut melius aliquid innuunt, quam voces præseferant? Ignorabat idem Varro *culinam*, quam in postica domus parte fuisse dixerat, a postica animalis parte dictam? A *colendo ignem* duxisse maluit. Obscurum Isidoro fuerat, *medicinama medendo* oriri? A *modo* deflexit, ut ejus qualis usus esse deberet ostenderet.

11. Sed instant clamoribus atque urgent; etymologias veriloquiaque, quæ neque etymologiæ, neque veriloquia sint, appellari nequaquam debuisse; itaque neque etymologiarum nomine libros fuisse præscribendos. Quasi non ἀλάζων μάρτυς ἡ ἐτυμολογία a Galeno dicta sit? Sed laborasse plane videtur sanctissimus vir, ut opus longe utilissimum, et, ut illa ferebant tempora, immensi laboris, exigue admodum, et, ut ita dixerim, exiliter indicaret. Itaque rerum plurimarum doctrina refertos commentarios, quasi nomina sola continerent, Etymologiarum libros appellari voluit; aut certe, cum longius progressus est, opus de quarumdam rerum origine ad Braulionem mittere se scribit. Qua præscriptione quid verecundius, aut modestius excogitari potuit? Ergo id ille consecutus est, ut posteri non quarumdam, sed omnium (prope dixerim) rerum ac verborum, ab his libris habere se cognitionem ad hæc usque tempora perpetuo agnoverint, et magna voce prædicaverint.

12. Præfationem hanc Grialii in Etymologias dixi, quia in meo exemplari, et in aliis quæ vidi, Etymologiis præponitur. Sed cum Rodriguezius de Castro tom. II Bibl. Hisp., pag. 299, asserat, post Etymo-

logias longam esse de eisdem dissertationem Grialii, dubito, an in nonnullis exemplaribus ejusmodi dissertatio, sive præfatio diverso loco compacta aut posita fuerit. Egregie sane a Grialio Etymologiarum opus defenditur contra eos præsertim qui ex paucis etymologiis, quas ineptas ipsi credunt, rerum plurimarum doctrina refertos commentarios dijudicare et damnare volunt. Illud mihi non probari jam ante ostendi, quod Braullo a nonnullis creditur ita opus interpolasse, ut ineptias erroresque immiscuerit. Assentior præterea nihil ab Isidoro in etymologiis deducendis tam absonum **424** afferri, quod in præclarissimis veteribus auctoribus exemplum simillimum non habeat. An autem re vera Isidorus, exemplum aliorum secutus, ejusmodi etymologias sine antiquiorum auctoritate effinxerit, non ausim definire. Mihi Isidorus in hoc atque in plerisque aliis suis operibus videtur centonarius, ut fere semper aliorum verbis, aut sententiis saltem eum credam insistere. Atque, ut multa casus obtulit quæ ex veteribus certo petita esse jam constat, ita plura alia similia ostenderentur, nisi scripta, ex quibus Isidorus profecit, magna ex parte intercidissent.

13. Ridiculum autem est plagii crimen objicere, cum ingenue Isidorus ipse majorum se verbis uti profiteatur. Ita præfatur ad Etymologias, ut dicat esse *opus de origine quarumdam rerum ex veteris lectionis recordatione collectum, atque ita in quibusdam locis annotatum, sicut exstat conscriptum stylo majorum*. In præfatione vero ad librum Differentiarum, sive de proprietate sermonum: *De his*, inquit, *apud Latinos Cato primus scripsit, ad cujus exemplum ipse paucissimas partim edidi, partim ex auctorum libris deprompsi*. Simili modo in epistola dedicatoria libri de Natura rerum ad Sisebutum : *Quæ omnia secundum quod a veteribus viris, ac maxime sicut in litteris catholicorum virorum scripta sunt, proferentes, brevi tabella notavimus*. Ita fere in præfatione ad commentarios veteris Testamenti, et clarius ad lib. i Officiorum : *Libellum*, inquit, *de Origine officiorum misit ordinatum ex scriptis vetustissimis auctorum, ut locus obtulit, commentatum, in quo pleraque meo stylo alicui, nonnulla vero ita ut apud ipsos erant, admiscui. Quo facilius lectio de singulis fidei auctoritatem teneret. Si qua tamen ex his displicuerit, erroribus meis paratior venia erit, quia non sunt referenda ad meæ culpæ titulum, de quibus testificatio adhibetur auctorum*.

14. Sæpe quidem Isidorus testificationem hanc auctorum suis in locis diserte non exprimit, vel quod satis esse putaverit, initio ea de re lectorem monere, vel quod, ut ego arbitror, nomen auctorum aliquando margini appinxerit, quod librarii postea facile præterimiserunt. In plurima ego veterum scriptorum exemplaria incidi, in quibus nomina auctorum, quorum verba describuntur, eo modo margini, aut initio capitis apponuntur, sed ita ut quibusdam in locis nomen auctoris allegati a librario fuisset omissum. Codicem mss. explanationum Sedulii Scoti cap. 61 describam, quo verba Isidori **425** referuntur, appositis tantum margini primis hujus no-

minis litteris. Nihilominus alii auctores, quorum exscribebant verba, nominare negligebant. Carolus Burontius del Signore in praefatione ad Opera Attonis Vercellensis observat, ipsum Attonem loca testimoniorum quae desumpsit non indigitasse : *Et quandoquidem Atto in rebus divinis et ecclesiasticis versatissimus suas lucubrationes testimoniis quasi margaritis e sacra Scriptura, e Conciliis, et ecclesiae Patribus desumptis adornavit, haudque loca indigitavit,* etc. Edebat autem Burontius Attonis Opera *ad autographi Vercellensis fidem exacta*, adeoque per se animadvertere potuit, auctorem ipsum loca scriptorum, quae in medium profert, non indicasse.

15. Ex quo fit, ut aliquando etiam Atto verba aliorum exscribat quae parum suo argumento congruere videntur, ut tom. II, pag. 140 in expositione Epistolae ad Timotheum : *Ut cum totus mundus Dei sit, ecclesia tamen domus ejus dicatur, cujus hodie rector est Damasus.* Editor in notatione haec habet : *Quid dicamus de his Epistolis ad Thessalonicenses, et Timotheum, valde incerti sumus : mentio hic de Damaso coaevum redolet.* Posset tamen haec esse ex iis interpolationibus, quae saepissime fieri solebant ab expositoribus. Eadem verba leguntur in commentariis Ambrosio falso ascriptis. Vide Append. t. II edit. Maurin., col. 296. Similia quaedam apud Isidorum nonnunquam occurrunt, ut cum lib. VI Etym. cap. 16 plurima affert, quae in praefatione collectionis Hispanicae canonum reperiuntur, quamvis nonnulla extra suum locum apposita videantur.

16. Scilicet Isidorus sive ex suis aliis operibus, sive ex aliis aliorum longiorem orationem solet contexere, ut cap. 65 fusius ostendam : adeoque de origine canonum acturus, praefationem, quae antiquae Hispanicae canonum collectioni praefixa erat, sive a se olim, sive ab aliis elaboratam magna ex parte inseruit, et inter alia haec verba : *Sed et si qua sunt concilia, quae sancti Patres Spiritu Dei pleni sanxerunt, post istorum quatuor auctoritatem omni manent stabilita vigore : quorum gesta in hoc opere condita continentur.* Quodnam est *hoc opus*, aut *hoc corpus*? nam nonnulli Mss. habent *in hoc corpore*. Certe collectio canonum, ad quam praefatio et haec verba referuntur, non Etymologiae, in quibus conciliorum gesta minime continentur. Sed si haec verba ita ab Isidoro exscriberentur, ut vel initio capitis, vel margini locum, ex quo sunt extracta, annotasset, nulla occurreret difficultas : nam tunc omnes facile intelligerent *opus*, in quo conciliorum gesta continentur, esse non Etymologias Isidori, sed collectionem canonum. Ita haec eadem Etymologiarum verba a Gratiano dist. 15, c. 1, a S. Antonino part. II Chronic. tit. 13, cap. 2, et ab aliis integre referuntur : et nihilominus quisque percipit, non Gratiani, aut Antonini, aut aliorum, qui ea allegant, indigitari opus, in quo canonum gesta contineantur, sed aliud, de quo Isidorus sermonem habet. Rabanus quoque Maurus, qui suos XXII libros De universo ex Isidoro potissimum, tacito ejus nomine, compilavit, lib. V, cap. 7, eadem verba de canonibus et de conciliis profert : *quorum gesta*, pergit, *in hoc opere condita continentur.*

17. Quod si ipse Isidorus ad collectionem canonum lectorem clare delegavit, sed ea notatio a librario praetermissa fuit, nulla ejus culpa, aut negligentia censenda est. Non tamen vehementer repugnabo, si quis contendat, Isidorum quaedam longiora loca exscribenda amanuensi commisisse, in quibus ipse, opus emendaturus, superflua resecaret : quod tamen aliis occupationibus impeditus non perfecerit.

18. Sunt etiam quaedam sententiae apud Isidorum inter se contrariae, ex diversis auctoribus petitae. Cessaret omnis contradictio, si opinio quaeque suo auctori ascriberetur. Quod vel fecit Isidorus, et nomen auctorum intercidit, ut jam dixi, vel inter tam varia ac multiplicia argumenta aliquando non satis animum ad contraria, quae excerpebat, aliorum effata advertit, vel non grave incommodum esse arbitratus est, si aliorum sententias colligere professus, duas inter se parum consentientes opiniones in re aliqua controversa lectori exhiberet.

19. Quae autem mea est conjectura, auctorum nomina ab Isidoro quidem indicata fuisse, sed librariorum incuria aut ignorantia in exemplaria non fuisse transcripta, mirum in modum confirmatur Bedae exemplo in Collectaneis ex veterum Patrum sententiis, de quo haec Xystus Senensis lib. IV Bibl. sanctae : « Et ne majorum dicta furari, et ea quasi sua propria componere videretur, nomina doctorum per singula interponere decreverat, et quid a quo auctore dictum esset, nominatim ostendere : sed cum ei nimis operosum appareret, primas tantum nominum syllabas in marginibus e regione cujusque sententiae apposuit : quae postea librariorum vel inscitia, vel incuria ex omnibus exemplaribus periere. »

20. Nec leve in eamdem rem argumentum est, quod in Etymologiis, aliisque in operibus Isidori saepe occurrunt infinitiva sine verbo, a quo regantur : quod in mss. exemplaribus maxime observatur. Sic cap. 3, lib. III, Etymol : *Nam unum semen numeri esse, non numerum.* Notat Grialius, τὸ *volunt* additum in excusis; *abest* (inquit) *a Gothicis*, et quidem hujusmodi *praecisae locutiones per infinita verba frequentes in hoc opere*. Unde autem eas Isidorus, grammaticae peritissimus, exprimere potuit ? Nimirum, ut ego arbitror, primas tantum litteras apponebat auctoris, qui aliquid referret, et verbi *refert, tradit, dicit,* etc., ut *Aug. d., Gr. d.* pro *Augustinus dicit, Gregorius dicit*, quas cum librarii non intelligerent, exscribere non curarunt, sensumque imperfectum reliquerunt.

CAPUT LII.

De inchoatis Joannis Salomonis Semleri mss. animadversionibus in libros Etymologiarum : praefatio ejusdem. Observationes in hanc praefationem

1. Animadversiones in Isidori Etymologias Semlerus inchoaverat : sed in cap. 16, lib. I, substitit, vel si progressus ultra est, notas ejus mss. praeter eas, quas dixi, in schedis Zaccarianis non reperio. Profecto prologus non est omittendus.

Joannis Salomonis Semleri animadversiones, et notæ in libros Originum.

2. Hos Etymologiarum libros, qui pene complectuntur antiquiorum temporum eruditionem institutionemque, et olim in magno pretio habitos, et hodie non sperni, satis, arbitror, constat. Nam olim quidem cum maxime conderentur, et ex sexcentis aliis scriptoribus colligerentur, non tam compendii instar tantum habebantur, quam utilissimarum et plerosque pereuntium tum litterarum amatores institutionum loco erant, juvandorum certe studiorum causa multo labore conscripti. His autem nostris temporibus nec eadem ista utilitate omnino carent, nec minorem merentur existimationem, celeberrimo auctori et pietatis, et eruditionis laude, et diligentiæ debitam.

428 3. Nam quod fuerunt quidam superioris fere ætatis, qui immensum hunc, quem suscepit Isidorus, laborem vel ideo reprehenderint, quod compendiorum, quæ olim nimis vulgata fuerint, crimine factum sit, quod ipsis hodie præclaris multis corporibus librorum integris careamus, haud scio an satis digna sit gnaris rerum æstimatoribus oratio : quippe quæ honestissimorum laborum omni fere fructu defraudare videatur viros multos optimos, labantium litterarum, quantum per ipsos licuit, unicos fere, prudentissimosque statores. Atque hi quidem eo majoribus afficiendi erant laudibus, quod ipsorum hoc beneficio est, quod epitomarum saltim, quæ supersunt, recto usu nos consolari possimus, et factam integrorum librorum jacturam haud paulo levius ferre.

4. Accusant vero, et occasionem criminandi, dolendique inde arripiunt, quod negligi cœperint ipsa corpora, cum uti licuerit compendiis. Dabimus, non defuisse, qui pauco contenti, plura non curaverint : sed hujus negligentiæ an in istos culpam transferam, quæ non sine certa commodorum, quæ curabant, ratione majora corpora in minora redegerunt? Nonne innumeri perierunt libri quorum nullum compendium factum est? Fueram ipse in illa prava opinione, quam magnorum virorum auctoritas firmare videbatur : sed postquam verius rationes subduxi, jam ab ea discedo.

5. Trogus Pompeius omnino jam perierat, nisi Justini uti liceret epitoma, Festum non magis integrum habueramus, licet vel maxime Pauli opera abfuisset. Varronis aliorumque grammatica scripta ideo non integra ad nos pervenissent, si vel maxime secutorum sæculorum quorumdam grammatici nihil simile ex ipsis scripsissent. Ita his Isidori libris, non est quod quis putet, interitum aliis majoribus et similibus allatum fuisse.

6. Sunt vero alii qui id vituperant, quod compilata hic sint multorum auctorum scrinia. Hi quidem ignorare, aut negligere videntur omnem hujus instituti consiliique rationem. Quis reprehendat Cassiodorii Excerptum Orthographiæ? An alia est ratio, quod nomina scriptorum, non addidit Isidorus? Non arbitror. Quoties repetendi fuissent eidem auctores, et cur magnum per se librum (nam nos quidem integrum non habemus, qui non perfectus fuit) augere sexcentis aliquot nominibus? Sufficit *ex veteris lectionis recordatione*, et ex vetustis libris multis congessisse, quod ipse ad Braulionem scribit.

7. Præclara vero, et insignis omnino fuit Isidori diligentia, et summum profecto studium, qui tam multos libros et comparaverit, et perlegerit, et excerpserit; idque, quod ad laudem maxime pertinet, precibus, et utilitatis aliorum causa adductus. Eximium vero, et dignissimum, quod alii hodie imitentur exemplum, qui eamdem episcoporum gerunt gravem personam, et minori opera, majorique commodo facere possunt, quod olim et difficilius erat, et minus late patebat.

8. Non est autem, quod pluribus hic enumerem eos scriptores, quibus in his Originibus usus est Isidorus : quia brevius indicari suo loco possunt, ubi simul istud commodi inde consequemur, ut lectionum varietas, et vera scriptura illustretur. Neque enim meliori fortuna utuntur hi libri, **429** quam vetustiores omnes, quorum integritatem et tempus, et calamus, et inscitia hic ibi immutarunt.

9. Collegi raptim breves animadversiones, quidquid ejus rei olim subinde occurrit, cum ad has humanitatis litteras nonnihil operæ, studiique conferre licuit. Nam hos ipsos libros diligenter legi, et multum inde profeci : quæ laus non ad me pertinet, sed ad eorum utilitatem. Interea non negligendam putavi occasionem utendi vetusta editione harum Originum, cujus hæc est inscriptio :

10. « Præclarissimum opus Divi Isidori Hispalensis, quod Æthimologiarum inscribitur. Nec te fallat opinio, studiose lector, cum titulum aspicies, quasi in hoc volumine solum de re grammatica, atque vocabulorum interpretationibus mentio fiat, cum in eo tantarum, altissimarumque rerum notitia recondita sit, ut nusquam alibi major, digniorque inveniatur. Quidquid enim cognitionis in cæteris scriptoribus cum Græcæ tum Latinæ historiæ reperitur universis, in hoc unico libro utili quadam brevitate invenies. Quod si perlegeris, cum varietate historiarum, tum rerum magnitudine non minus proficies, quam oblectaberis. Venale habetur in vico Sancti Jacobi sub signo lilii aurei. *Finis.*: impressum Parrhisii sumptibus, Joannis Petit. Anno salutis millesimo quingentesimo vicesimo, die vero vicesima quinta mensis septembris. »

11. Excusa est hæc editio ex bono ms., ut ex lectionibus quibusdam non spernendis apparet. Sed et alia libri dos est. Docti viri antiqua manu et correctiones quædam, et variæ lectiones additæ sunt, quarum non est nulla utilitas, ut spero. Nec neglexi alias, quæ ad manum fuerunt, editiones, quas contuli cum editione Dionysii Godofredi in Corpore auctorum Latinæ linguæ 1602, in 4.

12. Et quoniam hi Originum libri diligentissime olim lecti, et fere integri in alia glossaria et lexica transcripti sunt, cujus rei exempla sunt Papias, Huguitio, Catholicon, Salom. Constantinus, Breviloquus, etc., etiam hos subinde in consilium adhibui. Quod idem de vetustioribus valet grammaticis, ex quibus Isidorus multa excerpsit. Breves vero dixi meas animadversiones : nam verbosioribus aut facile caruerint lectores, meis saltem, aut otium defuit raptim vel hæc conscribenti.

13. Utar vero his signis ad distinguendos libros. A indicat lectionem ms. margini editionis Petiti ascriptam. Ista editio, ut ex inscriptione intelligo, fuit inter libros Dionysii Durentii, qui præter nomen suum addidit etiam *et amicorum.* Pertinet jam ille Codex ad celeberrimum Altdorfinæ Academiæ ornamentum Joannem Heumannum : qui ejus copiam, ut est summæ humanitatis, lubens fecit. B designabit lectionem impressam hujus editionis Petitianæ.

14. Tandem non operæ esse arbitror aliquid addere de his quæ a vera linguæ Latinæ ratione recedere videntur. Temporis istud fuit vitium et paucorum grammaticorum : collegit ergo et ista Isidorus, quæ tum non exiguo pendebant momento. Sed pleraque inepta a mala manu posteriorum temporum infarta sunt. Felices nos, quibus puriori litterarum luce omnino uti contigit.

430 15. Hæc est præfatio Semleri, qui suis notis titulum hunc subjecit : *Breves animadversiones ad libros Originum.* Observat illico, indicem omnium librorum, quem Gothofredus præmisit, abesse ab editione Petitiana, et Codice, cujus lectiones margini ascribuntur; ejus vero loco ibi haberi ser epistolas Isidori, et Braulionis. Animadvertit etiam, caput 4 libri 1 in editione Gothofredi pertinere ad caput 3 editionis Petitianæ; quod tamen non probat.

16. Inter compendia, quæ integrorum corporum interitum induxisse multi putant, recenseri solent opera encyclopædica, ut etymologiæ Isidori, et similia. Ac fortasse aliquando accidit, ut alicujus compendii causa opus aliquod in compendium redactum perierit. Sed præterquam quod diversa videtur esse ratio epitomarum, atque operis etymologici Isidori, aliorumque hujusce generis, ego potius existimaverim, nonnullos amore scientiarum, quem Etymologiæ Isidori inspirant, permotos corpora sibi integra auctorum, quos laudat, comparasse, quam occasionem inde natam, quod veterum scriptorum libri aliqui perierint. Etsi enim Etymologiæ Isidori communes quasdam rerum notiones præbent, quæ magno usui esse possunt, tamen lectoris desiderium acuunt potius quam satiant.

17. In elogio, quo Semlerus Isidorum prosequitur, animadverto, non solum ab eo commemorari Isidori eruditionem, singularem diligentiam, et summum studium, sed etiam pietatem, eximium et dignissimum, quod alii hodie imitentur exemplum, qui eamdem episcoporum gravem gerunt personam. Quod ab homine quamvis heterodoxo libens, gratoque animo accipio. Quod ait Semlerus, nos integrum Etymologiarum opus non habere, quia perfectum non fuit, et ipsum, quod habemus, posteriori manu interpolatum esse, non ita facile est probare. Nam Isidorum codicem quidem *inemendatum* reliquit, sed cui nihil jam deesset; et ea, quæ in plerisque correctis exemplaribus reperiuntur, Isidori esse, non est, cur negemus. Nam etiam multa, quæ nonnulli inepto alicui interpolatori tribuunt, compertum jam est, auctores habere Isidoro longe antiquiores, et quos bono ipso Latinitatis et doctrinæ politioris ævo florentes antiquitas suspexit.

431 CAPUT LIII.

Index scriptorum ab Isidoro in Etymologiis et in libris Differentiarum laudatorum.

1. Cum Margarinus de la Bigne catalogum auctorum, qui in Isidori Etymologiis allegantur, post Vulcanium exhibuerit, eumque catalogum Joan. Grialius correxerit auxeritque, sed solum indicatis scriptorum nominibus, non locis in quibus laudantur: consentaneum maxime visum est uberiorem potius indicem a Barthio confectum attexere ex Bibliotheca Latina Fabricii lib. IV, cap. 6, n. 6, tom. II, edition. Venet. 1728, p. 437.

Casp. Barthii index scriptorum in Isidori Originibus laudatorum.

2. Acatesius (*leg.* Hecatæus) Milesius, l. 1, c. 38.
Actius, VIII, 7.
Ægyptii picturam excogitarunt umbra hominis lineis circumductam, XIX, 16.
Æmilianus (Palladius), XVI, 1, 10.
Æmilius (Macer), XII, 4, 7.
Æsculapius, IV, 3. Medicinæ inventor, VIII, 11.
Æsopus, I, 39.
Afranius, XII, 8; XX, 2.

Africanus, II, 21.
Afri, I, 31.
Alcmæon, I, 39.
Ambrosius, XI, 3.
Ammonii episcopi Alex. canones Evangeliorum, VI, 15.
Amphion, III, 15.
Anacreon Teius, I, 38.
Apicius, XX, 1.
Apollo, III, 21. *Vide* Oracula.
APOSTOLUS (Paulus), XIX, 8; IX, 6, 8.
Appius Cœcus, 1, 37.
Apuleius, II, 28; VIII, 11 fin.
Aquila libertus Mœcenatis, I, 21.
Arcesilas, VIII, 6.
Archilochus, 1, 58 *bis*.
Aristoteles, I, 1, 5, 28; II, 2, 22, 25, 26, 27, 31; III, 70; VIII, 6, 9; XI, 3.
Artigraphi, II, 9.
Asclepius, I, 38. Frequentissime et elegantissime usus metro Asclepiadeo.
Atlas excogitator astrologiæ, III, 24.
Atta, VI, 8.
Julius Atticus, XVII, 1.
Augustinus, VI, 6; XVI, 4.
Augustus, I, 24; V, 36.
Boethius, II, 25 fin.; III, 2.
Brutus, I, 23.

Cadmus, I, 3.
Cæcilius, X, 3; XIX, 4.
Jul. Cæsar, IV, 12; XI, 2.
Canones conciliorum, VI, 16.
Carmentis, I, 4.
Cato, XV, 2; XVII, 1; XIX, 2. De innocentia sua, XX, 3. Censorius, II, 12.
Catullus, VI, 12.
Celsus, XVII, 1.
Cicero, I, 28; II, 2, 5, 6, 9, 13, 21, 25, 26, 29, 30, 31; V, 25, 26; VIII, 6; IX, 1, 4; X, 12, 15, 17; XI, 1; XII, 2, 7; XIV, 6, 8; XVIII, 1; XIX, 1, 23, 24, 29. Pro Valerio Flacco XII, 7. In Prognosticis, *et matutinos exercet acredula cantus*, XII, 7. Secundo de Rep. X, 11. Oratione, quam habuit contra competitores in toga candida, XIX, 24. Philippicis XIX, 29. In Topicis, XIV, 8.
Cinna, VI, 21; XIX, 24, 33.
Colophonius poeta, I, 38.
Columella, XVII, 1.
Comici, V, 26.
Conciliorum canones, VI, 16. Nicæni, Constantinop., Ephesini et Chalcedonensis, ibid.
Cyrilli Alex. Cyclus Paschalis, VI, 17.

Dares Phrygius, I, 41.
DAVID rex, I, 38; V, 24; XI, 1; XII, 6; XIII, 4; XX, 9. In Psalterio dicitur III, 20. Psalmista, XX, 9.
Democritus, VIII, 6, 9; XVII, 1.
Demosthenes, I, 39.
Dydimus Chalconteros, VI, 7.
Dionysius Lintrius, I, 15.
Dionysius Stoicus, VIII, 6.
Dioscorus Alex. episcopus, VI, 16.
Donatus, I, 15, 32, 36.
Dracontius, XII, 2.
Ennius, I, 25, 35 *bis*, 38; IX, 1; X, 19; XI, 1; XV, 1; XVII, 9; XIX, 1, 2 ter. Notæ tachygraphicæ ab Ennio repertæ, I, 21. Hexametros Latinos primus fecisse traditur, I, 38.
Epicurus, VIII, 6.
EPISTOLA AD HEBRÆOS, VI, 2.
Eratosthenes, IV, 2.
ESAIAS, VI, 9; XI, 1; XIV, 3.
ESDRAS, I, 41; VI, 5.
EVANGELISTÆ, I, 35; XI, 1. Canones Evangeliorum VI, 15.
EVANGELIUM, IX, 5.
Eusebius, I, 43; V, 28; VI, 5, 15, 17.
EZECHIEL propheta, I, 3; IV, 9; XV, 1.

Flaccus, xix, 32.
Fronto, xx, 2 fin.

Galenus, xx, 2.
Gallice taxea, lardum, xx, 2.
Gennadius, vi, 5.
Gorgias, ii, 2.
Gracchus, ii, 21; iv, 1; xix, 32.

Hesiodus, xvii, 1.
Heraclitus, viii, 6.
Hermagoras, ii, 2.
Hermes Trismegistus, viii, 11.
Herodotus, 1, 41.
HIEREMIAS, xix, 23.
Hieronymus, ii, 43; v, 28; vi, 1, 5, 6; vii, 1; xiii, 21. De Virginate conservanda, xx, 3.
Hippocrates, iv, 3; viii, 9; xiv, 1.
Hippolyti episcopi Cyclus Paschalis, vi, 17.
Historia, xix, 1. Lege Hister.
Homerus, i, 20, 38; viii, 8, 11; xi, 3; xiv, 2; xvii, 9; xix, 30.
Horatius, i, 28, 39; iv, 12; v, 16; vi, 1; viii, 7; ii fin.; x, 1; xi, 2, xii, 1; xv, 8; xvi, 5; xviii, 7; xix, 1, 12, 24.

Idis, pastor Agrigentinus, inventor fistulæ, iii, 20.
JOANNIS Apocalypsis, vi, 17.
JOBI 1, 38; xi, 1.
Josephus iii, 24; vi, 1.
Juba apud Mauros ut Deus cultus, vii, 11.
Juvenalis, iii, 21; v, 16; viii, 7; xii, 2; xv, 5.
Juvenci hemistichion, præterito ejus nomine, i, 12.
Leogaras Syracusanus primus διπλῆν apposuit versibus Homericis, i, 20.
Linus, iii, 15.
Livius Andronicus, xix, 4.
T. Livius, viii, 11; ix, 2.
Lucanus, 1, 3; iii, 40, 70; viii, 7, 9; ix, 2 ter, 3; x, 12; xi, 3; xii, 4, 7 ter; xiii, 21; xiv, 8; xv, 7; xvii, 7; xviii, 1, 3, 7; xix, 3.
Lucilius, i, 32; xv, 8; xix, 4, 12, 30.
433 Lucretius, ix, 5; xii, 2; xiii, 4, 11 bis; xiv, 1; xx, 14.
Macer, xii, 4, 7.
Mæcenas, xix, 32.
Mago, xvii, 1.
Martialis, xii, 1, 7; xiii, 21; xx, 2, 14.
Martius vates, vi, 7.
Memmia (*Al.* Emmia, vel Inemia, Mnemia) Timothoe (*Al.* Cymothe) temporibus Ennii hymnos scripsit in Apollinem et Musas, i, 8.
Mercurius lyræ inventor, iii, 21. Trismegistus, viii, 11.
Metrophanes gratiam Mithridatis obsequendo promeritus, ii, 14.
Monatius, x, 13.
Moses, i, 38, 41; v, 1; vi, 7; xvi, 24.
Nævius, v, 26; ix, 1; xii, 1, 11, 12 fin.; xiv, 8; xix, 22.
Nicomachus, iii, 2.
Nigidius, xi, 1; xx, 2.
Numa, v, 1.

Oracula, i, 33, 38.
Origenes, vi, 6.
Orpheus, iii, 21.
Ovidius, vi, 7; viii, 11; xi, 1, 2, 3, 4; xii, 4 bis, 7; xiii, 21; xvii, 7; xvii, 2. In Fastis, viii, 11.

Pacuvius, xiii, 21.
Palamedes, i, 3.
Palladius; *vide* Æmilianus.
Pamphilus, vi, 5.
Paulini versus allegantur nomine ejus præterito, ix, 2.
PAULUS apostolus, i, 9; iv, 9; v, 24; vi, 1; vii, 13; ix, 1; xii, 7.
Paulus jureconsultus, v, 14.
Persius, i, 3, 23; v, 16; vi, 10; viii, 7; xii, 4; xvii, 7, 9; xviii, 4; xx, 5, 10.
Petronius, v, 26.
Pherecydes, i, 37, 38, 41.

A Philargyrius, i, 21.
Phoroneus, v, 1.
Pindarus, vi, 1.
Plato, i, 1; ii, 24; iii, 11, 70; viii, 6.
Plautus, i, 38, 59; v, 26; ix, 1, 3 fin.; x, 20; xii, 5; xv, 5; xvi, 24; xix, 2, 5, 23, 24, 31.
Plinius, xii, 2 ter, 4, 6.
Poeta incertus, i, 3; xii, 2, 7. *Vide* Martialis et Paulinus.
Pomponius poeta Christianus Virgilianis versibus inter cætera styli sui otia Tityrum in Christi honorem composuit, i, 38.
Porphyrius, ii, 25.
Proba uxor Adelphii centonem ex Virgilio de fabrica mundi et Evangeliis plenissime expressit, i, 38.
Prosper, vi, 17.
Proverbium, *Rex eris, si recte facias*, ix, 3.
Prudentius, vii, 9; xix, 33.
B Ptolemæus rex et astrologus, iii, 25.
Publius, xix, 23.
Pythagoras, i, 3; iii, 2; viii, 6; xii, 4; xiv, 6.

Quintilianus, ii, 2.

Rutilius Rufus; *vide* Satilius.

Sabinorum lingua *quiris* hasta dicitur, unde Quirinus et Quirites, ix, 2.
Sallustius, i, 43; ix, 3, 4; xi, 1; xiii, 18, 21; xiv, 1, 6, 7; xv, 1; xviii, 2, 12; xix, 23, 24.
SALOMO, xix, 1, 26.
Salvius grammaticus, i, 4.
Satilius Rufus de Vita sua, xx, 11. [*Lege*, Rutilius, Rufus de Vita Scipionis.]
Scipio, ii, 21.
Sedulius, xx, 4
Sibylla, ix, 2; xiv, 6.
Simonides, i, 3, 38 bis.
Solon, v, 1.
C Sotades, i, 38
Statius, iii, 70; xiv, 8.
Suetonius, viii, 7; xii, 1, 2.
Symmachus, vi, 3.
Syro sermone bases nomen petræ fortissimæ xix, 10.

Tages, viii, 8.
Terentianus, i, 38.
Terentius, i, 35, 36, 59; ii, 9, 10, 21, 434 30 viii, 7; x, 16 17; xi, 1, 2.
Tertius Persanius, i, 21.
Tales, ii, 24; viii, 6.
Theodosianus Codex, v, 1.
Theodotion, vi, 3.
Theophilius Alex., vi, 17.
Timothoe; *vide* Memmia.
Titianus, ii, 2; ix, 2.
Tiro Tullius, i, 21.
Turpilius, xix, 4.

D Valgius, xix, 4.
Varro, i, 3, 26, 38; ii, 23; iv, 8, 11, 12; vi, 4, 6, viii, 6, 7, 9; ix, 2; x, 13; xi, 1 bis, 3; xiii, 1, 19, xiv, 6, 7, 8, 9; xv, 1, 13; xvii, 1, 7; xviii, 16, 30, xx, 10, 11. De Vita populi Rom., xx, 11.
Verrius Flaccus, xiv, 8.
Victorinus, ii, 9, 25, 28, 29.
Victorinus Episcopus, vi, 17.
Virgilius, i, 7, 18, 20, 35, 36, 38, 39; ii, 4, 20, 21, 30; iii, 20, 21, 70; v, 27, 31, 36; vi, 7, 13, 18; viii, 7, 8, 11 bis; ix, 1, 2 ter, 3 ter; x, 3 bis, 6 ter, 9, 11, 15, 18, 19; xi, 1; xii, 6, 7, 8; xiii, 7, 18, 21; xiv, 6; xv, 6; xvii, 1, 2, 3, 4, 6, 7 quinquies, 9; xviii, 1, 2, 4, 5, 7, 12, 15; xix, 1, 2, 22, 24, 28, 33; xx, 1, 2, 5, 12, 15.

Zeno, viii, 6.
Zenodotus Ephesius, i, 20.
Zoroastres, viii, 9; ix, 2.

In ejusdem Isidori libris primo [a] et tertio *Differentiarum*, sive *de proprietate sermonis Latini* citantur.

Accius lib. iii, cap. 610.
Afranius, iii, 86, 500.
Augustinus, iii, 215, 432, 578.
Cato iii, 5, 220, 457. Primus de differentiis sermonum apud Latinos scripsit: *præf. libri* iii.
Cicero, 1, 84; iii, 17, 118, 159, 179, 191, 194, 437, 459, 507, 587.
Ennius, iii, 218.
Hieronymus, iii, 299, 431.
Hilarius, iii, 578.
Homerus, iii, 341, 448.
Juvenalis, iii, 38.
Livius, iii, 148 [b].
Lucanus, iii, 513.
Lucilius, iii, 589.
Melesius [c] grammaticus, iii, 573.
Ovidius, i, 182.
Pacuvius, iii, 47, 244.
Palæmon, iii, 534.
Placidus, iii, 99.
Plautus, iii, 87, 159.
Sallustius, 1, 32; iii, 38, 176, 420, 423, 516.
Stoici, iii, 71, 264.
Terentius, iii, 507.
Varro, iii, 459, 524.
Virgilius, i, 84, 109, 251; iii., 17, 19, 47, 58, 71, 76, 268, 358, 485, 529, 561.

3. Barthius in hoc indice conficiendo editionem Breulianam videtur secutus: ex qua nonnulla varietas in nominibus et capitum numeris observatur: ut primo loco *Achatesius Milesius lib.* i, cap. 38, apud Grialium cap. 39, ubi legitur *Hecatæus Milesius*, ut recte Fabricius in not. correxit. Addi possent auctores quos Isidorus in libro de Natura rerum aliisque allegat: sed cum id a nobis in Indice **435** generali præstandum sit, satis nunc fuerit aliorum labores non prætermisisse. De primo et tertio libro Differentiarum quod ait Fabricius in not., uberius explicabitur cap. 56, ubi ostendam, duos tantum esse libros Differentiarum, alterum rerum, alterum sermonum, sed ita ut libri Differentiarum sermonum duplex sit exemplar, alterum alphabeticum plenius a Grialio editum, quod Fabricius librum tertium Differentiarum vocat, alterum brevius sine ordine litterarum, quod Fabricius librum primum appellat.

CAPUT LIV.
Etymologiarum editiones recensentur.

1. Editionem Etymologiarum Isidori non aliam Nic. Antonius antiquiorem videtur agnovisse editione Parisiensi anni 1520, quam, ut refert, principem existimabat D. Josephus Pellizerius, qui penes se habebat, in libro suo *Maximo obispo de Zaragoza*, et in præfatione. Sed plures aliæ longe ante præcesserant, quas nunc recensebo.

2. Maittairius Annal. typogr. tom. I, part. 1, editionis auctioris pag. 768, id indicat: *Isidori Etymologiæ: Rabani Mauri de rerum Naturis et Proprietatibus libri viginti duo fol.* Notat, editionem antiquam esse, et, ut videtur, primitivam, *sine ciphr.*, *signatur.*, *reclam.* Sed mihi dubium est, an sint genuinæ Isidori Etymologiæ, an illæ, quas Rabanus Maurus interpolavit, ac suppresso Isidori nomine vulgavit. Nulla est loci, aut anni designatio.

3. Incerto anno, et loco ex veteri editione in Italia prodiisse Etymologias refert Fabricius in Bibl. med., atque indicat Gesneri bibliothecam pag. 468. Epitomator Gesneri edition. Tigur. 1574, pag. 435, in Isidoro sic habet: *Originum libri* xx *impressi in Italia*. Dubitat Bayerius, an hæc sit editio, quæ in catalogo librorum ducis de la Vallière, tom. II, pag. 12, num. 2185, circa annum 1470, absque loci notatione prodiisse dicitur.

4. Hæc est mihi editio, quam nunc describam. Præmittuntur sex notæ epistolæ: *Incipit epistola Isidori junioris Hispalensis episcopi ad Braulionem Cæsaream Augustum* (sic) *episcopum*. Subinde *Incipit liber primus Etymologiarum sancti Isidori Hispalensis episcopi*. In primo libro capita 3 et 4 sub uno comprehenduntur, quæ in aliis exemplaribus melius separantur. Post librum xx index, **436** sive *Repertorium omnium capitulorum in libros Etymologiarum*, etc. Sequuntur libri tres Sententiarum, ut in alia editione Veneta anni 1483, *In Christi nomine incipit liber primus*, etc., *de summo bono*. In tertio libro post verba *lætificandos includit*, quæ in aliis exemplaribus postrema sunt, subjungitur: *Hic est enim Christianæ miserationis affectus, ut pro unoquoque mortuo sacrificium Deo offeratur*. Inde est, quod scriptum est: *Et mortua ne fraudes misericordiam*. Finiunt libri de summa bono sancti Isidori Hispalensis episcopi novissime recogniti, cunctisque erroribus castigati. Succedit index capitum. Character ad Gothicum, quem vocant, accedit. Referri potest ad annum circiter 1470. Locus editionis Italia videtur, et, ut puto, Venetiæ; nisi fortasse obstet, quod Petrus Delphinus e S. Michaele Muriani 16 Martii 1480, epist. 141, apud Marten. Collect. Vet. Script. tom. III, scribebat ad Hieronymum Generalem: *Isidorus Etymologiarum, cujus desiderio te affici significasti, non invenitur impressus*. Pro titulo in media prima pagina erat, *Isidori Etymologiaruu opus. Idem de summo Bono*.

5. Anno 1472 editio Etymologiarum a Fabricio in utraque Bibliotheca indicatur, quæ exstat, inquit, apud venerandum nostrum Wolfium: quædam exemplaria in membranis excusa idem narrat. Peracta fuit hæc editio Augustæ Vindelicorum in fol. per Gonterium Zainer de Reutlinga, sive, ut alii scribunt, Gintherum Zainer ex Reutlingen. Meminit quoque ejus e Caillio Maittairius Annal. typograph. t. I, pag. 100, et auctor Catalogi bibhothecæ antiquæ Vindobonensis 1750 Philippus Jacobus Lambacher part. i, p. 127, ut alios omittam. In editione auctiori Maittairii pag. 317, tom. I, part. i, inscriptio hæc apponitur: *Isidori Junioris Hispalensis episcopi Ethimologiarum libri numero viginti per Gintherum Zainer*. In fine: *Libri finiunt feliciter per Gintherum Zainer, ex Reutlingen progenitum, litteris impressi*

---

[a] Liber primus ex Agrœtio magnam partem expressus. Tertius lucem primum vidit in editione Matritensi anno 1599. In mss. Codicibus hos libros longe alios legi notat Barthius, idque se ostendisse specimine quod edidit xxxii 1, et xxxix, 6, et xiv.

[b] *Adde Barthii Advers.*, p. 1783.

[c] *Helius Melissus ex Gellii* xviii, 6. *Adde Barthii Adversar.*, p. 1465.

alienis, anno ab incarnatione Domini millesimo quadringentesimo septuagesimo secundo, decima nona die mensis Novembris. Character est Romanus.

6. Anno 1477 Basileæ in fol. ex Maittairio in editione auctiori Amstelodamensi anni 1733, tom. I, part. I, pag. 382, ubi sic refert: *Isidori Hispalensis opera fol. Basileæ 1477, ex Joan. van Horne cat. vag. 36, n. 54.* Sunt, ut ego puto, Etymologiæ cum libris Sententiarum, non alia Isidori opera.

7. Anno 1483. Venetiis in fol. cum libris Sententiarum, sive de summo Bono, per Petrum Loslein de Langencen. Hujus editionis meminerunt Maittairius, Fabricius in utraque bibliotheca Latina, Fr. Peregrinus Antonius Orlandius in opere italico de Origine, et Progressu typographiæ, et Bayerius, cui ad manum erat. Incipit: *Registrum in libros Etymologiarum sancti Ysidori Hispalensis episcopi.* Post capitum indicem sequuntur sex epistolæ Isidori, et Braulionis. Post vigesimum librum: *Finit liber Etymologiarum Ysidori Hispalensis episcopi.* Sequitur *Rubrica libri primi de summo Bono sancti Ysidori Hispalensis episcopi.* Deinde, *In Christi nomine incipit liber primus sancti Ysidori Hispalensis episcopi de summo Bono.* Post librum tertium, *Finit liber tertius, et ultimus de summo Bono sancti Ysidori Hispalensis episcopi. Impressus Venetiis per Petrum Loslein de Langencen* MCCCCLXXXIII. Quod in appendice alphabetica Maittairii indicantur Isidori junioris Hispalensis episcopi epistolæ ad Braulionem Cæsaraugustanum episcopum Venetiis in fol. anno 1483, recte arguere possumus, nihil id esse aliud nisi epistolas quas in hac editione Etymologiarum præcedere diximus.

8. Anno 1489, Basileæ in fol. ex Bayerio et Fabricio in utraque Bibliotheca. Maittairius in editione auctiori p. 515, tom. I, part. I, ita exhibet: *Isidori Hispalensis Etymologicon fol. Basileæ* 1489. Et in nota: *Ex variis Mss. emendatum manu Jani Gruteri, cum perpetuo ejusdem Gruteri commentario fuit hoc exemplar in bibliotheca Gerh. Joan. Vossii. Videtur postea transiisse in bibliothecam cancellarii Weimmanni.*

9. Anno 1493, Venetiis Isidori Etymologiæ, et de summo bono per Bonetum Locatellum sumptibus Octav. Scot. in fol. Maittairius ex Caillie. In editione auctiori notat, Orlandium afferre p. 190. *Isidor. de summo Bono Lipsiæ* 1493. Idem Maittairius postea : *Isidori Etymologiæ per Bonetum Locatellum expensis Octaviani Scoti fol. Venetiis* 1494; quæ fortasse eadem est editio. Nullum enim nominat auctorem, ne in auctiori quidem editione.

10. Anno 1499, Parisiis in fol. ex Maittairio, et Bayerio, apud quem erat. Maittairius titulum exhibet: *Isidori Hispalensis Etymologiæ opera Georgii Wolff, et Thielmanni Keruer Parisiis 1499 25 Maii. I. P. Jehan Petit, venalis in vico Sancti Jacobi apud leonem argenteum.*

11. Anno 1500, Parisiis in 4 ex Josepho Rodriguez de Castro in Bibliotheca Hispana, et Maittairio pag. 72, t. I, part. II, editionis auctioris, ubi ait: *Isidori Hispalis* (corrigo *Hispalensis*) *Opus Etymologicum in* 4 *Parisiis* 1500. Notat, id indicari in Catalogo Vander Meer.

12. Anno 1509, Parisiis ex Fabricio in utraque Bibliotheca, et Dupinio in Biblioth. Eccles. tom. V.

13. Anno 1520, Parisiis : quam editionem accurate describit Semlerus in præfatione, quam cap. 52 protuli. Exemplar hujus editionis vidi in bibliotheca Collegii Romani.

14. Anno 1529, Haganoæ apud Secerium ex Fabricio in Bibliotheca medii ævi, et Nic. Antonio, qui alios Isidori libros simul cum Etymologiis editos asserit. Exstat in Bibliotheca Vaticana, n. 884, collectio quorumdam operum S. Isidori Haganoæ hoc ipso anno 1529 editorum : et exemplar hujus editionis post Zaccariæ excessum ex ejus libris acquisivi : sed Etymologiæ simul editæ non fuerunt. Postea eam editionem describam. Vidi quidem editionem in 4° vel 8° magno apud v. cl. Gasparem de Segovia, cujus alii non meminerunt. Etymologiæ cum Differentiis rerum, et sermonum simul editæ sunt : sed cum prima folia desiderentur, neque annus, neque locus editionis erui potest ; in fine conspicitur pro stemmate Mercurius alatus cum lemmate, *Docta per orbem scripta fero.* Omnia indicia arguunt, ex editione Bignæana Etymologias et Differentias esse desumptas.

15. Anno 1577, curante Vulcanio, ut fusius dictum fuit cap. 50. Omitto nunc editiones Bignæi, Grialii, et Breulii repetere. Nec distinctius recensebo Etymologiarum editiones anni 1595, 1602!, 1622, inter Scriptores latinæ linguæ Dionysii Gothofredi, qui Vulcanium ac Bignæum secutus est. Titulus editionis anni 1622, apud me hic est : *Auctores Latinæ linguæ in unum redacti corpus : quorum auctorum veterum, et neotericorum elenchum sequens pagina docebit. Adjectis notis Dionysii Gothofredi J. C., una cum indice generali in omnes auctores. Editio postrema emendatior, et nonnullis auctior. Genevæ excudebat Alexander Pernet.* 1622 in 4. Col. 809 sunt Etymologiæ Isidori, col. 1905 variæ lectiones in Isidorum ex Vulcanii editione.

CAPUT LV.

Codices mss. Etymologiarum. Excerpta, notæ, versiones.

1. Manuscripti Codices Etymologiarum, ut ait Nic. Antonius, plures passimque reperiuntur in bibliothecarum angulis. Commemorat Codicem septingentorum fere annorum in Complutensi S. Ildefonsi collegio : qui, ut refert Bayerius in bibliothecam Escurialensem migravit, ab eodem Bayerio ad annum 1762 recensitus. Addit Nic. Antonius alium in Mediolanensi bibliotheca Longobardicis litteris majusculis descriptum, alios in bibliotheca Patavina S. Joannis tunc Canonicorum Lateranensium, in Parisiensi Renati Moreau medici, in Veneta S. Antonii, in Pinciano monasterio S. Benedicti. Pro Veneta S. Antonii laudat Tomasinum pag. 13; qui certe in Bibliothecis Patavinis mss. non semel Etymologias recenset, ut pag. 30, 31, etc.

2. Ad hæc Bayerius veteres Etymologiarum Codices ultra quadraginta se vidisse, atque evolvisse ait

tum apud Hispanos Toleti, Hispali, atque in regio Escurialensi cœnobio, tum in Italiæ bibliothecis, Vaticana, Laurentiana Medicea, Ricardiana Florentina, Ambrosiana Mediolanensi, Bononiensi S. Salvatoris, Veneta S. Marci, Patavina, Taurinensis academiæ, et aliis. Observat, unam Escurialensem denos minimum exhibere, quorum nonnulli milliarium Ecclesiæ sæculum, sive annum Christi M antiquitate superant. De notis juridicis, quæ in Codicibus antemillenariis reperiuntur, quod Bayerius addit, cap. 93 expendam, cum Codicem Vaticanum 623 describam.

3. Rodriguezius de Castro tom. II Bibl. Hisp., pag. 314 seqq., fuse, neque inutili labore Codices Etymologiarum, aliosque Isidori recenset, qui in bibliotheca Escurialensi asservantur. In 1 et 3 exstat Codex membranaceus Etymologiarum in fol. exaratus æra 781, hoc est anno Christi 743, ut Rodrigueziu colligit ex quadam nota codicis mox referenda. Sed advertere debuit, eum codicem, quem describit, non illa æra exaratum fuisse, sed posteriori tempore ex alio qui æra 781 scriptus fuerat, ut ex ipsius Rodriguezii narratione patet. In primo folio, ut ait, quod papyraceum est, hæc legitur nota : « Hic liber scriptus est æra MLXXXV a Dominico presbytero, ut in fine libri dicitur. Is est annus Christi MXLII. Et fortasse fuit Sanctii Secundi nondum tamen regis, qui ex Sanctia regina Veremundi Tertii sorore natus est. Cum horum trium mentio fiat tum hujus libri initio in tabella tessellata repetiti sæpe nominis, tum primo libro in pedum poeticorum tabulis ; neque temporum ratio discrepat. »

4. Hæc nota Rodriguezium admonere debuit, codicem non anno 743, sed anno demum 1042 exscriptum ; nam annus æræ fortasse est MLXXX. In eodem folio primo hæc est nota Hispanico sermone : *Este libro es de la Iglesia de nuestra Señora del Pilar de Zaragoza*. Scilicet, Hic liber est ecclesiæ Cæsaraugustanæ Deiparæ Virginis de Columna. In folio secundo, quod membranaceum est, ut alia sequentia, notatur, *Littera ista Mozaraba appellatur, vel Toletana*. Nimirum characteres sunt Gothici, sed affabre et studiose exarati. Initio depicta est crux versicolor his verbis superiori parte : *Pax, Lux* : inferiori vero : *Lex, Rex*. Sequitur labyrinthus verborum, diversis coloribus, ut ipsa crux, ornatus, in honorem beatissimæ Virginis Mariæ : et alius similis, in quo legitur : *Sancio, et Sancia librum*. In folio sequenti litteris majusculis hoc monitum : « In Dei nomine simplo triplo divino incipiunt capitula libri Ethimologiarum. Ut valeas, quæ requiris, cito in hoc corpore invenire, hæc tibi, lector, pagina monstrat, de quibus rebus in libris singulis conditor hujus Codicis disputabit (pro disputavit) in libris duodecim. Deo gratias, amen, sæcula sæculorum. »

5. Non dissimile monitum in nostris Vaticanis codicibus reperimus : ex quo suspicari possumus, exemplar Cæsaraugustanum ad alia extera conformatum fuisse, præsertim quia Isidorus auctor, ut mox videbimus, Junior appellatur. Quod autem dicitur libros esse duodecim, mendum librarii videtur. Ut enim Rodrigezius advertit, hic Codex in distributione partium, et capitum cum editione Grialii congruit. Post monitum est index librorum et capitum magno artificio exaratus, ac circulis distinctus.

6. Operis inscriptio hæc est : *In nomine Domini nostri Jesu Christi incipit liber Ethimologiarum beatissimi Esydori Junioris ecclesiæ Spalensis episcopi ad Braulionem Cæsaraugustanum episcopum scriptum*. Ante epistolas Isidori, et Braulionis, quæ Etymologiis præmittuntur, sunt notæ juridicæ, quas Isidorus, lib. I, cap. 28 abolitas refert : quem ad locum in nonnullis nostris Mss. inseruntur, in plerisque desunt. Epistolæ Isidori ad Braulionem sunt quinque : 1. *In Christo Domino, et dilectissimo filio Braulioni arcediano* (corrige *archidiacono*) *Isidorus*. 2. *In Christo reverendissimo, et colendissimo fratri Braulioni Isidorus*. Tres reliquæ : *Domino meo, et Dei servo Braulio episcopo Isidorus*. Prima ex his quinque epistolis incipit : *Dum amici litteras* ; altera : *Quia non valeo*. Braulionis ad Isidorum epistolæ sunt duæ hac inscriptione : *Domino meo, et vere domino, Christique electo Ysidro episcopo episcoporum summo Braulio servus inutilis sanctorum Dei*.

7. In fine libri V, ubi est Chronicon, ita legitur : « Mauricius annis XXI Gothi catholici efficiuntur. Focas annis VIII... V.DCCCVIII Romani cæduntur a Persis. Eraclius septimum decimum nunc agit annum V.DCCCXXVI. Judæi Spania christiani efficiuntur. Residuum sextæ ætatis tempus soli Deo est cognitum. » Illico subjungitur : « Invenimus, collectam esse hanc Coronicam sub æra DCLXVI ; sicut et in alia. Deinde a sequenti æra DCLXVII usque in hanc præsentem eram, quæ est DCCLXXXI, creberunt (sic) anni CXVI, qui additi ad superiorem hujus Cronicæ summam, faciunt simul omnes annos ab exordio mundi usque in hanc præfatam DCCLXXXI æra V. DCCCCXLII. His itaque ita dicitis (hoc est, dictis, vel potius digestis) fatemur denique, difficile posse quemquam hominem annorum summam post etiam tempore incarnationis jam Domini prætermissa quoque æra veritatis indice per reges, et principes computare, et in errore minime incurrere. Proinde ergo necesse quippe est secundum morem prorsus æram illam partire, quæ suo repererit tempore incurrere. Et quod partiendo invenerit, hoc quippe faciat ad ere majore (fortasse ad æram majorem) adicere, quæve ab Adam usque ad Christum noscitur percurrere. Tunc sane probabitur quisque se scilicet ad veritatis potius tramite pervenisse. »

8. Ex hac nota male Latina colligebat Rodriguezius, Codicem Cæsaraugustanum æra 781 exaratum fuisse : sed solum hinc constat, eum originem trahere ex alio ea æra scripto. Id enim passim cernere licet in aliis Codicibus, in quibus librarii posteriorum temporum ad verbum ea omnia exscribebant, quæ antiquiores alii primigeniis operibus inseruerant.

9. Non sejungendus ab hoc loco est codex

alius Escurialensis, in quo sunt Etymologiæ Hispano sermone, sed diverso ordine atque in editis. Etymologiæ per capita, tractatus et libros dividuntur, ac plura omittuntur, quæ in Editis, atque aliis Mss. exstant. Incipit : *Capitulo primero de la disciplina, et de la arte.* Caput ultimum est de historia. Tum fol. 60 incipit tractatus tertius, qui est de rhetorica. Sed non exprimitur quodnam sit initium tractatus secundi. Fol. 77, *Libro tercero, e capitulo primero de la dialectica:* ita alia capita. Fortasse cum antea dicitur *tractatus tertius*, mendum est pro *tractatus secundus:* vel hoc loco legendum est *liber tertius:* nam fol. 93 sequitur *quinto capitulo primero de las quatro disciplinas,* etc.

10. Post tria capita fol. 117 : *Capitulo primero de los fasedores de las leyes.* Fol. 131, rursus *quinto capitulo primero de la palabra Cronica.* Fol. 142. *Capitulo primero de las lenguas de las gentes.* Fol. 190. *Aqui comienza el onseno libro, la nascencia de unos nombres*, etc. Hic dicitur liber undecimus, qui in cæteris exemplaribus est decimus, scilicet de Nominibus per alphabetum. In hac versione liber is desinit in verbo *seditiosus*.

11. Illico addit Rodriguezius, caput 7 Vitæ sancti Isidori esse *de los libros, que dexò escritos,* etc. Sed cum non præmiserit, in hoc codice Vitam S. Isidori per capita distinctam contineri, suspicor, hoc loco non levem errorem typographicum irrepsisse, atque ea omnia, quæ Rodriguezius narrare pergit, esse intelligenda de alio Codice, quem pag. 320 describit. Codex igitur, quo Etymologiæ Hispanice redditæ repræsentantur, solum primos Etymologiarum libros perturbato ordine, et nonnullis omissis, videtur complecti. Quod autem Rodriguezius conjicit, has Etymologias desumptas ex primo exemplari, quod Isidorus ad Braulionem misit, quia divisæ sunt, ut ait, non per libros, sed per tractatus, aut capita, ut ab Isidoro scriptas Braulio asserit, sustineri nequit : nam Braulio ait Isidorum opus non libris, sed titulis distinxisse : Etymologiæ autem Hispanicæ, quod Rodriguezius animadvertere debuit, et capitibus, et tractatibus, et libris distinguuntur, non titulis.

12. Addit Rodriguezius, in Etymologiis Hispanicis multa desiderari, quæ in Editis inveniuntur : quod exemplari ab Isidoro ad Braulionem misso congruere potest : siquidem Braulio tradit, Isidorum Etymologias non absolvisse. Sed ut alibi ostendi, Braulio nihil Etymologiis addidit, sed solum eas in libros divisit. Interpres autem Hispanicus vel exemplar aliquod mutilum, ac perturbatum reperit, qualia multa passim reperiuntur, vel solum partes quasdam Etymologiarum in patrium sermonem convertere voluit, vel fortasse in separatas aliquas Etymologiarum partes, jam ab aliquo in libros divisas incidit ex iis, quas Isidorus seorsum vulgaverat, antequam totum opus in unum corpus coactum ad Braulionem mitteret.

13. Pag. 320 describit Rodriguezius codicem Escurialensem m. b. I. papyraceum, in quo nonnulla sunt opera ex codice latino veteri bibliothecæ ecclesiæ Toletanæ in Hispanum idioma conversa. Exaratus fuit anno 1444. Opera sunt Vita S. Isidori, Vita S. Ildefonsi, et hujus opus de perpetua Virginitate S. Mariæ, Soliloquium S. Augustini. Omnia hispanice. Titulus Vitæ S. Isidori ita habet : *Comienza el prohemio de la Vida de Sanct Isidoro, arzobispo de Sevilla, que como del se collige, es homelia escrita de algun sancto hombre de aquel mesmo tiempo.* Constat 31 capitibus, et inseruntur nonnullæ epistolæ sancti Isidori, et tractatus ejusdem de Oratione, sive Lamentum pœnitentiæ alphabeto editum.

14. Hic annectenda opinor, quæ Rodriguezius pag. 318, cum de Etymologiis Hispanicis sermonem habebat, narrabat, scilicet cap. 7 hujus Vitæ S. Isidori agi de libris ab ipso scriptis, ac præcipue de Etymologiis, quarum magnum fit elogium. Capite 20 est Lamentum pœnitentiæ ; cap. 21, epistola S. Isidori ad Mausonam, al. *Massonam.* Sequitur epistola Isidori, qua Braulionem invitat ut ad se veniat. Tum epistola Braulionis, qua librum Etymologiarum petit. Responsio Isidori. Ejusdem ad Eugenium epistola. Alia ad Leofredum, sive Leudefredum.

15. Censet Rodriguezius hanc Isidori Vitam diversam esse ab ea quæ Lucæ Tudensi a plerisque ascribitur, in Actis Bollandianis edita. Et divisio quidem capitum diversa est ; sed cum Bollandiani non omnia ediderint, quæ in Ms. veteri Toletano, unde exemplar ejus Vitæ depromptum fuerat existebant, et aliunde observetur in Vita a Bollandianis edita insertas etiam esse epistolas laudatas Isidori, suspicandi locus est, an reipsa Vita Hispanica non differat a Latina, quæ a canonico Legionensi, vel a Luca Tudensi scripta fuerat. Multa certe utrique Vitæ sunt communia.

16. Exemplaria Toletana Burriel in suis litteris descripsit supra cap. 40. Fabricius in Bibliotheca medii ævi testatur eximios Etymologiarum mss. Codices exstare Lugduni Batavorum inter libros, qui fuere Isaaci Vossii. Longum foret eos omnes recensere Etymologiarum mss. Codices, qui in Bibliotheca bibliothecarum mss. Montfauconii, aliisque hujusce generis catalogis indicantur. In Diario Encyclopædico Gallice edito Januarii 1761, part. I, pag. 18 et 20, describitur Codex argenteus Ulfilæ, quo versio Gothica Evangeliorum continetur, a Junio inde typis edita. Additur anno circiter 1757 a Domino Knitell in bibliotheca Wolfembutellii repertum codicem membranaceum Etymologiarum S. Isidori ex iis qui *Rescripti* nuncupantur, quia super veterem aliquam scripturam deletam, sed ita aliquando, ut legi possit, nova alia addita est. In eo Codice textus *superscriptus*, ut vocant, est opus Etymologiarum ; vetus plura vetera monumenta comprehendebat, et in his partem versionis Gothicæ Epistolæ S. Pauli ad Romanos. Characteres Etymologiarum similes sunt iis quos Mabillonius pag. 351 de Re diplomatica repræsentat : versio Gothica iisdem litteris, quibus celeberrimus argenteus codex Ulfilæ, exarata erat.

17. Bandinius in Catal. Cod. Lat. bibl. **Medic.**

Laurent. Florent. nonnullos Etymologiarum Codices distinctius exponit; scilicet tom. I, plut. 19, cod. 32 chart. in 4 min., qui nitidissimus est, et cum initialibus singulorum librorum anno depictis, constat foliis 318. Sunt Etymologiæ libris xxII prævia singulis libris capitum tabula, et sex epistolæ Isidori et Braulionis. Liber secundus, uti et tertius, in duos distribuuntur: hinc libri 22 sunt, de quo numero dixi cap. 48.

18. Ibidem tom. II, plut. 52, codex 21 membranaceus in 4 min. sæculi XIII, in cujus summo tegumenti margine notatum est, *Isidorus Etymologiarum, florenorum quinque, chartarum 87, signum N.* Sunt libri viginti duo, prævia singulis libris capitum tabula, et priori libro epistola Isidori, qui *Junior* dicitur, ad Braulionem, *Tuæ sanctitatis.* In fine, *Expliciunt libri Etymologiarum Isidori. Deo gratias.* Claudit Codicem tabula argumentorum, quæ in singulis viginti librorum capitibus pertractantur.

19. Inter libros bibliothecæ Gaddianæ tom. III, plut. 98, Codex membranaceus in fol. min. sæculi xIII cum initialibus et titulis rubricatis, **445** et multis in margine variis lectionibus satis bonis instructus. Antiquus possessor Franc. Maria Tartarinus de Mutina clericus. Titulus *Isidori Junioris Hispalensis ecclesiæ episcopi ad Braulionem episcopum Etymologicon libris viginti.* Præcedit librorum et capitum tabula, et septem epistolæ, ut editione Matritensi part. II, p. 393. In duabus primis scribitur *Braulioni archidiaconus Isidorus* pro *Braulioni archidiacono Isidorus.* In aliis plerisque exemplaribus solum præmitti Etymologiis solent quinque epistolæ, præter eam quæ præfationis locum obtinet. In hoc exemplari et in nonnullis aliis adduntur duæ aliæ ad Braulionem, dum adhuc archidiaconus esset, scriptæ. Index Codici a recentiore manu uberrimus appositus est.

20. Aliud Etymologiarum exemplar in eodem Codice 17, n. 2, est inscriptum *Isidori Hispaniensis episcopi Etymologiarum libri viginti.* Præcedunt quinque solitæ epistolæ; finit, *character autem Græce, Latine forma dicitur,* ut prope finem editionis. Codex est membranaceus in fol. sæculi xI, titulis rubricatis, prævio indice librorum et capitum a recentiore manu. Ex quibusdam insertis monumentis arguitur, olim ad Imolense aliquod monasterium pertinuisse.

21. Tertium Etymologiarum exemplar in eodem Cod. 17, n. 3, *Isidori Hispalensis Etymologicon libri viginti.* Codex membranaceus in 4° majori sine epistolis sæculi xIII, cum rudi auctoris pictura initio præter alias tres. De hac consuetudine appingendi initio operum imagines auctorum plura afferam cap. 105. Nomen antiqui possessoris *Joannes Gaddi.*

22. In bibliotheca olim S. Crucis tom. IV, plut. 27, Codex 7 Isidori Etymologiæ prima pars, præviis epistolis. Desinit in fine libri undecimi (in editione *decimi) alatores, pressores.* Codex 8 Etymologiarum secunda pars a libro xII (in editione xI), ad finem libri xxII (in editione xx). Codices membranacei initio sæculi xIII, eadem manu exarati titulis rubricatis, et aliquot summariis in margine. Subditur Excerptum de lapidibus pretiosis, et anonymi tractatus astronomicus, qui incipit, *Cœlum circulis quinque distinguitur:* desinit: *fruamur uno, et permaneamus in unum. Amen*

23. Ex eadem bibliotheca S. Crucis plut. 27, Codex 9, in fol. sæculi xI, vere insignis cum summariis in margine, et initialibus coloratis, suppletis quatuor prioribus Etymologiarum paginis manu sæculi xIII, omissis epistolis. Præcedit alphabetica tabula rerum, **446** et verborum, in cujus fine: *Explicit tabula super Isidorum Etymologiarum scripta per fratrem Thedaldum de Mucello Florentiæ* MCCCLXXXIV, xx *Octobris.* Hanc recentiorem tabulam, quæ priora octo Codicis folia complectitur, alia vetustior consequitur, argumenta singulorum librorum repræsentans, subjecto hoc monito: « Post hos Etymologiarum libros est in hoc volumine liber S. Isidori ad Sisebutum de Astronomia, de diebus et noctibus, de solstitio, de mundo et ejus partibus, de cœlo et partibus ejus, de omni ornatu ejus, de sole, et luna, et stellis, de tonitru, de fulminibus, de arcu, de nubibus, et pluviis, de nive et grandine, de ventis et nominibus eorum, de tempestate et serenitate, de pestilentia, de oceano, et amaritudine aquæ maris, de Nilo flumine, de terræ motu, de monte Ætna. Item quidam tractatus de Natura avium. »

24. Alia inscriptio pag. 10 occurrit: *Iste liber Etymologiarum Isidori* ANTIQUI, *in quo est Isidorus* JUNIOR *de computo, et mundo, et catalogus summorum pontificum usque ad tempora Hermetis, et catalogus generalium* (Ordinis S. Francisci) *usque ad Michaelem de Cæsena cum tabula optima per alphabetum, fuit fratris Thedaldi de Casa, quem donavit conventui anno Domini* MCCCCX, *die* IV *Decembris.* Pag. 11 incipiunt Etymologiæ cum brevi ad Braulionem prologo, et tabula capitum. In fine; *Explicit liber Etymologiarum S. Isidori episcopi.*

25. Sequitur, num. 2, pag. 69, liber anepigraphus, qui in Catalogo *forte Isidori* esse dicitur, de quibusdam animalibus. Cap. 1, de nocticorace incipit: *In psalmo* CI *dicit David: Factus sum sicut nocticorax in domicilio. Physiologus dicit, Nocticorax immunda avis est,* etc. Caput ultimum de pelicano desinit., *Ita et D. N. Jesus Christus per Esaiam prophetam dicit: Filios genui, et exaltavi; ipsi autem spreverunt me.* Liber *Physiologus,* ab aliis Florino, ab aliis Theobaldo tribuitur: sed duplex est Physiologus in mss. Codicibus, alter versibus elegiacis Florini, alter versibus leoninis Theobaldi, ut ex Fabricio in Bibliotheca medii ævi colligitur. Qua ætate hi auctores vixerint, incertum: sed certe Isidoro sunt posteriores, adeoque liber de Natura avium, seu de quibusdam animalibus Isidoro abjudicandus est.

26. Opus *de Mundo,* sive de Natura rerum, quod in Codice sequitur, cum nonnullis additionibus ex Etymologiis, explicabitur **447** suo loco. Succe-

dit catalogus apostolorum et Christi discipulorum, generalium et protectorum ordinis S. Francisci. Subjicitur inscriptio : *Iste liber est ad usum fratris Thedaldi Ser Octaviani de Mucello, quem emit a quodam sæculari pro pretio sex florenorum anno Domini* MCCCLXXI, *circa finem mensis Novembris.* Thedaldus manu sua addidit notitiam de septem orbis miraculis, et tabulam librorum et capitulorum Etymologiarum. Codicem claudit quoddam monumentum de electoribus imperatoris.

27. Ejusdem bibliothecæ S. Crucis Codex plut. 27, 10, membranaceus in fol., vere insignis, sæculi x cum litteris et titulis rubricatis, continet Etymologias, præviis summariis, epistolis, et tabulā capitum. In primo folio notatur : *Iste Isidorus Etymologiarum est ad usum fratris Andreæ Ursiti de Florentia ordinis Minorum : post mortem vero ejus debet poni in armario Florentini conventus, et in eodem manere, quia ad hoc principaliter emptus est.*

28. In catalogo mss. Codicum regii Athenæi Taurinensis Rivautella et Berta auctores præter Codicem 53, in quo sunt Etymologiæ et liber Numerorum, de quo alibi, referunt tres alios Codices Etymologiarum. Codex LV, d. IV, 30, membranaceus sæculi XI, constat foliis 176. Habentur in eo sexdecim priores libri Originum S. Isidori Hispalensis. Specimen variarum lectionum exhibent. Innumera in Codice sunt schemata rubro colore elegantissime picta ad geometriam, astronomiam, et musicam pertinentia ; fol. præsertim 155 et seqq., ubi pictæ conspiciuntur manus, et hominum icones, quæ variam numerandi indicant rationem. Similia sunt in Codicibus Vaticanis, in quibus exstant libri de Computo, sive loquela per digitum. Ad calcem, *Explicit liber sextus decimus. Incipiunt capitula libri septimi decimi Isidori episcopi Etymologiarum feliciter.*

29. Codex LVI, d. IV, 33, ejusdem Athenæi Taurinensis membranaceus sæculi x, Etymologiarum libri viginti. In fine : *Explicit liber vicesimus, amen.* Eædem ferme variantes lectiones occurrunt quæ in antecedentibus 53 et 55.

30. Codex LVII, d. IV, 34, Taurinensis, membranaceus, sæculi XIV. Sunt libri viginti Etymologiarum, quibus in fine subjungitur tabula rerum alphabeti ordine disposita.

31. Muratorius, tom. III Antiq. medii ævi, dissert. 47, col. 804, **448** quemdam Codicem bibliothecæ Mediolanensis describit, silentio a nobis non prætereundum : *In Anecdotis*, inquit, *meis evulgavi opusculum Gezonii abbatis*, etc. *Complectebatur ista unus Codex Ambrosianus, in quem et alia congesta fuere, videlicet glossæ in Genesin*, etc. *Etymologiæ e Virgilio presbytero Hispano : tum aliæ e libro domni Isidori. Denique illic habentur glossæ in Vetus ac Novum Testamentum, in librum Officiorum, in librum Rotar nescio quis, aut quid hic significetur*), *in librum Vitæ sanctorum, in Cassianum, in Eusebium, in Orosium*, etc. Liber *Rotar*, qui indicatur, est liber Isidori de Natura rerum, dictus in membranis liber *rotarum* ob circulos, sive rotas, quæ ad rerum explicationem depictæ sunt. Ejusdem quoque Isidori librum de Ortu et Obitu Patrum puto significari per librum Vitæ sanctorum ; cujus etiam fortasse sunt liber Officiorum, et glossæ in Vetus ac Novum Testamentum. *Virgilii presbyteri Hispani* nomen, cujus Etymologiæ laudantur, ignotum adhuc est in bibliotheca Hispana. Muratorius tom. II Anecdotor. Latin. in disquisitione post Expositionem symboli *Quicunque*, advertit hunc Codicem ante mille et plures annos fuisse exaratum : in eo præterea esse anonymum librum Dogmatis fidei (qui est liber de ecclesiasticis dogmatibus Gennadio a plerisque tributus), et alium, qui inscribitur *Fides Bachiarii*, scilicet Apologia.

32. Quibus mss. Exemplaribus Etymologiarum Zaccaria ad suas varias lectiones usus fuerit, exposui cap. 45, uti etiam cap. 46 alia ex veteribus catalogis indicata sunt. In Codicibus Vaticanis aliisque Romanis, quos ego consului, et postmodum singillatim recensebo, sæpe Etymologiarum opus recurrit, ut in Codice Vaticano 623, de quo cap. 93, Cod. Vatic. 624, de quo cap. 94, Cod. Vatic. 625, ibid., Vat. 5763 et 5764, olim monasterii Bobiensis cap. 98. In Vatic. 5873 sunt Etymologiæ interpolatæ, et diverso ordine atque in Editis : sed versus finem imperfectæ. Vide cap. 98. In Codice Regio Vaticano 61, de quo cap. 99, sunt plures libri Etymologiarum hinc inde excerpti. In Regio Vaticano 84, ibid., alia Excerpta ex Etymologiis. In Regio Vat. 112, ibid., pulchrum exemplar Etymologiarum sæculo undecimo ineunte exaratum. Aliud in Regio Vat. 137, ibid., Isidorus initio dicitur *Hispaniensis.* Aliud in Regio Vaticano 205, ibid., et in 239, ibid. **449** Decem libri postremi in Regio Vatic. 287, cap. 100. Etymologiæ cum epistolis præviis, mutilæ in fine, in Regio Vaticano 294, cap. eod. 10). Liber decimus Etymologiarum in Regio Vatic. 310, ibid. Liber quintus Etymologiarum *Isidori Junioris* in Regio Vaticano 846, ibid., in quo quædam alia sunt fragmenta Etymologiarum antiquis Tironis notis exarata. Alia fragmenta Etymologiarum in Regio Vatic. 1048, cap. 101. Alia in Regio-Vaticano 1315, ibid., et 1373, ibid. In Regio Vaticano 1824, eod. cap. 101, sunt viginti libri Etymologiarum, sed ordine diverso ab Editis, et multis in compendium redactis. Ibid. in Regio Vatic. 1850, opus Etymologiarum diverso ordine ab impressis et imperfectum. Ibid. in Regio Vatic. 1953, vetus et pulchrum exemplar viginti librorum Etymologiarum cum sex notis epistolis Isidori et Braulionis. In Cod. Palat. 281, cap. 102 libri viginti Etymologiarum sæculo VIII aut IX scripti, fere ut editi. Ibid. in Cod. Palat. 281, sæculi XIV circiter : *Incipiunt capitula in libro Ethymologiarum Ysidori Junioris Hispalensis episcopi.* Sunt libri viginti ab impressis parum diversi. Ibid. in Cod. Palat. 283, sæculi XIV circiter : *Rubricæ libri primi Ysidori Ethimologiarum*, etc., cum epistolis Isidori et Braulionis, qui interdum sola littera *B* indicatur. Dividitur opus in viginti duos libros, et nuncupatur cum Braulioni, tum Sisebuto. In Cod.

Palat. 1050, cap. 103, fragmentum ex libro v Etymologiarum de Legibus divinis et humanis. Ibid., alia fragmenta Etymologiarum Cod. Palat. 1357. Ibid., alia in Palat. 1448. In Codice Urbinate 100, cap. 104, Etymologiæ in viginti duos libros divisæ, addito libro xxiii, qui est de Natura rerum. In Urbinate 479, ibid., *Isidorus Etymologiarum.* Sunt viginti libri. In fine: *Ysidori Junioris Spalensis episcopi.* In Ottoboniano 336, cap. 105, *libri Ysidori Junioris Spalensis episcopi ad Braulionem... vel ad Sisebutum.* In Ottobon. 343, ibid., Etymologiæ Sisebuto, non Braulioni, nuncupatæ. In Ottobon. 345, ibid., Etymologiæ. Sunt viginti libri, sed diversi in titulos: quædam etiam variæ lectiones veteres. In Ottoboniano 352, libri viginti Etymologiarum ad Sisebutum, non ad' Braulionem ibid. In Ottob. 1100, Etymologiæ in viginti duos libros distinctæ, ibid. In Ottobon. 427, ibid., viginti libri Etymologiarum ad Sisebutum. In Ottob. 477, ibid., viginti libri Etymologiarum. In Codice 1 Archivii Vat., de quo cap. 107, Etymologiæ in viginti quinque libros divisæ. **450** In Codice 2 ejusdem Archivii ibidem Etymologiæ *ad Braulionem vel ad Sisebutum.* Eodem cap. 107 agam de Codice Etymologiarum Albanio, in quo multa extranea admista sunt, et de Codicibus bibliothecæ Angelicæ et Collegii Romani.

33. Excerpta Etymologiarum quædam, ut advertit Nic. Antonius, conservat Codex bibliothecæ Cæsareæ, uti apud librum ii Petri Lambecii commentariorum de ea cap. 8, pag. 934, legitur. Quo in genere innumera alia nos addere possemus. Bandinius tom. IV Cod. Latin. bibl. Med. Laur. ex libris olim S. Crucis, plut. 17, cod. 10, sæculi xi, indicat elogium S. Augustini ex lib. x cap. 6, al. lib. vii cap. 6 Etymologiarum. Isidorus de Arte rhetorica exstat in antiquis rhetoribus Francisci Pithœi, ex libro ii Etymologiarum. Catalogus hæresum ex lib. viii Etymologiarum repetitur a Gratiano part. ii Decreti, causa 24, quæst. 3. Editus etiam fuit ab Hieronymo Gebuwler Argentorati 1523, in 4, cum S. Augustino de Fide atque Operibus, et S. Hieronymo contra Helvidium et Vigilantium, et separatim a Joan. Quintino J. C. Parisiis 1560, ut observat Fabricius in Bibliotheca medii ævi. In veteri Codice Lucensi, quem ex Mansio cap. 44 recensui, sunt excerpta de hæresi et schismate, et alia ex lib. vii cap. 1, 2 et 3, ex lib. viii cap. 1 et 2 de Ecclesia et Synagoga, etc., quæ duo capita conjunguntur cum extremo libri vii capite, perinde quasi unius ejusdem libri tria capita essent. Catalogus hæreticorum exstat in Codice Vaticano 511, de quo vide cap. 93. Fragmenta de ponderibus et mensuris in Urbinate 307, cap. 94. Alia num. præced. indicata sunt. Edita quoque sunt fragmenta de Arte rhetorica et grammatica ex libris Etymologiarum. De vitiis orationis fugiendis, et de tropis, et schematibus in collectione Italica: *Autori de ben parlare* part. ii, a pag. 237, Venetiis 1643. De Rhetorica liber in appendice, *Autori della Retorica,* tom. II, post pag. 30. Pars prior ejusdem libri exstat inter Antiquos Rhetores Latinos Claudii Capperonnesii,

Argentorati 1757, a pag. 387. Hæc est ars rhetorica quæ, ut dixi, invenitur inter Rhetores Antiquos Francisci Pithœi, ex libro ii Etymologiarum.

34. Plura præterea de excerptis ex libris Isidorianis cap. 33 retulimus. In Codice Vaticano 3906, et in alio Vaticano 4877, de quo cap. 97, excerptum est ex lib. xvi Etymol. *ponderum ac mensurarum,* etc. **451** Idem in Codice Vaticano Palatino 1719 sine auctoris nomine, ubi subjungitur caput de modo conficiendi epistolam formatam, ut apud Sirmondum in fine tom. II Concil. Gall. In Ottoboniano Vaticano 56, membr. in 4°, exstat Probæ cento, cui præmittuntur verba Isidori ex Etymologiis de Natura centonum lib. i, cap. 39.

35. Inter scriptores ecclesiasticos de Musica sacra a Martino Gerberto typis San Blasianis anno 1784 editos, tom. I, pag. 19, inseruntur S. *Isidori Hispalensis Sententiæ de Musica.* Quidnam sint hæ sententiæ, docet Gerbertus hoc monito, quod præmittit: *In Mss. bibliothecæ Cæsareæ Vindobonensis sæculi* xiii, *quæ sequuntur ex S. Isidori Hispalensis episcopi Etymologiarum libro tertio excerpta, seorsim reperi hoc titulo: Incipiunt Sententiæ Isidori episcopi ad Braulionem episcopum de Musica. Quam epigraphen servandam duximus, dum excerpta hæc cum editis collata edenda existimavimus cum Cassiodoro, quorum quippe auctoritate cæteri deinceps scriptores de Musica medii ævi frequenter sunt usi. Nec sejungere voluimus, quod in laudato Codice Vindobonensi e vestigio additur, excerptum de Rhythmimachia, ad idem nempe argumentum, calculationem numerorum musicorum spectans.* Adverterat Gerbertus in præfatione ad tom. I temporibus Isidori, ineunte sæculo vii, musicam theoreticam cum practica magis magisque effloruisse, in Galliis præsertim. Excerptum constat ex capitibus novem Isidori de Musica a cap. 15 seqq. libri iii Etymologiarum. Gerbertus quasdam varias lectiones observat: caput quod addit, sive Excerptum de Rhythmimachia inter Isidori dubia opera, aut fragmenta append. 5 ad Etym. non immerito collocabitur. Fabricius in biblioth. med. verbo *Berno* Elenchum intexuit scriptorum Latinorum medii ævi, qui de musica cantuque ecclesiastico egerunt, in quibus recenset Isidorum lib. iii, Etymolog., cap. 14, etc.

36. Commentarium quemdam incerti auctoris secundum alphabeti litteras in totum Etymologiarum opus refert Nic. Antonius ex variis annotationibus mss. Alfonsi Ciaconii, quæ ad S. Isidorum Hibernorum ordinis Minorum asservantur. Exstat hic Codex in bibliotheca Vaticana, quod Nic. Antonius suspicabatur, num. 625, quem cap. 94 suis coloribus depingam. Nunc satis sit animadvertere, esse quoddam vetus glossarium non solum ex Etymologiis, **452** sed ex aliis operibus plena manu collectum. Rodriguezius, tom. II Bibl. Hisp., pag. 336 seq., Nic. Antonii mentem non assecutus, asseruit Codicem ipsum alphabeticum Etymologiarum manu Alfonsi Ciaconii descriptum in bibliotheca Vaticana exstare. Hujus,

vel consimilis Alphabeti auctor est Jacobus Cina de sancto Andrea ord. Prædic., qui decessit anno 1380: nam præter alia ejus scripta, de quibus Quetif tom. I, pag. 681, et Fabricius in Bibl. med., *Alphabetum Etymologiarum ex Isidoro Hispalensi ad Gregorium XI* asservatur in bibliotheca Bodleiana. Peculiarem alium commentarium, sive observationes in librum IV Etymologiarum, qui de re medica agit, edidisse Symphorianum Camperium, idem Nic. Antonius alicubi legerat.

37. De notis Bonaventuræ Vulcanii, Bignæi, Breulii, atque omnium accuratissimis Grialii, aliisque nonnullis verba iterum facere nihil juverit. Ex epistola doctissimi viri Andreæ Gallandii ad Zachariam, die 23 Septembris 1758 data, colligo in bibliotheca Veneta Patrum Oratorii S. Philippi Nerii exstare editionem S. Isidori Breulianam, quibusdam notis mss. et variis lectionibus, partim etiam conjecturis ornatam: in cujus initio scriptum est eodem, ut videtur, charactere ac notæ: *Petri Thomæ, Joannis F., Simonis N., Joannis P., ex bibliotheca*. Earum notationum nonnullas in pretio habendas Gallandius censebat, alias non item, quippe quæ in locis auctorum ab Isidoro allegatis indicandis versentur.

38. In Bignæana Isidori editione, quæ in bibliotheca Vaticana custoditur, sunt quædam notæ et variæ lectiones in libros Etymologiarum, quæ mihi nonnulli usui sunt futuræ. Cætera Isidori opera ejusmodi observationibus carent. Aliquando notæ apponitur *P.*, aliquando *P. A*, aliquando *P. R.* Dubito an indicetur Codex basilicæ S. Petri duplex, *Antiquus*, et *Recentior*: an auctoris alicujus nomen.

39. Non indignum observatione ait esse Nic. Antonius, in catalogo quodam Græcorum librorum apud Antonium Verderium in Supplemento Gesnerianæ bibliothecæ Isidori Hispani *de theologia Etymologicum* comprehensum conspici: quod de ea parte ubi theologicæ tractantur origines intelligendum existimat. Sed *cujusnam frugis*, inquit, *Græcos docere Latina etyma?* Sed oblitusne est sui ipsius Nic. Antonius, qui paulo ante nobis Isidorum repræsentavit sub modesto illo *Etymologiarum* titulo, *non utique nudas vocum derivationes consectantem, sed et rerum ipsarum origines demonstrantem, artiumque omnium fundamenta jacientem?* Ac revera in libris VII et VIII, in quibus Isidorus de theologicis rebus agit, vix quidquam de vocum Latinarum originibus disputat. Quid, quod Græco linguam Latinam scire cupienti non inutile fuerit verborum etyma investigare, ut Latini Græce scientes Græcarum vocum originationes addiscunt?

40. Ex Bayerio indicavi, cap. 48, versionem Hispanam Etymologiarum sæculi XIV, de qua alio in loco, mihi ignoto, se agere Bayerius profitetur. Eamdem esse opinor atque eam quam ex Rodriguezio hoc cap. 55 descripsi.

CAPUT LVI.

De Libris Differentiarum verborum et rerum. Agrœtius an aliquis exstiterit auctor Synonymorum, sive de distantia verborum. Errores in librorum titulos quibus ex causis olim irrepserint.

1. Hoc Isidori opus Ildefonsus *librum Differentiarum* appellavit, Braulio distinctius *libros Differentiarum duos*, in quibus subtili discretione ea quæ confuse usu proferuntur, sensu discrevit. Male alios tres libros numerare, Nic. Antonius observat, in quibus esse Grialium addit Bayerius: qui etiam putat, e simplici priore libro pro rerum diversitate, de quarum differentiis Isidorus agit, geminum a Braulione factum: siquidem Cellierius tom. XVII, n. 7, in Isidoro binos priores libros indiscretos primitus fuisse jam conjecerat.

2. Sed cum in his libris describendis ordo editionum variet, statuendum est primo loco, quem locum in unaquaque editione hi tres libri teneant. Bignæus duos solum edidit, primum librum inscripsit *Differentiarum*, qui est de differentiis rerum, *Inter Deum et Dominum*, etc., alterum *Differentiarum*, sive de proprietate sermonum librum II, non servato alphabetico ordine: *Inter polliceri et promittere*, etc. Omisit etiam prologum: *Plerique veterum*. Joan. Grialius cum hoc prologo primum librum posuit *Differentiarum*, sive de proprietate sermonum, *Inter aptum et utile*, etc., servato scilicet alphabeti ordine: quo primo libro absoluto, inscriptionem hanc adjecit: *Idem Differentiarum*, sive de proprietate sermonum liber ex Parisiensi editione, nimirum Bignæana: *Inter polliceri et promittere*, etc. Non ergo Grialius duos veluti diversos libros distinxit, quod ait Bayerius, sed eumdem librum diverso modo, ut a se et a Bignæo editum, repræsentavit. Itaque libro sequenti titulum fecit: *Differentiarum liber secundus. Inter Deum et Dominum*, etc., quæ sunt differentiæ rerum.

2. Breulius duos libros editionis Bignæanæ protulit, sed diverso ordine, primum de differentiis, sive proprietate sermonum; *Inter polliceri et promittere*, etc., secundum de differentiis spiritualibus; ita vocat cum nonnullis mss. differentias rerum; *Inter Deum et Dominum*, etc. Cum autem in editionem Matritensem postea incidisset, versus finem pag. 741, addidit librum Differentiarum, sive de proprietate sermonum, a Grialio ordine alphabetico editum. Hinc est, quod Fabricius in Bibl. med. Isidori Opera ex editione Breuliana recensens, hunc vocat librum tertium, *qui*, inquit, *primo longe plenior, digestus ordine litterarum, atque notis eruditis illustratus ex editione Matritensi 1599*. Id perinde est, ac librum Differentiarum sermonum alphabeticum a Grialio editum pleniorem esse libro earumdem Differentiarum verborum, quem sine litterarum ordine Bignæus secundum, Breulius primum Differentiarum librum inscripsit.

4. Non ergo Grialio imputandum, quod tres Differentiarum libros numeraverit: neque probanda Bayerii opinio, cui e simplici priori libro geminus a Braulione videtur factus. Etsi enim Ildefonsus *librum Differentiarum* nominat, tamen *librum* accipit pro *Codice, volumine, opere*. Omnino vero distinctio

ab auctore ipso inter duos libros apponi debuit, quorum unus alphabeticus est, et solum discrimen significationum vocum explicat, alter potissimum in explicatione rerum versatur, nullo servato alphabeti ordine, ut definitiones intelligantur Dei et Domini, Trinitatis et unitatis, etc. Haud equidem negaverim, Braulionis verba potius ad librum Differentiarum sermonum quam ad alterum rerum esse referenda: *In quibus*, ait, *subtili discretione ea quæ confuse usu proferuntur sensu discrevit*. Verum Braulio ex prologo primi libri id sumpsit, quod aliqua ex parte libro etiam alteri congruit, **455** ut cum exponit Isidorus quid intersit inter *virum* et *hominem*, inter *puerum* et *infantem*, inter *mentem* et *rationem*, etc. Dupinius tom. V Bibl. Eccl. tradidit, tractatum de Proprietate verborum Matriti anno 1529 seorsum prodiisse: sed, nisi fallor ipse, deceptus fuit ex libro de Proprietate sermonum, quem ex Editione Matritensi omnium Isidori Operum, anno 1599 peracta, Breulius desumpsit. Vidi equidem Editionem quamdam initio mutilam Etymologiarum, et Differentiarum rerum et sermonum, ut dixi cap. 54, sed hæc Editio sive Matriti, sive alibi peracta ad editionem Bigæanam tota conformata est, desumptis etiam inde notis marginalibus.

5. Librum de Differentiis sermonum, sive alphabeticum pleniorem, sive breviorem confusum, magna ex parte ex Agrœtio sumptum, multi notarunt, ac nominatim Goldastus ad Valerianum de Bono disciplinæ pag. 54, ubi corrigit differentiam, *Inter herbosum* et *herbidum*, etc. Plurima similia opuscula de differentiis et proprietate Latini sermonis a Vulcanio post Isidori Etymologias edita fuisse, observavi cap. 50, quæ etiam repetita fuerunt in editione Auctorum Latinorum Gothofredi. Fabricius in Bibl. Lat. vet. lib. IV, cap. 6, præter antiquiores alias scriptorum de differentiis sermonis Latini recenset Ausonii Popmæ libros quatuor de Differentiis Latinorum verborum, et libros duos de Usu antiquæ locutionis cum Joan. Friderici Heckelii additamentis recusos Lipsiæ 1694, in-8, et Differentias Latini sermonis collectas et editas a Daniele Achrelio Aboæ 1692, in 8. In Codice 624, quem cap. 94 describam, post Etymologias est liber Differentiarum verborum, quin clare Isidoro ascribatur neque servato ordine alphabetico, neque initio sumpto, *inter polliceri*, etc., sed *inter metum*, etc., fere ut opusculum jam editum, de quo infra recurret sermo, *De Differentiis Ciceronis in rebus dubiis*.

6. Quisnam autem liber de Differentiis verborum Isidori censendus sit, breviorne an alphabeticus plenior, ex vetustis membranis quæstio resolvenda est. Liber brevior, qui incipit, *inter polliceri et promittere*, etc., editus est post auctores Latinos Gothofredi hoc titulo: *Excerpta Differentiarum a Jacobo Bongarsio legato regio communicata, de Proprietate sermonum vel rerum*. Hæc tituli pars *de Proprietate rerum* non satis libro congruit **456** quæ potius libro II de differentiis rerum accommodanda est. Fa-bricius in Bibl. med. in Sigeberto cap. 55 notat quod perperam librum Isidori de differentiis verborum dixerit *de proprietate rerum*. At Sigebertus non primum Isidori librum, sed secundum ita appellavit ait enim: *Scripsit librum de Differentiis verborum, librum de Proprietate rerum*. Ita editum est in Biblioth. eccles. Fabricii ejusdem. Alii referunt: *Scripsit et libros duos de Differentiis verborum, sive de proprietate rerum*, ubi *sive* accipi potest pro *et*, ut idem sit sensus, et diversus significetur liber de differentiis verborum a libro de proprietate rerum. In quodam tamen Codice, de quo num. 8, idem liber dicitur de *proprietate sermonum, vel rerum*.

7. Ex duobus autem libris de Proprietate sermonis Isidoro tributis, antiquior fortasse videri poterit is qui brevior est atque ordinem alphabeticum non servat. Similius enim vero est, aliquem tumultuarias differentias vocum in ordinem alphabeti digessisse atque amplificasse, quam ex libro pleniori bene digesto quædam sine ullo ordine excerpsisse. Itaque si liber recte ordinatus Isidori esse dicatur, alterum perturbatum et confusum vetustiorem dicere oportebit. Cur autem idem Isidorus non potuerit primum differentias vocum sine certa methodo vulgare, tum easdem per alphabeti litteras disponere et augere? Mihi ex Isidori aliorumque veterum consuetudine probabilis opinio est, quædam eorum opera modo contractiora, modo auctiora prodiisse, nonnunquam quibusdam commutatis. Collatis vero inter se his duobus commentariis, duos potius diversos auctores colligo: nam e 253 differentiis quæ sunt in breviori, multæ desunt in uberiori, alioquin non contemnendæ ab eo qui opus augere voluisset. Itaque nec definiri potest quisnam horum librorum tempore alterum præcesserit.

8. Commentarius brevis, *Inter polliceri et promittere*, inter alia Isidori opera exstat in Codice Regio Vatic. 310, sæculi x circiter, post librum x Etymologiarum, et librum Differentiarum spiritualium, sive rerum; titulus est, *Incipit de proprietate sermonum, vel rerum; Inter polliceri*, etc. Postea, *Incipiunt Differentiæ spirituales Isidori*. Et in fine: *Expliciunt Differentiæ spiritualium, sive carnalium Isidori*: ubi uterque liber Isidoro ascribitur. In Codice Ottob. 1261, de quo cap. 106, titulus similis operis est, *Marci* **457** *Tullii Ciceronis* (de) *dictionum Differentiis liber incipit: Inter polliceri*, etc. Desinit: *Inter vesper et vespera*, etc. Liber Isidorianus alio modo desinit. De aliis similibus Mss. confer num. 10 et 19.

9. Ampliorem alterum librum alphabeticum *Inter aptum et utile*, etc., Isidoro adjudicat Codex Vaticanus antiquissimus 3321, describendus cap. 9., ubi *Isidor Junioris* dicitur.

10. Quidam sunt Codices, in quibus sine auctoris nomine Isidoriana, aut similia opera de differentiis verborum, aut proprietate sermonis occurrunt, ut Vaticanus 1471, de quo cap. 96 vatic. 1558, ibid., vatic. 5120, de quo cap. 97, ubi est prologus Isidori, *Plerique*, et differentiæ diverso ordine ab Editis,

neque per alphabetum. Vatic. 5134, ibid., ubi duo sunt anonyma Differentiarum exempla, aliud per ordinem litterarum, aliud sine eo. Ita etiam in Vat. 5203, ibid.

11. De Codice Malatestio Differentiarum sermonum dixi cap. 45. Bayerius testatur, plurimos exstare in bibliotheca regia Escurialensi Differentiarum Isidori, sive de Proprietate sermonum Codices : sed quales sint non exponit. Barthius Advers. l. xxxix, cap. 6, hæc habet : « Isidori Differentiarum manuscriptum Codicem olim redemi, et jam nonnihil ex illo propositum memini, cujus hæc est præfatio : Plerique veterum, etc. Hæc est præfatio, quæ cum Latina atque elegans sit, in libello vero ipso plurima inepta, huic quod plerisque hujus census, contigisse arbitror, ut somniis exscribentium monachorum sit distentissimus. Notabimus nos pauca selecta. » Idem Barthius lib. xxxix, cap. 14, membranam antiquissimam vocat, exemplar suum Isidori de Proprietate sermonis. Observat, non pauca in hoc commentario esse quæ vel de Catone, ut præfatio docet, vel de aliis majorum gentium scriptoribus ducta sunt, et vel eo nomine blattarum imperio eximenda. Cogitaverat autem Barthius totum hunc librum edere et illustrare, ut exponit lib. xxxii, cap. 1 : « Manuscriptum commentarium Isidori publicare aliquando et emaculare volo, qui Differentiarum in membranis inscribitur ; si qui forte inde utilitatis, aut voluptatis quid capere possint, ut iis opera nostra prosimus. » Caput ita concludit : « Hæc ego digna notatione hic proponere volui, plurimis ineptioribus omissis. Commentarius etenim ipse non est exiguus, ut in tales intruserunt pro lubitu librarii fere quæ voluerunt. »

12. Barthius tamen, reponit Nic. Antonius, si editionem Matritensem vidisset, pleraque aut omnia quæ in isto ejus Codice vitiosa mancave reperta sanare aut supplere intendit, sana et integra reperire potuit. Tanti plerumque constat in malæ notæ libris ingenium exercere, aut potius defatigare velle. Et Barthio quidem hac in parte ignoscendum, qui multa hujusmodi in illa sua Adversaria, antequam Isidori Opera Matriti edita fuissent, aut ad ipsum pervenire potuissent, conjecerat. Videas etiam nostro sæculo quosdam, qui Matritensis veteris Editionis ignari, aut immemores, nonnulla Isidori loca ; in aliis editionibus corrupta, labore improbo et maximo conatu sanare student, ac vix tandem actum agunt.

13. Quoniam vero quidam libri de Proprietate sermonis, de Distantia verborum, synonymorum, sive alio titulo circumferuntur, partim Ciceroni Victurio ascripti, partim Agrœtio, sed qui alicubi etiam Isidori esse dicuntur : hæc quoque controversia a nobis pertractanda est. Vidi librum hoc titulo : « Synonyma Ciceronis Victurii rhetoris disertissimi cum Stephani Flisci Synonymis, ejusdemque Ciceronis Victurii, itemque Bartholomæi Fatii Differentiis. Opuscula aurea, nunc recens recognita, castigata, aucta, etc. Venetiis apud Dominicum Nicolinum 1564, in 8. » Prologus : « Cicero Victurius lectori salutem : Collegi ea verba, quæ pluribus modis dicerentur, etc. Igitur per alphabetum initium capiamus. Abditum, opertum, obscurum, obumbratum, etc. » Finit : « Videtur, apparet, lucet, exstat. » Sequitur, de Differentiis Ciceronis in rebus dubiis : Inter metum, timorem, et pavorem interest, quod metus futura prospicit, timor subita mentis consternatio, pavor animi metus est. » Paulo post : « Pollicemur ultro, promittimus rogati. » Desinit : « Nefarius intelligitur a præteritis, nefandus, qui in opere fuit principium. »

14. Opusculum Fatii incipit, *Inter ignavum et pigrum*, Synonyma Flisci per classes, *Prudentia*, etc. Fliscus anno 1456. Venetiis scribebat Eodem sæculo inter Hispanos Alfonsus Palentinus tres Synonymorum libros, a Nic. Antonio relatos, composuit. Raymundus Diosdado in suo egregio opere de prima typographiæ Hispaniæ ætate, pag. 34, recensuit *Opus Synonymorum Domini Alfonsi Palentini historiographi impressum Hispali per Meinardum Ungut Alamanum, et Ladislaum Polonum socios anno Incarnationis Domini* 1491, *die* **459** *vero* 24 *mensis Novembris*. Idem pag. 87, post Maittairium et Nic. Antonium descripsit *Differentias vocum excerptas ex Laurentio Valla, Nonio, Marcello et Servio*, excerptore Antonio Nebrissensi. Synonyma et differentiæ Victurii prodierant cum Fatii opusculo Venetiis 1507, et sine eo 1552. Indicari video in Casanatensi bibliotheca : *Vetruvius Cicero : Synonyma cum Differentiis in rebus dubiis, Mediolani* 1508, *in* 4. Fabricius lib. i cap 8 Bibl. vet. Lat., num. 8, refert *Synonyma Ciceronis Victurii* edita Venetiis 1587 in 8, 1515 in 4, eadem sub Ciceronis nomine primum excusa Patavij 1482 in 4, per Matthæum Cerdonis, deinde sine loci notatione 1483, in 4, sub titulo, *De proprietatibus terminorum*. Ad manus habebat editionem Augustanam anni 1488, cum inscriptione : *Ciceronis de Proprietatibus terminorum :* incipit : *Inter polliceri et promittere hoc interest, quod promittimus rogati, pollicemur ultro :* quod initium est libri Isidoriani de Proprietate sermonis a Bignæo et ab aliis editi.

15. Aliam editionem viderat Fabricius Parisiis apud Ascensium sine anni nota, præmissa epistola : *Cicero Lucio Venturio salutem : Collegi ea quæ plurimis modis synonyma dicerentur*, etc. Initium operis in hac editione tacet, et solum observat, librum hunc de Synonymis esse, Erasmo judice, tumultuariam non adeo multarum vocum collectionem, ab aliquo Ciceronis studioso utcunque factam ex ejus scriptis.

16. In Codice Vaticano 2930, de quo cap. 16, inter Mss. exstat editio vetus Synonymorum Ciceronis cum prologo ad Veturium, *Collegi*, etc. *Abditum, opertum*, etc. Desinit : *Vela tetendit, moratur, opperitur, cunctatur, præstolatur, exspectat*. Sequitur *De Differentiis Ciceronis in rebus dubiis : Inter metum, timorem, et pavorem*, etc. Desinit, *Nefarius intelligitur a præteritis ; nefandus, qui in opere fuit initium. Finis.* Sequuntur Differentiæ Bartholomæi Fatii cum epistola hujus ad Joannem Jacobum ; in qua ait, se Synonyma quoque conscripsisse, sed in Differentiis

agnoscendis majorem utilitatem et fructum inesse asserit. Epistola incipit : *Memini , Joannes Jacobe ,* etc. Differentiæ, *Inter ignavum et pigrum.* Ultima differentia : *Inter latria et dulia. Latria est celebratio , vel veneratio, quæ debetur sanctis, et angelis , et divinis cultibus. Dulia est cultio quæ soli Deo debetur.* Fallitur : nam **460** contrario modo se res habet. Latria est cultus qui Deo exhibetur ob increatam et infinitam ejus excellentiam : dulia est cultus sanctis præstitus ob excellentiam supernaturalem creatam.

17. Sequuntur Synonyma , scilicet ejusdem Fatii , ut ex epistola Differentiis præmissa colligitur. Incipiunt : *Abesse, distare, remotum esse.* Finis : *Videtur, apparet, elucet, exstat.* Impressum Romæ per honorabilem virum Magistrum Eucharium Silber, alias Franck Anno Domini M. CCCC. LXXXX. Tertio Nonas Octobris. Additur monitum , quod hoc loco subnectendum censui.

18. « Paulus Alexius Sulpitianus lectori S. Habes jam, puer, duos tibi utilissimos de verborum Copia et Elegantia libros, in quibus si quid tui recto præceptoris judicio est improbandum, canina littera annota : si quid depravatum, emenda : si quid addendum videbitur, signa in margine, ita ut nec Ciceronis , nec Fatii id esse appareat. Nunquid vero hæc quæ circumferuntur Synonyma sint a Cicerone collecta, etsi certe judicare non possumus, tamen vetustorum inscriptio Codicum, et Ciceronis adolescentia, in qua et rhetoricos non virili ætate dignos edidit , magno sunt argumento , ut aut ejus, aut alicujus ex Ciceronibus esse inficiari non audeam. Vale. » Hæc editio exquisitam doctissimi P. Audiffredi in recensendis Romanis sæculi xv editionibus diligentiam effugit.

19. In Codice Regio-Vaticano 215, sæculo ix exarato , ita pag. 52 opus inscribitur : *Synonyma Ciceronis. Veturio suo Cicero salutem. Collegi ea , quæ plurimis modis dicerentur , cum pluribus significationibus conveniant , per alphabetum initium capiens. Abditum, opertum, absconsum*, etc. Desinit *Vitare , declinare , cavere , subterfugere.* Similis est Codex Vaticanus 6265, de quo cap. 98. Diverso modo desinit Codex Ottob. 604, de quo cap. 106 , *in quo sunt Synonyma Marci Tullii Ciceronis. Cicero Lucio Vecturio,* etc. Diversus ab hoc etiam est finis in Ottob. 2992, eod. cap. 106. De Ottobon. 1261 vide supra num. 8. Pezius in præfat. Anecd. tom. I, num. 65, commemorat Codicem membranaceum in fol., minimum octingentorum annorum, inscriptum, *Ciceronis liber Synonymorum :* incipit : *Veturio suo Cicero salutem. Collegi ea.* Ambrosius Camaldulensis in suis epistolis apud Martenium in Thesaur. anecd. tom. II, col. 447, de quodam Lucio ita refert : *Opusculum quoddam, Ciceronis titulo insigne, transcripsit ac detulit secum; quod meo quidem judicio illius* **461** *non est.* Habet synonyma primum, tum de verborum differentiis. Constat igitur opuscula, quæ in multis Editionibus Victurio, aut Ciceroni Victurio , vel Veturio tribuuntur, in antiquissimis membranis nomine Ciceronis ad Veturium reperiri : quod confirmare potest scripturam multorum Codicum in præfatione Soliloquiorum, sive Synonymorum Isidori : *Venit nuper ad manus meas quædam schedula Ciceronis, quam synonyma dicunt,* ubi alii omittunt *Ciceronis.*

20. Diversum tamen ab Editis est opus in Codice Vaticano 6018 , sæculi x circiter inscriptum , *Distantia verborum, Synonyma Ciceronis.* Incipit : *Tenebo , possidebo, obtinebo ,* etc. Desinit : *persecutor , emissarius , prædo ;* quod non sine aliqua conjiciendi ratione Isidori esse suspicari possumus. Exstat enim post opus, in eodem Codice inscriptum , *Glossemata sancti Isidori episcopi de Distantia verborum,* et ante Chronicon Isidorianum. Inscriptio autem *Glossemata de distantia verborum* non solum comprehendere videtur opusculum proxime subjectum ; quod est index alphabeticus orthographiæ quarumdam vocum cum capite 21 libri Etymologiarum , sed etiam hoc aliud illico subjunctum : *Incipit Distantia verborum ; Synonyma Ciceronis.* Quibus verbis indicari videtur, non Ciceronem esse eorum Synonymorum collectorem , sed verba illa synonyma e Ciceronis operibus esse desumpta.

21. Sed aliam hinc quæstionem ingredimur. Post inscriptionem, quam dixi , in Codice Vaticano 6018, *Glossemata sancti Isidori episcopi de Distantia verborum,* ita incipit opus : *Acrocius per c et o, non per y, ut quidam putant. Ad illum vado , ad me venit per scribendum est.* Legi autem debet *Agrœtius per o et e, non per y, ut quidam putant :* quod fere est initium libri inter Grammaticos Putschii, nomine *Agrœtii* editi ; scilicet , *Agrœtius cum Latine scribis per diphthongum œ scribendum, non, ut quidam putant, per y, Agrytius.* Titulus est, *Agrœtius de Orthographia, et proprietate, et differentia sermonis. Domino Eucherio episcopo Agrœtius. Libellum Capri de Orthographia misisti mihi,* etc. Sine hac præfatione exstat opus in Codice Vaticano 1491, de quo cap. 96. In Urbinate vero 308, cap. 104, describendo, sine operis titulo epistola nuncupatoria : *Domino meo Enchierio episcopo Agretius S. D. Libellum Capri,* etc. Quisnam ergo liber censendus est prior, illene Isidoro, an hic Agrœtio ascriptus ?

462 22. Facilis esset responsio, si constaret, Agrœtium grammaticum sæculo medio v floruisse, qui Capri Orthographiam supplevit, ut Fabricius in Bibl. med. asserit. In Bibliotheca vero veteri, quo nos remittit, de Agrœtii ætate nihil astruit, ac solum ait, prodiisse ejus opus primum Vulcanii cura in editione Etymologiarum Isidori, deinde recensitum ex ms. Bongarsii inter grammaticos Putschii. Vix ullam ego alicujus Agrœtii mentionem invenio, nisi quod Sidonius epistolam 5 libri VII *Agrœcio papæ* scripsit. Is fortasse Fabricio est Agrœtius sæculi v grammaticus. Vellem tamen id aliunde comprobari, præsertim cum facilius credam, *ex primo ejus libri verbo nomen auctoris confictum esse, quam auctorem* aliquem a nominis sui orthographia præscribenda librum inchoare voluisse. Nobis quoque episcopus est Barcinonensis Agricius, qui anno 516 concilio

Tarraconensi, anno vero 517 concilio Gerundensi subscripsit : quod nomen ad primum verbum libelli de Distantia verborum referri potest ; quod ab aliis *Agrœtius*, sive *Agrœcius*, ab aliis *Agrycius*, sive *Agricius* diceretur : sed, ut innuebam, aliud ego cogito.

23. Non semel accidit, ex primis verbis alicujus anonymi operis aut tituli librarios veteres nomen auctoris confinxisse. Ludovicus Vives de Corrupt. discipl. lib. 1 : « Fuere, » inquit, « qui ad conciliandam libro auctoritatem nomen magni auctoris ascriberent : alii cum multi olim libri anonymi ederentur, levissima aliqua adducti conjectura, huic aut illi adjudicabant : alii, si tituli nomen non agnoscebant, nihil dubitarunt mutare, et ad quemcunque esset visum, transferre ; fuere descriptores, qui, quod nomen primum menti occurreret, id proponerent pro titulo. » Hac fere ratione in not. ad Dittochæum Prudentii observavi, versus quosdam anonymi poetæ, qui in membranis antiquis *facetus* dicitur, deinde poetæ nomine *Faceto* fuisse ascriptos : ipsum etiam Prudentium *amœnum* dictum, imo poetam *Amœnum*, a Prudentio alicubi distinctum, quia in veteribus Mss. Dittochæo præmittuntur versus, quorum primus est, *Incipiunt tituli libri manualis amœni*. Cum enim abesset Prudentii nomen, nonnulli librarii putarunt auctorem esse *Amœnum* aliquem ita nuncupatum poetam, ac titulum libri esse Librum manualem, sive Enchiridium. Auctor vero eorum versuum, qui Dittochæum laudare voluit, vocavit librum manualem amœnum.

24. In Prudentianis quoque pag. 44 animadverteram, ipsum **463** opus, quod *Dittochæum*, id est duplex cibus, in vetustissimis exemplaribus apposite vocatur, in nonnullis recentioribus dici *de Columbis*, sive *de Columba*, non alia de causa, nisi quia primus versus incipit : *Eva columba fuit*. Deceptus nihilominus fuit eruditissimus Bayerius, qui in not. ad lib. VIII cap. 8 Biblioth. vet. Hisp., n. 283, inter alios quos ad sæculum XIII, quanquam hæsitans, refert, scriptores Hispanos, *Prudentium Columbam* recensuit, qui nemo alius est nisi sacer noster poeta sæculi IV et V Prudentius. « Nec minus quam de Manfredo hæsitans huc refero Joannem de Valentia, etc. Item Prudentium Columbam (Lemosinis Prudens Coloma) Valentinum, aut Catalanum, cujus exstant epigrammata varia tetrasticha : de Adamo et Eva, de Diluvio, de Arca, de Abrahamo, de Josepho (casto), de Moyse, Samsone, Davide, ac de veteribus Patribus usque ad Christi adventum. In Escurial. lit. S, plut. 3 sub num. 16, atque in Montis Casini apud Montfauconium Biblioth. mss. pag. 202, lit. A. » Vides ipsissimum hoc esse Dittochæum Aurelii Clementis Prudentii. Magis tamen miror, quod Bayerius in ead. not. Joannem Davila de Roa, famosum sæculi XVII scriptorem, et a Nic. Antonio in Bibliotheca nova non perfunctorie commemoratum, ad sæculum XIII aut sequentis initium revocare voluerit. « Ac demum, » inquit, « et mittamus alios, qui sub hujus XIII sæculi exitum, aut sub initium sequentis nonnulla elucubrasse videntur, Joannem

A Davilæ de Roa priorem S. Joannis de Chavero Can. Reg. S. Augustini, cujus exstat in Vaticana Christinæ Suecorum reginæ cod. 472 tractatus, de personali Prædicatione S. Jacobi apostoli in Hispania. » Non solum hic commentarius, sed multi etiam alii libri mss. recentis hujus scriptoris in bibliotheca Vaticana asservantur.

25. Sed, ut eo redeam unde aliquantisper digressus sum, ex initio Isidoriani libri *Glossemata de distantia verborum*, effingi potuit nomen *Agrœtii* scriptoris. Nomen comœdiæ Plauti nunc deperditæ fuit *Agroicus*, id est, agrestis, rusticanus. Eam laudat Nonius cap. 3, num. 43, ubi minus bene alii legunt, *Plautus* B *Abroico*, vel *Ambroico*, id Latinis litteris ita scribi debet *Agrœcus* non *Agrycus*, ut aliqui, pronuntiatione fortasse decepti, putabant. Auctor glossematum in aliquo forlasse scholiaste Plauti eam observationem legerat, atque ab ea suas Distantias verborum, quas per literarum ordinem instruebat, exordiri voluit. Sive autem Isidorianus liber **464** altero, qui Agrœtii dicitur, posterior fuerit, sive antiquior, perinde conjiciendum erit operi anonymo librarium aliquem ex primo verbo nomen fecisse. Aliud deinde, quod facile est, prologum adjecit *Agrœtii* nomine ad Eucherium, ut in similibus commentariis prologus Ciceronis ad Veturium legitur. Quin etiam Didacus Rodriguez de Almella in opere inscripto *Valerio de las historias escolasticas*, quod alicubi Ferdinando Perezio de Guzman perperam ascribitur, lib. VIII,
C lit. 6, cap. 6, Fulgentio episcopo fratri ab Isidoro opus Differentiarum inscriptum fuisse narrat ; quod tamen ego in exemplaribus quæ evolvi horum librorum reperire non potui.

26. Jam de Pantino, qui in editione Matritensi Differentias verborum recensuit et illustravit, scilicet librum alphabeticum de Proprietate sermonis, legere potes præfationem Griali supra cap. 36. Catalogum auctorum quos Isidorus in libro Differentiarum verborum, sive de Proprietate sermonis laudat, protuli ex Barthio cap. 33. In Regio-Vaticano Codice recentiori 1858 alius liber est Differentiarum Isidori diverso modo incipiens ac reliqui : « Inter abundare et superfluere ; abundat unda, superfluit humor. » Desinit : « Inter vesper, vespera, vespere et vesperum hoc interest, quod vesper et vespere nomina tertiæ declinationis sunt, vespera autem femineum secundæ
D declinationis, vesperum neutrumet secundæ declinationis. » Notatur subinde : « Præstantissimi Hesidori Differentiæ. » De hoc Codice iterum agam cap. 101.

27. De Differentiis rerum brevius agendum nobis est. Hic liber interdum simplici differentiarum nomine a veteribus allegabatur, ut ab Ænea Parisiensi episcopo in opere adversus Græcos tom. VII Spicil. Dacher. laudatur *Isidorus libro Differentiarum*, verbis prolatis ex libro Differentiarum rerum cap. 3. In codice Regio-Vaticano 310, ut paulo ante monebam, opus totum inscribitur de *Proprietate sermonum, vel rerum*, et post primum librum, *Inter polliceri*, etc., additur novus titulus, *Incipiunt Differentiæ spirituales Isidori episcopi Junioris Spaniensis*, inter

Deum, etc. In fine, *Expliciunt Differentiæ spiritualium, sive carnalium Isidori*. Differentiæ igitur verborum dicuntur *carnales*; rerum *spirituales*, quia scilicet in his plura de rebus spiritualibus inseruntur. Similem inscriptionem observare poteris cap. 46 in quodam codice Chronici Fontanellensis.

28. Peculiari modo Differentiæ rerum in concilio Toletano xv citantur : **465** laudatur enim sententia, quam Isidorus *in libris suis de differentia naturæ Christi vel nostræ disseruit*. Verba desumuntur ex differentia 8 apud Grialium, et 6 apud Breulium; *Inter nativitatem Christi et nostram hoc interest*. Ac fortasse in concilio Toletano legendum erit, *de Differentia nativitatis Christi, vel nostræ*. Certe codex Regio-Vaticanus 1823, Longobardicus, sive *Gothicus*, ut vocant, *cordellatus*, post Isidori plura alia opera Differentias rerum exhibet sine titulo, sed ita ut incipiant : *Inter nativitatem Christi et nostram hoc interest*. Brevior autem est hic Differentiarum liber quam Editi.

29. Differentias rerum editionis Matritensis correxit notisque illustravit Rolandus Vicelius, ut Grialius exposuit in præfatione supra cap. 36. Codices hujus operis, ad Zaccarianam editionem consultos, recensui cap. 45. Opusculum quoddam *de Differentia vitæ activæ et contemplativæ*, quod fortasse ad Differentias rerum pertinet, inter opera dubia ex veteribus membranis edam.

30. In memoriam revocare hoc loco oportet ex epistola Burrielii cap. 40, in Toletano societatis Jesu collegio ad Burrielii usque tempora asservatum fuisse exemplar librorum Differentiarum, a Mariana ad plures mss. Codices recognitorum, quorum varias lectiones exacte margini ascripsit : quod exemplar magno in pretio habendum, quippe quod ad editionem Grialianam emendandam adhibitum non fuit.

31. Quædam Excerpta ex Differentiis rerum sine ullo titulo exstant in Codice Regio-Vatic. 1823, de quo cap. 101. In Codice Urbinate 100, de quo c. 104, *Liber Differentiarum sancti Ysidori Yspalensis episcopi incipit: Inter Deum et Dominum*, etc. Absunt ab hoc Codice Differentiæ verborum. In Urbinate 1504, de quo cap. 104, *liber Differentiarum S. Isidori Ispaniensis episcopi : Inter Deum*, etc. Absunt differentiæ verborum. In Ottoboniano 240, sæculi xii circiter, cap. 105, Differentiæ rerum tantum hoc peculiari titulo : *Ysidorus de Differentiis catholicæ fidei*.

32. Censeo, Differentias Isidori per errorem tribui Auxilio presbytero apud Joan. Baptistam Marum in not. ad lib. Petri diaconi de Vir. illustr., cap. 13, ubi refertur, Authpertum abbatem Casinensem ab anno 48 Casinensibus legavisse suam bibliothecam, et inter alios libros Etymologicon, *Auxilii presbyteri in scamno* 5 ad **466** sinistram cod. 29, et num. 30 ibid. *varia theologica ejusdem Auxilii, nempe quæstiones in Exaemeron : capitulum Differentiarum* 36 *de distinctione quatuor virtutum*. Totidem capitibus in Mss., et Editis Differentiæ Isidori comprehendi solent : quorum postremum est *de quatuor virtutibus*. Fortasse etiam Etymologicon illud, et Quæstiones in

A Exaemeron Isidori sunt : quæ tamen olim ad Auxilii presbyteri dominium pertinuerint. Possessoris nomen sæpe auctori librorum gloriam abstulit. Auxilii presbyteri solum noti sunt libri duo de Ordinationibus a Formoso factis, quos ad calcem operis de sacris Ordinationibus Joannes Morinus in publicam lucem emisit.

CAPUT LVII.

De Glossariis quæ sub Isidori nomine circumferuntur. Ludovici de la Cerda prologi et epilogus. Prologus ad notas Barthii et aliorum.

1. Opinio Barthii, lib. xvi Advers. cap. 24, est glossarium Isidori, magistri cujuspiam non inhumani, nomine quod circumfertur , prorsus necessarium esse, ut juvari possint, quæ in multis veteribus scriptoribus obscura aut falsa sunt. Sed addit, vix a quoquam, nisi Germanicæ linguæ admodum perito, illud explicari posse, ut apud quam gentem Gothicæ voces cum ipsarum phrasium collocatione a Latinismo infuscatæ supersint. Rursus libr. x, cap. 22 : « Glossas,» inquit, » quæ Isidori titulo continentur, quoties accurate inspicias, toties multa discas, aliorum locorum minus obvia, aut frustra quærenda. Bonum factum eas, qua pote illustriores fieri. » Idem lib. xxvi, cap. 14, glossarium « Isidori Junioris» appellat, in quo multa, ait, sunt egregia, multa ridicule corrupta, omnia non negligenda iis qui Latinitatis præcipue cadentis intellectui student. » Aliis in locis, ac præsertim lib. xxxi, cap. 4, hujusmodi glossas Isidori esse asserit; « auctas tamen per succedentes magistros usque in eum fascem, quem modo plenum bonarum rerum habemus. » Distinctius cap. 9 lib. lv : « Talia infinita in iis glossis possunt notari, quæ Isidoro vulgo ascribuntur. Ego autem ab eo primum tale quid institutum putem, post successu temporum ab aliis grammaticis ita fuisse auctum, ut infinita accesserint, quæ minime nunc ejus nomine possint citari. Nec cum Isidorum **467** dico, illum illico intelligo, quem unum et solum illi norunt; quibus cæterorum cura non est, modo id norint quod ignorare non possunt. Tamen quid vetat , etiam eum scriptorem tale quid muginatum credere, qui Origines et Differentiarum nobis Commentaria ea dederit; ut nequaquam ignobilior talis labor eo ipso etiam auctore censeri debeat? Novimus tamen, etiam post illum ejusdem nominis in iisdem cum illo locis versatos, de quibus alibi, alios Isidoros, et ipsos litteris celebres pro captu quemque suorum temporum.

2. Controversiam de diversis Isidoris Hispanis cap. 16 explicui. De auctore Glossarii simili modo Nic. Antonius opinatur, eas glossas compilationem esse a pluribus, nec semel aut simul factam, cujus tamen aliqua pars Isidori Hispalensis sit, hoc est prima operis elementa, et quod antiquissime in eum librum conjectum novis accessionibus fundamentum præstruxit. Neque alia fuit sententia Ludovici de la Cerda, qui in Adversariis sacris, cap. 141, doctis animadversionibus Glossarium Isidori illustravit, præmisso brevi monito ad Glossarium, et altero ad notas quæ nunc subjiciam.

3. « Lubet sancti Isidori Glossarium magna ex parte transcribere, quod deformatum est admodum. Ego hic tantum dictiones illas quæ habent peculiarem difficultatem apponam, quæ pertinere possint ad alia indaganda : præterea Isidorus, cum sanctissimus sit, suo jure cadit in hæc Adversaria, et Glossarium istud, quod Isidori nomine circumfertur, in libris ejus non invenitur. Demum quod potissimum est, Glossarium hoc emendabo, accitis doctissimorum hominum notis Turnebi, Scaligeri, Salmasii, Rutgersii, Gebhardi et aliorum prope infinitorum, quæ exstant in Isidori gratiam, ac meis non paucis. Ad hoc autem necessarium est Glossarium præmittere. »

4. Ejusdem prologus ad notas Glossarii hic est: « Absolvi Glossarium : par est jam accedere ad ejus emendationem, in qua id præstabo, ut vel emendem, vel illustrem hoc Glossarium, quod a multis ut putidum ejicitur, cum secus sit, et profunda eruditio Isidori, viri sanctissimi, in eo elucescat, qui non solum divina, sed humana litteratura impense præstitit. Adducam etiam sæpe Glossarium Isidori, manuscriptum, quod fuit Petri et Francisci Pithæi : itaque sæpicule in isto Glossario non offendes voces de quibus tractabo ; quod aliquando admoneo. »

5. Addam ejusdem epilogum : « Hæc placuit annotare in Glossis 468 Isidori, si possim efficere ut illæ habeant auctoritatem : reliqua, quæ deformata sunt, nihil curo : existimo enim ab insciis esse additamenta, quæ nemo doctus probet. Quis enim probabit *coso* pro *insuo*, *cordiscosio* pro *agnosco*, *æquoro* pro *navigo*, *gignarus* pro *ignarus*, *matrasta* pro *noverca*, *tius* pro *avunculo*, *torno* pro *redeo*, et similia, quæ vere sunt fatua, quæque nihil ad gloriam Isidori faciunt? »

6. Quod Cerda præmisit, Glossarium Isidori in libris ejus non inveniri, intelligit, opinor, editionem Bignæanam Parisiensem, et Matritensem regiam : nam in editione Parisiensi Breuliana ad calcem Operum adjectum est ex editione, ut videtur, Dionysii Gothofredi post Grammaticos Latinos Genevæ 1595, quæ repetita est 1602 et 1622. Inscriptio est : *Liber Glossarum ex variis glossariis, quæ sub Isidori nomine circumferuntur, collectus*. Gothofredus addit : *Excerpta Pithæana ex veteribus glossis*.

7. Fabricius in Bibl. vet. Lat., lib. IV, cap. 6, n. 13, observat, librum Glossarum ex variis glossariis Isidorianis editum fuisse cum aliis glossariis Græco-Latinis, et Latino-Græcis a Bonaventura Vulcanio 1600. Præter alios, qui hoc Glossarium observationibus illustrarunt, recenset Meursium in Exercit. crit., Vossium in Etymologico, et Cangium in Dictionario. Animadvertit etiam ex Joanne Diecmanno, plane alias, et auctore quem præferunt digniores esse Isidori glossas mss., quibus ex bibliotheca Petri ac Francisci Pithæorum acceptis Savaro usus est, et inde non pauca in suas ad Sidonium Apollinarem notas transtulit.

8. In Actis societatis Latinæ Ienensis, volum. III, Ienæ 1754 editis, pag. 252, inseruntur notæ et emendationes ad Isidori Glossas ex Manuscriptis Barthii, Schurzfleischii et Daumii collectæ et editæ a Joan. Ern. Imm. Walchio societatis directore. Prologus : « Servatur in instructissima serenissimi ducis Vinariensis bibliotheca editio Glossariorum Græco-Latinorum, et Latino-Græcorum, quam Bonaventura Vulcanius Lugduni Batavorum 1600 forma prima juris 469 publici fecit [a]. In libri hujus exemplo ad glossas illas, ex variis Glossariis quæ sub Isidori nomine circumferuntur collectas [b], multa utilissima manu celeberrimorum virorum Casp. Barthii, et Conr. Sam. Schurzfleischii, nonnulla quoque Daumii notata reperiuntur, ab iis qui glossas has emendarunt et illustrarunt [c], vel penitus prætermissa, vel non satis accurate explicata. Haud inutilem itaque me facturum operam arbitratus sum, si doctissimas horum trium virorum ad dictum illud glossarium animadversiones edendas curarem. »

[a] Sciscitanti mihi ex doctissimo bibliothecæ hujus præfecto J. C. Bartholomæi nonnulla quæ de his Barthii et Schurzfleischii animadversionibus scire e re mea esse videbatur, rescripsit vir humanissimus, Barthium suas emendationes ad Bonav. Vulcanii Thesaurum utriusque linguæ, Lugd. Bat. 1600 forma prima editum, adnotasse: pervenisse hoc exemplum post ejus mortem in manus Christ. Frid. Franckensteinii, Lipsiensis professoris, qui Barthianis animadversionibus *Daumianas* adjunxisset, in alio ejusdem libri exemplari repertas : Franckensteinio e vivis erepto, istud in Schurzfleischii, deinde in fratris ejus bibliothecam, postremo in ducalem Vinariensem delatum esse. Conr. Sam. Schurzfleischium multa quoque ad Caroli Labbei Glossariorum editionem scripsisse, quibus difficiliores aliquot harum glossarum loci in sanitatem pristinam restituerentur; has vero Schurzfleischii observationes una cum Barthianis, illius fratrem, Henricum Leonhardum, junctim edere his, Bersmannianas et Daumianas adjungere, ipsumque opus inscribere voluisse : *Casp. Barthii, et Conr. Sam. Schurzfleischii animadversiones ex glossaria, glossas Isidori, colloquia scholastica, aliaque glossematica scripta. Accedunt observationes quædam Gregor. Bersmanni, et Christ. Daumii. Omnia nunc primum e manuscriptis prodeunt e Museo Henr. Leonhardi Schurzfleischii*. Consilium vero hoc laudabile variis ex causis irritum redditum fuisse. Quæ a Bersmanno profecta sunt, littera *B* in exemplo suo indicavit Conr. Sam. Schurzfleischius, quem et alio Codice Stephani Le Moyne forte usum fuisse, ex his ejus verbis, quæ in dictis glossariis habentur, frater Henricus Leonhardus suspicatus est : *Hercularis turba*, lege : *Hercularis herba*, sive *porcularis faba*. *Ita Stephanus Le Moyne emendavit. Sic in excerptis. Erculeris* ἡρακλῆς *legitur*. Apparet simul ex his, partem solummodo harum animadversionum me nunc dedisse, plura ex his in posterum daturum, si consilium meum harum litterarum amatoribus haud displicuisse cognovero.

[b] Reperiuntur glossæ hæ ad finem Operum Isidori, et Auctorum Latinæ linguæ Dionysii Godefredi. Additæ quoque sunt, una cum Joan. Georg. Grævii et Almeloveenji ad easdem observationibus, editioni Lexici etymologici Matth. Martinii, quæ lucem aspexit Trajecti ad Rhen. 1697 sive, ut in aliis hujus editionis exemplis est, Amstelodami 1700, fol. Lege Joan. Alb. Fabricium Biblioth. latin. vol. I, pag. 779.

[c] Quo præter Grævium et Almeloveenium modo laudatos pertinent Joan. Lud. de la Cerda Adversar. sacror. cap. 141 ; Adr. Turnebus et ipse Barthius in Adversariis ; Thomas Reinesius variis lectionibus ; Joan. Meursius exercitationibus criticis ; Carol. du Fresne Glossario mediæ et infimæ Latinitatis, aliique apud Fabricium loc. excit.

madversiones, mecum benigne **470** communicatas, in lucem protraherem publicam. Quæ asterisco notantur, Barthii, quæ littera D. Daumii, reliquæ Schurzfleischii sunt. »

CAPUT LVIII.
Semleri præfatio in notas mss. Glossarii Isidoriani.

1. Observatum jam fuit cap. 45 Semlerum notas suas in Isidori Glossarium ad marchionem Scipionem Maffeium edendas misisse. Præfationem ejus nequaquam supervacaneum erit hic sistere.

LECTURO.

2. Prodit mea qualicunque hac cura, celeberrimi vero et illustr. marchesii Scipionis Maffei benevolo auxilio[a], qui Lucinæ hic honore fungitur, *Glossarium breve*, Isidori vulgo nomine insignitum : ea vero utilitate præditum, ut mea laude eo minus opus sit, quo major plerumque similium omnium libellorum lexicorumque [b] commendatio **471** ad eruditos intelligentesque viros esse solet. Atque hoc quidem glossarium præcipua quadam uti fortuna videtur, quod doctissimorum plurimorum hominum manibus tractatum emendatumque in hunc fere usque diem est. Neque enim obscura est ista opera quam Bonav. Vulcanius[c], Janus Gebhardus, de la Cerda, Martinius, Rutgersius, Barthius, Reinesius, ab Almeloween, du Fresne, et novissime Joan. Georg. Grævius, ad castigandum illustrandumque illud opusculum æmulantes superiorum quisque studia contulerunt. Quod ipsum ad bene existimandum de hoc libello non parum habere debet momenti. Neque vero isto uno atque alieno præsidio se tuetur : non desunt, imo multa et pleraque omnia sunt, quæ opusculi certam utilitatem æquis arbitris facile probent.

3. Certe, si quis opinetur facile se hoc nostro libello cariturum, quippe du Fresne magno instructum opere : ille, ex nostra quidem sententia , non parum aberrat. Namque grande hoc opus, immortale maximorum laborum documentum, plura et multa omisit[c], quæ hic tamen, nec alibi explicantur : quæ nec in recentiori Rev. Rev. Patrum Benedictinorum S. Mauri sociorum [d], editione suppleta sunt. Soleo vero **472** et ipse non magnopere laudare, quod diligentissimi hi editores grande opus ex hoc Glossario auxerunt; minus adhuc patior, quod Grævii suspiciones, servatis omnibus, immiscuerunt, licet auctore laudato. Nam istæ elegantissimi et Latine peritissimi viri opiniones, tantum absit , ut omnes feliciter susceptæ sint et inventæ , ut potius bene multa negligentius scripserit, quam aliter ad insignem suam laudem solebat scribere. Tum vero illud probare nequeo , quod censum non inierunt, et numerum earum vocum quæ inde ex optimis scriptoribus hic collectæ sunt. Nam hæ quidem in glossarium medii ævi minime omnium conjici possunt, cum pertineant ad optima quæque lexica, quæ ex præcipuis Latinæ linguæ auctoribus congeri solent. Hoc glossarium bona ex bonis sublegerat [e]; licet postea pejora etiam, ut istis temporibus solebat fieri, admixta sint, quæ istorum fere numerum jam exsuperent.

---

[a] Licuerit enim honori mihi ducere, quem contigit felici esse, et litterarum quodam uti commercio, quod ab honorifice collaudando marqu. Maffei celeberrimus Bosius Wittembergensis, dignissimus hoc eruditionis acuo professor, mihi impetravit : ut est vir plane optimus, et omnibus prolixæ voluntatis studiis deditissimus. Nam quod huic ipsi viro optimo non impune quasi et periculosum fere fuit, fautores suæ et virtutis et eruditionis in Italia inter purpuram invenire, et summi sanctissimique pontificis mereri gratiam : non est, ut quis miretur, vel metuat, cum invidia ab eximia virtute quam proxime soleat abesse. Certe simile in periculum viri summi bene multi poterant adduci, qui in hac litterarum luce ita versantur, uti decet. Sane, si vel maxime non possit ista piaculi species, illud inofficiosi crimen, si placet, in alios, aut multos cadere, quia Wittembergæ non degunt, ubi illud unice contrahatur : tamen tot, et tam boni, meritissimique cætera viri in istius causæ sunt societate, ut, si aqua et igni in republica litteraria interdicatur iis, carendum et nobis sit, et posteritati insigni isto fructu, quem ex humanissima et hominibus Christianis digna consuetudine cum exteris omnibus colligere didicerunt, et illis ipsis multum de virtutum suarum eruditionisque laude decedat. Meliora ominabor, nec istud idem extimescam, si vel maxime contingat, non solum cordatis et eximiis viris aliorum sacrorum pluribus innotescere, sed etiam summo sacrarum rerum pont. fici Benedicto, maxime dignissimo ista et sede, et hac nostra ætate, exosculari honoris causa sandalia. Illustrem vero Maffeium si vel verbo laudem, indignaretur, scio, resp. litteraria, quæ hoc nomen meritorum causa inter optima posteritati transmittet.

[b] Operæ non arbitror esse pretium exscribere doctorum virorum honorificas sententias de Glossariis et Græcis et Latinis : quorum quidam verbosius ea commendarunt, plerique diligenter volvendo, et appellando, semper, et eximie laudant. Antiquiorum temporum servant quasi monumenta, linguarum adjuvant causas, opinionum verborumque docent, aut indicant diversitatem ; priscos scriptores recentioresque illustrant, transmissarumque ad nos usque linguarum vel cognitionem, vel decora augent. Fuerit sane olim major eorum usus et utilitas : hoc ipso nomine merebantur, ut et a nobis non negligantur. Vitium autem, quod temporum secutorum malitia contraxerunt, ineptiarum multitudo, quæ subinde se insinuavit, ævi infelicitatem ob oculos ponit, ubi moleste seduli homines cæco Latine Græceque docendi impetu molem de suo adauxerunt, fingendoque, et imitando, et strenue comminiscendo barbarum linguæ habitum, quem vitare volebant, et sua tradendo ejicere, lege quasi et auctoritate publica adjuvarunt. Atque vel hoc nomine, quod multa invenusta congesserunt, iis opus est : cum ex his fontibus haustum ire solerent, si qui expolitum aliquid atque eximium elaborabant. De origine glossarum vide Harpocrationis editiones, et Maussaci dissert., du Cange prolegomenis ad Glossarium mediæ Latinitatis.

[c] Vulcan. Edidit inter alia glossaria 1600 fol. Lugd. Batavorum. Gebhardus attingit in Crepundiis; Cerda in adversariis sacris ; Matthias Martinius in Lexico etymologico ; Rutgersius in variis Lectionibus ; Barthius in Adversariorum corpore ingenti , idem hic ibi ; Turnebus in Adversariis ; Reinesius in variis Lect., earumque Defensione ; ab Almeloveen in appendice noviæ edit. Glossarii hujus ad calcem per Grævium editi Lexici nominati jam Martinii; du Fresne in celeberrimo Glossario; Grævius in editione Martiniani Lexici etymologici Amstelod. 1701, cui annexum est hoc Glossarium. Nonnulla etiam Vossius in Etymologico, et Meursius hic ibi, levi manu tangunt.

[d] Jure omitti poterant ista omnia, quæ ex optimis Latinæ linguæ auctoribus desumpta sunt , Virgilio, Cicerone, Plauto, Terentio, aliis : nam his in glossario *mediæ Latinitatis* locus recte tribui non potest. Sunt vero et horum nonnulla omissa : cum alia eo collecta sint, et plura ejus generis, quæ medium in tempus pertinent, ut in notis observare solemus.

[e] Inaudimus, atque id satis certo, nova huic operi supplementa scribi, istorum eorumdem Benedictinorum opere, auspiciis præcipue Patris cujusdam R., qui in nova du Fresnii editione plurimas partes habuerat. Haud dubie ergo etiam hoc Glossarium nostrum denuo conferetur ; forsitan et votis nostris satisfiet, ut simul ex omnibus Latinis glossariis , lexicographis, vocabulariis, ut sunt diversis aliis nominibus, meliora, neglectis insanis et imitandi vitio fictis, congerantur.

4. Cæterum constat, quod jam dixi, inter doctissimum quemque [a] glossariis superiorum temporum, si quidem satis emendentur, et recte illustrentur, auxilii subsidiique multum contineri, non solum ad omnem Latinam linguam ejusque veras causas, sed etiam ad mediorum temporum intelligendos scriptores, ut de antiquioribus, qua sanctis, Patrum ecclesiasticorum, qua profanis, aliorumque sacrorum, jam nihil disseram. Quare, si qua sint de quibus agere hic attineat, ea brevissime ita colligam, ut tum de Glossario, tum de mea nova industria, pauca in medium proferam. Atque hic quidem ea præterire liceat quæ doctissimi quidam viri de glossariorum glossarumque origine, verbosius docuerunt; γλῶσσαι dicebantur voces peregrinarum linguarum, quæ in Græcam Latinamque linguas invectæ videbantur. Magnus fuit numerus illorum scriptorum qui γλῶσσαι tales collegerunt, et peregrinas et obscuriores voces, aliis notioribus exposuerunt; certe poetarum scholiastæ sæpissime ad glossaria hujus generis provocant.

5. Mutavit postea significatio vocabuli γλῶσσαι, ut illa omnia quæ paululum difficilia intellectu viderentur, eo nomine insignirentur, et verbis aliis clarius redderentur. Solebant jamjam glossaria colligi et institui ex illustrationibus et expositionibus poetarum aliorumque scriptorum: **473** quorum verba usurpata, γλῶσσαι erant, id est primo loco ponebantur; secundo vero ipsa expositio celebrium doctorum, vel scriptorum. Crevit tandem glossarum auctoritas, ut iis omnis Latinæ (Græcæque sæpe) linguæ ambitus ornatusque contineri videretur. Atque, quod ad Latinam linguam attinet, Varro, Verrius, Festus, Servius, Donatus, aliique nominati [b] (vero an secus, non interpretor) innominatique grammatici, viam quasi straverunt secuturis aliis glossographis.

6. Celeberrimus ille Hispalensis episcopus Isidorus, quem Juniorem dicere solent [c], insigni labore et multa opera ex istis, quos nominavi, Etymologiarum opus colligere incoepit, etsi non perfecit [e]; quod tamen **474** ipsum posteriori ævo multum auxilii præstitit ad discendam linguam veterem Romanam. Eum instituto simili secutus est Rhabanus Maurus [f]; secuti sunt alii, ita ut primum omnium esse, et momentum habere magnum videretur scriptoribus fere cunctis, ante instaurata post captam Constantinopolin litterarum studia, etymologiis [g] (et verinerbiis, ut Varro exponit), originibus vocum dare præcipuam operam, indeque nonnihil augendo, quod tractabatur, argumento, desumere, et decoris, et emolumenti.

7. Atque his posterioribus facillimum jam erat magnas harum rerum copias ostentare, cum Papias, Salomon Constantiensis, Ugutio, seu Huguitio, Joannes de Janua, auctor breviloqui Vocabularii, Gemmæ gemmarum, et similium operum alii, omnes fere ingenii humani vires exhauissent, in derivandis exponendisque, et augendis Græcis, Hebraicis Latinisque vocibus [h]. Nam magna pars glossarum seriorum sæculorum ex B. Hieronymo, S. Augustino, aliisque sanctorum Patrum, Latinorum præcipue, scriptis commentariisque in Scripturam sacram, petita est.

---

[a] Nempe maximam partem ex S. Isidori Etymologiis et scriptis aliis congestum fuit; at diligentissimus scriptor ex vetustioribus grammaticis, Varrone, Verrio, Velio Longo, A. Gellio, Festo, Nonio, Macrobio, Prisciano, Servio, Donato, scholiastisque Latinis in poetas alios, præter Virgilium, id est, Horatium, Persium, Statium, alios, suos libros confecit: compendio istis temporibus utilissimo, et consilio optimo.

[b] Fabricium, Joan. Alb. omnino laudabo, qui libro IV Bibliothecæ Latinæ, cap. 6, pag. mihi 779, ita, occasione a nostro Glossario utens, prodit : *In his* (glossis) *plurima recondita utriusque linguæ vocabula et sepultæ obblivione significationes exponuntur. Unde passim ad illa doctissimos quosque, tanquam ad oraculum recurrere, et in iis evolvendis illustrandisque operam suam collocare videas*.

[c] Neque enim ignotum esse potest, istis vulgo inscriptionibus, Servii, Donati, Acronis, Cornuti, satis certo fidem haberi non posse. Servii nomen præferunt commentaria satis verbosa in Virgilium; non sane nullius pretii, sed utilissima, præcipue eam partem quæ ex vetustioribus grammaticis interpretibusque Virgilii desumpta est. Sed multa addita et insuta sunt sequentia per tempora, ut Servio omne emolumentum quod inde ad nos redit, aut omne vitium quod jam inest, tribuere uni non possimus. Donati nomen insignius fere est commentario in Terentium, quam isto nugarum et futilium rerum apparatu, qui Virgilium conscelerat, nullius pretii et ineptissimis homunculis, qui Donatum imitari volebant, tribuendum. Istud ipsum, quod ad Terentium pertinet, a Donato non est, saltim ita uti jam habemus, a docto homine ipsius nominis profectum non est, utpote inanibus distinctiunculis vaticiniisque potius quam illustrationibus plurimam partem, nec sine internis dissidiis, constans. Bonis certe quibusdam reliquiis isto nomine non indignis, varii scioli suam inscitiam immiscuerunt. Similis fere est causa scholiographorum aliorum; quibus raro fidendum est, licet nonnunquam usus et opus iis esse possit. Engraphii, et obscuriorum hominum ne nomen quidem adduci possim ut hic eloquar; adeo nihili sunt. Festus, vel Sextus Pompeius, litterarum olim ordinem in congerendo secutus est, unde idem consilium postea obtinuit, ut in eumdem variorum sententiæ aut expositiones cogerentur. Paulatim Græca inspersa sunt, quæ rem brevius et planius dicerent, donec tandem Græcarum vocum multitudo et suum ordinem per litteras poscere videbatur; inde Græcolatina et Latinogræca glossaria enata sunt : cujus explicandi rationis vestigia jam in grammaticis et orthographiæ auctoribus vetustis, Carisio, Prisciano, Eutyche et aliis quæ Cassiodorus collegit, inveniuntur.

[d] De S. Isidoro Hispalensi, seu Juniore, non est hic locus ut verbosius agam, cum præter antiquiores, qui in Aub. Miræi soc. Jesu [dele soc. Jesu], bibliotheca ecclesiastica habentur, Lucæque Tudensis Vitam S Isidori in actis SS., et Em. Bellarminum doctissimi viri nostrorum temporum, Du Pinius, Caveus de ejus scriptis diligenter exposuerint, ut prætermittam ea quæ et cardin. Bona, Joan. Mabillonius, Joan. Launoius, hic ibi quasi obiter observarunt. Quod ad hoc Glosarium attinet, paulo post in medium proferam, quæ viris doctis visa sunt.

[e] Non perfecisse, non solum res ipsa palam facit, sed et clare affirmat Braulio, Cæsaraugustanus episcopus, in elogio B. Isidori, qui ubi ad hos libros pervenit, ita scribit : *Etymologiarum codicem nimia magnitudine, distinctum ab eo titulis non libris. Quem, quia rogatu meo fecit*, quamvis imperfectum ipse reliquerit, *ego in viginti libros divisi*, etc. Loquitur Braulio haud dubie de ipso illo Codice quem manu sua scripserat Isidorus, et, quia subinde augebat, et plura ac istos titulos congerebat, nimia magnitudine esse dicit; scilicet, quia spatia et intervalla plura reliquerat, in quæ quotidie nova supplementa sufficiebat. Nam ipsa magnitudo, qua hodie constat, non possit *nimia dici*.

[f] In operibus ejus multa hujus generis simillima (memini) me legere; habentur etiam ejus *glossæ latinobarbaræ*.

[g] Notum est Durandi Rationale divinorum officiorum; nota est Historia Longobardica; ut multa, quæ idem institutum servant, commentaria jam non appellem.

[h] Sacrorum librorum commentatores inde a Philone jam hac via processerant, ut Hebraicorum nominum veriverbia investigarent, atque inde sensum mysticum, seu allegoricum, adjuvarent. Sublegerunt itaque antiquos scriptores, et in glossaria ingesserunt eorum vel expositiones, vel opiniones. In Martianæi editione Operum S. Hieronymi habentur

Isidori autem *Origines* omnes quasi fundamenti loco ponunt, eumque librum strenue exscribunt.

8. Neque vero eadem omnium est ratio, nec idem consilium. Alia glossaria plus rerum sacrarum, alia minus illustrant [a], alia nominant **475** unde habent, alia id tacent [b]. Alia de suo addunt [c], alia jam scripta repetunt tantum et colligunt. Alia Græca et Latina Latine tantum [d], alia etiam Francica veteri vel Theodisca lingua [e] interpretantur et exponunt. Quæ si quis recte sciat, ille eximie alia ex aliis emendare potest, et purgare tot ineptis, insulsis, invenustis, barbaris atque oscis loquendi scribendique vitiis, quæ a multis, qui nimis sunt in opinando præcipites, sæpe quibusdam bonis, et bene meritis, et non indoctis nominibus falso tribuuntur [f]; cum ista omnis turpitudo ad sciolos, et nasutulos, et stupidos scribas pertineat.

476 9. Equidem certo arbitror, doctum superiore

multæ hujus generis expositiones, licet editor hac operis parte parum laudis peperisse videatur, quia imperfecte (*An imperite?*) hic ibi negotium hoc tractat, quod ad tanti doctoris, quantus est Hieronymus, aliorumque optimorum virorum existimationem multum se refert.

[a] Mammothreptus, notum vocabularium, per bibliorum Latinorum ordinem, obscuriores illustrat voces; licet aliis glossariis emendandis ideo non inutilis sit. Idem quædam grammatica et orthographica præcepta collegit. Multæ sunt ejus editiones, et quæ nonnunquam differunt, omnes vero non raro emendandæ. Nomen hujus libri eximie variat; et fuerunt nuper, qui *mammotractum* dici jubebant; sed non constat ea ratio quam obtrudunt. Nam in his et vetustissimæ scribendi rationis, et etymologiæ non ineptæ, habenda est ratio. Atqui antiquissimi scribunt *mammotreptus*, facili vitio; recte vero scribit Erasmus Roterodamus, vir cujus auctoritas eo major est, quo notior illi liber fuit, quem nonnihil reprehendit. Videatur ejus epistola, qua colloquia sua defendit a quorumdam criminationibus; et bibliothecæ Halensis (quæ est Sigm. Jacobi Baumgartenii, Halæ Saxoniæ doctoris theologi, et professoris celeberrimi) indices, tom. VI, ubi Berolinensium diurnorum (inscriptio: Berolinensis bibliotheca) observatio quædam impugnatur; hoc Erasmi documento jam certo refutata. Erasmi sententiam statim illustrabimus.

[b] Verosimile omnino est, olim diligenter annotatum fuisse, unde tam glossæ, quam ejus expositio desumpta fuit. Restant ejus rei vestigia in hoc ipso glossario nostro, ubi Augustinus, Plautus, Donatus, nominantur: sed, ut compendium scribendi nanciscerentur scribæ, omiserunt tandem. Papias, Isidorum; Papiam, Huguitionem, juris interpretes, alios nominat Breviloquus, idem facit Catholicon, licet non ubique. Constantiensem non memini ita solere, sed is Hieronymum, Augustinum, Isidorum, Plinium, alios, sæpe per plura verba transcribit, licet non indicet.

[c] Breviloquus solet de suo hic ibi addere, sed oppido infaustis auspiciis, et infeliciter, ne pejus dicam; cujus rei exempla congerere nihil omnino attinet.

[d] Hoc nostrum adeo Glossarium hic ibi Græca addit; plura neglecta et omissa sunt. Aliis inde inscriptio est, Græcolatinis, aut Latinogræcis glossariis, ut Græca vel Latina primo aut secundo loco sunt, ut in Cyrilli, Philoxeni glossariis, ut audiunt, onomasticis quibusdam antiquis videre licet; quæ olim, si Deus voluerit, melius et auctiora edere constitutum nobis est, variorum, nondum editorum, doctorum hominum observationibus, aut notis, eo usuris.

[e] Eo item Ælfrici glossæ pertinent, et Rab. Mauri, episc. Moguntini; item Salomo Constantiensis, qui Græca multa Latine exponit, licet Græca Latinis litteris excusa insane corrupta sint; plura vel Græca, vel Latina, Francica Theodisca lingua

A rum temporum virum, Salomonem Constantiensem, si redeat in has terras, et opus suum jam videat, tanta obscuritate insigne, ab ira et risu simul ipsi non temperaturum; recteque detestaturum insana capita quæ diligentissimi viri eximium consilium irritum fecerunt, ipsumque tanta, nisi moneremus, infamia asperserunt. Nam hoc ego plane insigne et egregium opus fuisse, cum diligenter versarim, certo scio; maximeque unum omnium juvare in intelligendis et expellendis aliorum et illis monstris quæ subinde postea irrepserunt. Neque exigua aut nulla fuerit ista utilitas, quæ ex collatis comparatisque invicem his lexicis redire ad Latinam linguam, et vetustos scriptores [g] possit; si et hæc profana sejungerentur, et ista quæ ad sanctos libros unice pertinent.

10. Certe lectionum variantium illud insigne negotium non parum adjumenti inde consequi posset, quia explicat, quæ haud scio an a doctissimis viris, qui

B lpculenter illustrarunt Francotheodiscam linguam, usurpata, aut visa omnino fuerint. Sunt sane egregia nonnulla, et quæ vetustioribus documentis, imo Latinæ linguæ mediorum sæculorum eximiam lucem fenerentur.

[f] Ut S. Isidorus eorum ratione excusetur, quæ nonnulli venustati Latinæ nimis assueti in Originum libris reprehendunt, quæso, quotus quisque jam sit, qui non facile patiatur? Nam qui credibile est, hunc diligentem in versandis vetustis commentariis virum, ita aberrare potuisse, et pejora seculum esse, melioribus neglectis, uti hic ibi notule videmus? Erant vero ob oculos posita quæ colligebat; ergo non poterat inepta ipse comminisci. Sed posteriorum hoc vitium est sciolorum, quia sua immiscuerunt bonis, et mutandi corrumpendique occasionem dederunt. Ita et quosdam alios excusem, quorum non mala glossaria libraria quædam mancipia infartis suis ipsorum quisquiliis, maculis et turpitudine

C varia affecerunt. Quod vero ad eos attinet, qui ipsi non optima commenti et commentati sunt, temporum ista est culpa, non hominum. Videbantur optime de linguæ discipulis mereri, si ejus causas originando et formando, minutissimis venatis, aperirent; priscam vero linguæ elegantissimam rationem his temporibus quis jure requirat? Hodie scimus istis adolescentiæ formandæ ducibus non opus esse, cum singulari Dei beneficio, via optima ad litterarum et elementa et decora pateat. Ita intelligenda sunt, quæ Erasmus Roterodamensis reprehendere videtur in epistola quæ colloquiorum ipsius causam agit. *Ex his* (Hippoplano, Ptochologia, et Convivio fabuloso) *si nihil aliud discerent pueri quam Latine loqui, quanto plus laudis mea meretur industria, qui per lusum ac voluptatem id facio, quam illorum qui miseræ juventuti Mammethreptos, Brachylogos, Catholicontas, et significandi modos obtrudebant?* Loquitur de suo tempore, quo jam Latina lingua efflorescebat: taxatque illud, quod non defuerant qui istis

D libris Latine loqui docebant; temporum enim crimine sæculo xv exeunte, et initio xvi, maximo in pretio erant ista commentaria, quia meliora et breviora non erant, aut neglectis pristinis scriptoribus inveniri non poterant. *Brachylogos* vetustius eloquitur quam Breviloquus; sed cur *catholicontas* Erasmus nominarit, et Ludov. Vives etiam hac mutandi nominis forma usus sit, non interpretor, cum *Catholicon, catholici, catholico,* etc., formare debuerit; aliorum certe inscitiam non debebant sua auctoritate tueri. Erasmi ista verba exstant pagina 904 antiquissimæ (et ab ipso Erasmo curatæ primæ) Colloquiorum editionis 1529.

[g] Solebam jam diu et hoc et illud optare, ut ex Græcorum poetarum scholiastis unum quasi corpus conficeretur, item aliud ex interpretibus Græcorum prosaicorum scriptorum Græcis: quia et magno sumptu comparanda sunt, et vix haberi, si

auctores glossarum ex antiquis, qui raro supersunt, libris descripserunt. Ita possent tandem ista immania corpora, quæ et sua mole magna sunt, et artis typographicæ nondum adultæ et excultæ vitio, multum creverunt, latere in forulis sine quodam nostro detrimento; cum nec sperandum, nec suadendum sit, novas editiones hodie curare. Pertinent sane ad κειμήλια bibliothecarum antiquissimæ istæ editiones ex sæculo xv post Christum natum; quibus **477** quotquique destituti fuerunt, ii ad hoc glossarium emendandum parum auxilii attulerunt.

11. Martinius, cujus lexicon etymologicon nec hodie sua utilitate caret, licet jam insignis esse desierit, primus non male usus est Papia, Catholico, Breviloquo, Gemma gemmarum, Mammothrepto, et similibus; sed Constantiensi opere rarius, ut lexico alio, quod cum isto simul paulo post inventam imprimendi artem editum fuit. Sed Martinius sæpe suo ingenio nimium indulsit et abundavit omnino; sæpe indigna linguarum perito arbitro comminiscitur potius, quam commentatur, ut nonnunquam egredi et exornare infelix quorumdam superiorum videatur fingendi munus. Omnibus istis aut rarius aut usus non est Caspar Barthius [a], et Almeloveenius, qui pueriles nugas agunt magno conatu. Est enim dicendum quod res est, nec defendemus hodie talia quæ invidiam atque infamiam bonis litteris ad minus vel nimis eruditos conflare solent.

12. Atque non defuerunt alii qui similiter his præsidiis dedita opera tam diligenter usi non sunt, quam dederunt operam conjecturis; sed ii felicioribus auspiciis fere usi sunt. Vulcanius, haud scio an adeo laudandus sit ab ista ingenii virtute. Sed Thomas Reinesius fere semper feliciter emendavit quæ attigit; Gebhardus non infeliciter in eodem argumento versatus est, nec de la Cerda nihil laudis meruit. Ruthersius non multa attigit, nec ea insigniter mala elegit. Du Fresne felicius versari potuit in hoc negotio, cui fere omnes thesauri monasteriorum patuerunt. Grævius non sinistre hanc provinciam gessit, licet non adeo luculenter. Videntur enim αὐτοσχεδίαστα esse, quæ ad has glossas commendatus est, quod et ipse non diffitetur. Istam certe hujus viri eximiam famam non adaugebunt. Utitur Papia, non infelici successu; utitur etiam Joanne Januensi; sed suis manibus hunc versasse non videtur, quia vetus vocabularium apud Martinium excitat, sicubi usus et

vel maxime impendas, possunt, ut de laboris, qui in evolvendo insumitur, dispendio nihil dicam. Idem Latinorum duplicium interpretum ratione unice exoptem. Ita poterant scriptores ipsi sine grandi sumptu excudi, cum meliora ad intelligendum præsidia ultro semper ad omnes parata sint, si semel comparaveris. Ita novis semper editionibus novæ impensæ nascuntur quibus mediocris plerorumque fortuna nunquam par est, cum potuerint minores esse et tolerabiles. Nam repeti omnia quæ nihil addunt novi, non opus est. Hujus consilii rationem pluribus propediem, si contingat opportunitas edendi, declarabo, quæ, ut spero, facile probabitur peritis arbitris linguarum.

[a] Barthius immensæ lectionis et vastæ eruditionis laude nunquam carebit. Sed crudam lectionem videtur sæpe aggerere, non digestam satis, ingenioque magis plerumque quam judicio valere. Grande et insanum opus Adversariorum poterat longe minore esse mole, et omnem quam habet utilitatem complecti. Ea quæ ad has glossas pertinent fere omnia ex Germanica lingua vaticinatur, incerta, incredibilia, et nulla specie veri commendabilia.

[b] In Auberti Miræi Biblioth. eccles., pag 127, ita habes Honorii cap. 40 libelli III: Isidorus Hispalensis episcopus innumera scripsit opuscula, ex quibus hæc sunt, libri Etymologiarum viginti duo, liber Glossarum, liber Sententiarum, Synonyma, liber de Differentia. Totum Vetus Testam. dupliciter exposuit, histo-

opus est. At illud ipsum est Catholicon, magnum opus. Constantiensem idem manibus voluit: sed minus diligenter et assiduo quam opus erat; aliter et plura et clarius vidisset.

13. Sed redeundum est unde digressus sum. Isidori nomen præfert hoc Glossarium, atque eo ab omnibus excitatur et laudatur. Nec ipse sine gravi causa mutem, ut distinguere possimus ab aliis glossariis, simili ratione congestis. Sed aliam causam hujus designationis et nominis quærerem, quam quæ vulgo esse videtur. Solent enim quidam Isidorum simul auctorem statuere, quæ non nova est opinio, sed vetusta. Ita enim illum Honorius Augustodunensis nominat, inter alia Isidori **478** scripta [b]. Sed non satis certa illa mihi ratio videtur. Nam non tam ipsum Honorium, quam librarios describentes, addidisse et nominasse Glossarium putem, cum Ildefonsus Toletanus, Braulio, et alii superiores inter Isidori opera Glossarium non designent. Causam ita opinandi et nominandi duplicem facile invenio: alteram, quod ex Isidori operibus, præcipue ex Originibus fere sublectum et coactum est hoc Glossarium, cujus ipsa verba sæpe retinet, et semper retineret, nisi subinde per secuta sæcula immutatum fuisset; alteram, quia Isidori quibusdam operibus subjunctum et subnexum fuerit, simili quippe argumento constans ac libri Etymologiarum, et inde magnam partem desumptum.

14. Itaque hodieque viri docti solent numerare vel nominare inter Isidori opera, ut Bellarminus cardinalis, Cave, et alii faciunt [c]. Utcunque existimatum fuerit, hoc corpusculum, quod nos jam edimus, nulla ratione ab Isidoro proficisci potuit; sed si quidem ille indicem quasi expositionum quarumdam incepit [d], imperfectiorem et multo minorem, sed et meliorem reliquit, quam hic est hodie. In quem quidem multa ex glossariis Græcis, et serioribus, multa male intellecta, aut lecta, illata sunt, ut putem inde a sæculo x, xi, xii, præcipue addi et inseri cœptum esse [e]. Atque id quidem oppido ineptis auspiciis, ab imperita manu et barbara, quæ nescio qua religione et syllabas corruptas aut detractas in litterarum ordinem coegit. Tum vero pejus malum accessit, ut ductus scripturæ librarii secuti non intellexerint, sancteque servarint id institutum, ut sicubi littera mutaret novas et ipsi voces inde conficerent; unde colligere licet aliis glossariis scribas jam usos esse, cum quibus **479** hoc contenderint, et inde lepide,

rice, et allegorice, et multa alia.

[c] Ita R. Bellarm. in libro de Scriptoribus ecclesiasticis Coloniæ 1684, in-4°, pag. 138, postquam Isidori alia scripta enumeravit, Glossarium ex diversis quæ nomine Isidori Hispal. circumferuntur, collectum. Similiter Cavens et alii.

[d] Id quod nobis quantum non fit verosimi'e; cui enim rei illud fecerit? At post ipsum fuisse, qui nimia magnitudine librum Etymologiarum excerpserint, credibile maxime est. Ipse autem quia glossarum, seu expositionum auctor et collector fuit in isto Originum opere nomen etiam ipsius huic Glossario sumptum est.

[e] Inde factum esse arbitror, quod Honorii tempore liber Glossarum jamjam inter Isidori alia opera numeratum fuit; licet non tam Honorium, quam catalogi ejus descriptores addidisse novum libellum, existimem; qui quidem ipse minor adhuc, et pauciorum esset foliorum, nisi librariorum ineptia una et eadem vox ter quater, repetita fuisset ob levem litteræ unius aut quarumdam mutationem. Istorum etiam vitio accidit, quod ea quæ in alias litteras pertinebant, in eas relata sunt quæ novas jam voces pati plane non poterant; ut Bras Brat, quod venit ex lucubro, as, at. Hæc et hujus generis inepta alia, quis putet Honorium Isidori nomine digna existimasse? Atqui somnolenter et ineptissime sublegerunt ex aliis glossariis, et litteras; si placet, novis glossis auxerunt.

si placet, exornaverint. Sed quid reprehendere et conviciari attinet! Deo referamus semper gratias recte utendo hac luce litterarum, iisque, quantum licet, augendis et illustrandis.

15. Venio ad istud, quod promisi, alterum. Cum bonas litteras inde a pueris eximie amaverim, diligenter et tales libellos manibus trivi, ex quibus non parum utilitatis ad me redire intelligebam. Utebar vero hujus Glossarii ea editione quam Dionysius Godofredus corpori Latinæ linguæ Auctorum addidit: lutulenta illa quidem, et sine auxiliis, sed quæ eo me magis alliceret ad tentandas pueriles vires. Scripsi ad marginem quæ videbantur emendari a me posse; collegi doctissim. hominum opiniones, comparavi cum meis, novas inde excogitavi, vel istas confirmavi. Tandem ubi mea cum Grævii editione, et RR. Benedictinorum nova Glossarii du Fresniani contendere licuit, videbar non pauca melius invenisse, et multa nova. Ejus rei specimen quoddam Miscellaneis Lipsiensibus inseruit celeberrimus, et juris elegantiarumque omnium consultissimus Menkenius [a]. Lucinam tamen deam invenire in nostris terris non licuit.

16. Contigit denique in favorem illustriss. marchesii Scip. Maffei insinuari, quem, quia id non ægre laturum ex vulgata ad omnes bonos ejus prolixa voluntate intelligere poteram, litteris adii, quæ inter alia etiam de glossariis quæ pararem, brevibus indicium faciebant. Ille vero benevolentissime annuit, et ignotum nomen ita humaniter est amplexus, ut ultro auctor fuerit, mitterem, quam id primum liceret, Veronam; ibi non defore, qui edant. Jam levi manu relegi quæ ante plures annos temere congesseram, eaque ex Catholico, Constantiensi, et lexico vetusto alio, atque ex Breviloquo hic ibi auxi, emendavi, confirmavi. Inde natum fere est illud Spicilegium quod adjeci [b]. Antiquissimis istis libris, quod raro solet alibi, omnibus instructa est bibliotheca publica academiæ Norimbergensis Altdorfina. Lexicon vetus, quod ita nomino, quia aliter nescio, eadem forma, eodem habitu, folio maximo, excusum simul esse videtur cum Constantiensi, unum certe est volumen; mole multo Salomone minus, et Festum fere exscribens, cujus inde nonnullæ bonæ scripturæ erui possint; immiscet Hebraica et Græca nomina multa: ut videatur Festus auctus esse a studioso homine in privatum usum.

17. His præsidiis, et diligenti repetitaque sæpe lectione hujus Glossarii [b], (ita ipse laudo) non pauca certo restitui quæ summi omnes **480** viri deposuerant, multa melius et certius excogitavi, quam isti, plura confirmavi. Quod etsi universum exiguum est, si referatur ad cæteram aliarum rerum, divinarum humanarumque scientiarum magnitudinem, et momentum majus, tamen æqui arbitri juvenilis operæ, Latinæ linguæ studiosis dicatæ, facile dabunt veniam. Si Deus velit, quod occasio me docebit, glossaria alia Latinogræca, vel Græcolatina subinde emendatiora procurabo. Scripsi Altdorfi Noricorum, mense Martio, anno 1752.

Joannes Salom. SEMLER.
Prof. publ. ordin. historiæ et poeseos.

18. Hæc erudite Semlerus, cujus opinionem de auctore Glossarii Isidoriani rationesque cap. seq. ad examen revocabo. Hominis, quamvis heterodoxi, commentationes in bonas litteras dignas censeo quæ non diutius lateant.

---

[a] Exstat illud in septimi voluminis parte quarta, *inde a pagina* 717-730.

[b] Poteram verbosius illis uti, sed nisi in re obscura, impetrare a me non potui, non solum, ne nimis crescere hæc editio, sed etiam ne temporis nimis prodigus essem dispensator, qui jam certe vix aliquot horas impendere in novam industriam potui. Faciam vero sedulo, ut, si licet Latinogræca et alia glossaria emittere, supplementi quasi locus aliquis

CAPUT LIX.
Quidnam aequum censendum de auctore Glossarii Isidoriani, Codices mss. indicati.

1. Glossarium Isidorianum id nominis obtinere potuisse, vel quia cum Isidori Operibus conjungi in Mss. solet, vel quia ex ejus Etymologiis magnam partem confectum fuit, jam alii animadverterunt. Adhuc vero investigandum superest, an probabilis aliqua sit ratio, Isidorum ipsum Glossarium aliquod composuisse, quod alii deinde auxerint, aut cujus imitatione alia Glossaria prodierint. Semlerus urget, Glossarium inter alia Isidori opera a Braulione et Ildefonso non censeri, adeoque colligit, apud Honorium Augustodunensem librarios in Isidori libris recensendis Glossarium addidisse. Primum Braulionis Ildefonsique silentium non illico arguit, opus Isidori non esse, præsertim cum illi profiteantur, alia ab Isidoro edita, quæ ipsi singillatim non enumerant. Deinde vana est suspicio de interpolato Honorii Augustodunensis loco, quo Isidori elogium continetur. Cum enim Honorius Augustodunensis sæc. XII floruerit, ac multo ante membranæ exaratæ fuerint, **431** quibus Isidoro Glossaria ascribuntur, nihil est causæ quamobrem negemus Honorium inter alia Isidori opera Glossarium nominasse.

2. Sigebertus quidem in catalogo librorum Isidori Glossarium prætermisit; sed subjunxit hæc verba: *Scripsit et alia sæculari litteraturæ competentia, quæ commemorare nihil ad nos.* In his Glossarium locum habere potuit. Trithemius Glossarii nomen non usurpat, sed Isidorum scripsisse ait *de Grammatica et vocabulis:* quo secundo titulo vocabularium seu Glossarium comprehendi quid vetat? Enimvero in Etymologiis ipsis liber decimus quid aliud est nisi vocabularium, seu Glossarium? Inscriptio ejus libri est *De quibusdam vocabulis nominum per alphabetum:* sive *Vocum certarum alphabetum.* In hoc quidem libro Isidorus origines vocum per alphabetum potissimum inquirit, sed ita ut sæpe opportunam explicationem adjungat.

3. Neque mihi absonum videtur existimare Isidorum ex aliquo suo uberiori Glossario librum decimum Etymologiarum magna ex parte adornasse, eo fere modo quo Chronicon in compendium redegit cap. 37 lib. v Etymologiarum, et, ut conjici potest, ex libro de Hæresibus, quem Braulio inter Isidori Opera enumerat, capita 4 et 5 libri VIII compegit. Quod si Isidorum alicujus Glossarii auctorem esse statuamus, difficile nihilominus erit judicare, quodnam sit genuinum ejus Glossarium, cum fortasse nullum exstet quod non sit aut auctum, aut contractum, et etiam sic interpolatum. Non enim ea judicandi ratio placet sit, qui et glossas Latinas alias, et, si qua meliora in mentem veniant, ea complectatur.

[c] Est illud maximum præsidium, et auxilium, quo hæ glossæ gaudeant, imo, quo magna pars artis criticæ, quatenus emendandis libris recte dat operam, absolvitur. Nec adhuc mirari desino, qui factum sit, ut doctissimi viri neglecta hac via, minus tutam aliam tam sæpe elegerint, cum hac brevissime ad id pertingere potuerint quo volebant.

quod Glossarium eo antiquius sit, quo brevius. Nam ut Glossarium facile ab aliquo augeri potuit, ita ab alio contrahi, selectis vocibus quæ magis explicatione dignæ viderentur. In iis igitur antiquis Glossariis quæ Isidori nomen præferunt, illud potissimum expendendum est, quodnam pluribus sequioris ætatis vocibus redundet, ut colligere possimus, ejusmodi Glossarium aut Isidori non esse, aut multo magis quam cætera esse interpolatum. In Mss. vero exemplaribus hæc exstant a me observata Glossaria.

4. In Codice Vaticano 1474, de quo cap. 96, est Glossarium sine Isidori nomine, quod tamen inscribitur *Liber Etymologiarum.* Simile aliud, sed uberius in pervetusto Codice Vaticano 3320, eod. cap. 96. Aliud, quod externo titulo dicitur Isidori, in Codice Regio-Vaticano 227, de quo cap. 99.

482 5. Quoniam vero negari nequit verba Glossarii Isidoriani magna ex parte genuinis Isidori explicationibus declarari, et aliunde satis verisimile est, eum primam Glossarii formam adornasse, quam alii postea auxerint, ordo mihi in hac editione præscriptus postulat, ut post Etymologias Differentiasque rerum et verborum Glossario, quod in eodem fere argumento versatur, et ad omnes tam sacros quam profanos scriptores intelligendos et explicandos utile esse potest, locum præbeam, adjunctis doctissimorum hominum notationibus, quibus obscura illustrentur, depravata corrigantur, vetera a recentioribus secernantur.

CAPUT LX.

Allegoriæ Veteris et Novi Testamenti. Non Isidoro alicui Cordubensi, aut alii, quam nostro Hispalensi adjudicandæ. Editiones, Mss. vetera exemplaria.

1. Braulio ita hunc librum describit : *De Nominibus legis et Evangeliorum librum unum, in quo ostendit quid memoratæ personæ mysterialiter significent.* Hæc ex prologo operis ad Orosium petita sunt : *Quædam*, ait Isidorus, *notissima nomina leguntur legis Evangeliorumque, quæ sub allegoria imaginarie obteguntur et interpretatione aliqua egent*, etc. Cum hæc satis per se aperta sint, nihilominus e Orosii nomine ansam fingendi Pseudo-Dexter arripuit, qui ad annum 423 hæc habet : *Scribit per hæc tempora Isidorus Junior Cordubensis episcopus Allegoriarum librum Paulo Orosio Tarraconensi.* Architecti ejusmodi fabularum duos Isidoros Cordubenses distinxerunt, alterum ad annum 384, alterum ad annum 423, quem propterea *Juniorem* appellarunt. Quod fortasse contemnendum prorsus esset, nisi Caveus quoque ad annum 420 Isidoro Cordubensi Allegorias probabiliter tribui existimaret, *eo quod ad Orosium Cordubensis σύγχρονον scriptæ sint.* Addit Caveus, ejusmodi commentarios allegoricos neque a Braulione, neque ab Ildefonso inter Isidori opera recenseri : quod etiam Bivarius urget in commentario ad Pseudo-Dextrum.

2. De Braulione quam falsum id sit, modo vidimus. De Ildefonso nolo cum Bayerio suspicari, *Secretorum librum, cujus* **483** *ille meminit, eumdem atque Allegoriarum esse.* Nam multo congruentius Ildefonsi verba ad *mysticorum Expositiones sacramentorum*, sive *Quæstiones in Vetus Testamentum* pertinent. Sed certe Ildefonsi, qui multa alia Isidori opera tacuit, silentium contra perspicuam Braulionis testificationem parum valere debet. Caveus ipse non satis sibi constat, siquidem ad annum 595 Allegorias inter exstantia Isidori opera nominat. Neque alii recentiores hac de re dubitant, Oudinus, Cellierus, Fabricius. Hoc ipsum opus Dupinius tom. V Bibl. Eccles. fortasse intellexit, cum dixit, Isidorum librum Allegoriarum *super Octateucho* scripsisse : debuit autem dicere *super utroque Testamento.* Sed, ut opinor, Allegorias confudit cum Quæstionibus in Vetus Testamentum; quod accidit etiam Labbeo in Commentario ad Bellarminum de Script. eccles. Nam primum Commentarios allegoricos commemoravit : tum addidit : *Allegoriæ*, etc., sive *Compendiolum Allegoriarum in Octateuchum ex Origene, Victorino, Ambrosio, Hieronymo, Augustino, Cassiodoro, Fulgentio, Gregorio, aliisque.* Hi videlicet sunt quos Isidorus in præfatione Commentariorum nominatim recenset. Addit illico Labbeus : *Vide Xystum Senensem, qui lib.* VIII *Biblioth. sanct. Trithemium accusat quod lucubrationum Isidori copiam amplificare voluerit.* At Trithemius alias quidem lucubrationes, ut videtur, amplificavit, sed recte fecit quod allegorias a Commentariis in Genesin, etc., distinxerit.

3. Bayerius ex antiquioribus profert Honorium Augustodunensem, qui Isidorum Hispalensem totum Vetus Testamentum allegorice exposuisse affirmat. At Honorius mysticorum expositiones sacramentorum intelligit, quæ sunt commentarii allegorici, sed diversum opus ab eo quod Allegorias nominamus. Allegat idem Bayerius Trithemium, qui inter Isidori Hispalensis Opera Allegorias diverso tamen initio recenset. In Trithemio vero bis Allegorias indicari video, primum *Interpretationis Veteris et Novi Testamenti lib.* II *Domino meo et Dei servo* : hoc est, quod alii habent, *Domino sancto et reverendissimo fratri.* Deinde *Allegoriarum lib.* I; ut enim cap. 47 notavi, Trithemius idem opus diverso titulo bis interdum enarrat, Pastrengus, quem eod. cap. 47 excitavi, inter alia Isidori nostri opera collocat *ad Horosium episcopum de Significationibus Veteris et Novi Testamenti lib.* II.

484 4. Ipse Sigebertus, qui primus Isidori Cordubensis memoriam nobis conservavit, aut sibi finxit, quem scilicet Seniorem vocat, ut ab Hispalensi distinguat, et edidisse ait *ad sanctum Orosium presbyterum Hispanum* Commentarios in quatuor libros Regum, nihilominus Allegorias Isidoro Hispalensi adjudicat : *Ad Orosium librum de Significationibus nominum.* Cotelerius tom. I, pag. 738, edition. Antuerp. ann. 1698, ad Patres apostolicos hujus libri Isidoriani titulum e suo ms. Codice profert : *De Sianificationibus Veteris et Novi Testamenti.*

5. Probat præterea Bayerius allegorias Isidori Hispalensis esse, ex styli simplicitate, quæ ab illius genio et ævo non abludit ; cum contra sæculi V initia, seu Isidori Cordubensis ætatem respuat, non minus quam operis nuncupatio : *Domino sancto ac reveren-*

dissimo fratri Orosio, e mitiore, ut ait, comptioreque, quam quintum fuit, sæculo, atque e decrepita Latini sermonis ætate profecta. Quid, quod nec Cordubensis episcopus Orosium presbyterum fratris appellatione dignaturus esset? Cum autem animadverteret Bayerius Orosii nomen tot turbas eruditis viris peperisse, nullumque Orosium episcopum Isidori æqualem in Hispania inveniret, conjecit, pro *Theodosii* nomine, qui Arcavicensis episcopus fuit, et ad annum 610 Toletanæ synodo sub Gundemaro septimo loco subscripsit, *Orosii* nomen in membranas irrepsisse. Potuit probabilius id conjicere de *Orontio* metropolitano Emeritensi, cujus nomen in conciliis Hispanis jam ab anno 638 legitur : quique, etiam vivente Isidoro, eam dignitatem fortasse jam obtinebat. Potuit simili modo suspicari de *Honorio* Cordubensi episcopo, qui concilio Hispalensi II, cui Isidorus præfuit, octavo loco subscripsit. Et in nonnullis quidem membranis Allegoriarum scribitur *Horosio*, quod fieri potuit ex *Honorio*. Imo si Honorius hic alicubi Cordubensis episcopus dicebatur, fortasse inde fundamentum aliquis arripuit, ut de Isidoro Cordubensi auctore Allegoriarum cogitaret.

6. Nic. Antonius lib. III, cap. 2, cum de Isidoro Cordubensi agit, suspicatur Isidorum Hispalensem Allegorias nuncupasse Orosio illi abbati cujus fit mentio in duabus epistolis Gregorii Magni, altera ad monachos insulæ Montis Christi, altera ad Symmachum defensorem, lib. 1, epist. 49 et 50. Etsi enim Isidorus Orosium **485** fratrem nominat, tamen id non obesse debet, quia potuit Isidorus nondum episcopus ad Orosium scribere, vel potuit ipse Orosius aliquando episcopali dignitate augeri. Hoc secundum potius esset tenendum, siquidem in Allegoriis Isidorus jam Gregorii Magni auctoritate utitur, quod vix ab eo nondum episcopo fieri potuit. In allegoria Servorum in Novo Testamento Cyprianus Suarez (*Joannes Grialius* ait Nic. Antonius, fortasse ut editionem indicet), qui notas adjecit, sic observat: *Alii in primo servo: D. Gregorium significat, cujus fuit in primis studiosus: is enim ad hunc modum tractat præsentem allegoriam.*

7. Opinio Pellicerii in observationibus ad *Chronicon*, quod Dulcidii Salmanticensis esse putabat, Isidorum episcopum Setabitanum prope finem sæculi VI auctorem fuisse operis *de Significatione nominum*, explosa a nobis fuit cap. 16; neque ulli ea inniti potest fundamento, sive hic titulus Allegorias, ut videtur, indicet, sive Glossarium Isidorianum. Quid autem dicemus de Codice Vaticano 287, in quo Ambrosius auctor Allegoriarum dicitur? Nam post alia Ambrosii opera eidem liber Isidori de Ortu et Obitu Patrum et Allegoriarum Veteris Testamenti ascribitur : ac finito opere Allegoriarum notatur : *Explicit liber beati Ambrosii archiepiscopi Mediolanensis de Figuris Veteris Testamenti.* Nimirum invenit aliquis ea opera inter alia Ambrosii: et quia vel nomen deerat, vel non satis clare apparebat, Ambrosio adjudicavit. Neque auctoritas ejus Codicis, qui sæculo XV exaratus fuit, tot aliis antiquioribus et Codicum et scriptorum testimoniis quidquam obesse debet.

8. Allegoriæ Isidori exstant in editionibus omnium ejus operum, et in Regia Matritensi cum notis Cypriani Suarez, de quibus Grialius in præfatione descripta cap. 36. Antea prodierant Haganoæ cum aliis Isidori operibus hac inscriptione : « B. Isidori episcopi, theologi vetustissimi, de nativitate Domini, passione, et resurrectione, regno, atque judicio libri duo. Ejusdem tractatulus de Vita et Obitu quorumdam utriusque Testamenti sanctorum. Item Allegoriæ quædam ex utroque Testamento excerptæ, una cum libro Præmiorum (*corrige Procœmiorum*). Omnia hæc ex Codicibus duobus antiquissimis sunt excerptæ, hactenus prorsus a nemine visa. Haganoæ per Joannem Secerium anno 1529 mense Martio : *In quatuor Allegoriis præmittitur epistola* Orosio fratri, etc. »

486 9. Exemplaria mss. a nobis observata hæc sunt. Codex Vaticanus 287, ubi sunt Allegoriæ Veteris Testamenti falso S. Ambrosio ascriptæ, de quo cap. 93. Codex Vat. 629, de quo cap. 94. Codex Regio-Vaticanus 231, de quo cap. 99, hoc titulo: *Liber de Interpretatione quorumdam nominum Veteris Novique Testamenti. Domino et Dei servo Orosio episcopo Isidorus. Quædam*, etc. Auctor Inventarii deceptus, ut puto, a pseudochronicorum auctoribus inscripit : *Isidori Cordubensis de Interpretatione quorumdam nominum*, etc., *ad Orosium presbyterum Tarraconensem*. Allegoriæ sine auctoris nomine sunt in Codice Regio-Vatic. 1823, de quo cap. 101. In Codice Palatino 277, de quo cap. 102, Allegoriæ præmissa rubrica : *Domino sancto ac reverentissimo fratri Orosio Isidorus*. In Urbinate 100, cap. 104, eadem rubrica, cui præit titulus : *Liber Isidori ad Orosium incipit*. In eodem Codice est etiam *Liber Soliloquiorum ad Orosium Patrem* fortasse per errorem librarii, qui Orosii nomen ex Allegoriis sumpsit, et *patrem*, ut puto, pro *presbyterum* posuit. Advertendum est, in vetustissimis membranis legi *reverentissimo fratri*, non *reverendissimo* : quod verbum deinde prævaluit. In Conciliis quoque Hispaniæ mss. hoc epitheton effertur eodem modo *reverentissimus*, ut in antiquissimis Codicibus bibliothecæ Vaticanæ observavi.

CAPUT LXI.

Liber de Ortu et Obitu Patrum Isidoro asseritur. Editiones, mss. Codices hujus libri. Prædicatio Jacobi Majoris in Hispania ab Isidoro asserta comprobatur. Ejusdem operis quædam exempla interpolata et contracta. Genuinus liber editus num ab aliquo interpolatore corruptus.

1. De Isidoro auctore libri *de Ortu et Obitu Patrum* tam constans est veterum scriptorum et exemplarium mss. Operum Isidori consensio, ut valde mirandum sit exstitisse aliquos recentiores, quibus in mentem venerit id negare, aut etiam in dubium revocare. Omitto stupendam Vossii hallucinationem, qui Callixtum II sæculo XII Romanum pontificem, auctorem libri dixit de Vita et Obitu sanctorum, ejus scilicet qui inter Isidori opera **487** legitur, ut ab Oudino tom. II, pag. 1006, et a Fabricio Biblioth. med. verb. *Callixtus II* jam notatum fuit. Quis non miretur Natalis Alexandri confidentiam, qui sæculo I

«Hist. Eccles., dissert. 15, propos. 2, *jam constare*, ait, *apud doctos* librum de Vita et Morte sanctorum, qui sub nomine S. Isidori circumfertur, sancti revera Isidori genuinum fetum non esse? Scio, nonnullos viros doctos dubitare, an Isidori opus hoc sit, quosdam etiam Isidoro aperte abjudicare. Sed cum alii neque minus docti, neque numero pauciores opus Isidoro asserant et vindicent, quo jure Alexander tueri poterit suum illud *jam constare apud doctos*? Cui reponere facile quis poterit, et nunc constare apud doctos, et olim apud omnes semper constitisse, librum de Ortu et Obitu sanctorum Isidorum auctorem habere.

2. Baronius, Cennius, et quotquot adventui et praedicationi S. Jacobi in Hispania refragantur, librum de Ortu et Obitu sanctorum confictum, falsoque Isidoro tributum, corruptum atque interpolatum asserunt, vel suspicantur, ut Bayerius observat. Mansius vero, in not. ad Alexandrum, inter eos qui praedicationem Hispanicam S. Jacobi defendunt, Cennium enumerat de Antiq. Eccles. Hisp. tom. I, dissert. 1, cap. 2. Scilicet Cennius praedicationem S. Jacobi in Hispania ex sola traditione tueri vult, cujus tamen nulla mentio exstet in monumentis quae inventionem corporis praecesserunt. Quo autem judicio id egerit, satis duo haec specimina ostendunt. Negat, Isidori esse librum de Ortu et Obitu Patrum, quia in eo epistola canonica apostolo Jacobo Majori tribuitur, quod a nullo, inquit, hominum factum comperitur. Quid imperitius? Apud eos qui pro Jacobi in Hispaniam adventu scripserunt, eorum catalogum reperire potuit qui epistolam canonicam Jacobo Majori aut aperte tribuerunt, aut id saltem probabile judicarunt. Praeterea affirmat nihil promoveri, etiamsi hymnus Breviarii Mozarabici, quo praedicatio S. Jacobi in Hispania asseritur, S. Ildefonso ascriberetur, quia *Ildefonsus*, ait, *longe post tempora Isidori floruit*. Quid falsius? quid ineptius? Ildefonsus Isidori auditor fuit, obiit anno 667. Corpus Jacobi inventum in Gallaecia fuit tempore Alfonsi Casti nuncupati, qui regnare coepit anno 795, ante quod tempus negat Cennius monumentum ullum exstare praedicationis Jacobi; neque promoveri quidquam posse **488** putat, etiamsi hymnus in quo praedicatio statuitur, Ildefonso ascribatur. Et gloriatur quidem Cennius, se non in Hispanorum gratiam, ut Bollandiani, sed *in veritatis gratiam* scribere.

3. Constantinus Cajetanus, in elogio Isidori, pag. 29, verba profert Baronii ex not. ad diem 15 Julii Martyr. Roman. de hoc libro: *An sit Isidori, non immerito adducitur in controversiam, cum complura in eo indigna Isidoro reperiantur coagmentata mendacia*. Excipit autem illico: *Revera tamen Baronius haec non dixisset, nisi Isidorus evangelicam ad Hispan s Jacobi profectionem, quam ipse inficiatur, docuisset*. Sed de Baronio quidem aliter sentiendum: nam aliquando praedicationem S. Jacobi in Hispania sustinebat, etiamsi negaret, fetum S. Isidori esse librum de Ortu et Obitu Patrum. Addit Cajetanus se singulari concertatione probasse, fide dignissimos etiam scri-

ptores alios ante Isidorum Hispanicum S. Jacobi apostolatum confirmasse. Mariana in tract. de Adventu S. Jacobi in Hisp., et Florezius tom. III Hisp. sacr., pag. 106 seq. ignorare se dicunt quaenam sint ea quae *Isidoro indigna mendacia* Baronius appellat. Si quos forte moveant verba de Jacobo Majori: *Sepultus est in Marmarica*; facile respondetur errorem librarii irrepsisse, ut ex veteri Breviario Toletano colligitur: *Et, ut dicit beatus Isidorus, sepultus in arca marmorica*, cui adhaeret lectionarium ms. Complutense: alluduntque antiqua alia instrumenta de sepulcro Compostellano: *arcuatam domum, arcis marmoreis, sub marmoreis arcubus*. Ac fortasse, ut apud Marianam nonnemo conjecit, primum scriptum fuit *marmoris arca*, ex quo levi mutatione factum est *marmarica*.

Alii, ut Gaspar Sanchez, et Maurus Castella, suspicati sunt in *Tamarica*, nam *Tamarici* populi sunt Gallaeciae: quod tamen minus probandum. Mea conjectura esset *Marmarica*, sive aliud simile nomen (nam nomina propria in Mss. passim inveniuntur corrupta), nomen loci esse, in quo primum Jacobus sepultus fuit, vel intra, vel prope civitatem Hierusalem.

4. Conferenda tamen sunt quae de sepulcro S. Jacobi in Hisp. sacr. tom. XIX enarrantur, pag. 38, ex Historia Compostellana, aliisque monumentis. Theodorus et Athanasius, discipuli S. Jacobi, sepeliri se jusserunt hinc inde ad sepulcrum sancti apostoli. In quodam Codice Historiae Compostellanae, qui asservatur in collegio **489** Majori Salmantino Archiepiscopi nuncupato, initio exstat imago episcopi sub arcubus inspicientis sepulcrum quoddam magnum coopertum in medio positum, et duo alia minora hinc inde sine operculo. In ipsa Historia Compostellana corpus S. Jacobi sepultum dicitur *sub marmoreis arcubus*: in multis regum Hispanorum diplomatibus, hoc tom. XIX Hisp. sacr. relatis, modo locus indicatur *sub arcis marmoricis*, modo *in locum arcis marmoricis*, modo *sepulcrum habemus in archis marmoricis*, modo *arcis marmoricae fundo Gallaeciae*. Dubitari potest an ex tribus illis arcis, quas dixi, sive sepulcris, initio nomen inditum fuerit *Arcae marmoricae*, vel ab *arcubus*, sub quibus sunt sepulcra, appellatio fluxerit loci *Arcus marmorei*, et corrupte *arcae marmoricae*. Caeterum in tanta Codicum et lectionum varietate seligam apud S. Isidorum scripturam quam mihi exhibet Codex Casanatensis G. III, 1 membran. in fol. saeculi XI circiter, *sepultus in arca mamorea*; quam lectionem conjecturae gravissimorum hominum, et lectiones Breviarii Toletani confirmant. In ms. vero Casanatensi scribitur *archa* pro *arca*, et veteri manu notatae sunt hae diversae lectiones, vel *Acha marita*, vel *in Achaia Marmorica*. Ex *Acha marita* alius fortasse conjiciet *acta maritima*.

5. In Chronico interpolato Isidori, quod in sua Chronicorum sylloge Lucas Tudensis edidit, alia innuitur lectio: *Petrus et Paulus sepulti sunt Romae, Andreas Patras civitate Achaiae; Jacobus Zebedaei in arce marmorica, et delatus in Gallaeciam Hispaniae ultimam provinciam*. Sed ad marginem notatur *in arca mar-*

morica ; et, ut ego arbitror, auctor voluit, *Jacobus Zebedæi in arca marmorica est delatus in Gallæciam*, etc.

6. Ut autem eos recenseamus auctores qui librum de Ortu et Obitu sanctorum Isidoro tribuunt, a Braulione initium ducendum est. *De Ortu*, inquit Braulio, *et Obitu Patrum librum unum, in quo eorum gesta, dignitatem quoque, et mortem eorum, atque sepulturam sententiali brevitate subnotavit.* Vides non solum inscriptionem, sed argumentum quoque operis clare propositum ex ipso Isidori prologo : *Quorumdam sanctorum Patrum, nobilissimorumque virorum ortus, vel gesta cum genealogiis suis in hoc libello indita sunt: dignitas quoque, et mors eorum, atque sepultura* SENTENTIALI BREVITATE *notata.* Cæcus sit oportet qui in Braulionis prænotatione expressum non videat Isidori, quem nunc habemus, librum.

7. Ildefonsus in Isidori elogio ab hoc libro incipit : *Scripsit,* ait, *opera et eximia, et non parva, id est, librum de Ortu et Obitu Patrum.* Adhærent alii scriptores de Vir. illustr., Sigebertus Gemblacensis, qui neque Braulionem, neque Ildefonsum viderat, ut ex horum trium collatione Nic. Antonius animadvertit; Pastrengus et Trithemius cap. 47 laudati quibus præmisimus Notkerum Balbulum, qui sæculo x ineunte decessit, et inter alia Isidori opera recenset librum *de Patribus Veteris et Novi Testamenti*.

8. Addit Nic. Antonius Ferdinandum Perez de Guzman (corrigendum *Didacum Lopez de Almella*) in opere Hispanico *El Valerio de las Historias* sub Joanne II Castellæ rege conscripto, Joannem Eisengreinium, Lippomanum, Surium, Philippum Bergomatem, Possevinum, Andream Schotum, quem, inquit, appellamus ante alios hujus scripti vindicem : quippe qui de scriptis SS. Patrum in dubium revocatis ac vindicatis editurum se opus promisit in scholiis ad Photii Biblioth. cod. 1.

9. Ex antiquioribus scriptoribus qui Isidorum hujus libri auctorem agnoverunt, profert Nic. Antonius Bedam, qui sæculo VIII floruit, ac fere centum annis post Isidori mortem decessit. Scripsit Beda paulo ante obitum, ut auctor Vitæ discipulus quidam ejus narrat, *de libris Isidori episcopi excerptiones quasdam.* Exstant etiamnum Venerabilis Bedæ Collectanea seu Excerpta ex probatissimis Ecclesiæ doctorum sententiis collecta vol. III Operum ejus : in quo libro multa iisdem verbis referuntur ex opere de Ortu et Obitu Patrum deprompta, præsertim cap. de divisione apostolorum; ac nominatim Jacobus ad annuntiandum Evangelium Hispaniam accepisse dicitur. Hæ sunt certe excerptiones illæ de libris Isidori, quas Bedæ discipulus laudat.

10. Nolim dissimulare istiusmodi collectanea fetum genuinum Bedæ a Natali Alexandro, ac nonnullis aliis viris criticis non censeri, quia, ut putant, ineptiis referta sunt. Sed advertendum primum est, non omnia ea quæ nostra hac ætate inepta videri solent, aut revera inepta esse, aut scriptoribus antiquis, bona plerumque fide narrationes aliorum excipientibus, inepta videri debuisse. Quis Dialogorum auctorem S. Gregorium Magnum negare ausit, quia multa in eis sunt quæ fide nunc indigna plerique censent? Et audent quidem aliqui, sed tam validis rationibus refelluntur, ut temeritatis suæ eos pudere debeat. Deinde scriptores collectaneorum magis excusandi sunt, si quædam aut aliquantulum absurda, aut minus credibilia proferant : propositum enim illis erat non tam ut vera a falsis discernerent, quam ut aliorum dicta congererent, et aliis dijudicanda proponerent. Præterea Collectanea quæ Bedæ nomine circumferuntur, aut Bedæ omnino sunt, aut auctoris æqualis, vel non multum posterioris, cum in antiquissimis membranis descripta reperiantur.

11. Allegat deinde Nic. Antonius auctorem sermonis *de Assumptione Mariæ Virginis*, inter alios sancti Augustini olim relati, nunc in appendicem editionis Maurinorum tom. V, serm. 208, rejecti. Hic sermo a Labbeo in dissert. de Script. eccles., Fabricio in Biblioth. med., et aliis creditur esse Fulberti Carnotensis. Mabillonius in Actis SS. Benedict. sæculo III, part. II, pag. 266, asserit, in quodam Codice Cluniacensi Autberto, seu Ambrosio Autperto eumdem sermonem tribui. Fabricius in Bibl. med. verbo *Ambrosius Autpertus* hunc Autpertum, sive Autbertum abbatem S. Vincentii ad fontes Vulturni, qui sæculo VIII floruit, distinguit ab Autperto abbate Casinensi sæculo IX ; et ad hunc secundum a nonnullis referri ait sermonem in assumptionem Mariæ inter Augustinianos de sanctis, et in Combefisii bibliotheca concionatoria. Codex Vaticanus 1269 sæculi XI vel XII, inter alias homilias exhibet in octava Assumptionis laudatum sermonem, præmissa rubrica : *Sermo Ambrosii Autperti in octava S. Mariæ.* Incipit : *Adest, dilectissimi fratres, dies valde venerabilis*, etc. Rubrica manu veteri perscripta est, sed ita ut aliud prius exaratum fuisse videatur.

12. In hoc ergo sermone ms., qui sane veteris auctoris est ita legitur ; « Sed nec invenitur apud Latinos aliquis tractatorum de ejus morte quidpiam aperte dixisse. Nam cum illum Evangelii versiculum, quem Simeon dixit ad Domini matrem : Et tuam ipsius animam pertransibit gladius ; beatæ recordationis tractaret Ambrosius, ait : Nec historia, nec littera docet, Mariam gladio vitam finivisse. Hinc et Isidorus : Incertum est, inquit, per hoc dictum, utrum gladium spiritus, an gladium dixerit persecutionis. » Habes Isidori sententiam in libro de Ortu et Obitu Patrum, cap. 67, de Maria, neque alibi apud Isidorum reperiendam : « Hanc quidam crudeli necis passione asserunt ab hac vita migrasse, pro eo quod justus Simeon complectens brachiis suis Christum prophetaverit Matri, dicens : Et tuam ipsius animam pertransibit gladius. Quod quidem incertum est utrum pro materiali gladio dixerit, an pro verbo Dei valido, et acutiori omni gladio ancipiti. Specialiter tamen nulla docet historia Mariam gladii animadversione peremptam. »

13. Bayerius, qui in notis ad Biblioth. Hisp. eamdem causam suscipit, plures excitat recentiores, qu librum de Ortu et Obitu Patrum Isidoro adjudicant,

Gesneri epitomatorem, Bellarminum, Joan. Ger. Vossium, Caveum, Oudinum, Alberium Fabricium, Cellierium, et Placcium, qui in Theatro Anonym. et Pseudonym. in Isidoro Hispal., num. 1484, adversus Isidorum hujus libri auctorem ne hiscere quidem audet. Ex antiquioribus laudat auctorem Vitæ S. Isidori apud Bollandianos tom. I Aprilis; et Ascaricum quemdam Hispanum episcopum in epistola ad Tuseredum nondum edita. Incidit in eam epistolam, dum recenseret Escurialensem Isidori Etymologiarum Codicem digramm. et plut. I n. 3, æra MLXXXV, sive Christi anno 1047, XII Kal. Septembris a Dominico presbytero exaratum, ut in fine legitur. Titulus verbis male Latinis est: *Directa Ascaricus ad Tuseredus Dei famulus, de ipsis sanctorum dormientium, qui cum Christo surrexerunt, corpora*, etc. Ibi cum opinionem quorumdam exposuisset, qui asserebant sanctorum Patrum, qui cum Christo resurrexerant, corpora ad : t propria remeasse busta, *addit*, illud quasi ebetes beati Isidori edicto in medium proferentes; id est, de Adam, tresque patriarcis, quod eos in locum Arbe propriis narret requiescere in sepulcris non intelligentes stolidi et lirantes, quod ille si patria, vel cum (*aut quorum, aut quoniam*) nesciret Domini jussu suscitata illa corpora essent, neque propriis ea vidisse oculis, si sint in suis, aut non sint sepulcris: sed antiquam solummodo de Patrum vitam, vel obitum Genesis proferat storiam.

14. Quamvis obscura hæc sint verba, tamen clare indicant caput I libri de Ortu et Obitu Patrum: *Sepultus est autem* (Adam) *in loco Arbee, qui locus nomen a numero sumpsit, hoc est, quatuor: nam tres patriarchæ ibidem sunt sepulti, et hic quartus Adam*. Quo autem sæculo Ascaricus hic vixerit, incertum. Ex incompto et horrido Latini sermonis ad Hispanicum plane declinantis styto Bayerius colligit auctorem sæculo IX aut ineunte X vixisse. Profecto sæculo XI, quo exaratus est Codex, aut ante, inter Hispanos, Ascaricum scilicet, et eos qui ab eo dissentiebant, constabat librum de Ortu et Obitu Patrum seium Isidori esse.

15. Sed mea conjectura est Ascaricum auctorem epistolæ antistitem Bracarensem fuisse; illum scilicet, qui sæculo VIII Elipandum interrogavit per litteras, an Jesus Christus Filius Dei adoptivus, an naturalis esset, atque Elipandi errorem amplexus fuit. Epistola Ascarici scripta est non sermone Latino doctorum proprio, sed idiomate tunc apud vulgus usitato, adeoque simillima hac in parte est epistolæ familiari Elipandi ad Felicem Urgelitanum, quam Florezius tom. V Hisp. sacr., pag. 577, edidit, et Ducangius, num. 29 et 31 præfat. ad Glossar. med. et inf. Lat., in exemplum vulgaris sermonis Latini adduxit. Incipit: *Domino Felice, sciente vos reddo, quia exeunte Julio vestro scripto accepi*, etc. Jonas Aurelianensis in opere adversus Claudium Taurinensem refert Elipandum Asturias et Gallæciam sua insana doctrina imbuere tentasse, cujus discipulos apud Astures ipse Jonas aliquando viderat. Sic etiam Ascaricus Tuseredo controversiam exponit, quæ ex-

A citata fuerat *abhinc Asturianis usque in oris*. Florezius, tom. XV Hisp. sacr., pag. 169, Arcaricum, Ascaricum, sive Ascarium episcopum Bracarensem collocat anno 785, sed addit, a Pagio, Fleurio, Basnagio, auctore Catalogi episcoporum Bracarensium, et aliis, episcopum Bracarensem constitui, nulla tamen allata ratione.

16. In eamdem sententiam Nic. Antonius profert omnes ejus operis editiones, quæ Isidorum auctorem agnoscunt, et inter alias eam quam ipse ait factam Haganoæ apud Secerium cum libris de Nativitate Domini, Allegoriis, et Prœmiis, anno 1524. Corrigendum arbitror *anno 1529*; neque enim diversam hanc editionem esse credo ab ea quam cap. præc. descripsi. Fabricius aliam antiquiorem commemorat sine loco et anno in 4, tum etiam Basileensem in Orthodoxographis 1569 in fol., part. II, pag. 1756. Latet quædam ejusdem libelli editio in opere non satis in nostris regionibus obvio hoc titulo: *De Vita et Morte Mosis libri tres cum observationibus Gilberti Gaulmini Molinensis. Accedunt Pseudo-Dorothei Tyrii, et aliorum veterum apospasmatia de Vita prophetarum, apostolorum, et septuaginta discipulorum Christi, Græce et Latine*. 2. Ben Sira et aliorum Orientalium sententiæ, a Paulo Fagio, et Joan. Drusio pridem editæ. 3. Nicephori Callisti Menologium breve ecclesiasticum. Cum præfatione Joan. Alberti Fabricii. Hamburgi, sumptu Christiani, Liebezeit, anno 1714. In 8. Igitur pag. 513 hujus collectionis exstat Isidori liber hoc titulo: *Beati Isidori Junioris, Hispalensis archiepiscopi, de Vita et Obitu sanctorum qui Deo placuerunt*. Deest prologus. Index pro utroque Testamento capitibus 87 continetur. Fabricius ipse, qui hanc editionem curaverat, in sua Biblioth. medii ævi eam tacitus prætermisit. Editio similis Haganoensi anno 1529 jam indicatæ: sed in Haganoensi adest prælatio et hæc inscriptio: *Liber B. Isidori episcopi de Vita vel Obitu sanctorum qui Deo placuerunt*. In præfatione quædam verba præpostere collocantur in hunc modum: *Præfatio quorumdam sanctorum nobilissimorumque virorum ortus... dum brevi sermone leguntur, qui in Scriptura laudibus præfuerunt*.

17. Ad vetera exemplaria mss. libri de Ortu et Obitu Patrum provocat deinde Nic. Antonius, quæ nullum alium auctorem præferunt, nisi Isidorum, aut per errorem Patres Isidoro antiquiores, Hyeronymum et Ambrosium, ut postea dicam. Inter alia Isidori opera habent hunc librum Codices antiquissimi in bibliotheca Parisiensi S. Germani a Pratis. Plusquam quingentorum annorum Codicem laudabat sæculo XVI Hyeronymus Zurita in Annalibus. Alius membranaceus annorum 250 fuit eodem sæculo in bibliotheca Antonii Augustini: alius in bibliotheca Cæsarea anno 1475 descriptus, ut Petrus Lambecius testatur. Duos alios antiquissimos Codices ante oculos habuit, qui editioni Haganoensi præfuit, octo pertulit Petrus de Fuentiduenna, qui ad editionem regiam Matritensem hunc librum emendavit, ut Joan. Grialius in præfatione narrat. In bibliotheca Ambro-

siana hic idem liber cum aliis Mss. asservatur. Bayerius annotat bibliothecam Escurialensem binos Codices hujus operis non tamen usque adeo antiquos, exhibere, octonos Parisiensem regiam, ut ex catalogo apparet. Observandum, Bivarium ad annum 57 Dextri Chron. asserere, Petrum Fuentiduenna, sive Fontidonium 18. *Codices vetustissimos* contulisse : qui error est typographi pro 8 *Codices*. Reprehendit idem Bivarius Grialium et Loaisam, qui, ut ait, etiam editionem correxit, quod in elogio S. Jacobi **495** Majoris vocem *prædicavit* pro *scripsit* posuerint : nam ipse cum Joanne de Salazar de Adventu S. Jacobi, et aliis tenet epistolam canonicam, quæ S. Jacobi Minoris vulgo creditur, scriptam fuisse a S. Jacobo Majore, ut Codices mss. Isidori probant.

18. Verum cum Nic. Antonius leviter testimonium Petri de Marca de quodam vetustissimo Codice indicet, illud uberius a nobis exponendum est. In epistola ad Henricum Valesium de tempore quo primum in Galliis suscepta est fides Christi, Petrus de Marca primum verba Usserii transcripsit e capite secundo de antiquitatibus ecclesiarum Britannicarum : « Quod autem de Philippi in Galliis apostolatu habet Freculfus, a Malmesburiensi citatus, ex Isidori libro de *Patribus* utriusque Testamenti cap. 73 ad verbum expressit.... Idemque Gallis prædicavisse Christum legitur in libello de festis apostolorum, qui in Hieronymiano Martyrologio ms. habetur, ex quo plerâque omnia in librum suum de Patribus Novi Testamenti transcripsit Isidorus. *Addit Parisiensis antistes* : His adjungendum putavi testimonium vetustissimi Codicis ms. ex bibliotheca S. Germani Parisiensis, in quo iste tractatus Isidori ante octingentos annos ascriptus una cum aliis ejusdem auctoris libris continetur... Nec dissimulandum est, in eodem Codice legi, Hispaniam Jacobo apostolo datam, eumque Hispanis fidem prædicasse. Quæ vetusti Codicis auctoritas a quibusdam conceptam suspicionem eximere debet vitiatæ fortean loco in illo lectionis in prioribus editionibus ab aliquo Hispanicarum partium studioso. » Scilicet cum ejusmodi Codex sæculo VIII aut paulo post exaratus fuerit, vitiatæ recentiori tempore lectionis suspicio omnis cessare debet. Non omittam hoc loco notare prædicationem S. Philippi in Gallia, quæ a S. Isidoro quoque asseritur, non perinde certam censeri ac prædicationem S. Jacobi in Hispania : tum quia Isidorus de rebus domesticis loquens majorem fidem meretur; tum quia cum Philippus prædicaverit Christum in *Galatia*, et *Galatia* dicta etiam fuerit *Gallia*, et *Galatæ Galli*, ut nonnulli observant, facile intelligi potest, aut in mss. exemplaria *Galliam* pro *Galatia* irrepsisse, aut de *Galatia* Isidorum aliosque qui simili modo loquuntur, esse explicandos.

19. Quoniam vero Usserius loc. cit. animadvertit eadem, quæ apud Isidorum de prædicatione apostolorum, apud Julianum **496** Toletanum comment. in Nahum prophetam legi, hoc loco a nobis auctoritas Juliani diligenter, expendenda est. Caput 81 libri de Ortu et Obitu Patrum post alia sic refert : « Petrus namque Romam accepit, Andreas Achaiam, Jacobus Hispaniam, Joannes Asiam, Thomas Indiam, Matthæus Macedoniam, Philippus Galliam, Bartholomæus Lycaoniam, Simon Zelotes Ægyptum, Matthias Judæam, Jacobus frater Domini Jerosolymam, Judas frater Domini Mesopotamiam ; Paulo autem cum cæteris apostolis nulla sors propria traditur, quia in omnibus gentibus magister et prædicator eligitur. »

20. Accipe nunc verba Juliani Toletani comment. in Nahum prophetam pag. 509, tom. II Patrum Toletan. : « Isti ergo pedes Domini fuerunt, qui eum prædicando per universum mundum detulerunt. Petrus enim cum Romæ, Andreas Achaiam, Joannes Asiani, Philippus Galliam, Bartholomæus Parthiam, Simon Ægyptum, Jacobus Hispaniam, Thomas Indiam, Matthæus Æthiopiam, Judas Thadæus cum retulit Mesopotamiam, Jacobus Alphæi cum retinuit Hierosolymam : »

Quisque sua sorte Christum sparsit sine sordo,
Per Paulum vero toto dispergitur orbe.

21. Hoc est discrimen inter Isidorum et Julianum quod ab hoc omittitur Matthias, Matthæo tribuitur Æthiopia, Bartholomæo Parthia, cum Isidorus Matthæo Macedoniam, Bartholomæo Lycaoniam assignet. Ac fortasse cum Codex ex quo Henricus Canisius hunc Juliani Commentarium eruit, mendis inquinatus fuerit, exscriptoris vitio ea varietas imputari debebit.

22. Julianus ipse de Comprobatione sextæ ætatis adversus Judæos lib. II, pag. 118, tom. II Patrum Toletanorum, etsi non omnes recenset apostolos qui Christum per varias orbis regiones annuntiarunt, quia id tunc minus erat argumento suo necessarium, tamen hanc eamdem divisionem indicat : Postquam enim narravit, Petrum fidem prædicasse, quin a Judæis ipsi difficultas de septuaginta hebdomadibus Danielis objiceretur, sic pergit : *Hac etiam et simili regula Jacobus Hierosolymam, Thomas Indiam, Macedoniam Matthæus illustrat; cæteraque omnis multitudo apostolica Christum Dei Filium simili doctrina in mundum venisse verbo prædicavit et testificata est.*

497 23. Minime dubium est quin Julianus hoc libro divisionem apostolorum, cujus Isidorus in libro de Ortu et Obitu Patrum meminit, respexerit; et hoc quidem loco, Macedonia Matthæo tribuitur, uti apud Isidorum. Sed quoniam prædicatio Jacobi Majoris et aliorum apostolorum hic omittitur, quæ diserte in comment. ad Nahum prophetam commemoratur, idcirco ii qui prædicationem Jacobi Majoris in Hispania rejiciunt, quamvis opus de comprobatione sextæ ætatis Juliano asserant, negant tamen commentarium in Nahum Juliani genuinum opus esse. *Dupinius*, ait Fabricius in Biblioth. med., *hunc commentarium Juliano erepturus tom. VI Biblioth. eccles., pag. 36, duobus utitur argumentis, non omni exceptione majoribus, silentio Felicis Toletani, et diversa, ut ipsi videtur, styli ac scribendi ratione*. Eminentissimus cardinalis Lorenzana, qui editionem Patrum Toletanorum non minus doctrinæ splendore, quam typorum elegantia ornatam in lucem emisit, in monito ad lectorem, quod commentario præmittitur, opus Juliano vindicat, et contraria argumenta in nihilum redigit.

24. Observat contra Natalem Alexandrum, quod cum viri docti antea Julianum auctorem ejus commentarii sine ulla dubitandi ratione agnovissent, ipse dubitare cœpit non alia causa, ut videtur, permotus, nisi quia in eo commentario prædicatio S. Jacobi in Hispaniis asseritur. Expendit tres rationes, quas Alexander profert. Prima est, quod *ex uno Codice ms. undequaque mutilo et mendis scalente editum est.* Hæc ratio per se ipsa ruit. Multa enim sunt opera quæ ex uno tantum Ms., ac, si vis, mutilo et mendoso, alicui auctori ascribuntur. Altera, quod quatuor tantum, aut quinque versus Nahum prophetæ exponit. Quid mirum, cum opus sit imperfectum? Tertia : *Recentiorem sane auctorem Juliano indicant versus Leonini : Quisque sua,* etc. Bollandiani in commentario prævio ad Vitam S. Jacobi tom. VI Julii part. II, § 7, respondent, primum versum nullo numero contineri, secundum Leoninum non esse, cum medium non consonet extremo : ac solum posse appellari similiter cadentes ; quod apud antiquos poetas sæpissime accidit, et quidem quandoque sine ullo artificio. Non autem video cur dicant Bollandiani, primum versum nullo numero contineri ; nam versus hexameter est. *Quisque sua sorte Christum sparsit sine sorte :* ubi *e in sorte* producitur vel ratione cæsuræ, **498** ut poetæ Christiani præsertim sæculi VII producere solebant, vel ob duas consonantes dictionis sequentis. Exempla vero versuum similiter cadentium, ut *sorde, orbe,* plura sunt etiam apud poetas Juliano antiquiores. Confer, si placet, Hymnodiam meam Hispanam in dissertat. prævia, num. 215 seq. Apud Eugenium Toletanum, Juliani magistrum, carm. I, lib. I, bi duo sunt continuati versus :

Crimine nec lædam quemquam, nec crimine lædar,
Sic bene velle queam, quo pravum posse recedat.:

ubi sibi assonant verba *lædam, lædar, queam, recedat.* Adverte etiam, Natalem Alexandrum, cum de S. Juliano Toletano sæculo VII agit, sine ulla dubitatione ita asserere : *Scripsit etiam commentarios in Nahum prophetam, qui ab Henrico Canisio ex ms. Codice Bavaricæ bibliothecæ editi, in bibliothecas Patrum transcripti sunt.* Guilielmus Cuperus in Vindiciis brevibus pro Hispanica S. Jacobi prædicatione inter Apologias Actorum sanctorum pag. 874 seqq., num. 114, suspicatur verba S. Juliani ita legenda : *Quisque sua sorte Christum sparsit : sine sorte vero per Paulum toto dispergitur orbe.* Ac fortasse Juliano duo hexametri etiam non cogitanti exciderunt, quod aliis non semel contigit.

25. Natali Alexandro consentiens Mamachius tom. II Orig., et Antiq. Christian. c. 23, ita S. Jacobi in Hispania prædicationem negat, ut simul astruat viros doctos commentariorum librum in Nahum Juliano Toletano adimere. Nimirum e doctorum numero adimere ipse volet Miræum, Fabricium, Labbeum, Nic. Antonium, cardinalem Aguirrium, marchionem Mondexarensem, Bollandianos, alios innumeros. Alioquin cur non potius affirmat viros doctos librum in Nahum S. Juliano adjudicare? Silentium Felicis in elogio Juliani Mamachius cum Dupinio urget. Sed cum constet Felicem Vitam S. Ildefonsi, a Juliano certo scriptam, non commemorasse, et cum potior fuerit ratio cur de opere inchoato et non perfecto, quale est commentarium in Nahum, sileret, quid est cur tantopere argumento huic neganti Mamachius confidat ? Nuper inveni egomet in vetustissimis membranis Vaticanis opus S. Juliani Toletani, a Felice prætermissum, de quo fusius cap. 103 dicam, ubi codicem Palatinum 1746 describam.

26. Cellierius cum eodem Dupinio diversum stylum, ac scribendi rationem objicit. Sed unde arguunt hanc diversitatem ? Et cur **499** si qua ea est, ejusdem auctoris diversæ ætati, diversis temporibus, diverso scopo ascribi non debebit ? Fabricius animadvertit, eo commentario primos versus capitis primi Nahum prophetæ *solemni illis temporibus per varios sensus vagandi libertate fusius exponi.* Cur igitur Julianus in hoc commentario morem sui sæculi tenere non potuerit, quamvis in aliis peculiari quadam sua ratione ac methodo scripserit ?

27. Quandoquidem vero Natalis Alexander fatetur prædicationem S. Jacobi in Hispaniis asseri a Freculfo, a Walafrido, a Notkero, a Melello monacho Tegerseensi, a Zacharia Chrysopolitano, ab Ottone Frisingensi, aliisque aut ejusdem temporis, aut sequentis, quia scilicet omnes illi auctores eam opinionem, quam post sæculum VIII ait invaluisse, *indiscussam amplexi sunt;* videndum est num ex aliis quoque testimoniis ante sæculum IX, quo scilicet ineunte corpus S. Jacobi in Gallæcia inventum fuit, memorata divisio et prædicatio apostolorum comprobetur. Mariana cit. tract. de Adventu S. Jacobi cap. 7, Venantium Fortunatum Isidoro æqualem profert, qui Jacobi doctrinam non se continuisse intra Judææ fines testatur in carmine de S. Jacobi laudibus :

Cultoris Domini totum sonus exit in orbem,
Nec locus est, ubi se gloria celsa neget.

Et post multa :

Gentiles docet hic, Judæos increpat idem,
Fructificansque Deo seminat orbe fidem.

Addit Mariana se eos versus inter Fortunati carmina non invenisse, sed ex tertia Calixti II homilia in B. Jacobi laudem desumpsisse. Primum distichum exstat lib. I, carm. 9, quod est de basilica S. Vincentii Vernemetis, non in B. Jacobi laudem. Legitur autem et apud Fortunatum, et apud Calixtum, *toto sonus exiit orbe.* Plura alia disticha desumpta sunt ex Fortunati carm. 2 lib. V in laudem Martini Dumiensis, ad quem scribit. Parum ergo centonario carmini in Jacobi laudem fidendum.

28. S. Beatum Liebanensem, qui Adoptianorum hæresim strenue confutavit, commentarium in Apo-

calypsin edidisse, jam pridem inter viros doctos constabat. Typis tandem commissum fuit a Florezio, qui observat Beatum in Apocalypsin scripsisse anno 784. In prologo igitur libri II, pag. 97, sic Beatus ait : *Hi sunt duodecim Christi discipuli, prædicatores fidei, et doctores gentium. Qui cum omnes unum sint, singuli tamen eorum ad prædicandum in mundo sortes proprias acceperunt : Petrus Romam, Andreas Achaiam, Thomas Indiam, Jacobus Hispaniam, Joannes Asiam, Matthæus Macedoniam, Philippus Gallias, Bartholomæus Lycaoniam, Simon Zelotes Ægyptum, Matthias Judæam, Jacobus frater Domini Jerusalem. Paulo autem cum cæteris apostolis nulla sors propria traditur, quia in omnibus gentibus magister et prædicator eligitur.* Omissus est a librario Judas Thaddæus, quem, ut paulo ante ait Beatus, ecclesiastica tradidit historia missum ad civitatem Edessam ad Abagarum regem. Addit Beatus de apostolis : *Hoc est semen sanctum et electum, regale sacerdotium per universum mundum seminatum.* Quo intelligitur apostolos provincias adiisse quæ ipsis destinatæ erant. Præterea verba Beati ipsa sunt Isidori verba cap. 82 de Ortu et Obitu Patrum, et in prologo libri I Isidorum nominat cum aliis quorum descripturus est sententias.

29. S. Jacobum Majorem in Hispania prædicasse, ex verbis Hieronymi ejusque magistri Didymi Alexandrini inter se collatis evidenti ratione colligitur. Hieronymus in cap. XXXIV Isaiæ ait : *Spiritum Domini congregasse apostolos, dedisseque eis sortes, atque divisisse, ut alius ad Indos, alius ad Hispanias, alius ad Illyricum, alius ad Græciam pergeret.* Didymus in libris de Trinitate, Bononiæ demum anno 1769 cum notis V. C. Mingarellii editis, simili modo de divisione apostolorum loquitur : *Hac ratione videlicet, quod alteri quidem apostolorum in India degenti, alteri vero in Hispania, alteri autem ab ipso in alia regione usque ad extremitatem terræ distributo.* Prædicationem in Hispania ita a Didymo assertam Jacobo Majori, non Paulo, neque alteri apostolorum congruere, Mingarellius in nota demonstrat, qui etiam verba Martyrologii Blumani ex Florentinio de Jacobo Majore allegat : *Hic Spaniam, et occidentalia loca prædicatur : et sub Herode gladio cæsus occubuit : sepultusque in Acaiam Marmoricam VIII Kal. Augusti.* Scriptum fuit hoc Martyrologium anno 772. Florezius tom. III Hisp. sacr., p. 117, duo alia vetera Martyrologia in eamdem sententiam addit, alterum sæculo VIII, alterum sæculo IX ineunte, scilicet anno 804 exaratum. Non omittam adverteré versus Walafridi, qui a Natali Alexandro producuntur:

Primitus Hispanas convertit dogmate gentes,
Barbara divinis convertens agmina dictis,

reperiri etiam inter carmina edita nomine Alcuini, qui sæculo VIII florebat ; adeoque Walafrido fortasse sunt antiquiores.

30. Producendus demum est hymnus ex Breviario Mozarabico ad diem 30 Decembris, quo in eo officio festum S. Jacobi agitur.

Petrusque Romam, frater ejus Achaiam,
Indiam Thomas, Levi Macedoniam,
Jacobus Jebus, et Ægyptum Zelotes,
Bartholomæus tenens Lycaoniam,
Matthias Pontum, et Philippus Gallias.
Magni deinde filii tonitrui
Adepti fulgent prece matris inclytæ
Utrique vitæ culminis insignia,
Regens Joannes dextram solus Asiam,
Ejusque frater potitus Hispaniam.

Nodum præcidi putavit Natalis Alexander, si reponeretur, *Officium illud Toletanum non fuisse a Romana Ecclesia approbatum.* Sed nunc id quærimus : num ante sæculum IX opinio de prædicatione S. Jacobi in Hispaniis invaluerit. Dummodo ergo liqueat, in officio Isidoriano, quod sæculo VII et VIII per universam Hispaniam celebrabatur, eam prædicationem aperte asseri, id quod volumus obtinebimus. Mirum vero est quod Alexander illico addit : *Probabilius asseritur nunquam profectum in Hispanias esse S. Jacobum, quia id Romana inficiatur Ecclesia, quam asseratur illuc profectus, quia id tradit Ecclesia Hispaniensis.* Quandonam, rogo, Ecclesia Romana inficiata est profectum in Hispanias esse S. Jacobum? In Breviario Romano jussu S. Pii V recognito Hispanica Jacobi prædicatio diserte affirmatur ; sub Clemente VIII, ex Baronii sententia, Ecclesiarum Hispaniæ hanc esse traditionem substitutum fuit. Anno 1625, re plene discussa, repositum fuit quod nunc legitur : *Post Jesu Christi ascensum in cœlum, in Judæa et Samaria ejus divinitatem prædicans plurimos ad Christianam fidem perduxit. Mox in Hispanias profectus, ibi aliquos ad fidem convertit : ex quorum numero septem postea episcopi a beato Petro ordinati in Hispaniam primi directi sunt.*

31. In Breviario Quignoniano, cujus fata in Appendice 2 ad Hymnodiam Hispanicam explicui, ita res hæc narrabatur : *Hispaniam adiisse, et ibi novem tantum viros convertisse traditur.* Ita habebat prima editio Breviarii anni 1535, paucis cognita. Cum autem anno sequenti recusum fuit Breviarium recognitum, quale spatio plurium annorum a multis ad recitandas horas canonicas adhibitum fuit, sic reformatum est : *Hispaniam adiisse, et ibi Evangelium prædicasse auctor est Isidorus.* Hæc eadem sunt verba in antiquis Breviariis Seguntino, Cauriensi, Civitatensi atque Palentino, quæ Mariana cap. 8 de Adventu Jacobi apostoli in Hispaniam allegat. Eadem sententia, aliis verbis (addit) Tudense Breviarium : *Hispaniam quoque Jacobus ad prædicandum adiit, ut auctor est Isidorus.* Salmantinum : *Hispaniam adiisse, et ibi Evangelium prædicasse, auctor est Isidorus.* Breviarium ordinis prædicatorum : *Hispaniam adiit, ibique Evangelium, ut auctor est Isidorus, prædicavit.* Quæ omnia non solum Jacobi in Hispania prædicationem confirmant, sed etiam librum de Ortu et Obitu Patrum Isidori legitimum esse comprobant. Alia sunt Breviaria, quæ sine Isidori mentione adventum S. Jacobi in Hispaniam astruunt, ut Pompelonense, Cæsaraugustanum, Valentinum, Pacense, Burgense, Hispalense, Bracarense, Asturicense, Segobiense, Compostellanum, Militum S. Jacobi, gemina ordinis Carmelitani breviaria, alterum anno 1568, alterum 1586, Venetiis edita.

32. Sententia vero de Jacobi prædicatione adeo veterum animos occupavit, ut etiam in tabula geographica antiqua sæculo x circiter exarata id annotatum fuerit. In Codice Regio-Vaticano 571, pag. 71 terg., est tabula geographica, qua Oriens parte superiori pingitur, Occidens inferiori, ex latere dextro Aræ Philenorum, ex sinistro Roma, Hispania, etc. In Hispania ulteriori prope Minium flumen hæc est epigraphe : *Hic prædicavit Jacobus*. Sic prope Erodium montem : *Hic sanctus Andreas prædicavit*. Alibi, *India, ubi Bartholomæus prædicavit*. Alibi, *India, ubi Thomas prædicavit*.

33. Ac majus fortasse robur hæc communis traditio inde accipit, quod non sine examine recepta fuit, sed etiam nonnullis vel ex ignorantia, vel ex invidia repugnantibus, ubique demum prævaluit, revictis ab ipso sæculo x contrarii rumoris auctoribus verbis Isidori nostri, quamvis non expresso nomine allegati. Cæsarius abbas epistolam scripsit ad Joannem papam. Florezius, qui tom. XIX Hisp. sacr. eam edidit, intelligit Joannem XII, et epistolam scriptam anno circiter 962. Baluzius, qui primus eam protulit tom. VII Miscell., intelligit Joannem XIV, qui regnare cœpit anno 984. Cæsarius consecratus fuerat ab episcopo Compostellano aliisque archiepiscopus Tarraconensis ; cum autem nonnulli episcopi provinciæ Tarraconensis, præsertim illi qui regibus Francorum parebant, eum recipere nollent, Cæsarius scripsit ad papam, et inter alia ait : « Isti jam supra scripti et nominati, quia istum apostolatum, quod est nominatum Spania, et Occidentalia, dixerunt non erat apostolatum S. Jacobi; quia ille apostolus interfectus hic venit, nullo modo autem vivus. Et ego responsum dedi illis, etc. O Domine, sciatis vos quia Petrus namque Romam accepit, Andreas Achaiam ; Jacobus, qui interpretatur filius Zebedæi, frater Joannis apostoli et evangelistæ, Spaniam et Occidentalia loca prædicavit, et sub Erode gladio cæsus occubuit Joannes, et Philippus Galatiam, etc. O Pater sancte, ego dico, qui hoc contradicit, quod verum non est, contradictor est Domino et legi. » Provinciæ ab hoc auctore apostolis assignantur ut apud Isidorum, excepta *Galatia* pro *Gallia*, ut multi legunt apud Isidorum : alii etiam apud Isidorum scribunt *Galatia*.

34. Antiquiorem auctorem laudare possem Eusebium Cæsariensem, si ejus esset genuinum opus, quod in Regio-Vaticano Codice 2034 sæculi xv legitur. Rubrica pag. 90 hæc est : « Incipit Chronica Eusebii Cæsariensis, Pamphili martyris contubernalis. « Capitulum primum de prima ætate. » In principio temporis ante omnem diem Deus Pater in Verbo, et per *Verbum* suum fecit ex nihilo rerum omnium materiam. » Desinit : « Fuit autem, ut dicitur, Nicæna synodus anno Constantini imperii xx celebrata. Hucusque Chronicam suam perduxit Eusebius Cæsariensis, Pamphili martyris contubernalis. Abhinc Hieronymus sui temporis digessit historiam. Per idem tempus, Helena, etc. » Hujus Chronici cap. 13 hæc reperio : « Joannes Ephesi quiescit. Jacobus Major

A Hispaniam e Hierusalem rediens decollatur. Thomas in India majori lancea transfigitur. »

35. Cæterum totum hoc Chronicum aut omnino suppositum, aut valde interpolatum est ab aliquo scriptore Gallo, ut videtur : nam multa de fidei prædicatione in Galliis traduntur, ac singillatim de ecclesia, S. Petro adhuc viventi Senonibus a S. Saviniano fundata, quæ ecclesia *S. Petri vivi* dicta fuit. Certa suppositionis aut interpolationis argumenta sunt, quod cap. 45 et 46 laudatur Hieronymus, qui Beatus appellatur, et cap. 46 versus finem ita legitur : *Constantinum vero a beato Silvestro baptizatum ejusdem pontificis actus declarant*. Continuatio Hieronymi eodem vitio laborat, cujus margini characterem rubro prima manus ascripsit : *Non videtur Hieronymianus stylus*. Desinit : *Alani in Hispaniæ montanis, qui Vascoli (Folie, Vascones) nunc narrati sunt. Hucusque Hieronymus presbyter sui temporis, digessit historiam*.

36. Pauca hæc de prædicatione S. Jacobi in Hispania pro re nata a nobis dici debuerunt. Mansius in not. ad Histor. Natalis Alexandri catalogum texit eorum qui eam defendendam susceperunt. Nominat Joan. Albertum Fabricium, qui in salutari Luce Evangelii cap. 16, § 2, recentiores ad usque suam ætatem percenset, P. Guillielmum Cuperum soc. Jesu in Actis sanctorum in append. ad. t. VI Julii, P. Godefridum Henschenium in diatriba ad tom. I Aprilis, P. Adrianum Daude soc. Jesu in Historia univers. Rom. imperii lib. I Hist. eccles., § 3, et in animadvers. 5 ad cap. 2 lib. 1; et Cajetanum Cennium de Antiq. Eccles. Hisp. 1. 1, dissert. 1, cap. 2, aliosque Hispanos in Actis sanctorum append. ad tom. VII Julii indicatos. Inter recentes qui sæculo xvII scripserunt, recensendus est Joannes Davila de Roa, cujus exstat tractatus in Cod. 472 bibliothecæ Regio-Vaticanæ de personali Prædicatione S. Jacobi apostoli in Hispania : quem Bayerius in not. ad Bibl. Hisp. vet. lib. vIII, n. 284, ad sæculum xIII revocare conatus est. Alia est disputatio de adventu et prædicatione S. Jacobi in Hispania in bibliotheca veteri Vaticana Cod. 5540 papyr. in fol., incerto auctore, quæ incipit : *Aggredimur nunc*.

37. Ut autem ad librum de Ortu et Obitu sanctorum redeam, cujus occasione controversia de S. Jacobi in Hispania prædicatione mota est, eum Isidoro adjudicandum multis probat marchio Mondexarensis cap. 20 de Prædicatione S. Jacobi, qui plures mss. Codices Hispaniæ, Galliæ, Germaniæ et Britanniæ in eam sententiam appellat, Mariana in tractatu de eodem argumento, Florez Hisp. sacr. tom. III, pag. 100 seqq., cl. Hispaniæ sacræ continuator Riscus t. XXX, trat. 66, c. 6, n. 12, quique, ut Bayerius observat, argumentum plene exhaurit Benedictus Clemens de Arostegui in dissert. de apostoli Jacobi Majoris in Hispania prædicatione Neapoli 1743, a pag. 40. Quibus quædam nos ex veteribus membranis addere licet.

38. In Prolegomenis ad Sedulium num. 58 descripsi Codicem Vaticanum 242, in quo sunt *Explanationes Sedulii Scotti in quatuor evangelistas*. Flo-

ruit is Sedulius sæculo ix. Codex vero tot addita- **505** mentis et correctionibus ejusdem manus primæ notatus est, ut jure eum pro autographo accipere possis. Sedulius ergo primum præfationem Hieronymi in quatuor evangelistas, exponit, et de Matthæo sic habet : « Matheus cognomento Levi dicitur, quia ex prosapia tribus Levi ipse originem ducit. MATHA in Hebræo sermone donum dicitur: unde Matheus donatus interpretatur, eo quod ei donatum est, ut non solum apostolus, sed etiam evangelista esset : qui etiam ex tribu sua Levi sumpsit cognomen. Ex publicano a Christo electus primum quidem in Judæa evangelizabat, postmodum in Macedonia prædicabat ; hic requiescit in montibus Pastorum. » Ad verba *Qui etiam*, etc., margini eadem manus majusculis litteris appinxit, ISID. Quæ certe deprompta sunt ex cap. 75 libri de Ortu et Obitu Patrum, ubi alii legunt *in montibus Parthorum*. Sic etiam de Marco et Luca quædam verba ex Isidoro sumit, quamvis non iterum laudato, et de Joanne evangelista longam narrationem ex cap. 72, a verbis : *Hic anno sexagesimo septimo* ad finem capitis *apud Ephesum* VI Kal. Januar.

39. Plura nobis ad manus fuerunt mss. exemplaria, quæ libro de Ortu et Obitu Patrum nomen Isidori præfigunt, ut prætermittam alia in quibus sermo de S. Joanne Baptista Isidori nomine profertur, scilicet ex cap. 72 libri de Ortu et Obitu Patrum : de quibus infra, cum de sermonibus agam, cap. 72 dicam.

40. In Codice Vaticano 287 sæculi xv est liber de Ortu, etc., mutilus in fine primæ partis, et carens secunda, S. Ambrosio perperam affictus, ut exponam cap. 93. In codice Vaticano 629, nomen auctoris non est, sed illico subsequuntur alia Isidori nostri opera. Vide cap. 94. In veteri Cod. Regio Vaticano 309, est compendium hujus libri sine auctoris nomine. Vide cap. 100. In codice Palatino 216, de quo cap. 102, est caput 72, al. 73, de S. Joanne Baptista, insertum in quadam homilia, et sine auctoris nomine, et quibusdam additis quæ in alio libro de Ortu et Obitu Patrum a me typis edendo reperiuntur. Ibid. in Cod. Palat. 277; sine Isidori nomine, sed post alia Isidori opera, in quorum titulis pariter deest auctoris nomen, liber de Ortu et Obitu Patrum cum prologo. Codex est vetustissimus. In Codice Palatino 1448 sæculi x circiter, cap. 103, est compendium hujuscemet libri sine auctoris nomine, quod ad alios mss. Codices recensitum typis exprimam : existimo **506** enim, non post sæculum ix compositum. In Urbinate 100, cap. 104, *Ysidorus de Obitu Patrum*, etc., ut in Editis. Ita in Urbinate 382, cap. eod. 104 : *Isidori Hispalensis episcopi de Ortu, Vita et Obitu Patrum*, etc. Simile exemplar ibid. in Urbinate 392. In Ottoboniano 1720 idem liber inter alia Isidori opera, sed non expresso auctoris nomine: vide cap. 106. In Codice Casanatensi G. III, 1, quem cap. 107 recensebo, idem liber a prima manu S. Hieronymo affingitur, a secunda manu S. Isidoro, cujus subsequuntur quædam alia ex Etymologiis petita sine nova auctoris mentione.

41. Ex schedis Zaccarianis, cap. 44, recensui Codicem Veronensem, Codicem Florentinum Medicum, alium Florentinum S. Marci, Codicem Albanium, Codicem Malatestium, quibus omnibus liber de Ortu et Obitu Patrum Isidoro ascriptus continetur. Cap. 46, ex catalogo bibliothecæ monasterii Pompesæ sæculo xi confecto indicavi *librum S. Isidori de Vita, Ortu, et Obitu sanctorum Patrum, qui in Scripturarum laudibus referuntur*. Ibidem relatum fuit Leofricum, sive Leofridum, qui sæculo xi vixit, monasterio Excestrensi donasse Isidori Etymologias, et *Passiones apostolorum*, quod ultimum opus librum esse de Ortu et Obitu Patrum Nic. Antonius pro certo habet. Cap. 55, ex Muratorio descripsi Codicem Ambrosianum, ante mille et plures annos exaratum, qui inter alia Isidori opera referebat *librum Vitæ sanctorum*, quem hunc ipsum librum de Ortu et Obitu Patrum esse crediderim.

42. Bandinius tom. IV Codic. Latin. inter Codices mss. S. Crucis, plut. 21, describit Codicem 11 in quo sunt Isidori libri tres Sententiarum, liber Primorum (lege Procemiorum), item *Isidori de Ortu et Vita, vel Obitu sanctorum qui in Domino præcesserunt*, cum prologo et tabula, ut in editione Grialii. Sequuntur Allegoriæ, ut in editis, et liber anepigraphus (Synonyma) : incipit : *Venit nuper ad manus meas quædam schedula. Desinit, imple opere, quod didicisti exhortatione*, cap. penult. in Editis. Nulla est librorum divisio. Sunt et alia, præsertim S. Augustini, in hoc Codice, qui membranaceus est in-8° majori sæculi XIII, cum titulis rubricatis et initialibus coloratis.

43. Idem Bandinius, ibidem plut. 22, recenset Codicem 12, membranaceum in-4° majori sæculi XIII, in quo est hic idem liber cum aliis Isidori operibus : scilicet num. 6, de Natura rerum, etc., num. 12, **507** Isidori Hispalensis episcopi, *de Ortu, Vita, et Obitu sanctorum Patrum*, etc. Subjungitur *notitia de duodecim apostolis, qui per universum orbem terrarum dimissi sunt ad prædicandum*. Num. 13, Hieronymus de Vir. illustrib. Adduntur duo capita, 1 de Valeriano Calaguritanæ urbis episcopo, 2 de Prudentio, quod ita habet : *Prudentius Calaguritanus versificator insignis, multa contra hæreticos et paganos diverso edidit metro, nostrumque dogma luculentissime cecinit*. Sequuntur libri Gennadii, Isidori et Ildefonsi de Vir. illustr. Caput de Prudentio vehementer confirmat eorum opinionem qui Prudentium Calagurritanum dicunt : præsertim quia in bibliotheca Vaticana nonnullus est similis Codex. Bayerius in not. ad Bibl. vet. Hisp. lib. II, cap. 10, observat, in Codice Æmilianensi conciliorum sæculo x exarato, et in Escurialensi Vigilano dicto ejusdem sæculi hoc ipsum referri, nisi quod liber Hieronymi desinit cap. 135 quod est de Sedulio, et cap. 136 quod est de ipso Hieronymo. Additur, *Hucusque Hieronymus. Exhinc Gennadius Massiliensis episcopus :* et post Valerianum, qui primus est, legitur, II, *Prudentius Calaguritanus*, etc. Apparet autem eos Codices interpolatos esse vel ex eo quod Hieronymus Sedulii memi-

nisse non potuit saltem eo elogio quod circumfertur, et Gennadii est. Fortasse inde natum est, quod elogium Sedulii a Gennadio conscriptum Hieronymo a nonnullis tribuatur: de quo dixi in prolegom. ad Sedulium num. 6 et 7. Nec Gennadius *episcopus Massiliensis* dici debuit, sed presbyter. De patria Prudentii pluribus egi in Prudentianis.

44. Florezius tom. III Hisp. sacr., p. 107 seq. observat librum S. Hieronymi de Script. eccl. Græce redditum fuisse a Sophronio Hieronymi æquali, multis additis, quorum nonnulla Isidorus in libro suo de Ortu et Obitu Patrum adoptavit, ut Jacobum Majorem duodecim tribus dispersionis prædicasse, et Simonem Cananæum Jacobo Minori in sede Hierosolymitana successisse, quod tamen falsum est: nam successit Simeon. Sed Isidorus, Orientalem auctorem secutus de rebus Orientalibus, erravit. Alia, quæ Isidorus omittit, putat Florezius Sophronio addita a Græcis post Isidori tempora, ut quod de Eunucho Candace et Crescente narratur apud Sophronium. *Eunuchum Candacem* vocat Florezius, qui error, vel memoriæ lapsus, nonnullis aliis communis est pro *eunucho reginæ Candaces.*

45. Breviter nunc expendam opinionem Burrielii in epistola 508 ad Petrum de Castro relata cap. 40, qui cum in Bibliis Gothicis ante irruptionem Maurorum in Hispaniam exaratis, ut ipsi videtur, reperisset ante singulos prophetas elogium historicum, quod in libro S. Isidori de Ortu et Obitu Patrum legitur, descriptum esse, arbitratus est ab Isidoro ea elogia composita fuisse, ut singulis prophetis in Bibliis præponerentur: quod itidem censet de procœmiis. Inde unita procœmia, quæ in eisdem Bibliis sunt, librum Procœmiorum confecerunt, et unita elogia historica prophetarum librum de Ortu et Obitu Patrum. Addit librum II, sive elogia Deiparæ, et apostolorum alium fortasse habere auctorem. Hæc opinio sustineri non potest, quantum quidem ad librum de Ortu et Obitu Patrum attinet: nam de procœmiis alia videtur esse ratio, ut cap. seq. dicam; primum quia mss. vetera exemplaria utrumque librum Isidoro adjudicant, quibus multi antiqui scriptores plane adhærent, ut vidimus. Deinde credendum potius est ex libro Isidori de Ortu et Obitu Patrum desumpta fuisse elogia prophetarum, ut in Bibliis insererentur, quam librum ipsum ex elogiis prophetarum unitis coaluisse. Nam liber de Ortu et Obitu sanctorum Patrum, etiam semotis Novi Testamenti Patribus, constat 64 capitibus, ab Adam, Abel, etc., ad Machabæos, cum pauci sint sacri scriptores quorum elogium initio operum præfigi debuerit.

46. Præterea si fingere velimus Isidorum prius elogia tantum prophetarum composuisse, deinde vero animum ad librum conficiendum applicuisse, nulla est ratio cur eum dicamus in Veteris Testamenti elogiis substitisse, neque ad Novi Testamenti laudandos Patres accessisse, cum totus liber utrumque Testamentum complectens Isidori nomen præferat, et prologus Scripturarum laudes commemoret, neque Vetus a Novo Testamento distinguat. Cur autem Isidorus elogium historicum scriptorum Novi Testamenti omississet, si scriptores sacros laudare sibi proposuisset? Prætereo Biblia illa Gothica Toletana non eam antiquitatem præseferre quam Burriellius putat, ut cap. 87 ostendam. Refert quidem Burrielius, in regio conventu Toletano S. Joannis Regum asservari antiquum membranaceum Codicem, qui solum Vitas Patrum Veteris Testamenti complectitur: sed advertit indicem Vitas quoque Patrum Novi Testamenti polliceri.

47. Imo etiamsi index eas Vitas non polliceretur, nulla hæc esset conjiciendi ratio, Vitas Novi Testamenti ab Isidoro non fuisse 509 scriptas. Id enim passim accidit in similibus operibus, ut etiam de procœmiis cap. seq., num. 5, dicam, vel quia Codex mutilus est, aut ex alio mutilo descriptus, vel quia interdum ex integro opere nonnulli id tantum sumebant quod sibi magis usui esse posset. Ac nonnulla est ratio cur ea pars seligatur quæ de Veteris Testamenti Patribus agit. Nuper prodiit Romæ apud Giunchium tomis IV in-4° opus quod in Diario ecclesiastico Romano 27 Septembris 1794 laudatur, sic inscriptum: *Degli vomini illustri dell Antico Testamento, e delle principali analogie, che le lor persone, i lor detti, fatti,* etc., *hanno con Gesù Christo e colla sua Chiesa. Saggi del sacerdote Bernardino Famiani.* Exstat etiam Georgii Cassandri liber inscriptus *de Viris illustribus ab Adam usque ad historiam Regum, Coloniæ* 1551, in-12.

48. Alium Codicem Gothicum Burriellius laudat, quo Isidori liber de Ortu et Obitu Patrum ab excusis satis diversus continetur. Duos ego habeo qui ab Editis differunt, alterum Veronensem inter schedas Zaccarianas, ut cap. 44 dixi, qui est compendium libri Isidori, alterum descriptum ex Codice Regio-Vaticano 199, de quo cap. 99; qui Isidoriano libro vulgato auctior est in multis capitibus, in aliis brevior, plura omittit, quædam nova addit, et caret principio. Utrumque inter opera dubia vel spuria reponam. Liber acephalus incipit: *De sancto Abraham, qui fuit prima via credendi.* Petitum id est ex primo versu prologi Psychomachiæ Prudentii:

Senex fidelis, prima credendi via,
Abram beati seminis serus pater.

Desinit in elogio Stephani protomartyris, quod in excusis omnino deest. Nulla est distinctio libri primi de Veteri Testamento et secundi de Novo. Patres et sancti ex utroque Testamento laudati sunt quinquaginta quinque. Ante apostolos præmittitur breve caput *De apostolis in genere.* Post S. Matthiam rursus caput aliud de apostolis in genere, et de eorum divisione et prædicatione.

49. Subjungitur aliud caput de apostolis qui uxores habuerunt: ubi advertendum est auctorem libri, vel hujus certe capitis se æqualem S. Clementis apostolorum discipuli, asserere. *De apostolis,* inquit, *qui sine dubio uxores habuerunt, audivi sanctum Clementem ita dicentem, qui eorum comes et eorum discipulus fuit, et tertius a Petro papa in Roma exstitit.* In utroque vero hoc libro de Ortu et Obitu Patrum

prædicatio Jacobi in Hispania non secus atque in Editis **510** annuntiatur. In primo : *Jacobus filius Zebedæi evangelizans Hispaniis:* in altero : *Hispaniæ et Occidentalibus locis prædicator.* In Codice Palatino 216 describendo cap. 102, refertur fragmentum Vitæ S. Joannis evangelistæ ex hoc uberiori libro desumptum, sed tacito auctoris nomine.

50. Genuinus Isidori liber de Ortu et Obitu Patrum ille censendus est, qui jam editus exstat, et Isidori nomine in antiquissimis exemplaribus prænotatur. Dubitant tamen adhuc viri nonnulli critici an ab aliquo interpolatore sit corruptus. Papebrochius in Respons. ad exhibit. error. part. II, accusatione 9, Petavio adhærere videtur, qui similem librum *de Ortu et Obitu prophetarum* Epiphanio, cui affingitur, indignum censet, librum vero de Ortu et Obitu sanctorum, qui Isidori nomen præfert, vere hujus fetum esse contra Baronium pronuntiat : *sed corruptum,* addit Petavius, *ab aliquo interpolatore crediderim.* Verum ea quæ communi omnium exemplarium præsertim veterum, et in diversis orbis regionibus exaratorum consensu comprobantur, interpolata esse, nemo sanus sine evidenti aliqua ratione arbitrabitur : alioquin nihil in scriptorum veterum quantumvis legitimis operibus ab impudentium censorum temeritate et audacia tutum erit et immune. Aliud judicium ferri poterit de iis quæ in quibusdam Codicibus reperiuntur, sed ab aliis desunt. Exemplo esse potest quod idem Papebrochius part. I, accus. 14, narrat, habere se ms. unum Codicem ex Susatensi patrum Prædicatorum bibliotheca; in quo Vita erat S. Catharinæ hoc initio : *Conceptionem et Vitam B. Catharinæ B. Isidorus in libro de Ortu et Obitu justorum describit.* Respondet Papebrochius librum de Ortu et Obitu sanctorum Isidori nomine editum, solum comprehendere Vitas Patrum Veteris et Novi Testamenti, adeoque additamentum de S. Catharina auctoris esse longe posterioris. Ego sane nullum reperi exemplar libri Isidori, in quo Vita S. Catharinæ, ne ut additamentum quidem, contineatur.

511 CAPUT LXII.

Proœmia S. Isidori in libros Veteris ac Novi Testamenti. Zaccariæ proœmium in hoc opus.

1. Quæ fuerit Burrielii de Isidori Proœmiis opinio cap. præcedenti dixi : scilicet ea ab Isidoro composita fuisse, ut singulis Bibliorum libris præfigerentur, deinde in unum corpus unita coaluisse. Titulus ipse Proœmiorum satis probabilem hanc sententiam reddit. Potuit tamen Isidorus ipse ea proœmia in unum volumen compacta edere, ut alii omnium sacræ Scripturæ librorum argumenta præ oculis ac manibus facilius haberent : ex quo volumine alii singulis Bibliorum libris in nonnullis exemplaribus proœmia præfixerint. In exemplari Bibliorum Gothico, quod Toleti asservatur, ea proœmia suis locis inserta sunt, sed non plane omnia, ut idemmet Burrielius innuit.

2. Profecto Proœmiorum librum ab Isidoro confectum Braulio et Ildefonsus testantur. Braulio : *Proœmiorum librum unum, in quo quid quisque liber sanctæ contineat Scripturæ, brevi subnotatione distinxit.* Ildefonsus : *librum Proœmiorum;* quæ verba omissa sunt initio editionis regiæ Matritensis, ubi caput hoc libri Ildefonsi de Isidoro exscribitur, ex quo deceptus, ut jam alibi monui, Nic. Antonius existimavit nihil in Ildefonso de Proœmiorum libro legi. Simili modo Rodriguezius de Castro tom. II, Bibl. Hisp., p. 296, erravit, qui inter Isidori libros ab Ildefonso prætermissos, libros Proœmiorum et de Officiis ecclesiasticis reposuit. Braulioni Ildefonsoque Sigebertus et alii passim cohærent. Nic. Antonius secutum in hoc ait Isidorum argumentum S. Hieronymi in prologo Galeato. Sed cum Hieronymus ad suæ versionis defensionem prologum Galeatum ediderit, argumentum Isidoriani libri melius ex Braulionis verbis intelligitur.

3. In nonnullis exemplaribus desideratur proœmium libri, *Plenitudo Novi et Veteris Testamenti,* etc., in quo libri omnes sacræ Scripturæ breviter recensentur, ut deinde de singulis distinctius agatur. *Quæ fuerit eo tempore,* ait Fabricius in Bibl. med., *sententia Ecclesiæ Occidentalis de canone librorum sacrorum ex hoc aliisque* **512** *Isidori scriptis bene potest intelligi,* ut notavit *Richardus Simon in censura Biblioth. eccles. Dupinianæ* tom. I, p. 252 seq., qui etiam p. 259 seq. notat Latinam versionem librorum biblicorum non semper Hieronymianam sequi, sed aliam subinde, uti in psalmis, Romanum sive Italicum Psalterium. De Latina versione qua Isidorus utebatur nos alibi plura.

4. Opus hoc emendavit, ut ex præfatione Grialii observat Nic. Antonius, et ex septem Codicibus inter se collatis editioni maturavit Joan. Mariana soc. Jesu, Hispaniæ decus singulare. Prodierat antea non solum in Bignæana editione, sed etiam in Haganoensi anni 1529, cum nonnullis aliis Isidori operibus. Rodriguezius de Castro tom. II Bibl. Hisp., p. 300, affirmat Proœmia in editione Grialii cum libro I Officiorum continuari sub eodem numerorum et capitum ordine, ita ut Proœmia et liber I Officiorum viginti quinque capitibus constent. Quod oppido falsum est : nam neque Proœmia capitibus numeratis distinguuntur, et liber I Officiorum Proœmiis quidem succedit, sed ipse solus ab initio ad finem quadraginta quinque capita complectitur. Laudatus Nic. Antonius indicat ms. Codicem Proœmiorum in bibliotheca Ambrosiana. Bayerius addit duos in bibliotheca Escurialensi. Cap. 46, ex veteri catalogo monasterii S. Nazarii indicatus fuit Codex Proœmiorum, duo ex catalogo monasterii Bobiensis : cap. 64, unus ex bibliotheca Florentina S. Crucis, ut de multis aliis taceam.

5. Exemplaria mss. Proœmiorum a me visa et collata hæc sunt. Codex Vaticanus 287, in quo sunt proœmia tantum Veteris Testamenti, de quo agam cap. 93. Codex Vaticanus 644, de quo cap. 94, *Præfationum* nomine exhibet proœmia in Vetus et Novum Testamentum, omissa præfatione generali, sed adjuncto capite de Esther, quod in Editis desideratur. Sine Isidori nomine sunt *Præfationes librorum Novi*

Testamenti in Cod. Regio-Vatic. 231, de quo cap. 99, sed desinunt paulo post initium. In Regio-Vatic. 310, in quo plura sunt Isidori opera, sunt duo libri Prœmiorum cum prologo, sed non expresso auctoris nomine. Vide cap. 100. In Codice Palatino 277, eadem Prœmia, addito tamen Isidori nomine recentiori manu, c. 102. In Urbinate 100, cap. 104, Prœmia utriusque Testamenti cum prologo. In Ottoboniano 278, cap. 105, excerptum ex Prœmiis de S. Paulo apostolo.

513 6. Cum V. C. Zaccaria ab hoc Prœmiorum opere editionem Isidorianam inchoare constituisset, prologum suum ita meditatus fuerat.

Sancti Isidori Hispal. episcopi in libros Veteris ac Novi Testamenti Prœmia.

EDITORIS PROŒMIUM.

Quæ S. Isidorus Hispalensis episcopus de sacrarum litterarum volumine commentatus est opera edituri ab ejus in utriusque Instrumenti Veteris ac Novi libros prœmiis initium facimus. Fuisse illa ab Isidoro conscripta nemo negarit; cum eorum diserte meminerint cum S. Braulio Cæsaraugustanus in præfatione ad sanctissimi episcopi Opera, tum S. Ildefonsus in libro *de Viris illustribus*, cap. 9, quos secutus Sigebertus in libro *de Scriptoribus ecclesiasticis* cap. 55 ait de Isidoro : *Scripsit librum Prœmiorum de libris Veteris et Novi Testamenti, quos in canonem recipit Ecclesia catholica.*

7. Prodierunt autem in Bignæana ac Breuliana Isidorianorum omnium Operum editione; in Matritensi præterea ad septem mss. Codices castigata ab Joanne Mariana societatis nostræ viro doctissimo, qui et illa brevibus at de more pereruditis adnotationibus illustravit. Nos præter tres hasce editiones totidem ad ea recognoscenda manuscriptos libros adhibuimus, de quibus nonnulla hic duximus animadvertenda.

8. Horum Codicum primus exstat, in celeberrima Patrum Franciscanorum quos *Conventuales* dicimus, bibliotheca Florentiæ ad Sanctæ Crucis : inscribitur autem Codex 233, plutei 20, in ea parte quæ templum ipsum spectat, collocati. Qui in eo descripti sunt libri, plures sunt hoc ordine : Isidori *de Summo bono*; ejusdem liber *Prœmiorum*; ejusdem *Ortus et Vita, vel Obitus sanctorum, qui in Domino recesserunt*; ejusdem *Allegoriæ ad Orosium*; ejusdem *Synonyma*; ejusdem liber *Differentiarum*; *Dialogus S. Augustini Episcopi ad Orosium* (cujus initium : *Licet multi doctissimi viri*); seu liber *S. Augustini episcopi ad Paulum et Eutropium episcopos Hispanos super quæstiones Cœlestii de perfectione justitiæ*. Ejusdem liber *ad Virgines* : Cum mortalium mutabilis mens; ejusdem *de quatuor Virtutibus charitatis* : Desiderium Charitatis; ejusdem *de decem Plagis* : Non est sine causa, fratres; ejusdem *ad Dulcitium de Animabus defunctorum* : Si quidem legimus; ejusdem *de Consolatione defunctorum* : Admonet nos; ejusdem denique *de Introitu episcoporum* : Qui non intrat per ostium.

9. Codex alter Cæsenæ in Malatestiorum principum bibliotheca apud Franciscanos quoque Conventuales asservatur, quintodecimo, ut videtur, sæculo exaratus : prænotatus 2, plutei 13, in dextera bibliothecam adeuntium parte collocati. Multa in hoc etiam Codice cum Isidori nostri, tum aliorum opuscula continentur hoc ordine. 1. S. Bonaventuræ **514** *Inductionum ad intelligentiam sacrarum Scripturarum*; qui liber in extremo opere dicitur *Tractatus introductoriis intelligentiam* (sic) *sacræ Scripturæ et fidei Christianæ*; tum hæc adduntur : *Iste liber editus est a Rev. P. F. Bonaventura de ordine Minorum sedis apostolicæ cardinali, et est compendium theologiæ et fidei Christianæ*. 2. Libellus ab Arabico in Latinum idioma versus a Fr. *Alphonso Bonihominis*

A Hispano, inscriptusque *Reverendiss. in Christo P. F. V. magistro ordinis Fratrum prædicatorum*; de Messia nempe *epistola*, ut in extrema pagina adnotatum reperio, *Rabi Samuelis Isilite* (sic) *oriundi de civitate regis Morochorum missa Rabi Ysaac magistro Synagogæ, quæ est in Sublimeta in regno prædicto*. 3. B. Hysidori Hyspalensis episcopi liber *Novi Testamenti*; qui fragmentum est ex primo de Officiis libro decerptum. 4. Liber *Prœmiorum S. Isidori*. 5. ejusdem *de Vita et Obitu Sanctorum Patrum*. 6. *Chronicon* S. Isidori. 7. Ejusdem liber *Differentiarum*. 8. Ejusdem *Sermo contra Arianos*. 9. Ejusdem *contra Judæos*.

10. Multo vetustior his est tertius Veronensis, ut aiunt, *Capituli* membraneus Codex in-4°, in cr'ptus 54, de quo Cl. Marchio Maffeius in *Bibliothecæ Veronensis manuscriptæ parte prima*, pag. 88, hisce verbis disserit : *Ejusdem formæ libro, mixto itidem retustoque, ac ad typographicum ut plurimum accedente charactere, continentur hæc*. 1. Orditur liber Prœ-

B miorum Dialogus S. Hieronymi presbyteri. Nec PRÆMII memorat, nec dialogus est, aut *D. Hieronymi opus, sed istud Isidori, de quo Braulio* : *Prœmiorum librum unum*. 2. *Vita vel Obitus sanctorum, qui in Domino præcesserunt*. 3. Incipit Opuscula S. Isidori; *ac si quæ antecedunt, ad alium pertinerent* : *liber sequitur, a suppositio pseudo-Dextri Chronico alteri Isidoro perperam tributus, de Nominibus legis et Evangeliorum, quem titulum a Brauhone, ut videtur, accepit*. 4. *Incipiunt testimonia divinæ Scripturæ*; quam sententiarum collectionem ex ipso hoc Codice in altero nostrorum *Excursuum litterariorum per Italiam* volumine divulgavimus.

11. Hi Codices sunt, quibuscum priores Isidoriani hujusce libri editiones comparavi. Sed et aliud insperato subsidium e Rhabano Mauro, noni sæculi scriptore doctissimo, mihi obligit. Legeram in Cavei Angli *Historia litteraria* p. 456, edit. an. 1720, Willielmum Malmisburiensem in *præfatione* quam ex bibliotheca Lambethana Petrus Alixius evulgavit, *ad*

C *abbreviationem Amalarii* Rhabano insignis cujusdam plagii crimen exprobrasse, quasi duos *de Officiis ecclesiasticis* libros ex Isidoro, Augustino et Gregorii Magni *Pastorali* ad verbum transcripsisset, alia insuper opuscula ex eodem Isidoro et Beda compilasset. Plura fortasse hac de re in ea dissertatione invenissem, quam lenæ an. 1724, *de Vita ac Doctrina Hrabani Magnentii Mauri* Joan. Franciscus Buddæus in vulgus emisit; verum ejus copia mihi non fuit. Nihilo tamen minus Malmsburiensis accusatione ductus, Rhabani *de Universo*, seu *Etymologiarum* libros viginti duos adii, qui in Codice Caroli de Montchal archiepiscopi Tolosani apud Labbeum *Novæ Bibliothecæ* mss. libr., p. 176, *de sermonum proprietate et mystica rerum significatione accuratissime prænotantur*; quodque suspicatus **515** fueram ex Isidori Etymologiis plurima in rem suam transtulisse Rhabanum deprehendi. Porro cum liber sexti caput tertium, quod inscribitur *brevis annotatio, quæ indicat quid in sanctis Codicibus contineatur*, in Isidoriano

D item sexto *Etymologiarum* libro desiderari comperissem, in mentem venit Rhabanum eo capite Isidorianum Prœmiorum libellum conclusisse. Contuli igitur utrumque, et quemadmodum conjeceram, alterum ex altero descriptum animadverti. Quamobrem cum eo Rhabani capite Isidori Prœmia contendi, ut ea exhiberem qualia Rhabanus nono sæculo legerat. In hanc autem rem usus sum perrara, eaque, sive typos sive chartam species, perelega ti, qua in domestica hujusce Mutinensis collegii nostri bibliotheca servatur, Rhabaniani operis editione in folio, ut aiunt, majore quintodecimo sæculo curata. Ejus meminit Orlandius in *libro cui titulum fecit* : *Origine e progressi della stampa*, p. 96, ac vere ait, prodiisse illam nulla anni, loci, aut typographi nota ascripta, ante annum tamen quingentesimum supra millesimum ; quanquam quod illam minime viderat, neque quid operis ea contineret, neque quanto typorum nitore, quem capitales singulorum capitum litteræ cæruleo aliæ, rubro aliæ colore pictæ, cæteræque majores minio rubentes mirifice augent, elaborata fuerit, minime noverat. Porro ne Codices aut editiones suis quasque nominibus inani repetitione singulis in locis appellare cogamur, singularis utemur quas hic damus, ascripta illarum significatione.

12. Singularia, quæ Zaccaria appellat, hæc erant: *B. E.* Bignæi editio. — *Br. E.* Breulii editio. — *M. E.* Matritensis (*Grialii*) editio. — *F. C.* Florentinus Franciscanorum Codex. — *C. C.* Cæsenas Franciscanorum Codex. — *V. C.* Veronensis capituli Codex. — *R.* Rhabani libri III caput ultimum. Sed, ut jam ante monui, variæ lectiones, quas ordine digestas textui subjicere cogitaverat, inchoatæ quidem ab eo erant, sed non ultra hujus libri titulum progrediebantur. Neque in schedis ejus invenio ullam discrepantiam scripturæ ex illa quam memorat Rabani, seu Rhabani, vetustissima editione; neque tamen magnam hanc jacturam reputo.

13. Mucciolus tom. I catalogi Codicum mss. bibliothecæ Malatestiæ, pag. 57, plut. 13, Cod. 2, agit de Codice in quo sunt S. Bonaventuræ tractatus introductorius ad sacræ Scripturæ intelligentiam, et Rabbi Samuelis epistola de Messia, interprete Alfonso Bonihominis Hispalo. Succedunt S. Isidori Hispalensis de Novi et Veteris Testamenti Scriptoribus opusculum. Ejusdem epistola ad Orosium presbyterum. Ejusdem Chronicon breve de Vita, Ortu et Obitu SS. Patrum, qui laudantur cum in Veteri tum in Novo Testamento. Ejusdem chronicon describens historiarum abbreviaturas ab exordio mundi usque ad quintum Evadii (*Eraclii*) imperatoris annum, et quarto religiosi 516 principis Sisebuti anno 5820. Ejusdem liber Differentiarum. S. Isidori sermones, unus contra Arianos, bini contra Judæos. Sermocinatio de animæ substantia, deque ejus virtute, aliisque ad eam spectantibus. » Codex est sæculi XIV.

14. Nescio an antiquus librarius, an Catalogi auctor inscriptionem effecerit: *De Novi et Veteris Testamenti Scriptoribus;* quæ ad librum Proœmiorum referenda est, non ad librum de Vir. illustr. Advertit Mucciolus Codicem in Chronico Historiarum indicare epocham regni Sisebuti: *quæ non ita facile*, addit, *aliis in Codicibus, quod sciam, invenitur.* Verum nihil magis obvium in Codicibus et in Editionibus Chronici Notat annum 5820; juxta Martyrologium Romanum, respondere anno 614 et anno 5 imperii Eraclii.

15. De sermone contra Arianos, cujus initium est, *Veni, Domine*, S. Isidoro ascripto, observat Mucciolus, in Codice alio vetustissimo Malatestio Etymolog. sæc. VII (reponam IX *sæculo*) scripto S. Augustino tribui: in tabella vero pluteo affixa duos sermones contra Judæos perperam Isidoro *Toletano* adjudicari. Hinc colligo duos illos sermones contra Judæos non differre a duobus libris contra Judæos, vel a fragmentis eorum: nam in aliis quoque Codicibus hi duo libri *Isidoro Toletano* ascribuntur. Quam meam suspicionem comprobatam video verbis quæ Mucciolus, p. 58 in not., testatur

legi post Isidori Opera: *Explicium capitula Isidori contra Judæos.* Quod attinet ad sermonem contra Arianos, non invenio eum indicari a Mucciolo, dum Codicem Etymologiarum describit tom. II, p. 144, ubi alia opuscula S. Augustino ibi ascripta recenset, quæ tamen supposititia censentur: et in his opusculum *de Anima et ejus virtutibus*, etc., quod fortasse idem est ac *Sermocinatio de animæ substantia, deque ejus virtute, aliisque ad eam spectantibus*, quæ in hoc Codice aliis Isidori operibus subjungitur. Sed Mucciolus, collato hoc opusculo, reperit esse Cassiodori librum *de Anima.*

517 CAPUT LXIII.

Liber Isidori de Numeris e Bibliotheca regia Taurinensi nunc primum edendus. Alii scriptores de mystica numerorum significatione. Aliud opus de numeris nondum editum, in bibliotheca Vaticana exstans, an ad Isidorum referri possit.

1. Operis de Numeris Braulio clare meminit: *De Numeris librum unum, in quo arithmeticam propter numeros, ecclesiasticis Scripturis insertos, ex parte tetigit disciplinam.* Alii veteres de eo silent: plerique etiam recentiores: alii, ut Caveus et Cellie.ius, librum de Numeris inter Isidori deperdita recensent: Fabricius in Bibl. med. putat diversum non esse a quibusdam capitibus libri III Etymologiarum, quibus de arithmetica et de numeris agitur. Sed cum Braulio, qui Etymologias in ordinem digesserat, librum de Numeris diversum a cæteris opus esse enuntiet, conjectura Fabricii rejicienda omnino est.

2. Exstat opus in bibliotheca regia academiæ Taurinensis: ex quo exemplar descriptum mihi ad manus est in schedis Zaccarianis. Bayerius quoque, ut in not. ad Nic. Antonium refert, apographum ad annum 1754 desumpsit; Codicemque sibi visum ait sæculi XIII; inscriptum *de Numeris ac de quadragenario numero.* Fortasse hæc erat in indice inscriptio. In exemplari Zaccariano solum invenio: *Incipit liber Numerorum. Incipiunt capitula:* Post tabulam capitum, *Quid sit numerus?* Nihil aliud de hoc opere in schedis Zaccarianis reperire licuit. Codicem descripsi cap. 43 ex catalogo bibliothecæ regiæ Taurinensis.

3. Quærent aliqui num genuinum Isidori opus censendum sit. Ego quidem ita arbitror. Nam argumentum si consideres, Braulionis verbis penitus congruit: versatur enim in mystica numerorum expositione, qui in ecclesiasticis Scripturis inserti sunt, præmissa brevi arithmeticæ disciplinæ notitia. Non enim hic liber revocari debet ad opus de computo, quod Trithemius inter Isidori opera enumerat, innuens, ut opinor, aut caput 17 libri VI Etymologiarum *de Cyclo paschali*, aut majus aliquod opus de hoc argumento, vel de loquela per digitos, alicubi Isidoro ascriptum, de 518 quo ego alibi. Neque item referendus liber de Numeris est ad quoddam opusculum, sive fragmentum, quod in Codice Ottoboniano 6 hac rubrica notatur: *Item de numero Ysidori: Cardinales sunt*, etc., ubi plures humero-

rum species recensentur, cardinalium, ordinalium : quod fragmentum ad Etymologias potius pertinet. De eo Codice cap. 105 agam. *Numeri enim ecclesiasticis Scripturis inserti,* ut Braulio loquitur, non alii esse possunt nisi numeri qui in sacris litteris occurrunt, quorum allegoriæ et mysteria in hoc libro exponuntur.

4. Genium quoque Isidori sapiunt stylus operis, ratio interpretandi, varia eruditio sacra et profana e multis scriptoribus collecta : nonnullæ quædam phrases, ut cum cap. 2 infinitivus adhibetur sine verbo a quo regatur : *eumdemque solum esse mensuram et incrementorum causam, statumque decrementorum* : ubi supplendum *constat,* vel quid simile, ut passim in operibus editis Isidori, et frequentius in mss. Prologus quoque simplicitatem Isidorianam in aliis ejusdem prologis perspicuam redolet : *Non est superfluum numerorum causas in Scripturis sanctis attendere : habent enim quamdam scientiæ doctrinam, plurimaque mystica sacramenta. Proinde regulas quorumdam numerorum, ut voluisti, placuit breviter intimare.* Sententia eadem exstat lib. III Etymol. cap. 4 : *Ratio numeri contemnenda non est : in multis enim sanctarum Scripturarum locis, quantum mysterium habeant, elucet; non enim frustra in laudibus Dei dictum est : Omnia in mensura, et numero, et pondere fecisti,* etc. Exempla adducit ex senario et quadragenario numero, quæ in hoc etiam opere apparent, uti quædam alia de numerorum doctrina ex eodem lib. III Etymol. petita.

5. Isidorum in paucis quibusdam numeris mystice explicandis præcessit Epiphanius brevi opusculo inscripto, *de Numerorum mysteriis;* quod tamen multi volunt alterius esse Epiphanii : nam plures fuere Epiphanii etiam Cypri episcopi præter celeberrimum scriptorem libri contra hæreses et aliorum operum. Eucherius Lugdunensis episcopus in Formulis spiritualibus cap. 11 de Numeris sic ait : *Numeros quoque breviter digeramus, quos mystica exemplorum ratio inter sacros celebriores fecit, a primo ad millenarium, multis omissis.* De numerorum mysteriis et doctrina hæc notavit Morhofius in Polyhistore tom. I, lib. I, cap. 12, n. 19 : « In mathematicis **519** porro scientiis quid non divini est ? Hic numerorum doctrina primum se offert, tota merito divina vocanda. Quantæ, quam arcanæ numerorum potestates sint, ne in hunc quidem diem satis cognitum est. Quod cum bene nosset Pythagoras, non invenit commodiorem rationem qua philosophiæ suæ secreta celaret, et intelligentibus tamen omnia panderet, quam si numeris suis, quos formales recte dixerit, absconderet. Cum enim numeri nominantur, non intelliguntur, nisi naturæ occultæ proportiones, progressus, operationes, revolutiones a Deo ipso definitæ. Quomodo non difficile admodum est omnia divinæ humanæque sapientiæ mysteria illis adumbrare. Non credat quis temere fieri, sonos septenario, numeros novenario absolvi : atque hinc per easdem ἀνακυκλώσεις in centenariis et millenariis redaci. Illic abstrusarum rerum typi latent, atque his quasi præfigurantur. In A quibus velut in tenebris palpitant, qui tamen quasi per nebulas vident, auctores, quorum de numerorum mysteriis integra exstant volumina, etc. »

6. Idem Morhofius ibid. lib. II, cap. 7, num. 50, ex Ghilino in Theatro homin. litter., pag. 219, observat Theodotum Osium Pythagoricam de numeris doctrinam instaurare voluisse, scripto libro, cui titulus : *Meditationes rhythmicæ in duas partes distinctæ, quaram una theoreticam, altera practicam facultatis sciendi per numeros, sive restitutam Pythagoræorum doctrinam pollicetur* : qui liber an editus fuerit Morhofius ignorabat. In eadem Pythagorica numerorum doctrina versatus est Jamblicus Chalcidensis, cujus sunt *Introductio in Nicomachi arithmeticam* et *Arithmetica Theologumena* ; e recentioribus vero Petrus Bongus, sive Bungus de Mysteriis numerorum, et accuratius Meursius in Denario Pythagorico.

7. De numeris, quantum quidem ad res ecclesiasticas maxime pertinent, post Isidorum egit Rabanus Maurus, cujus opera multum de Isidoro referunt; de quo confer Codicem Vaticanum 939, cap. 95 recensendum. Editus liber est a Baluzio lib. I Miscell., pag. 1, *Rhabani Mauri abbatis Fuldensis liber de computo. Dilecto fratri Marcario monacho Hrabanus peccator in Christo salutem. Legimus scriptum,* etc. *Quia te, venerande præceptor, sæpius audivi de Numeris disputantem,* etc. Cap. 2 : *Unde Isidorus dicit : Nummus numero nomen dedit,* etc., ex cap. 3 lib. III Etymol. Agit etiam de significatione numerorum per digitos, de tempore, de decemnovenali **520** cyclo, de epactis, etc. Odonis abbatis Morimundensis sæculo XII inter alia opera Fabricius Biblioth. med. refert : *De Significationibus numerorum. De numerorum Figuris. De Cognitionibus et Interpretationibus numerorum. De Significationibus unitatis. De Analyticis ternarii.*

8. Codex Vaticanus 919 pergamen. in 16, pag. 7, exhibet fragmentum operis anonymi de numeris : *Item numeri,* etc. Iterum pag. 204, quædam de numeris : sequitur *de Ordinalibus;* ac rursus versus ad cognitionem numerorum : *Possidet A numerum quingentos ordine recto;* Hos versus descripsit Joannes Noviomagus lib. I de Numeris cap. 10 ; sed cum aliqua discrepantia ab iis qui exstant apud Ugutionem ms., ut Ducangius littera A animadvertit. In alio Codice Vaticano 3101 manu Benedicti acolythi anno 1077, sunt Hermanni Contracti opera, *Item de numero 22 pulchra scitu digna* : *Jam prima,* etc. Fortasse liber est *de Numeris 22.* Obierat Hermannus paulo ante, scilicet anno 1054. Ab anonymo Mellicensi dicitur scripsisse de principalibus computi regulis, a Trithemio de conflictu rhythmomachiæ. Codex Ottoboniano Vaticanus 819 exhibet ms. tractatum Italicum super mystico numero septenario : *Il settenario esser,* etc., auctore Raphaele Aquilino. Codex item Ottobon. 3140, opusculum anonymum ms. Italicum, *Del Numero quaternario.*

9. De usu Patrum in mysticis numerorum sacræ Scripturæ interpretationibus explicandis videri potest

Sirmondus in not. ad serm. 19 Augustini, tom. I Operum ejusdem Sirmondi, col. 338, ubi agit de numero piscium 153, qui in mari Tiberiadis ab apostolis post Christi resurrectionem capti sunt: uti etiam editio apostolicorum Patrum Cotelerii tom. I, pag. 29, in not. ad epistolam Barnabæ, ubi disseritur de numero 318 vernaculorum Abrahami: de quo plura a me exposita fuerunt in Prudentianis cap. 20.

10. Etsi librum de Numeris, qui in bibliotheca regia Taurinensi asservatur, genuinum Isidori fetum esse existimo, tamen alium nunc recensebo de quo nonnulla quæstio esse potest, an sit Isidori. Exstat in codice Regio-Vaticano 199, de quo cap. 99, post tres libros sententiarum Isidori, et librum ejusdem interpolatum de Ortu et Obitu Patrum: ex quo scilicet libro de Numeris paraphrasin quamdam Decreti Gelasiani de libris recipiendis et non recipiendis in appendices 521 editionis Sedulii conjeci. Rubrica est ab aliquo ignaro amanuensi apposita, *Quædam de Domino nostro Jesu Christo*, quia prologus incipit: *Domino nostro altissimo adjuvante, et Salvatore nostro clementissimo concedente*: sed libri argumentum auctor exponit illico pergens: *de numero et ejus mysterio pauca breviter, tamen utiliter volo scribere*. Usque ad numerum 24 explicationem protrahere auctor voluit, ac fortasse protraxit: sed opus mutilum est, et paulo post initium expositionis mysticæ numeri ternarii deficit.

11. Multa auctor sumit ex iis quæ in libro de Numeris Isidorus breviter indicavit: sed cum longius plerumque in rerum ipsarum explicatione evagetur, ad alia Isidori opera exscribenda interdum recurrit, ut in expositione unitatis, dum de anima disserit: *Anima etenim, dum una res est, multas species et ornamenta ita in se habet: quæ, dum spirat, spiritus est; dum sentit, sensus est; dum sapit, animus est; dum intelligit, mens est; dum recte discernit, ratio est*, etc. Quæ desumpta sunt ex Isidori libro de Differentiis rerum, num. 29, de differentia inter animum et animam: *Quia eadem una est anima: quæ, dum contemplatur, spiritus est; dum sentit, sensus est; dum sapit, animus est; dum intelligit, mens est; dum discernit, ratio est*, etc. Poterat hæc esse aliqua dubitandi ratio, num liber hic de Numeris in Codice, in quo alia sunt Isidori, sine nomine auctoris repertus, sit Isidorianus: nam hic erat Isidori mos ut e suis aliis libris plura passim sumeret ac repeteret.

12. Sed validior alia est conjiciendi ratio, alicubi hoc opus Isidoro ascriptum esse: nam ubi numerus binarius explicatur, ac duo pœnitentiæ genera enarrantur, ita legitur: *Longinus lancea latus Salvatoris aperuit, et non tantum veniam invenit, sed episcopatus honorem et martyrii gloriam, et coronam habere meruit*. Salmeron tom. X, tract. 48, similia verba profert: *Longinus latus Salvatoris aperuit, et tactu sanguinis Christi cum esset altero oculo privatus, illuminatus est extra et intus lumine fidei, et per apostolos baptizatus fuit: et post longum tempus in eremo episcopatus honorem et martyrii coronam in-venit*. Ad marginem vero sic citat: *Isidor. Hispal.* Eadem verba Collius in suo tractatu de Sanguine Christi lib. IV, cap. 1, allegat ex recenti, ut ait, sacræ 522 Scripturæ studioso, qui Isidorum citat: sed cap. 3 addit: *Neque ea D. Isidori verba, quod sciam, reperiri ita facile possunt*. Simili modo Barradas tract. 4, lib. VII, cap. 22, post eadem relata verba concludit: *Hæc ille* (Isidorus), *sed ego illa non potui reperire*.

13. Hanc quæstionem V. C. Franciscus Alexius Fiori, tunc soc. Jesu, qui nuper Bononiæ pie decessit, litteris Mantuæ 9 Junii 1758, ad Zaccariam, Isidori Opera edere meditantem, datis, proposuerat, quonam scilicet loco Isidorus ea verba protulisset. Nullum Zaccariæ responsum invenio: sed cum in ms. hoc opere de Numeris eadem fere verba repererim, illud mihi venit in mentem Salmeronem, sive alium, ex quo Salmeron ea descripsit, in hoc opus de Numeris incidisse Isidori nomine prænotatum, nam in reliquis ejus operibus nec vola, nec vestigium. In opere de Numeris omittitur quod Longinus altero oculo privatus esset, etc., sed episcopatus honor et martyrii corona diserte exponuntur: ac fortasse Salmeron, sive alius fortasse eo antiquior in hanc sententiam Isidorum appellavit, cætera ex aliis monumentis asserens.

14. Ex Collio id præclare comprobatur: qui cap. 1, lib. IV bis Isidorum allegat, scilicet pro militis qui latus aperuit, cæcitate ex altero oculo, verbis Salmeronis, et pro ejusdem militis martyrio: de quo ait: *Nec desunt etiam qui hujus sententiæ patronum S. Isidorum esse arbitrentur, eum talia pronuntiantem inducentes: Lancea Longinus latus Salvatoris aperuit, et non tantum veniam invenit, sed episcopatus honorem et martyrii coronam promeruit*. Eadem sunt verba in libro inedito de Numeris, exceptis ultimis *et martyrii coronam promeruit*, pro quibus Ms., *et martyrii gloriam et coronam habere meruit*. Addit Collius: *Verum hujusmodi auctores de loco in quo hæc ab Isidoro consignata sunt, taciti silent, et fortassis non temere, cum mihi talem de Isidori consensu in illius scriptis nusquam offendere hactenus licuerit*.

15. Bollandiani ad diem 15 Martii de S. Longino martyre agunt, qui latus Domini lancea perforavit: et observant, in tragœdia *Christi patientis*, auctore Apollinare Laodiceno, vel quovis alio sæculi IV scriptore potius quam Gregorio Nazianzeno, alludi ad metaphoricum illum loquendi modum, quo videtur inter Christianos solitum circumferri, aperto Christi latere, apertos quoque ejus 523 qui lanceam intorserat oculos, scilicet mentis; quod rudis vulgi ignorantia ad corporeos oculos detorsit. Neque auctoritatem Isidori pro unius tantum oculi cæcitate a nonnullis allegatam agnoscunt. De episcopatu Longini sive militis qui lancea latus Domini percussit, sive centurionis qui Dominum confessus fuit, nihil referunt: neque Collius, qui loc. cit. controversiam de Longini cæcitate fuse exponit, alium auctorem de eo episcopatu, excepto Isidoro, nominat. Sententiam vero de oculorum caligine, aut unius oculi cæcitate

graves alii auctores tenuerunt, ut S. Vincentius Ferrerius et Ludulphus Saxo, ab eodem Collio allegati, qui concludit ejusmodi figmentum ortum ex male intellectis Joannis Evangelistæ verbis : *Et qui vidit, testimonium perhibuit* : quod cum de se Joannes dicat, nonnulli perperam ad militem lateris Christi percussorem detorserunt.

CAPUT LXIV.

Quæstiones de Veteri et Novo Testamento nondum editæ. Quidnam sit Isidori opus de Distantia Novi et Veteris Testamenti, sive de Consonantia Novi et Veteris Testamenti in canonum collectionibus laudatum.

1. Nullum adhuc vidi Isidori Operum præstantiorem Codicem, quique clariora antiquitatis indicia referat, quam Vaticano-Palatinum num. 277. Scriptus est enim litteris majusculis Romanis, quales sæculo vii aut ix nonnulli exarati reperiuntur : neque certe ratio ulla obest cur ad sæculum ipsum Isidori, scilicet vii, revocari non possit. In eo sunt Procemia Isidori, liber de Ortu et Obitu Patrum (quanquam hic sine ullo titulo auctoris), Allegoriæ cum Isidori ad Orosium prologo, et præter quædam alia, suo loco recensenda, pag. 29, rubrica : *In nomine Domini nostri Jesu Christi incipiunt Quæstiones sancti Hysodori tam de Novo quam de Veteri Testamento.* Sunt quæstiones 61, quibus sua responsio subjicitur. *Quæstio I : Dic mihi, quid est inter Novum et Vetus Testamentum? Respondit : Vetus est peccatum Adæ,* etc.

2. Has igitur quæstiones pro genuino S. doctoris Isidori opere exhibeo auctoritate tam eximii Codicis fretus, et quod nihil quod obstet inveniam, multa quæ in eamdem me sententiam pertrahant. Etsi enim nonnulli fortasse existimabunt hunc librum a Braulione et Ildefonso non commemorari, tamen id mihi ne commoveat, non solum quia Braulio et Ildefonsus aperte affirmant se non omnia Isidori opera recensuisse, sed etiam quia mentionem hujus operis apud utrumque videre mihi videor. Braulio ait : *Quæstionum libros duos, quos qui legit, veterum tractatorum multam supellectilem recognoscit.* Ildefonsus : *Collegit etiam de diversis auctoribus, quod ipse cognominat secretorum expositiones sacramentorum; quibus in unum congestis idem liber dicitur* QUÆSTIONUM.

3. His Braulionis, Ildefonsique verbis hactenus non aliud significari videbatur quam Expositio in quosdam Veteris Testamenti libros, quæ exstat. Sed inventis nunc his quæstionibus in Vetus et Novum Testamentum, facile cuivis persuaderi poterit eas in eo opere comprehendi, quod Isidorus *secretorum expositiones sacramentorum* inscripsit; alii vero, fortasse quia hæ quæstiones commentarios præcedebant, *librum,* vel *libros duos Quæstionum* appellarunt. Ut autem præcederent quæstiones hæc erat ratio, quod earum pleræque in re aliqua universali, seu ad utrumque Testamentum pertinente explicanda versantur. Grialius in præfatione ad Editionem ait se expositionem *secretorum sacramentorum* in uno Olivensis cœnobii Codice non ita vetusto reperisse, titulo *Quæstionum* insignitam, in quo scilicet singulis expositionibus suæ sunt percunctationes præpositæ. Sed cum addat hujus Codicis quæstiones sibi non videri easdem cum iis quarum Ildefonsus meminit, dubios nos relinquit an de commentariis ipsis loquatur qui in eo Codice per interrogationes et responsiones ordinati sint, an de diversis aliis quæstionibus, quales sunt nostræ. Propterea Nic. Antonius lib. v, num. 159, de secretorum Expositionibus sacramentorum et Quæstionum libro seu libris loquens, in rem nostram ait : *Joannes Grialius videtur distinguere, sed nulla, ut credimus, congrua ratione.*

4. Dubitare aliquis possit an istiusmodi quæstiones, Braulione petente, ab Isidoro sint expositæ. Nam Braulio in epistola ad Isidorum, *Solet repleri,* qua Etymologias ad se mitti postulat, ita pergit : *His igitur expletis erunt mihi quæstiones de sacris divinisque paginis, quarum mihi expositionem cordis vestri lumen aperiret, si lumen et nobis jubes* (forte *jubet*) *resplendere, et divinæ legis obscura reserare. Nec si ista, quæ peto, percepero, de illis silebo, sed etiam reseras capiendæ fiduciæ.* Nihilominus existimo, quæstiones quæ nunc exstant, non esse eas de quibus Braulio loquitur : primum quia non tacuisset Isidorus se Braulioni quærenti respondere, præmisso aliquo brevi prologo : deinde quia hæ quas habemus, quæstiones, ut allegoriæ, ut procemia, ut liber de Ortu et Obitu Patrum, perscriptæ et explicatæ videntur, ut facilior via ad perpetuos sacræ Scripturæ commentarios aperiretur : postremo quia Braulio quæstiones suas proponere volebat, postquam Isidorus Etymologias explevisset, quod ultimum videtur fuisse Isidori opus.

5. Ut in aliis libris, sic etiam in hoc S. Isidorus sententias et quandoque verba ex aliis suis operibus sumit, ut quæst. 2, de numero librorum Veteris et Novi Testamenti : *Juxta septuaginta duas linguas septuaginta duo libri intelliguntur*; ex lib. i Offic., cap. 11. Et quæst. 9, *Sciat se non esse episcopum qui præesse desiderat, non prodesse,* ex lib. II de Offic., cap. 5. Et quæst. 37, *Una est anima, quæ, dum contemplatur, spiritus est; dum sentit, sensus est,* etc., ex libro de Differentiis rerum; num. 29, de Differentia inter animum et animam. Sententia de episcopo exstat etiam in Quæstionum dialogo inter dubia vel spuria Augustini opera quæst. ult. *Nam qui præesse festinat, quidam Patrum eleganter expressit dicens : Sciat se non esse episcopum, qui præesse cupit, non prodesse.* Ex Augustino id petitum lib. xix de Civit. Dei, cap. 19, *Intelligat non se esse episcopum qui præesse dilexerit, non prodesse.*

6. Cum liber hic Quæstionum incipiat, *Dic mihi quid est inter Novum et Vetus Testamentum?* suspicio mihi suborta est alicubi inscriptum fuisse, *de Distantia Novi et Veteris Testamenti.* Etenim Gratianus, distinct. 34, cap. 5, *Christiano non dicam,* Isidori nomen ita præmittit : *Item Isidorus de Distantia Novi et Veteris Testamenti,* tum verba hæc descri-

bit : *Christiano non dicam plurimas, sed nec duas simul habere licitum est, nisi unam tantum, aut uxorem, aut loco uxoris concubinam.* Quo respexit, ut puto, Joseph Catalanus in not. ad epistolam S. Hieronymi de honestate **526** clericorum : *Adverte ex concilio Tolet.* 1, can. 17, *concubinam dici conjugem quæ ad plenum jus conjugale non erat admissa.* Sic et Isidorus in libro de *Distantia Novi et Veteris Testamenti.* Ejusmodi Isidori verba neque exstant in lib. 1 Sentent., cap. 20, quod inscribitur *de Differentia Testamentorum*, neque in libro Differentiarum rerum num. 33, *Inter legem et Evangelium*, etc., neque in libro II contra Judæos, sive de vocatione gentium, ubi quædam de utroque Testamento disseruntur. Desunt etiam in hoc libro Quæstionum : sed certe locus hic opportunus erat ut de uxoribus et concubinis Veteris ac Novi Testamenti quæstio aliqua institueretur. Quod si ea fuit ab Isidoro controversia agitata, in tanta exscriptorum licentia mirum non esset, si ea ab imperito aliquo prætermissa fuisset, quod non intellexisset Christiano licere loco uxoris concubinam habere, hoc est, veram conjugem, quæ ad plenum jus conjugale non erat admissa, quales tunc permittebantur, et tanquam uxores minus solemniter ductæ habebantur. Equidem potius crediderim Gratianum has quæstiones, ex initio ipso inscriptas *de Distantia Novi et Veteris Testamenti*, allegasse, quam caput aliquod aliorum operum, quæ proprio gaudent titulo, tanquam distinctum a cæteris opus, indicasse. De hoc titulo agit Berardus supra relatus, cap. 32, num. 7.

7. Ex epistola Burrielli cap. 40 descripta constat habuisse eum ab amico sibi commodatum Codicem Gothicum, in quo plura erant Isidori opera, et liber quidam acephalus brevium quæstionum de sacra Scriptura per interrogationes et responsiones, qui an Isidoro adjudicandus esset ipse dubitabat. Si aliquam quæstionem indicasset, judicium ferri posset an cum nostro conveniret. In Codice Vaticano sæculi VIII aut IX est etiam liber Quæstionum sacræ Scripturæ initio mutilus, sed a nostro diversus. Prima quæ occurrit quæstio est, *Quot modis intellexit Joannes quia a Christo debet baptizari?* Ultima, *Cur Jesus infans puer dicitur, cum infantia septimo anno finiatur, pueritia quartodecimo claudatur?* Responsio : *Hoc nimirum constat, quia ut minastreret et esuriret* (legam *serviret*) *venit Jesus, quia filius hominis non venit ministrari, sed ministrare*, etc. Etenim *omnis minister, et omnis servus puer vocatur*, etc. Aliæ etiam sunt quæstiones quæ in Codice Gothico Regio-Vaticano 1823 inter alia Isidori opera hoc titulo insigniuntur : *De Quæstionibus difficilioribus* **527** *Veteris et Novi Testamenti.* Prima quæstio est : *Quibus Scripturarum testimoniis Trinitas approbatur.* Diverso charactere, sed satis antiquo ascribitur nomen auctoris *Eucheri episcopi* : ac revera sunt duo libri Instructionum Eucherii Lugdunensis ad Salonium filium. Post primum librum recenti manu notatum est septem ultimas lineas abesse ab Editis. Finis quæstionum in Ms. est in Epistola ad Colossenses, *Judæis-Christiani.* Illico rubrica, *Prologus de nominibus Hebræis : Quoniam, fili charissime, superiori libro*, etc. In ima pagina antiqua manus, diversa a prima, ascripsit : *Explicit liber Quæstionum Novi et Veteris Testamenti.* Hic est liber primus Instructionum : liber secundus est de Nominibus Hebræis, variis vocabulis, etc., ut in Biblioth. Patrum Lugdun. tom. VI, pag. 853, ubi primus liber post quæstionem in Epistolam ad Colossenses procedit usque ad Apocalypsin. Quæstio autem in epistolam ad Colossenses in Ms. est imperfecta.

CAPUT LXV.

Secretorum Expositiones sacramentorum, sive quæstiones, aut commentarii in quosdam libros Veteris Testamenti. An Isidorus commentarios litterales in sacram Scripturam ediderit? Glossæ ordinariæ an Isidorus auctor? An alterius, quæ nondum edita est? Alii commentarii. Interpretatio in Job.

1. Post Isidori opera quæ ad universam sacram Scripturam in genere exponendam quodammodo pertinent, commentariis qui exstant in singulos libros locum nunc damus. Et præferendi quidem essent commentarii litterales; si ab Isidoro scriptos esse et alicubi adhuc asservari constaret. Sed cum solum mihi cognitæ sint quædam glossæ litterales quas Isidoro ex conjectura tantum ascribere possumus, de genuinis ejus allegoricis commentariis primum verba faciam, de aliis mox facturus.

2. In præfatione ad editionem suam Isidorianam Grialius multa de hoc opere disserit, relegenda supra cap. 36. Unum hoc addam, Latinium, Bibl. Sel. pag. 173, jam olim animadvertisse in Eucherio, Romæ anno 1564 excuso, haberi commentarios in Genesin et in libros Regum, in quibus locis aliquot S. Gregorii papæ, **528** et Isidori verba citantur et gesta : qui etiam addit apparere hominem in Britannia scripsisse. Quod nonnullis locis adductis Nic. Antonius confirmat. Editio Bignæana hunc præfert titulum : *Beati Isidori Junioris Hispalensis archiepiscopi commentaria in Vetus Testamentum.* Id secutus fuit Breulius. Exemplaria mss. mirum quantum discrepant. Nic. Antonius refert titulum *In Pentateuchum* ex quodam Codice bibliothecæ Mediceæ, et ex alio S. Isidori urbis Legionensis; in quodam alio codice observat separatum exstare quod ad libros Regum pertinet : et ex schedis mss. Alfonsi Ciacconii Romæ in cœnobio S. Isidori Minorum fratrum Hibernorum asservatis inscriptionem hanc promit : *Explanatio in historiam divinæ legis* : ex ms. Codice bibliothecæ Ambrosianæ Mediolanensis : *Super Pentateuchum, Jesu Nave, et Regum interpretationes S. Isidori.* Inscriptio Expositionis, sive Explanationis Historiæ divinæ legis in nonnullis etiam nostris Mss. apparet, veteri more ex Hebræis petito, quo titulus ex primis verbis libri constabat; nam hujus commentarii prologus incipit : *Historia sacræ legis.*

3. Cum autem Nic. Antonius solum nominasset Isidori expositiones in libros Pentateuchi, Josue, Judicum, Ruth, Regum et Esdræ, Bayerius in nota subjecit : *Atque etiam in libros Machabæorum, ut in*

Codicibus Escurialensibus duobus, e quibus nonnulla A olim pertinebat ad collegium Majus, ut vocant, *Grialius tom.* II, *pag.* 236. Exstat quidem non solum in Grialiana editione, sed etiam in Bignæana et aliis breve quoddam caput de Machabæorum martyrio. Sed eum Bayerius dicat Grialium *nonnulla* in libros Machabæorum e duobus, quos laudat, Codicibus Escurialensibus afferre, innuere videtur alia adhuc in eis Codicibus latere quæ excusa nondum sint. Sed fortasse Codices mss. cum editis non contulit, adeoque existimavit plura esse in mss. quam in excusis : quippe cum in excusis exiguum tantum, ut dixi, caput reperiatur. Præter eos duos Codices Escurialenses Bayerius tres alios itidem Escurialenses ejusdem operis mysticarum expositionum laudat ; sed ex nullo peculiarem titulum describit.

4. Rodriguezius , tom. II Biblioth. Hisp., pag. B 326 et seqq., nonnullos recenset Codices Escurialenses, in quibus est expositio in libros Veteris Testamenti. Codex membranaceus in-4, in II R. 14, est sæculi, ut videtur, XIII, cujus in operculo hi adsunt tituli. « Ysidorus super Pentateuch. Item tractatus super Pater Noster. Item Magister **529** Compostellanus de Consolatione rationis. Item quædam quæstiones theologicæ multum utiles. Item Summa magistri Alani de arte prædicandi. Item alius tractatus super Pater Noster. » Inscriptio operis est : « In nomine Domini nostri Jesu Christi incipit Codex beato Ysidoro Spanense episcopo : de quinque libris Moysi cæterorumque librorum veteris Fundamenti explanatum de diversis auctoribus in unum collectum, luculentiusque expositum. Historia sacræ legis non sine aliqua prænuntiatione futurorum gesta atque conscripta est, etc. »

5. In Codice II R. 9, membranaceo, characteris perspicui et magni, sæculi XIV, est eadem expositio. In operculo nota hæc : « In isto volumine continentur ista quæ sequuntur : Expositio moralis beati Isidori super quinque libros Moysi, scil., Genesis, Exodi, Levitici, Numeri, Deuteronomii, Judicum, Regum. Item in fine libri Historia Daretis Frigii de Excidio Trojanorum. » Additur verbis Hispanis, librum esse bibliothecæ Deiparæ Virginis Guadalupensis, ac subscribit, *Belasco*. Titulus hic est : *In nomine Dei summi, amen : signum Christi, cooperante sancto Spiritu, incipit prefacio Ysidori*. Completa est Pentateuchi expositio.

6. Codex II, L. 8, chartaceus, sæculi XIII, hoc titulo recentiori : *S. Isidori expositio in Genesin, et alia nonnulla : et S. Joannes Chrysostomus de cordis Contritione*. In hoc itidem Codice completa est expositio, ac præterea additur liber S. Isidori inscriptus, *Collectum*, de quo plura nos cap. 85.

7. Codex III, Q. 21, in 4, membranaceus, sæculi XIII, ut videtur, multis litterarum nexibus, hoc titulo : *Incipit prefacio Ysedori episcopi in libro Geneseos*. Addit Rodriguezius hoc Codice contineri expositionem usque ad librum Jeremiæ. Hic desidero luculentiorem explicationem : an sit etiam expositio Jeremiæ quæ certe ab Editis abest : an saltem aliquid aliud, quod nondum typis commissum fuerit, Liber Complutense.

8. Codex III, P. 7, membranaceus, sæculi XV, ut videtur, recentiori hac epigraphe : *Isidorus in Pentateuchum et primum Regum*. Mutila est expositio in Genesin. In fine hæc adest subscriptio : *Petrus Castrensis puer nobilis scripsit digitis libellum prioris. Scribsit libellum in pessimum pergamenum : scribsit studiose, sed non satis curiose*.

530 9. Codex III, P. 17, in 8, membranaceus, sæculi XV, ut videtur, titulis et litteris initialibus rubris, hac inscriptione characteris recentioris in prima pagina, *Epitome Historiarum Veteris Testamenti per Isidorum*. Bayerius vero, qui Codicem olim inspexit, subjecit : *Non epitome, sed integrum Isidori opus*. Titulus Codicis ita habet : *Incipit Eptameron B. Ysidori Yspalensis episcopi*. Opus incipit : « Istoria sacre legis non sine aliqua pronunciatione futurorum gesta, atque conscripta est. Nec pertineret ad prefigurationem misterii tam multiplex rerum umbra gestarum, nisi Apostolus docens diceret : Lex figuram habet futurorum bonorum, non ipsam imaginem rerum. » Desinit, « nomina duarum filiarum ejus : nomen primogenite Merob, et nomen minoris Michol. David filius Eufratei. » Codex olim erat bibliothecæ S. Antonini ecclesiæ Pallantinæ (quod charactere veteri notatur), inde anno 1578 extractus.

10. Etsi autem Nic. Antonius de Isidori expositione in libros Machabæorum non meminit, tamen animadvertit ex Roberto Coco Anglo et Vincentio Placcio C de Scriptor. pseudon. pag. 209, prologum in Machabæorum libros, qui Hieronymi Operibus solet inseri, Isidori esse. In editione Operum Hieronymi Erasmiana, initio tomi T inter opera dubia id notatur : *In Machabæorum libros præfationes duæ eodem initio : Machabæorum libri; mihi non videntur esse Hieronymi*. Isidoriani opusculi aliud est initium. Cocus autem apud Placcium verbo *Hieronymus* non de hoc opusculo loquitur, sed de fragmento Proœmiorum Isidori, quod in Bibliis Antuerpiæ 1570 impressis inseritur, et a Roffensi, Bunderio et Alfonso de Castro citatur tanquam Hieronymi prologus, dissentientibus Erasmo, Scultingo et aliis.

11. De commentariis quæ exstant in Vetus Testamentum, vel saltem in Genesim, non nemo dubitavit num sint Isidori. Flaccius de Pseudonoym. D verbo *Isidorus*, hæc refert ex Symbola Mastrietiana : « Sæculo VII adest Isidorus Hispalensis episcopus, vir eruditus, et multis scriptis clarus, qui in commentario in Genesin (si modo est illius, et non Hildefonsi Toletani, qui tamen et ipse eadem floruit ætate) cap. VII, etc. Sam. Andreæ in disput. de salute Adami, thesi 28. Nullam hic auctor indicat rationem, cur aut Isidoro ejusmodi commentarium contra tot veterum testimonia abjudicet, aut sine ullo Ildefonso adjudicet.

531 12. De commentario in quatuor libros Regum major est controversia. Theophilus Raynaudus de Mal. et Bon. Lib., part. I, erotem. 10, *S. Isidoro*, inquit, *Hispalensi episcopo, passim supponuntur commentarii in quatuor libros Regum, quos vera sententia* *est conscriptos esse ab Isidoro illo Seniore, item in Hispania episcopo, sive Cordubensi, sive Pacensi: nec desunt etiam, qui Cæsaraugustanum statuant. Sed cum tam anceps sit Raynaudus de seniore illo Isidoro, cur veram sententiam vocat quæ non a nostro Isidoro, sed ab alio Seniore commentarios conscriptos tenet? Et Isidorus certe Pacensis nostro junior est: Cæsaraugustanum recentiores confinxerunt, Cordubensem primus ex antiquis Sigebertus nominavit, auctoremque commentarii in quatuor libros Regum statuit: cujus erroris causam investigavi, cum de diversis Isidoris disserui cap. 16.

13. Ac profecto commentarii in libros Regum ita cum reliquis qui præcedunt in mss. Codicibus conjuncti sunt, atque uno contextu et sub ejusdem auctoris nomine connexi, sententiis etiam S. Gregorii Magni ornati, ut de diverso antiquiori auctore nequaquam liceat cogitare. Initium etiam commentarii in I librum Regum quodammodo hanc connexionem innuit: *Post librum Judicum sequitur Regum. Et aspice tempora, primo Judicum, postea Regum; sicut erit primo judicium, postea regnum.* Labbeus in comment. ad librum Bellarmini de Scriptor. eccles. anceps etiam quodammodo est: nam primum asserit Isidorum Seniorem Cordubensem commentarios in libros Regum Paulo Orosio historico dicasse anno circiter 412; deinde solum notat esse qui malint commentarium in quatuor Regum libros Isidoro Cordubensi adjudicare. In uno tantum Codice Vaticano 5002, de quo cap. 97, reperio dubitationem nonnullam injici de auctore commentarii in quatuor libros Regum: nam post expositionem in præcedentes libros nota hæc legitur: *Huc usque excerpta Isidori episcopi; quæ autem sequuntur excerpta sunt a Beda presbytero.* Sed unus hic Codex contra tot alios fidem non meretur: præsertim cum Bedam auctorem nominet de quo nemo cogitarat, neque cogitat.

14. Recte Nic. Antonius errorem Ambrosii Moralis coarguit, qui opus Expositionum secretorum sacramentorum idem esse existimavit atque opus inscriptum *de Summo bono*, sive *Sententiarum*. Ex eodem autem Morale refert in monasterio Hispano de Spina Cisterciensis Ordinis insigne volumen esse Expositionis super Pentateuchum, sive catenæ ex diversis plerumque ignotis auctoribus, quos inter sæpius Isidorus ex his, ut credere par est, commentariis adducitur. Intelligit præterea, ad hos commentarios alludere Raymundum Martini Dominicanum sæculi XIII scriptorem, qui part. II Pugionis fidei contra Judæos, cap. 3, § 12, laudat Isidori glossam ad IV Reg. cap. II : *Ascende, calve*, etc. Id autem pertinet ad eas Patrum Catenas, ut vocant, in sacram Scripturam, de quibus nos plura infra: nam in hujuscemodi Catenis expositiones Patrum aliquando glossæ dici solent.

15. Præter editiones Expositionum Isidori in sylloge aliorum ejusdem Isidori operum, exstant hi commentarii seorsum editi hoc titulo: *S. Isidori Hispalensis episcopi, theologi pervetusti, enarrationes doctissimæ, brevissimæque in Genesin*, etc. Rothomagi apud Franciscum Vaultier 1647, in-8. Comprehendit tantum hæc editio expositiones Veteris Testamenti, quæ jam tum erant editæ. At videtur repetita ex alia antiquiori Coloniæ 1530, in-8, impensis Petri Quentel simili modo inscripta : *Isidori Hispalensis episcopi theologi pervetusti Enarrationes doctissimæ brevissimæque in Genesin*, etc.

16. Cum autem non solum Mss., sed Editi omnes consentiant in Isidoro Hispalensi hujus operis auctore laudando, quid Angelo Roccæ venit in mentem, cum in Indic. theolog. et Scriptur. tom. II Oper., pag. 110, prætermisso Hispalensi, *Isidori Junioris Cordubensis in utrumque Testamentum commentarios* nominavit? Tribuunt Isidoro Cordubensi, quem Seniorem vocant, commentarios in quatuor libros Regum nonnulli, ut dixi, sed neque id quidem contra tot Mss. fidem admitti potest, etiamsi aliunde ex Sigeberto statuere velis, Isidorum Seniorem Cordubensem *quosvis alios diversos commentarios* in quatuor libros Regum composuisse.

17. De mss. Exemplaribus, ad Zaccarianam editionem collatis, egi cap. 43. Ea autem quæ a me visa sunt, breviter indicabo. Cap. 94 recensebo Codicem Vaticanum 626, in quo hi commentarii Expositionis nomine nuncupantur, et quædam adduntur, ad Appendices rejicienda. De Codice Vaticano 5002 nuper dixi. In Cod. Regio-Vat., de quo cap. 100, titulus est, *Tractatus in libro Geneseos*: et initio: *Præfatio Isidori episcopi in libro Geneseos. Isidorus lectori salutem.* In Codice Palatino 275, cap. 102, commentarii Isidori præmisso versiculo,

Isidorus Bresit dictando patenter inhæsit:

ac fortasse quædam in eo Codice sunt ex commentariis litteralibus, ut tunc dicam. Ibid. In Cod. Palat. 276, *Explanatiuncula sancti Isidori in libros Regum*, insertis quibusdam fragmentis nondum editis. In Codice Ottoboniano 55, cap. 105, post præfationem *super Vetus Testamentum* inscribitur *Expositio libri Geneseos*, etc., ut vulgo in Editis.

18. Quid causæ esse putem cur, cum Isidorus ipse commentariis suis titulum fecerit, tantopere libri mss. et editi in hujus operis inscriptione varient? Ex Ildefonso discimus, Isidorum *secretorum Expositiones sacramentorum* cognominasse. Grialius titulum primævum restituere voluit, inscripsitque : *Mysticorum Expositiones sacramentorum*, quia Isidorus in prologo ait: *et sunt plena mysticis sacramentis*. Sed potuit Isidorus *mystica sacramenta* in prologo appellare ea quæ *secreta sacramenta* in epigraphe vocavit. Itaque libentius retinebo *secretorum Expositiones sacramentorum*. Joannes diaconus in Vita S. Gregorii, lib. IV, cap. 77, nomen expositionis, de his commentariis loquens, usurpavit: *Cujus (Gregorii) facundiæ consonantiam Isidorus, Hispalensis urbis episcopus, in Expositione Geneseos admiratus: Sumpta, inquit, sunt ab auctoribus hæc Origene, Victorino, Ambrosio, Hieronymo, Cassia-*

no, Augustino, Fulgentio, ac nostris temporibus insigniter eloquente Gregorio.

19. Grialius in not. observat Isidorum perstudiosum quidem fuisse Fulgentii, sed hujus nullum locum a se in his Expositionibus repertum: adeoque nomen Fulgentii in textu omisit, omissum quoque in veteribus nonnullis exemplaribus. Sed cum Joannes diaconus sæculo IX in prologo Isidori nomen Fulgentii legerit, et vetera exemplaria consentiant, omnino retinendum est, tum quia difficile est affirmare nihil Fulgentii in his Isidori commentariis reperiri, tum quia deesse videntur similes alii Isidori commentarii, tum denique quia potuit Isidorus ex aliis Fulgentii libris, qui ad nos non pervenerunt, aliqua excerpere.

20. Quod autem Isidorus in mysticis et allegoricis interpretationibus eruendis versetur, minime culpandus est, non solum quia jam prius sensum litteralem exposuerat, ut mox dicam, sed etiam quia gravissimos secutus duces, nec sine certa ratione hanc viam tenuit. Uberrime et doctissime de hoc argumento disserit Petrus Lazeri **534** in præfatione ad Brunonis Astensis commentarium in quatuor evangelistas. *Sunt*, inquit, *explicationes eædem in Patrum scriptis frequentissimæ: ut si demptas eas ex eorum scriptis velis, peritura hujusmodi sint opera ferme tota. Præter Gregorium, Bedam, Origenem*, allegat omnium sententia et vocibus probatissimos laudatissimosque Patres, Hilarium, Ambrosium, Hieronymum, Augustinum. Rationes deinde affert, cur Patres in allegoricis interpretationibus frequentes erant, nimirum ut austeriora præcepta morum sapore quodam non illiberali condirent, præsertim quia cum ad populum frequenter verba facere deberent, somniculosis auditoribus usi fuissent, nisi allegoricas et mysticas interpretationes adhibuissent; quæ eruditis quoque et ingeniosis auditoribus non placere non poterant.

21. Idem Lazerus morem veterum Patrum exponit, quo ipsi verba ex aliis antiquioribus passim sumebant, veluti flores e diversis pratis decerpentes, sæpe etiam in aliis operibus a se dicta repetebant. *Nec vero novis sive interpretationibus efferendis, sive sententiis cudendis scriptor hic allaborat, sed antiquiorum Patrum floribus veluti decerpendis, probatissimis scilicet explicationibus, institutionibus, documentis, effatis, ut nihil aliud voluisse videatur quam ut qui commentarium suum legeret, quæ in aliis omnibus utilia et præclara inveniuntur, ea haberet in suo.* Hoc de Isidoro aiebat Braulio: *Quæstionum libros duos, quos qui legit, veterum tractatorum multam supellectilem recognoscit.* Et Isidorus in prologo: *Veterumque ecclesiasticorum sententias congregantes, veluti e diversis pratis flores lectos ad manum fecimus.*

22. Paulo post ita pergit Lazerus: « Non autem id primum ab auctore factum, neque hoc novum esse, ut qui sermones haberent ad populum, ex aliis ipsorum operibus istos mutuarentur, facile sibi persuadebunt, qui animadvertant, in Augustino aliisque Partibus multas homiliarum partes iisdem sententiis,

verbis etiam constare ipsis quæ in aliis elaboratissimis eorum operibus inveniuntur, quod quidem illos fecisse putandum est, vel ut labori non utique necessario parcerent, vel quod illa commodius quam factum fuerat, dici posse diffiderent: vel id fiebat harum homiliarum et sermonum frequentia, quæ ad meditandum cogitandumque tempus nullum suppetebat ». De frequentia hac concionum fuse disseruisse animadvertit Bernardinum Ferrarium de Rit. sacr. concion., cap. 18, et Binghamum **535** tom. VI Orig. eccles., lib. XIV, cap. 4, 5 et 6. In Sylloge dissertationum Italica lingua studio Zaccariæ copia, quæ adhuc post ejus obitum continuatur, t. XI, p. 126, exstat ejusdem Zaccariæ, *Dissertazione detta in Lucca nell' academia di Storia ecclesiastica il di 26 Marzo 1755 ritoccata poi, ed accresciuta, sulle antiche concioni ecclesiastiche*, ubi plures alios de eodem argumento scriptores laudat.

23. Et Isidorus quidem non solum in his commentariis, sed in aliis quoque suis operibus verba, non minus a se olim usurpata, quam in aliorum Patrum scriptis reperta, libenter adhibet. In commentariis autem præcipuus ejus scopus fuit ut diversas Patrum expositiones in unum colligeret, ac legentibus repræsentaret. Ac fortasse primus ipse fuit qui eum interpretandi ordinem ac viam constanter tenuerit: post ipsum multi simili modo sacras Scripturas exposuerunt, sive Patres, a quibus verba et expositiones mutuabantur nominarent, sive secus: ea fere methodo quam Xystus Senensis de Beda refert lib. IV Biblioth. sanctæ: *In Rhapsodiis, sive Stromatibus, vel Collectaneis congregavit mystica magis quam historicas expositiones ex probatissimis Ecclesiæ doctorum sententiis dictisque hinc inde interruptim et interpolatim collectas, nonnullis etiam de suo insertis ad imitationem sensus eorum, ubi opportunum fuit, quo diversi Patrum sermones, ac periodi vel aptius inter se cohærerent, vel breviores et illustriores redderentur.* Ildefonsus, Isidori discipulus, non solum e suo magistro, sed etiam ex Augustino et Gregorio plura desumpsit; præsertim in eo opere quod *Annotationes de cognitione baptismi* inscripsit, ut loca demonstrant in editione Matritensi Patrum Toletanorum ad marginem diligenter indicata: quod neque Ildefonsus ipse dissimulavit; nam in prologo ait: *Non nostris novitatibus incognita proponentes, sed antiquorum monita vel intelligentiæ reserantes, vel memoriæ annotantes.*

24. In opusculis veterum quorumdam scriptorum Bononiæ editis 1755, recensente doctis. imo viro Trombellio, exstant Claudii Taurinensis commentaria in libros Regum: in quorum prologo ita Claudius: *Et quia tu sæpe a me requiris multarum rerum absolutionem, maximeque in Pentateucho atque libro Regum...; atque in eis non ex meo ingenio, sed ex illustrium doctorum judicio; neque ex propria temeritate, sed ex aliorum auctoritate interrogationibus tuis, non quantum debui, sed quantum potui, satisfeci*, etc. Advertit **536** Trombellius in not. « Claudium interdum Isidori nostri Expositiones exscribere, sed verbis aliquando diversis, et ordine nonnihil immutato.

Constat simili modo alios commentariorum et homiliarum auctores ex Isidori hoc aliisque operibus profecisse, Bedam scilicet, pseudonymum Eucherium Lugdunensem auctorem commentariorum, Rabanum Maurum, Martinum Legionensem, alios.

25. Ex hac interpretandi ratione collectis hinc inde veterum Patrum expositionibus, natæ sunt eæ collectiones quæ *Catenæ* in sacram Scripturam appellantur, in Bibliis etiam excusis exstantes. Editio quæ in hoc genere optima censentur hæc est: *Biblia sacra cum glossa ordinaria primum quidem a Strabo Fuldensi collecta; nunc vero novis Patrum cum Græcorum tum Latinorum explicationibus locupletata: annotatis etiam iis, quæ confuse antea citabantur, locis: et Postilla Nicolai Lyrani, additionibus Pauli Burgensis, ac Matthiæ Thoryngi replicis, ab infinitis mendis purgatis in commodioremque ordinem digestis, per Fr. Franciscum Feuardentium ordinis Minorum, Joannem Dadræum, et Jacobum de Cuilly, theologos doctores Parisienses. Lugduni*, 1590, *sex vol. in fol.* Feuardentius, in epistola dedicatoria ad Xystum V, auctorem glossæ ordinariæ et interlinearis post Strabum Fuldensem nominat Ambrosium Laudunensem, quem alii Anselmum dicunt. Post Hieronymi prologos sunt prothemata glossæ ordinariæ in Genesis, Laudantur post alios *Isidorus et Beda mystice*. *Primordia generis humani, quibus ipsa luce perfrui cæpit, bene comparantur primo diei, quo Deus lucem fecit. Et hæc ætas tanquam infantia putanda est ipsius universi sæculi*, etc., cap. 1 Genes., ad verba *Et spiritus Domini ferebatur super aquas* allegatur Isidorus: *Corda scilicet fluctuantia, quæ mentis quietem amiserant, quia eis spiritus non innitebatur*, etc. Simili modo Isidori Expositiones inseruntur in primis sacræ Scripturæ libris, comprehensis quatuor Regum. Indicatur etiam Isidorus ad librum Job; sed solum quædam ejus verba in medium proferuntur ex libro de Ortu et Obitu Patrum.

26. Manu exarati Codices multi sunt, in quibus hujusmodi asservantur *Catenæ Patrum*, scilicet Biblia sacra, sive partes eorum quædam cum scholiis seu glossis ex commentariis Patrum, ac nominatim Isidori. Blandinius tom. I Cod. Latin. biblioth. Laurent. Med., plut. 16, num. 58, describit Codicem Deuteronomii sæculi XIII, cum **537** scholiis, quorum auctores sunt *Rabanus... Isidorus*, etc. Ibid. plut. 17, num. 14, Codicem Exodi sæculi XII, cum commentario ex Operibus *Rabani... Isidori*, etc., et num. 17, Leviticum cum commentariis *Hesychii... Isidori*, etc. Idem tom. IV, plut. 9, S. Crucis cod. 3, membr., sæculi XIV, refert Postillas variorum SS. Patrum in Octateuchum, ut *Ambrosii, Isidori*, etc.

27. Genesis et Exodus cum glossis veterum, ut Hieronymi, *Isidori*, Strabonis, etc., exstant in Codice membranaceo Vaticano-Palatino num. 59, sæculi XIV circiter. Isidori glossa incipit: *Primordia generis humani, quibus ista luce frui cæpit, bene comparantur primo diei, quo Deus lucem*, etc. Codex Vaticano-Palatinus membranaceus num. 60, ejusdem fere ætatis, exhibet Leviticum, Numeros et Deuteronomium cum glossa ordinaria, etc. Isidorus incipit: *Omnis hostiarum diversitas Christi hostiam præfigurabat*, etc. Ex Isidori commentariis hæc et alia ejus nomine in Catenis prolata, libere non ad verbum desumpta sunt. Expositio Isidori in Leviticum ita incipit: *Sequens Leviticus liber hostiarum diversitates exsequitur, quarum typus imaginem passionis Christi præferebat*.

28. Bibliotheca vetus Vaticana plures nobis hujuscemodi Codices offert. In Cod. 52 est Genesis cum expositionibus Patrum, *Isidori*, Hieronymi, Augustini, Bedæ, Gregorii, et cum glossis morali, interlineari et aliis: in Cod. 54, Genesis et Exodus cum expositionibus *Isidori*, etc., Strabonis, cum glossis mystica, allegorica, et interlineari. In Codd. 55 et 56, idem cum Expositionibus *Isidori*, etc. In Cod. 57 et 58, Exodus cum Expositionibus *Isidori*, etc. Sic Codices 59, 60 ad 66, referunt expositiones Isidori vel in Leviticum, vel in Numeros, vel in Deuteronomium, vel in Josue, vel in Judices, vel in libros Regum.

29. Et in hos quidem omnes sacræ Scripturæ libros commentarii Isidori supersunt, ex quibus scholia, sive glossæ, aut expositiones ad Catenas Patrum constituendas excerptæ sunt. At Codex Vaticanus 107 Ezechielis prophetias continet cum expositione Hieronymi, Gregorii, Isidori, etc. Ita alii Codices Isidori Expositiones in alios sacræ Scripturæ libros commemorant; sed, ut distinctius mox explicabo, quædam tantum Isidori verba ex variis ejus opusculis desumuntur ad unius vel alterius loci explanationem.

30. Quærendi hic locus est an Isidorus libros omnes Veteris **538** ac Novi Testamenti exposuerit; et an præter eos commentarios, quos editiones vulgo præferunt, alii alicubi exstent. Ex Braulione quidem et Ildefonso minime ostendere possumus, Isidorum in universam sacram Scripturam perpetuos commentarios elaborasse. De Veteri Testamento Bayerius duos producit auctores, Sigebertum Gemblacensem, et ante hunc, ut putat, Honorium Augustodunensem. Sigebertum Honorio antiquiorem dicere debuit; nam Sigebertum anno 1113 obiisse, Honorium circa annum 1120 floruisse traditur. Sigebertus: *Totum Vetus Testamentum simpliciter exponendo percurrit*. Honorius: *Totum Vetus Testamentum dupliciter exposuit, historice et allegorice*. Trithemius vero libros omnes Veteris Novique Testamenti singillatim enumerat, in quos omnes commentaria Isidorum edidisse testatur, ut supra cap. 47 relegere poteris. Ex quo, ut videtur, Eisengreinius Isidori commentarios in Evangelia et Pauli Epistolas doctissimos laudavit.

31. Putat Nic. Antonius Trithemii verba referri posse ad Proœmiorum librum, sive mysticorum Expositiones sacramentorum, et in hanc rem auctores allegat Ambrosium Morales, Bellarminum et Padillam. Sed certe Trithemius Proœmia et Expositiones, quæ exstant, ab Expositionibus in alios Veteris Novique Testamenti libros apertissime distinxit. Potius ergo credendum Trithemium id asseruisse par-

tim auctoritate Sigeberti et Honorii permotum, partim quod de commentariis litteralibus in universam Scripturam nonnullum vestigium apparet in prologo ad expositionem allegoricam Genesis : *Et quia jam pridem juxta litteram a nobis sermo totus contextus est, necesse est ut praecedente historiae fundamento allegoricus sensus sequatur.* Griallus in not. de jactura hujus litteralis commentarii conqueritur, *nisi forte*, inquit, *id glossae sunt quae vocantur ordinariae.*

32. Reponit Nic. Antonius glossam ordinariam Straboni Fuldensi communiter tribui. *Isidori haec verba*, pergit, *sic non male intelligimus forsan, ut scribere fecerit per amanuenses suos Biblia sacra, hoc est textum sacrorum librorum : et in fine cujusque capitis sive sectionis expositiones suas has mysticas, veluti glossam, subtexi. Quo videntur ea ex initio capitis I respicere : Creatura coeli et terrae quomodo historialiter ab exordio principii condita sit, legimus : sed qualiter in Ecclesia spiritualiter a doctoribus accipiatur intelligamus.* Sed praeterquam quod haec ipsa verba capitis 1 ad commentarium **539** quoque litteralem referri non incommode possunt, Isidorus certe in prologo affirmat se *jam pridem juxta litteram totum sermonem* contexuisse, adeoque vix intelligi potest, quod Expositiones suas in fine cujusque capitis, sive sectionis veluti glossam subtexuerit, si *sermo, jam pridem juxta litteram contextus*, esset textus ipse sacrorum Bibliorum per Isidori amanuenses exaratus. Praeterea, cum explicatio sensus litteralis explicationem sensus mystici praecedere debeat, cum ait Isidorus : *Necesse est ut, praecedente historiae fundamento, allegoricus sensus sequatur*, omnino intelligit, in historiae fundamento non solam litteram textus praecessisse, sed etiam expositionem sensus litteralis.

33. Saepe Isidorus diversos sensus quibus sacra Scriptura accipienda est distinguit et explicat : ac diserte lib. I Sentent., cap. 18, *Lex divina triplici sentienda est modo : primo ut* HISTORICE, *secundo ut* TROPOLOGICE, *tertio ut* MYSTICE *intelligatur.* HISTORICE *namque juxta litteram*, TROPOLOGICE *juxta moralem scientiam*, MYSTICE *juxta spiritalem intelligentiam. Ergo sic historice oportet fidem tenere, ut eam et moraliter debeamus interpretari et spiritaliter intelligere.* Vix ergo dubium esse potest quin Isidorus et antequam ad alios sensus sacrae Scripturae exponendos se accingeret, *litteralem* explicuerit, et hoc ipsum significaverit, cum *totum sermonem juxta litteram a se contextum* fuisse dixit, post quem allegoricus sensus necessario sequeretur.

34. Conjectura Grialii de glossa ordinaria fundamentum aliquod posset habere in Sigeberti verbis : *Simpliciter exponendo percurrit.* Sed cum aliae glossae illi similes quae *ordinaria* dicitur esse potuerint, ac revera sint, *de glossa ordinaria* non valde laborandum nobis est : satis enim erit, si Isidorus sacram Scripturam simplici glossarum expositione percurrerit. De glossa ordinaria satis consentiunt eruditi, Walafridum Strabum ejus auctorem esse, aut saltem eam ex Rabani Mauri ore excepisse : cujus editiones exhibentur tom. V Hist. litter. Gall., pag. 62. Et cum

Rabanus Walafridi magister Isidori perstudiosus fuerit, hujusque scripta compilarit, facile intelligimus, in glossa ordinaria multa esse ex Isidoriana penu deprompta. Pro Rabano auctore glossae facit Notkerus Balbulus, cap. 4, lib. de Vir. illustr.: *Si glossulas volueris in totam Scripturam divinam, sufficit Rabanus Mogontiacensis archiepiscopus.*

540 35. Aliae sunt glossae Hugonis a S. Caro, aliae glossae marginales et interlineares Anselmi Laudunensis, alia glossa magistralis in psalmos, sive *glossatura major* Petri Lombardi. In appendicibus ad Commentarios Menochii editae sunt glossae divinorum librorum Roberti de Sorbona, in quibus pariter multa ex Isidori libris excerpta reperimus. Turneminius, qui eas glossas edi curavit, observat Robertum de Sorbona Patrum textus quosdam aliter ac nunc leguntur citare, ejusque lectionem non raro sibi et probabiliorem et commodiorem visam fuisse. Fuit Robertus Poenitentiarius, vel Sacellanus S. Ludovici regis Galliae, ac collegii Sorbonici fundamenta jecit, saeculo videlicet XIII.

36. Ducangius in praefatione ad Glossarium med. et inf. Latin., num. 49, disserit de glossis variis cum ineditis, tum editis in sacra utriusque Testamenti scripta, quarum aliae, incertis auctoribus, latent in bibliothecis, aliae suos laudant auctores, inter quas eminent glossae hoc titulo inscriptae in Codicibus Corbeiensis monasterii, S. Germani Parisiensis, et collegii Navarrici Parisiensis : *Guillelmi Britonis ordinis fratrum Minorum opusculum difficilium vocabulorum bibliae, ex glossis sanctorum.* Brito obiit anno 1356, cujus fortasse etiam sunt Synonyma edita Parisiis 1508. Ad glossas biblicas Ducangius refert librum qui inscribitur *Mammotrectus*, cujus nominis rationem et etymon sic prodit auctor in prologo : *Et quia morem gerit talis decursus paedagogi, qui gressus dirigit parvulorum, Mammotrectus poterit appellari.* Auctor fortasse scripsit, aut scribere voluit *Mammothreptus* ex Graeco μαμμόθρεπτος. Tribuitur hic liber Marchesino ordinis Minorum, qui vixit anno circiter 1300, vel, ut alii volunt, anno 1450. Opus excusum fuit Moguntiae, in ipsis typographiae initiis 1470 per Petrum Schiffer de Gernsheim.

37. Istiusmodi autem glossis biblicis conficiendis si Isidorum viam aperuisse dixero, non certe deerunt probabiles, quibus id ostendam, rationes. Codex Regio-Vaticanus 310 saeculi IX circiter inter alia Isidori opera hunc titulum exponit : *Incipiunt glossae ex Novo et Veteri Testamento, seu ex Etymologiarum* (sic) *spiritualiter compositae.* Fortasse legendum *specialiter* pro *spiritualiter* : nam eodem litterarum compendio utrumque adverbium scribi solet, ut advertit Mariana in not. ad cap. 3 lib. I Isidori contra Judaeos. **541** Est glossarium copiosissimum, quod incipit : *Abavus, pater proavi, id est, avus avis Abba, pater. Syrum nomen est.* Desinit : *Zizania lolium.* Quaedam occurrunt quae neque in Etymologiis Isidori, neque in Bibliorum vocabulis reperiuntur, ut *Abasu, infama, domus* : pro quo in aliis glossariis

Abaso, infima domus. — Abusitatus, minus instructus in scientia.—Adverruncat, multum verum facit. — Altruncat, avertit, alienat.

38. Multo tamen probabilius Isidoro adjudicari poterunt glossæ secundum sacræ Scripturæ libros digestæ, quas in veteri Codice 1 ms. Archivii Vaticani, cap. 107 describendo, post Etymologias reperi. Deest finis Etymologiarum, et initium glossarum, adeoque resciri nequit an glossæ auctoris nomen prætulerint. Sed tam glossæ quam etymologiæ eadem veteri manu exaratæ sunt; non tamen perveniunt glossæ nisi ad caput 3 libri II Regum, vel quia librarius cætera describere neglexit, vel quia in exemplar mutilum incidit. His certe glossis aptari posset titulus libri in catalogo Gotwicensi sæculi XII recensiti, de quo cap. 46, num. 8, videlicet *Isidorus breviter super totam bibliothecam*, hoc est, super universam sacram Scripturam, ut tunc interpretabar. Inter opera Isidori dubia has glossas, quamvis imperfectas, reponere est animus : nam præterquam quod multa sunt in ipsis certe Isidoriana, eas *ad expositionem litteralem Isidori* pertinere cum alia suadent, tum quod multa verba in eis explicantur, quæ non in aliis Bibliis facile reperientur, nisi in Gothicis Toletanis cum proœmiis Isidori, quæ ita ab ipso Isidoro digesta et disposita fuisse Burrielius in sua epistola ad D. Petrum de Castro arbitrabatur. Editio quidem bibliorum Toletanorum vetustissima est, ab exemplaribus versionis Hieronymianæ, quæ Hieronymus ipse in Hispaniam misit, originem trahens, ut fusius cap. 87 narrabo.

39. Exempla quædam proferam, ex variis lectionibus ejusdem exemplaris Toletani a Blanchino editis in Vindiciis Vulgatæ Latinæ editionis. Cap. xxxv, vers. 5, Genesis Vulgata nostra, *Non sunt ausi persequi recedentes;* exemplar Gothicum Toletanum, *cedentes.* Glossator ita, cum glossa *obedientes.* Augustinus quæst. 112 in Genesim : *Et non sunt consecuti post filios Israel.* Cap. XLVII Genesis vers. 11, Vulgata nostra *in optimo terræ loco;* versio antiqua, *in optima terra.* Biblia Toletana, *in optimo terræ solo;* ita etiam glossator : **542** sed fortasse distinxit *in optimo terræ, solo Ramesses;* nam versio antiqua exhibet *in optima terra, in terra Ramessem.* Plures sunt hujusmodi variæ lectiones glossis nostris et Bibliis Toletanis Gothicis communes, quas frustra quæras aut in versione vulgata Hieronymi, quæ nunc circumfertur, aut in versione antiqua, aut in variis versionibus quas e SS. Patribus Petrus Sabatier diligentissime collegit. In notis ad Glossas eas peculiares lectiones singillatim observabo.

40. Non dissimiles aliæ glossæ biblicæ exstant in Codice Regio-Vaticano 215, fortasse Caroli, Carolomanni, et Ludovici temporibus exarato, de quibus fit mentio in fine continuationis Chronici Isidoriani : ac de Carolo dicitur : *Cujus regni annus nunc agitur* xxxvii. Glossæ in Genesin sic incipiunt. *Incipit liber Genesis. In principio — in ordine creaturarum. Cœlum et terram — informem materiam, unde cœlestia et ter-* *restria formata sunt. Inanis — inutilis. Spiritus Dei ferebatur, — id est, Providentia, qualiter cuncta creasset.* Præcedunt glossæ in prologum Hieronymi, sed litteris fugientibus, vix ut legi possint. Etsi autem hæ glossæ cum glossis ex Vaticani Archivii Codice edendis sæpe conveniunt, sæpius tamen differunt.

41. Bibliothecæ veteris Vaticanæ Codex 202, quem cap. 93 describam, exhibet *dicta domni Ysidori de libro Genesis ad litteram,* quæ, ut tunc exponam, in commentario allegorico non reperiuntur, ac proinde fortasse fragmentum sunt commentarii litteralis. In Codice Palatino 275, de quo cap. 102 agam, inter alias aliorum expositiones litterales in sacræ Scripturæ quædam loca referuntur Isidori quoque nonnullæ interpretationes, quæ ad commentarios quidem morales, quos habemus, non pertinent, et, attenta rei natura, ad commentarios litterales propius accedunt.

42. Quoniam vero quidam commentarii in nonnullos sacræ Scripturæ libros in catalogis Codicum mss. indicantur, aut etiam editi circumferuntur, qui tametsi Isidori nomine insigniti, ejus tamen non sunt, aut an sint dubitari jure potest, de singulis nunc dicendum. Ea quæ ex Bibliis cum glossa ordinaria editis Isidoro attribui possunt vel in librum Job, vel in Ezechielem, vel in duodecim prophetas minores, vel in quatuor Evangelia, vel in Epistolas Pauli, vel in Actus apostolorum, non ex commentariis **543** ejus peculiaribus in hos libros deprompta sunt, sed ex sententiis et expositionibus quæ in diversis operibus ejus, aut ipsi attributis, reperiuntur.

43. Post explanationem historiæ divinæ legis, quo nomine secretorum expositiones sacramentorum in Codice Vaticano 627, quem eap. 94 recensebo, vocantur, sequitur in eodem Codice opus sine titulo et nomine, quod incipit : *Quisquis de Deo loquitur, curet necesse est,* etc. In inventario bibliothecæ Vaticanæ inscribitur, *Interpretatio Isidori in Job :* sed revera neque est interpretatio in Job, sed sententiæ quædam, et uberiores in plura ac diversa sacræ Scripturæ loca commentarii : neque apparet ullum indicium, aut ratio, cur miscellaneum hoc opus Isidoro adjudicandum sit : quod charactere etiam diverso ac præcedentes Isidori commentarii, exaratum esse videtur, licet ejusdem fere ætatis, sæculi videlicet xii.

44. Cum autem ea verba quæ primo loco ponuntur desumpta sint ex epistola nuncupatoria Gregorii Magni ad S. Leandrum, cui expositionem libri Job dedicavit, fortasse inde interpretationis in Job titulus ab aliquo inventus fuit. Suspicari etiam possumus hoc esse opus cujus fit mentio in uberiori seu interpolata Braulionis prænotatione de libris Isidori : *Moralium libros B. Gregorii papæ rogatu compendiose abbreviavit.* Taio caput 22 lib. ii Sententiarum inscriptum, *de Tractatoribus divinarum Scripturarum,* verbis iisdem Gregorii inchoat : *Quisquis de Deo loquitur, curet necesse est ut quidquid audientium mores instruit,*

miretur, etc. Videtur igitur hujus Codicis opus esse collectio sententiarum, præsertim ex libris S. Gregorii : cujus verba, obiter Codicem percurrens, recognosco. Initio, ut dixi, nullus est titulus, sed procedente opere, pag. 127, apponitur tanquam titulus *Expositio*, quin aliud addatur. Finis est : *Et lavantur ergo, et nequaquam mundi sunt, qui commissa flere non desinunt, sed rursum flenda committunt.* Sequuntur quædam alia similia minutiori charactere; opus tamen imperfectum videtur.

45. Expositionem in Cantica a Cypriano Suarez, in uno tantum ms. repertam, et ex interpolata sive uberiori Braulionis prænotatione Isidoro adjudicatam, Grialius cæteris Isidori operibus adjecit, quamvis de auctore ipsi non liqueret, ut in ejus præfatione **544** vidimus. Sed quod addit, verba prænotationis uberioris, *Cantica canticorum facunda expositione elucidavit*, brevissimæ expositioni non satis convenire, advertendum in Braulionis uberiori prænotatione apud Bollandianos cap. 11 Vitæ S. Isidori legi *secunda expositione*, non *facunda*, fortasse ut distinguatur ab altera expositione in Cantica, quæ inter S. Gregorii Magni opera edita reperitur, ut nunc dicam. Fabricius in Bibl. vet. Lat., lib. m, cap. 16, num. 12, inter supposita Cassiodorii opera recenset. Expositionem in Cantica, editam Friburgi 1538 fol., cum Aponio in Cantica, et in editione Cassiodorii Garetiana : cujus Epitome, inquit, occurrit inter Opera Isidori Hispalensis. Scilicet eam ex editione regia Matritensi Breulius in suam transtulit. Garetius in præfatione ad Cassiodorii Opera laudat supposititiam illam Cassiodorii expositionem, cujus compendium esse Isidoro tributam expositionem recte observavit. Quod compendium ab aliquo Hispano factum credi potest, quia inseruntur verba, *Vox Ecclesiæ*, *Vox Christi*, ut in Bibliis Gothicis Toletanis, *Vox Ecclesiæ*, *Vox Christi*. Zaccaria Expositioni in Cantica locum inter supposita Isidoro opera destinaverat.

46. Exstat uberior alia Expositio in Cantica inter Gregorii Magni Opera, quæ, ut Fabricius in Bibl. med. testatur, in quibusdam Codicibus Isidoro nostro ascribitur. Ac fortasse hæc est ratio cur in recenti editione Operum Isidori tom. II inter appendices, pag. 50, Isidoro tribuatur quoddam epigramma in Cantica : *Hunc cecinit*, etc.; quanquam ejusmodi epigramma excerptum est ex Codice sæculi x vel xi ineuntis *post expositionem*, ut ibi asseritur, *B. Isidori episcopi in Cantica canticorum*. Nescio autem, an indicetur brevis, quam dixi, expositio in Cantica, an alia uberior, quæ S. Gregorio Magno ascribitur a plerisque : quamvis Placcius verb. *Gregorius I Romanus pont.*, ex Cocco p. 410 et Pamelio, asserat Commentarium Gregorii in Cantica in omnibus mss. Isidoro tribui. In veteri Codice Vaticano 650, post hoc ipsum commentarium in Cantica, quod Gregorio Magno adjudicari nunc solet, et in nonnullis vel multis Codicibus Isidori esse dicitur, legitur idem epigramma; quod a nobis inter alia Isidori dubia carmina ex hoc Codice emendatum exhibebitur. Commentarius in nostro Vaticano Codice nullum auctoris nomen præfert : sed doctissimorum **545** Maurinorum opera effectum jam est, ut Gregorio abjudicari non debeat. Ab his omnibus expositionibus diversa est expositio Justi Urgellitani in Cantica, cujus Isidorus meminit cap. 34 de Vir. illustr. In hac etiam, ut in Bibliis Gothicis, repetuntur verba *Vox Ecclesiæ*, *Vox Christi*; de qua confer Acta Sanctorum tom. VI, p. 775.

47. Idem Fabricius loc. cit. Explanationem Danielis prophetæ, et de Susanna ms. Isidori nomine in bibliotheca Leidensi asservari refert ex Catalogo pag. 329; de qua judicium ferre non possumus, an sit alterius auctoris, an fragmentum aliquod ex Isidori operibus.

48. Postillas Fr. Landulphi de Neapoli super Evangelia, in quibus cum aliis Patribus allegatur *auctoritas Isidori*, recenset Bandinius tom. IV, pluт. 36, S. Crucis Cod. 5, membr., sæculi xiv, qui suspicatur collectorem esse Landulphum, sive Landenulphum, ordinis Minorum, Scoti auditorem, archiepiscopum Amalphitanum anno 1330. Explanationes Isidori facile desumi potuerunt ex diversis notis ejus operibus, in quibus sæpe evangelica verba occurrunt et explicantur. In Braulionis interpolata prænotatione ita legimus : *Super libros Moysi, et Psalterium, et quatuor Evangelia expositioni non minimo insudavit studio.* Cap. 104 describam Codicem Urbinatem 11, in quo est versio Gallica Catena Patrum in Evangelia ex Isidoro et aliis. In Catalogo mss. Codicum bibliothecæ Sfortianæ, qui asservatur in bibliotheca Vaticana Ottoboniana num. 2355, pag. 3, indicatur *Expositio in Evangelium Lucæ ex Patribus, Isidoro, etc., satis antiquus membranaceus*.

49. Reperio etiam apud Bandinium nonnullam mentionem Expositionis Isidori in Epistolam Pauli ad Philemonem. Nam tom. IV, plut. 34, cod. 7 S. Crucis, membranaceo, sæculi xiii, in 4 majori, exstare ait lectionarium Sanctorum Patres ex quibus lectiones excerptæ sunt, nominantur *Alcuinus*, etc., *Damasus papa ad Joan.*; et in Catal. Pontif., *Hildefonsus archiepiscopus Toletanus... Isidorus in Sermon., et super Epistolam ad Philem. Contra Judæos... Petrus Comestor*, etc. In indice clarius legitur, *super Epistolam ad Philemonem, et contra Judæos*. In operibus Isidori, atque indice locorum sacræ Scripturæ a Bredio confecto ne semel quidem Epistolam ad Philemonem allegari video.

50. Restat ut de Apocalypsi verba faciam, in quam commentarios Isidorum edidisse colligere possumus ex præfatione Beati **546** ad suos commentarios in Apocalypsin, editos Matriti 1770, opera Henrici Florez. Beatus, qui Elipandi errores sæculo viii strenue impugnavit, in præfatione ad commentarium Apocalypsis ait, se sua ex Hieronymo, Augustino, Ambrosio, Fulgentio, Gregorio, Tichonio, Irenæo, Victorino, Apringio, et *Isidoro* collegisse. Id autem solum arguit Beatum quasdam Isidori interpretationes e diversis ejus operibus sumptas commentario suo inseruisse. Id commentarium nonnulli falso crediderunt esse illud ipsum quod ab Apringio confectum narrat Isidorus cap. 30 de Vir. illustr. Montfauconius in Biblioth. mss.

inter Codices Sangermanenses nominat Cod. 255 *Isidori in Pentateuchum et Apocalypsin.* Id quale sit, rescire non possumus. Ut autem intelligatur, quam versatus esset in Isidori operibus Beatus, advertendum, eum asserere eloquia Patrum a se interseri, *ut sermo,* inquit, *noster paternis sententiis firmaretur,* quibus verbis liber II Isidori de Offic. eccles. in multis Codicibus concluditur. Addit Beatus, se opus Etherio dicare, *ut quo consorte,* ait, *perfruor religionis, cohæredem faciam et mei laboris.* Sic Isidorus in epistola nuncupatoria librorum contra Judæos ad Florentinam sororem : *Ut qua consorte perfruor sanguinis, cohæredem faciam et mei laboris.*

CAPUT LXVI.

Libri duo Isidori contra Judæos ad Florentinam sororem de Fide catholica ex Veteri et Novo Testamento. Editiones, Codices mss., versiones.

1. Hi duo contra Judæos libri alio modo ab aliis inscribuntur. In Bignæana editione titulus est : *Beati Isidori Junioris Hispalensis archiepiscopi ad Florentinam sororem suam de Nativitate Domini, passione et resurrectione; regno atque judicio.* Pro altero libro, *de gentium Vocatione,* Bignæum secutus est, ut solet, Breulius. Nic. Antonius refert editionem Venetam 1483, in 4, apud Petrum Loslein, præmisso titulo, *Isidorus contra Judæos,* in qua e duobus libris solum prior reperitur, mutilus, et non parum varians : appenduntur Judæorum quædam blasphemæ fabulæ de Christo et Maria ex libris Thalmud, quas edi minime opus erat. Fabricius vero in 547 Bibl. med. asserit, librum II de Vocatione gentium cum superiore de Nativitate Domini, etc., absolvere duos libros contra Judæos editos Venetiis 1483, in 4, sive *contra nequitiam Judæorum,* Haganoæ 1529, in 4, apud Joannem Secerium, Venetiis 1584, atque in Oceano juris, sive Tractatu tractatuum tom. XIV, pag. 23. In hac collectione titulus est, *Isidori episcopi Hispalensis tractatus. Contra Judæos.* Editionem Haganoensem descripsi cap. 60, n. 8. Caput ultimum libri I inscribitur *Superdictio operis* in tabula capitum hujus editionis, sed in textu *Epilogus operis.*

2. Editio Veneta 1483, quam Nic. Antonius et Fabricius laudant, fortasse ea est quæ exstat in bibliotheca Alexandrina Sapientiæ Romæ, et incipit : *Ysidori contra Judæos. Dominæ et dilectæ sorori Florentiæ Ysidorus. Quædam, quæ diversis,* etc. Est primus liber contra Judæos. Non numerantur capita : ultimum est : *Quod Judæi excæcati debuerunt Christum negare, et quidquid de Christo fuerat prophetizatum. Desinit : regnum atque judicium declaramus.* In editione Matritensi, *declaravimus.* Pergit editio : *Vide cæcitatem Judæorum contentam in suo Talmuth. Explicit libellus domini Ysidori episcopi de Fide catholica, et Novo et Veteri Testamento editus contra Judæos impios, qui ducti sacrilega cæcitate in suo Talmuth scripserunt,* etc. Exponuntur quædam aniles Judæorum fabellæ. Sequuntur testimonium Josephi Hebræi, et epistola Pilati de Christo : et in fine excerpta quædam ex lectionibus officii de beato Isidoro : *Mira res, quadam nocte dominicæ nativitatis,* etc.

3. In his lectionibus narratur quod, *mortuo Leovigildo, beatus Isidorus palam arguens dictam hæresim ad palmam martyrii pervenire anhelabat.* Deinde ubi Rodericus Cerratensis de S. Leandro habet *nescio,* vel *nescitur quo præventus præsagio,* hic legitur, *nescitur quo ductus spiritu.* Confer cap. 14. Editio est in 4 parvo, charactere Romano satis eleganti. Exemplar bibliothecæ Alexandrinæ primam exhibet paginam rubris aureisque picturis ornatam. Non apparet locus aut annus editionis : in catalogo, sive indice bibliothecæ Alexandrinæ refertur ad annum 1483, et ad typographum Petrum Loslein ; sed, ut opinor, non alia de causa, nisi quia in eodem volumine compacti sunt quatuor libri de Contemptu mundi, qui in hac editione dicuntur Joannis Gerson cancellarii Parisiensis, charactere longe diverso editi Venetiis 1483 per Petrum Loslein de Langecen. Joan. Baptista Audiffredus in opere de Rom. edition. sæculi XV, pag. 356, meminit hujus editionis, quam exstare ait in bibliotheca privata SS. D. N. Pii VI, et in Vallicellana. Sed dicit fortasse Romanam non esse. Nic. Antonius auctoritate catalogi bibliothecæ Alexandrinæ, ut puto, typographum Petrum Loslein locumque editionis Venetias nominavit.

4. Isidorus duobus his libris Judæos refellit, ac fortasse ipsum imitatus Julianus Toletanus, tres suos libros demonstrationis sextæ ætatis, sive de Christi adventu *adversus Judæos* inscripsit. Contra Judæos pariter ex antiquis scripserunt Rabanus Maurus, et Agobardus, sive Amulo Lugdunensis : de quibus Fabricius consulendus. Inter opera veterum quorumdam Patrum a Stevartio Ingolstadii edita 1616, pag. 599, recensentur nomina eorum qui contra Judæos scripserunt, præterito tamen nostro Isidoro, vel in primis recensendo. In bibliotheca Veneta S. Antonii antiquissimum Codicem asservari refert Thomassinus prænotatum, *S. Isidorus contra Judæos.* Alii tamen alios titulos proferunt. Cap. 46 indicatum fuit hoc opus ex catalogo monasterii S. Nazarii in Laurissa, *de Nativitate Domini* : ac fortasse non differt ab eo quod in Monastico Anglicano dicitur *Liber Isidori de miraculis Christi,* et in Chronico Fontanellensi *Liber testimoniorum Isidori de Christo et Ecclesia* cap. cit. 46. De mss. Zaccarianis confer caput 43, in quibus idem opus interdum dicitur *Contra Judæos, aut contra Judæos de Christo,* aliquando *Fides catholica;* aliquando *de Passione dominica,* nonnunquam *Testimonia prophetarum de Christo.*

5. Joannes Mariana, qui ad editionem Matritensem his duobus libris notas breves, sed *oppido eruditas,* ut ait Nic. Antonius, subjunxit, inscriptionem e duobus Gothicis Codicibus, quos ante sexcentos (aiebat tunc Mariana) annos descriptos fuisse constat, desumpsit, cum quinque alii Codices, quos nactus fuerat, magnopere variarent. Inscriptio Codicum Gothicorum hæc est : *De Fide catholica ex Vet. et Novo Testamento contra Judæos ad Florentinam sororem suam.* Mariana in notis duos nominat Codices Tarraconenses, majorem et minorem, cui maxime fidebat, unum Hispa-

lensem: de aliis, quos vidit, tacet. Nullum omnino verbum facit de quodam additamento quod in fine libri II, post verba, *in quibus habitat in æternum*, in editionibus Bign ana et Breuliana apponitur, quo agitur **549** de *Formulis spiritalis intelligentiæ*, de quibus cap. 86 disseram. Deest etiam in nostris mss. ejusmodi additamentum. In titulo operis cum mss. Gothicis exemplar ms. antiquissimum bibliothecæ Barberinæ convenire, Nic. Antonius affirmat. Confer excerpta cap. 43 ex Zaccarianis schedis. Puto enim, eumdem esse Codicem qui ad sæculum VIII pertinere dicitur: sed inscriptio Codicis diversa est ab ea quam Mariana protulit. Fortasse Nic. Antonius inscriptionem aliquam recentem indicat; paulo enim post ait titulum Codicis Barberini num. 230 per antiquitatem detritum esse. Bayerius in not. ad Bibl. Nic. Antonii unum Codicem hujus operis in bibliotheca Escurialensi asservari testatur, sed nihil de titulo exprimit.

6. Fortasse hic est Codex quem Rodrigeuzius tom. II Bibl. Hisp. pag. 324 recenset inter alios bibliothecæ Escurialensis. Est membranaceus in 8 sæculi XIV, atque inter alia aliorum opera exhibet librum I contra Judæos, ab edito valde diversum, ut ex titulo operis et capitum Rodrigeuzius colligit. Titulus operis est: *Incipit liber Ysidori contra paganos, hereticos et Judeos. Domine et dilecte sorori Florencie*. Prologus ita corrupte incipit: *Quædam quæ Deus Veteri Testamento libris pronunciata de nativitate Domini et Salvatoris nostri secundum divinitatem, vel de incorporatione ejus*, etc., *coheredem faciam et mei laboris. Incipiamus ergo de ejus nativitate, qua est ante secula a Patre generatus. Quod Christus est Dei filius a Deo Patre genitus*. Ita procedunt alia capita, sed alio modo divisa atque apud Grialium.

7. Sunt etiam inter ipsa capita nonnulli tituli, quibus novum argumentum exprimitur, ut post sex prima capita: *Incipiamus de ejus nomine loqui*. Post aliud caput: *De genere Christi secundum carnem, quia de s mine Abrahæ duxit originem*. Post tria alia, *De loco in quo nasci debuit in Bethlehem secundum prophetias*. Post alia quatuor: *De Virtutibus Christi et miraculis secundum prophetas*, etc. Hic titulus ansam fortasse præbuit iis qui *Isidori opus de miraculis Christi laudarunt*. Etsi autem ms. hunc librum multum ab edito differre Rodrigeuzius existimat, tamen, ut ego puto, discrimen solum positum est in diversa librorum divisione, ac nonnullis variantibus lectionibus, quæ in mss. Codicibus quibusvis etiam optimis frequentes sunt.

8. In nomine *Florentinæ* Isidori sororis plerique mss. et editi **550** consentiunt. In nonnullis mss. Martyrologiis nominatur *Florentiana*. Marinæus Siculus male *Floram* vocavit; princeps editio anni 1483, æque male, ut ait Nic. Antonius, *Florentiam*. Fatendum tamen, *Florentiæ* nomen in multis quoque Mss. apparere, quod idem reperitur in multis Martyrologiis et in Breviario etiam et Missali Mozarabico inter recentiora officia: neque fortassis absurdum est, quod utroque nomine appellari consueverit *Florentia*, aut *Florentina*, aut simul *Florentia Florentina*, ut *Claudius Claudianus*, et similia alia erant nomina apud Romanos. De eadem Isidori sanctissima sorore legi possunt cap. 2, 17 et 18.

9. Quod quibusdam aliis Isidori operibus accidit, ut in linguas vulgares converterentur, id etiam duobus hisce contra Judæos libris evenisse novimus. Nam, ut Fabricius in Bibl. med. refert, fragmentum insigne versionis antiquæ Theotiscæ hujus operis ex Codice Colbertino, quem Baluzius communicaverat, cum Tatiani Harmonia vulgavit, atque insigni glossario auxit et illustravit Joan. Philippus Palthenius, Gryphiswald. 1706, in 4, repetitum etiam tomo I Thesauri Antiquit. Teuton. Schilteri Ulm. 1727, in fol. In editione Palthenii fragmentum Isidori exstat pag. 239, et incipit: *Et cardines orbis terræ*, etc. Titulus capitis seq., *Quia Christus Deus et Dominus est: Post declaratum Christi divinæ nativitatis mysterium*, etc. Ultimum caput: *Quia Christus de stirpe David natus est: Ecce ex qua tribu*. Desinit: *Hic locus in Hebræo sic habet: Et erit requies ejus gloriosa. Utique quia moriens caro ejus non vidit corruptionem secundum psalmi sententiam: Nec dabis Sanctum tuum videre corruptionem*. Palthenius in præfatione ait, characterem versionis Theotiscæ fragmenti Isidoriani esse Merovingicum sæculi VII, de quo Mabillonius de Re Diplom., p 49, 359, ejusmodi fragmentum pro omnium vetustissimo antiquitatum Theotiscarum hoc in genere monumento venditari posse. Advertendum, in Indice Casanatensi minus accurate versionem hanc Theotiscam factam dici *ex Sermone Isidori de nativitate, passione*, etc. Pertinet enim ad librum I Contra Judæos, cap. 2, 3, etc.

10. Versio alia librorum Isidori contra Judæos in linguam Italicam indicatur in Codice Vaticano 5420 membranaceo, qui olim fuit e libris Francisci Peniæ Hispani, celeberrimi decani Sacræ Rotæ, de quo vide cap. 98, ubi advertam non esse versionem **551** duorum librorum, sed libri primi tantum, et quidem in compendium redacti. Titulus est: *Santo Isidoro doctore et vescovo confonde Giudei. Ad la sua sorella*, etc.

11. Exemplaria mss. operis de Fide catholica contra Judæos, quæ nobis ad manus fuerunt, hæc sunt. Codex Vaticanus 939, describendus cap. 95, in quo tantum sunt dicta excerpta ex hoc opere. Codex Vaticanus 1268, eod. cap. 95, in quo simili modo sunt quædam testimonia extracta ex libro I *de Passione Christi*. In Codice Vaticano 4327 hi duo libri de Christo contra Judæos Isidoro Juniori ascribuntur. Vide cap. 97. Ita etiam in Codice Vat. 4918 ibid. In Codice Regio-Vatic. 421, de quo cap. 100, est fragmentum horum librorum. In Codice Palatino 278, de quo cap. 102, hi duo libri, præmissa nota: *In hoc volumine continentur abjectiones Judæorum, et vocationes gentium*. Caput ultimum libri I dicitur *Superdictio operis anacephalæosis*. In Cod. Palat. 279 ibid. *Liber sancti ac beatissimi Isidori ad Florentinam*, etc. Caput ultimum libri I *Anacephalæosis*. Liber II mutilus est. In Urbinate 100. Cap. 104. *Præfatio, vel recapitulatio Fidei catholicæ, sive superdictio operis Isi-*

dori *Yspanensis episcopi ad Florentinam sororem suam.* *Sanctæ sorori Florentinæ Ysidorus Toletanus episcopus*, etc. Jam adverti hunc errorem, quo Isidorus Toletanus episcopus fingitur in aliis quoque Codicibus librorum contra Judæos notari. Liber I dicitur *Contra Judæos* in hoc Codice, II *de Vocatione gentium.* In Ottoboniano 945, cap. 106, libri contra Judæos, ut in Vatic. 4918.

CAPUT LXVII.

Libri tres Sententiarum S. Isidori, sive de Summo Bono. Editiones, et mss. Codices hujus operis: versio Hispana. Julianus Toletanus, Taius, Petrus Lombardus, et alii post Isidorum Sententiarum scriptores. Quartus Sententiarum liber num Isidoro suppositus. Eruditæ Bayerii Animadversiones de hoc quarto libro.

1. Aperte hos libros Braulio indicavit: *Sententiarum libros tres, quos floribus ex libris papæ Gregorii moralibus decoravit.* Neque aliud Ildefonsus intellexit, cum scripsit, *librum Sententiarum*, scilicet opus, Codicem, volumen sententiarum: ita enim vulgo opera in plures libros divisa nomine libri indicabantur: et in hoc ipso opere indicando Balbulus aliique *librum Sententiarum* cum Ildefonso appellarunt. Neque debuit vir doctus Scipio Maffeius in Ildefonsi verbis aliud opus a tribus Sententiarum libris diversum rimari: sic enim ait in Biblioth. Veron. mss. pag. 89, post Historiam de gratia, ubi describit Codicem in quo sunt testimonia divinæ Scripturæ a Sententiis diversa: *Ea quoque incidit mihi cogitatio, opus istud* (Testimoniorum) *indicari, cum Isidori Sententiæ ab antiquis scriptoribus laudantur: huic enim multo magis quadrat denominatio quam libris de Summo Bono, qui etiam tres sunt, cum Ildefonsus Sententiarum librum unum numeret.* Eodem modo *librum de genere officiorum* Ildefonsus nominat ac *librum sententiarum*, cum ille duobus libris constet: neque enim expressit unum esse Sententiarum librum.

2. Concilium Toletanum VIII cum magno Isidori elogio nominatim allegat *librum Sententiarum secundum*, ut observat etiam Loaisa in not. ad titulum libri. Samson abbas Cordubensis sæculo IX, lib. II Apologetici, cap. 1, sic refert: *Doctor namque egregius, meritis et facundia clarus Isidorus in libris Sententiarum ait: Non ideo cœlum et terram implet Deus*, etc. Quod autem ait Loaisa, omnes mss. Codices in Sententiarum inscriptione consentire, si vetustissimos quosque intelligat, ita quoque a me animadversum est in his quos vidi. In multos tamen incidi non ita antiquos, qui *de Summo Bono* inscribuntur, ut in iis etiam observare poteris quos ex Zaccarianis schedis cap. 43 recensui. Duo exempla ejusdem tituli refert Nic. Antonius, alterum in bibliotheca Patavina olim Canonicorum Lateranensium, alterum in monasterio S. Francisci Pincianæ urbis, quod refert Morales in suo jam edito libro *del santo Viage*. Octonos minimum Sententiarum Isidori Codices ex bibliotheca Escurialensi Bayerius indicat, quorum terni anni Christi millesimum antiquitate superant: sed eorum peculiares inscriptiones non exprimit. Ulricus Engelbertus Argentinensis ordinis Prædicatorum, clarus sæculo XIII theologus, inscriptionem *de Summo Bono* cuidam suo magno operi fortasse ex argumento indidit: quod ms. asservatur in bibliotheca Corsendoncana, teste Valerio Andrea Bibl. Belg. mss. II, pag. 70. In inventario bibliothecæ Vaticanæ Codex 1311 præfert titulum: *Ulrici de Argena ordinis S. Augustini de Summo bono libri sex.* 1. *De laude Scripturarum*, etc. Crediderim idem esse opus quod in Bibl. med. Fabr. *Ulrico de Argentina* ex Val. Andrea tribuitur, et sub articulo *Ulrici Engelberti ord. Præd.* refertur.

3. Initium cujusdam versionis Italæ Sententiarum Isidori in schedis Zaccarianis sic descriptum reperio: *Isidorus de Summo Bono. Cap. 1. El sommo bene è esso Dio, impero che lui è incommutabile, è non si può per alcun modo corrompere*, etc. Ubinam hæc versio existat non indicatur. Fabricius existimat libros Sententiarum a Sigeberto vocari *librum ecclesiasticorum dogmatum*; nam qui in editione Bignæana hoc titulo Isidoro tribuitur, auctorem, ut ipse ait, habet Gennadium Massiliensem. Bayerius addit, Placcium ex Rob. Coco p. 131 asserere, librum de Ecclesiæ dogmatibus male beato Isidoro tribui: *quod*, inquit, *num ad Sententiarum Isidori opus retulerit incertum est.* Imo certum mihi est eum loqui de libro ecclesiasticorum dogmatum qui a nonnullis Augustino, a plerisque Gennadio Massiliensi, a quibusdam Isidoro, a nonnemine verius, ut suo loco dicam, Bracario Hispalensi episcopo ascribitur. Elipandus in epistola ad Migetium hæreticum, quam Florezius tom. V Hisp. sacr. p. 543 primus edidit, sic hos libros laudat: *De quibus etiam beatus Isidorus, doctor egregius, in suis dogmatibus ita loquitur, dicens: Scripturas hæretici*, etc. Sed Elipandus *dogmatum* nomine quævis alia opera Isidori, Ambrosii, et aliorum solet appellare.

4. Sententiarum titulum præferunt plura concilia cap. 34 indicata, Canonum collectores, aliique veteres scriptores ecclesiastici, ut Ratramnus de Prædestinatione lib. II, Jonas Aurelianensis lib. I de Institutione laicali cap. 10, et antiqui catalogi bibliothecarum cap. 46, præter scriptores de Viris illustribus, quos cap. 47 excitavi: in quibus tamen recentiores nonnulli utramque inscriptionem proferunt; Pastrengus autem ita ut duo distincta opera commemorare videatur. Eorum antiquissimus Balbulus, sæculi X scriptor, Isidori Sententiarum librum utilissimum esse profitetur. In eadem Sententiarum inscriptione consentire videntur duo Codices mss., quos ex Ambrosio Morale in monasteriis S. Facundi et Legionensi S. Isidori exstare Nic. Antonius refert, aliosque in bibliotheca Ambrosiana.

5. Editiones vero antiquiores hos tres libros *de Summo Bono* inscribunt. De editione Italica veteri circa annum 1470 operis *de Summo Bono* simul cum Etymologiis dixi cap. 54; quo loco retuli aliam similem editionem Venetam anni 1483, aliam pariter Venetam anni 1493. Editionem veterem in 12, sine loco et anno, Fabricius in Bibl. med. laudat, allegatque Theophili Sinceri *Nachrichten von alten und raren Bükern.*

6. Maittairius editos tres libros *de Summo Bono* refert Lovanii in 4 per Joannem de Westfalia 1486, et Parisiis in 8 per Pigouchet 1491. Sic tom. I, pag. 475, *Libri tres Isidori Hispalensis de Summo Bono, impressi per me Joannem de Westfalia*, in 4. In alma Universitate Lovaniensi 1486, et rursus p. 536, *Isidorus de Summo Bono impressus per Philippum Pigouchet*. P.P. *Philippus Pigouchet cum insigni Pelicani, E. G. (id est, Enguilbertus Georgius) de Marnef*, etc.

7. Anno 1493 editio librorum trium *de Summo Bono* a Maittairio dicitur facta Parisiis in 8, et Lipsiæ in 4, per Arnoldum de Colonia. Orlandius sic refert: *De Summo Bono Venetiis 1494, per Bonetum Locatelli, et per eumdem anno 1493, 4, Lipsiæ 1493*.

8. Idem opus editum fuit Parisiis anno 1495, in 8, per Stephanum Jehannot in vico S. Jacobi, 27 Augusti, titulo: *Isidorus de Summo Bono*, ex Maittairio.

9. Prodierunt quoque Parisiis libri tres *de Summo Bono* apud Joannem Petitum 1519, in 12, ex Nic. Antonio et Fabricio: et Venetiis 1533, ex Nic. Antonio et epitome Gesneriana.

10. Parisina alia est editio apud Joannem Roigny via ad D. Jacobum sub Basilisco et quatuor Elementis 1538, cum inscriptione *de Summo Bono*, iusius cap. seq. describenda, cum ejus præfatio proferetur.

11. Margarinus de la Bigne titulum posuit *Sententiarum de Summo Bono*, et in operum indice *Sententiarum, sive de Summo Bono*: quod opus se edere ait ex emendatione Joannis Aleaume doctoris Sorbonici, adjecta præfatione, scilicet epistola ad Massonam, quæ pag. 60 terg., tom. II legitur. Solet enim hæc epistola in multis mss. libros Sententiarum præcedere, sed inepte, ut cap. 73 exponam, cum de ea epistola agam, a Gratiano quoque tanquam præfatione librorum Sententiarum laudata.

12. Secuta est ejusdem operis editio cura et studio Loaisæ: *Isidori Hispalensis episcopi Sententiarum libri tres emendati et notis illustrati per Garsiam Loaisa Taurini apud Joan. Baptistam Bilaquam* 1593, in 4. Ad Philippum principem Hispaniarum, paginis 450. Ibidem, **555** et eodem anno, *Chronicon D. Isidori archiepiscopi Hispalensis emendatum notisque illustratum per Garciam de Loaisa archidiaconum de Guadalajara*: in 4, pp. 96, ad Philippum II. De notis Loaisæ hoc est Fabricii in Bibl. med. judicium: *In illis erudita multa; illud vero prorsus destitutum naso critico*, quod p. 483 scribit Loaisa: *Nostris etiam exulceratissimis temporibus OEcolampadii volumen adversus sacramentum Eucharistiæ Bertramio presbytero ad Carolum Magnum ascribitur: Carolostadii opus adversus imagines ipsi Carolo Magno: Calvini quidam liber Alcuino Caroli Magni præceptori*. Exstant hæc verba in not. ad lib. III Sentent., cap. 12, pag. 83, editionis Matritensis regiæ, sed Fabricius omisit ea quæ Loaisa in sui dicti confirmationem illico adjecit, *Ut docte annotavit Xystus in Bibliotheca sua*. Relege etiam quæ de Ratramni, seu Bertrami opere dixi cap. 50, num. 18. Neque tamen propterea Xystum defendo, aut Loaisam omnino excusatum volo.

13. Cum Taurini non prope excusi fuissent Sententiarum libri, Loaisa secundas curas adhibuit, ut in regia editione Matritensi emendationes prodirent. Breulius quoque in fine suæ editionis notas Loaisæ cum aliis ex editione regia Matritensi depromptis inseruit. In editione tamen Taurinensi quædam peculiaria sunt quæ in Grialiana et Breuliana desiderantur; nam præter varias lectiones in margine et notis sæpius expositas, Loaisa sententias ordine numerorum distinxit, et ad marginem loca Patrum indicavit, ex quibus eæ desumptæ sunt. Hæ notæ ad marginem eodem modo in editione Breuliana Coloniæ repetita adjectæ fuerunt.

14. Non levis est Sententiarum Isidori commendatio, quod Ven. Thomasius in systemate suo institutionum theologicarum, quod meditatus fuerat ex selectis veterum Patrum operibus, tres Sententiarum libros simul cum aliis excudere decreverat. Prodiit ejus Indiculus institutionum theologicarum veterum Patrum, quæ aperte et breviter exponunt theologiam sive theoreticam, vulgo speculativam, sive practicam. Inter alios erant *S. Isidori episcopi Hispalensis, qui obiit anno 636, tres libri Sententiarum, sive de Summo Bono. Pertinent ad utramque theologiam, maximeque ad practicam: qui bona ex parte excerpti sunt ex libris moralibus S. Gregorii papæ. Exstant inter opera ejusdem S. Isidori, et separatim editi a Gaspare* (corrige *Garsia*) *Loaisa, Vezzosius, qui consilium Ven. Thomasii* **556** *exsecutus fuit, in not. ad Indiculum* (id observat: *In prima Indiculi editione librariorum errore legebatur quatuor esse sancti hujus episcopi Sententiarum libros, cum tres sint solummodo. Errorem illum secutæ sunt omnes aliæ Indiculi editiones quæ hanc nostram præcesserunt*.

15. Quatuor institutionum volumina Vezzosius edidit hoc titulo: *Ven. Josephi Mariæ cardinalis Thomasii Institutiones theologicæ antiquorum Patrum, quæ aperto sermone exponunt breviter theologiam sive theoreticam, sive practicam. Recensuit notisque auxit Antonius Franciscus Vezzosius C. R. Romæ* 1769. *Ex typographia Marci Palearini*, in 4 majori. De Isidoriano opere ita præfatur Vezzosius tom. I, num. 13 præfat.: *Tria sunt Patrum sanctissimorum scripta, quartam quæ constituunt nostri operis partem. Earum quod est postremum, sunt libri tres Sententiarum sancti Isidori episcopi Hispalensis, sive, ut alii scripsere, Isidori Junioris, ut hunc distinguerent ab altero Isidoro, qui eum ætate annos centum præcesserat, et episcopatum tenuerat Cordubensem. Libri illi contexti majori ex parte ex Gregorii Magni Moralibus, theoreticam theologiam postquam initio tetigere, digrediuntur ad eam quæ mores dirigit. Eos Thomasio scito damus in præsentia recusos, juxta Parisiensem editionem anni 1601 adornatam ab Jacobo du Breul, monacho S. Germani a Pratis; atque descriptis in margine folii variantiis contulimus cum altero exemplo*

a *Margarino la Bigne Parisiensi theologo vulgato anno 1580, tum anno 1593 Taurini a Garsia Loaisa, qui eosdem libros doctis ornavit animadversionibus.*

16. Hæc Vezzosius, qui per errorem, ut videtur, Isidorum Cordubensem annos centum ante Hispalensem vixisse refert pro *annos ducentos :* ut enim ipse in not. ad titulum libri i Sententiarum observat, Isidorum Cordubensem floruisse constat non longe ab initiis quinti a Christo sæculi. Sed re vera ne satis quidem constat, an is Cordubensis Isidorus unquam exstiterit. Quod autem in his notis ait, editiones Parsienses, Bignæanam et Breulianam, *virorum consensione probatiores reputari,* id arguit ipsum neque editionem regiam Matritensem contulisse, et quid de tribus his editionibus Isidorianis viri docti senserint ignorasse. Asserit præterea Vezzozius, editiones Margarini et Loaisæ, non secus atque ovum ovo, inter se simillimas esse; quod falsum pariter est. Etsi enim Loaisa plerumque **557** lectionem Bignæanam in textu retinet, tamen ad marginem et in notis passim aliam scripturam exprimit : margini etiam loca Patrum appingit, ex quibus Sententiæ sunt depromptæ ; quod neque in Bignæana, neque in Breuliana prima editione observatur. Breulianum tamen textum Vezzosius exhibuit; additis ad paginæ calcem lectionum discrepantiis ex editione Parisiensi Bignæana et Taurinensi Loaisæ, brevibusque notis quas nos etiam recudemus.

17. Ex his editionibus satis liquet, quanto semper in pretio libri Sententiarum habiti fuerint : neque minus id constat ex mss. exemplaribus quæ in bibliothecis frequenter occurrunt aliisque antiquis monumentis. Refert enim Claudius Castellanus in Monito ad tomum I sui Martyrologii, in multis ecclesiis morem invaluisse, ut post Martyrologium opera et Sententiæ S. Isidori legerentur. Mss. exemplaria nonnulla jam hoc capite indicata sunt, alia nunc breviter commemorabuntur. Cap. 61 Codex Florentinus S. Crucis Sententiarum descriptus fuit. Bandinius tom. IV Codic. Latin. S. Crucis, plut. 21, refert alium Codicem num. 8, *Libri tres Sententiarum,* prævia capitum tabula. Deinde *S. Gregorii Magni Dialogi.* Codex est membranaceus in fol. quadrato sæculi xi, cum titulis et initialibus rubricatis, et aliquot figuratis, ut ait Bandinius. Ibidem cod. 9, *Libri tres Sententiarum,* ut in Codice superiori. Deinde liber *Exhortationum S. Augustini.* Codex est membranaceus in fol. sæculi xi, rotundo ac perspicuo charactere diligentissime exaratus, cum titulis et initialibus rubricatis, et aliquot coloratis.

18. In Thesauro Anecdotorum Pezii tom. I in fine primæ partis post tractatum de gratia et virt. Deiparæ, auctore Engelberto, qui obiit anno 1331, librarii subscriptio hæc legitur: *Explicit Engelbertus,* etc.; *per manus monachi throni B. Virginis, et sacerdotis ordinis Carthusiensis.* In margine, *D. Petri, postea prioris.* Additur, prioratum eum administrasse ab anno 1393, plura eleganti charactere scripsisse in membranis, ut *Isidorum de Summo Bono anno 1380. Collationes Patrum, Conradum super quinque alleluia.* Explicandum esset quid sit *monachus thronus B. Virginis :* sed in Ducangio cum auctario nihil idoneum invenio. In voce *t onarius,* ait Ducangius suspectam eam esse, pro qua fortasse restituendum *Centenariis,* aut *Officialibus.* Sed fortasse *thronus,* et *thronarius* accipitur pro eo qui solio assistit, aut deservit, aut *Thronus* est nomen cœnobii.

558 19. Rodriguezius de Castro tom. II Biblioth. H sp. pag. 321, describit Codicem Escurialen cm in ii, c. 19, in fol. sæculi xv, titulis capitum rubris, litteris initialibus vel rubris, vel violaceis, in quo sunt Sententiarum libri Hispano idiomate. In primo folio hæc est nota : *Este libro fiso sunt Isidoro arzobispo que fue de Sevilla, e fue doctor.* Sequitur index capitum : *Capitulo primero del Soberano Bien,* etc. Indicantur omnia trium librorum capita 140, sine ulla divisione librorum, et sub eodem numerorum ordine. Opus incipit : *Soberano byen Dios es, ca es syn mudamiento, e syn corronpimiento ninguno.* Desinit fol. 109, *mas aquellos no devemos llorar, que el parayso con grand alegria los rrescibe en sy. Explicit Ysidorus de Summo Bono. Deo gratias.*

20. Auctor hujus versionis a Rodriguezio dicitur Alfonsus Martinez de Talavera. Nic. Antonius lib. x, num. 324, meminit Alfonsi Martinez a Toleto, qui regis Joannis II capellæ minister fuit, et archipresbyteri de Talavera dignitate notior est, quam proprio suo et familiæ nomine. Verum neque ipse, neque Bayerius in not., versionem Hispanicam Sententiarum Isidori inter hujus Alfonsi opera referunt.

21. Alius est Codex Escurialensis in iv, f. 8, membranaceus in 8, eleganter exaratus a Didaco de Astigia anno 1467, quo continentur *Tractatus Synonymorum beatissimi Ysidori archiepiscopi Ispalensis. Tractatus Sententiarum, seu Summum Bonum ejusdem beatissimi Ysydori. Liber de conscientia beati Bernardi abbatis. Sermo beatissimi Augustini de Honestate mulierum :* alius *sermo ejusdem beatissimi Augustini de Igne purgatorii.* In fine hæc est subscriptio : *Hunc librum scripsi ego Didacus de Astigia Ispalensis diœcesis. Complevi et correxi ad honorem et gloriam sanctissimæ Trinitatis, et beatissimæ Virginis Mariæ, et ad laudem et memoriam beatissimi Ysidori archiepiscopi ex præcepto Domini mei Joannis Alfonsi de Logrono Canonici ejusdem ecclesiæ Ispalensis, die vero Jovis in festo sancti Fulgentii supradicti Ysidori fratris, v die mensis Januarii, sub anno a nativitate Domini* mccc. lxvii. *Mihi parcat justus natus de Virgine Christus, ejusque trinus et unus laudetur sempiternus honor. Amen.*

22. Alius Codex Escurialensis in fol. sæculi xiv, ut videtur, membranaceus, charactere magno et eleganti in iii, R. 21, est imperfectus. **559** Tituli sunt rubri, litteræ initiales versicolores. Alius itidem in fol. chartaceus sæculi xiii, titulis rubricatis, et litteris initialibus vario colore ornatis, cujus hæc est inscriptio : *Sancti Ysidori Yspaniensis de Astronomia, seu de Natura rerum. Item liber Sententia-*

rum. Laudatur quoque a Rodriguezio Codex Escurialensis, in quo est expositio Isidori in Pentateuchum, et opus Sententiarum quatuor libris constans, addito scilicet tribus genuinis Isidori quarto alio, de quo infra redibit sermo.

23. Omissis autem aliis mss. Codicibus Sententiarum, quorum mentio fit cap. 46 et alibi, indicem eorum texam quos ego in bibliotheca Vaticana, aut in aliis Urbis vidi. Codex Vaticanus 632, de quo cap. 94 agam, tres hos libros exhibet *Sententiarum* titulo, præmissa epistola ad Massonam. Codex Vatic. 633, ibidem recensendus, a veteri manu *Sententiarum* inscriptionem retinet, a recentiori *de Summo Bono*. Codex Vat. 657 ibidem titulum exhibet *de Summo Bono*, sed non ante sæculum xv exaratum. Eadem ætate scriptus fuit Cod. Vat. 5992, de quo cap. 98, in quo sunt Sententiarum liber I, et initium secundi, primo titulo, *Quædam Theologia*, alio recentiori *de Summo Bono*. In Codice Regio-Vatic. 199, de quo cap. 99, solum est recens inscriptio: *Divi Isidori Hispalensis Sententiarum liber*. Ibid. Codex antiquus Regio-Vatic. 253 peculiarem titulum exhibet, *Incipit liber Spermologon Isidori*, fortasse quia *Spermologus* avis est quæ semina colligit, ut Isidorus sententias Patrum collegit. In Cod. Regio-Vatic. 1823 sunt tres libri Sententiarum initio mutili, ut dicam cap. 101. Ibid. in Cod. Regio-Vatic. 2093 libri tres Sententiarum hoc titulo: *Capitula de libro Sententiarum domini Isidori*. Liber tertius imperfectus est. In Codice Palatino chartaceo 267, cap. 102, opus inscribitur *de ecclesiastica Institutione, de Summo Bono, et Sententæ*, et in quatuor libros distribuitur. In Pal. 280 chart. sæculi xv, cap. 102, *Isidorus de Summo Bono. Titulus libri hujus, Isidorus Hispanus in Sententiis*. In Palat. 602, cap. 103, *Tres libri Sententiarum Ysidori, qui sunt veluti generales canones, si perspicaciter intueantur*. In Urbinate 106, de quo cap. 104, sæculi fortasse xv, opus inscribitur *de Summo Bono* cum epistola prævia ad Massonam loco præfationis. In fine libri II et III titulus *Sententiarum* apparet. In Urbinate 1504 chartaceo, cap. eod. 104, *Liber Isidori de Summo Bono*: sunt tres libri Sententiarum. **560** Excerpta ex Sententiis in Codice Ottoboniano 6, cap. 105. Alia in Ottoboniano 122 ibid. In Ottoboniano 128, sæculi xiv circiter, *Ysidorus de Summo Bono*: sine distinctione librorum a prima manu, et continuato capitum numerali ordine. In Ottoboniano 139 ibid. fragmenta ex his libris. In Ottoboniano 159, sæculi xiv circiter, libri tres *de Summo Bono*. In Ottoboniano 336, ejusdem ætatis, cap. 105, tres libri *Sententiarum sancti Ysidori doctoris Ecclesiæ*. In Ottoboniano 508, cap. 106, sæculi xiv circiter, sententiæ excerptæ *ex Isidoro in libro de Summo Bono*. In Ottob. 1737, cap. 106, titulo recenti, *Isidori libri de Deo*. Cap. 107 recensebo duos Sententiarum Codices bibliothecæ Angelicæ, alium bibliothecæ Collegii Romani, alium a me comparatum.

24. Systema quoddam theologicarum quæstionum per certas classes tribus his Sententiarum libris primus Isidorus videtur proposuisse, cujus titulum et scopum Petrus Lombardus imitatus, theologiæ scholasticæ planiorem viam aperuit, Magistri Sententiarum nomen consecutus.: quod fortasse nomen ipsi Isidorus præripuisset, nisi jam tum a nobiliori opere *Isidorus Etymologiarum* consuevisset nuncupari. Exstabant quidem ante Isidorum (ut libros Sententiarum apud jurisconsultos omittam) Ægyptiorum Patrum Sententiæ, auctore Græco incerto, Martino abbate Dumiensi et episcopo Bracharensi interprete, quas Rosweydus, ex bibliotheca Toletana a Christophoro de Castro societatis Jesu theologo, et Salmanticæ sacrarum litterarum professore acceptas, in appendicibus ad Vitas Patrum edidit. Verum hæ sententiæ solum exhibent quædam apophthegmata spiritualia monachorum, nullo inter se ordine connexa. Neque multum dissimilis est collectio Sententiarum ex S. Augustini Operibus a S. Prospero excerptarum, de qua dicam cap. 83, num. 7. Quod si Isidorus titulum inde fortasse suo operi fecit, rem ipsam multo longius promovit, digestis aliquo ordine argumentorum capitibus, et sacræ Scripturæ Patrumque sententiis in sua capita relatis. Quod enim plerique dicunt, Isidori opus maxima ex parte Gregorii sententiis constare, id ita accipiendum est, ut Isidorus Gregorium potissimum sequatur; quamvis etiam passim et verba sacræ Scripturæ referat, et plurium Patrum sententiis, Augustini, Hieronymi, Ambrosii, Eucherii, Cypriani aliorumque inhæreat, ut in notis Loaisæ cernere licet.

561 25. Igitur cum in Isidoro perspicuum sit exemplar, quod Magister Sententiarum præ oculis certo habuit (nam libros Sententiarum Isidori laudat, et ex iis multa sumit), nescio cur Mabillonius, quem nonnulli alii Hispani etiam secuti sunt, pag. 317 tom. I Analector. asseruerit, primum Taionem Cæsaraugustanum episcopum sibi videri fuisse, ad cujus exemplar alii cum Petro Lombardo collectiones hujusmodi theologicarum sententiarum condiderint. Schoettgenius fidenter tom. VI Bibl. med. Fabricii: *Adeoque Taio primus fuit, qui sententias collegit, et Petro Lombardo in hoc ipso operis labore præluxit*. Edidit Mabillonius tom. cit. Analect. præfationem *Taionis ad Quiricum Barcinonensem antistitem in quinque libros Sententiarum, a se collectos ex operibus S. Gregorii papæ*, et initium operis. Potuit ergo facile agnoscere, et Taionem ipsum Isidori exemplo et imitatione libros Sententiarum composuisse, et Petrum Lombardum multo magis ex Isidoro proficere potuisse quam ex Taione. Taio in præfatione ad Quiricum ait, se *de sacris voluminibus, scilicet sancti papæ Gregorii Romensis Sententiarum capitula, in quinque libellis discreta, imo Codicis textu conclusa, colligendo decerpsisse*. Paulo post subjungit: *Sed quia quorumdam titulorum capitula in ejusdem sancti papæ opusculis ad supplementum rei reperire minime potuimus, ex libris sancti Augustini episcopi pauca congerere curavimus*. At Isidorianæ Sententiæ multo magis patent, ac plu*s*um Patrum testimoniis comprobantur.

26. Quinque Taionis Sententiarum libri paucis ante annis Matriti prodierunt, curante P. Emmanuele Risco, Hispaniæ sacræ doctissimo continuatore, tom. XXXI, a pag. 171, e veteri Codice Gothico S. Æmiliani, præmissa etiam epistola Taionis ad Eugenium Toletanum ex Baluzio, qua de alia collectione loquitur a se facta locorum S. Gregorii, quibus Vetus Novumque Testamentum illustrantur, præter præfationem ad Quiricum, et hujus responsionem. Desideratur tamen finis cap. 33, et integrum caput 34 libri v, ut Riscus advertit : imo caput etiam 35, ut patet in ejusdem operis exemplari membr. sæculi xv, exstante in bibliotheca Medicea Laurentiana, plut. 21, cod. 18, supra cap. 43 recensito : ex quo in schedis habeo descriptam præfationem Taionis ad Quiricum, epistolam Quirici ad Taionem, quæ toti operi subjicitur, tabulam capitum quinque librorum, et nonnulla in specimen capita. Tituli capitum nonnihil variant ab editis : et in libro tertio index ms. exhibet quinquaginta quinque capita, cum in editione tantum sint quinquaginta quatuor; scilicet deest in editione caput *de Viduis*, quod est indicatum in hoc Codice ms. post caput 7 *de Conjugatis*.

27. Sed cum per amicos ipsum Codicem ms. diligenter inspici curaverim, responsum mihi fuit, in indice quidem notari caput 7 *de Conjugatis*, sed a contextu operis omnino abesse, neque reperiri nisi quinquaginta quatuor capita, ut in editione. Inscriptio Taionis epistolæ hæc est : *Domino venerabili sanctissimoque viro Querico episcopo Gaius indignus Cæsaraugustanæ urbis episcopus, cognomento Saorohel.* Facile condonabitur librario error *Querico* pro *Quirico*, et *Gaius* pro *Taius*. Sed quid illud est quod Taio dicitur *cognomento Saorohel*? Atqui in fine operis novum apparet nomen : *Explicit liber Sententiarum Samuelis episcopi. Laus Deo.* Nisi forte hic quoque legendum sit *Saorohelis*, vel initio reponendum *Samuel* pro *Saorohel*. Nic. Antonius Bayeriusque in Biblioth. Hisp. neutrius cognominis meminerunt. A continuatore Bibliothecæ mediæ Fabricii vocatur *Taio*, vel *Taius cognomento Samuhel*. Dicam quod sentio. Alicubi exstitit Codex Taionis, cujus possessor aliquis *Samuel* fuerit, ac proinde liber Samuelis fuerit appellatus. Cum ergo librarius vidisset, opus Taionis et Samuelis dici, unum eumdemque hominem auctorem credidit *Taionem Samuelem*. Conjecturam peculiari observatione confirmo. In vetustissimo catalogo, qui inscribitur *Breviarium librorum S. Nazarii*, scilicet in Laurissa, Cod. Vatic.-Palatino 1877, veteres quorumdam librorum possessores nominantur, et in his : *Item Missales, qui fuerunt Samuelis, Baboni, Randulfi. Collectiones Samuelis de opusculis S. Gregorii*. Hunc Taionis librum esse puto, qui Samuelis olim fuerit. Post multa alia in eodem catalogo recensetur *Liber Tagii* (Taii) *ex opusculis S. Gregorii adunatus*.

28. Negari tamen non potest, antiquissimum esse hoc cognomentum *Samuelis*, Taioni appositum : nam in Codice Thuanæo, quem ante 800 annos scriptum Mabillonius putabat, inscriptio epistolæ est : *Domino venerabili sanctissimoque viro Quirico Taius indignus Cæsaraugustanæ urbis episcopus cognomento Samuel.* At in Codice Gothico S. Æmiliani de la Cogolla, ex quo libros quinque Sententiarum Riscus edidit, hic tantum erat titulus : *Incipit liber Sententiarum domini Gregorii papæ Romensis subtractus ex libris Moralium*. Neque in epistola Taionis ad Eugenium additur cognomento *Samuel*. Imo etiamsi vere Taio cognomen Samuelis habuisset, tamen minime ab eo scriptum crederem, *Quirico Taius, indignus Cæsaraugustanæ urbis episcopus, cognomento Samuel,* cum consueto more simplicius posset dicere *Taius Samuel*.

29. Ex libris Taionis cum Isidori opere collatis illud colligere licet, Taionem non solum Isidori sententias præ manibus habuisse, sed etiam plerosque titulos inde formasse; cavisse tamen, ne sententias seu verba Gregorii jam ab Isidoro collecta ingereret. Trium priorum libri primi capitum titulos exhibeo. *Taio. Cap. 1 : Quod Deus incommutabilis, summus et æternus existat. 2. De Immensitate, vel omnipotentia Dei. 3. De id* (pro *de eo*) *quod invisibilis, vel incomprehensibilis sit Deus*. *Isidorus. Caput 1: Quod Deus summus et incommutabilis sit. Cap. 2 : Quod immensus et omnipotens sit Deus. Cap. 3 : Quod invisibilis sit Deus*. Sæpe Taio capita alio ordine collocat : sic apud Isidorum sequitur caput 4 : *Quod ex creaturæ pulchritudine agnoscatur creator;* quod apud Taionem est caput 9 his verbis: *Quod ex creaturæ pulchritudine invisibilis agnoscatur æternitas*. Isidori caput 5, *Quod ex usu nostro quædam species ad Deum referantur*, est caput 10 Taionis : *Quod ex humanis affectionibus quædam species ad Deum referatur*, ut in meis schedis; sed præstiterit cum Isidoro legere *referantur*. Nam quod huic operi Isidorus titulos apposuerit, satis ex eo ostenditur quod Taio, qui Braulioni successit, jam eos ita legebat, ut ex collatione patet.

30. Arguet fortasse aliquis, Taionem meliori ordine sententiarum theologicarum systema disposuisse : nam in præfatione ad Quiricum suam methodum totius operis ipse exponit, quam etiam his versibus (apud Mabillonium) expressit :

> Quisquis amas sacram, lector, addiscere legem,
> Hunc nostri studii librum percurre legendo :
> Repperies facile, quidquid cognoscere malis,
> Florea cuncta gerit (tum), prata virentia gestat.
> Pascit amantis oves, sincera animalia, Christi,
> Ostendit patriam celsam, regnumque potentem,
> Tartareos ignes, ut tristia non finienda.
> En tibi Christus adest regnum conferre beatis,
> Impiis e contra horrenda supplicia confert.
> Sublimis anima, conscende ad regia cœli,
> Impiger accurre, careas ne præmia tanta,
> Et picei fontis horrendas despice flammas.

Qui versus pro ejus ætatis captu non omnino mali sunt, sed, ut videtur, quibusdam in locis vitiati exscriptorum incuria : exempli loco fortasse auctor scripsit *regemque potentem*, non *regnumque potentem*,

Nic Antonius ex hoc epigrammate colligere voluit Taium idoneum poetam fuisse.

31. Quod attinet ad methodum Sententiarum, Isidorus in primo suo libro eam ipsam tenuit quam Taio sibi proposuit. Ait enim Taius in præfatione ad Quiricum: *Sumentes exordium (ab) omnipotentis Domini incommutabilis essentiæ Trinitate, atque ab origine mundi hominumque plasmatione, usque ad hujus sæculi consummationem.* Isidorus lib. 1 agit de Deo ejusque attributis, de origine mundi hominisque plasmatione, de Christo, de Spiritu sancto, de Ecclesia, de utroque Testamento, de resurrectione, de gehenna, de gloria sanctorum; quod est postremum caput 30 libri 1. Reliquis duobus libris, quod commodius fortasse est, virtutes theologicas aliasque explicuit, de peccatis et vitiis disseruit; quænam præsulum, et principum, aliorumque sint officia, descripsit.

32. Ut autem Taio Isidorum imitatus fuit, decerptis Gregorii potissimum sententiis, ita eodem tempore Julianus Toletanus eamdem excerpendi rationem ex Augustini libris secutus est. Huc enim pertinent quæ Felix Vitæ Juliani scriptor refert, *Excerpta de libris S. Augustini contra Julianum hæreticum collecta.* Hi sunt elaboratissimi illi Augustini, vel ipsius judicio (lib. II Retract., cap. 62), contra Julianum Eclanensem episcopum libri sex, *de quibus,* ait Nic. Antonius in Biblioth. vet., *post alios Henricus de Noris Augustinianus noster agit lib: 1 Histor. Pelagianæ.* Hæsi aliquantulum, fateor, ad hæc verba; quid enim est cur Nic. Antonius *Norisium Augustinianum nostrum* vocet? An Norisius amicus Nic. Antonii fortasse, fuit, idque Nic. Antonius significare voluit? An confirmari hinc poterit nonnullorum suspicio, quod in Bibliothecam veterem Nic. Antonii quædam supposititia irrepserint? Idem Felix inter alia Juliani opera recenset *librum Sententiarum ex decade psalmorum B. Augustini breviter summatimque collectum.* 565 Obscura sententia, ait Nic. Antonius, nisi decadem tantum primam psalmorum innuere voluerit. Fortasse præstiterit legere *ex decadibus*: nam Augustinus in plures decades psalmorum interpretationem divisit. Bayerii conjectura de peculiari psalterio Augustini pro Monicæ matris usu, inter supposititia aut dubia sancti doctoris opera reposito, minus idonea est. De Augustinianis psalmorum decadibus sermo redibit in notis ad epist. Isidori ad Braulionem.

33. Verum de Juliani Sententiis, quales fuerint judicium ferri nequit, quippe cum non exstent: ac solum observare placet potuisse Petrum Lombardum ex Juliani hoc opere valde proficere, si ad manus illi fuisset, cum ex Augustino præ cæteris Sententias suas contexuerit. De aliis autem Sententiis Isidori et Taionis, sed Isidori præcipue, adhuc quæstio superest, an ex eis ita Petrus Lombardus profecerit, ut plagii argui possit. De sex libris Sententiarum S. Brunonis Astensis, qui olim S. Brunoni Carthusiensium fundatori tribuebantur, locus hic non est disserendi:

A illi enim solum versantur in Ecclesiæ figuris explicandis ex sacrarum litterarum testimoniis. Cum Petrus Lombardus sibi proposuerit ex diversis Patrum libris sententias theologicas in unum corpus colligere, nihil mirum videri debet, si quædam ad Isidori exemplum expresserit. Sic etiam a nonnullis arguitur, plura sumpsisse ex Joannis Damasceni libris de orthodoxa Fide, atque ex præceptoris sui Petri Abælardi scriptis, præsertim ex libris quinque Theologiæ Christianæ, et ex libro *Sententiarum Sic et Non,* sive Introductione ad theologiam. Neque præteriri debet Hugo de S. Victore, qui anno 1140 vel 1142 obiit: cujus tertio tomo operum exstat *Summa Sententiarum, sive eruditionis theologicæ, septem tractibus satis opportuno ordine comprehensa.* Nonnulli addunt, Petro Lombardo præluxisse Magistrum Bandinum in *Summa theologica,* sive *Sententiarum theologicarum libris quatuor,* editis deinde Viennæ 1519. Sed alii contra contendunt Bandini opus epitomen quamdam videri Sententiarum Petri Lombardi. Hugo Mathoud congregationis S. Mauri, qui anno 1651 typis commisit Roberti Pulli cardinalis *Sententiarum libros octo,* et Petri Pictaviensis *Sententiarum libros quinque,* contendit, Robertum istum Pullum, anno circiter 1150 vita functum, primum theologum scholasticum fuisse.

34. Certum ego existimo, methodum scholasticam Petri Lombardi propriam ejus esse: qua scilicet primo Sententiarum libro doctrinam de Deo uno et trino per quadraginta octo distinctiones complexus fuit, libro secundo de creatione, angelis, et homine lapso, de gratia Dei per quadraginta quatuor distinctiones, libro tertio de incarnatione Verbi, de charitate Dei ac proximi, de virtutibus et vitiis per quadraginta distinctiones, libro quarto de sacramentis, et de quatuor novissimis per quinquaginta distinctiones. Difficilimum sane erit in hac theologiæ scholasticæ methodo, quæ theologis olim maxime placuit, plagii Magistrum Sententiarum convincere: præsertim cum ita præloquatur: *Brevi volumine* COMPLICANS PATRUM SENTENTIAS, *appositis eorum testimoniis, ut non sit necesse quærenti librorum numerositatem evolvere, cui brevitas, quod quæritur, offert sine labore.* Inter Patres vero Isidorum sæpe nominatim excitat etiam ex libris Sententiarum.

35. Fortasse autem quia quatuor sunt Petri Lombardi Sententiarum libri, in mentem alicui venit quartum quoque Sententiarum librum Isidoro affingere: quanquam Codices ex quibus descriptus hic quartus liber est, antiquiores Petro Lombardo videntur. Prodiit Sententiarum quartus liber inter appendices recentis editionis Matritensis, scilicet ex nonnullis Codicibus in quibus Isidori nomen præfert, ut in præfatione ad tomum I editor monet: et Bayerius in not. ad Bibl. Hisp. indicat Codicem Escurialensem sæculi XII aut XIII, in quo exstat. Capita sunt 65, post quorum tabulam nota hæc ex ms. aliquo, ut puto, adjicitur: *Finiuntur libri quatuor Sententia-*

rum D. Isidori: titulus est: *Incipit liber quartus de rectoribus, qualiter conversationem habeant.* Collector solum ex libris S. Gregorii Sententias excerpsit. Editor in nota ad titulum diserte ait: *Hic liber est excerptus ad verbum ex libris Sententiarum Taionis.* Tum capita suis in locis indicat, quæ capitibus librorum Taionis respondent; neque enim certo aliquo ordine excerpta sunt: nonnullæ etiam sententiæ transpositæ apparent. Non igitur assentiri possum Bayerio, qui affirmat hunc quartum Sententiarum librum in novissima editione Matritensi additum, *quasi Isidori sit*: quod iterum a nobis dicendum fuit, quoniam bis ipse idem crimen editori Matritensi objicit, quem ait *misere delusum*, postea errorem palam professum fuisse. Et quidem, **567** addit, *in Escurialensi sæculi* XII *aut* XIII *ineuntis Codice lit.* t, *plut.* 2, *num.* 7, *unde is liber desumptus fuit, quartus Sententiarum tribus Isidori de eodem argumento libris continuato scriptionis filo subjicitur; ut cuivis proclive sit in eumdem scopulum allidere.* Multo id proclivius erit, si in fine, ut ante dixi, annotetur, *finiri quatuor Isidori libros Sententiarum.* Sed re vera hic liber in editione novissima Matritensi inter suppositia Isidori opera, non inter vera, aut dubia, relatus est.

36. Ex iisdem mss. Codicibus alia Sententiarum capita deprompta videntur, quæ in recenti Matritensi editione libro quarto Sententiarum subjiciuntur, sic inscripta: *Finiuntur libri quatuor Sententiarum divi Isidori. Incipiunt capitula alia Sententiarum ejusdem.* Sunt duo tantum capita: primum sine ullo titulo, in quo de abstinentia maxime agitur, ex S. Gregorio Magno, ut in notis editor observat, alterum de *Superbia, concupiscentia, invidia atque jactantia*, quod editor in præfatione ad tom. I animadvertit, desumptum ex capitibus 3, 4, 9 et 10 libri III Juliani Pomerii de Vita contemplativa; quod opus in multis editionibus perperam S. Prospero ascribitur.

37. Si quis tamen contendat etiam hanc collectionem libri quarti et aliorum capitum Sententiarum Isidoro tribui posse, non facile revincetur. Et Isidoro quidem maxime congruere librum quartum Sententiarum doctissimus auctor præfationis exhibitæ cap. 38, num 56 et seqq. existimabat, antequam Taionis libri Sententiarum in lucem venissent. Verum etiam post editos Taionis libros adhuc quæstioni locus est. Cum enim fontes e quibus sententiæ depromptæ sunt, æque Isidoro patuerint ac Taioni, minime absurdum est quod Isidorus aut seorsum hanc collectionem in suum usum sibi comparaverit, aut post tres sententiarum libros editos quartum adjici voluerit, qui tamen non in omnibus exemplaribus conservatus fuerit. Quod si ita est, Taio ex hoc quoque quarto libro profecit, uti certum mihi est eum ex tribus prioribus profecisse: non solum quia multa apud Taionem occurrunt quæ in Isidori libris et non in aliorum operibus reperiuntur, id enim fortasse inde oritur quod aliorum opera perierint, sed potissimum quia titulos ipsos capitum sæpe ex Isidoro sumpsit, ut jam monui. Præterea quædam veterum **568** Patrum loca sub iisdem titulis, eodem ordine atque Isidorus, conjungit, et eodem omnino stylo procedit.

38. Rodriguezius de Castro tom. II Biblioth. Hisp., pag. 332, non omnino assentiri videtur opinioni in postrema editione Matritensi propositæ, librum quartum Sententiarum ex Taionis libris excerptum fuisse: atque ad ferendum hac in re judicium putat præ oculis habendas Bayerii observationes in recensendo hoc Codice, quas ex ejus Adversariis profert, hoc loco a nobis repræsentandas.

Animadversiones Bayerii de quarto sententiarum Isidori libro in veteri Codice Escurialensi reperto.

39. *S. Isidori Hispalensis Sententiarum, qui alias de Summo Bono audiunt, libri quatuor.* Mirabitur sane qui apud Grialium, Nicolaum Antonium, Gesnerum et alios, tres tantum de hoc argumento, atque hoc titulo a sancto doctore libros conscriptos fuisse legerit : id quod nobis etiam, ubi primum in Codicem nostram incidimus, contigit : at Codex sæculo decimo tertio exaratus, atque ex antiquissimo alio, ut videtur, descriptus, testatur; in quo postquam terni illi sententiarum libri, quos bibliographi omnes S. Isidoro ascribunt, eodem prorsus titulorum ordine (si pauca, eaque levissima excipias) atque in edito Grialii recensentur, eadem prorsus manu atque præcedentis libri, ac non interrupto tractationis filo, subditur liber quartus sub hac majori rubrica, iis persimili quas absoluto libro primo et secundo scriptor indidit, scilicet : *Explicit liber tertius. Incipiunt capitula libri quarti.* Et nullo relicto vacuo spatio, subjiciuntur ejus libri rubricæ hoc ordine : *De rectoribus*, etc. (ut in edito).

40. In numeris rubricarum ad numerum sexagesimum quintum proceditur. Sed error iisdem inesse videtur : nam omissa fuit rubrica 51 *de bonorum Concordia*, quæ habetur in corpore operis : Sequitur autem continuo in Codice major rubrica hujusmodi : *Incipit liber quartus, de Rectoribus, qualiter conversationem habeant:* postquam minores, quæ præcedunt, 64 rubricæ ordine expenduntur, attributo singulis singulari capite. Liber autem integer constat triginta et tribus foliis, formæ quartæ cum alterius dimidio. De quo mox recurret sermo : nunc reliqua quæ habentur in Codice, exhibeamus, etc. Nunc autem ad quartum Isidori sententiarum librum; quod superius polliciti sumus revertamur.

41. Ac nobis quidem uti post eximios illos decemviros, qui inquirendis atque emendandis hujus sancti doctoris operibus jussu Philippi II Hispaniarum regis insudarunt, Alvarum scilicet Gomesium, Petrum Pantinum, Rolandum Wicelium, Garciam Loaisam (qui in iis ipsis, de quibus agimus, Sententiarum libris expurgandis incubuit, eamque in rem totos tredecim Codices, inque his binos Longobardicos excussit) J. B. Perezium **569** non uno nomine nostrum, Petrum Fontidonium, Cyprianum Suarium, Joannem Marianam, utrumque e S. J., et Petrum Chaconem, quorum omnium labores collegit ac refinxit Joannes Grialius : uti, inquam, post tot insignium virorum, qui hanc trivere atque ornavere provinciam, altum de quarto sententiarum Isidori libro silentium, eum sancto doctori ascribere minime tutum, confidentiæque ac temeritatis plenum opus videtur, cum vix fieri possit, ut uni alicui eorum in tanta Isidori Codicum copia ne unus quidem obtigisset nostro similis, in quo is liber antiqua aut recenti manu exaratus esset ; ita quæ pro hoc libro Isidoro ascribendo facere, aut saltem scrupulum movere viderentur, omnino indicta relinquere, religio fuit. Ea igitur in medium adducam, sapientum sci-

licet examine dijudicanda. Et primo quidem hunc librum Gregorii Magni non esse, quod pridem ego suspicatus fueram, scilicet ubi caput ipsius primum *de Rectoribus* magnam partem ex Pastorali Gregorii parte ii, cap. 2, ad litteram descriptum observavi (admonuit me de eo notula Patris Josephi de Seguntia eo loco Codicis margini ascripta), manifesto indicio est quod capite 40, quod est *de octo principalibus Vitiis*, Gregorius ipse Magnus cum elogio citatur. Ibi enim legitur. *Egregius doctor Gregorius insinuat sententiam illam beato Job a Domino dictam exponens.*

42. Secundo scripturæ ac librorum ordo in Codice nostro, qui et ipse non usque adeo recens (sæculo enim xiii videtur scriptus), et ex antiquiore alio, eoque Gothico, aut Gothici saporis omnino descriptus est: qua de re mecum profecto sentiet, quisquis in Codice nostro frequentes, quibus respersus est, Gothicismos observarit: nam in eo, *dominus* Isidorus, *tominus* Nicolaus, ex ejus temporis more pro *dominus*, quod alibi a nobis notatum. Item *adolari* et *adolantes* pro *adulari* et *adulantes*, *jubilum* pro *jubilus*, *conlabsus* pro *collapsus*, *palfebre* pro *palpebre*, *striunis* pro *histrionis*, *abtius* pro *aptius*, *temeritudinem* pro *temeritatem*, *Incipit dicta* pro *Incipiunt dicta*, *dignitate precelles hac fide* pro *præcellis ac fide*: cum aliis bene multis in transcursu a nobis observatis.

43. Historia autem translationis corporis S. Isidori, in qua annum Christi 1074 memorari primum diximus, aliunde desumpta, et Codici nostro jam completo extra ordinem affixa fuit cum Martyrologiis, seu lectionibus, quas superius retulimus.

44. Tertio, quod Codex noster in veteri aliquo Hispaniæ nostræ monasterio, et fortassis Oniensi, seu *de Ona*, ut mox dicetur, pro tironibus ad pietatem informandis scriptus fuerit, in cujus proinde bibliotheca, cum penes monachos in cœnobiis servarentur vetustiores Codices, potuit integrum Sententiarum B. Isidori opus quatuor sic in Codice nostro libris distinctum custodiri.

45. Quod autem is monasterii usibus destinatus olim fuerit, liquet ex eo quod in librorum inventario, cujus olim meminimus, legitur: *Psalterium Cantoris Parisiensis* (Petri scilicet Lombardi, scholastici cantoris et episcopi, de quo vide Gesnerum in Petro Cantore), *quod jussit* 570 *fieri dompnus abbas*; necnon ex nota quæ sub extremum Codicis legitur scilicet : xxvii *Martii anno a nativitate Domini* mccclxxxvii, *Petrus Fernandi de Grañon, bachalarius in decretis, quo anno videlicet recepit habitum monachalem, perfecit legere istum librum*. Videtur autem cœnobium istud fuisse *de Oña* ex eo quod bis in postremo ejusdem folio, quod vacuum pridem relictum fuerat, legatur: *Clemens episcopus servus servorum Dei dilectis filiis abbati et conventui Oniensi in ecclesia S. Salvatoris*, etc. Certe ad Veteris Castellæ, Asturumve, aut Galleciæ partes olim pertinuisse, vernacula earum regionum dialectus in inventario superstes indicat, in quo legitur: *Dos Domingales, unu nuevu, y otru vieju: Dos Colectarios, unu nuevu, y otro vieju.*

46. Denique quod mihi multo præ aliis validius ac præsentius in rem nostram semper visum est, *Quartus* hic, de quo agimus, *liber* non opus novum aliquod ab ipso Isidoro, aut ab aliquo alio auctore profectum, sed potius trium qui præcedunt de eorum argumento librorum complementum esse videtur: ejusque argumentum ac rubricæ commodissime rubricis atque argumento priorum librorum aptantur atque agglutinantur, ut unum omnino cum illis corpus efficiant, quod in diversorum auctorum operibus rarissime accidit: nec ulla inter rubricas priorum librorum cum rubricis libri quarti communio aut confusio est.

47. Quamvis enim sequentes rubricæ non multum inter se dissimiles esse videantur, videlicet: *Libri* iii *Sententiarum Isidori a Grialio editi*. 1. *libr.* ii *cap.* 35, *Quod ex vitiis vitia, et ex virtutibus virtutes oriantur.* —2. *lib.* iii, *cap.* 35 *de simulatis Virtutibus.*—3. *lib.* iii, *c.* 5, *de Tentationibus diaboli. Lib.* iii, *cap.* 6, *de Tentationibus somniorum.*—4. *Lib.* iii, *cap.* 20, *de Tepore monachorum.*

48. *Quartus liber Sententiarum Codicis nostri.* 1. *cap.* 18, *Quod ex virtutibus virtutes, et ex vitiis vitia oriantur.*—2. *Cap.* 17, *de nonnullis vitiis, quæ virtutes esse simulant.*—3. *Cap.* 13, *Quot sint genera somniorum.* 14. *De nocturnis illusionibus.* 15. *De multimodis Argumentationibus Satanæ.* — 4. *Cap.* 5, *De tepiditate vel otio monachorum.*

49. Licet, inquam, in his et fortassis in aliis maxima sint inter editi et Codicis nostri rubricas similitudo, longe tamen alia atque alia est in utroque loco tractatio, quod nos periculo facto didicimus. Præterea nihil nobis, dum perfunctorie carptimque librum nostrum legimus, occurrit, quod tanto doctore indignum visum sit, aut ejus ætate recentius, aut demum aliud quod scrupulum nobis injiciat.

50. Imo e contrario stylus, si non idem, certe ab Isidoro stylo minime alienus, pinguisque, ac teres, sententiisque ac Scripturæ locis refertissimus est, necnon ex Moralibus (hæc altera notio est) aliisque Gregorii Magni operibus mutuatis, in quibus integrum caput 13 de Generibus somniorum, etc., totidem fere verbis atque integrum ex lib. iv Dial. Gregorii c. 48, descriptum est, ut conferenti patebit (quod), ad librum de quo agimus Isidoro ascribendum inducit: ut enim Braulio in ejusdem Vita: *Scripsit Sententiarum libros tres, quos floribus ex libris papæ Gregorii Moralibus decoravit.* At inquit, *tres*, non *amplius*. Fateor: sed nec 571 Braulio omnia Isidori scripta complexus fuit, quod et ipse fatetur, sed ea tantum quæ in ipsius memoriam venerunt commemoravit.

51. Et idem de Etymologiarum opere scribens ait, illud ab Isidoro capitibus divisum fuisse, non libris: et quod *quia rogatu meo fecit, quamvis imperfectum ipse reliquerit, ego in quindecim libros divisi*: cum viginti omnino numerentur, nec sit propterea qui posteriores quinque libros Isidoro abjudicet. Potuit nimirum tale aliquid in libris Sententiarum contingere.

52. Grialius autem in eo quod Operibus Isidori præmittit Braulionis elogio pro *quindecim* substituit, *Ego in viginti libros divisi*: quam lectionem unde hauserit nescio, cum in veteribus mss. Codicibus perpetuo *quindecim* legatur. Mihi certe nullum hactenus videre contigit qui non ita habeat, præter unum Ovetensem a Moralio descriptum hujus regiæ bibliothecæ lit. b, iii n. 14, in quo legitur in corpore *quinque*, sed error est pro *quindecim*, quæ vox in margine subrogatur.

53. Præterea Codex ejusdem bibliothecæ lit. et iv, n. 23, ex antiquissimo alio descriptus *quindecim* habet: ac præ aliis insignis Codex lit. Q, plut. 2, n. 24, anno Christi 743, seu æra 781 exaratus *quindecim* etiam habet. Nec vereor ne ab hac lectione dissideant Toletani Codices, quos alias consulere erit, modo Deus annuat.

54. Atque hæc de rationibus dubitandi pro nostro quarto sententiarum libro sancto Doctori Isidoro tribuendo. An autem ternæ quæ hunc quartum librum consequuntur majores rubricæ scilicet. 1. *Item capitula diversarum sententiarum.* 2 *De superbia, concupiscentia, invidia, atque jactantia.* 3. *Incipit exhortatio humilitatis*: cujus auctor in Codice nostro non perhibetur, attribui Isidoro debeant, seu alii, quisquis demum librum quartum Sententiarum conscripserit, nostrum non est, nec dijudicare vacat, præsertim cum jam plus nimio in hoc Codice describendo immorati fuerimus.

55. Hæc Bayerius: quædam verba Rodrigueizius alieno loco posuerat, scilicet *aliisque Gregorii Magni operibus mutuatis*, etc. usque ad *patebit post verba consulere erit, modo Deus annuat*. Ex conjectura locum restitui. Ita sentiebat Bayerius, antequam libri Sententiarum Taionis in publicam lucem venirent:

deinde sententiam hanc prorsus abjecit; sed fateri oportet nonnullam adhuc superesse rationem dubitandi. Quod de numero *quindecim* librorum Etymologiarum pro *viginti* disserit, cap. 48 a nobis rejectum est. Braulio opus Etymologiarum ait ab Isidoro titulis distinctum : Bayerius pro titulis capita refert. Opusculum inscriptum, *Exhortatio humilitatis*, S. Martino Dumiensi adjudicari solet, ut cap. 84 dicam.

72 CAPUT LXVIII.

Præfationes in libros Sententiarum editionis Parisiensis anni 1538 et Garsiæ Loaisæ in suam editionem. Excerpta ex libris Sententiarum, Præfationes in Excerpta Sententiarum, scilicet in librum de Conversis, et in alium, de Prælatis inscriptum.

1. Editionis Parisiensis anni 1538 inscriptio magno cum Isidori elogio conjuncta in hunc modum est : « D. Isidori Hispalensis episcopi de Summo Bono libro III, omni hominum generi quam utilissimi. Quibus vir ille divinus per locos quosdam communes res omnes cum humanas, tum divinas a philosophis ac theologis multis voluminibus ad summum illum finem assequendum conquisitas et traditas compendio complexus est. Jam primum fœdissimis atque teterrimis mendis fidelissime repurgati studio ac labore doctiss. viri Joannis Aleaume Parisiensis doctoris theologi. Parisiis apud Joannem Roigny via ad D. Jacobum sub Basilisco et quatuor Elementis 1538. » *In fine* : Parisiis excudebat Joannes Lodoicus Tiletanus impensis honestiss. bibliopolæ Joannis Roigny 1538. Editio est in 8, cui prologus hic præfixus est.

Candido lectori salutem.

2. Qualis quantusque vir fuerit Isidorus, summa integritatis laude quondam Hispalensis episcopus, quantaque in rebus divinis et humanis pertractandis cognitione et scientia, cum alia multa opera, tum maxime hi tres de Summo Bono libri apertissime indicant; nihil enim mihi quidem ab eo videtur prætermissum, quod ad rerum illustrium cognitionem pertineret. Sic ille a Deo, summo illo opifice, exorsus, per cætera omnia discurrit, ut nihil, quod ad ullam rem vel utilem cognitu vel memoria dignam faceret, omisisse censeatur. Nam et omnium hominum ordines recensens, eorum cuilibet quasi certum officium præscribit. Omitto incredibilem rerum omnium varietatem, quibus notandis animus cujusque summa quadam voluptate afficiatur. Nam sive vitæ morumque institutionem, sive divinarum humanarumque rerum mirificam congeriem desideres, ea omnia hi libri cumulatissime suppeditabunt, adeo ut si te his diligenter dederis, possis quacunque de re proposita copiose et nonnulla etiam cum admiratione disserere. Quos tamen ipsos ita misere deformatos, et jam prope ab omnibus propter infinitatem errorum derelictos, 573 ad lucem revocat exhibetque Joannes Aleaume, theologiæ doctor sane quam eruditissimus : qui eos pristinæ integritati et perspicuitati eadem diligentia, qua nuper Petri Lombardi Sententiarum opus, bonis omnibus instauravit. A quo quidem, cum tam eximia voluntate ad consulendum ingenuis et studiosis semper fuerit, majora quædam magisque exquisita exspectanda censeo. Vale.

3. Ex hac editione et Joannis Aleaume emendatione Margarinus de la Bigne Sententiarum libros recudit, adeoque in utraque editione hæc sunt postrema libri tertii verba, quæ in plerisque exemplaribus desiderantur : *Hic est enim Christianæ miserationis affectus, ut pro unoquoque mortuo sacrificium D. o* offeratur. *Inde est quod scriptum est* : *Et mortuo ne fraudes misericordiam.* Ejusdem autem Joannis Aleaume studio recogniti operis Sententiarum Petri Lombardi plures editiones in Bibl. med. Fabr. recensentur, sed post annum 1538, cum tamen in descripta præfatione innuatur, Sententias Petri Lombardi a Joanne Aleaume emendatas paulo ante in lucem prodiisse.

4. Epistola nuncupatoria Garsiæ Loaisæ ad Philippum principem, postea Philippum III regem Hispaniæ, editioni Sententiarum Isidori præmissa, cum in editionibus Matritensibus repetita fuerit, a nobis minime omitti debet.

Philippo Hispaniarum principi Garcia de Loaisa S. P. D.

5. Scientiam morum, quam ἠθικὴν Græci appellant, a juvenilis ætatis ardore et inconstantia alienam esse, sapientes physici docent. Verum in viris principibus alia est conditio : iis enim virtus ante diem contingit, præsertim Christiana fide et religione imbutis, qua appetitiones rebellantes in adolescentiæ flore molliuntur, et humani mores divinis institutis in officio retinentur. Noverat id aptius is qui adolescenti scripsit, *Juvenilia desideria fuge, sectare vero justitiam, fidem, charitatem, et pacem cum iis qui invocant Dominum de corde puro*. Unde, juvenudissime princeps, hos libros Sententiarum a D. Isidoro, sanguine Gotho regio orto, episcopo Hispalensi conscriptos, tibi in hac ætate dicandos censui, quos adhibitis mss. codicibus emendavi, et notis obscuris locis aliquam lucem et novis erratis vetustatem dedi. In illis universum officium Christianum leges, quo animum ad omne virtutis genus informabis; ut adolescentiam honeste et splendide possis agere, a libidinibus arcere, et in labore, et animi patientia, litterarumque meditatione sedulo exercere : ut in provida senecta in amore rerum divinarum summa cum auctoritate et exspectatione conquiescas. Duæ cum sint viæ quibus ad sapientiæ regiam tendimus, vox et lectio, in utraque te laborare cupio. Cum enim sis 574 ad humani imperii fastigium vocatus, principatu adepto, debes orbem tibi subditum difficili disciplina regendi ad tranquillam vivendi rationem, ceu in portum tutissimum, dirigere; quod præsidio divino fretus consequeris, si ad præceptoris vocem, et librorum lectionem (quod potissimum est) usum rerum addideris, quem a sapientissimo potentissimoque patre tuo, veluti a regendi peritissimo artifice, cognosces ; cui melius quam Portio convenit illa nobilis M. Ciceronis exclamatio : *O te felicem! a quo rem improbam petere nemo audet*; simulque addisces fortunæ amplitudine hoc uno animum mutari, ut prodesse populis tantum possis, quantum optimo imperio velis. Vale.

6. Ex his quoque Sententiarum S. Isidori libris Excerpta, ut vocant, multa occurrunt, neque solum in mss., sed etiam in editis. Omitto nunc agere de quibusdam sermonibus qui ex his libris excerpti sunt, ut sermo de Tentationibus, sermo de Angelis ; nam de sermonibus suus erit disserendi locus. De aliis excerptis, quæ in plura concilia inserta sunt, videri potest cap. 31. Hugo Menardus in prolegom. ad Concordiam regularum, refert in Codice Floriacensi, ex quo Concordiam extraxit, exstare quasdam sententias de virtutibus et vitiis, quæ monachos maxime spectant, ex multis Patribus, et nominatim ex S. Isidoro in Sententiis. Menardus putabat hunc esse librum Benedicti Anianensis *ex sanctorum Patrum homiliis* collectum, et ab Ardone Smaragdo indicatum : cui tamen repugnat Holstenius, existimans Appendi-

cem ac Codicem regularum, a se editum, esse opus ab Smaragdo commemoratum. In Codice Palatino Vaticano 216 est Excerptum, sive, ut ibi dicitur, *Excarpsum ex libro* S. Isidori *de flagellis Dei*, scilicet ex lib. III Sent. cap. 1. Ibidem est aliud Excerptum Isidori, non indicato loco : incipit : *Dilectissime, omni hora habeto mortem præ oculis tuis*, etc. Prima verba sunt ex lib. I Synonym. post med. usque ad *per pœnitentiam delicta absterguntur*, in ms. *pœnitentia delicta omnia exstinguuntur*. Pergit ms. *Ille pœnitentiam digne agit*, etc., ut lib. II Sentent., cap. 13, usque ad finem.

7. Quædam capita libri II Sententiarum edidit Canisius tom. V Antiq. lect., putans se librum Isidori nondum antea vulgatum in lucem proferre, *de Conversis ad monachos* inscriptum. De quo titulo Barthius Advers. cap. 1, lib. XVIII : *Porro ab his et similibus dictis in Ecclesia Latina speciatim Conversi dicuntur, qui positis curis rerum terrestrium solam beatitudinem veram sequuntur. Et exstat singularis libellus Isidori de Conversis, eo titulo capiendus.* **575** Quo pertinet et B. Paulini epistola ad Victricium Morinorum episcopum. Adde verba in fine præfationis Cassiodori ad Historiam tripartitam : *Cassiodori Senatoris jam, Domino præstante, conversi explicit præfatio.* Quæ, ut recte Fabricius in Bibl. med. verbo *Cassiodorus* exponit, non confirmant, Cassiodorum ex ethnico factum tunc Christianum, sed possunt ac debent intelligi de vita monastica, quam postremis vitæ annis, rerum aulicarum pertæsus, vitæ sæculari prætulit. Proprie autem conversi dicebantur, qui sæculo renuntiantes ad monasterium accedebant, etiam in monachorum cœtum nondum admissi, ut ex Isidori regula monachorum cap. 4 colligitur. Suspicionem Basnagii, quod verbis epitaphii cujusdam Isidori *edidit formam pœnitudinis* opusculum de Conversis indicari possit, neque ipse auctor approbabat, ut ex ejus verbis apparet cap. 71 referend:s. Apud Canisium hæc est inscriptio et præfatio.

S. Isidorus de conversis, sive ad monachos nunc primum ex mss. membranis celeberrimi monasterii S. Galli editus. Ad lectorem.

8. Hoc opusculum invenimus in mss. membranis monasterii S. Galli, tali titulo prænotatum : *S. Ysidori de Conversis.* Et in fine ultimæ paginæ : *Ysidorus ad monachos.* Non exstat in Jacobi du Breul recenti Isidori editione, quam accurate apparavit, multis civitis opusculis, quæ antea lucem non viderant. Equidem gaudeo me nactum esse hunc ms. Codicem, quantumvis littera non solum fugiente scriptum, sed pene quæ legi nequeat, et vitiosissime : attamen vere thesaurum censeo, quidquid de reliquiis Operum S. Isidori Hispalensis erui potest. De Isidoro enim Juniore hic tantum cogito : nam ut Isidoro Seniori, itidem Hispalensi, vel Isidoro Cordubensi tribuam, nec suspicari volo. Isidori esse hoc opusculum ipse testatur hic cap. 10, his verbis : *Væ mihi misero Isidoro, qui pœnitere retro acta negligo, et adhuc pœnitenda committo.*

9. Quemnam Isidorum Seniorem Hispalensem ab Isidoro Hispalensi Juniore diversum Canisius vocet, non satis assequor. Confer caput 16 de diversis Isidoris. Constantinus Cajetanus, qui inter alia Isidori opuscula hoc etiam edidit, agnovit ex libris Sententiarum esse desumptum : ut cernitur in hoc ejus monito ad notas et varias lectiones.

10. Librum hunc S. Isidori de Conversis ad monachos Henricus Canisius, veterum monumentorum scrutator diligentissimus, ex ms. Codice monasterii S. Galli apud Helvetios post omnes Isidori Operum editiones juris publici fecit : testatusque est Codicem illum tali titulo prænotari : **576** *Sancti Ysidori de Conversis*, et in fine ultimæ paginæ : *Ysidorus (de Conversis) ad monachos.* Imo et cap. 10 ejusdem libri, Isidorum se auctorem probat, dum ait : *Væ mihi misero Isidoro, qui et pœnitere retroacta negligo, et adhuc pœnitenda committo.* Hæc sunt etiam Canisii argumenta, quibus stabilire nititur librum hunc non nisi ab Isidoro Hispalensi fuisse conscriptum. Sed revera Canisium (perspicacis alioqui ingenii virum) non mirari non possum : sicut et qui eum laudat pro hujus libri editione, Antonium Possevinum : illud videlicet unum, quod omnino probat, librum alterius non esse, quam Isidori Hispalensis, non animadvertisse. Quandoquidem hunc ipsum librum excerptum fuisse ex libro secundo Sententiarum ejusdem Isidori, adeo certum est, ut a capite octavo ad caput decimum septimum, capitibus trigesimo octavo et trigesimo nono additis, ipsius libri Sententiarum, in quibus materia omnis de Conversis disseritur absolviturque, nihil aliud quam tredecim capita ejusdem libri de Conversis ad Monachos contineantur. Præterquam quod utriusque libri capitulorum iidem sunt tituli : et paucis quibusdam mutatis, eadem in omnibus series verborum. Isidorus præterea in sua Regula monachorum, integro capite quarto, hanc ipsam Conversorum doctrinam itidem pertractavit. Neque id fuisse Isidoro nostro insuetum, optime ostendunt et alii ipsius libri. Nam in eo qui est de Contemptu mundi, multa repetuntur quæ in libris Synonymorum seu Soliloquiorum etiam scripsit : quemadmodum et alterius de Norma vivendi judicium fieri potest. Hujus rei tamen causa culpam in Isidorum conferre nequaquam debemus : quippe qui bono Christianæ reipublicæ natus, pro temporis et loci opportunitate, et sapientibus et insipientibus auxilio esse statuerat.

11. Flores ex Isidori libris de Summo Bono collecti, sunt in Codice Vaticano 4414, pag. 135, membranaceo, *Immensitas divina*, etc. Similes alios Codices, in quibus sunt Excerpta ex libris Sententiarum S. Isidori, recensui cap. 67, num. 23.

12. Librum Isidori de Prælatis cum Valeriani Cimeliensis sermone de Bono disciplinæ a Goldasto Genevæ 1602 in 8 editum Nic. Antonius commemorat, qui tamen a se librum non visum fatetur. Hoc etiam est excerptum sive fragmentum libri III Sententiarum. Librum inventu Romæ haud ita facilem tandem comparavi. En titulum : *S. Valeriani de Bono disciplinæ Sermo. S. Isidori Hispalensis episcopi de Prælatis fragmentum. Melior Hamenuelto Goldastus dedit cum collectaneis : in queis multa pariter multorum auctorum, Patrum cum maxime loca, vel ante edita explicantur, emendantur, vel noviter eduntur. Excudebat Petrus de la Roviere* 1601 in 8. In Biblioth. med. Fabricii verbo *Valerianus Cemeliensis* (Goldastus scribit *Cimelensis*) advertitur, librum esse in 8, non in 12, ut dicunt auctores Historiæ litter. **577** Gallic. tom. II, pag. 331. Nic. Antonius annum designat 1602, per errorem, ut puto. Meminit etiam libri cujusdam Dositheii Magistri simul editi. Adest in hoc meo exemplari una compactus, sed alia paginarum

distinctione et novo titulo : *Dositheí Magistri liber* III, continens divi Adriani imperatoris sententias et epistolas. Melior Hamehuelto Goldastus maximam partem auxit, emendavit, illustravit. Excudebat Petrus de la Roviere 1601. Locus editionis hic non exprimitur, sed Genevam fuisse ultro assentior. Goldastus post Sermonem S. Valeriani, et fragmentum S. Isidori de Prælatis adjecit Collectanea, sive notas in S. Valerianum, tum notas in S. Isidorum, hoc monito præmisso.

13. In S. Isidorum de prælatis Collectanea. Est in manuscripto Codice perpetua horum continuatio seriesque tractatuum, ut hic ex illo annexus, et uterque inter se aptus colligatusque videatur. Id pessimis factum exemplis, atque modo erroris perversissimo facile demonstrabimus. Primum omnium ipse Valerianus in sententiam hanc prodit, exserte ita scribens extremo sermone : *Multa quidem erant adhuc, dilectissimi, quæ disciplinæ ratio suadebat aperire, quæ interim putavimus differenda, ne otiosis auribus fastidium pareret longa narratio. Sane ne quid in hoc opere subtraxisse videamur, elaborabimus, ut ea quæ religiosis actibus competunt sequenti tempore disseramus.* Quod si præstitit, et si præter hoc quidquam scripsit, qui me doceret et ex incerto certus ut essem facerei, fecit nemo ; ac ne in quidem, qui Augustini editiones procuravere, quos quam maxime condecebat. Etenim isthæc non esse, qui diligenter superiora attentare et velit animo ruspari sedulo, præterquam animi mentem insinceram gerat, nunquam eat inficiatum. Nam quamvis

Non ita sunt dissimili argumento, sed tamen
Dissimili oratione sunt facti ac stylo.

Sunt enim interrupta perpetuum in modum, non continua, non sibi cohærentia, sed quasi cento quidam e multis et variis sententiis farta, seu consuta. Opinor, sic evenit. Pius unus monachus publico bono factum volens, cum ea quibus fidem Valerianus dederat et obstrinxerat, frustra videret desiderari, ex Isidoro quæ religiosis actibus putavit adjicienda, fecit ut suppleret, et principes simul, quod Valerianum facturum æstimavit, instrueret disciplina. Nisi si quis sit qui potius habeat Isidorum ista, id quod ei solens in largo illo opere et quotidianum, de majori Cimelensis volumine exscripsisse, et in sententiarum libros pro suis retulisse. Monachum deinceps exstitisse, aut nescio quem alium, qui Isidori scripta legerit, qui illius Epitomam integro scriptori prælatum iverit, ut vel præpostera diligentia aliorum commodo consuleret, vel residi negligentia scribendi laborem subterfugeret. Utcunque res sit, Isidoro ascribunt, quantum videre fuit veterum, plurimos, Patres concilii Parisiensis, concilii Aquisgranensis sub Ludovico Pio, synodi Munguntinæ 578 sub Arnulpho imp., Rabanus Maurus, Gratianus, alii, quos loco suo commemorabo. Quæ res abunde fidem facere potest fuisse hæc semper et esse auctoritatis minime aspernandæ, et digna admodum in quibus illustrandis modicum temporis sumam. Continent profecto insignia et luculenta testimonia non solum in Anabaptistarum, Mynzerianorum, et ejusmodi hominum monstruosos furores, verum adversus eos etiam qui in divini propugnatione cultus, et protectione publica sanctæque in Ecclesia catholica pacis negitant esse ullas Christiani magistratus partes in hæreticos homines et inordinatos. Quos et plurimorum optimorum regum ac imperatorum edicta sanctissime omnibus exemplis statuta atque sancita, et ipse etiam quoque sempiternæ divinæ leges satis superque repugnant. Nec est, ut quemquam tueri ac defendere possint furiosi Origenis furiosæ enarrationes in tertium decimum ad Roman. Namque perversos ejus errores, et ab Anabaptistico spiritu delira somnia, B. Hieronymus fecit ut funditus everteret.

Exstat item elegantissimus de una Religione et doctissimus liber a Cl. Justo Lipsio conscriptus, ex quo argumenta multo plurima et probatissima hanc ad rem dicentur.

14. Goldasti Collectanea non indigna mihi visa sunt quæ in Isidoriana editione locum suum habeant, subjectis tamen opportunis notationibus, quibus heterodoxi hominis nonnullæ sententiæ, a vera catholica religione aberrantes, ita dilucide refellantur, ut nostris lectoribus minime possint nocere.

CAPUT LXIX.

Libri duo de ecclesiasticis Officiis Isidoro asserti. Editiones. Præfatio Joannis Cochlæi. Excerpta. Opuscula de variis vitæ monasticæ Generibus, et de percipienda sacra Eucharistia : præfatio in hæc fragmenta. Codices mss.

1. Præclarum Isidori opus de ecclesiasticis Officiis Braulio in Prænotatione his verbis descripsit : *Ad germanum suum Fulgentium episcopum Astigitanum Officiorum libros duos, in quibus originem officiorum, cur unumquodque in Ecclesia Dei agatur, interprete suo stylo, non sine majorum auctoritate elicuit.* Ea scilicet Braulio repetit quæ in Isidori epistola ad Fulgentium legerat : *Quæris a me originem officiorum,* etc... *libellum de origine officiorum misi, ordinatum ex scriptis vetustissimis auctorum, ut locus obtulit, commentatum, in quo pleraque meo stylo elicui,* etc. Ildefonsus breviter opus hoc indicavit vocans *librum de genere officiorum :* quæ verba, a Grialio initio suæ editionis, ubi caput hoc 9 Ildefonsi descripsit, omissa, Nic. Antonium et Rodrigueziumde Castro in errorem traxerunt, ut Ildefonsum hujus Isidoriani operis recordatum non fuisse crederent ; quod Bayerius vehementer mirabatur, uti jam olim monui.

2. Cum autem opus a Braulione et Ildefonso apertissime Isidoro ascriptum innumeri mss., etiam antiquissimi, atque omnes editi constanter Isidoro attribuant, quæ tanta esse potuit Baronio contraria ratio, ut supposititium esse existimaret ? Quanquam Caveus, qui id asserit, locum Baronii non indicat. Bayerius Baronii librum mihi ignotum de Script. ecclesiast. ad annum 630, pag. 259 (vel 259, nam secundus numerus in meo exemplari non satis dignoscitur), allegat. Putabam Baronii nomen pro Bellarmino irrepsisse : sed neque apud Bellarminum id reperio. Nic. Antonius observat hujus Isidoriani operis meminisse Sigebertum, et Jonam Aurelianensem lib. II de Institutione laicali cap. 1, tom. I Spicilegii Dacheriani, pag. 64, ac præterea ex Possevino in Apparatu sacro monet, Alcuinum caput 29 integrum in suo opere de divinis Officiis transcripsisse. Pezius in præfat. tom. I Thesauri Anecdot., num. 13, refert in bibliotheca abbatiæ Salisburgensis S. Petri ord. Benedict. exstare Codicem sæculi XIII Magistri Præpositivi *de divino officio et diurno,* in cujus prima pagina notantur nomina eorum qui de divinis Officiis libros scripserunt, Isidori, Rabani, etc. Hic ipse Rabanus ex Isidori libris de Officiis plura in sua In titutione clericali transcripsit. Caveus contra Baronium profert etiam testimonia Bedæ, Fulberti Carnotensis, et Freculfi Lexoviensis. Egregio

de Officiorum Isidori libris Balbulus cap. 47 relatus, ubi inter alia Isidori opera ad Salomonem, postea Constantiensem episcopum, sic refert : *Item alius de Officiis et ordinibus ecclesiasticis, qui tibi mox Dei gratia futuro sacerdoti maxime sunt necessarii, in quibus omnem rationem et nomina singularum festivitatum et jejuniorum reperies, ut præco Dei populo futuras stationes prænuntiare possis,* etc. Auctor anonymus regulæ monasticæ, de quo dicam cap. 71, qui non multo post S. Isidorum vixisse a Martenio creditur, cap. 5 sic refert : *De his autem diebus S. Isidorus in libro Officiorum ait : Post Pascha autem ad Pentecosten,* **580** etc. Alia ibidem ex iisdem libris sumit. Quin etiam ipse S. Ildefonsus in opere de cognitione baptismi plura continenter capita ex libris Isidori de Officiis ecclesiasticis producit : cujus quidem nomen tacet, ut aliorum Patrum ex quibus profecit, contentus in prologo dixisse, se *non suas novitates, sed antiquorum monita proponere.* Fuit autem, ut notum est, Isidori discipulus Ildefonsus. Eosdem Officiorum libros Anonymus Mellicensis, Pastrengus, et alii eodem cap. 47 prolati, commemorant.

3. Catalogi veterum bibliothecarum, quorum mentio cap. 46 facta est, sæpe libros Isidori de Officiis recensent; et in antiquissima bibliotheca monasterii Bobiensis quinque Officiorum Isidori libri, hoc est, quinque exemplaria exstitisse dicuntur. Codices quatuor mss., quorum collationes in schedis Zaccarianis habeo, cap. 44 descripti sunt. Adduo mss. exemplaria eosdem libros Joan. Grialius emendavit, ut ipse in præfatione narrat; Breulius autem ad unum ms. Codicem S. Germani a Pratis. Bayeruis in bibliotheca Escurialensi exstare ait aliud exemplar sic inscriptum : *De genere et origine officiorum ecclesiasticorum ad Fulgentium libri duo.* Codices Vaticanos mox indicabo.

4. Antiquissima hujus operis editio, quam ad annum 1510 Nic. Antonius pertinere existimabat, anno demum 1534 peracta est. En titulum : « Beati Isidori, Hispalensis quondam archiepiscopi, de officiis ecclesiasticis libri duo ante annos 900 ab eo editi, et nunc ex vetusto Codice in lucem restituti. Lipsiæ 1534 sub illustri ac orthodoxo principe D. Georgio Saxoniæ duce, etc. *In 4 In fine :* Lipsiæ excudebat Michael Bloum anno Domini 1534. Liber II *desinit* : qui jam baptizatis traderent Spiritum sanctum; » ut illud caput finitur in Bignæana editione : et omittuntur duo capita, quæ in Bignæana et Breuliana editione adduntur *de suffragiis.* Partem epistolæ dedicatoriæ Cochlei Bignæus initio suæ editionis et Breulius initio librorum de Officiis ecclesiasticis descripserunt. Integram hoc loco exhibere opportunum nobis visum est.

Eximiæ pietatis ac eruditionis viro, domino Roberto Ridleio Anglo, insigni artium ac sacræ theologiæ doctori, ac reverendiss. domini Cuthberti episcopi Dunelmensis a secretis, etc. Joannes Cochleus S. P. D.

5. Si locorum distantia, temporumque iniquitas, et hominum malitia tam pertinaciter mihi obstant, Ridleie mi charissime, quo minus **581** pateat tibi per litteras privatas cor meum, et animi mei erga te tam pium, eruditum, et bene meritum amicum gratitudo, tentanda sane mihi est alia tandem via, utpote per libellos publicos, an forte per eos efficere queam ne videar tibi ad tot tua in me pia studia ac benefica obsequia perpetuo mutus, obliviosus et ingratus. Qualis certe tibi non injuria videri queam, dum tam raro tibi meæ redduntur litteræ. Scripsi profecto ad te hac ex urbe non raro, scripsi ex Augusta ante triennium, dum invictiss. imperator noster Carolus V, totius sacri Romani Imperii principes et proceres ob publicam salutem ac pacem ibi congregatos haberet. Scripsi et ex Ratisbona in Cæsareis comitiis per regium oratorem, dominum Thomam Cranmerum, virum eruditum et theologum insignem, cujus colloquia eo mihi jucundiora erant, quod non levia pietati ac eruditioni tuæ dabat ille testimonia, affirmans te sibi olim egregium fuisse in philosophia præceptorem. Scripsi denique ac ex Moguntia Rheni confisus navigiis, quæ inde usque in Britannicum decurrunt oceanum. Quod si hæc inter novas Germaniæ sectas temporum malignitas tot modis vota mea frustrare non veretur, ignosces mihi, spero, pro summa humanitate tua, dum aliam quæro viam, qua dulcissimo innotescat animus meus amico, quo nullum unquam habui candidiorem. Singulari enim benignitate, ac plane divina (ut arbitror) dispositione temetipsum parvitati meæ per litteras insinuasti prior, atque amicitiam tuam, ultro mihi oblatam, confestim tot benefaciendi studiis, ac exquisitis promerendi occasionibus decorasti, in diesque magis ac magis confirmasti, ut ferreus videri jure possem, atque etiam chalybe durior, et quavis caute stupidior, magisque insensatus, si tot officia tam pii ac sinceri amici me ad mutuam charitatem debitamque animi gratitudinem, quibuslibet indiciis utcunque significandam ac exhibendam non excitarent. Cæterum dignas tibi referre grates ac justas rependere vices, non opis est meæ, Ridleie mi suavissime pariter et doctissime. Nam quam curta mihi sit domi supellex eruditionis, ingeniique tenuitas, ex aliquot libellis meis, jam pridem editis, procul dubio intellexisti. Cum igitur litteræ quas ad te privatim scribere soleo, a malignis insidiose intercipiantur, et libelli mei, quos incessabilis mihi novarum improbitas sectarum extorqueat, lectione digni non sint, decrevi sane alios ad te quærere internuntios, quos et improbi revereantur magis quam litteras privatas, et eruditio tua facilius in colloquium admittat. E quorum venerabili cœtu ac ordine prodit nunc sanctus ac eruditus pont. Isidorus, qui apud Hispanos, ob eximiam et vitæ sanctimoniam et doctrinæ pietatem, rectitudinem ac ubertatem, non solum regibus ac populis charus et admirandus exstitit, verum etiam in publicis Patrum conciliis dignitate conspicuus, atque auctoritate præcipuus cunctis præeminebat, adeo ut Patres in octavo concilio Toletano publicis eum laudibus in hæc verba efferre dignati fuerint : Nostri (inquiunt) *sæculi doctor egregius, Ecclesiæ catholicæ novissimum decus, præcedentibus ætate postremus, doctrinæ comparatione non infimus, atque et quod majus est, jam sæculorum finitorum doctissimus, cum reverentia nominandus Isidorus,* etc. Hujus igitur viri tam probati jam olim, et **582** authentici duos edo libellos, velut nuntios ac testes meæ erga te gratitudinis ac benevolentiæ, quos editos antea non vidi. Reperi autem eos in Codice vetusto Moguntiæ, conjunctos antiquis Ammalarii Treverensis olim sub Carolo Magno archiepiscopi libris, quos de divinis composuit officiis. Faxit Deus, ut juxta votum et intentionem meam sic exeant, ut et tibi sint grati, et cum fructu efficaciter admoneant officii sui episcopos et presbyteros nostros, et novarum quoque sectarum duces ac propugnatores ab impiis cœptis revocent, atque a barbarica contra vetusta

sacra et antiquas Ecclesiæ cæremonias gigantomachia salubriter deterreant et avertant. Quod præstare dignetur is a quo est omne datum optimum, et omne donum perfectum. Bene vale. Ex Dresda Misniæ ad Albim, in Kalendas Januarias. Anno Domini 1534.

6. Multi exinde Cochlei editionem recudi curarunt, veluti denuo correctam et ad mss. exemplaria castigatam : de quo tamen dubitari potest, an ex bibliopolarum fraude sit adjectum. Prateolus Marcossius nonnihil videtur fecisse in procuranda hac editione, cujus titulum subjicio : « De examine eorum qui sacris ordinibus initiantur, dialogus, non solum sacerdotibus, sed etiam omnibus Christianis perutilis et necessarius, auctore Fratre Francisco Ponissono. Cui subjecti sunt vere aurei illi beati Isidori Hispaniensis quondam archiepiscopi de Origine Officiorum ecclesiasticorum libri duo, ante nongentos annos ab eo editi, et nunc ex vetusto Codice in lucem restituti, et ad unguem mendis repurgati per Gabrielem Prateolum Marcossium. Parisiis apud Gulielmum Cavellat, 1561. » In forma minori. Prateolus Marcossius in epistola nuncupatoria data Parisiis ex gymnasio Becodiano vııı Idus Decembris 1560, laudat primum Francisci Ponissoni opusculum.

7. Deinde de Isidoro nostro hæc addit : « Illi quoque in tuam piorumque omnium gratiam, infinitis erroribus per nos prius expurgatos subjiciendos curavimus vere aureos illos beati Isidori Hispaniensis quondam archiepiscopi de Origine officiorum libellos : nempe quos non minus huic nostræ ætati quam priori, ad doctrinam ecclesiasticam condiscendam necessarios censeremus. Quos sane cum partim ex sua ipsorum dignitate et excellentia, partim ex Joannis Cochlei, viri utique et integerrimi et doctissimi epistolari accessione, limini operis apposita, satis commendatos intelligerem, de illis aliud judicium ferre noluimus. Hos itaque omnes libellos per nos ad unguem repurgatos, et suæ pristinæ integritati restitutos, etc. »

8. At vero si ex operis titulo argumentum sumere velimus, **583** corruptam editionem Cochlei, non correctam, censebimus. Ita enim titulus pag. 56 ex Cochleo describitur : *Beati Isidori, Hispalensis quondam archiepiscopi, de origine officiorum ecclesiasticorum libri duo ante annos Domini quadringentos ab eo editi, et nunc ex vetusto Codice in lucem restituti.* In fronte editionis Cochlei legitur *ante annos D. CCCC,* hoc est, *ante annos nongentos,* non, *ante annos Domini quadringentos.* In editione Prateoli post extrema verba editionis Cochlei *traderent Spiritum sanctum* adduntur duo capita, *De Suffragiis Ecclesiæ,* et *Quorum suffragia prosunt :* quæ in tabula capitum non sunt indicata, ac fortasse desumpta sunt ex alia Parisiensi editione anni 1539, de qua mox dicam.

9. Alias librorum de Officiis editiones Fabricius recenset, videlicet ex Cochleo Parisiis apud Vivantium Gautherot 1542, forma minore, et 1564 in 8, et in Orthodoxographis Basil. 1569 fol.: atque in Melch. Hittorpii sylloge scriptorum de catholicis Ecclesiæ officiis Coloniæ 1568 fol., ubi desunt duo postrema libri secundi capita *De Suffragiis Ecclesiæ,* et *Quorum suffragia prosunt :* atque eorum loco legitur clausula : *Hæc sunt pauca ex multis,* etc.; ut in editione Grialii. Duo autem illa capita deesse quoque in Cochlei editione jam ante monui. Exstant etiam hi duo Officiorum libri in Sylloge Romana scriptorum de officiis ecclesiasticis 1591 fol., Parisiis 1610 fol., et in Bibliotheca Patrum Parisiis 1644, tom. X, et in Auctario 1624. Addit Fabricius : *Exstat et in Actis sanctorum tom. 1 Aprilis pag.* 345 ; quod, ut opinor, contra auctoris mentem in hunc locum intrusum est : quem errorem Rodriguezius tom. II Bibl. Hisp., pag. 335, incaute transcripsit. Libri duo de Officiis ecclesiasticis neque in Actis sanctorum sunt, neque ulla excogitari potest ratio cur esse deberent. Paulo ante num. 7 Fabricius *de Lamento pœnitentiæ* observarat, conferendum Lucam Tudensem in Isidori Vita cap. 6, tom. 1 Act. sanct. Aprilis 3, pag. 340 seq. Lamentum quidem pœnitentiæ in Actis sanctorum exstat : ac fortasse nota de hoc opusculo ad libros de Officiis præpostere translata est.

10. Omissa est a Fabricio editio anni 1561, quam descripsi, et alia quæ exstat Romæ in bibliotheca Alexandrina, repetita ex editione Cochlei in 24, Parisiis 1539, apud Joan. Foucherium sub scuto Florentiæ via ad D. Jacobum. Post verba *traderent Spiritum* **584** *sanctum,* quæ extrema sunt in Cochlei editione, adduntur in hac duo illa capita *de Suffragiis Ecclesiæ,* et *Quorum suffragia prosunt,* quæ in nonnullis desunt, neque in tabula quidem capitum hujus editionis sunt indicata. Hæc editio a me nuper comparata est. Titulus idem est atque in editione Cochlei, eadem præfatio. Non indicatur undenam duo illa quæ dixi extrema capita desumpta sint.

11. Ex hoc Isidori opere petitam esse innuit Fabricius Exegesin in Missæ canonem, Parisiis anno 1548 editam in 8. Aperte id affirmat Zaccaria in Biblioth. Rit. tom. II, ad annum 595, « Ex hoc Isidori opere, ex libri scilicet primi cap. 36 decerptum est de Institutione jejunii quadragesimalis, quod in notis ad Clodium Albinum Spartiani Boxhornius se editurum promiserat, uti et Exegesis in Missæ canonem Parisiis 1548 in 8. » Fragmentum de Institutione jejunii quadragesimalis ex hoc Isidori opere desumptum Fabricius non asseruit, sed suspicatus est : ac fortasse est sermo S. Isidori in capite jejunii, qui in Breviario Mozarabico recitatur, in cap. 72 fusius exponam. Exegesis vero, sive expositio Missæ certe omnino diversa est ab his libris de Officiis ecclesiasticis; de qua cap. 84 singillatim erit agendum.

12. Boetius Epo quædam S. Isidori fragmenta typis edidit, quæ ipse nondum excusa credebat : sed re vera in opere jam tum vulgato Isidori de divinis Officiis exstabant. Ea fragmenta ab Epone subjecta sunt S. Juliani operi ita inscripto : « Antiqui scripto-

ris ecclesiastici Juliani archiepiscopi olim Toletani Προγνωστικων, sive de futuro sæculo libri tres a Boetio Epone Rordahusano Frisio, juris utriusque professore regio et ordinario in academia Duacena, ex vetustissimis membranis, in Marchianensi bibliotheca repertis, in lucem prolati. Cum ejusdem Boetii Eponis ad D. N. Philippum regem Catholicum præfatione Duaci anno 1564, typis Ludovici de Winde. *In* 8. *Post librum* III Sequuntur fragmenta quædam elegantissima D. Isidori Hispalensis, viri sanctissimi, de vitæ monasticæ variis generibus et institutis. Item de percipienda Eucharistia. » Primum fragmentum est caput 16 integrum libri II de ecclesiasticis Officiis; secundum fragmentum est pars capitis 18 libri I: *Dicunt aliqui, nisi aliquo intercedente peccato, Eucharistiam quotidie accipiendam,* etc. usque ad *accedere* 585 *dignius possit,* vel, ut in editione Grialii, *dignius accedere possit :* ubi statuitur, quibus quotidiana vel frequens Eucharistiæ susceptio utilis esse possit.

13. Primum fragmentum, quod est de sex monachorum generibus, jam olim in aliis Codicibus separatum a reliquo corpore videtur exstitisse, et exstat etiamnum in Codice Casanatensi D. IV, 23, quem cap. 107 describam. Huc refero quod inter opera S. Valerii abbatis, qui sæculo VII floruit tom. XVI Hisp. sacr., pag. 387, edita, sunt *Dicta S. Valerii de genere monachorum : Hinc subsistit septimum genus monachorum nuper adjectum, pejus prioribus,* etc. Subjicitur hæc Florezii nota : *Ex concordia regularum cap. 5, § 7, Cumque non integrum caput de genere monachorum, Menardo teste, citetur, locupletiores D. Valerii Codices possumus sperare.* Sed qui Isidori sex genera monachorum legat, facile intelliget Valerium septimum genus addidisse ; cum ex dictis his Valerii constet versatum cum in libris de Officiis, ut cum ait : *Ut scribitur, habentes religionis signum, non religionis meritum, hippocentauris similes, nec equi, nec hominis facia discretio, uti superius dictum est.* Videlicet eodem lib. II cap. 3 : *Habentes signum religionis, non religionis officium, hippocentauris similes, neque equi, neque homines,* etc. In Concordia Regularum Dictis S. Valerii præmittitur cap. 16 lib. II de Offic. ecclesiast. cum notis Menardi, quas suo loco proferam. Epo epistolam dedicatoriam his fragmentis præfixit, quæ ita habet.

Prudenti, docto et pio viro D. Arnoldo Gantois, antistiti Marchianensi, Boetius Epo S.

14. Inter eos libros sane antiquissimos, Arnolde Gantois, præsul ornatissime, quos ex bibliotheca vestra Jacobus magnus, decessor tuus, vir doctus et humanus, mihi concesserat, quosque ad me tu ipse misisti, erant et fragmenta hæc, nunquam antehac, quod sciam, excusa, Isidori episcopi Hispalensis, hominis et scriptorum multitudine, et vitæ integritate clarissimi : quem anno Christi Liberatoris 630, temporibus Sisebuti regis Gothorum in Hispania floruisse, et ob sanctissimam vitam catalogo sanctorum insertum esse, Trithemius abbas annotavit : dignissima profecto, quæ cum in omnium, tum præcipue vestri ordinis hominum manibus perpetuo versentur. Scripsere de monasticis institutis complures antiqui, et omnium copiosissime Joannes Damascenus et Joannes Climacus, Græci, et novissime Matthæus Galenus Vestcappellius, amicus noster, diligentissimus antiquitatum theologicarum observator ; sed 586 nemo hoc Isidoro aut verbis brevius, aut re luculentius, aut tractandi genere commodius. Mei officii esse putavi hoc munusculo te potissimum donare : tum ut unde accepissem, eodem candide referrem ; tum ut tibi de cœnobiorum rite et laudabiliter administrandorum gloria cum laudatissimis et sanctissimis regionum harum archimandritis ad priscorum monachorum vestigia et imitationem serio sese componentibus (qua laude inter primos inclaruit præstantiss. vir Joannes Lentallerus, antistes Aquiscinctensis, vicinus et amicus tuus) contendenti, subsidium aliquod per hunc Isidorum pararetur. Aut enim ego fallor vehementer, aut, si tua illa monachorum genera optima, quæ describit Isidorus, exoriantur, et quodam quasi postliminio redeant, summam laudem habebit vita monastica, et a contemptu et despicientia, unde propter complurium superioris sæculi monachorum, seu ut vulgo loquimur, religiosorum non minus quam sæcularium et luxum, et fastum, et inscitiam pene depressa jacuit ad tempus jacetque ex parte etiamnum, sese facillime vindicabit.

15. Quare meum hoc erga te officium humano benevoloque accipies animo, atque alias majora quædam exspectabis. Sunt enim penes me duo exemplaria Petri Rigensis, veteris poetæ Christiani ejusdemque summi, ut videtur, theologi, qui totius Testamenti et Veteris et Novi libros historicos, et Pentateuchum Mosi non solum carmine elegiaco reddidit, præter Jobum prophetam, et Cantica canticorum, et Acta apostolica, quæ versibus heroicis absolvit : verum etiam allegorias omnes scitissime expressit : et, ubi allegoriis locus non est, historiam ad mores retulit : Origenem præcipue et Hieronymum in eo explicationis genere secutus. Opus est ingens et hactenus nunquam typis, quod in tenebris delituit, mandatum. Equidem, si modo facultates meæ ferent, diligenter primum omnibus per diversa exemplaria collatis, quatenus tamen per professionem meam juris horis quibusdam succisivis licebit, luci ut restituatur, Deo volente, curabo. Habeo et opusculum Matthiæ Vindocinensis, poetæ itidem Christiani, qui solum Tobiam versibus elegiacis astrinxit. Uterque dignissimus est luce ; ut dolendum sit hujusmodi thesauros tamdiu reconditos fuisse. Vale, 1564.

16. Collectionem quorumdam veterum ecclesiasticorum auctorum Stevartius edidit hoc titulo : « Tomus singularis insignium auctorum tam Græcorum quam Latinorum, quos ex variis bibliothecis accersitos nunc primum in lucem prodire et publice prodesse jussit Petrus Stevartius Leodius, Ingolstadii, ex typographia Ederiana 1616, in 4. Pag. 797 hujus voluminis exstat Benedictio Dei, hoc est, Commentariolus, quomodo Deus præcipue per psalmos benedicendus atque laudandus est, ex Cassiodoro et Isidoro magna ex parte contextus ab anonymo quodam, sed, ut videtur, monacho Ratisbonensi, ad Bathuricum episcopum Ratisbonensem, etc. » Is floruit anno 814 et seqq. Auctor 587 offert illi hos flosculos, « quos, » ait, « sancti Patres nostri et doctores Ecclesiæ exposuerunt, Hieronymus videlicet, Augustinus, Cassiodorus, magnus et eloquens vir ; sed et Isidori de antiphonis, responsoriisque et aliis rebus, Bedæ quoque eximii magistri inserui monita. » Ex opere Isidori de Officiis multa hic inserta sunt, quæ repetita simili modo fuerunt in Basnagiana editione lectionum Canisii tom. II, pag. 58.

17. Reliquum est, ut mss. exemplaria quæ a nobis

collata inspectaque sunt recenseamus. In Codice Vaticano 641, quem cap. 94 describam, sunt duo libri Officiorum cum Procemiis Veteris et Novi Testamenti, quæ Isidori Senioris dicuntur. Codex Vaticanus 1146, de quo cap. 95, solum exhibet quædam fragmenta hujus operis. In Vatic. 5765, vetustissimo est liber secundus, mutilus in fine. Vide cap. 98. In Regio-Vaticano 191 antiquissimo, de quo cap. 99, libri duo Officiorum fere ut in editione Regia Matritensi. In Cod. Regio-Vatic. 256, de quo cap. 99, est inscriptio : *Ysidorus de clericis, Omnes*, etc., scilicet ex lib. II Offic. cap. 1. Alia fragmenta de clericis in Regio-Vatic. 982, c. 101. Fragmentum ex lib. II Offic. in Codice Ottoboniano 6, cap. 105. In Ottoboniano 122 ibid., *Libri Officiorum domni Ysidori num. duo* : desinunt ut apud Grialium.

CAPUT LXX.

Synonyma sive Soliloquia Isidori. Editiones. Præfatio editionis anni 1532. Versio Italica Synonymorum. Monitum Breulii. Hæreticus Synonymorum corruptor divino judicio punitus. Codices manu exarati. Plura opera ex Synonymis derivata.

1. Braulio, Ildefonsus, Isidorus ipse, Synonymorum meminerunt. Braulio : *Synonymorum libros duos, quibus ad consolationem animæ, et ad spem percipiendæ veniæ, intercedente rationis exhortatione, erexit.* Ildefonsus : *Librum Lamentationis, quem ipse Synonymorum vocavit* : ubi alii legunt *Synonyma*, alii corrupte *Synonymam*, ut in prologo ipso S. Isidori nonnulli *Synonymiam* habent pro *Synonyma*. Non male esset *Synonymiam* ex ipso Isidoro, cujus definitionem de synonymia mox proferam. Petierat autem Braulio ab Isidoro sibi 588 mitti Synonyma : ea ergo misit Isidorus, ut ex epistola ejus ad Braulionem adhuc archidiaconum constat : *Misimus vobis Synonymorum libellum non pro id quod alicujus utilitatis sit, sed quia eum volueras.* Hanc epistolam, quæ de aliis etiam rebus loquitur, nonnulli pro Synonymorum præfatione, sive epistola dedicatoria accipiunt. Sed re vera Synonyma jam tum scripta erant, cum hæc epistola ad Braulionem data fuit, ut vel ex ipsis epistolæ adductis verbis liquet. Synonymorum quoque meminit S. Julianus Toletanus in opere nondum edito de Re grammatica num. 345, *Sicut si dicas mihi, Quis scripsit Etymologiam* (forte *Etymologias*) ? *Dico, Esidorus. Ecce dictum nomen Esidori, et res quæ factæ sunt, et quis fecisset, ostendo. Item dicis mihi Synonyma quis? Dico, Ipse.*

2. Nulla videtur esse dubitandi ratio de operis titulo, quem auctor ipse præscripsit. Nihilominus Mariana addidit *de Lamentatione animæ peccatricis*, quia ea verba in Guadalupeo et Hispalensi Codicibus invenit, et quia *loquentium abusu*, ut ait, nomen *lamentationis* ab ipso Ildefonsi tempore usurpatum videtur, cum is vocet *Librum Lamentationis*, etc. Profecto Isidorus in prologo ad lectorem ait : *Venit nuper ad manus meas quædam schedula, quam Synonyma dicunt: cujus formula persuasit animo quoddam lamentum mihi vel miseris condere* : scilicet *mihi et peccatoribus*; id enim verba *mihi vel miseris* significant. Non ergo abhorret quod inscriptioni Synonymorum addatur *de Lamentatione animæ peccatricis*. Alioquin quatuor Codices mss. apud Marianam, qui ex decem mss. exemplaribus opus hoc emendavit, exhibent communiorem titulum *Synonyma;* de quo plura laudatus Mariana in nota ad titulum operis, qui de suis Codicibus Mss. rursus loquitur in not. ad capp. 1, 4, 7, 18, libri I, et in not. ad capp. 2, 3, 7, libri II. Unus ex his mss. inscribit : *Dialogus inter rationem et appetitum*, tres *Soliloquia*. Hæc varietas observari potest cap. 46, ubi recensentur opera Isidori ex catalogis antiquis, et inter antiquissimos libros reginæ Giselæ *Synonyma* indicantur : præterea cap. 47, in testimoniis eorum qui de Viris illustribus scripserunt; uti etiam cap. 43, ubi de Codicibus quorum collationes in schedis Zaccarianis exstant disseritur, ut nihil nunc dicam de mss. Vaticanis postea referendis. Labbeus in Bibl. mss., pag. 277, refert, duos libros *Synonymorum Isidori Junioris* exstare in bibliotheca regis Christianissimi 589 Cod. 513. Rodriguezius tom. II Bibl. Hisp., pag. 325 seq., duos Codices Escurialenses Synonymorum refert, alterum in quo sunt etiam libri Sententiarum, jam descriptum, alterum in 4 chartaceum sæculi, ut ait, XI, aut ineuntis XII, quod fortasse intelligendum de charta bombycina.

3. Quoniam vero Isidorus in prologo ait se ad opus id conscribendum permotum ex quadam schedula quæ ad ejus manus pervenerat, quam *Synonyma dicunt*, controversia oritur, an id de Synonymis Ciceronis intelligi debeat : nam multi mss. Codices præferunt *quædam schedula Ciceronis*. Mariana hanc vocem *Ciceronis* expungendam censuit, quia a plerisque Codicibus abest, et inscriptio libelli *Synonymorum Ciceronis ad Lucium Vetturium* mendacio afflicta est. Multa ego de ejuscemodi Synonymis Ciceronis cap. 56 collegi. Mihi sane difficile videtur, non solum quod Isidori tempore jam libellus ille nomen Ciceronis prætulerit, sed etiam quod ad libellum, etiamsi tunc exstiterit sive Ciceronis nomine, sive alio notatus, Isidorus respexerit.

4. Siquidem Isidorus lamentum sibi condidit, *imitatus*, ait, *profecto non ejus operis eloquium, sed meum votum*. Quodnam autem eloquium, aut quænam eloquentia in eo opere excogitari potest, in quo solum sunt quædam synonyma nomina nullo ordine congesta, quin ulla inde sententia oriatur ? Præterea Isidorus affirmat *formulam ejus schedæ* animo persuasisse quoddam lamentum animi et miseris, seu peccatoribus, condere. Formula autem Synonymorum Ciceronis, quæ circumferuntur, quid peculiare habet, quod ad Lamentum condendum quemquam possit excitare ? Nic. Antonius suspicatur, Isidorum imitatum fuisse Boetii librum *de Consolatione philosophiæ*, ita tamen ut pietati simul et eloquentiæ in tam salutari negotio prodesset. Huc fortasse pertinet quod Braulio ait, compositos eos libros *ad consolationem animæ*, et quod idem opus a nonnullis inscribitur *de Spirituali consolatione*. Neque aliud Isidori opus indicare voluit, ut puto, auctor operis Hispanici inscripti, *Valerius Historiarum*, qui inter alia Isidori

laudat scriptum *de Consolatione animarum*: quamvis Nic. Antonius id ad aliud opusculum Isidori a Breulio editum, *Exhortatio pœnitendi cum consolatione*, de quo infra, referre videatur. Existimant alii, librum quem Isidorus indicat, esse Ciceronis consolationem, sive de luctu minuendo opusculum in obitu ejus filiæ Tulliolæ. Id si ita esset, retineri posset *schedula Ciceronis*, in Isidori prologo.

5. Sed cum Isidorus dicat, *Synonyma* vocari schedulam, quam laudat, nullomodo intelligitur id nomen in Boetii librum *de Consolatione philosophiæ*, nec in alium Ciceronis *de Consolatione in obitu Tulliolæ* cadere posse. Aliud esset, si hoc prœmium libello de Contemptu mundi præfigeretur, eo scilicet modo quo a Breulio editur: *Venit ad manus meas quidam liber Ciceronis, cujus forma persuasit animo*, etc. Ubi Breulius notat: *Intelligit Consolationem Ciceronis, qua se de obitu filiæ mœstum consolatus est. Hanc habes ad calcem tomi quarti operum ejus*. Imo Consolatio Ciceronis intercidit: ea quæ exstat supposita est, et a Carolo Sigonio, ut creditur, conficta. Quod attinet ad Isidorum, vetera exemplaria Synonymorum prologum exhibent, ut a nobis indicatur: *quædam schedula, quam Synonyma dicunt, vel quædam schedula Ciceronis, quam Synonyma dicunt*. Libellus ipse de Contemptu mundi Synonymorum more procedit, et ex Synonymis Isidori maximam partem constat, ut Breulius quoque notavit, qui propterea dubitat num ab alio fuerit collectus.

6 Itaque magis crediderim sermonem Isidoro esse de aliquo opere, quamvis nobis ignoto, quod Synonymorum titulo et more contextum lucubrationi Isidorianæ exemplar esse potuerit. Atque ita quidem post Isidorum Synonyma ejus Ildefonsus imitatus est, de quo auctor ejus Vitæ Cixila: *Et libellum Virginitatis more synonymiæ testimoniis Veteris ac Novi Testamenti plenum compte conderet*, etc. Fortasse legendum est *more synonymorum*. Præstat autem retinere *synonymiæ*: nam Isidorus lib. II Etym., cap. 21, *Synonymia*, inquit, *est, quoties in connexa oratione pluribus verbis unam rem significamus, ut ait Cicero: Nihil agis, nihil moliris, nihil cogitas. Item, Non feram, non patiar, non sinam*. Habeo operis editionem non valde obviam, in qua Vita Ildefonsi beato Eladio Toletano antitisti tribuitur, ubi legitur *more synonymo*. Titulus editionis est: *Divi Hildephonsi Toletanæ Ecclesiæ episcopi, viri in divinis litteris eruditissimi, de Laudibus Virginis Mariæ, deque illius virginitate adversus Hebræos liber, qui nunc primum in lucem prodit. Adjecta est ejus Vita, simulque præfatio, qua pia admodum illius confessio exprimitur. Basileæ* 1557. In 8. Opus edi curavit Basilius Millanius. Casinas ex Codice quem Gomesanus Albeldensis monachus in gratiam episcopi Gothiscalci, sive Gothescalci sæculo X descripsit. Gomesanum autem voco *Albeldensem* monachum: quia licet in laudata editione legatur *abbas Ildensis*, atque Nic. Antonius sæpe eum *abbatem Ildensem* vocet, et Riscus etiam tom. XXXIII Hisp. sacr., tract. 69, cap. 12, *abbatem Hildensem*, tamen locum hunc Andreas Marcus Burriel in not. mss. primus omnium restituit, ac legendum docuit *Albaildensis*, sive *Albeldensis*, pro *abbas Ildensis*, ut Bayerius lib. V, cap. 6, n. 285 et 289, ac rursus inter scriptores incerti temporis pag. 367 observavit. De Eladio autem, sive Helladio scriptore Vitæ S. Ildefonsi, etsi alius etiam Codex Toletanus sæculi XII consentit, tamen certum videtur, Helladii nomen pro Cixilane irrepsisse: de quo consuli possunt Nic. Antonius et Bayerius in notis.

7. Verum eritne etiam nobis decertandum, ut hoc opus Isidoro asseramus? Video enim in dubium a Berardo vocari cujus verba exscripsi cap. 32, num 37. Sed quam futilibus rationibus! Isidorus, ait, in epistola ad Braulionem præmissa vocat hunc archidiaconum, et fratrem, quem alibi episcopum appellat. Quid hoc contra Synonyma? Potest enim epistola falsitatis argui, quin auctoritas Synonymorum convellatur. Sed quid rursus illud arguit contra epistolam? Addit Berardus: Inducitur in ea epistola Isidorus exspectans decadem S. Augustini, subdens, *Posco, ut quoquomodo cognitum me ei facias*; quæ verba ad Augustinum jam diu vita functum commode referri nequeunt. At Berardus phrasin Isidori non intellexit. Ait Isidorus, *cognitum me ei* (decadi) *facias*, hoc est, cognitam mihi eam facias. Ita enim tunc loquebantur, ut alias demonstrabo.

8. Synonyma sæpe seorsum typis excusa sunt. Fabricius post alios Isidoros recenset. *S. Isidori episcopi Palatinensis Soliloquia ex veteri editione sine loco et anno fol. in bibl. Baluziana* pag. 16; quæ eadem esse atque Isidori nostri Synonyma, sive Soliloquia, advertit. In catalogo librorum ducis *de la Vallière* n. 787, hæc ipsa editio videtur ita indicata: *Liber Soliloquiorum Ysidori episcopi Palatinensis urbis: impressus circa* 1472 *in fol.; absque loci et typographi notatione*. Palatinensis pro *Hispalensis* scriptum fuisse, exploratum est. Eodem mendoso titulo inter bibliothecæ S. Victoris Parisiensis mss. Codices Montfauconius commemorat *Isidori episcopi Palatinensis Soliloquia*.

9. Constat ex eodem Catalogo n. 4403, Isidori opus *de spirituali Consolatione*, sive Synonymorum prodiisse anno 1473, typis Joannis Veldener, non designato loco. In appendice alphabetica Maittairii indicantur *Soliloquia Isidori* in 4, *Marsipoli* 1479. Orlandius commemorat *Isidori Synonyma de homine et ratione Antuerpiæ* 1488 *in* 4. Fabricius eamdem editionem Synonymorum Antuerpiensem anni 1488, in 4 indicat. Rodriguezius de Castro Daventriensem anni 1491 in 4 apud Ricardum Paffroed. Maittairius tom. I, pag. 538, titulum repræsentat: *Synonyma Ysidori de homine et ratione cum colloquio peccatoris et Crucifixi, per Richardum Paffroed in platea Episcopi anno* 1491, 18 *Novembris in* 4. *Daventriæ*.

10. Aliam ego editionem vidi in Romana Angelica bibliotheca in 8, Venetiis, per Simonem ex Luere 1512, quæ repetita fuit ibidem 1516; et exstat hæc altera editio in eadem Angelica bibliotheca,

et in Romana bibliotheca Patrum Trinitariorum Excalceatorum S. Caroli ad Quatuor Fontes. *Isidorus de homine et ratione consolante per Synonyma.* In fine : *Expliciunt Synonyma S. Isidori Hispalensis Venetiis impressa a Simone ex Luere* x *Martii* 1512. Altera editio eodem modo *Venetiis impressa a Georgio de Rusconibus die* 25 *Junii* 1516 *in* 12. In hac editione est prologus Isidori qui incipit : *In subsequenti hoc libro*, etc., et alius: *Venit nuper ad manus meas quædam cedula Ciceronis, quam Synonymam dicunt, ubi correctores libri habent quædam schedula, quam Synonyma dicunt.* Adest in hac editione quædam nota in fine apposita, quæ in aliis exemplaribus mss. et excusis vulgo desideratur :

11. « In cujuscunque manibus libellus iste venerit, rogo, et cum grandi humilitate supplico, ut eum et ipse frequentius legat, et aliis ad scribendum et transcribendum non solum credat, sed etiam ingerat, ut ex ejus et aliorum profectibus duplicem a Domino remunerationem accipiat. Homini suggero, quia sunt multi, et forte religiosi aliqui, qui plures libros et satis nitide et pulchre ligatos habere volunt, et eos in armariis clausos tenent, ut illos nec ipsi legant nec aliis ad legendum tribuant ; ignorantes quia nihil prodest libros habere, et eos propter mundi impedimenta non legere : liber enim bene coopertus et nitidus, si non legatur, non facit mundam animam. Ille enim qui jugiter legitur, et pro eo quod sæpe volvitur pulcher a foris esse non potest, intus pulchram animam facit. Propter intuitum **593** Patris pietatis, et qualiscunque pastoris sollicitudinem admonitionis simplicem parochiis necessariam in hoc libro scripsimus, quas [*Forte* quam] in festivitatibus majoribus sancti presbyteri, vel diaconi sibi commissis populis debeant recitare ; quam rem dum animo benigno ego implere curavi, apud Deum ego conscientiam absolvi. Si qui vero presbyteri vel diaconi ita se nimirum terrenis impedimentis obligaverunt, ut sermones illos non possint populo frequentius recensere, videant qualiter ante tribunal Christi de credito sibi grege dominico possint reddere rationes, sed de Dei misericordia credimus, quia omnibus clericis et præcipue presbyteris vel diaconibus, inspirare dignabitur, ut non de negligentia reatum incurrere, sed magis de assidua prædicatione æternum præmium merebuntur. Et ideo excellentiæ vestræ feci epistolam, quæ pia vos affectione de honore et reverentia sacerdotali testatur esse sollicitos. Hinc etenim cuncti vos ostenditis fideles Dei esse custodes, dum sacerdotes ipsius gratia ac debita veneratione diligitis. Expliciunt Synonyma S. Isidori Hispalensis, etc. »

12. Vidi aliam Synonymorum editionem in bibliotheca Vaticana n. 1487, sic inscriptam : « *Isidori Hispalensis episcopi* ἀνθρώπου καὶ λόγου, *id est, hominis et rationis dialogus. Ejusdem Soliloquia, Opusculum, me Hercule, Christianæ pietatis vitæque formam succincta ac commoda brevitate complectens : quantitate quidem parvum, verum informationibus sancti magno æstimandum. Nunquam antehac excusum.*

Coloniæ Johannes Prael excudebat anno 1522. « In 8. Putabat editor nondum excusa fuisse Synonyma, cum tamen tot jam præcessissent editiones - quot enumeravi, ac fortasse plures. Primus Synonymorum liber ab editore vocatur *Dialogus*, secundus *Soliloquia*. Post epistolam dedicatoriam, mox describendam, sequitur carmen elegiacum in laudem Rutgeri Suederi Lunensis ecclesiæ ad gradus Mariæ canonici, et monasterii S. Maximini Coloniæ rectoris, in cujus bibliotheca hic Isidori liber repertus dicitur. Tum : *Isidori Hispalensis episcopi in dialogum suum ac Soliloquia præfatio;* quæ ita incipit : *Venit nuper ad manus meas quædam schedula, quam Synonymam dicunt*, etc. *Corrigendum Synonyma.* Secundus liber inscribitur *Dialogus secundus, sive Soliloquia.* Desinit fere ut vulgati : *Tu mihi supra vitam meam places in sæcula sæculorum, amen.* Additur ex Trithemio : *Claruit autem Isidorus hic sub Heraclone*, etc. Jam epistola dedicatoria Joannis Volscii hæc est.

594 *Religiosæ ac piæ in Christo Catharinæ Herrel, dominæ ac magistræ, itemque venerandæ Elisabeth Berstoltz priorissæ, necnon universis castitatis puritate conspicuis virginibus monasterii sancti Maximini in Colonia, filiabus suis in Christo charissimis, Joannes Volscius Lunen. earumdem rector humilis, pietatem exoptat Christianam.*

13. Volventi ordinantique mihi, religiosa in Christo domina, veneranda priorissa, ac universæ virgines charissimæ, rectorum vestrorum meorumque antecessorum monasterio vestro varios successive relictos libros, in manus meas obiter incidit pulpito cuidam inclusus, in pergameno antiquissimis characteribus conscriptus libellus, cui titulus est : *Liber S. Isidori episcopi, in quo loquitur homo et ratio.* Qui profecto libellus, ut apparuit prima fronte abjectissimus, ita mihi penitus introspicienti videbatur pientissimus, simulque elegantissimus : quippe in quo veluti dialogo duæ personæ, nempe Homo lamentans, et Ratio admonens, salutifero fruuntur alloquio.

14. Præter enim ingenuam hominis seipsum agnoscentis deplorantisque confessionem, necnon piam Christianamque rationis, ad optima hortantis, admonitionem luculentissimam, elegantissimam, ac uberrimam, in eo deprehendetis rerum verborumque copiam. Cujus rei vel solius gratia iniquissimum fore duxi, si iste S. Isidori episcopi in duo opuscula distinctus libellus, vestrarum charitatum, cæterorumque piorum, et studiosorum hominum diutius subtraheretur aspectui et lectioni. Ob admirandam etiam Christianæ religionis frugem pietatemque, quibus scatet, tametsi nullus adesset verborum lepos, sermonisve venustas, in lucem tamen enchiridii forma emitti propter pia quæ in eo continentur ad virtutem sectandam hortamenta mihi dignus videbatur.

15. Isidorus siquidem iste Junior cognominatus, Hispalensis post Leandrum episcopus, B. Gregorii papæ discipulus, vir in divinis Scripturis eruditissimus, et in sæcularibus litteris nulli suo tempore secundus, ingenio subtilis, sensu clarus, eloquio compositus, non minus sanctitate ac miraculorum varietate, quam doctrina insignis effulsit. Cæterum, charissima in Christo domina, ac virgines, nemo hominum sese mihi, quam vestræ charitates, prius obtulit, cui decentius ac commodius hosce in vestris ædibus repertos dicarem libellos : quippe quæ nedum in regulæ D. Aur. Augustini, antistitis vestri, ac constitutionum vestrarum diligenti observatione sitis occupatissimæ, verum etiam in sacrorum atque adeo piorum librorum lectione attentissimæ.

16. Accipite itaque placido ac benigno vultu hosce

duos S. Isidori episcopi libros, vestro potissimum auspicio e tenebris in lucem editos, atque in mille exemplaria per Joan. Prael Suerten. vestrum vicinum, chalcographum, meo hortatu ac opera æneis typis excusos. Quorum sane **595** assidua attentaque lectione proculdubio efficiemini meliores. Id quod vestris charitatibus præstare dignetur ille qui est omnium optimus maximusque. Valete. Ex ædibus vestris S. Maximini, Coloniæ, anno a Christo nato 1531, Idibus Decembribus.

17. In linguam Italicam Synonyma a Josepho Alchaino conversa Venetiis 1570 prodiisse, Nic. Antonius testatur. Exstat hæc versio in bibliotheca Angelica Romæ sic inscripta : ‹ I Soliloquii di S. Isidoro arcivescovo d'Ispoli (*sic*) dove s' introduce l' Huomo e la Ragione, che piangono le miserie humane, e trattano della vera regola di ben vivere. Appresso i quali sono state aggiunte due utilissime opere, cioè le Sententie morali del beato Nilo abbate, e il libro di Rabano delle Virtù e delli Vitii. Tradotte nuovamente per il R. P. Fra Iseppo Alchaino dell' ordine de' Predicatori. In Venetia, appresso gli heredi di Marchiò Sessa MDLXX. › In 16. Alchainus versionem suam P. Camillio Spera vicario electo provinciæ S. Dominici dedicat 16 Aprilis 1570, in conventu Veneto SS. Joannis et Pauli. Primum est prologus, qui incerti auctoris ab Alchaino dicitur, *in questo libro*, scilicet *In subsequenti hoc libro*, etc. Deinde Vita Isidori a Braulione scripta, quam non ante editam se credere Alchainus ait. Præmittitur operi Prologus auctoris : *Alle mie mani poco fà capitò un libretto di Cicerone, chiamato i Sinonimi*. Desinit prologus : *Et Isidoro arcivescovo di Spagna contrafà la persona, che piange*. In secundo libro post verba : *Dico, che mi sei più cara, che la propria vita* ; qui operis finis est ; pergit Ratio : *O anima dolente, perchè ondeggi tu percossa dalle tempeste?* etc. In margine notatur id in exemplari Latino Veneto non reperiri. Desinit : *le cose contrarie farle prospere ; il quale vive e regna*, etc. Hoc est opusculum a Breulio editum et inscriptum, *Exhortatio pœnitendi cum consolatione et misericordia Dei*. Addit Alchainus epilogum libri et exhortationem auctoris ad lectorem : *Humilmente, e di tutto cuore prego*, etc., quam supra ex Latina editione Veneta anni 1512 descripsi. Alchainus Isidoro hanc exhortationem affingit, et solum perducit ad verba : *se in ciò non saranno stati negligenti. E così sia. Il fine*. Post verba : *pulchram animam facit*, omittit *Propter intuitum Patris pietatis, et qualiscunque pastoris*. Legit *parochis* pro *parochianis*, et mox *quam*, ut conjeceram, pro *quas*. In prænotatione Braulionis notandum quod Alchainus jam tum legebat *vescovo Astigitano... in venti libri*. Vide caput 3, num 21, et cap. 48, num. 12.

596 18. In editionibus omnium Operum Isidori Synonyma vario modo disposita sunt. Bignæus sine ulla librorum distinctione uno contextu totum opus complectitur. Omittit prologum Isidori, *Venit ad manus meas*, quem cum nonnullo discrimine libro de Contemptu mundi, inter dubia Isidori ab aliis reposito, præfixit. Loco hujus prologi est alia præfatio non auctoris, sed alterius, quæ in vetustissimis etiam membranis reperitur : *In subsequenti hoc libro*, etc. Verba, *Isidorus archiepiscopus ex Hispania*, auctorem præfationis Hispanum non fuisse arguunt. Inscripsit autem Bignæus simpliciter : *Isidori Hispalensis episcopi Synonyma*.

19. Breulii editio ita procedit : *Isidori Hispalensis episcopi Synonyma, sive Soliloquia. Argumentum. In subsequenti hoc libro, qui Synonyma dicitur*, etc. Subjicitur : *In nomine Domini in Christo charissimo et dilectissimo fratri Braulioni archidiacono Isidorus. Quia non valeo te perfrui*, etc. Putabat Breulius hanc epistolam non ante fuisse editam ; sed jam in editione Matritensi inter alias Isidori epistolas reposita fuerat, qui magis proprius ejus locus est. Post epistolam id monuit Breulius :

20. ‹ Hanc epistolam nunquam antea impressam exhibuit nobis Codex ms. V. C. Pauli Petavii, regii in senatu Parisiensi consiliarii. Sequebatur et alia ejusdem Isidori ad lectorem epistola : quæ cum infra procemium libri de Contemptu mundi faciat, fidéliusque (schedulæ dictione nequaquam huic loco congruente, in librum commutata) referatur, hanc modo prætermittendam censuimus. Quæ vero SYNONYMA Isidorus appellavit, præfatus Codex SOLILOQUIA nuncupat, atque in duos libros dividit. Quam divisionem etiam Joan. Trithemius in suo de Scriptoribus ecclesiasticis opere habet, nosque eam retinemus : existimantes tamen Soliloquia ad secundum librum, ubi solus homo loquitur, peculiarius spectare : qui et in capita seu locos communes partitus est, cum prior uno contextu fluat. ›

21. Fatetur Breulius Codicem Petavianum cum plerisque aliis in prologo Isidori consentire : *Venit nuper ad manus meas quædam schedula*, etc. Non ergo idonea erat ratio cur hoc loco prætermitteretur. Neque probo, quod ait, in libro secundo solum hominem loqui ; nam liber secundus æque dialogus est inter hominem et rationem : in quo multo etiam plura ratio loquitur quam homo.

22. In Matritensi editione inscriptio operis est : *Synonymorum de* **597** *lamentatione animæ peccatricis lib*. I. Prologus prior : *In subsequenti hoc libro, qui nuncupatur Synonyma*, etc. Prologus alter : *Isidorus lectori salutem. Venit nuper ad manus meas quædam schedula, quam Synonyma dicunt*, etc. Deinde Synonymorum lib. II, in quo, ut in primo, colloquium instituitur inter hominem et rationem, expressis his vocabulis : *Homo, Ratio*.

23. Dum de Isidori Synonymis agimus, silentio prætereundum non est miraculum pœnæ Albigensi cuidam hæretico divinitus inflictæ, quod ea corrumpere tentaverit. De hæreticis veterum Codicum corruptoribus nonnulla dixi cap. 7 Prolegom. ad Sedulium. Antiquas esse has hæreticorum fraudes ex libro I Dialogi Severi Sulpicii de Miraculis S. Martini cap. 3 colligitur : ‹ Episcopi quædam in libris ipsius (Origenis) insanius scripta memorabant, quæ assertores ejus defendere non ausi ab hæreticis

potius fraudulenter inserta dicebant... Non esse autem mirum, si in libris neutericis et recenter scriptis fraus hæreticorum fuisset operata, quæ in quibusdam locis non timuisset incidere evangelicam veritatem. »

24. Joan. Baptista Gener. part. III Theologiæ, trac. 2, lib. III, de virtutibus moralibus prolusionem polemicam, *de Erroribus in veritate, sive de fraudibus hæreticorum*, præmiserat. Tomus edi typis cœperat, sed imperfectus mansit, neque passim vulgatum est quod jam formis excusum fuerat. Vidi tamen exemplar hujus inchoati voluminis. In ea prolusione hæreticorum sexta fraus est : *Incredibili subinde impudentia sacros corrumpunt falsantque Codices* ; quod probat indicatis testimoniis ex Rufino lib. I Invect. apud Hieronymum tom. IV novæ editionis, pag. 366, ac tom. V, pag. 250, ex Isidoro lib. III Sentent., cap. 12, ubi consulendæ sunt notæ Loaisæ, ex Luca Tudensi lib. II cap. 8, et lib. III cap. 1, tom. XXV Bibliotb. Patrum, p. 221 et 240 ; ex Irenæo lib. I sub init., ex Tertulliano de Præscript. c. 17., ex Dionysio Corinth. episc. apud Eusebium lib. IV Hist., c. 23.

25. Fraus decima hæreticorum est : *SS. Patrum scripta aliosque ecclesiasticos Codices mutilare atque corrumpere deprehensi sunt* : ex Hieronymo Apolog. contra Rufin. lib. I et II, Isidoro lib. III Sentent. cap. 42, Luca Tudensi contra Albigenses lib. III cap. 13 ; qui ita ait : « Superius dictum est, quod hæretici divinas pervertunt Scripturas, vel resecando vera, aut falsa interserendo. Et nunc dicendum existimo, qualiter quibusdam immutationibus titulorum ambiguitatem **598** intendant ducere in Ecclesiam Dei, ut illis decipiendi facultas facilius tribuatur. In libris namque sanctorum Patrum peregrinos apponunt titulos, ut sermo qui editus est ab Augustino, intituletur Ambrosii nomine, et qui editus est ab Ambrosio, titulum præferat Augustini, Hieronymi, Gregorii, vel Isidori : editus ab Isidoro nomen contineat, Maximi, vel Fulgentii, et sic de cæteris, ut sanctorum Patrum auctoritates incertæ habeantur a nobis. Hoc faciunt inimici Dei maxime in parochialibus ecclesiis, etc. » Neque id mirum videri debet, cum etiam Codicum profanorum scriptorum multi exstiterint falsarii apud veteres, quod eruditissimus Blasius Nasarre observat in prologo ad Polygraphiam Hispanicam Christophori Rodriguez, ex Plinio lib. x, epist. 71, et Galeno de Natur. hum. lib. II, tom. V, et in Comment. lib. V, p. 16.

26. Certe Lucas Tudensis rei quæ in civitate Legionensi suo tempore accidit testis idoneus est. Sic refert lib. III, cap. 17 : « Quidam etiam hæreticus nomine Arnaldus de confinibus Galliæ venit in Hispaniam, zizaniam erroris hæretici seminando, Inter cætera pravitatis opera erat studium sanctorum Patrum Augustini, Hieronymi, Isidori, et Bernardi opuscula minora corrumpere, subtrahendo vera, et adjiciendo falsa. Erat enim scriptor velocissimus, et corrupta sanctorum opuscula vendebat vel dabat catholicis, ut tali fallacia posset decipere et illaqueare incaute legentium mentes. Accidit quadam die, cum translationis beatissimi confessoris Isidori celebraretur festivitas, erat ipse scribens, et dicti confessoris SYNONYMA pervertebat. Visum fuit ei quod aqua calida de tecto domus super caput ejus deflueret, cumque levaret manum dexteram, ut caput tergeret, brachium ejus fractum est, ac si valido ictu fuisset percussum, et lumen oculorum amisit... Cœpit Christi confessorem Isidorum blasphemare, et infidelitatis suæ sectam nefandis verbis detegere. Sed abreptus a diabolo subito, tandiu crudelissime vexatus est, donec funditus spiritum exhalavit, etc. » Arnaldus iste hæreticus in civitate Legionensi sepultus fuisse videtur : nam cap. 9 ejusdem lib. III Arnaldi hæretici, in ea urbe sepulti, Lucas meminit, quo deprecante miracula fieri fingebant hæretici.

27. Synonymorum mss. exemplaria plura vidi. Duo Soliloquiorum libri cum prologo Isidori exstant Codice Vaticano 473, de quo dicam cap. 93. Iidem libri *Synonymorum* titulo cum prologo Isidori, **599** et alio prologo secundo, qui argumentum dicitur, Cod. Vatic. 628, de quo cap. 94. Ibidem recensetur Codex Vat. 650, in quo Synonyma initio indicantur, sed nunc non exstant. In Codice Vaticano 1290 est excerptum ex *Soliloquiis* Isidori, de quo cap. 96. In vetustissimo Cod. Vat. 4948, de quo cap. 97, sunt *Synonyma*, cum solo prologo *In subsequenti*, etc. In Vat. 5077 ibid. libri duo *Soliloquiorum* sine ullo prologo. Codex Regio-Vatic. 254, de quo cap. 99, exhibet librum *Soliloquiorum Isidori*, qui in Editis est liber II. In Regio-Vatic. 310, de quo cap. 100, *Soliloquiorum Isidori Junioris* libri duo cum epistola Isidori ad Braulionem, qua de Synonymorum hoc opere loquitur, et prologo Isidori, *Venit nuper*, etc. In Urbinate 100, cap. 104, *Liber Soliloquiorum beati Ysidori incipit ab Orosium Patrem* : quod mendum puto librarii, ut tunc dicam. Sunt duo libri Synonymorum cum prologo, *Venit nuper* ; sed opus interpolatum est, multis additis, multis etiam prætermissis. In Ottoboniano 958, cap. 106, *Synonyma*, ut in Vaticano 4948. In Ottobon. 869, *Liber Synonymorum* cum duobus prologis. Sunt duo libri editi, sed inter se non distincti. Codex Casanatensis G. VI, 7, de quo cap. 107, exhibet Excerptum libri Isidori, qui dicitur *Symonia*, corrupte pro *Synonyma* seu *Synonymia*.

28. Ex Synonymis plura opuscula excerpta sunt. Bandinius tom. IV Cod. mss., plut. 19 bibliothecæ S. Crucis, recenset Codicem 3 membranaceum sæculi XII, in fol. majori, elegantissime exaratum cum initialibus pictis et titulis rubricatis, ubi inter alia pag. 154 est *Sermo ex Synonyma S. Isidori* : alia manu sumptus ex Synonymis suis. Incipit : *Lectio enim docet quid caveas*. Des. *Omnes in mansuetudine et charitate amplectere*. Scilicet ex lib. II Synonym. cap. *de Oculis et otio* prope finem : *Lectio docet quid caveas*, etc. usque ad caput *de Pace* initio : *Pacem ama, pacem dilige, pacem cum omnibus retine, omnes in mansuetudine et charitate amplectere*.

29. Desumptus quoque ex Synonymis est libellus *de Contemptu mundi*, aliusque inscriptus, *Norma vivendi*: Eodem spectat opusculum a nobis edendum *de Institutione bonæ vitæ*, sive *Isidori collectum de lacrymis*, aliudque inscriptum, *Notabilia dicta S. Isidori*, seu Norma vivendi, ex Codice bibliothecæ Borgianæ describendo cap. 107, num. 31. Etsi enim Breulius in præfatione ad Normam vivendi affirmat se nunquam crediturum tantum virum 600 crambem bis coctam nobis apponere unquam statuisse, tamen ego contra existimo, Isidori aliorumque Patrum id proprium fuisse, ut pro re nata ex præcedentibus libris multa in alios tranferrent; neque enim ingenio fecundo præditi videri appetebant, sed populis quam maxime prodesse. Constat certe, in genuinis Isidori operibus multa esse communia iisdem omnino verbis repetita. De his autem aliisque similibus libellis singillatim erit agendum, cum Isidori dubia opera excutiemus, scilicet cap. 81 et 82.

CAPUT LXXI.

Regula monachorum. Expenduntur argumenta V. C. Petri Emmanuelis Hernandez, qui eam Isidoro abjudicandam censet. Commentitii sunt Commentarii in Regulam S. Benedicti, quos Isidoro Constantinus Cajetanus affingit. Isidoriana regula Canonicorum. Editiones Regulæ monachorum. Caput ultimum de regula Devotarum ex Martenio quidnam sit?

1. Perspicuum est Braulionis testimonium de monachorum regula ab Isidoro composita: *Monasticæ regulæ librum unum, quem pro patriæ usu et invalidorum animis decentissime temperavit*. Dubium esse potest, an eodem Isidorus respexerit in epistola ad Braulionem adhuc archidiaconum, quæ incipit, *Dum amici litteras*, ubi ait: *Quaternionem regularum per Maurentionem Primiclerium direximus*. In Codice ms. Escurialensi, lit. B, plut. 1, n. 12 ut Bayerius annotavit, exstat regula monachorum cum hoc Isidori commate: *Quaternionem regularum per Maurentionem primiclerium direximus*. Vetus ergo est hæc persuasio, quod Isidorus regulam suam tunc miserit. Neque sane quidquam occurrit, quo ea debilitari infirmarive possit. *Quaternio* enim dicebantur chartæ invicem compactæ: de quo Ducangius exponit Alcuini versus poem. vii:

> Plurima hic præsul patravit signa stupendus,
> Quæ nunc in chartis scribuntur rite quadratis.

Adducitque auctoritatem Eckehardi Junioris de Casib. S. Galli cap. 16. *Misit... quaternionem, omnem seriem Sandrati tenentem.* Isidori autem quædam opera in quaternionibus descripta fuisse, ex antiquissimo catalogo bibliothecæ S. Nazarii in Laurissa constat ex 601 quo præter alia cap. 46 protuli: *Isidori de Origine* (corrigendum videtur *de Ordine*) *creaturarum in quaternione. Sententiæ et Chronica in quaternionibus*.

2. Regulam vero quæ exstat esse ipsissimam quam Isidorus scripsit, Nic. Antonius idoneis rationibus astruit. *Plura quidem sunt*, inquit, *unde regulam istam ab Isidoro esse descriptam novimus. Conveniunt hic non solum res, sed verba cum aliis ejus libris, de quo in notis brevissimis admonemur. Amaragdus quo-* que *in Diademate monachorum, seu expositione in S. Benedicti regulam, decimi sæculi scriptor, Isidori hanc laudat, et in ejusdem argumenti opere Petrus diaconus Casinensis: Gratianusque ejus verbis utitur in cap.* Cum excommunicato 18, 11, *quæst.* 3. *Ante hos S. Benedictus quoque Anianensis abbas in regularum sua Concordia, ab Hugone Menardo in lucem edita, noni sæculi auctor*. Hæc erudite Nic. Antonius. Non multo post Isidorum et Fructuosum vixisse auctorem cujusdam regulæ monasticæ existimat Martenius, qui eam edidit tom. IX veter. script. Collect., col. 161, ex ms. Colbertino ante annos 700 exarato. Incipit: *Dominicum diem, sicut ait Isidorus, apostoli ideo*, etc., ex c. 24 lib. 1 Offic. Anonymus auctor præter alios Patres laudat S. Benedictum, S. Cæsarium, S. Fructuosum, et Isidorum ex Regula monachorum, ut cap. 6, S. *Fructuosus: Vivere autem solis oleribus*, etc. *Isidorus episcopus: Per omnem autem hebdomadam viles olerum cibos, ac pallentia utantur legumina;* quod petitum ex cap. 9 Regulæ monachorum.

3. Petrus autem ille Casinensis, ex cujus commentario ms. in regulam S. Benedicti Constantinus Cajetanus Isidoriana fragmenta edidit, fuit monachus et bibliothecarius Casinensis, et diaconus Ostiensis anno circiter 1137, de quo Joan. Baptista Marus ad cap. 47 libri de Viris illustribus Casinensibus. In Cod. Vat. 5718 exstat expositio Petri diaconi in regulam S. Benedicti ex pergam. in fol. magno, in cujus prologo dicitur *Petrus peccator*. Aliam expositionem incerti auctoris in eamdem regulam exhibet Codex Vaticanus 5719 membr. in fol. Incipit: *Cumque turbas*. Fabricius in Bibl. med., verbo *S. Benedictus Nursinus*, elenchum scriptorum e quibus Concordia Benedicti Anianensis composita est adornavit ad paginas editionis Menardinæ, et plusquam quinquaginta locos quibus Regula Isidori in medium affertur indicavit.

602 4. In eamdem sententiam faciunt mss. vetera exemplaria, quæ regulam monachorum Isidoro ascribunt. Correctores Romani in Decreti Gratiani correctione Codicem regulæ monachorum S. Isidori ex Hispania allatum præ manibus habuerunt. Ad editionem regiam Matritensem procurandam Petrus Ciaconius uno usus est, Grialius altero Ovetensi Gothico, sive Longobardico. Aliud exstat inter regulas Patrum Gothicis characteribus in monasterio S. Petri Caradignensis, aliud in monasterio S. Petri de Arlanza, uti domestici testes Benedictini Patres affirmant apud Bivarium pag. 85 ad Maximum et Nic Antonium. Ex apographo Coloniensis Codicis Canonicorum Regularium, qui ex antiquissimo alio S. Maximini prope Trevirensem urbem descriptus fuerat, eamdem Isidori Regulam Holstenius in suo Codice regularum part. II, pag. 196, edidit. Quemdam ms. Escurialensem nuper laudavi: alium pariter Escurialensem Gothicum sæculi IX aut ineuntis X, lit. A, plut. 1, n. 13, Bayerius recenset, sic inscriptus: *Vetus collectio regularum monasticarum, et sacrarum Deo virginum*: in quo regula est Isidori hac epigraphe:

Incipit regula sancti Patris Isidori abbatis. Ubi satis intelligitur, *abbatis* titulum Isidoro nostro Hispalensi ab aliquo afflictum, qui jam tum existimaret eum monachum fuisse, adeoque monachis præfuisse.

5. Mabillonius tom. I Annal. Benedict. de regula Isidori agit pag. 73, 361, 397, Ex Yepesio, ann. 646, cap. 3, refert in Arlanzensi cœnobio S. Petri servari Codicem inscriptum, *Regulæ Patrum,* quo regulæ Macarii Pachomii, Basilii, Benedicti, Fructuosi et Cassiani continentur, aliumque in Caradignensi itidem sancti Petri, regulas Posthumi, Macarii, Pachomii, Basilii, Cassiani, Benedicti complectentem. Putat hinc Mabillonius, eo tempore in monasteriis Hispanis plures simul regulas, saltem ut libros spirituales, legi consuevisse. Colligit etiam Isidorum et Fructuosum regulam Benedictinam usibus patriis aptavisse, e duobus illis Codicibus, *in quibus,* ait, S. Benedicti regula cum Isidori, Hildefonsi (corrigendum videtur, *Fructuosi*) aliisque aliorum regulis componitur.

6. Hoc autem ostendere debuisset Mabillonius, eos Codices Isidori ætate posteriores non esse. Confert ille quidem quosdam canones concilii IV Toletani, cui Isidorus præfuit, et nonulla loca regulæ Isidori cum Benedictina regula, ex qua ea desumpta contendit. Sed cur non et Benedictus et Isidorus ex communi aliquo **603** antiquiori fonte suos hortulos irrigasse dicendi sunt? Imo cum Isidori mos fuerit Patrum quos legerat plura verba sæpe continenter describere, neque id ex collatione factum ab eo appareat quod attinet ad Benedictinam regulam, rectius concludemus hanc ab eo perlectam non fuisse. Profert Mabillonius ex vetustissimo Codice Lirinensi pactum quod monachi abbati monasterii Honoriacensis faciebant, regulæ Isidorianæ præmissum; atque aliud simile reperiri observat in fine regulæ communis S. Fructuosi. Monasterium Honoriacense quodnam fuerit, Mabillonius incertum dicit, qui pag. 398 auctorem pacti, sive *professionis,* quam vocamus, monachorum Honoriacensium Isidorum ipsum esse innuit. Mihi non liquet an ex uno illo Codice Lirinensi id argui possit. Ad dubia igitur Isidori opera pactum monasterii Honoriacensis retrahendum esse existimo.

7. Minus opportune ad monachorum regulam Basnagius in observatione de Halitgarii libro Pœnitentiali Thesauri monum. part. II, tom. II, pag. 86, versiculos quosdam ex Isidori epitaphio accommodavit, scilicet :

> Ut sincere credidit, sincere sic edidit
> Formam pœnitudinis.

Hac forma, inquit Basnagius, *pœnitudinis, quam edidit Isidorus, indicare possit tractatus de Conversis. Attamen cum nullus veterum hujus opusculi meminerit, epitaphium malim interpretari de regula monachorum, quam concinnaverat Hispalensis præsul, quæque inter regulas Holstenianas Parisiis vulgatas locum habet.* Auctor ejus epitaphii, qui multis post Isidorum sæculis vixit, ut ex cap. 7 et 13 liquet, intelligit, ut videtur, vel *Exhortationem pœnitentiæ,* a Breulio editam, vel *Lamentum pœnitentiæ,* quod a Canonico Legionensi in Vitam S. Isidori, in qua epitaphium illud primum apparuit, conjectum fuit, vulgatum a Breulio, deinde etiam a Bollandianis ad diem 4 Aprilis.

8. Rejecta igitur Basnagii opinione, tot aliunde sunt vetera monumenta pro Isidoriana monachorum regula agnoscenda, ut nemo hactenus contra quidquam opponere tentaverit. Natalis Alexander ad sæculum VI, cap. 6, art. 5, cum præmisisset, monasticam disciplinam certis legibus institutisque temperatam primum in Hispanias intulisse Donatum monachum, Gregorio Turonensi æqualem, addidit : **604** *S. Isidorus Hispalensis regulam Hispaniensibus monasteriis tradidit ex regulis priorum Patrum defloratam.* Ita profecto fuit : ut enim cap. 19 admonui, canone 1 concilii Oscensis anno 598 præscribebatur quod episcopi annuis vicibus abbates monasteriorum congregarent, et regulam demonstrarent ducendi vitam. Cum autem monachi, e quorum fere manibus pleraque alia Isidori opera accepimus, in hac regula describenda magis solliciti esse debuerint, quis dubitet eam in iis antiquissimis membranis conservatam fuisse, quæ Isidori auctoris nomen præferunt? Braulio quoque, dum ait : « Pro patriæ usu et invalidorum animis regulam ab Isidoro temperatam, » innuit prologum quem habemus : « Præterea quisquis vestrum illam universam veterum disciplinam contendit appetere, pergat, in quantum placet, et arduum illum limitem atque angustum levigato cursu incedat. Qui vero tanta jussa priorum explere nequierit, in hujus limite disciplinæ gressus constituat, nec ultra declinandum disponat : ne, dum declinatus appetit inferiora, tam vitam quam nomen monachi perdat. »

9. Nihilominus rationes quas V. C. Hernandezius in notis ad Conspectum editionis Zaccarianæ, cap. 42, n. 31, relatis, exposuit, ejusmodi sunt, ut sine diligenti examine præteriri non debeant. Regulam Isidori nomine divulgatam Isidoro abjudicat, fetumque credit ignoti alicujus ac ne Hispani quidem monachi, Isidoro posterioris. Quippe auctor regulæ cap. 5 editionis Holstenii verba Isidori ex cap. 21 lib. III Sentent. affert sub nomine *cujusdam Patris.* Ut ab hac prima ratione incipiam, vellem vir eruditissimus advertisset, posse regulam esse Isidori, quamvis aliquo in loco, vel aliquo in exemplari sit interpolata. Ex sedula innumerorum Codicum mss., quos ad Isidori editionem evolvi, collatione in hanc ego cogitationem descendi, vix ullum esse Isidori opus quod jam a sæculis IX et X in multis exemplaribus interpolatum non sit. Invaluerat enim circa ea tempora in imperio præsertim Francogallico hæc consuetudo, vel corruptela potius, ut opera veterum Patrum describerentur, multis aliunde intermistis quæ in idem argumentum facere viderentur.

10. Id ut in monachorum regula fieret, peculiaris inerat causa : sive quod in diversis monasteriis, quorum usui ea regula esset destinata, diversa qui-

busdam in rebus vigeret consuetudo, sive quod ejusdem sententiæ major explicatio interdum necessaria aut utilis videretur. Quo posito, facile erit Hernandezii rationes diluere. Ac primum quærendum est an id quod Isidori esse non creditur in omnibus exemplaribus inveniatur. Nam si non invenitur, clara per se est interpolatio. Deinde si quid sit quod Isidorum auctorem nullatenus habere possit, et nihilominus in omnibus mss. Codicibus exstet, tunc ex conjecturis interpolatio arguenda erit. Verba quæ cap. 5 editionis Holstenii *cuidam Patri* tribuuntur, cum sint Isidori cap. 21 lib. III Sentent., ut Hernandezius objicit, hæc sunt : *Multi enim monachorum juxta cujusdam Patris sententiam amore parentum sæcularibus actibus et forensibus negotiis involuti, dum propinquitati prodesse cupiunt, suas animas perdiderunt*, etc. In editione Matritensi caput 19 respondet capiti 5 Holstenianæ editionis, et post verba, *contuentes erudiuntur*, omittitur totum illud quod Holstenius inserit : *Nullus monachorum*, etc., usque ad *Non est præsumendum*; atque adeo omittitur illa sententia, *Multi enim monachorum*, etc., quæ libro III Sententiarum, cap. 21, non tamen iisdem verbis, inserta est. Primum ergo responderi potest, editionem Holstenianam hoc loco interpolatam esse, neque Isidori verba referre. Deinde Isidorus prædictam sententiam lib. III cap. 21 protulit ex Gregorio lib. Moral. VII cap. 30. Verba igitur *Juxta cujusdam Patris sententiam* Gregorium, non Isidorum, indicant. Sententia quidem in Regula magis expressa videtur ex Isidori Sentent. lib. III, quam ex Gregorio loc. cit., sed re eadem utrobique est, adeoque auctor primus Gregorius est. Breulius citat cap. 18, Grialius cap. 17, in editione Maurinorum est caput 30. Propria etiam Isidori est hæc ratio allegandi *quemdam Patrem*, tacito nomine, ut lib. III Sent. cap. 48: *Nam, ut quidam Pater ait, omne quod supereminet plus mœroribus afficitur quam honoribus gaudet.* Sententia est Gregorii lib. XXXIII Moral. cap. 19.

11. Monachum regulæ auctorem Hernandezius dicit, quia verba ad monachos faciens loc. cit. ait : *Proinde et nos liberi ab actibus sæculi esse debemus*, etc. Pernegat autem, Isidorum monachum unquam fuisse. Mihi contra facilius videretur, Isidorum inter monachos recensere, quales eo sæculo in Hispania Leander Isidori frater, Ildefonsus discipulus, aliique gravissimi viri fuerunt, quam monachorum regulam eidem abjudicare. Sed ut omittam, hæc ipsa verba, *Proinde et nos liberi*, etc., abesse etiam ab editione Regia Matritensi, quæ Holstenianæ præferenda est, minime consequens ex relatis verbis esse arbitror, quod auctor regulæ fuerit monachus. Potuit enim episcopus ad monachos verba faciens ea dicere, quæ omnibus ecclesiasticis communia sunt : omnes enim ecclesiastici liberi ab actibus sæculi esse debent. Huc etiam facit quod Isidorus passim aliorum Patrum sententias et verba in sua opera transfert ; quem morem Isidorum in regula monachorum secutum, satis ex ipsa præfatione constat. Ex eadem præfatione et epilogo colligitur, auctorem regulæ non esse monachum : ad monachos enim verba facit tanquam ab eorum statu semotus. Sic in præfatione : *Ad quorum* (Patrum) *exemplum nos hæc pauca vobis eligere ausi sumus... Præterea quisquis vestrum illam universam veterum disciplinam contendit appetere*, etc.

12. In epilogo : « Hæc igitur, o servi Dei, et milites Christi, contemptores mundi, ita vobis custodienda volumus, ut majora præcepta servetis. Suscipite igitur inter illa et hanc admonitionem nostram, humili corde custodientes quæ dicimus ; libenter sumentes quod dispensamus : quatenus et vobis de fructu operis sit gloria, et nobis pro ipsa admonitione postulata proveniat venia. Deus autem omnipotens custodiat vos in omnibus bonis, et quomodo cœpit, sic et confirmet gratiam suam in vobis. » Si igitur verba ab Hernandezio objecta auctorem monachum arguerent, ea potius spuria censenda essent, ut pote præfationi et epilogo contraria, quam totum opus Isidoro abjudicandum. Sed, ut dixi, ea verba ab episcopo non monacho apposite proferri potuerunt, ut similia alia ab Isidoro lib. III Sentent., cap. 21, ubi agit de monachis, qui curis sæculi occupantur : *sicut nostra nobis non odienda est anima, sed ejus carnales affectus odio debemus habere, ita nec parentes odio a nobis habendi sunt*, etc.

13. Auctorem regulæ monachorum Hispanum non esse Hernandezius arbitratur, quia monasterium Honoriacense, sive Honorianense, ut in editione Holsteniana legitur, pro quo regula scripta in eadem editione Holstenii apparet, apud Hispanos ignotum omnino est. Hæc conjectura arguere tantum posset adjectum esse titulum qui *de monasterio Honorianensi* ab Holstenio editus est, præsertim cum in editionibus Grialii et Breulii omittatur. Sed neque hoc ipsum arguit : nam monasterii Honorianensis, sive Honoriacensis neque extra Hispaniam mentio ulla apparet. Et cum reliquæ gentes, non minus quam Hispani, in antiquitates suas ecclesiasticas et monasticas diligenter inquisierint ; et cum facilius sit ut memoria monasteriorum Hispaniensium per Maurorum irruptionem interciderit, quam monasteriorum aliarum nationum, æqua judicandi ratio postulat ut ex regula ipsa Isidori colligamus, monasterium aliquod Honoriacense appellatum in Hispania, aut fortasse in partibus Galliæ quæ regibus Gothorum parebant exstitisse. Cellierius, in Bætica situm illud fuisse ait ; opinor, quia id magis rationi consentaneum est, scilicet Isidorum regulam pro suæ provinciæ monachis conscripsisse, quam pro aliis. Non autem absurdum est, quod regulam pro Bæticæ monachis compositam ad alios, eam petentes, miserit, uti ad Braulionem misisse diximus.

14. Verba Braullonis *pro patriæ usu* magis indicant regulam ab Isidoro pro Bætica concinnatam fuisse, quam pro quavis alia Hispaniæ provincia. Nimirum ex concilio Hispalensi II, cui Isidorus præfuit, constat plura fuisse in Bætica monasteria et antiqua, et paulo ante condita : *Decima actione, poscentibus monaste-*

riorum *Patribus*, pari sententia statuimus ut coenobia nuper condita in provincia Baetica, sicut et illa quae sunt antiqua, immobili et inconcussa stabilitate permaneant solidata. Probabilis igitur est conjectura, regulam ab Isidoro praescriptam pro aliquo ex denuo conditis monasteriis, quod Honoriacensis nomen aut simile aliquod habuerit : cum enim nomina propria in plerisque mss. Codicibus corrupta inveniantur, et ipsum *Honoriacense* monasterium in editione Holstenii dicatur *Honorianense*, a Mabillonio et aliis *Honoriacense*, non admodum repugnandum erit, si quis pro Honoriacensi nomen aliquantulum simile monasterii Baetici, cujus adhuc supersit memoria, velit substituere. Sed cum multa, ut dixi, in Baetica et in Hispania Isidoriano saeculo fuerint monasteria, non multa certe sunt quorum distincta nomina ad nos pervenerunt; quorumdam etiam notitia in uno vel altero veteri monumento reperitur, ut monasterii Honoriacensis in Regula S. Isidori, et in pacto quod monachi monasterii Honoriacensis abbati suo faciebant, edito a Mabillonio tom. IV Annal. Bened., pag. 397. Paulus diaconus Emeritensis cap. 9 de Vita Patrum Emeritensium sic de Massona refert : *Statim in exordio pontificatus sui monasteria* MULTA *fundavit, praediis magnis locupletavit*. Quisnam, rogo, eorum monasteriorum omnia nomina unquam expressit ?

15. Aliud argumentum Hernandezius petit ex jejuniis in regula monachorum cap. 11 et 12 editionis Holstenii praescriptis, quae toto coelo, inquit, distant ab eis quae Isidorus cap. 38 seqq. lib. I de eccles. Offic. describit. Advertendum tamen est jejunia in regula pro monachis praescribi, in libro de Offic. eccles., pro omnibus Christianis. De primo igitur jejunio, quod est jejunium quadragesimale, Isidorus agit cap. 37 lib. I de Offic. eccles., et in Regula, cap. 11 ait : *Primum jejunium quadragesimae quotidianum, in quo major abstinentiae observantia manebit in monachis*, etc. Secundum jejunium explicat Isidorus cit. cap. 53 lib. I de Offic., *quod juxta canones*, inquit, *alia die post Pentecostem inchoatur*. In Regula vero cap. cit. 11 distinctius idem jejunium exponit : *Secundum jejunium interdianum post Pentecostem alia die inchoatum usque ad aequinoctium autumnale protenditur ternis scilicet diebus per singulas hebdomadas*. Ubi vides, prima verba ex libro de Officiis videri petita. Tertium jejunium Isidorus cap. 39 lib. I de Offic. statuit octavo Kalend. Octobr., quod vocatur *jejunium septimi mensis* : quartum deinde jejunium collocat Kalend. Novembr. In regula haec duo jejunia conjunguntur, et continuantur : nam cit. cap. 11 : *Tertium sequitur quotidianum jejunium ab octavo Kalend. Octobris usque ad natalem dominicum; in quo quotidiana jejunia nequaquam solvuntur*. Scilicet apud eos monachos quos Isidorus instituebat.

16. Major superest difficultas de jejunio quarto praescripto cit. cap. 11 regulae : *Quartum item quotidianum jejunium post diem Circumcisionis exoritur, protrahiturque usque ad solemnia Paschae*. Nimirum hoc quartum monasticum jejunium continuabatur cum primo Quadragesimae jejunio : quo Quadragesimae tempore non solum a prandiis, sed etiam a vino et oleo abstinebant. Illud vero cum Isidori doctrina non cohaeret, quod hoc quartum jejunium inchoetur *post diem Circumcisionis* : nam ipse cap. 41 lib. I de Offic. jejunium Kalendarum Januariarum propter errorem gentilitatis instituisse Ecclesiam affirmat : quod etiam cap. 10 concilii IV Toletani, cui Isidorus anno 633 praefuit, praescribitur. Initium igitur quarti jejunii Kalendis Januarii collocari debuisset. Quid, quod, ut Hernandezius advertit, festum Circumcisionis ab Isidoro nunquam commemoratum fuit, cum non nisi post ejus obitum Ecclesia Hispana hujusmodi festum agere coeperit ? Neque ullum monumentum de hoc festo vetustius exstat lege 11 tit. 1 lib. II legum Wisigothorum anno circiter 650, regnante Reccesuintho.

17. Fateor hoc loco aliquam interpolationem necessariam videri, sed quae ex auctoris mente quodammodo processerit. Nam Isidorus initium quarti monastici jejunii a Kalendis Januariis sumpsit, quia eo die solemne erat pro omnibus institutum jejunium. Statim autem ac Circumcisionis festum in Hispania celebrari coepit, jam contraria ratio suasit ut monachi jejunium quartum post diem festum Circumcisionis, non ipso die, inchoarent. Cum ergo regula ad exactam observantiam in monachorum manibus esset, aut etiam palam praelegi deberet, ne expressum initium jejunii Kalendis Januariis confusionem pareret, subrogata sunt verba *post diem Circumcisionis*. Si quis tamen summo jure agere velit, poterit etiam sustinere Isidori haec ipsa verba esse, et duce quidem gravissimo viro Lesleo in not. ad Missale Mozarabicum, p. 492, qui ex regula Isidori colligit ante hujus obitum solemnitatem Circumcisionis celebrari coepisse : quae circa medium saeculi VII legibus Wisigothorum inter praecipuas festivitates, quibus etiam forum vacabat, relata est. Negat ante hanc epocham facile inveniri posse certum aliquod hujus festivitatis testimonium, quae ex Hispania brevi in Galliam, inde in Germaniam propagata est.

18. Hactenus contuli jejunia, in libris de Officiis eccles. stabilita, cum jejuniis regulae monachorum editionis regiae Matritensis. In editione Holstenii caput 11 est de Feriis, et caput 12 de Jejuniis. Omissis aliis varietatibus, quae nihil ad rem pertinent, et librariis tribuendae sunt, Holstenius post verba, *interrumpuntur jejunia*, interserit haec, in editione Matritensi omissa : *Si tamen non fuerint generalia*. Caput de Jejuniis in utraque editione consonat, nulla ulla in sententia differt. Cum ergo regula de jejuniis in editione Matritensi exposita Isidorum auctorem habere possit, hoc ipsum de eadem regula in editione Holstenii dicendum : siquidem pauca illa verba addita, *si tamen non fuerint generalia*, nullam praeseferunt difficultatem. Ac fortasse explicationis gratia posteriori tempore in aliquo monasterio, in quo ea vigeret regula, sive a privato aliquo monacho

adjuncta fuerunt ; ut intelligeretur facultatem a regula concessam interrumpendi jejunia, *dum quisque fratrum convertitur, aut ex aliis monasteriis fratres gratia visitandi concurrunt*, non posse extendi ad jejunia quæ Ecclesia ab omnibus observanda præscribit.

19. Leviora sunt quæ postremo loco Hernandezius objicit, videlicet capitum regulæ ordinem admodum diversum esse apud Holstenium, Grialium et Breulium, dupliciaque apud Holstenium esse capita quibusdam assumentis constantia, quibus hi carent. Ex recensione mss. exemplarium bibliothecæ Vaticanæ, quam postea instituam, liquido apparebit vix aliquod esse Isidori opus quod ejuscemodi difficultati non sit obnoxium : satisque jam hoc ipsum ex exposita collatione Codicum editionis Zaccarianæ, aliorumque, imo ex notis editionis Grialianæ constitit. Isidorus in manibus pene omnium versabatur. Quid mirum quod ejus opera transpositionibus capitum, additionibus, mutationibus, interpolationibus imperitorum, vel, quod pejus est, sciolorum audaciumque hominum patuerint? Egregie Vives lib. I de Corrupt. disciplin. : « Sed enimvero in describendis maxima hæsit culpa : fuerunt semper librarii homines fere imperiti, qui libris transcribendis tenuitatem suam sustentarent : non raro etiam mulieres et sacræ virgines... Interdum qui scribebant, nesciebant legere, confundebant omnia... In aliis scriptoribus non solum librarii errata persequebantur semidoctuli, sed etiam probe scripta quæ ipsi non caperent. Itaque depravarunt rectos sensus, et pro errato uno, quod conabantur expungere, aspergebant quatuor. Videmus, ut quisque veterum scriptorum his quingentis annis in studiosorum manibus versatus est, ita ad nos venisse corruptissimum.

20. In Isidori operibus ad examen revocandis, iis maxime quæ ad mores hominum informandos spectant, illa ratio identidem repetenda est, quod ipse auctor eadem opuscula auctiora, et nonnihil mutata, prout res exigebat, sæpius communicasse cum aliis videtur. Ita fortasse factum est, ut cum ex canonum præscriptis vivendi regulas monachis tradere teneretur, pro diversis monasteriis, locis ac temporibus, quædam mutaverit, auxeritve : quæ postea a librariis in unum corpus collecta, in nonnullis Mss. rerum et capitum perturbationem aliquam præseferant.

21. Nullum ms. exemplar Zaccaria invenit, quocum Isidori regulam conferendam curaret. Holstenius, qui nonnullas veterum Patrum regulas ad mss. exemplaria exigit, regulæ tamen Isidori nullas varias lectiones adjecit : quod arguit nullum ab ipso repertum ejus regulæ Codicem, quocum apographum suum compararet. Ne mihi quidem contigit inter tot mss. Codices Vaticanos ullum invenire, quo Regula Isidori contineretur.

22. A regula monachorum separandi non forent uberiores commentarii in Regulam S. Benedicti, quos Constantinus Cajetanus Isidoro tribuit, si genuini illi essent, et non potius commentitii : de quibus nonnihil jam dictum cap. 19, cum Benedictinus S. Isidori monachatus explosus fuit. Fragmenta ejusmodi commentariorum Cajetanus edidit ex Petro diacono Casinensi : quæ tamen, quidquid Cajetanus in monito ad notas jactet, fere omnia ex monachorum regula deprompta sunt : quædam ex aliis operibus Isidori quæ exstant, nonnulla fortasse ex aliis quæ perierunt. Neque tamen ea omnia quæ Cajetanus veluti Isidori verba ex Petro Casinensi refert, Isidori sunt, sed ipsiusmet Petri, quæ Isidori sententiam dilatat, ut conferenti patebit. Hæc fragmenta ad appendices rejiciemus, subjectis Cajetani notis. Monitum autem quod præmittit, ita habet :
Constantini abbatis Cajetani ad fragmenta Isidori in regulam S. Benedicti notæ ac variæ lectiones.

23. Quæ hucusque retulimus, nonnulla sunt fragmenta quæ ex Isidori in Regulam S. Benedicti Commentariis, temporum injuria deperditis, superfuerunt. Ea plane nos excerpsimus non tantum ex Petro diacono Casinensi, qui quingentos fere abhinc annos scripsit : sed etiam ex Smaragdo S. Michaelis in Lotharingia abbate, qui ante octingentos annos vixit. Ili namque inter alios, S. Benedicti Regulam explanantes, hasce Isidori Hispalensis in eamdem regulam testificationes in medium adducunt. Quamobrem nos ipsam et Isidori fragmenta ex iis Petri diaconi Commentariis, qui Mss. in Bibliotheca Casinensi asservantur, collegimus : ex Smaragdo autem, cujus expositio jam edita circumfertur, varias nonnisi lectiones, paulo inferius adnotandas, observavimus. Præterea hujusmodi fragmentorum auctorem Isidorum hunc nostrum exstitisse, is certo cognoscet, qui ea cum ejusdem Isidori monachorum Regula contulerit : imo eamdem hanc Regulam nihil aliud esse quam Commentariorum in S. Benedicti Regulam breviarium quoddam ; eo usque tam stylo quam subjecto inter se similia sunt, aut verius eadem sunt. Denique cum ab Isidoro Hispalensi in Regulam S. Benedicti scripta et alia quædam exstent, quæ neque in sua Regula monachorum, neque in reliquis ejusdem libris habeantur : absque dubio fateri necesse est, Isidorum majores in illam Commentarios contexuisse. Sed de hoc etiam alibi.

24. Nonnulli Canonicorum quoque Regulam ab Isidoro compositam tradunt : neque omnino quidem aberrant. Sed hæc Regula, ut cap. 19 et 31 explicui, est Canonicorum Regula in concilio Aquisgranensi proposita, quæ ex SS. Patrum et Isidori in primis sententiis contexta est.

25. Regula monachorum Isidori primum prodiit in regia editione Matritensi, inde repetita in editione Breuliana, et in secunda recenti editione Matritensi. Lucas Holstenius collectionem regularum hoc titulo curavit : « Codex regularum quas sancti Patres monachis et virginibus sanctimonialibus servandas præscribere, collectus olim a S. Benedicto, Ananiensi abbate. Lucas Holstenius Vatic. Basil. Canonicus, et bibliothecæ præfectus in tres partes digestum auctumque edidit. Romæ excudit Vitalis Mascardus 1651 in 4. » In eo vetusto Codice regularum præfatio præmittitur Isidori Regulæ : « Incipit præfatio Isidori Hispalensis episcopi in Regulam monachorum. Sanctis fratribus, in cœnobio Honorianensi, constitutis, Isidorus. Plura sunt, etc. » Deest titulus præfationis in editionibus Operum Isidori. Monasterium, ut supra monui, a Mabillonio dicitur *Honoriacense*. Capita Regulæ S. Isidori in Codice S. Benedi-

cti Anianiensis sunt viginti tria, in editionibus Operum Isidori sunt viginti quatuor. Neque ordo capitum idem est; sed in rebus ipsis exiguum discrimen intercedit. Holstenius, qui paulo antequam in lucem Codex regularum prodiret, mortem obierat, in præfatione præmiserat Codicem hunc esse illum ipsum de quo Hugo Menardus in not. ad Acta S. Benedicti Anianensis hæc ait: *In testamento S. Gennarii episcopi Asturicensis, inter libros qui ab eo dantur monasterio S. Petri de Montibus, recensetur liber regularum virorum illustrium, qui an idem sit cum eo qui a nostro Benedicto collectus est, non adeo constat.*

26. Holstenianus Regularum Codex iterum typis excusus fuit Parisiis 1663, in 4, et in nova collectione Regularum hoc titulo: « Lucæ Holstenii Codex regularum monasticarum et canonicarum, collectus olim a S. Benedicto Anianensi abbate, nunc autem auctus, amplificatus, et in sex tomos divisus; observationibus criticohistoricis a P. Mariano Brockie, priore monasterii S. Jacobi Scotorum Ratisbonæ illustratus. Augustæ Vindelicorum 1759, *in fol. lb. tom. I, pag.* 187 seqq. S. Isidori Hispalensis episcopi regula monachorum. »

P. Mariani Brockie observatio critica in Regulam S. Isidori.

27. Auctor hujus Regulæ est S. Isidorus, Hispalensis episcopus, et S. Leandri in episcopatu successor, ejusque frater uterinus, anno 636 defunctus, et fastis sanctorum ascriptus. Sanctissimus enim episcopus hanc Regulam scripsisse videtur ante adeptum episcopatum, cum a teneris annis monasticam vitam secutus sit: sed utrum in hoc cœnobio Honoriacensis [*Forte* Honoriacensi] tirocinium posuerit, merito dubitatur, cum ad ejusdem monachos instruendos regulam præsentem composuerit viginti tribus capitulis comprehensam, atque alias vitæ monasticæ normas, a SS. Patribus scriptas, suis monachis summopere commendet. Et quidem quamvis modo ignoremus hujus monasterii situm, tamen illud Benedictinis institutis imbutum, facile supponere possumus, cum Regula S. Benedicti jamdudum per S. Æmilianum apud Hispanos promulgata fuerit, atque S. Leander eamdem amplexus sit. Denique si hanc S. Isidori Regulam recte attendamus, tunc et illam ex disciplina Benedictina desumptam agnoscere debemus: nam eodem modo manuum laborem, jejunia, lectiones, divinum officium, aliaque munia monastica præscribit; vult etiam monachos in eodem dormitorio pausare, in eadem mensa reficere, atque singulis denis decanum invigilare mandat. Quæ omnia ex Regula S. Benedicti desumpta esse videntur, quam proin suis monachis observandam proposuit, paucis superadditis loco et regioni magis accommodatis. Unde non desunt auctores asserentes utramque regulam simul in eodem monasterio observatam fuisse.

28. Præfatio ita inscribitur in hac editione: *Sanctis fratribus in cœnobio Honoriacensi constitutis, Isidorus*. Præmittitur ex Martenio caput 24, sive Sententia de regula Devotarum. Rursus pag. 404, Editor producit eamdem Sententiam de regula Devotarum ob variantes lectiones ad mentem Holstenii: « In veteri, » inquit, « Codice, qui sanctorum Patrum monasticas sanctiones continet, etiam sequentes duæ constitutiones, altera nescio cujus regulæ Devotarum, altera concilii Hispalensis ii, post Regulam S. Isidori legebantur. » Constitutio concilii Hispalensis ii est caput 11: « Undecima actione, » etc. Fortasse id ita reperitur in editione Parisiensi Regularum Holstenii: in editione quidem Romana nihil tale invenio.

29. Martenius tom. IX veter. script. Collect., col. 160, ex ms. Codice Elnonensi ante annos, ut tunc ipse aiebat, 800 exarato, caput ultimum, sive 24, sive 25, Regulæ Isidori adjecit hoc titulo: *Sententia de regula Devotarum: Nemo ad eas vadat visitandas,* etc. Rodrigezius tom. II Bibl. Hisp., pag. 336, occasionem erroris hinc sumpsit, quod asseruerit Regulam monachorum Isidori editam fuisse tom. IX Collectionis Martenianæ, cum solum caput ultimum, quod dixi, ibi typis fuerit excusum.

30. Hugo Menardus concordiam Regularum hac inscriptione olim vulgaverat: « Concordia Regularum, auctore S. Benedicto, Anianæ abbate, nunc primum edita ex bibliotheca Floriacensis monasterii, notisque et observationibus illustrata, auctore Fr. Hugone Menardo, monacho Benedictino congregationis S. Benedicti, alias Cluniacensi, et sancti Mauri Parisiis, ex officina Hieronymi Drovat 1638. » Sunt duo tomi in 4, sed ita ut capitum et paginarum numeri eodem ordine continuentur. In præfatione de hujus concordiæ regulis earumque auctoribus, hæc breviter de Isidoro pag. 62: *Regula S. Isidori episcopi est magni illius Isidori Hispalensis episcopi, quæ exstat inter ejus Opera Coloniæ edita* 1617. *Hanc recenset inter S. Isidori scripta S. Braulio,* etc. *Non multum differt a S. Benenedicti regula. Quædam tamen ex aliis Isidori operibus desumuntur, ut cap.* 3, *Dicta S. Isidori de generibus monachorum* ex lib. ii de Offic. eccles., cap. 15, al. 16. Eruditæ Menardi notæ a nobis non prætermittentur. Concordia hæc Regularum diverso ordine procedit ac Codex Regularum ab eodem S. Benedicto Anianensi collectus, et ab Holstenio editus. Nam in Codice Regulæ diversorum continuato orationis illo contextuntur: in concordia præmisso textu Regulæ S. Benedicti per varios titulos, cum eo aliorum Regulæ hinc inde excerptæ conferuntur. Benedictus Anianensis prosa et carmine præfatur; ex carmine hæc sunt:

Vir Benedictus, et Isidorus, Basilius exstant
Eximii, quorum renitent sat dicta per orbem.

CAPUT LXXII.

Sermones S. Isidoro ascripti. An eorum aliqui genuini, et quinam? Sermo S. Isidori in Breviario Mozarabico ad carnes tollendas. Plures Isidori sermones in Homiliariis ex ejus Operibus excerpti.

1. Minime ego dubito quin Isidorus pro episcopalis sui muneris ratione sæpe sacram concionem ad populum habuerit, et multæ ejusmodi homiliarum litteris consignatæ, ac posteritati mandatæ fuerint. An autem corpus sermonum Isidori volumine aliquo comprehensum unquam exstiterit, non ita certum videtur. Anonymus Mellicensis sæculi xii scriptor, supra cap. 47 relatus, hoc innuit: *Præterea sermones plurimos, diversis temporibus habitos, stylo egregio scriptos, transmisit ad posteros*. Clarius Sigebertus eodem sæculo, et multo post Trithemius Isidorum scripsisse aiunt *librum sermonum*. Nescio an huc

pertineat quod a Montfauconio in Biblioth. mss. inter Codices bibliothecæ Ambrosianæ Mediolanensis laudantur *Isidori homiliæ et quædam alia*. Antiquiores silent. Fortasse Isidori sermones ab ipso in suos alios commentarios more aliorum Patrum inserti magna ex parte fuerunt : ex quo factum ut collectio sermonum ejus tanquam minus necessaria ab exscriptoribus librorum negligeretur. Nihilo tamen minus tenendum est sermonem aliquem Isidori esse, si antiquis monumentis id constet, aut in veteribus exemplaribus ipsi sermo aliquis stylo ejus non indignus ascribatur.

2. Tres, ut cap. 44 explicui, S. Isidoro attributos sermones inter schedas Zaccarianas habeo , quos omnes Zaccaria in suo Isidorianæ editionis Conspectu edito spurios censebat. Primus horum est sermo contra Arianos, qui non solum in Codice Cæsenati Malatestio exstat inter alia Isidori opera ejus nomine inscriptus, sed etiam in catalogo monasterii Pomposæ sæculo xi exarato Isidoro quoque adjudicatur, eodem principio indicato, ut cap. 44, et 46 animadverti. Ex Canonico Legionensi, auctore Vitæ S. Isidori , et Breviariis Hispanicis cap. 18 retuli Isidorum adhuc juvenem hæresim Arianorum acerrime impugnasse. Certe nihil in hoc **616** sermone invenio quod ab Isidoro proficisci non potuerit ; neque fortasse errabit qui ab eo in juventute factum existimaverit.

3. Alter sermo est in laudem S. Æmiliani ex ms. Codice vetustissimo archivii Vercellensis descriptus, hoc titulo : *In natal. S. Æmiliani episcopi Vercellensis sermo B. Isidori*. Olim, ut opinor, in ecclesia Vercellensi hic sermo recitabatur, quo die natale S. Æmiliani celebrabatur, fortasse antequam ea ecclesia peculiarem ritum suum a SS. Eusebio Eusebianum appellatum relinqueret, ut Romanum susciperet : de quo clare testatur Joan. Andreas Iricus lib. I *Historiæ Tridinensis*, pag. 11. Joannes Stephanus Ferrerius episcopus Vercellensis in opere de Vita et rebus gestis S. Eusebii Vercellensis, ejusque in eo episcopatu successorum Romæ 1602, in 4, apud Aloysium Zannettum, eumdem sermonem in tabulario antiquissimo ecclesiæ Vercellensis exstare commemorat, designatis primis verbis: *Vir ecclesiasticus et crucifixi mundo per mortificationem propriæ carnis debet et dispensationem*, etc. Narrat S. Æmilianum, cujus dies festus in ecclesia Vercellensi tertio Idus Septembris celebratur, ex Lybio Aragoniæ oppido oriendum fuisse: episcopum jam Vercellensem conciliis Romanis iii, iv et vi, Symmachio Romano pontifice, annis 501, 502, et 504, interfuisse : ejus corpus inventum ac translatum in principem Vercellensem ecclesiam anno 1481, xvi Kal. Junii. Quod annotatum Nic. Antonius voluit, ne Aragoniæ et præsertim Lybii oppidi cives ignorarent.

4. Hæc ergo esse causa potuit cur Isidorus S. Æmilianum episcopum Vercellensem celebraret. Est tamen quod opponam. Braulio Cæsaraugustanus episcopus Vitam S. Æmiliani presbyteri, qui anno 564, decessisse dicitur, litteris consignavit, in com-

mentario Bivarii ad Maximum, in Martyrologio Tamayi ad diem 12 Novembris, in Actis SS. Benedictinorum tom. 1 editam. Magna est controversia quemnam Æmilianum Braulio laudaverit. Plerique Hispani sentiunt, esse S. Æmilianum Cucullatum, vulgo *de la Cogolla*. Aragonenses contendunt esse Æmilianum Aragoniæ regni eremitam, cujus sacra pignora in oppido *Torre la Paja* asservantur. Auctores, qui commentitia chronica confinxerunt, plura alia addunt. *Supposititium Helecanem*, inquit Nic. Antonius, lib. v, n. 237, *pariter habeo, qui huic etiam dispellendæ quæstioni intentus* , **617** *Vercellensem episcopum eum esse garrit, qui apud Aragonenses colitur ; vel a Bivario ipso male acceptus*.

5. In Officio Mozarabico festum S. Æmiliani abbatis et confessoris agitur die 12 Novembris : omnia sunt communia, excepto hymno senario iambico, cujus auctor Braulio creditur ; nam ipse Braulio in fine epistolæ nuncupatoriæ Vitæ S. Æmiliani se in hujus sancti confessoris laudem hymnum composuisse testatur. Certe hymnus elegans est, et supra sæculi vii captum videri possit. Ita incipit :

O magne rerum Christe rector inclyte,
Parent olympi perpetim cui sidera,
Et vota festis annuis faventia
Largire nobis casta, præbe et sobria,
Placare quæ possint tuam clementiam.

Ita procedit sine metri offensione, nisi quibusdam in locis, ubi mendum Codicum facile est advertere : præsertim cum etiam in hymnis Prudentianis, qui in Breviario Mozarabico occurrunt , ejusmodi errata scripturæ passim observentur. In tertio versu fortasse auctor scripsit *Hæc vota*, et in quinto *Placare possint quæ tuam clementiam*.

6. Itaque cum apud Hispanos memoria hujus Æmiliani celebris fuerit, qui profecto ab Æmiliano episcopo Vercellensi longe diversus est, suspicari aliquis posset sermonem S. Isidori in laudem S. Æmiliani Cucullati perscriptum fuisse, quem Vercellenses postea suo episcopo Æmiliano applicuerint. Certum tamen puto, aliquem ex Sententiarum S. Isidori libro tertio in S. Æmiliani Vercellensis episcopi laudem sermonem contexuisse, quem idcirco nomine S. Isidori prænotaverit, quia re vera, exceptis paucis verbis, quibus argumentum sermonis Æmiliano accommodatur, totus sermo contextus est ex capp. 33, 36, 42 et 43 integro, libri iii Sententiarum. Rejiciendus ergo hic sermo est ad appendices inter alia ejusmodi opera ex Isidori libris consarcinata.

7. Tertius est sermo in Codice sæculi xiii Isidoro ascriptus contra gulam, superbiam, et cupiditatem. Pia est, et contra vitia efficax hæc homilia; sed non animum induco ut credam eam esse S. Isidori. Posteriora sæcula redolet doctrina distinctius exposita de duobus angelis, altero bono custode a dextris hominum singulorum, altero malo tentatore a sinistris. Eam quidem scholastici **618** communi consensu tenent, et in genere nonnullis veterum Patrum testimoniis confirmant. Sed distinctius, ut dixi, et explicatius in hac homilia exhibetur, quam ut ad Isidorianum sæculum referri posse videatur.

Idem dictum velim de inferorum pœnis, quæ stylo recentiorum temporum videntur descriptæ. Laudatur in hac homilia S. Augustinus, quasi asseruerit die resurrectionis dominicæ animas justorum sepulcra suorum corporum visitare, et dicere : *Bene valeas, boné socie*, etc. ; ita contra animas damnatorum corpora sua increpare : *Heu, heu, miseram corpus*, etc., quod minime, ut puto, apud Augustinum reperies, neque apud aliquem probatum veterem auctorem.

8. Cum multi Isidori libros et opuscula diligentissime recensuerint, nemo tamen homiliam indicavit quæ ejus nomine in Breviario Mozarabico recitatur. Ea exstat feria quarta in capite jejunii, pag. 135 editionis novæ Matritensis, sic inscripta : *Sermo beatissimi Patris nostri Isidori episcopi ad carnes tollendas*. Incipit : *Fratres charissimi, rogo vos, et admoneo vos, ut in isto legitimo ac sacratissimo die*, etc. Hujus homiliæ meminit Eugenius Robles in descriptione officii Mozarabici, inserta libro de Vita et gestis cardinalis Ximenii, cap. 26 : *Apposite autem inseritur breviario sermo S. Isidori, qui hoc officium ampliavit pro bacchanalium, seu Martis die, cui dies Cinerum immediate succedit*. Ita Latine redditur ex Hispanico libro Roblesii in Blanchini prolegomenis ad Orationale Gothico-Hispanum pag. 120. Roblesius in opere Hispanico, quod penes me habeo, vocat *solemnem sermonem*, et diem, quo recitatur, appellat *martes de Carnestolendas* : ita enim Hispani loquuntur, pro quo alii *Carnisprivium* dicunt. Etsi autem Roblesius sacello Toletano, quo officium Mozarabicum celebratur, sacerdos addictus fuerit, tamen minus accurate diem quo sermo S. Isidori recitatur, designavit.

9. Non enim pro officio diei Martis, sive feriæ tertiæ ad carnes tollendas, quod in Breviario Mozarabico nullum proprium est, sed pro officio diei Mercurii, sive feriæ quartæ Cinerum, quod *in capite jejunii* inscribitur, sermo Isidori appositus est, et quidem ad finem ejus officii. Deceptus fortasse ex eo fuit Roblesius, quia titulus homiliæ est *ad carnes tollendas*. At vero olim non solum dies qui jejunium quadragesimale proxime præcedebant, sed etiam ipsum initium jejunii quadragesimalis ita nominari solebat. Ducangius : *Carnisprivium tempus quo carnibus privari et ab iis abstinere incipiunt fideles ante jejunia Quadragesimæ*. Addunt Maurini : *Quandoque sumitur pro primis jejunii diebus*.

10. Alioquin sermo Isidori, ut ego puto, non pro feria quarta Cinerum compositus fuit, sed pro prima dominica Quadragesimæ. In officio antiquo Gothico hæc dominica dicebatur *in carnes tollendas*, quia jejunium quadragesimale incipiebat feria secunda post dominicam quæ a nobis dicitur Quadragesimæ, ut cernitur in Orationali Gothico Hispano, Blanchini pag. 63. Nullum igitur apud Gothos Hispanos agebatur officium feria quarta in capite jejunii, aut feria quarta Cinerum. Mozarabes officium benedicendi cineres, eosque capitibus fidelium imponendi, quod sæculo xi antiquius in Ecclesia non est, procedente tempore e missali Toletano Romano magnam partem sumpserunt; nonnullis aliunde ascitis. Confer notas Leslei ad Missale Mozarabum, pag. 503.

11. In Missali Toletano post impositos cineres ita præscribebatur : *Hoc facto erant omnes ad processionem : finita processione, fiat sermo, quo finito, incipiant ad missam*. Eamdem rubricam Mozarabes in suum missale transtulerunt : et loco hujus sermonis in Breviario insertus fuit sermo S. Isidori *ad carnes tollendas*, qui scilicet olim ad primam Quadragesimæ dominicam videtur fuisse accommodatus, ut ex ipso ejus diei Gothico officio colligitur. Agitur in sermone de jejunio et eleemosyna, ab iis præsertim præstanda qui jejunare non possint. Hoc duplex argumentum innuitur in Breviario Mozarabico *ad dominicum primum Quadragesimæ*, pag. 159, *Ecce venient dies Domini magni eleemosynæ et jejunii : estote parati benefacere oppressis, viduis et orphanis*, etc. Succedit oratio quæ in Orationali Gothico Hispano sub titulo *In carnes tollendas* post matutinum pag. 64 invenitur, et incipit : *Deus, qui eleemosynam nos facere præcipis*, etc.

12. Inter Isidori Opera Nic. Antonius recensebat librum *de Institutione jejunii quadragesimalis*, qui latet adhuc, ut ait, ex verbis scilicet Marci Zuerii Boxhornii in not. ad Scriptor. Hist. August. in Clodio Albino Spartiani : *Non possum eruditum et ecclesiasticæ antiquitatis studiosum lectorem hoc loco gaudium meum celare; repertum nempe a me esse superioribus diebus illustre et bene longum Isidori Hispalensis episcopi fragmentum de Institutione jejunii quadragesimalis : quod alibi et commodiore loco, si vitam Deus dederit, publici juris faciam*. Fabricius in Biblioth. med., num. 21, suspicatur hoc fragmentum idem esse ac caput 36, al. 37, libri 1 de eccles. Offic. Fortasse id ita est : sed quod Boxhornius *bene longum* fragmentum vocat, id magis sermoni nostro congruit, qui duabus partibus laudato capite 37 longior est. Sed sive hæc nostra homilia in aliquo alio Ms. exstet, sive secus, cum eam tanquam Isidori genuinam Mozarabes adoptaverint, nec ratio ulla adsit quæ nos in contrariam partem inducat, imo cum tanto doctore ea sit maxime digna, inter vera Isidori opera eamdem reponendam esse censuimus.

13. Ac facile credam, Boxhornium de capite 37 libri 1 de Offic. eccles. locutum : siquidem in aliis quoque mss. Codicibus doctrina Isidori de jejunio ex libro 1 Officiorum deprompta invenitur. Potuisset Boxhornius hac nos cura liberare, si verba aliqua fragmenti sui indicasset. Bandinius in catal. Cod. Lat. Biblioth. Medic. tom. 1, plut. 14, sic describit Codicem 1 : *Homiliæ S. Ambrosii, seu potius homiliæ ac sermones, qui tegebantur in ecclesia ab adventu Domini usque ad sabbatum majoris hebdomadæ, selecti ex operibus SS. Ambrosii... Isidori episcopi*, etc. Ibi pag. 136, S. Isidori episcopi sermo. Incipit, *Jejunii tempora secundum Scripturas sanctas quatuor sunt, in quibus per abstinentiam et lamentum pœni-*

tentiæ Domino supplicandum, est. Hoc est initium capitis 37 libri 1 Offic. Desinit sermo : *et universale jejunium hac observatione celebrat.* Hic finis est capitis 40 ejusdem libri ; sed in editione regia Matritensi legitur : *et universali jejunium observatione celebrat.* Hic sermo non solum institutionem jejunii quadragesimalis, sed aliorum etiam comprehendit. Idem Sermo sub Isidori nomine a Bandinio indicatur tom. IV, plut. 36, bibliothecæ S. Crucis codice 4 membranaceo sæculi XII, sed hoc loco Bandinius vocat sermonem *de Quadragesima*.

14. Alios exhibet bibliotheca Vaticana Codices, quibus Isidoriana jejunii explicatio exprimitur. In Codice Vaticano pergam. in fol. magno pag. 76, Isidori sermo de jejunio quadragesimali : *Jejunii tempore.* Idem sermo eodem initio in Codice Vaticano papyraceo 6454, pag. 205.

15. Post alia excerpta ex Isidori Sententiis et Synonymis Codex Palatinus Vaticanus 216, sæculi XI circiter, exhibet opusculum titulo libri, sed ad homilias potius referendum, scilicet pag. 90 terg. : **621** *Incipit liber de die judicii, de disperatione peccantium, sancti Isidori : Rogo vos, fratres charissimi*, etc. Inscriptio hæc potius esset apponenda, *Incipit sermo de die judicii*; nam præcessit excerptum Isidori *de disperatione peccantium ex libris Sententiarum.* An autem Sermo *de die judicii* vere sit Isidori, non ausim definire : certe non videtur excerptus ex ejus operibus quæ existunt : neque indignus est qui inter appendices legatur, quamvis jam editus fuerit inter Sermones S. Augustini. Lovanienses dubium censebant, Maurini spurium, et verum Cæsarii fetum. In Codice Palatino quædam omittuntur, alia confuso et perturbato ordine proferuntur.

16. Duos sermones ex antiquissimo Codice Vaticano Palatino 67, quem cap. 102 uberius recensebo, descripsi, alterum Isidoro aperte ascriptum, alterum qui illico consequitur, et eidem Isidoro videtur ascribi. Codex refertur ad sæculum XI, et recensetur a Blanchino tom. II Evangeliarii Quadrupl., pag. 604, et characterum ejus specimen exhibetur ibidem post pag. 60. In ipso autem hæc continentur, ait Blanchinus : *Homelia sancti Isidori, quæ incipit* : *Brevis est hujus mundi felicitas*, etc. Item *Sermo de falso amico* : *Protector et nutritor*, etc. Non explicat Blanchinus an hic quoque sermo sit Isidori. Revera post brevem illam homeliam, paucis lineis contentam, titulus ascribitur : *Incipit sermo de falso amico*, quin addatur ejusdem aut alterius auctoris nomen. Character idem horum duorum sermonum est, diversus tamen a charactere psalmorum, qui sequuntur, et commentarii in psalmos. Neque stylus, neque argumentum, aut sententiæ quidquam præferunt quod Isidorum nostrum non maxime deceat : ac merito inter sermones dubios collocabitur non solum homilia sub titulo : *Incipit homelia sancti Isidori*, sed etiam sermo, qui brevissimæ homiliæ succedit, prænotatus : *Incipit sermo de falso amico.*

17. Inter septem opuscula quæ Constantinus Cajetanus a se recensita et notis illustrata novæ Operum Isidori editioni annecti proposuerat, duo sunt sermones, alter in die nativitatis Domini, alter de sanctis angelis. Sermoni de nativitate Domini hoc adjecit monitum.

In primis, quod ad nomen Isidori attinet, diverso illud modo notatum inveni, non tantum in exemplaribus, verum etiam in impressis : nempe ut ab aliis scriberetur *Hisidorus*, et *Hisydorus*, vel *Hysidorus* : ab aliis autem *Ysidorus*, aut *Isidorus.* Omnium tamen lectio ea nobis maxime **622** placuit, qua *Isidorus* exprimitur. Isidorum itaque exarasse librum Sermonum testis est non solum Trithemius, et Sigebertus Gemblacensis, lib. de Scriptor. Eccles., sed etiam Braulio, dum ait : *Sunt et alia ejus viri multa opuscula, et in Ecclesia Dei multo cum ornamento inscripta.* Maxime tamen dolemus, quod miserrima illa temporum conditio plurimos hosce ipsius sermones, plurima quoque diversi generis scripta pessime consumpsit. Hunc autem sermonem de Domini Nativitate Hispalensem Isidorum contexuisse, præter phrasim in illo, certe Isidoro familiarem, Conradus Gesnerus, etsi damnatæ memoriæ auctor, ex Alcuini Homiliario, in sua Bibliotheca animadvertit. Ipsum quoque Alcuinum Ms. jussu Caroli Magni opus illud (quod ms. Casini legimus, Basileæ vero an. Dom. 1498 impressum) a sanctis Patribus collegisse, certum est.

18. Cajetanus Braulionis verba, *multa opuscula et in Ecclesia Dei multo cum ornamento inscripta*, ad librum Sermonum detorquet : quæ tamen quosvis alios libros indicant. In Homiliario Alcuini Venetiis 1551, pap. 25, et Coloniæ 1569, pag. 67, legitur in die Nativitatis Domini sermo S. Isidori : *Natalis Domini dies*, etc. Desinit, *quod natus est Christus, qui vivit*, etc. Prodierunt *Homiliæ ac Meditationes in festum Nativitatis Jesu a Christiano Daumio collectæ Cygneæ* 1670, in 8, ubi num. 12 inseritur Isidori sermo de Nativitate ex Homiliario doctorum desumptus. Idem est sermo, idemque Homiliarium Alcuini nomine editum. Quod tamen opus præter rem Alcuino ascribi, etiam in versione Hispanica Valentiæ 1552 fol. *Homiliario recopilado por Alcuino*, in Biblioth. med. Fabricii animadversum est, ubi Paulo Winfrido tribuitur, pluresque editiones ab anno 1482 peractæ recensentur, omissis tamen iis duabus quas ego retuli. Anno proxime elapso 1795 recudi Matriti cœptum fuit Homiliarium Alcuini ex versione baccalaurei Joannis de Molina, quæ est ipsa versio vetus, tribus tomis in 4.

19. Ad auctorem sermonis de Nativitate Domini quod attinet, jam alii observarunt esse vere S. Isidorum, quandoquidem totus sermo nihil differt a capite 26 libri I de Officiis ecclesiasticis, exceptis nonnullis variis lectionibus, quæ facile in mss. exemplaria irrepunt, ut in fine *quod Christus natus est* pro *quo die Christus natus est.* Repertus a me est idem sermo in antiquis membranis Vaticanis, ut in Cod. Regio-Vatic. 425, de quo cap. 99.

20. Longior est sermo de angelis, quem Constantinus Cajetanus veluti nondum editum publicavit. Notas etiam ac varias lectiones addidit, quibus hoc monitum præmisit.

623 In uno aut altero ex vetustioribus mss. Lectionariis Bibliothecæ Casinensis, sign. num. 75, et 236, ac in duobus Bibliothecæ Vaticanæ Codicibus, sign. num. 1296 (corrige 1269) et 3836, exstat sermo hic Isidori de sanctis angelis, in quibus tamen S. Michaeli archangelo tantummodo inscriptus est. Revera thesaurum censeo quidquid de reliquiis Operum Isidori Hispalensis erui potest : de eo enim hic solum cogito : nam ut Isidoro Cordubensi, vel Isidoro Pacensi tribuam, nec suspicari volo. Isidori namque nomine, non eodem tempore, tres in Hispania viros, eruditionis et probitatis opinione excellentes, exstitisse constat : Isidorum Cordubensem episcopum, cui ob antiquitatem Senioris cognomentum est, vixitque temporibus Honorii imp.; Isidorum Hispalensem, cujus actiones jam explicuimus : postremo Isidorum Pacensem, qui, quod duobus fuit ætate posterior (vixit enim longe post Hispalensem). Junioris cognomen tulit : tametsi Isidorus Hispalensis a Cordubensi ea appellatione nonnunquam secerni consueverit. Ne te, lector, idem cognomen in errorem mittat, cave.

21. Cajetanus Codicem Vaticanum primum designat num. 1296, sed legi debet 1269, ut ipse etiam in notis indicat. Hoc certe numero 1269 Codex ille nunc in bibliotheca Vaticana signatur, cap. 95 describendus. Illud vero animadversione dignum quod Cajetanus tres lectiones de angelis uni Isidoro tribuit, cum tamen id ex mss. Vaticanis non liqueat : imo in Codice 1296 sola illa lectio *Angelorum nomen*, etc., usque ad *et angelis redditam*, Isidoro tribuitur, reliquæ duæ S. Gregorio Magno. Nam finita lectione, *Angelorum nomen*, illico est rubrica : *S. Gregorii papæ unde supra : Nonnunquam*, etc. Rursus : *Item ejusdem unde supra : Aliquando per angelos*. Aliquantulum tamen Cajetano favet Codex antiquior 3836, de quo cap. 97 agam, ubi post lectionem Isidori nomine : *Angelorum nomen*, etc.. rubrica apponitur sine auctore : *Item unde supra : Nonnunquam vero*, etc., et iterum post hanc lectionem rubrica : *Item cujus supra : Aliquando per angelos*, etc. Certum tamen videtur librario excidisse auctoris nomen, cum rubricas scripsit pro lectione *Nonnunquam vero*. Etenim alii etiam Codices, qui sermonem S. Isidori de angelis referunt, solum lectionem, *Angelorum nomen*, etc., ipsi adjudicant.

22. Homiliarium sæculi XII describitur a Bandinio tom. IV Cod. Latin., plut. 33 S. Crucis Cod. 4, ubi pag. 193 legitur : *S. Isidori episcopi sermo de S. Michaele archangelo. Angelorum nomen*, etc., usque ad *angelis redditam*. In Codice Vaticano 1271, quo Lectionarium vetus continetur, idem sermo sic indicatur in Inventario sine auctoris 624 nomine : *In celebratione atque victoria S. Michaelis archangeli. Angelorum nomen*, etc.

23. Sermo de angelis, qui in Mss. Isidoro ascribitur, est caput 10 integrum libri I Sententiarum. Ea quæ a Cajetano sub eodem titulo adduntur, et in mss. Gregorio papæ adjudicantur, desumpta sunt ex Gregorio Magno lib. XXVIII Moral., c. 1, num. 3, excepto Danielis loco. Videlicet verba Gregorii sunt, *Nonnunquam vero*, etc., usque ad *ventura sentiret*. Quæ sequuntur : *Velut ad Danielem*, etc., usque ad *in finem dierum*, absunt ab Operibus Gregorii. Cætera *Aliquando per angelos verbis* usque ad *quæ infra se ventura sunt, videat*, petuntur ex cit. loc. Gregorii num. 6 seqq. An autem argumentum de angelis a S. Gregorio pertractatum Isidorus in usum concionis

interpolaverit, insertis verbis Danielis, an alius, non ita facile est definire. Ego enim, ut sæpe monui, Isidoro indignum non judico, quod ejusmodi veterum Patrum sententias et fragmenta in unum corpus compegerit. Hæc enim fuit ejus, hæc aliorum Patrum consuetudo.

24. In Homiliario bibliothecæ S. Crucis, quod paulo ante commemoravi, pag. 34 indicatur S. Isidori episcopi sermo de Vita S. Joannis Baptistæ, qui, ut advertit Bandinius, anepigraphus est in alio Codice. Hic sermo nihil, ut arbitror, diversum continet a capite 72, al. 73 libri Isidori de Ortu et Obitu Patrum. Respondent enim simili titulo alii nostri Codices, ut Regio-Vaticanus 125, de quo dicam cap. 99.

25. Sermo de Trinitate, qui incipit, *Multis etiam modis*, Isidoro tribuitur in Codice Vaticano 6451, pag. 248, qui desumptus est ex Etymologiis, lib. VII, cap. 2. Inter homilias Codicis Veronensis, de quo cap. 44, num. 50, exstant *Sermones ex libro S. Isidori de Passione Domini : Congregati sunt*, etc., scilicet ex Libro I contra Judæos, cap. 19, etc. Ex Adversariis Zaccariæ cap. 43 recensitus fuit Codex Sententiarum Isidori bibliothecæ Florentinæ S. Marci in quo indicabatur *Sermo S. Isidori de pœnitentia ;* sed cum initium ita ascribatur : *Ex eo unusquisque justus esse incipit, ex quo sui accusator exstiterit*, facile intelligo esse caput 13 libri II Sententiarum, cujus est titulus : *De Confessione peccatorum et pœnitentia :* initium idem : *Ex eo unusquisque*, etc.

26. In Codice Regio-Vaticano 261, quem cap. 100 describam 625 post plura alia, et nonnullos sermones S. Joannis *Os aurei*, sive Chrysostomi, pag. 175 est *Sermo sancti Isidori de tentationibus diaboli.* Incipit : *Multis calamitatum tentationibus mens justi in hac vita pulsatur*. Desinit : *commisso procul dubio cavet facinore*. Est integrum caput quintum libri III Sentent., eodem modo inscriptum, *de Tentationibus diaboli*, nonnullis variis occurrentibus lectionibus non magni pretii.

27. Quid sit sermo S. Isidori ex Synonymis, in quodam Codice Florentino recensitus, dixi cap. 70. Catalogus regiæ bibliothecæ Parisiensis plures recenset Isidori sermones, quorum plerique ejusdem tituli sunt ac sermones jam relati. Alii, etsi titulo diverso, non videntur tamen differre a jam recensitis, aut certe ex operibus Isidori esse deceptos conjici potest. Hæc sunt maxime notanda in eo Catalogo. Cod. 6623 membr. sæculi XII, *S. Isidori episcopi duæ homiliæ, quarum prima de tribus causis peccatorum, altera de vita hujus mundi.* Cod. 5302 sæculi XII, num. 79, *Sancti Isidori sermo de Septuagesima.* Cod. 3806 membr. sæculi XIV, *in die Pentecostes sermo excerptus ex libro S. Isidori.* Cod. 1713 sæculi XI et Cod. 1714 sæculi XII, *Sermo S. Isidori de malitia.* Jac. Philippus Tomasinus in Biblioth. Patavin. mss., pag. 30, indicat Isidori Sermonem *de diebus malis*.

28. Inter appendices editionis novæ Matritensis, pag. 45, ex quodam ms. Codice repositus fuit *Sermo Isidori episcopi de Corpore et Sanguine Domini in*

Pascha : Magnitudo cœlestium, etc. Editor in prologo monuit S. Isidoro abjudicandum esse hunc sermonem, qui est homilia 7 S. Cæsarii Arelatensis de Paschate tom. II Bibliothecæ Patrum editionis Parisiensis 1624. Bayerius, in not. ad Bibl. vet. lib. IV, num. 179, testatur in Escurialensi sæculi XIII Codice exstare hunc sermonem hac epigraphe: *Isidori episcopi sermo de Corpore et Sanguine Christi in Paschate.* Hunc sermonem indicatum puto a Pastrengo, qui in catalogo Operum Isidori posuit *de Corpore et Sanguine Domini tractatum unum*, cui consonat Trithemius: *de Corpore et Sanguine Domini lib.* I. Zaccaria in suo Conspectu animadvertit sermonem de Corpore et Sanguine Domini, qui sub Emisseni nomine editus est, apud Martenium a duobus vetustis Codicibus Isidoro tribui.

626 CAPUT LXXIII.

Epistolæ Isidori quænam genuinæ, quænam spuriæ aut dubiæ? Genuinis ascribendæ non solum epistolæ ad Braulionem, sed etiam ad Leudefredum et ad Massonam.

1. In catalogo Operum Isidori Trithemius postremo loco posuit *Epistolarum ad diversos librum* I, cujus initium cum non ascripserit, inter eos libros refero quos Trithemius non vidit. Isidori epistolas in Canonia S. Nicolai Paraviæ cum aliis libris anno 1595 combustas fuisse cap. 46 commemoravi. Cum Etymologiis præmitti soleant in Mss. epistolæ plures Isidori ad Braulionem, non valde mirandum esset si totum Codicem aliquis *epistolas Isidori* inscripserit. In appendice alphabetica Maittairii indicantur *Isidori Junioris Hispalensis episcopi epistolæ ad Braulionem Cæsaraugustanum episcopum fol. Venetiis* 1483, quod de epistolis operi ipsi Etymologiarum præfixis intelligere oportet. Epistolarum Isidori neque Braulio, neque Ildefonsus, neque Sigebertus meminerunt, *utpote vix*, ait Nic. Antonius, *inter opera reputandarum*.

2. Quædam sunt Isidori epistolæ quæ dedicationis loco Operibus ipsis præfixæ sunt, videlicet brevis epistola ad Braulionem, qua Etymologias mittit, *En tibi*, etc., præfatio Allegoriarum ad Orosium, duo prologi libri I et II contra Judæos ad Florentinam sororem, dedicatio operis de Officiis ecclesiasticis ad Fulgentium fratrem Astigitanum episcopum, præfatio Regulæ ad monachos Honorianenses, epistola nuncupatoria libri de Natura rerum ad Sisebutum regem. Istiusmodi epistolæ dedicatoriæ a suis locis removendæ non sunt. Minus tamen recte faciunt qui plures alias epistolas amœbæas Isidori et Braulionis Etymologiis præmittunt, quia in multis veteribus mss. Codicibus ita eas collocatas invenerunt; aut qui epistolam Isidori ad Massonam pro præfatione librorum Sententiarum exhibent, aut qui epistolam ad Braulionem, *Quia non valeo*, tanquam dedicationem Synonymis præponunt. Etsi enim in quibusdam veteribus membranis librarii eas epistolas cum laudatis Isidori operibus conjunxerunt, tamen opportunum magis est in unum corpus epistolas omnes compingere, quæ aliorum operum præfationes 627 non sint. De duabus Isidori epistolis ad Braulionem, archidiaconi munus obeuntem, sermonem habet Benedictus XIV in litteris ad archiepiscopum Cæsaraugustanum, quibus novas lectiones et collectam pro officio S. Braulionis a se reformatas et approbatas mittit. In prima observat titulum inscribi, *Charissime fili*, in fine vero *Dilectissime mi domine*, quod specimen obsequii archidiacono sibi subjecto ab episcopo non exhibendum putat. Altera epistola inscribitur *dilectissimo fratri Braulioni.* Colligit summus pontifex Braulionem in ecclesia Hispalensi archidiaconum fuisse, contra quam archiepiscopo Cæsaraugustano visum fuerat. Braulionem vero discipulum olim Isidori fuisse arbitratur.

3. Ad editionem regiam Matritensem Joan. Baptista Perez epistolas collegit, notisque illustravit; qui in not. *d* ad epistolam primam unum Codicem Complutensem nominat, aliosque in genere: in not. ad epistolam duodecimam *Solet repleri*, etc. Codicem Gothicum Ovetensem, ac Romanum, aliosque Mss. in genere appellat. Tredecim autem epistolas edidit: 1. Ad Leudefredum. 2. Ad Braulionem archidiaconum: *Dum amici.* 3. Ad Braulionem archidiaconum: *Quia non valeo.* 4. Ad Massonam. 5. Ad Helladium. 6. Ad Claudium ducem. 7. Ad Redemptum archidiaconum. 8. Ad Eugenium. 9. Isidori ad Braulionem: *Omni desiderio*. 10. Braulionis ad Isidorum: *O pie domine*. 11. Isidori ad Braulionem: *Quia te incolumem.* 12. Braulionis ad Isidorum: *Solet repleri.* 13. Isidori ad Braulionem: *Tuæ sanctitatis epistolæ.*

4. Ex his epistolis quinque illæ amœbææ Isidori et Braulionis Etymologiis præfixæ exstant, ut dixi, non solum in plerisque editionibus, sed etiam in multis pervetustis mss. exemplaribus. Canonicus Legionensis in Vita S. Isidori inseruit duas hujus epistolas ad Braulionem in Actis sanctorum t. m. I Aprilis, c. 7, p. 544 seq.; scilicet *Ad Braulium discipulum suum. In Christo domino dilectissimo Braulio, archidiacono, Isidorus. Dum amici litteras*, etc. Ad sanctum Braulium. *Domino meo et Dei servo Braulioni Cæsaraugustano episcopo Isidorus. Tuæ sanctitatis epistolæ.* Inseritur Braulionis una ad Isidorum; *Braulius Cæsaraugustanus episcopus ad Isidorum: Domino meo, ut vero domino Christique electo Isidoro, episcoporum summo, Braulius pessimus peccatorum, inutilis servus sanctorum Dei : Solet repleri*, etc. His tribus epistolis et Epistolæ ad Eugenium nullæ 628 subjiciuntur notæ: sed subjiciuntur epistolæ ad Massonam, et alteri ad Leudefredum, præsertim ex Nic. Antonio. Rursus cap. 8, fortasse extra suum locum aliæ epistolæ intermiscentur sine inscriptione propria, et cum brevibus Bollandianorum notis, videlicet *Epistolæ S. Isidori ad Braulionem : Quia non valeo*. *Epistola Braulionis ad S. Isidorum : O pie domine. Responsum S. Isidori : Quia te incolumem*, Riscus tom. XXX Hisp. sacr. epistolas Isidori ad Braulionem et Brau-

lionis ad Isidorum produxit, nonnullasque suas notationes adjecit.

5. Epistolas amœbæas Isidori et Braulionis nemo fere in controversiam vocat. Nec de epistola ad Leudefredum plerosque viros criticos video dubitare. Eam Isidoro ascribunt Gratianus in cap. 1, distinctione 25, Ivo Carnotensis part. VI Decreti, cap. 20, et epist. 75 editionis Parisiensis 1585. Tamen si inspiciamus epistolam *Isidori Leufredo Cordubensi episcopo directam, patenter intelligi poterit quia non pertinet ad archidiaconum,* etc. In Codice Regio-Vaticano 1026, in quo est collectio canonum inscripta *Polycarpus,* reperitur epistola *Ysidori episcopi Hispalensis ad Ludefredum Cordubensem episcopum directa,* sed mutila est in fine, ut apud Gratianum. Cellierius epistolam hanc epitomen vocat librorum de Officiis, quod attinet ad ministros altari inservientes. Propterea Breulius partem ejus epistolæ, quam nactus fuerat, libris de ecclesiasticis Officiis subjunxit. Deinde pag. 693 inter epistolas fragmentum quod deerat, adjecit hoc brevi monito præfixo: *Libris sancti Isidori de ecclesiasticis Officiis epistolam ejus, de iisdem tractantem, quam ad Ludifredum, alias Leudefredum, Cordubensem episcopum scripsit, subjunximus, non tamen integram, sed qualem in Decreto Gratiani dist. 25, Perlectis, et apud Ivonem Carnotensem episcopum p. 6 sui decreti, cap. 20, atque etiam in Codicibus mss. legimus. Nuperrime autem postremam partem, quæ desiderabatur, nacti, hanc modo lectori apponimus absque priorum repetitione, quæ, si libuerit, supra pag. 615 inveniet.* Correctores Romani ad Gratiani Decretum jam annotarant integram epistolam haberi in Codice monasterii Dominicanorum, scilicet in Codice bibliothecæ Dominicanæ supra Minervam.

6. Concilium Legionense anno 1091 celebratum statuit (quod refert Lucas Tudensis in Chronico) *ut secundum Regulam beati Isidori* 629 *Hispalensis archiepiscopi, ecclesiastica Officia in Hispania regerentur.* Rodericus Toletanus lib. VI, cap. 30, breviter ait: *Multa de Officiis Ecclesiæ statuerunt.* Multi cum Aguirrio in not. ad Conc. Hisp. Tudensis verba interpretantur de epistola Isidori ad Leudefredum: siquidem officium Gothicum jam tunc in Hispania abolitum fuerat. Potuerunt tamen intelligi de libris duobus Isidori de Officiis ecclesiasticis, in quibus cum alia tum ea quæ in epistola ad Leudefredum continentur, etiam illa quæ officio ecclesiastico Romano accommodari possint, explicantur.

7. Hanc epistolam ad Leudefredum edidit Loaisa in not. ad concilium VIII Toletanum ex perantiquo Codice Escurialensi, dicto Vigilano ab exscriptore Vigila, et Albeldensi a monasterio, in quo exaratus fuit: de quo agit Riscus tom. XXXIII Hisp. sacr., tract. 69, cap. 12. Scriptus Codex fuit a Vigila, a Garzia Vigilæ discipulo, et a Sarracino monachis. In fine voluminis sunt versus ametri acrostichi, quorum primæ et ultimæ syllabæ in hanc prodeunt sententiam: *Vigila Sarracinusque ediderunt æra millesima sive cuarta decima.* Alii deinde versus acrostichi, quorum primus est, *O Dei Verbum Patris ore proditum.* Æra 1014 respondet anno Christi 976. Ex Loaisa desumpsit epistolam Labbeus tom. VI Concil., col. 420. Titulus est: *Epistola beati Isidori Junioris episcopi Hispalensis ecclesiæ ad Leudefredum episcopum Cordubensis ecclesiæ directa.* Pars hujus epistolæ ad Leudefredum Isidori nomine inserta est in opere inter alia veterum a Stevartio edito, et inscripto, *Statuta canonum de officio sacerdotum, incerto collectore,* pag. 675. *Exempla Isidori ad Lamfidum* (sic) *episcopum: Ad psalmistam,* etc., *responsorium in dominicis diebus, vel in aliis festivitatibus decantet, et reliqua.* Hucusque Isidorus de ecclesiasticis ordinibus. Quod ex Burchardo indicatur esse desumptum. Catalogus Mss. bibliothecæ regiæ Parisiensis duos exhibet Codices epistolæ *ad Lanfredum,* sive *Ludifredum.*

8. Leudefredum forte illum esse qui in subscriptionibus concilii IV Toletani *Leudeficus* Cordubæ episcopus esse dicitur, censet Nic. Antonius. Nec dubitandi ratio superest, cum in editione Conciliorum Hispaniæ Loaisæ et Aguirrii pro *Leudefico* ad marginem diversa scriptura notetur *Leofredus:* et concilio Toletano VI idem episcopus Cordubensis subscribat *Laufredus,* et concilio Toletano VII subscripserit Valentinianus archipresbyter agens vicem *Leudefredi* 630 Cordubensis episcopi. In mss. Codicibus Vaticanis, in quibus epistolam Isidori ad Leudefredum reperi, similis varietas est in eo nomine exscribendo. Unde autem Loaisa *Leudefici* nomen asciverit, cum in veteribus editionibus, et Mss. Escurialensibus et Toletanis non ita legatur, Florezius se nescire ait tom. X, pag. 235.

9. In Codice Escurialensi, quem ex Rodriguezio, cap. 55, recensui, est versio Hispana quarumdam Epistolarum Isidori, et in his epistolæ ad Massonam, ad Eugenium Toletanum, et ad Leudefredum, qui Hispanice *Leofredo* vocatur. Epistola ad Leudefredum in antiquis Mss. conjuncta esse solet cum epistola ad Massonam, ut in Vaticano 1344.

10. Vir apprime doctus Hernandezius suspicatur epistolam ad Leudefredum fetum centonarii alicujus hominis esse ex lib. II Officiorum, quia reperitur in nonnullis Codicibus, collectionem non puram Isidori Mercatoris complectentibus, ut tradunt Ballerinii tom. III Oper. S. Leon., pag. CCXXXV. Nihil tamen id obest, cum ea exstet in aliis exemplaribus quæ ab ejuscemodi fraudibus omnino libera sunt, ut in Vigilano. Addit, quædam verba in textu editionis Breulianæ, et in notis Perezii de officio archipresbyteri legi, a disciplina eorum temporum aliena. Verum id arguit non epistolam esse falsam, sed in aliquibus exemplaribus reperiri interpolatam, ut pleraque alia opera Isidori. Ita etiam in Codice Vaticano 3788, pag. 11, sub rubrica: *Ex dictis B. Ysidori ad Landefredum* (sic) *episcopum,* quædam de presbyteris proferuntur spuria, quæque in aliis Mss. desunt. Codicem describam cap. 97. Ea quæ de

presbyteris dicuntur, ad appendices rejiciam. Berardus, cujus verba habes cap. 32, num. 14, propendet etiam in sententiam quæ hanc epistolam apocrypham dicit.

11. Isidori ad Massonam epistola in monumentis antiquis frequentissime occurrit. Fragmentum ejus legitur in collectione canonum Hatligarii, et cap. 1 Pœnitentialis Rhabani Mauri, quod Antonius Augustinus edidit : et in ejusdem Rhabani epistola ad Heribaldum Antissiodorensem episcopum a Petro Stevartio publicatam, et a Stephano Baluzio post Reginonis opus de ecclesiasticis disciplinis excusam. Eadem usi sunt Algerus præfat. in lib. de Misericordia et Justitia in Analect. Mabillonii, Burchardus lib. xix, cap. 73, Ivo lib. iii, tit. xi, cap. 17, suorum Decretorum, et Gratianus **631** cap. *Domino* 28, distinct. 50, et cap. *Hoc ipsum* 33, quæst. 2, ubi annotatores addunt Polycarpi auctorem lib. iv, tit. 39, Anselmum lib. viii, cap. 37, et rursus Ivonem p. 8, c. 398, et p. 15, c. 91. Observat autem Nic. Antonius, titulum capitis *Hoc ipsum* Gratiani quidquam amplius continere ; si quidem ita habet : *De his ita scribit Isidorus ad Massonem episcopum in præfatione ad librum de Summo Bono. Cuinam Isidorus libros Sententiarum, sive de Summo Bono nuncupaverit*, pergit Nic. Antonius, *nondum liquet : attamen epistola hæc nihil, quo præfationi assimiletur, continet.*

12. Ita profecto : epistola ad Massonam neque præfationis, neque dedicatoriæ epistolæ speciem præfert, neque ad libros Sententiarum ullo modo pertinet. Florezius tom. XIII Hisp. sacr. edit. 1, pag. 205, contra Morenum de Vargas, qui libros Sententiarum, Massonæ ab Isidoro dedicatos, ex eo Gratiani capite *Hoc ipsum* collegerat, advertit in editione Gratiani Parisiensi anni 1552 deesse verba *in præfatione ad librum de Summo Bono*, ac contendit verba a Gratiano allegata minime partem esse libri Sententiarum. Nihilominus Gratianus in Romana correcta Decreti editione non sine veterum mss. Codicum auctoritate loquitur. In duobus exemplaribus bibliothecæ Angelicæ Romæ membranaceis libri Sententiarum exstant, in quibus vices prologi epistola ad Massonam gerit. Alter eorum in-4 parvo rubricam hanc exhibet : *In nomine Domini nostri Jesu Christi incipit liber S. Ysidori episcopi. Incipit prologus. Domino sancto meritisque fratri Masoni episcopo Hysidorus episcopus. Veniente ad nos famulo vestro, viro religioso Nicetio*, etc. Non est integra, sed desinit : *consequi secundum pristinos gradus.* Illico rubrica : *Incipiunt capitula libri* i. Alter codex in-fol. parvo simili rubrica insignitur : *Incipit liber Sententiarum primus Dompni Ysidori episcopi : epistola ejusdem ad Mansonem episcopum. Domino sancto meritisque beato fratri Mansoni episcopo Ysidorus. Veniente ad nos filio vestro religioso Nicentio*, etc. Desinit : *aut antiquior, aut potior stat auctoritas* : qui est finis epistolæ, ubi alii habent *est*, vel *exstat* pro *stat*, et nonnulli addunt, *Data sub die*, etc. Duos Codices recensui cap. 43, num. 27 et 50, alterum Lucensem, alterum Florentinum S. Marci, in quibus eadem epistola prologi vice libris Sententiarum præfigitur. Accedit ibidem num. 31 tertius hujus generis Codex Pistoriensis. Similes sunt duo Vaticani inter alios **632** indicati cap. 67, num. 23. Bignæus quoque epistolam ad Massonam libris Sententiarum tanquam præfationem adjecit ex bibliotheca S. Victoris, ut cap. 35 narravi.

13. Massonæ nomen vario modo in Mss. reperitur scriptum. In concilio Toletano iii, anno 589, et in alio Toletano, anno 597, quibus præfuit, *Massona* dicitur : sed in nonnullis exemplaribus *Mausana*, in aliis *Mausona*, in aliis *Masona*. De quo nomine videri possunt Ant. Augustinus ad Pœnitentiale Rhabani, et Tamayus de Vargas in not. ad cap. 9 Pauli Emeritensis de Vit. PP. Emeritens. Perperam alicubi scribitur *Mesanus*, aut *Massanus*, aut *Massenus*. Minus fortasse abhorret *ad Massonem*, vel *Masonem* : potuit enim utroque modo dici *Masson*, aut *Massona*. Pro *Massonem* autem mendosum est *Mansonem*, aut *Mastonem*, ut legitur in catalogo Pomposæ veteris sæculi xi, ut indicavi cap. 46. Fuit autem Massona Emeritensis metropolitanus, ante annum 573 ad 606, doctrina et vitæ sanctitate conspicuus, *gravissimus ejus vir ætatis*, ut Nic. Antonius vocat : ad quæ verba Bayerius annotat, in vetusto sæculi xii aut xiii ineuntis bibliothecæ Escurialensis Breviario, quod fortasse ad Emeritensem ecclesiam olim pertinuit, post festa SS. Laurentii, Nunilonis et Alodiæ, Servandi et Germani, Acisceli et Victoriæ atque Eulaliæ Emeritensis hanc exstare orationem : *Misericordiam tuam, Domine, nobis, quæsumus, intervenientibus sanctis confessoribus atque pontificibus tuis Damaso et Massona, clementer impende, et nobis peccatoribus ipsorum propitiare suffragiis.* Memoriam Damasi in hoc Breviario nonnihil Lusitanis ejus natalibus favere, existimat Bayerius : quod tamen intelligi velim de Lusitania veteri, cujus caput erat Emerita in Extremadura, nunc *extra* Lusitaniam novam, sive Portugalliam sita.

14. Controversia autem inter viros criticos est an Isidori ad Massonam epistola genuina sit. Falso Isidoro tributam existimant Morinus, Cellierius, Dupinius, Aguirrius, et alii apud Placcium n. 1484. Loca singillatim Bayerius in not. ad Nic. Antonium indicat, et Hernandezius propter Espenii aliorumque argumenta dubiam eam esse epistolam concludit in not. ad Prospectum editionis Zaccarianæ, quamvis in contrariam sententiam Bollandiani et Florezius abeant. Confer etiam præfationem viri clarissimi descriptam cap. 38, num. 37. Antiquiores quidem eam pro legitima agnoverunt, **633**, quin in examen vocarent. Florezius tom. XIII Hisp. sacr., pag. 204, contra Cellierium breviter epistolam tuetur, quod stylum Isidori sapiat, nihilque doctrinæ Isidori contrarium præseferat. Oudinus et Natalis Alexander iis adhærent qui epistolam commentitiam censent. Eorum rationes huc redeunt, doctrinam ejus epistolæ contrariam esse Isidoro lib. ii de Offic. eccles.

c. 5, et in epist. ad Helladium. Dupinius t. V Bibl. Eccles. confictam ab eo suspicatur qui Isidori Mercatoris nomine famosam canonum et decretalium collectionem fabricavit. Ita fere sentiunt qui rigidioris veteris disciplinæ studiosi videri volunt. Quibus annuit Berardus, cap. 32, num. 40, relatus.

15. Cæterum, si quid ego video, epistola ad Massonam non solum in se spectata Isidoro maxime digna est, sed etiam nihil exhibet aut libris de Officiis ecclesiasticis, aut epistolæ ad Helladium contrarium. Omitto hanc ipsam ad Helladium epistolam aliis spuriam, et gravioribus fortasse rationibus, videri. Certe non est epistola ad Massonam rejicienda, quia contraria est epistolæ ad Helladium, et rursus hæc, quia alteri opponitur. Dissensio quidem, quod aiebam, inter has epistolas nulla est, nisi epistola ad Massonam sibi ipsi dissentire et repugnare dicatur. Ex epistola ad Helladium et ex loc. cit. de Officiis eccles. solum arguitur, post lapsum corporalem nequaquam reparandum antiqui ordinis meritum. Verba epistolæ ad Helladium sunt: « Deposcimus ut idem lapsus sancto cœtui vestro præsentatus, agnito a vobis confessionis eloquio, synodali sententia a gradu sacerdotii deponatur... Sciat enim se amisisse nomen et officium sacerdotis, qui meritum perdidit sanctitatis. Quapropter judicii vestri decreto pœnitentiæ perpetim flagitia perpetrata lamentatione deploret, plangat sacerdotii cultum quem male vivendo perdidit, etc. » Minus autem urgent quæ Isidorus de sanctitate sacerdotis loc. cit. de Offic. disputat: « Quod autem is qui post baptismum aliquo mortali peccato correptus sit, ad sacerdotium non promoveatur, lex ipsa testatur... Sed quid plura subjiciam? Si enim is qui jam in episcopatu, vel presbyterio positus, mortale aliquod peccatum admiserit, retrahitur ab officio, quanto magis ante ordinationem peccator inventus non ordinetur?... Qui enim alium de peccatis arguit, ipse a peccato debet esse alienus. »

16. Hæc omnia, et fortasse gravioribus verbis Isidorus in epistola 634 ad Massonam astruit; sed ita ut in concordiam revocet cum canone 19 concilii Ancyritani, quo præscribitur in lapsu corporali restaurandum honoris gradum post pœnitentiam. « Verum, » inquit, « quod sequenter in epistolis venerabilis fraternitas vestra innotuit, nulla est in hujusmodi sententiis decretorum diversitas intelligenda, quod alibi legitur, in lapsu corporali restaurandum hominis gradum post pœnitentiam, alibi, post hujusmodi delictum nequaquam reparandum antiqui ordinis meritum. » Viden ut Isidorus etiam in hac epistola sustineat post corporalem lapsum nequaquam reparandum antiqui ordinis meritum? Audi nunc ipsum Isidorum canones in speciem diversos ad concordiam reducentem. Hæc enim diversitas hoc modo distinguitur. « Illos enim ad pristinos officii gradus redire canon præcipit, quos pœnitentiæ præcessit satisfactio, vel digna peccatorum confessio: at contra ii qui neque a vitio corruptionis emendantur, atque hoc ipsum carnale delictum quod admittunt, etiam vindicare quadam superstitiosa temeritate nituntur, nec gradum utique honoris, nec gratiam communionis recipiunt... Hi neque immerito consequuntur ademptæ dignitatis statum qui per emendationem pœnitentiæ recepisse noscuntur vitæ remedium. » Et post plura: « Ecce, in quantum valui, concilii Ancyritani antiquam et plenam auctoritate sententiam sacris testimoniis plane explanavi; ostendens eum posse restaurari in proprio honore qui per pœnitentiæ satisfactionem novit propria delicta deflere: qui vero neque luget quæ gessit, sed lugenda sine ullo pudore religionis vel timore divini judicii committit, eum nullo modo posse ad pristinum gradum restaurari.

17. Doctrina ergo Isidori, sibi undique cohærens, hæc est, eum qui per carnis lapsum, vel quodvis aliud grave delictum dignitatis suæ gradum amisit, recuperare illum nullo unquam tempore posse, nisi *dignos pœnitentiæ fructus* faciat, ut per emendationem vitæ remedium recepisse noscatur. Quare loc. cit. de Offic. eccles. concludit: *Qui negligit recta facere, desinat recta docere. Prius enim semetipsum corrigere debet qui alios ad bene vivendum admonere studet.* Quod si in epistola ad Helladium Cordubensi episcopo perpetua pœnitentia imponenda indicatur, fortasse graviora quædam crimina id flagitabant: dicitur enim *de altitudine honoris in profundo flagitiorum flenda ruina demersus... Lugeat animæ suæ statum, quem tanto putredinis cœno inquinavit.* Innuitur tamen locum esse posse restitutioni, cum additur: *Fortasse porriget illi manum quandoque Spiritus sanctus, ut per dignam satisfactionem mereatur peccatorum remissionem.* Præterea aliud est quod pœnitentia injuncta esset perpetua ex parte pœnitentis, ut ita loquar, quia ipse jure reparationem exigere non poterat, aliud quod in potestate episcopi vel concilii esset presbyterum, vel episcopum lapsum qui peculiaria pœnitentiæ et contritionis signa præbuisset, ex indulgentia ad pristinum gradum admittere.

18. Doctrinam vero ab Isidoro in epistola ad Massonam traditam de sacerdotis lapsi reparatione disciplinæ Ecclesiæ Hispanæ contrariam non fuisse colligi potest cum ex epistola Innocentii I ad Patres concilii Toletani, tum ex concilio Toletano XIII anno 683, can. 10, tum denique clarius ex concilio Ilerdensi anno 564, apud alios 524, can. 5, ubi hæc statuuntur: « Hi qui altario Dei deserviunt, si subito in flenda carnis fragilitate corruerint, et, Domino respiciente, digne pœnituerint, ita ut mortificato corpore cordis contriti sacrificium Deo offerant, maneat in potestate pontificis vel veraciter afflictos non diu suspendere, vel desidiosos prolixiore tempore ab Ecclesiæ corpore segregare: ita tamen ut sic officiorum suorum loca recipiant, ne possint ad altiora officia ulterius promoveri, etc. » Adde Bachiarii scriptoris Hispani anno circiter 400 epistolam ad Januarium de Reparatione lapsi, sive de Lapsis recipiendis.

19. Edita est epistola Isidori ad Massonam in Actis

sanctorum ad diem 4 Aprilis cum aliis, quas anonymus Canonicus Legionensis Vitæ S. Isidori inseruit. Alias editiones memorat Constantinus Cajetanus, qui eamdem epistolam notis a se illustratam inter alia septem Isidori opuscula typis commisit. Ita vero præfatur ad notas et varias lectiones :

Antequam integra hæc Isidori epistola passim legeretur, illius fragmentum videre erat in libro Pœnitentium Rabani Mauri cap. 1, quem Antonius Augustinus, archiepiscopus Tarraconensis, antiquitatis peritissimus, una cum aliis Pœnitentialibus antiquis edidit et notis illustravit. Præterea apud Gratianum dist. 50, cap. 28, *Domine sancto* : apud Burchardum lib. xix, cap. 75, apud Ivonem lib. iii, tit. 11, cap. 17, atque alios. Verum Joannes Grialius, et Jacobus Breulius, qui recentem Operum Isidori editionem adornarunt, istam epistolam, quæ prius mutila exstabat, integram dedere : sicut et Henricus Casinius ex membranis mss. monasteriorum S. Galli apud Helvetios, et Weingartensis in Germania. Quamobrem ex omnibus hisce citatis Codicibus dignum censuimus varias lectiones observare.

636 20. Diem quo data fuit epistola, alii alio modo ascribunt. Grialius habet *prid. Kal. Mart. anno* iii *Witerici.* Nic. Antonius refert *sub die* xi *Kal. Mart.* Alii *sub die secundo Kal. Martii.* Canisius annum iv Witerici regis designat. Plerique annum iii, qui respondet anno 606 ; nam Witericus anno 603 regnare cœpit. Procul a vero Breulius aberrat, qui, cum ex bibliotheca S. Germani a Pratis epistolam ediderit, annumque tertium Witterici indicaverit, in margine notam adjecit : *Erat annus Christi* 609. *Nam iste Wictericus regnare cœpit æra* 645, *id est anno Christi* 607. Auctores rei laudat Rodericum Toletanum lib. ii de Reb. Hisp., cap. 16, Rodericum Sanctium part. ii, cap. 12, et Vasæum in Chronico sub eodem anno. Atqui ipse Breulius in Historia Gothorum Isidori Witterici regnum inchoavit æra 642, hoc est anno 604. Editiones autem correctæ exhibent æram 641, sive annum 603. Recentiores historici vel errant ipsi, vel amanuenses, qui numeros æræ perverterunt. Cajetanus in not. opinionem Breulii adoptat, sed nulla nova ratione adductus, In multis mss. exemplaribus omnino desunt verba quibus certus dies et annus datæ epistolæ exprimuntur.

21. Exemplar epistolæ ad Massonam invenimus in Codice Vaticano 652, ante libros Sententiarum, de quo cap. 94, ubi data dicitur *sub die pridie Kal. Martiarum* ; in Vaticano 1344, *data sub die* ii *Kal. Martias Masonio*, præcedente epistola ad Leudefredum, de quo cap. 96. In Vaticano antiquissimo 5751, de quo cap. 98. In Palatino sæculi x circiter, cap. 103, *sub die pridie Kal. Mart. anno* iv *regni domni Witerici regis.* In Urbinate 106, cap. 104, *anno tertio.* Ita in Ottoboniano 14, cap. 105, et in Ottoboniano 312 ibid. Indicatur eadem epistola ad Massonam in multis catalogis bibliothecarum ; et in bibliotheca regia Parisiensi sex esse dicuntur Codices quibus ea exhibetur, ut ex Catalogo patet.

22. Cum epistola ad Massonam in tot veteribus documentis et ab antiquissimis scriptoribus Isidoro ascribatur, obesse minime debet, quod ea inter S. Bonifacii martyris episcopi Moguntini epistolas reperiatur epist. 72 in editione Moguntina a Nic. Serario procurata anno 1605. Imo multum prodest, quod etiam in ea epistolarum collectione Isidoro tribuatur : *Domino sancto*, etc. *Masoni episcopo Isidorus episcopus.* Initio scribitur *Nicitio* pro *Nicetio.* **637** Desinit , *Cujus aut antiquior aut fortior restat auctoritas : amen.* Sequitur fragmentum quod vel ad eamdem epistolam 72, vel ad aliam cujus desit initium, Serarius pertinere existimabat : *Interdum enim et juxta meritum plebium*, etc. Sed re vera est fragmentum cap. 5 lib. ii de Offic. eccles. Isidori usque ad verba *a peccato debet esse alienus :* quod in eodem argumento versatur. Hæc confusio et permistio veterum operum frequens in Mss. est : et de epistolis ipsis Bonifacii, quo tempore datæ sint, cum in Editis mendosas temporis notas præferant, exstat Mansii dissertatio tom. I Supplem. Concil., col. 551, ubi agit de litteris mutuis Zachariæ papæ et S. Bonifacii. Serarius breves quasdam notas epistolæ ad Massonam adjecit, uti etiam fragmento Isidoriano de Offic., quod epistolam 73 nuncupavit.

CAPUT LXXIV.

Epistolæ Isidori nomine inscriptæ ad Helladium, ad Claudium ducem, ad Redemptum archidiaconum, ad Eugenium, an sint genuinæ?

1. In Conspectu editionis Isidorianæ Zaccaria promiserat se de Isidori epistolis ad Massonam, Helladium, Claudium, Eugenium multa disputaturum adversus quosdam hypercriticos ; quo innuit eas omnes pro genuinis a se haberi. Nihil tamen in ejus schedis pro epistolis scriptum notatumve invenio. De epistolis ad Helladium, Redemptum, Claudium et Eugenium digna est quæ relegatur sapientissimi viri præfatio producta cap. 38, n. 36, 37 et 38. Ac primum de epistola ad Helladium potissimum expendendæ sunt Hernandezii rationes in not. ad Conspectum Zaccarianæ Isidori Operum editionis. Nam Cellierius, Fabricius, Oudinus, videntur eam agnoscere, Dupinius epistolam ad Massonam commentitiam censet, quia huic alteri contrariam existimat, et hanc ad Helladium doctrinæ Isidori in libris de Offic. eccles. traditæ consentaneam pronuntiat. Bellarminus et Caveus ejus non meminerunt, neque Perezius aut Grialius indicarunt, unde hæc aliæque tres sequentes epistolæ depromptæ sint, ut Bayerius animadvertit.

638 2. Mabillonius, tom. I Annal. Benedict., epistolam Isidori ad Helladium legitimam esse astruit, *ex qua*, pergit, *falsi convincitur alia ejus nomine conficta ad Massonem episcopum, quæ lapsorum sacerdotum restitutionem approbat.* Sed cur non potius epistola ad Helladium rejicietur, quam altera ad Massonam, tot veterum testimoniis comprobata ? Et ipse quidem Mabillonius sæculo ii Benedict., pag. 138, utramque hanc epistolam pro vera et genuina accipere videtur. Inquirendum vero est quibus auctoribus aut mss. exemplaribus fides epistolæ ad Helladium constet. Perezius in not. nullum Codicem ms. allegat. Ambrosius Morales lib. xii, cap. 20 Chron. veterem Codicem Complutensem excitat ; in quo tamen dicitur ab Isidoro scripta *ad Helladium*, *et tertium concilium* Toletanum, palmario errore: nam tempore quo tertium concilium Toletanum habitum fuit, sedem Toletanam non Helladius sed Euphemius obtinebat, Hispalensem vero Leander non Isidorus. Qua permotus ratione Padilla cent. VII, cap. 33, de ea epistola dubitare cœpit contra Petrum de Alcocer, qui inde primatum sedis Toletanæ colligere studuit, quamvis, ea etiam admissa, male primatum Toletanum ex ea astrui Padilla contendat. Padilla Codicem a Moralesio, l. XII, c. 21, laudatum vocat Ovetensem : Hernandezius Complutensem; sed unus idemque est Codex.

3. Apostolicam delegationem Isidoro commissam aliquo modo in ea epistola indicari. Nic. Antonius colligebat. « Hic est, » inquit, « Helladius, Toletanus episcopus, qui nostro Isidoro æqualis vixit, Sisebuto, Suinthila et Sisenando regnantibus, ejusque præcipue cura fuit concilii cogendi in suffraganei præsulis dirimendo negotio. Quod vero, *pergit*, Isidorus rem a se non alienam existimaverit, poterit eo quis reducere, ut apostolicam sibi delegationem, seu primatis jura commissa innuere aliquo modo videatur. » Minime tamen ego video cur Cordubensis episcopus Toletani suffraganeus vocetur : nam episcopus Cordubensis metropolitani Hispalensis suffraganeus erat. Quo pertinet quod in epistola dicitur *Hispalensis Cordubensis ecclesiæ sacerdos* is qui judicandus erat, ut opinatur Florezius tom. V, p. 540, quanquam Joan. Baptista Perez vocem *Hispalensem* redundare suspicatur. Florezius, ut cap. 22 dixi, epistolam ad Helladium disciplinæ ecclesiasticæ, quæ eo tempore in Hispania vigebat, valde consentaneam esse **639** arbitratur, quin inde aut sedis Toletanæ aut Hispalensis primatus ullo modo arguatur.

4. Sed hoc maxime est quod Hernandezius contra eam epistolam urget. Ut enim inscriptio seu directio ad concilium tertium Toletanum alicujus librarii oscitationi tribuatur, doctrina epistolæ (ait) canoni 6 synodi Hispalensis II et canoni 28 synodi Toletanæ IV, et titulo 13 collectionis Martini Bracarensis contraria est. Conferamus igitur cum his canonibus epistolam ad Helladium. Ac primum epistola directa est non tantum ad Helladium, sed ad aliquod concilium quod tunc Toleti congregatum esset. Ita enim habet titulus : *Dominis meis et Dei servis*, *Helladio cæterisque, qui cum eo sunt coadunati, episcopis Isidorus.* Id autem petit Isidorus, ut episcopus Cordubensis carnali labe lapsus *sancto cœtui vestro præsentatus*, *agnito a vobis confessionis eloquio, synodali sententia a gradu sacerdotii deponatur.*

5. Jam titulus 13 collectionis Martini Bracarensis astruit, *judicandum episcopum ab episcopis qui in ejus provincia sunt : quod si episcopi inter se in judicio discrepent, de vicina provincia alterum convocandum metropolitanum, ut per eum confirmetur quod secundum rectum p'acuerit.* Canon vero 6 concilii II Hispalensis statuit *presbyteros vel diaconos ab uno episcopo deponi non posse, sed synodali judicio.* In concilio Toletano IV, canone 28, definitum fuit *episcopum, presbyterum, aut diaconum, si a gradu suo injuste dejectus in secunda synodo innocens reperiatur, non posse esse quod fuerat, nisi gradus amissos recipiat coram altario*, etc.

6. Ex his titulus 13 collectionis S. Martini Bracarensis propius rem attingit, quo non tam præscribitur quam veluti in usu positum indicatur, quod episcopus ab episcopis suæ provinciæ judicaretur. Cur ergo episcopus Cordubensis in synodo Hispalensi judicatus non fuit ? aut si judicatus fuit, cur non depositus? cur petit Isidorus ut in synodo Toletana deponatur? Neque responderi potest ipsum appellasse, nam Isidorus loquitur de depositione in synodo Toletana peragenda, non de sententia confirmanda ; neque erat cur episcopus Cordubensis, qui crimen fatebatur, appellaret. Non levis quidem hæc est difficultas, sed non tanta ut epistolam ad Helladium suppositiiam esse evincat. Minime quidem mihi dubium est quin ea fuerit Ecclesiæ Hispanæ disciplina, **640** quod causa depositionis episcoporum in concilio ejus provinciæ ad quam pertinerent, discuteretur. Sed cur non potuit in peculiari aliquo facto justis de causis ab ea disciplina recedi ? Quot sæpe accidunt alicui negotio adjuncta, quæ necessario ne vulgari et trita via procedat efficiunt ? Atque hæc est ratio cur in rebus antiquis judicandis interdum fallimur. Miramur quædam facta, ac plerumque non credimus, quia ab adjunctis suis præcisa, qualia nobis repræsentantur, difficultatem ingerunt, quam causarum ignari explicare non possumus.

7. In re autem præsenti probabilis quædam ratio statim in oculos incurrit, cur episcopus Cordubensis in synodo Toletana potius judicari debuerit. Si enim crimen episcopi Cordubensis, ut videtur, non solum manifestum erat, sed gravissimum etiam, et pœna statim vindicandum ; concilium vero Hispalense non illico congregari poterat : contra concilium Toletanum aliis de causis coactum illo ipso tempore erat ; cur non potuit, consentiente maxime metropolitano Isidoro, causa in synodo Toletana definiri? Quod enim ait Isidorus, *agnito a vobis confessionis eloquio*, non arguit causam in aliquo concilio Hispalensi jam fuisse discussam ; sed solum Isidoro, quippe metropolitano, jam constare, aut episcopum Cordubensem crimen fateri, aut in tam manifesto scelere fuisse deprehensum, ut nequaquam negaturus videretur. Aliæ similes causæ excogitari possunt, ut si rex in urbe regia de gravissima causa cognosci voluisset, vel si episcopus Cordubensis in eadem urbe regia crimen commisisset.

8. Levioris ponderis est quod Hernandezius urget, auctorem epistolæ non videri episcopum, cum verbis illis utatur, *Vobis sollicitudo pastoralis incumbit*, etc. Neque enim Isidorus solum Helladium alloquitur, sed universum concilium, ad cujus judicium ait pertinere istiusmodi graviores sacerdotum causas. Quo autem anno ea synodus Toletana habita fuerit, haud ita in promptu est divinare. Helladius obiit anno ineunte 633, post octo pontificatus annos. Itaque inter concilium Hispalense II, anno 619, et Toletanum III, anno 633, causa episcopi Cordubensis

discussa fuit. Concilio Hispalensi II subscripsit Honorius episcopus Cordubensis, concilio Toletano III Leudefredus episcopus itidem Cordubensis, nimirum is ad quem aliam Isidori epistolam exstare diximus.

641 Episcopus depositus quisnam fuerit ignoratur : in commentitio Chronico Juliani Perez dicitur Heleca, successor Honorii, quod sine ullo fundamento dictum ostendit Florezius tom. X, pag. 233, ubi rursus confirmat epistolam Isidori ad Helladium genuinam sibi videri. Helladii elogium texuit Ildefonsus in libro de Vir. illustr., cui etiam carmen sepulcrale pro eodem Helladio tribuitur, quod alii spurium, alii genuinum quidem, sed nonnihil interpolatum putant. Vide tom. I Patrum Toletan., pag. 444, cum not. Mabillonius tom. I Annal. Benedict., et sæc. II Benedictin., pag. 139, idem epitaphium partim pro vero accipit, partim verisimile dicit.

9. An epistola ad Claudium ducem genuinus Isidori fetus sit, major est inter viros eruditos controversia. Bayerius affirmat fere omnes bibliographos spuriam censere : non tamen in eo numero Nic. Antonius reponendus est; quod aliqui fortasse ex Hernandezii verbis suspicabuntur. Nam Nic. Antonius, cum eam epistolam inter alias Isidori recenseat, neque rationem ullam dubitandi profert, neque auctores dissentientes indicat. Neque alii bibliographi ita passim eam rejiciunt, ut vult Bayerius; quin Natalis Alexander post censuram contra epistolas ad Massonam et Redemptum, suppositionis nota a se confixas, *Romani primatum pontificis*, pergit, *jure divino egregie asserit Isidorus in epistola ad Claudium ducem, cap. 1 : Sic nos scimus*, etc..... *Et in epistola ad Eugenium Toletanum episcopum ait: Quod vero de paritate agitur apostolorum*, etc.

10. En præcipuam rationem qua heterodoxi permoti utramque hanc epistolam explodunt. Oudinus præterea dicit epistolam ad Claudium fuisse confictam post controversias de processione Spiritus sancti tempore Photii exortas : redolere garrulitatem scholasticam sæculi XII vel XIII, vocem *prælatus* pro episcopo sequioris ætatis esse : affectari obedientiam erga Romanum pontificem : *de qua*, inquit, *apud veterem Ecclesiam altissimum silentium*; præterea symboli Athanasiani mentionem fieri. Nulla ex his rationibus me commovet quominus epistolam Isidoro abjudicem, quam alioquin eo dignam censeo, neque facile ab auctoribus sæculi XII vel XIII simili stylo perscribendam. Lucas Tudensis lib. II adversus errores Albigensium : cap. 9, verba ex hac epistola ad Claudium ducem contra hæreticos profert : *Quod suggessisti* **642** *habere te hæreticos*, etc. Al. *Quod subjecisti*. Nec Mariana in not. ad marg. quin vera sit dubitat.

11. Ac primum mirum videri non debet, si Isidori tempore in Hispania de processione Spiritus sancti ex Patre et Filio mota fuerit aliqua quæstio. Notum est in conciliis Hispaniæ jam inde a concilio Toletano I symbolum professionemque fidei ita exponi consuevisse, ut Spiritus sanctus a Patre et Filio procedere diserte diceretur. In concilio Toletano III,

A quo Gothi ad fidem conversi sunt, Leandro primas partes tenente, symbolum Constantinopolitanum cum hujusmodi additione legitur : *Credimus et in Spiritum sanctum, Dominum et vivificatorem, ex Patre et Filio procedentem*. Eadem III synodus Toletana, cap. 2, constituit *ut per omnes Ecclesias Hispaniæ vel Galliæ, secundum formam Orientalium Ecclesiarum concilii Constantinopolitani, hoc est centum quinquaginta episcoporum, symbolum fidei recitetur, ut priusquam dominica dicatur oratio, voce clara a populo decantetur*, etc. Intelligitur autem symbolum Constantinopolitanum cum additione *et Filio* : quod præmissum fuerat hoc titulo *Fides sancta, quam exposuerunt* CI *Patres Constantinopolitani concilii, consona magnæ Nicænæ synodo*. Ac sane eadem verba *ex Patre et Filio procedentem* symbolum exhibet, quod in Missa Gothici officii recitatur. Quod cum ita sit perspicuum, nescio cur doctissimus theologus Petavius de Trinit. lib. VII, cap. 2, n. 2, non solum dicat ignotum esse quando ea additio symboli instituta fuerit, sed etiam aperte neget concilia Hispana, ac nominatim Toletanum III, in symbolo ipso quidquam adjecisse, quamvis fateatur ea in professione fidei posuisse Spiritum sanctum ex Patre Filioque procedere.

12. Eo autem tempore quo in Hispania hæc consuetudo increbrescebat, multi illic Græci erant, Romanis militibus permisti; aut in urbibus Constantinopolitano imperatori subjectis commorantes, quorum nonnullos hæresi infectos haud temere credere possumus, ut nihil interim de aliis Arianis dicamus, qui etiam post gentis Gothorum publicam conversionem in Hispania remanserant, ut ex nostris historiis patet. Huc igitur referri potest quod auctor epistolæ ad Claudium ait : *Sed quod subjecisti, habere te hæreticos, cum quibus assidue disputas, et quos ad fidem catholicam studes revocare*, etc. Erat nimirum hic Claudius dux Recaredi regis, cujus **643** virtutes S. Gregorius lib. VII, epist. 125, al. 124, summopere commendat, in Historia Gothorum Isidori; in Chronico Joannis Biclarensis, et in Vitis Patrum Emeritensium laudatus.

13. Igitur cum aliis hæreticis, tum maxime Græcis permolesta erat additio *ex Filio*, in synodo III Toletana tam solemni ritu stabilita : quam neque Isidorus in Historia Gothorum omisit æra 624, ubi de Recaredo ait : *Cui concilio idem religiosissimus princeps interfuit, gestaque ejus præsentia sua et subscriptione firmavit, abdicans cum omnibus perfidiam quam huc usque Gothorum populus, Ario docente, didicerat, et prædicans trium personarum unitatem in Deum, Filium a Patre consubstantialiter genitum esse, Spiritum sanctum inseparabiliter a Patre Filioque procedere, et esse amborum unum Spiritum, unde et unum sunt*. Ac fortasse hæretici evidentiorem sui erroris partem dissimulantes, contra additionem *ex Filio* se tutius agere posse existimarunt. Etsi enim veteres etiam Græci Patres de processione Spiritus sancti ex Patre Filioque recte plerique senserunt, tamen nonnulli non ita clare locuti sunt : multi etiam symbolo addendum contendebant.

14. Natalis Alexander dissert. 18, sæculi IX et X, audiendum esse negat in controversia de processione Spiritus sancti Theodoretum, qui, nimio contentionis æstu in S. Cyrillum abreptus, errorem de processione Spiritus sancti a solo Patre primus effudit in confutatione 12 ipsius capitulorum. Verba Theodoreti sunt: *Quod autem Spiritum Filii esse proprium disserit, siquidem ut ejusdem cum eo naturæ, et ex Patre procedentem dixit, assentiemur, et eam vocem tanquam piam admittemus. Sin hoc asserit, tanquam ex Filio, et per Filium existentiam habeat, velut blasphemum hoc impiumque rejiciemus. Fidem enim adhibemus dicenti Domino: Spiritus, qui ex Patre procedit: necnon divinissimo Paulo similiter loquenti: Nos autem non Spiritum mundi accepimus, sed Spiritum qui ex Deo Patre est.*

15. Cur ergo nonnulli in Hispania his similibus verbis quæstionem hanc excitare, et catholicos urgere non potuerint, cum symbolo additum verbum *Filioque* animadverterent? Ac ratio cur Hispani id verbum addiderint, peti potest ex Ratramno lib. II Contra Græcos, qui anno circiter 868 scribebat: *Dein Ariana repullulante vesania, volenteque confirmare non esse rectæ fidei Spiritum* **644** *sanctum dicere de Patre procedere, hoc quia videretur esse blasphemum, quoniam duorum profiteretur esse Pater, id est Filii et Spiritus sancti, hanc quoque blasphemiam propellendam decernentes Ecclesiæ doctores, superaddidere symbolo, Spiritum sanctum de Filio quoque procedere; ne si de Patre tantum procedens diceretur, putaretur Filius, nec diceretur Spiritus Filii.*

16. Auctoritate Isidori et Toletanorum conciliorum compressi Ariani, aliive Græci in Hispania degentes, controversiam de processione Spiritus sancti additioneve *Filioque* ulterius non videntur promovisse. Consuetudo vero illa legendi canendive symboli Constantinopolitani cum additione *Filioque*, Ecclesiis Hispaniæ et Galliæ Gothicæ communis, procedente tempore in aliis Galliæ et imperii Gallo-Germanici partibus propagata fuit, præsertim Carolo Magno imperante, cujus ditioni nonnulla quoque Hispaniæ pars subjacebat. Anno igitur 809 Joannes quidam monachus Hierosolymitanus eamdem quæstionem commovit, adversus quem concilium Aquisgranense coactum fuit: legatio quoque ad Leonem III pontificem missa, in qua, stabilito dogmate de processione Spiritus sancti, pontifex approbare noluit consuetudinem symboli in missarum solemniis cantandi, ac multo minus, cum additione *Filioque*: consiliumque exhibuit, ut paulatim, si fieri posset, ea consuetudo aboleretur, ut ex Actis legationis constat apud Labbeum in collect. Concil. Verum eodem sæculo vel a Nicolao I, vel circa ejus tempora Ecclesia quoque Romana eamdem recepit, ut colligitur ex epistola encyclica Photii contra Nicolaum.

17. Perspicuum ex his est epistolam ad Claudium censendam spuriam non esse, quia in ea de processione ex Patre et Filio, deque additione *Filioque* agitur. Non tamen difficulter credam aliqua verba interpolata esse occasione controversiæ inter Græcos et Latinos. Epistola sic habet: *Ideo quidam ex Græcis Latinos proterve nituntur reprehendere, quod in professione sanctæ fidei Deo corde et ore decantent: Qui ex Patre Filioque procedit: cum in prædictis conciliis fuerit positum, Ex Patre procedit, et sancta Romana Ecclesia ex Patre Filioque Spiritum sanctum procedere approbat, atque credit. Quæ supradicta prohibitio,* etc. Superflua videntur, et extra locum verba illa: *Et sancta Romana... credit,* præsertim quia in epistola primum additio defenditur, tum **645** dogma confirmatur. Hæc igitur verba epistolæ genuinæ fortasse addita sunt.

18. Nec graviora alia sunt quæ Oudinus objicit. Nam quod in epistola ad Claudium garrulitatem nescio quam scholasticam odoratur, alius gravitatem Isidorianam epistolam redolere facile reponeret. Verbum *prælatus* pro episcopo Isidoriani ævi esse negat. Verum Isidorus, ut lib. III Sententiarum passim *præpositos, præsules, rectores* episcopos, aliosque sacerdotes vocat, et lib. II Synonymorum caput integrum *de prælatis et subditis* explanat, ubi de cujuslibet generis præpositis et subditis sermonem habet, ita in hac epistola ait *cæteris ecclesiæ prælatis,* etc.; quo scilicet verbo intelligere solet Isidorus eos qui auctoritatem habent præcipiendi. Exstat etiam Cypriani liber *de Simplicitate prælatorum*: sed antiquus verusque titulus est *de Unitate Ecclesiæ.*

19. Quod apud veteres altissimum sit de obedientia erga Romanum pontificem silentium, ut jactat Oudinus, a catholicis theologis satis superque refellitur. De veteris Ecclesiæ Hispanæ observantia erga Romanam sedem luculenta exstant monumenta: de qua videri potest Collectio Concilior. Hisp. a Pueyo ad juris canonici formam digesta, cujus titulus I est *de Romano pontifice* in sex capita distinctus; titulus II, *de sedis apostolicæ Vicariis ac Legatis,* capitibus quatuor constans. In præfatione collectionis genuinæ canonum Ecclesiæ Gothicæ, Isidoro etiam antiquiore, nisi ipsum auctorem velis dicere, sic legimus apud Marcam de vet. Collect. canon., Ballerinios et alios: *Subjicientes etiam decreta præsulum Romanorum, in quibus pro culmine sedis apostolicæ non impar conciliorum exstat auctoritas.* Consonat concilium Hispalense II, cui Isidorus præfuit, cap. 2, *Illi tricennalis objectio silentium ponit: hoc enim et sæcularium principum edicta præcipiunt, et præsulum Romanorum decrevit auctoritas.* Burrielii epistolam cap. 40 Latinam feci, qua ille affirmat ex veteri nostra collectione canonum evidentissime comprobari Hispanorum perpetuam erga Romanos pontifices observantiam et obedientiam. Non omittam religiosissimi regis Sisebuti, qui ante Isidorum obiit, testimonium ex epistola ad Adualvaldum regem Longobardorum apud Florezium tom. VII Hisp. sacr., pag. 321 seq.: « Doctor gentium currens per magistri vestigia his verbis enuntiat: Unus Deus, una fides, unum baptisma. **646** Clare lucideque permonuit unam ad cultum venerationis esse confessionem credentium, quam sequax Ecclesia ab apostolis traditam Romana suscepit, et recte petentibus, hæreticorum segetibus exstirpatis, maternis affectibus tradidit.) S. Braulio Isidori amicus, et, ut multi volunt, discipulus, etiam in ea epistola, qua gesta Hispanorum Patrum nomine concilii vi Toletani defendit, sic Honorium I alloquitur tom. XXX Hisp. sacr., epist. 21 : « Optime satis valdeque congrue cathedræ vestræ, a Deo vobis collatæ, munus persolvitis, cum sancta sollicitudine omnium ecclesiarum, prænitente doctrinæ lumine, et in speculis constituti, Ecclesiæ Christi digna tutamina providetis, et dominicæ tunicæ derisores [*Forte divisores*] divini gladio verbi et superni telo zeli confoditis, atque sanctam domum Dei matrem nostram studio vestro vel vigilantia a nefandis prævaricatoribus, et exsecrandis desertoribus ad Nehemiæ similitudinem expurgatis. »

20. Symboli Athanasiani mentionem in epistola ad Claudium Oudinus objicit. Quid tum inde? Consentiunt viri docti, etiam ii qui symbolum illud Athanasii esse negant, nihilominus antiquissimum esse, cum in quodam veteri Codice Gregorii Magni tempore exarato repertum fuerit. Sive ergo Vigilius Tapsensis sæculo v exeunte symbolum *sub Athanasii nomine* ediderit, ut multi volunt, sive eodem sæculo ineunte, Vincentius Lirinensis, ut alii malunt, certum est ab Isidoro *sub Athanasii nomine* laudari potuisse. Confer Natalem Alexandrum sæculo IV, cap. 6, art. 8, qui observat, in synodo Augustodunensi anno 670 symbolum S. Athanasii a clericis recensendum præscribi, et jam ab anno 633 aliqua ex isto symbolo videri descripta in ea confessione fidei quæ edita est a celeberrimo concilio Toletano IV, cap. 1, præside scilicet Isidoro nostro.

21. Epistolam ad Redemptum ab eodem auctore confictam fidenter pronuntiat Oudinus, atque addit : *Ita censent omnes eruditi*. Falsam quidem hanc epistolam censent Labbeus in comment. ad libr. Bellarmin. de Script. ecclesiast., qui scriptam post controversiam de azymo existimat, Caveus, Cellierius n. 31, Dupinius, auctores supplementi Actorum eruditorum tom. II, sect. 9, p. 475, alii apud Placcium n. 1484. Fabricius n. 23 solum ait eam suspectam haberi a viris doctissimis. Suspecta quoque visa fuit Florezio 647 tom. XIII Hisp. sacr., pag. 319. Natalis Alexander, qui epistolam ad Claudium recipit, hanc confictam asserit post exortas inter Græcos Latinosque controversias de azymo, adeoque post Photianum schisma. Nic. Antonius, postquam animadvertit cardinalem Bona lib. 1 Rer. liturg., cap. 25, eamdem epistolam ut supposititiam configere, Mabillonium etiam, qui azymi causam adversus cardinalem Bona egit, argumentum ex hac epistola alias validissimum inter dubia conjecisse disserit. de Pane euchar. azym. et ferment., cap. 6, ipse quodammodo dubius hæret. Quærit qua ratione Isidorus ad suum archidiaconum Redemptum scribere potuerit? Agebat forsan, inquit, eo ipso tempore in curia regia Isidorus, ut ex epistola ad Braulionem inter Isidorianas decima colligi potest. Florezius, ut cap. 6

ostendi, dubitat an idem sit Redemptus clericus ecclesiæ Hispalensis auctor narrationis de obitu Isidori, et Redemptus archidiaconus, cui epistola directa inscribitur : ac potius credit hunc fuisse Redemptum Emeritensem archidiaconum, qui eodem tempore florebat. Suadere hoc ipsum potest, ut idem Florezius tom. XIII Hisp. sacr. confirmat, quod auctor narrationis de obitu S. Isidori *clericus* appellatur, eum alter *archidiaconus* vocetur. Etsi enim *clerici* nomen commune quodammodo est, tamen jam tum inter clerici et diaconi appellationem discrimen aliquod erat, ut in judicio inter Martianum et Habentium episcopos in concilio vi Toletano, apud Pueyum pag. 690, *Per Timotheum tunc clericum, modo autem diaconum*. •

22. Bayerius argumenta profert ob quæ epistola ad Redemptum suspecta videri potest ; quia stylus ejus hodiernum in scholis arguendi morem sapere videtur; quia verba illa, *pannos autem lineos*, *quos corporalia dicimus*, sequius præ Isidoriano sæculum redolent : quia de pane azymo ac fermentato disserit longe antequam de hoc argumento lis inter Latinos Græcosque oborta esset. Observat Mabillonium et cardinalem Bona alteram tantum e tribus Leonis Acrideni archiepiscopi Bulgariæ ad Leonem IX de hoc argumento epistolis, apud Baronium ad annum 1053 Latine editam, videri legisse : cum ipse olim e Græco Antonii Augustini Codice tres descripserit; in quibus tamen nihil invenit quod Isidoro ansam præbuisse potuerit ad Redemptum scribendi. Nihilominus Bayerius plura profert, ut epistolam a censura suppositionis vindicet. 648 « Quidni, » inquit, « hæc epistola ante utriusque Ecclesiæ de pane azymo et fermentato litem, occasione scrupuli, ut in eadem legitur, de eo aliisque ecclesiasticæ disciplinæ articulis Redempto oborti scribi ab Isidoro potuit? Neque in ea, ut Mabillonio persuasum fuit, controversiæ inter utramque Ecclesiam mentio, ac ne vola quidem, aut vestigium exstat. » Addit epistolam nihil absonum, aut Isidoro indignum continere, ejus doctrinam cum catholico dogmate mirifice consentire; neque demum stylum prorsus ab Isidoriano abludere. *Viderint hæc tamen*, concludit, *quibus veteris Ecclesiæ disciplinæ studium animo hæret*.

23. Ut a verbo *corporalia* incipiam, fortasse glossa est e margine in textum intrusa, *quos corporalia dicimus*. Neque tamen persuaderi facile potest, Isidoriano sæculo eam verbi significationem in usu non fuisse; quandoquidem ea vox ita usurpata exstat in libro Sacramentorum Gregorii Magni, in Ordine Romano, in Missali Francorum veteri, pag. 400, in Capitulis Caroli Magni cap. 234, lib. VII, apud Alcuinum, Amalarium, et alios veteres, quos Ducangius excitat. In Missali Gothico-Hispano, pag. 219, ad præparationem missæ habemus orationem : *Ad extendendum corporalia dicat sacerdos : In tuo conspectu, quæsumus, Domine, hæc nostra munera libi placita sint, ut nos tibi placere valeamus : attollite portas, principes, vestras, et elevamini, portæ æternales, et introibit rex gloriæ*, etc. Sed observandum,

corporalia a Gotho-Hispanis dicta non pannos, quibus corpus Domini ritu Romano imponitur, sed quibus dona sacra, et ipsum altare a diacono cooperiebantur. Ac fortasse in rubrica Missalis Gotho-Hispani legendum erit *ad extollendum corporalia; nisi ita coopertorium attolleretur*, ut super altare illico extenderetur; nam in Missa dominicæ primæ adventus pag. 2 rubrica alia est : *Dimittendo patenam super corporales;* vel, quod magis credo, calix et patena super corporalia ponerentur, et plicata extrema aliqua corporalium parte cooperirentur, ut colligitur ex iis quæ cardinalis Bona disserit Rer. liturg. lib. I, cap. 25, num. 11. Consonat his concilium Coyacense, in diœcesi Ovetensi anno 1050 celebratum : *Subtus calicem et desuper corporale lineum mundum et integrum.* Gotho-Hispani et Mozarabes panem et corpus Domini in patena semper retinebant.

649 24. Controversia ergo in epistola ad Redemptum videtur esse non de his pannis quos nos *corporalia* dicimus, sed de velo, seu pannis, quibus apud Gothos diaconus dona sacra cooperiebat, quod quidem velum, seu pallium, nunc solet esse sericum, auroque intertextum, sed, ut ex epistola arguitur, olim erat, saltem apud plures Occidentales Ecclesias, lineum. Gregorius Turonensis lib. VII, cap. 2, vocat *coopertorium*, *quo altare dominicum cum oblationibus tegitur : quod ponitur super munera altaris.* Neque verba epistolæ abludunt : *Illi sericos pannos, nos autem lineos, quos* CORPORALIA *dicimus, ad ornamenta tanti sacrificii exhibemus.* Multis post sæculis in Hispania idem pallium quo calix cooperitur corporalium nomen adhuc obtinebat, ut constat ex lege Alfonsi IX, part. I, tit. 4, lege 57 : *Corporales son dichos aquellos pannos blancos, que ponen sobre el caliz, con que lo cubren, quando face el clerigo el sacramento del Corpus Domini, e estos no deven ser de sirgo, nin de panno tinto, mas de panno de lino puro e blanco.* Sed pro vario tempore diversisque regionibus corporalium nomen diversis pannis altari inservientibus invenitur tributum, ut videre poteris apud Ducangium verb. *Corporale, Palla, Substratorium.*

25. Aliud fortasse recentioris styli indicium aliquis reponet in verbis epistolæ ad Redemptum, *Cum non sint de essentia, sive substantia sacramenti.* Sed quædam nunc inter theologos communiores phrases in antiquioribus Patribus fundamentum habent. Particulæ præpositionis *de* usus adeo varius mirusque est apud optimos etiam Latinitatis auctores, ut difficile possit in proposita phrasi novitas aliqua recognosci. Quod autem ante controversiam de pane azymo inter Latinos et Græcos excitatam Redempto scrupulus aliquis de eo discrimine oriri potuerit, imo quod tempore quoque Isidori nonnulli orientales consuetudinem Latinorum in reprehensionem vocare studuerint, nihil certe est causæ cur negemus. Nam si eædem erant dissidii causæ, cur non et quædam initia esse potuerunt quæ tamen in apertum bellum et schisma non nisi post multa sæcula, aliis obortis controversiis, eruperint? Sic Armenis, qui, ad Eutychianam hæresim deficientes, azymo pane uti cœperant, vitio id Græci dabant, ac vetus formula Armenorum, ad fidem catholicam et concordiam cum Ecclesia Græca **650** redeuntium, a Cotelerio in not. ad lib. v Constit. apostol. descripta, hoc anathema exprimebat : *Si quis in panem oblationis non immittit fermentum et sal, nec aquam cum vino in sanctum calicem, anathema sit.* Allegantur etiam quædam Gregorii Magni verba a Gennadio patriarcha Constantinopolitano pro synodo Florentina, et a S. Thoma III part., quæst. 74, art. 4, et in Catena super Matthæum, veluti ex illius regesto deprompta : sed, ut viri eruditi jam observarunt, in nullis S. Gregorii operibus ea reperiuntur. Ita vero habent : *Solet multos perturbare, quamobrem in ecclesia quidam panes azymos, quidam offerunt fermentatos. Romana Ecclesia offert azymos panes,* etc., *sed sive in azymo, sive in fermentato conficiatur, Domini corpus et Salvatoris nostri sumimus.*

26. In eo autem maxima hujus rei difficultas versatur, an Isidori tempore usus azymorum in Ecclesia Latina, præsertim Gothico-Hispana fuerit. Dissentiunt enim inter se viri doctissimi. Mabillonius in præfat. sæculi III Benedictini, et in dissert. singulari de pane eucharistico azymo et fermentato, et Christianus Lupus tom. III Schol. in decr. et canon. Concil. in dissert. de Actis S. Leonis IX. cap. 7 seqq., contendunt perpetuum fuisse in Ecclesia Latina ab ipso susceptæ fidei initio panis azymi eucharistici usum. Contra Sirmondus in dissert. de azymo usum panis fermentati in Ecclesia Latina solemnem octingentis eoque amplius annis fuisse, neque recepta azyma nisi post Photii schisma propugnat; cui opinioni cardinalis Bona, lib. I Rer. liturg. cap. 2, adhæsit, nisi quod azyma non omnino, ut Sirmondus, ab Ecclesia Latina primis illis sæculis excludit. Rationes pro utraque parte Natalis Alexander in dissert. 11 sæculi XI et XII, art. 3, accuratissime exponit, sed pro neutra sententiam ferre audet : aliquantulum tamen sibi contrarius, qui sæculo VII, cap. 3, art. 22, constare ait ex canone 6 concilii XVI Toletani, pane fermentato Ecclesiam Hispanam illis temporibus usam fuisse, et cap. 4, art. 4, negat epistolam ad Redemptum Isidori esse, quia ea ætate Hispanicæ Ecclesiæ fermentatum consecrabant. In præsenti autem dissertatione observat, utrosque canonem 6 concilii Toletani XVI pro se afferre, et concludit : *Judicet lector cui opinioni faveat.* Crediderim verba concilii Toletani cum utraque opinione componi posse, adeoque neutri favere.

651 27. Reprehendit concilium cap. 6 eos qui « non panes mundos et studio præparatos supra mensam Domini in sacrificio offerant, sed passim quomodo unumquemque aut necessitas impulerit, aut voluntas coegerit, de panibus suis usibus præparatis crustulam in rotunditatem auferant, eamque super altare cum vino et aqua pro sacro libamine offerant. Quod factum nequaquam in sacræ auctoritatis historia uspiam gestum perpenditur. » Probat deinde

Christum panem integrum accepisse, et benedicendo confregisse, et pergit : « Quid aliud instituit nos, nisi ut panem integrum sumentes super altaris ejus mensam benedicendum ponamus, non particulam panis, quod caput nostrum nequaquam fecisse perpendimus? Nam si homo suæ vitæ diligentiam studiosius adhibere procurat, quanto magis sacris Dei cultibus nitorem debitum exhibere summopere debet ? Unde temeritatis hujus, aut nescientiæ cupientes terminum ponere, id unanimitatis nostræ delegit conventus, ut non aliter panis in altari Domini sacerdotali benedictione sanctificandus proponatur, nisi integer et nitidus, qui ex studio fuerit præparatus, neque grande aliquid, sed modica tantum oblata, secundum quod ecclesiastica consuetudo retentat : cujus reliquiæ aut ad conservandum modico loculo absque aliqua injuria facilius conserventur, aut si ad consumendum fuerit necessarium, non ventrem illius qui sumpserit, gravis farciminis onere premat. »

28. Deest fortasse aliquid inter verba *fecisse perpendimus*, et *Nam si homo*. Sententia certe concilii est, panem sanctificandum in altari reponi debere, qui integer sit, nitidus, ex studio præparatus, modica mole. Apparet jam tum aliquod initium in Hispania earum particularum, quæ nunc consecratæ communicantibus distribuuntur : quod a concilio damnatur, quia contra veterem consuetudinem erat, et Christus panem integrum accepit, quem benedicens fregit deditque discipulis suis. Ac nisi multum fallor, legendum est, *crustula in rotunditatem auferant, eaque*, etc. Nam etsi *crustula* femineo genere dici potest a *crusta*, tamen hoc loco melius videtur *crustula* in plurali neutro a *crustum*. Ut enim advertit Servius ad lib. VII Æneid. vers. 114 : *Crustum et crusta neutraliter dicimus de his quæ comedi possunt, femineo autem genere quæ comesse non possumus*. Neque alius concilii sensus esse potest : loquitur enim de pane qui integer accipiendus erat, et particulatim confractus distribuendus ; cujus reliquiæ aut modico loculo conservarentur, aut consumerentur : exemplumque Christi repetitur, qui *panem integrum accipiens* (*non buccellam*), *quem post benedictionem confringens suis particulatim discipulis dederit*. Non igitur reprehenduntur qui unum aliquod crustulum panis rotundum, sive unam buccellam super altare offerebant, scilicet pro ipso solo offerente sacerdote, sed qui plura crustula rotunda ad altare afferebant, quæ deinde sanctificata sine fractione communicantibus dabant.

29. Quænam panis consecrandi forma seu figura olim fuerit, et quomodo ad hanc hostiarum et particularum formam, qua nunc utimur, deventum sit, accuratissime perscrutatur cardinalis Bona Rer. liturg. lib. I, cap. 23. Sed hostiarum et particularum originem ex sæculis posterioribus repetit : quod verum quidem est, si de communi usu in ecclesiis recepto sermo sit. Alioquin initium ex ea consuetudine repeti debet, quæ in concilio Toletano reprehensa, postea tamen in meliorem formam redacta invaluit, ab eo vitio expurgata quod simul a concilium Toletanum damnabat; scilicet quod ea rotunda crustula ex panibus vulgo usitatis conficerentur. Hac autem in parte, qua concilium vult panem sanctificandum debere esse nitidum et ex studio præparatum, Mabillonius arguit panem azymum præcipi ; Sirmondus, cardinalis Bona et alii colligunt panem fermentatum non rejici, cum expressa, ut oportebat, mentio non fiat : quibus etiam Christianus Lupus assentitur, quamvis usum panis fermentati Ecclesiæ Hispanæ proprium, non Latinæ communem inde astruat. Iterum confirmo capitulum concilii XVI Toletani cum utraque sententia cohærere posse, cum verba illa *nitidus et ex studio præparatus* panem azymum satis innuant, si alioquin usus illius tunc viguisset, et possint etiam peculiarem curam ac diligentiam, sive studium panis etiam fermentati ex optima farina conficiendi significare : adeoque ex aliis monumentis lis tanta est dirimenda, quam nostrum non est componere. Crediderim tamen concilium Coyacense, anno 1050 habitum, opinioni Sirmondi et cardinalis Bonæ favere : *Hostia sit ex frumento, sana, et integra*, al., *ex frumento electo*, ubi nulla azymi mentio, ut necessarium videbatur, si communis esset consuetudo. Exstat Joan. Gotter Hermanni *Historia concertationum de pane azymo*, etc. Lipsiæ 1737. Interea relinquitur, epistolam ad Redemptum ex hoc capite saltem dubiam esse.

30. Quod autem vasa quibus sacrificii immolatio agitur metallina potius debeant esse, ut in eadem epistola exponitur, quam lignea, vel fictilia, id ex antiqua consuetudine videtur dictum. Concilium Coyacense nuper laudatum : *Ita ut non sacrificent cum calice ligneo vel fictili*. Lege, si vacat, cardinalem Bonam Rer. liturg. lib. I, cap. 25, qui num. 2 concludit, orthodoxam Ecclesiam semper et ubique in hoc conspirasse, ut aureis vel argenteis calicibus sacerdotes uterentur. De palla linea, quæ corporale dicitur, multa etiam tradit doctissimus idem cardinalis ibid. num. 11, quæ epistolæ ad Redemptum consentanea sunt. Sententia quoque veterum Patrum fuit, verba cœlestis oraculi non subjacere, ut ait auctor epistolæ ad Redemptum, Prisciani regulis, vel Donati. Gregorius Magnus in epistola ad Leandrum, præmissa Expositioni in Job : *Indignum vehementer existimo, ut verba cœlestis oraculi restringam sub regulis Donati. Neque enim hæc ab ullis interpretibus in Scripturæ sacræ auctoritate servata sunt*.

31. De epistola ad Eugenium dicendum superest. Perezius in not. asserit hunc fuisse Eugenium II antistitem Toletanum, Justi successorem. Nonnulli propterea putarunt inscriptionem falsam esse, quia Justum post Isidorum vita functum credebant ; quod Oudinus refellit, quamvis epistolam ejusdem suppositionis et auctoris cum præcedentibus esse, dicat. Florezius tom. V Hisp. sacr. pag. 267, epistolam pro legitima habet, sed ad Eugenium Toletanum scriptam non censet : cum enim Justus prædecessor anno 636, mense Martio prope medium obierit,

consecratio Eugenii circa finem ejusdem mensis, non ante, collocari debet : Isidorus autem obiit initio mensis sequentis Aprilis. Non ergo idoneum tempus effluxisse videtur, ut Isidorus ad Eugenium jam episcopum litteras dare potuerit. Quid, quod epistola potius ad episcopum antiquum directa videtur ? *Vestræ sanctitatis litteras per nuntium suscipiens Verecundum, rerum omnium conditori grates impendimus, quod Ecclesiæ sanctæ suæ mentis et corporis vestri valetudinem conservare dignatur.* Existimat ergo Florezius epistolam ad Eugenium Egarensem, qui concilio IV Toletano cum Isidoro subscripsit, directam fuisse. Inscriptio quidem certam episcopi sedem non designat, et chronologica ratio quam Florezius explicat, contra Eugenium Toletanum facit.

32. Partem hujus epistolæ ad Eugenium Lucas Tudensis operi suo de Albigensium hæresi inseruit : Mariana etiam libro VI, c. 6, Hist. Hisp., qui amicitiam inde colligit quæ inter Isidorum Eugeniumque Toletanum II intercedebat, et in not. ad Lucam Tudensem lib. II, cap. 1, affirmat eam epistolam exstare in vetusto Codice templi Toletani. Lucas vero Isidorum auctorem laudat, sed opus sive locum, ex quo verba ejus depromit, non nominat. Natalis Alexander primatum Romani pontificis jure divino egregie ab Isidoro in hac quoque epistola, ut in alia ad Claudium, confirmari asserit. Oudinus, ut dixi, Dupinius, Dallæus, Tentzelius et alii, præsertim heterodoxi, commentitiam aperte dicunt cum ob affectam erga Romanum pontificem obedientiam, tum ob injectam symboli Athanasiani mentionem : quæ duo objecta jam dilui, cum de epistola ad Claudium disputavi. De hac igitur epistola, an sit Isidori, minor est dubitandi ratio, quam de præcedenti ad Redemptum ; major fortasse etiam asserendi eam ab Isidoro scriptam, quoniam a Luca Tudensi jam reperitur laudata. Verum cum ipsius Tudensis auctoritas satis firma aut antiqua non sit, dum certiora vetustioris ætatis exemplaria non ostendantur, quatuor has epistolas saltem dubias esse pronuntiabo.

CAPUT LXXV.

De aliis epistolis Isidoro attributis aut affictis. Epistola Isidori medica commentitia. An Isidorus aliquod de medicina opus conscripserit.

1. Canonicus Legionensis, auctor Vitæ S. Isidori apud Bollandianos, refert Isidorum adhuc juvenem epistolam ad Gregorium Magnum de beatitudine scripsisse : cujus mentio apud antiquiores alios non exstat, ut cap. 18, n. 9, observavi : neque ejus exemplum usquam inveniri puto.

2. In Codice Vaticano 3791, post Isidori epistolas ad Leudefredum et Massonam, inscriptio hæc est : *Incipit epistola de nominibus hæriticorum qui unitatem Ecclesiæ turbaverunt, Isidori.* Sed 655 id depromptum est ex lib. VIII Etymol. cap. 5 : *Quidam etiam hæretici,* etc. Alia adduntur ex cap. 6, sub titulo : *De philosophis gentium quædam.* De hac epistola iterum cap. 86.

3. Alia est epistola Isidori nomine in Codice Vaticano 4418 satis antiquo, de quo cap. 97, inter alia opera medica sic inscripta pag. 167 terg. rubrica : *Incipit epistola Ysidori Spaniensi.* Rursus pag. 108, recentiori manu : *Epistola Isidori : Quatuor sunt venti, quatuor anguli cœli,* etc. Epistola a Christiano homine videtur confecta, qui quædam ex Isidoro sumpsit, scilicet ex lib. IV Etymologiarum, qui est de medicina, et aliis in locis. Fabricius tom. XIII Bibliot. Græc., pag. 746, inter veteres medicos recenset Isidorum Antiochenum a Galeno citatum, et Isidorum Memphitem ab Aetio. Addit Isidorum Hispalensem medicis a Tiraquello annumerari propter ea quæ de rerum proprietate scripsit, et multa alia ad medicinam pertinentia, præsertim lib. XI, XII, XVI et XVII Etymol. Nescio an quod dicit *de proprietate rerum* intelligat opus a Sigeberto indicatum : *Scripsit et libros duos de Differentiis verborum, sive de proprietate rerum,* an solum innuat Isidorum in libris Etymologiarum plura de rerum proprietate scripsisse.

4. In bibliotheca Romana Angelica Codex est membranaceus in-4, sæculi XIV circiter, inscriptus : *Isidorus et alii de medicina : Interea moneo te, medice, sicut ego monitus sum a nostris magistris,* etc. Desinit : *posse noscitur. Explicit Isidorus.* Alloquitur quemdam suum nepotem. Non exprimitur esse Isidorum Hispalensem. Sequuntur quædam anonyma : *Medicina est quæ corpus vel tuetur, vel restaurat,* etc. Hic est liber quartus imperfectus Etymologiarum Isidori. Postea *Incipit liber aureus : Si dolor capitis,* etc. *Explicit liber aureus.* Deinde *Incipiunt curæ magistri Bartholomæi : Hydrophobia est passio,* etc. Codex in fine videtur mutilus.

5. Suspicor medio ævo Isidorum aliquem exstitisse, qui Latinis litteris medicinam illustrare pro virili parte conatus fuerit. Nam in Codice etiam Vaticano 2439 membranaceo in-fol. post Averrois commentarium super Cantica Avicennæ, magistro Armengando Blaxii de Monte Pessulano ex Arabico interprete, pag. 45, sunt Joannis Damasceni aphorismi subjecto commentario. Aphorismi incipiunt : *Liberet te Deus, fili amantissime, a devio erroris.* Commentarium vero : *Joannes Damascenus, tradens quosdam canones medicinæ operi suo* 656 *præmittit proœmium.* In fine hæc est rubrica : *Expliciunt aphorismi Joannis Damasceni, filii Serapionis, cum commento beati Isidori.* Codex sæculi XIV circiter est. Neque Armengandi Blaxii, neque Isidori alicujus medici Fabricius in Bibliotheca medii ævi meminit. Joannes Damascenus medicus ille ipse est quem Fabricius tom. XIII Bibl. Græcæ librum aphorismorum 160 ad filium scripsisse testatur, et ad sæculum VIII prope finem revocat. Etsi enim de Joanne Damasceno, Serapionis filio, in Serapione agere pollicitus est, tamen id solum protulit : *Joannes Serapio, aut, ut alii vocant, Serapionis filius, medicus Arabs circa annum Christi* 1070, *multis sæculis vixit post Serapionem medicum Alexandrinum,* etc. *Arabis autem illius, quem ad sæculum* VIII

perperam referunt alii, plura scripta Latine versa habemus, etc. At auctor aphorismorum ad filium ad sæculum viii ab ipso Fabricio refertur. Quidquid id est, certe Isidorus noster commentarium in aphorismos scriptoris longe se posterioris minime edere potuit.

6. Quod si aliquis, ut opinor, fuit Isidorus, qui medio ævo, ut dixi, nomen suum inter medicos scriptores professus fuerit, facile fuit ut inepti librarii Isidorum Hispalensem, cujus late fama pervagata erat, auctorem crederent. Ac fortasse auctor continuationis Isidoriani Chronici sub Ildefonsi nomine vel prorsus confictæ, vel plurimum interpolatæ, inde occasionem sumpsit, ut quædam de libris medicis Isidori a commentitio pariter Theodisclo, Isidori successore, falsatis in vulgus spargeret : « Successit beatissimo Isidoro Theodisclus, natione Græcus, etc. Libros quosdam de Naturis rerum et Arte medicinæ, necnon et de Arte notoria, quos pater Isidorus facundo stylo composuerat, et nedum ad publicum venerant, in odium fidei corrupit, resecans vera et inserens falsa : atque per quemdam Arabum nomine Avicennam de Latino in Arabicum transtulit. »

7. Totam hanc fabulam merito explodit Nic. Antonius, qui ex interpolato hujusmodi chronico errorem ortum putat eorum qui Avicennam Hispanum fuisse existimarunt ; cum tamen Avicenna, princeps scilicet medicorum Arabum neque in Hispania natus, neque illuc accessisse unquam videatur, et sæculo xi demum vixerit, ut ostendit lib. vii, cap. 2, ubi duos Avicennas sine ullo fundamento ab aliis distingui animadvertit. Ridiculum præterea videtur, Theodisclum in odium fidei vera in libris de Medicina et Rebus **657** naturalibus resecuisse, ac falsa inseruisse, cum id potius ad libros de Rebus sacris scriptos esset referendum. Dubium autem est an pseudo-Ildefonsus nomine artis notoriæ intellexerit superstitiosam illam, quam *Salomonis claviculæ* titulo Cornelius Agrippa integro libro explanavit, de qua Delrius, Torreblanca, Alberghinus, aliique agunt, quæ certe sanctissimo viro Isidoro sine maxima injuria ascribi nequit, an artem notariam, quæ per notas scribere docet, quam Hebræi etiam inferioris ævi cognoverunt : de qua videndus Mullerus lib. ii Misc. cap. 13. Hæc autem notaria ars multo minus idonea est, ut in odium fidei corrumpatur. Pinius in tract. de Liturg. Hisp. cap. 4 eidem commentitio Theodisclo imputari posse conjicit, quod exemplaria quædam liturgiæ Mozarabicæ corrupta fuerint ; quia scilicet Baronio fidem præstitit, referenti ad annum 794 Theodisclum primum in Hispania asseruisse Christum Dei Filium esse adoptivum. Ita facile errores serpunt.

8. Berardus, qui Canones Gratiani genuinos edidit, eamdem crambem recoquit part. iii, pag. 481, atque ita concludit : *Nemo exinde non colliget, quanta solertia opus sit in meditatione Isidorianorum librorum, in quibus sane si quid offendiculi esse potest,* id non Isidoro tribuendum erit, sed aut *Theodisco*, aut *Avicennæ*. Rodriguezius, tom. II Bibl. Hisp., pag. 344, sententiam Nic. Antonii male expressit : ait enim eum apologiam pro Theodisclo adornasse, cui nonnulli errorem Adoptianorum imputaverant, cum Nic. Antonius ne exstitisse quidem ullum Theodisclum antistitem Hispalensem contendat.

9. Nullum quidem fuisse Theodisclum, qui post Isidorum sedem Hispalensem tenuerit, cap. 12 demonstratum jam manet. Neque tamen propterea Lucam Tudensem auctorem continuationis chronici Isidoriani Ildefonso affictæ, aut interpolatorem crediderim, quod multi putant. Nam Rodericus quoque Toletanus, Lucæ æqualis aut etiam antiquior, eamdem continuationem legisse videtur, ut apparet lib. ii de Reb. Hisp. cap. 21, ubi de Cindasuindo ait : *Libros sanctorum Patrum diligenter fecit perquiri, et instituta beati Isidori firmiter observari. Hic perfidum Theodistum Hispalensem episcopum synodali sententia in exsilium misit, et dignitatem primatiæ, quam ab antiquo habuerat, totius approbatione concilii Toletanæ Ecclesiæ confirmavit.* De corruptis Isidori libris nihil Rodericus **658** diserte profert, vel quia instituto suo satis erat, si Theodisclum aut Theodistum perfidum appellaret, vel quia fortasse exemplar continuationis Chronici Isidoriani minus corruptum nactus fuit, ut loc. cit. jam monui.

10. Inter Isidori epistolas referre aliquis possit opusculum de Institutione bonæ vitæ, de quo cap. 82 ; nam epistolæ nomine insignitur in Codice Vaticano-Palatino 832, ubi tamen non Isidoro, sed Ambrosio perperam ascribitur pag. 80 terg. : *Incipit epistola beati Ambrosii archiepiscopi de Moribus et honesta Vita : Dilecte fili, dilige lacrymas,* etc.

CAPUT LXXVI.

De Natura rerum liber Isidori ad Sisebutum regem. Editiones, mss. Codices, excerpta, caput quoddam hujus libri nondum editum. Carmen astrologicum huic libro additum, fortasse Isidori ; compendium metricum ejusdem libri nondum editum, fortasse S. Eugenii Toletani.

1. Neminem vidi hactenus, ait Bayerius, qui de hoc opere litem Isidoro intendat. Ac notandum id sane in tanta judicandi de genuinis Isidori operibus licentia ac varietate. Sisebuti regis, cujus doctrinam et eloquentiam Isidorus non solum in epistola nuncupatoria, sed etiam in Historia Gothorum celebrat, epistolas, quosdam versiculos, et Acta martyrii S. Desiderii Florezius tom. VII Hisp. sacr. edidit : ex quibus Isidori judicium de regis eruditione satis comprobatur, quamvis is sermone parum Latino, et ad vulgarem declinante scripserit. Opus clare a Braulione describitur: *De Natura rerum ad Sisebutum regem librum unum : in quo tam de ecclesiasticorum doctorum quam de philosophorum indagine obscura quædam de elementis absolvit.* Brevius Ildefonsus : *Librum de Natura rerum ad Sisebutum principem.* Hunc quoque titulum *de Natura rerum* Sigebertus aliique retinuerunt. Nic. Antonius putat hoc esse

opus quod Trithemius *Cosmographiæ* nomine laudat, quam inscriptionem in Pithœano Codice apparere, monuit Scriverius in animadversionibus ad Vegetium edition. 1670, tom. II post Stewechii commentarium pag. 54. Sed cum Trithemius nonnunquam quædam opera diversis **659** titulis repræsentet, crediderim opus diversum non esse, quod alibi vocat *de Computo et natura rerum*, alibi *de Astronomia*.

2. Neque dubitandum videtur quin liber *de Astronomia* a Trithemio recensitus sit opus ipsum *de Natura rerum*. Nam initium a Trithemio indicatum: *Domino et filio charissimo*, epistolæ nuncupatoriæ Isidori ad Sisebutum congruit. Nic. Antonius inter opera a Trithemio commemorata, sed aliis ignota, refert librum *de Astronomia*: quem ipse quoque suspicatur esse librum de Natura rerum. Attamen, addit, in *Medicea bibliotheca Isidorus* DE ASTRIS *reperitur*. Exstat adhuc hic Codex, *Liber Isidori de Astris cœli*; sed eumdem esse ac librum *de Natura rerum*, perspicuum est ex collatione inter schedas Zaccarianas cap. 44 indicata. Neque in aliis mss. exemplaribus similes inscriptiones libri de Natura rerum desunt, ut in Cod. Regio-Vaticano 1573. Bayerius quoque Codicem Toletanum recenset, qui *de Astris cœli ad Sisebutum* inscribitur. Ab aliis dicitur *liber astronomicus*, et in editione Augustana anni 1472 fol., quam Fabricius laudat, *de Responsione mundi et Ordinatione astrorum*. In Codice Escurialensi, quem Rodriguezius tom. II Bibl. Hisp. pag. 327 describit, sæculi XII, titulus est, *Sancti Ysidori Yspaniensis de Astronomia seu Natura rerum*. Subjungitur in eodem Codice *Item liber Sententiarum*, scilicet Isidori.

3. Miratur etiam Nic. Antonius, opus de Natura rerum in ms. Codice Pauli Petavii, quem Scriverius laudat, appellari *Rotarum librum*. Neque assentior Scriverio qui *Rotarum* in *Notarum* commutare voluerat, ac probabiliorem putat conjecturam, quod *Rotarum* ex *Natura rerum* compendiose scripto eruperit. Verius tamen censet, a *rotis* seu circularibus figuris, quibus Isidorus multis in hoc libro utitur, titulum *Rotarum* ab aliquo ineptissimo, ut ait, exscriptore fuisse fabricatum, præsertim cum eumdem titulum in Chronico Fontanellensi invenerit: de quo confer supra cap. 46, ubi in alio Codice monasterii S. Nazarii in Laurissa idem titulus *Rotarum* supra verum titulum apponitur. Codex noster Regio-Vaticanus 310 eadem inscriptione prænotatur. Codex Mediolanensis *Liber Rotar.*, quod Muratorius non intelligebat, cum Codicem describeret, ut cap. 55 dixi: at fortasse vetustate consumptæ erant ultimæ litteræ in *Rotarum*.

4. Grialius, qui ad Matritensem editionem librum hunc emendandum **660** in se recepit, titulum *de Natura rerum* præferendum ait, cum etiam Beda Isidori exemplo librum suum *de Natura rerum* inscripserit; quamvis alias Isidori liber *de Astronomia*, sive *de Mundo*, sive *de Naturis rerum* inscribatur. Mansius in descriptione Codicis Lucensis, de quo supra cap. 44, recenset opus cujusdam Jacobi hoc titulo: *Incipit de Natura rerum*. Agit de terra, mundo, elementis, de stellis, de meteoris, etc. Præfatio est metrica:

Naturas rerum varias, labentis et ævi
Perstrinxit titulis tempora lata citis.

Hoc opusculum edere Mansius cogitabat. Auctor ab ipso creditur Jacobus diaconus, cujus sequitur synopsis epistolæ Alcuini. Ego puto Bedæ opus esse jam editum. Alvarus Cordubensis sæculo IX Isidori librum *Naturæ rerum* appellavit in Indiculo luminoso num. 15, *Carnalibus vero et minus peritis scandalum nasci tempore martyrii beatus, et lumen noster* (forte *nostrum*) *Isidorus in rerum Naturæ libro evidenti eloquio, et apta figura stellæ cujusdam Horione* (Orionis) *nuntiat*.

5. Prodiit hic liber, ut ex Fabricio dixi, anno 1472, et consentit Bandinius tom. IV Cod. Latin. bibl. Laurent. Medic., plut. 27, cod. 9 bibliothecæ S. Crucis: quæ editio Margarino de la Bigne ignota fuit, qui anno denique 1580 se primum id opus in vulgus edere existimabat. Repetita est deinde editio libri ejusdem in editionibus Operum Isidori regia Matritensi, Breuliana, et recenti Matritensi. Sed in editione Regia caput ultimum *de Partibus terræ* prætermissum fuit. In recenti editione Matritensi inter appendices pag. 51 additum est hoc caput ex Codice Ovetensi, scripto sæculo VII, et ex alio Oxomensi sæculo XII, vel circa initium sæculi XIII exarato. Editor, qui nonnullas varias lectiones ex Ovetensi Codice adjicit, advertit in centro figuræ capitis 11 litteris minio notatis legi: *Eulogii mementote peccatoris*; qui Eulogius, ut addit, videtur scriptor, vel possessor libri. In nota subjecta dubitatur num is sit S. Eulogius martyr Cordubensis. Anno 859 S. Eulogius martyrio coronatus fuit: adeoque si liber ad sæculum VII, vel, ut alii putant, VIII pertinet, sanctus hic martyr solum possessor esse potuit.

6. Advertit idem editor, post caput, quod nunc est ultimum, *de partibus terræ*, alia in eodem Codice Ovetensi addi *de Asia*, *et partibus ejus*, quæ sunt caput 3, 4 et 5 libri XIV Etymologiarum: et conjicit ille quidem non inepte, vere olim ad librum de Natura **661** rerum, qui Etymologias præcessit, pertinuisse; postea vero ab Isidoro in Etymologias conjecta, et in plerisque exemplaribus libri de Natura rerum prætermissa. Bayerius in not. ad Biblioth. vet. Hisp. observat pervetustum illum olim ecclesiæ Ovetensis Codicem, quem Longobardicum Grialius appellat, nunc exstare in regia Escurialensi bibliotheca, ac constare partim cursivo charactere Longobardico, quem nos *Ataulphicum* dicimus, partim quadrato, seu vulgari Romano: videri autem sæculo VIII, eoque non multum adulto scriptum: *ex quo*, pergit, *ineditum eatenus Isidori caput 47 de Partibus terræ in novissimam Matritensem anni 1778 editionem permanavit*. Fallitur quod id caput non ante editum censet; nam et in Bignæana et in duabus Breulianis editionibus conspicitur. Et cum illud non solum editi et plerique nostri mss. Codices exhibeant, sed etiam ille ipse Longobardicus, quo Grialius potissimum usus fuit, colligitur incuria alicujus accidisse, quod

in Matritensi Grialiana editione omissum fuerit. Quod si studio prætermissum fuit, quia a nonnullis Mss. abest, debuit editor præmonere cur caput quod in Bignæana editione jam conspiciebatur, et in multis antiquissimis membranis apparet, nihilque præsefert Isidoro indignum, excluserit.

7. Libri de Natura rerum quædam sunt in mss. exemplaribus excerpta : ut in Codice Regio-Vaticano 571, inter alia ex Patribus deprompta pag. 13, *de Signis tempestatis, vel serenitatis :* quod est caput 38 integrum libri Isidoriani de Natura rerum, et in Codice Casanatensi D. iv, 23, de quo cap. 107.

8. Codicem unum ms. libri de Natura rerum ex bibliotheca Mediolanensi Nic. Antonius memorat, Bayerius tres Escurialenses et unum Toletanum; cujus meminit etiam Burrielius in sua epistola. In fine capitis 44 recensui quatuor Codices, unum Lucensem et tres Florentinos, quorum varias lectiones Zaccaria sibi paraverat. Inter Codices Albornozianos Expositionis in Genesin, etc., indicatur initio liber Isidori *de Natura rerum*. Inter Codices Etymologiarum, ut jam a me observatum fuit, alicubi reperitur liber *de Natura rerum,* tanquam pars, sive liber ultimus Etymologiarum.

9. Bandinius tom. IV Cod. Latin. bibl. Med., plut. 27, bibliothecæ S. Crucis, describit Codicem 9, in quo est opus Etymologiarum, ut alibi dixi. Num. 3, pag. 175, *Isidori Junioris illustris libellus de Astronomia sive de Natura rerum. Prologus : Domino et filio Sisebuto,* etc. Tabula capitum 45; ultimum est de monte Ætna, ac desinit : *ad puniendos peccatores, qui cruciabuntur in sæculum sæculi.* Quædam alia addit editio Matritensis, et caput aliud integrum editiones Bignæana et Breuliana. Subjiciuntur in eodem Codice capita quatuor, quorum primum : *De nominibus stellarum, quibus ex causis nomina acceperint.* Secundum *De præcedentia et antegradatione stellarum.* Tertium *de præcedentia et antegradatione* (legendum *retrogradatione*). Quartum *de statu stellarum.* Quæ sunt quatuor postrema capita libri tertii Etymologiarum. Succedunt alia capita *de mundo,* etc., scilicet decem priora capita libri 13 Etymologiarum. Pag. 188 occurrit totus liber x Etymologiarum, aliquanto longior in hoc Codice quam in Editis, videlicet nonnulla adjuncta habet in fine, ut Bandinius observat. Alius Codex de Natura rerum recensetur a Bandinio plut. 22 bibliothecæ S. Crucis, n. 12, qui membranaceus est sæculi xiii et inscribitur *de Astris cœli,* similis Codici 39, plut. 29, de quo dixi cap. 44.

10. Non pauca nec contemnenda recognita a me sunt libri de Natura rerum mss. exemplaria. Codex Regio-Vaticanus 255, cap. 99 describendus, exhibet opus de Natura rerum hoc titulo recentiori : *Isidori de Natura rerum.* Codex vetus est, fortasse sæculi ix. Non multo inferior est Codex Regio-Vatic. 310, de quo cap. 100, ubi liber de Natura rerum inscribitur *Rotarum liber Isidori.* In Cod. Regio-Vatic. 571, de quo cap. 100, est fragmentum hujus libri. In Regio-Vaticano 1260, cap. 101, integrum opus sine titulo : incipit : *Domino et filio Sesibuto Esidorus.* Ultimum caput est *de monte Ætna :* sunt versus de ventis, et carmen, *Tu forte in luco,* etc. In Regio-Vatic. 1573, cap. 101, inscriptio est, *Liber astrorum cœli editus ab Isidoro.* Adest caput 47 de Partibus terræ. In Cod. Palat. 834 de quo cap. 103, *Incipit liber de Astra cœli sancti Hisidori Spalensis episcopi.* In Palatino 1448, sæculi xi circiter *Liber Rotarum sancti Isidori episcopi*; adest caput 46, de Nominibus maris ac fluminum nondum editum. Hoc est caput 48, in Codice Palatino 834. Idem caput exstat in Urbinate 100, de quo cap. 104, ubi liber hic *de Astronomia* inscriptus, Etymologiis tanquam liber 23 et ultimus subjungitur, auctus in fine opusculo de Cœlo, quod Isidoro quoque adjudicatur. Invenitur præterea in Codice Albanio, de quo cap. 107 fusius agam.

11. Caput novum *de Nominibus maris et fluminum* ex mss. Codicibus a nobis producendum est, scilicet post caput 22 *de Nilo*. Etsi enim in Editis desideratur, et a multis quoque manu exaratis exemplaribus abest, tamen certum mihi est ab Isidori manu esse. Quis enim alius post Isidori tempora tam scite veterum auctorum loca interserere novisset, ut in hoc capite cernitur? Respondet enim hoc caput reliquo operi, de quo notanda sunt Scriverii verba ad Vegetium a Nic. Antonio indicata, et a Fabricio relata : *Sane non contemnendum opusculum, et dignum viri docti censura. Multa indidem fragmenta Nigidii, Varronis, Suetonii Tranquilli, et aliorum haurienda.* Profert Isidorus in hoc capite verba Tranquilli in Pratis, Virgilii, Nævii in Bello Punico, Attæ in Togatis, Pacuvii et Augusti, ex quo refert, *Nos venimus Neapolim fluctu quidem cæco :* quod fragmentum aliis Augusti, quæ Rutgersius collegit, adjungi poterit, non minus quam verba Tranquilli, Nævii, Pacuvii et Attæ, quæ in hoc capite referuntur, inter veterum poetarum fragmenta, quæ jam multi vulgarunt, reponi poterunt. Laudatum caput exstat in Codice Albanio, in Lucensi, et in multis Vaticanis, ut in eorum indice nuper exposito observare licet.

12. Libro de Natura rerum in nonnullis Mss. subjicitur quoddam astronomicum carmen versu hexametro, *Tu forte in luco,* etc. In editione recenti Matritensi descriptum fuit hoc carmen, ubi dicitur ecloga elegantissima, desumptum ex Codice pervetusto Ovetensi, in quo inter capp. 46 et 47 collocatum erat, et ex alio Codice sæculi xiv, scilicet Escurialensi, ut ex nota Bayerii ad Bibl. Hisp. arguo, qui poematíon de Sole vocat, *ellipticum tamen et misere defœdatum.* Initium inter appendices novæ Matritensis editionis est : *Tu forte in lucis.* Desinit : *Lumen, et fratrem rectis objectibus argens.* Multis mendis in hac editione carmen corruptum est. Emendatum a me prodibit non solum ex ms. Regio-Vaticano 255, in quo post librum de Natura rerum reperitur, sed etiam ex antiquis editionibus.

13. Id enim tam editor Matritensis quam Bayerius ignorasse videntur, scilicet hujusmodi carmen astronomicum longe ante, nec semel typis excusum in lucem venisse. Exstat in Anthologia Latina pag. 494 tom. IV Poetar. Latinor. edition. Pisaur., ubi in fine

denotatur aliquid deesse post versum, *Luna meat*, etc.; sic enim legendum, **664** non ut in editione Matritensi, *Lumen eat*. In ms. Regio-Vaticano 255, nullo signo arguitur imperfectum esse carmen : versus autem ultimus sic habet : *Luna meat, fratrem rectis objectibus urgens*. Editio Matritensis *argens*, Pisaurensis *arcens* pro *urgens*. Primum prodiit hoc poemation inter P. Pithœi poematia vetera : de qua editione agit Fabricius lib. IV Biblioth. vet. Lat. cap. 1. Vocat incerti auctoris *de Defectu lunæ*, sive de *Astronomia* fragmentum, quod incipit : *Tu forte in loco lætus*. Sed legendum *in luco lentus*. Observat Fulgentium auctorem indicari in titulo *ex conjectura* minus verisimili; subjici in mss. libro Isidori de Astronomia; Varronis Atacini esse, conjicere Pithœum et Petrum Danielis apud Turnebum XIX, 3 Advers., contra quos disputat Salmasius p. 1131 ad Solinum editionis Parisiensis.

14. Gerardus Joan. Vossius, cap. 5 de Poet. Lat., putat fragmentum hoc esse carminis astronomici, atque Isidorum fortasse habere auctorem, cujus operibus sæpe subjicitur, nullo auctoris nomine expresso : doctissimum quemdam hominem conjicere Varronis Atacini esse. Cum Fulgentii nomen solum *ex conjectura* præfixum fuerit, ut Pithœus in notis consentit, et vetusta exemplaria Astrologiæ Isidori, cui fere subjicitur, nullius auctoris titulum præferant, consequens videtur aut Isidori esse, aut alicujus ex antiquioribus scriptoribus, quibus Isidorus libens utitur. Et in Codice quidem Ovetensi antiquissimo ante caput ultimum in textu ipso hi versus inseruntur : quod arguit ab auctore libri id factum. Locus tamen carminis proprius esset post caput 21 *de lunæ eclipsi* : id enim auctor agit ut lunæ eclipsin explicet, pauca de solis eclipsi addens. Neque video cur imperfectum carmen plerique dicant : nam poeta, quod initio de lunæ eclipsi dicere proponit, plene exsequitur.

15. Ut Isidori poemation hoc esse fidentius conjiciamus, Codicis Florentini S. Marci 604, sæculi IX circiter, auctoritas favet : in quo fragmenta quædam, sed interpolata, Etymologiarum proferuntur, scilicet de inventoribus litterarum, ubi hæc sunt peculiaria : *Æthicus philosophus et cosmographus suos litterarum characteres, quos adinvenit, ita ut infra notatum est distinxit, quosque beatus bonæ memoriæ Hieronymus presbyter una cum libro suo Cosmographo Latinis tradere curavit*, etc. Sequuntur characteres litterarum, et subinde rubrica : *Incipit Hisidori presbyteri sermone nitidiori : Tu forte* **665** *in luco lentus*, etc., qui versus multis mendis apparent inquinati, ut ex specimine quod Rochus meus Menciaca ad me misit, colligo. Succedunt alia Isidoriana fragmenta de die, hebdomada, mense, anno, etc. Cur autem *presbyter* Isidorus vocetur non intelligo, nisi eum juvenem adhuc et presbyterum hoc astronomicum carmen composuisse dicamus.

16. Fragmentum hujus poematii Sisebuti nomine invenio inter Anecdota Muratorii t. III, pag. 160, insertum operi anonymo *de Computo* ex Codice perantiquo bibliothecæ Ambrosianæ. Liber ex multis opusculis de computo, de ratione paschatis, de cyclo, etc., collectus est anno 810, aut summum paucis post annis, ut ex cap. 153 aliisque locis colligitur. Ex Isidoro quædam desumpta sunt. Titulus capitis 106 est, *Item Sesebutus de eclipsibus solis et lunæ dicit* :

Quur fesso luna libescit circulus orbe, *etc*.

Ita procedunt versus, multis mendis inquinati, usque ad extremum versum : *Lunam erat fratrem rectis arguens*; qui corrigendus est : *Luna meat fratrem rectis objectibus urgens*.

17. Cur autem Sisebuto hi versus ascribantur ratio peti potest ex ipso libro Isidori *de Natura rerum*, Sisebuto dicato, cui adjici vel inseri solent. Ac re vera versus finem hujus de computo libri, sive collectionis, exstat Isidori opus *de Natura rerum*, quod pag. 208 a Muratorio ita indicatur : *Domino et filio Sisebuto Esidorus : Dum te præstantem ingenio facundiaque*, etc. Omittitur a Muratorio, qui addit ex Codice quosdam versiculos :

Annus solis continetur
Quatuor temporibus.

Desinunt,

Triennarium biennium
Bisque trinis supramissis.

Reliqua desiderantur.

18. Non tamen absurdum esset Sisebutum, *ingenio doctrinaque præstantem*, ut ait Isidorus aliique confirmant, auctorem carminis credere. Ex ejus epistola ad Theudilanem, dum ex laico habitu se ad monasterium convertisset, colligimus Sisebutum musis quoque amicum fuisse : concludit enim epistolam tribus distichis ad Theudilanem, quibus præcedit versus Dracontii lib. I de Deo vers. 128 :

Magnus ubique Deus, nunquam mutabilis auctor.

In Dracontii editionibus legebatur :

Clarus ubique Deus, nunquam mutabilis auctor.

Carmen Dracontii tribus libris comprehensum e ms. Codice Vaticano ego edidi Romæ 1791, in quo erat

Clarus ubique Deus, nunquam maculabilis auctor :

quam lectionem confirmant duo alii **666** Codices Vaticani 3853 et 5884, deinde a me visi, in quibus eodem modo exstat Dracontii poema, nomine Aurelii Augustini inscriptum. Sisebuti distichon secundum ita habet :

Qui tibi divinum jussit concedere votum,
Ipse tibi tribuat Sandrimer almavia :

corrigendum videtur, *Sandrimer alme, viam*. Ultimus versus est,

Sit tibi vitæ lux Christus ubique pius,

et in ms. Codice Toletano, *Sit tibi vita lux* : restitui potest *Sit tibi vita et lux*.

19. Aliud ego poema inveni, ad eumdem librum de Natura rerum aliquatenus spectans, in Codice Albanio eidem libro subjunctum : quod veluti compendium metricum est plurium ejusdem libri capi-

tum. Quædam soluto sermone præcedunt : *In ipso quidem principio*, etc. , *de septem primis creationis diebus*. Tum rubrica : *Item versus de eadem re : Primus in orbe dies lucis primordia sumpsit* ; qui sunt septem versus S. Eugenii Toletani, qui inter ejus carmina reperiuntur, et descripti etiam sunt in Prolegomenis ad Dracontium pag. 17. Sequitur rubrica : *Item versus de sole : Sol oriens faciem stellarum eviscerat omnem*, etc., qui pertinent ad caput 27. Ita versus de arcturo, de boote, de pleiadibus, de orione, de lucifero, de vespere, de cometa, de sirio, de duodecim signis, de tonitruo, de fulminibus, de arcu cœlesti, de nube, de pluviis, de nive, de glacie, de ventis. ,

20. Postremi versus, videlicet *de Ventis*, illi ipsi sunt qui in editionibus Bignæana et Breuliana capitis 37 textui subjunguntur hoc titulo : *Versiculi de supranominatis ventis*. Breulius ad marg. notat eos versus in ms. Codice non haberi. Grialius animadvertit eos ab aliis Mss. abesse, exstare autem in Ovetensi Gothico ab Isidori opere separatos, magisque emendatos quam in editis : quos, quia non prorsus inelegantes, et Isidoro antiquiores ipsi videbantur, in nota proposuit. Sed cum hi versiculi de ventis ab eodem auctore videantur profecti a quo reliqui, in Codice Albanio eodem contextu exarati, Isidoro antiquiores non sunt dicendi. Nam cæteri ita clare Isidori verbis insistunt, ut etiam allegorias ejus mysticas non prætermittant. In Codice Ottoboniano 6, de quo cap. 105, sine auctoris nomine iidem versus *de Ventis* proferuntur, uti etiam in Codice Veronensi Orationalis Gothico-Hispani, ut indicat Maffeius in Codicis ejus descriptione, cap. 88, num. 95, referenda.

21. Quem ergo auctorem statuimus ? Nulla mihi occurrit ratio **667** cur Eugenio Toletano istius modi versus abjudicem : et est contra non levis cur illi adjudicem. Cum enim eodem omnes contextu fluant, idem omnium censendus est auctor. Priorum autem septem versiculorum auctorem Eugenium esse jam monui. Nimirum delectabatur Eugenius res naturales brevibus carminibus explicare, quod satis ex poematum ejus libris constat. Ac fortasse rubrica, quæ toti carmini præcedebat, et jam vetustate corrasa legi nequit, nomen poetæ, Eugenii, ut ego arbitror, indicabat. Sed quicunque demum fuerit ejus poematis auctor, cum neque adhuc illud lucem viderit, et ad libri Isidoriani sive explicationem, sive commendationem pertineat , jure meritoque inter Appendices a nobis referetur.

CAPUT LXXVII.

Isidorus noster Hispalensis verus auctor Chronici, quod aliud est a Chronico Isidori Pacensis. Compendium Chronici Etymologiis insertum ab ipso Isidoro.

1. Cum magna fuerit quorumdam hominum licentia a sæculo IX præsertim, et aliis subinde consecutis, interpolandi, augendi mutilandique veterum scriptorum opera, hæc tanta temeritas in quorumdam argumentorum libris pervertendis potissimum grassata fuit , ut in collectionibus canonum, in Kalendariis, in chronicis, et historiis. Neque is ego sum qui illico judicem omnes ejusmodi operum corruptores dolo malo egisse : nonnulli enim, ut mihi quidem videtur, ita libros sibi describebant aut describi curabant, ut plura alia sive ex aliorum glossis et additionibus, sive e sua penu in eamdem sententiam insererent, ut aliquando usui esse possent. Pessimo tamen id exemplo faciebant, cum alios facile decipi sinerent, qui omnia in libro exarata auctori cujus præfigebatur nomen, bona fide ascribebant. Cui malo paucis verbis occurrere poterant, si opus collectaneum, aut ex variis consarcinatum esse adverterent. Sed non deerant qui, cum e libris exarandis quæstum facerent, ex alicujus magni auctoris nomine, quod in fronte conspiceretur, majus pretium sibi pollicebantur.

2. Hæc Codicum corruptio rerumque mixtarum perturbatio in multis Isidori operum, ac nominatim Chronici exemplaribus, deprehenditur, **668** eoque etiam magis quia Isidori nomen clarum ubique erat, et scripta latissime disseminabantur. Atque, ut de Chronico singillatim verba faciam, hac de causa accidit ut Isidoro partim suum verum chronicon negetur, partim alia aut non sua aut interpolata affingantur. Chronici Ildefonsus non meminit, quippe cui curæ non fuit historicos Isidori libros recensere. Non ita Braulio, qui opus perspicue describit : *Chronicorum a principio mundi usque ad tempus suum librum unum, nimia brevitate collectum.*

3. Nolim Braulionis verba ita accipi , quasi brevitatem Isidori minus probet : potius enim laudat quod ab orbe condito historiam rerum et temporum brevi chronico scite comprehenderit, eo fere modo quo Isidorus ipse cap. 38 de Vir. illustr. *brevem Victoris Tunnensis historiam laude et notatione illustrem et memoria dignissimam* dicit. Quod tamen ita est intelligendum, ut Braulio non solum chronicum contractum, quod in Etymologiis exstat, sed aliud fusius seorsum editum innuat ; quandoquidem hoc etiam pro rerum quæ explicantur copia et magnitudine nimium breve, hoc est valde breve appellari potest.

4. Chronicon Isidori scriptores vetustissimi laudant. Fredegarii Scholastici, qui eodem sæculo VII quo Isidorus floruit, explicui verba cap. 33 contra Nic. Antonium, qui existimavit Fredegarium vix de Isidoro Chronici auctore se certum esse ostendisse. Sæculo VIII Elipandus auctoritatem beati Isidori in hoc chronico in epistolis ad Carolum Magnum et ad Alcuinum excitavit, ut dixi cap. eod. 33. Eodem sæculo VIII, etiam ante Elipandum, Isidorus Pacensis, qui Isidori Chronicon continuavit, Isidoriani Chronici prope finem sui sic meminit : *Secundum historiam ecclesiasticam domini Eusebii Cæsariensis episcopi in lib.* I, *ætate* VI, *vel nunc secundum chronicam domini Isidori*. Post chronicon Joannis Biclarensis Florezius tom. VI, append. 9, ex Codice Complute si addidit epilogum anno 742 conscriptum, cujus auctor ait : « Usque DCLVIII æram, in qua beatus Isidorus chro-

nicam suam condidit, in quinto Heraclii imperatoris anno, et quarto Sisebuti regis Gothorum, etc. » Simili modo auctor Chronici Silensis initio sæculi xii, num. 2: « Quod in Chronica lucide declaratur, quam Isidorus Christi famulus, Hispalensis ecclesiæ episcopus ab exordio mundi usque ad Eraclii Romani imperatoris, et Sisebuti Hispaniarum religiosissimi principis tempus compendiose scripsit. » **669** Prætereo scriptores veteres Hispanos qui ex Isidori Chronico, auctore non laudato, verba retulerunt, Beatum sæculo viii in Comment. super Apocalypsin, et Dulcidium, sive alium auctorem Chronici Albeldensis sæculo ix.

5. Tot veterum testimonia, ut de mss. antiquis exemplaribus nunc taceam, evidenter ostendunt Isidorum nostrum Chronici quod ejus nomine circumfertur, auctorem fuisse, ut catalogi etiam pervetusti et bibliographi plerique cap. 46 et 47 allegati consentiunt. Apertum in primis est testimonium catalogi monasterii Pomposæ sæculi xi : *Chronica S. Isidori Spalensis episcopi, describens historiarum breviarium ab exordio mundi usque ad Heraclii tempus.* Anonymus etiam Mellicensis chronicum intelligit, cum inter Isidori opera *abbreviationem temporum* laudat. Repugnant tamen aliqui recentiores præsertim post famosa chronica conficta, quibus Theophilu Raynaudus, Joan. Harduinus et alii apud Vincentium Placcium in Theatro Anon. et Pseudon., n. 1484, assentiri videntur. Ac primum Bivarius Pseudo-Dextri sui hæc conatus est explicare verba ad ann. 384, num. 8, *Isidorus Senior Cordubensis continuat chronicon a primo consulatu Theodosii*: quæ in fragmento Estepani Codicis non apparere Nic. Antonius animadvertit; atque adeo ab aliquo postea addita sunt, qui minus caute *seniorem* Isidorum Cordubensem a Dextro nominatum confinxit, comparatione scilicet Isidori Hispalensis, qui longe post Dextri ætatem floruit. Bivarius, ut Pseudo-Dextri imprudentiam excuset, duos Cordubenses Isidoros commentus est, alterum Seniorem auctorem Chronici, alterum Juniorem auctorem Allegoriarum ad Orosium, et commentarii in libros Regum et Evangelium Lucæ. Censet ergo Chronicum, quod Isidorus Hispalensis scripsit, desumptum esse magnam partem ex Chronico senioris illius Cordubensis Isidori: quod Isidori Cordubensis Chronicum Lucas Tudensis aliis chronicis inseruerit, putans opus esse Isidori Hispalensis.

6. Inepta hæc sunt : nam Isidorum Cordubensem Chronicum scripsisse, solum inter Pseudo-Dextri nugas relatum est. Etsi autem Lucas Tudensis Isidori nomine multa profert quæ in Isidori Chronico non exstant, tamen id non arguit reperta ea fuisse in antiquiori aliquo Isidori Cordubensis chronico : nam multa etiam pariter refert de tempore, quod ab Isidoro Cordubensi explicari non potuit. Solum ergo arguitur Lucam Tudensem Chronico Isidori in omnibus partibus interpolato usum fuisse, ut mox dicam.

670 7. Aliam contrariam viam iniit Joseph Pellizerius, qui Chronicum communi omnium consensu Isidoro Hispalensi attributum ab Isidoro Pacensi conscriptum fuisse contendit. Bandinius, tom. I Cod. Latin. biblioth. Laurent. Medic., plut. 20, describit Codicem 54, sæculi xi, nitidissime exaratum, in quo est *Isidori Junioris chronographia* cum prologo : *Julius Africanus*, etc.; quæ verba occurrunt in prologo Chronici Isidori paulo post initium. Liber incipit : *Adam cum esset*, etc. Desinit *Consummatio sæculi est.* In indice catalogi ita annuntiatur : *Isidori Junioris ejusdemque antistitis Cæsaraugustani, conficti a Josepho Pellizerio, Chronographia cum prologo.* Non ita id intelligas, quasi Pellizerius Chronographiam confinxerit, sed quod sibi ipse finxerit auctorem ejus Chronici, qui re vera est Isidorus Hispalensis episcopus, fuisse alium Isidorum patria Hispalensem et episcopum Cæsaraugustanum. Nam aliquando, scilicet in Observat. ad Dulcidium, fol. 16, ita existimavit. Sed in libro de Maximo Cæsaraugustano, fol. 29, multis probare conatur Isidorum Pacensem auctorem esse Chronici Isidori episcopi Hispalensis nomine editi. Bandinius verba Fabricii in Bibl. med. transcripsit, ejus mentem fortasse non assecutus. Fabricius ait : *Isidorus Hispalensis Junior, idemque antistes Cæsaraugustanus, confictus a Josepho Pellizerio, ut pag. 125 dicere me memini.* Scilicet præmiserat : *Isidorus Cæsaraugustanus commentitius, quem Chronici duplicis scriptorem facit Josephus Pellizerius, quod inter Isidori Hispalensis scripta rectius referemus.* Omitto rationes quas Pellizerius ex Ildefonsi silentio petit, uti etiam ex suspicione quam contra Braulionis prænotationem de libris Isidori movet : quasi ea genuina non sit; jam enim cap. 3 ea controversia a nobis agitata est. Præcipuum ergo Pellizerii argumentum petitur ex præfatione chronicorum Pellagii Ovetensis, qui sæculo xii plura chronica in unum corpus collegit, quæ adhuc asservantur in Ovetensi Codice, ejusdem Pelagii partim manu, partim jussu conscripto. Titulus Codicis est : *Liber chronicorum ab exordio mundi.* Nic. Antonius addit *usque æra* mclxx, quæ verba a Ms. abesse ait Florezius tom. IV Hisp. sacr. pag. 200 seqq., ubi totum libri prologum accurate describit. Pelagius chronicorum, sive centonariæ Historiæ compilator, sic præfatur : « Charissimi fratres, si chronicam hanc, quam aspicitis, bono animo eam legeritis, invenietis quomodo Junior Isidorus Pacensis Ecclesiæ episcopus, sicut **671** in Veteri Testamento et Novo legit, et per Spiritum sanctum intellexit, ita ab Adam usque ad Noe, et usque ad Abraham, Moysem et David, et usque ad adventum Redemptoris, et de judicibus et regibus in Israel, et de Romanis regibus, sive imperatoribus, et de Evandalis et Alanis, sive et Suevis Hispanis regibus, sicut a majoribus et prædecessoribus suis inquisivit et audivit, plenissime scripsit. Et B. Isidorus, de quo nunc Legionensis gaudet Ecclesia, de regibus Gothorum a primo Athanarico usque ad catholicum Wambanem regem Gothorum, prout potuit, plenissime scripsit. »

8. Ex his colligit Pellizerius Pelagium Ovetensem Isidoro Pacensi Chronicon ab exordio mundi, et Historiam Vandalorum ac Suevorum tribuere, Isidoro autem Hispalensi solum Gothorum Historiam. Neque ambigi potest quin hæc Pelagii mens fuerit, si vere ejus est hæc præfatio. Enimvero dubitat Nic. Antonius lib. v. Biblioth., num. 121, an prologus, fœdissimis erroribus scatens, Pelagii Ovetensis fetus sit: et rursus lib. vii, n. 49, cum de Pelagio agit: *Facile persuadeor*, inquit, *nisi librum contrectantibus aliunde contrarium constet, non Pelagii hanc præfationem, sed alterius eo recentioris esse, qui summam rerum quæ in eo libro contineretur conficere voluit.* Subjicit Bayerius hanc notam: *Rem videtur noster acu tetigisse: cum enim tot insint, quot vidimus, prælaudato Complutensi Codici, abest ab eo præfatio, quæ magnas illi turbas excitavit.*

9. Ut hæc inter se exemplaria chronicorum conferantur, Codices ipsi describendi sunt. Codex Complutensis, nunc Regius Matritensis, sine titulo communi Chronicorum, et sine præfatione continet, 1. *Civitates quas regebant reges Gothorum, earumque pontifices.* 2. *Parvos annales per æras a* xxxviii, *in qua Christus natus fuit, ad* mlxxiii. 3. Sub majori rubrica: *Pelagius episcopus Ovetensis ait: De originibus celebriorum Hispaniæ urbium.* 4. *Librum Chronica, seu Tabularium ab Adam ad diluvium, et quatuor Romanorum, Gothorum, Asturiarum, et Saracenorum regum ordines.* Hic insertum intelligo Chronicon Isidori, et Historias Gothorum, Vandalorum et Suevorum. 5. *Ordinem annorum mundi beati Juliani Pomerii archiepiscopi Toletani.* Opus falso Juliano ascriptum, qui neque Pomerii cognomen habuit. 6. *Excerptum e Sebastiani Salmanticensis Chronico.* 7. *Chronicon Sampiri Asturicensis.* 8. *Chronicon Pelagii Ovetensis.* 9. **672** *De Salomonis pœnitentia.* 10. *Decreta Adephonsi et Geloiræ reginæ*, et minora alia.

10. Codicis Ovetensis, Pelagii, ut dixi, partim manu, partim jussu exarati, meminerunt Moralesius, Sandovalius et Pellizerius, a Nic. Antonio recensiti. Exstabat Codex, dum Nic. Antonius scribebat, in bibliotheca Reynosiana, scilicet D. Didaci de Arce Reynoso: quem apud Pellizerium aliquando se vidisse testatur, nisi forte diversum aliud exemplar Pellizerius habebat. Nam etiam Moralesius in ecclesia Ovetensi duos similes Codices chronicorum Pelagii invenerat, et plura etiam exempla ad manum habuisse videtur, quibus eadem chronica continerentur, alia tamen facie ac titulo quam edita sunt, ut Nic. Antonius observat, et collatis testimoniis confirmat: qui lib. x, num. 245, asseverate ait, Codicem ecclesiæ Ovetensis, a Sandovalio visum, esse illum ipsum qui fuit etiam Garsiæ de Loaisa, ac deinde D. Didaci de Arce Reynoso Placentini episcopi, atque adeo bibliothecæ Reynosianæ. Autographi ergo Codicis Ovetensis potissimum ratio habenda est: cui ex Pellizerio titulus est: *Liber chronicorum ab exordio mundi usque æram* mclxx. Hanc inscriptionem vacillare Nic. Antonius recte animadvertit. Qui enim fieri potuit ut Pelagius, qui æra 1260 aut ante jam obierat, chronica ad æram 1170 perduceret? Bayerius in nota reponit deesse hunc titulum in Codice Complutensi, sed vere Pelagium centonem historiarum ad æram 1170 consarcinasse.

11. Parum hac in re vidit Bayerius, qui ad annum quo Pelagius decessit animum non adverterit. Si enim Codex Complutensis ad æram 1170 protenditur, colligere debuit auctum ab aliquo continuatore fuisse chronicum, non a Pelagio eo usque perductum, aut contra Pelagium ad æram usque 1170 vitam protraxisse. Et in hoc eodem argumento jamdudum facem Florezius prætulerat tom. IV Hisp. sacr., pag. 200 seqq. Ostendit, ut jam monui, abesse a Codice Ovetensi verba illa *usque æram* mclxx. Tradit tamen Pelagium vitam cum morte commutasse anno circiter 1143, sive æra 1181, ac nihil in Codice contineri quod post id temporis peractum fuerit. Addit genealogias Gothorum regum ipsius Pelagii manu esse conscriptas; cætera, etiam præfationem, de qua quæstio est, alterius manu, sed ita ut facile intelligatur omnia ejusdem Pelagii nutu litteris esse mandata. Obiter advertam fortasse genealogias Pelagii **673** manu exaratas, esse opus Pelagio antiquius, cujus mentio fit in Chronico Albeldensi sæculo ix scripto tom. XIII Hisp. sacr., pag. 462: *Liber etiam generationum similiter affirmat, quia de Magog filio Jafet veniunt Gothi, et Gothia et Scia a Magog nominata sunt.* Suspicari possumus opus Generationum vetus, ut alia, a Pelagio fuisse interpolatum. Tenet Florezius, cum Moralesio, prologum ipsum auctorem habere Pelagium: quin obstare possit conjectura Nic. Antonii, qui in eo prologo de Pelagio sermonem haberi ait, tanquam de homine ab eo qui loquitur distincto: *Et a Veremundo podagrico usque ad Adefonsum regem, pium Raymundi comitis et Urracæ reginæ, Pelagius Ovetensis ecclesiæ episcopus, sicut a majoribus et prædecessoribus suis inquisivit et audivit, de Gothis et Aragonensibus regibus, prout potuit, plenissime scripsit.*

12. Ita de se loqui potuit Pelagius, vel ut ordinem quem in cæteris scriptoribus commemorandis tenuerat servaret, vel quod non ægre fortasse ferret si alius prologi auctor crederetur. Verum sive ipse Pelagius prologi auctor fuerit, sive alius æqualis, ineptissimum prorsus est chronicon Isidorianum, ab exordio mundi deductum, Isidoro Pacensi adjudicare contra tot alios antiquiores scriptores, qui pro Isidoro Hispalensi suffragium ferunt, neque ipso excepto Isidoro Pacensi, qui, ut dixi, *Chronicam Domini Isidori* laudat cum de anno quo Christus natus est disserit. Stylus etiam Chronici nostri a barbaro et inculto Isidori Pacensis sermone multo magis differt quam utriusque Isidori inter se ætas; ut in Isidoro Hispalensi hominem videas puri sermonis Latini expressa vestigia retinentem, in Isidoro vero Pacensi scriptorem e barbara Maurorum colluvie misere deturpatum. Sane Pelagius ipse Ovetensis in rebus præsertim antiquis nullam fidem meretur, qui, ut Ma-

riana in prologo ms. ad ejus chronicon a Florezio laudato animadvertit, *fabulosus vulgo est dictus.* Idem Florezius in exemplari Batrensi Chronicorum Pelagii, quod fuit Ferdinandi Perez de Guzman, avi Garsiæ Lasso de la Vega, hunc ordinem fuisse tradit. Post prologum sunt chronica Vandalorum et Suevorum, et Historia Gothorum : quæ sunt ipsamet Isidori Hispalensis opera, sed interpolata. Sequitur *Supplementum D. Ildephonsi :* quæ est continuatio aut Ildefonso penitus afficta, aut ab aliquo alio fabulis corrupta. Tum *Numerus sedium Hispaniæ :* quæ est commentitia divisio episcopatuum, quæ **674** a Wamba facta dicitur, sed ab ipso Pelagio Ovetensi, ut multi jam consentiunt, omnino conficta, et Idacii, sive Itacii nomine divulgata, fortasse quod Pelagius Idacium quemdam Chronici auctorem exstitisse legerat : qui tamen longe ante Wambæ tempora floruit.

13. Hæc alio ordine in autographo Codice Ovetensi referuntur, in quo, post commentitium hunc Itacium et Historiam Sampiri, est *Corographia Isidori Junioris,* quod est Chronicon nostri Isidori, qui fortasse Pacensis est creditus, quod in aliquo Codice Junioris titulo repertus fuerit insignitus, ut cernere licet in Codice Florentino supra recensito, in quo correctior est titulus, *Chronographia Isidori Junioris.* Nam Hispani Isidorum Hispalensem *Seniorem,* Pacensem *Juniorem* dicere solebant : exteri autem sæpe Isidorum quoque Hispalensem *Juniorem* appellarunt. Sequitur in eodem Ovetensi Codice : *Incipit chronica regum Gothorum usque ad catholicum regem Wambanum scripta :* quæ est Isidori nostri Historia Gothorum, sed, ut puto, cum ea continuatione quæ in Codice Batrensi dicitur *Supplementum D. Ildefonsi.* Succedit Historia rebellionis Pauli contra Wambam, auctore Juliano, ibi perperam *Pomerio* cognominato. Subjunguntur diversæ epistolæ, chronica Sebastiani, Pelagii, etc. Apparent clare in Codice hoc Ovetensi interpolationes Pelagii, interdum etiam insertis verbis, *Additio Pelagii episcopi Ovetensis.*

14. Quod si prologum ipsum Codicis Ovetensis inspiciamus, vel ex eo solo liquido constabit nullam præstandam esse fidem monumento quod historicis erroribus et anachronismis evidentissimis refertum est. Isidorus Hispalensis Chronicon Gothorum usque ad Wambam regem plenissime scripsisse dicitur, cum Isidorus anno 636 ad superos evolarit, Wamba autem non ante annum 672 regnare cœperit. Pergit prologus : « Et a prædicto rege Wambane usque ad catholicum Pelagium regem Gothorum B. Julianus Toletanæ sedis archiepiscopus, qui arcam cum sanctorum pignoribus, qua nunc ecclesia Ovetensis gloriatur, cum rege Pelagio sæpius in Asturias transtulit, et sicut a majoribus et prædecessoribus suis inquisivit et audivit, prout potuit, plenissime scripsit. » Atqui S. Julianus anno 690 jam vita functus fuerat. Qui ergo fieri potuit ut post Maurorum irruptionem, quæ sæculo VIII accidit, aut Historiam Gothorum continuaverit, aut sacra pignora ad Astures detulerit ? Audi reliqua : *Et a Pelagio rege usque ad Adephonsum Castum et catholicum regem* **675** *Gothorum Sebastianus Salmanticensis episcopus, sicut a majoribus et prædecessoribus suis inquisivit et audivit, plenissime scripsit.* Hoc loco auctorem prologi errare Pellizerius ipse fatetur, nam continuatio historiæ a Pelagio ad usque Alfonsum Castum non Sebastianum Salmanticensem episcopum auctorem habet, sed Alfonsum III, qui eam Sebastiano direxit. Adhuc tamen hæc controversia sub judice est. Nam epistola, Alfonsi nomine chronico præmissa, sensu caret et mutila videtur ; neque ex ea satis colligi potest quisnam auctor Chronici fuerit. Alii cum Mariana suspicantur chronicon a Sebastiano compositum, sed regis nomine editum.

15. Sequitur : *Et ab Adephonso Casto usque ad Weremundum regem Podagricum Sampirus ecclesiæ Asturicensis episcopus, sicut a majoribus et prædecessoribus suis inquisivit et audivit, de Gothis regibus, prout potuit, plenissime scripsit.* Hæc de Sampiro, quippe qui proxime ad Pelagium accedebat, magis sunt veritati consentanea : etsi variant etiam scriptores, cum Moralesius Sampiro isti relationem *de arca reliquiarum in Asturias translata* tribuat, quam sub Sebastiani Salmanticensis nomine Sandovalius vulgavit.

16. Quidquid id est, auctori prologi ad systema chronicorum Pelagii, qui in rebus antiquis tam turpiter hallucinatus est, minime oportet fidem præstare, dum Isidori Hispalensis Chronicum Isidoro Pacensi affingit, sive ex eo, ut dixi, deceptus, quod Isidori Junioris nomine inscriptum repererit, sive ex eo quod exemplar viderit Chronici ab Isidoro Hispalensi ad Sisebuti tempora perducti, et ab Isidoro Pacensi continuati ; cui postremo totum opus ascripserit. Similem in mss. Codicibus chronicorum confusionem Joannes Vasæus cum invenisset, in gravem difficultatem incidit, ex qua tamen non infeliciter sese expediit lib. I Annal., cap. 4, « Isidorus Pacensis episcopus etiam scripsit Chronicon Hispaniæ, cujus si est Chronicon illud quod illius titulo prænotatum vidi, portentum potius dixerim quam chronicon : adeo prodigiose scripsit et Gothice potius quam Latine. Certe mihi tanquam in novo quodam et inaudito idiomate desudandum fuit ut intelligerem. » Hactenus Vasæus verum Isidori Pacensis Chronicon suis coloribus depingit. Nam de stylo horrido et inculto consentiunt Resendius lib. IV Antiq. Lusit., et Mariana in prologo ad Chronicum Isidori Pacensis.

17. Pergit Vasæus : « Inveni et aliud Chronicon, titulo Isidori Junioris **676** tanquam illius (*Pacensis*) ab initio mundi usque ad quintum annum Suinthilanis Gothorum regis, qui fuit annus Domini sexcentesimus vigesimus sextus. Sed hoc ego Chronicon S. Isidori Hispalensis archiepiscopi, non Isidori Pacensis, esse certo mihi persuadeo, præsertim cum ipse etiam S. Isidorus in Etymologiis se ad eum usque annum Chronicum suum perduxisse testetur... Neque obest Junioris cognomentum, quod D. Isidoro Hispalensi convenit, non huic Pacensi. Dicitur vero D. Isidorus Junior propter Isidorum Cordubensem, etc... Hæc ego pluribus excussi propter contra-

rias opiniones, et sententiam meam dixi, facile cessurus, si quis compertiora in medium adducat. » Recte, ut vidimus, Vasæus sentit : neque ulla jam hac de re dubitatio superest. Etsi autem Chronicon Isidori ad annum 5 Suinthilanis perductum dicit, tamen vulgatum S. Isidori intelligit, quod anno 5 Sisebuti finitur. Variant enim Codices : sive ex compendio Chronici Etymologiis inserto, et ad annum 5, al. 7, Suinthilanis protracto, ab aliquo conclusio in latius Chronicon fuerit translata, ut Loaisa in not. conjicit, sive, ut ego magis credo, Isidorus ipse Chronicon usque ad annum 4 Sisebuti primum editum, in aliquo exemplari suo consequentibus annis continuaverit : ex quo varietas conclusionis in mss. Codicibus apparet. Nonnulli aiunt secundam Chronici editionem ab Isidoro factam : sed id necessarium non est, cum Isidorus sine nova editione suo exemplari continuationem addere potuerit.

18. Aliud Chronicon Isidoro nostro attributum Vasæus loc. cit. commemorat : « Vidi quidem in eodem Codice aliud Chronicon , Isidoro Hispalensi episcopo inscriptum : sed cum in ultimo Trasamundi Vandalorum in Africa regis anno desinat, alterius potius atque ejus Africani, quam S. Isidori Hispalensis, esse arbitror : præcipue cum rationem potius cum regibus Vandalorum in Africa quam Gothorum in Hispania habeat. » De ejusmodi chronico, cum ad manus nobis non fuerit, judicium ferre non possumus; sed rationes Vasæi satis per se evincunt Isidori illud non esse. Non inutiliter autem in vulgus ederetur, si eo aliquo modo Gothorum in Hispania Vandalorumque in Africa historia illustrari posset. At quis indicabit quo loco nunc existat, si tamen existit, et non, ut multi alii Codices, irreparabili damno periit?

19. Ut autem redeam ad verum Isidori Pacensis chronicon, **677** a Sandovalio primum Pampilone typis editum fuit 1615, hoc titulo : *Isidori Pacensis episcopi Epitome imperatorum et Arabum, una cum Hispaniæ chronico, ex Codice Gothico Complutensi et Oxomensi.* Mariana in prologo refert ab Oxomensi Codice nomen auctoris abesse. Iterum prodiit Matriti 1729, emendatum a M. Fr. Francisco Berganza ad exemplaria duo, alterum descriptum a Joan. Baptista Perez ex veteri Codice Oxomensi, alterum ex libro Gothico Complutensi jussu Ambrosii de Morales. Denique illud edidit Florezius tom. VIII Hisp. sacr., recognitum ad priores duas editiones, ad ms. Codicem Complutensem membranaceum, sed non Gothicum, ad ms. Marianæ, cujus prologum describit, et ad varias quasdam lectiones a præsule de Marca observatas. Inscriptio est : *Incipit epitome imperatorum vel Arabum ephemerides, atque Hispaniæ chronographia sub uno volumine collecta.* Chronicon initio exprimit æram 649 et annum mundi 5837, quo Heraclius decessit : æra enim præmissa non annum quo imperatores regnare coeperunt, sed quo obierunt, designat. Isidorus igitur Pacensis ab initio Heraclii, cujus anno 5 Chronicon S. Isidori desinit, historiam perducit ad annum usque 754, ac proinde

non Chronicon Idacii, quod nonnulli dixerunt, sed Isidori Hispalensis continuavit. Ipsum Isidori Pacensis Chronicon ab alio continuatum videtur : nam Ambrosius Morales refert a se visum Isidori Pacensis Chronicon pertinens ad nongentesimum amplius salutis annum : ex quo Mariana de Isidori Pacensis ætate dubitavit. Sed Ambrosius Morales, ut notat Florezius, in ejuscemodi chronicis describendis, auctoribusque distinguendis, sæpe hallucinatus fuit : et continuationes chronicorum cura recentiorum additæ in mss. exemplaribus frequenter occurrunt. Dupinius in præf. ad tom. IV Biblioth. eccles. obiter dixit se auctoritate Chronici Isidori Pacensis non uti, quia instrumentum indubitatum non est : sed, ut puto, Pseudo-Dextrum, aut aliquem alium sæculo XVII confictum, non nostrum Isidorum Pacensem, nominare voluit.

20. Non semel innui compendium Isidoriani chronici ab ipso Isidoro in Etymologias relatum fuisse. Cum enim Isidorus opus encyclopædicum *Etymologiarum* titulo allaborare statuisset, multa ex iis quæ in aliis suis operibus divulgaverat, in breviorem redacta formam Etymologiis inseruit. Ita libro V, post alia de annis, sæculis, etc., caput 37 inscripsit : *De Discretione temporum* : quæ est **678** epitome Chronici aliquantulum protracti ; desinit enim : *Eraclius xvii nunc agit imperii annum,* etc., cum chronicum solum quintum Eraclii annum attingat. Alii Codices in Chronico Etymologiarum annum decimum Eraclii designant, alii aliter. Hoc tamen constat, post Chronicum fusius, anno quarto Sisebuti, et quinto Eraclii terminatum, Isidorum idem argumentum in opere etymologico, quod postremum ejus fuit, in compendium redegisse. Ad quam temporum rationem Bellarminus non attendit qui existimavit ex Etymologiis desumptum fuisse Chronicon Isidori nomine in vulgus editum, improbante Labbeo, eoque etiam magis quia Chronicon separatum multo uberius est Chronico Etymologiarum. Neque insolens est eumdem nonnunquam scriptorem ex longioribus spatiis in arctum velut gyrum lucubrationes suas, cum subest causa, contrahere.

21. Quod autem Isidorus ipse Chronicon suum in Etymologiis contraxerit minime ego dubito. Eccur enim Braulioni, quod Oudinus cum Labbeo suspicatur, interpolationem Chronici in Etymologiis Isidori imputabimus? Quid enim tutum in Etymologiis remanebit, si Braulionem hujus vel alterius capitis auctorem pronuntiamus, non alia ducti ratione, nisi quod Braulio opus solis titulis distinctum in libros divisit? Diversa ratio est de quadam nota, Chronico Etymologiarum adjecta in editione Breuliana, ubi Suinthilanis mentio fit, et quædam repetuntur ex prologo ad Chronicon fusius. Vossius enim lib. II de Hist. Latin., cap. 25, non ab Isidoro, sed ab alio additam verosimilius credit, cum in veteribus suis optimæ notæ mss. ea verba desiderentur. In plerisque etiam nostris mss. desiderantur, quæ recte pariter a Grialio omissa sunt. Sed Grialius (uti antiqua etiam exemplaria) nihilominus notat annum 17

aut 18, certe alium posteriorem anno quinto Eraclii: quod ab Isidori manu esse certum videtur; cum enim ille post annum quintum Eraclii epitomen Chronici formaret, annum qui tunc agebatur debuit exprimere, non annum quintum, Eraclii, quo scilicet uberius Chronicum erat finitum.

22. Brevioris Chronici exempla exstant in mss. Codicibus, etiam a reliquo corpore Etymologiarum separata. De hoc Chronico accipio vetustissimos duos Codices, quos Joseph Blanchinus describit in Indiculo Codicum aureorum, argenteorum et purpureorum ex diversis auctoribus collecto tom. II Evangeliarii quadruplicis, pag. 593. **679** Primo Codice continentur Biblia sacra Latina, quæ circa annum 790 describi sibi curavit Theodulfus, postea Aurelianensis episcopus, de quibus Sirmondus tom. II Operum, p. 1046. Codex in-fol. membranaceus : « Versus quidam Theodulfi, ut ait Sirmondus, in libri fronte aureis characteribus expressi erant. Alii versus litteris argenteis descripti præfixi brevi chronico (quod Bibliis adjunctum est ante Novum Testamentum) Isidori, et opusculo Eucherii de interpretatione Hebraicorum nominum, et Græcorum cum clavi, ut nonnullis visum est, Melitonis episcopi Sardensis. » Blanchinus subjungit versus litteris aureis in membranis purpureis exaratos esse, Chronicon vero Isidori et opusculum Eucherii argenteis. Insigne hoc monumentum in bibliotheca Mommiana, sive domini de Mosmes servabatur.

23. Similis alius Codex, ac fortasse ex præcedenti descriptus, exstabat in ecclesia Dominæ Nostræ Podiensis ex dono ipsius Theodulfi, in quo erant Biblia Latina cum chronographia S. Isidori, libro de nominibus Hebraicis, altero de expositione diversarum rerum, et tractatu de Deo, de ejus attributis, et de variis rebus moralibus cum versiculis Theodulfi, qui in præcedenti quoque volumine legebantur.

24. Chronicum brevius Etymologiis insertum sæpe in mss. Codicibus Etymologiarum occurrit, annotato in fine *anno decimo Ervigii*, et æra quæ tunc currebat; quod ab Ildefonso aut alio æquali in suo Etymologiarum exemplari factum, in alia subinde exemplaria permanavit. Hic enim mos, ut apud alias gentes, ita etiam apud Hispanos viguit, ut ab eruditis scriptoribus chronica describenda continuarentur, aut saltem annus qui tunc agebatur subnotaretur. In veteri quodam Ms. Mediceo sunt quædam stemmata genealogica ab Adam usque ad Jesu Christi Incarnationem, fortasse ex Isidoro desumpta, quibus librarius certe Hispanus hanc notam subnexuit : *Ab Incarnatione autem Domini nostri Jesu Christi usque in præsentem primum gloriosi Wambani, etc. Ab exordio autem mundi usque ad adventum Domini anni VCXCV.* Id enim a librario potius quam a primo genealogiarum auctore adjectum suspicor.

25. In Codice Vaticano 1869, de quo cap. 96, Chronicon Etymologiarum inscribitur *de Descriptione vel Discretione temporum*, quod Freculfi Historia præcedit. De aliis similibus exemplaribus agam cap. seq., cum Codices Vaticanos Chronici Isidoriani recensebo.

680 CAPUT LXXVIII.

Chronicon Isidori interpolatum, quod Lucas Tudensis inter sua Chronica retulit. Melliti Chronicon idem atque Isidorianum, alio modo interpolatum, sæpius autem mutilum et decurtatum. Editiones Chronici Isidoriani, prologus Loaisæ, versio Italica edita, alia ms. Hispanica Mss. exemplaria ejusdem Chronici.

1. Lucas Tudensis systema quoddam chronicorum quatuor libris complexus est. Primus liber continet Isidori Chronicon auctius vulgato. Secundus Isidori Historias Vandalorum, Suevorum et Gothorum. Tertius continuationem chronicorum Isidori Ildefonso ascriptam, atque alia. Pars libri tertii et integer liber quartus labor sunt Lucæ ipsius Tudensis. Cum autem Chronicon quod Lucas Tudensis nomine S. Isidori Hispaniarum doctoris edidit, plura comprehendat quæ in Chronico Isidoriano in vulgus edito desiderantur, quæri potest primum an uberius an brevius Chronicon verus sit ac genuinus Isidori fetus. Deinde si Chronicum fusius interpolatum esse dicamus, ut certum videtur, an Lucas Tudensis sit interpolationis auctor. Prima quæstio difficultate caret : cum enim exemplaria Luca Tudensi, quæ sæculo XIII claruit, longe antiquiora Chronicon brevius exhibeant, colligendum sine hæsitatione est ea quæ sæculis consequentibus addita in Mss. conspiciuntur, ab Isidori manu non esse, præsertim cum, ut sæpe monui, tanta fuerit hominum sequioris ætatis licentia in amplificandis interpolandisque chronicis.

2. Ergone, inquiet aliquis, Lucas Tudensis pro Isidorianis venditavit, quæ ipse e sua penu Isidoriano Chronico immiscuit? Nonnulla quidem infamia hoc in genere Lucas laborat; a qua ego eum cap. 13 liberare conatus sum. Quod attinet ad Isidorianum Chronicon, Nic. Antonius, qui alioquin Lucæ non valde favet, ita censet : « Ampliatio autem hæc an Tudensis, an alterius sit, quærentibus, libere dicam Tudensis calamum mihi non sapere, quæ Isidoriano Chronico apud eum inseruntur, sed sæculi Latinioris et cultioris auctorem. At cum Isidoriana fere omnia in hoc, ut ita dicam, interpolato exstent Chronico, vero magis consentaneum **681** videtur, Isidori Hispalensis germanum Chronicon illud esse, quod in omnium est manibus : alterius autem eo junioris opera in eam formam redactum, quam totam Isidorianæ manus esse, Tudensis credidit. Hoc, inquam, verosimilius est quam quod alius existimare possit, Bivario adhærens, Isidorum Cordubensem scriptum reliquisse id Chronicon, quo usus Tudensis fuit, atque idem defloratum sive excerptum ab Isidoro Hispalensi, hoc esse Chronicon quod ejus nomen præsefert. »

3. Levissimam hanc Bivarii de Isidoro Cordubensi cujusdam Chronici auctore conjecturam supra refutavi. Judicium vero Nic. Antonii, quo Lucam ab interpolationis crimine absolvit, libens probo : certe opinor in Chronicum Isidori jam auctius Lucam incidisse, quem non facile tanquam fabularum inven-

torem traducendum, ostendi cap. 13. Codex papyraceus bibliothecæ veteris Vaticanæ, num. 7004, exhibet Chronicon Lucæ Tudensis, *Beatitudo potentiæ*, etc., cum epistola Francisci Peniæ, viri antiquitatum studiosissimi, ad cardinalem Baronium de ejusdem historiæ auctore, et epistola Alfonsi Spinosæ et Garsiæ de Salazar Hispanica de eadem historia. Hic, opinor, est Codex de quo Baronius ad ann. 636, num. 9, *Hæc Tudensis, quem exscriptum ex prototypo nobis concessit Franciscus Pegna mei amantissimus Rotæ Auditor;* ubi Baronius Tudensi ascribit quæ is ex Ildefonsi supplemento ad Isidorianum Chronicon profert. Rodrigueziùs tom. II Biblioth. Hisp., p. 327, recenset Codicem Escurialensem sæculi XVI aut fortasse sequentis hoc titulo : « Genealogiæ ex Novo et Veteri Testamento. Historia sive Chronicon D. Isidori cum prologo Lucæ Tudensis. Continuatio per D. Ildefonsum. Continuatio cujusdam incerti, forte Lucæ Tudensis. Turpini archiepiscopi mendacia de Carolo Magno. Ex Isidoro de ingressu Wandalorum, Gothorum et Unonum. » Notatur initio descriptum Codicem fuisse ex libro vetustissimo ecclesiæ Ovetensis litteris Gothicis exarato, et in fine subjungitur : *Hæc transcripta sunt ex antiquo Codice manu scripto, qui exstat apud Fr. Michaelem a Medina, ordine Franciscorum. Reliqua usque ad Garsiam regem filium Adefonsi desiderantur.* Scilicet imperfectum est ultimum Codicis opus excerptum ex Isidoro de ingressu Wandalorum, etc., cujus initium : *Incipit ordo temporum, quibus ingressi sunt in Hispanias Suevi, Wandali, Alani et Gotti, editus a Domino Isidoro archiepiscopo, breviterque collectus æra 444.* Mendum est in his æræ numeris.

4. Mellitum quemdam Hispanum, Isidori Hispalensis æqualem, et Chronici cujusdam scriptorem, Pagius aliique invexerunt, cujus tamen Bayerius in not. ad Biblioth. veter. Hisp. mentionem nullam fecit, fortasse quod in mentem ea non revocaverit quæ Florezius tom. VI Hisp. sacr. de Mellito isto ejusque Chronico litteris consignavit. Pagius ad annum 567 et ad 614, num. 41, ex bibliotheca Colbertina indicat opus scriptoris Hispani Melliti hoc titulo : *Brevis temporum expositio*, cui consonat Montfauconius in Biblioth. mss. tom. II, pag. 924, *Expositio temporum Melliti*. Cum Melliti hoc Chronicon ad annum quartum Sisebuti regis perducatur, in eoque sistat, certum videtur auctorem Hispanum esse. Pagius ad cit. ann. 614, n. 41, verba extrema Chronici Melliti profert et existimat Isidorum ex Mellito illa ipsa de Heraclio et Sisebuto verba sumpsisse, cum libro V Etymologiarum quindecim alios annos adjecerit. Mansius in nota observat verba quæ ex Ms. Colbertino eruta Mellito cuidam a Pagio tribuuntur, exstare similiter in ms. Codice Lucano Chronici Isidori sæculi IX, vel forte etiam VIII, et animadverso numerorum errore, sic concludit : *Idem facile retulit Mellitus, quem in fragmento a Pagio servato Isidorum exscripsisse ex iis quæ ex nostro Codice retulimus, perspicuum est. Ita ergo forte et Mellitus scripsit, nec nisi oscitantia amanuensis in Codicem Colbertinum aliter irrepsit.*

5. Cum quæstio sit an Isidorus Mellitum exscripserit, an contra Mellitus Isidorum, minus clare sententiam suam Mansius exposuit. Sed, ut opinor, contra Pagium ille tenet, non Mellitum ab Isidoro, sed Isidorum a Mellito exscriptum fuisse : idcirco enim Codicem suum Lucanum Chronici Isidoriani appellat. Sed enucleatius id exponendum est. Pagius enim contendit Mellitum anno quarto Sisebuti Chronicon suum scripsisse, siquidem illico addit, *sequentia tempora Deo nota esse*, cum Isidorus, ut modo dicebam, Chronicum suum in Etymologiis ad quindecim alios annos protraxerit. Hoc loco videtur Pagius Isidorianum Chronicon passim vulgatum, et a Compendio, Etymologiis inserto, distinctum ignorasse. Atqui jam ad annum 567, num. 4, Chronicon Melliti cum Chronico Isidori a Schelstratio publicato contulerat. Referam ejus verba : « Ita Mellitus de verbo ad verbum, qui testatur se opus suum absolvere anno Heraclii imperatoris V, et IV Sisebuti, anno scilicet Christi DCXIV, aut insequenti : quem Hispanum fuisse Sisebuti regis mentio in tam parvo Chronico ostendit. Habemus itaque auctorem coævum, qui nihil scribit quod ab antiquioribus non acceperit. Codex ab octingentis circiter annis exaratus. Idem habet sanctus Isidorus Hispalensis episcopus, auctor etiam coætaneus in brevi suo Chronico, nuper a Schelstratio ex bibliotheca Urbino-Vaticana publicato.

6. Quis hæc in homine acutissimo et in Chronicis conferendis versatissimo non miretur? Affirmat Isidorum quædam ex Mellito sumpsisse, non contra Mellitum ex Isidoro, quia Isidorus in Etymologiis Chronicon ad alios quindecim annos provexit, cum tamen viderit Isidori Chronicon, a Schelstratio typis editum, quod eodem anno quarto Sisebuti, iisdemque verbis ac Melliti Chronicon, absolvitur, et quod ab eodem Schelstratio cum Isidoriano Chronico auctiori, inter opera Isidori obvio, quodque similiter anno quarto Sisebuti concluditur, passim comparatur? Quis autem sibi persuadeat duos scriptores uno eodemque anno quarto Sisebuti regis Chronicon iisdem sententiis ac verbis composuisse? Nam Chronicon quod Pagius Mellito tribuit, et Chronicon quod in codice bibliothecæ urbino-Vaticanæ exstat Isidori nomine inscriptum, non aliter differunt quam duo ejusdem operis exemplaria, nonnullis scripturæ varietatibus ac fortasse brevi aliqua interpolatione distincta. Neque in solo Codice urbino-Vaticano 609, nunc 392, quem Schelstratius consuluit, exstat Isidori Chronicon diversum ab edito, et simillimum Chronico quod Mellito dicitur, sed etiam in Codice 606 ejusdem bibliothecæ urbino-Vaticanæ, qui nunc est 382, ubi post alia Isidori opera pag. 186 est rubrica : *Incipit liber Chronicorum Isidori Hispalensis episcopi ab exordio mundi usque ad Eradii (Eraclii) Augusti imperium, et Sisebuti regis principatum. Præfatio*. Qui idem titulus est in altero Codice 609, al. 392. Omnia utrobique ita consentiunt, ut alteram ex altero

exemplar descriptum videatur, vel ex uno eodemque fonte utrumque dimanet. Inscriptio apud Schelstratium est : *Chronicon S. Isidori Hispalensis episcopi a Caio Cæsare usque ad Heraclium imperatorem, et Sisebuti regis principatum, ex ms. Codice 609 bibliothecæ urbino-Vaticanæ*, **684** *longe diversum ab edito*. Hinc incipit sexta sæculi ætas, etc. Ad marginem notatur Chronicon esse collatum cum alio ms. Vaticano et editis.

7. Quid ergo de Mellito censendum est? Florebat quidem Isidori tempore S. Mellitus primus episcopus Londinensis, qui anno 624 decessit; de quo tamen nihil est cur cogitemus auctorem Chronici nostri fuisse; si quis vero conjiciat ex aliquo Codice cujus Mellitus possessor fuerit descriptum Codicem Colbertinum fuisse, indeque Melliti nomen propagatum, nihil fortasse absurdum dicet. Jam dudum Florezius suspicatus fuit nomen id esse exscriptoris Chronici Isidoriani; qui etiam advertit in exemplari quod ex Codice Colbertino sibi describi curavit hanc operis inscriptionem referri : *Incipit brevis temporum expositio*, quin addatur *Melliti*. Cum autem Florezius non solum hanc suspicionem promoverit, sed etiam dubitaverit an librarius qui Isidorianum Chronicon in compendium redegit, fuerit Hispanus, eccur titulum appendicis 11 fecit, *De Chronico Melliti, scriptoris Hispani, nondum in vulgus edito, et de Chronico Isidori ?* Vera operis inscriptio esset : *Chronicon Isidori ab aliquo extra Hispaniam decurtatum, et quibusdam in locis interpolatum, alicubi Mellito attributum*. Ut Mellitus auctor Chronici credi possit, rationem Florezius profert quod in Chronico Melliti aliquando additur : *Hucusque Hieronymus, hucusque Prosper*: quam mox rationem solvit, respondens potuisse aliquem librarium in suum usum Chronicon Isidori contrahere, cui vir aliquis curiosus adjecerit ea verba. Sed magis consentaneum videtur ut is qui Chronicon in compendium redegit, uti nonnulla alia, ita etiam illa verba adjunxerit : nam interdum viri docti libros sibi exscribebant, ac librarii ipsi plerumque scioli erant, quod satis est, ut exscriptor et epitomator Chronici Isidoriani annotare potuerit : *Hucusque Hieronymus, hucusque Prosper*: quod ego etiam in nonnullis exemplaribus reperi, ut in Codice Vat. Palat. 239. Ex notis etiam marginalibus quæ ab auctore aut ab aliis adjectæ sunt, interdum hujusmodi additiones in textum irrepsisse compertum est.

8. Denique Florezius, cum dubius hæsisset de auctore Chronici Mellito ascripti, Chronicon Isidorianum edidit hoc titulo : *Divi Isidori Hispalensis archiepiscopi (ac Melliti) Chronicon*. Scilicet **685** notat in textu diverso charactere quæ in Codice Melliti omissa sunt, et in notis profert ea quæ in eodem Codice Isidori Chronico adjecta sunt, animadversis etiam quibusdam scripturæ varietatibus. Nobis satis erit nunc in genere admonere multa esse in Codice Melliti prætermissa, pauca addita, quæ suo loco afferemus. Quod autem exemplar ejusmodi Melliti re vera compendium sit, et non contra Chronicum fusius ex Isidoriano auctum et interpolatum,

multis in locis manifestum est, ut prope finem Isidorus scripsit : *Heraclius dehinc quintum agit imperii annum. Cujus initio Sclavi Græciam Romanis tulerunt, Persæ Scythiam et Ægyptum, plurimasque provincias. In Hispania quoque Sisebutus Gothorum rex quasdam ejusdem Romanæ militiæ urbes cepit*. Epitomator Mellitus, sive alius, sic hæc contraxit, vel potius commiscuit et confudit : *Heraclius dehinc quintum agit imperii annum, Sisebutus Gothorum gloriosissimus princeps plurimas in Hispania provincias Romanæ militiæ urbes sibi bellando subjecit;* ubi, ut vides, plurimas provincias e loco suo in alium male transtulit. An autem Mellitus fuerit Chronici epitomator, an solum Codicis possessor, imo an vox ea *Melliti* casu ab aliquo Codici adjecta fuerit, haud ita facile est definire. Illud potius quovis pignore contendam, Hispanum non fuisse qui Isidori Chronicum in hunc modum decurtavit et interpolavit. Primum quia, ut jam Florezius advertit, cum Isidorus prope finem dicat : *Fiunt igitur ab exordio mundi usque ad præsentem æram* DLIV, abbreviator Chronici, si Hispanus fuisset, non ita id commutasset : *Fiunt igitur anni ab exordio mundi usque in Eraclii annum præsentem*. Deinde quia Hispanus minime prætermisisset quædam peculiaria decora Hispaniæ, in Chronico Isidoriano relata, ut ad annum mundi 5773 : *Per idem tempus Martinus Bracarensis episcopus apud Gallæciam prudentia et doctrina catholicæ fidei clarus habetur*. Et ad annum 5801 : *Hoc tempore Leander episcopus in Hispaniis ad gentis Gothorum conversionem doctrina fidei et scientiarum claruit*.

9. Quod si in Codice Pelagii Ovetensis sæculo XII, et inter Chronica Lucæ Tudensis sæculo XIII, Isidori Chronicon interpolatum reperimus, eamque interpolationem in Hispania factam verisimile esse fatemur, aliunde certum est vestigia interpolati Chronici Isidoriani extra Hispaniam antiquiora esse, ut patet ex hoc Melliti **686** Codice, et ex aliis mss. exemplaribus, quæ mox recensebo, quibus idem Chronicon in Gallia aut Germania interpolatum continuatumque continetur. Profecto sæculis VIII, IX, X, quibus ejusmodi antiqua monumenta interpolari cœperunt, difficile erit in Hispania vel levissimum hujus fraudis vestigium invenire; neque Hispanis partim Maurorum jugo oppressis, partim contra Mauros arma assidue gerentibus, id otium erat ut nova documenta confingerent, aut vetera augerent immutarentve.

10. Neque his adversatur quod Julianus Toletanus Chronicon Isidori contractum, quale Melliti est, legisse videatur, cum aliquando in compendio Chronici, quod ipse exhibuit libro III de comprobatione sextæ ætatis, simili modo verba proferat : nam primum etiamsi extra Hispaniam Chronicon in compendium redactum fuerit, potuit nihilominus ad Juliani manus pervenire. Deinde cum Julianus pleraque contrahat, facile potuit aliquando eodem modo contrahere, ut liquet in exemplo quod producitur in not. ad Julianum. Isidorus scripsit : *Sem anno secundo post diluvium, cum centum esset annorum, ge-*

nuit Arfaxat. In exemplari Melliti : *Sem anno secundo post diluvium genuit Arfaxat.* Ita etiam Julianus edidit, qui etiamsi non viderit exemplar Melliti, cum similia alia prætermittat, potuit, ut dixi, prætermittere verba illa, *cum centum esset annorum*, quæ etiam in Chronico Isidori Etymologiis inserto prætermittuntur, ubi legitur, *Sem post diluvium secundo anno genuit Arphaxad*. Neque dubium est quin Julianus Etymologias legerit.

11. Age vero, editiones Chronici Isidoriani recenseamus. In bibliotheca Vaticana, num. 2863, exstat *Isidori*.(sic) *opusculum de temporibus.* Incipit : *Breve temporum per generationes*, etc. Multis mendis scatet, ut ex initio patet. Prologus desinit : *præteritorum temporum cognoscatur*. Multis in locis contractum est. Desinit Chronicon : *Eraclius nunc v annum imperii agit. Sisebutus Gothorum rex Judæos ad Christi fidem convertit, et quasdam militum urbes prælio* (supple *subjecit*). *Fiunt igitur ab exordio mundi usque ad æra delivi* (sic pro DCLIV), *hoc est quinto anno Heraclii imperatoris, v mil. octoginta decimosexta. Residuum sæculi*, etc. In editionibus correctis *anni quinquies mille octingenti quatuordecim.* In bibliotheca Vaticana compactum hoc opusculum est simul cum alio Chronico ex Hieronymo, Eusebio aliisque excerpto, **687** et edito *Romæ in domo nobilis viri Joannis Philippi de Lignamine* MCDLXXIIII. Character et charta non videntur differre.

12. Joan. Baptista Audiffredi, vir in omni studiorum genere clarus, in hoc vero de veterum editionum notitia princeps, in opere de Roman. Edition. sæculi XV, pag. 385, hanc editionem describit, quam exstare ait in bibliotheca SS. D. N. Pii VI, et apud abbatem de Rossis, cujus pleræque veteres editiones transierunt in bibliothecam Corsinianam. Ait eam esse in-4 parvo, charactere Romano majori, Joan. Philippi de Lignamine, ac conjicit ad annum 1473 pertinere. Addit aliam editionem in-4 parvo asservari in bibliotheca Casanatensi, charactere Gothico Stephani Planck, sive Plaunck. Locus editionis non designatur. Nonnulli perperam in-8 esse eam putarunt. Chronicon desinit anno V Heraclii; titulus est *Opusculum de temporibus*.

13. Nic. Antonius ex Labbeo in Biblioth. mss. prodiisse Chronicon Isidori refert cum titulo de *Temporibus anno 1474*, quæ fortasse est editio prima Romana. Fabricius sub eodem titulo editionem anni 1477 recenset. Maittairius nullius harum editionum meminit in Annal. typograph. Sæculo sequenti anno 1577 editum fuit cum inscriptione *Chronologiæ* in-8, per Thomam Guarinum, cum Gerhardi Mercatoris et Matthæi Beroaldi Chronologia, Basileæ.

14. In Chronici correcta editione procuranda egregie laboravit Garcia, seu Garsias Loaisa, quod notis ejus illustratum lucem vidit, *non Matriti*, ut ait Nic. Antonius, sed Taurini. En titulum : *Chronicon D. Isidori archiepiscopi Hispalen*is *est emendatum scholiisque illustratum per Garciam de Loaisa, archidiaconum de Guadalaxara*, etc. *Taurini apud Joan.*

Bapt. Bilaguam 1593, in-4, scilicet eodem anno et loco ac libri Sententiarum, ut jam annotavi. Epistola nuncupatoria Loaisæ hæc est :

Potentissimo et Catholico Philippo II, Hispaniarum regi, Garcia de Loaisa S. D.

15. Longi temporis rationem exacte accurateque tradere laboriosum magnisque difficultatibus refertum opus est : cum rerum casus certique eventus prius hominum memoriæ mobili et inconstanti, quam litteris et libris temporis æternitati consecrentur; annalesque ipsi innumeris sint mortalium injuriis expositi, primo scribentium perturbationibus et affectibus : **688** dum unusquisque suæ gentis patriæque gloriam immortalem præclare gestorum commemoratione efficere quærit, deinde rerum publicarum tumultibus, provinciarum incursibus, omnia igne, ferro, seditione et impetu populi vastantibus. Denique cum rerum præteritarum recordatio illibatam temporis veritatem continere nitatur, tamen temporis ipsius longinquitate senescit et antiquatur, atque in interitum labenti annorum cursu ruit. Et quamvis hæc ita sint, tamen inter alia hoc unum maxime virum doctum, consummatumque, et omnibus fere numeris absolutum efficit : nimirum in hac rerum incertitudine et obscuritate studiose investigare certam perspicuamque, inusitatasque et occultas historiæ vias indagare ; cum nihil sit præstantius vel ad sapientiam augendam, vel ad prudentiam confirmandam, vel ad imperii gubernacula pie et moderate regenda, vel ad reipub. mores intelligendos motusque populi coercendos, vel domesticorum conatus reprimendos, quam rerum præteritarum publicam memoriam, casus, eventus, sæculorum omnium ac gentium observationem cognitam exploratamque tenere. Quæ omnia unico chronologiæ ambitu complectuntur. Accipe igitur, potentissime Philippe, in quo religio, studium Christiani nominis et cultus, singularis clementia, admirabilis quædam planeque divina ad imperandum sapientia longissimo rerum usu, ut experimento, firmata elucet, Chronicon a D. Isidoro Hispalensi archiepiscopo, regiæ Gothorum gentis lumine atque corona editum, quod, Majestate Tua jubente, emendandum notisque illustrandum susceperam, ut ad te; unde exiit, tanquam in immensum totius probitatis et æquitatis oceanum, revertatur: et si non ita ornatum, ut par erat, tamen quanto maximo potui, lucubratum studio. Cum hoc mihi in primis jucundum charumque sit, et ante mentis oculos semper positum, Catholicæ Tuæ Majestati obnixe morem gerere, et humili animo deservire, tuumque regium et augustum nomen, quoad possum, immortalitati dicare, pro teque Christo Regi æterno assidue vota solvere, ut incolumis inter tot regnorum sollicitudines et curas, integerque et salvus permaneas. Vale.

16. Taurini dixi, non Matriti, ut Nic. Antonius, num. 140, refert Chronicon Isidori scholiis Loaisæ illustratum prodiisse, nisi forte Taurinensem editionem alia Matritensis præcessit : nam dubitandi nonnullam rationem expressa Nic. Antonii verba præferunt : *Notis suis illustrius* (Chronicon) *Matriti cum Sententiarum, de quibus jam dicemus, libris de novo publicavit Garsias Loaisa, cum Philippi III, dum adhuc pater magnus viveret, in litteris magister esset, nondum sedi Toletanæ, quam postea obtinuit, initiatus.* Sed cum ad ea quæ de libris Sententiarum dicturus erat, lectorem deleget, et eo loco solum editionem Taurinensem commemoret, omnino credendum est *Matriti* nomen pro *Taurini* excidisse in Chronici editione commemoranda. Illud magis miror in bibliotheca **689** nova Hisp. etiam secundis curis

aucta, et recens Matriti edita, cum Loaisæ elogium texitur, nullam a Nic. Antonio mentionem fieri editionis librorum Sententiarum, et Chronici Isidoriani a Loaisa adornatæ, neque operæ quam idem Loaisa ad editionem regiam Matritensem Operum S. Isidori perficiendam cum aliis contulit.

17. In editione Parisiensi Bignæana Operum S. Isidori prætermissum fuit Chronicon, quamvis jam pridem vulgatum. Breulius illud edidit, sed in indice librorum nota asterisci apponitur, qua id opus tunc primum in lucem prodire indicatur, non alia ratione nisi quia a Bignæo prætermissum fuerat; nam simul hic titulus designatur: *Chronicon ab initio mundi usque ad annum quintum Suinthilani* (corrige *quartum Sisebuti*) *regis Gothorum per Garsiam Loaisam emendatum et scholiis illustratum*. Omisit Breulius epistolam nuncupatoriam Loaisæ ad Philippum II, et loco ejus præfixit Vasæi de Isidori Chronico verba superius cap. 77, num. 16 et 17, a nobis allata.

18. Veterem versionem Italicam Chronici Isidoriani Audiffreddus describit in catalogo edition. Italic. sæculi xv, pag. 212 : « Comenza la Cronica de santo Isidero (sic) Menore : con alchune additione cavate del texto et istorie de la Biblia : e del libro de Paulo Orosio : e de le passione de li sancti. *In fine*: Finita la Cronica de santo Isidero Menore in Cividad de Friuli, nel anno del nostro Signore Jesu Cristo 1480, a di 24 de Novembre : laudato sia sempre il nostro signor Dio. » Exstat in bibliotheca Casanatensi hæc editio charactere Gothico in-4 parvo. Exemplar hujus editionis Nic. Antonius habebat, qui in-8 esse dicit, advertitque interpretem multa Isidoriano textui interpolare, opusque continuare usque ad Frederici II imperatoris obitum, annumque 1250. Sed ego potius crediderim interpretem Italicum in vetus exemplar ita auctum continuatumque incidisse, qualia ego multa reperi. Ejus generis chronicon Latinum exstat in bibliotheca Escurialensi, sæculo xiv exaratum, ubi primum est opus, « Chronica Nichobaldi, *deinde* Cronica sancti Isidori Junioris cum quibusdam addicionibus extractis de textu et istoriis biblie, et de libro Pauli Orosii, et de passionibus sanctorum continens in se ipsa cronica sex etates seculi, scilicet ab initio mundi, quando Deus in principio creavit celum et terram, et primum hominem Adam, usque in presentem diem, que est in **690** an. Domini sub incarnatione 1335, tempore Domini Benedicti papæ XII residentis..... » Alia desiderari videntur. Ita enim Codicem refert Rodriguezius tom. II Bibl. Hisp., pag. 328.

19. Aliam editionem versionis Italicæ Chronici Isidoriani raram charactere Romano in-4 minori, quæ in bibliotheca Corsiniana asservatur, Audiffreddus loc. cit., pag. 402, recenset : « Eferisce (*lego* Referisce) et narra la presente opera la Chronica de santo Isidoro Menore con alchune adionctioni chavate dal texto et historie de la biblia, e del libro de Paulo Orosio, e delle passioni delli sancti. *In calce*: Finisce la cronica de santo Ysidoro Menore corecta et revista per Baptista Alexandro Iaconello Reatino, stampata in Aquila per Maestro Adam de Rothwil Alamano alli anni Domini MCCCC.LXXXII, a di cinque de octobro. Laus Deo amen. »

20. Rodriguezius tom. II Bibl. Hisp., pag. 328, ex Codice Escurialensi sæculi xi, indicat versionem Hispanicam Chronici Isidoriani, sed ut exstat in collectione Pelagii Ovetensis. Inscriptio est : *Historia general collegida de diversos auctores*, *conviene saber de sant Isidro, arzobispo de Sevilla, Juliano Pomerio, Arzobispo de Toledo, San Piro, o Samphiro, o Zafiro (que con estos nombres le nombran diversos historiadores), obispo de Astorga, Pelayo, obispo de Oviedo*.

21. Exemplaria mss. Chronici Isidoriani passim in bibliothecis occurrunt. Fabricius refert in ms. Vossiano bibliothecæ Leidensis inscribi, *Chronica de sex mundi ætatibus*, et in ipsis paginis, *Imago mundi*. Labbeus et Oudinus Codicem collegii Claromontani S. J., sæculo vii exaratum, commemorant. Oudinus addit Codicem Corbeiensem, postea S. Germani Parisiensis sæculi vii, vel saltem viii. Bayerius in una Escurialensi bibliotheca terna minimum, ac non vulgaris antiquitatis exemplaria asservari affirmat. In bibliotheca universitatis Senensis reperitur Chronicon S. Isidori cum supplemento usque ad annum 1316, cod. membr. in-4 sæculi xiv. In fine legitur : *Finis ad hoc opus, scriptum manu mei domini Christofori de Aquapendente*. Antonius Ponzius tom. XI Itiner. Hispan., pag. 220, in bibliotheca monasterii Legionensis S. Isidori exstare ait chronicum ejus continuatum usque ad regem Alfonsum VI. Ex adversariis Zaccarianis, cap. 44, descripsi Codices Lucensem, Pistoriensem, Florentinum S. Marci, Cæsenatem Malatestium, Albanium et Mutinensem.

22. Hæc a me visa sunt mss. exemplaria Chronici Isidoriani. Codex Vatic. 629, describendus c. 94. Codex Vatic. 1348, de quo c. 96, ubi Chronicon est interpolatum, et Augustini potius atque Hieronymi opus dicitur quam Isidori. Codex Vat. 1974, eod. c. 96. Regio-Vatic. 215, c. 99, in quo inscribitur *Liber Chronicorum Isidori Spanensis episcopi*. In Regio-Vaticano 1852, cap. 101, Chronicon, cujus auctor dicitur *Isidorus Hispanensis*, continuatur a quodam Petro. Ibid. in Regio-Vatic. 2034, Chronicon breve Isidori, addita nota anni decimi Recesuinthi regis. In Codice Palatino 259, sæculi x circiter, de quo cap. 102 *liber Chronicorum sancti Esidori episcopi Junioris*, in Gallia, ut videtur, interpolatus. In Urbinate 100, c. 104, *liber Chronicorum sancti Ysidori Hispalensis episcopi*, etc. Chronicon extra Hispaniam interpolatum et continuatum. In Urbin. 382, c. 104, *liber Chronicorum Isidori Hispalensis episcopi*, etc., in Gallia interpolatus. Simile exemplar in Urbinate 392 ibid. In Urbinate 585 ibid. Chronicon breve Etymologiarum, nonnullis insertis manu monachi alicujus Casinensis, ut videtur. In Ottobon. 1720, Chronicon nonnihil interpolatum, de quo cap. 106. In Ottob. 1758 ibid., Chronicon interpolatum et continuatum. In bibliotheca Collegii Ro-

mani exstat ms. chronographia, sive, ut mendose scribitur, *conographia Isidori Junioris*, ut cap. 107 dicam.

CAPUT LXXIX.

Historia de regibus Gothorum, Wandalorum et Suevorum Isidoro contra Pellizerium vindicatur. Codices mss., editiones inter se diversæ. Chronicon Wisigothorum Wulsæ dictum an S. Isidori? Monitum de hoc Chronico ex editione Patrum Toletanorum. Exemplar interpolatum Historiæ inter chronica Tudensis. Alia mutila, ut videtur, ab Isidori tempore, et cur? Verba Isidori de S. Hermenegildi adversus patrem bello exposita. Mirum Isidori et aliorum Patrum Ecclesiæ Gothicæ silentium de glorioso S. Hermenegildi martyrio. Obsequium episcoporum Ecclesiæ Gothicæ in quibusdam arduis regum factis.

1. De Historia Gothorum, Vandalorum et Suevorum Placcius in Theatro Anonym. et Pseudonym. litem non intentat. Sed intentarat **692** Pellizerius iis rationibus quibus Chronicon eidem Isidoro abjudicare conatur, ut cap. 77 dixi. Et quod attinet quidem ad Historiam Gothorum, ex ipso prologo Chronicorum Pelagii Ovetensis, quem alioquin pro se Pellizerius profert, Isidori Hispalensis opus esse constat : *Et beatus Isidorus, de quo nunc Legionensis gaudet ecclesia, de regibus Gothorum a primo Athanarico usque ad catholicum regem Wambanem regem Gothorum, prout potuit, plenissime scripsit.* Errat quidem auctor prologi, quod continuationem Historiæ Isidori ad Wambanem usque Isidoro quoque adjudicat. Simili errore Alphonsus III rex Magnus in epistola qua Chronicon suum Sebastiano mittit, sive quivis alius sit auctor : *Et quia Gothorum chronica usque ad tempora gloriosi Wambani regis Isidorus Hispalensis sedis episcopus plenissime edocuit, nos quædam ex eo tempore, sicut ab antiquis et prædecessoribus nostris audivimus, et vera esse coynobimus* (pro *cognovimus*), *tibi breviter indicabimus.* Quæ epistola edita fuit ab ipso Josepho Pellizerio initio Chronici Dulcidii Salmanticensis.

2. Ea opera, quæ appendicibus aliorum auctorum aucta sunt, interdum in mss. Codicibus uni tantum primo auctori ascribuntur, interdum vero soli continuatori. Hinc frequens in nominibus auctorum designandis occasio erroris. In hoc ipso libro quem præ manibus habemus, idem est error monachi scriptoris Chronici, quod *Exiliense* vocatur, sæculo XI, qui Isidoro ita Historiam Gothorum, Vandalorum et Suevorum tribuit, ut eidem narrationem de Pauli adversus Wambam rebellione, quæ a Juliano Toletano composita longe post Isodorum fuit, eidem Isidoro ascribat: *Scripta sunt*, inquit, *in libro B. Isidori, quem inter alios quatuordecim a se editos, de Vandalorum, et Suevorum Gothorumque gestis diligenter composuit.* Sed cum non solum Alfonsus rex Magnus, et auctor chronici Exiliensis, sed auctor quoque prologi chronicorum Pelagii Ovetensis Historiam Gothorum Isidoro attribuant, Pellizerius parum sibi constat qui, auctorem prologi hac in parte errare putans, ejus testimonium arripit, ut Isidoro non solum Chronicum, sed etiam Historiam Vandalorum et Suevorum abjudicet : quia in eo prologo legitur Isidorum Pacensem *ab Adam*, etc., *et de Evandalis et Alanis, sive et Suevis Hispanis regibus*, scripsisse. Quibus verbis Historiam quidem quæ exstat Isidori de Vandalis et Suevis fortasse intelligit: **693** at Alfonsus rex contra cum Historiam Gothorum Isidoro asserit, Historiam quoque Vandalorum et Suevorum intelligere videtur : quæ ita inter se connexæ sunt, ut nonnulli eas tres historias uno nomine *Historiam de Gothis* olim etiam appellarint. Errarunt autem Lucius Marinæus et Eisengreinius, qui *Historiam Longobardorum* ab Isidoro scriptam tradiderunt.

3. Suspicatur autem Pellizerius Historiam Gothorum, quæ Isidori nomine inscribitur, esse opus quod idem Isidorus laudat cap. ult. de Vir. illustr. in Maximo Cæsaraugustano : *Scripsit et brevi stylo historiolam de iis quæ temporibus Gothorum in Hispaniis acta sunt, historico et composito sermone :* qua ille opinione pseudochronicon aliud Maximi sæculo XVII confictum loco suo exturbare conatus est. Sed et falsitas fictitii Chronici Maximi satis per se perspecta est, et Historia Gothorum ita Isidoro congruit ut ad Maximum trahi non possit. Maximus non multo post annum 610 vivere desiit : Historia vero Gothorum ad Suinthilanis tempora, sive ad annum 621, eodem stylo progreditur.

4. Adde Braulionis verba, cujus auctoritas alibi jam contra Pellizerium defensa est : *De Origine Gothorum et regno Suevorum, et etiam Vandalorum historia librum unum.* Confert his Nic. Antonius verba auctoris Historiæ ex præfatione ad Sisenandum regem, edita in Lucæ Tudensis chronicis : *Quia de origine Gothorum Hispanorum* (sic conjunctim legendum ait) *Suevorum, Vandalorum, et Alanorum, et qualiter rexerunt Hispanias, tibi fieri notitiam postulasti*, etc. Quæ verba, si vere auctoris primi Historiæ Gothorum essent, Braulioni quidem apprime consentirent; sed cum petita sint ex Lucæ Tudensis chronicorum systemate, in quo multa sunt interpolata, non validum inde argumentum exsurgit, nisi quod Tudensis auctorem Historiæ Gothorum, Vandalorum et Suevorum Isidorum credidit. Verum Braulionis sententia confirmatione non indiget. Sic Ger. Joan. Vossius de Hist. Lat. l. I, II, c. 25, de Isidoro : *Condidit quoque historiam de origine Gothorum, regno Suevorum, et Vandalorum, cujus operis meminit Braulio*, etc. Et de anno obitus Isidori : *Et ante memoratus Braulio, cui præ omnibus fides haberi debet.* Quin obstet silentium Ildefonsi, qui alia Isidori opera, præsertim historica, tacitus præteriit.

5. Innocentius III in epistola ad Petrum Compostellanum anno 1199 **694** data testimonium quod ex Isidori Historia Gothorum, Vandalorum et Suevorum pro suæ sedis juribus protulerat, tanquam genuinum agnovit : *Isidorus autem in chronicis de Gothis titulo de Suevis testatur, quod Remismundus ad Lusitanum transiit*, etc., Ita in Historia Suevorum æra DII. *Remismundus*, etc., *inde ad Lusitaniam transit.* Ac notandum *Historiæ Gothorum* nomine comprehendi chronica de Gothis, Vandalis, Suevis in titulos divisa. Historia enim de Gothis præcipuam

partem obtinet; et quæ de Vandalis adduntur, appendix potius videntur. Trithemius vero de Isidoro, *Historiam, sive chronicam lib.* III. Ac fortasse quod frequens non sit in catalogis veterum expressa mentio Historiæ Isidori de Gothis, Vandalis et Suevis, ea causa est quod chronicorum nomine has omnes historias multi intellexerint; quanquam nonnulli ea Isidori opera quæ ad sæcularem litteraturam pertinent, prætermittere se professi sunt. In editione Isidorianæ Historiæ de Gothis, Vandalis et Suevis, curante Lindenbrogio, hæc Leonis Marsicani verba lib. III Chronici Casin., cap. 62, de Isidori Historia exponuntur: *Desiderius subjunctos Codices transcribi curavit... Historiam Longobardorum, Gothorum, Wandalorum. Historiam Jordanis episcopi de Romanis et Gothis.* Auctor quoque Chronici Albeldensis sæculo IX, *Chronicam Gothorum* simpliciter vocat Isidori nostri Historiam tom. XIII Hisp. sacr., num. 84, pag. 462 : *Et quia Gothorum gens ex Magog venit affirmat Chronica Gothorum : Gothorum antiquissimam esse gentem,* etc., quod est initium Historiæ Isidorianæ.

6. Neque nobis quidem, aut cl. Zaccariæ ulla mss. exemplaria historiæ Gothorum videre licuit, nisi quod in Codice Vaticano-Palatino 927, pag. 122, terg. fragmentum ego reperi Historiæ Gothorum, tacito Isidori auctoris nomine. Titulus : *De primo adventu Gothorum ad Italiam, et Roma capta. Æra quadringentesima trigesima septima, anno imperii Honorii et Arcadii IV.* Grotius mendose : *Æra quadringentesima trecentesima septima.* Desinit hoc fragmentum æra 448. *Inter familiares fabulas jugulatur.* Cohæret cum editionibus Grotii et Labbei in his quæ, deletis prioribus, manus Longobardica antiquo exemplari Claromontano ascripserat. Pauca alia levioris momenti discrepant ut æra 447 in fine : *defunctus in Italia est.* Grotius, *defunctus Italia.* Labbeus, *defuncti Italia.* Editio regia Matritensis, *defunctus est in Italia.* In **695** Codice Ottoboniano 1758, de quo cap. 106, dicam, exstat genealogia regum Hispanorum, ascitis multis ex Historia Gothorum et Vandalorum Isidori.

7. Quibus mss. Joan. Bapt. Perezius usus fuerit, ut hanc historiam ad editionem regiam emendaret, non constat. Eam auctiorem multoque magis correctam exhibuit, quam ante prodierat. Deceptus Fabricius fuit, qui in Bibl. med. affirmat Chronicon, sive Historiam Gothorum prodiisse Taurini cum scholiis Garciæ de Loaisa in-4, nam Loaisa Chronicon ab orbe condito, non Historiam Gothorum, eo anno Taurini publicavit suis scholiis illustratum. Historia Gothorum primum, quod sciam, prodiit Parisiis cum libris duodecim legum Wisigothorum apud Sebastianum Nivellium 1579, in folio, ex bibliotheca Petri Pithœi. Recusa deinde fuit in editione Bignæana Operum Isidori anno 1580. Bonaventura Vulcanius Lugduni Batavorum post Jornandem, a pag. 203, eamdem Historiam Isidorianam Gothorum cum notis suis subjunxit : quæ editio est in-8, anno 1597 peracta, addito brevi chronico Wisigothorum, quod Wulsæ episcopo nonnulli ascribunt.

8. Similis est Lindebrogii editio hoc titulo : « Diversarum gentium historiæ antiquæ scriptores tres, Jornandes episcopus de regnorum ac temporum successionibus. Ejusdem historia de origine Gothorum. Isidorus Hispalensis de Gothis, Vandalis et Suevis. Ejusdem Chronicon regum Wisigothorum. Pauli Warnefridi F. diaconi de gestis Longobardorum lib. VI. Frid. Lindenbrogius recensuit et observationibus illustravit, Hamburgi apud Michaelem Heringium 1611, in 4. » Hanc editionem, cum vellet, Florezius nancisci non potuit, ut cum ea editionem Aguirrianam Chronici Wulsæ nuncupati conferret; Chronicon enim regum Wisigothorum, quod a Vulcanio et Lindenbrogio subjungitur, solum exhibet annos quibus reges regnarunt præmissa brevi præfatione, et hac inscriptione : *Chronica regum Wisigothorum. Æra quadringentesima in Gothis primus rex Athanaricus efficitur,* etc., et hoc ipsum est Chronicon quod falso Wulsæ nomine inscriptum est, et a nonnullis Juliano Toletano tributum. Ex mss., ut videtur, Codicibus Vulcanius et Lindenbrogius Isidoro hoc breve chronicon ascribunt; neque ulla contraria ratio apparet, si intelligamus Isidorum Chronicon ad Sisenandum usque regem perduxisse, atque inde Julianum, sive alium **696** ad Ervigium continuasse : nam in Ervigio Chronicon apud Lindenbrogium desinit. Fabricius in Bibl. med. hoc Chronicon in editionibus Operum Isidori desiderari notavit; cui proinde in nostra locum inter appendices assignabimus. De quo judicium Joan. Baptistæ Perez hoc est in prologo ad Concilia Hispaniæ emendata apud Aguirrium tom. I Concil. Hisp., pag. 13 : « Posteriores (*reges*) sumpsimus ex Wulsæ episcopi perbrevi, sed aureo chronico, quod in quodam libro bibliothecæ regiæ et aliis vetustis exstat. De cujus in scribendo fide nihil est quod dubitemus, cum et tempora ab illo notata tam exacte cum conciliis quadrent, et posteriorum regum menses et dies ita minutatim definiat, ut vixisse sub Hispaniæ excidium videatur.

9. Editum fuit idem Chronicon in appendice Operum S. Juliani Toletani tom. II Patrum Toletanorum, pag. 385, continuatum etiam usque ad Witizam; quo tempore jam Julianus vivere desierat. Et videtur quidem Chronicon a pluribus continuatum : quod aliunde etiam satis est verisimile : nam si Ildefonsus, quod exempli gratia dictum volo, Chronicon Wisigothorum usque ad Sisenandum contextum accepit, potuit ipse reges qui deinde successerunt adjungere : potuit alios Julianus post Ildefonsum, potuit alios alius post Julianum addere. Nobis quidem animus est, ut dixi, hoc opusculum utilissimum ad appendices rejicere, præmisso interim monito doctissimi editoris Patrum Toletanorum loc. cit.

10. Omnia opera S. Juliano falso ascripta, pauca illa quidem, hac brevissima concludimus appendice : Chronicon scilicet regum Wisigothorum, *Vulsæ* frequenter appellatum ; tum duo carmina et epitaphia quatuor. Quæris, quis hæc Juliano imputaverit ? Ille

qui sub ementitis Juliani et Luitprandi nominibus chronica illa pervulgata, tot fabulis insignia, commentus est. Et quod ad Chronicon Wisigothorum spectat, quanquam opus est vere aureum (quemadmodum illud appellavit perdoctus vir Joan. Bapt. Perez in epistola prævia tom. I collectionis Concil. card. de Aguirre), cujus luce Hispaniæ chronologia et sacra et profana nimium quantum illustrata est; ut tamen illud S. Juliano attribuatur; nullo satis solido evincitur argumento. Neque enim illud totum, prout nunc exstat ad usque Witizæ regnum perductum, Juliani esse potest; neque etiamsi dicatur postrema ejus capita fuisse ab aliquo prioris chronici continuatore conscripta (quod nobis singula considerantibus, atque alterius ab altero in designandis annis diebusque diversitatem contemplantibus tantum non evidens est et exploratum), prioris chronici partis Julianus minime potest auctor appellari. Si quid enim conjectando assequi valemus, ex nonnullis antiquioribus Codicibus, in quibus præsens Chronicon ad Ervigii regni initia tantum pervenit, ut patet ex editionibus Aguirriana et Vulcanii in notis ad Historiam Wisigothorum Jornandes, illud potius elicitur auctorem illius alium fuisse quam Julianum nostrum, qui sub Egica mortuus, nec Ervigii mortem, nec Egicæ ad regnum accessum facile silentio prætermisisset. Jam vero si illud adjungas, prædicti chronici nullam a Felice in Juliani elogio fieri mentionem, cum tamen Wambæ regis historiam diligenter annotaverit, concludere oportet, hujusmodi opus temere S. Juliano fuisse ascriptum. Nunc si verum auctorem quæris, omnino ignoramus. Nam quod Vulsa appellatur, atque hujus nominis scriptori vulgo tributum est, quem episcopum Hispanum nonnulli etiam dixerunt, putidus est error, nostro quidem judicio ex eo ortus, quod ab aliquo librario imprudenter exscriptum fuerit *Wulse-Gothorum* pro *Wise-Gothorum*, quod in vetustis exemplaribus legitur, atque inde ad alios manaverit: *Vulsæ* certe nomen inter illius temporis scriptores, multo minus inter Hispaniæ episcopos, uspiam legitur. De quo consulendus P. Florez, tom. II Hispaniæ sacræ : cujus nos editionem præsentis Chronici expressimus, adjectis similiter ad marginem pluribus quam is variantibus ex Codice quem sæpe memoravimus Joan. Bapt. Perez.

11. Compendium aliud Historiæ regum Gothorum invenio in Codice Regio-Vaticano 667, al. 1009, ab aliquo extero, ut puto, ex nostris chronicis ab initio regni Gothorum ad irruptionem usque Saracenorum scriptum. Præcedit Historiam Wambæ a S. Juliano Toletano editam, et inscribitur : *Chronologia et series Gothicorum regum*. Codex recentior est, sed descriptus ex alio antiquiori, qui an. 1127 exaratus fuit a Petro Willelmo Armario, de quo uberius cap. 100. Chronicon editum primum puto sæculo IX, quod quia neque adhuc excusum scio, et Chronico sive Historiæ Gothorum Isidorianæ illustrandæ utile esse potest, non inepte inter appendices collocabitur, præsertim cum per omnia antiquitatem redoleat.

12. Sine Chronico Wisigothorum Breulius Historiam Gothorum edidit imperfectam ex editione, ut puto, Bignæana Operum Isidori ; in quo non levis ejus negligentia arguitur, cum editionem regiam Matritensem, in qua ea historia auctior correctiorque prodierat, præ manibus habuerit, antequam suam ille editionem absolveret; ac multa ex eadem regia editione ad calcem suæ adjunxerit. Eodem modo mutila prodiit Historia Gothorum inter Scriptores rerum Suevicarum Goldasti Francofurti 1605, et Ulmæ 1722. Sed quid mirum, Goldastum, Lindenbrogium, Pagium aliosque exteros editionem Matritensem Historiæ Gothorum ignorasse, cum cardinalis Aguirrius tom. II Concil. Hisp. pag. 183, eamdem historiam produxerit non integram, aut ex editione regia, sive altera Grotii, sive tertia Labbeana, sed mutilam, ut in primis editionibus exstabat, et ut in Hispania illustrata Andreæ Schotti tom. III, pag. 847, excusa fuit ? Quod item ab eo factum in libro de Vir. illustr. Isidori jure miratur Florezius, ac mirabitur quisquis doctrinam eruditissimi cardinalis aliunde perspectam habeat. Audiendus autem non est Fabricius in Bibl. med., qui Historiam Gothorum in Conciliis Hispan. Aguirrii longe auctiorem et emendatiorem prodiisse affirmat quam apud Vulcanium, Lindenbrogium et alias primas editiones, fortasse quod putaverit Aguirrium emendatioribus editionibus usum fuisse. Titulus apud Aguirrium tom. II, pag. 183, est : « Historia sive Chronicon Gothorum, Wandalorum, Suevorum et Wisigothorum, auctore S. Isidoro archiepiscopo Hispalensi. Et pag. 189 : Chronica regum Wisigothorum, partim ex Isidoro, partim ex Wulsa. » Ita breviter præfatur : « Vix potest chronologia conciliorum et aliorum veterum monumentorum Hispaniæ, quæ in hoc opere prodeunt, innotescere, nisi præ oculis sit index historicus regum ipsius, assignata unicuique propria epocha. Hæc autem exhibetur a S. Isidoro Hispalensi in brevi Historia sua ab æra Cæsaris CCXIV (id est anno Christi CLXXVI) usque ad æram DCLXVI, id est annum Christi DCXXVIII, quo Sisebutus rex Hispaniæ jam obierat, vivente adhuc Isidoro. Cæterum Gothi reges, aliique hoc libello comprehensi, non irruerunt in Hispaniam æra CCXIV, imo nec multo post tempore; sed solum ineunte jam sæculo V, circa æram CDXLIX, Christi CDXI, Theodosii Junioris I, quo celebratum ponitur concilium Bracarense sub Pancratiano, a nobis eo anno exhibitum. Cui numerandi rationi respondet Chronicon Idatii. Vide Chronologiam eorumdem regum Gothorum breviorem initio tom. I editam, a pag. 15, ex eodem Isidoro et Wulsa episc., quæ incipit ab Athanarico. »

13. Itaque editiones historiæ Isidorianæ cæteris omnibus præferendæ sunt regia Matritensis, altera Grotii, tertia Labbei, quarta Florezii, qui tom. VI Hisp. sacr. eam historiam edidit, collatis inter se tribus illis præcedentibus editionibus, et varietate scripturæ subjuncta, nonnullisque notis suis aliisque antiquis Perezii illustratam. Hugo Grotius, dum viveret, opus digessit, post ejus obitum hoc titulo editum : « Historia Gothorum, Vandalorum et Langobardorum, ab Hugone Grotio partim versa, partim in ordinem digesta. Præmissa sunt ejusdem Prolegomena, ubi regum Gothorum ordo et chronologia cum elogiis. Accedunt nomina appellativa, et verba Gothica, Vandalica, Langobardica cum explicatione. Amstelodami, apud Ludovicum Elzevirium 1655. » Editor in prologo ait Isidorum, quem a Grotio habere non potuit, e bibliotheca Isaaci Vossii

a se comparatum. Exemplar Vossianum descriptum fuerat ex Codice Claromontano, de quo paulo post. Titulus hic est pag. 705 collectionis : « Beati Isidori, archiepiscopi Hispalensis, Gothorum, Vandalorum et Suevorum in Hispania Chronicon, quod nunc demum plus altera parte auctius prodit e bibliotheca Isaaci Vossii. *Grotius in Prolegomenis pag.* 63 *hæc præmiserat :* Isidorus præter breviaria Ostrogothicarum Vandalicarumque rerum, Westrogothorum acta ad sua deducit tempora, collectis quæ alibi sparsa non sine labore quæramus. »

14. Post Hugonis Grotii collectionem rerum Gothicarum typis Parisiensibus excusa prodiit anno 1657, in fol. Nova Bibliotheca manuscriptorum librorum opera ac studio Philippi Labbe soc. Jesu. Tomo I egregii hujus operis, pag. 61, exstant: « Sancti Isidori Hispalensis episcopi Historiæ Gothorum, Vandalorum, Suevorum, longe auctiores et emendatiores hactenus editis. Ex Codice ms. collegii Claromontani Parisiensis soc. Jesu, in quo incerti auctoris de rebus gestis Constantini Magni, ex chronicis incertis de rebus Zenonis et Anastasii imperatorum, nec non Theodorici regis : item ex aliis chronicis de rebus Justiniani Augusti, et deinceps ad Carolum Martellum, etc. ». Incipit : *De laude Spaniæ sancti Isidori. Omnium terrarum,* etc. In syllabo autem eorum, quæ in primo tomo continentur, sect. 1, num. 5, hæc præmittit Labbeus: « Sancti Isidori Hispalensis in Bætica episcopi Historiæ regum Gothorum, Vandalorum et Suevorum longe auctiores et emendatiores hactenus editis, ex optimæ notæ membraneo Codice collegii Claromontani Parisiensis soc. Jesu, etc. Illud porro debuerant observare typographi Hollandi, qui nuperrime, cum noster hic tomus, a tribus annis inchoatus, sub prelo laboraret, tres illas historias cum Hugonis Grotii collectione rerum Gothicarum emiserunt in lucem, non ex Codice ullo ms. bibliothecæ Batavicæ, sed ex apographo R. P. Jacobi Sirmondi societatis Jesu τοῦ μακαρίτου, qui ex hoc nostro Codice illud descripserat. »

15. Editor Hollandus et Labbeus ex ms. Claromontano elogium Hispaniæ Historiæ Gothorum præmiserunt, quod antea editum non fuerat: *Omnium terrarum,* etc., quod a Florezio recusum fuit, et in secunda editione Hispaniæ Sacræ ad ms. exemplar Codicis Legionensis recognitum et emendatum. Non videtur hic Legionensis Codex Historiam Gothorum comprehendisse : nam Florezius in elogio scripturæ varietatem ex eo Codice notat, non in Historia. In Codice Claromontano ea laus veluti præfatio Historiæ Gothorum præfigitur, quæ quidem a Nic. Antonio *præfatio legi dignissima* vocatur : et est sane ita comparata, ut ab Isidoro in hunc usum composita videatur. Neque ratio ulla subest cur Isidori eam esse negemus.

16. Aliud exemplar Historiæ Gothorum multo auctius inter Chronica Lucæ Tudensis tom. IV Hisp. illustr. reperitur. Fabricius Chronicon Gothorum integrius prodiisse affirmat cum Codice, sive duodecim libris legum Wisigothorum ex bibliotheca Petri Pithœi, et tom. III Hisp. illustr., quam in libro II Chronici Lucæ Tudensis tom. IV ejusdem Hisp. illustratæ. Quod non satis intelligitur: nam apud Lucam Chronicon est uberius etiam Chronico Codicis Claromontani : et Chronicon Pithœanum valde imperfectum, multisque locis mutilum est. Fortasse Fabricius innuere voluit Chronicon apud Tudensem minus sincerum esse. Tudensis libro II suorum chronicorum præmittit prologum suum : *Decet viros,* etc., ubi ait : *Jam nunc ad gesta regum Gothorum manum mittimus, chronicorum librum Isidori doctoris Hispaniarum secundum in opere proponentes.* Nam prius Chronicon ab orbe condito exhibuerat. Succedit *Beati Isidori Prologus: Domino et filio charissimo, Sisnando regi Gothorum Isidorus. Quid de origine Gothorum,* etc. Postea : *Ante biennium autem Romanæ urbis irruptionis æra* CCCCXLIII *excitatæ,* etc. Sequitur *Suevorum Historia. Æra* CCCCXLVI, *Suevi principe Hermerico cum Alanis et Vandalis simul Hispaniam ingressi sunt,* etc. *Explicuit Historia Suevorum. Gothorum Historia. Gothorum antiquissima origo,* etc., quæ est Capitulatio in editione Labbeana. Tudensis ita distinguit, ut Chronicon generale ab orbe condito dicat *primum librum Chronicorum Isidori,* tum Chronica Vandalorum, Suevorum et Gothorum *secundum Chronicorum librum Isidori.*

17. Ad tres ergo classes exemplaria Historiæ Gothorum revocantur. Primum exemplar est historiæ mutilæ et imperfectæ, qualis ex bibliotheca Pithœana vulgata fuit; alterum historiæ auctioris et emendatioris in regia Matritensi editione, et deinde ex Codice Claromontano. Tertium Historiæ posteriore manu interpolatæ apud Lucam Tudensem. Prima editio mutila incipit : *Gothorum antiquissimum esse regnum certum est.* Secunda auctior et genuina: *Gothorum antiquissimam esse gentem certum est.* Tertia interpolata : *Gothorum antiquissima origo de Magog.* Prima editio imperfecta desinit æra 656, in obitu Sisebuti. Secunda auctior adjungit elogium Suinthilæ et Riccimiri filii, usque ad annum quintum Suinthilæ æra 661. Succedit: *Item recapitulatio ejusdem Isidori in Gothorum laudem.* Tertia editio interpolata ex hoc elogio Gothorum sumit exordium, et laudes etiam Suinthilæ continet, sed nulla habita Riccimiri mentione. Quod autem Nic. Antonius indicat, excepto Labbeo, apud alios altum esse de Riccimiro, a Suinthila in regni consortium delecto, silentium, non ita profecto est : eadem enim jam in regia editione Matritensi de Riccimiro verba vulgata fuerant, ut editionem Grotii præteream, quæ ex Claromontano Codice originem ducit.

18. Vandalica historia in prima mutila editione incipit : *Vandali cum Alavis et Suevis.* Desinit : *et menses septem.* In secunda correctiori editione, *Æra* CDXLIX, *ante biennium irruptionis.* Apud Labbeum : *Æra quadringentesima quarta, et in exemplari bibliothecæ*

Collegii Romani nota ad mag. ms. : *Puto legendum Æra* 444. Desinit: *usque ad Gilimeri interitum.* In interpolata editione initium est : *Ante biennium autem Romanæ urbis irruptionis æra* CCCCXLIII *excitatæ.* Præcedit prologus , sive epistola nuncupatoria ad Sisenandum , quæ in genuinis exemplaribus deest. Quædam omittuntur, alia adduntur.

19. Nic. Antonius ait Historiam Suevorum ubique eamdem esse. Sed in hac quoque aliquod discrimen observatur. Prima editio imperfectior incipit : *Suevi, duce Hermerico rege* , *cum Alanis et Vandalis simul Hispanias ingressi sunt* , etc. Desinit : *mansit annis centum viginti sex.* Secunda emendatior : *Æra* CDXLVII *Suevi* , *principe Hermerico cum Alanis* , etc. Desinit : *quod mansisse* CLXXVII *annis scribitur.* Interpolata incipit , *Æra* CCCCXLVI *Suevi*, etc. , ut in editione Labbeana, finis quoque idem. Fortasse varietas scripturæ, quæ in hac Suevorum Historia notatur, a manu librariorum est , non ex industria alicujus interpolatoris. Satis enim tres editiones diversæ hac in parte sibi concinunt.

20. Omissis iis quæ Isidoro recentior aliquis scriptor in Historia **702** Gothorum a Luca Tudensi adoptata aut inseruit , aut reticuit , consideratione in primis dignum est discrimen quod in peculiari Gothorum Historia enarranda inter editiones mutilas et auctiores observatur : quod antiquum mihi videtur, et ab Isidoriano ævo , forte etiam ab ipsius Isidori manu. Editio auctior elogium Suinthilæ longa oratione comprehendit : « Æra DCLIX , anno imperii Heraclii x, gloriosissimus Suinthila gratia divina regni suscepit sceptra. Iste sub rege Sisebuto ducis nactus officium , Romana castra perdomavit , Ruccones superavit. Postquam vero apicem fastigii regalis conscendit , urbes residuas , quas in Hispanis Romana manus agebat, prælio conserto obtinuit , auctamque triumphi gloriam præ cæteris regibus felicitate mirabili reportavit. Totius Hispaniæ infra Oceani fretum monarchia regni primus idem potitus , quod nulli retro principum est collocatum. Auxit eo prælio, etc.» Post multa egregia facinora: « Præter has militaris gloriæ laudes plurimæ in eo regiæ majestatis virtutes, fides, prudentia , industria , in judiciis examinatio , strenua in regendo regno cura , præcipua circa omnes munificentia largus , erga indigentes et inopes misericordia satis promptus : ita ut non solum princeps populorum , sed etiam pater pauperum vocari sit dignus. »

21. Tum Isidorus laudes Riccimiri , vel Racimiri ; a patre in consortium regni assumpti , persequitur, atque Historiam Gothorum anno quinto gloriosissimi, ut ait , Suinthilæ principis concludit. Perezius hanc brevem notam subjunxit. *Hæc* , *vivo Suinthila* , *scripta. Atqui damnatur in concilio* IV *Toletano* , *in quo subscribit Isidorus.* En rationem cur ego existimo Gothorum Historiam ab Isidoro scriptam quidem primam fuisse usque ad annum quintum Suinthilæ , sed deinde vel ab ipso , vel ab alio æquali, qui Sisenando regi successori gratum facere voluit, quædam exemplaria in fine mutilata , ex quibus editio prima imperfectior prodiit. Ac de Sisebuto , qui Suinthilam præcessit, ita vivo Suinthila Isidorus scripserat : *Hunc alii proprio morbo , alii immoderato medicamenti haustu asserunt interfectum , relicto Recaredo filio , qui post patris obitum princeps paucorum dierum morte interveniente abiit.* Ita Codex Claromontanus : alii *habetur* pro *abiit.* Ego malim *obiit.* Damnato postea Suinthila , his verbis aliquantulum mutatis , partim etiam omissis, sic finita est Historia Gothorum : *Hunc alii morbo* , *alii* VENENO *asserunt interfectum.* Hi sunt anni Gothorum regum ab exordio Athanarici regis usque **703** ad istum Sisebutum anni CCLI , æra DCLXV. *Explicit Chronicon Gothorum.* Injecta *veneni* suspicio , cujus , vivo Suinthila , nulla mentio facta est, arguit Historiam Gothorum de industria truncatam fuisse post damnationem Suinthilæ , cui aliqui fortasse ex Sisenandi factione imputabant quod veneno Sisebutum interfecisset. Editio regia Matritensis ex Luca Tudensi, ut arbitror , tres illas causas obitus Sisebuti conjunxit : *Hunc alii proprio morbo* , *alii immoderato medicamenti haustu* , *alii veneno asserunt interfectum.*

22. Profecto maxime æquum videbatur ut tot eximiæ laudes, ab Isidoro in Suinthilam collatæ, e Gothorum Historia, quoad ejus fieri posset, delerentur, postquam Suinthila solemni concilii Toletani IV nationalis decreto damnatus fuit. Patres ejus concilii a Sisenando congregati caput ultimum constituerunt « de commonitione plebis, ne in principem delinquatur, et de electione principum, et de transgressione fidei quæ principibus promittitur, ut in hoc delinquens excommunicatus et anathematizatus habeatur, atque de exsecratione Suinthilanis, et conjugis, et prolis ejus; similiter et de Geilane germano ejus, ac rebus eorum. *Hæc ergo est Suinthilanis exsecratio.* De Suinthilane vero, qui, scelera propria metuens, se ipsum regno privavit et potestatis fascibus exuit, id cum gentis consultu decrevimus, ut neque eumdem vel uxorem ejus, propter mala quæ commiserunt, neque filios eorum, unitati nostræ unquam consociemus, neque eos ad honores a quibus ob iniquitatem dejecti sunt, aliquando promoveamus : quique etiam sicut a fastigio regni habentur extranei, ita et a possessione rerum quas de miserorum sumptibus hauserunt [*Al.*, auxerant. *Forte* auxerunt] maneant alieni, præter id quod pietate piissimi principis nostri fuerint consecuti. Non aliter et Geilanem memorati Suinthilani et sanguine et scelere fratrem, etc. »

23. Difficile quidem est tot scelera Suinthilæ cum elogio ejus, ab Isidoro adornato, componere. Aiunt nonnulli initio fuisse optimum principem, deinde in vitia et scelera prolapsum. Sed cum anno 626 tam insignibus virtutibus præditus ab Isidoro prædicaretur, ut *pater pauperum* vocari dignus esset , credibilene est jam anno 631, quo a Sisenando regno dejectus fuit, in tantam iniquitatem deflexisse, ut etiam ei objiceretur , *de miserorum sumptibus possessionem rerum suarum hausisse?* Quid ergo? Mentitumne

Isidorum credemus? Minime gentium. Una igitur via superest, ut **704** dicamus apparuisse quidem in Suinthila virtutes, quas Isidorus anno 626 prædicabat, dissimulatis interim vitiis, quæ postea apertius eruperint, ac fortasse exaggerata fuerint a Sisenandi amicis, ut acrius in concilio ejus crimina coarguerentur. Etsi enim in concilii decreto dicitur Suinthilam, scelera propria metuentem, se ipsum regno privasse et potestatis fascibus exuisse, tamen satis per se intelligitur factione Sisesandi coactum Suinthilam id fecisse : quod ex Isidoro Pacensi, qui sæculo sequenti VIII post Maurorum invasionem liberius scribebat, comprobatur; nam de Suinthila ait : *Digne gubernacula in regno Gothorum suscepit sceptra.* De Sisenando vero : *Per tyrannidem regno Gothorum invaso, quinquennio regali locatus est solio.* Quæ desumpta sunt ex antiquiori continuatore Chronici Biclarensis a Florezio tom. VI Hisp. sacr. primum edito, qui anno circiter 720 scribebat.

24. At sanctissimorum præsulum qui Ecclesiam Gothicam regebant ea œconomia et prudentia erat, ut, quantum in ipsis esset, obedientiam et obsequium populi erga principes confirmarent, omnemque tumultuandi occasionem tollerent. Ita Isidorus Suinthilæ, dum is regno potiebatur, virtutes, ut poterat, commendabat. Idem Isidorus aliique Patres concilii Toletani IV Sisenando, cujus jam imperium stabilitum erat, favebant, ejusque pietatem et religionem prædicabant, quod *non solum in rebus humanis, verum etiam in causis divinis sollicitus maneat : quod coram sacerdotibus Dei humi prostratus cum lacrymis et gemitibus pro se interveniendum Domino postulavit.* Hæc ipsa prudens agendi ratio viam aperit ad explicandam non levem difficultatem quæ in hac Isidoriana Gothorum Historia viros doctissimos diu torquet.

25. Ea difficultas cap. 36 proposita fuit in Grialii præfatione. Ait Isidorus de Leovigildo æra 606 : *Hermenegildum deinde filium imperiis suis tyrannizantem obsessum exsuperavit.* Neminem insolentia vocis *tyrannizantem* offendi debere, neque propter eam vocem Historiam Gothorum Isidoro abjudicare, Grialius reponit : qua eodem in argumento Rodericus Toletanus usus est. Contra observat Nic. Antonius potuisse Rodericum ex hac Historia Gothorum talia verba sumere; quin eam pro Isidoriana haberet. Ergo ipse Isidorum tuetur ex usitata vocabuli tam apud Græcos quam apud Latinos acceptione, qui *regis et tyranni* nomine promiscue usi sunt. Plato **705** et Aristoteles *tyrannum* pro justo principe posuerunt. Ita apud Latinos Virgilius, Horatius, Avienus, alii, ut vel ex vulgaribus lexicis patet. *Pro omnibus tamen*, addit Nic. Antonius, *ad rem Isidori habeo Joannem Biclarensem; qui non aliter locutus fuit de Hermenegildo anno* III *Tiberii imperatoris : Filius ejus Hermenegildus, factione Gosuinthæ reginæ tyrannidem assumens, in Hisvali civitate rebellione facta se recludit.*

26. Hæc autem Joannis Biclarensis verba, quæ Nic. Antonius pro se affert, potius ipsi adversantur : nam dum vult probare apud Isidorum Hermenegildum *tyrannum*, id est justum principem vocari, verba profert quibus *tyrannis* Hermenegildi cum *rebellione* conjungitur : quod idemmet agnovit : *Improbavit fortasse*, ait, *principis factum Biclarensis, qui tunc in Hispania florebat, quamvis a rege hæretico* (Leovigildo) *male multatus.*

27. Quæram igitur, cum Isidorus asseruit Hermenegildum imperiis patris *tyrannizasse*, improbavitne factum principis? Addam vocem quidem *tyrannus* aliquando in bonam partem fuisse acceptam, sed procedente tempore semper, aut fere semper, in malam. Auctorem habeo Isidorum nostrum lib. I Etym. cap. 31, et lib. IX cap. 3. Quamvis autem neque Isidorus, neque Biclarensis *tyrannidem* Hermenegildi accipiant pro crudeli et barbaro regimine, tamen accipere possunt pro *imperio contra jus ac fas arrepto*; quod in Isidoro arguunt adjecta verba *imperiis suis.* Nam Hermenegildum *tyrannizare imperiis patris* innuere videtur eum in patris imperium sine ullo jure invasisse. Hoc sensu Isidorus in eadem Historia vocem *tyrannidis* usurpare solet, ut æra 659 de Liuva : *Quem in primo flore adolescentiæ Witericus, sumpta tyrannide, innocuum regno dejecit.* Quid, quod in historia Suevorum Isidorus Hermenegildum *rebellem* vocat? sic prope finem de Mirone rege Suevorum : *Deinde in auxilium Leovigildo Gothorum regi adversus* REBELLEM FILIUM *expugnandum Hispalim pergit.*

28. Josephus Perezius in ecclesiasticis suis eruditissimis dissertationibus Salmanticæ 1668, quarum cum laude mentio facta est in litteratorum Diario Parmæ 1690, pag. 81, notandis verbis in hoc argumento versatus est pag. 272 : « Sed illud omnem admirationem superat, eumdem Biclarensem, Leovigildo homini Ariano infensum, et a quo in exsilium missus fuerat, hæc de S. martyre scribere : Leovigildus **706** rex exercitum ad expugnandum tyrannum filium colligit. At longe mirabilius Isidorum, Leandri fratrem, quem ille parentis loco habuit, quique Hermenegildi catholici partibus favit, nec Leovigildi scelera tacite tulit, quemque nostrates historici produnt principem martyrem sanguine contigisse : hunc, inquam, pene incredibile videtur hæc de Hermenegildo litteris consignasse : Hermenegildum filium imperiis suis tyrannizantem, ante obsessum, exsuperavit. Jam apud utrumque de miraculis quæ in ejus passione accidisse Magnus Gregorius locuples testis est, altissimum silentium... Et tamen ea, cum tot scateant difficultatibus, omnes eruditi concoquunt, neque in νοθείας suspicionem sive Biclarensis, sive Isidori Chronicon adducunt. » Scilicet nondum in vulgus prodierat Aguirriana Collectio Conciliorum Hispaniæ.

29. His enim difficultatibus ut sese expediat cardinalis Aguirrius, propugnat, tom. II Concil. Hisp., pag. 422, Chronicon Biclarensis his omnibus in locis ab aliquo Ariano depravatum esse quibus Hermenegildi tyrannis et rebellio affirmantur, nulla habita martyrii ejus mentione. Sed incassum doctissimus cardinalis laborat : cum enim omnia mss. exempla-

ria consentiant, cum multa alia in Biclarensis et Isidori Chronicis contra Arianos luculentiora testimonia intacta permaneant, non ita facile opinionis suæ fautores inveniet. Gregorius quoque Turonensis, quem pro se eminentiss. Aguirrius allegat, extra Hispaniam eodem tempore simili modo de Hermenegildo scribebat lib. vi Hist. Franc., num. 43 : *Nesciens miser, judicium sibi imminere divinum, qui contra genitorem quamlibet hæreticum talia cogitaret.* Certe nemo sanus affirmabit ea verba in Gallia ab Ariano aliquo hæretico in codices Gregorii Turonensis fuisse intrusa.

30. Ut argumentum hoc enucleatius explicetur, multiplex distinguenda est quæstio. 1. An Hermenegildus, bello adversus patrem suscepto, injuste se gesserit? 2. An saltem dubia causa fuerit, in qua alii pro Hermenegildi justitia senserint, alii contra. 3. An licet Hermenegildus bellum adversus patrem clare injustum susceperit, nihilominus vere martyr obierit? 4. An ante Maurorum irruptionem in Hispaniam martyrium S. Hermenegildi a nostris scriptoribus commemoratum fuerit, vel potius quænam exstiterit tanti silentii de eo martyrio causa? Primam quæstionem nobis in promptu **707** non est definire, cum non omnia rei adjuncta, ex quibus belli justitia pendet, perspecta habere possimus. Florezius tom. VI, pag. 377, *injustum bellum* adversus patrem ab Hermenegildo motum pronuntiat, neque alia de causa nonnullas urbes Hermenegildo adhæsisse, nisi quod ejus pater hæreticus esset. Ex Chronico Biclarensis ad annum 579 constat, quod *Leovigildus* rex Hermenegildo filio suo filiam Sisberti regis Francorum (Ingundem) in matrimonium tradidit, et provinciæ partem ad regnandum tribuit. Cum jam esset rex constitutus Hermenegildus, quis neget potuisse aliquam oriri justam causam cur *sui regni* jura adversus patrem tueretur?

31. De causa belli Biclarensis id tantum addit : « Leovigildo ergo, quieta pace regnante, adversariorum securitatem [*al.,* securitate] domestica rixa conturbat. Nam eodem anno filius ejus Hermenegildus, factione Gosuinthæ reginæ tyrannidem assumens, in Hispali civitate rebellione facta recluditur, et alias civitates atque castella secum contra patrem rebellare fecit. » Domesticam rixam vocat, quia origo dissensionis ex rixa inter Ingundem Hermenegildi uxorem, et Gosuintham Leovigildi uxorem, videtur nata. Florezius contendit legendum *factione Ingundis reginæ*; nam Ingundis Hermenegildum permovisse creditur ut bellum contra patrem gereret. Satis id probabile est : sed cum Ingundis esset catholica, Gosuintha ariana, atque, ipse Florezius consentiat Gosuintham rixæ occasionem dedisse, imo cum Gosuintha *caput hujus sceleris,* ut ait Turonensis lib. v, cap. 39, id est persecutionis a Leovigildo adversus catholicos excitatæ fuerit, sive legatur *factione Ingundis,* sive *Gosuinthæ,* semper remanet quærendi locus an Leovigildus primus a Gosuintha permotus, an Hermenegildus ab Ingunde,

causam belli dederit, et cuinam ratio faverit? Quid enim si Leovigildus, sciens Hermenegildum ad fidem catholicam conversum, regnum ejus primus vexare cœpit? Neque id difficile est credere, siquidem Leovigildus, ut Isidorus in Chronico scribit, *Arianæ perfidiæ furore repletus, in catholicos persecutione commota, plurimos episcoporum exsilio relegavit, ecclesiarum reditus et privilegia abstulit, multos quoque terroribus in Arianam pestilentiam impulit,* etc. An is æquo animo ferret religionem catholicam, agente maxime Leandro, in Hermenegildi regno florere, illucque catholicos a se vexatos confugere? Audi nunc Gregorium Magnum, qui lib. iii Dialogorum, cap. 31, postquam **708** conversionem Hermenegildi retulit, sic pergit : *Quem pater Arianus, ut ad eamdem hæresim rediret, et præmiis suadere, et minis terrere conatus est.* Hæc causam bello dedisse videntur. Addit illico S. Gregorius : *Cumque ille constantissime responderet nunquam se veram fidem posse relinquere, quam semel agnovisset, iratus pater eum privavit regno,* etc. Apertius S. Gregorius Turonensis lib. vi, cap. 39, de Hermenegildo : *Commotus ad ejus* (Ingundis) *prædicationem conversus est ad legem catholicam : ac dum chrismaretur, Joannes est vocitatus. Quod cum Leovigildus audisset, cœpit* CAUSAS QUÆRERE *qualiter eum perderet. Ille vero hæc intelligens, ad partem se imperatoris jungit,* etc.

32. At Biclarensis et Isidorus factum Hermenegildi condemnant, et tanquam rebellionem traducunt. Id jam ad secundam quæstionem pertinet. Dubia enim, ut mihi videtur, eo tempore fuit Hermenegildi causa, in qua alii belli rationes idoneas, ut fit, crederent, alii ineptas. Certe ego existimo Leandrum, virum sanctissimum ac doctissimum, bellum Hermenegildi non improbasse. Ut enim cap. 18 ostendi, Leander ab Hermenegildo Constantinopolim missus fuit, ut auxilium ab imperatore contra Leovigildum impetraret : quod verba Gregorii Magni innuunt : *Te illuc injuncta pro causis fidei regis Wisigothorum legatio perduxisset.* Superato autem Hermenegildo, et regnante jam Recaredo, quo tempore Biclarensis scribebat, aut rationes Leovigildi contra Hermenegildum magis patuerunt, aut majores vires quodammodo ab effectu ipso acquisierunt : neque decebat eos, si qui fortasse adhuc Hermenegildi fautores remanserant, antiquis rationibus pro Hermenegildo renovatis, ad novos tumultus instigari.

33. Illud certissimum, quod tertio loco quærendum dixi, Hermenegildum vere martyrem obiisse, etiamsi concedere velimus injustum bellum eum adversus patrem excitasse. Nec refert quod Gregorius Turonensis, qui extra Hispaniam scribens, fortasse non totam rei seriem cognovit, *miserum* Hermenegildum vocarit : de quo Gregorii Turonensis loco sic Baronius ad annum 584, num. 4. *Sed in eo quam prudens, ipse viderit, dum appellat* MISERUM *Hermenegildum,* etc. Quasi non monuisset *Dominus, pietati erga Deum, patrem, matrem, et omnia posthabenda,*

Sed a nobis causa potissimum mortis illatæ consideranda est, quam Gregorius Turonensis ignorasse **709** videtur, qui, ut ego puto, narrationem suam contexuit ex fide Oppilæ legati a Leovigildo ad Chilpericum missi : nam Leovigildus *timebat ne Childebertus exercitum ad ulciscendam sororis suæ injuriam commoveret*, ut Gregorius refert lib. VI, c. 4, ubi colloquium a se cum Oppila de religione habitum exponit. A patre Hermenegildus jussus est interfici, quod nollet catholicam religionem abjurare, ut fuse narrat locupletissimus testis Gregorius Magnus lib. III Dialog., cap. 31, qui gloriosum Hermenegildi martyrium summis laudibus celebravit. Consentiunt Martyrologia vetera Usuardi, Adonis, Wandalberti, Fuldense. In multis Chronicis antiquis idem Hermenegildi martyrium prædicatur. Juvat etiam advertere Dialogos Gregorii Magni, quibus historia martyrii S. Hermenegildi continetur, nostris Gothicis Patribus haud fuisse ignotos; nam Ildefonsus cap. 1 de Vir. illustr. eos ita laudat : *Quem quidem Codicem Dialogorum malait appellare : in quibus libris quanta divinitatis lateant sacramenta, et in amore cœlestis patriæ mira documenta, studiosus potest facile cognoscere lector.* Paulus etiam diaconus Emeritensis de Vita et Miraculis Patrum Emeritensium scripsit, ut *nullus ambigat*, ait in prologo, *quæ sanctissimus egregiusque vates Romanæ præsul urbis Gregorius, inflammatus Paracleti charismate spiritus, Dialogorum in libris veridico edidit prænotationis stylo*. Sed hinc rursus major mirandi causa exsurgit : nam Paulus non solum præ oculis habuit relationem martyrii S. Hermenegildi a Gregorio Magno expositam, sed etiam verba quædam ex ea narratione Gregorii exscripsit, Hermenegildi tamen mentionem studiose prætermisit. Audi Gregorium : *Post cujus (Leovigildi) mortem Recaredus rex* NON PATREM PERFIDUM, SED FRATREM MARTYREM SEQUENS, *ab Arianæ hæresis pravitate conversus est : totamque Wisegothorum gentem ita ad veram fidem perduxit, ut...*, etc. Expende nunc verba Pauli cap. 16, *Post cujus crudelissimam mortem venerabilis vir Recaredus princeps filius ejus..*, NON PATREM PERFIDUM, SED CHRISTUM DOMINUM SEQUENS, *ab Arianæ hæreseos pravitate conversus est, totamque Wisegothorum gentem mira prædicatione ad veram fidem perduxit.* Vides ut Paulus, ne martyrem Hermenegildum nominaret, etiam venustatem, quæ verbis Gregorii inest, amisit : multo enim venustius est *non patrem perfidum, sed fratrem martyrem sequens*, quam *non patrem perfidum, sed Christum* **710** *sequens, ab Arianæ hæreseos pravitate conversus est*, etc. Scribebat Paulus Isidori tempore, atque iisdem, ut puto, causis, Hermenegildi martyrium silentio præterivit.

34. Quid ergo est causæ quamobrem scriptores veteres Hispani vix ullum nobis de tam glorioso Hermenegildi martyrio testimonium reliquerint ? Hæc enim est quarta quæstio. Nam quod vix ulla mentio ejus martyrii apud antiquos nostros Patres aut scriptores reperiatur, extra controversiam est. Nam Biclarensis de Hermenegildi morte solum habet ad annum 585 : *Hermenegildus in urbe Tarraconensi a Sisberto interficitur*. Et mox ad annum 587 : *Sisbertus interfector Hermenegildi morte turpissima perimitur*. Et Biclarensis quidem gratiam fortasse inire voluit a Recaredo, qui tunc regnabat, et cui displicuisset audire fratrem suum Hermenegildum iniquo jussu patris martyrium passum. Gregorius enim Turonensis, qui alioquin *miserum Hermenegildum* appellavit, narrat Leovigildum sacramentum dedisse, *ne Hermenegildus humiliaretur*, ac nihilominus, postquam Hermenegildus ad patris pedes se prostraverat, jussisse filium veste vili indutum in exsilium mitti, deinde etiam morti tradidisse. Quid autem Isidorus, qui omnino de morte Hermenegildi tacuit, cum Sisebuti vel Suinthilæ tempore scriberet? Grialius aliique suspicantur aliquid deesse in Isidoro, quo martyrium Hermenegildi assereretur. Et sunt quidem duo Chronica Isidoriana in bibliotheca Urbino-Vaticana, num. 382, olim 606, et num. 392, olim 609, quibus ita res exprimitur : *Gothi per Hermenegildum Leovigildi regis filium bifarie divisi mutua cæde vastantur, et ipse martyrio coronatur*. Sed cum hæc chronica multis in locis, et extra Hispaniam quidem sint interpolata, et cum vetera exemplaria genuini Chronici Isidoriani extremis illis verbis careant, Isidorum pro Hermenegildi martyrio allegare non possumus, ac ne suspicari quidem ea in parte Chronicon mutilum esse. Quis enim et qua de causa in antiquissimis exemplaribus ea verba delere voluisset ?

35. Aliam viam init Nic. Antonius : *Quidquid sit*, inquit, *de omissione ista, qualiscunque fuisset historiæ auctor, dummodo catholicus, expostulari dignus est. Ea tamen brevitate constat opus, ut summa tantum capita, quæ ad res gestas regum pertinent, attingere voluisse videatur.* Verum res ipsa flagitare videbatur, **711** ut injecta Hermenegildi mentione, in Chronico, vel certe in Historia Gothorum, ubi fusiori calamo minutiora alia enarrantur, duo saltem verba de ejusdem martyrio adderentur. Et de industria mentionem obitus S. Hermenegildi ab Isidoro fuisse prætermissam suadet Pauli Emeritensis exemplum, de quo num. 33.

36. Difficultatem auget quod plerique alii scriptores Ecclesiæ Gothicæ martyrii S. Hermenegildi non meminerunt, neque de eo officium a Gothis, aut, qui successerunt, Mozarabibus in eorum liturgiis peractum fuit. Ac fortasse nemo alius ex Patribus Gothicis pro martyrio S. Hermenegildi allegari poterit, nisi is cujus opera non multis ante annis Florezius tom. XVI Hisp. sacr. primus vulgavit, S. Valerius abbas, qui, exacto jam sæculo ab Hermenegildi obitu, in opusculo de vana sæculi sapientia n. 8 agmina martyrum celebrans obiter ait : *De regali vero fastigio meminimus Cæsarem nomine Crispum, regem Gothorum Hermenegildum, regemque barbarorum Aucuia, Hippolytum ducem, Georgium comitem, et reginam nomine Alexandriam*. Nomina *Aucuiæ* et *Alexandriæ* fortasse corrupta sunt. Crispus certe

inter martyres referri non debet. Atqui Gregorius Magnus ex fide Hispanorum martyrium Hermenegildi fuse commemorat : ita enim narrationem exorditur : *Sicut multorum qui ab Hispaniarum partibus veniunt, relatione cognovimus nuper, Hermenegildus rex*, etc., ubi alii distinguunt, *cognovimus, nuper Hermenegildus rex*, quod mihi minus placere dixi cap. 18. Testimonium quoque idem S. doctor praebet de cultu Hermenegildo ab Hispanis exhibito : *Unde et factum est, quatenus corpus illius, ut videlicet martyris, jure a cunctis fidelibus venerari debuisset.* Oportet ergo causam aliquam politicam ab ipso Recaredi tempore exstitisse, ob quam Hispani aequales martyrium Hermenegildi litteris consignare noluerint. Hanc ego causam repeto non tam ex eo quod Recaredus memoriae patris Leovigildi consultum vellet, aut factionem Hispanorum qui pro Hermenegildo steterant, exstinguere conaretur, quam quia, superstite adhuc filio Hermenegildi, Childebertus et Guntramnus reges Francorum novas res contra Hispaniam moliebantur, ulturi etiam injurias, ut putabant, Ingundi sorori Childeberti et uxori Hermenegildi illatas.

37. Paulus diaconus de gestis Longobardorum lib. III, num. 21, sic ad rem nostram : « Interea Childebertus rex Francorum bellum **712** adversum Hispanos gerens, eosdem acie superavit. Causa autem hujus certaminis ista fuit : Childebertus rex Ingundem sororem suam Hermenegildo, Leovigildi regis filio, in conjugium tradiderat. Qui Hermenegildus praedicatione Leandri episcopi Hispalensis, atque adhortatione suae conjugis ab Ariana haeresi, qua pater suus languebat, ad catholicam fidem conversus fuerat : quem pater impius in ipso sacrato paschali die securi percussum interemerat. Ingundis vero post mariti et martyris funus de Hispaniis fugiens, dum Gallias repedare vellet, in manus militum incidens, qui in limite adversum Hispanos Gothosque residebant, cum parvo filio capta atque in Siciliam deducta est, ibique diem clausit extremum, filius vero ejus imperatori Mauricio Constantinopolim est transmissus. » Non explicat Paulus quo anno id bellum acciderit quo Gothi a Childeberto superati sunt : neque ea Gallorum victoria aliorum historicorum testimonio comprobatur. Nam Childebertus post martyrium Hermenegildi bis adversus Gothos arma movit ac bis magna suorum strage superatus fuit, primum anno 585, tum anno 589, ut Pagius computat.

38. Gregorius Turonensis loquens lib. VIII, cap. 28, de gestis anno decimo Childeberti regis, qui annus est Christi 585, ita habet : « Ingundis a viro cum imperatoris exercitu derelicta, dum ad ipsum principem cum filio parvulo duceretur, in Africa defuncta est et sepulta. Leovigildus vero Hermenegildum filium suum, quem ante dicta mulier habuit, morti tradidit. Quibus de causis commotus Guntramnus rex exercitum in Hispaniam destinat, etc. » Hoc bellum, vivente adhuc Leovigildo, per Recaredum gestum fuit, qui, ut auctor est Biclarensis, victor ad patrem patriamque rediit. Deinde anno 587, ut narrat Turonensis lib. IX, cap. 16, Recaredus jam catholicus legatos ad Childebertum et Guntramnum pro pace et amicitia stabilienda misit, quos cum Childebertus benigne accepisset, Guntramnus respondit : « Qualem mihi fidem promittere possunt, aut quemadmodum a me credi debent qui neptem meam Ingundem in captivitatem tradiderunt, et per eorum insidias et vir ejus interfectus est, et ipsa in peregrinatione defuncta ? Non recipio ergo legationem Recaredi, donec me Deus ulcisci jubeat de his inimicis. » Secutum ergo est anno 588 bellum quo Claudius dux Lusitaniae **713** exercitum Francorum penitus delevit, ut uno ore Biclarensis, Turonensis, Isidorus, aliique narrant.

39. Dum ergo res in eo erant statu, nihil est mirum si scriptores Hispani causae Hermenegildi non multum faverint, praesertim quia filius ejus Athanagildus superstes Constantinopoli commorabatur. Quandiu is vixerit incertum ; sed ad eum quidem veluti ad regem et nepotem exstant litterae Brunichildis reginae, et Childeberti regis Francorum tom. I Chesnii Scriptor. Histor. Franc., pag. 867, et in append. ad Opera S. Gregorii Turonensis editionis Maurinae. Apud eminentiss. Aguirrium tom. II Concil. Hisp., pag. 407, indicari video dissertationem ms. D. Joannis Lucae Cortes, qua antiquis monumentis is probabat, ex filio S. Hermenegildi Athanagildo, post aliquot generationes interjectas, Hispaniae reges prodiisse. Semel autem ac ratio isthaec politica de martyrio Hermenegildi tacendi Hispanorum animis insedit, facilius fuit ut silentium deinceps continuaretur, donec, gloriosi martyris cultu in exterorum martyrologiis et historiis passim celebrato, rebus quoque Hispaniae in alium ordinem conversis, publica illi veneratio in Hispania fuit exhibita.

40. Haec satis probant obsequium, quod dixi, veterum Hispaniae episcoporum erga reges, ut multa saepe dissimulaverint, ne offensio aliqua ac rerum perturbatio exoriretur. Erant multa alia quae adderem ; sed cum longior haec quam putaveram evaserit oratio, unum tantum indicabo quod ad historiam quoque Isidori de Gothis pertinet. In fine Chronici de Sisebuto ait : *Judaeos sui regni subditos ad Christi fidem convertit.* Vivebat scilicet tunc Sisebutus : adeoque ejus factum improbare prudenter praetermisit. At in historia Gothorum post Sisebuti obitum sententiam suam aperuit : *Qui initio regni Judaeos ad fidem Christianam permovens, aemulationem quidem habuit, sed non secundum scientiam ; potestate enim compulit quos provocare fidei ratione oportuit.* Eadem erat aliorum episcoporum sententia, quamvis Sisebuti legi neminem repugnasse constet : nam in concilio Toletano congregati anno 633, cap. 57, praeceperunt, *nemini deinceps ad credendum vim inferre* [Forte *inferri*]... *sicut factum est temporibus religiosissimi principis Sisebuti*, etc.

41. Peculiaris quaedam animadversio est Thomae

sini de Vet. **714** et Nov. Eccles. Discipl. part. III, lib. I, cap. 40, num. 14, « Sed nec illud abhorret a vero, sanctissimos nonnunquam viros potuisse tantisper ab orbita recta deflectere, et canonicarum regularum observantia accurata, sive per incogitantiam, sive torrente abreptos consuetudinis, sive ut nescio quo charitatis vinculo accommodarent se principis voluntati, ex quo uberiores postea fructus sperarent ad Ecclesiæ dignitatem et salutem redituros. » Sed illud certius plerumque multa adjuncta rerum latere, quæ si paterent, in adornanda sanctissimorum veterum Patrum apologia parum esset laborandum.

CAPUT LXXX.

Liber Isidori de Viris illustribus. Editiones hujus libri, mss. exemplaria. Præfatio Zaccariæ. Harduini deliria contra pleraque veterum scripta perstringuntur.

1. Prænotatio Braulionis de Isidori libris subjuncta esse solet hujus de Viris illustribus libro. Quod ex Braulionis mente factum constat : sic enim ait : *de Viris illustribus librum unum, cui nos ista subjunximus.* Ildefonsus in Isidori elogio librum de Viris illustribus non commemoravit, ut Oudinus et Cellierius animadvertunt; sed addere debuissent causam silentii Ildefonso idoneam fuisse quod in præfatione sua ad supplementum, sive auctarium ejusdem libri clare illum expresserit : « Deinceps vir prudentissimus, Hispalensis sedis Isidorus episcopus, eodem ductu quosque viros optimos reperit, in annotationem subjunxit, siquidem non omnia perscrutatus abscessit. » Et in fine præfationis : « Sane beatissimum Gregorium sanctæ memoriæ Isidorus annotaverat : sed quia non tantum de operibus ejus dixit, quantum nos sumus experti, ideo renotationem illius submoventes, quæque de illo novimus, stylo pleniore notamus. » Hunc eumdem librum plerique alii Isidoro adjudicant, cap. 46 et 47 laudati. Sigebertus autem Gemblacensis, qui librum quoque de Scriptoribus ecclesiasticis scripsit, et Isidori Opera recensuit, librum Isidori de Viris illustribus non expressit, quem neque legisse videtur, ut observat Suffridus Petri in epist. dedicatoria, et ad cap. 98 Gennadii : adeoque multi sunt qui in utroque opere Isidori et Sigeberti commemorantur. Oudinus, **715** et Cellierius silentium Sigeberti et Ildefonsi excusant, quod hi operum historicorum Isidori non meminerunt.

2. Tria tamen sunt hactenus vulgata exemplaria, primum brevius capitibus 33 comprehensum, alterum auctius ad capita 46 protractum, tertium primis illis 33 capitibus constans, adjectis aliis tanquam incerti auctoris tredecim capitibus, quæ in exemplari auctiori Isidoro ascribuntur. Crediderim errorem aliquem latere in alio Isidori catalogo, a Bayerio not. ad lib. v, n. 216, Biblioth. vet. Hisp., ita indicato : *In bibliotheca Cottoniana in Julio, lit. F, num. 7, pag. 14, exstat Catalogus virorum illustrium, sive ecclesiasticorum scriptorum a passione Christi usque ad* XIV *annum Theodosii ex Isidoro Hispalensi.* Liber de Viris illustribus, 33 capitibus, quorum primum est de Hosio, comprehensus, prodit in primis editionibus, ut in Bignæana et aliis. Librum auctiorem 46 capi-

tibus constantem cum brevi Isidori præfatione Grialius edidit notis Joan. Baptistæ Perezii, quas Labbeus in dissert. de Script. eccles. *doctissimas* vocat, illustratum. Sed fallitur Labbeus cum multis aliis, qui putant notas editionis Regiæ Matritensis a Loaisa fuisse compositas : quidquid sit, an Loaisa, quod nonnemo asserit, operam suam cum Grialio contulerit, ut editio Regia correcta prodiret. Hic liber recusus fuit a Breulio, qui primum librum de Scriptoribus ecclesiasticis, qualem in editione Bignæana reperit, edidit, deinde editionem Matritensem nactus, antequam suam absolveret, ex ea librum de Viris illustribus auctum sumpsit, inverso tamen ordine; nam librum Ildefonsi de eodem argumento præmisit quem postponendum fuisse idem postea animadvertit.

3. Loaisa in Collectione Conciliorum Hispaniæ 33 capita editionis Bignæanæ produxit, et post Ildefonsi librum de Viris illustribus tredecim alia capita de Xysto papa, etc., adjunxit, quæ sine certo auctoris nomine protulit. Loaisæ exemplum alii secuti sunt, et, quod mireris, Aguirrius ipse in collectione Conciliorum Hispaniæ, qui editionem regiam Matritensem Operum Isidori omnino ignorasse videtur : nam in libro S. Ildefonsi primum caput, quod est de S. Gregorio Magno, et exstat in editione Matritensi, prætermisit ; quia scilicet in editione Loaisæ illud non invenit. Præferenda certe est editio Matritensis, ut agnovit etiam Zaccaria in præfatione mox afferenda, quamvis ipse ordinem Fabricianæ **716** editionis retinere voluerit, quia Bibliothecam ecclesiasticam Fabricii rursus typis committere susceperat.

4. Florezius tom. V. Hisp. sacr. librum eumdem Isidori, nonnullis a se notis recensitum, publicavit ad normam editionis Matritensis, quam etiam secutus fuit doctissimus editor Operum Patrum Toletanorum tom. I, qui eruditis observationibus Vitam S. Ildefonsi, a S. Juliano scriptam, et Vitam S. Juliani a Felice Toletano antistite compositam, tom. II illustravit : siquidem hæ duæ vitæ post Ildefonsi librum de Viris illustribus in editione Matritensi prodierant. Nobis ab hac ipsa editione recedere non licet. Exstant quidem plures Codices, in quibus liber incipit ab Hosio, ut Codex Æmilianensis a Bayerio indicatus, anno 994 scriptus, ubi fol. 346 : *Hucusque Gennadius. Exhinc Isidorus Spalensis incipit. I Osius Cordubensis.* Sed præter Codices a Zaccaria laudatos alii quoque sunt qui opus integrum exhibent, quale Perezius recensuit, ut modo constabit. Duo quoque Codices ex Bandinio cap. 44 descripti, alter Mediceus, alter Florentinus S. Crucis, initium ducunt a Xysto, quamvis Bandinius addat in Codice Mediceo, cui Florentinum S. Crucis similem dicit, solum 38 esse capita, diverso etiam ordine disposita. Ac sane ultimum caput indicatur de Severo, cum in editis et plerisque aliis mss. liber in Maximo Cæsaraugustano terminetur. Nic. Antonius, quamvis dubius aliquando hæserit de auctore 13 capitum quæ Loaisa separata ediderat, tamen libro v, num. 112, æquum esse pronuntiavit Isidorum auctorem agnoscere. Neque huic judicio, cum de Isidoro agit, prolato obstat,

quod etiam postea de ea re dubitare videatur: nam cum bibliotheca vetus opus posthumum sit, et sæpe ea quæ ordine posteriora sunt, anteriori tempore scripta esse contingat, tenendum est eum prius dubitasse, et hanc suam dubitationem litteris consignasse, deinde dubitationem deposuisse, quin ea quæ in alienis quodammodo locis scripta jam erant, deleverit morte præventus, et opus non absolutum reliquens.

5. Manu exarati Codices hi a me visi sunt, Vaticanus 1974, in quo Vita Orosii exstat, quæ a nonnullis Isidoro in libro de Vir. illustr. ascribitur, sed falso, ut cap. 96 dicam. Ea Vita ad appendices a nobis rejicietur. Codex Vaticanus 1827, cap. 97, in quo est Continuatio Ildefonsi ad librum Isidori de Vir. illustr. Codex **717** Regio-Vaticanus 119, de quo cap. 99, in quo tantum exstat caput 27, al. 14 de S. Fulgentio. Regio-Vatic. 349, de quo cap. 100, librum exhibet de Vir. illustr., initio ducto a Xysto, et addito elogio Isidori auctore Braulione. Alius Regio-Vatic. 551 ibid. exorditur ab Hosio, ut in editione Bignæana. Codex Urbinas 60, de quo cap. 104, solum habet caput de S. Joanne Chrysostomo. In Urbinate 382, cap. 104, est liber de Vir. illustr. cum Braulionis prænotatione et continuatione Ildefonsi, eo fere ordine quo apud Grialium. In Ottoboniano 502, cap. 105, caput de Vita S. Juliani Toletani. In Ottob. 849, cap. 106, liber de Vir. illustr. capitibus 33 et prænotatione Braulionis constans, initio ducto ab Hosio. In Ottobon. 1720, cap. 106, sine titulo et præfatione: *De Xysto papa, etc.*, subjuncta prænotatione Braulionis de S. Isidoro, et libro S. Ildefonsi de Vir. illustr.

6. Editionem hujus libri simul cum aliis de eodem argumento Zaccaria paraverat, antequam de Isidori omnibus Operibus excudendis cogitationem suscepisset. Habeo ejus notas ex variis auctoribus collectas, quarum mihi suo loco erit usus, et præfationem quam subjicio.

Incipit Isidori Additio ad libros S. Hieronymi et Gennadii de Scriptoribus ecclesiasticis. In novam hanc editionem Præfatio.

7. Titulum atque ordinem Fabricianæ editionis servavi, ne ab ea nimis abluderet isthæc editio. Cæterum fuere quæ persuaderent utrumque immutandum. Nam ad titulum quod attinet, cum Braulio, antiquissimus ille rerum Isidorianarum scriptor, doceat disertis verbis, librum hunc de Viris illustribus fuisse prænotatum, mirum est Loaisam, Miræum, Aguirrium aliosque, eo prætermisso titulo, hunc alium cudisse *Additionis ad libros S. Hieronymi et Gennadii de Scriptoribus ecclesiasticis.*

8. De ordine dicam, ubi libelli hujus editiones percensuero. Hæ autem duas veluti in classes tribui possunt. Nam iisdem quibus cætera S. Doctoris opera, typis excusus est, Parisiensibus nempe an. 1580, curante Margarino de la Bigne, Matritensibus an. 1599 cum adnotationibus Joannis Baptistæ Perezii tum Canonici Toletani, Segobricensis deinde episcopi; atque iterum Parisiensibus an. 1601, opera Jacobi du Breul. Præterea Suffridus Petri Carthusiensis [*Dele* Carthusiensis] cum eos, qui scriptorum ecclesiasticorum catalogos texuerunt, suscepisset uno volumine comprehendere, librum quoque Isidori Coloniæ an.

1580 emisit in lucem. **718** Sed et illum Garsias Loaisa an. 1593 intulit in Matritensem suam Conciliorum Hispaniæ editionem. Accessit his Francofurtensis editio Andreæ Schotti, Societatis nostræ viri doctissimi, qui in Hispania illustrata ipsum hunc libellum rursus typis exprimi jussit, suis adnotationibus explicatum. Miræus an. 1629 eodem libro suam auxit Bibliothecam ecclesiasticam, quam Antuerpiæ divulgavit. Cardinalis quoque Aguirrius (Tom. III Conciliorum Hispaniæ, pag. 71 seqq.) suis margini ascriptis, atque Schotti ad calcem rejectis animadversionibus, emendatum illustratumque commentariolum istud protulit. Mitto, quam præ manibus habemus, Fabricii editionem.

9. Jam vero Matritensis illa editio ad septem mss. libros exacta, præsertim vero ad exemplar Fontis Sancti, apud Galistæum Cauriensis dioecesis, quadraginta sex capitibus constat, a Sixto Romanæ urbis episcopo initio ducto. Nam priora quatuordecim capita, si quintum excipias de Osio, cæteræ editiones vel plane omittunt, vel ut appendiculam incerti auctoris Isidori et Ildefonsi libellis adjungunt, ab Osio exordium Isidoriano commentario dantes. Atque equidem existimo capita hæc vere ad Isidorum spectare cum præfatiuncula, quam infra invenies. Nihil enim in his capitibus (suppleo *exstat, quod Isidoro indignum sit*). Vossius (de Hist. Lat. l. II, cap. 25) ait de Isidoro: *Etiam opusculum composuit de XLVI viris illustribus, quod ms. exstat Cantabrigiæ in bibliotheca Collegii S. Benedicti, et Oxonii in Collegio Mertonensi.* Quæ quidem verba indicant non qualecunque opus hoc esse, sed ipsum illud in quadraginta sex capita distributum, quod in Matritensi editione habemus. Quamobrem Hispano illi Codici auctoritas accedit duorum Codicum Anglicanorum. Præfatiuncula vero quam Miræus objicit, nihil habet difficultatis, si ad Hieronymi atque Gennadii libros cum doctissimo Perezio referatur. Itaque immutandus esset ordo, ac Matritensis editio prorsus repræsentanda.

10. Etsi tamen nec titulum, nec ordinem Fabricianæ, ut par erat, abjeci, multa tamen contuli, ut libellus iste in nostra hac editione absolutissimus prodiret. Nam Fabricianam editionem cum Matritensi et Aguirriana contendi, atque ex utraque varias lectiones excerpsi. Adnotationibus quoque Miræi et Fabricii nostras adjeci, nec Perezii, Schotti atque Aguirrii observationes prætermisi. Qua in re non sum imitatus sum qui veteres auctores cum *notis Variorum* divulgarunt, nec enim Fabricii methodus placet, quam tamen in Hieronymo et Gennadio servavi, typographi et sumptibus parcens, et festinationi indulgens, varia isthæc commentaria seorsim edentis; sed suis quæque locis ascripsi, addito tantum auctoris nomine, ubi aliorum animadversiones exhibeo, ut a meis facile secernantur. Sed ad librum ipsum accedo.

11. Ex hac præfatione colligitur Zaccariam Bibliothecam ecclesiasticam Fabricii recudere cogitasse. Sed etsi festinationem typographi commemorat, tamen conatus ad exitum perductus non fuit. Vidi inter ejus jam defuncti schedas fascem magnum chartarum **719** cum ipsa Bibliotheca ecclesiastica Fabricii ad eam quam dixi editionem destinatum. Quod de titulo ait, id ita se habet. Isidorus Hieronymum et Gennadium secutus est: sed ipsius Hieronymi liber a multis *de Scriptoribus ecclesiasticis* inscribitur, quod ab Hieronymi mente alienum non est. Nam epist. 89 ad Augustinum asserit, quod titulus libri sui *a plerisque emendatoribus imperitis*, de Auctoribus, *dicatur inscriptus, cum appellandus sit de* illustribus Viris, *vel proprie* de Scriptoribus ecclesiasticis. Priorem inscriptionem de Vir. illust. elegisse videtur Isidorus, ut ex Braulione arguitur. Cum unam

et alteram Zaccariæ præfatiunculam ad Isidori Opera edenda ab ipso paratam in medium protulerim, cur aut alias ejus lucubrationes silentio premerem, aut, si qua inde gloria oriri posset, mihi arrogarem? Audio enim esse aliquos qui, cum nondum viderint quid ego typis sim commissurus, Zaccariam a me nominari quidem vulgo jactant. In quo illi quidem multis de causis vehementer errant. Nam si suum cuique constanter reddo, ut singulis fere paginis perspici potest, etiam ubi res est de scriptis non vulgo notis, cur eam laudem Zaccariæ inviderem? Quid quod mea, qualiacunque sunt, ita a Zaccarianis differunt, ut etiam si ego gloriam ex his in me redundaturam, si auctor essem, intelligam, tamen non possim libere pro meis agnoscere, nisi mea esse negem quæ re vera proprio marte conficio? Si qui tamen sunt qui in discernendo diverso stylo parum judicio valent, in ipsis Zaccarianis schedis quæ penes me exstant, et facile a me cuivis exhibentur, possunt, si libet, perspicere quid demum Zaccaria egerit. Nam indicia incepti operis, et paucas post lineas intermissi, ita sunt manifesta, ut mirificum consuetudinis Zaccariæ in scribendo exemplum id esse possit : ut minus jam miremur, quod cum Historiam concilii Tridentini, auctore cardinale Pallavicino, programmatibus editis, recudere multis auctam notationibus et monumentis confirmatam Zaccaria jam pridem pollicitus fuisset, eamque demum Faventiæ edere cœpisset, adeo nihilominus imperfectam reliquerit, ut post ejus obitum editor virum aliquem eruditum quærere debuerit, qui posteriora volumina levibus nonnullis notatiunculis aspergeret, ut quoquo modo editio absolveretur. Profecto Zaccaria, vir, ut erat, eruditissimus, et qui intimos doctrinæ recessus et fontes bene perspectos haberet, in multis 720 operibus edendis, præsertim in aliorum auctorum libris illustrandis, eum morem tenuit, ut simul et scripta digereret, et prelo traderet, ea fere ductus ratione quam Joachimus Fortius et secutus ipse fuit, et aliis observandam præscripsit cap. 24 de Ratione studii : *Dic chalcographis parent sese : librum te dare velle excudendum, etiamsi ne paginam quidem paraveris. Tum facile totam voluminis speciem animo concipere, inde singulas partes leviter in comœdiarum argumenti modum describere : denique quotidie, quantum illis satis erit, absolvere poteris. Cum sic inceperis aliquid, perficere debes, velis, nolis.*

12. In Conspectu editionis Isidorianæ Zaccaria pollicebatur se argumentis Dupinii contra Harduini opinionem librum de Vir. illustr. Isidoro vindicaturum. Cujus rei cum nulla exstet in præfatione mentio, uti neque aliorum Codicum, quorum collationem ad hunc librum recensendum sibi paraverat, perspicuum argumentum est, multo ante eum de hoc libro Isidori edendo cogitasse, ut nuper aiebam, quam de editione omnium Operum adornanda. Argumenta vero Dupinii, quæ innuit, ad auctoritatem Braulionis et Ildefonsi, quam protuli, referuntur, et ad Honorii Augustodunensis testimonium. Addit Dupinius se Isidori Pacensis verba non allegare, quia ejus Chronicum haud est indubitatum monumentum. Verum neque Isidorus Pacensis librum Isidori de Vir. illustr. commemoravit, neque ejus Chronicum suspectæ fidei est, nisi fortasse apud aliquem exterum, qui rerum Hispanicarum ignarus Chronicon Isidori Pacensis inter Pseudo-Dextri et aliorum sæculo XVII conficta chronica reponendum censuerit. Dupinius contra Harduini opinionem urget similem in hoc et in aliis Isidori operibus stylum esse, atque omnia quæ in eo libro narrantur, veritati ac tempori mirifice congruere.

13. Argumenta Harduini quænam fuerint non constat. Nam Dupinius solum refert auctorem Defensionis epistolæ S. Joannis Chrysostomi ad Cæsarium hanc opinionem Harduino ascribere, quod Isidori liber, uti multi alii, in Gallia recentiori tempore erant conficti : cujus rei probationes aliquando se exhibiturum auctor ejus Defensionis pollicebatur. Quod si Dupinius systema Harduini plane intellexisset, non multum, opinor, illud refellere curasset, præsertim allatis in medium Braulionis, Ildefonsi et Honorii Augustodunensis 721 testimoniis, quæ Harduinus eodem in loco atque Isidori librum ponebat. Eo enim paradoxa, sive erudita potius Harduini deliria spectabant, ut sæculo demum XIV omnes veterum libros, quos præ manibus habemus, exceptis Bibliis Latinis, paucisque aliis, quos pro libitu selegit, ab atheorum quadam societate confictos traderet. Palinodiam cecinit Harduinus, si tamen homo jamtum, ut ego puto, mentis impos tam absurdum systema serio aut concipere aut retractare potuit. Nobis quidem in eo evertendo morari non decet, ac satis sit indicare observationes Patrum Trivultiensium in suis Ephemeridibus anni 1761, artic. 169, tom. II Octobr., et dissertationem domini Maleville tom. II operis de religione naturali et revelata e Gallico sermone in Italicum conversam et editam Romæ 1792, tom. I Collectionis Dissertationum Historiæ ecclesiasticæ opera V. Cl. Francisci Antonii Zaccariæ. Ut de libro Isidori Harduinus dubitavit, ita hoc ipso anno 1796 Marcellinus Molkenbuhr ordin. Minor. in dissert. crit. 18, cap. 4, probare contendit catalogum S. Hieronymi de Vir. illustr., quem Gennadius Isidorusque secuti sunt, esse supposititium. Sed quamvis multa doctrina et magno acumine Molkenbuhrus polleat, ejus tamen in hac et in similibus, quas excitat, controversiis argumenta plane ad scepticismum ducunt.

14. Dubitare aliquis possit num liber Isidori de Vir. illustr. auctior vulgato alicubi existat. Nam in Officiis propriis Sanctorum Hispaniæ ad diem 9 Augusti lectiones SS. martyrum Justi et Pastoris in secundo nocturno recitantur *ex libro S. Isidori et libro S. Ildefonsi de Viris illustribus*, ut in rubrica præmittitur, cum tamen in libro Isidori edito nulla mentio eorum martyrum occurrat. Sed, ut ego quidem censeo, rubrica minus recte apposita est, sumpto tamen inde fundamento quod hymni in horum martyrum laudem qui in officio Isidoriano recitantur, S. Isidoro a nonnullis ascribuntur, ut cap. seq. dicam, vel potius quod in libro Ildefonsi, qui Isidoro unitus esse solet, cap. 2, laudatur Asturius

Toletanus, qui divina revelatione commonitus, ut ibi narratur, corpora SS. martyrum reperit. Simili de causa hallucinatum existimo Notkerum, qui cum in uno aliquo volumine Gennadium et Ildefonsum Toletanum antistitem de Vir. illustrib. vidisset, in suo libro de Vir. illustr. *Gennadium Toletanum episcopum* bis dixit, scilicet cap. 7 et 11, **722** quem post S. Hieronymum de hoc argumento egisse affirmat, nulla facta mentione Isidori et Ildefonsi; quem unum episcopi Toletani nomine appellare debuit. Ita etiam Petrus Crinitus quod lib. v de Poet. Lat., cap. 90, ait Isidorum testari, Prudentium *in Latinis litteris magna diligentia parique studio institutum,* Gennadium fortasse voluit appellare, non Isidorum. De Orosii Vita, quæ Isidoro tribuitur, paulo ante dixi, cum Codd. mss. indicavi.

Monitum.

Cum liber Isidori de Vir. illustr. in eo systemate quod tenere constitui ultimus sit inter genuina ac certa ejus opera, et cum primus hic tomus justam mensuram jam impleverit, ea quæ de operibus dubiis aut suppositiis supersunt dicenda ad alterum tomum necesse est reservare : in quo scilicet, præter disputationes de multis aliis levioris momenti lucubrationibus, enucleatius agam de antiquitate et versione Bibliorum Gothicorum, de liturgia Gothica, de collectione genuina Hispana sacrorum canonum, et altera spuria Pseudo-Isidoriana, necnon de Codice legum Wisigothorum. In his enim omnibus et magnam partem habuisse Isidorum plerique credunt, et quamnam habuerit operæ pretium erit investigare. Neque a meis Isidorianis abesse velim diligentem et accuratam recensionem Codicum bibliothecæ Vaticanæ supra centum septuaginta, præter alios aliarum Urbis bibliothecarum quibus Isidori Opera continentur. Id enim, præterquam quod historiæ litterariæ nonnullam utilitatem afferre potest, in Isidori gloriam quodammodo cedit, et ad ejus scripta illustranda plurimum confert.

www.ingramcontent.com/pod-product-compliance
Lightning Source LLC
Chambersburg PA
CBHW050644170426
43200CB00008B/1152